全球股票市场基本情况图

图1　　全球主要交易所股票市值（截至2021年12月31日）

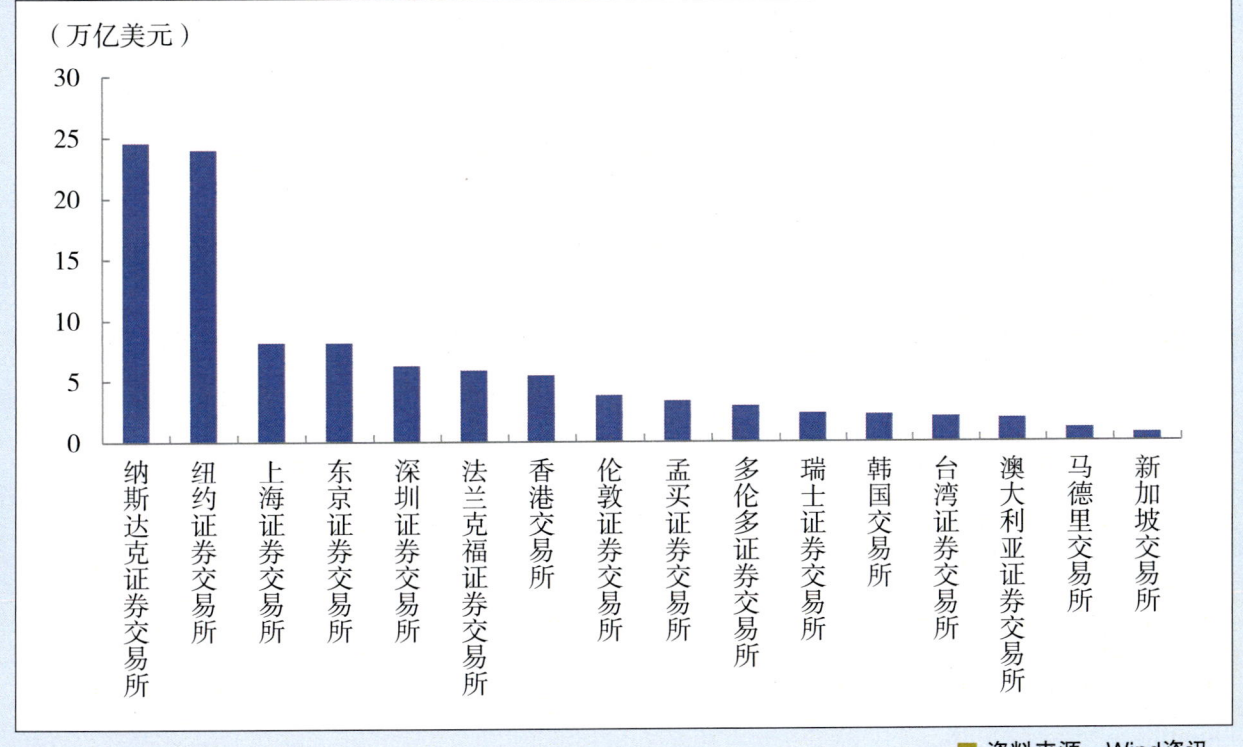

资料来源：Wind资讯。

图2　　2021年全球主要股票指数变动情况

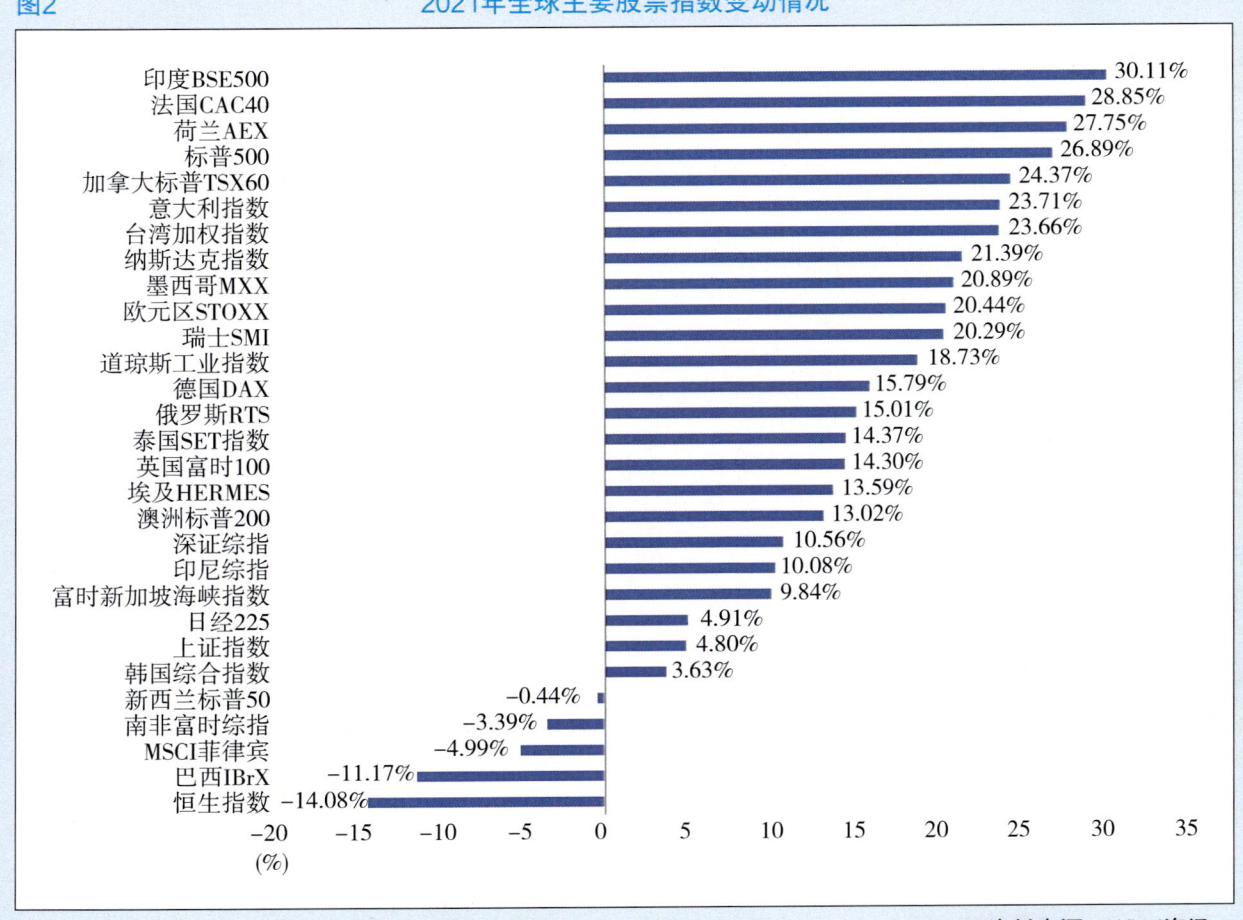

资料来源：Wind资讯。

图3　全球股票总市值历年变化情况

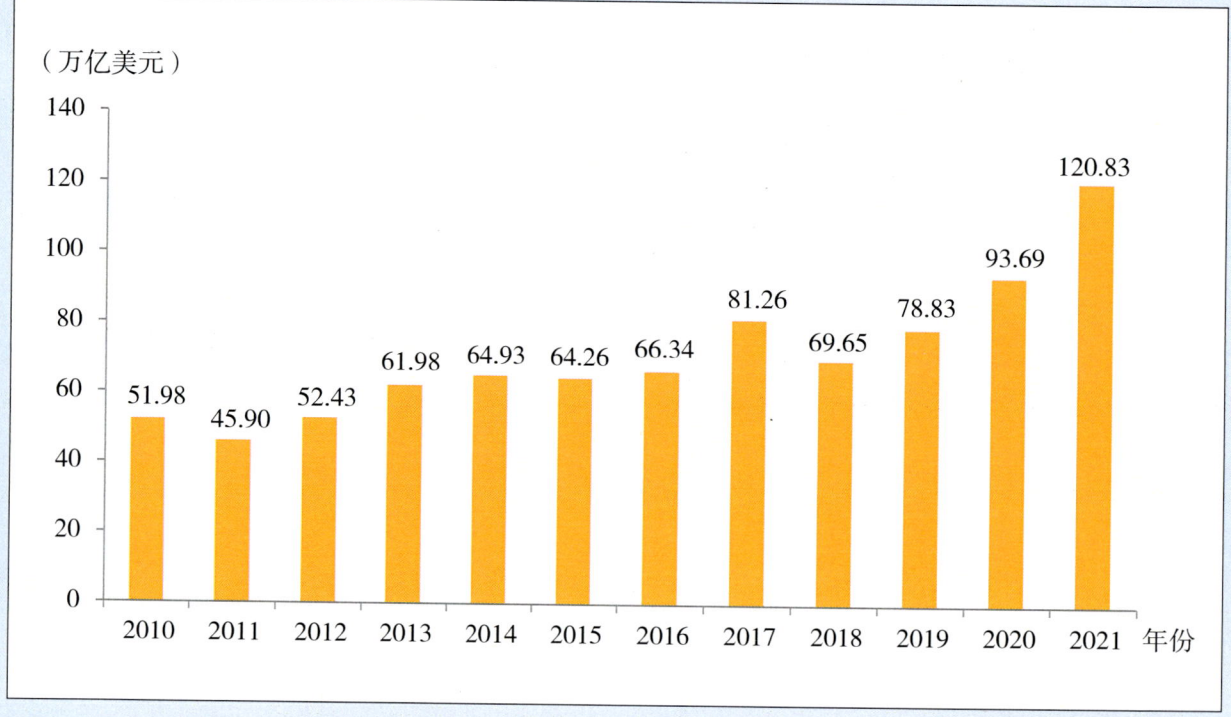

资料来源：Wind资讯。

图4　上证综合指数和深证综合指数走势

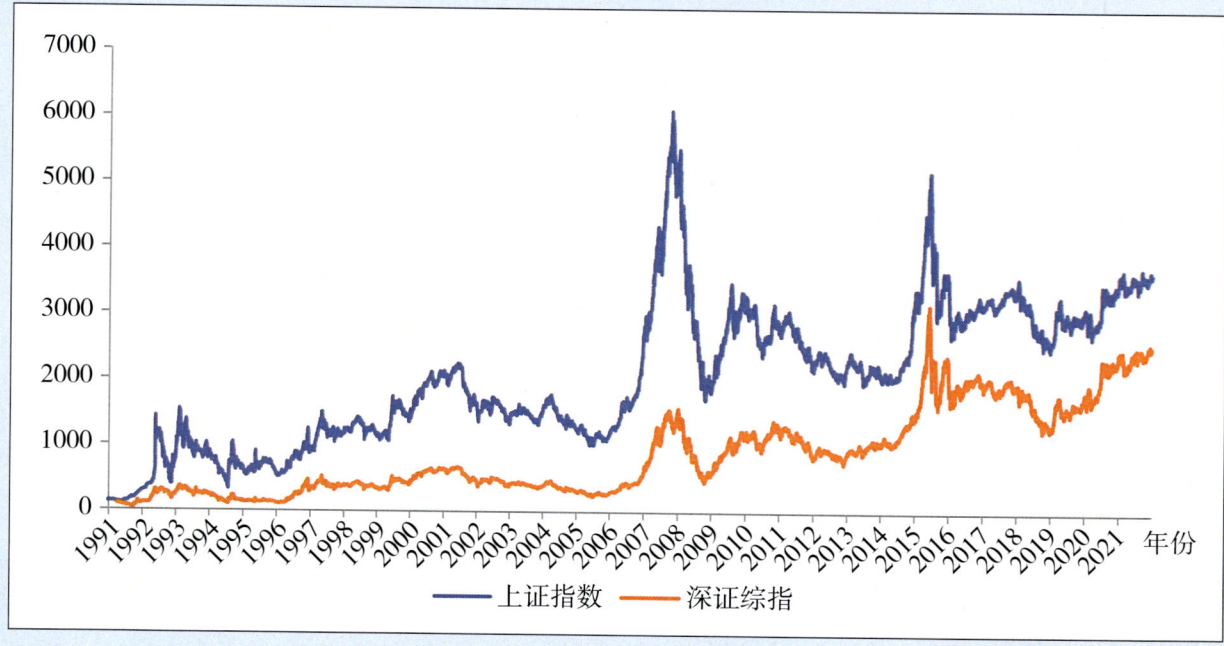

资料来源：Wind资讯。

图5　沪深300指数、中小板综指和创业板综指走势

资料来源：Wind资讯。

图6　摩根士丹利全球股票指数走势

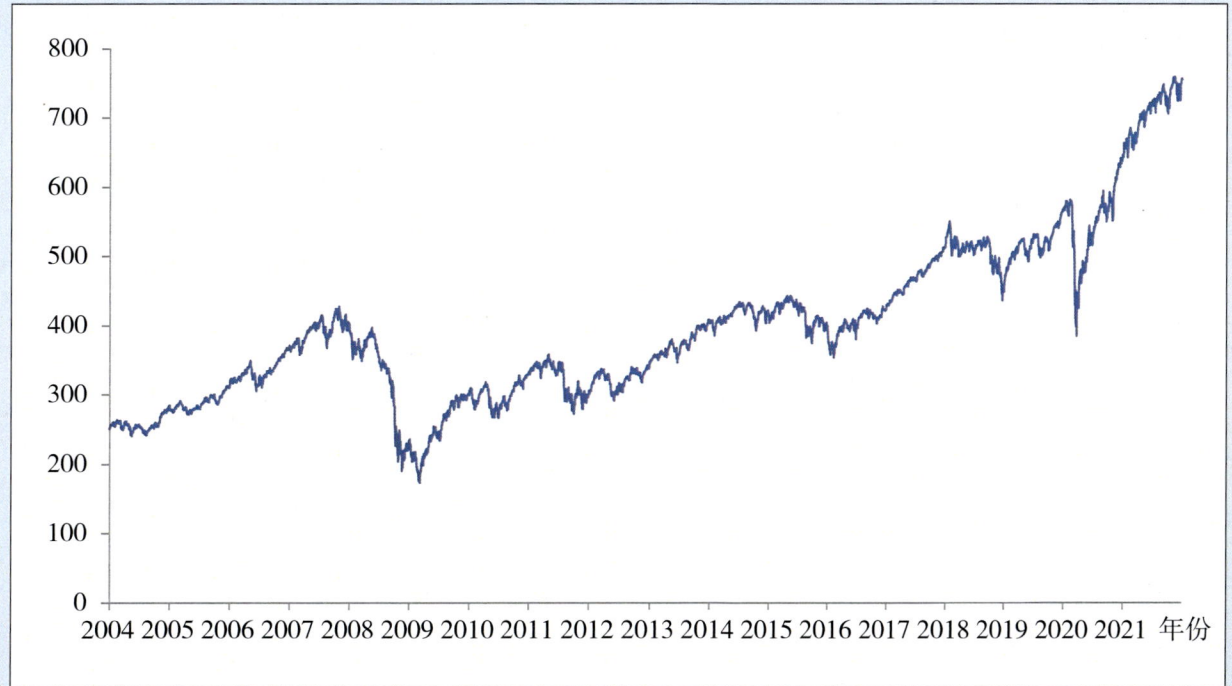

资料来源：Bloomberg。

图7　摩根士丹利全球发达国家股票指数走势

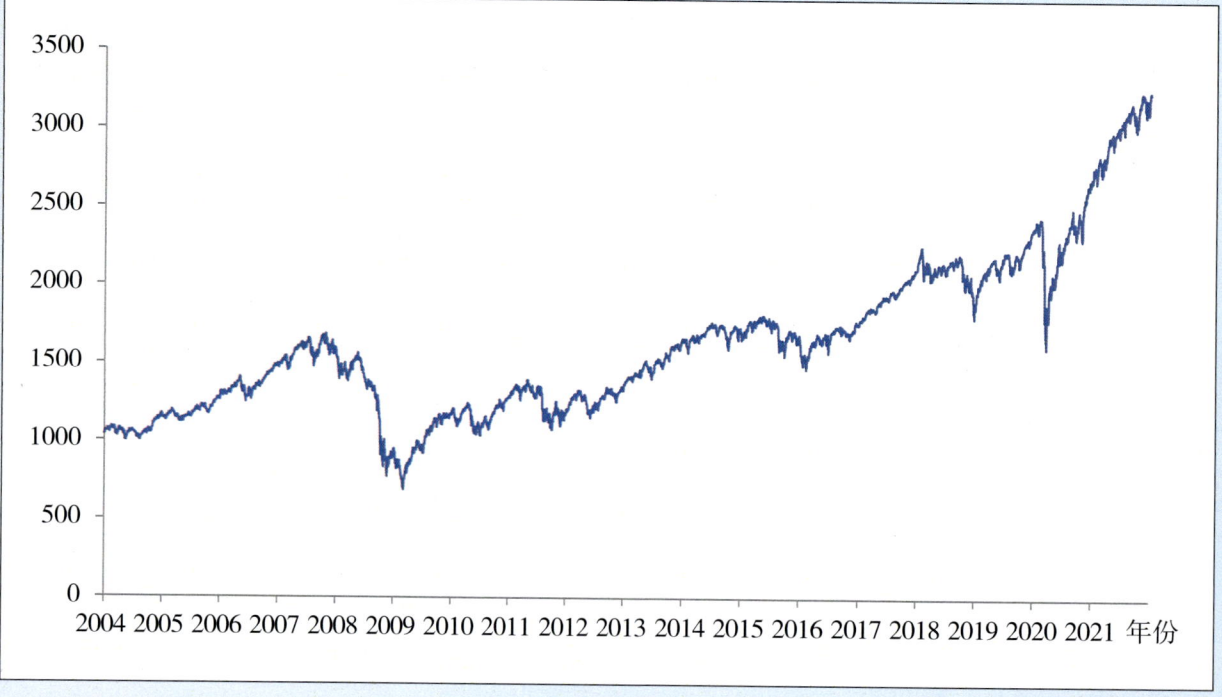

资料来源：Bloomberg。

图8　摩根士丹利发展中国家股票指数走势

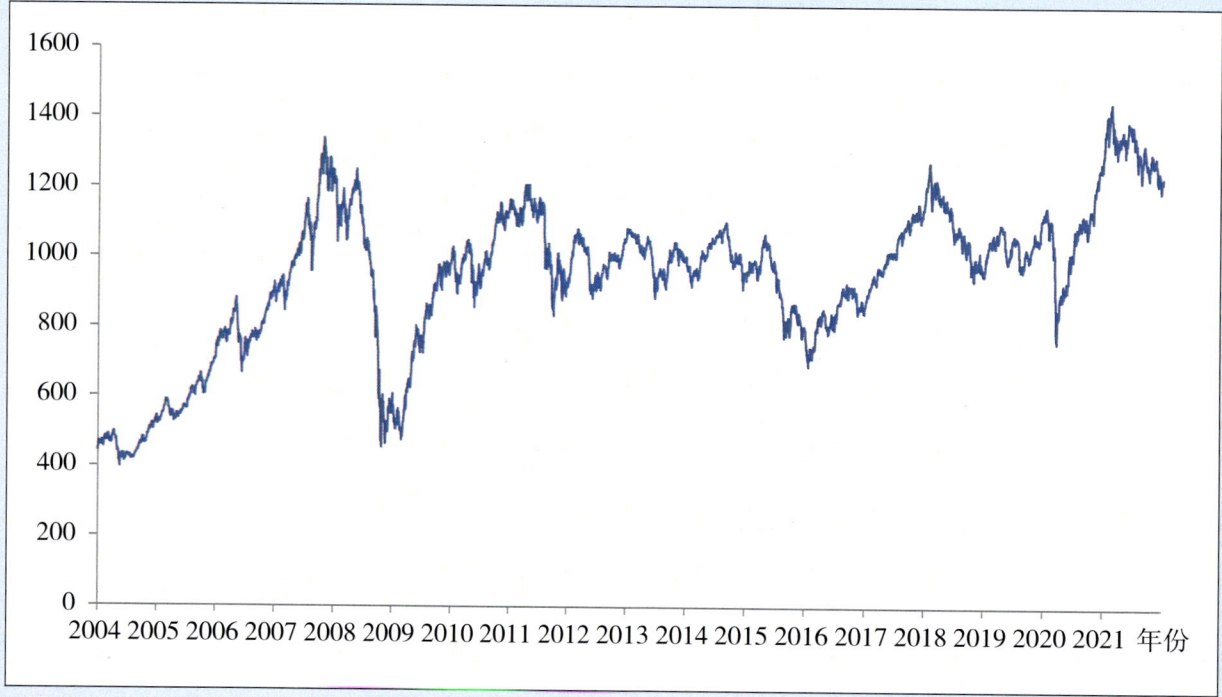

资料来源：Bloomberg。

ALMANAC OF THE CHINESE LISTED COMPANIES

中国上市公司年鉴

2022

中国上市公司协会 编

中国财经出版传媒集团
中国财政经济出版社

图书在版编目（CIP）数据

中国上市公司年鉴.2022 / 中国上市公司协会编.--北京：中国财政经济出版社，2023.9
ISBN 978-7-5223-2480-7

Ⅰ.①中… Ⅱ.①中…②中… Ⅲ.①上市公司-中国-2022-年鉴 Ⅳ.①F279.246-54

中国国家版本馆CIP数据核字（2023）第169018号

责任编辑：叶 彤　　　　　　　　责任校对：胡永立
封面设计：北京兰卡绘世　　　　　责任印制：党　辉

中国上市公司年鉴2022
ZHONGGUO SHANGSHI GONGSI NIANJIAN 2022

中国财政经济出版社 出版

URL：http://www.cfeph.cn
E-mail：cfeph@cfeph.cn
（版权所有　翻印必究）

社址：北京市海淀区阜成路甲28号　邮政编码：100142
营销中心电话：010-88191522
天猫网店：中国财政经济出版社旗舰店
网址：https://zgczjjcbs.tmall.com
北京虎彩文化传播有限公司印刷　各地新华书店经销
成品尺寸：210mm×285mm　16开　76.75印张　2 000 000字
2023年9月第1版　2023年9月北京第1次印刷
定价：998.00元
ISBN 978-7-5223-2480-7
（图书出现印装问题，本社负责调换，电话：010-88190548）
本社质量投诉电话：010-88190744
打击盗版举报热线：010-88191661　QQ：2242791300

《中国上市公司年鉴》（2022）编辑委员会

主　　任：	宋志平	中国上市公司协会	会　　长
副 主 任：	李　明	中国证监会上市公司监管部	主　　任
	蔡建春	上海证券交易所	总经理
	沙　雁	深圳证券交易所	总经理
	周贵华	北京证券交易所	董事长
	柳　磊	中国上市公司协会	执行副会长
	潘春生	中国上市公司协会	副会长
	孙念瑞	中国上市公司协会	副会长
	余　辉	中国上市公司协会	副会长
	何龙灿	中国上市公司协会	副会长兼秘书长
	许国新	中国上市公司协会	纪委书记
	刘翠兰	中国上市公司协会	副秘书长
	潘广标	中国上市公司协会	副秘书长

委　　员：（按姓氏笔画排序）

于海联	中国证券监督管理委员会辽宁监管局	局长
王瑞媛	中国证券监督管理委员会宁波监管局	局长
王新宁	中国证券监督管理委员会新疆监管局	局长
牛雪峰	中国证券监督管理委员会河南监管局	局长
毛　涛	中国证券监督管理委员会甘肃监管局	局长
田　斌	中国证券监督管理委员会内蒙古监管局	局长
匡晓凤	中国证券监督管理委员会江西监管局	局长
闫　勇	中国证券监督管理委员会宁夏监管局	局长
李立国	中国证券监督管理委员会吉林监管局	局长

李永春	中国证券监督管理委员会厦门监管局	局长
李至斌	中国证券监督管理委员会深圳监管局	局长
李宇白	中国证券监督管理委员会湖南监管局	局长
李泽华	中国证券监督管理委员会山西监管局	局长
李　钢	中国证券监督管理委员会海南监管局	局长
杨宗儒	中国证券监督管理委员会广东监管局	局长
邹新京	中国证券监督管理委员会重庆监管局	局长
张文鑫	中国证券监督管理委员会天津监管局	局长
张　松	中国证券监督管理委员会西藏监管局	局长
陈国飞	中国证券监督管理委员会贵州监管局	局长
陈家琰	中国证券监督管理委员会山东监管局	局长
陈　捷	中国证券监督管理委员会黑龙江监管局	局长
林　林	中国证券监督管理委员会福建监管局	局长
鱼向东	中国证券监督管理委员会陕西监管局	局长
赵洪军	中国证券监督管理委员会大连监管局	局长
胡巍东	中国证券监督管理委员会青海监管局	局长
姜新安	中国证券监督管理委员会广西监管局	局长
贾文勤	中国证券监督管理委员会北京监管局	局长
钱宗保	中国证券监督管理委员会云南监管局	局长
徐小俊	中国证券监督管理委员会安徽监管局	局长
殷志诚	中国证券监督管理委员会青岛监管局	局长
凌　峰	中国证券监督管理委员会江苏监管局	局长
唐理斌	中国证券监督管理委员会四川监管局	局长
曹　勇	中国证券监督管理委员会浙江监管局	局长
韩　卓	中国证券监督管理委员会湖北监管局	局长
程合红	中国证券监督管理委员会上海监管局	局长
童卫华	中国证券监督管理委员会河北监管局	局长

主　　　编： 柳　磊

执 行 主 编： 许国新

执 行 编 委：（按姓氏笔画排序）

万景初	王子军	王　坤	王怡里	王　勇	王珠林	孔艳清
卢　海	叶国标	史春阳	刘昌华	刘　宾	安志勇	孙秀振
杨玉成	李　刚	李国强	李保成	李鸿博	吴　坚	吴宗敏
吴承根	何可清	张光荣	张　庆	张佑君	张杰斌	张海文
陆钱松	陈刚泰	陈剑夫	林传辉	易　峥	罗精晖	季晓磊
姜小勇	洪　漫	徐寿松	徐　彬	涂储斌	黄王侯	常德鹏
彭艳雯	蒋厚贤	程凤朝	程催禧	鲁家焱	解学成	蔡　英
滕兆滨	戴文慧	戴　旭				

编写组成员：（按姓氏笔画排序）

丁伟伟	马文扬	马昕晔	马　莉	王立平	王　冯	王祎娜
王明生	王佳伟	王　珂	王　闻	王　勇	王　真	王梓旭
王　鼎	王　蕾	尤奕新	尤　越	牛　丽	毛朗格	卞　洁
文　静	方曼乔	尹林兴	尹　贺	尹晓燕	平海庆	卢意轩
叶松霖	史凡可	史达宁	宁修齐	宁前羽	宁浮洁	冯　可
冯红莉	冯重光	吕　梁	朱卫华	朱晓萌	朱珺逸	任宪功
任　路	刘文力	刘宇兴	刘　丽	刘星雨	刘贵军	刘秋云
刘　勇	刘航宇	刘　敏	刘新朋	关智聪	汤　军	汤梅梅
许菲菲	阳　眉	孙　威	孙鸿飞	孙　韬	严　明	杜　飞
杜艳力	杨立宏	杨成龙	李　阳	李陈佳	李　旻	李娄俊
李康莉	李　瑞	李　瑾	李　璇	连天龙	吴　轩	吴劲草

何佳霖	何 娟	谷 茜	邹国强	辛廷姣	沈茂荣	沈 棣
沈嘉棋	宋 涛	张一纬	张上弓	张元元	张仕元	张红兵
张欣蓉	张 珂	张轶飞	张晓霖	张 萌	张梓涵	张敏聪
张 琼	张敬华	张雅婧	张 辉	张 婷	张 燕	陈建鑫
陈姝元	陈 悦	陈 敏	邵烈娜	邵展翘	武文杰	武赟杰
范想想	林文杰	林星哲	林 娟	国 振	易华强	罗义杰
金思宇	金顺夏	周尔双	周 杨	周坤学	周 勋	周 铮
周超文	郑 怡	郑晓刚	郑新胜	赵士莉	赵中平	赵佰杰
赵金厚	赵晨曦	郝 斌	胡小禹	段玉琳	段晓霞	段清文
施杨淇	姜 娅	娄丽忠	洪百慧	袁同济	袁定云	袁 豪
贾宏坤	贾明星	贾甜树	倪曾曾	徐正凤	徐 尧	徐志娜
徐 君	殷少伟	殷 茵	翁 立	高丁丁	高 雪	郭汇东
郭若超	郭 赟	唐 笑	唐 猛	谈 钊	黄 丽	黄 君
黄俊华	商丹丹	阎予露	葛 萍	董岚枫	董 勋	韩 继
覃智勇	程 鑫	傅潍潍	曾朵红	曾夏青	鄢 凡	雷 昊
詹陆雨	解学成	管庆婷	廖玉琪	谭裔江	熊大卫	熊 文
熊金刚	熊城棋	潘遂邃	潘 慧	魏 惟		

支持单位：（排名不分先后）

渤海证券股份有限公司　　　　上海证券交易所
国新证券股份有限公司　　　　深圳证券交易所
开源证券股份有限公司　　　　北京证券交易所
山西证券股份有限公司　　　　中证数据有限责任公司
申万宏源证券有限公司　　　　伦敦证券交易所
西南证券股份有限公司　　　　东京证券交易所
招商证券股份有限公司　　　　德意志交易所
浙商证券股份有限公司　　　　中关村国睿金融与产业发展研究会
银河证券股份有限公司　　　　浙江核新同花顺网络信息股份有限公司
中信证券股份有限公司　　　　广发证券股份有限公司
银华基金管理股份有限公司
《中国证券报》　《上海证券报》　《证券时报》　《证券日报》

编写说明

《中国上市公司年鉴》由中国上市公司协会组织编撰，是一部全面反映中国上市公司经营、发展和改革状况，以及上市公司监管政策、法律法规体系的专业性、权威性、综合性年鉴。《中国上市公司年鉴》从 2007 年起，每年一卷，以作为上市公司、投资者、监管工作者、研究机构、证券公司、基金公司、有关中介机构等共享和沟通上市公司信息资源的平台。

《中国上市公司年鉴（2022）》全方位、多角度、跨地区、跨行业地汇集了上市公司 2021 年度的基本状况，尤其对不同行业、不同地区上市公司经营状况及相关数据进行了详尽地采集和深度地分析，使读者可以全面、细致、深入地了解上市公司的经营状况和发展前景。

《中国上市公司年鉴（2022）》共设有 12 个篇目，各篇目下按具体内容分为章、节、目、段多个层次。篇目内容依次为综合发展篇、上市公司行业篇、上市公司地区篇、上市公司党建篇、上市公司 ESG 篇、上市公司并购重组篇、上市公司数字化转型篇、上市公司共建"一带一路"篇、上市公司助力乡村振兴篇、大事记、政策法规篇及统计篇。为方便读者，本年鉴配有 CD – ROM 电子出版物。另外，因篇幅所限，大事记、政策法规篇和统计篇的内容只进入了电子出版物。

《中国上市公司年鉴（2022）》"上市公司行业篇"中，上市公司的行业归属系根据中国证监会 2021 年三季度上市公司行业分类结果确定。

《中国上市公司年鉴（2022）》由中国上市公司协会、各证监局、上海证券交易所、深圳证券交易所、北京证券交易所、部分证券公司、相关媒体等单位及部分专家、学者共同参与编写，各种资料和数据权威、可靠，均经各撰稿单位审阅。

《中国上市公司年鉴（2022）》由中国上市公司协会会长宋志平同志任编委会主任，中国证监会上市公司监管部、上海证券交易所、深圳证券交易所、北京证券交易所、中国上市公司协会的负责同志任编委会副主任，各证监局负责人任编委会委员。

《中国上市公司年鉴（2022）》"上市公司行业篇""上市公司地区篇"中的数据，除特别说明外，由浙江核新同花顺网络信息股份有限公司整理提供。

《中国上市公司年鉴（2022）》中的资料、数据，除特别说明外，截止时间为 2021

年 12 月 31 日。

《中国上市公司年鉴（2022）》的编撰工作得到了各撰稿单位及撰稿人的大力支持，在此谨表示衷心的感谢！对本年鉴的不足之处诚请提出批评和改进意见，以使《中国上市公司年鉴》日臻完善。

《中国上市公司年鉴》编辑部
2023 年 7 月　　北　京

目 录

第一篇　综合发展篇

2021年上交所主板公司年度报告综述 …… 3
2021年上交所科创板公司经营业绩情况分析 …… 10
2021年深交所上市公司年报实证分析报告 …… 15
2021年北交所上市公司分析报告 …… 24
2021年上市公司年报会计监管报告 …… 26
2021年战略性新兴产业上市公司发展综述 …… 39
2021年上市公司助力乡村振兴实践 …… 52
2021年民营上市公司党建情况 …… 72
2021年海外股票市场基本情况 …… 77

第二篇　上市公司行业篇

农、林、牧、渔业 …… 103
采矿业 …… 116
制造业 …… 131
　　农副食品加工业 …… 131
　　食品制造业 …… 136
　　酒、饮料和精制茶制造业 …… 142
　　纺织业 …… 148
　　纺织服装、服饰业 …… 153
　　皮革、毛皮、羽毛及其制品和制鞋业 …… 159
　　木材加工及木、竹、藤、棕、草制品业 …… 165
　　家具制造业 …… 169
　　造纸及纸制品业 …… 175
　　印刷和记录媒介复制业 …… 179

文教、工美、体育和娱乐用品制造业 …………………………… 182
　　石油加工、炼焦及核燃料加工业 ……………………………… 189
　　化学原料及化学制品制造业 …………………………………… 193
　　医药制造业 ……………………………………………………… 201
　　化学纤维制造业 ………………………………………………… 210
　　橡胶和塑料制品业 ……………………………………………… 214
　　非金属矿物制品业 ……………………………………………… 219
　　黑色金属冶炼及压延加工业 …………………………………… 229
　　有色金属冶炼和压延加工业 …………………………………… 234
　　金属制品业 ……………………………………………………… 239
　　通用设备制造业 ………………………………………………… 244
　　专用设备制造业 ………………………………………………… 252
　　汽车制造业 ……………………………………………………… 262
　　铁路、船舶、航空航天和其他运输设备制造业 ……………… 272
　　电气机械及器材制造业 ………………………………………… 278
　　计算机、通信和其他电子设备制造业 ………………………… 288
　　仪器仪表制造业 ………………………………………………… 303
　　其他制造业 ……………………………………………………… 309
　　废弃资源综合利用业 …………………………………………… 313
电力、热力、燃气及水生产和供应业 ……………………………… 317
建筑业 ………………………………………………………………… 329
批发和零售业 ………………………………………………………… 343
交通运输、仓储和邮政业 …………………………………………… 359
住宿和餐饮业 ………………………………………………………… 372
信息传输、软件和信息技术服务业 ………………………………… 381
金融业 ………………………………………………………………… 405
房地产业 ……………………………………………………………… 424
租赁和商务服务业 …………………………………………………… 433
科学研究和技术服务业 ……………………………………………… 443
水利、环境和公共设施管理业 ……………………………………… 452
教　育 ………………………………………………………………… 463
卫生和社会工作 ……………………………………………………… 469
文化、体育和娱乐业 ………………………………………………… 474
综　合 ………………………………………………………………… 487

第三篇 上市公司地区篇

北京地区	493
天津地区	509
河北地区	517
山西地区	525
内蒙古地区	534
辽宁地区	543
吉林地区	562
黑龙江地区	570
上海地区	578
江苏地区	589
浙江地区	602
安徽地区	627
福建地区	636
江西地区	656
山东地区	664
河南地区	685
湖北地区	694
湖南地区	703
广东地区	712
广西地区	737
海南地区	745
重庆地区	752
四川地区	760
贵州地区	769
云南地区	776
西藏地区	783
陕西地区	790
甘肃地区	798
青海地区	805
宁夏地区	812
新疆地区	819
深圳地区	828

大连地区	839
宁波地区	846
厦门地区	855
青岛地区	864

第四篇　上市公司党建篇

中国石化：以高质量党建引领保障高质量发展	875
五 粮 液：聚焦"12345"重点工作体系　打造"国有企业党建示范标杆"	880
人 民 网：以建党百年为契机　以党史学习教育为主线	884
爱尔眼科：党建引领光明路	889
东方财富：党建引领强信念　"守正出奇"践初心	893
圆通速递：让党建成为圆通发展的"红色动力"	898
东方环宇：让党建融入经营　以经营激活党建	903
威 派 格："心"党建"水"生活　畅想绿色未来	907
德才股份：民营企业党建工作创新实践探索	911
天合光能："党建红"引领"双碳绿"　书写智慧能源新华章	916

第五篇　上市公司ESG篇

2021年上市公司ESG综述	923
中集集团：发挥ESG价值　提供高质量可持续发展新动能	926
顺丰控股：积极践行ESG理念　推动公司高质量可持续发展	932
华能国际：贯彻落实新发展理念　健全完善ESG体系	938
中国石化：积极践行ESG理念　以高质量披露促进ESG管理提升	943
伊利股份：落实全生命周期减碳行动　引领行业"双碳"实践	947
长江电力：守护碧水长江　推动绿色发展	952
中国平安：以长跑者姿态引领金融行业绿色可持续发展	956
上海医药：践行高质量可持续发展　助力健康中国战略	962
建设银行：完整准确全面贯彻新发展理念　推动新金融行动拓维升级	967
洛阳钼业：ESG与运营共进　促企业发展正循环	971

第六篇　上市公司并购重组篇

2021年上市公司并购市场综述 …………………………………………… 981
国电电力与控股股东国家能源集团资产置换案例 ……………………… 988
上海机场收购虹桥机场等资产交易案例 ………………………………… 992
冀东水泥吸收合并金隅冀东水泥交易案例 ……………………………… 999
云南白药收购上海医药非公开发行股权案例 …………………………… 1006
河钢股份联合产业转型基金增资乐亭钢铁案例 ………………………… 1012
新奥股份收购新奥舟山交易案例 ………………………………………… 1017
辽宁港口收购营口散货等资产交易案例 ………………………………… 1024
爱美客收购 HuonsBio 股权交易案例 …………………………………… 1028
山西焦煤收购华晋焦煤及明珠煤业股权案例 …………………………… 1032
柳工股份吸收合并柳工有限案例 ………………………………………… 1038

第七篇　上市公司数字化转型篇

2021年上市公司数字化转型综述 ………………………………………… 1047
中联重科：创新工程机械智能化产品与服务模式助力高端制造服务业转型
　　　　升级 ……………………………………………………………… 1050
长安汽车：对标世界一流企业推动全价值链数字化转型 ……………… 1054
司　尔　特："一体两翼"推动"工农云网"平台建设 ………………… 1058
南方航空：构建"三网"发展"四化"　全面推进数字化转型 ……… 1063
浙江东方：深化国企数字化改革创新　打造金控全面风险管理平台 … 1067
雅　戈　尔：数字中台推动供应链变革 …………………………………… 1071
伊利股份：数据技术赋能业务发展　引领乳业全产业链数字化转型 … 1075
中国银河：依托数智生态平台打造证券公司企业服务数字化品牌 …… 1079
生益电子：数字赋能制造业转型　推动安全生产和管控 ……………… 1084
龙佰集团：氯化法钛白粉智能工厂 ……………………………………… 1088

第八篇　上市公司共建"一带一路"篇

2021年上市公司共建"一带一路"综述 ………………………………… 1095
新　希　望：为"一带一路"的耕者谋利、食者造福 …………………… 1098
招商蛇口：推动共建"一带一路"高质量发展 ………………………… 1102

青岛银行：金融助力"一带一路"推进沿路经济一体化 …………………… 1106
蕾奥规划：中国城市化模式输出实践 …………………………………… 1110
龙建股份：一条纽带路，多国结友谊 …………………………………… 1114
中国神华："中国标准"走出国门 ………………………………………… 1118
中南传媒：讲好湖湘故事　传播中国声音 ……………………………… 1122
中国核建：匠心铸国之重器　精心树大国名片 ………………………… 1127
中国电建：高质量共建"一带一路"合作共赢可持续发展 ……………… 1131
德才股份：共建"一带一路"，打造五维德才 …………………………… 1135

第九篇　上市公司助力乡村振兴篇

华电国际：践行红色初心　共谱乡村新篇 ……………………………… 1141
金　徽　酒：高质量脱贫攻坚　新气象乡村振兴 ……………………… 1146
伊利集团：以奶业振兴全面推动乡村振兴 ……………………………… 1150
国机重装：有的放矢直击靶心　精准帮扶振兴乡村 …………………… 1154
中金公司：打造全链条教育帮扶体系　为乡村振兴贡献中金力量 …… 1158
方大特钢：从赣鄱红土地到甘陇黄土地　倾情倾力乡村振兴 ………… 1161
湘投集团：紧扣乡村振兴工作要求　实干彰显国有上市公司担当 …… 1165
龙建股份：勇当时代先锋　助力乡村振兴 ……………………………… 1169
长安汽车：织梦酉阳　定点帮扶酉阳茶油案例 ………………………… 1173
纵横股份：纵横大鹏无人机在乡村振兴中的应用 ……………………… 1178

大事记

大事记 ……………………………………………………………………… 1185

注：限于篇幅，以下内容只进入随书 CD-ROM，目录只做列示

政策法规篇

法律

中华人民共和国个人信息保护法
　　（2021 年 8 月 20 日第十三届全国人民代表大会常务委员会第三十次会
　　议通过） …………………………………………………………………… 1207
中华人民共和国海南自由贸易港法 ……………………………………… 1217

中华人民共和国行政处罚法（2021年修订）

（1996年3月17日第八届全国人民代表大会第四次会议通过 根据2009年8月27日第十一届全国人民代表大会常务委员会第十次会议《关于修改部分法律的决定》第一次修正 根据2017年9月1日第十二届全国人民代表大会常务委员会第二十九次会议《关于修改〈中华人民共和国法官法〉等八部法律的决定》第二次修正 2021年1月22日第十三届全国人民代表大会常务委员会第二十五次会议修订）…… 1224

中华人民共和国数据安全法 …… 1235

行政法规、法规性文件

法治政府建设实施纲要（2021-2025年）…… 1241
防范和处置非法集资条例 …… 1252
关于进一步贯彻实施《中华人民共和国行政处罚法》的通知 …… 1258
关于进一步规范财务审计秩序促进注册会计师行业健康发展的意见 …… 1263
关于推进自由贸易试验区贸易投资便利化改革创新的若干措施 …… 1268
行政事业性国有资产管理条例 …… 1273
证券期货行政执法当事人承诺制度实施办法 …… 1280
中华人民共和国市场主体登记管理条例 …… 1284

中国证监会发布的部门规章及规范性文件

发行类

北京证券交易所上市公司证券发行注册管理办法（试行）…… 1291
北京证券交易所向不特定合格投资者公开发行股票注册管理办法（试行）
…… 1303
创业板首次公开发行证券发行与承销特别规定（2021年修订）…… 1313
公司债券发行与交易管理办法（2021年修订）…… 1317
监管规则适用指引——发行类第2号 …… 1331
科创属性评价指引（试行）（2021年修正）…… 1333
首次公开发行股票并上市辅导监管规定 …… 1335

非上市公司类

非上市公众公司监督管理办法（2021年修正）…… 1339
非上市公众公司信息披露管理办法（2021年10月修正）…… 1351
非上市公众公司信息披露管理办法（2021年修正）…… 1363

关于完善全国中小企业股份转让系统终止挂牌制度的指导意见 …………… 1374

内容与格式准则类

非上市公众公司信息披露内容与格式准则第 19 号——定向发行可转换公司
　债券发行申请文件 ………………………………………………………… 1378
公开发行证券的公司信息披露内容与格式准则第 2 号——年度报告的内容
　与格式（2021 年修订）…………………………………………………… 1380
公开发行证券的公司信息披露内容与格式准则第 3 号——半年度报告的内容
　与格式（2021 年修订）…………………………………………………… 1408
公开发行证券的公司信息披露内容与格式准则第 24 号——公开发行公司债
　券申请文件（2021 年修订）……………………………………………… 1425
公开发行证券的公司信息披露内容与格式准则第 47 号——向不特定合格
　投资者公开发行股票并在北京证券交易所上市申请文件 ……………… 1428
公开发行证券的公司信息披露内容与格式准则第 52 号——北京证券交易
　所上市公司发行证券申请文件 …………………………………………… 1431
公开发行证券的公司信息披露内容与格式准则第 56 号——北京证券交易
　所上市公司重大资产重组 ………………………………………………… 1438
非上市公众公司信息披露内容与格式准则第 18 号——定向发行可转换公司
　债券说明书和发行情况报告书 …………………………………………… 1454
公开发行证券的公司信息披露内容与格式准则第 46 号——北京证券交易所
　公司招股说明书 …………………………………………………………… 1461
公开发行证券的公司信息披露内容与格式准则第 48 号——北京证券交易所
　上市公司向不特定合格投资者公开发行股票募集说明书 ……………… 1478
公开发行证券的公司信息披露内容与格式准则第 49 号——北京证券交易所
　上市公司向特定对象发行股票募集说明书和发行情况报告书 ………… 1493
公开发行证券的公司信息披露内容与格式准则第 50 号——北京证券交易所
　上市公司向特定对象发行可转换公司债券募集说明书和发行情况报告书
　……………………………………………………………………………… 1501
公开发行证券的公司信息披露内容与格式准则第 51 号——北京证券交易所
　上市公司向特定对象发行优先股募集说明书和发行情况报告书 ……… 1508
公开发行证券的公司信息披露内容与格式准则第 53 号——北京证券交易所
　上市公司年度报告 ………………………………………………………… 1516
公开发行证券的公司信息披露内容与格式准则第 54 号——北京证券交易所
　上市公司中期报告 ………………………………………………………… 1531
公开发行证券的公司信息披露内容与格式准则第 55 号——北京证券交易所

上市公司权益变动报告书、上市公司收购报告书、要约收购报告书、被收购公司董事会报告书 …… 1542

基金管理公司年度报告内容与格式准则（2021年修订）…… 1557

上市公司类

北京证券交易所上市公司持续监管办法（试行）…… 1566

关于扩大红筹企业在境内上市试点范围的公告 …… 1571

关于上市公司内幕信息知情人登记管理制度的规定 …… 1572

上市公司信息披露管理办法（2021年修订）…… 1576

首发企业现场检查规定 …… 1587

证券期货法律适用意见第4号——《上市公司收购管理办法》第六十二条、第六十三条及《上市公司重大资产重组管理办法》第四十六条有关限制股份转让的适用意见 …… 1590

证券期货法律适用意见第5号——《上市公司证券发行管理办法》第三十九条"违规对外提供担保且尚未解除"的理解和适用（2021年修订）…… 1592

证券期货法律适用意见第9号——《上市公司收购管理办法》第七十四条有关通过集中竞价交易方式增持上市公司股份的收购完成时点认定的适用意见（2021年修订）…… 1595

综合类

证券期货业网络安全事件报告与调查处理办法 …… 1596

证券期货业移动互联网应用程序安全检测规范 …… 1606

公开募集证券投资基金运作指引第3号——指数基金指引 …… 1627

关于避险策略基金的指导意见（2021年修订）…… 1629

关于实施《证券公司股权管理规定》有关问题的规定（2021年修订）…… 1634

关于依法开展证券期货行业仲裁试点的意见 …… 1639

行政处罚委员会组织规则 …… 1644

客户交易结算资金管理办法（2021年修正）…… 1649

期货公司保证金封闭管理办法 …… 1655

期货公司董事、监事和高级管理人员任职管理办法 …… 1660

期货交易所管理办法（2021年修正）…… 1668

期货市场客户开户管理规定（2021年修订）…… 1681

优先股试点管理办法（2021年修正）…… 1686

证券公司短期融资券管理办法（2021年修订）…… 1696

证券公司股权管理规定（2021年修订）…… 1699

证券公司和证券投资基金管理公司境外设立、收购、参股经营机构管理

办法（2021年修正） ······ 1713
证券基金经营机构信息技术管理办法（2021年修正） ······ 1720
证券交易所管理办法（2021年修订） ······ 1730
证券期货违法行为行政处罚办法 ······ 1745
证券市场禁入规定（2021年修订） ······ 1751
证券市场资信评级业务管理办法 ······ 1756
中国证监会随机抽查事项清单（2021年修订） ······ 1772

附录

关于修改、废止部分证券期货规章的决定 ······ 1778
关于修改、废止部分证券期货制度文件的决定 ······ 1803
关于修改、废止部分证券期货制度文件的决定 ······ 1822
关于修改部分证券期货规章的决定 ······ 1830
关于废止部分证券期货制度文件的决定 ······ 1846

司法解释

关于人民法院强制执行股权若干问题的规定 ······ 1847
最高人民法院关于办理行政申请再审案件若干问题的规定 ······ 1852
《最高人民法院统一法律适用工作实施办法》理解与适用 ······ 1855
关于上海金融法院案件管辖的规定（2021年修订） ······ 1860
关于执行《中华人民共和国刑法》确定罪名的补充规定 ······ 1864
最高人民法院关于适用《中华人民共和国刑事诉讼法》的解释 ······ 1867

其他部门规章及规范性文件

中央行政事业单位国有资产处置管理办法 ······ 1960
最高人民法院、最高人民检察院、公安部、中国证券监督管理委员会
　关于进一步规范人民法院冻结上市公司质押股票工作的意见 ······ 1969
关于保险资金参与证券出借业务有关事项的通知 ······ 1972
关于北京证券交易所税收政策适用问题的公告 ······ 1975
关于促进债券市场信用评级行业健康发展的通知 ······ 1976
关于建立"总对总"证券期货纠纷在线诉调对接机制的通知 ······ 1979
关于健全完善侦查监督与协作配合机制的意见 ······ 1983
关于金融支持海南全面深化改革开放的意见 ······ 1988
关于进一步防范和处置虚拟货币交易炒作风险的通知 ······ 1993
关于进一步推进行政争议多元化解工作的意见 ······ 1996

关于推动公司信用类债券市场改革开放高质量发展的指导意见 …………… 2000
中共中央、国务院转发《中央宣传部、司法部关于开展法治宣传教育的
　　第八个五年规划（2021—2025 年）》……………………………………… 2007
阻断外国法律与措施不当域外适用办法 ………………………………………… 2018

统计篇

一、概　况 ………………………………………………………………………… 2023
　（一）证券期货市场概况 …………………………………………………… 2023
　（二）证券市场指数运行情况 ……………………………………………… 2029
　（三）境内外证券市场筹资情况 …………………………………………… 2035
　（四）证券期货市场投资者情况 …………………………………………… 2038
　（五）证券期货市场参与主体情况 ………………………………………… 2041

二、股　票 ………………………………………………………………………… 2043
　（一）股票市场概况 ………………………………………………………… 2043
　（二）沪深股票市场历史记录情况 ………………………………………… 2046
　（三）股票市场分板块规模 ………………………………………………… 2049
　（四）沪深股票市场分股份类型规模 ……………………………………… 2052
　（五）沪深股票市场分监管辖区规模 ……………………………………… 2054
　（六）沪深股票市场筹资情况 ……………………………………………… 2054
　（七）2021 年沪深股票市场分行业筹资情况 …………………………… 2056
　（八）2021 年沪深股票市场分监管辖区筹资情况 ……………………… 2056
　（九）沪深 A 股市场新股首发及上市首日情况 ………………………… 2058
　（十）2021 年沪深 A 股市场首发及上市首日表现 ……………………… 2061
　（十一）股票市场优先股情况 ……………………………………………… 2087
　（十二）沪深股票市场分板块交易情况 …………………………………… 2088
　（十三）沪深股票市场分股份类型交易情况 ……………………………… 2090
　（十四）上海证券交易所股票市场交易情况 ……………………………… 2091
　（十五）深圳证券交易所股票市场交易情况 ……………………………… 2092
　（十六）沪深股票分行业成交情况 ………………………………………… 2093
　（十七）沪深股票按监管辖区成交情况 …………………………………… 2094
　（十八）沪深股票市场估值水平概况 ……………………………………… 2095
　（十九）沪深股票市场行业估值水平情况 ………………………………… 2096
　（二十）沪深股票市场股息率情况 ………………………………………… 2097
　（二十一）融资融券业务情况 ……………………………………………… 2098

（二十二）转融通业务情况 ·· 2100
（二十三）沪深港通情况 ·· 2102
（二十四）北交所市场概况 ·· 2102
（二十五）北交所市场分监管辖区规模 ································ 2104
（二十六）北交所市场发行及上市首日情况 ··························· 2105
（二十七）北交所市场分行业成交情况 ································ 2106
（二十八）北交所市场按监管辖区成交情况 ··························· 2107

三、上市公司 ·· 2108
（一）沪深交易所上市公司数量 ·· 2108
（二）分行业沪深交易所上市公司数量 ································ 2109
（三）分辖区沪深交易所上市公司数量 ································ 2110
（四）2021年分辖区沪深交易所上市公司数量按行业分布 ········· 2111
（五）分股份类型沪深交易所上市公司数量 ··························· 2113
（六）上海证券交易所分股份类型上市公司数量 ····················· 2114
（七）深圳证券交易所分股份类型上市公司数量 ····················· 2115
（八）按股本规模划分沪深交易所上市公司数量 ····················· 2116
（九）按市值规模划分沪深交易所上市公司数量 ····················· 2117
（十）2021年主板上市公司分行业规模 ······························· 2118
（十一）2021年科创板上市公司分行业规模 ·························· 2119
（十二）2021年创业板上市公司分行业规模 ·························· 2120
（十三）沪深交易所上市公司现金分红情况 ··························· 2121
（十四）分行业沪深交易所上市公司现金分红情况 ·················· 2122
（十五）分类别上市公司现金分红情况 ································ 2123
（十六）沪深交易所上市公司主要财务指标 ··························· 2124
（十七）2021年沪深交易所上市公司分行业主要财务指标 ········· 2127
（十八）2021年沪深交易所上市公司分辖区主要财务指标 ········· 2129
（十九）沪深交易所货币金融服务类上市公司与其他上市公司主要
　　　　财务指标对比 ··· 2131
（二十）2021年沪深交易所上市公司分行业每股收益 ··············· 2133
（二十一）2021年沪深交易所上市公司分辖区每股收益 ············ 2135
（二十二）2021年沪深交易所上市公司分行业每股净资产 ········· 2137
（二十三）2021年沪深交易所上市公司分辖区每股净资产 ········· 2139
（二十四）2021年沪深交易所上市公司分行业平均净资产收益率 ······ 2141
（二十五）2021年沪深交易所上市公司分辖区平均净资产收益率 ······ 2143
（二十六）2021年沪深交易所上市公司分行业每股经营活动产生的

　　　　　现金流量净额 …………………………………………………… 2145
　（二十七）2021年沪深交易所上市公司分辖区每股经营活动产生的
　　　　　现金流量净额 …………………………………………………… 2147
　（二十八）北交所上市公司数量 …………………………………………… 2149
　（二十九）分行业北交所上市公司数量 …………………………………… 2150
　（三十）分辖区北交所上市公司数量 ……………………………………… 2151
　（三十一）2021年分辖区北交所上市公司数量按行业分布 ……………… 2152
　（三十二）按股本规模划分北交所上市公司数量 ………………………… 2154
　（三十三）按市值规模划分北交所上市公司数量 ………………………… 2155
　（三十四）2021年北交所上市公司分行业规模 …………………………… 2156
　（三十五）北交所上市公司主要财务指标 ………………………………… 2157
　（三十六）2021年北交所上市公司分行业主要财务指标 ………………… 2158
　（三十七）2021年北交所上市公司分辖区主要财务指标 ………………… 2160
　（三十八）2021年北交所上市公司分行业每股收益 ……………………… 2162
　（三十九）2021年北交所上市公司分辖区每股收益 ……………………… 2164
　（四十）2021年北交所上市公司分行业每股净资产 ……………………… 2166
　（四十一）2021年北交所上市公司分辖区每股净资产 …………………… 2168
　（四十二）2021年北交所上市公司分行业平均净资产收益率 …………… 2170
　（四十三）2021年北交所上市公司分辖区平均净资产收益率 …………… 2172
　（四十四）2021年北交所上市公司分行业每股经营活动产生的现金
　　　　　流量净额 ………………………………………………………… 2174
　（四十五）2021年北交所上市公司分辖区每股经营活动产生的现金
　　　　　流量净额 ………………………………………………………… 2176

四、其他统计数据 ………………………………………………………………… 2178
　（一）2021年世界主要国家（地区）的证券化率 ………………………… 2178
　（二）2021年世界主要交易所业务量排名表 ……………………………… 2179
　（三）2021年全球主要经济体资本市场业务量排名表 …………………… 2180
　（四）2021年全球期货及期权市场前30大交易所排名表 ………………… 2181
　（五）历年退市公司名录 …………………………………………………… 2182
　（六）2021年合格境外机构投资者（QFII）名录 ………………………… 2193
　（七）2021年境外证券交易所驻华代表处名录 …………………………… 2211

第一篇

综合发展篇

- 2021 年上交所主板公司年度报告综述
- 2021 年上交所科创板公司经营业绩情况分析
- 2021 年深交所上市公司年报实证分析报告
- 2021 年北交所上市公司分析报告
- 2021 年上市公司年报会计监管报告
- 2021 年战略性新兴产业上市公司发展综述
- 2021 年上市公司助力乡村振兴实践
- 2021 年民营上市公司党建情况
- 2021 年海外股票市场基本情况

2021年上交所主板公司年度报告综述

截至2022年4月30日，除未来股份等4家公司外，沪市主板1667家上市公司全部完成2021年年度报告披露。数据显示，"十四五"开局之年，在国家政策的有力支持下，沪市公司克服多重不利因素影响，整体经营业绩保持稳定增长，在稳经济、促就业、保民生中发挥了重要作用，成为我国经济持续稳定恢复的"基本盘"。

一、总体业绩保持稳定增长，7成公司超疫前水平

2021年，沪市主板公司合计实现营业收入47.07万亿元，同比增长18%，占全国GDP总额超4成；实现归母净利润4.04万亿元、扣非后净利润3.81万亿元，同比分别增长23%、28%，3项主要指标两年复合增长率分别达10%、10%、9%，保持持续恢复态势。

从盈亏面看，1451家公司实现盈利，占比87%；1371家公司实现主业盈利，占比82%；逾8成公司营业收入规模扩大，逾6成公司净利润实现增长。对比疫前2019年，超7成公司营业收入、6成公司净利润实现增长。

分季度看，第一季度至第四季度收入同比增速分别为26%、22%、14%、9%，净利润同比增速分别为45%、42%、2%、10%。变化趋势显示，第三季度业绩增速出现放缓，但第四季度有所改善，收入环比增加9.1个百分点。这其中，降税减费效应逐步显现，2021年沪市主板实体企业合计支付税费2.14万亿元，占营业收入比重为5.7%，同比减少0.3个百分点。

二、结构不断优化升级，国企民企均衡发展

在供给侧结构性改革和创新发展战略双轮驱动下，沪市主板上市公司产业结构不断优化。2021年，实体类公司业绩增长强劲，共实现营业收入37.61万亿元、归母净利润1.81万亿元、扣非后净利润1.59万亿元，同比分别增长21%、44%、62%，远高于沪市主板整体水平。其中，制造业在整体业绩中的占比持续增加，对沪市净利润的贡献同比增加2.2个百分点，以电气设备、医药制造、航空航天为代表的高技术产业净利润两年平均增长率达到15%，高于整体增速5.5个百分点。此外，第三产业逐步恢复，经营质量稳步提升，在实体企业利润中的贡献占比增长2.6个百分点。

国企民企方面，沪市主板国企2021

年合计贡献营业收入 38.90 万亿元、归母净利润 3.56 万亿元，同比分别增长 18%、21%。其中，国务院国资委下属央企上市公司合计实现营业收入 19.69 万亿元、净利润 0.97 万亿元，同比分别增长 22%、41%，高质量发展势头更加明显。与之相比，民营企业显示出更快的业绩增长速度。2021 年沪市主板民营企业实现营业收入 8.17 万亿元，净利润 0.47 万亿元，同比增速分别达 15%、49%。

三、逾 7 成行业业绩增长，2 成行业尚待修复

2021 年，沪市主板所有大类行业均实现盈利，逾 7 成行业实现营业收入、净利润双增长，逾 4 成行业利润同比增幅超 30%，近 8 成行业盈利超 2019 年同期水平，但也有 2 成行业仍处于恢复中。

上游周期性行业在经济复苏、需求回升及原材料价格上升的带动下，盈利普遍好转。石油开采业净利润增长超 2 倍，有色金属矿采选业利润实现翻番增长，煤炭行业净利润同比增长 87%。第四季度在稳供保价背景下，相关行业净利润出现一定回落，环比分别下降 32%、23%、15%。

中游制造业根据所处产业链位置不同，业绩出现一定分化。位于产业链前端的化工、钢铁行业净利润增速分别达 135%、92%；位于产业链中后端的行业受下游需求动力不同影响，材料价格传导程度出现差异，部分公司面临较大的成本上浮压力。通用设备、专用设备行业营业收入虽保持稳定增长（同比增幅 11% 和 14%），但净利润均出现负增长。计算机制造业则充分受益下游电子元器件需求提升，净利润同比增长 20%，较 2019 年增长 50%。电气机械受益新能源发电产业加速发展，净利润同比增长 27%，较 2019 年增长 80%。

下游终端消费行业整体有所复苏，但在多重因素扰动下，部分行业仍然面临阶段性困难。人员流动密集型行业在做好疫情防控的同时，积极改善经营，住宿餐饮业大幅扭亏，批发零售、文体娱乐业净利润同比分别增长 55%、1.19 倍。医药制造业受国内外疫苗、检测试剂需求较大等因素拉动，整体净利润增长近 5 倍。家电行业中新兴品类家电与传统家电均有明显增长，净利润同比增加 34%。汽车制造业在材料价格上涨、缺芯等因素影响下，净利润下滑 3%。航空运输业则尚未实现扭亏，业绩修复仍然存在不确定性。

四、创新投入不断加码，转型升级加速推进

2021 年，沪市主板公司借助高研发投入，引领创新驱动发展的力度进一步增强。数据显示，实体公司研发强度连续 3 年保持正向增长，全年研发投入金额合计 7006 亿元，同比增长 26%。其中，107 家公司研发投入超过 10 亿元，中国建筑、上汽集团、中国移动等 13 家公司研发投入超过 100 亿元。86 家公司研发强度超 10%，推动国产替代不断提速，传统产业

工艺革新数字化智能化水平稳步推进。科技创新中，股权激励运用更为普遍。沪市主板公司全年推出股权激励和员工持股计划草案323单，同比大幅增长81%，覆盖激励对象10.8万人，同比增长44%。其中，国有企业股权激励参与度提升14%。医药生物、化工、汽车制造、电子设备等技术创新引领型公司占比近4成。

与此同时，上市公司借助并购重组实现转型升级的步伐也在加快。2021年，沪市主板有60余家公司披露重大资产重组方案，涉及交易金额近1300亿元，新能源发电、环保水务、计算机通信、半导体材料等新兴行业占比超过4成。典型案例包括，长江电力通过发行股份及定向可转债方式，收购乌东德和白鹤滩两座水电站，聚焦低碳清洁能源，进一步提升上市公司水电装机容量，巩固世界水电行业巨擘地位；安德利通过并购完成从传统的百货零售行业向电池行业的转型，快速切入高成长赛道；中国能建换股吸收合并葛洲坝，既解决了同业竞争问题，也缩短了管理链条，提升经营效率；动力新科置入重型卡车及柴油发动机资产，形成"重型卡车+动力总成"一体化发展格局。

五、现金分红创历史新高，业绩说明会渐成常态

沪市主板公司实现业绩增长的同时，更加重视用真金白银回馈投资者。全年共有1221家公司推出分红方案，占全部盈利公司家数的84%，现金分红总额接近1.48万亿元，较2020年大幅增长26%。从比例看，903家公司现金分红比例超过30%，占比74%，696家公司连续3年分红比例超30%，约203家公司连续3年分红比例超50%。从金额看，157家公司派现10亿元以上，26家派现100亿元以上。从股息率看，主板公司股息率均值连年增长，以年末收盘价为基准，2021年平均股息率1.44%，同比增长8%，有94家公司股息率超过5%，涉及银行、交运、采掘等行业公司，有20家公司连续3年股息率均超过5%。同时，股票回购力度进一步加大，全年共有150余家次公司实施回购，完成回购金额合计约440亿元。其中，约9成公司回购用途为实施股权激励或员工持股计划，彰显公司对长期内在价值的坚定信心。

另外，越来越多的公司直面投资者，采取多种创新方式主动交流公司情况。进入年度报告期以来，沪市主板预计将有1600余家公司召开业绩说明会，实现召开数量"全覆盖"。为提升互动效果和投资者获得感，沪市主板公司充分利用数字化技术，直观展示公司经营及业绩情况。其中，超6成公司制作可视化年度报告短视频或长图文，中国联通、贵州茅台等公司采用"云参观"形式带领投资者走进公司生产经营现场。围绕业绩说明会6大"主题周"，专业分析师开展12期行业解读系列节目，投资者对行业和公司的理解更加深入。召开过程中，上市公司董事长、总经理等核心管理层出席交流，专业分析师深度引领，中小投资者广泛参与，

在已召开的600余场业绩说明会中，各类投资者累计参与量超过千万人次。

六、投资力度不减，出口保持增长

2021年，沪市主板实体企业整体融资规模约11.27万亿元。其中，直接融资规模1.5万亿元，同比增长3%。全年新增上市公司87家，首发融资1625亿元，同比增加35%；非公开发行市场活跃度持续提升，发行家次同比增长64%至138家，募资总额2519亿元；可转债募资总额1631亿元，同比增幅19%。债券融资方面，上交所债券市场发挥积极作用，2021年全年为沪市上市实体公司发债融资约2600亿元。

稳定的融资渠道进一步增强了企业的投资信心。2021年，沪市实体类公司长期资产投资规模2.55万亿元，同比增长5%。其中，制造业投资规模0.68万亿元，同比增长26%，高于实体企业投资增速21个百分点。高技术产业投资增势喜人，266家高技术产业公司投资规模0.2万亿元，同比增幅达35%，高于实体企业投资增速30个百分点。建筑材料、电子设备、电气设备同比增幅分别达50%、47%、38%，保持在较高水平。此外，机械设备、汽车制造业投资分别增加28%、26%，保持较快增长。

依托国内稳定的供应体系，沪市主板120余家出口型相关企业净利润合计602亿元，同比增长38%。其中，对出口依赖度较大的纺织服装业净利润实现同比增速15%；与出口直接相关的港口类公司货运也有所增长，上港集团、宁波港、青岛港三大港口公司合计完成货物吞吐量约21亿吨，完成集装箱吞吐量约10505万标箱，同比分别增长4%、8%。

七、稳就业作用明显，惠民生效果显现

沪市主板公司在稳就业方面继续发挥应有作用。2021年，新增员工人数约24万人，整体就业人数达1670万人，占全国就业人员数量比重2.22%，高于2020年的2.19%。以GDP占比测算，间接带动就业人口在2亿人以上，占全国就业人口比重近3成。其中，制造业就业人数占比34%，同比增长4%，增幅居各行业前列。汽车设备、医药、计算机通信、电气机械设备等行业员工规模均超40万人次，稳增长与稳就业互促共进。

此外，面对材料价格上涨和疫情压力，一批关乎国计民生的沪市主板公司积极配合稳供保价，通过内部挖潜力、降成本、提效益，全力做好民生保障。在毛利率承压的情况下，食品制造业、饮料制造业费用率分别压缩2.9个、0.7个百分点。批发零售、交运仓储、住宿餐饮等行业搭载着百姓出行和消费的基本需求，克服疫情扰动影响，实现费用率同比分别降低0.8个、1.0个、3.8个百分点，维持服务价格运行在合理区间。面对较大的成本上行压力，电热燃水生产业努力压缩各

项费用，费用率同比减少 0.2 个百分点，保障基础能源稳定运行。大唐发电、华能国际、华电国际、国电电力、上海电力五大火电公司顶压前行，累计完成发电量 1.48 万亿千瓦时，同比增长 9%。以中国铁建、中国中铁为代表的基建行业，则发挥自身优势，持续加大普惠性、基础性、兜底性民生建设力度，在云南、贵州等地实现铁路、公路、房建、水利等基础工程建成运营，为当地群众改善生活、便利出行贡献力量。

八、ESG 信息披露大幅增长，支持脱贫攻坚持续巩固

2021 年，沪市主板公司贯彻落实双碳目标，绿色发展取得积极进展。770 余家公司披露 2021 年 ESG 报告、可持续发展报告或社会责任报告，ESG 披露数量创历史新高。约 970 家公司在年度报告中主动展示为减少碳排放所采取的措施及效果。数据显示，近 1300 家公司已建立环境保护相关机制，共投入环保资金 1692 亿元；约 1200 家公司采取减碳措施，合计减少排放二氧化碳当量约 10080 万吨，环保投入及减排力度较上年均大幅增加。钢铁、化工、煤炭、电力等重点行业公司通过调整产品结构、革新工艺技术、健全监测机制等方式深入践行绿色发展理念。如，华能国际大力推进光伏、风电等新能源项目的开发建设，报告期低碳清洁能源装机容量占比提升至 22%；中国神华建立健全气候风险识别体系，制定碳排放管理目标并按年度检视排放进展；宝钢股份提升减碳工艺技术，筹建百万吨级、具备全氢工艺试验条件的氢基竖炉，未来产线碳排放较长流程将降低 90% 以上。

在积极履行社会责任过程中，沪市主板公司响应国家号召，通过参与定点帮扶和社会力量帮扶，积极支持脱贫攻坚成果持续巩固，为乡村振兴建设积势蓄力。2021 年沪市主板公司共投入扶贫资金及物资近 521 亿元，其中 550 余家公司响应国家乡村振兴重点帮扶号召，积极开展产业扶贫项目，支持贫困县发展特色产业；近千家公司通过定点帮扶、劳务协作、消费扶贫、教育脱贫等其他方式积极贡献力量。

九、机构投资者占比逐年提升，市场结构更加合理

2021 年，沪市主板公司股票交易持续保持较高的交易活跃度，全年成交量 8.36 万亿股，同比增长 27%，成交额约 103.07 万亿元，同比增长 34%，基于自由流通股本的年平均换手率均值约 3.72，与 2020 年基本持平。其中，蓝筹公司交易规模持续增长，头部公司交易活跃度显著提升，年末市值 500 亿元以上的公司全年成交额超过 50 万亿元，交易金额占比接近一半，同比增长 55%，中远海控、隆基股份等 7 家公司全年成交额均超过万亿元。

活跃度增长的同时，机构投资者占比也进一步提升。数据显示，截至 2021 年

年末，专业机构投资者在沪市主板公司流通股中的持股市值约 10 万亿元，同比增长近 25%；交易占比约 35%，同比增加约 7 个百分点；全年日均成交金额 3301 亿元，同比增加 1475 亿元，增幅达 81%。其中，基金类投资者（公募及私募基金）持有市值 4.6 万亿元，同比增长 77%；持股占比约 10%，同比增加 3 个百分点；全年日均成交金额 1993 亿元，同比增长 95%。

十、风险化解成效明显，退市制度执行有力

在中国证监会的推动和指导下，沪市主板公司整体风险进一步收敛，夯实了高质量发展的基础。"清欠解保"方面，沪市主板全年有 60 余家公司解决资金占用问题，累计金额 780 余亿元；20 余家公司解决违规担保问题，累计金额 620 余亿元。2021 年年度报告期间，沪市主板新增发现存在占用担保的公司家数较 2020 年减少约 6 成。股权质押方面，2021 年年末，沪市主板存在股票质押的公司家数较年初减少逾 50 家，高比例质押公司数量较年初下降逾 3 成，较最高峰减少 2/3；年末质押待偿还余额 7806 亿元，较年初减少 515 亿元；市场整体履约担保较年初提高逾 16 个百分点，违约风险明显缓释。

2022 年，退市新规集中显效。截至目前各类退市预计 21 家。其中，预计 17 家公司触及财务类退市指标将被终止上市，这里面有 9 家公司触及"扣非净利润+营业收入"财务类组合指标。此外，退市新亿触及重大违法退市，还有安德利和*ST 广珠等 3 家公司通过重组、主动退市等多元化渠道退出。截至目前，退市数量已较 2021 年增长 50%，其中强制退市增长 125%，退市风险警示公司的退市率约达 45%。另有 13 家公司触及*ST 情形、28 家公司触及 ST 情形，上市公司优胜劣汰的良性机制正在形成。

十一、2022 年第一季度业绩承压，复工复产有序推进

2021 年，在整体向好的格局下，受内外部环境变化和局部疫情反复等因素影响，各行业、企业恢复程度仍然存在不均衡情况，部分企业面临较大的经营压力。沪市主板有 216 家公司亏损，合计亏损金额 2505 亿元，与 2020 年基本持平。房地产、航空运输、火电企业阶段性经营压力较为明显，合计亏损 1439 亿元。此外，制造业虽有所恢复，但受原材料价格上涨影响，汽车制造、橡胶制品业、木材加工业等 2 成细分行业净利润尚未修复至疫情前水平。

2022 年第一季度，沪市主板公司实现营业收入 12.03 万亿元，净利润 1.13 万亿元，扣非后净利润 1.08 万亿元，同比增幅分别为 12%、8%、10%。受疫情等多重因素影响，308 家公司出现亏损，625 家公司利润同比下滑，亏损和下滑家数合计占比 56%，占比较上年同期有所

扩大。其中，少量公司受疫情影响出现暂时性停工停产。汽车、计算机通信等行业受产业链供应受限等影响，产能利用率出现阶段性下降，第一季度利润同比下滑17%、14%。

据了解，截至4月末，在各项政策有力推动下，前期受困疫情停工的公司，已有逾7成开始复产复工，整体启稳态势较为明确。

2021年上交所科创板公司经营业绩情况分析

截至2022年4月30日，科创板全部420家公司通过年度报告、上市公告书等形式披露了2021年度主要经营业绩信息。2021年是"十四五"开局之年，科创板公司立足科技创新，深耕科创主业，"硬科技"底色持续彰显，"绿色引擎"提升发展动能，整体业绩延续了较快增长态势。科创板服务国家创新驱动战略和实体经济高质量发展的作用逐步显现。进入2022年第一季度，面对新冠疫情带来的严峻考验和复杂多变的国内外环境，科创板公司直面挑战、抗疫保供、提质增效，展现出良好的韧性和活力。

一、整体业绩保持较快增长，未盈利等特殊类型企业发展向好

2021年，科创板公司共计实现营业收入8344.54亿元，同比增长36.86%；实现归母净利润948.41亿元，同比增长75.89%；实现扣非后归母净利润732.21亿元，同比增长73.79%。近9成公司营业收入增长，41家公司营收翻番；近7成公司归母净利润增长，61家公司增幅在100%以上，最高达18倍。科创板公司全年营业收入的中位数由5.28亿元上升至7.21亿元，归母净利润的中位数由0.87亿元上升至1.09亿元。同时，部分公司业绩出现下滑，主要是受全球疫情反复、原材料价格上涨、股权激励费用增加、研发投入加大等因素影响。

作为实体经济高质量发展的生力军，科创板公司整体维持了较强的盈利质量。2021年，科创板公司经营活动现金流净额合计817.26亿元，同比增长11.52%，显示出良好的变现能力和回款效率。同时，超4成公司毛利率超过50%，48家公司毛利率较上年增加5个百分点以上；近4成公司净利率超过20%，51家公司净利率较上年增加5个百分点以上，市场竞争力凸显。

此外，在科创板更具包容性的上市条件下，已先后有38家上市时未盈利企业、5家特殊股权架构企业、4家红筹企业和1家发行存托凭证企业成功上市，上市后发展势头良好。其中，38家上市时未盈利企业2021年营业收入合计为985.3亿元，同比增长65.69%；归母净利润合计为-42.88亿元，亏损同比收窄77.96%，14家公司实现扭亏为盈。按照科创板第五套标准上市的创新药企业中，有11家公司产品销售持续放量，9家公司营业收入突破1亿元，康希诺、百奥泰和艾力斯在连续亏损多年后首次实现盈利。

二、"硬科技"底色持续彰显，以高质量创新助力科技自立自强

科创板上市公司高度集中于高新技术产业和战略性新兴产业，在服务国家战略、推动经济高质量发展中的作用日益凸显。目前，科创板集成电路领域公司总数达55家，占A股同类上市公司的"半壁江山"，形成上下游链条完整、产业功能齐备的发展格局；生物医药领域上市公司总数93家，成为美国、香港之外全球主要上市地；光伏、动力电池、工业机器人等产业链也已初具规模。在面向科技前沿的多个"硬科技"领域，中芯国际、晶科能源、君实生物等一批关键技术攻关者，借力资本市场实现创新链、产业链、人才链、政策链、资金链深度融合。

2021年，科创板公司研发强度保持高位，全年研发投入金额合计达到852.40亿元，同比增长29%，研发投入占营业收入的比例平均为13%。其中，百济神州、翱捷科技等38家公司的研发投入占比超过30%。2021年年底，科创板已汇聚了一支超过14万人的科研队伍，平均每家公司超过330人，占公司员工总数的比例接近3成。在长效激励机制的建立上，226家公司在上市后推出了283单股权激励计划，占科创板公司总数的54%，惠及逾5万人次科技人才，充分激发人才创新活力。

2021年，科创板公司创新成果不断涌现，在助力我国科技自立自强的主战场上，取得一系列技术突破和科研进展。科创板公司全年合计新增发明专利7800余项，平均每家公司拥有发明专利数达到108项，66家次公司牵头或者参与的项目曾获得国家科学技术奖等重大奖项。其中，安集科技化学机械抛光液产品、天岳先进半绝缘型碳化硅衬底材料、时代电气全系列高可靠性IGBT产品、科德数控五轴联动数控机床产品等，打破国外垄断局面，实现国产自主供应，为相关产业链自主可控提供有力支撑。在抗击新冠疫情的过程中，科创板公司及时开展应急攻坚，以君实生物和康希诺为代表的创新药企业，推动新冠特效药、疫苗、快速检测试剂等加快落地，彰显"硬科技"企业的研发实力与使命担当。

三、"绿色引擎"加快转型升级，ESG理念引领企业可持续发展

2021年，在我国深入推进"碳达峰、碳中和"的战略背景下，科创板公司以技术创新驱动"绿色引擎"，光伏、动力电池等产业链持续加快新能源转型进程。晶科能源、天合光能等11家光伏产业链公司加快布局光伏垂直一体化，生产经营持续提质增效，全年营业收入和归母净利润分别同比增长43%和126%；容百科技、长远锂科等14家动力电池产业链公司，发挥技术研发优势，加大产能布局，全年营业收入和归母净利润分别同比增长59%和35%。

此外，科创板多家新一代信息技术、

高端装备、新材料企业，积极推进"碳足迹"计算、环境监测等辅助技术研发与推广，打通节能减排产业链，形成"绿色产业"发展合力。中控技术为近百家石化企业提供节能减排优化解决方案，降低生产能耗，助力流程工业低碳运营；海尔生物探索建立"绿色工厂"，零碳技术获得中国专利优秀奖。

本年度，全部科创板公司在2021年年度报告中专节披露了ESG（环境、社会和公司治理）相关信息，逾90家公司单独编制并发布社会责任报告或ESG报告，内容涵盖公司科研创新、产品服务、治理结构、环境保护、社会贡献等，成为科创板公司展现企业使命、社会责任、投资价值等关键信息的重要载体。其中，近7成公司自愿披露资源能耗及排放物信息，近6成公司披露碳减排的措施及效果。中芯国际全年投入环境保护资金近10.98亿元，用于环境保护设施的运行、改扩建等；大全能源年产86586吨多晶硅产品用于光伏组件制造，约可实现432亿度清洁电力发电，相当于减少2522万吨二氧化碳当量的温室气体排放。社会责任方面，科创板公司积极投入乡村振兴、医疗卫生等社会公益事业，合计捐款捐物超过4.67亿元。

四、专精特新"小巨人"集聚，持续提升产业链供应链竞争力

科创板作为科技创新型企业聚集地，截至目前共有123家上市公司入选国家级专精特新"小巨人"企业名录，分别占科创板上市公司总数的29%、专精特新"小巨人"企业上市总数的32%和注册制下专精特新"小巨人"企业上市总数的72%。主要分布在高端装备制造、生物医药、新一代信息技术等行业，涵盖全球户用储能龙头派能科技、钴酸锂正极材料龙头厦钨新能、先进磁性金属材料制造龙头云路股份等多个细分行业"隐形冠军"。此外，41家科创板公司被评为制造业"单项冠军"示范企业，21家公司主营产品被评为"单项冠军"产品。

2021年，科创板专精特新"小巨人"企业呈现出高成长和重研发的显著特征，合计实现营业收入1259.33亿元、净利润195.24亿元，分别同比增长39%和42%；合计研发投入金额达到112.70亿元，同比增长29%，研发投入占营业收入比例的平均值为12.5%，为加快我国产业链供应链补短板、锻长板、填空白提供了有力支撑。

五、持续分红回购加强股东回报，投资者关系管理迈上新台阶

科创板公司在深耕科创主业、提升经营绩效的同时，持续通过现金分红、股份回购等方式切实回报投资者。2021年，共有322家科创板公司推出现金分红方案，占全部盈利公司家数的85%，现金分红总额达到290.44亿元。其中，236家公司现金分红比例超过30%，中国通号等64家公司现金分红超过1亿元。同

时，股份回购力度进一步加大，2021年以来已有41家公司发布股份回购方案，涉及金额合计38.82亿元。

2021年年度报告披露期间，科创板公司多措并举加强与投资者的互动交流，不断提高投资者关系管理水平。本年度，科创板业绩说明会继续实行全面覆盖，全部科创板公司均将召开年度报告业绩说明会，由公司董事长、总经理等主要负责人通过网络直播、文字互动等方式，直面投资者进行深度交流。此外，一批科创板公司积极创新年度报告呈现方式，中微公司、九号公司等逾170家公司采用长图文、短视频等形式，对公司本年度经营业绩、技术创新等进行多媒体解读，增强年度报告的可读性和可理解性。

六、投资者结构持续优化，科创板国际化水平进一步提升

截至2021年年底，科创板公司的专业机构投资者活跃账户数接近5万户，同比增长63%；专业机构投资者持仓占比接近46%，全年交易额占比超4成。全部科创板公司流通股东均包含基金股东，合计63486家次基金持有科创板公司股票。从行业分布看，以集成电路、新能源为代表的"硬科技"领域公司受到基金青睐，平均持仓占比超过20%。总体看，科创板公司机构股东数量和持股比例上升明显，投资者结构持续优化。

同时，科创板的国际吸引力和影响力进一步提升。截至目前，已有44只科创板股票进入沪股通标的、38只科创板股票被纳入明晟（MSCI）、富时罗素、标普核心指数体系。随着外资投资科创板渠道进一步拓宽，外资持股规模与覆盖面不断提高。截至2021年年底，外资机构持仓金额达到1043.06亿元，占比近5%。此外，已有11只科创50ETF产品在境外多地上市，为海外投资者开辟了投资科创板的新通道。

七、2022年第一季度整体实现平稳开局，部分公司经营业绩出现分化

2022年第一季度，面对新冠疫情带来的严峻考验和复杂多变的国内外环境，科创板公司直面挑战、抗疫保供、稳产提效，整体经营状况良好。第一季度，共计实现营业收入2162.86亿元，同比增长45.60%；实现归母净利润268.04亿元，同比增长62.42%。超7成公司收入同比增长，超5成公司净利润同比增长。研发投入继续保持高位，第一季度合计研发投入为178.61亿元，同比增长75.93%。

部分公司受疫情等外部环境影响较大，经营业绩出现分化。2021年全年，科创板共有16家公司归母净利润同比降幅超过50%，17家公司出现业绩亏损（不含未盈利企业）；2022年第一季度，有31家公司归母净利润同比降幅超过50%，79家公司出现业绩亏损（不含未盈利企业），而2021年同期为56家。疫情影响下，前期有部分公司部分厂区存在

停工停产的情况，在各项政策推动下，目前绝大多数已有序复产，整体企稳态势较为明确。

因科创板上市条件多元化，包容性更强，上市公司多处于成长阶段，经营规模总体偏小，抗风险能力相对较弱，经营业绩容易受到外围环境、行业政策和市场竞争的影响，从而出现波动。上交所将密切跟踪科创板公司经营业绩变化，不断完善科创板制度供给，持续支持科创企业高质量发展。同时，对财务造假等信息披露违法违规行为，始终保持"零容忍"高压态势，切实保护投资者合法权益，维护资本市场健康发展秩序。

2021年深交所上市公司年报实证分析报告

2021年是"十四五"开局之年，也是开启全面建设社会主义现代化国家新征程的第一年。面对百年变局和世纪疫情，我国经济持续恢复发展，构建新发展格局迈出新步伐，高质量发展取得新成效。在稳增长政策以及资本市场全面深化改革的有力支持下，深市上市公司继续领跑经济增长。截至2022年4月30日，深市2635家公司中有2628家按期披露2021年度报告。数据显示，上市公司整体业绩保持平稳增长，创新发展动能持续增强，引领高质量发展的"头雁效应"进一步发挥，资本市场对于推动科技、资本和实体经济高水平循环的枢纽作用日益凸显。

一、整体业绩保持平稳增长

从整体来看，2021年深市优质龙头等"基本盘"持续向好，奠定"稳"的基调；创新领域的"新势力"亮点频现，凸显"进"的特征；发展动能"转换器"加速升级，体现"质"的提升。

（一）整体业绩稳中向好，基本面扎实稳健

2021年，深市公司实现营业总收入18.3万亿元（本文分析剔除苏宁易购异常值影响），同比增长23.4%；非金融类公司实现营业总收入17.7万亿元，同比增长23.7%。其中，近八成公司收入正增长，超四成公司收入连续三年正增长。此外，在全球经济复苏放缓的情况下，2021年深市公司的海外收入依旧保持27.3%的增速，展现较强韧性。

深市公司全年实现净利润9776.2亿元，扣非后净利润7947.2亿元，同比分别增长6.7%和12.7%。其中，超八成公司实现盈利，近六成公司利润正增长，近三成公司利润增长50%以上，460家公司实现翻倍式增长。

---

* 免责声明：本报告使用数据均来自上市公司年报和招股说明书，结论系深交所研究所年报分析课题小组对上市公司年报数据所做出的客观陈述及独立分析意见，不构成对上市公司年报数据的真实性、准确性、完整性和及时性的确认、承诺或保证，也不代表深交所立场或意见。

本报告任何内容不构成投资建议，对任何因直接或间接使用本报告内容造成的投资损失或其他损失，深交所研究所年报分析课题小组不承担任何责任。

任何机构或个人使用本报告内容，即视为已完全知悉理解，并接受本声明全部内容。

表 1　　2021年深市公司总体业绩情况

板块	营业总收入增长率	净利润增长率	净资产收益率	毛利率	销售净利率	总资产周转次数
深市全部	23.4%	6.7%	8.1%	20.1%	5.4%	0.61次
主板	23.4%	3.0%	8.2%	19.1%	5.2%	0.60次
创业板	23.6%	25.1%	7.9%	25.8%	6.8%	0.64次

注：表中数据剔除了苏宁易购的异常影响；计算净资产收益率、毛利率、销售净利率、总资产周转次数指标时剔除了金融行业。

在盈利质量和营运效率方面，2021年深市非金融类公司净资产收益率为8.1%，毛利率、销售净利率和总资产周转率分别为20.1%、5.4%和0.61次，均与上年同期相当。此外，经营活动现金净额同比增长2.9%，筹资活动现金流入同比增长2.2%，整体运营状况平稳。

（二）新主板市场功能提升，创业板增长动能强劲

主板和中小板合并已满一周年，目前主板公司达1493家，总市值超20万亿元，2021年收入和净利润同比分别增长23.4%和3%。新主板恢复发行上市功能，全年新增上市公司共33家，融资金额合计222亿元，行业分布广泛，涵盖基础化工、交通运输、机械设备、通信等领域。合并后，深市板块结构更简洁、特色更鲜明、定位更清晰，主板与创业板协同效应更强，为不同发展阶段、不同类型的企业提供更加便捷高效的金融服务。

创业板在2021年正式进入"千企时代"，目前已达到1142家，数量增加的同时，业绩持续保持高增长。2021年收入和净利润齐头并进，分别增长23.6%和25.1%。超八成公司实现盈利，181家公司净利润翻倍，较上年同期增加13家。九大战略新兴产业中有四大产业实现翻倍式增长，尤其是新能源汽车的收入和净利润均倍增。在业绩高增长的同时，电子、生物医药、新能源等板块集聚效应显著，例如新能源板块汇集了上游锂电资源、中游电池研发及下游汽车制造全产业链领军企业。在投资方面，创业板公司持续扩产增能，全年投资活动现金流出同比增长38.8%，展现出较高的活跃度。全年研发投入超1300亿元，同比增长近30%，近五年平均增速在20%以上。

（三）龙头"压舱石"作用凸显，创新"新势力"引领增长

2021年，深市市值前10%的公司贡献了近五成收入和超八成净利润，在体量较大的基础上增速仍然达到31%和18.6%。这些公司中，28家实现千亿元以上收入，173家实现十亿元以上净利润。龙头公司"基本盘"越扎越稳，为深市整体业绩的平稳增长奠定了良好基础。

截至目前，深市共有战略新兴产业公司1211家，2021年收入和净利润同比分别增长22.3%和46%。深市共有"专精特新"公司200家，2021年收入和净利润同比分别增长29.7%和24.9%。从整体来看，这些"新势力"公司的业绩增速显著高于深市平均水平，呈现出强劲的发展势头。

（四）国企改革质效提升，民企活力持续增强

2021年是国企改革三年行动方案承上启下的关键之年，深市国有控股公司不断提质增效，全年收入和净利润同比分别增长26%和33.8%。深市国企积极通过改制上市、并购重组、混改等方式优化产权、资本、技术等要素配置，全年共实施24单重大资产重组，交易金额超1600亿元，一批体量大、影响大的项目相继落地。例如，风电运营龙头企业龙源电力吸收合并平庄能源后成功登陆深市主板，实现新能源产业的资源整合和布局优化。天山股份定增收购4家同行业公司，交易金额达981.4亿元，成为A股水泥行业规模最大的龙头企业。

深市一直是优质民企聚集地，目前共有1879家民营控股公司，占比超七成，主要集中于制造业、软件及信息技术服务业等实体领域。除农业行业之外，非金融地产类民营公司2021年收入和净利润同比分别增长25.1%和15.4%。其中，净利润增速超过50%的有494家，翻倍的有306家。除了业绩表现亮眼之外，民营资本投资也非常活跃，2021年民营控股公司的固定资产投资增速达26.6%。

此外，国企民企的协同发展也有新的突破，既有国企引入民营资本，如风华高科的子公司奈电科技引入民企战略投资者；也有国资入股民营企业，通过现金输血、授信支持、优质资产注入等措施纾困民企。例如，2021年武汉金控入主航锦科技，有效化解了公司的股权质押风险。

（五）九成行业收入增长，上游制造和现代服务业表现较好

2021年，按证监会行业分类，深市九成行业收入正增长，超六成行业净利润正增长，七成以上行业实现盈利。其中，上游采矿业净利润增长178.3%，制造业和现代服务业延续高增长态势。

制造业表现亮眼，2021年收入和净利润同比分别增长27.8%和38.6%，增速高于深市平均水平；在深市公司中的净利润占比为78.1%，较2020年提升18个百分点，助力"十四五"制造强国战略开好头、起好步。从细分行业来看，受益于大宗商品价格上涨，石油、化工、有色金属、钢铁等上游行业净利润均实现翻倍。在产业基础再造、技术改造升级等政策的推动下，汽车、计算机通信、电气机械等高端制造行业的净利润均增长30%以上。

随着产业转型升级的持续推进，现代服务业增势良好，信息技术服务业净利润保持23.9%的较高增速。在制造业高质量发展的带动下，深市生产性服务业板块发展壮大，2021年以来科学研究和技术服务业大幅新增36家公司，全行业净利

润同比增长 7.9%，促进服务行业结构优化升级。随着国内疫情形势好转，交通运输、批发零售等接触性聚集性行业净利润同比分别增长 19.5%、110%；住宿餐饮仍处于亏损状态，但亏损面有所收窄。

二、高质量发展扎实推进

2021 年，深市公司积极落实国务院《关于进一步提高上市公司质量的意见》要求，在新发展理念的引领下，统筹疫情防控和生产经营，持续增强创新发展动力，有力带动产业链上中下游协同发展，主动担当稳就业保民生社会责任，促进发展成果共建共享。

（一）注册制释放改革红利，引领市场生态改善

创业板试点注册制已落地一年有余，共新增 314 家上市公司，这些"新成员"为板块发展注入了新动能。整体业绩增长较快，2021 年和 2020 年收入的两年平均增速约 20%，优于板块平均水平。新上市公司主要来自高端制造和现代服务行业，排名前五的为电子、专用设备、通用设备、专业技术服务、电气机械，合计占比近 40%，其中，战略新兴产业占比近六成，行业创新特色明显。此外，注册制下再融资审核更加市场化，上市公司对接资本市场更加便利，创业板注册制以来首发融资金额合计 2869.8 亿元；2021 年完成再融资 201 单，募集资金合计 2133.4 亿元，均再创新高。

在注册制改革的牵引带动下，资本市场各项功能全面提升。并购重组方面，2021 年深市公司披露重大资产重组方案 86 单，实施完成 57 单，交易金额（不含配套募资）2006.5 亿元。重组方案进一步回归理性，产业导向特征明显，如化工行业实施完成重大资产重组 7 单，产业链一体化水平进一步提升。股权激励方面，2021 年的覆盖范围更广，公司参与活跃度更高，全年共推出股权激励计划 419 单，同比上升 58.7%。其中，有效期在四年及以上的 393 单，占比 93.8%，长效激励功能显现。新型股权激励方案持续涌现，在创业板公司披露的 238 单方案中，174 单使用第二类限制性股票，占比 73.1%。

（二）创新发展动能增强，科技自立自强水平提升

深市公司坚定不移走创新发展之路，科技投入持续加码。2021 年非金融公司研发投入超 5500 亿元，同比增长 23.4%，增速较 2020 年提升 12 个百分点；整体研发强度为 3.3%，创业板研发强度为 4.9%。中兴通讯、宁德时代等 11 家公司研发投入超过 50 亿元，333 家公司研发强度超过 10%，78 家公司研发强度超过 20%。同时，高端人才集聚效应愈发显现，深市公司拥有超 126 万研发人员，每家公司研发人员的中位数约 220 人，研发人员占比的中位数约 15%。

研发资金投向瞄准新兴领域，在增强自主创新能力的同时，有力带动产业转型

升级。2021年，近七成深市研发资金投入到战略新兴领域，其中，新能源汽车和新材料的投入增长最快，均保持在40%以上。持续增长的研发投入换来的是科技创新硬实力的增强，以创业板公司为例，拥有与主营相关的核心专利技术13万余项，近六成公司的产品和技术实现了进口替代，解决一批"卡脖子"技术难题。例如，先导智能生产的卷绕及叠片等锂电池核心工艺设备，市场占有率全球第一，技术水平远超日韩设备水平，实现了完全的国产替代并出口至欧美日韩客户工厂。深市公司在增强自身竞争力的同时，也有效带动了产业整体转型优化。例如，华润材料成功突破PETG特种聚酯等新型材料技术，为我国工程塑料和高端包装材料产业补上了短板，同时能够有效降低生产能耗和温室气体排放，大幅提高行业生产效率。

（三）积极补短板强弱项，主动融入区域协调和乡村振兴战略

2021年，西部地区公司积极借助资本市场实现跨越式发展，不断缩小发展差距，进一步增强区域发展的平衡性和协调性。在业绩增长方面，2021年西部地区公司收入和净利润分别增长28.7%和34.8%，增速明显快于东部和中部地区。在对接资本市场方面，创业板注册制实施以来，新增西部地区公司15家，2021年新增9家。这些公司借助资本市场不断发展壮大。例如，作为创业板注册制改革后贵州首家上市公司，中伟股份依托西部地区优质矿产资源，快速成长为锂电池正极材料龙头，2021年收入和净利润实现翻倍。

在助力乡村振兴方面，深市公司积极发挥引领作用。据不完全统计，2021年深市共有1100多家公司披露年度乡村振兴工作信息。在发展产业方面，依托自身产业优势，持续巩固脱贫攻坚成果，助力有序衔接乡村振兴战略。例如，2021年温氏股份投入3.3亿元，支持505个乡村振兴项目；圣农发展在福建光泽县内累计建设200余个上下游一体化生产单位，将产业链有机嵌入乡村。在帮扶农民方面，发挥技术优势和资金优势，助推农民职业化发展，帮助农民增收。例如，海大集团累计派出9000多名工程师，帮助农民科学养殖。

面对疫情多点散发的局面，深市公司立足主业积极承担社会责任。据不完全统计，2021年深市共有2500多家公司在年报中披露履行社会责任信息，涌现出一批利用自身专业优势支援抗疫的案例。例如，奥美医疗等生物医药公司，加班加点生产，保障防疫物资供应；韵达股份等物流运输公司，利用运输网络优势，积极调配资源运转救援物资。此外，在共同抗疫的特殊时期，深市公司积极创造更多就业岗位，全年新增就业人员78.3万，为稳就业贡献重要力量。

（四）绿色产业持续壮大，推动生产方式绿色低碳转型

绿色低碳是可持续发展重点领域，也

2022 综合发展篇

是深市公司转型升级的主要方向。截至2022年4月底,深市新能源、新能源汽车和节能环保行业上市公司共272家,市值合计超5万亿元,占深市公司总市值的17%。这些公司在风光核能源、储能、新型电力系统、锂矿资源、锂电池化学材料、环保、废物资源利用等绿色产业链环节均占据重要地位,产业集聚和品牌效应逐步显现。绿色产业在2021年进入高景气区间,深市绿色产业公司收入和净利润同比分别增长26.4%和33.9%,增长动能强劲,转型潜力巨大。

高增长业绩背后,深市绿色产业公司通过各种方式加快转型。全年投入研发金额797.9亿元,占深市研发投入总额的14.3%。一些公司加大低碳技术攻关,例如赣锋锂业提前布局固体电解质及负极材料的开发技术,积极抢占固态锂电池的前沿领域。一些公司加快推进绿色基础设施建设,例如宁德时代与贵阳市政府签署合作协议,开展换电网络设施建设。

在环境信息披露方面,深市公司的披露质量明显提升。2021年,深市有1559家公司在年报中披露了环境保护、污染防治、资源节约、生态环保等相关内容,550家公司披露了独立的社会责任报告或ESG报告,与2020年相比增加了100余家。信息披露的"质""量"齐升,为资本市场识别、评估、管理环境风险奠定良好基础,有助于引导更多资金配置到绿色低碳领域,助推"双碳"目标实现。

(五)更加注重分享发展红利,持续加强与投资者交流沟通

2021年,深市公司延续优良分红传统,共有1698家公司披露年度现金分红方案,占全部盈利公司家数超七成,现金分红金额合计4058.6亿元,平均股利支付率为34.8%。其中,股利支付率在50%以上的公司有368家,连续三年分红的公司有1092家。

除了分红之外,上市公司还不断加大股份回购力度。2021年,深市共有567家公司完成股份回购,涉及股份数量超61亿股,金额827亿元,惠及众多投资者,大幅提振市场信心。其中,格力电器出资270亿元回购5.3亿股,为深市全年回购金额之最。

2021年,深市公司更加重视投资者关系管理工作,98%的公司制定了专项制度,56%的公司对相关制度进行修订,较2020年分别提升3个和10个百分点。深市公司主动适应线上交流新常态,89%的公司加大了线上投资者关系管理工作的投入,互动易平台全年共有45.6万条提问,同比增长24%。2021年度报告披露后,将有超过七成公司举办业绩说明会,多家公司积极参与"十新破局"系列业绩说明会,董事长、总经理等"关键少数"悉数到场,重视程度普遍进一步提高。

(六)防范化解风险成效显著,优胜劣汰的市场生态加速形成

深市公司积极响应公司治理专项行

动，全面检查自身弱项，将整改薄弱问题与提升治理水平相结合，风险化解工作取得实质性成效。在股权质押方面，截至2021年年底，高比例质押公司数量较年初减少48家，下降比例近20%，较高峰时下降60%。质押股数和质押市值较年初分别减少27%和9.5%。平仓线下融资余额为1399亿元，较年初减少546亿元，下降28%。在"清欠解保"方面，深市全年有42家公司解决资金占用问题，累计金额505亿元，21家公司解决违规担保问题，累计金额283亿元。深交所共计对44单资金占用、17单违规担保案件做出纪律处分，督促上市公司规范治理。

退市相关制度机制更加完善，优胜劣汰的市场生态加速形成。2021年深市共有11家公司退市，其中强制退市8家，主动退市3家。主动退市类公司中，1家通过吸收合并主动退出，2家通过破产重整完成出清式资产置换，多元化退市渠道更加畅通。2022年已有24家公司触及退市红线，创历史新高且接近过去三年总和，资本市场吐故纳新的节奏逐渐加快，有力促进了资本市场的优胜劣汰和良性循环。24家公司中有8家触及"营业收入低于1亿元+净利润为负"指标，退市新规效果显现。

三、上市公司发展面临新机遇新挑战

当前，上市公司发展的外部环境正发生复杂深刻变化。新冠疫情和乌克兰危机导致风险挑战增多，全球产业链供应链脆弱性上升，世界经济复苏放缓、通胀高企。我国经济发展面临需求收缩、供给冲击、预期转弱三重压力，上市公司发展面临的成本、资源、环境等硬约束不断增强，行业分化问题较为突出。

为战胜当前各种风险挑战，稳增长、稳预期的各项政策正在加紧落地见效，2022年一季度国民经济开局平稳，GDP同比增长4.8%，工业增加值同比增长6.5%，物价、就业、国际收支等各项指标均表现良好。深市公司一季度延续稳步增长态势，除农业行业之外，实体类公司营业总收入和净利润分别增长11.5%和4.7%。随着政策的持续发力和改革的不断深入，上市公司稳增长的支撑体系将更加有力，内生增长潜力将进一步释放。

（一）稳增长政策持续发力，上市公司业绩修复得到有力支撑

在产业投资方面，一批数字化绿色化投资项目正在谋划实施，5G、东数西算、北斗等新基建适度超前开展。在政策拉动下，2022年一季度的高技术产业投资增长27%，全年预计将保持中高速增长，成为稳增长的重要抓手。深市光伏和风电产业加大产能扩张和投资布局，一季度的固定资产投资均实现30%以上增长，空间和潜力巨大。

在金融信贷方面，强调综合运用普惠小微贷款、碳减排支持工具、煤炭清洁高效利用专项再贷款等工具，推动银行增加制造业中长期贷款。这些政策有力保持了

流动性合理充裕，2022年3月社融超预期增长10.6%。上市公司的信用环境也得到有效改善，2022年一季度深市实体公司的筹资活动现金流入，扭转了2021年四季度的下滑趋势，同比增长6.5%。

在保供稳价和减税降费方面，目前已出台一揽子纾困帮扶政策，包括能源资源的保供稳价，差别化电价，完善研发费用加计扣除和加大增值税留抵退税力度等政策。这些政策已经显效发力，一季度规上工业企业的利润率得到改善，每百元营收中成本和费用占比均有所下降，预期全年供应短缺等生产限制有望进一步消除。上市公司层面，一季度深市中小市值实体公司在营业总收入保持增长的情况下，税费现金支出同比减少16.5%，企业负担切实得到减轻，盈利修复的基础进一步巩固。

（二）资本市场功能显著提升，为上市公司引领增长创造良好环境

近年来，资本市场全面深化改革取得积极进展，创业板试点注册制成功落地，全市场实行注册制的条件逐步具备。随着基础制度的适应性包容性不断增强，资本形成、资源配置、激励约束等各项功能显著提升。不断健全的退市机制、不断增强的法治供给，使得扶优去劣的市场生态加快形成。

上市公司结构转型升级取得积极成效，增长韧性足、潜力大、空间广的特点较为明显。深市战略新兴产业公司已超1200家，数量占比接近深市公司总数的一半，市值占比接近深市总市值的六成，净利润三年平均增速超过25%，远高于深市平均水平。持续优化的上市公司结构，反映并代表了我国经济结构转型升级的主要方向，这些新势力新动能正在加速成长为新的增长极。

上市公司经过多年苦练内功，内生增长动力不断增强。深市公司研发投入规模在五年内翻了一番，目前占全国研发经费支出的1/5以上。并购重组回归成熟和理性，标的公司的评估增值率中位数连续三年下降，盲目跨行业并购的乱象得到较大程度修正，重组工具产业导向特征明显。

上市公司质量是经济高质量发展的微观基础。深交所将进一步发挥自身功能，凝聚各方合力，用制度规则的高质量、监管服务的高质量，推动上市公司发展的高质量，助力上市公司充分释放创新动能和发展潜力，成为经济高质量发展的重要支撑力量。

附：数据说明

1. 战略新兴产业数据来自深圳证券信息有限公司（更新至2022年4月30日）；

2. 本报告整体及组内平均增长率及比率计算均采用整体法；

3. 净资产收益率＝归属母公司股东的净利润*2/（期初归属母公司普通股东的权益＋期末归属母公司普通股东的权益）；

4. 毛利率＝（营业收入－营业成本）/营业收入；

5. 销售净利率＝净利润/营业总收入；

6. 总资产周转次数＝营业总收入*2/（期初总资产+期末总资产）；

7. 股利支付率＝上市公司已宣告的年度累计分红总额/归属母公司股东的净利润，计算时剔除了数据缺失的公司；

8. 研发强度根据已披露公司的研发支出和营业总收入，按照整体法计算得出，计算时剔除了数据缺失的公司。

2021 年北交所上市公司分析报告

截至 2022 年 4 月 30 日，全部 89 家北交所上市公司均披露了 2021 年年报。上市公司共实现营业收入 668.9 亿元，净利润 72.5 亿元，同比分别增长 31.1%、23.8%，净利润中位数 4629 万元。88 家上市公司 2021 年实现盈利，盈利面达 99%。整体上看，面对复杂严峻的国内外形势和诸多风险挑战，上市公司经营保持稳健，创新驱动作用增强，负债结构向好，规范性水平持续提升，体现出较强的韧性和活力。

一、生产经营提质增效，盈利能力稳步提升

新冠疫情、大宗商品涨价等给经济造成巨大冲击，中小企业生产经营承受较大压力，资本市场直接融资和公司管理效率提升给企业经营恢复提供了坚实保障。89 家上市公司公开发行融资 188.9 亿元，平均每家 2.1 亿元，上市公司营业收入大幅增长的同时，期间费用率同比下降 1.2 个百分点，平均存货周转率同比提高 27.9%。54 家上市公司净利润同比正增长，17 家公司净利润增幅超过 30%，净利润 5000 万元以上的公司占比近半数。全球锂电池负极材料龙头贝特瑞实现净利润 14.4 亿元，同比增长 191.4%，碳纤维原丝国内龙头吉林碳谷实现净利润 3.1 亿元，同比增长 126.1%。

二、创新驱动作用显著增强，标杆企业初步形成聚集效应

与传统大型企业不同，中小企业轻资产属性明显，企业核心竞争力的提升更多依靠技术、人才等要素投入。2021 年，上市公司研发支出合计 30.4 亿元，研发强度达 4.7%，是规模以上企业平均水平的 3.3 倍。高端无线通信测试仪器服务商创远仪器聚焦于 5G/6G 和毫米波研发，已连续 3 年研发强度超 20%，报告期内研发强度达 39.2%。为充分有效激励人才，22 家上市公司实施股权激励或员工持股计划，合计对 1880 名员工进行激励，授予或行权价格平均为市场参考价的 67%，有效调动了员工积极性，激发了上市公司创新活力。

标杆性企业初步形成聚集效应，主阵地作用持续有效发挥。19 家公司属于工信部"专精特新"小巨人，9 家公司参与国家、行业标准制定，2 家公司获得国家科技进步奖。电池生产企业长虹能源"碱电+锂电"双核心布局，建成目前西部最大的"高倍率圆柱锂电池"生产基地。军民伺服器供应商星辰科技产品多次服务"天宫""神舟"系列飞船测控等国

家航天工程。

三、负债结构明显优化，境内外业务同步拓张

2020年以来，消费和投资恢复迟缓，扩内需和稳出口同时面临挑战，输入性通货膨胀压力加大，中小企业生产经营面临一定困难，各地区各部门积极出台援企纾困政策，中小企业获得感明显增强。2021年，北交所上市公司共获得政府补助7.1亿元，同比增长35.7%；受益于灵活精准的货币政策，上市公司长期有息负债占有息负债比重达21.8%，同比上升5.8个百分点，企业负债结构明显改善。中小企业融入双循环的动力不断增强，2021年上市公司实现境内收入541.8亿元，同比上升29.5%；境外收入127.1亿元，同比上升38.5%。即食开胃凉菜供应商盖世食品实现境内收入1.6亿元，同比增长39.1%；境外收入1.8亿元，同比增长76.6%。

四、规范水平不断提升，投资者关系管理迈向新台阶

公司治理是决定上市公司运行效能的关键要素，2021年公司治理专项行动显示，上市公司的治理结构日趋完善，三会运作基本规范，股权结构明显优化，有效的内外部制约机制逐步建立。第一大股东平均持股比例35.3%，较上市前下降9个百分点，上市公司均按要求聘任了独立董事，超4成公司设立了审计委员会，近8成的上市公司设立了内审部门，监督和指导公司财务和审计工作。上市公司投资者关系管理持续加强，北交所设立以来，55家公司接待各类投资者调研113次，年报披露期间已有35家公司召开业绩说明会，董事长或总经理通过视频、文字互动等方式增进与投资者互动交流，森萱医药、贝特瑞等收到投资者提问超百条，上市公司整体回复率接近100%，市场反应整体积极正面。

五、投资者回报持续稳定，积极践行社会责任

上市公司在持续回报投资者、服务国家战略等方面的潜能持续有效发挥。现金分红方面，超8成公司发布现金分红方案，拟分红金额达19.5亿元，同比增长11.2%，34家公司现金分红率超40%。稳就业方面，上市公司报告期末员工人数总计7.3万人，同比增6.5%，全年新增就业岗位4400余个，为疫情期间稳就业、促民生提供有力保障。环保、扶贫方面，37家公司积极采取节能降耗措施，推动实现"双碳"目标，佳先股份主要生产线环保投入累计达4700万元；26家公司通过慈善捐赠、提供就业、定点帮扶等方式，助力巩固脱贫攻坚成果。球冠电缆持续8年发起"球冠帮扶公益行动"，与社会福利基金会共同携手走进新疆、四川、青海等16个省市自治区，帮助20所学校近千名儿童完成学业，帮助15家医院改善医疗条件，直接、间接惠及约8万人。

2021年上市公司年报会计监管报告

截至 2022 年 4 月 30 日，除未来股份等 11 家公司外，A 股市场共有 4753 家上市公司披露了年度报告，其中，主板 3136 家、创业板 1132 家、科创板 396 家、北交所 89 家，实现盈利的 4028 家、发生亏损的 725 家。按期披露年报的上市公司中，249 家公司被出具非标准审计意见的审计报告，其中，否定意见 1 家、无法表示意见 43 家、保留意见 98 家、带解释性说明段的无保留意见 107 家。

为掌握上市公司执行企业会计准则和财务信息披露规则的情况，证监会会计部联合上海、深圳、北京证券交易所共同开展年度财务报告审阅分析工作，组织专门力量抽样审阅了 682 家上市公司 2021 年度财务报告。总体来看，上市公司能够较好地理解并执行企业会计准则和财务信息披露规则，审阅中重点关注了收入、金融工具、长期股权投资与企业合并、债务重组、商誉减值、非经常性损益等方面会计处理、财务信息披露情况及其存在的问题，形成本年报会计监管报告。

一、企业会计准则和财务信息披露规则执行问题

（一）收入相关问题

1. 未恰当识别暂定价格销售安排是否属于可变对价

根据企业会计准则及相关规定，暂定销售价格的交易安排中，应收合同对价发生变动的具体原因影响其会计处理。其中，控制权转移之后，因交易双方履约情况导致的应收合同对价变动，属于可变对价；因定价挂钩商品或原材料价格变动导致的应收合同对价变动，不属于可变对价，企业应将其视为合同对价中嵌入一项衍生金融工具进行会计处理。

年报分析发现，个别上市公司采用点价方式对外销售矿产类产品，根据销售合同约定，公司在向客户转移商品控制权后，以该矿产类产品在金属交易所的某个时点报价为依据，与客户进行结算。对于报告期内商品控制权已转移但尚未确定结算报价的合同，上市公司未恰当分析合同结算金额变动的原因，而是在报告期末将商品控制权转移后的结算金额变动，全部作为可变对价，确认为收入。对于此类暂定价格的销售安排，上市公司应合理分析

合同价款变动的原因，如果是合同所挂钩商品价格变动导致的，与双方履约情况无关，则不属于可变对价，不应影响收入。

2. 未恰当区分重大融资成分与预期信用损失

根据企业会计准则及相关规定，收入合同中包含重大融资成分的，企业在确定交易价格时，应当剔除合同约定价款中包含的重大融资成分的影响，按照现销价格确认收入；其中，重大融资成分的金额应使用将合同对价的名义金额折现为商品现销价格的折现率予以确定。对收入确认形成的应收账款，企业应当以预期信用损失为基础计提减值准备。

年报分析发现，个别上市公司给予客户三年分期付款安排，在商品控制权转移时，按照合同的名义对价确认收入及应收账款，并将应收账款与合同名义对价对应的现金流量按实际利率折现后的差额，确认为预期信用损失。上市公司应合理区分合同重大融资成分与应收账款预期信用损失，对于包含重大融资成分的交易，应直接按照现销价格确认收入；对于预期信用损失，应基于客户的信用风险，判断应收的所有合同现金流量与预期收取的所有现金流量之间的差额，并按照实际利率折现后确定。

3. 未恰当核算物业出租方收取租户的水电费

根据企业会计准则及相关规定，企业向客户销售商品或提供劳务涉及其他方参与其中时，应当根据合同条款和相关事实，判断其身份是主要责任人还是代理人。企业在将特定商品或服务转让给客户之前控制该商品或服务的，为主要责任人，应当按照已收或应收对价总额确认收入；否则为代理人，应当按照已收或应收对价总额扣除应支付给其他相关方价款后的净额确认收入。

年报分析发现，部分上市公司作为物业出租方向承租人收取租金，同时按照承租人消耗的水、电量及市场单价收取水、电费，并按照总额法确认水、电销售收入。对于此类业务，上市公司应判断其在提供服务过程中是否取得了对水、电的控制权，若未取得控制权，其收取的水、电费实质上为代收代付性质，应当按照净额确认收入。

（二）金融工具相关问题

1. 未确认少数股权远期收购义务

根据企业会计准则及相关规定，在合并财务报表中对金融工具（或其组成部分）进行分类时，企业应当考虑企业集团成员和金融工具的持有方之间达成的所有条款和条件，以确定企业集团作为一个整体是否因该工具承担了交付现金或其他金融资产的义务。如果一项合同使发行方承担了以现金或其他金融资产回购自身权益工具的义务，发行方应当在初始确认时将该义务确认为一项金融负债，其金额等于回购所需支付金额的现值。

年报分析发现，个别上市公司与其关联方共同收购子公司时，关联方将所持子公司少数股权对应的表决权全部委托给上市公司行使，并约定在后续6个月至30

个月内，上市公司以固定价格加年化利率收购关联方所持有子公司股权。上市公司按照本次收购的对价确认长期股权投资并以此为合并成本计算确认商誉，在合并财务报表中将关联方持有的子公司股权确认为少数股东权益。上述交易中，在合并财务报表层面，因承担了一项不能无条件避免的支付现金以回购自身权益工具的合同义务，上市公司应将收购少数股东权益确认为一项金融负债，金额为回购义务所需支付金额的现值。同时，上市公司应根据股权转让协议相关条款约定，判断少数股东权益实质上是否仍存在并进行相应会计处理。若相关事实表明少数股东不拥有普通股相关权利和义务，如不享有表决权、分红权、股票增值收益权等，上市公司在合并报表层面不应再确认少数股东权益，而应将上述负债视为合并成本的一部分，以此为基础计算确认商誉金额。反之，若少数股东实质上仍拥有普通股相关权利和义务，则上市公司应在合并报表层面确认相关金融负债，同时冲减资本公积。

2. 未恰当计提预期信用损失

根据企业会计准则及相关规定，企业分类为以摊余成本计量的金融资产、合同资产、符合规定的财务担保合同等需要按照预期信用损失模型计提减值准备。预期信用损失模型下，减值准备的计提不以减值的实际发生为前提，而是以未来可能的违约事件造成的损失的期望值来计量资产负债表日应当确认的减值准备。

年报分析发现，部分上市公司在对应收账款、合同资产以及财务担保合同计提预期信用损失时，存在以下问题：

一是仅以应收账款在资产负债表日后全额收回为由不计提预期信用损失。资产负债表日至财务报告批准报出日前，上市公司收回应收账款并予以终止确认，属于资产负债表日后发生的非调整事项。上市公司应当考虑在资产负债表日已经存在且能够获取的所有合理的信息，基于有关过去事项、当前状况以及未来经济状况预测对金融资产计提预期信用损失。

二是仅以相关款项尚处于信用账期内为由而不计提预期信用损失。个别上市公司以合同约定的信用账期为基础，将应收账款划分为不同组合，对处于信用账期内的应收账款，上市公司未计提预期信用损失。上市公司应以客户信用风险为基础，分析客户信用风险状况并合理计提减值准备。

三是未恰当识别客户的信用风险特征的变化。个别上市公司对本期转入破产重整阶段客户的应收账款，继续按照以往年度账龄组合及对应减值准备计提比例计提预期信用损失。该客户由正常经营状态转入破产重整状态，表明其信用风险已发生显著变化，与原组合中其他客户的信用风险已经显著不同，上市公司在计量应收账款预期信用损失时，不应将该类客户继续纳入原组合中。

四是不恰当地以应收应付抵减后金额为基础计提预期信用损失。个别上市公司存在对同一企业的应收账款及应付账款，因其不具有当前可执行的法定抵销权，不符合金融资产与金融负债相互抵销净额列报的条件,分别列报应收账款及应付账款,但上市公司却错误以该应收应付抵减后的净额为基础,计量应收账款的预期信用损失。上市公司在计量应收账款预期信用损失时,对于同时存在应付客户的款项,应基于合同条款、法律规定等,分析是否具有当前可执行的法定抵销权。若不具有该抵销权,则不能简单以应收应付抵减后的净额为基础计量预期信用损失,而应进一步分析该应付客户款项对相关应收账款预期可收回现金流的影响,在此基础上按照准则要求计提预期信用损失。

五是同一客户相关的合同资产与应收账款减值准备计提政策不一致。部分上市公司在计量同一客户相关的合同资产、应收账款预期信用损失时,采用不同的计提比例,其中个别上市公司合同资产预期信用损失计提比例远低于应收账款。预期信用损失以客户的违约风险为基础,同一客户的违约风险相同,上市公司对于同一客户的合同资产与应收账款,采用不同计提比例计量预期信用损失时,应充分分析两者存在不同违约风险损失的原因及合理性。

六是未恰当计提财务担保合同预期信用损失。个别上市公司向客户销售产品,并为购买公司产品而与银行、融资租赁公司开展按揭贷款、融资租赁等信用销售业务的客户提供担保。上市公司根据收入准则相关规定,判定销售业务满足收入确认条件并确认相应收入。本年度,因部分客户出现贷款逾期,公司垫付大额款项,并就垫付的款项确认其他应收款及减值准

备;对于未出现逾期的客户,上市公司仅披露对外担保信息,未计提预期信用损失,亦未说明原因。上市公司应以客户的信用风险为基础,预计所有财务担保合同因客户违约需赔付的金额,并计提预期信用损失。在个别客户出现贷款逾期、上市公司已作出赔付的情况下,上市公司还应充分披露说明相关客户信用风险是否发生变化、相关预期信用损失是否计提充分。

3. 未确认处于信用减值第三阶段金融资产的利息收入

根据企业会计准则及相关规定,对于以摊余成本计量的金融资产,企业应当按照实际利率法确认利息收入。对处于信用减值第一、第二阶段的金融资产,利息收入应当根据金融资产的账面余额(不考虑减值影响)乘以实际利率计算确定。对处于信用减值第三阶段的金融资产,应当按照该金融资产的摊余成本(账面余额减已计提减值)乘以实际利率的金额确定其利息收入。

年报分析发现,个别上市公司的贷款及应收款项已发生信用减值损失,被划分为处于信用减值第三阶段的金融资产。上市公司以其收取利息可能性较小为由,未能恰当按照准则要求基于该金融资产的摊余成本(账面余额减已计提减值)和实际利率计算利息收入。此外,对于收取利息实际可能性较小的贷款及应收款项,上市公司应进一步分析计提的相关信用减值准备是否充分。

4. 未恰当核算融资费用

根据企业会计准则及相关规定,对于

以公允价值计量且其变动计入当期损益的金融资产和金融负债，相关交易费用应当直接计入当期损益；对于其他类别的金融资产或金融负债，相关交易费用应当计入初始确认金额。交易费用，是指可直接归属于购买、发行或处置金融工具的增量费用。

年报分析发现，个别上市公司将取得银行借款发生的融资费用，错误地确认为长期待摊费用，未将其计入银行借款的初始确认金额，亦未考虑其对实际利率的影响。

（三）长期股权投资与企业合并相关问题

1. 未正确抵销权益法下顺流交易产生的未实现内部交易损益

根据企业会计准则及相关规定，投资方计算确认应享有或应分担被投资单位的净损益时，对于与联营企业之间发生的未实现内部交易损益按照应享有的比例计算归属于投资方的部分，应当予以抵销（投出或出售的资产构成业务的除外），并在此基础上确认投资收益。

年报分析发现，部分上市公司本期发生向联营企业出售资产的顺流交易，且应予以抵销的未实现内部交易损益金额大于长期股权投资的账面价值，上市公司在抵销未实现内部交易损益时，仅以长期股权投资的账面价值减记至零为限。该项顺流交易中，内部交易损益尚未得以对外实现，上市公司确认享有的净损益时应以全部抵销未实现内部交易损益为基础予以计算。考虑到长期股权投资账面价值不应出现负数，可将不足抵销的部分确认为递延收益，待后续实现时再结转损益。

2. 未恰当确认和计量或有对价

根据企业会计准则及相关规定，企业在非同一控制下的企业合并中确认的或有对价构成金融资产的，应当分类为以公允价值计量且其变动计入当期损益的金融资产。

年报分析发现，部分上市公司确认或有对价时，未充分考虑支付方信用风险、偿债能力、货币价值等因素，仅以尚未收到业绩补偿款为由未确认或有对价。有的公司以前年度以现金收购子公司控制权，并与子公司原控股股东约定分期支付部分收购价款，若子公司业绩未达标，则上市公司可在应收原股东的业绩补偿款中优先抵减应支付的股权转让款。有的公司发行股份购买子公司股权后，子公司原控股股东从二级市场购入上市公司股票并质押给上市公司，作为子公司业绩承诺未完成时的履约保证。前述情况下，上市公司存在尚未支付且可抵减的股权转让款，或者补偿义务方已质押的股票等作为补偿款项回收的保证，上市公司应当确认或有对价，并在计量公允价值时合理考虑可抵减股权转让款或者质押股票的影响。

3. 未恰当确认股东为上市公司承担的或有负债

根据企业会计准则及相关规定，非同一控制下的企业合并下，购买方应当将合并协议约定的或有对价作为合并对价的一部分。企业在判断接受股东代为偿债、债务豁免或捐赠等事项是否为权益性交易时，应分析该交易是否公允以及是否存在商业合理性，若其经济实质具有资本性投入性质，相关利得应计入所有者权益。

年报分析发现，个别上市公司以前年度发行股份购买资产，形成非同一控制下企业合并，根据收购协议，标的公司原股东需承担该标的公司出售前存在的或有负债。本年度，因标的公司以前年度取得土地使用权后未按时动工需补缴土地出让款，上市公司收到原股东支付的该土地出让款后，将其作为权益性交易计入资本公积。上市公司应合理分析原股东承担标的公司或有负债的商业实质，如果补偿款实质为股权转让交易对价的组成部分，应按照或有对价相关规定进行会计处理。

4. 未恰当核算资产收购交易

根据企业会计准则及相关规定，如果一个企业取得了对另一个或多个企业的控制权，而被购买方并不构成业务，则该交易或事项不形成企业合并。企业取得了不形成业务的一组资产或是净资产（资产收购）时，应将购买成本按购买日所取得各项可辨认资产、负债的相对公允价值基础进行分配，不按照企业合并准则进行处理。

年报分析发现，部分上市公司对于资产收购交易未进行恰当会计处理。个别上市公司本期购买附带经营租赁租约的固定资产，错误地将购买对价中超出固定资产公允价值的部分计入其他非流动资产。亦有个别上市公司购买标的企业控制权，采用集中度测试后认为被购买方不构成业务，上市公司仍错误将其可辨认净资产公允价值高于购买成本的差额部分计入当期损益。对于此类交易，上市公司应首先充分识别相关交易中取得的各项可辨认资产，例如判断固定资产附带的租赁合同，是否属于可单独辨认的无形资产，在此基础上进一步分析收购的标的是否构成业务，不构成业务的，上市公司应将购买价款按照取得的各项可辨认资产的相对公允价值进行分配。

5. 未恰当核算处置原子公司部分股权后的剩余股权

根据企业会计准则及相关规定，企业因处置部分股权投资等原因丧失了对被投资方的控制权但仍具有重大影响的，在投资方的合并财务报表中，对于剩余股权部分，应当按照其在丧失控制权日的公允价值进行重新计量，相关差额计入当期投资收益。在投资方个别财务报表中，对于剩余股权部分应视同在取得投资时即采用权益法核算，将其账面价值追溯调整至权益法核算的结果。

年报分析发现，个别上市公司本年度丧失对原子公司的控制权但剩余股权部分仍具有重大影响，在编制合并财务报表时，未对剩余股权按照其在丧失控制权日的公允价值进行重新计量，而是直接以个别财务报表核算结果，作为合并财务报表中剩余长期股权投资的确认金额，并错误地调整了期初留存收益。

6. 未恰当核算应收原子公司款项

根据企业会计准则及相关规定，权益法核算时，投资方确认应分担被投资单位发生的损失，原则上应以长期股权投资及其他实质上构成对被投资单位净投资的长期权益减记至零为限，投资方负有承担额外损失义务的除外。其他实质上构成对被投资单位净投资的长期权益通常是指长期应收项目，比如投资方对被投资单位的长期债权，该债权没有明确的清收计划，且在可预见的未来期间不准备收回的，实质上构成对被投资单位的净投资。

年报分析发现，部分上市公司以前年度向子公司出借资金，后因子公司经营困难该借款长期未收回。本年度，上市公司对外处置该子公司，因该子公司净资产为负，上市公司确认大额投资收益；对于无法收回的应收该原子公司款项，上市公司在合并财务报表层面会计处理存在分歧，有的观点认为应确认大额信用减值损失，也有观点认为应冲减处置子公司的投资收益。对于合并财务报表中的应收原子公司款项，上市公司可参照权益法下长期权益的会计处理方式，若该借款没有明确的清收计划、在可预见的未来期间不准备收回、实质上构成对原子公司的净投资，上市公司在处置子公司时将其抵减投资收益更为合理。

（四）债务重整相关问题

1. 未恰当确认债务重组收益

根据企业会计准则及相关规定，企业只有在符合金融资产和金融负债终止确认条件时才能终止确认相关债权和债务，并确认债务重组相关损益。债务重组涉及债权和债务的认定，以及清偿方式和期限等的协商，通常需要经历较长时间，可能跨越不同会计期间，对于在报告期间已经开始协商但在报告期资产负债表日后履行相关义务的债务重组，不属于资产负债表日后调整事项。

年报分析发现，部分上市公司临近资产负债表日，通过突击实施大额债务重组交易方式，以期实现净资产转正并规避财务类退市。该类债务重组交易主要以债务豁免方式进行，豁免方包括不良资产管理公司、地方国资公司及其他上市公司重整投资人等单位，债务豁免方式包括债权人直接豁免上市公司债务、重整投资人期末突击购买上市公司债权后再行豁免等多种形式。除债务豁免外，豁免方亦承诺协助上市公司解决资金占用、推进上市公司完成资产重组等事项。对于该类债务豁免事项，上市公司应严格按照企业会计准则相关规定进行会计处理，充分考虑截至资产负债表日相关方已签署的债务豁免协议是否履行了必要的内部决议及审批程序，豁免协议是否具备法律效力，豁免协议与相关承诺事项关系、豁免是否附带条件、是否导致豁免事项存在被撤销可能性，是否有确凿证据表明豁免协议能够有效执行等情况，只有在其不再负有偿债现时义务时才能终止确认债务并确认债务重组利得。

2. 未恰当确认或有还款、担保义务

根据企业会计准则及相关规定，企业存在向其他方交付现金或其他金融资产的合同义务，符合金融负债的定义。企业对于签出的财务担保合同应当计提预期信用损失，确认预计负债。金融负债的现时义务已经解除的，企业应当终止确认该金融

负债。

年报分析发现，个别上市公司在以前年度因实控人违规致使其与子公司作为共同借款人承担了实控人对外借款的还款义务，或者作为担保人为实控人对外借款提供了财务担保。对于上述违规借款、违规担保，上市公司与实控人、上市公司未来重整投资人等（不包括债权人）签订《债权债务重组协议》，重整投资人承诺后续将向债权人收购相关债权并对上市公司进行豁免，上市公司以此为由不确认相关或有还款、担保义务。上市公司应分析判断其向其他方交付现金或其他金融资产的合同义务是否因前述《债权债务重组协议》而终止，仅当上市公司不再负有偿还债务的现时义务时，相关负债方能予以终止确认，否则上市公司仍应按照准则规定确认上述或有还款、担保义务形成的负债。

（五）商誉减值相关问题

根据企业会计准则及相关规定，企业合并所形成的商誉，至少应当在每年年度终了进行减值测试。商誉应当结合与其相关的资产组或者资产组组合进行减值测试。企业因重组等原因改变了其报告结构，从而影响到已分摊商誉的一个或者若干个资产组或者资产组组合构成的，应当将商誉重新分摊至受影响的资产组或者资产组组合。商誉相关资产组账面价值的确定基础应当与其可收回金额的确定方式相一致，且应按照与资产组或资产组组合内资产和负债一致的基础预测未来现金流量。

年报分析发现，部分上市公司商誉减值测试不规范：一是未恰当判断已分摊商誉的资产组是否发生实质性变化，仅以部分资产组处于停产状态为由，不再将其纳入商誉相关资产组，随意变更商誉减值测试范围；二是未基于资产负债表日已存在的情况对商誉进行减值测试，而是错误考虑了资产负债表日后新发生事项的影响，并据此计提大额商誉减值准备；三是按照拟出售的被收购公司股权转让价格确定商誉相关资产组可收回金额、与商誉相关资产组账面价值计算口径不一致，一般而言，股权转让价格对应的是被收购公司的净资产，往往包括与商誉无关的资产（如金融资产、长期股权投资、投资性房地产等）和已确认的负债，通常不适宜直接作为商誉相关资产组或资产组组合的可收回金额。

（六）其他确认和计量问题

1. 对搬迁补偿的会计处理不一致

根据企业会计准则及相关规定，政府补助是指企业从政府无偿取得货币性资产或非货币性资产；政府补助具有无偿性，即企业取得来源于政府的经济资源，不需要向政府交付商品或服务等对价。

年报分析发现，部分上市公司按照政府要求进行搬迁，约定将拆除房屋建筑物后的土地交付给政府，同时政府综合考虑地上房屋建筑物价值、土地使用权价值、停工损失及其他搬迁支出等因素后，向公司支付搬迁补偿款。对此，有的公司根据搬迁协议约定的具体补偿项目和相应的补偿金额，分别在完成拆除房屋建筑物、发生搬迁费用、停工损失以及交付土地时将相应补偿金额计入损益；亦有公司将取得的搬迁补偿款整体作为资产处置对价，在最后交付土地时点一次性计入损益。一般情况下，在满足市场化原则、补偿价格公允的前提下，为搬迁补偿而发生的多项补偿项目，整体是一项交易，政府支付对价的主要目的在于取得土地，上市公司通常应当将此整体作为资产处置交易进行会计处理，除非有确凿证据表明存在政府补助，且政府补助与资产处置部分能够明确区分，则对于政府补助部分，上市公司应按照政府补助准则相关规定进行会计处理。

2. 未恰当确认受让的租金收益权

根据企业会计准则及相关规定，金融资产是指企业持有的现金、其他方的权益工具以及从其他方收取现金或其他金融资产的合同权利等。租赁，是指在一定期间内，出租人将资产的使用权让与承租人以获取对价的合同。

年报分析发现，个别上市公司本期与第三方达成协议，受让第三方作为出租方持有的经营租赁合同的租金收益权，后续可据此直接向承租方收取租金，且第三方对剩余租赁期间内的现金流量承担差额补足义务，以保证租赁期间内上市公司可获取固定的租金。上市公司将支付给第三方的对价确认为无形资产，在剩余租赁期间内摊销，同时将取得合同后收取的租金确认为租金收入。对于此类交易，上市公司应结合商业实质判断受让的租金收益权本质上是金融资产、无形资产还是可转租赁的使用权资产。若上市公司仅获得了被动向其他方收取现金的合同权利，并未与任何相关方签署租赁合同，也未参与租赁事宜的管理与经营决策、未主导相关资产的具体使用，则该合同权利应作为一项金融资产进行会计处理。

3. 未恰当计提原材料跌价准备

根据企业会计准则及相关规定，企业在确定存货的可变现净值时，应当以取得的确凿证据为基础，并且考虑持有存货的目的、资产负债表日后事项的影响等因素。用于出售的材料应当以该存货的估计售价减去估计的销售费用和相关税费后的金额确定其可变现净值；需要经过加工的材料存货，应当以所生产的产成品的估计售价减去至完工时估计将要发生的成本、估计的销售费用和相关税费后的金额确定其可变现净值。

年报分析发现，个别上市公司购入煤炭并用于发电、供热业务，本年度受产业政策及市场供需影响，煤炭原材料价格大幅上涨，产成品销售毛利率大幅下降为负数。上市公司为保障生产，期末大幅增加原材料库存，但未对原材料计提存货跌价准备。上市公司应结合原材料持有目的分析判断，若相关证据（如合同约定、政策法规等）表明上市公司持有的煤炭原材料须用于投入生产加工生产产成品的，则在资产负债表日，因该原材料生产产出的产成品销售毛利率已大幅下降且为负数，表明原材料的可变现净值很可能已低于其成本，上市公司不应以原材料价格上涨为由不计提跌价准备。

4. 投资性房地产转换会计处理不恰当

根据企业会计准则及相关规定，企业必须有确凿证据表明房地产用途发生改变，才能将非投资性房地产转换为投资性房地产。是否具有确凿证据主要考虑两个方面：一是企业董事会或类似机构应当就改变房地产用途形成正式的书面决议；二是房地产因用途改变而发生实际状态上的改变。企业对投资性房地产的计量模式一经确定，不得随意变更。成本模式转为公允价值模式的，应当作为会计政策变更处理，按计量模式变更时公允价值与账面价值的差额调整期初留存收益。

年报分析发现，部分上市公司对投资性房地产转换的会计处理存在以下问题：

一是将自用房地产转换为投资性房地产依据不充分。个别上市公司本年度通过董事会决议，拟将自用的房地产、土地使用权转为对外出租，并据此将相关资产转换为投资性房地产，按照公允价值进行后续计量。对于此类投资性房地产转换，除董事会决议以外，上市公司还应有确凿证据表明相关资产已因用途改变而发生实际状态上的改变，如已签订出租协议，或虽然尚未签订出租协议但相关资产已不再用于日常生产经营活动，已进行重大的结构性调整且在功能上、性能上已达到可经营出租状态等。

二是计量模式变更时相关会计处理不恰当。个别上市公司近年来根据市场情况对外出租房产，并根据出租情况，将已出租的房产转换为投资性房地产，房产出租比例逐年提升。本年度，上市公司将投资性房地产的计量模式由成本模式转为公允价值模式，并采用追溯调整法进行会计处理。上市公司在进行追溯调整时，对于以前年度尚未对外出租、确认为固定资产的房产，错误按照公允价值调整了固定资产账面价值。该部分资产由前期的固定资产转换为本期的投资性房地产，为资产实际使用状况发生变化，不属于会计政策变更范畴，不应对前期固定资产账面价值进行追溯调整。

5. 未恰当计提生产性生物资产折旧

根据企业会计准则及相关规定，企业对达到预定生产经营目的的生产性生物资产，应当按期计提折旧，并根据用途分别计入相关资产的成本或当期损益。

年报分析发现，个别上市公司在将生产性生物资产对外委托经营期间，未恰当分析相关资产实际情况，错误地暂停计提折旧。根据委托经营管理合同，上市公司将成熟的生产性生物资产委托外部养殖场饲养，委托经营期间，生产性生物资产所有权归属于上市公司，产出的农产品应按照约定价格全部售给上市公司，合同约定期满时，养殖场需按照合同要求将原生物资产交还给上市公司。上市公司应结合委托经营管理合同、生产性生物资产的控制权转移情况等进行分析，对于转移控制权的，其实质为向养殖场出售生产性生物资产，上市公司应当在控制权转移时终止确认生产性生物资产；对于未转移控制权的，其实质为公司向养殖场购买饲养服务，上市公司应继续对委托给养殖场饲养的生产性生物资产计提折旧。

6. 未恰当确认对有重大影响的合伙企业投资的递延所得税影响

根据企业会计准则及相关规定，对于以公允价值计量且其变动计入当期损益的金融资产，持有期间公允价值的变动暂不计入应纳税所得额，该类金融资产公允价值变动情况下将形成账面价值与计税基础的差异。

年报分析发现，个别上市公司对外投资合伙企业并将其作为联营企业核算。本期该合伙企业因对外投资金融资产产生公允价值变动损益，上市公司据此确认投资收益，但未确认该项暂时性差异产生的递延所得税负债。合伙企业以每一个合伙人为纳税义务人，其中合伙人为企业法人的，需就合伙企业分配的经营所得缴纳企业所得税。上市公司对外投资联营企业，其应就相关投资收益缴纳所得税。因本期上市公司确认的投资收益来源于联营企业产生的公允价值变动损益，而持有金融资产期间产生的公允价值变动损益暂不计入应纳税所得额，导致长期股权投资账面价值大于计税基础、产生暂时性差异，上市公司应确认递延所得税影响。

7. 未恰当列报应收款项融资

根据企业会计准则及相关规定，"应收款项融资"项目，反映资产负债表日以公允价值计量且其变动计入其他综合收益的应收票据和应收账款等，此类金融资产的业务模式既以收取合同现金流量为目标，又以出售该金融资产为目标，其中出售应当满足会计终止确认条件下的金融资产出售的标准。

年报分析发现，个别上市公司以附有追索权方式对应收账款进行保理，并列报为"应收款项融资"。由于附追索权保理的应收账款不满足终止确认条件，其业务模式仍是以收取合同现金流量为目标的金融资产，不应分类为以公允价值计量且其变动计入其他综合收益的金融资产，并列报为"应收款项融资"。

（七）非经常性损益相关问题

根据《公开发行证券的公司信息披露解释性公告第1号——非经常性损益》（2008年修订），非经常性损益是指与公司正常经营业务无直接关系，以及虽与正常经营业务相关，但由于其性质特殊和偶发性，影响报表使用人对公司经营业绩和盈利能力做出正常判断的各项交易和事项产生的损益。上市公司应对照非经常性损益的定义，综合考虑相关损益同公司正常经营业务的关联程度以及可持续性，结合自身实际情况做出合理判断。

年报分析发现，部分上市公司对非经常性损益的认定存在以下问题：

一是未正确认定和披露与碳排放额度相关的非经常性损益。个别上市公司将使用购入的碳排放配额履行减排义务所发生的营业外支出列示为非经常性损益。一般情况下，上市公司购入碳排放配额履行减排义务属于与公司正常经营业务相关的支出，通常不属于非经常性损益项目，除非有明确证据表明本期支出的性质特殊和偶发性。

二是未正确认定与终止经营相关的非经常性损益。个别上市公司因子公司经营业绩不理想，决定解散清算该子公司，并自做出决定之日起将该子公司认定为终止经营。上市公司认为子公司停业清算具有偶发性，将终止经营的相关损益（包括管理费用、财务费用、资产减值损失等项目）全部列报为非经常性损益。一般情况下，上市公司因经营不佳而决定终止某一子公司或事业部，是公司维持持续经营能力所做出的正常经营活动决策，是日常运营的商业结果。上市公司应结合损益项目具体形成原因、性质、特点来判断其是否属于非经常性损益范畴，不应简单将全部终止经营损益列报为非经常性损益。

三是未正确认定与长期资产处置相关的非经常性损益。个别上市公司未正确区分长期资产的处置损益和减值损失，将处置长期资产时未及时足额计提减值准备的部分确认为处置损失，并计入非经常性损益。一般情况下，长期资产的处置损益为非经常性损益，减值损失为经常性损益，上市公司不应将处置长期资产时未及时足额计提减值准备的部分计入非经常性损益。

（八）列报和披露

1. 集团财务公司存款列报问题

根据企业会计准则及相关规定，对于成员单位未归集至集团母公司账户而直接存入财务公司的资金，成员单位应当在资产负债表"货币资金"项目中列示，根据重要性原则并结合本企业的实际情况，成员单位还可以在"货币资金"项目之下增设"其中：存放财务公司款项"项目单独列示。

年报分析发现，个别上市公司期末银行存款大部分存放于集团财务公司，上市公司未在"货币资金"项目之下增设"其中：存放财务公司款项"项目单独列示，也未在货币资金附注中充分说明银行存款基本存放于集团财务公司的事实，不利于投资者充分了解上市公司银行存款管理方式及潜在风险。

2. 现金流量表相关问题

（1）业绩承诺相关现金流量分类不准确。

根据企业会计准则及相关规定，现金流量表应当分别经营活动、投资活动和筹资活动列报现金流量。投资活动，是指企业长期资产的购建和不包括在现金等价物范围的投资及其处置活动；筹资活动，是指导致企业资本及债务规模和构成发生变化的活动；经营活动，是指企业投资活动和筹资活动以外的所有交易和事项。

年报分析发现，对于因收购的标的公司未达业绩承诺而支付的业绩补偿款，错误地分类为支付的其他与经营活动有关的现金，未正确分类为投资活动现金流量。

（2）定期存款质押与解除质押业务相关现金流量分类不准确。

根据企业会计准则及相关规定，如果定期存单本身属于现金及现金等价物，被用于质押不再满足现金及现金等价物定义时，其质押与解除质押业务均会产生现金流量。企业应结合其所属行业特点对相关现金流量进行分类，对一般非金融企业而言，如果定期存款质押目的是获取短期借款，相关现金流量应被分类为筹资活动现金流量。

年报分析发现，个别非金融上市公司将银行存款质押作为短期借款的保证金，错误地将质押和解除质押产生的现金流量作为经营活动现金流量列报。

（3）未充分披露现金流量列报变更的情况。

根据企业会计准则及相关规定，现金流量应当分别按照现金流入和现金流出总额列报。但是，下列各项可以按照净额列报：一是代客户收取或支付的现金；二是周转快、金额大、期限短项目的现金流入和现金流出；三是金融企业的有关项目，包括短期贷款发放与收回的贷款本金、活期存款的吸收与支付、同业存款和存放同业款项的存取、向其他金融企业拆借资金，以及证券的买入与卖出等。

年报分析发现，个别非金融行业上市公司购买和赎回理财产品产生的现金流入和现金流出在以前年度按总额列报，本期改为净额列报，但未披露该变更的事实和理由，未披露理财产品投资是否满足净额列报要求的相关分析判断。

二、下一步工作安排

针对上述年报审阅中发现的上市公司执行会计准则与财务信息披露规则问题，我们将进一步做好以下工作：

一是发布本年报会计监管报告，提示市场主体在执行会计准则、财务信息披露规则等方面存在的问题和风险，引导并督促市场主体切实提高财务信息披露质量。

二是整理汇总年报审阅中发现的上市公司问题线索，提交有关监管部门进一步核实和检查，并按有关规定进行后续监管处理。

三是进一步收集整理系统内各单位一线监管中发现的问题，组织召开年度财务信息披露监管协调会，加强沟通交流，针对有争议的问题达成共识，统一监管认识。

四是对于企业会计准则规定不明确或仅有原则性规定、上市公司在执行中存在争议的问题，以发布监管规则适用指引等形式明确监管标准。同时，继续以案例解析的形式，指导市场实践，切实提升上市公司理解和运用准则的能力。

五是坚持监管与服务并重，持续关注收入、金融工具、租赁等准则的实际执行情况，深入研究新业态、新模式、新交易下面临的会计处理问题，积极做好资本市场注册制改革配套服务工作。

2021年战略性新兴产业上市公司发展综述

战略性新兴产业是以重大技术突破和重大发展需求为基础,对经济社会全局和发展具有重大引领带动作用的产业,具有知识技术密集、成长潜力大、综合效益高的特点。根据国家统计局《战略性新兴产业分类(2018)》,战略性新兴产业主要包括新一代信息技术产业、高端装备制造产业、新材料产业、生物产业、新能源汽车产业、新能源产业、节能环保产业、数字创意产业、相关服务业9大领域。

2021年是"十四五"时期的开局之年,我国正处在转变发展方式、优化经济结构、转换增长动力的关键时期,党中央高度重视战略性新兴产业,先后出台多项政策鼓励发展,积极推动国民经济高质量发展、培育形成经济发展新动能,夯实现代化建设的物质基础。2021年,我国战略性新兴产业增加值占GDP比重达到13.4%,比上年提高1.7个百分点,其中,规模以上工业战略性新兴产业增加值比上年增长16.8%,比规模以上工业增加值增速快7.2个百分点。

截至2021年年底,我国战略性新兴产业上市公司共有2488家,占市场上市公司家数的53.0%。其中新一代信息技术产业869家,新材料产业461家,高端装备制造业433家,节能环保产业262家,生物产业177家,新能源汽车产业108家,数字创意产业90家,新能源产业71家,相关服务业17家。按上市地来看,共有1476家在深交所上市,957家在上交所上市,55家在北交所上市。2021年,战略性新兴产业上市公司实现总营收和净利润分别为23.0万亿元和1.4万亿元,占全部非金融上市公司总营收和净利润的41.7%和47.4%。以战略性新兴产业为代表的新动能实现稳步增长,正为推动我国经济高质量发展持续注入新动力。本文重点选取新一代信息技术产业、新材料产业和绿色低碳产业进行研究分析。

一、新一代信息技术产业

新一代信息技术产业是国民经济的战略性、基础性和先导性产业,在《战略性新兴产业分类(2018)》中被划为战略性新兴产业,其发展受党中央和国务院的高度重视。党的十八大以来,在以习近平同志为核心的党中央坚强领导下,我国新一代信息技术产业规模效益稳步增长,创新能力持续增强,企业实力不断提升,行业应用持续深入,为国民经济社会发展提供了重要保障。

新一代信息技术产业,主要包括物联网、通信设备、智能网联汽车、天地一体化信息网络、集成电路、操作系统与工业软件、智能制造核心信息设备等模块，涵盖通信、软硬件开发等多个高科技行业，国家多层次多角度进行政策扶持和鼓励发展。

表1　2020～2021年我国有关新一代信息技术产业政策

时间	名称	主要内容
2020年3月	《工业和信息化部办公厅关于推动工业互联网加快发展的通知》	加快新型基础设施建设，改造升级工业互联网内外网络。拓展融合创新应用，深化工业互联网应用。加快壮大创新发展动能，深入实施"5G+工业互联网"512工程
2021年1月	《工业互联网创新发展行动计划2021～2023年》	到2023年，工业互联网新型基础设施建设量质并进，新模式、新业态大范围推广，产业综合实力显著提升。深化"5G+工业互联网"。支持工业企业建设5G全面连接工厂，推动5G应用从外围辅助环节向核心生产环节渗透，加快典型场景推广
2021年2月	《国家综合立体交通网规划纲要》	推动智能网联汽车与智慧城市协同发展，建设城市道路、建筑、公共设施融合感知体系，打造基于城市信息模型平台、集城市动态静态数据于一体的智慧出行平台
2021年3月	《双千兆网络协同发展行动计划（2021～2023年）》	用三年时间，基本建成全面覆盖城市地区和有条件巷战"双千兆网络基础设施，实现固定和移动网络普遍具备千兆用户能力"
2021年3月	《加快培育新型消费实施方案》	开展车联网电信业务商用试验，加快全国优势地区车联网先导区建设，探索车联网（智能网联汽车）产业发展和规模部署。加快制订相关应用标准和管理办法，有序推动无人配送、无人驾驶在产业园区等特殊场景落地和示范
2021年4月	《"十四五"智能制造发展规划（征求意见稿）》	针对电子信息领域，满足提高生产效率和产品良率、缩短研制周期等需要，推进电子产品专用智能制造装备与自动化装配线的集成应用；开发智能监测设备与产品一体化测试平台；建设智能物流配送系统，优化生产经营决策系统
2021年7月	《5G应用"扬帆"行动计划（2021～2023年）》	到2023年，我国5G应用发展水平显著提升，综合实力持续增强；5G物联网终端用户数年均增长率超200%
2021年9月	《物联网新型基础设施建设三年行动计划2021～2023年》	（一）创新能力提升行动，（二）产业生态培育行动，（三）融合应用发展行动，（四）支撑体系优化行动

2021年战略性新兴产业上市公司发展综述

续表

时间	名称	主要内容
2021年11月	《"十四五"信息通信行业发展规划》	提出五项重点内容,包括全部部署5G、移动物联网、卫星通信网络等新一代通信网络基础设施,统筹优化数据中心布局,构建数据与算力设施、发展工业互联网和车联网等融合基础设施,加快构建新型数字基础设施体系
2021年12月	《智能网联汽车城市发展指南》(2021年版)	预期功能安全、自动驾驶测试场景及创新应用、智能感知、车载智能计算平台、智能网联车载芯片、智能网联汽车云控系统领域进行更新,开展关键领域的标准需求分析、标准子体系搭建及核心关键标准项目研究制定

资料来源:中国政府网等。

新一代信息技术产业中所涉及的领域并非单一产业,而是包含多个产业及核心技术在内的产业集群,其技术突破将影响整个产业链发展,从而带动整个国民经济社会向更高质、更高效、更便捷的方向发展。

2021年是新一代信息技术产业突飞猛进的一年。以新一代信息技术产业指数为例计算(指数代码:882701.WI)。截至2021年年末,我国新一代信息技术产业上市公司合计132家,其中2021年新上市53家,132家公司中有117家实现盈利,仅有15家亏损。在国家大力支持下,越来越多新一代信息技术产业公司涌入资本市场。

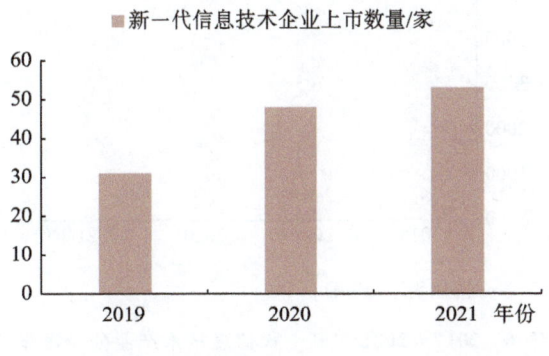

资料来源:iFinD。

图1 2017~2021年每年新一代信息技术产业新上市企业数量

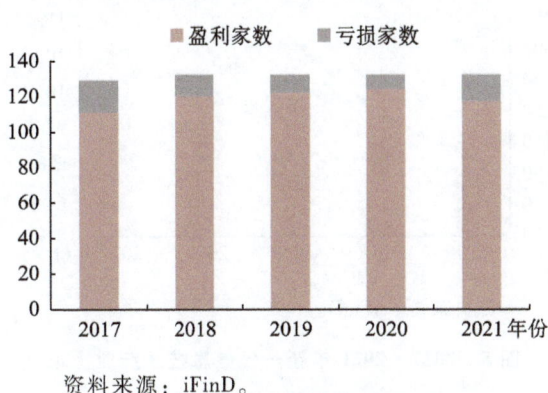

资料来源:iFinD。

图2 2017~2021年新一代信息技术产业上市公司盈亏面

2021年,新一代信息技术产业上市公司合计实现营业收入2951亿元,同比增长29%;实现净利润412亿元,同比增长52%。新一代信息技术企业盈利能力也在持续提升,2021年板块毛利率为32.68%,同比增加0.43个百分点;净利率为13.96%,同比增加2.11个百分点。

图 3 2017~2021 年新一代信息技术产业营收和净利润

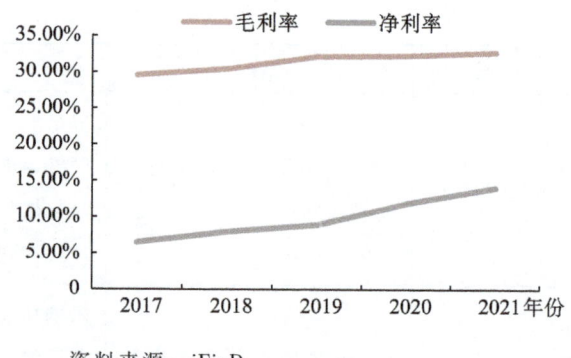

图 4 2017~2021 年新一代信息技术产业毛利率与净利率

从创新能力来看，新一代信息技术企业研发投入不断加大，2021 年研发费用达到 302 亿元，同比增长接近 30%，研发费用率为 10%，与前几年持平。截至 2021 年年末，新一代信息技术上市公司共拥有 28859 个专利，其中 2021 年新增 4094 个，与前几年持平。大量、持续的研发投入也收获良好效果，集成电路、新型显示、第五代移动通信等领域技术创新密集涌现；超高清视频、虚拟现实、先进计算等领域发展步伐进一步加快；基础软件、工业软件、新型平台软件等创新迭代不断加快，体现了我国新一代信息技术产业产品在政策引领下积极满足生产、消费需求，不断丰富产品类型，发展取得了扎实成效。

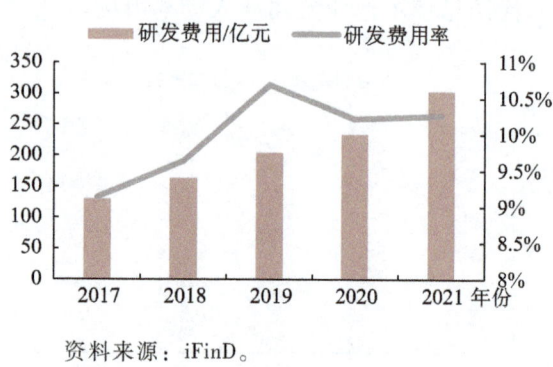

图 5 2017~2021 年新一代信息技术产业上市公司研发费用

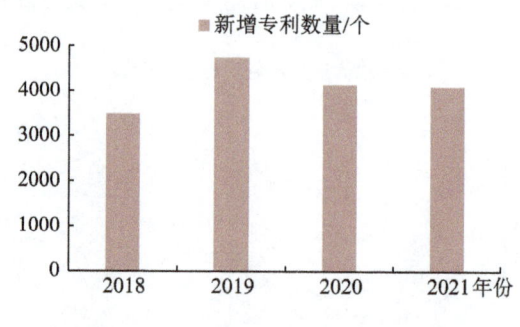

图 6 2017~2021 年新一代信息技术产业公司每年新增专利数量

党的十八大以来，新一代信息技术产业发展成效显著，产业含金量、含新量明显提高。作为科技创新的重点攻关领域，新一代信息技术产业呈现出产业规模不断壮大、创新能力不断增强等特点，与各行业各领域的融合深度和广度不断拓展，支撑融合发展的基础更加夯实，为国民经济高质量发展提供了有力支撑。

二、新材料产业

新材料产业作为支撑重大工程的物质

基础产业，在《战略性新兴产业分类（2018）》被归为战略性新兴产业。作为高新技术发展的基础和先导，新材料是全球新一轮科技革命与产业变革的重要推动力之一，对实施创新驱动发展战略、加快供给侧结构性改革、增强产业核心竞争力具有重要战略意义。加快新材料产业发展，是党中央、国务院着眼建设制造强国、科技强国所做出的重要战略部署。

近年来，我国出台一系列政策，推动新材料产业的发展，带动传统产业转型升级，从而实现社会生产力和经济发展质量的跃升。

表2　　　　　　　　　　　　　　　　新材料产业相关政策

时间	名称	主要内容
2019年12月	《重点新材料首批应用示范指导目录（2019年版）》	具体列入"指导目录"的重点新材料涵盖先进基础材料、关键战略材料、前沿新材料三大领域，是国家重点关注的材料
2020年1月	《加强"从0到1"基础研究工作方案》	重点支持人工智能、重点基础材料、先进电子材料、结构与功能材料、制造技术与关键部件等重大领域，推动关键核心技术突破
2021年2月	《稀土管理条例（征求意见稿）》	国家鼓励稀土勘查开采、冶炼分离、金属冶炼和综合利用等领域的科技创新和人才培养，支持稀土新产品新材料新工艺的研发和产业化
2021年3月	《中华人民共和国国民经济和社会发展第十四个五年规划和2035年远景目标纲要》	提出未来我国新材料产业将重点发展高端新材料，如高端稀土功能材料，高温合金、高性能纤维及其复合材料等
2021年5月	《化工新材料行业"十四五"发展指南》	重点发展氟硅材料、特种橡胶及弹性体、高性能纤维及复合材料、功能性膜材料和电子化学品
2021年9月	《关于扩大战略性新兴产业投资培育壮大新增长点增长极的指导意见》	加快在光刻胶、高纯靶材、高温合金、高性能纤维材料、高强高导耐热材料、耐腐蚀材料、大尺寸硅片、电子封装材料等领域实现突破；提升稀土、钨、钼、锂、石墨等特色资源在开采、冶炼、深加工等环节的技术水平

资料来源：中国政府网等。

根据《战略性新兴产业分类（2018）》，新材料产业主要包括先进无机非金属材料、重大工程用先进金属材料、高分子及复合材料、高性能稀土材料、新能源与节能环保材料、信息功能材料、高端生物医用材料、前沿新材料与材料基因工程等领域。新材料产业发展始终坚持"需求牵引、创新发展"的原则，我国新材料产业研发能力在不断积累中逐步增强，自主创新能力不断提升，新材料品种不断增加。关键新材料从制备、工艺流程到新产品开发及节能、环保和资源综合利用等方面取得重大突破。研究机构携手高校，技术研发人员正攻坚克难，创新新材料产品，力争解决发达国家对我国关键技术"卡脖子"的难题。

表3　　　　　　　　　　　2021年我国新材料创新概览

成就	说明
火箭长筒段贮箱	首个3.35米直径火箭长筒段贮箱，该重大工程用先进金属材料基本具备工程应用条件，标志我国已初步把握长筒段研制技术，火箭在高质量、高效率、低成本研制上有趣的重大突破
人造钻石	中国产能约占全球一半，在300万克拉左右
高性能碳纤维	2021年9月投产的万吨级碳纤维生产基地，主要生产直径为0.005毫米，强度为钢的7～10倍的高性能碳纤维，是高分子及复合材料的一大突破
大面积柔性显示织物	将显示器件的制备与织物编制过程相融合，研发出了大面积柔性显示织物和智能集成系统，是一种可以发光的纤维材料
黑色氮化硅陶瓷轴承球	该发明可以使材料经受每分钟60万次的摩擦以及上千摄氏度高温的炙烤
电子触控玻璃	超薄（0.12mm）的电子触控玻璃，透光率高，韧性好
可用于手术缝线的新材料	加工出一种具有仿莲丝微米螺旋结构的水凝胶纤维，具有高生物相容性、高含水量、低刺激性和低摩擦力等特点
聚酰亚胺-纳米云母复合膜	具有较好的力学性能、热稳定性和耐化学性，成为制作太空探测器"防护服"的重要材料，对原子氧、紫外辐射和空间碎片具有更好的防护能力
新型纤维聚合物锂离子电池	研发出兼具安全性和综合电化学性能的新型纤维聚合物锂离子电池
新型非晶材料	硬度大，可划伤钻石

新材料在国民经济各领域的应用不断扩大，基本涵盖金属、高分子、陶瓷等结构与功能材料的研发、设计、生产和应用各个环节。前沿新材料当前以基础研究为主，产业尚处于发展初期，正经历从实验室向商业应用的过渡时期，我国前沿材料许多领域处于与国际并跑阶段，但产业规模与体量较小，大规模应用尚未到来。

我们以Wind新材料产业指数为例进行统计（指数代码：882703.WI）。截至2021年年末，我国新材料产业上市公司合计50家，其中2021年新上市20家，根据2021年年报，50家公司中，有49家实现了盈利，仅有1家公司亏损。

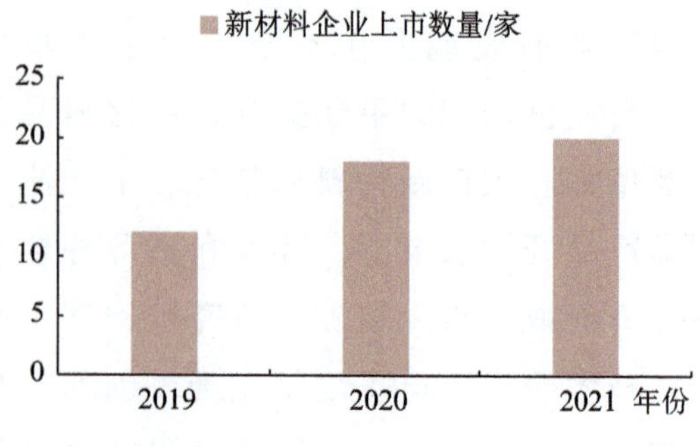

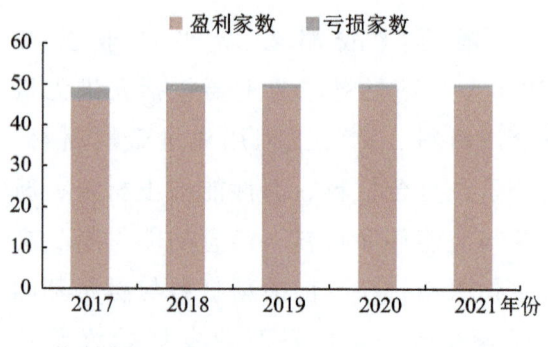

资料来源：Wind。

图7　2017～2021年每年新材料产业新上市企业数量

资料来源：Wind。

图8　2017～2021年新材料产业上市公司盈亏面

2021年，新材料产业上市公司合计实现营业收入839亿元，同比增长57%；实现净利润91亿元，同比增长47%。

2021年新材料产业整体毛利率为22.20%，同比减少2.77个百分点；净利率为10.83%，同比减少0.71个百分点。

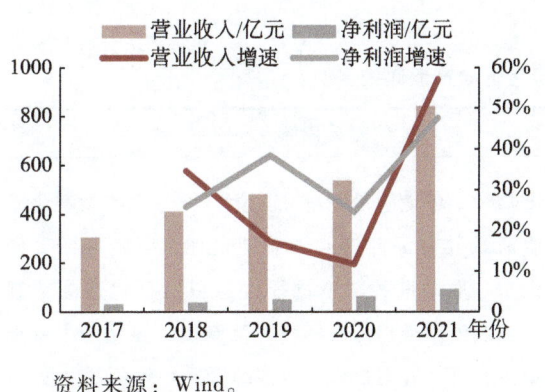

资料来源：Wind。

图9　2017～2021年新材料产业上市公司营收和净利润

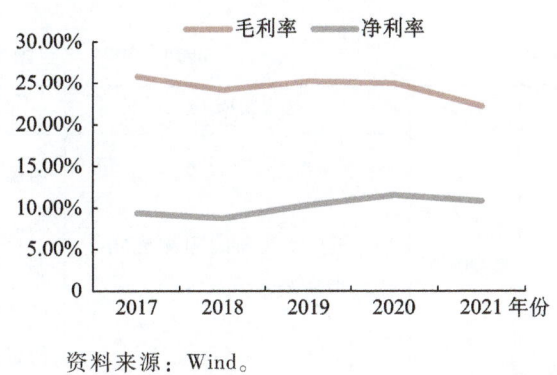

资料来源：Wind。

图10　2017～2021年新材料产业板块毛利率与净利率

从创新能力来看，新材料企业研发持续增强，2021年研发费用达到38亿元，同比增长53%，研发费用率为5%，与前几年持平。截至2021年年末，新材料产业上市公司共拥有6099个专利，其中2021年新增699个。

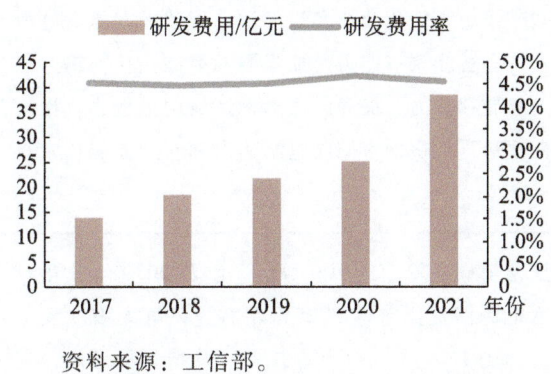

资料来源：工信部。

图11　2017～2021年新材料产业上市公司研发费用

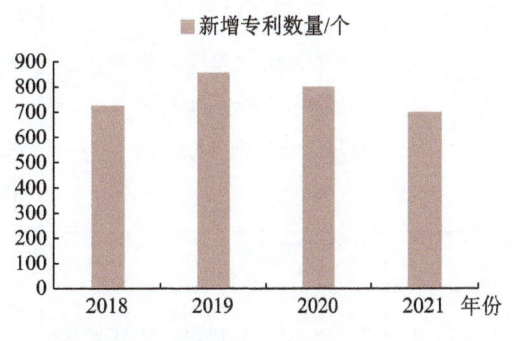

资料来源：工信部。

图12　2017～2021年新材料产业上市公司每年新增专利数量

在国家的大力支持下，新材料业界协同攻关，关键材料突破了一批关键核心共性技术，研发了一批关键核心材料及产品，支撑了一批重大工程和关键型号建设，基本形成了完善的技术创新和产业发展体系，为我国经济社会及国防安全的发展做出了重要贡献。

三、绿色低碳产业

2021年是"十四五"规划的开局之年，双碳战略首次被写入国务院政府工作报告，这也意味着中国正式开启"双碳"元年。政府各部门高度重视绿色低碳转型，先后出台一系列行业标准、指导意见、财政金融政策以支持绿色低碳行业发展、鼓励企业转型升级，绿色低碳经济发展脚步日趋加速。根据《战略性新兴产业分类》，绿色低碳产业属于战略性新兴产业，主要包括节能环保、能源技术和新能源汽车三大板块。

表4　　2020~2021年我国有关绿色低碳产业政策

	时间	名称	主要内容
节能环保	2020年	《中华人民共和国固体废物污染环境防治法》	明确固体废物污染环境防治坚持减量化、资源化和无害化原则。强化政府及其有关部门监督管理责任，明确目标责任制、信用记录、联防联控、全过程监控和信息化追溯等制度。完善了工业固体废物污染环境防治制度。强化产生者责任，增加排污许可、管理台账、资源综合利用评价等制度
	2021年1月	《关于推进污水资源化利用的指导意见》	到2025年，全国污水收集效能显著提升，县城及城市污水处理能力基本满足当地经济社会发展需要，水环境敏感地区污水处理基本实现提标升级；全国地级及以上缺水城市再生利用率达到25%以上
新能源技术	2021年3月	《中华人民共和国经济和社会发展第十四个五年规划和2035年远景目标纲要》	加快电网基础设施智能化改造和智能微电网建设，提高电力系统互补互济和智能调节能力，加强源网荷储衔接，提升清洁能源消纳和储存能力，提升向边远地区输配电能力，推进煤电灵活性改造，加快抽水储能电站建设和新型储能技术规模化应用
	2021年4月	《关于2021年风电、光伏发电开发建设有关事项的通知》	意见称，要落实碳达峰、碳中和目标，以及2030年非化石能源占一次能源消费比重达到25%左右、风电太阳能发电总装机容量达到12亿千瓦以上等任务，坚持目标导向，完善发展机制，释放消纳空间，推动风电、光伏发电高质量发展
	2021年8月	《2021年生物质发电项目建设工作方案》	进一步完善生物质发电开发建设管理，合理安排2021年中央新增生物质发电补贴租金。2021年生物质发电中央补贴资金总额为25亿元
	2021年9月	《关于促进地热能开发利用的若干意见》	提出到2025年，各地基本建立起完善规范的地热能开发利用管理流程，全国地热能开发利用信息统计和监测体系基本完善，地热能供暖（制冷）面积比2020年增加50%

2021年战略性新兴产业上市公司发展综述

续表

	时间	名称	主要内容
新能源汽车	2021年3月	《加快培育新型消费实施方案》	开展车联网电信业务商用试验，加快全国优势地区车联网先导区建设，适应新能源汽车和寄递物流配送车辆需求，完善充电电源配置和布局，加大充电桩（站）建设力度
	2021年5月	《关于进一步提升充换电基础设施服务保障能力的实施意见》	探索新能源汽车参与电力现货市场的实施路径，研究完善新能源汽车消费和储放绿色电力的交易和调度机制，促进新能源汽车与电网能量高效互动
	2021年11月	《综合运输服务"十四五"发展规划》	加快充换电、加氢等基础设施规划布局和建设。国家生态文明试验区、大气污染防治重点区域每年新增或更新公交、出租、物流配送等车辆中新能源汽车比例不低于80%

资料来源：中国政府网等。

节能环保产业是指为节约能源资源、发展循环经济、保护生态环境提供物质基础和技术保障的产业，主要包括节能产业、环保产业和资源循环利用产业，涉及节能环保技术装备、产品和服务等。节能环保产业在政策指引、企业改造需求旺盛的外部环境下发展较为迅速。

2021年是节能环保产业迅速发展的一年，随着双碳战略的提出，企业绿色转型升级需求提升，节能环保行业前景广阔。我们以iFinD节能环保指数为例计算（指数代码885563.TI）。截至2021年年末，我国节能环保产业上市公司合计154个，其中2021年新上市15家，154家公司中有124家实现盈利。

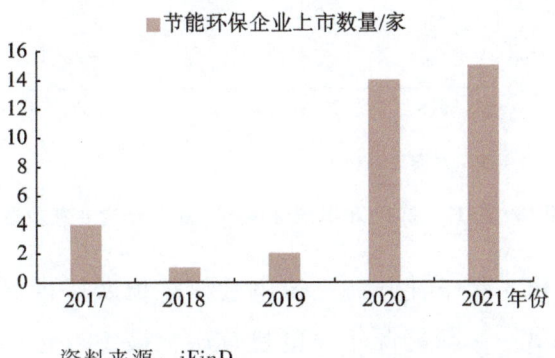

资料来源：iFinD。

图13 2017~2021年每年节能环保产业新上市企业数量

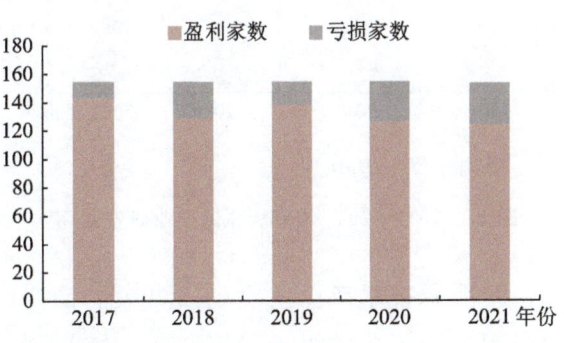

资料来源：iFinD。

图14 2017~2021年节能环保产业上市公司盈亏面

2021年，新能源产业实现营业收入共计4748.35亿元，同比增长10.88%；净利润实现239.19亿元，同比减少10.30%。从盈利能力来看，该板块盈利能力较为稳定，2021年毛利率为20.92%，较2020年略有下降，下降4.34个百分点；净利率为5.04%，同比下降19%。

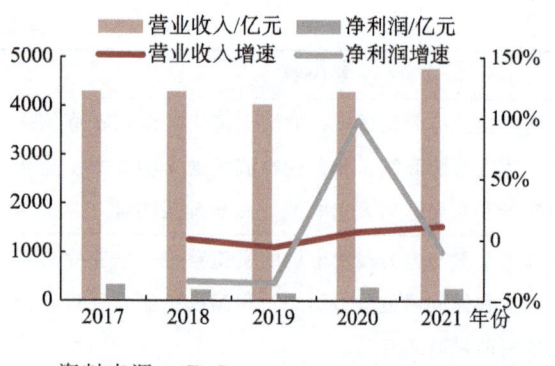

资料来源：iFinD。

图15 2017～2021年节能环保产业营收和净利润

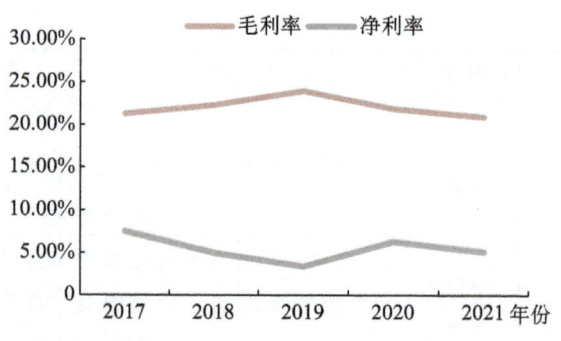

资料来源：iFinD。

图16 2017～2021年节能环保产业毛利率与净利率

从创新角度来看，节能环保产业向智能环保发展，企业研发投入不断增加。2021年节能环保产业研发费用共计173亿元，同比增加14.93%；研发费用率为4%，与前几年基本持平，稳中有升。2021年节能环保产业新增专利数量3135个，较前几年有较大提升。伴随着信息技术、云计算和大数据等技术在环境领域的不断深入，科技和环保技术的融合进一步会推动节能环保企业向"专精特新"方向发展，向数字化、智能化、产业化方向发展。

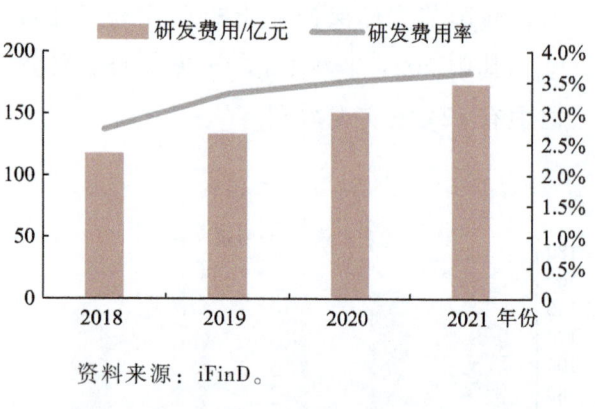

资料来源：iFinD。

图17 2017～2021年节能环保产业研发费用

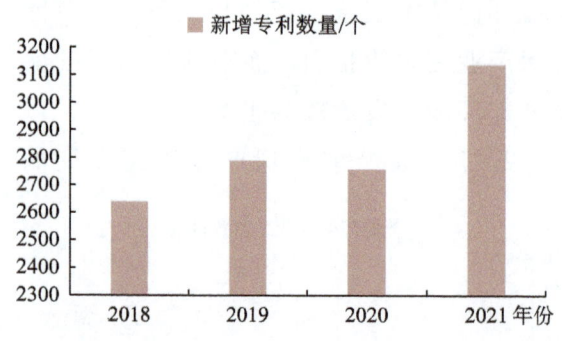

资料来源：iFinD。

图18 2017～2021年节能环保产业每年新增专利数量

新能源技术产业主要包括煤炭清洁高效利用产业、非常规天然气产业、综合能源服务产业、核能产业、风电、太阳能光电、生物质能、地热等产业，新能源发电为主要应用领域。随着国家政策的不断调整与完善，新能源逐渐替代旧能源市场，2021年全国可再生能源发电装机规模历史性突破10亿千瓦，水电、风电装机均超3亿千瓦，海上风电装机规模跃居世界第一，新能源年发电量首次突破1万亿千瓦时大关。

我们以新能源技术行业指数（指数代码：884035.WI）计算，截至2021年年末，新能源技术上市公司共有59家，2021年新上市5家，其中盈利公司数量为50家。

2021 年战略性新兴产业上市公司发展综述

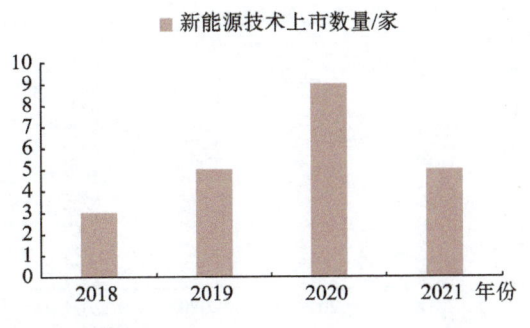

图 19　2017～2021 年每年新能源技术产业新上市企业数量

图 20　2017～2021 年新能源技术产业上市公司盈亏面

2021 年,新能源技术产业营业收入达到 10674.5 亿元,同比增加 23.28%;净利润达到 984.91 亿元,同比增加 12.68%,新能源技术产业在政策指引下稳中向好发展。从盈利能力来看,2021 年新能源技术板块毛利率为 23.96%,同比下降 1 个百分点,整体呈平稳态势。

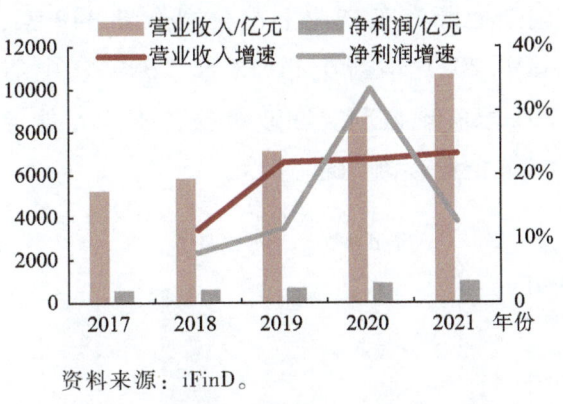

图 21　2017～2021 年新能源技术产业营收和净利润

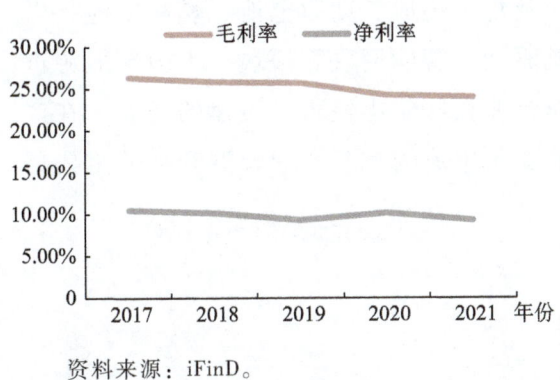

图 22　2017～2021 年新能源技术产业毛利率与净利率

从创新能力来看,新能源技术积极开发利用可再生能源,企业研发技术投入大幅提升。2021 年新能源技术行业研发费用为 314 亿元,同比增加 32.54%,较前几年有较大增长;2021 年新增专利数量为 3267 个。随着技术进步、科技创新,新能源技术产业会进一步便利人们的生活,帮助国民经济向绿色高效转型,以最低成本换取最大经济效益。

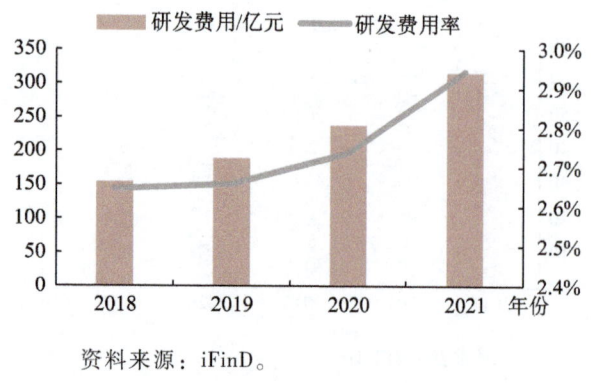

图23 2017~2021年新能源技术产业研发费用

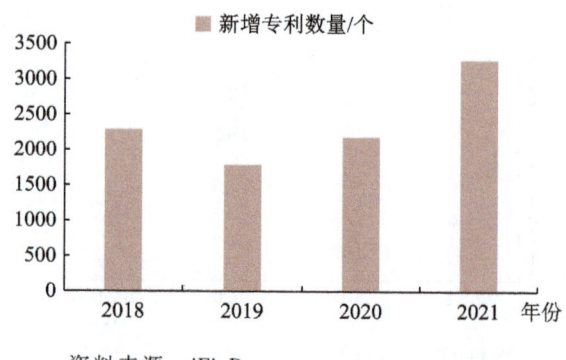

图24 2017~2021年新能源技术产业每年新增专利数量

新能源汽车是指采用新型动力系统，完全或者主要依靠新型能源驱动的汽车，包括纯电动汽车、插电式混合动力汽车、增程式混合动力汽车和燃料电池汽车等，涉及整车集成、动力电池、燃料电池、电机驱动、智能网联等模块。中国新能源汽车行业在几年内经历了飞速的发展，在产业变革中成为汽车产业转型升级的重要部分，在政策鼓励下迎来了发展机遇。

2021年，新能源汽车在双碳战略下发展势好。以新能源汽车行业指数为例计算（885431.TI）。截至2021年年末，我国新能源汽车产业上市公司合计349家，其中2021年新上市28家，349家中有291家实现盈利。在政策扶持下，新能源汽车企业逐渐崛起。

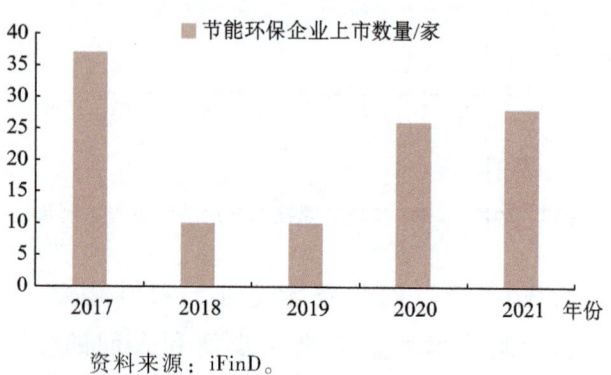

图25 2017~2021年每年新能源汽车产业新上市企业数量

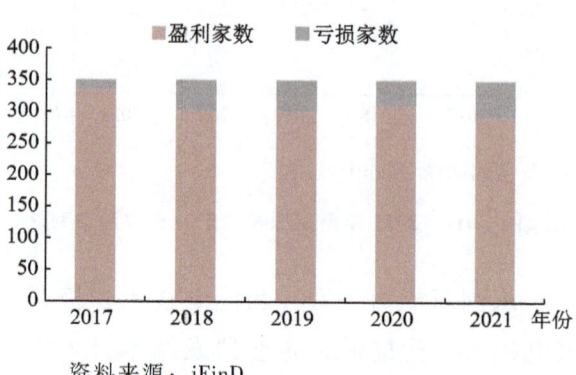

图26 2017~2021年新能源产业上市公司盈亏面

2021年，新能源汽车产业上市公司合计实现营业收入2604.47亿元，同比增长72.02%；实现净利润293.01亿元，同比增速74%，"十四五"规划下，新能源行业发展突飞猛进，新能源汽车产业业绩表现突出。从盈利能力来看，该产业企业表现良好，2021年产业毛利率为24.5%，同比减少6.94个百分点，净利率为11.25%，同比增长1.15个百分点。

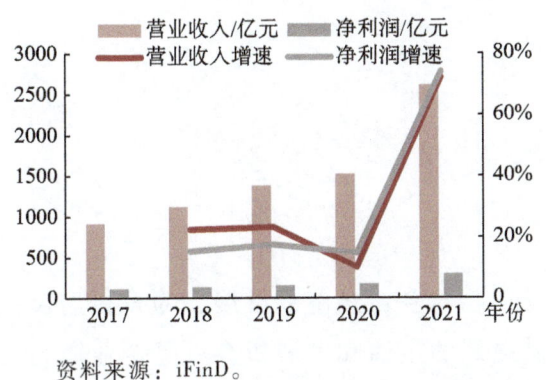

资料来源：iFinD。

图 27　2017～2021 年新能源汽车产业营收和净利润

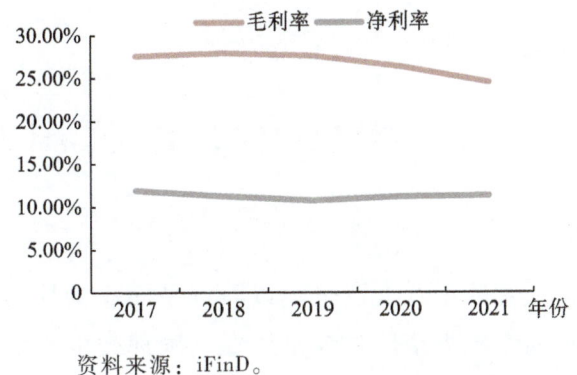

资料来源：iFinD。

图 28　2017～2021 年新能源汽车产业毛利率与净利率

从创新能力来看，新能源汽车产业企业研发投入不断增加，2021 年研发费用达到 144 亿元，同比增加 68%，研发费用率为 6%，较过去几年呈缓慢平稳增长态势。截至 2021 年年末，新能源汽车产业上市公司新增专利数量 1732 个，与前两年基本保持持平。在大量研发投入下，我国新能源汽车技术水平显著提升，关键零部件核心技术再上台阶，新能源乘用车基本上实现了车联网功能的全覆盖，部分头部汽车企业已经投放了搭载 V2X 技术的量产新车，新上市的新能源车型共计 70 款。

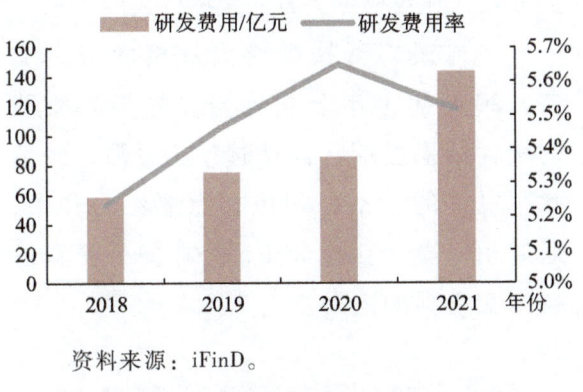

资料来源：iFinD。

图 29　2017～2021 年新能源汽车产业公司研发费用

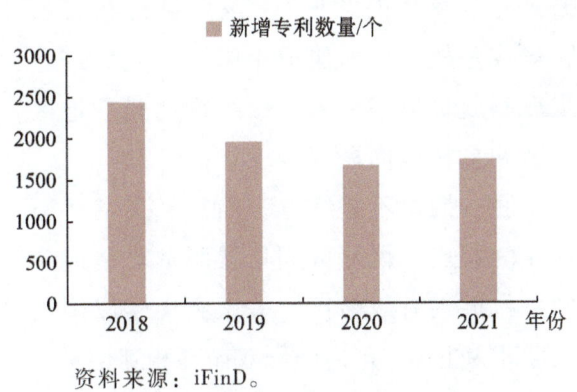

资料来源：iFinD。

图 30　2017～2021 年新能源汽车产业每年新增专利数量

绿色低碳行业作为"双碳"战略下的一大重点战略新兴产业，包含新能源、节能等多个产业，涉及节能设备、能源技术等多个重要领域，在国家政策的导向与企业绿色转型升级的需求下，该行业发展前景广阔。

撰稿人：严　明
审稿人：解学成

2021年上市公司助力乡村振兴实践

党的十八大以来,以习近平同志为核心的党中央把脱贫攻坚摆在治国理政的突出位置,全面打响脱贫攻坚战,困扰中华民族几千年的绝对贫困问题历史性地得到解决,脱贫攻坚成果举世瞩目。到2020年,我国现行标准下农村贫困人口全部实现脱贫、贫困县全部摘帽、区域性整体贫困得到解决。"两不愁"质量水平明显提升,"三保障"突出问题彻底消除。

2021年3月,中共中央国务院发布《关于实现巩固拓展脱贫攻坚成果同乡村振兴有效衔接的意见》。该意见旨在打赢脱贫攻坚战、全面建成小康社会之后进一步巩固脱贫攻坚成果,接续推动脱贫地区发展和乡村全面振兴。

脱贫摘帽不是终点,而是新生活、新奋斗的起点。做好巩固拓展脱贫攻坚成果同乡村振兴有效衔接,关系到构建以国内大循环为主体、国内国际双循环相互促进的新发展格局,关系到全面建设社会主义现代化国家全局和实现第二个百年奋斗目标。

企业是参与乡村振兴实践的重要主体,上市公司更是助力乡村振兴的排头兵。上市公司参与乡村振兴实践,通过投资和参与乡村经济的发展,为乡村居民提供更好的生活和发展机会,是企业履行社会责任的重要体现。

上市公司进行乡村振兴实践的形式多样,例如采取合作社的形式,帮助当地农民销售农产品,提高收益;投资基础设施建设,为当地居民提供更好的生活条件;通过开展培训项目,帮助当地农民提高技能,增加收入。总体上,上市公司采取了"产业振兴、人才振兴、文化振兴、生态振兴、组织振兴、捐赠扶贫、消费扶贫"七大类方式,在乡村振兴方面发挥巨大的作用。

乡村振兴帮扶需要大规模的资金支持,2021年上市公司参与乡村振兴实践的统计结果显示,自身财务实力强、经营状况良好的上市公司更有意愿参与其中,通过积极履行社会责任,企业向外界释放自身实力强的信号。

一、2021年上市公司参与乡村振兴实践概况

2021年,在4697家上市公司中,共有1389家[①]参与了乡村振兴建设工作,

---

① 数据筛选方法:在Wind公告中,搜索所有A股上市公司2021/1/1—2022/4/30期间发布的含有"乡村振兴"关键词的年度报告和重大事项报告,并在搜索结果所包含的报告中逐一核查上市公司是否实际参与乡村振兴活动,将未实际参与的公司剔除,最终筛选出1389家上市公司。由于是否实际参与乡村振兴由分析师主观判定,最终筛选结果具有一定的主观性。

参与家数总占比为29.6%。

从企业性质来看，参与乡村振兴建设的1389家上市公司中，共有682家为国企央企，占比为49.1%，其中中央国有企业271家，地方国有企业411家；民营企业参与家数为593家，占比为42.7%；公众企业参与家数为74家，占比为5.3%；外资企业参与家数为28家，占比为2%；集体企业参与家数为7家，占比0.5%；其他企业参与家数为5家，占比为0.3%。

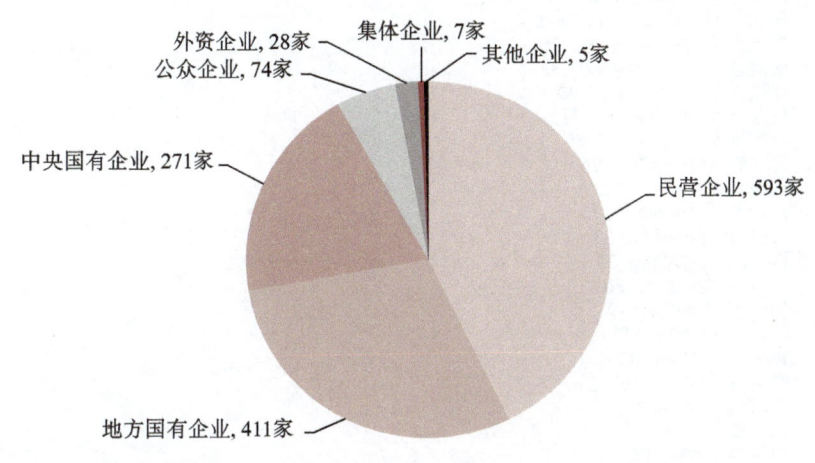

数据来源：Wind，国新证券整理。

图1 2021年参与乡村振兴上市公司企业性质情况

从企业性质参与度来看，央企+国企的上市公司乡村振兴参与度最高，参与度为51.7%，其中央企参与度为63.2%；地方国企参与度为46.2%；集体企业参与度为30.4%；公众企业参与度为26.5%；民营企业上市公司参与度为20.5%；外资企业参与度为17.8%；其他企业参与度为15.6%。

表1 不同性质上市公司乡村振兴参与度情况

企业性质	参与家数	2021年上市公司总数	参与度
央企	271	429	63.2%
地方国企	411	891	46.2%
央企+国企	682	1320	51.7%

续表

企业性质	参与家数	2021年上市公司总数	参与度
民营企业	593	2886	20.5%
公众企业	74	279	26.5%
集体企业	7	23	30.4%
外资企业	28	157	17.8%
其他企业	5	32	15.6%
合计	1389	4697	29.6%

数据来源：Wind，国新证券整理。

从区域划分来看，首先北京市参与乡村振兴的上市公司最多，共有141家，占参与上市公司总数的10.2%；其次是广东省，参与的上市公司有127家，占参与上市公司总数的9.1%；最后是江苏省，参与的上市公司有 103 家，占参与上市公司总数的 7.4%。

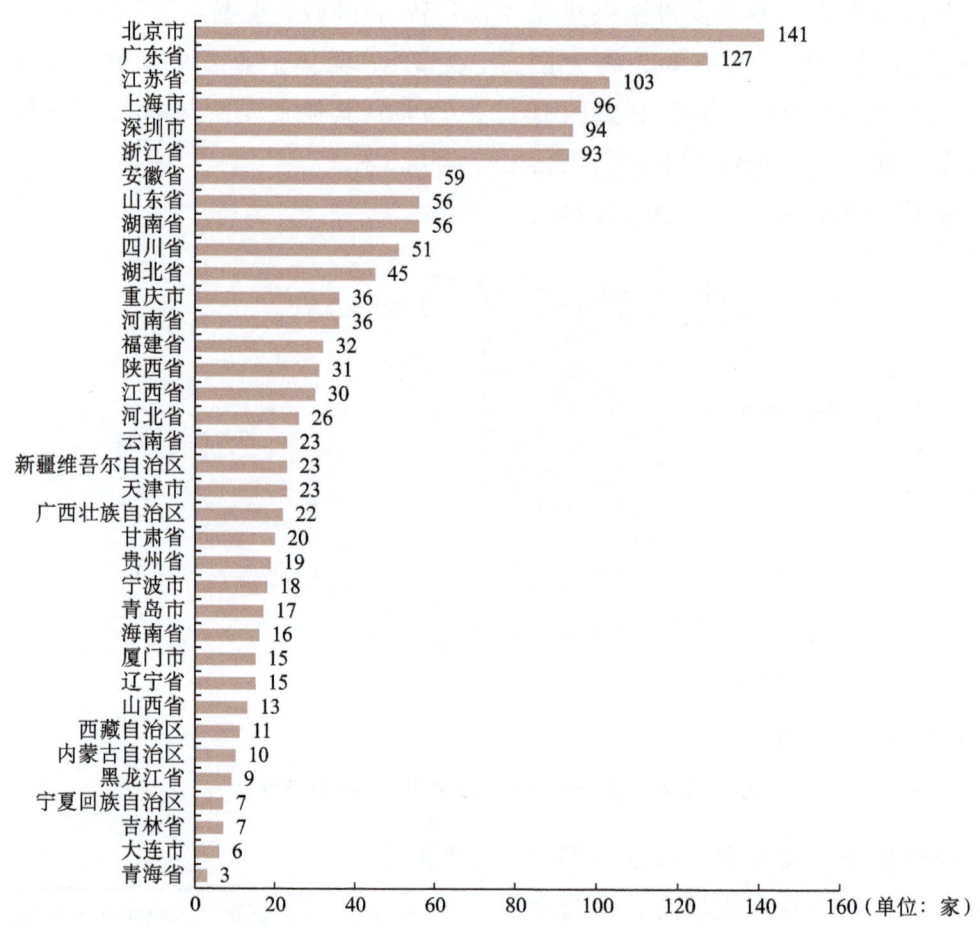

数据来源：Wind，国新证券整理。

图 2　2021 年参与乡村振兴上市公司区域划分情况

从区域参与度来看，甘肃省的上市公司乡村振兴参与度最高，参与度为 58.8%，广西壮族自治区排名第二，参与度为 56.4%，重庆市排名第三，参与度为 56.3%。

表 2　不同区域上市公司乡村振兴参与度情况

区域划分	2021 年参与家数	2021 年上市公司总数	参与度
甘肃省	20	34	58.8%
广西壮族自治区	22	39	56.4%
重庆市	36	64	56.3%

续表

区域划分	2021 年参与家数	2021 年上市公司总数	参与度
云南省	23	41	56.1%
贵州省	19	34	55.9%
西藏自治区	11	21	52.4%
海南省	16	33	48.5%
陕西省	31	66	47.0%
宁夏回族自治区	7	16	43.8%
江西省	30	70	42.9%
湖南省	56	132	42.4%
新疆维吾尔自治区	23	58	39.7%

2021年上市公司助力乡村振兴实践

续表

区域划分	2021年参与家数	2021年上市公司总数	参与度
安徽省	59	149	39.6%
河北省	26	69	37.7%
天津市	23	63	36.5%
河南省	36	99	36.4%
湖北省	45	128	35.2%
内蒙古自治区	10	29	34.5%
北京市	141	423	33.3%
四川省	51	156	32.7%
广东省	127	389	32.6%
山西省	13	40	32.5%
福建省	32	100	32.0%
辽宁省	15	50	30.0%
青岛市	17	59	28.8%
青海省	3	11	27.3%
山东省	56	211	26.5%
深圳市	94	372	25.3%
上海市	96	388	24.7%
厦门市	15	62	24.2%
黑龙江省	9	38	23.7%
大连市	6	31	19.4%
浙江省	93	498	18.7%
江苏省	103	568	18.1%
宁波市	18	107	16.8%
吉林省	7	49	14.3%
合计	1389	4697	29.6%

数据来源：Wind，国新证券整理。

从上市板看，参与乡村振兴建设的1389家上市公司中，共有1081家为主板上市，占比为77.8%；创业板上市公司参与家数为209家，占比为15.0%；科创板上市公司参与家数为88家，占比为6.3%；北交所上市公司参与家数为11家，占比为0.8%。

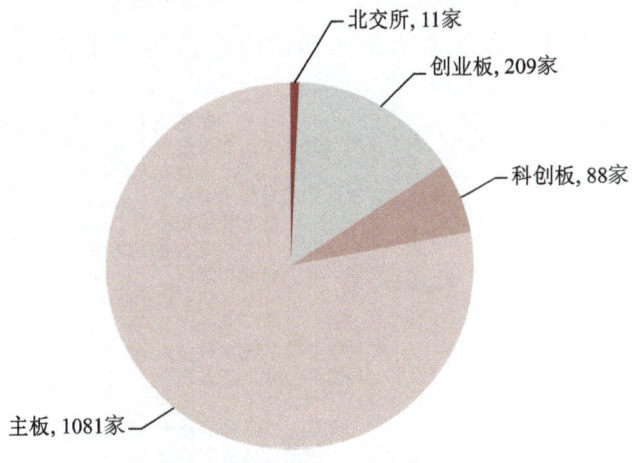

数据来源：Wind，国新证券整理。

图3　2021年参与乡村振兴上市公司上市板块情况

从上市板参与度来看，主板上市公司乡村振兴参与度最高，参与度为34.3%；其次是科创板上市公司，参与度为23.3%；再次是创业板上市公司，参与度为19.2%；最后是北交所上市公司，参与度为13.4%。

表3　不同板块上市公司乡村振兴参与度情况

上市板块	2021年参与家数	2021年上市公司总数	参与度
主板	1081	3148	34.3%
科创板	88	377	23.3%
创业板	209	1090	19.2%
北交所	11	82	13.4%
合计	1389	4697	29.6%

数据来源：Wind，国新证券整理。

二、各行业上市公司乡村振兴参与情况

按证监会行业门类来分，制造业参与

乡村振兴的上市公司最多，共有765家，占上市公司总数的16.3%；其次是电力、热力、燃气及水生产和供应业参与的上市公司有87家，占上市公司总数的1.9%；金融业参与的上市公司有78家，占上市公司总数的1.7%。

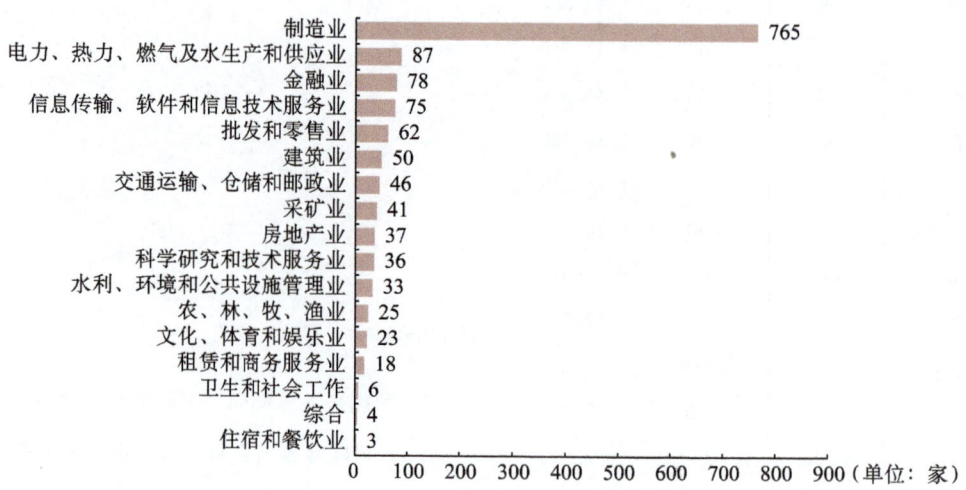

数据来源：Wind，国新证券整理。

图4　2021年参与乡村振兴上市公司所属门类行业情况

从门类行业参与度来看，"电力、热力、燃气及水生产和供应业"的上市公司乡村振兴参与度最高，行业内有67.4%的公司都积极参与了乡村振兴实践，金融业排名第二，参与度为61.4%，农林牧渔业排名第三，参与度为52.1%。

表4　2021年不同门类行业上市公司乡村振兴参与度情况

门类行业	2021年参与家数	2021年上市公司总数	参与度
电力、热力、燃气及水生产和供应业	87	129	67.4%
金融业	78	127	61.4%
农、林、牧、渔业	25	48	52.1%
采矿业	41	79	51.9%
建筑业	50	110	45.5%
卫生和社会工作	6	14	42.9%
交通运输、仓储和邮政业	46	109	42.2%
科学研究和技术服务业	36	90	40.0%
文化、体育和娱乐业	23	62	37.1%
水利、环境和公共设施管理业	33	90	36.7%
住宿和餐饮业	3	9	33.3%
批发和零售业	62	187	33.2%

续表

门类行业	2021年参与家数	2021年上市公司总数	参与度
房地产业	37	117	31.6%
综合	4	13	30.8%
租赁和商务服务业	18	68	26.5%
制造业	765	3050	25.1%
信息传输、软件和信息技术服务业	75	382	19.6%
合计	1389	4697	29.6%

数据来源：Wind，国新证券整理。

（一）农、林、牧、渔业

2021年，全年48家农、林、牧、渔业上市公司中共有25家公司参与了乡村振兴建设工作，参与家数行业占比为52.1%。其中，畜牧业有11家参与，农业有9家参与，林业有2家参与，渔业有2家参与，农、林、牧、渔服务业有1家参与。

表5　2021年农、林、牧、渔业参与乡村振兴上市公司所属大类行业概况

大类行业	参与家数	行业占比
畜牧业	11	61.1%
林业	2	50.0%
农、林、牧、渔服务业	1	100.0%
农业	9	52.9%
渔业	2	25.0%
合计	25	52.1%

数据来源：Wind，国新证券整理。

从企业性质来看，农、林、牧、渔业参与乡村振兴建设的上市公司中，中央国有企业有3家，地方国有企业有6家，民营企业有16家。

表6　2021年农、林、牧、渔业参与乡村振兴上市公司企业性质概况

企业性质	参与家数	行业占比
中央国有企业	3	6.3%
地方国有企业	6	12.5%
民营企业	16	33.3%
合计	25	52.1%

数据来源：Wind，国新证券整理。

2021年，行业内央企国企乡村振兴参与度为45%，民企参与度为57.14%。

表7　2021年农、林、牧、渔业上市公司国企、民企乡村振兴参与度

企业性质	参与家数	行业内总数	参与度
央企+国企	9	20	45%
民营企业	16	28	57.1%

数据来源：Wind，国新证券整理。

（二）采矿业

2021年全年采矿业上市公司中共有41家公司参与了乡村振兴建设工作，参与家数行业占比为51.9%。其中，非金属矿采选业有2家参与，黑色金属矿采选业有2家参与，开采辅助活动业有6家参与，煤炭开采和洗选业有15家参与，石

油和天然气开采业有3家参与，有色金属矿采选业有13家参与。

表8　2021年采矿业参与乡村振兴上市公司所属大类行业概况

大类行业	参与家数	行业占比
非金属矿采选业	2	100.0%
黑色金属矿采选业	2	40.0%
开采辅助活动	6	35.3%
煤炭开采和洗选业	15	60.0%
石油和天然气开采业	3	42.9%
有色金属矿采选业	13	56.5%
合计	41	51.9%

数据来源：Wind，国新证券整理。

从企业性质来看，采矿业参与乡村振兴建设的上市公司中，中央国有企业有10家，地方国有企业有21家，民营企业有10家。

表9　2021年采矿业参与乡村振兴上市公司企业性质概况

企业性质	参与家数	行业占比
地方国有企业	21	26.6%
民营企业	10	12.7%
中央国有企业	10	12.7%
合计	41	51.9%

数据来源：Wind，国新证券整理。

2021年，行业内央企国企乡村振兴参与度为64.6%，民企参与度为34.5%。

表10　2021年采矿业上市公司国企、民企乡村振兴参与度

企业性质	参与家数	行业内总数	参与度
央企+国企	31	48	64.6%
民营企业	10	29	34.5%

数据来源：Wind，国新证券整理。

（三）制造业

制造业门类上市公司共计3050家，其中有765家公司在2021年度参与响应国家乡村振兴战略，占行业总数的25.08%。29个制造业行业大类中，黑色金属冶炼和压延加工业、农副食品加工业超过半数企业参与乡村振兴实践。参与公司数较多的行业有计算机、通信和其他电子设备制造业96家、化学原料和化学制品制造业95家、医药制造业83家、专用设备制造业73家、电气机械和器材制造业63家。

表11　2021年制造业参与乡村振兴上市公司所属大类行业概况

大类行业	参与家数	行业占比
电气机械和器材制造业	63	21.3%
纺织服装、服饰业	8	19.1%
纺织业	7	14.6%
非金属矿物制品业	37	34.3%
废弃资源综合利用业	4	36.4%
黑色金属冶炼和压延加工业	19	59.4%
化学纤维制造业	6	20.0%
化学原料和化学制品制造业	95	30.7%

续表

大类行业	参与家数	行业占比
计算机、通信和其他电子设备制造业	96	19.8%
家具制造业	7	25.0%
金属制品业	15	16.9%
酒、饮料和精制茶制造业	23	47.9%
木材加工和木、竹、藤、棕、草制品业	1	12.5%
农副食品加工业	32	57.1%
皮革、毛皮、羽毛及其制品和制鞋业	1	8.3%
其他制造业	2	12.5%
汽车制造业	33	20.5%
石油加工、炼焦和核燃料加工业	6	37.5%
食品制造业	28	41.8%
铁路、船舶、航空航天和其他运输设备制造业	23	31.1%
通用设备制造业	30	17.9%
文教、工美、体育和娱乐用品制造业	3	14.3%
橡胶和塑料制品业	19	17.8%
医药制造业	83	28.3%
仪器仪表制造业	12	16.0%
印刷和记录媒介复制业	1	7.1%
有色金属冶炼和压延加工业	26	32.1%
造纸和纸制品业	12	33.3%
专用设备制造业	73	22.8%
合计	765	25.1%

数据来源：Wind，国新证券整理。

从企业性质来看，制造业参与乡村振兴建设的上市公司中，中央国有企业有133家，地方国有企业有155家，民营企业有412家，公众及集体企业有40家，外资及其他企业有25家。

表12 2021年制造业参与乡村振兴上市公司企业性质概况

企业性质	参与家数	行业占比
地方国有企业	155	5.1%
公众企业	38	1.2%

续表

企业性质	参与家数	行业占比
集体企业	2	0.1%
民营企业	412	13.5%
其他企业	1	0.0%
外资企业	24	0.8%
中央国有企业	133	4.4%
合计	765	25.1%

数据来源：Wind，国新证券整理。

2021年，行业内央企国企乡村振兴参与度为45.59%，民企参与度为

19.7%。

表13　2021年制造业上市公司国企、民企乡村振兴参与度

企业性质	参与家数	行业内总数	参与度
央企+国企	288	633	45.5%
民营企业	412	2092	19.7%

数据来源：Wind，国新证券整理。

（四）电力、热力、燃气及水生产和供应业

2021年，全年电力、热力、燃气及水生产和供应业上市公司中共有87家公司参与了乡村振兴建设工作，参与家数行业占比为67.4%。其中，电力热力生产和供应业有63家参与，燃气生产和供应业有16家参与，水的生产和供应业有8家参与。

表14　2021年电力、热力、燃气及水生产和供应业参与乡村振兴上市公司所属大类行业概况

大类行业	参与家数	行业占比
电力、热力生产和供应业	63	77.8%
燃气生产和供应业	16	51.6%
水的生产和供应业	8	47.1%
合计	87	67.4%

数据来源：Wind，国新证券整理。

从企业性质来看，电力、热力、燃气及水生产和供应业参与乡村振兴建设的上市公司中，中央国有企业有30家，地方国有企业有42家，民营企业有12家，公众企业有3家。

表15　2021年电力、热力、燃气及水生产和供应业参与乡村振兴上市公司企业性质概况

企业性质	参与家数	行业占比
地方国有企业	42	32.6%
中央国有企业	30	23.3%
民营企业	12	9.3%
公众企业	3	2.3%
合计	87	67.4%

数据来源：Wind，国新证券整理。

2021年，行业内央企国企乡村振兴参与度为80%，民企参与度为38.7%。

表16　2021年电力、热力、燃气及水生产和供应业上市公司国企、民企乡村振兴参与度

企业性质	参与家数	行业内总数	参与度
央企+国企	72	90	80%
民营企业	12	31	38.7%

数据来源：Wind，国新证券整理。

（五）建筑业

2021年，全年建筑业上市公司中共有50家公司参与了乡村振兴建设工作，参与家数行业占比为45.5%。其中，房屋建筑业有1家参与，建筑安装业有1家参与，建筑装饰和其他建筑业有6家参与，土木工程建筑业有42家参与。

表17　2021年建筑业参与乡村振兴上市公司所属大类行业概况

大类行业	参与家数	行业占比
房屋建筑业	1	50.0%
建筑安装业	1	50.0%
建筑装饰和其他建筑业	6	19.4%

2021年上市公司助力乡村振兴实践

续表

大类行业	参与家数	行业占比
土木工程建筑业	42	56.0%
合计	50	45.5%

数据来源：Wind，国新证券整理。

从企业性质来看，建筑业参与乡村振兴建设的上市公司中，中央国有企业有18家，地方国有企业有18家，民营企业有13家，公众企业有1家。

表18　2021年建筑业参与乡村振兴上市公司企业性质概况

企业性质	参与家数	行业占比
地方国有企业	18	16.4%
公众企业	1	0.9%
民营企业	13	11.8%
中央国有企业	18	16.4%
合计	50	45.5%

数据来源：Wind，国新证券整理。

2021年，行业内央企国企乡村振兴参与度为66.7%，民企参与度为26.5%。

表19　2021年建筑业上市公司国企、民企乡村振兴参与度

企业性质	参与家数	行业内总数	参与度
央企+国企	36	54	66.7%
民营企业	13	49	26.5%

数据来源：Wind，国新证券整理。

（六）批发和零售业

2021年，全年批发和零售业所有187家上市公司中，共有62家公司参与了乡村振兴建设工作，参与家数行业占比为33.2%。其中，零售业有34家参与，行业占比为33.7%，批发业共有28家参与，行业占比为32.6%。

表20　2021年批发和零售业参与乡村振兴上市公司所属大类行业概况

大类行业	参与家数	行业占比
零售业	34	33.7%
批发业	28	32.6%
合计	62	33.2%

数据来源：Wind，国新证券整理。

从企业性质来看，批发和零售业参与乡村振兴建设的上市公司中，中央国有企业有12家，行业占比6.4%，地方国有企业有22家，占行业比重11.8%，民营企业20家，占行业比重10.7%。

表21　2021年批发和零售业参与乡村振兴上市公司企业性质概况

企业性质	参与家数	行业占比
地方国有企业	22	11.8%
公众企业	3	1.6%
集体企业	4	2.1%
民营企业	20	10.7%
外资企业	1	0.5%
中央国有企业	12	6.4%
合计	62	33.2%

数据来源：Wind，国新证券整理。

2021年，行业内央企国企乡村振兴参与度为46.6%，民企参与度为20.6%。

表22　2021年批发和零售业上市公司国企、民企乡村振兴参与度

企业性质	参与家数	行业内总数	参与度
央企+国企	34	73	46.6%
民营企业	20	97	20.6%

数据来源：Wind，国新证券整理。

（七）交通运输、仓储和邮政业

2021年，全年交通运输、仓储和邮政业109家上市公司中共有46家公司参与了乡村振兴实践，参与家数行业占比为42.2%。其中，仓储业有1家参与，道路运输业有15家参与，航空运输业有7家参与，水上运输业有17家参与，铁路运输业有3家参与，邮政业有2家参与，装卸搬运和运输代理业有1家参与。

表23　2021年交通运输、仓储和邮政业参与乡村振兴上市公司所属大类行业概况

大类行业	参与家数	行业占比
仓储业	1	11.1%
道路运输业	15	42.9%
航空运输业	7	50.0%
水上运输业	17	56.7%
铁路运输业	3	50.0%
邮政业	2	40.0%
装卸搬运和运输代理业	1	10.0%
合计	46	42.2%

数据来源：Wind，国新证券整理。

从企业性质来看，交通运输、仓储和邮政业参与乡村振兴的上市公司中，中央国有企业有14家，地方国有企业有25家，民营企业有6家，公众企业有1家。

表24　2021年交通运输、仓储和邮政业参与乡村振兴上市公司企业性质概况

企业性质	参与家数	行业占比
地方国有企业	25	22.9%
公众企业	1	0.9%
民营企业	6	5.5%
中央国有企业	14	12.8%
合计	46	42.2%

数据来源：Wind，国新证券整理。

2021年，行业内央企国企乡村振兴参与度为52%，民企参与度为22.22%。

表25　2021年交通运输、仓储和邮政业上市公司国企、民企乡村振兴参与度

企业性质	参与家数	行业内总数	参与度
央企+国企	39	75	52%
民营企业	6	27	22.2%

数据来源：Wind，国新证券整理。

（八）住宿和餐饮业

住宿和餐饮业上市公司共9家，其中3家公司在2021年度积极响应国家乡村振兴战略。按行业大类来看，2家为住宿行业公司，1家为餐饮业公司，占行业比例33.3%。

表26　2021年住宿和餐饮业参与乡村振兴上市公司所属大类行业概况

大类行业	参与家数	行业占比
住宿业	2	33.3%
餐饮业	1	33.3%
合计	3	33.3%

数据来源：Wind，国新证券整理。

2021 年上市公司助力乡村振兴实践

从企业性质来看，住宿和餐饮业参与乡村振兴建设的 3 家上市公司均为地方国有企业。

表 27　2021 年住宿和餐饮业参与乡村振兴上市公司企业性质概况

企业性质	参与家数	行业占比
地方国有企业	3	50%
合计	3	33.3%

数据来源：Wind，国新证券整理。

2021 年，行业内央企国企乡村振兴参与度为 50%，民企参与度为 0。

表 28　2021 年住宿和餐饮业上市公司国企、民企乡村振兴参与度

企业性质	参与家数	行业内总数	参与度
央企+国企	3	6	50%
民营企业	0	3	0

数据来源：Wind，国新证券整理。

（九）信息传输、软件和信息技术服务业

2021 年，信息传输、软件和信息技术服务业所有 382 家上市公司中，共有 75 家公司参与了乡村振兴建设工作，参与家数行业占比为 19.63%。其中，电信、广播电视和卫星传输服务业有 8 家参与，行业占比为 47.1%，互联网和相关服务业有 15 家参与，行业占比为 20.5%；软件和信息技术服务业有 52 家参与，行业占比为 17.8%。

表 29　2021 年信息传输、软件和信息技术服务业参与乡村振兴上市公司所属大类行业概况

大类行业	参与家数	行业占比
电信、广播电视和卫星传输服务	8	47.1%
互联网和相关服务	15	20.5%
软件和信息技术服务业	52	17.8%
合计	75	19.6%

数据来源：Wind，国新证券整理。

从企业性质来看，信息传输、软件和信息技术服务业参与乡村振兴建设的上市公司中，中央国有企业有 17 家，地方国有企业有 12 家，民营企业 36 家，公众企业 7 家，其他企业 1 家，外资企业 2 家。

表 30　2021 年信息传输、软件和信息技术服务业上市公司参与乡村振兴企业性质概况

企业性质	参与家数	行业占比
地方国有企业	12	3.1%
公众企业	7	1.8%
民营企业	36	9.4%
其他企业	1	0.3%
外资企业	2	0.5%
中央国有企业	17	4.5%
合计	75	19.6%

数据来源：Wind，国新证券整理。

2021 年，行业内央企国企乡村振兴参与度为 46.8%，民企参与度为 13.4%。

表31 2021年信息传输、软件和信息技术服务业上市公司国企、民企乡村振兴参与度

企业性质	参与家数	行业内总数	参与度
央企+国企	29	62	46.8%
民营企业	36	269	13.4%

数据来源：Wind，国新证券整理。

（十）金融业

2021年，127家金融业上市公司中共有78家公司参与了乡村振兴建设工作，参与家数行业占比为61.4%。其中，保险业有1家参与，货币金融服务有25家参与，其他金融业有10家参与，资本市场服务有42家参与。

表32 2021年金融业参与乡村振兴上市公司所属大类行业概况

大类行业	参与家数	行业占比
保险业	1	14.3%
货币金融服务	25	58.1%
其他金融业	10	50.0%
资本市场服务	42	73.7%
合计	78	61.4%

数据来源：Wind，国新证券整理。

从企业性质来看，金融业参与乡村振兴建设的上市公司中，中央国有企业有15家，地方国有企业有33家，中央和地方国有企业占比为61.5%。另外，民营企业有11家，公众企业有17家，集体企业1家，其他企业1家。

表33 2021年金融业参与乡村振兴上市公司企业性质概况

企业性质	参与家数	行业占比
中央国有企业	15	11.8%
地方国有企业	33	25.9%
民营企业	11	8.7%
公众企业	17	13.4%
集体企业	1	0.79%
其他企业	1	0.79%
合计	78	61.4%

数据来源：Wind，国新证券整理。

2021年，行业内央企国企乡村振兴参与度为63.2%，民企参与度为55%。

表34 2021年金融业上市公司国企、民企乡村振兴参与度

企业性质	参与家数	行业内总数	参与度
央企+国企	48	76	63.2%
民营企业	11	20	55%

数据来源：Wind，国新证券整理。

（十一）房地产业

2021年，房地产业上市公司中共有37家公司参与了乡村振兴建设工作，参与家数行业占比为31.6%。

表35 2021年房地产业参与乡村振兴上市公司所属大类行业概况

大类行业	参与家数	行业占比
房地产业	37	31.6%
合计	37	31.6%

数据来源：Wind，国新证券整理。

从企业性质来看，房地产业参与乡村振兴建设的上市公司中，中央国有企业有5家，地方国有企业有25家，民营企业有6家，外资企业有1家。

表36　2021年房地产业参与乡村振兴上市公司企业性质概况

企业性质	参与家数	行业占比
地方国有企业	25	21.4%
中央国有企业	5	4.3%
民营企业	6	5.1%
外资企业	1	0.9%
合计	37	31.6%

数据来源：沪深交易所，Wind。

2021年，行业内央企国企乡村振兴参与度为48.4%，民企参与度为15.4%。

表37　2021年房地产业上市公司国企、民企乡村振兴参与度

企业性质	参与家数	行业内总数	参与度
央企+国企	30	62	48.4%
民营企业	6	39	15.4%

数据来源：Wind，国新证券整理。

（十二）租赁和商务服务业

租赁和商务服务业上市公司共68家，其中18家公司在2021年度积极响应国家乡村振兴战略，占行业总数的26.5%。按行业大类来看，18家公司均为商务服务业。

表38　2021年租赁和商务服务业参与乡村振兴上市公司所属大类行业概况

大类行业	参与家数	行业占比
商务服务业	18	27.7%
租赁业	0	0
合计	18	26.5%

数据来源：Wind，国新证券整理。

从企业性质来看，租赁和商务服务业参与乡村振兴建设的18家上市公司中，地方国有企业5家，民营企业11家，中央国有企业2家。

表39　2021年租赁和商务服务业参与乡村振兴上市公司企业性质概况

企业性质	参与家数	行业占比
地方国有企业	5	7.4%
民营企业	11	16.2%
中央国有企业	2	2.9%
合计	18	26.5%

数据来源：Wind，国新证券整理。

2021年，行业内央企国企乡村振兴参与度为33.3%，民企参与度为25.6%。

表40　2021年租赁和商务服务业上市公司国企、民企乡村振兴参与度

企业性质	参与家数	行业内总数	参与度
央企+国企	7	21	33.3%
民营企业	11	43	25.6%

数据来源：Wind，国新证券整理。

（十三）科学研究和技术服务业

2021年，90家科学研究和技术服务业上市公司中共有36家公司参与了乡村振兴建设工作，参与家数行业占比为40%。其中，研究和试验发展有2家参与，专业技术服务业有34家参与。

从企业性质来看，科学研究和技术服务业参与乡村振兴建设的上市公司中，中央国有企业有5家，地方国有企业有15家，民营企业有13家，公众企业有3家。

表41　2021年科学研究和技术服务业参与乡村振兴上市公司所属大类行业概况

大类行业	参与家数	行业占比
研究和试验发展	2	10.5%
专业技术服务业	34	50%
科技推广和应用服务业	0	0
合计	36	40%

数据来源：Wind，国新证券整理。

表42　2021年科学研究和技术服务业参与乡村振兴上市公司企业性质概况

企业性质	参与家数	行业占比
中央国有企业	5	5.6%
地方国有企业	15	16.7%
民营企业	13	14.4%
公众企业	3	3.3%
外资企业	0	0
合计	36	40%

数据来源：Wind，国新证券整理。

2021年，行业内央企国企乡村振兴参与度为68.9%，民企参与度为24.1%。

表43　2021年科学研究和技术服务业上市公司国企、民企乡村振兴参与度

企业性质	参与家数	行业内总数	参与度
央企+国企	20	29	68.9%
民营企业	13	54	24.1%

数据来源：Wind，国新证券整理。

（十四）水利、环境和公共设施管理业

2021年，水利、环境和公共设施管理业所有90家上市公司中，共有33家公司参与了乡村振兴建设工作，参与家数行业占比为36.7%。其中，公共设施管理业有10家参与，行业占比为50.0%，生态保护和环境治理业共有23家参与，行业占比为32.9%。

表44　2021年水利、环境和公共设施管理业参与乡村振兴上市公司所属大类行业概况

大类行业	参与家数	行业占比
公共设施管理业	10	50.0%
生态保护和环境治理业	23	32.9%
合计	33	36.7%

数据来源：Wind，国新证券整理。

从企业性质来看，水利、环境和公共设施管理业参与乡村振兴建设的上市公司中，中央国有企业有3家，行业占比3.3%；地方国有企业有8家，占行业比重8.9%；民营企业21家，占行业比重23.3%；其他企业1家，占行业比重1.1%。

表45　2021年水利、环境和公共设施管理业参与乡村振兴上市公司企业性质概况

企业性质	参与家数	行业占比
地方国有企业	8	8.9%
民营企业	21	23.3%
其他企业	1	1.1%
中央国有企业	3	3.3%
合计	33	36.7%

数据来源：Wind，国新证券整理。

2021年，行业内央企国企乡村振兴参与度为40.7%，民企参与度为36.8%。

表46　2021年水利、环境和公共设施管理业上市公司国企、民企乡村振兴参与度

企业性质	参与家数	行业内总数	参与度
央企+国企	11	27	40.7%
民营企业	21	57	36.8%

数据来源：Wind，国新证券整理。

（十五）卫生和社会工作

2021年，卫生和社会工作行业所有14家上市公司中，共有6家公司参与了乡村振兴建设工作，参与家数行业占比为42.9%。

表47　2021年卫生和社会工作行业参与乡村振兴上市公司所属大类行业概况

大类行业	参与家数	行业占比
卫生	6	42.9%
合计	6	42.9%

数据来源：Wind，国新证券整理。

从企业性质来看，卫生和社会工作行业参与乡村振兴建设的上市公司全部为民营企业，行业占比42.86%。

表48　2021年卫生和社会工作行业参与乡村振兴上市公司企业性质概况

企业性质	参与家数	行业占比
民营企业	6	42.86%
合计	6	42.86%

数据来源：Wind，国新证券整理。

2021年，行业内央企国企乡村振兴参与度为0，民企参与度为60%。

表49　2021年卫生和社会工作行业上市公司国企、民企乡村振兴参与度

企业性质	参与家数	行业内总数	参与度
央企+国企	0	1	0
民营企业	6	10	60%

数据来源：Wind，国新证券整理。

（十六）文化、体育和娱乐业

2021年，文化、体育和娱乐业所有62家上市公司中，共有23家公司参与了乡村振兴建设工作，参与家数行业占比为37.1%。其中，广播、电视、电影和影视录音制作业有2家参与，行业占比为8.3%；体育业共有1家参与，行业占比为50%；新闻和出版业有20家参与，行业占比为71.4%。

表50　2021年文化、体育和娱乐业参与乡村振兴上市公司所属大类行业概况

大类行业	参与家数	行业占比
广播、电视、电影和影视录音制作业	2	8.3%
体育	1	50%
新闻和出版业	20	71.4%
合计	23	37.1%

数据来源：Wind，国新证券整理。

从企业性质来看，文化、体育和娱乐业参与乡村振兴建设的上市公司中，中央国有企业有4家，行业占比6.45%；地方国有企业有18家，占行业比重29.0%；其他企业1家，占行业比重1.6%。

表51　2021年文化、体育和娱乐业参与乡村振兴上市公司企业性质概况

企业性质	参与家数	行业占比
地方国有企业	18	29.0%
其他企业	1	1.6%
中央国有企业	4	6.5%
合计	23	37.1%

数据来源：Wind，国新证券整理。

2021年，行业内央企国企乡村振兴参与度为61.1%，民企参与度为0。

表52　2021年文化、体育和娱乐业上市公司国企、民企乡村振兴参与度

企业性质	参与家数	行业内总数	参与度
央企+国企	22	36	61.11%
民营企业	0	22	0

数据来源：Wind，国新证券整理。

（十七）综合行业

根据证监会分类，综合行业上市公司共13家，其中4家公司在2021年度积极响应国家乡村振兴战略，占行业总数的30.77%。

表53　2021年综合业参与乡村振兴上市公司所属大类行业概况

大类行业	参与家数	行业占比
综合业	4	30.8%
合计	4	30.8%

数据来源：Wind，国新证券整理。

从企业性质来看，综合业参与乡村振兴建设的4家上市公司，地方国有企业3家，公众企业1家。

表54　2021年综合业参与乡村振兴上市公司企业性质概况

企业性质	参与家数	行业占比
地方国有企业	3	23.1%
公众企业	1	7.7%
合计	4	30.8%

数据来源：Wind，国新证券整理。

2021年，行业内央企国企乡村振兴参与度为75%，民企参与度为0。

表55　2021年综合业上市公司国企、民企乡村振兴参与度

企业性质	参与家数	行业内总数	参与度
央企+国企	3	4	75%
民营企业	0	7	0

数据来源：Wind，国新证券整理。

三、上市公司参与乡村振兴主要方式

（一）产业振兴

在产业振兴方面，部分上市公司通过投资当地产业项目、建立乡村振兴直采基地、形成线上线下全渠道销售模式等推动产业振兴，也有上市公司通过改进基础设施、民生保障来推动当地产业振兴。

步步高（002251.SZ）在湖南相继投资十八洞山泉水厂、贡米农业岩锣米厂和扑当食品有限公司的柑橘巧克力片项目。其中柑橘巧克力片项目的产能规划达2吨/天，可实现产值10亿元，为当地提供100多个就业岗位。2021年，水厂为十八洞村提供分红64万元，米厂为岩锣村提供分红50万元。

截至2021年12月，建立乡村振兴直采基地近90个，建立步步高农机店，在步步高超市门店设立乡村振兴优质特色农产品专区，确定10家蔬菜基地为湘潭市乡村振兴连农带富授牌基地。目前，入驻步步高乡村振兴优质特色农产品专区的企业达50多家，展示品类达到180多种，涉及本地蔬菜水果、畜禽肉蛋、加工制品

等 40 多个类别。

2021 年，海油发展（600968.SH）援藏队全力推进那曲市尼玛县援藏扶贫门面房、尼玛县文化旅游建设项目、尼玛镇棚户区改造附属项目、卤虫卵资源摸底调研等 10 个民生保障和产业扶贫项目实施，切实发挥产业扶贫援藏项目在助力乡村振兴战略实施中的引领作用。

（二）人才振兴

在人才振兴方面，部分上市公司通过培训、增加就业渠道等人才振兴的方式推动乡村振兴。

2021 年度，中国船舶（600150.SH）的外高桥造船组织一对一捐资助学 23 名，累计 65 人次。

海油发展（600968.SH）招聘甘肃合作市、甘肃夏河县、内蒙古卓资县、海南五指山市和西藏地区贫困大学生 9 人（其中藏族学生 2 人），占招聘总量的 3.6%。受中国海油海洋环境与生态保护公益基金会委托，公司未蓝培训团队组织开展中国海油 4 个对口帮扶地和 1 个援藏县的乡村振兴教育帮扶培训工作。依托技能培训，将课程送到需要帮扶的市、县、村的家门口，精准培训助力乡村振兴，走出了一条就业振兴的改革实践之路。2021 年度，共计开展乡村振兴教育帮扶项目 21 期，累计培训人数共计 2014 人。

切实加大就业援藏工作力度，积极拓宽就业渠道，大力宣传援藏就业相关政策，实施精准培养计划，主动采取定向培养、实习锻炼等方式扩大招聘规模，真正实现一人就业、全家脱贫。

（三）文化振兴

在文化振兴方面，部分上市公司通过科技助力、普及国家通用语言进行文化振兴。

科大讯飞（002230.SZ）从教育资源稀缺、教育基础薄弱的乡村入手，依托科技手段来增加农村的优质教育资源供给，促进城乡优质教育资源共享。2021 年，科大讯飞启动 AI 教育公益活动，向全国 31 省、290 多地的近 7000 所学校的近 9000 名教育工作者公益发放科大讯飞翻译笔，并向在校师生免费提供小飞机器人、AI 未来派、人工智能课程、人工智能教育应用平台和智慧教育系统，提供高配置阅卷扫描仪等相应硬件系统。

公司通过打造"语言扶贫 App"帮扶全国建档立卡的贫困群众学会说普通话，并通过研发普通话智能评测和辅助教学技术，服务中国少数民族汉语水平等级考试（MHK）累计 340 万人次，通过助力贫困人口掌握国家通用语言来获得更多就业机会和劳动收益。

（四）生态振兴

在生态振兴方面，部分上市公司"以生态文明引领乡村振兴"为战略要义，积极配合当地政府，投身农村人居环境综合整治行动，改造生活条件，加强基础设施建设。

2021 年，侨银股份（002973.SZ）结合乡村振兴战略五大目标，形成"精耕计划",成立侨银乡村环境投资公司,并组建"实施乡村振兴战略领导小组",以"城市环卫一体化"为抓手,提供从市、县(区)到镇(街)、村、户的环卫服务区域一体化解决方案,公司乡村业务涵盖环卫清扫转运中转系统、乡镇污水与农村医疗机构废水处理、小型垃圾就地处理、公厕管理、公园管养等全链条一体化服务,与各地政府职能部门携手共进,从人员配备、技术引进、设备购置、要素配置、资金投入、公共服务等方面综合考虑,为乡村振兴筑就"硬核"支撑,形成携手贯通城乡的格局。

2021年公司主动参与服务全国乡村环境整治项目近60个,运营乡村振兴项目总额已超60亿元,项目主要分布在江西、广东、河北、湖南,公司下沉乡镇完善"大管家布局"。

(五)组织振兴

在组织振兴方面,部分上市公司通过选派人员担当驻村书记,以党建工作、考核迎检等方式,形成帮扶工作的桥头堡和先锋队,宣传党的强农惠农政策和各级党委政府关于巩固拓展脱贫攻坚成果同乡村振兴有效衔接的决策部署助力乡村振兴。

2021年,中国船舶(600150.SH)的广船国际选派一名管理人员及一名员工,到广东省湛江市徐闻县和安村担任驻村书记和驻村工作人员,并根据要求进驻徐闻县新寮镇,担任新寮镇后海村书记和驻镇扶村工作队队员,有序推进乡村振兴工作。

丽江股份(002003.SZ)选派了3名综合素质好、在村民中威望高的驻村队员继续派驻依陇村。驻村队员发挥自身优势,通过座谈、走访等形式,向依陇村群众严格落实"四个不摘"要求,以巩固拓展脱贫攻坚成果、防止返贫为主线,形成快速发现、及时监测、动态管理、精准帮扶、动态清零的防贫监测帮扶体系,做到早发现、早干预、早帮扶,做好"一平台、三机制"建设。

积极开展党建共建工作。公司党委与依陇村党总支联合成立了"党建结对共建点",并每年开展结对共建活动。通过上党史专题党课、发放建党周年纪念品等活动,进一步增强依陇村党员干部的凝聚力、创造力、执行力,教育引导依陇村党员干部知史爱党、知史爱国,提振精神,凝聚力量,为依陇村的可持续发展注入活力,让村庄更美丽,让依陇人民更有幸福感,为下一步更好地衔接乡村振兴布好局、开好头。

(六)捐赠扶贫

在捐赠扶贫方面,部分上市公司通过资金帮扶等方式助力乡村振兴。

申万宏源(000166.SZ)采用"投资控股集团+证券子公司"的双层架构,为实体经济提供综合化的全面金融服务。2021年,申万宏源乡村振兴实践以捐赠扶贫为主,坚决做到资金不减、人员不减、力量不减。在各方协同支持下,积极推动在甘肃会宁及新疆、四川等地区的定点帮扶工作,在甘肃会宁地区投入帮扶资金人民币 3367 万元，新疆地区投入人民币 683 万元，四川地区投入人民币 63 万元，助力帮扶地区加快构建解决相对贫困的长效机制，巩固拓展脱贫成果与乡村振兴的有机衔接。2021 年夏季，中国部分省份遭遇罕见大暴雨，灾区群众生命财产安全和生产生活受到严重威胁与破坏，公司合计向河南、山西地区捐赠人民币 700 万元，为灾区建设贡献力量。全年公司在定点帮扶、抗洪救灾等领域共投入帮扶资金人民币 5023 万元，充分发挥金融国企的社会担当。

（七）消费扶贫

在消费扶贫方面，部分上市公司以消费扶贫为抓手，巩固乡村脱贫攻坚成果。

以中国船舶（600150.SH）为例，2021 年，其下中船动力集团下属沪东重机通过采购扶贫年货慰问品的形式，在采购鹤庆扶贫年货慰问品的基础上，增加上海援疆产品的采购，扶贫采购总额 150.24 万元；下属中船镇柴采购镇江地方农产品 10 万余元、云南对口支援农产品 20 万余元；下属中船安柴购买云南鹤庆和清平村农副产品共计 37 万余元。

中船动力集团鼓励各基层工会优先在广州市协作认定的广州市消费扶贫专馆购买慰问品，扶贫金额近 40 万元。除此之外，外高桥造船、江南造船、中船澄西等公司均采购扶贫农副产品，同时积极开展劳务协作，尽最大努力助力乡村振兴。

撰稿人：吕　梁　王　闻　方曼乔
　　　　冯　可　韩　继
审稿人：马文扬

2021年民营上市公司党建情况

2021年中国共产党成立100周年，上市公司作为全国企业的优秀代表，是承载区域经济发展和产业结构优化的重要力量。民营上市公司作为我国上市公司的重要组成部分，积极抓党建、主动强党建，通过党建提升企业的创新力、竞争力和凝聚力，实现党建工作和企业发展的"双赢"。

一、党建引领企业管理，叩开发展之门

非公有制企业党组织是党在企业中的战斗堡垒，在企业职工群众中发挥政治核心作用，在企业发展中发挥政治引领作用。广大民营上市公司积极探索非公党建工作的有效途径，始终坚持党的领导，坚持党建引领企业管理的指导方针。在具体实践中探索出"四个推动融合"的管理方法，即推动党的领导与法人治理相融合，推动党建工作与规章制度相融合，推动党的管理与企业管理相融合，推动党的建设与业务发展相融合，引领民营上市公司高质量发展。

（一）推动党的领导与法人治理相融合

党的领导融入治理决策机制，确保企业发展与党的领导同向同行。部分公司把党的领导融入公司治理各环节，在企业战略规划、企业发展、人才队伍建设、群团共建等方面发挥引领作用。部分公司形成"党支部政治引领，董事会战略决策，监事会独立监督，高级管理层全权经营"的公司治理体系，上下联动共同参与公司治理。部分公司重点研究制定"三重一大"议事机制以及党委会议事清单，充分发挥党委"把方向、管大局、保落实"的领导作用，党委对公司经营生产、转型发展的引领促进作用日益显现。

（二）推动党建工作与规章制度相融合

党建工作写入企业章程，从制度层面筑牢思想防线。我国现行《公司法》第十九条规定：在公司中，根据中国共产党章程规定，设立中国共产党的组织，开展党的活动。公司应当为党组织的活动提供必要条件。公司将党建工作写入公司章程，把党组织机构设置、人员编制纳入公司管理机构和编制，加强企业工会、妇联、团委等基层组织建设，党组织工作经费纳入公司预算，从公司经营管理费用中列支，在公司治理的规章制度层面高筑思想防地。

（三）推动党的管理与企业管理相融合

党组织与管理层双向进入、双向互动，确保企业管理紧跟党的步伐。部分公司推行党委班子、纪委班子、支部书记和董事会、监事会、管理层"双向进入、交叉任职"领导体制，建立双向互动工作机制，实现党企工作融合，形成发展合力。部分公司坚持党员人才双向培养，即把党员培养成生产经营技术骨干，把优秀的生产经营技术人才培养成党员，有效凝聚公司发展的人才优势。

（四）推动党的建设与业务发展相融合

党的建设融合业务优势特色，推动党的建设与业务发展相辅相成。

部分公司党委立足企业"虚拟经营"模式，创新实施"红色领航+产业链工程"，有力助推企业发展，探索出"基地党建+工厂党建+市场党建"三层模式，形成党建工作与产业链条的无缝对接。

部分公司党委创新打造"智慧绿能"党建联盟，把单一企业党建模式转化为跨行业和跨领域协作的凝聚力和驱动力，以"自转"带动"公转"，助力绿色低碳可持续发展。此外积极开展业务洽谈会、红色观影、重走长征路、党课学习、足球友谊赛等活动，不断增强党建枢纽的集群效应，增强业务黏性，实现碳达峰碳中和的共同职责使命进一步强化。

部分公司发挥业务优势特色和创新性思维，在联建中把红色资源和党史故事转化成喜闻乐见的游戏形式，旨在为党史教育活动贡献新方法、新思路，让党史学习教育深入人心。公司党组织与企业驻地党组织进行合作，研发《党史拼图》小游戏，以游戏为载体，内容呈现上依托党史故事，做到了思想性和趣味性的高度统一。

二、党建引领责任担当，铸造责任之魂

民营企业作为我国社会主义经济的重要组成部分，肩负着实现社会共同发展、助力民族复兴的使命。广大民营上市公司在党的领导下全方位、立体化地履行社会责任，关注扶贫工作、助燃公益事业、帮扶弱势群体，以企业力量回报国家、回馈社会，向社会传递民营经济主体的强大正能量。

（一）帮扶弱势群体，履行企业责任

在困难弱势群体帮扶工作中，广大上市公司热情投入主动担责，为建立平等和谐社会贡献力量。

部分公司投入亿元支持教育事业，发起关注儿童成长公益志愿服务项目，部分公司设立关爱基金，每年捐赠资金用于贫困家庭大病医疗及救助，部分公司组织无偿献血，部分公司敞开大门接纳残疾人就业。

（二）关注扶贫工作，响应政府号召

在边远地区精准扶贫工作中，广大上

市公司密切关注积极响应，助力脱贫攻坚战取得胜利。部分上市公司结对扶贫，积极响应国务院扶贫办、国家工商联"万企帮万村"精准扶贫行动，为推动新时代乡村全面振兴贡献力量。部分公司设立相关奖项及基金，实施对口带动扶贫项目，优先选择在贫困县建设生产基地。部分公司累计投资数亿元通过产业扶贫、健康扶贫、对口扶贫、综合扶贫等多种模式提升贫困村经济实力，丰富"红色阵地"功能，进而强化服务群众功能、企业文化功能。部分公司积极发挥示范带头作用，在新疆、河北等地发展植物提取原料种植，调整当地农业结构，促进农民增收。

（三）设立公益基金，助燃公益事业

在社会公益慈善事业中，广大上市公司坚持经济效益与社会效益并重，以爱回馈社会造福人民。部分公司设立公益基金，用于助学、赈灾、扶贫帮困及其他公益事业，以关心公益、反哺社会。

三、党建引领文化建设，奏响精神之韵

广大民营上市公司牢固树立党企融合意识，以党为"帜"，以企为"根"，以职工为"本"，以党的先进文化引领企业文化建设，将党建理念融入企业文化，使党建工作在文化认同中得到升华，在企业发展中增效出力。建设廉洁、积极、以人为本的公司环境，实现党建文化和企业文化深度融合，为企业发展凝聚强大软实力。

（一）红旗引路，塑造先进文化

坚持党的科学理论为指引，塑造先进企业文化，增强企业的凝聚力与引领力。把党建融入企业文化，通过发挥党员的先锋模范作用，形成创先争优的良好氛围；通过加强党风廉政建设，为企业营造风清气正的文化氛围；通过开展党员"一帮一"、党员互助组，营造"诚信友爱、充满活力、奋发向上"的"家文化"，提高员工的归属感。将党的创新理论与公司战略密切结合，提出了公司的企业文化理念，实现"红心聚力"，以新时代"红色哨兵"的思想自觉、行动自觉和文化自觉去塑造党员职工精神世界，将党的好传统、好作风内化为企业员工的精神追求和工作习惯。打造红色品牌，促使红色文化再造产业，做好红色IP助力乡村振兴，讲好红色故事传递革命精神。

（二）心系员工，强化服务保障

坚持人的健康发展为前提，积极改善职工福利，提高员工的归属感和认同感。

一是举办丰富的文体活动。部分公司党支部面向全体员工举办"建党100周年主题演讲比赛"、红歌比赛、征文比赛、篮球、乒乓球、定向越野等文体活动。

二是帮助职工解决餐饮、住宿、医疗、子女教育等日常问题。部分上市公司总部党委帮助员工落实人才安居房及补贴。积极倾听员工意见，帮助解决员工夫妻分居、子女就学、照顾老人等现实困

难。部分上市公司投入资金改造食堂和宿舍，为引进的高层次人才和专业技术人员免费提供套间和集体宿舍。部分上市公司积极做好党员、职工的关怀帮扶工作，不仅从岗位技能上，还从家庭生活、子女教育等方面进行帮扶引导。设置"爱心慰问"资金，专项帮扶生活困难的职工及其家属。

三是实行员工激励措施。部分上市公司实施员工持股计划，让员工成为企业的股东，对优秀党员及核心骨干实行累计配股票，让优秀党员享受企业发展红利。

四是注重职工个人发展。部分上市公司定期组织员工"提合理化建议"，倾听员工心声；党工团联合探索开办"心灵驿站"，制订职工成长计划，每年委派骨干到名校和知名公司培训和取经，提升技能和业务素质；建立职工年度免费红色旅游制度，设立员工红色旅游基金，组织员工参观红色基地，传承红色基因，摆正政治方向。

五是实施党群共建，保障职工权益。公司积极探索党建带群建的途径和方法，不断推动党群融合发展，充分发挥工会、青年团、妇联等组织在促进劳资关系融洽、维护员工合法权益、帮助企业协调解决困难问题等方面的作用。不断完善职工代表大会制度，推动落实职工集体协商合同制度，保障职工权益。

四、党建引领制度创新，筑牢强企之基

民营上市公司党组织立足企业实际，打造企业特色党建制度，持续完善制度建设、改进工作机制、创新工作方法，实现党建工作有规可依、有制可守、有序可循，不断为党建工作注入活力。充分发挥党组织的引导监督作用，把党的声音传递到企业，把党的主张贯彻到企业，始终保持企业正确的发展方向，筑牢企业发展壮大的坚实基础。

（一）完善制度建设，使党建工作有规可依

完善党建管理制度建设，提高党建工作的科学化管理水平。民营上市公司加强制度建设，推进党建工作规范化。编写出台《党建工作考核办法》《党费审批、使用及管理制度》《党委会工作制度》《党的组织生活制度》《基层党组织党建工作规章制度》《关于进一步加强和改进企业党的建设工作的实施意见》等多项管理制度，就如何加强和改进企业党组织班子建设、组织建设、品牌建设、制度建设、文化建设提出了战略性目标和指导性意见。

（二）改进工作机制，使党建工作有制可守

改进党建管理工作机制，持续提升党建工作的效率质量。发挥党的政治核心、政治引领两个作用，激发考核、激励、感恩三大活力，开展岗位争先锋、绩效争优秀、践诺争先进、服务群众争表率四个争先，实施教育培训工程、文化建设工程、关爱员工工程、构建和谐工程、回馈社会

工程五大工程。部分民营上市公司以"3+2"党建模式推进党建工作，建立"三项机制"即引领机制、保障机制、共建机制，让党建与企业发展协同推进；以"党建+"品牌为抓手，助力企业创优增效；树立"两种意识"即服务意识和责任意识，让党建工作凝聚人心。部分上市公司打造出注重顶层设计、聚焦中层建设、夯实基层基础的党建"三层次"模式，研发部门开发出一套智慧党建系统，运用云端大数据分析，构建起一整套完善、科学的党建工作运行机制，努力引领党员在公司科研创新、降本增效、红色凝聚、企业社会责任等方面发挥重要作用，努力做到党建发展和企业发展互促共进、融合共赢。

（三）创新工作方法，使党建工作有序可循

创新党建管理工作方法，不断激发党建工作的内在活力。

部分公司探索提出了以"双培推优"法、"双带示范"法、"双联结对"法、"双听沟通"法、"双创共建"法为主要内容的党建"五双"工作法，真正做到让组织活起来，使党员动起来。

部分上市公司党委提出"四点一面工作法"，抓住加强组织建设关键点，服务企业和凝聚员工两个"作用点"，围绕和谐企业和引领文化两个"思想制高点"，组织影响面、工作影响面和社会影响面三位一体的党建工作新局面。

习近平总书记明确指出："非公有制企业是发展社会主义市场经济的重要力量，非公有制企业的数量和作用决定了非公有制企业党建工作在整个党建工作中越来越重要，必须以更大的工作力度扎扎实实抓好。"从实践来看，民营上市公司积极推进党支部建设，把党的组织优势转化为发展优势，将党建与经营管理、企业文化、社会责任等相结合，发挥党员先锋模范作用，充分展现了新时代民营上市公司党建的优秀经验和创新做法，党组织对公司的健康规范发展起到积极和正面的作用。中国共产党走过百年辉煌征程，党建事业助力民营上市公司在攻坚克难、企业文化、社会责任等多个领域长足发展。

2021 年海外股票市场基本情况

一、全球经济与市场

(一) 2021 年全球经济增长情况

2021 年世界经济呈现复苏的发展态势，制造业和贸易回暖，全球股市普遍上行，大宗商品市场整体呈先涨后跌走势，总体水平比上年明显上涨。2021 年世界 195 个经济体完成 GDP（不变价）868526.62 亿美元，实际增长率为 6.01%，人均 GDP 为 11010.16 美元，同比增长 5.0%。其中，193 个经济体中，173 个实现正增长，占比 89%。发达经济体的总产出恢复至疫情前的趋势水平，与之相反，部分新兴经济体和发展中经济体（不包括中国）仍未恢复到疫情前的趋势水平。

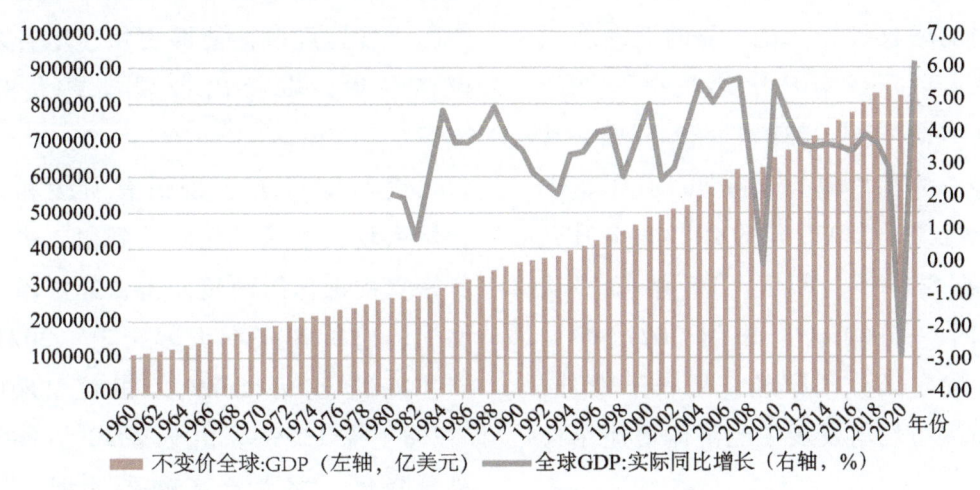

数据来源：Wind 资讯。

图 1　全球经济与增长

主要发达经济体全部实现实际 GDP 正增长。2021 年美国 GDP 增长 5.68%，较 2020 年上升 9.08 个百分点。欧元区 GDP 增长 5.33%，欧盟增长 5.39%，其中德国增速回升 6.32 个百分点至 2.63%，法国增速回升 14.67 个百分点至 6.77%，意大利增速回升 15.7 个百分点至 6.64%。英国和加拿大的 GDP 增长率分别上升至 7.44% 和 4.56%，日本经济增速上升至 1.62%。

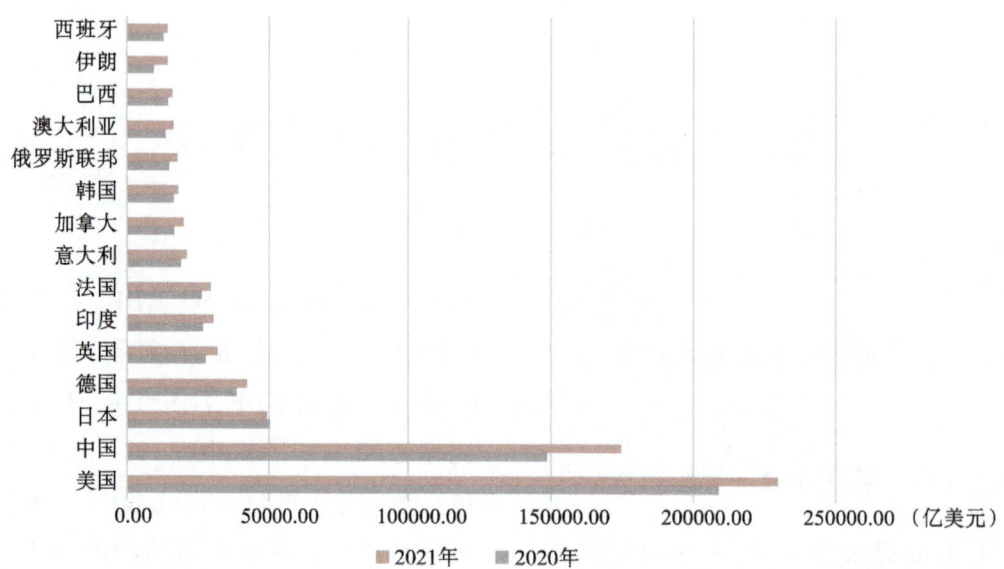

数据来源：Wind 资讯。

图 2　世界主要经济体 2021/2020 年 GDP

新兴市场与发展中经济体增长率也出现了普遍的增长趋势。在主要的亚洲新兴经济体中，除了越南 GDP 增长率从 2020 年的 2.94% 下降到 2021 年的 2.58%，其他主要经济体都呈现上升趋势。其中，中国 GDP 增长率从 2020 年的 2.24% 上升到 2021 年的 8.08%，印度 GDP 增长率从 2020 年的 -6.60% 上升到 2021 年的 8.95%，除了部分国家经济增长下滑外，大部分新兴市场与发展中经济体增速企稳回升。

国际劳工组织估算 2021 年全球失业率为 6.18%，相较 2020 年失业率下滑 0.4 个百分点。具体来看，经合组织成员国失业率下降 0.76 个百分点，至 6.34%，高收入国家失业率从 2020 年的 6.49% 下降到 5.67%。与此相反的是，部分新兴经济体的失业率仍在不断上升，这种现象归因于发达经济体能够更快速地普及新冠疫苗注射，以及出台规模更大的刺激方案。

进入 2021 年，疫情有所缓和，经济开始恢复，之后又先后受到德尔塔毒株和奥密克戎毒株的两轮冲击，经济不确定性增加，通货膨胀率大幅上升。2021 年世界 CPI 增速为 4.7%，相较 2020 年的 3.2% 上涨 1.5%。由于 2020 年各国央行紧急降息，加大资产购买计划，导致在 2021 年，大部分经济体 CPI 增速上升。2021 年下半年，由于全球多个市场通胀持续走高，全球经济体政策呈现分化趋势。巴西、土耳其、俄罗斯、乌克兰等国的中央银行通过加息对抗通胀，而欧盟、日本等国仍旧保持宽松的货币政策。

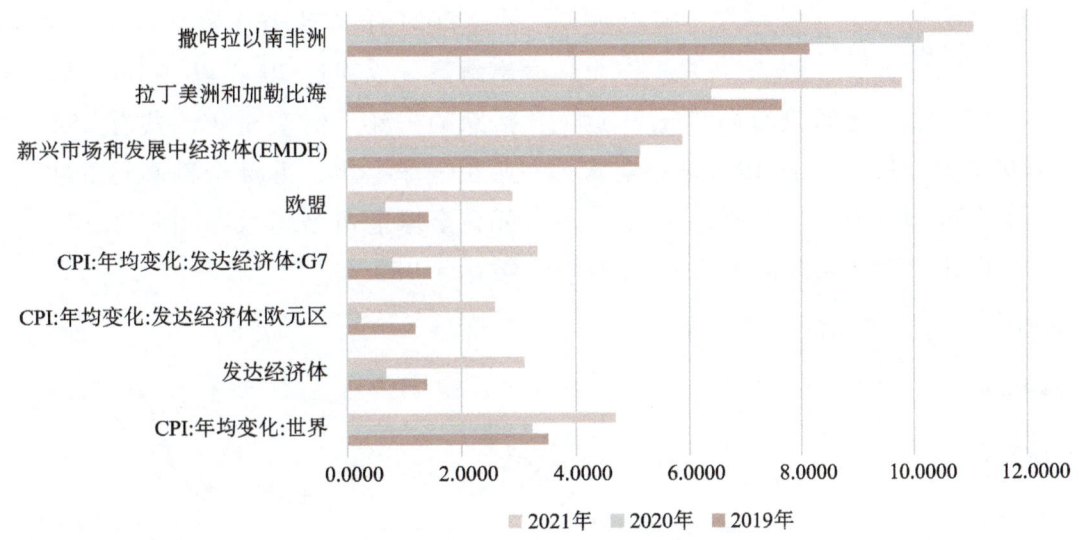

数据来源：IMF，Wind 资讯。

图 3　世界主要经济体 CPI 年均增长

2021 年的政府负债相比 2020 年略有下降，发达经济体政府总债务下降 5.33 个百分点，但仍然维持在 117% 的高水平，其中 G7 债务水平依然高企，2021 年政府总债务占 GDP 的比重为 134.74%，相比 2020 年下降 6.02 个百分点，但仍然在 130% 的警戒线之上。新兴市场和发展中经济体债务总水平保持平稳，2021 年总债务占 GDP 比重为 63.69%，上升 0.04 个百分点，其中亚洲发展中经济体总债务水平上升了 2.59 个百分点，2021 年总债务占 GDP 比重为 70.12%，拉美和加勒比海地区以及撒哈拉以南非洲则有所下降。

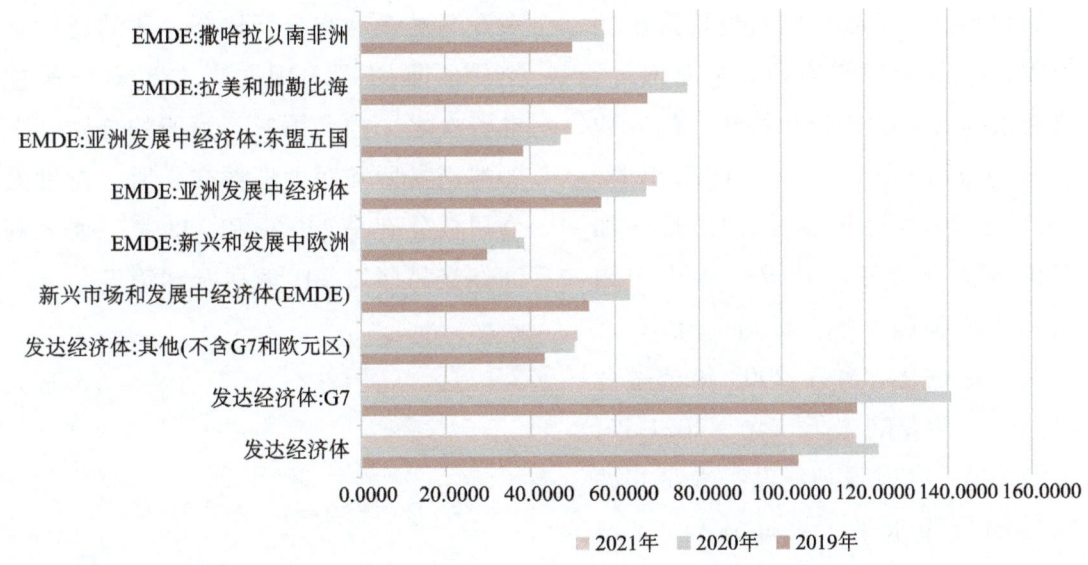

数据来源：IMF，Wind 资讯。

图 4　全球经济体政府债务变化

（二）全球股市情况

2021年年底，全球股市总市值高达122.4万亿美元，同比增长19.2%。全球上市公司总市值GDP（现价）占比为126.8%，相比2020年提高6.2个百分点。2021年全球IPO宗数和筹资额均创出新高，成为近20年以来IPO活动最为活跃的一年。纵观全年，共有2547家企业在全球上市，筹资金额高达5940亿美元，全球上市公司数净增加2217家，总数达51980家。

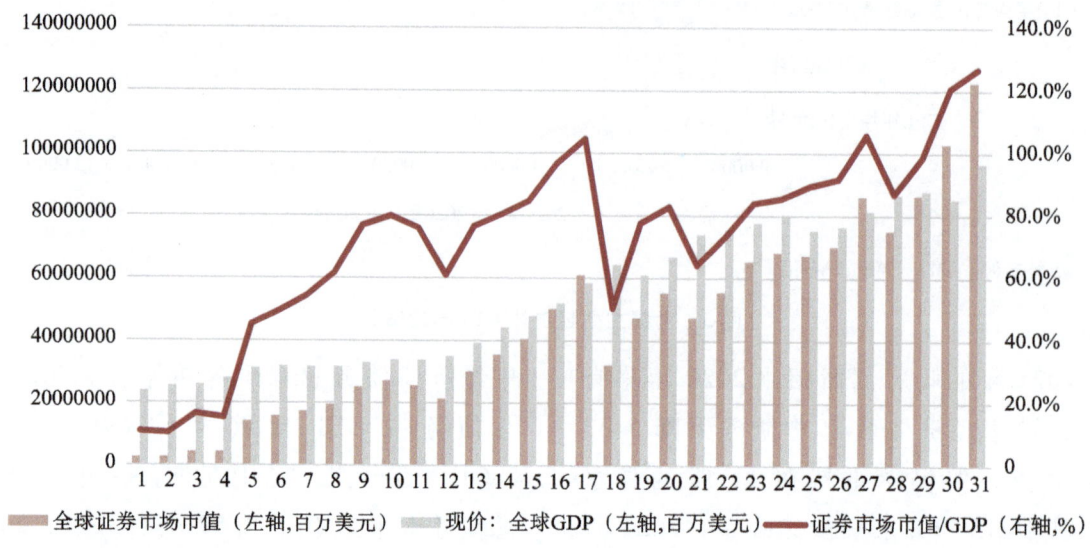

图5　全球经济与股票市值变化

2021年全球IPO数量猛增的主要原因除了低利率与各国政府面对疫情推出的经济刺激计划所带来的流动资金充沛外，与科技企业筹资活动活跃和特殊目的收购公司（SPAC）的强劲势头也息息相关。SPAC最早于20世纪90年代初出现在加拿大多伦多证券交易所，1993年由美国GKN证券引入美国市场。此后，SPAC产品在美国不断进化，并于2008年金融危机后被批准直接登陆主板市场。2021年，美国市场SPAC表现强劲。发行数量和融资金额远超历年水平。数据显示，2021年美国SPAC筹资总额约达1620亿美元，几乎是2020年834亿美元的两倍。

2021年纳斯达克以319家公司上市融资高居全球交易所榜首，纽约泛欧证券交易所集团（美国）以288家公司首发融资次之，排名第三、第四的分别是上海证券交易所和深圳证券交易所，首发融资公司数分别是249家和232家，澳大利亚证券交易所以201家居全球第五。

二、美国

（一）美国经济增长情况

2021年，美国经济增长企稳，2021年美国GDP总量（现价）为233151.00

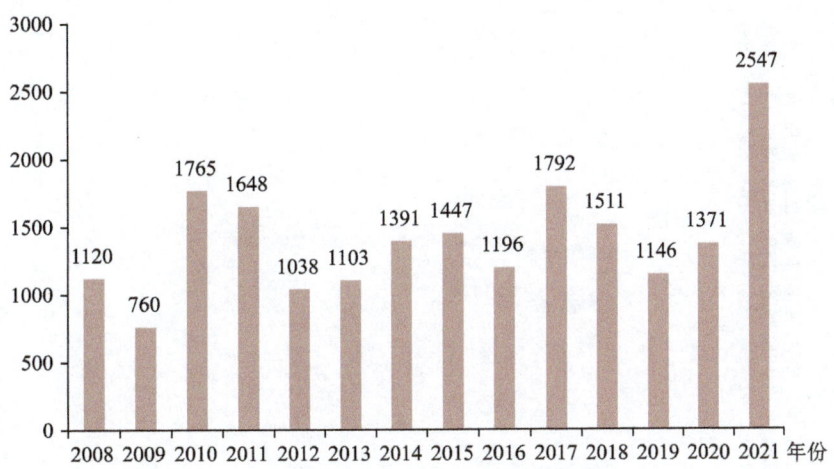

数据来源：IMF，Wind 资讯。

图 6　全球股票 IPO 融资案例变化

亿美元，相比上一年度增长了 22546 亿美元，同比增长 10.7%，与 2020 年的负增长相比有明显回升。在经历了 2020 年的低谷后，美国经济在 2021 年实现了反弹，在宽松的货币政策和刺激方案的支持下，GDP 增长率实现了自 1984 年来最高增速（如图 7 所示）。

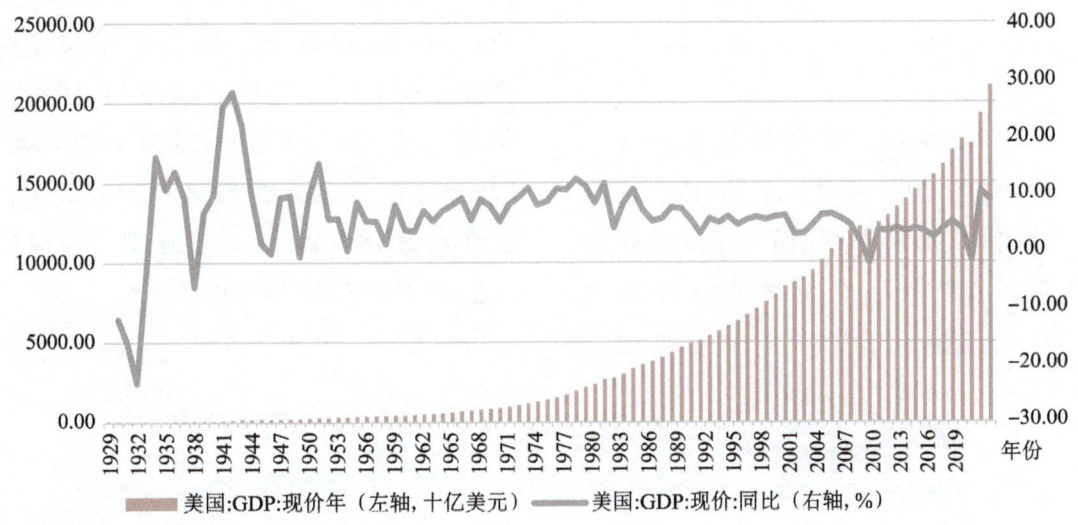

数据来源：Wind 资讯。

图 7　美国经济及其增长

2021 年美国全年 CPI 增长率为 4.7%，四个季度 CPI 环比分别上升 1.1%、2.3%、1.6%、1.5%。其中能源和交通 CPI 增长是主要因素，能源 CPI 同比在 3 月就达到两位数，全年累计增长 21%，这是由于 2020 年能源价格暴跌等原因造成。交通 CPI 则因为美国劳动力短缺以及油价上行等因素影响，全年上涨 14.6%。

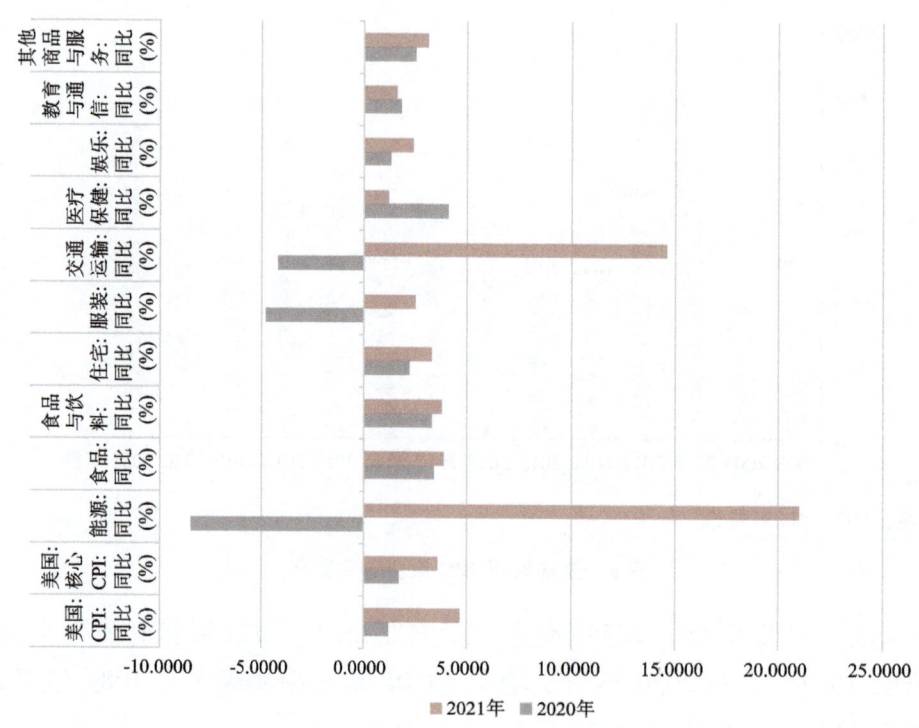

数据来源：Wind 资讯。

图 8　美国 CPI 分类增长

（二）美国三大股指走势

2021年，美国三大股指呈现稳健上升态势，截至 2021 年 12 月 31 日，标准普尔 500 指数报收 4766.18，年度涨幅为 26.89%，全年最高点与最低点分别为 4793.06 和 3700.65。纳斯达克综合指数报收 15644.97，年度涨幅为 21.39%，全年最高点与最低点分别为 16057.44 和 12609.16。道琼斯指数报收 36338.30，年度涨幅为 18.73%，全年最高点与最低点分别为 36488.63 和 29982.62。

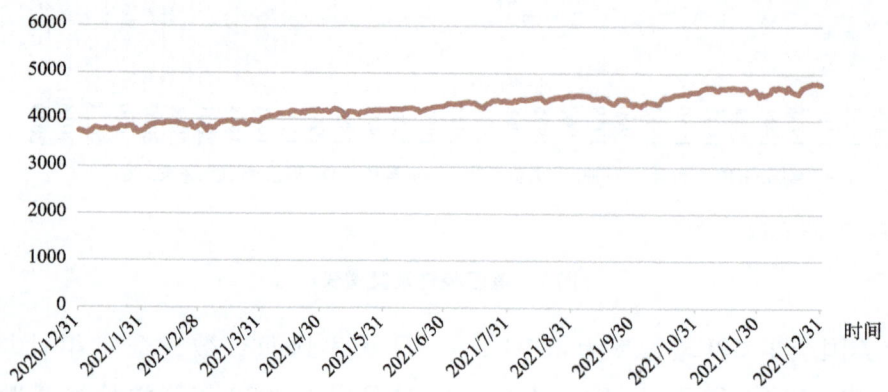

数据来源：Wind 资讯。

图 9　标准普尔 500 指数

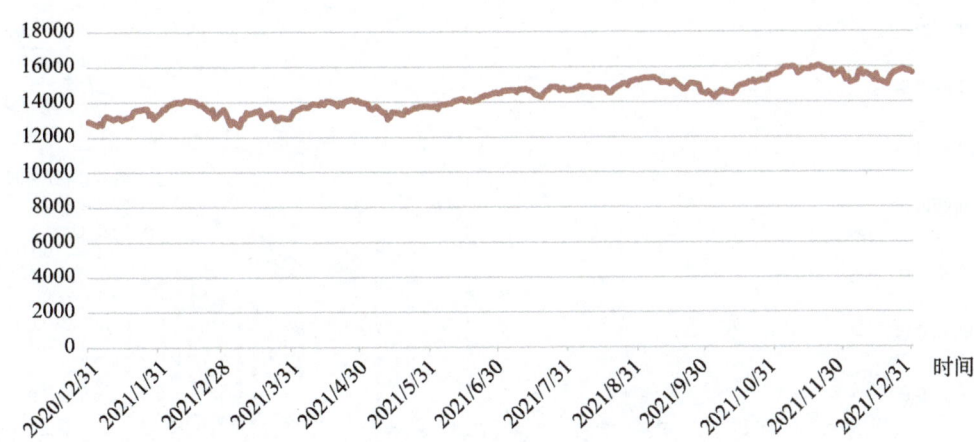

数据来源：Wind 资讯。

图 10　纳斯达克综合指数

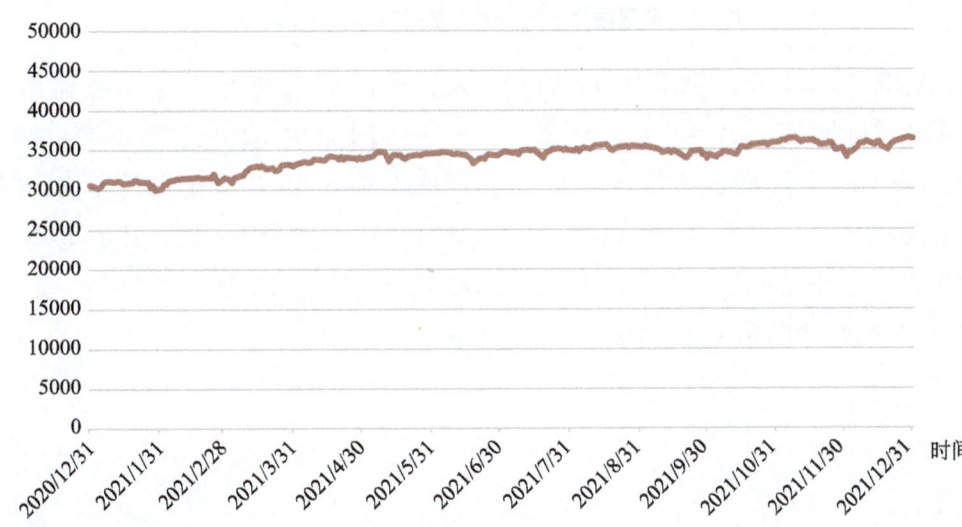

数据来源：Wind 资讯。

图 11　道琼斯工业平均指数

得益于指数的强劲上涨，2021 年美国两大市场国内股票总市值合计达 52.24 万亿美元，相比 2020 年增加了 10.67 万亿美元，市值同比增长率为 25.67%，GDP 占比提升到 227.17%，相比 2020 年的 193.35% 提升了 33.8 个百分点。

其中，纽交所市值为 276869.23 亿美元，相比 2020 年年底同比增长 23%，纳斯达克市值为 245570.73 亿美元，同比增长 28.8%。

三、欧盟

（一）2021 年欧盟经济增长情况

在经历了 2020 年的低谷后，在疫情逐步放松防控的背景下，得益于生产逐步恢复和消费反弹，2021 年欧洲地区经济

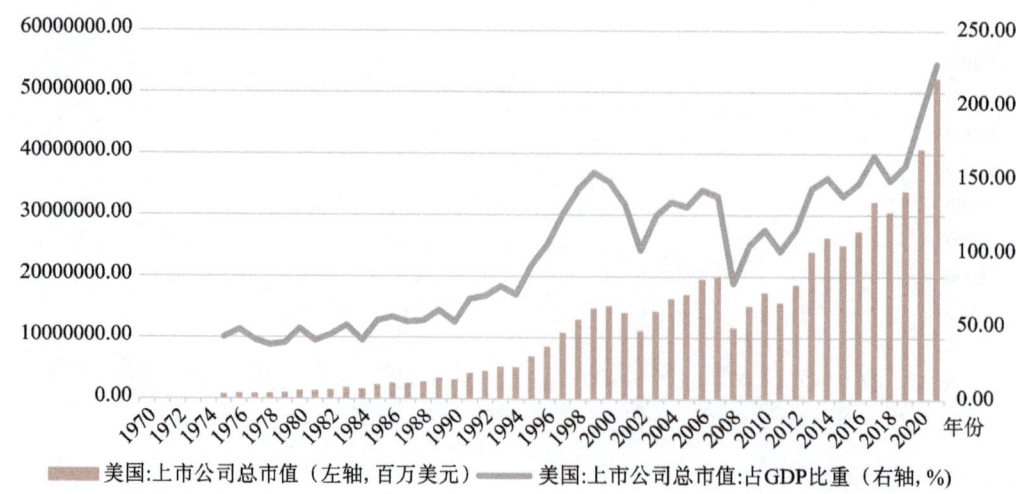

数据来源：Wind 资讯。

图 12 美国国内上市公司市值及其 GDP 占比

实现较大的复苏。2021 年，欧元区 19 国实现经济总量实际同比上升 5.3%，欧盟 27 国实现经济总量实际同比上涨 5.4%，其中三大主要经济体，德国 GDP 总量达到了 42259.24，实际同比上升 2.79%，由于通胀和四季度对奥密克戎防控等因素，德国的增速并未达到欧盟的整体增速。法国完成 GDP 总量 29354.88，实际同比上升 6.89%。意大利完成 GDP 总量 21012.76，实际同比上升 6.64%。英国经济也表现抢眼，2021 年实际增速达 7.6%。

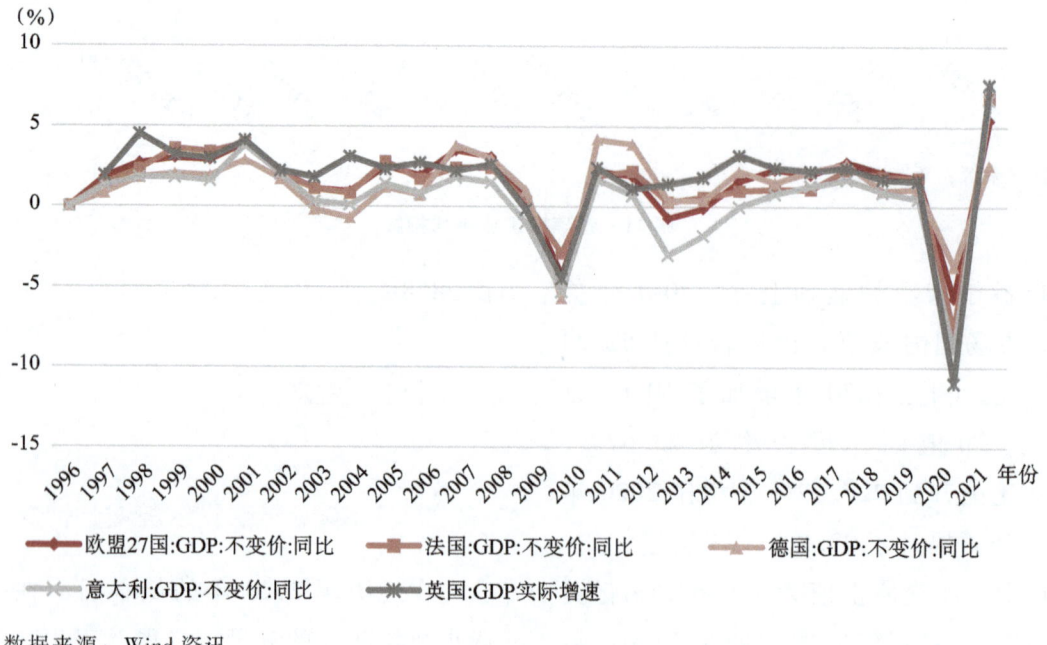

数据来源：Wind 资讯。

图 13 欧盟及主要国家 GDP 同比增长情况

2021年海外股票市场基本情况

相较2020年，欧洲地区的失业率同样有所好转。2021年，欧元区失业率从2020年的8.0%下降至7.7%，而欧洲三大经济体中，德国和法国的失业率同比下降0.3%和0.1%，而意大利失业率不降反升，从2020年的9.3%升至9.5%。

宽松的货币政策和刺激计划同时带来了CPI超出预期的上升。2021年欧盟27国CPI同比增长2.9%，欧元地区CPI同比增长2.6%，成员国均实现CPI正增长。在2021年，德国迎来了自1994年来的最高通胀增速，其增速达到3.2%，除了2020年物价水平偏低造成的基准效应之外，能源价格上涨也是原因之一。由于高于预期的CPI增速，在2021年12月16日，欧洲央行决定在2022年3月停止1.85万亿欧元的紧急抗疫购债计划。英国2021年CPI涨幅为2.52%，录得2018年来新高。

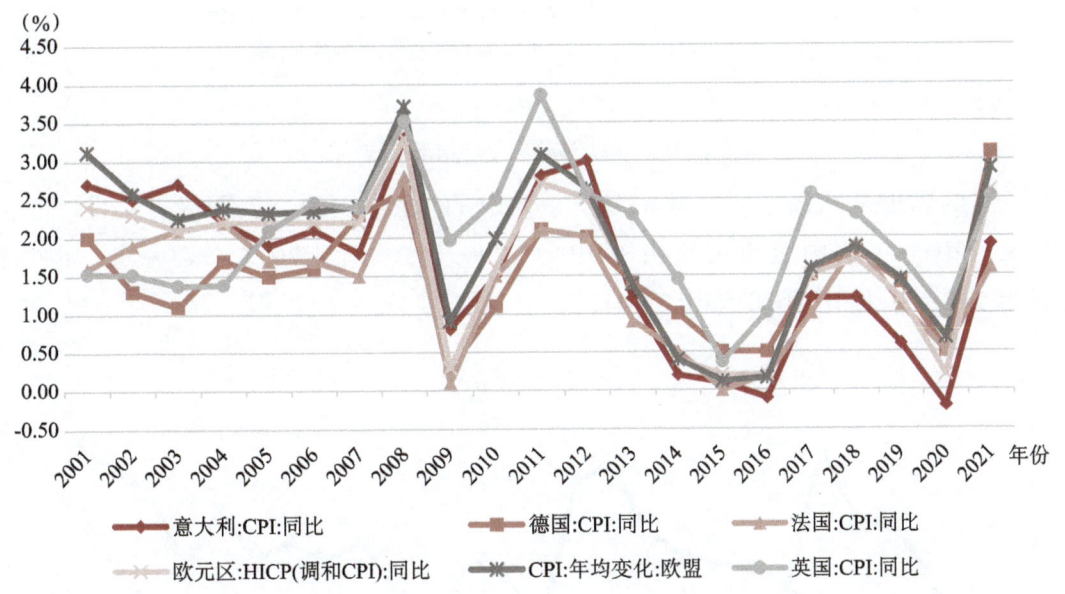

数据来源：Wind资讯。

图14 欧洲及主要国家CPI同比增幅

（二）2021年欧洲主要国家股指走势

2021年，欧洲股指震荡走强，与欧洲经济的基本状况一致，货币政策延续了2020年的宽松政策，进而推动股市上行。德国法兰克福DAX指数由2020年年底的13762.74涨至15884.86，涨幅达15.41%。法国巴黎CAC40指数由2020年年底的5551.41涨至7153.03，涨幅达28.85%。伦敦证券交易所欧洲富时100指数年涨幅为14.5%。荷兰AEX指数2021年涨幅为27.7%，意大利指数涨幅为23.7%。

（三）欧洲国家股票市值及GDP占比情况

近几年欧洲主要国家股票市场表现迥异，因此股票市值与GDP占比也涨跌不一。2021年该比值表现为上行的有法国

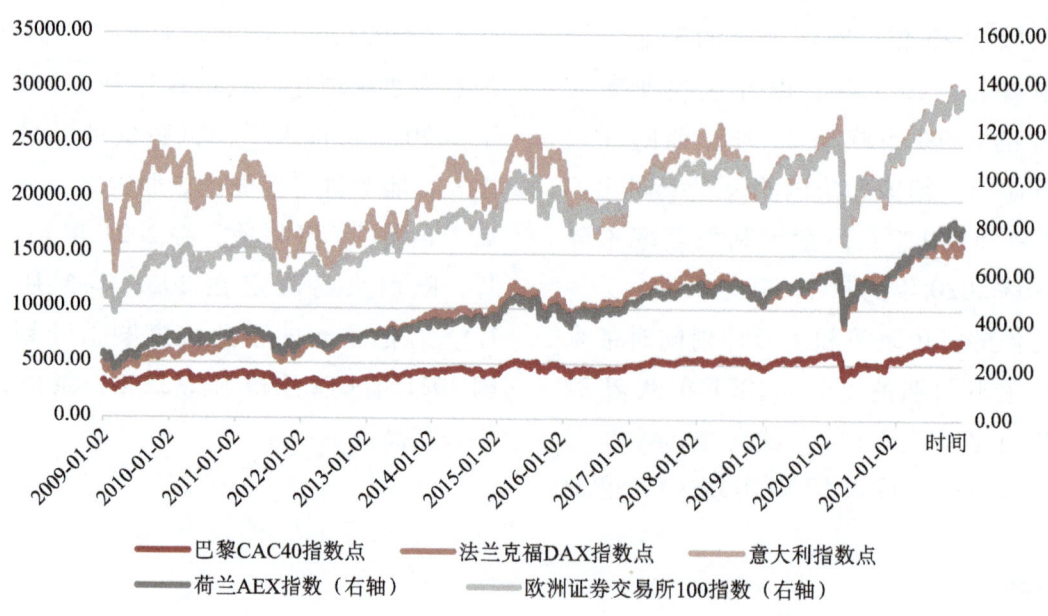

数据来源：Wind 资讯。

图 15 2021 年欧洲主要指数表现

和瑞士，这两国也是欧洲地区金融相对发达的国家。2021 年法国股市市值占 GDP 的比值为 248%，相比 2020 年上升 41.5 个百分点。其次是瑞士，该比值为 290.1%，上升 20.1 个百分点，也是连续三年攀升。

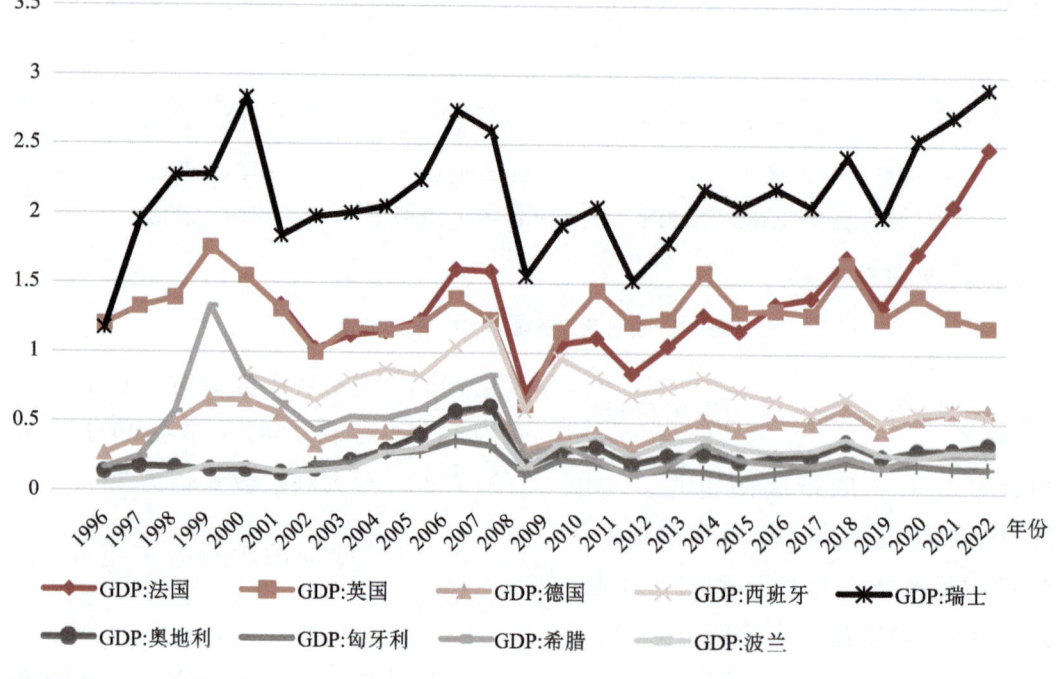

数据来源：Wind 资讯。

图 16 2021 年欧洲主要市场市值/GDP

2021年海外股票市场基本情况

而该比值传统占比比较高且金融业发达的英国，近几年却因为脱欧问题表现不佳，连续两年下行，2021 年比值为 119.2%，下降 7.4 个百分点。德国、希腊、匈牙利和波兰等表现很稳定，比值年变动幅度低于一个百分点。西班牙和奥地利略有涨跌。

四、金砖国家

（一）金砖国家经济增长情况

2021 年金砖国家，中国实现生产总值 174580.36 亿美元，同比上涨 8.08%，世界总量排名第 2；印度实现生产总值 30419.85 亿美元，同比上涨 8.95%，总量世界排名第 6；俄罗斯实现生产总值 17755.48 亿美元，同比上涨 4.7%，总量世界排名第 11；巴西 16080.8 亿美元，同比上涨 4.62%，总量世界排名第 13；南非 4180.2 亿美元，同比上涨 4.92%，总量世界排名第 33。

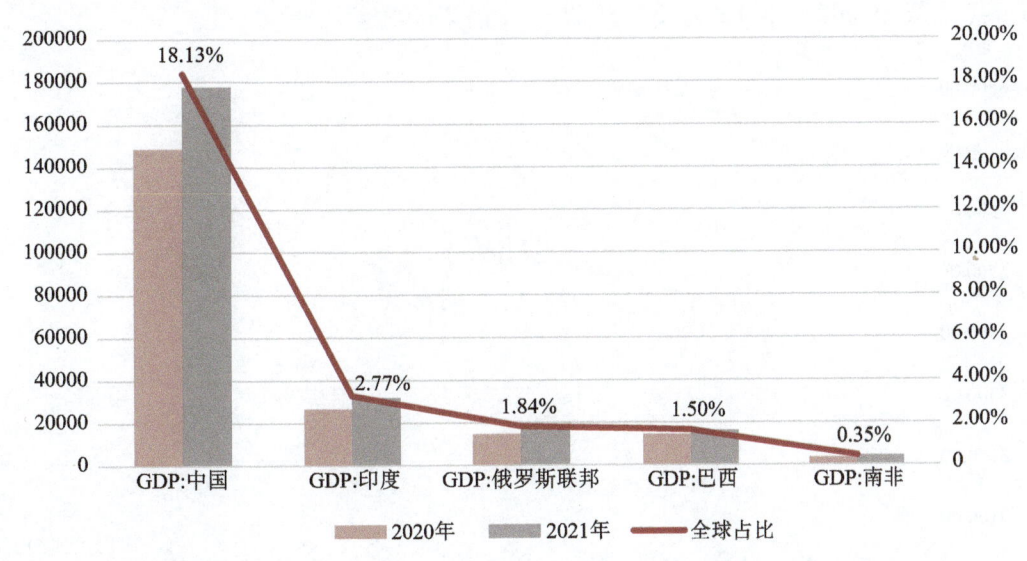

数据来源：Wind 资讯。

图 17　2020~2021 年金砖国家 GDP 及全球占比

物价方面，金砖五国中巴西和俄罗斯面临着极高的通胀率，2021 年巴西全年 CPI 增长率高达 8.3%，在 2021 年巴西遭遇了 91 年来最严重的水资源危机，间接导致了国内油价和食品价格的上升。同时，高利率政策也抑制了经济的增长。2021 年俄罗斯全年 CPI 增长率高达 6.7%，食品日用品价格创下 7 年以来最高值，俄罗斯食品 CPI 已经达到 9.6% 的增速。中国是金砖五国中 CPI 增速最低的国家，2021 年中国全年 CPI 增长率为 0.9%，但同时也是 GDP 增速仅次印度的国家，这得益于中国对于新冠疫情的优秀防控。失业率方面，巴西和南美的通胀也带来了失业率的升高，2021年，巴西失业率为14.2%，同比2020年上涨0.4%；南美失业率为34.2%，同比2020年上涨5%。俄罗斯与中国的失业率呈下降趋势，2021年中国失业率为4%，相较2020年下跌0.2%；2021年俄罗斯失业率为7.3%，相较2020年下跌0.4%。

（二）金砖国家股指走势

2021年12月31日，A股迎来2021年最后一个交易日，上证综指涨0.57%，报3639.78点；深证成指涨0.41%，报14857.35点；创业板指跌0.12点，报3322.67点。截至2021年12月31日收盘，2021年上证综指涨4.8%，深证成指涨2.67%，创业板指大涨12.02%。从年K线上来看，沪指、深证成指和创业板指连续三年上涨。

其余金砖国家中，巴西股指iBovespa 2021年收报104822.4，同期2020年119024，跌幅11.93%。俄罗斯MOEX Russia指数（IMOEX）收报3787.26，相比2020年的3289.02，年涨幅为15.15%。MSCI南非大盘指数收报913.48，同期2020年955.40，跌幅4.39%。印度SENSEX30指数收报58253.82，同期2020年为47751.33，涨幅21.99%。

数据来源：Wind资讯。

图18　上证指数2020～2021年收盘价

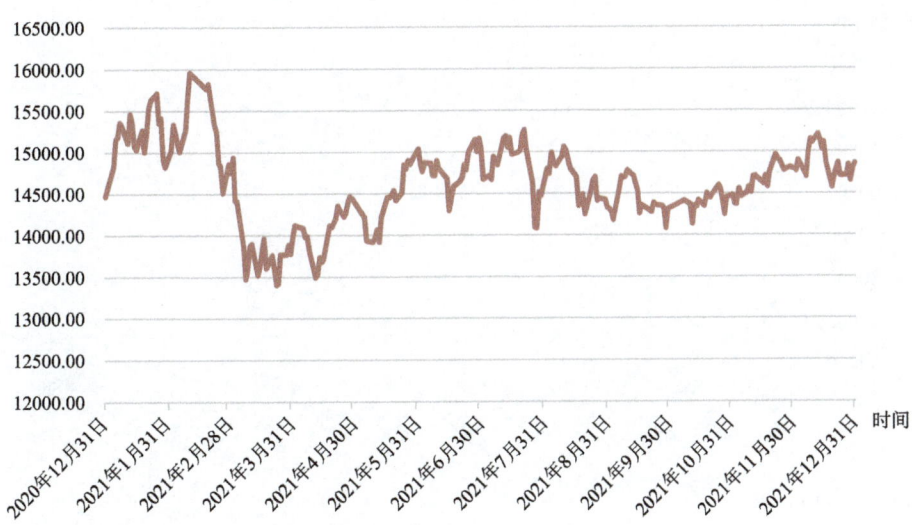

数据来源：Wind 资讯。

图 19　深证成分指数 2020～2021 年收盘价

数据来源：Wind 资讯。

图 20　孟买 SENSEX30 指数 2020～2021 年收盘价

数据来源：Wind 资讯。

图 21　俄罗斯 MOEX 2020～2021 年收盘价

数据来源：Wind 资讯。

图 22　巴西 IBOVESPA 指数 2020～2021 年收盘价

（三）金砖国家股票市值及 GDP 占比情况

金砖国家近几年股票市值变化比较大的是中国和印度，俄罗斯、巴西和南非波动较小。经济增长中印也快于俄罗斯、巴西和南非，特别是巴西和南非，近几年经济表现反复，因此金砖国家股票市值及其GDP 占比值也表现不一。南非和印度该比值一直在高位，2021 年南非和印度该比值分别为 272.9% 和 208.6%，相比 2020 年分别下降 38.7 个百分点和上升 18.3 个百分点。中国、俄罗斯和巴西该比值分别为 81%、47.3% 和 50.7%，比 2020 年波动幅度分别为下降 1.2、上升 0.5 和下降 17.5 个百分点。

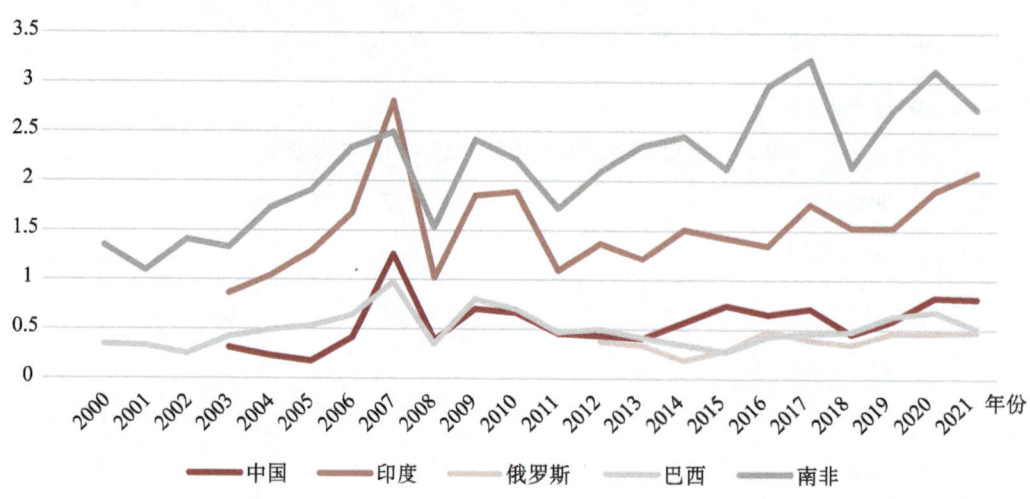

数据来源：Wind 资讯。

图 23　金砖国家股票市值/GDP

五、亚洲主要国家和地区

(一) 亚洲主要国家和地区经济增长情况

2021年亚太经济体整体经济增速为6.7%，较2020年的-1.1%上涨7.8个百分点。东亚方面，2021年日本实现GDP实际同比增速1.62%，时隔3年再次呈现正增长。韩国实现GDP实际同比增速4.02%，较上年的-0.85%上升4.87个百分点。中东方面，伊朗、沙特阿拉伯等能源国家的GDP增速较大，2021年伊朗实现GDP同比增长4.01%，沙特阿拉伯实现GDP同比增长3.24%。东南亚方面，受旅游业衰退的影响，2021年泰国实现GDP增速1.57%，同2020年的负增长-6.2%相比，泰国的经济复苏相对缓慢。

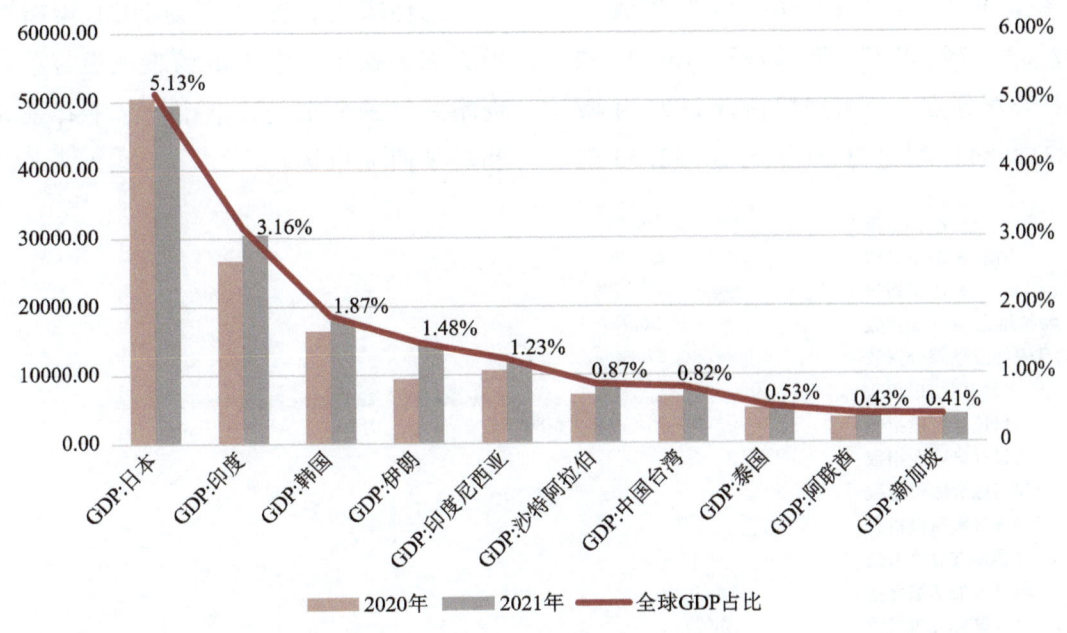

数据来源：Wind资讯。

图24 亚洲国家2020~2021年GDP及占比（单位：万美元）

2021年，亚洲大部分国家通胀水平已持续多个季度上涨，CPI呈现上涨趋势。其中，黎巴嫩、伊朗、土耳其、吉尔吉斯斯坦、格鲁吉亚和乌兹别克斯坦通胀情况仍较为严峻，CPI同比涨幅均超过10%，黎巴嫩涨幅高达144.12%，伊朗涨幅高达32.3%，但相较2020年的增速有所放缓。中国、中国台湾、阿联酋等国家和地区涨势温和，全年CPI增长率分别为0.9%、1.8%和0.2%。而日本在2021年再度通缩，CPI负增长0.3%，一二季度CPI环比下降-0.5%、-0.7%。居民消费回落、政府支出乏力使得日本经济再度收缩，而2021年7月推迟举办的东京奥运会因为疫情原因也没有产生预期的经济效益。

失业率方面,亚洲经济体呈分化态势。其中,韩国失业率从2020年的3.9%下降到2021年的3.7%。新加坡失业率从2020年的3%下滑到2021年的2.6%。日本失业率为2.8%,维持不变。伊朗失业率较2020年上升,从9.6%上涨到9.8%。

(二)2021年亚洲主要国家和地区股指走势

香港恒生指数(HSI)2021年收盘23397.67,较2020年27231.13下跌13.81个百分点。台湾加权指数2021年收盘18218.84,相比2020年的14732.53涨幅为23.66%。

2021年,亚洲发达经济体股指表现平平。日本日经225指数2021年收盘28791.71,较2020年27444.17上涨4.44个百分比。韩国KOSPI指数2022年收盘2977.65,较2020年2873.47上涨5.57个百分比。在亚洲范围内,越南和阿联酋指数表现优异。越南VNI指数2021年收盘1498.28,较2020年1103.87上涨36.51个百分点。

总体来看,亚洲市场2021年指数表现为涨多跌少,中小市场表现更好些。表现略差点的分别是香港市场、菲律宾市场和马来西亚市场。

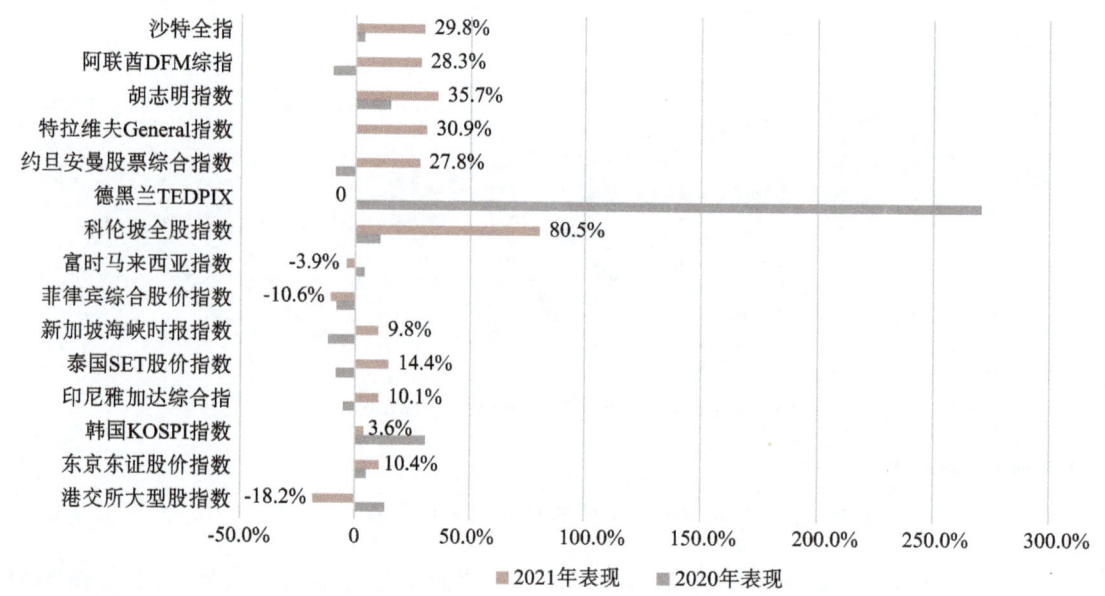

数据来源:Wind资讯。

图25 亚洲其他国家和地区指数表现

六、境内企业境外发行上市情况

根据证监会发布的《境内企业境外发行证券和上市管理试行办法》的相关内容,境外发行上市,是指境内企业直接或者间接到境外发行证券或者将其证券在境外上市交易等相关活动。

截至2021年年底,国内公司海外上市数合计819家,其中香港市场470家,

2021年海外股票市场基本情况

纳斯达克184家，纽约证券交易所68家。新加坡证券交易所58家，多伦多证券交易所13家、伦敦证券交易所8家、美国证券交易所7家，其他交易所11家。

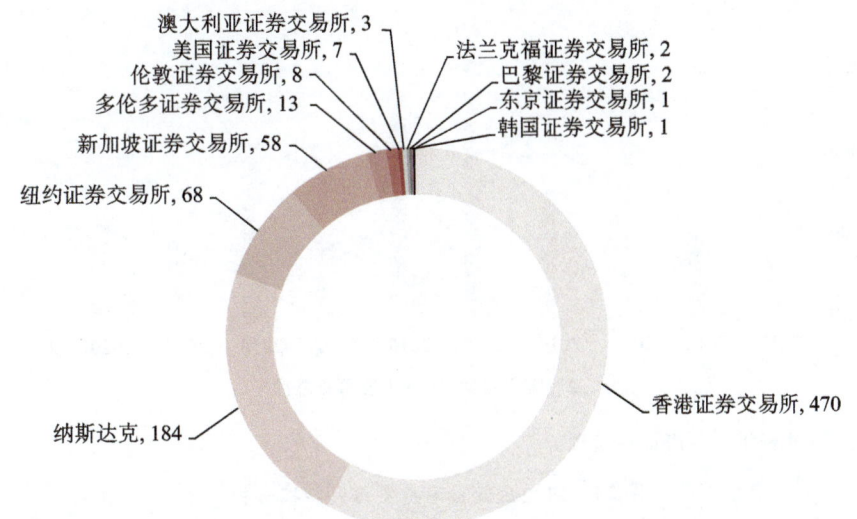

数据来源：Wind资讯，西南证券整理。

图26 海外上市公司存量交易所结构分析

2021年，中国企业赴境外上市再创新高，全年共有56家企业在境外首发上市。其中，中企赴香港上市共15家，赴美国上市共41家。在其他交易所没有新增上市公司。

（一）境内企业赴港上市情况

1. 企业数量及募资额呈上升态势

2021年，内地企业赴香港上市企业共15家，其中H股14家，红筹股1家，近十年红筹股在赴港上市企业数量结构中呈下降趋势。

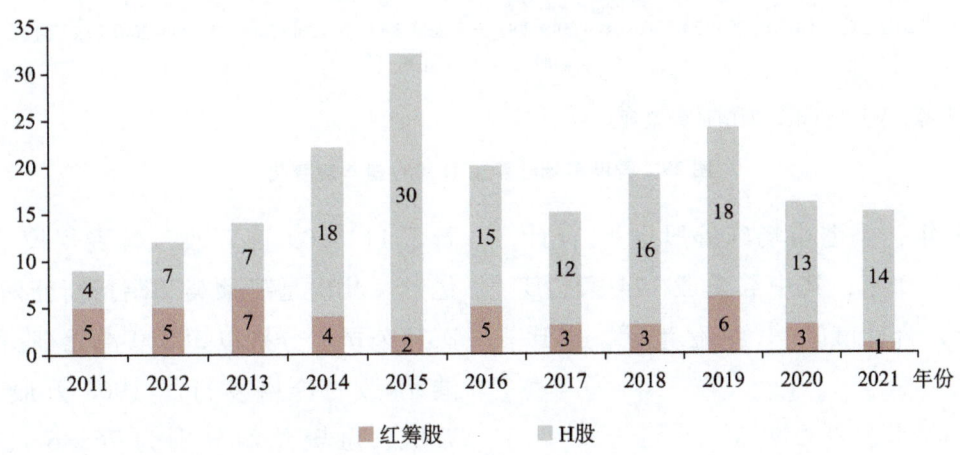

数据来源：Wind资讯，西南证券整理。

图27 内地企业香港IPO数量结构分析

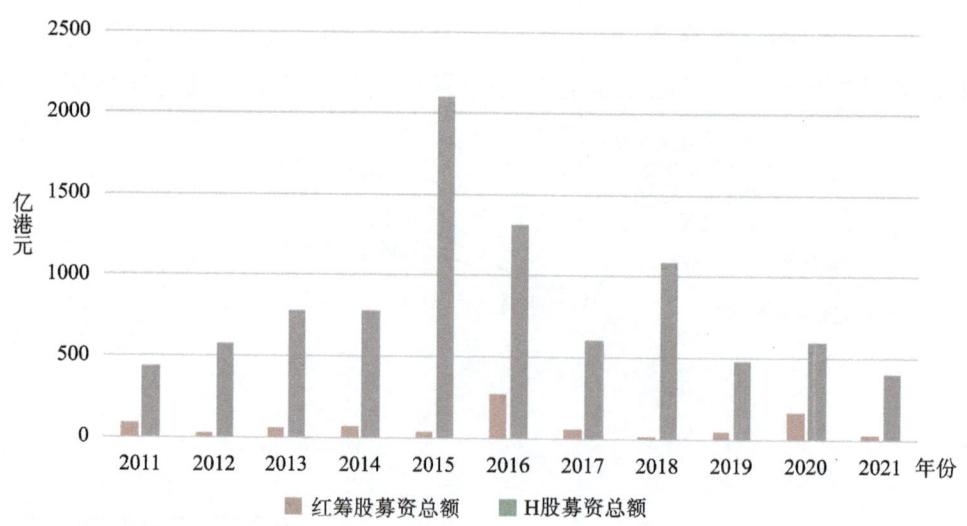

数据来源：Wind 资讯，西南证券整理。

图 28　内地企业香港首发募资结构分析

2021 年，H 股募资总额为 396.14 亿港元，较 2020 年下降 33.5%，红筹股募资总额为 20.16 亿港元，较 2020 年下降 87.3%。

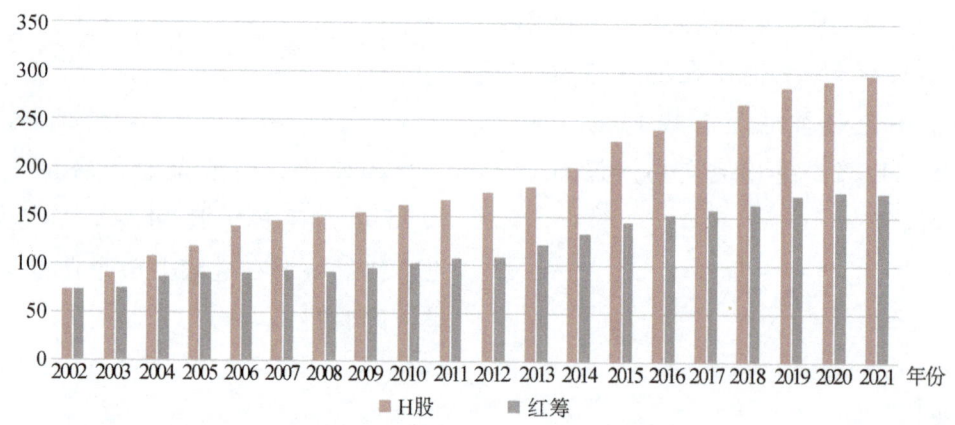

数据来源：Wind 资讯，西南证券整理。

图 29　香港市场红筹股 H 股存量年度变化

2021 年，香港市场红筹股 H 股合计上市企业 470 家，其中红筹股 174 家，H 股 296 家，合计市值 11.44 亿港元，同比增长 2%。

2. 赴港上市公司概况

2021 年，香港募资额最大的是东莞农商银行，公司以 7.92 港元/股的价格发行了 1148.09 百万股，融资规模达 90.93 亿元。其次是凯莱英和昭衍新药两家生物医药公司，分别以 388.0 港元/股和 151.0 港元/股的价格发行了 1968 万股和 4337 万股，融资总额分别为 76.36 亿港元和 65.48 亿港元。

2021年海外股票市场基本情况

表1　　　　　　　　　　　　　　2021年赴港上市公司及募资总额

代码	公司名称	发行价格（港元）	实际发行总数（百万股）	首发/预计募资总额（百万港元）	所属行业（HS）	H股/红筹股
9889.HK	东莞农商银行	7.92	1148.09	9092.88	银行	H股
2146.HK	荣万家	13.46	94.00	1265.24	地产	H股
6626.HK	越秀服务	4.88	413.07	2015.78	地产	红筹股
2210.HK	京城佳业	8.28	36.67	303.60	地产	H股
2276.HK	康耐特光学	4.46	121.60	542.34	工业工程	H股
9699.HK	顺丰同城	16.42	131.18	2153.99	软件服务	H股
2170.HK	贝康医疗-B	27.36	73.53	2011.67	药品及生物科技	H股
6127.HK	昭衍新药	151.00	43.37	6548.21	药品及生物科技	H股
6821.HK	凯莱英	388.00	19.68	7636.19	药品及生物科技	H股
2190.HK	归创通桥-B	42.70	69.00	2946.30	医疗保健设备和服务	H股
2235.HK	微泰医疗-B	30.50	65.74	2005.15	医疗保健设备和服务	H股
2252.HK	微创机器人-B	43.20	41.63	1798.42	医疗保健设备和服务	H股
2251.HK	鹰瞳科技-B	75.10	22.27	1672.27	医疗保健设备和服务	H股
6609.HK	心玮医疗-B	171.00	6.60	1128.92	医疗保健设备和服务	H股
2185.HK	百心安-B	21.25	23.94	508.66	医疗保健设备和服务	H股

数据来源：Wind资讯，西南证券整理。

3. 赴港IPO行业分布

2021年，香港上市红筹股/H股主要分布于银行（1家）、地产（3家）、工业工程（1家）、软件服务（1家）、药品及生物科技（3家）、医疗保健设备和服务（6家）。从行业占比看，健康类占比为60%（9家），其次是地产占20%（3家）。

鼓励内地生物医药公司赴港上市，是近几年港交所的一个重大创新，尤其是鼓励处于创新阶段的未盈利生物医药企业在香港上市，吸引了大量内地生物科技企业在港交所上市融资。自2018年以来，有20余家生物医药类公司在香港交易所上市。

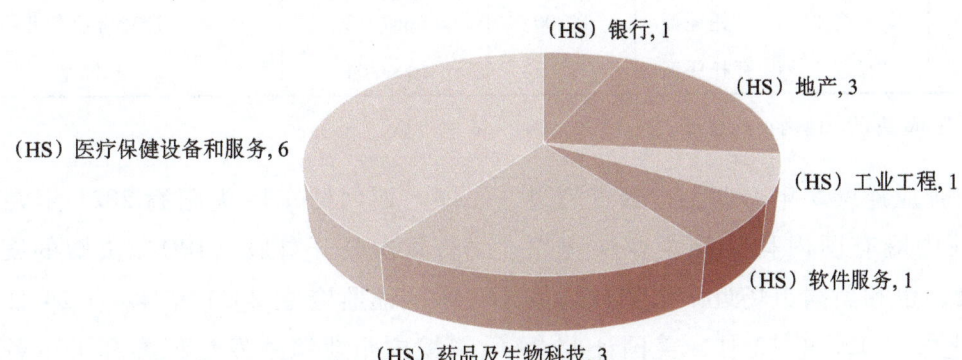

数据来源：Wind资讯，西南证券整理。

图30　香港上市行业结构分析

（二）境内企业赴美上市情况

2021年，境内企业在美国市场上市呈现增长态势，全年合计41家公司在美国市场上市，同比增长36.67%，合计融资净额为138.34亿美元，同比增长13%。其中，20家公司以普通股形式发行，21家公司以存托凭证形式发行。

表2　2021年境内企业美国上市主要公司（融资净额≥5000万美元）

证券代码	证券简称	股份类型	发行价格	发售募资净额（万美元）	所属行业（Wind）
DIDIY.OO	滴滴出行	存托凭证	14.00	433164.30	软件与服务
RLX.N	雾芯科技	存托凭证	12.00	155034.98	食品、饮料与烟草
YMM.N	满帮集团	存托凭证	19.00	150770.95	软件与服务
TSP.O	图森未来	普通股	40.00	128500.67	软件与服务
BZ.O	BOSS直聘	存托凭证	19.00	100009.20	软件与服务
TUYA.N	涂鸦智能	存托凭证	21.00	90452.54	软件与服务
ZH.N	知乎	存托凭证	9.50	49154.58	软件与服务
RAAS.N	容联易通	存托凭证	16.00	34023.04	软件与服务
WDH.N	水滴公司	存托凭证	12.00	32952.52	多元金融
LIAN.O	联拓生物	存托凭证	16.00	30563.30	制药、生物科技与生命科学
MF.O	每日优鲜	存托凭证	13.00	24989.00	零售业
RERE.N	万物新生	存托凭证	14.00	23203.55	零售业
GRCL.O	亘喜生物	存托凭证	19.00	22022.55	制药、生物科技与生命科学
CNTB.O	康乃德	存托凭证	17.00	20004.19	制药、生物科技与生命科学
ADAG.O	天演药业	存托凭证	19.00	14585.80	制药、生物科技与生命科学
EM.O	怪兽充电	存托凭证	8.50	13599.37	消费者服务Ⅱ
DDL.N	叮咚买菜	存托凭证	23.50	8497.49	零售业
FHS.N	第一高中	存托凭证	10.00	6657.12	消费者服务Ⅱ
OGBLY.OO	洋葱	存托凭证	7.25	6183.04	零售业

数据来源：Wind资讯，西南证券整理。

境内企业连续5年IPO上市融资超过30家，其中既有国内科技型企业快速发展的因素，也和美国市场近十来年持续繁荣密切相关。2021年12月，美国证监会正式发布《外国公司问责法》实施细则，细则称不符合细则的股票将进入退市程序。而网约车巨头滴滴2021年在纽约进行首次公开募股（IPO）失败的案例，使中国证监会在2021年12月24日发布了《境内企业境外发行证券和上市备案管理办法》（征求意见稿），明确了中国境内企业境外上市需要向中国证监会进行备案的程序,以进一步弥补和规范海外上市的制度漏洞。

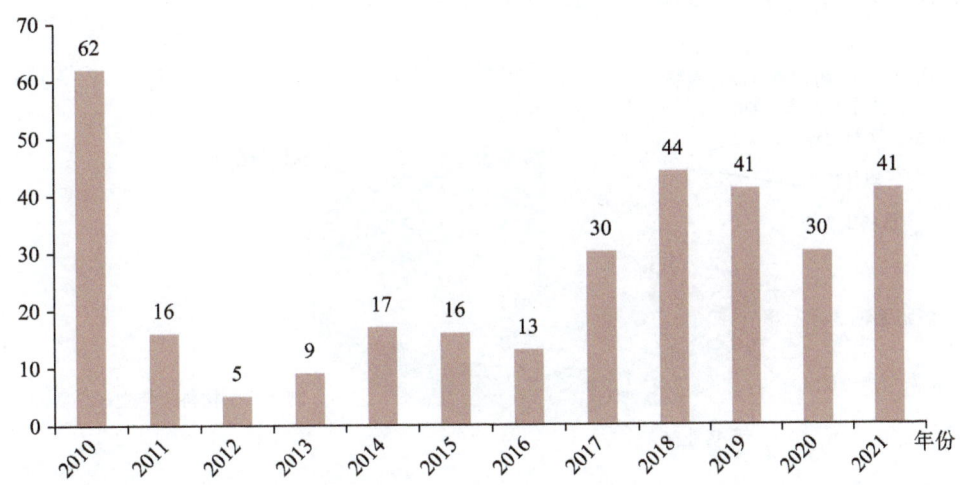

数据来源:Wind 资讯,西南证券整理。

图 31　境内企业赴美首发上市公司数

净融资规模超过 10 亿美元的有滴滴出行(43.3 亿美元)、雾芯科技(15.5 亿美元)、满帮集团(15.1 亿美元)、图森未来(12.85 亿美元)和 BOSS 直聘(10.0 亿美元),10 亿美元融资公司较 2020 年多了一家。此外还有 11 家公司募资净额在 1 亿~9.9 亿美元,17 家公司募资净额为千万美元级。和 2019 年相比,2020~2021 年融资公司数没有显著变化,但融资额增长显著,主要是融资超过 10 亿美元的公司增加了。

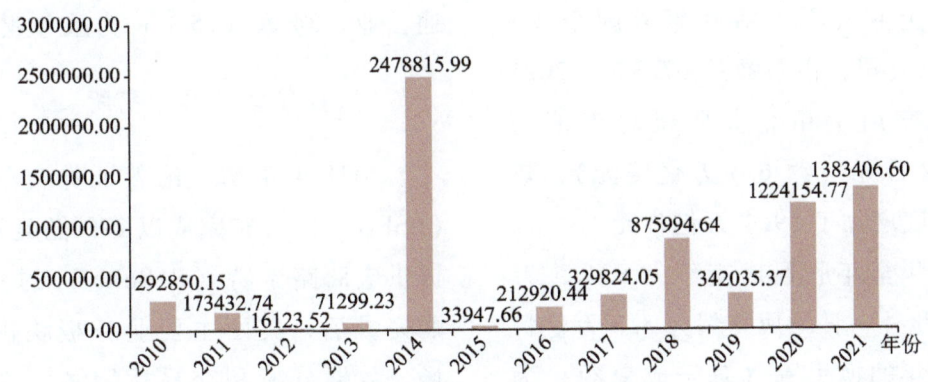

数据来源:Wind 资讯,西南证券整理。

图 32　境内企业赴美 IPO 募资净额(万美元)

从 IPO 公司行业分类看,2021 年在美国市场上市的公司分布于 12 个行业,主要以软件与服务(13 家)、制药、生物科技与生命科学(6 家)和零售业(6

家）为主。这三个行业占了上市总数的61%。相比 2020 年，软件与服务的比例提高了 8 个百分点。

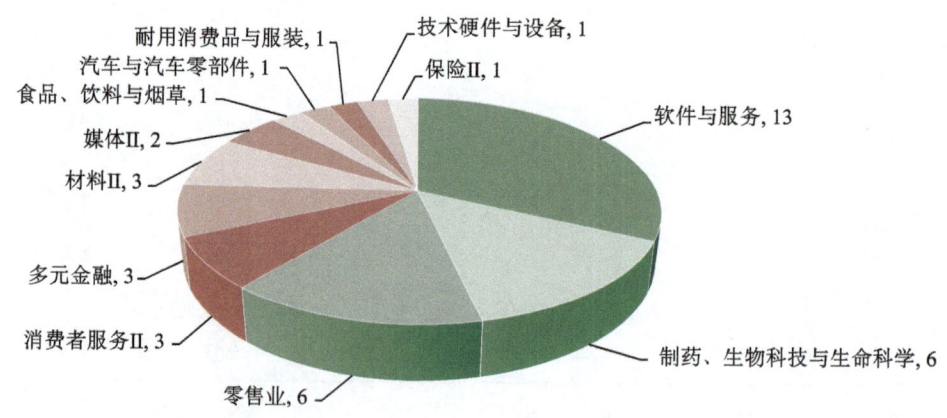

数据来源：Wind 资讯，西南证券整理。

图 33　2021 年境内企业赴美 IPO 行业分布分析

七、境外主要股票交易所概况

（一）东京证券交易所

2021 年年末日本全国上市企业达 3921 家，较 2020 年多出 62 家。其中东交所上市企业（不包括 6 家外国企业）有 3816 家公司，占总数的 97.3%。2021 年年末东交所上市企业股票总市值为 753.0 万亿日元（约 6.5 万亿美元），较 2020 年年底增加了 59.4 万亿日元。

2021 年全年股票成交额为 831.5 万亿日元。此外，日均成交额为 3.3 万亿日元，2021 年的换手率（基于成交额）为 114.9%。2021 年日本国内 IPO 企业数为 158 家。其中东交所 IPO 企业数为 136 家，东交所的企业 IPO 筹资额达到 3630.4 亿日元。其中，PHC Holdings Corporation 的 IPO 筹资额最高，约为 826 亿日元。

从市场分布来看，在东交所 Mothers 上市的企业达 93 家，占东交所 IPO 总数的 68.3%。此外，有 14 家企业在东交所市场一部和二部上市，有 13 家公司在 TOKYO PRO Market 上市。实现 IPO 的 136 家公司中，53 家（39%）为信息及通信业、34 家（25%）为服务业。

（二）伦敦证券交易所

2021 年年初，伦敦证券交易所集团（LSEG.L）宣布完成以 270 亿美元收购数据供应商路孚特（Refinitiv）的交易。收购完成后，集团主要业务板块由资本市场、数据分析和交易后服务三个部分构成，其中资本市场部门囊括了股权、固定收益和外汇业务。

2021 年，伦敦证券交易所创下 IPO 新纪录，成为美国和大中华地区以外全球最大的 IPO 中心。截至 2021 年 12 月 31

日，共计 2016 家公司在伦敦证券交易所上市，年度新增发行人 174 家（主板和高增长市场 AIM 各 87 家），其中 IPO 为 126 家，是 2007 年以来 IPO 表现最强劲的一年，也是 2014 年以来 IPO 数量最多的一年，伦敦市场新发融资总额为 152.99 亿英镑，再融资笔数 2886 笔，再融资总额 259.76 亿英镑。科技行业 IPO 是 2021 年的发展亮点，来自英国和世界各地的科技公司纷纷选择在伦敦上市，如 Trustpilot、Darktrace、Wise 和 Tinybuild。科技业务合计占 IPO 总额近 40%。

（三）德意志证券交易所

德交所负责运营法兰克福证券交易所，2021 年，法兰克福证券交易所共上市 22 家企业。截至 2021 年底，共有上市公司 490 家企业在法兰克福证券交易所上市交易，其中在高级市场板块上市的公司为 316 家。截至 2021 年年底，法兰克福证券交易所上市公司总市值为 2.2 万亿欧元。

2021 年，法兰克福证券交易所的三个交易平台 Xetra、Börse Frankfurt 和 Tradegate Exchange 的总成交额达到 1.9 万亿欧元，对比 2020 年的 2.1 万亿欧元总成交额有所下降。

德意志交易所集团于 2021 年 9 月 20 日将其旗舰指数 DAX 的成分股由 30 只股票增加为 40 只，以提供更为完善的指数基准，并增强行业多样性。2021 年 DAX40 成分股总交易额为 8904 亿欧元。DAX40 2021 年开盘价为 13890.22 欧元，其年末收盘价为 15884.86 欧元。

MDAX 指数是由 50 家成分股组成，反映德国中型上市企业股价走势。2021 年 MDAX 指数总体呈现上涨趋势。MDAX 2021 年开盘价为 31013.05 欧元，其年末收盘价为 35123.25 欧元。

SDAX 指数是由 70 家成分股组成，反映德国小型上市企业股价走势。2021 年 SDAX 指数总体呈现上涨趋势。SDAX 2021 年开盘价为 14884.31 欧元，其年末收盘价为 16373.79 欧元。

撰稿人：张仕元　汤梅梅　金顺夏
　　　　段玉琳
审稿人：张仕元

第二篇

上市公司行业篇

- 农、林、牧、渔业
- 采矿业
- 制造业
- 电力、热力、燃气及水生产和供应业
- 建筑业
- 批发和零售业
- 交通运输、仓储和邮政业
- 住宿和餐饮业
- 信息传输、软件和信息技术服务业
- 金融业
- 房地产业
- 租赁和商务服务业
- 科学研究和技术服务业
- 水利、环境和公共设施管理业
- 教　育
- 卫生和社会工作
- 文化、体育和娱乐业
- 综　合

农、林、牧、渔业

一、农、林、牧、渔业总体概况

（一）行业整体运行情况

2021年，我国农业总体经济继续保持平稳增长，生产形势良好。2021年，农林牧渔业总产值为147013.4亿元；同比增速达6.70%。农业产值规模居行业之首，2021年产值达78339.5亿元，比上年末增加6591.3亿元，同比增加9.19%，占行业总产值的53.29%，较2020年下降2.61个百分点。

其次是畜牧业产值达39910.8亿元人民币，占比27.15%。渔业产值增速居行业之首，2021年产值达14507.3亿元人民币，较上年新增1731.4亿元，同比增加13.55%，占行业总产值的9.87%。林业产值6507.7亿元。农林牧渔业产值在中国GDP中的占比达12.79%，较2020年13.6%下滑0.81个百分点。

（二）细分行业运行概况

从细分行业看，农业、林业及渔业产值均保持增长态势，牧业则受生猪供应充足猪价下跌影响而产值出现下滑。农业方面，2021年全国农业产业总产值达78339.5亿元，比上年末增加6591.3亿元，同比增加9.19%。全国粮食播种面积为1.18亿公顷，产量为6.83亿吨，产量再创历史新高，其中夏粮产量14595.7万吨，秋粮产量50887.8万吨。2021年，我国谷物产量63276.1万吨，其中稻谷产量为21284.3万吨，小麦产量为13694.6万吨，玉米产量为27255.2万吨。2021年我国进口粮食16453.9万吨，同比增长18.1%。其中进口大豆9651.8万吨，占进口总量的58.6%，同比下降3.8%。近年来，我国重视国家粮食安全战略，逐步改变进口来源国相对单一、容易受制于出口国政策变化和产量变化的国际贸易格局，促进我国粮食进口来源、渠道和结构的多元化，通过市场方式避免国内粮食市场受到全球粮价的冲击。

2021年，全国林业产业总产值达6507.7亿元，比上年末增加546.1亿元，同比增加9.16%。2021年，全国经济林种植面积继续保持在6亿亩以上，年产量超过2亿吨，产值超过2.2万亿元。全国经济林加工利用产值达到6148亿元。全国有2000多个县（市、区、旗）有经济林种植和生产，涉及农村人口8400万人，核桃、油茶、苹果、柑橘、枣、梨、板栗、花椒等主要经济林种植面积均超过1000万亩，有力促进了山区、林区、沙区、革命老区、边疆地区、少数民族地区的生态环境改善和产业结构调整。

2021年，全国畜牧业产值为39910.8亿元，比上年末减少355.8亿元，同比减少0.88%。全国猪牛羊禽肉产量8887万吨，比上年增长16.3%。2021年全年生猪出栏6.71亿头，同比增长27.4%，猪肉产量5296万吨，同比增长28.8%，猪存栏44922万头，能繁殖母猪存栏4329万头。牛羊肉产量创新高，进口同步增长。2021年国内牛肉产量698万吨，羊肉产量514万吨，牛肉及牛杂碎进口233万吨，羊肉进口41万吨，牛奶产量3683万吨。禽肉产量处于高位，进口同比下降。2021年禽肉产量2380万吨，同比增长0.8%；禽蛋产量3409万吨，下降1.7%，进口禽肉148万吨，同比下降4.7%。随着政策支持力度的加大，2021年中国畜牧业将进一步夯实基础，加快发展步伐。政府将继续推进畜牧业的技术创新，支持畜牧业的规模化发展，改善畜牧业的环境，加快畜牧业的产业化发展。

2021年，全国渔业经济总产值14507.3亿元，较上年新增1731.4亿元，同比增加13.55%。全国水产品总产量6690.3万吨，其中养殖产量5394.4万吨，捕捞产量1295.9万吨。截至2021年年底，全国水产加工企业9202个，水产冷库8454座。水产加工品总量2125.04万吨，同比增长1.64%。2021年我国水产品进出口总量954.82万吨、进出口总额399.49亿美元，同比分别增长0.72%和15.41%。其中，出口量380.07万吨、出口额219.26亿美元，同比分别下降0.28%和增长15.13%；进口量574.74万吨、进口额180.23亿美元，同比分别增长1.39%和15.75%。贸易顺差39.03亿美元，比上年同期增加4.30亿美元。

二、行业内上市公司发展概况

（一）行业内上市公司基本情况

表1　　　　　2021年农、林、牧、渔业上市公司发行股票概况

门类	总数		沪深主板		创业板		科创板		北交所	
	家数	市值（亿元）	家数	市值（亿元）	家数	市值（亿元）	家数	市值（亿元）	家数	市值（亿元）
农、林、牧、渔业	48	7689.61	38	5933.51	10	1752.67	0	0	0	0
占沪深北三市比重（%）	1.02	0.84	0.81	0.65	0.21	0.19	0	0	0	0

资料来源：沪深北交易所，同花顺。

（二）行业内上市公司构成情况

表2　　　　　　　　　　2021年农、林、牧、渔业上市公司构成情况

门类	沪市			深市			北交所	总计	ST/*ST
	主板	科创板	合计	主板	创业板	合计			
农、林、牧、渔业（家）	16	0	16	22	10	32	0	48	3/3
占行业内上市公司比重（%）	33.33	0.00	33.33	45.83	20.83	66.67	0	100.00	6.25/6.25

资料来源：沪深北交易所，同花顺。

（三）行业内上市公司融资情况

表3　　　　2021年农、林、牧、渔业上市公司与沪深两市融资情况对比　　　　单位：家

门类	融资家数	新股	增发	配股
农、林、牧、渔业	10	5	5	0
沪深两市总数	1032	524	502	7
占比（%）	0.97	0.95	1.00	0.00

资料来源：沪深北交易所，同花顺。

其中，首发的5家公司中，有1家沪市，4家深市；增发的5家公司中，有2家沪市、3家深市。

按行业大类划分，进行融资的10家公司中，畜牧业7家，农业3家。

从融资效果看，上述公司实际发行数量为100280.30万股；实际募集资金154.65亿元，基本完成了融资计划。

（四）行业内上市公司资产及业绩情况

表4　　　　　　　　　　2021年农、林、牧、渔业上市公司资产情况　　　　单位：亿元

指标	2021年	2021年可比样本增长（%）	2020年	2020年可比样本增长（%）	2019年
总资产	5377.71	18.50	3823.08	31.93	2894.09
流动资产	1859.32	6.08	1430.27	12.93	1268.11
占比（%）	34.57	-4.05	37.41	-6.29	43.82
非流动资产	3518.39	26.31	2392.81	46.68	1625.97
占比（%）	65.43	4.05	62.59	6.29	56.18
流动负债	2042.17	37.66	1194.63	33.44	890.3
占比（%）	37.97	5.29	31.25	0.35	30.76

续表

指标	2021年	2021年可比样本增长（%）	2020年	2020年可比样本增长（%）	2019年
非流动负债	1180.33	99.10	484.86	124.74	214.24
占比（%）	21.95	8.89	12.68	5.24	7.4
归属于母公司股东权益	1932.64	-13.43	1925.93	17.12	1646.84
占比（%）	35.94	-13.25	50.38	-6.37	56.9

资料来源：沪深北交易所，同花顺。

表5　2021年农、林、牧、渔业上市公司收入实现情况　　单位：亿元

指标	2021年	2021年可比样本增长（%）	2020年	2020年可比样本增长（%）	2019年
营业收入	3078.25	6.77	2304.22	16.73	1963.05
利润总额	-315.20	-160.10	413.59	31.4	313.83
归属于母公司所有者的净利润	-321.38	-166.18	377.52	25.4	300.25

资料来源：沪深北交易所，同花顺。

（五）利润分配情况

2021年，全年农、林、牧、渔业上市公司中共有19家公司实施了分红配股。其中，4家上市公司实施送股或转增股，19家上市公司实施派息，其中3家公司既实施了送股、转增又实施了派息。

（六）其他财务指标情况

1. 盈利能力指标

表6　2021年农、林、牧、渔业上市公司盈利能力情况

指标	2021年	2021年可比样本变动	2020年	2020年可比样本变动	2019年
毛利率（%）	2.76	-25.39	27.87	1.38	27.10
净资产收益率（%）	-16.63	-38.38	19.60	1.30	18.23
销售净利率（%）	-10.48	-28.42	17.65	2.00	15.69
资产净利率（%）	-6.51	-19.81	12.10	0.64	11.42

资料来源：沪深北交易所，同花顺。

2. 偿债能力指标

表7　2021年农、林、牧、渔业上市公司偿债能力指标

指标	2021年	2021年可比样本变动	2020年	2020年可比样本变动	2019年
流动比率	0.91	-0.27	1.2	-0.22	1.42
速动比率	0.47	-0.18	0.66	-0.21	0.88
资产负债率（%）	59.92	14.17	43.93	5.59	38.17

资料来源：沪深北交易所，同花顺。

农、林、牧、渔业

3. 营运能力指标

表8　2021年农、林、牧、渔业上市公司营运能力情况　　　　　　　　　　　单位：次

营运能力指标	2021年	2021年可比样本变动	2020年	2020年可比样本变动	2019年
存货周转率	3.58	0.40	2.95	-0.04	2.96
应收账款周转率	36.68	1.81	27.01	4.67	22.65
流动资产周转率	1.70	-0.16	1.71	0.06	1.64
固定资产周转率	1.66	-0.57	2.02	-0.34	2.35
总资产周转率	0.62	-0.12	0.69	-0.05	0.73
净资产周转率	1.33	0.01	1.17	-0.05	1.22

资料来源：沪深北交易所，同花顺。

三、重点细分行业介绍

表9　2021年农、林、牧、渔业上市公司数量分布及市值情况

大类	上市公司家数（家）	占行业内比重（%）	境内总市值（亿元）	占行业内比重（%）
农、林、牧、渔服务业	1	2.08	59.56	0.77
渔业	8	16.67	200.19	2.60
畜牧业	18	37.50	5688.17	73.97
农业	17	35.42	1607.78	20.91
林业	4	8.33	133.92	1.74

资料来源：沪深北交易所，同花顺。

（一）农业

1. 行业概况

2021年，全国农业产业总产值达78339.5亿元，比上年末增加6591.3亿元，同比增加9.19%。全国粮食播种面积为1.18亿公顷，较2020年增加了863千公顷；产量为6.83亿吨，较2020年增加了1336万吨，产量再创历史新高，连续十年产量破6亿吨。其中夏收粮播种面积为26437.9千公顷，同比增长1.0%；产量为14595.7万吨，同比增长2.2%；秋收粮播种面积为86459.5千公顷，同比增长0.7%；产量为50887.8万吨，同比增长1.9%。

2021年全国谷物播种为100177.4千公顷，占粮食总面积的85.2%，比2020年增加2213千公顷，谷物产量63276.1万吨，比2020年增加1602万吨，占粮食总产量的92.7%。谷物中稻谷播种面积为29921.2千公顷，小麦播种面积为23568.4千公顷，玉米播种面积为43324.1千公顷，

稻谷产量为21284.3万吨，小麦产量为13694.6万吨，玉米产量为27255.2万吨。

据海关总署统计，2021年我国进口粮食16453.9万吨，同比增长18.1%。其中，进口大豆9651.8万吨，占进口总量的58.6%，同比下降3.8%，我国大豆产量仅有1640万吨，大豆的进口依存度为85.5%。食用植物油进口1039.2万吨，占进口总量的6.3%，相较2020年的1079万吨减少3.7%。

近年来，我国遵循"适度进口"国家粮食安全战略，积极发展粮食国际贸易，逐步改变进口来源国相对单一、容易受制于出口国政策变化和产量变化的国际贸易格局，促进我国粮食进口来源、渠道和结构的多元化，通过市场方式避免国内粮食市场受到全球粮价的冲击。

2. 行业内上市公司发展情况

表10　　　　　2021年农业上市公司收入及资产增长情况　　　　　单位：亿元

指标	2021年	2021年可比样本增长（%）	2020年	2020年可比样本增长（%）	2019年
营业收入	412.30	4.72	383.76	4.74	365.33
利润总额	12.79	-9.25	11.81	46.35	8.09
归属于母公司所有者的净利润	11.95	18.97	10.41	-51.45	7.94
总资产	859.27	11.78	750.49	1.44	737.65
归属于母公司股东权益	425.24	4.21	395.59	-1.1	398.82

资料来源：沪深北交易所，同花顺。

表11　　　　　　　2021年农业上市公司盈利能力情况

指标	2021年	2021年可比样本变动	2020年	2020年可比样本变动	2019年
毛利率（%）	15.84	-0.41	16.54	-0.37	20.33
净资产收益率（%）	2.81	-0.30	2.63	0.65	1.99
销售净利率（%）	2.93	-0.37	2.79	0.75	2.04
资产净利率（%）	1.48	-0.22	1.43	0.43	1.01

资料来源：沪深北交易所，同花顺。

表12　　　　　　　2021年农业上市公司偿债及营运情况

指标	2021年	2021年可比样本变动	2020年	2020年可比样本变动	2019年
资产负债率（%）	48.00	3.91	44.4	1.25	43.15
存货周转率（次）	3.49	-0.06	3.49	0.3	3.07
总资产周转率（次）	0.51	-0.01	0.51	0.02	0.49

资料来源：沪深北交易所，同花顺。

（二）林业

1. 行业概况

2021年，全国林业产业总产值达6507.7亿元，比上年末增加546.1亿元，同比增加9.16%。2021年我国森林面积34.6亿亩，森林覆盖率24.02%，森林蓄积量194.93亿立方米，草地面积39.68亿亩，草原综合植被盖度50.32%，鲜草年总产量5.95亿吨，林草植被总碳储量114.43亿吨。森林、草原、湿地生态空间生态产品总价值量为每年28.58万亿元。2021年，全国经济林种植面积继续保持在6亿亩以上，年产量超过2亿吨，产值超过2.2万亿元，核桃、油茶、板栗、枣、苹果、柑橘等主要经济林面积和产量均居世界首位。

全国经济林加工利用产值达到6148亿元，全国已建成经济林类国家重点林木良种基地86个、种质资源库50个。保存经济林种质资源量5万余份，其中野生资源5000余份、地方品种3500余个、变异类型1000余份，均居世界首位。各地选育审定经济林良种6620个。全国有2000多个县（市、区、旗）有经济林种植和生产，涉及农村人口8400万人，核桃、油茶、苹果、柑橘、枣、梨、板栗、花椒等主要经济林种植面积均超过1000万亩，有力促进了山区、林区、沙区、革命老区、边疆地区、少数民族地区的生态环境改善和产业结构调整。

2. 行业内上市公司发展情况

表13　　　　　　　　　　2021年林业上市公司收入及资产增长情况　　　　　　　　　　单位：亿元

指标	2021年	2021年可比样本增长（%）	2020年	2020年可比样本增长（%）	2019年
营业收入	23.26	36.75	17.01	-14.12	19.8
利润总额	-8.70	-101.91	-4.31	-448.79	1.24
归属于母公司所有者的净利润	-4.75	-795.22	-3.3	-88.1	0.68
总资产	87.22	-12.54	99.73	0.86	98.87
归属于母公司股东权益	35.76	-7.50	38.66	-7.93	41.99

资料来源：沪深北交易所，同花顺。

表14　　　　　　　　　　2021年林业上市公司盈利能力情况

指标	2021年	2021年可比样本变动	2020年	2020年可比样本变动	2019年
毛利率（%）	14.69	-3.10	17.79	-3.92	21.71
净资产收益率（%）	-13.28	-4.74	-8.53	-10.16	1.63
销售净利率（%）	-38.91	-13.89	-25.02	-29.64	4.62
资产净利率（%）	-9.68	-5.40	-4.28	-5.21	0.92

资料来源：沪深北交易所，同花顺。

表15　2021年林业上市公司偿债及营运情况

指标	2021年	2021年可比样本变动	2020年	2020年可比样本变动	2019年
资产负债率（%）	58.08	2.02	56.07	4.68	51.38
存货周转率（次）	0.51	0.21	0.31	-0.01	0.31
总资产周转率（次）	0.25	0.08	0.17	-0.03	0.20

资料来源：沪深北交易所，同花顺。

（三）畜牧业

1. 行业概况

2021年，全国畜牧业产值为39910.8亿元，比上年末减少355.8亿元，同比减少0.88%。全国猪牛羊禽肉产量8887万吨，比上年增长16.3%。

生猪出栏大幅增长，能繁母猪存栏提升。2021年全国生猪产能实现较高增长，全年生猪出栏6.71亿头，同比增长27.4%，猪肉产量5296万吨，同比增长28.8%。2021年年末，全国生猪存栏44922万头，同比增长10.5%；能繁殖母猪存栏4329万头，同比增长4.0%。

牛羊肉产量创新高，进口同步增长。2021年国内肉牛出栏4707万头，较上年增加142万头，同比增长3.1%；牛肉产量698万吨，同比增长3.7%。肉羊出栏33045万只，同比增长3.5%；羊肉产量514万吨，同比增长4.4%。牛肉及牛杂碎进口233万吨，同比增长10.1%；羊肉进口41万吨，同比增长12.5%，牛羊肉进口单价均有不同程度提高，消费旺盛。牛奶产量3683万吨，继续保持稳定增长，同比增幅达7.1%。

禽肉产量处于高位，进口同比下降。2021年家禽出栏157.4亿只，比上年增长1.1%；禽肉产量2380万吨，同比增长0.8%；禽蛋产量3409万吨，下降1.7%。2021年年末，全国家禽存栏67.9亿只，同比增长0.1%。2021年我国进口禽肉148万吨，同比下降4.7%。随着政策支持力度的加大，2021年中国畜牧业将进一步夯实基础，加快发展步伐。政府将继续推进畜牧业的技术创新，支持畜牧业的规模化发展，改善畜牧业的环境，加快畜牧业的产业化发展。此外，政府还将加强畜牧业的监管，推动畜牧业的绿色发展，提升畜牧业的综合效益。

2. 行业内上市公司发展情况

表16　2021年畜牧业上市公司收入及资产增长情况　　　　单位：亿元

指标	2021年	2021年可比样本增长（%）	2020年	2020年可比样本增长（%）	2019年
营业收入	2503.51	6.81	1730.1	24.17	1383.43
利润总额	-312.38	-160.69	408.94	26.32	323.12
归属于母公司所有者的净利润	-320.83	-198.10	374.38	423.82	310.58

续表

指标	2021年	2021年可比样本增长（%）	2020年	2020年可比样本增长（%）	2019年
总资产	4181.32	22.25	2672.44	52.27	1754.84
归属于母公司股东权益	1357.75	-18.33	1348.24	27.95	1057.56

资料来源：沪深北交易所，同花顺。

表17　　　　　2021年畜牧业上市公司盈利能力情况

指标	2021年	2021年可比样本变动	2020年	2020年可比样本变动	2019年
毛利率（%）	-0.27	-31.14	31.71	1.44	30.26
净资产收益率（%）	-23.63	-52.35	27.77	-1.76	29.37
销售净利率（%）	-12.70	-34.42	23.34	0.42	23.02
资产净利率（%）	-8.37	-26.71	18.24	-2.38	20.55

资料来源：沪深北交易所，同花顺。

表18　　　　　2021年畜牧业上市公司偿债及营运情况

指标	2021年	2021年可比样本变动	2020年	2020年可比样本变动	2019年
资产负债率（%）	62.88	17.23	42.63	8.98	33.4
存货周转率（次）	3.85	0.37	3.36	-0.34	3.66
总资产周转率（次）	0.66	-0.19	0.78	-0.12	0.89

资料来源：沪深北交易所，同花顺。

（四）渔业

1. 行业概况

2021年渔业经济总产值14507.3亿元，较上年新增1731.4亿元，同比增加13.55%。全国水产品总产量6690.3万吨，同比增长2.16%。其中，养殖产量5394.4万吨，同比增长3.26%，捕捞产量1295.9万吨，同比下降2.18%，养殖产品与捕捞产品的产量比例为80.6：19.4。全国水产养殖面积7009.38千公顷，同比下降0.38%。其中，海水养殖面积2025.51千公顷，同比增长1.50%；淡水养殖面积4983.87千公顷，同比下降1.12%；海水养殖与淡水养殖的面积比例为28.9：71.1。

截至2021年年底，全国水产加工企业9202个，水产冷库8454座。水产加工品总量2125.04万吨，同比增长1.64%。其中，海水加工产品1708.81万吨，同比增长1.76%；淡水加工产品416.23万吨，同比增长1.15%。用于加工的水产品总量2522.68万吨，同比增长1.84%。其中，用于加工的海水产品1951.10万吨，同比下降0.10%；用于加工的淡水产品571.57万吨，同比增长9.04%。

据海关总署统计，2021年我国水产品进出口总量954.82万吨、进出口总额399.49亿美元，同比分别增长0.72%和15.41%。其中，出口量380.07万吨、出口额219.26亿美元，同比分别下降0.28%和增长15.13%；进口量574.74万吨、进口额180.23亿美元，同比分别增长1.39%和15.75%。贸易顺差39.03亿美元，比上年同期增加4.30亿美元。

2. 行业内上市公司发展情况

表19　　2021年渔业上市公司收入及资产增长情况　　　　　　单位：亿元

指标	2021年	2021年可比样本增长（%）	2020年	2020年可比样本增长（%）	2019年
营业收入	113.00	8.82	148.78	-12.71	170.45
利润总额	-8.84	-1021.10	-3.53	81.45	-19.35
归属于母公司所有者的净利润	-9.58	34.54	-4.48	-507.99	-19.53
总资产	222.77	-0.06	273.86	-1.52	276.69
归属于母公司股东权益	95.12	-10.32	126.3	-4.18	131.5

资料来源：沪深北交易所，同花顺。

表20　　2021年渔业上市公司盈利能力情况

指标	2021年	2021年可比样本变动	2020年	2020年可比样本变动	2019年
毛利率（%）	17.10	0.18	15.73	-2.38	18.1
净资产收益率（%）	-10.08	-8.39	-3.55	11.08	-14.85
销售净利率（%）	-8.45	-7.23	-2.75	8.59	-11.49
资产净利率（%）	-4.28	-3.72	-1.49	5.31	-6.9

资料来源：沪深北交易所，同花顺。

表21　　2021年渔业上市公司偿债及营运情况

指标	2021年	2021年可比样本变动	2020年	2020年可比样本变动	2019年
资产负债率（%）	54.96	4.98	51.97	0.92	50.91
存货周转率（次）	2.40	0.29	1.91	-0.1	2.03
总资产周转率（次）	0.51	0.05	0.54	-0.06	0.6

资料来源：沪深北交易所，同花顺。

（五）农、林、牧、渔服务业

1. 行业概况

农、林、牧、渔服务业指对农、林、牧、渔业生产活动进行的各种专业及辅助性生产活动，包含种子育苗培育服务、农业机械服务、灌溉服务、农产品初加工服务，但不包括各种科学技术和专业技术服

农、林、牧、渔业

务活动。我国农业服务业发展,尤其是农业生产性服务业蓬勃发展,势头强劲,农业生产托管已成为小农户和现代农业发展有机衔接的桥梁。2021年我国仅有一家上市公司,随着今后农业发展模式变更,发展水平提升,农、林、牧、渔服务业将展现出新的服务模式和业务亮点。

2021年中国农林牧渔服务业将进一步实施"绿色发展、智能化发展、共享发展、可持续发展"的发展思路,加强农、林、牧、渔服务业的发展,加快建设"一带一路"农业示范带,推动农业现代化综合改革,深化农、林、牧、渔服务业改革,提升农、林、牧、渔服务业的综合效益。推进农、林、牧、渔服务业技术创新,加强行业管理创新,加强市场化建设,加强环境保护。

2. 行业内上市公司发展情况

表22　2021年农、林、牧、渔服务业上市公司收入及资产增长情况　　　　单位:亿元

指标	2021年	2021年可比样本增长(%)	2020年	2020年可比样本增长(%)	2019年
营业收入	26.17	6.54	24.57	2.19	24.04
利润总额	1.94	184.94	0.68	-8.26	0.74
归属于母公司所有者的净利润	1.83	219.76	0.5	-5.24	0.57
总资产	27.14	2.14	26.57	2	26.04
归属于母公司股东权益	18.78	9.60	17.13	1.04	16.96

资料来源:沪深北交易所,同花顺。

表23　2021年农、林、牧、渔服务业上市公司盈利能力情况

指标	2021年	2021年可比样本变动	2020年	2020年可比样本变动	2019年
毛利率(%)	13.89	-0.61	14.5	-1.55	16.05
净资产收益率(%)	9.74	6.80	2.94	-0.43	3.37
销售净利率(%)	7.12	4.80	2.31	-0.33	2.64
资产净利率(%)	6.94	4.78	2.16	-0.36	2.52

资料来源:沪深北交易所,同花顺。

表24　2021年农、林、牧、渔服务业上市公司偿债及营运情况

指标	2021年	2021年可比样本变动	2020年	2020年可比样本变动	2019年
资产负债率(%)	28.43	-4.78	33.21	0.39	32.82
存货周转率(次)	2.97	0.23	2.74	0.13	2.6
总资产周转率(次)	0.97	0.04	0.93	-0.02	0.95

资料来源:沪深北交易所,同花顺。

四、重点上市公司介绍

（一）牧原股份

牧原食品股份有限公司创立于1992年，于2014年在深圳证券交易所上市。公司是集饲料加工、生猪育种、种猪扩繁、商品猪饲养、屠宰加工于一体的农业产业化国家重点龙头企业。公司2021年生猪出栏量继续实现快速增长，全年共销售生猪4026.3万头，同比增长122.26%。其中商品猪3688.7万头，仔猪309.5万头，种猪28.1万头。2021年公司实现营业收入788.90亿元，同比增长40.18%。实现归属于母公司所有者的净利润69.04亿元，同比减少74.85%。截至2021年年末，公司全资及控股子/孙公司数量达到275个，2021年新增34家子/孙公司，分布在全国22个省级区域。

为顺应国家"运猪"向"运肉"的政策变化，公司自2019年进入生猪屠宰行业。2021年，公司加快建设养殖配套屠宰产能，全年共计屠宰生猪289.9万头，实现屠宰、肉食业务收入54.2亿元。截至2021年年末公司共有6家屠宰子公司实现投产，已投产屠宰产能1600万头/年。公司继续大力拓展全国生鲜猪肉销售网络，截至2021年年末，屠宰业务已在全国22省份设立78个服务站，有农批经销商、连锁商超、连锁餐饮、食品加工企业、新零售企业客户超过5000家。

（二）圣农发展

公司属于白羽肉鸡生产及肉类食品深加工行业，拥有全球最完整的白羽肉鸡全产业链，涵盖了饲料加工、原种培育、祖代与父母代种鸡养殖、种蛋孵化、肉鸡饲养、屠宰加工与销售、熟食加工与销售等多个环节，同时公司也是国内规模最大的白羽肉鸡食品企业。

2021年公司产量、销量和营业收入均实现增长。全年鸡肉销售量105.54万吨，完成肉制品销售量22.46万吨，分别较2020年增长7.86%和17.13%。公司实现主营业务收入136亿元，较2020年增长4.82%；受2021年玉米、豆粕等原材料上涨幅度较大及鸡肉终端价格下行影响，全年利润水平承压，共实现归属于母公司股东的净利润4.48亿元，同比下降78.04%。同2020年相比，若剔除2021年外部市场因素影响，全年净利润将增加约18.30亿元，较2020年提升约12%。公司自研品种"圣泽901"白羽肉鸡配套系于2021年12月正式通过品种审定，公司自2019年年初停止从国外引种之后，已逐步完成祖代、父母代、商品代的更替，借助"圣泽901"的优势，2021年公司养殖水平也创下了历史最佳水平。

公司的核心竞争优势在于建立了集饲料加工、种源培育、祖代与父母代种鸡养殖、种蛋孵化、肉鸡饲养、肉鸡屠宰加工、熟食加工等环节于一体的肉鸡产业链布局。全产业链覆盖可有效减少单一环节市场波动对整体盈利的影响，有利于实现公司按计划对各个环节成本的把控，增强公司抵抗周期性风险的能力，使公司毛利率与同行业其他公司相比更加稳定。依托于全产业链布局向上延伸，公司育种有所突破，打破了白羽肉鸡依赖海外育种的局面。公司自研种源不仅本土适应性强，还能有效保证上游供应稳定，由此极大地降低了经营风险，减少了外来种源疾病隐患。全产业链布局向下延伸，公司产品矩阵多元，品类丰富。公司的深加工鸡肉类产品矩阵多元，与各类研发、加工工艺配合后，基本为目前市场上主要的品类，为公司中餐、电商等渠道的发展打下基础。研发实力方面，公司先后在光泽、福州、上海成立了三大研发中心，根据不同销售渠道配备不同的研发团队，并推动产品资源共享，促进各渠道协同性，提升开发效能。2021 年产品转化 58 个，增长 200%。2021 年新品销售额 9.07 亿元，2014～2021 年，新品销售年复合增速约为 29%，增长迅速；其中重点客户新品销售年复合增速约为 33.4%。此外，公司产能规模处于行业领先地位。

目前公司白羽鸡养殖产能已接近 6 亿羽，已建及在建食品深加工产能合计超过 43.32 万吨，位列全国第一。根据公司"十四五"规划，未来，公司上游肉鸡养殖产能将提升至 10 亿羽，下游食品深加工产能将超 50 万吨，销售额超过 130 亿元。一方面，规模化生产有助于公司降低采购和生产成本；另一方面，公司领先的产能规模，能够随时满足大客户临时性增产需求，在开发和服务优质大客户时具有绝对优势。

五、上市公司在行业中的影响力

总体来看，农林牧渔上市公司在行业内普遍具有规模化生产、规模化种植及领先行业的研发实力。养殖板块上市公司方面，具备资金及成本控制能力，在规模化生产和疫病防控能力方面领先于散户，且在种源方面具备更强的育种实力及引种实力。生猪养殖龙头企业在种猪引种、核心群选育及肉猪品系开发方面具有显著的优势，部分头部企业规模化生猪养殖水平稳定，成本控制能力强，饲料配方开发与设计能够做到因地制宜，随机应变。禽养殖企业在种源引进、饲养成本管理以及屠宰效率方面具备专业化、机械化等特点，一体化企业养殖企业上下游渠道配备比例较高，单一环节养殖企业在品种开发和选育方面领先于行业，部分品种为具备知识产权保护的专业独家品系，市场认可度高，引领中国肉禽市场走向优质种源更迭，饲养水平向低料肉比、肉品高出成率发展。动保企业方面，头部上市企业动物疫苗及兽药研发生产优势突出，技术更迭背景下推动国产疫苗、兽药产品的替代趋势，研发及渠道建设能力不断提升。

种植链方面，上游农资品销售企业具备规模化、订单化产销优势，引导下游种植户向专业化、规模化种植发展；种子研发企业具备强劲的科研实力，产学融合趋势下转基因种子商业化格局由头部上市种企实现引领，非转基因种子育种实力突出，推动玉米、大豆、水稻及小麦等主要粮食作物的品种更迭优化。

撰稿人：尤奕新
审稿人：董　勋

采矿业

一、采矿业总体概况

（一）行业整体运行情况

2021年受主要国家货币和财政政策宽松、疫情冲击减弱等影响，全球经济有所复苏，主要矿产品需求增加较快，国家矿产品价格大幅反弹。我国由于疫情控制较好，经济率先回升，也带动了国内矿产品需求的增加。同时，由于能源产品价格大幅上涨及疫情限制等影响下的劳动力、燃料、电力成本提高，矿山生产受阻，矿产品供应出现缺口，叠加海运不畅运费飙升、"双碳"政策限制等因素，主要矿产品价格剧烈波动。其中，煤炭、天然气、铁矿石、铜、铝、锂、镍、钴等矿产品价格皆创近年来新高，后期受能源保供及钢铁限产政策影响，煤炭、铁矿石等价格向合理水平回归，但整体来看，2021年主要矿产品价格处于历年高位，采矿业整体营业收入和利润大幅上涨。

（二）细分行业运行概况

煤炭开采方面，2021年受疫情减弱影响，国内经济率先复苏，能源消耗快速反弹，同时国内防疫措施严格，煤炭供应及运输受限，煤炭呈现阶段性供应紧张，上半年价格快速发弹，达到历年最高值；后半年随着增产保供及限价措施实施，煤炭价格有所回落，但整体维持高位，煤炭企业经营效益明显好转。2021年，国际纽卡斯尔动力煤现货年度均价138.9美元/吨，同比上涨130.05%；澳洲峰景矿硬焦煤现货年度均价243.61美元/吨，同比上涨80.85%；国内方面，广州港山西优混库提价年度均值1182.84元/吨，同比上涨81.03%；京唐港主焦煤库提价年度均值2515.44元/吨，同比上涨68.11%。煤价超预期上涨，相关部门采取措施开展煤炭增产保供工作，2021年国内累计生产原煤40.71亿吨，同比增长4.70%；净进口煤炭3.21亿吨，同比增长6.59%。煤价的上涨也带来了煤炭企业经营效益的明显改善，2021年规模以上煤炭开采与洗选企业实现主营业收入合计32896.6亿元，同比增长64.47%；合计利润总额7023.1亿元，同比增长215.97%；规模以上煤炭开采与洗选企业数量合计4343家，增加98家，行业亏损面近22.34%，同比降幅明显。

石油和天然气开采方面，2021年受国际原油及天然气价格大幅上涨，英国布伦特原油现货全年平均价71.04美元/桶，同比上涨69.16%；亨利港天然气现货年度均价3.87美元/百万英热单位，同比上涨94.08%；受此影响，我国原油、天然气及相关制品价格也大幅反弹，中国汽油批发价指数年度均值7720.32元/吨，同比上涨34.43%；中国LNG出厂价格指数年度均值4873.28元/吨，同比上涨51.61%。生产方面，2021年全国原油产量实现1.99亿吨，增长2.11%；天然气产量（含煤层气，下同）2052.6亿立方米，增长8.69%；液化天然气产量1545.06万吨，同比增长15.92%。全年进口原油5.13亿吨，同比减少5.42%；进口天然气1687.38亿立方米，同比增长19.37%。截至2021年年末，规模以上石油和天然气开采业企业实现营业收入合计6674亿元，同比增长36.53%；利润总额1687.7亿元，同比增长556.44%；企业单位数145家，行业亏损面26.89%，继续缩小。

黑色金属矿产采选方面，2021年前半年，全球经济快速复苏带动钢铁需求显著增长，铁矿石消费强劲复苏，价格加速上行，国内62%铁矿石指数一度达到228.9美元/吨，创历史新高。8月以后我国采取钢铁限产及秋冬季错峰生产等措施，促使铁矿石价格回归。2021年62%铁矿石指数平均值159.49美元/吨，同比增长46.5%。据国家统计局数据显示，2021年我国生产铁矿石原矿量98052.8万吨，同比增长9.40%；生铁86856.8万吨，同比减少4.30%；生产粗钢103278.8万吨，同比减少3.0%；生产钢材133666.8万吨，同比增长0.6%。国产铁精矿年度平均价格为1224元/吨，同比大涨37.97%。行业经济效益继续改善，2021年规模以上黑色金属采选业企业实现主营业收入5820.7亿元，同比增长47.32%，利润总额774.50亿元，同比增加103.49%；规模以上铁矿企业数量合计1320家，增加109家，行业亏损面近19.24%，继续有所降低。

有色金属矿采选方面，2021年受益于经济复苏带来的需求增加，及受疫情影响下的供应受限，国内外主要有色金属矿产品价格均大幅上涨，LME铜、铝、锌、铅、锡、镍现货年度均价分别为9317.49美元/吨、2479.62美元/吨、3007.38美元/吨、2206.23美元/吨、32678.16美元/吨和18487.74美元/吨，同比分别上涨50.75%、45.52%、32.66%、20.85%、90.45%和34.07%。国内相关矿产品价格也同步上涨，长江有色市场铜、铝、锌、铅、锡、镍现货年度均价分别为68654.57元/吨、18898.11元/吨、22976.38元/吨、15365.43元/吨、22888.79元/吨和139140.74元/吨，分别同比上涨40.40%、33.18%、21.94%、3.39%、60.83%和25.98%。景气度回升也提振了生产，2021年国内十种有色金属产量累计实现6454.30万吨，同比增长5.40%。量价齐升下，有色金属矿洗选业企业效益有所改善。2021年规模以上有色采选业企业实现主营业收入合计3093.6亿元，同比增长16.22%；合计利润总额513.7亿元，同比增加45.24%；截至2021年年底，规模以上有色金属矿采选企业数量合计1204家，减少14家，行业亏损面近23.33%，降低3个百分点。

非金属矿采选方面，2021年受经济

复苏及成本提升影响，大部分非金属矿产品价格也有所上涨。主要产品方面，水泥价格指数年度均值165.17点，同比上涨10.91%；氯化钾年度均价587.25元/吨，同比上涨44.40%；磷矿石年度均价2741.78元/吨，同比上涨40.58%；随着景气度回升，金属采选业企业效益也继续好转。2021年规模以上非金属矿采选业企业合计实现主营业收入4065.6亿元，同比增加16.34%，合计利润总额433.1亿元，同比增加32.89%；截至2021年年末，规模以上企业数量合计3487家，增加242家，行业亏损面较低，约14.88%。

开采辅助活动方面，2021年，受行业景气度大幅好转，全国地质勘查投资明显增长，全年累计达到972.9亿元，同比增长11.6%。其中，油气矿产地质勘查投资799.1亿元，同比增长12.5%，占总投资的82.1%；非油气矿产地质勘查投资173.8亿元，同比增长7.5%，占总投资的17.9%，实现九年来首次正增长。但由于固定资产投资向设备投资的转换需要时间及疫情限制活动等影响，国内采矿业装备、工器具市场复苏不明显，开采辅助活动企业经营效益不佳。2021年规模以上开采辅助活动企业合计实现主营业收入2048.10亿元，同比增长1.45%，利润总额-41.7亿元，同比减少439.02%。规模以上企业数量合计286家，增加27家，行业亏损面最高月份达到53.55%，后期有所改善。

二、行业内上市公司发展概况

（一）行业内上市公司基本情况

表1　　　　　　　　　　2021年采矿业上市公司发行股票概况

门类	总数		沪深主板		创业板		科创板		北交所	
	家数	市值（亿元）	家数	市值（亿元）	家数	市值（亿元）	家数	市值（亿元）	家数	市值（亿元）
采矿业	79	32768.55	74	32551.75	5	216.80	0	0	0	0
占沪深北三市比重（%）	1.68	3.57	1.58	3.54	0.11	0.02	0	0	0	0

资料来源：沪深北交易所，同花顺。

（二）行业内上市公司构成情况

表2　　　　　　　　　　2021年采矿业上市公司构成情况

门类	沪市			深市			北交所	总计	ST/*ST
	主板	科创板	合计	主板	创业板	合计			
采矿业（家）	50	0	50	24	5	29	0	79	4/0
占行业内上市公司比重（%）	63.29	0	63.29	30.38	6.33	36.71	0	100.00	5.06/0

资料来源：沪深北交易所，同花顺。

（三）行业内上市公司融资情况

表3　　　　　2021年采矿业上市公司与沪深两市融资情况对比　　　　　单位：家

门类	融资家数	新股	增发	配股
采矿业	5	2	3	0
沪深两市总数	1032	524	502	7
占比（%）	0.48	0.38	0.60	0.00

资料来源：沪深北交易所，同花顺。

其中，首发的2家公司中，有1家在中小板上市，1家在沪市主板上市；增发的3家公司中，有2家沪市、1家中小板公司。

按行业大类划分，进行融资的5家公司中，黑色金属矿采选业2家，非金属矿采选业1家，开采辅助活动业2家，分别占比40%、20%、40%。

从融资效果看，上述公司实际发行数量为6.70亿股；实际募集资金46.06亿元，基本完成了融资计划。

（四）行业内上市公司资产及业绩情况

表4　　　　　　　2021年采矿业上市公司资产情况　　　　　　　单位：亿元

指标	2021年	2021年可比样本增长（%）	2020年	2020年可比样本增长（%）	2019年
总资产	78132.76	6.42	73152.2	-1.46	74441
流动资产	22463.37	16.85	19210.3	4.23	18345.4
占比（%）	28.75	2.57	26.26	1.43	24.64
非流动资产	55669.39	2.72	53941.9	-3.34	56095.6
占比（%）	71.25	-2.57	73.74	-1.43	75.36
流动负债	22529.48	6.06	21138.2	-3.39	22114.1
占比（%）	28.83	-0.10	28.9	-0.58	29.71
非流动负债	15602.05	8.12	14405.4	-0.32	14580.7
占比（%）	19.97	0.31	19.69	0.22	19.59
归属于母公司股东权益	34566.94	6.27	32416.5	0.36	32153.9
占比（%）	44.24	-0.06	44.31	0.8	43.19

资料来源：沪深北交易所，同花顺。

表5　　　　　　2021年采矿业上市公司收入实现情况　　　　　　单位：亿元

指标	2021年	2021年可比样本增长（%）	2020年	2020年可比样本增长（%）	2019年
营业收入	76579.17	30.51	58682.4	-18.7	72150.1
利润总额	5862.81	116.97	2690.41	-28.81	3725.86
归属于母公司所有者的净利润	3624.16	135.07	1532.7	-30.18	2157.21

资料来源：沪深北交易所，同花顺。

（五）利润分配情况

2021年全年采矿业上市公司中共有52家公司实施了分红配股。其中，2家上市公司实施送股或转增股，52家上市公司实施派息，其中2家公司既实施了送股、转增又实施了派息。

（六）其他财务指标情况

1. 盈利能力指标

表6　　　　　　　　　　　2021年采矿业上市公司盈利能力情况

指标	2021年	2021年可比样本变动	2020年	2020年可比样本变动	2019年
毛利率（%）	21.08	1.43	19.98	0.84	19.02
净资产收益率（%）	10.48	5.74	4.73	-2.07	6.71
销售净利率（%）	5.82	2.42	3.38	-0.5	3.82
资产净利率（%）	5.88	3.18	2.7	-1.23	3.83

资料来源：沪深北交易所，同花顺。

2. 偿债能力指标

表7　　　　　　　　　　　2021年采矿业上市公司偿债能力指标

指标	2021年	2021年可比样本变动	2020年	2020年可比样本变动	2019年
流动比率	1.00	0.09	0.91	0.07	0.83
速动比率	0.77	0.07	0.71	0.11	0.59
资产负债率（%）	48.80	0.22	48.59	-0.35	49.29

资料来源：沪深北交易所，同花顺。

3. 营运能力指标

表8　　　　　　　　　　　2021年采矿业上市公司营运能力情况　　　　　　　单位：次

营运能力指标	2021年	2021年可比样本变动	2020年	2020年可比样本变动	2019年
存货周转率	13.16	3.25	9.88	-1.49	11.41
应收账款周转率	36.96	10.80	26.16	-3.71	29.74
流动资产周转率	3.67	0.56	3.12	-0.73	3.85
固定资产周转率	3.64	0.99	2.64	-0.46	3.08
总资产周转率	1.01	0.22	0.8	-0.22	1
净资产周转率	1.97	0.42	1.55	-0.39	1.94

资料来源：沪深北交易所，同花顺。

三、重点细分行业介绍

表9　2021年采矿业上市公司数量分布及市值情况

大类	上市公司家数（家）	占行业内比重（%）	境内总市值（亿元）	占行业内比重（%）
煤炭开采和洗选业	13.16	3.25	9.88	-1.49
石油和天然气开采业	36.96	10.80	26.16	-3.71
黑色金属矿采选业	3.67	0.56	3.12	-0.73
有色金属矿采选业	3.64	0.99	2.64	-0.46
非金属矿采选业	1.01	0.22	0.8	-0.22
开采辅助活动	1.97	0.42	1.55	-0.39

资料来源：沪深北交易所，同花顺。

（一）煤炭开采和洗选业

1. 行业概况

2021年，煤炭开采和洗选业方面由于疫情影响减弱，国内经济率先复苏，能源消耗快速反弹，同时国内防疫措施严格，煤炭供应及运输受限，煤炭呈现阶段性供应紧张，上半年价格快速反弹，达到历年最高值；后半年随着增产保供及限价措施实施，煤炭价格有所回落，但整体维持高位，煤炭企业经营效益明显好转。2021年，国际纽卡斯尔动力煤现货年度均价138.9美元/吨，同比上涨130.05%；澳洲峰景矿硬焦煤现货年度均价243.61美元/吨，同比上涨80.85%；国内方面，广州港山西优混库提价年度均值1182.84元/吨，同比上涨81.03%；京唐港主焦煤库提价年度均值2515.44元/吨，同比上涨68.11%。煤价超预期上涨，相关部门采取措施开展煤炭增产保供工作，2021年国内累计生产原煤40.71亿吨，同比增长4.70%；净进口煤炭3.21亿吨，同比增长6.59%。煤价的上涨也带来了煤炭企业经营效益的明显改善，2021年规模以上煤炭开采与洗选企业实现主营业收入合计32896.6亿元，同比增长64.47%；合计利润总额7023.1亿元，同比增长215.97%；规模以上煤炭开采与洗选企业数量合计4343家，增加98家，行业亏损面近22.34%，同比降幅明显。

2. 行业内上市公司发展情况

表10　2021年煤炭开采和洗选业上市公司收入及资产增长情况　　　　单位：亿元

指标	2021年	2021年可比样本增长（%）	2020年	2020年可比样本增长（%）	2019年
营业收入	13104.01	30.78	10007.1	-0.39	10066
利润总额	2478.12	87.04	1322.41	-11.54	1470.24

续表

指标	2021年	2021年可比样本增长（%）	2020年	2020年可比样本增长（%）	2019年
归属于母公司所有者的净利润	1542.74	65.10	809.9	-10.43	918.88
总资产	22094.54	11.22	19786.8	3.57	19725.6
归属于母公司股东权益	9434.18	11.20	8463.08	0.19	8514.43

资料来源：沪深北交易所，同花顺。

表11　　　　　　　　2021年煤炭开采和洗选业上市公司盈利能力情况

指标	2021年	2021年可比样本变动	2020年	2020年可比样本变动	2019年
毛利率（%）	30.60	6.45	26.41	-2.71	28.96
净资产收益率（%）	16.35	6.79	9.57	-1.49	10.79
销售净利率（%）	14.66	4.77	9.89	-1.63	11.26
资产净利率（%）	9.16	4.07	5.09	-1.07	5.77

资料来源：沪深北交易所，同花顺。

表12　　　　　　　　2021年煤炭开采和洗选业上市公司偿债及营运情况

指标	2021年	2021年可比样本变动	2020年	2020年可比样本变动	2019年
资产负债率（%）	48.43	-0.21	48.58	1.22	48.69
存货周转率（次）	19.16	2.62	16.04	-0.86	16.94
总资产周转率（次）	0.62	0.11	0.51	-0.02	0.51

资料来源：沪深北交易所，同花顺。

（二）石油和天然气开采业

1. 行业概况

2021年，石油和天然气开采业受疫情减弱，主要国家实行量化宽松货币政策带来的经济复苏影响，国际原油及天然气价格大幅上涨，英国布伦特原油现货全年平均价71.04美元/桶，同比上涨69.16%；亨利港天然气现货年度均价3.87美元/百万英热单位，同比上涨94.08%；受此影响，我国原油、天然气及相关制品价格也大幅反弹，中国汽油批发价指数年度均值7720.32元/吨，同比上涨34.43%；中国LNG出厂价格指数年度均值4873.28元/吨，同比上涨51.61%。生产方面，2021年全国原油产量实现1.99亿吨，增长2.11%；天然气产量（含煤层气，下同）2052.6亿立方米，增长8.69%；液化天然气产量1545.06万吨，同比增长15.92%。全年进口原油5.13亿吨，同比减少5.42%；进口天然气1687.38亿立方米，同比增长

19.37%。截至2021年年末，规模以上石油和天然气开采业企业实现营业收入合计6674亿元，同比增长36.53%；利润总额1687.7亿元，同比增长556.44%；企业单位数145家，行业亏损面26.89%，继续缩小。

2. 行业内上市公司发展情况

表13　2021年石油和天然气开采业上市公司收入及资产增长情况　　　　　单位：亿元

指标	2021年	2021年可比样本增长（%）	2020年	2020年可比样本增长（%）	2019年
营业收入	53911.74	32.71	40636.86	-26.15	55032.46
利润总额	2729.44	163.23	1032.18	-47.8	1962.64
归属于母公司所有者的净利润	1681.64	227.42	510.13	-57.21	1055.52
总资产	45107.60	4.03	43308.37	-5.86	45668.69
归属于母公司股东权益	20839.64	3.97	19995.58	-0.73	19973.4

资料来源：沪深北交易所，同花顺。

表14　2021年石油和天然气开采业上市公司盈利能力情况

指标	2021年	2021年可比样本变动	2020年	2020年可比样本变动	2019年
毛利率（%）	20.07	0.05	19.98	1.7	18.17
净资产收益率（%）	8.07	5.51	2.55	-2.74	5.28
销售净利率（%）	3.79	1.95	1.83	-0.76	2.57
资产净利率（%）	4.62	2.95	1.66	-1.6	3.26

资料来源：沪深北交易所，同花顺。

表15　2021年石油和天然气开采业上市公司偿债及营运情况

指标	2021年	2021年可比样本变动	2020年	2020年可比样本变动	2019年
资产负债率（%）	47.42	0.45	47.01	-1.48	48.49
存货周转率（次）	13.56	3.71	9.86	-2.28	12.19
总资产周转率（次）	1.22	0.31	0.91	-0.35	1.27

资料来源：沪深北交易所，同花顺。

（三）黑色金属矿采选业

1. 行业概况

2021年黑色金属采选业先扬后抑，但整体价格水平明显提高，行业景气度回升。前半年，全球经济快速复苏带动钢铁需求显著增长，铁矿石消费强劲复苏，价格加速上行，国内62%铁矿石指数一度达到228.9美元/吨，创历史新高。8月以后我国采取钢铁限产及秋冬季错峰生产等措施,促使铁矿石价格回归。2021年62%铁矿石指数平均值159.49美元/吨,同比增长46.5%。据国家统计局数据显示,2021年我国生产铁矿石原矿量98052.8万吨,同比增长9.40%;生铁86856.8万吨,同比减少4.30%;生产粗钢103278.8万吨,同比减少3.0%;生产钢材133666.8万吨,同比增长0.6%。国产铁精矿年度平均价格为1224元/吨,同比大涨37.97%。行业经济效益继续改善,2021年规模以上黑色金属采选业企业实现主营业收入5820.7亿元,同比增长47.32%,利润总额774.50亿元,同比增加103.49%;规模以上铁矿企业数量合计1320家,增加109家,行业亏损面近19.24%,继续有所降低。

2. 行业内上市公司发展情况

表16   2021年黑色金属矿采选业上市公司收入及资产增长情况   单位:亿元

指标	2021年	2021年可比样本增长(%)	2020年	2020年可比样本增长(%)	2019年
营业收入	180.48	38.68	164.37	-11.43	171.84
利润总额	63.75	101.90	33.2	46.82	16.65
归属于母公司所有者的净利润	40.69	202.53	20.18	2639.48	9.57
总资产	395.01	12.15	351.21	4.97	304.11
归属于母公司股东权益	236.84	27.96	221.64	11.23	175.78

资料来源:沪深北交易所,同花顺。

表17   2021年黑色金属矿采选业上市公司盈利能力情况

指标	2021年	2021年可比样本变动	2020年	2020年可比样本变动	2019年
毛利率(%)	57.49	6.96	38.29	5.81	30.26
净资产收益率(%)	17.18	6.98	9.11	1.7	5.44
销售净利率(%)	27.34	8.99	15.32	6.01	7.03
资产净利率(%)	13.21	6.35	7.35	2.17	3.95

资料来源:沪深北交易所,同花顺。

表18   2021年黑色金属矿采选业上市公司偿债及营运情况

指标	2021年	2021年可比样本变动	2020年	2020年可比样本变动	2019年
资产负债率(%)	29.48	-6.88	25.77	-3.09	29.45
存货周转率(次)	6.14	1.72	7.4	0.27	7.2
总资产周转率(次)	0.48	0.11	0.48	-0.08	0.56

资料来源:沪深北交易所,同花顺。

（四）有色金属矿采选业

1. 行业概况

有色金属矿采选方面，2021年受益于经济复苏带来的需求增加，及受疫情影响下的供应受限，国内外主要有色金属矿产品价格均大幅上涨，LME铜、铝、锌、铅、锡、镍现货年度均价分别为9317.49美元/吨、2479.62美元/吨、3007.38美元/吨、2206.23美元/吨、32678.16美元/吨和18487.74美元/吨，同比分别上涨50.75%、45.52%、32.66%、20.85%、90.45%和34.07%。国内相关矿产品价格也同步上涨，长江有色市场铜、铝、锌、铅、锡、镍现货年度均价分别为68654.57元/吨、18898.11元/吨、22976.38元/吨、15365.43元/吨、22888.79元/吨和139140.74元/吨，分别同比上涨40.40%、33.18%、21.94%、3.39%、60.83%和25.98%。景气度回升也提振了生产，2021年国内十种有色金属产量累计实现6454.30万吨，同比增长5.40%。量价齐升下，有色金属矿洗选业企业效益有所改善。2021年规模以上有色采选业企业实现主营业收入合计3093.6亿元，同比增长16.22%；合计利润总额513.7亿元，同比增加45.24%；截至2021年年底，规模以上有色金属矿采选企业数量合计1204家，减少14家，行业亏损面近23.33%，降低3个百分点。

2. 行业内上市公司发展情况

表19　2021年有色金属矿采选业上市公司收入及资产增长情况　　　　　单位：亿元

指标	2021年	2021年可比样本增长（%）	2020年	2020年可比样本增长（%）	2019年
营业收入	6757.75	22.64	5486.72	20.38	4521.96
利润总额	528.62	111.31	245.08	24.69	188.47
归属于母公司所有者的净利润	326.32	158.12	161	36.12	118.45
总资产	6895.19	9.80	6150.47	13.6	5367.49
归属于母公司股东权益	2675.56	8.83	2384.77	8.58	2174.71

资料来源：沪深北交易所，同花顺。

表20　2021年有色金属矿采选业上市公司盈利能力情况

指标	2021年	2021年可比样本变动	2020年	2020年可比样本变动	2019年
毛利率（%）	13.68	2.20	11.28	0.47	10.58
净资产收益率（%）	12.20	5.44	6.75	1.08	5.45
销售净利率（%）	6.05	2.41	3.56	0.41	3.02
资产净利率（%）	6.20	2.79	3.38	0.61	2.65

资料来源：沪深北交易所，同花顺。

表21　　2021年有色金属矿采选业上市公司偿债及营运情况

指标	2021年	2021年可比样本变动	2020年	2020年可比样本变动	2019年
资产负债率（%）	53.55	0.45	53.6	1.16	52.47
存货周转率（次）	7.72	0.85	6.9	0.39	6.5
总资产周转率（次）	1.03	0.09	0.95	0.07	0.88

资料来源：沪深北交易所，同花顺。

（五）非金属矿采选业

1. 行业概况

非金属矿采选方面，2021年受经济复苏及成本提升影响，大部分非金属矿产品价格也有所上涨。主要产品方面，水泥价格指数年度均值165.17点，同比上涨10.91%；氯化钾年度均价587.25元/吨，同比上涨44.40%；磷矿石年度均价2741.78元/吨，同比上涨40.58%；随着景气度回升，金属采选业企业效益也继续好转。2021年规模以上非金属矿采选业企业合计实现主营业收入4065.6亿元，同比增加16.34%，合计利润总额433.1亿元，同比增加32.89%；截至2021年年末，规模以上企业数量合计3487家，增加242家，行业亏损面较低，约14.88%。

2. 行业内上市公司发展情况

表22　　2021年非金属矿采选业上市公司收入及资产增长情况　　单位：亿元

指标	2021年	2021年可比样本增长（%）	2020年	2020年可比样本增长（%）	2019年
营业收入	13.12	18.87	8.79	8.71	8.09
利润总额	4.11	4.97	2.91	-2.06	2.98
归属于母公司所有者的净利润	3.29	8.04	2.38	72.89	2.22
总资产	33.25	26.85	19.65	7.34	18.3
归属于母公司股东权益	23.35	40.38	10.81	8.11	10

资料来源：沪深北交易所，同花顺。

表23　　2021年非金属矿采选业上市公司盈利能力情况

指标	2021年	2021年可比样本变动	2020年	2020年可比样本变动	2019年
毛利率（%）	51.00	-3.15	56.61	-1.83	58.45
净资产收益率（%）	14.11	-4.78	22	-0.24	22.24
销售净利率（%）	25.55	-3.66	28	0.16	27.84
资产净利率（%）	11.27	-1.50	12.97	-0.5	13.47

资料来源：沪深北交易所，同花顺。

表24　　2021年非金属矿采选业上市公司偿债及营运情况

指标	2021年	2021年可比样本变动	2020年	2020年可比样本变动	2019年
资产负债率（%）	27.92	-7.77	43.8	-0.76	44.55
存货周转率（次）	5.07	0.81	3.98	-0.09	4.07
总资产周转率（次）	0.44	0.00	0.46	-0.02	0.48

资料来源：沪深北交易所，同花顺。

（六）开采辅助活动

1. 行业概况

开采辅助活动方面，2021年，受行业景气度大幅好转，全国地质勘查投资明显增长，全年累计达到972.9亿元，同比增长11.6%。其中，油气矿产地质勘查投资799.1亿元，同比增长12.5%，占总投资的82.1%；非油气矿产地质勘查投资173.8亿元，同比增长7.5%，占总投资的17.9%，实现九年来首次正增长。但由于固定资产投资向设备投资的转换需要时间及疫情限制活动等影响，国内采矿业装备、工器具市场复苏不明显，开采辅助活动企业经营效益不佳。2021年规模以上开采辅助活动企业合计实现主营业收入2048.10亿元，同比增长1.45%，利润总额-41.7亿元，同比减少439.02%。规模以上企业数量合计286家，增加27家，行业亏损面最高月份达到53.55%，后期有所改善。

2. 行业内上市公司发展情况

表25　　2021年开采辅助活动上市公司收入及资产增长情况　　单位：亿元

指标	2021年	2021年可比样本增长（%）	2020年	2020年可比样本增长（%）	2019年
营业收入	2612.06	9.82	2378.56	1.23	2349.73
利润总额	58.75	7.54	54.63	-35.65	84.89
归属于母公司所有者的净利润	29.48	-43.92	29.11	72.99	52.57
总资产	3607.15	2.02	3535.71	5.33	3356.79
归属于母公司股东权益	1357.36	1.25	1340.57	2.68	1305.58

资料来源：沪深北交易所，同花顺。

表26　　2021年开采辅助活动上市公司盈利能力情况

指标	2021年	2021年可比样本变动	2020年	2020年可比样本变动	2019年
毛利率（%）	10.72	-0.78	11.7	-0.16	11.87
净资产收益率（%）	2.17	0.00	2.17	-1.86	4.03
销售净利率（%）	1.25	-0.02	1.27	-1.04	2.32
资产净利率（%）	0.92	0.04	0.88	-0.76	1.64

资料来源：沪深北交易所，同花顺。

表 27　2021 年开采辅助活动上市公司偿债及营运情况

指标	2021 年	2021 年可比样本变动	2020 年	2020 年可比样本变动	2019 年
资产负债率（%）	61.69	0.18	61.51	0.98	60.53
存货周转率（次）	13.68	6.01	7.66	1.97	5.69
总资产周转率（次）	0.73	0.04	0.69	-0.02	0.71

资料来源：沪深北交易所，同花顺。

四、重点上市公司介绍

（一）中国石油

中国石油是中国油气行业占主导地位的最大的油气生产和销售商，是中国销售收入最大的公司之一，也是世界最大的石油公司之一。公司广泛从事与石油、天然气有关的各项业务，主要包括：原油和天然气的勘探、开发、生产和销售；原油和石油产品的炼制、运输、储存和销售；基本石油化工产品、衍生化工产品及其他化工产品的生产和销售；天然气、原油和成品油的输送及天然气的销售。2021 年，公司实现营业收入 26143.49 亿元，同比增长 35.2%；实现归属于母公司股东净利润 921.61 亿元（折合每股收益 0.50 元），同比增长 385%，实现 2015 年以来最好经营收益。分板块看，公司各业务板块均实现了盈利增长，其中炼油与化工、销售业务实现了扭亏；炼油与化工、天然气与管道业务的经营收益（不考虑一次性收益）为上市以来最好水平。勘探与开采业务：油价上涨，盈利恢复中。2021 年，布伦特原油均价 70.70 美元/桶，同比增长 63.28%。油价上涨带动公司上游板块盈利大增。2021 年公司勘探与生产业务实现经营收益 684.52 亿元，同比增长 196.43%；实现经营收益率 9.94%，同比上升 5.59 个百分点。炼油与化工业务：实现上市以来最好盈利。2021 年，公司炼油与化工业务实现经营收益 497.40 亿元，同比实现扭亏（2020 年亏损 18.34 亿元）。2021 年原油价格逐季上涨，推动了公司炼油与化工业务盈利大幅改善，其中炼油业务实现经营收益 377.30 亿元、化工业务实现经营收益 120.10 亿元。生产方面，2021 年公司国内业务实现原油产量 753.4 百万桶，比上年同期增长 1.3%；可销售天然气产量 4222.2 十亿立方英尺，比上年同期增长 5.7%；油气当量产量 1457.4 百万桶，比上年同期增长 3.4%。

（二）中国神华

中国神华是世界领先的以煤炭为基础的一体化能源公司，是我国最大的煤炭生产企业和销售企业，全球第二大煤炭上市公司，并拥有中国最大规模的优质煤炭储量。主营业务是煤炭、电力的生产和销售，铁路、港口和船舶运输，煤制烯烃等业务。煤炭、发电、铁路、港口、航运、煤化工一体化经营模式是中国神华的独特经营方式和盈利模式。2021年，公司实现营业收入3352.16亿元，同比增长43.7%；归属于公司股东的净利润502.69亿元，同比增长28.3%；基本每股收益2.53元。生产方面，2021年公司实现商品煤产量3.07亿吨，同比增长5.3%，实现煤炭销量4.823亿吨，同比增长8%；总发电量166.45十亿千瓦时，同比增长22.1%；累计销售64.45万吨聚烯烃产品，同比下降8%，其中聚乙烯销量33.28万吨，同比下降6.8%，聚丙烯31.56万吨，同比下降4.7%。

（三）中海油服

中海油服是中国近海最具规模的油田服务供应商，也是亚洲地区功能最全、服务链最完整、最具综合性的海上油田服务公司。公司的业务涉及石油及天然气勘探、开发及生产的各个阶段，主要分为钻井服务、油田技术服务、船舶服务、物探勘察服务四大板块。2021年公司实现营收292.0亿元，同比增加0.8%；实现归母净利润3.1亿元，同比减少88.4%。主要原因是，尽管油价稳步回升，但受疫情影响及石油勘探开发投入依然谨慎和滞后，油服市场复苏缓慢。

（四）紫金矿业

紫金矿业是一家以金、铜、锌等金属矿产资源勘查和开发为主的大型矿业集团，是中国最大的黄金生产企业、第二大矿产铜生产企业、第六大锌生产企业和中国控制金属矿产资源最多的企业之一。公司还在地质勘查、湿法冶金、低品位难处理矿产资源综合回收利用、大规模工程化开发以及能耗指标等方面居行业领先地位。实现营业收入2251亿元，同比增长31%；实现归母净利润156.7亿元，同比增长141%；归母扣非净利润146.8亿元，同比增132.2%；基本每股收益增加140%至0.60元。公司主营金属产品量价齐升推动公司业绩大幅增长。公司是中国拥有矿产资源量最多的企业，亦是国内黄金资源储量及铜资源储量最大的上市集团。公司拥有黄金金属储量2373吨（同比增加1.67%，占全国储量41.1%），铜金属储量6206万吨（上涨1.14%，占全国储量72.3%），锌金属储量962万吨（下降6.9%，占全国储量14.7%）及新增碳酸锂资源量763万吨。生产方面，公司2021年金、铜、锌及银业务产量已呈现结构性扩张，增速分别为17.2%、28.8%、14.9%和3.38%；其中矿产品：金、铜、锌、银产量分别达47.5吨、58.4万吨、43.4万吨和309吨，公司矿产—金、铜业务已形成规模化增长群效应。

（五）西藏矿业

西藏矿业是西藏最大的综合型矿产品开发公司，主要从事铬铁矿、锂矿、铜矿、金矿和硼矿资源的开采及深加工。其产品分别是：铬铁矿；高、中、低碳铬铁（含低钛铬铁）等。公司所属铬铁矿产于西藏山南地区曲松县罗布萨乡境内，是我国储量最丰富、Cr2O3含量最高，Cr/Fe最高的铬铁矿生产基地。2021年，公司实现营业收入6.44亿元，同比增长68.18%，实现归母净利润1.4亿元，同比增长388.89%，实现扣非后归母净利润1.12亿元，同比增长302.98%。公司双主营产品量价齐升，2021年公司生产锂精矿9016吨，同比增加96.00%，分别销售工业级碳酸锂、电池级碳酸锂、氢氧化锂、锂精矿408.05吨、303.78吨、783.35吨、6370.49吨，同比增加196.59%、100%、115.68%、1691.27%。生产铬类产品14.1万吨，同比增加24.2%；销售铬类产品14.9万吨，同比增加35.6%，其中销售自产铬矿石13.9万吨，同比增加632.7%。

五、上市公司在行业中的影响力

截至2021年年底，采矿业企业单位数为10791家，比上年增加461家，其中上市公司79家，2021年新上市两家，分别是大中矿业和龙高股份，上市公司数量占行业企业总数量不足1%。受行业景气度回升影响，2021年采矿业企业数量有所反弹，但行业内小型私营企业数量较多，资产证券化率仍显不足。从资产结构来看，2021年采矿业企业合计总资产约119065.60亿元，其中上市公司合计总资产78132.76亿元，占比65.62%，相比2020年减少6.7个百分点，主要是因为行业景气度回升，行业企业数量增加所致；2021年采矿业合计利润总额10390.80亿元，其中上市公司合计5862.81亿元，占比56.42%，相比2020年降低19.3个百分点，主要是因为行业景气度回升，非上市企业经营效益大幅好转所致。截至2021年年底，采矿业企业亏损单位数合计2119家，占比19.63%，相亏损面比2020年年底减少4.8个百分点。

撰稿人：刘贵军
审稿人：杨立宏

制造业

农副食品加工业

一、农副食品加工业总体概况

（一）行业整体运行情况

2021年，经历新冠疫情的严重冲击之后，在严峻复杂的国内外环境下，国内经济缓慢复苏。但近年来伴随着我国经济发展、工业化和城市化进程不断加快以及市场需求的不断增长，农副食品加工行业稳步发展，市场规模继续保持稳健增长。2021年全行业规模以上企业2.2万家，比2020年增加0.08万家；资产总额32721.6亿元，同比增长7.4%；实现营业收入为48067.8亿元，同比增长0.4%；营业利润为2012.7亿元，同比增长3.7%；投资收益为223.6亿元，同比增长17.3%。行业财务状况稳定，截至2021年年底，全行业的资产负债率达到53.09%，较2020年下降4.34个百分点。

（二）细分行业运行概况

农副食品加工行业共分为5个细分子行业：饲料加工业，植物油加工业，制糖业，屠宰及肉制品加工业，水产品加工业以及其他农副食品加工业，下面介绍其中几个细分子行业的运行情况。

饲料加工业：2021年，随着生猪生产加快恢复，水产和反刍动物养殖持续发展，带动饲料工业产量较快增加，饲料行业高质量发展取得新成效。2021年全国饲料工业总产值12234.1亿元，环比增长29.3%；总营业收入11687.3亿元，环比增长28.8%，全国饲料总产量29344.3万吨，环比增长16.1%。其中，配合饲料27017.1万吨、环比增长17.1%，浓缩饲料1551.1万吨、环比增长2.4%，添加剂预混合饲料664.1万吨、环比增长11.5%。从品种看，表现为"猪强禽弱、水产反刍快涨"，其中，猪饲料产量13076.5万吨，增长46.6%；蛋禽饲料产量3231.4万吨，下降3.6%；肉禽饲料产量8909.6万吨，下降2.9%；反刍动物饲料产量1480.3万吨，增长12.2%；水产饲料产量2293万吨，增长8%；宠物饲料产量113万吨，增长17.3%；其他饲料产量240.5万吨，下降16.2%。全国饲料添加剂总产量1477.5万吨，比上年增长6.2%。从行业集中度来看，全国10万吨规模以上饲料生产厂达957家，比上年增加208家，饲料产量占总产量60.3%，比上年提高7.5个百分点。全国饲料产量超千万吨省份13个，比上年增加3个，分别为山东、广东、辽宁、广西、江苏、河北、河南、四川、湖北、湖南、安徽、福建、江西。

植物油加工业：我国精制食用植物油产量同比下降，食用植物油表观需求量有所下降。2021年中国食用植物油表观需求量为6092.5万吨，同比下降8.1%。2021年中国精制食用植物油产量4973.11万吨，同比下降9.19%，价格整体上涨。从消费角度看，2020年中国食用油市场主要集中在华东地区，占比为38%以上，华中地区、华北地区、东北地区及华南地区占比分别为17.49%、13.24%、12.35%和11.83%，西南地区和西北地区分别占比4.93%和1.83%。2021年中国食用油共消费4254.5万吨，人均食用油消费额为79.26元，消费结构主要以大豆油和菜籽油为主，大豆油消费占比48.9%，菜籽油占比23.6%，棕榈油和花生油分别占比15%和10%。2021年中国食用植物油进口1131.5万吨，同比减少2.37%，出口12.1万吨，同比下降29.65%。

制糖业：价格震荡上涨，销量持续上升。受泰国、巴西等国减产影响，2021年全球食糖供应量降低，糖价震荡上涨，全年柳糖均价5573元/吨，同比上升6%。2021年1月中国食糖价格为5197元/吨，至2021年12月，中国食糖价格达到5642元/吨。2021年中国累计进口糖567万吨，同比增长7.4%，进口金额为22.82亿美元，同比增长26.6%。消费结构来看，主要以工业消费为主。2021年制糖期中国食糖销量为961.8万吨，同比增长5.8%。

屠宰及肉制品加工业：猪肉产能修复，产量明显回升，价格回落，其他替代肉量价微增，肉制品行业集中度提升。2021年猪肉产量5295.9万吨，增长28.8%，均价为17.63元/kg，同比下降50.7%。牛羊禽肉稳步增加，2021年全国牛肉产量697.5万吨，增长3.8%；羊肉产量514.1万吨，增长4.5%；禽肉产量2380万吨，增长0.8%。2021年牛肉价格基本维持在80元/kg以上，年底为85.48元/公斤，同比上涨0.2%左右；2021年羊肉均价为75.06元/kg，同比上涨0.95%；鸡肉均价为21.11元/kg，同比上涨约2.6%。

我国肉制品生产区域性较强，与养殖地区分布大体一致，多集中在山东、河南、四川、湖南、河北、广东、云南、安徽、广西、辽宁、湖北等地。目前行业已经进入快速发展期，行业品牌集中度越来越高，发展空间较大；龙头企业优势明显，双汇独占鳌头，雨润、金锣、龙大、得利斯等肉制品品牌在保证份额的同时奋力追赶。

水产品加工业：产量有所上升，行业集中度略有下降。2021年中国水产品加工企业数量由2020年的9136个增加至9202个，水产品加工企业水产品加工能力由2020年的2090.79万吨/年增加至2021年的2125.04万吨/年，规模以上加工企业由 2020 年的 2513 个下降至 2021 年的 2497 个。水产品总产量同比增加 2.2%，为 6690.29 万吨；分产品类别看，用于加工的淡水产品和海水产品数量均有增加，分别为 3303.05 万吨、3387.24 万吨。从价格来看，主要水产品价格以上行为主，12 月份，淡水产品价格 17.42 元/kg，与上月价格持平，同比上涨 10.66%；淡水甲壳类环比同比均上涨，同比平均上涨 7.05%，环比平均上涨 1.12%。

二、行业内上市公司发展概况

（一）行业内上市公司基本情况

表 1　　　　　　　　　　2021 年农副食品加工业上市公司发行股票概况

门类	总数		沪深主板		创业板		科创板		北交所	
	家数	市值（亿元）	家数	市值（亿元）	家数	市值（亿元）	家数	市值（亿元）	家数	市值（亿元）
农副食品加工业	56	12912.69	48	9238.83	6	3649.23	0	0	2	24.63
占沪深北三市比重（%）	1.19	1.41	1.02	1.01	0.13	0.40	0	0	0.04	0

资料来源：沪深北交易所，同花顺。

（二）行业内上市公司构成情况

表 2　　　　　　　　　　2021 年农副食品加工业上市公司构成情况

门类	沪市			深市			北交所	总计	ST/*ST
	主板	科创板	合计	主板	创业板	合计			
农副食品加工业（家）	19	0	19	29	6	35	2	56	0/3
占行业内上市公司比重（%）	33.93	0.00	33.93	51.79	10.71	62.50	3.57	100.00	0/5.36

资料来源：沪深北交易所，同花顺。

（三）行业内上市公司融资情况

表 3　　　　　　　　　　2021 年农副食品加工业上市公司与沪深两市融资情况对比　　　　　　单位：家

门类	融资家数	新股	增发	配股
农副食品加工业	13	6	7	0
沪深两市总数	1032	524	502	7
占比（%）	1.26	1.15	1.39	0

资料来源：沪深北交易所，同花顺。

其中，首发的6家公司中，有1家在中小板上市，2家在北交所上市；增发的7家公司中，有2家沪市、1家深市及4家中小板公司。

按行业大类划分，进行融资的13家公司皆属于制造业下的农副食品加工业。

从融资效果看，上述公司实际发行数量为99808.87万股；实际募集资金96.51亿元，基本完成了融资计划。

（四）行业内上市公司资产及业绩情况

表4　　2021年农副食品加工业上市公司资产情况　　单位：亿元

指标	2021年	2021年可比样本增长（%）	2020年	2020年可比样本增长（%）	2019年
总资产	8399.61	17.41	7745.26	27.49	3954.84
流动资产	3901.20	5.21	3978.76	28.59	1707.24
占比（%）	46.45	-5.39	51.37	0.44	43.17
非流动资产	4498.41	30.53	3766.49	26.35	2247.6
占比（%）	53.55	5.39	48.63	-0.44	56.83
流动负债	3244.14	20.14	2958.98	7.97	1654.01
占比（%）	38.62	0.88	38.2	-6.91	41.82
非流动负债	1383.74	72.20	901.68	76.51	395.19
占比（%）	16.47	5.24	11.64	3.23	9.99
归属于母公司股东权益	3437.39	2.14	3587.49	37.32	1731.92
占比（%）	40.92	-6.11	46.32	3.32	43.79

资料来源：沪深北交易所，同花顺。

表5　　2021年农副食品加工业上市公司收入实现情况　　单位：亿元

指标	2021年	2021年可比样本增长（%）	2020年	2020年可比样本增长（%）	2019年
营业收入	8882.26	16.91	8066	25.4	4575.78
利润总额	159.16	-69.18	599.33	55	279.26
归属于母公司所有者的净利润	82.36	-79.25	478.25	54.15	218.6

资料来源：沪深北交易所，同花顺。

（五）利润分配情况

2021年全年农副食品加工业上市公司中共有33家公司实施了分红配股。其中，2家上市公司实施转增股，32家上市公司实施派息，其中1家公司既实施了转增又实施了派息。

（六）其他财务指标情况

1. 盈利能力指标

表6　2021年农副食品加工业上市公司盈利能力情况

指标	2021年	2021年可比样本变动	2020年	2020年可比样本变动	2019年
毛利率（%）	10.03	-3.41	14.82	0.54	15.56
净资产收益率（%）	2.40	-9.40	13.33	1.45	12.62
销售净利率（%）	0.91	-4.80	6.41	1.24	5.26
资产净利率（%）	1.04	-5.64	7.48	1.68	6.66

资料来源：沪深北交易所，同花顺。

2. 偿债能力指标

表7　2021年农副食品加工业上市公司偿债能力指标

指标	2021年	2021年可比样本变动	2020年	2020年可比样本变动	2019年
流动比率	1.20	-0.17	1.34	0.22	1.03
速动比率	0.73	-0.13	0.84	0.14	0.58
资产负债率（%）	55.10	6.12	49.85	-3.67	51.82

资料来源：沪深北交易所，同花顺。

3. 营运能力指标

表8　2021年农副食品加工业上市公司营运能力情况　　单位：次

营运能力指标	2021年	2021年可比样本变动	2020年	2020年可比样本变动	2019年
存货周转率	5.47	0.29	5.1	0.09	6.04
应收账款周转率	37.35	1.26	39.63	8.65	31.21
流动资产周转率	2.33	0.09	2.28	0.14	2.93
固定资产周转率	4.94	-0.29	5.09	-0.04	4.42
总资产周转率	1.14	-0.03	1.17	0.04	1.27
净资产周转率	2.39	0.03	2.4	-0.02	2.58

资料来源：沪深北交易所，同花顺。

三、重点上市公司介绍

中宠股份

中国宠物食品头部企业，海外代工起家，聚焦境内自主品牌拓展。公司成立于1998年，以向日本市场外销代工宠物零食起家，此后逐步向美国、欧洲等市场扩张。目前已成为美国品谱、英国Armitages等优质客户的核心供应商。2017年起，公司开始大力开拓中国本土市场，提出

"聚焦国内、聚焦主粮、聚焦品牌"战略，打造自有品牌，逐步形成了以顽皮、Zeal、领先为核心的自主品牌矩阵。2021年，公司实现营业收入28.82亿元，其中境内市场（自有品牌）实现营收6.89亿元，2017～2021年营收CAGR达47%，实现归母净利润1.15亿元，同比下降14.29%。

撰稿人：宋珺逸
审稿人：赵金厚

食品制造业

一、食品制造业总体概况

（一）行业整体运行情况

2021年宏观经济持续复苏，食品制造业营收增速有较大幅度提升，利润仍承压。2021年疫情持续，但食品制造业属于稳健刚需，仍保持一定景气度。2021年，全行业规模以上企业8267家，资产总额18847.80亿元，较2020年增长6.53%；实现营业收入21268.10亿元，较2020年增长了8.52%，增速较同期增加了9.54个百分点；实现利润总额1653.50亿元，较2020年下滑7.70%。行业整体毛利率21.34%，销售利润率7.77%，总体盈利能力有小幅下降。截至2021年年底，全行业的资产负债率为48.98%，较2020年上升了0.65个百分点。

（二）细分行业运行概况

食品制造业共分为7个细分子行业：焙烤食品制造业、糖果、巧克力及蜜饯制造业、方便食品制造业、调味品发酵制品业、乳制品制造业、罐头食品制造业和其他食品制造业。其中其他食品制造业包括营养食品制造业、保健食品制造业、冷冻饮品及食用冰制造业、盐加工业、食品及磁疗添加剂制造业等。

以烘焙食品和乳制品为例：烘焙食品包括蛋糕、糕点、面包和其他混合甜品四类。我国烘焙行业起步较晚，从2000年开始，烘焙行业进入快速发展期。2015～2019年行业市场规模增速均超过9%，2021年预计市场规模达2885.88亿元，同比增11.6%。行业集中度方面，2021年业务规模前5名的公司所占市场份额为11.6%，同比增0.8个百分点，行业集中度低，市场份额最大的三家公司分别为达利食品、桃李食品以及盼盼食品，市场份额分别为4.2%、3.5%和1.7%。乳制品行业方面，根据Euromonitor，2021年乳制品行业市场规模约6387.57亿元，同比增长6.18%。竞争格局上，龙头企业市占率提升较快且较为集中，2021年乳制品及其他产品行业中伊利和蒙牛市占率合计35.0%。

二、行业内上市公司发展概况

（一）行业内上市公司基本情况

表1　　　　　2021年食品制造业上市公司发行股票概况

门类	总数		沪深主板		创业板		科创板		北交所	
	家数	市值（亿元）	家数	市值（亿元）	家数	市值（亿元）	家数	市值（亿元）	家数	市值（亿元）
食品制造业	67	14074.24	55	12784.04	10	1198.79	1	73.73	1	17.68
占沪深北三市比重（%）	1.43	1.53	1.17	1.39	0.21	0.13	0.02	0.01	0.02	0.00

资料来源：沪深北交易所，同花顺。

（二）行业内上市公司构成情况

表2　　　　　2021年食品制造业上市公司构成情况

门类	沪市			深市			北交所	总计	ST/*ST
	主板	科创板	合计	主板	创业板	合计			
食品制造业（家）	33	1	34	22	10	32	1	67	0/1
占行业内上市公司比重（%）	49.25	1.49	50.75	32.84	14.93	47.76	1.49	100.00	0/1.49

资料来源：沪深北交易所，同花顺。

（三）行业内上市公司融资情况

表3　　　2021年食品制造业上市公司与沪深两市融资情况对比　　　单位：家

门类	融资家数	新股	增发	配股
食品制造业	17	7	10	0
沪深两市总数	1032	524	502	7
占比（%）	1.65	1.34	1.99	0.00

资料来源：沪深北交易所，同花顺。

其中，首发的7家公司中，有5家在主板上市，1家在创业板上市；增发的10家公司中，有7家沪市，2家深市及1家创业板公司。

按行业大类划分，进行融资的17家公司中，其他食品制造业6家，乳制品制造业 5 家，烘焙食品制造业 2 家，调味品、发酵制品制造业 2 家，方便食品制造业 1 家，罐头食品制造业 1 家，分别占比 35.29%、29.41%、11.76%、11.76%、5.88%、5.88%。

从融资效果看，上述公司实际发行数量为 164697.5945 万股；实际募集资金 3059083.32 万元，基本完成了融资计划。

（四）行业内上市公司资产及业绩情况

表4　　　　　　　　　　　2021 年食品制造业上市公司资产情况　　　　　　　　　单位：亿元

指标	2021年	2021年可比样本增长（%）	2020年	2020年可比样本增长（%）	2019年
总资产	4386.34	19.14	3568.86	13.43	2975.62
流动资产	2168.08	23.27	1700.29	14.56	1399.53
占比（%）	49.43	1.66	47.64	0.47	47.03
非流动资产	2218.27	15.37	1868.58	12.42	1576.09
占比（%）	50.57	-1.66	52.36	-0.47	52.97
流动负债	1350.87	9.58	1201.05	9.98	1031.4
占比（%）	30.80	-2.69	33.65	-1.06	34.66
非流动负债	440.42	37.05	317.5	10.61	274.67
占比（%）	10.04	1.31	8.9	-0.23	9.23
归属于母公司股东权益	2485.35	23.42	1943.29	15.57	1584.74
占比（%）	56.66	1.96	54.45	1.01	53.26

资料来源：沪深北交易所，同花顺。

表5　　　　　　　　　　　2021 年食品制造业上市公司收入实现情况　　　　　　　　单位：亿元

指标	2021年	2021年可比样本增长（%）	2020年	2020年可比样本增长（%）	2019年
营业收入	3708.84	14.80	3134.23	8.52	2765.12
利润总额	406.37	10.57	352.53	18.18	279.55
归属于母公司所有者的净利润	341.97	15.61	284.08	17.55	225.73

资料来源：沪深北交易所，同花顺。

（五）利润分配情况

2021 年全年食品制造业上市公司中共有 56 家公司实施了分红配股。其中，5 家上市公司实施送股或转增股，56 家上市公司实施派息，其中 5 家公司既实施了送股、转增又实施了派息。

（六）其他财务指标情况

1. 盈利能力指标

表6　　2021年食品制造业上市公司盈利能力情况

指标	2021年	2021年可比样本变动	2020年	2020年可比样本变动	2019年
毛利率（%）	28.66	-1.14	32.09	-2.86	35.04
净资产收益率（%）	13.76	-0.93	14.62	0.25	14.24
销售净利率（%）	9.20	-0.24	9.34	0.79	8.36
资产净利率（%）	8.46	-0.38	8.72	0.39	8.23

资料来源：沪深北交易所，同花顺。

2. 偿债能力指标

表7　　2021年食品制造业上市公司偿债能力指标

指标	2021年	2021年可比样本变动	2020年	2020年可比样本变动	2019年
流动比率	1.60	0.18	1.42	0.06	1.36
速动比率	1.29	0.16	1.11	0.06	1.04
资产负债率（%）	40.84	-1.38	42.55	-1.28	43.89

资料来源：沪深北交易所，同花顺。

3. 营运能力指标

表8　　2021年食品制造业上市公司营运能力情况　　　　单位：次

营运能力指标	2021年	2021年可比样本变动	2020年	2020年可比样本变动	2019年
存货周转率	6.57	0.25	6.12	0.05	6.06
应收账款周转率	20.39	1.45	19.09	1.17	18.6
流动资产周转率	1.89	-0.08	1.97	-0.08	2.08
固定资产周转率	3.61	0.08	3.11	-0.12	3.25
总资产周转率	0.92	-0.02	0.93	-0.04	0.98
净资产周转率	1.57	-0.07	1.64	-0.06	1.73

资料来源：沪深北交易所，同花顺。

三、重点上市公司介绍

（一）涪陵榨菜

涪陵榨菜以榨菜产品起家，并在榨菜领域不断深耕，推出脆口榨菜、红油榨菜、减盐榨菜等多种品类以满足消费者需求，2021年公司榨菜收入22.3亿元，收入占比为88.5%。另外公司通过自研和并购等方式不断拓展新品类，打造第二增长极，除榨菜外，目前公司产品矩阵覆盖了泡菜、萝卜、海带丝、下饭菜等产品。涪陵榨菜具有很高的市场占有率和品牌知名度，根据 Euromonitor 数据，2021 年涪陵榨菜销售额市占率达 31.1%，位居第一。

公司随着生产规模、销售市场的日益扩大，逐渐成为中国常见的佐餐开胃品。包装榨菜是包装酱腌菜中最大的品类，行业规模从 2010 年的 30 亿元增长至 2021 年的 82 亿元，年复合增速达 9.7%；分拆量价来看，2010～2021 年销量 CAGR 为 6.6%，均价 CAGR 为 3.0%，实现量价齐升。预计未来包装酱腌制品的行业规模同比增长速度将稳定在中高个位数，而包装榨菜行业规模亦将达到中个位数增长水平。

2021 年，公司实现营业收入为 25.19 亿元，较 2020 年增长 10.82%；实现利润总额 8.74 亿元，较 2019 年下降 4.48%；实现归母净利润 7.42 亿元，同比下降 4.52%。2021 年综合毛利率为 52.36%，较 2020 年下降了 6.25 个百分点；2021 年归母净利率为 29.46%，较 2020 年下降了 4.73 个百分点。

（二）伊利股份

伊利股份成立于 1993 年，历经将近三十年的创新和发展，公司形成以液态奶业务为核心，奶粉、冷饮、奶酪等多种乳制品业务为支持的产品矩阵，成为中国规模最大及营业额最高的乳制品企业。根据 Euromonitor 数据，2021 年国内乳制品及其他产品行业规模达到 6387.57 亿元。

分产品品类看，2021 年公司液态乳营业收入达到 1105.95 亿元，同比增加 14.15%；奶粉及奶制品营业收入 162.09 亿元，同比增加 25.80%；冷饮营业收入 71.61 亿元，同比增加 16.28%。伊利在常温奶、奶酪、奶粉领域市占率进一步提升。展望未来，在中高端市场，公司仍然存在挖掘细分需求、持续创新品类的空间。

2021 年，公司营业总收入为 968.86 亿元，较 2021 年增长 7.38%；实现利润总额 102.30 亿元，较 2020 年增长 19.54%；归属母公司净利润为 87.05 亿元，较 2020 年增长 22.98%。2021 年综合毛利率为 30.62%，较 2020 年同期下降 5.35 个百分点；归母净利率为 7.93%，较 2020 年提升 0.58 个百分点。

（三）嘉必优

公司深耕婴配奶粉添加剂行业，营养素多领域拓展的食品生物科技领先企业，深耕行业近二十年。公司主营业务包括 ARA、藻油 DHA 及 SA、β-胡萝卜素等多系列营养素产品的研发、生产与销售，其中 ARA 2021 年营收占比达 63.2%，仍为公司核心业务；藻油 DHA 2021 年营收占比达 16.1%；SA 营收占比在 2021 年达 15.9%。展望 2023 年，新国标执行与帝斯曼专利到期有望带来公司业绩增长。

2018 年全球 ARA、藻油 DHA 市场规模 4.47 亿美元，中国市场规模 0.63 亿美元（占比 14%），公司 ARA 和藻油 DHA 占中国市场份额约 66%，而占全球行业份额仅约9%，在主业务上具备较为广阔的增长空间。新国标施行后下游婴配粉领域的ARA、DHA需求或将增长，结合帝斯曼专利到期后ARA产品海外业务起势，公司核心业务兼具短长期市占率提升逻辑。SA、BC应用领域广阔，赛道亦具备潜力，公司加速布局有望开启新增长极。

2021年，公司营业收入为3.51亿元，较2021年增长8.55%；实现利润总额1.52亿元，较2020年减少3.60%；归属母公司净利润为1.29亿元，较2020年减少1.54%。2021年综合毛利率为50.08%，较2020年同期下降4.94个百分点；归母净利率为37.39%，较2020年减少4.33个百分点。

四、上市公司在行业中的影响力

表9　食品制造业行业2019~2021年总资产、营业收入、利润总额及上市公司占比

指标	2021年		2020年		2019年	
	行业总体	上市公司占比	行业总体	上市公司占比	行业总体	上市公司占比
总资产（亿元）	18847.8	23.27%	17691.9	20.17%	16278.2	18.28%
营业收入（亿元）	21268.1	17.44%	19598.8	15.99%	19074.1	14.50%
利润总额（亿元）	1653.5	20.68%	1791.4	15.86%	1670.4	13.51%

资料来源：沪深北交易所，同花顺。

2021年，食品制造业行业规模以上企业实现资产总额18847.8亿元，较2020年增加6.50%；行业内上市公司总资产4386.34亿元，2021年可比样本较2020年增长22.90%，上市公司总资产占行业总资产23.27%。

2021年，食品制造业行业规模以上企业实现营业收入21268.10亿元，较2020年增长了8.52%；行业内上市公司营业收入3708.84亿元，2021年可比样本较2020年增长14.8%，上市公司总收入占行业总收入17.44%。

2021年，食品制造业行业规模以上企业实现利润总额1653.50亿元，较2020年下降了7.70%。行业内上市公司利润总额406.37亿元，2021年可比样本较2020年增长10.57%，上市公司总利润占行业总利润20.68%。

撰稿人：叶松霖
审稿人：吴　轩

酒、饮料和精制茶制造业

一、酒、饮料和精制茶制造业总体概况

（一）行业整体运行情况

2021年，我国酒、饮料和精制茶制造业实现利润总额2643.7亿元，较上年增加229.7亿元，同比增长9.52%。2021年，酒、饮料和精制茶制造业投资比2020年增长16.8%。

（二）细分行业运行概况

1. 酒

国家统计局数据显示，2021年全国酿酒产业规模以上企业总计1761家，实现产量5406.85万千升，同比增长3.95%；销售收入8686.73亿元，同比增长14.35%；利润1949.33亿元，同比增长30.86%。

（1）白酒产业：呈现结构性繁荣，头部企业市场集中度再提升，老酒消费备受青睐，数字化加速产业转型升级，消费多元化特征明显。根据国家统计局数据，2021年全国规模以上白酒企业完成酿酒总产量715.63万千升，同比微降0.59%；实现销售收入6033.48亿元，同比增长18.6%；实现利润总额1701.94亿元，同比增长32.95%。

（2）啤酒产业：国产啤酒国际影响力提升，啤酒原料依旧依赖进口，啤酒高端化元年正式开启，啤酒品类矩阵发展时代开启。2021年全国规上企业产量3562.43万千升，同比增长5.60%；销售收入1584.80亿元，同比增长7.91%；利润186.80亿元，同比增长38.41%。

（3）葡萄酒产业：中国葡萄酒迎来品牌时代，中国葡萄酒产区效应进一步放大，进口葡萄酒总量逐步回升，葡萄酒产业发展新方向显现。2021年全国规上企业产量26.80万千升，同比下降29.08%；销售收入90.27亿元，同比下降9.79%；利润3.27亿元，同比增长7.64%。

（4）黄酒产业：黄酒产业全国化发展取得进展，黄酒产业价值稳步回归，科技创新推动黄酒高质量发展。2021年全国规上企业销售收入127.17亿元，同比下降5.24%；利润16.74亿元，同比下降0.97%。

（5）发酵酒精产业：2021年全国规上企业产量808.26万千升，同比增长1.83%；销售收入605.28亿元，同比增长9.51%；利润0.04亿元，同比下降99.73%。

（6）其他酒产业：2021年全国规上企业销售收入245.74亿元，同比下降3.06%；利润40.54亿元，同比增长0.89%。

2. 饮料

饮料消费已成为当下快消品行业里的主力军，随着社会群体喜好的改变、消费群体的不断扩大，可选择的饮料种类将越来越多。我国饮料类商品零售额呈现出波动增长趋势，2021年，中国饮料类累计零售额达到2808亿元，同比增长20.4%。

近年来我国规模以上饮料制造企业产量呈现出波动变化走势。据国家统计局数据，2021年全年，全国规模以上饮料制造企业产量达到18333.8万吨，同比增长12.15%，全年第三季度饮料产量达到最高。从区域分布上看，我国饮料行业产量分布较为集中，2021年，华南地区、华东地区、西南地区、华中地区的产量占比分别为23.36%、22.45%、16.78%、15.82%。从企业的经营情况上看，2021年上半年，全国饮料制造业规模以上工业企业营业收入为2521.4亿元，利润总额为264.5亿元。

我国饮料行业生产企业众多，竞争激烈，市场集中度分散。随着人口老龄化、健康意识的增强以及生活方式的升级，未来饮料行业将会向高品质、高质量的方向发展，呈现品种增多、消费多元化、方便快捷、营养健康等新趋势。

3. 精制茶

近年来，国内精制茶及茶制品产业发展、产业促进、市场监管等重要环节的宏观政策环境日趋完善。2019年，国务院相继发布了与精制茶及茶制品密切相关的三项政策文件，为精制茶及茶制品的发展奠定了重要的政策基础。

目前，从上游供应到市场部署，精制茶及茶制品业市场化程度逐步提高。产业布局呈现资源（资金、技术、人才）向东南演进、集中和转移的趋势，精制茶及茶制品行业协会的作用逐渐显现优势。

产业结构方面，我国精制茶及茶制品业产业链体系相对完整；产业布局看，大企业集中在重点城市，中小企业集中在县、镇、乡，形成产业集群，基本形成相互协调、相互支持的格局。

随着国民经济的发展和居民可支配收入的提高，国内对精制茶及茶制品业的消费需求仍有很大的增长空间，这将是该行业发展的主要动力。

二、行业内上市公司发展概况

（一）行业内上市公司基本情况

表1　　2021年酒、饮料和精制茶制造业上市公司发行股票概况

门类	总数		沪深主板		创业板		科创板		北交所	
	家数	市值（亿元）	家数	市值（亿元）	家数	市值（亿元）	家数	市值（亿元）	家数	市值（亿元）
酒、饮料和精制茶制造业	48	55181.74	47	55103.75	1	77.99	0	0	0	0
占沪深北三市比重（%）	1.02	6.01	1.00	6.00	0.02	0.01	0	0	0	0

资料来源：沪深北交易所，同花顺。

（二）行业内上市公司构成情况

表2　　　　　2021年酒、饮料和精制茶制造业上市公司构成情况

门类	沪市			深市			北交所	总计	ST/*ST
	主板	科创板	合计	主板	创业板	合计			
酒、饮料和精制茶制造业（家）	32	0	32	15	1	16	0	48	2/2
占行业内上市公司比重（%）	66.67	0	66.67	31.25	2.08	33.33	0	100.00	4.17/4.17

资料来源：沪深北交易所，同花顺。

（三）行业内上市公司融资情况

表3　　　2021年酒、饮料和精制茶制造业上市公司与沪深两市融资情况对比　　　单位：家

门类	融资家数	新股	增发	配股
酒、饮料和精制茶制造业	6	3	3	0
沪深两市总数	1032	524	502	7
占比（%）	0.58	0.57	0.6	0.00

资料来源：沪深北交易所，同花顺。

其中，首发的3家公司中，1家在创业板上市；增发的3家公司中，有1家沪市、2家深市板公司。

从融资效果看，上述公司实际发行数量为31929.12万股；实际募集资金94.43亿元，基本完成了融资计划。

（四）行业内上市公司资产及业绩情况

表4　　　　　2021年酒、饮料和精制茶制造业上市公司资产情况　　　　　单位：亿元

指标	2021年	2021年可比样本增长（%）	2020年	2020年可比样本增长（%）	2019年
总资产	8429.66	18.68	7024.53	9.02	6325.55
流动资产	6397.55	20.54	5272.29	9.88	4729.71
占比（%）	75.89	1.18	75.06	0.58	74.77
非流动资产	2032.11	13.16	1752.24	6.53	1595.84
占比（%）	24.11	-1.18	24.94	-0.58	25.23
流动负债	2436.85	25.95	1899.68	1.94	1806.43
占比（%）	28.91	1.67	27.04	-1.88	28.56

续表

指标	2021年	2021年可比样本增长（%）	2020年	2020年可比样本增长（%）	2019年
非流动负债	204.04	6.86	186.71	10.78	161.21
占比（%）	2.42	-0.27	2.66	0.04	2.55
归属于母公司股东权益	5632.46	16.33	4803.82	12.23	4238.65
占比（%）	66.82	-1.35	68.39	1.95	67.01

资料来源：沪深北交易所，同花顺。

表5　　　　2021年酒、饮料和精制茶制造业上市公司收入实现情况　　　　单位：亿元

指标	2021年	2021年可比样本增长（%）	2020年	2020年可比样本增长（%）	2019年
营业收入	4150.44	17.23	3466.57	2.41	3297.17
利润总额	1680.93	18.78	1399.55	11.04	1244.06
归属于母公司所有者的净利润	1199.03	18.00	1004	11.9	888.34

资料来源：沪深北交易所，同花顺。

（五）利润分配情况

2021年全年酒、饮料和精制茶制造业上市公司中共有35家公司实施了分红配股。其中，2家上市公司实施送股或转增股。35家上市公司实施派息，其中2家公司既实施了送股、转增又实施了派息。

（六）其他财务指标情况

1. 盈利能力指标

表6　　　　2021年酒、饮料和精制茶制造业上市公司盈利能力情况

指标	2021年	2021年可比样本变动	2020年	2020年可比样本变动	2019年
毛利率（%）	69.27	1.40	68.94	0.64	68.65
净资产收益率（%）	21.29	0.30	20.9	-0.06	20.96
销售净利率（%）	30.35	0.31	30.33	2.5	28.17
资产净利率（%）	16.22	0.59	15.61	0.02	15.56

资料来源：沪深北交易所，同花顺。

2. 偿债能力指标

表7　　　　　2021年酒、饮料和精制茶制造业上市公司偿债能力指标

指标	2021年	2021年可比样本变动	2020年	2020年可比样本变动	2019年
流动比率	2.63	-0.12	2.78	0.2	2.62
速动比率	2.05	-0.05	2.13	0.17	1.99
资产负债率（%）	31.33	1.40	29.7	-1.84	31.11

资料来源：沪深北交易所，同花顺。

3. 营运能力指标

表8　　　　　2021年酒、饮料和精制茶制造业上市公司营运能力情况　　　　　单位：次

营运能力指标	2021年	2021年可比样本变动	2020年	2020年可比样本变动	2019年
存货周转率	0.97	0.02	0.9	-0.07	0.95
应收账款周转率	118.51	17.51	104.2	4.67	103.51
流动资产周转率	0.71	0.01	0.69	-0.07	0.74
固定资产周转率	4.05	0.39	3.62	-0.11	3.71
总资产周转率	0.53	0.01	0.51	-0.05	0.55
净资产周转率	0.77	0.02	0.74	-0.07	0.8

资料来源：沪深北交易所，同花顺。

三、重点上市公司介绍

（一）贵州茅台

公司主要业务是茅台酒及系列酒的生产与销售。主导产品"贵州茅台酒"是世界三大蒸馏名酒之一，也是融国家地理标志产品、有机食品和国家非物质文化遗产于一身的白酒品牌。

2021年，公司坚持以习近平新时代中国特色社会主义思想为指导，深入贯彻习近平总书记视察贵州重要讲话精神，全面落实省委、省政府战略部署，按照"高质量发展、大踏步前进"要求，聚焦集团公司"双翻番、双巩固、双打造"目标，统筹抓好疫情防控、生产经营和改革发展各项工作，取得了令人瞩目的优异成绩，绘就了"五线"发展的时代画卷，迈上了高质强业的发展新路，实现了"十四五"发展良好开局。2021年，公司全年实现营业总收入1094.64亿元，同比增长11.71%；归属于母公司所有者的净利润524.60亿元，同比增长12.34%，各项指标均保持两位数增长，企业综合实力再上新台阶。

（二）五粮液

公司主要从事白酒生产和销售。公司主要产品"五粮液酒"是我国浓香型白酒的典型代表。同时，公司根据生产工艺特点开发了五粮春、五粮醇、五粮特曲、尖庄等品类齐全、层次清晰的系列酒产品，满足了不同层次消费者的多样化需求。

2021年，公司坚持围绕市场提质增效赋能，品质支撑、科技创新、文化建设、产业生态、团队建设明显加强，市场支撑能力得到提升；顺应消费升级，营销创新与时俱进，产品结构、品牌推广、渠道建设、消费培育、数字化转型、厂商关系取得新突破，市场潜能有效激发，核心竞争力持续增强，企业高质量发展根基进一步夯实。2021年，公司实现营业收入662.09亿元，同比增长15.51%；实现归属于上市公司股东的净利润233.77亿元，同比增长17.15%。产品结构实现新优化，渠道建设实现新升级，企业形象稳步提升，科技创新稳步提升。

（三）山西汾酒

公司经营范围主要是汾酒、竹叶青酒、杏花村酒及系列酒的生产、销售。公司清香型白酒国家标准的制定者之一，主要产品汾酒是我国清香型白酒的典型代表，竹叶青酒是著名的保健养生酒，在国内外享誉盛名。

2021年，公司优化产品结构，落实汾酒"抓青花、强腰部、稳玻汾"的产品策略。进一步调整产品结构，推进产品高端化策略实施，提高高价位段占位能力，推进圈层拓展及市场推广，青花系列中高端产品占比进一步提升。深化汾酒"1357+10"的市场布局，稳定发展大基地市场，以南方市场发展为契机，规划江、浙、沪、皖、粤等市场的科学发展路径，推动长三角、珠三角市场深度拓展、稳步突破，南方市场销售平均增幅达60%以上。深耕线下渠道，发力电商平台。持续提升终端基础建设质量，提高精细化管理水平，推动经销商结构优化与分级，增强优质经销商培育，渠道和终端掌控能力进一步加强。2021年全年实现营业收入199.71亿元，同比增长42.75%；实现归属于上市公司股东的净利润53.14亿元，同比增长72.56%。

四、上市公司在行业中的影响力

表9　酒、饮料和精制茶制造业行业2019～2021年总资产、营业收入、利润总额及上市公司占比

指标	2021年		2020年		2019年	
	行业总体	上市公司占比	行业总体	上市公司占比	行业总体	上市公司占比
总资产（亿元）	20058.60	42.03%	18890.00	37.60%	17785.10	36.57%
营业收入（亿元）	16034.00	25.89%	14829.60	23.87%	15302.70	22.56%
利润总额（亿元）	2643.70	63.58%	2414.00	58.62%	2216.60	57.43%

资料来源：沪深北交易所，同花顺。

2019～2021年，酒、饮料和精制茶制造业上市公司总资产占行业比重从36.57%稳步上升至42.03%，营业收入占比从22.56%稳步上升至25.89%，利润总额占比从57.43%稳步上升至63.58%。上市公司的收入规模、资产规模、利润规模增速均超过行业整体增速，上市公司在行业中的影响力愈发显著。

撰稿人：李　旻　汤　军
审稿人：董岚枫　王　勇

纺织业

一、纺织业总体概况

（一）行业整体运行情况

2021年，新冠疫情管控逐步常态化，疫苗接种普及和国际货币政策放宽助力全球经济开始底部复苏。整体全球经济的复苏呈现"一季度疲软、二季度强劲、三季度冲高回落、四季度小幅回升"的特性。面对国内外风险挑战增多的复杂局面，我国纺织行业全面贯彻落实党中央、国务院决策部署，表现出强劲的发展韧性、快速的修复能力和高效的响应能力，行业在复工复产转产中表现突出，完备的产业体系和强劲的先进制造能力不仅在满足国民经济、社会战略需要、保障产业安全等方面发挥了重要作用，还为全球防疫物资保障、维持全球纺织产业链顺畅运转做出了积极贡献。行业景气度不断回升，主要经济指标降幅持续收窄，总体保持修复发展态势。

1. 内需市场稳步回暖

2021年疫情管控常态化之下随着经济生活有序恢复，居民消费活动日渐活跃，在国家各项促进消费政策的良好支持下，纺织行业内需市场销售逐季改善。2021年，全国限额以上单位服装鞋帽、针纺织品零售额同比增长12.7%，增速较2020年加快19.3个百分点。网上零售继续保持平稳增长，全国网上穿着类商品零售额同比上升8.3%，增速较2020年提升2.5个百分点。

2. 出口创历史新高

2021年，我国纺织品服装出口总额为3154.7亿美元，同比增长8.4%。其中，受防疫物资出口缩减影响，纺织品出口额比上年减少，累计出口1452.0亿美元，同比下降5.6%，占纺织品服装出口总额的比重由2020年的52.8%下滑到46.0%；服装累计出口1702.6亿美元，同比增长24.0%。

3. 运行质效持续修复

纺织行业经济效益逐步恢复，运行质

量有所提升。2021年，全国规模以上纺织企业营业收入同比增长12.3%，增速提高21.2个百分点，规模以上纺织企业实现利润总额增长25.4%，增速高于上年31.8个百分点。产业链各环节盈利分化明显，受大宗商品价格上涨影响，前端效益增长良好，化纤行业利润总额涨幅高达149.2%；终端利润增长乏力，服装行业利润增长14.4%。2021年，全国规模以上纺织企业营业收入利润率为5.2%，同比提高0.5个百分点；总资产周转率1.2次/年，比上年加快5.5%；三费比例为6.6%，比上年下降0.4个百分点。

（二）细分行业运行概况

1. 质效稳步修复，化纤行业盈利能力突出

2021年，全国规模以上纺织企业实现营业收入51749亿元，同比增长12.3%，增速较2020年加速21.1个百分点；实现利润总额2677亿元，同比增长25.4%。规模以上纺织企业营业收入利润率为5.2%，并超过2020年0.5个百分点。纺织产业链各环节盈利分化较为明显，受大宗商品价格上涨影响，产业链前端环节效益增长情况良好，化纤行业利润总额涨幅高达149.2%；终端行业利润增长乏力，服装行业利润增长14.4%。规模以上企业化纤、纱、布、服装产量同比分别增长9.1%、8.4%、7.5%、8.4%。

2. 生产增速稳中有升，上游原料端增长明显

2021年，全国规模以上纺织行业工业增加值同比增长4.4%，较2020年提高7个百分点。纺织产业链绝大部分环节工业增加值实现增长，上游原料端得益于价格支撑，生产增长明显，如化纤行业增加值比上年增长7.2%。从主要产品产量来看，2021年，大部分产品产量均有不同幅度的增长。其中，化学纤维、纱、布的产量比上年分别增长9.5%、9.8%、9.3%。

3. 固定资产投资缺口仍待弥补

2021年，纺织全行业固定资产投资完成额较2020年均有所上升。纺织业固定资产投资完成额同比增长11.9%；化纤业固定资产投资完成额同比增长31.8%，服装业固定资产投资完成额同比增长4.1%。综合近两年平均增速，纺织和化纤行业投资总规模已恢复至疫情前水平，但服装行业的投资总额仍低于2019年，投资缺口有待弥补。

二、行业内上市公司发展概况

（一）行业内上市公司基本情况

表1　2021年纺织业上市公司发行股票概况

门类	总数		沪深主板		创业板		科创板		北交所	
	家数	市值(亿元)	家数	市值(亿元)	家数	市值(亿元)	家数	市值(亿元)	家数	市值(亿元)
纺织业	48	2393.33	39	1779.42	9	613.91	0	0	0	0
占沪深北三市比重(%)	1.02	0.26	0.83	0.19	0.19	0.07	0	0	0	0

资料来源：沪深北交易所，同花顺。

（二）行业内上市公司构成情况

表2　　2021年纺织业上市公司构成情况

门类	沪市			深市			北交所	总计	ST/*ST
	主板	科创板	合计	主板	创业板	合计			
纺织业（家）	23	0	23	16	9	25	0	48	0/1
占行业内上市公司比重（%）	47.92	0.00	47.92	33.33	18.75	52.08	0	100.00	0/2.08

资料来源：沪深北交易所，同花顺。

（三）行业内上市公司融资情况

表3　　2021年纺织业上市公司与沪深两市融资情况对比　　单位：家

门类	融资家数	新股	增发	配股
纺织业	10	7	3	0
沪深两市总数	1032	524	502	7
占比（%）	0.97	1.34	0.60	0.00

资料来源：沪深北交易所，同花顺。

其中，首发的7家公司中，有0家在中小板上市，2家在创业板上市；增发的3家公司中，有2家沪市、1家深市及0家中小板公司。

按行业大类划分，进行融资的10家公司中，纺织业10家，占比100%。从融资效果看，上述公司实际发行数量为105342万股；实际募集资金62.4亿元，基本完成了融资计划。

（四）行业内上市公司资产及业绩情况

表4　　2021年纺织业上市公司资产情况　　单位：亿元

指标	2021年	2021年可比样本增长（%）	2020年	2020年可比样本增长（%）	2019年
总资产	2081.61	7.59	1755.74	7.57	2360.57
流动资产	1165.94	6.75	1009.76	12.87	1461.28
占比（%）	56.01	-0.44	57.51	2.7	61.9
非流动资产	915.66	8.67	745.98	1.14	899.29
占比（%）	43.99	0.44	42.49	-2.7	38.1

续表

指标	2021年	2021年可比样本增长（%）	2020年	2020年可比样本增长（%）	2019年
流动负债	672.52	1.43	596.99	-0.46	1204.11
占比（%）	32.31	-1.96	34	-2.74	51.01
非流动负债	172.53	26.82	112.88	30.85	189.91
占比（%）	8.29	1.26	6.43	1.14	8.05
归属于母公司股东权益	1201.89	9.50	1012.61	10.7	918.6
占比（%）	57.74	1.01	57.67	1.63	38.91

资料来源：沪深北交易所，同花顺。

表5　　2021年纺织业上市公司收入实现情况　　单位：亿元

指标	2021年	2021年可比样本增长（%）	2020年	2020年可比样本增长（%）	2019年
营业收入	1381.95	11.50	1071.97	-2.22	1781.53
利润总额	112.35	17.99	93.48	69.3	57.52
归属于母公司所有者的净利润	95.16	31.42	71.57	88.46	37.47

资料来源：沪深北交易所，同花顺。

（五）利润分配情况

2021年全年纺织业上市公司中共有34家公司实施了分红配股。其中，5家上市公司实施送股或转增股，34家上市公司实施派息，其中5家公司既实施了送股、转增又实施了派息。

（六）其他财务指标情况

1. 盈利能力指标

表6　　2021年纺织业上市公司盈利能力情况

指标	2021年	2021年可比样本变动	2020年	2020年可比样本变动	2019年
毛利率（%）	21.96	-1.52	25.1	2.02	14.72
净资产收益率（%）	7.92	1.32	7.07	2.92	4.08
销售净利率（%）	6.74	0.87	6.85	3.2	2.27
资产净利率（%）	4.64	0.75	4.34	1.89	1.76

资料来源：沪深北交易所，同花顺。

2. 偿债能力指标

表7　2021年纺织业上市公司偿债能力指标

指标	2021年	2021年可比样本变动	2020年	2020年可比样本变动	2019年
流动比率	1.73	0.09	1.69	0.2	1.21
速动比率	1.13	-0.01	1.16	0.23	0.82
资产负债率（%）	40.60	-0.71	40.43	-1.6	59.05

资料来源：沪深北交易所，同花顺。

3. 营运能力指标

表8　2021年纺织业上市公司营运能力情况　　　　　　　　　单位：次

营运能力指标	2021年	2021年可比样本变动	2020年	2020年可比样本变动	2019年
存货周转率	2.90	0.17	2.45	0.04	3.22
应收账款周转率	8.95	0.82	8.2	-0.07	4.8
流动资产周转率	1.22	0.02	1.13	-0.11	1.26
固定资产周转率	2.61	0.20	2.33	-0.01	3.77
总资产周转率	0.69	0.03	0.63	-0.04	0.78
净资产周转率	1.17	0.02	1.08	-0.11	1.87

资料来源：沪深北交易所，同花顺。

三、重点上市公司介绍

（一）百隆东方

公司是全球最大的色纺纱制造企业之一，面向全球采购棉花及其他各类纤维，多渠道地保证生产原材料的稳定供应，并在越南、浙江、山东、河北、江苏等地设有生产子公司，均配备有经验丰富生产团队及精良的染色、纺纱设备，年产各类色纺纱近15万吨。同时，公司已在全球范围内建立起完整的营销布局，凭出色的营销团队竭诚为世界各地客户提供服务。

公司始终将创新作为企业持续健康发展的源泉动力，积极研发各类新型产品，目前推出的色纺纱颜色已达5500余种，基本上覆盖全部的流行色系列，可以满足各类布料生产的需要。公司每两年推出一套标准色卡，同时每年推出春夏和秋冬两套流行色卡，始终紧贴市场需求及流行颜色趋势。百隆纱线畅销欧美、亚洲、非洲、中国香港、中国内地等地区，客户包括UNIQLO、NIKE、GAP、H&M、POLO、ADIDAS、李宁、安踏、森马、美特斯邦威等世界著名服饰品牌。

2021年，公司实现营业收入77.74亿元，同比增长26.73%，实现归属于母公司股东的净利润13.71亿元，同比增长274.47%。

（二）新澳股份

新澳股份是一家立足于毛纺行业的公司，主营业务为毛精纺纱线的研发、生产和销售，主要产品为毛精纺纱线以及中间产品羊毛毛条，主要应用于下游纺织服装领域。凭借在毛纺纺纱领域的专业化、精细化、集约化经营，公司集制条、改性处理、精纺、染整于一体，形成了完整的纺纱产业链，拥有独特的竞争优势，多年进入毛纺行业竞争力十强。

公司按业务流程和经营体系构建了以新澳股份为主体，各主要子公司专业化分工生产、独立销售的市场化经营模式，根据自身产能、交货周期长短、生产工艺复杂程度等因素，选择自产或外协的方式生产。公司采取内销与外销同时并重的销售策略，致力于建立稳定、优质的客户群体。公司纱线产品销售客户分散度较高，主要客户分为品牌服装商和贴牌服装生产商。

2021年，公司实现营业收入34.45亿元，同比上升51.57%，实现归属于母公司股东的净利润2.98亿元，同比增长96.63%。

四、上市公司在行业中的影响力

2019~2021年，纺织业规模以上工业企业资产总计分别为19927.11亿元、20349.95亿元和21840.83亿元，其中，上市公司的总资产占行业整体的比重分别为11.85%、8.63%和9.53%。

2019~2021年，纺织业规模以上工业企业主营业务收入总额分别为24414.2亿元、22778.4亿元、25714.2亿元，其中，上市公司的主营收入占行业整体的比重分别为7.30%、4.71%、5.37%。

2019~2021年，纺织业规模以上工业企业利润总额分别为1132.47亿元、1237.65亿元、1203.1亿元，其中，上市公司的利润总额占行业整体的比重稳中有升，依次为5.08%、7.55%和9.34%。

撰稿人：李　璇
审稿人：王立华

纺织服装、服饰业

一、纺织服装、服饰业总体概况

（一）行业整体运行情况

2021年，随着疫情防控形势好转和国家助企纾困政策效果显现，我国服装行业生产稳步恢复，内销持续改善，出口保持较快增长，企业效益状况逐步好转，行业经济运行呈现了"前高后低、总体向好"的发展态势。

1. 服装生产稳步恢复

在国内外市场需求复苏向好、海外订单回流等积极因素的有力推进下，我国服装行业生产稳定恢复,产量基本恢复至疫情前规模。2021年,我国服装行业规模以上企业工业增加值同比增长8.5%,增速比2020年提高17.5个百分点;规模以上企业完成服装产量235.41亿件,同比增长8.38%,增速比2020年提高16.03个百分点。

2. 内销市场持续改善

随着疫情防控更加精准有效,在宏观经济稳步恢复、促消费政策持续发力以及网络购物节等因素的带动下,消费潜力持续释放,我国服装市场销售明显改善,线上消费对内需市场拉动作用持续凸显。2021年,我国限额以上单位服装类商品零售额累计9974.6亿元,同比增长14.2%,两年平均增长2.4%,仍低于2019年增速0.2个百分点。

线上服装零售保持较快增长,2021年,穿类商品网上零售额同比增长8.3%,增速比2019年提高2.5个百分点,实体销售明显改善。根据中华全国商业信息中心的统计,2021年,全国重点大型零售企业服装类商品零售额同比增长9.22%,增幅比上年同期提升29.93个百分点,两年平均下降6.9%,两年平均降幅比一季度收窄5.4个百分点。

3. 出口保持较快增长

2021年,我国服装出口企业克服了物流不畅、运费飙升、原材料价格上涨等诸多困难,表现出强大的发展韧性,服装出口保持较快增长,创2016年以来同期服装出口规模的最高纪录。2021年,我国累计完成服装及衣着附件出口1702.63亿美元,同比增长24%,两年平均增长7.7%。其中,针织服装及衣着附件出口增势强劲,出口金额为864.72亿美元,同比增长38.96%,两年平均增长10.09%;机织服装及衣着附件出口保持稳定增长,出口金额为701.15亿美元,同比增长12.59%,两年平均增长2.56%。

传统市场对我国服装出口起到主要拉动作用。2021年,受益于美国经济政策刺激市场需求补偿性增长,叠加越南等国家疫情对出口的冲击,我国对美国服装出口金额为395.55亿美元,同比增长36.22%,拉动我国服装出口增长7.66个百分点;我国对欧盟、日本和东盟服装出口同比分别增长21.32%、6.31%和27.29%,以上四大市场合计占我国服装出口总额的58.89%,拉动服装出口增长14.57个百分点。另外,我国对一带一路沿线国家和地区服装出口占我国服装出口总额的24.33%,同比增长28.46%,拉动服装出口增长6.68个百分点。

4. 运行质效逐步好转

2021年以来,在国内疫情防控形势总体平稳、国内外市场需求复苏向好的支撑下,我国服装行业经济效益持续恢复,产业循环畅通稳定。根据国家统计局数据,2021年,我国服装行业规模以上(年主营业务收入2000万元及以上)企业12653家,实现营业收入14823.36亿元,同比增长6.51%,增速比上年同期提高约17.85个百分点;利润总额767.82亿元,同比增长14.41%,增速比上年同期提高约35.7个百分点；营业收入利润率为5.18%，比上年同期提高0.36个百分点。与2019年相比，服装行业营业收入和利润总额两年平均降幅约为2.8%和5.1%，分别比一季度收窄2.7和4.9个百分点，行业仍处于恢复阶段。

5. 投资规模小幅回升

随着企业效益逐步好转以及国家"稳投资"相关政策显效，我国服装行业固定资产投资恢复正增长，但由于受疫情影响，服装企业资金周转压力依然较大，投资意愿和投资能力受限，加之上年基数逐渐抬升，服装行业投资增速呈现持续放缓态势。根据国家统计局数据，2021年，我国服装行业固定资产投资完成额同比增长4.1%，增速比上年同期提高36个百分点，仍低于纺织业和制造业整体水平7.8个和9.4个百分点。与2019年相比，服装行业固定资产投资完成额两年平均下降15.8%，尚未恢复至疫情前水平。

（二）细分行业运行概况

1. 家纺行业运行总体平稳

基于上年疫情原因导致的产业基数变动，行业增速逐月放缓，全年仍然保持在合理的增长区间。据国家统计局数据测算，2021年全国规模以上家纺企业营业收入同比增长6.45%，利润总额同比下降6.85%。出口增势迅猛，出口额同比增长29.36%，且量价齐增；内销市场总体稳定，行业全年实现平稳运行。

出口增势明显。2021年，我国家纺产品出口规模达到历史高位。据海关数据统计，我国全年累计出口家纺产品479.25亿美元，同比增长29.36%，较2019年增长22.69%，两年平均增长10.77%，实现飞跃式增长。其中出口数量同比增长19.29%，出口单价同比增长8.44%。

内销缓中趋稳，家纺三大子行业总体保持缓中趋稳的运行态势。床上用品行业全年运行质量相对较好，规模以上企业各月内销产值均保持正增长。布艺行业近年来一直处于高速增长区间，至2021年三季度出现回调，进入11月以后由于上游化纤原料价格回落，规模以上企业内销产值降幅逐渐收窄，全年内销产值同比下降4.91%。

2. 产业用纺织品行业深度调整

2020年由于防疫物资需求的推动，我国产业用纺织品行业经历了一轮高速增长，为2021年行业的发展积累了较大的基数。2021年，外部环境更趋复杂严峻，大宗商品价格和海运费用的上涨改变行业成本结构，防疫物资需求下降和巨量的产能导致行业竞争加剧，虽然非防疫物资领域反弹势头强劲，但整个行业呈现深度调整的态势，主要经济指标增速大幅下降。

生产保持平稳运行。"十四五"开局之年，我国产业用纺织品行业继续坚持高质量发展理念，努力克服新增产能释放、市场需求下降、国内能耗双控以及限电限产政策等不利因素影响，主要产品的生产基本保持稳定。2021年我国产业用纺织品行业纤维加工总量达到1938.5万吨，同比增长1.2%；作为产业用纺织品的主要原材料，我国非织造布的产量为820.5万吨，同比下降6.6%。

经济效益下滑明显。根据国家统计局数据，2021年产业用纺织品行业规模以上企业的营业收入同比下降13.3%，两年平均增长13.9%；利润总额同比下降58.7%，两年平均增长19.2%；营业利润率为5.5%，同比下降6.1个百分点。2021年行业的盈利水平出现明显下滑，随着防疫物资需求退潮，市场恢复理性，行业的营业利润率逐步回归疫情前的运行区间，全年营业利润率为5.5%。

二、行业内上市公司发展概况

（一）行业内上市公司基本情况

表1　2021年纺织服装、服饰业上市公司发行股票概况

门类	总数		沪深主板		创业板		科创板		北交所	
	家数	市值（亿元）	家数	市值（亿元）	家数	市值（亿元）	家数	市值（亿元）	家数	市值（亿元）
纺织服装、服饰业	42	2997.88	39	2848.65	3	149.23	0	0	0	0
占沪深北三市比重（%）	0.89	0.33	0.83	0.31	0.06	0.02	0	0	0	0

资料来源：沪深北交易所，同花顺。

（二）行业内上市公司构成情况

表2　2021年纺织服装、服饰业上市公司构成情况

门类	沪市			深市			北交所	总计	ST/*ST
	主板	科创板	合计	主板	创业板	合计			
纺织服装、服饰业（家）	19	0	19	20	3	23	0	42	3/2
占行业内上市公司比重（%）	45.24	0	45.24	47.62	7.14	54.76	0	100.00	7.14/4.76

资料来源：沪深北交易所，同花顺。

（三）行业内上市公司融资情况

表3　2021年纺织服装、服饰业上市公司与沪深两市融资情况对比　　单位：家

门类	融资家数	新股	增发	配股
纺织服装、服饰业	6	4	2	0
沪深两市总数	1032	524	502	7
占比（%）	0.58	0.76	0.40	0

资料来源：沪深北交易所，同花顺。

其中，首发的 4 家公司中，有 3 家在主板上市，1 家在创业板上市；增发的 2 家公司中，有 1 家沪市、1 家深市公司。

按行业大类划分，进行融资的 6 家公司中，纺织制造 2 家、服装家纺 4 家，分别占比 33.3%、66.7%。

从融资效果看，上述公司实际发行数量为 35531 万股；实际募集资金 57.27 亿元，基本完成了融资计划。

（四）行业内上市公司资产及业绩情况

表 4　　2021 年纺织服装、服饰业上市公司资产情况　　单位：亿元

指标	2021 年	2021 年可比样本增长（%）	2020 年	2020 年可比样本增长（%）	2019 年
总资产	2970.85	4.89	2754.89	-3.01	2843.19
流动资产	1690.31	-1.78	1683.38	3.05	1625.24
占比（%）	56.90	-3.86	61.11	3.59	57.16
非流动资产	1280.54	15.22	1071.51	-11.22	1217.95
占比（%）	43.10	3.86	38.89	-3.59	42.84
流动负债	1193.51	2.22	1142.08	-6.59	1221.71
占比（%）	40.17	-1.05	41.46	-1.58	42.97
非流动负债	216.49	-0.34	216.83	32.26	168.56
占比（%）	7.29	-0.38	7.87	2.1	5.93
归属于母公司股东权益	1539.48	8.37	1369.7	-3.77	1421.6
占比（%）	51.82	1.66	49.72	-0.39	50

资料来源：沪深北交易所，同花顺。

表 5　　2021 年纺织服装、服饰业上市公司收入实现情况　　单位：亿元

指标	2021 年	2021 年可比样本增长（%）	2020 年	2020 年可比样本增长（%）	2019 年
营业收入	1529.23	6.44	1348.87	-18.01	1655.87
利润总额	142.43	5.95	107.78	-7.3	114.8
归属于母公司所有者的净利润	101.79	15.69	62.74	-21.11	77.44

资料来源：沪深北交易所，同花顺。

（五）利润分配情况

2021 年全年纺织服装、服饰业上市公司中共有 26 家公司实施了分红配股。其中，5 家上市公司实施送股或转增股，25 家上市公司实施派息，其中 3 家公司既实施了送股、转增又实施了派息。

（六）其他财务指标情况

1. 盈利能力指标

表6　2021年纺织服装、服饰业上市公司盈利能力情况

指标	2021年	2021年可比样本变动	2020年	2020年可比样本变动	2019年
毛利率（%）	41.90	2.79	38.74	-0.61	38.4
净资产收益率（%）	6.61	0.42	4.58	-1.01	5.45
销售净利率（%）	6.53	0.55	4.5	-0.26	4.66
资产净利率（%）	3.44	0.44	2.17	-0.62	2.74

资料来源：沪深北交易所，同花顺。

2. 偿债能力指标

表7　2021年纺织服装、服饰业上市公司偿债能力指标

指标	2021年	2021年可比样本变动	2020年	2020年可比样本变动	2019年
流动比率	1.42	-0.06	1.47	0.14	1.33
速动比率	0.97	-0.07	1.03	0.18	0.85
资产负债率（%）	47.46	-1.43	49.33	0.51	48.9

资料来源：沪深北交易所，同花顺。

3. 营运能力指标

表8　2021年纺织服装、服饰业上市公司营运能力情况　　　　　单位：次

营运能力指标	2021年	2021年可比样本变动	2020年	2020年可比样本变动	2019年
存货周转率	1.70	0.12	1.51	-0.18	1.74
应收账款周转率	8.43	1.26	6.79	-1.13	7.9
流动资产周转率	0.90	0.04	0.81	-0.2	1.02
固定资产周转率	4.65	0.27	4.49	-1.04	5.6
总资产周转率	0.53	0.03	0.48	-0.1	0.59
净资产周转率	1.02	0.04	0.95	-0.18	1.13

资料来源：沪深北交易所，同花顺。

三、重点上市公司介绍

（一）比音勒芬

公司为高尔夫球领域国内市占率第一的品牌，自2003年成立以来专注中高端体育休闲服饰设计研发与品牌运营，旗下品牌包含主品牌比音勒芬与CARNAVAL DE VENISE（威尼斯狂欢节）。公司产品卡位精准，中长期受益体育赛道红利，消费者洞察深入，迎合中高收入阶层男士需求，产品兼具舒适性、体面度以及适当的潮流元素融入，高度重视设计、面料，中英意韩四国设计师团队，与全球一线供应商长期合作。凭借着自身运动休闲风格的

稀缺性以及产品和品牌力的不断提升，其在各地的百货商场同楼层中的排名一直位居前列。

公司渠道相对其他运动时尚类海外老牌男装渠道更为下沉，沉淀了一批消费力强、价格敏感度低、品牌忠诚度高的核心客户群体，截至2021年12月31日，公司在全国共拥有1062家门店，其中直营终端达到532家，加盟终端达到568家。公司在各地的百货商场同楼层中的排名一直位居前列，在众多百货商场同楼层均牢牢占据男装第一的位置，高加价倍率支撑渠道的高盈利能力，为渠道高速扩张打下基础。

2021年，公司实现营业收入27.20亿元，较2020年同期增加18.09%；归属于上市公司股东的净利润6.25万元，较2020年同期增加25.20%。

（二）报喜鸟

公司是国内老牌服装企业，2015年公司多元化转型失败后重振旗鼓，2018年自董事长回归后，开始自上而下改革，包括明确实控人、专注主业发展、优化供应链及加强终端门店管控等。自成立以来坚持多品牌运营发展，旗下品牌报喜鸟年轻化效果显著，hazzys持续展现强势内生增长动力，宝鸟受益于采购阳光化趋势。

2021年年底公司发布新三年规划指引，将在现有规模的基础上，通过新拓、扩店增加一定比例大店，提升整体店铺规模，并以一线、二线优势市场为基础，加大三线、四线城市加盟商开拓力度，努力提升品牌市场份额。截至2021年12月31日，公司在全国共拥有1676家门店，其中直营店达到752家，加盟店达到924家。2021年公司通过不断提升购物中心渠道占比、突破中部弱势市场、关闭未达预期网点，线上开设抖音等新渠道品牌旗舰店，持续升级优化渠道结构。

2021年，公司实现营业收入44.51亿元，较2020年同期增加17.52%；归属于上市公司股东的净利润4.64亿元，较2020年同期增加26.70%。

撰稿人：邹国强　李陈佳
审稿人：马　莉　詹陆雨

皮革、毛皮、羽毛及其制品和制鞋业

一、皮革、毛皮、羽毛及其制品和制鞋业总体概况

2021年是"十四五"开局之年，随着国内新冠疫情防控形势的好转，在国际市场需求回暖和国内市场持续向好等因素带动下，我国皮革行业经济运行稳定复苏，呈现出口和内销平稳增长、生产持续回升、效益状况有所改善的特征。但受国

际大宗商品涨价、海运费用飙升等不利影响，行业经济运行整体仍未恢复到疫情前水平。

（一）行业运行稳定复苏

2021年，皮革、毛皮、羽毛及其制品和制鞋业汇总企业单位数7818个，亏损企业数1128个，亏损率14.43%，主营业务收入11073.00亿元，同比增加8.21%。其中，皮革鞣制加工业主营业务收入1004.12亿元，同比增加12.96%；皮革制品制造业主营业务收入2536.54亿元，同比增加7.67%；皮革服装制造业主营业务收入688.58亿元，同比增加4.79%；皮箱、包（袋）制造业主营业务收入1379.17亿元，同比增加9.58%；毛皮鞣制及制品加工业主营业务收入356.84亿元，同比减少17.07%；羽毛（绒）加工及制品制造业主营业务收入782.66亿元，同比增长15.52%；制鞋业主营业务收入6462.85亿元，同比增长8.86%。

2021年，皮革、毛皮、羽毛及其制品和制鞋业汇总企业利润总额569.00亿元，同比增加1.51%。其中，皮革鞣制加工业利润总额67.90亿元，同比减少6.78%；皮革制品制造业利润总额116.97亿元，同比减少14.40%；皮革服装制造业利润总额31.27亿元，同比减少46.08%；皮箱、包（袋）制造业利润总额56.10亿元，同比增加13.92%；毛皮鞣制及制品加工业利润总额8.65亿元，同比减少30.45%；羽毛（绒）加工及制品制造业利润总额31.89亿元，同比增加61.40%；制鞋业利润总额357.51亿元，同比增长7.46%。

（二）出口创六年来新高

2021年，我国皮革行业实现出口额903.3亿美元，同比增长32.7%，创2016年以来新高。出口高增长一方面来源于上年低基数效应，另一方面来源于海外订单回流国内。从出口市场来看，美国、欧盟、东盟、非盟、日本为行业出口的前五大目标市场，出口额占比分别为22.2%、17.0%、11.8%、7.4%、5.2%，合计占比63.6%。

从行业出口主要品类来看，2021年，我国鞋类出口87.3亿双，出口额479.3亿美元，同比分别增长18.1%和35.3%；旅行用品及箱包出口109.1亿个，出口额278.6亿美元同比分别增长16.6%和35.1%。从鞋类出口的目标市场来看，对第一大市场美国的出口额119.8亿美元，同比增长56.4%，占比为25.0%，较之上年占比提高3.4个百分点。对鞋类产品第二大目标市场欧盟的出口额同比增长32.8%，占比为17.7%。

（三）进口稳步增长

2021年全行业进口总额196.9亿美元，同比增长29.2%，创历年新高。中国进口鞋61.3亿美元，进口箱包63.6亿美元，合计占比63.4%，同比分别增长10.1%和44.7%，箱包进口额首次超过鞋进口额。进口生皮124.6万吨，同比下降7.4%；进口额达14.5亿美元，同比增长43.0%。进口半成品革59.6万吨，进口额12.4亿美元，同比分别增长14.0%和57.0%。

我国进口以制品为主，2021年进口总额中制品占比68.3%，同比下降1.4个百分点。从进口地区来看，进口主要集中在上海、江苏、广东三地，进口额合计占比70.0%。欧盟和东盟是我国皮革行业进口最主要的两大来源地，进口额分别是87.0亿美元和58.0亿美元，合计占比73.6%，同比分别增长44.2%、9.6%。

从细分产品来看，欧盟和东盟是我国鞋类、旅行用品及箱包产品的主要进口地区，这两个地区鞋类产品合计进口量值占比分别达到88.1%和91.2%，旅行用品及箱包进口量值占比分别达到45.3%和90.0%。

二、行业内上市公司发展概况

（一）行业内上市公司基本情况

表1　2021年皮革、毛皮、羽毛及其制品和制鞋业上市公司发行股票概况

门类	总数		沪深主板		创业板		科创板		北交所	
	家数	市值（亿元）	家数	市值（亿元）	家数	市值（亿元）	家数	市值（亿元）	家数	市值（亿元）
皮革、毛皮、羽毛及其制品和制鞋业	12	1376.61	10	311.15	2	1065.46	0	0	0	0
占沪深北三市比重（%）	0.26	0.15	0.21	0.03	0.04	0.12	0	0	0	0

资料来源：沪深北交易所，同花顺。

（二）行业内上市公司构成情况

表2　2021年皮革、毛皮、羽毛及其制品和制鞋业上市公司构成情况

门类	沪市			深市			北交所	总计	ST/*ST
	主板	科创板	合计	主板	创业板	合计			
皮革、毛皮、羽毛及其制品和制鞋业（家）	8	0	8	2	2	4	0	12	1/0
占行业内上市公司比重（%）	66.67	0	66.67	16.67	16.67	33.33	0	100.00	8.33/0

资料来源：沪深北交易所，同花顺。

（三）行业内上市公司融资情况

表3　2021年皮革、毛皮、羽毛及其制品和制鞋业上市公司与沪深两市融资情况对比　　单位：家

门类	融资家数	新股	增发	配股
皮革、毛皮、羽毛及其制品和制鞋业	1	1	0	0
沪深两市总数	1032	524	502	7
占比（%）	0.10	0.19	0	0

资料来源：沪深北交易所，同花顺。

2021年，皮革、毛皮、羽毛及其制品和制鞋业中，华利集团IPO发行11700万股，募集资金38.87亿元。

（四）行业内上市公司资产及业绩情况

表4　2021年皮革、毛皮、羽毛及其制品和制鞋业上市公司资产情况　　单位：亿元

指标	2021年	2021年可比样本增长（%）	2020年	2020年可比样本增长（%）	2019年
总资产	465.34	15.41	305.82	1.5	301.63
流动资产	329.40	15.74	219.49	4.15	211.32
占比（%）	70.79	0.20	71.77	1.83	70.06
非流动资产	135.95	14.61	86.33	-4.68	90.31
占比（%）	29.22	-0.20	28.23	-1.83	29.94
流动负债	127.52	4.74	81.99	11.21	72.91
占比（%）	27.40	-2.79	26.81	2.34	24.17
非流动负债	21.65	72.36	12.36	-6.37	12.05
占比（%）	4.65	1.54	4.04	-0.34	3.99
归属于母公司股东权益	312.51	17.33	208.93	-1.86	215.09
占比（%）	67.16	1.10	68.32	-2.34	71.31

资料来源：沪深北交易所，同花顺。

表5　2021年皮革、毛皮、羽毛及其制品和制鞋业上市公司收入实现情况　　单位：亿元

指标	2021年	2021年可比样本增长（%）	2020年	2020年可比样本增长（%）	2019年
营业收入	333.46	17.72	143.96	-16.28	170.75
利润总额	40.14	139.94	-6.26	-142.91	13.08
归属于母公司所有者的净利润	28.69	154.53	-7.52	-166.14	10.01

资料来源：沪深北交易所，同花顺。

（五）利润分配情况

2021年全年皮革、毛皮、羽毛及其制品和制鞋业上市公司中共有6家公司实施了分红配股。其中，0家上市公司实施送股或转增股，6家上市公司实施派息，其中0家公司既实施了送股、转增又实施了派息。

（六）其他财务指标情况

1. 盈利能力指标

表6　2021年皮革、毛皮、羽毛及其制品和制鞋业上市公司盈利能力情况

指标	2021年	2021年可比样本变动	2020年	2020年可比样本变动	2019年
毛利率（%）	31.46	1.60	35.81	0.14	34.68
净资产收益率（%）	9.18	4.95	-3.6	-8.93	4.65
销售净利率（%）	8.82	4.80	-5.14	-11.92	6.08
资产净利率（%）	6.77	3.93	-2.44	-6.37	3.45

资料来源：沪深北交易所，同花顺。

2. 偿债能力指标

表7　2021年皮革、毛皮、羽毛及其制品和制鞋业上市公司偿债能力指标

指标	2021年	2021年可比样本变动	2020年	2020年可比样本变动	2019年
流动比率	2.58	0.25	2.68	-0.18	2.9
速动比率	1.76	0.21	1.76	-0.03	1.78
资产负债率（%）	32.06	-1.26	30.85	2.00	28.17

资料来源：沪深北交易所，同花顺。

3. 营运能力指标

表8　2021年皮革、毛皮、羽毛及其制品和制鞋业上市公司营运能力情况　　单位：次

营运能力指标	2021年	2021年可比样本变动	2020年	2020年可比样本变动	2019年
存货周转率	2.28	0.26	1.21	-0.22	1.39
应收账款周转率	5.62	0.83	3.67	-0.55	4.18
流动资产周转率	1.09	0.07	0.67	-0.16	0.81
固定资产周转率	5.23	0.69	3.92	-0.59	4.37
总资产周转率	0.77	0.06	0.47	-0.1	0.57
净资产周转率	1.14	0.06	0.68	-0.13	0.79

资料来源：沪深北交易所，同花顺。

三、重点上市公司介绍

华利集团

华利集团成立于2004年,2021年在深交所挂牌上市,主要从事运动鞋履的产品开发设计、生产与销售,是全球领先的运动鞋专业制造商,主要为Nike、Converse、Vans、Puma、UGG、Under Armour、HOKA ONE ONE等全球知名运动品牌提供开发设计与制造服务,主要产品包括运动休闲鞋、户外靴鞋、运动凉鞋/拖鞋等。

公司为运动鞋履制造龙头企业:(1)开发设计优势显著,公司利用积累的多年运动鞋履开发设计及制造经验,参与客户的产品开发过程,从而对品牌运营企业的设计开发形成重要补充。(2)客户优势显著,通过长期的稳定经营,公司积累了宝贵的全球知名运动鞋履客户资源,是全球运动鞋服市场份额的前十的企业Nike、VF、Puma、Under Armour的运动鞋的重要供应商,并且与Asics、New Balance在运动鞋方面建立了合作关系。(3)成本优势显著,公司是行业内少数能提供从产品开发设计、模具、鞋面、鞋底到成品制造完整运动鞋履制造产业链的专业制造商之一,完整的产业链有利于公司产品质量的稳定,保证产品按期交付,降低鞋履生产的总成本。

2021年,公司营业收入为174.70亿元,同比增加25.40%;归母净利润为27.68亿元,同比增长47.34%;毛利率为27.73%,净资产收益率达25.33%,每股收益为2.45元。主营业务收入中,休闲运动类收入为142.11亿元,占比为81.35%,拖鞋收入为16.37亿元,占比为9.37%,户外鞋品收入为15.83亿元,占比为9.06%,其他业务收入为0.38亿元,占比为0.22%。

四、上市公司在行业中的影响力

2019~2021年,皮革、毛皮、羽毛及其制品和制鞋业规模以上工业企业总资产分别为6633.6亿元、6691.6亿元和7010.12亿元,其中上市公司的总资产分别为301.63亿元、305.82亿元和465.34亿元,占行业整体的比重分别为4.55%、4.57%和6.64%。

2019~2021年,皮革、毛皮、羽毛及其制品和制鞋业规模以上工业企业主营收入总额分别为11965.5亿元、10232.9亿元、11073.00亿元,其中上市公司的主营收入总额分别为170.75亿元、143.96亿元、333.46亿元,分别为1.43%、1.41%、3.01%。

2019~2021年,皮革、毛皮、羽毛及其制品和制鞋业规模以上工业企业利润总额分别为686.3亿元、553.5亿元、569.00亿元,其中上市公司的利润总额分别为13.08亿元、-6.26亿元、40.14亿元,占行业整体的份额依次为1.91%、-1.13%、7.05%。

撰稿人:邹国强 李陈佳
审稿人:马 莉 詹陆雨

木材加工及木、竹、藤、棕、草制品业

一、木材加工及木、竹、藤、棕、草制品业总体概况

国家统计局数据显示，2021年，中国木材加工及木、竹、藤、棕、草制品业总资产为5689.64亿元，较上年增加10.3%；行业营业收入10249.02亿元，较上年增加18.23%；行业利润总额为482.51亿元，较上年增加22.01%。

截至2021年年底，我国木材加工和木、竹、藤、草制品业企业数量达10223家，同比增加336家，企业总数创历史新高，其中1520家企业出现亏损，行业亏损率为14.87%。

从木材加工及木、竹、藤、棕、草制品业三费变化情况来看，2021年行业销售费用196.4亿元，累计增长8%，管理费用247.7亿元，累计增长8.78%，财务费用64亿元，累计增长0.98%。

从木材加工及木、竹、藤、棕、草制品业盈利能力来看，截至2021年年末，中国木材加工及木、竹、藤、棕、草制品业销售收入9655.5亿元，同比增长12.51%。

二、行业内上市公司发展概况

（一）行业内上市公司基本情况

表1　2021年木材加工及木、竹、藤、棕、草制品业上市公司发行股票概况

门类	总数 家数	总数 市值（亿元）	沪深主板 家数	沪深主板 市值（亿元）	创业板 家数	创业板 市值（亿元）	科创板 家数	科创板 市值（亿元）	北交所 家数	北交所 市值（亿元）
木材加工和木、竹、藤、棕、草制品业	8	373.94	8	373.94	0	0	0	0	0	0
占沪深北三市比重（%）	0.17	0.04	0.17	0.04	0	0	0	0	0	0

资料来源：沪深北交易所，同花顺。

（二）行业内上市公司构成情况

表2　2021年木材加工及木、竹、藤、棕、草制品业上市公司构成情况

门类	沪市			深市			北交所	总计	ST/*ST
	主板	科创板	合计	主板	创业板	合计			
木材加工和木、竹、藤、棕、草制品业（家）	4	0	4	4	0	4	0	8	0/0
占行业内上市公司比重（%）	50.00	0	50.00	50.00	0	50.00	0	100.00	0/0

资料来源：沪深北交易所，同花顺。

（三）行业内上市公司融资情况

表3　2021年木材加工及木、竹、藤、棕、草制品业上市公司与沪深两市融资情况对比　　单位：家

门类	融资家数	新股	增发	配股
木材加工及木、竹、藤、棕、草制品业	2	1	1	0
沪深两市总数	1032	524	502	7
占比（%）	0.19	0.19	0.20	0

资料来源：沪深北交易所，同花顺。

其中，首发的1家公司在深交所主板上市；增发的1家公司，是沪市主板公司。按行业大类划分，进行融资的1032家公司中，木材加工及木、竹、藤、棕、草制品业2家，占比0.19%。从融资效果看，上述公司实际发行数量为32827.92万股；实际募集资金133467万元，基本完成了融资计划。

（四）行业内上市公司资产及业绩情况

表4　2021年木材加工及木、竹、藤、棕、草制品业上市公司资产情况　　单位：亿元

指标	2021年	2021年可比样本增长（%）	2020年	2020年可比样本增长（%）	2019年
总资产	388.35	11.08	341.42	12.34	352.75
流动资产	246.37	11.18	216.88	22.77	196.39
占比（%）	63.44	0.06	63.52	5.39	55.67
非流动资产	141.97	10.91	124.54	-2.13	156.36

续表

指标	2021年	2021年可比样本增长（%）	2020年	2020年可比样本增长（%）	2019年
占比（%）	36.56	-0.06	36.48	-5.39	44.33
流动负债	140.89	26.70	108.42	22.88	108.09
占比（%）	36.28	4.47	31.76	2.72	30.64
非流动负债	26.69	-29.84	37.42	103.82	20.86
占比（%）	6.87	-4.01	10.96	4.92	5.91
归属于母公司股东权益	215.81	10.67	190.22	-1.39	218.29
占比（%）	55.57	-0.21	55.71	-7.76	61.88

资料来源：沪深北交易所，同花顺。

表5　2021年木材加工及木、竹、藤、棕、草制品业上市公司收入实现情况　　单位：亿元

指标	2021年	2021年可比样本增长（%）	2020年	2020年可比样本增长（%）	2019年
营业收入	265.83	31.41	193.95	-2.49	221.7
利润总额	21.68	230.19	5.54	-74.84	21.34
归属于母公司所有者的净利润	17.15	334.74	3.05	-83.86	18.29

资料来源：沪深北交易所，同花顺。

（五）利润分配情况

2021年全年木材加工及木、竹、藤、棕、草制品业上市公司中共有6家公司实施了分红配股。其中，1家上市公司实施送股或转增股，6家上市公司实施派息，其中1家公司既实施了送股、转增又实施了派息。

（六）其他财务指标情况

1. 盈利能力指标

表6　2021年木材加工及木、竹、藤、棕、草制品业上市公司盈利能力情况

指标	2021年	2021年可比样本变动	2020年	2020年可比样本变动	2019年
毛利率（%）	21.53	-0.97	22.86	-5.09	26.56
净资产收益率（%）	7.95	5.92	1.6	-8.19	8.38
销售净利率（%）	6.55	4.51	1.66	-7.82	8.23
资产净利率（%）	4.72	3.47	1	-5.62	5.57

资料来源：沪深北交易所，同花顺。

2. 偿债能力指标

表7　2021年木材加工及木、竹、藤、棕、草制品业上市公司偿债能力指标

指标	2021年	2021年可比样本变动	2020年	2020年可比样本变动	2019年
流动比率	1.75	-0.24	2.0	0.0	1.82
速动比率	0.94	-0.15	1.08	-0.16	1.1
资产负债率（%）	43.15	0.46	42.72	7.64	36.56

资料来源：沪深北交易所，同花顺。

3. 营运能力指标

表8　2021年木材加工及木、竹、藤、棕、草制品业上市公司营运能力情况　　单位：次

营运能力指标	2021年	2021年可比样本变动	2020年	2020年可比样本变动	2019年
存货周转率	1.94	0.09	1.79	-0.55	2.29
应收账款周转率	6.87	-0.20	7.33	-2.84	10.39
流动资产周转率	1.14	0.13	0.99	-0.26	1.25
固定资产周转率	4.10	1.23	2.85	0.0	2.56
总资产周转率	0.72	0.11	0.6	-0.1	0.68
净资产周转率	1.26	0.25	0.99	-0.07	1.04

资料来源：沪深北交易所，同花顺。

三、重点上市公司介绍

大亚圣象

大亚圣象家居股份有限公司主要从事人造板和地板的生产销售业务。人造板业务主要产品有"大亚"中高密度纤维板和刨花板，地板业务主要产品有"圣象"强化木地板、三层实木地板、多层实木地板。公司的"圣象"地板在技术研发、装备水平、企业管理、资金实力、营销网络和品牌知名度等方面都具备行业优势，在中国木地板中高端消费市场已形成良好品牌形象与较高市场美誉度，多次获得"全国同类产品销量第一名""消费者最信赖品牌""中国木地板十大品牌"等称号，充分展现出圣象品牌的行业地位。装饰材料新产品、新工艺的研发应用；各类地板、中高密度纤维板、刨花板的制造、销售；室内外装饰工程施工；造林及林木抚育与管理；港口普通货物装卸；高新技术产品的研究、开发，自营和代理各类商品及技术的进出口业务。

公司2021年度实现营业收入875052.37万元，同比增加20.46%；实现营业利润76199.33万元，同比增加2.34%；实现利润总额74736.74万元，

同比增加 0.05%；实现净利润 61623.90 万元，同比减少 2.90%；归属于母公司所有者的净利润 59513.49 万元，同比减少 4.86%。

四、上市公司在行业中的影响力

2021 年木材加工及木、竹、藤、棕、草制品行业总资产规模达到 5689.64 亿元，较上年增加 10.3%；其中全行业上市公司资产总额为 388.35 亿元，可比样本增长 11.08%；上市资产总额占行业资产总额的 6.83%。

2021 年木材加工及木、竹、藤、棕、草制品行业收入达到行业营业收入 10249.02 亿元，较上年增加 18.23%；其中全行业上市公司实现营业收入为 265.83 亿元，可比样本增长 31.41%；上市公司营业收入占行业营业收入总额的 2.59%。

2021 年木材加工及木、竹、藤、棕、草制品行业利润总额达到行业利润总额为 482.51 亿元，较上年增加 22.01%；其中全行业上市公司实现利润总额 21.68 亿元，可比样本增长 230.19%；上市公司利润总额占行业利润总额的 4.49%。

撰稿人：武赟杰
审稿人：解学成

家具制造业

一、家具制造业总体概况

2021 年，随着疫情逐步得到控制，部分疫情期间积压的家具消费需求释放，线下卖场门店恢复正常营业，家具行业零售市场表现逐渐回暖。家具产业创新升级、拓展渠道、智能制造、健康环保、数字化等成为大部分家具制造企业的发展关键词。国家统计局数据显示，2021 年，我国家具制造业企业共有 6647 家，较 2020 年增加 103 家，增幅为 1.57%。随着家具制造业企业数量的增加，总资产规模也随之增长，截至 2021 年 12 月 31 日，家具制造业总资产为 6672.1 亿元，较 2020 年增长 5.11%；行业全年实现营业收入 8004.6 亿元，较 2020 年增长 13.5%；实现利润总额 433.7 亿元，较 2020 年增长 0.90%，利润总额增幅不及营业收入增幅主要由于 2021 年大宗商品和原材料价格持续上涨，海运集装箱紧缺，出口运费大幅上涨，导致企业盈利能力承压；截至 2021 年 12 月 31 日，行业资产负债率为 56.76%，相比 2020 年提升 0.99 个百分点。

(一)环保升级加速

绿色环保、可持续是近年来行业持续输出的基本理论,不少企业围绕其持续创新。如何在满足群众生活需求的同时实现绿色减碳,以企业力量与责任助力"双碳"目标达成,成为家具制造企业需要面对的重要课题。2021年10月,被称为"最严甲醛释放新国标"的《人造板及其制品甲醛释放量分级》与《基于极限甲醛量的人造板室内承载限量指南》相继实施,家居业加速环保升级。各大企业推动环保产品迭代升级。从2020年开始,欧派、索菲亚、好莱客等家具制造企业先后推出无醛板材。

(二)数字化服务升级

数字经济正在全球范围内掀起热潮。2021年以来,家具制造企业纷纷开始战略调整,斥资进行信息化、智能化、数字化升级改造,利用数字化转型对传统产业进行全方位、全链条的改造,提高全要素生产率,提升国产关键软件技术创新和供给能力。2021年关于家居数字化转型、智能制造等方面的论坛活动络绎不绝,家居上下游企业都积极寻找家居制造业与云计算、大数据、物联网等技术的融合,不少品牌还推出了数字化营销系统和智慧门店,还有许多头部定制品牌纷纷布局智能制造新基地。

(三)年轻化战略

2021年以来,各大家居品牌陆续推出年轻子品牌,如索菲亚旗下的米兰纳品牌等,是家具行业不断品牌年轻化战略的表现。显然,Z世代消费族群已经成为了很多品牌需要重点研究的对象。各大家具企业加快了品牌年轻化升级,从品牌理念、战略、产品、形象、内容、传播渠道等多方面都进行了升级,不断拉近与年轻消费群体的距离,与新生代消费群体建立对话沟通,践行品牌年轻化之路。

(四)"整家定制"新概念

2021年以来,各大家具企业陆续推出"整家套餐",引发行业新一轮销售模式创新。相比全屋定制,整家定制在衣柜、定制家具的基础上,增加了家具家品、门墙、软装、地板、电器等品类,满足消费者一站式家装需求。整家定制是一个系统性交付能力的体现,涉及打通品类设计、对用户的交互组合,以及供应链管控、仓储物流等一系列的问题。如果企业不具备复杂问题的解决能力,就无法完成整家维度的竞争。

二、行业内上市公司发展概况

(一)行业内上市公司基本情况

制造业

表1　　　　　　　　　2021年家具制造业上市公司发行股票概况

门类	总数		沪深主板		创业板		科创板		北交所	
	家数	市值（亿元）	家数	市值（亿元）	家数	市值（亿元）	家数	市值（亿元）	家数	市值（亿元）
家具制造业	28	2901.48	21	2606.64	5	265.60	0	0	2	29.23
占沪深北三市比重（％）	0.60	0.32	0.45	0.28	0.11	0.03	0	0	0.04	0.01

资料来源：沪深北交易所，同花顺。

（二）行业内上市公司构成情况

表2　　　　　　　　　2021年家具制造业上市公司构成情况

门类	沪市			深市			北交所	总计	ST/﹡ST
	主板	科创板	合计	主板	创业板	合计			
家具制造业（家）	16	0	16	5	5	10	2	28	0/0
占行业内上市公司比重（％）	57.14	0.00	57.14	17.86	17.86	35.71	7.14	100.00	0/0

资料来源：沪深北交易所，同花顺。

（三）行业内上市公司融资情况

表3　　　　　　2021年家具制造业上市公司与沪深两市融资情况对比　　　　　　单位：家

门类	融资家数	新股	增发	配股
家具制造业	7	4	3	0
沪深两市总数	1032	524	502	7
占比（％）	0.68	0.76	0.60	0

资料来源：沪深北交易所，同花顺。

其中，首发的4家公司中，有1家在主板上市，2家在创业板上市，1家在北交所上市；增发的3家公司中，有1家沪市、2家深市公司。

从融资效果看，上述公司实际发行数量为18670.86万股；实际募集资金46.40亿元，基本完成了融资计划。

（四）行业内上市公司资产及业绩情况

表4　　2021年家具制造业上市公司资产情况　　单位：亿元

指标	2021年	2021年可比样本增长（%）	2020年	2020年可比样本增长（%）	2019年
总资产	1539.09	20.17	1368.32	14.46	1265.52
流动资产	818.42	17.51	735.35	18.37	661.58
占比（%）	53.18	-1.20	53.74	1.78	52.28
非流动资产	720.67	23.34	632.97	10.22	603.94
占比（%）	46.82	1.20	46.26	-1.78	47.72
流动负债	637.28	29.00	553.23	25.58	469.77
占比（%）	41.41	2.83	40.43	3.58	37.12
非流动负债	151.82	62.09	96.88	-6.04	107.47
占比（%）	9.86	2.55	7.08	-1.54	8.49
归属于母公司股东权益	734.30	10.11	692.15	9.92	666.17
占比（%）	47.71	-4.36	50.58	-2.09	52.64

资料来源：沪深北交易所，同花顺。

表5　　2021年家具制造业上市公司收入实现情况　　单位：亿元

指标	2021年	2021年可比样本增长（%）	2020年	2020年可比样本增长（%）	2019年
营业收入	1292.38	31.14	951.6	8.62	931.8
利润总额	79.24	-29.32	78.33	-18.8	102.77
归属于母公司所有者的净利润	65.08	-29.11	56.33	-29.25	85.27

资料来源：沪深北交易所，同花顺。

（五）利润分配情况

2021年全年家具制造业上市公司中共有19家公司实施了分红配股。其中，6家上市公司实施送股或转增股，19家上市公司实施派息，其中6家公司既实施了送股、转增又实施了派息。

（六）其他财务指标情况

1. 盈利能力指标

表6　　2021年家具制造业上市公司盈利能力情况

指标	2021年	2021年可比样本变动	2020年	2020年可比样本变动	2019年
毛利率（%）	29.43	-3.81	34.09	-1.48	35.59
净资产收益率（%）	8.86	-4.90	8.14	-4.5	12.8
销售净利率（%）	5.04	-4.47	6.12	-3.16	9.32
资产净利率（%）	4.62	-3.38	4.54	-2.71	7.33

资料来源：沪深北交易所，同花顺。

2. 偿债能力指标

表7　　　　　　　　2021年家具制造业上市公司偿债能力指标

指标	2021年	2021年可比样本变动	2020年	2020年可比样本变动	2019年
流动比率	1.28	-0.13	1.33	-0.08	1.41
速动比率	0.97	-0.13	1.02	-0.05	1.08
资产负债率（%）	51.27	5.39	47.51	2.04	45.61

资料来源：沪深北交易所，同花顺。

3. 营运能力指标

表8　　　　　　　　2021年家具制造业上市公司营运能力情况　　　　　单位：次

营运能力指标	2021年	2021年可比样本变动	2020年	2020年可比样本变动	2019年
存货周转率	5.15	0.24	3.95	-0.18	4.19
应收账款周转率	10.56	0.87	8.08	0.19	7.15
流动资产周转率	1.71	0.12	1.4	-0.1	1.51
固定资产周转率	4.02	0.42	3.6	-0.21	3.55
总资产周转率	0.92	0.08	0.74	-0.04	0.79
净资产周转率	1.79	0.26	1.39	-0.06	1.46

资料来源：沪深北交易所，同花顺。

三、重点上市公司介绍

欧派家居

欧派家居成立于1994年，是国内领先的一站式高品质家居综合服务商。公司主要从事全屋家居产品的个性化设计、研发、生产、销售、安装和室内装饰服务。公司由定制橱柜起步，并从橱柜向全屋产品延伸，覆盖整体厨房、整体衣柜（全屋定制）、整体卫浴、定制木门系统、金属门窗、软装、家具配套等整体家居产品。

2021年公司实现营收204.42亿元，同比增长38.68%；实现归母净利润26.66亿元，同比增长29.23%；实现扣非后归母净利润25.10亿元，同比增长29.72%。

分品类看，衣柜及配套家具产品实现营业收入101.7亿元，同比增长49.5%，为公司第一大收入；厨柜实现营业收入75.3亿元，同比增长24.2%，2021年公司厨柜新开及新装门店超过1300家，同时公司推动厨柜整装业务发展，零售经销商合作装企超过3000家；木门业务通过品牌塑造、渠道深化和模式创新，2021年实现营业收入12.4亿元，同比增长

60.4%；卫浴实现营业收入9.9亿元，同比增长33.7%，公司卫浴业务高增预计主要为开店贡献，截至2021年年末，欧派卫浴门店805家，较期初净增217家，增长幅度为36.9%；其他主营业务实现营业收入2.2亿元，同比增长64.4%。

2021年，由于原材料价格上涨影响，公司毛利率同比下降3.4个百分点至31.6%，衣柜及配套家具产品、厨柜、卫浴、木门毛利率分别为32.2%、34.4%、25.4%、13.8%，同比下滑4.2个、1.8个、1.3个、0.1个百分点。2021年公司期间费用率合计下降2.6个百分点至16.2%，其中销售、管理、研发、财务费用率为6.8%、5.5%、4.4%、-0.6%，同比均下降1.0个、1.0个、0.3个、0.3个百分点。2021年公司销售净利率为13.0%，同比下滑1.0个百分点。

四、上市公司在行业中的影响力

上市公司市场份额持续提高：2019~2021年上市公司总资产占行业总体比重由18.03%逐年提高至23.07%，营业收入占比由12.05%提高至16.15%。家具企业线下渠道占比高，疫情对中小企业经营环境产生较大负面影响，以及行业进入多品类融合、整装公司拓展、线上线下渠道融合阶段，使得行业竞争维度升级，中小企业突围难度较大。上市公司体量大，在品牌知名度、产品质量及交付时间、渠道布局方面较为领先，资金较为充裕，风险抗性较强，市场份额不断集中。

表9　家具制造业行业2019~2021年总资产、营业收入、利润总额及上市公司占比

指标	2021年		2020年		2019年	
	行业总体	上市公司占比	行业总体	上市公司占比	行业总体	上市公司占比
总资产（亿元）	6672.10	23.07%	6347.90	20.18%	5891.80	18.03%
营业收入（亿元）	8004.60	16.15%	6875.40	14.33%	7117.20	12.05%
利润总额（亿元）	433.70	18.27%	417.70	26.84%	462.70	22.43%

资料来源：沪深北交易所，同花顺。

撰稿人：张　萌
审稿人：王　玛

造纸及纸制品业

一、造纸及纸制品业总体概况

2021年，造纸及纸制品行业投资规模稳健成长，全年行业累计固定资产投资同比上升13.3%。全行业规模以上企业6746家，资产总额15791.2亿元，同比增长4.38%；实现营业收入15006.2亿元，同比上涨15.32%；实现利润总额884.8亿元，同比上涨7.03%；整体毛利率18.14%，较2020年同期下降1.88个百分点；销售净利率6.76%，较2019年同期下降0.74个百分点，行业整体盈利能力较为稳定。

二、行业内上市公司发展概况

（一）行业内上市公司基本情况

表1　　　　2021年造纸及纸制品业上市公司发行股票概况

门类	总数		沪深主板		创业板		科创板		北交所	
	家数	市值（亿元）	家数	市值（亿元）	家数	市值（亿元）	家数	市值（亿元）	家数	市值（亿元）
造纸和纸制品业	36	3070.20	33	2918.30	3	151.90	0	0	0	0
占沪深北三市比重（%）	0.77	0.33	0.70	0.32	0.06	0.02	0	0	0	0

资料来源：沪深北交易所，同花顺。

（二）行业内上市公司构成情况

表2　　　　2021年造纸及纸制品业上市公司构成情况

门类	沪市			深市			北交所	总计	ST/*ST
	主板	科创板	合计	主板	创业板	合计			
造纸和纸制品业（家）	19	0	19	14	3	17	0	36	1/0
占行业内上市公司比重（%）	52.78	0	52.78	38.89	8.33	47.22	0	100.00	2.78/0

资料来源：沪深北交易所，同花顺。

（三）行业内上市公司融资情况

表3　　　　2021年造纸及纸制品业上市公司与沪深两市融资情况对比　　　　单位：家

门类	融资家数	新股	增发	配股
造纸及纸制品业	4	3	1	0
沪深两市总数	1032	524	502	7
占比（%）	0.39	0.57	0.20	0

资料来源：沪深北交易所，同花顺。

其中，首发的3家公司中，有1家在深主板上市，2家在创业板上市；增发的1家公司中，有1家沪市。

从融资效果看，上述公司实际发行数量为70759.51万股；实际募集资金40.96亿元，基本完成了融资计划。

（四）行业内上市公司资产及业绩情况

表4　　　　2021年造纸及纸制品业上市公司资产情况　　　　单位：亿元

指标	2021年	2021年可比样本增长（%）	2020年	2020年可比样本增长（%）	2019年
总资产	3644.84	5.93	3403.82	5.97	3174.96
流动资产	1590.17	6.27	1477.64	2.95	1419.87
占比（%）	43.63	0.14	43.41	-1.27	44.72
非流动资产	2054.67	5.66	1926.18	8.41	1755.09
占比（%）	56.37	-0.14	56.59	1.27	55.28
流动负债	1538.94	8.80	1400.49	1.87	1367.53
占比（%）	42.22	1.12	41.14	-1.66	43.07
非流动负债	410.08	-3.68	424.1	-1.64	432.26
占比（%）	11.25	-1.12	12.46	-0.96	13.61
归属于母公司股东权益	1600.83	4.48	1511.35	11.55	1325.61
占比（%）	43.92	-0.61	44.4	2.22	41.75

资料来源：沪深北交易所，同花顺。

表5　　　　2021年造纸及纸制品业上市公司收入实现情况　　　　单位：亿元

指标	2021年	2021年可比样本增长（%）	2020年	2020年可比样本增长（%）	2019年
营业收入	2458.07	24.13	1943.69	5.12	1773.44
利润总额	190.59	7.57	170.83	23.44	120.54
归属于母公司所有者的净利润	161.44	12.62	138.15	18.97	99.89

资料来源：沪深北交易所，同花顺。

(五) 利润分配情况

2021年全年造纸及纸制品业上市公司中共有27家公司实施了分红配股。其中，1家上市公司实施转增股，27家上市公司实施派息。

(六) 其他财务指标情况

1. 盈利能力指标

表6　　　　　　　　　2021年造纸及纸制品业上市公司盈利能力情况

指标	2021年	2021年可比样本变动	2020年	2020年可比样本变动	2019年
毛利率（%）	18.14	-1.88	20.22	-0.81	21.19
净资产收益率（%）	10.09	0.73	9.14	0.57	7.54
销售净利率（%）	6.76	-0.74	7.37	0.99	5.73
资产净利率（%）	4.69	0.21	4.33	0.6	3.24

资料来源：沪深北交易所，同花顺。

2. 偿债能力指标

表7　　　　　　　　　2021年造纸及纸制品业上市公司偿债能力指标

指标	2021年	2021年可比样本变动	2020年	2020年可比样本变动	2019年
流动比率	1.03	-0.02	1.06	0.01	1.04
速动比率	0.78	-0.04	0.82	0	0.83
资产负债率（%）	53.47	-0.01	53.6	-2.62	56.69

资料来源：沪深北交易所，同花顺。

3. 营运能力指标

表8　　　　　2021年造纸及纸制品业上市公司营运能力情况　　　　　单位：次

营运能力指标	2021年	2021年可比样本变动	2020年	2020年可比样本变动	2019年
存货周转率	5.63	0.57	4.96	0.3	4.61
应收账款周转率	8.27	0.78	7.39	0.24	6.98
流动资产周转率	1.59	0.24	1.33	0.03	1.26
固定资产周转率	1.84	0.19	1.54	-0.12	1.61
总资产周转率	0.69	0.10	0.59	0	0.57
净资产周转率	1.49	0.17	1.3	-0.07	1.33

资料来源：沪深北交易所，同花顺。

三、重点上市公司介绍

太阳纸业主要从事非涂布文化用纸、铜版纸、牛皮箱板纸、特种纸等纸及纸制品和木浆的生产和销售。太阳纸业是中国最大的民营造纸企业、中国500强企业之一。

2021年，公司实现营业收入319.97亿元，同比提升48.21%；归属于上市公司股东的净利润为29.57亿元，同比提升51.39%；实现每股收益1.11元。公司营收及盈利能力提升主要系上半年产品量价齐升景气度较好。毛利率为17.37%，同比下滑2.07个百分点；销售净利率9.16%，同比提升0.25个百分点；净资产收益率15.78%，同比提升3.66个百分点。

2021年年末，公司的资产负债率为55.98%，同比上升1.26个百分点。

四、上市公司在行业中的影响力

从行业整体情况看，2021年行业总资产、营业收入和利润总额分别为15791.20亿元、15006.20亿元和884.80亿元，上市公司占比分别为23.08%、16.38%和21.54%。对行业影响力逐步提升。

表9　造纸及纸制品业2019~2021年总资产、营业收入、利润总额及上市公司占比

指标	2021年		2020年		2019年	
	行业总体	上市公司占比	行业总体	上市公司占比	行业总体	上市公司占比
总资产（亿元）	15791.20	23.08%	15128.40	22.87%	15070.80	21.08%
营业收入（亿元）	15006.20	16.38%	13012.70	15.25%	13370.10	13.27%
利润总额（亿元）	884.80	21.54%	826.70	21.02%	681.90	17.73%

资料来源：沪深北交易所，同花顺。

撰写人：洪百慧
审稿人：史凡可

印刷和记录媒介复制业

一、印刷和记录媒介复制业总体概况

2021年,印刷和记录媒介复制业规模以上工业企业6579家,资产总额6761.10亿元,同比增长7.87%;实现营业收入7442.30亿元,同比增长14.99%;实现利润总额428.40亿元,同比增长2.93%。整体毛利率为16.06%,较2020年同期下降0.58个百分点;销售利润率为5.76%,较2020年同期下降0.67个百分点。行业整体盈利能力保持稳定。

二、行业内上市公司发展概况

(一)行业内上市公司基本情况

表1　2021年印刷和记录媒介复制业上市公司发行股票概况

门类	总数		沪深主板		创业板		科创板		北交所	
	家数	市值(亿元)	家数	市值(亿元)	家数	市值(亿元)	家数	市值(亿元)	家数	市值(亿元)
印刷和记录媒介复制业	14	844.45	14	844.45	0	0	0	0	0	0
占沪深北三市比重(%)	0.30	0.09	0.30	0.09	0	0	0	0	0	0

资料来源:沪深北交易所,同花顺。

(二)行业内上市公司构成情况

表2　2021年印刷和记录媒介复制业上市公司构成情况

门类	沪市			深市			北交所	总计	ST/*ST
	主板	科创板	合计	主板	创业板	合计			
印刷和记录媒介复制业(家)	5	0	5	9	0	9	0	14	0/0
占行业内上市公司比重(%)	35.71	0	35.71	64.29	0	64.29	0	100.00	0/0

资料来源:沪深北交易所,同花顺。

(三)行业内上市公司融资情况

表3　　　2021年印刷和记录媒介复制业上市公司与沪深两市融资情况对比　　　单位：家

门类	融资家数	新股	增发	配股
印刷和记录媒介复制业	1	0	1	0
沪深两市总数	1032	524	502	7
占比（%）	0.10	0	0.20	0

资料来源：沪深北交易所，同花顺。

其中，未有公司首发上市；有1家沪市公司进行增发融资。

从融资效果看，上述公司实际发行数量为20132.01万股；实际募集资金12.20亿元，基本完成了融资计划。

(四)行业内上市公司资产及业绩情况

表4　　　2021年印刷和记录媒介复制业上市公司资产情况　　　单位：亿元

指标	2021年	2021年可比样本增长（%）	2020年	2020年可比样本增长（%）	2019年
总资产	412.57	12.96	365.23	1.68	372.89
流动资产	199.20	15.09	173.07	-1.36	185.33
占比（%）	48.28	0.90	47.39	-1.46	49.70
非流动资产	213.38	11.03	192.15	4.57	187.56
占比（%）	51.72	-0.90	52.61	1.46	50.30
流动负债	103.03	21.55	84.77	-11.26	102.91
占比（%）	24.97	1.76	23.21	-3.38	27.60
非流动负债	20.06	29.55	15.46	7.91	14.17
占比（%）	4.86	0.62	4.23	0.24	3.80
归属于母公司股东权益	278.36	9.25	254.80	6.82	244.52
占比（%）	67.47	-2.29	69.76	3.36	65.57

资料来源：沪深北交易所，同花顺。

表5　　　2021年印刷和记录媒介复制业上市公司收入实现情况　　　单位：亿元

指标	2021年	2021年可比样本增长（%）	2020年	2020年可比样本增长（%）	2019年
营业收入	192.69	7.86	178.65	3.26	193.06
利润总额	30.44	26.93	23.98	-19.12	32.51
归属于母公司所有者的净利润	25.98	31.61	19.74	-15.11	25.69

资料来源：沪深北交易所，同花顺。

（五）利润分配情况

2021年全年印刷和记录媒介复制业上市公司中共有8家公司实施了分红配股。其中，3家上市公司实施送股或转增股，8家上市公司实施派息，其中3家公司既实施了送股、转增又实施了派息。

（六）其他财务指标情况

1. 盈利能力指标

表6　　2021年印刷和记录媒介复制业上市公司盈利能力情况

指标	2021年	2021年可比样本变动	2020年	2020年可比样本变动	2019年
毛利率（%）	27.39	-0.84	28.23	-6.51	36.74
净资产收益率（%）	9.33	1.59	7.75	-2	10.51
销售净利率（%）	13.65	2.24	11.4	-2.87	14.15
资产净利率（%）	6.76	1.14	5.62	-1.54	7.7

资料来源：沪深北交易所，同花顺。

2. 偿债能力指标

表7　　2021年印刷和记录媒介复制业上市公司偿债能力指标

指标	2021年	2021年可比样本变动	2020年	2020年可比样本变动	2019年
流动比率	1.93	-0.11	2.04	0.21	1.8
速动比率	1.54	-0.14	1.68	0.31	1.36
资产负债率（%）	29.83	2.39	27.44	-3.14	31.4

资料来源：沪深北交易所，同花顺。

3. 营运能力指标

表8　　2021年印刷和记录媒介复制业上市公司营运能力情况　　单位：次

营运能力指标	2021年	2021年可比样本变动	2020年	2020年可比样本变动	2019年
存货周转率	3.96	0.54	3.42	0.84	2.75
应收账款周转率	5.57	0.72	4.86	0.51	4.61
流动资产周转率	1.04	0.01	1.03	0	1.1
固定资产周转率	2.38	0.18	2.02	-0.03	2.21
总资产周转率	0.50	0.00	0.49	-0.01	0.54
净资产周转率	0.70	0.00	0.69	-0.03	0.79

资料来源：沪深北交易所，同花顺。

三、重点上市公司介绍

东风股份

东风股份是国内烟标印刷领域的领军企业，主营业务为烟标印刷，同时涵盖纸品、基膜、油墨、涂料、电化铝、镭射膜、镭射转移纸，酒包、药包等中高端印刷包装设计与生产的全产业链条。

2021年，公司实现营业收入38.05亿元，同比增长23.97%；归属于上市公司股东的净利润为7.85亿元，同比增长43.39%；实现每股收益0.57元。毛利率为31.62%，同比下滑5.45个百分点；销售净利率为20.60%，同比增长2.85个百分点；净资产收益率为15.12%，同比增长0.85个百分点。

2021年年末，公司的资产负债率为22.75%，同比下滑5.11个百分点。

四、上市公司在行业中的影响力

从行业整体情况来看，2021年行业总资产、营业收入、利润总额分别为6761.1亿元、7442.3亿元和428.4亿元，同比增长7.9%、15.0%、2.9%，其中上市公司占比分别为6.10%、2.59%和7.11%。在行业总体情况中占比较小，对行业影响力有限。

撰稿人：赵中平
审稿人：朱卫华

文教、工美、体育和娱乐用品制造业

一、文教、工美、体育和娱乐用品制造业总体概况

（一）行业整体运行情况

文教、工美、体育和娱乐用品制造业，含文教办公用品制造、乐器制造、工艺美术及礼仪用品制造、体育用品制造、玩具制造、游艺器材及娱乐用品制造6个行业中类，33个行业小类。2021年行业规模以上企业营业收入和利润总额达到14364、775亿元，同比增长15.6%、20.3%。

（二）细分行业运行概况

1. 文教办公用品制造

广义的文教办公行业可以分为两类：传统文具行业和大办公行业，主要客户是目前的2.91亿在校学生和4.69亿的办公人群。按照消费品类可以分为文具制造、笔的制造、教学用模型及教具制造、墨水

墨汁制造及其他文教用品制造五个细分行业。

随着文教市场需求的增加，我国文教企业数量逐渐增多，文教行业迎来高速发展。如今受电子办公、无纸化学习等因素影响，我国文教行业整体增速放缓，呈现出稳定小幅增长的走势。在市场需求推动以及生产企业工艺技术水平的提升进步之下，近年来，我国文具行业总产值整体稳定上升。

以文具行业为例，我国文具行业所处企业数量超过8000家，规模以上文具生产企业达到1500家，大部分集中在长三角和珠三角区域。在众多文具生产企业中销售额超过1000万元的占比仅10%，而年销售量能达到10亿元量级的仅有得力集团、晨光文具、齐心集团、广博股份和真彩文具等极少数企业。当前我国文具行业市场格局较为分散，行业集中度较低，市场竞争形势激烈。2021年国内文具行业重点企业得力集团、晨光股份、齐心文具、华茂集团、乐美文具的市场份额分别为9.7%、8.4%、7.2%、5.1%、0.8%，CR5达到了31.2%。

随着国民经济水平不断提高，社会消费持续升级，国内市场对中高端文具的消费需求持续增加，过去以低端产品为主的市场格局将迎来改变。同时国内文具企业以市场需求为导向，加大研发投入，开发出更多新颖、满足消费者个性化需求和良好体验感的文具产品，为质优价高的中高端文具产品争取更多发展机遇和市场空间。头部龙头企业因其渠道铺设，品牌影响、研发能力将在未来消费升级的市场中更具有竞争力，市场集中度将会提升，市场份额向头部集中。

2. 乐器制造业

乐器制造包括中国民族乐器、西洋乐器、电子乐器等各种乐器，以及各种乐器零部件和配套产品的制造。民族乐器在制作上多选择天然材料，金、石、丝、竹、革、木是我国民族乐器制作的六种重要材料，人们常用"六音"概称我国传统的民族器乐。西洋乐器多以金属为材质，如黄铜、红黄铜、白铜、铸铁等，并采用各种标准化木料，结构相对复杂。

乐器的消费者由个人、演艺市场以及音乐教育机构构成，其中主要消费群体为青少年音乐爱好者，该群体占据消费群体约70%，以考学、培养兴趣爱好为目的。随着生活水平的提高和生活理念的改变，成年乐器消费者的数量也在逐渐增加，近年来，随着国内宏观经济的稳定发展，中国乐器制造业的市场规模稳定增长。

我国乐器制造业起步较早，经过多年发展，部分细分赛道已走出了龙头企业。我国乐器制造业偏向于出口型产业，目前以出口为主。2017~2021年，乐器出口额保持迅猛增长，即使是市场规模遭遇重创的2020年，我国乐器出口额仍保持增长。2017~2021年乐器出口额由15.48亿美元增长至23.41亿美元，复合增长率达到10.9%。进口方面，乐器进口主要集中在高端乐器，如高端钢琴等，随着国内品牌的崛起，品牌认同度的提升，"国货"替代进口，消费者在乐器选择上更偏向于国产品牌,乐器进口额与出口额比例有下降趋势。

3. 工艺美术及礼仪用品制造

按照国家统计局工业行业划分标准,工艺美术及礼仪用品制造产业分为雕塑工艺品、金属工艺品、漆器工艺品、天然植物纤维编织工艺品、抽纱刺绣工艺品、地毯挂毯工艺品、珠宝首饰及相关物品、其他工艺美术及礼仪用品,共九大类。

受疫情因素影响,近年来国内旅游与文化消费市场低迷,产业面临下行压力。2021年工艺美术及礼仪用品制造行业整体保持平稳向好态势,全年营业收入8906.9亿元,同比增长14.3%。其中,珠宝首饰及有关物品制造、其他工艺美术及礼仪用品制造、雕塑工艺品制造分别占比40.8%、18.3%、14.2%。珠宝首饰及有关物品制造同比增长23.3%,增长最快,其次是金属工艺品制造,同比增长15.5%。2021年规模以上企业平均营业收入前三行业为珠宝首饰及有关物品制造、金属工艺品制造、天然植物纤维编织工艺品制造,分别为8.06亿元、1.56亿元、0.88亿元。

2021年工艺美术及礼仪用品制造全行业规模以上企业利润总额为465.6亿元,同比增长18.7%。其中,珠宝首饰及有关物品制造利润额最高,为128.9亿元,同比增长24.3%。金属工艺品制造同比增长30.4%,增幅最大。从企业亏损情况来看,2021年全行业规模以上亏损企业共626个,同比减少4.6%,亏损总额22.5亿元,同比减少28.3%。其中,珠宝首饰及有关物品制造亏损总额最高,共亏损6.7亿元,占全行业亏损总额的30%。

从行业内企业分布情况来看,全国工艺美术及礼仪用品制造业规模以上企业共计4839个,主要集中在其他工艺美术及礼仪用品制造领域,约占全行业企业总数的34.1%。其次是雕塑工艺品制造类企业,约占17.3%。

随着互联网与电商经营模式的迅速发展,工艺美术及礼仪用品制造企业都在寻求数字化转型,积极探索"创意+"新模式,通过直播、VR等技术手段拉进与年轻群体的距离,实现个性化定制与精准化营销。同时传统工艺实体店亟需转型升级,通过搭建数字公共服务平台,加强大数据运用,提高门店运营效率,完善消费者体验。

4. 体育用品制造业

体育用品制造行业包括球类制造、专项运动器材及配件制造、健身器材制造、运动防护用具制造、其他体育用品制造,其中占比最高的是专项运动器材及配件制造。

体育用品制造行业是整个体育产业的上游行业,其与体育产业息息相关。随着我国体育强国方针的不断推进和政策端对于发展体育产业的重视,虽2020年受疫情影响下降7.2%,但在2021年成功突破3万亿元大关,达到3.1万亿元。受益于整体行业繁荣,体育用品制造增长值也从2016年的2861亿元增长至2021年的3433亿元,年复合增长率为3.4%。

历经三十余年发展，我国体育用品制造业已经从原先纯粹的"委托加工""贴牌生产"的劳动密集型工厂发展成为有一个成熟完整上下游产业链的行业。在低端市场领域，参与者大多是中小企业，行业竞争较为激烈。以舒华体育、金陵体育为代表的企业加大研发投入，逐渐打造自己的品牌，逐渐在中端立稳脚跟，向高端进发，虽与国际一线品牌仍有所差距，但已经加入全球体育用品的竞争中。伴随着疫情的结束，线下体育活动和体育赛事的有序开展，体育用品制造将迎来新发展。

5. 玩具制造业

玩具品类繁多，按主要材质可分为塑胶玩具、毛绒玩具、布制玩具、木制玩具、金属玩具、纸质玩具等；按主要功能，可以分为益智玩具、机动玩具、电动玩具、电子玩具、智能玩具等；按照和动漫关联关系，可以分为动漫玩具和非动漫玩具。

随着我国玩具制造业持续发展，零售规模稳定增长，行业发展态势良好，市场空间不断拓展。2021年我国玩具市场零售额为855亿元，较2020年上升75亿元，同比增长9.6%，呈现小幅增长趋势。玩具根据品类可细分为游戏围栏、手办、拼插积木、盲盒等，根据2021年天猫平台玩具销售情况，除游戏围栏类产品均价达457.4元外，其余品类产品均价均不超过300元，中位数呈现百元以下趋势。

在出口方面，我国是全球最大的玩具生产国和出口国，出口规模呈现逐年上升趋势，成为助推我国玩具市场蓬勃发展的重要一环。2021年我国玩具（不含游戏）出口额达461.2亿美元，同比增长37.7%，出口保持持续增长。2021年，我国玩具（不含游戏）第一出口目的地为美国，出口额为130.8亿美元，占比27.1%，呈现显著占比优势。

我国玩具行业目前市场格局较为分散，国产玩具品牌的市占率和影响力在国内仍整体偏弱。大多为中小企业，产业集中度较低，中低端市场竞争较为激烈。根据国家统计局统计，截至2021年年底，我国总人口为14.13亿元，其中0~14周岁人数为2.47亿元，占总人口的比重约为17.47%。构成了庞大的玩具消费群体，下游市场需求巨大。在全面二孩、三孩政策的相继实施及继续全面深化改革开放的大背景下，消费水平的提升、婴幼儿早教需求升级以及年轻一代父母消费观念的转变预计带来我国儿童玩具更为广阔的未来市场。随着互联网技术、人工智能蓬勃发展，智能化终端的快速应用，智能类、互动类产品越来越受欢迎，有望继续引领市场向高水平、健康的方向发展。

6. 游艺器材及娱乐用品制造业

游艺器材及娱乐用品制造业主要包括露天游乐场所游乐设备制造和游艺用品及室内游艺器材制造等。露天游乐场所游乐设备制造指主要安装在公园、游乐园、水上乐园、儿童乐园等露天游乐场所的电动及非电动游乐设备和游艺器材的制造。游艺用品及室内游艺器材制造指主要供室内、桌上等游艺及娱乐场所使用的游乐设备、游艺器材和游艺娱乐用品,以及主要安装在室内游乐场所的电子游乐设备的制造。

2021年上半年中国游艺器材及娱乐用品制造业营业收入已完成233.38亿元。随着中国游艺器材及娱乐用品制造业营业收入的增加,利润总额也随之增长,2020年中国游艺器材及娱乐用品制造业利润总额达27.13亿元,较2019年增加了3.05亿元,同比增长12.7%,2021年上半年中国游艺器材及娱乐用品制造业利润总额已完成11.98亿元。

游戏游艺设备生产型企业较多,大多为中小企业,产业集中度较低,中低端市场竞争较为激烈。国内厂商大部分缺乏研发能力,产品结构单一,主要集中在技术复杂度相对较低的常规产品,产品同质化竞争较为严重,主要定位于中低端市场。未来,随着行业监管完善以及消费市场的扩大,中国游艺行业将迎来发展的良机。下游行业交易规模增长,居民消费水平的提高为游艺用品的市场需求提供经济基础,为游艺用品及室内游艺器材行业提供新的发展动力。

二、行业内上市公司发展概况

(一)行业内上市公司基本情况

表1　2021年文教、工美、体育和娱乐用品制造业上市公司发行股票概况

门类	总数		沪深主板		创业板		科创板		北交所	
	家数	市值(亿元)	家数	市值(亿元)	家数	市值(亿元)	家数	市值(亿元)	家数	市值(亿元)
文教、工美、体育和娱乐用品制造业	21	1511.57	15	1328.79	6	182.78	0	0	0	0
占沪深北三市比重(%)	0.45	0.16	0.32	0.14	0.13	0.02	0	0	0	0

资料来源:沪深北交易所,同花顺。

(二)行业内上市公司构成情况

表2　2021年文教、工美、体育和娱乐用品制造业上市公司构成情况

门类	沪市			深市			北交所	总计	ST/*ST
	主板	科创板	合计	主板	创业板	合计			
文教、工美、体育和娱乐用品制造业(家)	4	0	4	11	6	17	0	21	0/1
占行业内上市公司比重(%)	19.05	0	19.05	52.38	28.57	80.95	0	100.00	0/4.76

资料来源:沪深北交易所,同花顺。

（三）行业内上市公司融资情况

表3　　2021年文教、工美、体育和娱乐用品制造业上市公司与沪深两市融资情况对比　　单位：家

门类	融资家数	新股	增发	配股
文教、工美、体育和娱乐用品制造业	4	1	3	0
沪深两市总数	1032	524	502	7
占比（%）	0.39	0.19	0.60	0.00

资料来源：沪深北交易所，同花顺。

其中，首发的1家公司在创业板上市；增发的3家公司中，有2家深市、1家沪市公司。

按行业大类划分，进行融资的4家公司均为文教、工美、体育和娱乐用品制造业。

从融资效果看，上述公司实际发行数量为25556.81万股；实际募集资金15.32亿元，基本完成了融资计划。

（四）行业内上市公司资产及业绩情况

表4　　2021年文教、工美、体育和娱乐用品制造业上市公司资产情况　　单位：亿元

指标	2021年	2021年可比样本增长（%）	2020年	2020年可比样本增长（%）	2019年
总资产	670.94	1.75	444.22	11.51	395.62
流动资产	466.00	0.78	283.6	19.41	230.15
占比（%）	69.45	-0.67	63.84	4.22	58.17
非流动资产	204.93	4.03	160.62	-0.14	165.47
占比（%）	30.54	0.67	36.16	-4.22	41.83
流动负债	296.30	2.20	171.06	22.98	139.25
占比（%）	44.16	0.19	38.51	3.59	35.2
非流动负债	35.96	46.92	6.77	-10.74	10.28
占比（%）	5.36	1.65	1.52	-0.38	2.6
归属于母公司股东权益	336.49	-1.68	262.33	6.33	240.36
占比（%）	50.15	-1.75	59.05	-2.88	60.76

资料来源：沪深北交易所，同花顺。

表5　　2021年文教、工美、体育和娱乐用品制造业上市公司收入实现情况　　单位：亿元

指标	2021年	2021年可比样本增长（%）	2020年	2020年可比样本增长（%）	2019年
营业收入	518.60	17.25	337.75	10.32	288.49
利润总额	-5.41	77.58	21.26	-16.66	24.85
归属于母公司所有者的净利润	-8.29	67.76	17.29	-19.16	20.07

资料来源：沪深北交易所，同花顺。

（五）利润分配情况

2021年全年文教、工美、体育和娱乐用品制造业上市公司中共有11家公司实施了分红配股。其中，2家上市公司实施送股或转增股，11家上市公司实施派息，其中2家公司既实施了送股、转增又实施了派息。

（六）其他财务指标情况

1. 盈利能力指标

表6　2021年文教、工美、体育和娱乐用品制造业上市公司盈利能力情况

指标	2021年	2021年可比样本变动	2020年	2020年可比样本变动	2019年
毛利率（%）	19.28	-2.74	24.67	-4.08	30.08
净资产收益率（%）	-2.46	5.05	6.59	-2.08	8.35
销售净利率（%）	-1.77	4.46	4.92	-1.95	7.18
资产净利率（%）	-1.38	2.81	3.94	-1.53	5.41

资料来源：沪深北交易所，同花顺。

2. 偿债能力指标

表7　2021年文教、工美、体育和娱乐用品制造业上市公司偿债能力指标

指标	2021年	2021年可比样本变动	2020年	2020年可比样本变动	2019年
流动比率	1.57	-0.02	1.66	-0.05	1.65
速动比率	1.04	-0.02	1.33	0	1.29
资产负债率（%）	49.52	1.84	40.03	3.21	37.8

资料来源：沪深北交易所，同花顺。

3. 营运能力指标

表8　2021年文教、工美、体育和娱乐用品制造业上市公司营运能力情况　　单位：次

营运能力指标	2021年	2021年可比样本变动	2020年	2020年可比样本变动	2019年
存货周转率	2.67	0.45	4.67	0.3	4.26
应收账款周转率	4.40	0.67	5.22	-1.02	6.47
流动资产周转率	1.12	0.13	1.3	-0.04	1.31
固定资产周转率	6.20	0.67	4.91	-0.09	5.27
总资产周转率	0.78	0.11	0.8	0.01	0.75
净资产周转率	1.52	0.28	1.3	0.03	1.21

资料来源：沪深北交易所，同花顺。

三、重点上市公司介绍

晨光股份

晨光文具成立于2008年，于2015年在上海证券交易所成功上市，后将公司证券简称由"晨光文具"变更为"晨光股份"。公司主要从事晨光及所属品牌书写工具、学生文具、办公文具及其他产品等的设计、研发、制造和销售以及互联网和电子商务平台晨光科技；新业务主要是零售大店业务九木杂物社、晨光生活馆和办公直销业务晨光科力普。公司是文具行业"自主品牌+内需市场"的领跑者，率先在竞争激烈的内需市场确立了自主品牌销售的龙头地位。公司不断拓展新业务模式，通过高端化、线上提升等战略举措，数字化、MBS、兼并购等战略支撑，实现"让学习和工作更快乐更高效"的使命，向"世界级晨光"迈进。2015~2021年收入从37.49亿元提升至176.07亿元，CAGR为29.40%；归母净利润从4.23亿元提升至15.18亿元，CAGR为25.72%，业绩稳健成长，ROE稳定超20%。

撰稿人：李　旻　吴劲草
审稿人：董岚枫　王　勇

石油加工、炼焦及核燃料加工业

一、石油加工、炼焦及核燃料加工业总体概况

（一）行业整体运行情况

截至2021年年底，全国石油加工、炼焦和核燃料加工业规模以上企业数量为2229家，其中421家出现亏损，平均亏损金额为8259万元。石油加工、炼焦及核燃料加工行业资产合计41344.07亿元，较2020年增加10.44%；实现销售收入5069.9亿元，较2020年增加41.78%；完成利润总额2738.32亿元，较2020年增加164.59%。

（二）细分行业运行概况

截至2021年年底，全国规模以上石油加工企业数量为2139家，全国原油加工量7.0亿吨，较2020年的6.7亿吨增加4.32%；汽油产量1.5亿吨，较2020年增加17.35%；煤油产量3943.9万吨，较2020年的4049.4万吨增加2.61%；行业实现利润总额2678.60亿元，较2020年的868.50亿元增加208.42%。炼焦行业焦炭产量4.7亿吨，较2020年减少1.42%，基本持平。核燃料加工业受益于核能发电量平稳提升，2021年全国核能发电量4075.2亿千瓦时，较2020年增加11.27%。

二、行业内上市公司发展概况

(一) 行业内上市公司基本情况

表1　2021年石油加工、炼焦及核燃料加工业上市公司发行股票概况

门类	总数		沪深主板		创业板		科创板		北交所	
	家数	市值（亿元）	家数	市值（亿元）	家数	市值（亿元）	家数	市值（亿元）	家数	市值（亿元）
石油加工、炼焦和核燃料加工业	16	2032.84	15	2007.69	1	25.15	0	0	0	0
占沪深北三市比重（%）	0.34	0.22	0.32	0.22	0.02	0	0	0	0	0

资料来源：沪深北交易所，同花顺。

(二) 行业内上市公司构成情况

表2　2021年石油加工、炼焦及核燃料加工业上市公司构成情况

门类	沪市			深市			北交所	总计	ST/*ST
	主板	科创板	合计	主板	创业板	合计			
石油加工、炼焦和核燃料加工业（家）	9	0	9	6	1	7	0	16	0/0
占行业内上市公司比重（%）	56.25	0	56.25	37.50	6.25	43.75	0	100.00	0/0

资料来源：沪深北交易所，同花顺。

(三) 行业内上市公司融资情况

表3　2021年石油加工、炼焦及核燃料加工业上市公司与沪深两市融资情况对比　　单位：家

门类	融资家数	新股	增发	配股
石油加工、炼焦及核燃料加工业	2	0	1	1
沪深两市总数	1032	524	502	7
占比（%）	0.19	0	0.20	14.29

资料来源：沪深北交易所，同花顺。

其中，增发的1家美锦能源在深市创业板上市。

按行业大类划分，进行融资的2家公司中均属于石油加工、炼焦及核燃料加工业，占比0.19%。

从融资效果看，上述公司实际发行数

量为60883.32万股；实际募集资金25.55亿元，基本完成了融资计划。

（四）行业内上市公司资产及业绩情况

表4　2021年石油加工、炼焦及核燃料加工业上市公司资产情况　　　　单位：亿元

指标	2021年	2021年可比样本增长（%）	2020年	2020年可比样本增长（%）	2019年
总资产	2302.46	7.50	2107.23	7.91	1941.68
流动资产	892.22	12.42	795.68	-0.83	798.92
占比（%）	38.75	1.70	37.76	-3.33	41.15
非流动资产	1410.24	4.60	1311.55	14.01	1142.76
占比（%）	61.25	-1.70	62.24	3.33	58.85
流动负债	795.12	0.80	754.63	7.15	700.8
占比（%）	34.53	-2.29	35.81	-0.25	36.09
非流动负债	240.05	22.58	193.57	26.88	149.23
占比（%）	10.43	1.28	9.19	1.37	7.69
归属于母公司股东权益	1184.58	9.41	1084.61	5.83	1020.62
占比（%）	51.45	0.90	51.47	-1.01	52.56

资料来源：沪深北交易所，同花顺。

表5　2021年石油加工、炼焦及核燃料加工业上市公司收入实现情况　　　　单位：亿元

指标	2021年	2021年可比样本增长（%）	2020年	2020年可比样本增长（%）	2019年
营业收入	2462.03	31.61	1869.26	-18.09	2273.8
利润总额	157.17	116.78	74.06	-14.3	85.56
归属于母公司所有者的净利润	116.22	104.74	58.07	-11.08	64.55

资料来源：沪深北交易所，同花顺。

（五）利润分配情况

2021年全年石油加工、炼焦及核燃料加工业上市公司中共有9家公司实施了分红配股。其中，1家上市公司实施送股或转增股，10家上市公司实施派息，其中1家公司既实施了送股、转增又实施了派息。

（六）其他财务指标情况

1. 盈利能力指标

表6　2021年石油加工、炼焦及核燃料加工业上市公司盈利能力情况

指标	2021年	2021年可比样本变动	2020年	2020年可比样本变动	2019年
毛利率（%）	18.24	1.57	16.64	2.08	14.54
净资产收益率（%）	9.81	4.57	5.35	-1.02	6.32
销售净利率（%）	5.14	1.88	3.33	0.32	2.99
资产净利率（%）	5.69	2.71	3.07	-0.46	3.5

资料来源：沪深北交易所，同花顺。

2. 偿债能力指标

表7　2021年石油加工、炼焦及核燃料加工业上市公司偿债能力指标

指标	2021年	2021年可比样本变动	2020年	2020年可比样本变动	2019年
流动比率	1.12	0.12	1.05	-0.08	1.14
速动比率	0.87	0.04	0.87	-0.01	0.89
资产负债率（%）	44.96	-1.01	45.00	1.12	43.78

资料来源：沪深北交易所，同花顺。

3. 营运能力指标

表8　2021年石油加工、炼焦及核燃料加工业上市公司营运能力情况　　单位：次

营运能力指标	2021年	2021年可比样本变动	2020年	2020年可比样本变动	2019年
存货周转率	12.08	1.96	10.01	-0.19	10.22
应收账款周转率	32.28	8.13	24.06	-2.98	26.95
流动资产周转率	2.92	0.57	2.34	-0.36	2.7
固定资产周转率	3.55	0.56	2.83	-0.58	3.4
总资产周转率	1.11	0.19	0.92	-0.25	1.17
净资产周转率	2.03	0.37	1.66	-0.46	2.12

资料来源：沪深北交易所，同花顺。

三、重点上市公司介绍

上海石化

上海石化是中国最大的炼油化工一体化综合性石油化工企业之一，也是中国重要的成品油、中间石化产品、合成树脂和合成纤维生产企业。公司主要产品分为四个大类，其中石油产品包括：汽油、柴油、航空煤油、液化石油气等；化工产品包括：乙烯、丙烯、丁二烯、纯苯、对二甲苯、精对苯二甲酸、丙烯腈、乙二醇、环氧乙烷、醋酸乙烯、碳五等；合成树脂及合纤聚合物产品包括：聚乙烯、聚丙烯、聚酯、聚乙烯醇等；合成纤维产品包括：腈纶、涤纶短纤维、涤纶长丝等。

公司2021年实现营业收入892.80亿

元,较2020年增加19.51%。实现归母净利润20.01亿元,比2020年同比增加218.63%。

从销售收入的产品构成来看,公司石油产品收入占总收入的62.03%,2021年共实现营业收入550.74亿元,较2020年增加27.84%;毛利率30.50%,比2020年增加2.39个百分点。石化产品收入占比24.66%,实现营业收入218.95亿元,比2020年增加10.38%;毛利率5.57%,比2020年减少12.22个百分点。树脂及塑料收入占比11.27%,实现营业收入100.06亿元,比2020年增加5.59%;毛利率7.78%,比2020年减少14.82个百分点。合成纤维收入占比1.56%,实现营业收入13.81亿元,比2020年减少6.75%;毛利率-38.43%,比2020年减少19.25个百分点。公司其他主营业务占比0.49%,2021年实现营业收入4.35亿元,比2020年增加3.08%;毛利率为-32.66%,比2020年减少34.37个百分点。公司其他业务收入占比0.55%,实现营业收入4.89亿元,比2020年增加19.27%;毛利率19.52%,比2020年减少14.87个百分点。从销售地区看,中国大陆销售收入总额为810.38亿元,占比90.77%,比2020年增加1.05%;国外地区销售收入为82.43亿元,占比9.23%,比2020年减少1.05%。

四、上市公司在行业中的影响力

2021年,行业的资产规模、营业收入及利润总额稳定增长。截至2021年年底,全行业总资产达41344.07亿元,上市公司占比由2020年的5.63%下降至5.57%;行业全年实现主营业务收入55398.00亿元,上市公司占比由2020年的4.45%略微下降至4.44%;行业全年实现利润总额2738.32亿元,其中上市公司占比由2020年的7.16%下降至5.74%。

撰稿人:陈　悦
审稿人:宋　涛

化学原料及化学制品制造业

一、化学原料及化学制品制造业总体概况

(一) 行业整体运行情况

2021年1~12月,我国规模及以上(主营业务收入达到2000万元及以上)化学原料及化学制品为22332家,亏损企业达到3305家,平均亏损金额为1886.84万元。行业累计总资产86996.60亿元,较2020年增加12.0%。实现销售收入82958.90亿元,较2020年增加了31.4%,利润总额8019.4亿元,较2020

年同比增加88.4%。

（二）细分行业运行概况

按证监会行业分类，化学原料及化学制品下无细分行业。

二、行业内上市公司发展概况

（一）行业内上市公司基本情况

表1　2021年化学原料及化学制品制造业上市公司发行股票概况

门类	总数		沪深主板		创业板		科创板		北交所	
	家数	市值（亿元）	家数	市值（亿元）	家数	市值（亿元）	家数	市值（亿元）	家数	市值（亿元）
化学原料和化学制品制造业	309	44553.98	211	34633.34	76	7608.51	19	2214.45	3	97.67
占沪深北三市比重（%）	6.58	4.85	4.49	3.77	1.62	0.83	0.40	0.24	0.06	0.01

资料来源：沪深北交易所，同花顺。

（二）行业内上市公司构成情况

表2　2021年化学原料及化学制品制造业上市公司构成情况

门类	沪市			深市			北交所	总计	ST/*ST
	主板	科创板	合计	主板	创业板	合计			
化学原料和化学制品制造业（家）	104	19	123	107	76	183	3	309	4/8
占行业内上市公司比重（%）	33.66	6.15	39.81	34.63	24.60	59.22	0.97	100.00	1.29/2.59

资料来源：沪深北交易所，同花顺。

（三）行业内上市公司融资情况

表3　2021年化学原料及化学制品制造业上市公司与沪深两市融资情况对比　　单位：家

门类	融资家数	新股	增发	配股
化学原料及化学制品制造业	74	37	37	0
沪深两市总数	732	396	318	7
占比（%）	7.17	7.06	7.37	0

资料来源：沪深北交易所，同花顺。

其中，首发的37家公司中，有0家在中小板上市，17家在创业板上市；增发的37家公司中，有8家沪市、29家深市及0家中小板公司。

按行业大类划分，进行融资的74家公司全部属于化学原料及化学制品制造业，在沪深两市融资公司中占比7.17%。

从融资效果看，上述公司实际发行数量为749839.89万股；实际募集资金759.90亿元，基本完成了融资计划。

（四）行业内上市公司资产及业绩情况

表4　　　　2021年化学原料及化学制品制造业上市公司资产情况　　　　单位：亿元

指标	2021年	2021年可比样本增长（%）	2020年	2020年可比样本增长（%）	2019年
总资产	24207.11	18.18	19638	8.78	17620.9
流动资产	10751.96	22.13	8414	10.59	7384.28
占比（%）	44.42	1.44	42.85	0.7	41.91
非流动资产	13455.15	15.20	11224	7.47	10236.6
占比（%）	55.58	-1.44	57.15	-0.7	58.09
流动负债	8359.23	12.50	7103.04	4.17	6651.11
占比（%）	34.53	-1.74	36.17	-1.6	37.75
非流动负债	2656.28	17.72	2149.86	2.65	2121.98
占比（%）	10.97	-0.04	10.95	-0.65	12.04
归属于母公司股东权益	12435.85	23.33	9695.77	14.3	8209.65
占比（%）	51.37	2.15	49.37	2.38	46.59

资料来源：沪深北交易所，同花顺。

表5　　　　2021年化学原料及化学制品制造业上市公司收入实现情况　　　　单位：亿元

指标	2021年	2021年可比样本增长（%）	2020年	2020年可比样本增长（%）	2019年
营业收入	17314.41	33.88	12168.7	-0.73	11662.2
利润总额	2472.36	149.42	894.27	89.16	359.03
归属于母公司所有者的净利润	1961.91	156.42	694.1	133.23	198.12

资料来源：沪深北交易所，同花顺。

（五）利润分配情况

2021年全年化学原料及化学制品制造业上市公司中共有242家公司实施了分红配股。其中，49家上市公司实施送股或转增股，239家上市公司实施派息，其中45家公司既实施了送股、转增又实施了派息。

（六）其他财务指标情况

1. 盈利能力指标

表 6　2021 年化学原料及化学制品制造业上市公司盈利能力情况

指标	2021 年	2021 年可比样本变动	2020 年	2020 年可比样本变动	2019 年
毛利率（%）	24.39	4.07	20.64	-0.98	21.65
净资产收益率（%）	15.78	8.19	7.16	3.65	2.41
销售净利率（%）	12.03	5.87	5.87	3.21	1.92
资产净利率（%）	9.32	5.26	3.79	1.94	1.29

资料来源：沪深北交易所，同花顺。

2. 偿债能力指标

表 7　2021 年化学原料及化学制品制造业上市公司偿债能力指标

指标	2021 年	2021 年可比样本变动	2020 年	2020 年可比样本变动	2019 年
流动比率	1.29	0.10	1.18	0.07	1.11
速动比率	0.99	0.05	0.94	0.09	0.85
资产负债率（%）	45.51	-1.79	47.12	-2.26	49.79

资料来源：沪深北交易所，同花顺。

3. 营运能力指标

表 8　2021 年化学原料及化学制品制造业上市公司营运能力情况　　　单位：次

营运能力指标	2021 年	2021 年可比样本变动	2020 年	2020 年可比样本变动	2019 年
存货周转率	6.05	0.46	5.45	0.04	5.24
应收账款周转率	10.78	1.94	8.81	-0.32	8.87
流动资产周转率	1.77	0.22	1.52	-0.11	1.58
固定资产周转率	2.55	0.48	1.94	-0.09	1.99
总资产周转率	0.77	0.11	0.65	-0.05	0.67
净资产周转率	1.44	0.17	1.25	-0.13	1.33

资料来源：沪深北交易所，同花顺。

三、重点上市公司介绍

（一）万华化学

公司是一家全球化运营的化工新材料公司，依托不断创新的核心技术、产业化装置及高效的运营模式，为客户提供更具竞争力的产品及解决方案。公司业务涵盖 MDI、TDI、聚醚多元醇等聚氨酯产业集群，丙烯酸及酯、环氧丙烷等石化产业集群，水性 PUD、PA 乳液、TPU、ADI 系列等功能化学品及材料产业集群。所服务的行业主要包括：生活家居、运动休闲、汽车交通、建筑工业和电子电器等。在生产领域，国内烟台、宁波、珠海等地生产基地稳定运营。在研发领域，烟台、北京、佛山、上海等地的研发中心已逐渐成型，北美技术中心在休斯敦正式投入使用。另外，万华化学在欧洲、美国、日本等多个国家和地区均设有公司和办事处。

2021年，公司实现营收1455.38亿元，同比增长98.19%；实现归母净利润246.49亿元，同比增长145.47%。2021年，公司聚氨酯板块实现毛利212.15亿元，毛利占比为55.51%，依旧为公司主要利润来源，毛利率为35.07%，较2020年增加0.61个百分点；石化板块实现毛利104.93亿元，创下石化板块盈利新高，毛利占比为27.45%，毛利率为17.09%，较2020年增加9.45个百分点，石化板块展现出突出的业绩弹性；新材料板块实现毛利32.87亿元，连年保持高速增长，毛利占比为8.60%，毛利率为21.25%，较2020年增加2.31个百分点。从产品价格上来看，聚氨酯、石化、新材料板块均价分别为15551元/吨、6116元/吨、20347元/吨，同比增加30%、增加66%、增加42%；从销量上来看，聚氨酯、石化、新材料分别同比增加35%、增加60%、增加37%，均实现量价齐升。

2021年，公司销售毛利率为26.26%，同比下降1.94个百分点；销售净利率为17.2%，同比增长21.31个百分点；净资产收益率ROE为42.03%，同比增长20个百分点；资产负债率为37.99%，同比增长7.69个百分点。2021年，公司流动比率、速动比率、存货周转率、应收账款周转率分别为0.74%、0.55%、7.95%、19.46%，分别同比增长0.14个百分点、增长0.08个百分点、增长1.73个百分点、增长5.79个百分点。

（二）华鲁恒升

公司是多业联产的现代化工企业，主要产品为尿素、DMF（一种化工原料）、醋酸和三甲胺。公司专注于主业优化、技术升级和资源利用，扎实推进产业链的延伸拓展和产品的升级换代，在优化结构中打造产业平台，在技术进步中增强竞争实力，在快速成长中提升行业地位，打造了洁净煤气化、羰基合成、"一头多线"柔性多联产等多个产业和技术平台，主要经济指标保持了快速增长。公司拥有多项国家专利，部分成果获得全国、行业和山东省科技进步奖。公司将加快结构调整和优化产业布局，推动传统产能改造升级，积极发展合成气下游深加工项目，与石油化工下游产业链融合，打造高端新材料板块。

2021年，公司实现营收266.36亿元，同比增加103.10%；实现归母净利润72.54亿元，同比增加303.37%。随着国内疫情得到有效控制，化工品下游需求持续向上，加之国际能源价格上涨助推部分化工产品市场景气度提升，产品价格呈现高位运行状态。同时，2021年公司投产10万吨/年草酸、16.66万吨/年己二酸、30 万吨/年 DMC、30 万吨/年己内酰胺等新增产能。在产品价格上涨以及投放产能放量的推动下，公司业绩大幅上涨。目前，公司加速布局新材料项目，远期荆州基地有望再造一个德州基地，成长可期。

2021 年，公司销售毛利率为 35.49%，同比增长 0.66 个百分点；销售净利率为 27.23%，同比增长 0.99 个百分点；净资产收益率 ROE 为 38.46%，同比增长 26.35 个百分点；资产负债率为 29.28%，同比增长 13.39 个百分点。2021 年，公司流动比率、速动比率、存货周转率、应收账款周转率分别为 1.99%、1.74%、26.19%、536.28%，分别同比增长 1.11 个百分点、增长 0.94 个百分点、下降 7.9 个百分点、增长 79.67 个百分点。

（三）新安股份

公司是国家创新型企业，主营作物保护、有机硅材料。公司开发形成以草甘膦原药及剂型产品为主导，杀虫剂、杀菌剂等多品种同步发展的产品群；围绕有机硅单体合成，搭建从硅矿冶炼、硅粉加工、单体合成、下游制品加工的完整产业链，形成硅橡胶、硅油、硅树脂、硅烷偶联剂等系列产品，成为拥有全产业链优势的有机硅企业。公司通过终端化、平台化、国际化战略，正式向现代服务型企业转型。

2021 年，公司实现营业收入 189.77 亿元，同比增长 51.45%；实现归母净利润 26.54 亿元，同比增长 354.56%。2021 年年末公司资产总额 171.99 亿元，同比增长 38.03%；负债总额 73.64 亿元，同比增长 41.07%；所有者权益 98.35 亿元，同比增长 35.90%。

2021 年，公司销售毛利率为 25.58%，同比增长 0.79 个百分点；销售净利率为 14.29%，同比增长 1.77 个百分点；净资产收益率 ROE 为 34.37%，同比增长 24.78 个百分点；资产负债率为 52.08%，同比增长 5.05 个百分点。2021 年，公司流动比率、速动比率、存货周转率、应收账款周转率分别为 1.56%、1.05%、6.41%、15.54%，分别同比增长 0.22 个百分点、增长 0.04 个百分点、下降 0.99 个百分点、增长 0.79 个百分点。

（四）巨化股份

公司是经浙江省人民政府批准，由巨化集团公司独家发起，采用募集方式设立的股份有限公司，是国内领先的氟化工、氯碱化工综合配套的氟化工制造业基地。公司形成液氯、氯仿、三氯乙烯、四氯乙烯、AHF 为配套原料支撑的氟致冷剂、有机氟单体、氟聚合物完整的产业链。公司核心产业氟化工及其他主导产品在规模、技术上处于行业领先水平。"巨化"牌商标为中国驰名商标。公司氟产品系列、有机氯产品系列、硫酸系列获"浙江省名牌产品"。

2021 年，公司实现营业收入 179.86 亿元，同比增长 12.03%，其中主营业务收入 142.69 亿元，同比增长 34.05%；实现归母净利润 11.09 亿元，同比增长 1063%。2021 年公司制冷剂、氟聚合物、氟化工原料均价分别为 19220 元/吨、

57235元/吨、4531元/吨（不含税，下同），分别同比增加41.6%、增加39.0%、增加80.91%；产量分别为45.3万吨、3.8万吨、80.8万吨，分别同比增加3.6%、增加31.5%、减少3.5%；产能利用率分别为75.6%、90.74%、84.87%。其中，HFCs制冷剂2021年产量、外销量分别为28.7万吨、21.4万吨，分别同比增加2.6%、增加3.2%。受能耗双控等影响，公司主要原材料价格大幅上涨，进而推动公司产品价格上涨，同时公司产品销量增加，因而2021年公司业绩在产品量价齐升的推动下大幅提升。

2021年，公司销售毛利率为14.13%，同比增长0.53个百分点；销售净利率为5.99%，同比增长8.39个百分点；净资产收益率ROE为8.59%，同比增长7.84个百分点；资产负债率为34.41%，同比下降1.73个百分点。2021年，公司流动比率、速动比率、存货周转率、应收账款周转率分别为1.73%、1.24%、11.01%、21.26%，分别同比下降0.56个百分点、下降0.62个百分点、下降2.97个百分点、下降12.12个百分点。

（五）扬农化工

公司为国家重点高新技术企业，中国拟除虫菊酯类农药生产基地，全国化工企业环境保护先进单位。公司积极发展环境友好型农药，现拥有省拟除虫菊酯类农药工程研究中心、省农药清洁生产技术重点实验室、全国农药标准化技术委员会拟除虫菊酯工作组等创新平台。公司以振兴民族菊酯工业为己任，坚持自主创新，实施名牌战略，积极推进我国农药产业结构升级。现已形成以菊酯为核心，农药为主导，精细化学品为补充的多元化产品格局。"墨菊"被认定为"江苏省重点培育和发展的国际知名品牌"，入选"江苏省双百品牌"产品，子公司获得"绿色工厂"称号。

2021年，公司实现营业收入118.41亿元，同比增加20.45%，归母净利润12.22亿元，同比增加1.02%；多产快销、降本增效助力主要经营指标保持稳中有升。2021年主要原材料异丁醛、异戊二烯、甲苯、三氯化磷、三氟三氯乙烷价格分别同比增长126.6%、48.6%、46.3%、55.9%、50.2%，通过密切产销衔接、以量补价，公司杀虫剂、除草剂全年销量达到1.62万吨、5.48万吨，分别同比增加5.28%、增加8.78%，实现原药销售额增长13.2%、海外贸易业务同比增长93.4%，经营业绩创历史新高。

2021年，公司销售毛利率为23.06%，同比下降0.12个百分点；销售净利率为10.33%，同比下降0.16个百分点；净资产收益率ROE为18.96%，同比下降3.03个百分点；资产负债率为59.92%，同比增长1.38个百分点。2021年，公司流动比率、速动比率、存货周转率、应收账款周转率分别为1.37%、1.05%、5.21%、7.02%，分别同比下降0.18个百分点、下降0.11个百分点、增长0.77个百分点、下降0.35个百分点。

(六) 鲁西化工

公司是集化工、化肥、装备制造及科技研发于一体的综合性化工企业。产品涵盖化工和化肥两大领域、五大系列七十多个品种。公司主导产品化肥产销量曾连续多年全国排名第一，连续多年列入中国石油和化工行业综合效益百强、销售收入百强和中国化学肥料制造业销售收入百强企业。

2021年，公司实现营业收入317.94亿元，同比增长80.73%；实现归母净利润46.19亿元，同比增长459.95%。2021年年末公司资产总额321.16亿元，同比增长0.76%；负债总额140.45亿元，同比下降19.69%；所有者权益180.70亿元，同比增长25.61%。

2021年，公司销售毛利率为30.42%，同比增长0.92个百分点；销售净利率为14.53%，同比增长2.1个百分点；净资产收益率ROE为28.68%，同比增长22.2个百分点；资产负债率为8.77%，同比下降2.83个百分点。2021年，公司流动比率、速动比率、存货周转率、应收账款周转率分别为0.31%、0.11%、12.08%、429.88%，分别同比增长0.05个百分点、下降0.01个百分点、增长2.4个百分点、增长180.14个百分点。

四、上市公司在行业中的影响力

表9 化学原料和化学制品制造业行业2019~2021年总资产、营业收入、利润总额及上市公司占比

指标	2021年		2020年		2019年	
	行业总体	上市公司占比	行业总体	上市公司占比	行业总体	上市公司占比
总资产（亿元）	86996.6	27.83%	77657.5	26.61%	73652.3	25.50%
营业收入（亿元）	82958.9	20.87%	63117.4	20.28%	65776.2	19.22%
利润总额（亿元）	8019.4	30.83%	4257.6	21.31%	3481	13.36%

资料来源：沪深北交易所，同花顺。

2021年行业资产规模、营业收入、利润总额较2020年均有所增长，分别增长了12.03%、31.44%、88.35%。上市公司在其中占比都出现了较大幅度的增长，截至2021年年底，全行业累计总资产达86996.6亿元，上市公司占比由2020年的26.61%提升至27.83%；全行业全年实现营业收入82958.9亿元，上市公司占比由2020年的20.28%提升至20.87%；全行业全年实现利润总额8019.4亿元，上市公司占比由2020年的21.31%提升至30.83%。

撰稿人：徐正凤
审稿人：吴　轩

医药制造业

一、医药制造业总体概况

2021年，受国内外新冠疫情的持续影响，国内对医药采购、治疗等需求增强，中国医药制造业实现高速增长。从增加值数据来看，2021年规模以上医药工业增加值同比增长24.80%，增速较上年同期增加18.90个百分点，高于全国工业整体增速15.20个百分点。

从营业收入数据来看，2021年医药工业规模以上企业实现主营业务收入29288.50亿元，同比增加20.10%，增速较上年同期增加15.60个百分点，增速高于全国工业整体增速0.70个百分点。

从盈利水平数据看，2021年医药工业规模以上企业实现利润总额6271.40亿元，同比增加77.90%，增速较上年同期增加65.10个百分点，高于全国工业整体增速43.60个百分点。利润增速高于主营业务收入增速，2021年主营业务收入利润率较上年增长7.31个百分点。

从出口数据看，2021年医药工业规模以上企业实现出口交货值3405.00亿元，同比增加64.60%，增速较上年同期增加28.00个百分点。根据海关进出口数据，2021年医药品出口额为496.25亿美元，同比增加115.50%，增速较上年增加88.90个百分点。

二、行业内上市公司发展概况

（一）行业内上市公司基本情况

表1　　　　　　2021年医药制造业上市公司发行股票概况

门类	总数		沪深主板		创业板		科创板		北交所	
	家数	市值（亿元）	家数	市值（亿元）	家数	市值（亿元）	家数	市值（亿元）	家数	市值（亿元）
医药制造业	293	49917.28	173	33168.97	65	10024.15	47	6440.72	8	283.44
占沪深北三市比重（%）	6.24	5.43	3.68	3.61	1.38	1.09	1.00	0.70	0.17	0.03

资料来源：沪深北交易所，同花顺。

（二）行业内上市公司构成情况

表2　　　　　　　　　　　　2021年医药制造业上市公司构成情况

门类	沪市			深市			北交所	总计	ST/*ST
	主板	科创板	合计	主板	创业板	合计			
医药制造业（家）	83	47	130	90	65	155	8	293	4/2
占行业内上市公司比重（%）	28.33	16.04	44.37	30.72	22.18	52.90	2.73	100.00	1.37/0.68

资料来源：沪深北交易所，同花顺。

（三）行业内上市公司融资情况

表3　　　　　2021年医药制造业上市公司与沪深两市融资情况对比　　　　　单位：家

门类	融资家数	新股	增发	配股
医药制造业	57	31	26	0
沪深两市总数	1032	524	502	7
占比（%）	5.52	5.92	5.18	0

资料来源：沪深北交易所，同花顺。

其中，首发的31家公司中，有0家在中小板上市，7家在创业板上市；增发的26家公司中，有7家沪市、19家深市及0家中小板公司。

从融资效果看，上述公司实际发行数量为357749.95万股；实际募集资金859.88亿元，基本完成了融资计划。

（四）行业内上市公司资产及业绩情况

表4　　　　　　　　　2021年医药制造业上市公司资产情况　　　　　　　　单位：亿元

指标	2021年	2021年可比样本增长（%）	2020年	2020年可比样本增长（%）	2019年
总资产	19852.35	12.89	17057.9	10.14	14938.4
流动资产	11093.25	14.02	9359.27	10.42	8171.99
占比（%）	55.88	0.56	54.87	0.14	54.7
非流动资产	8759.10	11.48	7698.61	9.79	6766.42
占比（%）	44.12	-0.56	45.13	-0.14	45.3
流动负债	5214.76	6.86	4851.12	6.18	4425.34
占比（%）	26.27	-1.48	28.44	-1.06	29.62
非流动负债	1459.85	-2.23	1468.75	7.28	1320.46
占比（%）	7.35	-1.14	8.61	-0.23	8.84
归属于母公司股东权益	12491.43	18.05	10088.3	12.57	8610.97
占比（%）	62.92	2.76	59.14	1.28	57.64

资料来源：沪深北交易所，同花顺。

表5　　2021年医药制造业上市公司收入实现情况　　单位：亿元

指标	2021年	2021年可比样本增长（%）	2020年	2020年可比样本增长（%）	2019年
营业收入	10231.27	14.22	8908.12	1.4	8452.35
利润总额	1571.30	86.35	925.71	5.81	852.31
归属于母公司所有者的净利润	1261.71	124.33	653.96	5.16	607.44

资料来源：沪深北交易所，同花顺。

（五）利润分配情况

2021年全年医药制造业上市公司中共有212家公司实施了分红配股。其中，34家上市公司实施送股或转增股，208家上市公司实施派息，其中30家公司既实施了送股、转增又实施了派息。

（六）其他财务指标情况

1. 盈利能力指标

表6　　2021年医药制造业上市公司盈利能力情况

指标	2021年	2021年可比样本变动	2020年	2020年可比样本变动	2019年
毛利率（%）	51.19	0.66	49.21	-0.16	48.61
净资产收益率（%）	10.10	4.79	6.48	-0.46	7.05
销售净利率（%）	12.85	5.92	8.01	0.27	7.87
资产净利率（%）	7.02	3.29	4.38	-0.12	4.55

资料来源：沪深北交易所，同花顺。

2. 偿债能力指标

表7　　2021年医药制造业上市公司偿债能力指标

指标	2021年	2021年可比样本变动	2020年	2020年可比样本变动	2019年
流动比率	2.13	0.13	1.93	0.07	1.85
速动比率	1.71	0.12	1.52	0.12	1.39
资产负债率（%）	33.62	-2.62	37.05	-1.29	38.46

资料来源：沪深北交易所，同花顺。

3. 营运能力指标

表8　　2021年医药制造业上市公司营运能力情况　　单位：次

营运能力指标	2021年	2021年可比样本变动	2020年	2020年可比样本变动	2019年
存货周转率	2.43	0.22	2.24	0.03	2.2

续表

营运能力指标	2021年	2021年可比样本变动	2020年	2020年可比样本变动	2019年
应收账款周转率	4.99	0.22	4.63	-0.14	4.76
流动资产周转率	0.98	0.00	1.00	-0.06	1.05
固定资产周转率	3.12	0.15	2.98	-0.21	3.19
总资产周转率	0.55	0.01	0.55	-0.03	0.58
净资产周转率	0.84	-0.01	0.88	-0.07	0.94

资料来源：沪深北交易所，同花顺。

三、重点上市公司介绍

（一）恒瑞医药

恒瑞医药是国内知名的抗肿瘤药、手术用药的研究和生产基地之一。公司产品涵盖了抗肿瘤药、手术麻醉类用药、造影剂、特殊输液、糖尿病药、自身免疫药、心血管药、眼科用药等众多领域，已形成比较完善的产品布局。公司作为国内医药创新和高质量发展的代表企业，在美国制药经理人杂志（PharmExec）公布的2021年全球制药企业TOP50榜单中，连续第3年上榜，从2019年的第47位升至第38位，排名逐年攀升。在全球投行Torreya公布的2021年《全球1000强药企报告》中，公司位列全球第24位。近年来，在创新、国际化发展战略驱动之下，公司创新研发结出硕果，屡次让中国医药原研之光闪耀在国际舞台，高质量发展不断赢得关注和认可。

2021年，公司实现营业收入259.06亿元，同比下降6.59%；归属于母公司所有者的净利润45.30亿元，同比下降28.41%。

（二）片仔癀

1999年12月，公司由成立于1956年的原漳州制药厂改制创立。2003年6月，公司在上交所挂牌上市交易。2006年，公司成为经国家商务部认定的首批"中华老字号"企业之一。2008年，公司成为经国家科技部认定的首批"国家级高新技术企业"之一，并连续通过高新技术企业复审及重新认定；控股子公司片仔癀化妆品于2020年首次被认定为高新技术企业。2011年，"漳州片仔癀制作技艺"被列入第三批"国家级非物质文化遗产项目名录"。

2021年，公司实现营业总收入80.22亿元，同比增加15.11亿元，增长23.20%；实现净利润24.64亿元，同比增加7.75亿元，增长45.86%。

（三）智飞生物

护航生命，传递健康，作为有使命、有担当的全球重要疫苗研发与供应方，智飞生物致力于助力构建全球免疫屏障。二十年来，智飞生物始终坚持"社会效益第一，企业效益第二"的经营宗旨，专注传染病防控，创新研发，服务民众，不断为健康中国贡献力量。以"技术＋市场"双轮驱动的发展模式，诊断、预防、治疗协同发展，公司现已发展成为集疫苗、生物制品研发、生产、销售、配送及进出口为一体的国际化、全产业链高科技生物制药企业。

公司共有11种产品上市在售，1种产品附条件上市，包括预防流脑、宫颈癌、肺炎、轮状病毒等传染病的疫苗产品，也涵盖提供结核感染诊断、预防、治疗有效解决方案的药品，覆盖人群包括婴幼儿、青少年、成人，切实为传染病防控提供了产品支持，为国民提供了多元化的疾病防护选择。

2021年，公司实现营业收入306.52亿元，较上年同期增长101.79%；实现归属于母公司所有者的净利润102.09亿元，较上年同期增长209.23%。

（四）万泰生物

作为一家从事体外诊断试剂、仪器与疫苗研发、生产及销售的高新技术企业，万泰生物三十年来，公司始终恪守"以创新求发展、以质量保生存"的经营理念，坚持自主创新、攻克关键技术，现已发展成为国内领先、国际知名的体外诊断试剂和疫苗研发领先型企业。

体外诊断领域，可分为国内市场和国际市场两方面来看。在国家防疫政策的严格管控下，国内检测市场已基本复苏，公司体外诊断业务得到恢复并取得一定增长。其中，化学发光、酶免、质控品、分子诊断等产品线均取得较大突破。于国际市场而言，公司新冠检测产品通过欧盟CE认证、德国BfArm自检试剂白名单等境外许可，新冠诊断试剂的大量出口在支援抗疫的同时，也为公司带来了较好的经济回报。公司与跨国企业的技术合作，也为公司带来了不错的经济回报。

疫苗领域，公司已形成完整的上游原始创新理论研究、中游工程技术转化、下游产业化和产品质量控制的全链条体系。公司在创新疫苗研发领域已有深厚的科技积淀，多个产品处于国内领先、国际先进水平。基于全球独有的大肠杆菌原核表达系统的病毒样颗粒疫苗技术平台开发的系列疫苗中，戊型肝炎疫苗和二价宫颈癌疫苗已上市，二价宫颈癌疫苗报告期内通过WHO PQ认证，九价宫颈癌疫苗正在进行Ⅲ期临床试验；传统的冻干水痘减毒活疫苗获得Ⅲ期临床试验研究报告；新型冻干水痘减毒活疫苗（VZV-7D）正在开展Ⅱb期临床试验；鼻喷新冠疫苗的海外Ⅲ期临床试验工作顺利推进；为扩展产品线引进的多糖结合疫苗技术路线——20价肺炎多糖结合疫苗已获得临床试验批件等。

2021年，公司实现收入57.50亿元，比上年同期增长144.25%；归属于母公司的净利润为20.21亿元，比上年同期增长198.59%。

（五）云南白药

1902年，曲焕章创制云南白药，作

为中国驰名商标,云南白药名列首批国家创新型企业,是享誉中外的中华老字号品牌。1971年根据周恩来总理指示建厂,1993年作为云南首家上市公司在深交所上市,1996年实现品牌的完整统一,1999年成功实施企业再造,2005年推出"稳中央、突两翼"产品战略,2010年开始实施"新白药、大健康"产业战略,从中成药企业逐步发展成为我国大健康产业领军企业之一。自1993年上市以来,连续29年实现对股东分红。2016年至2019年期间,公司分两步走完成了混合所有制改革,以体制创新进一步激发了企业发展动能。2021年,云南白药提出"守护生命与健康"的企业愿景,将深度聚焦中医药、口腔护理、皮肤科学、女性关怀和骨伤科5个方向持续发力,解决用户骨骼、牙齿、眼睛和综合循环系统的问题。

2021年,公司实现营业收入363.74亿元,较上年同期的327.43亿元净增36.31亿元,增幅11.09%;归属于上市公司股东的净利润28.04亿元,较上年同期的55.16亿元下降27.12亿元,降幅为49.17%。

(六) 长春高新

公司上市20余年来,从成立之初的以高新区基础设施建设为主业,成功转型成为一家专注于医药科技创新领域、实施产业投资的企业集团。

子公司金赛药业作为国内第一家重组人生长激素生产企业,长期致力于儿童矮小症治疗药物重组人生长激素的研发、生产。1998年,金赛药业上市了国产第一支重组人生长激素粉针剂;2005年,上市了亚洲第一支重组人生长激素水针剂;2014年,上市了全球第一支PEG长效重组人生长激素水针剂。截至2021年年底,金赛药业是国内唯一拥有完整的粉针剂、水针剂、长效水针剂全产品线的生长激素厂商,其长效水针剂为国内唯一的长效生长激素品种,在国内市场获批产品剂型、规格最为齐全。

子公司百克生物作为致力于传染病防治的创新型生物疫苗企业,自设立以来主要从事人用疫苗的研发、生产和销售。百克生物目前拥有水痘疫苗、狂犬疫苗以及冻干鼻喷流感疫苗三种已获批的疫苗产品。

2021年,公司实现营业收入107.47亿元,较上年同期增长25.30%;实现归属于上市公司股东净利润37.57亿元,同比增长23.33%。其中,子公司金赛药业实现收入81.98亿元,实现归属于母公司所有者的净利润36.84亿元;子公司百克生物实现收入12.02亿元,实现归属于母公司所有者的净利润2.44亿元。

(七) 凯莱英

作为全球行业领先的CDMO一站式综合解决方案提供商,公司始终以高要求、高标准、高质量的工作规范执行各项标准,坚持贯彻国际一流标准的cGMP质量管理体系、EHS管理体系,不断提升生产管理与项目管理能力,构筑CDMO

行业护城河，公司是世界上为数不多的将连续性反应技术延伸应用在大规模生产制造的公司之一。连续性反应技术与生物酶催化技术等新技术在公司临床中后期项目中的应用率超过30%。

2021年，公司实现营业总收入46.39亿元，同比增长47.28%；实现归属于上市公司股东净利润10.69亿元，同比增长48.08%。

（八）复星医药

公司致力于推动创新研发，并以满足临床未满足的需求及提升药物可及性为导向，加速创新技术和产品的落地。自研产品汉利康（利妥昔单抗注射液）是获批上市的第一个国产生物类似药；自研产品汉曲优（注射用曲妥珠单抗）是国内首个获批上市的曲妥珠单抗生物类似药，也是首个中欧双批的国产单抗生物类似药，汉曲优的上市推动重构国内HER2阳性乳腺癌领域的治疗格局，提升了单抗药物的可及性；许可引进的苏可欣（马来酸阿伐曲泊帕片），是目前全球首个批准用于治疗慢性肝病相关的血小板减少症的口服药物，填补了国内相关治疗领域的用药空白，为中国慢性肝病相关血小板减少症患者带来了全球领先的临床治疗新方案。作为全球最大的抗疟药生产研发制造企业之一，公司已成为全球基金、联合国儿童基金会、世界卫生组织及非洲各国药品采购中心的抗疟药供应商。2021年6月，本集团合营公司复星凯特的奕凯达成为国内首个获批上市的CAR-T细胞治疗产品，为二线及以上的淋巴瘤患者带来了持续缓解的可能性。

2021年，公司实现营业收入390.05亿元，同比增长28.70%；实现归属于上市公司股东净利润47.35亿元，同比增长29.28%。

（九）沃森生物

公司是专业从事人用疫苗等生物技术药集研发、生产、销售于一体的高科技生物制药企业，在以新型疫苗为代表的生物技术药细分领域处于行业领先地位。经过二十余年的发展，公司已形成了结构优良、品种丰富的产品管线，是中国首家、全球第二家自主研发并成功上市13价肺炎结合疫苗的厂家。公司构建了国内领先的疫苗研发和产业化技术平台，聚集了一大批中西合璧的专业技术和管理人才，获得了一批国家"863计划"和"重大新药创制"科技重大专项支持，与盖茨基金会、CEPI等国际著名机构建立了紧密的合作关系。公司主要生产和销售的自主疫苗产品为：13价肺炎球菌多糖结合疫苗（西林瓶型和预灌封型）、23价肺炎球菌多糖疫苗（西林瓶型和预灌封型）、b型流感嗜血杆菌结合疫苗（西林瓶型和预灌封型）、A群C群脑膜炎球菌多糖结合疫苗、ACYW135群脑膜炎球菌多糖疫苗、A群C群脑膜炎球菌多糖疫苗和吸附无细胞百白破联合疫苗共7个产品（10个品规）。

2021年，公司实现营业收入34.63亿元，同比增长17.82%；实现归属于上市公司股东的净利润 4.28 亿元，同比下降 57.36%。

（十）新和成

公司是一家主要从事营养品、香精香料、高分子新材料、原料药生产和销售的国家级高新技术企业。公司专注于精细化工，坚持创新驱动发展和在市场竞争中成长的理念，以化工和生物两大核心平台不断发展各类功能性化学品，为全球100多个国家和地区的客户提供增值服务和应用解决方案，以优质健康和绿色环保的产品不断改善人类生活品质，为利益相关方创造可持续的价值。凭借领先的技术、科学的管理和诚信的服务，公司已成为世界四大维生素生产企业之一、全国精细化工百强企业、中国轻工业香料行业十强企业和知名的特种工程塑料生产企业。

2021年，公司实现营业收入147.98亿元，同比增长43.47%；实现归属于上市公司股东的净利润43.24亿元，同比增长21.34%。

（十一）华熙生物

公司是全球领先的、以透明质酸微生物发酵生产技术为核心的高新技术企业，是世界最大的透明质酸生产及销售企业。收购东营佛思特生物工程有限公司后，公司原料销量全球份额占比将进一步扩大，巩固了公司行业龙头地位。公司参与修订欧洲药典及中国药典中的透明质酸标准，并提交美国药典透明质酸专论；主导或参与制定了4项透明质酸相关国家行业标准。2021年，公司科技创新能力多次得到国家和山东省政府认可，先后被认定为国家企业技术中心、国家药监局化妆品原料质量控制重点实验室（联合申报）、山东省生物活性物合成生物学重点实验室（筹）等科研平台；并凭借在透明质酸领域的技术领先性和产业引领带动作用，获得国家制造业单项冠军示范企业、山东省科技进步一等奖、山东省省长质量奖国家级、省级荣誉，以及中国食品工业协会科学技术奖、中国技术市场协会金桥奖、中国好技术、中国生产力促进中心等多个国家级协会荣誉。

2021年，公司实现了49.48亿元营业收入，同比增长87.93%，其中原料产品实现收入9.05亿元、医疗终端产品实现收入7.00亿元、功能性护肤品实现收入33.19亿元；归属于上市公司股东的净利润为7.82亿元，同比增长21.13%。

（十二）康泰生物

公司主营业务为人用疫苗的研发、生产和销售，目前主要上市销售的产品有13价肺炎球菌多糖结合疫苗、无细胞百白破b型流感嗜血杆菌联合疫苗、23价肺炎球菌多糖疫苗、重组乙型肝炎疫苗（酿酒酵母）、b型流感嗜血杆菌结合疫苗、冻干b型流感嗜血杆菌结合疫苗等，另有新冠灭活疫苗于2021年5月在国内获批紧急使用，重组新型冠状病毒疫苗（Y25腺病毒载体）于2021年10月获得印度尼西亚国家药品和食品监管局紧急使用授权。公司产品种类涵盖免疫规划疫苗和非免疫规划疫苗，产品覆盖了 31 个省、自治区、直辖市。

2021 年，公司实现了 36.52 亿元营业收入，同比增长 61.51%；归属于上市公司股东的净利润为 12.63 亿元，同比增长 86.01%。

（十三）同仁堂

公司拥有包含中药材种植、中药材加工、中成药研发、中成药生产、医药物流配送、药品批发和零售在内的完整产业链条，以生产和销售传统中成药为主业，常年生产的中成药超过 400 个品规，产品剂型丰富，覆盖内科、外科、妇科、儿科等类别，以安宫牛黄丸、同仁牛黄清心丸、同仁大活络丸为代表的产品以及众多经典药品家喻户晓，蜚声海内外，在临床病患治疗中盛享美誉。公司产品主要依靠传统经销商渠道将产品销往市场，部分通过自有零售药店销往终端，通过各地药品招标采购方式销售的产品份额较小。

2021 年，公司实现营业收入 146.03 亿元，同比增长 13.86%；归属于上市公司股东的净利润 12.27 亿元，同比增长 19.00%。

（十四）华兰生物

公司是一家从事血液制品、疫苗、基因工程产品研发、生产和销售的国家高新技术企业。公司业务包括血液制品、疫苗制品、创新药和生物类似药研发、生产三类业务，其中血液制品有人血白蛋白、静注人免疫球蛋白、人免疫球蛋白、人凝血酶原复合物、人凝血因子Ⅷ、人纤维蛋白原、狂犬病人免疫球蛋白、乙型肝炎人免疫球蛋白、破伤风人免疫球蛋白 11 个品种（34 个规格），是我国血液制品行业中血浆综合利用率较高、品种较多、规格较全的企业之一。

2021 年，公司实现营业总收入 44.36 亿元，较上年同期下降 11.69%；归属于上市公司股东的净利润为 12.99 亿元，较上年同期下降 19.48%。

四、上市公司在行业中的影响力

2021 年，医药制造业总资产规模为 43572.40 亿元，较 2020 年增长 15.85%，上市公司资产规模为 19852.35 亿元，较 2020 年增长 12.89%（可比样本），上市公司占总资产的比重为 45.56%，比 2019 年减少 1.20 个百分点。

2021 年，医药制造业实现营业收入 29288.50 亿元，较 2020 年增加 17.83%；上市公司实现营业收入为 10231.27 亿元，较 2020 年增长 14.22%（可比样本）；上市公司占营业收入比重为 34.93%，较 2020 年降低 1.10% 个百分点。

2021 年，医药制造业实现利润总额 6271.40 亿元，较 2020 年增长 78.84%；上市公司实现利润总额为 1571.30 亿元，较 2020 年上涨 86.35%（可比样本）；上市公司占利润总额的比重为 25.05%，较 2019 年上涨 1.01% 个百分点。

综合以上数据分析可以看出，从资产规模、营业收入及利润总额角度来看，

2021年医药制造类上市公司在行业中的地位增强。

撰稿人：张　珂
审稿人：张敬华　任宪功

化学纤维制造业

一、化学纤维制造业总体概况

据国家统计局数据，2021年中国化学纤维制造业企业数量为1989个，实现营业收入10263亿元，同比增长28.5%；实现利润总额629亿元，同比增长138.26%；行业总资产10161.4亿元，同比增长13.9%。亏损企业数344家，占比17.3%，同比减少204家，亏损总额79.80亿元，同比减少2.56%。

全国全年共生产化学纤维6708.5万吨，同比增加9.5%。其中涤纶行业产量5363万吨，同比增长8.94%，占比79.94%，为最大宗化纤产品。

二、行业内上市公司发展概况

（一）行业内上市公司基本情况

表1　2021年化学纤维制造业上市公司发行股票概况

门类	总数		沪深主板		创业板		科创板		北交所	
	家数	市值(亿元)	家数	市值(亿元)	家数	市值(亿元)	家数	市值(亿元)	家数	市值(亿元)
化学纤维制造业	30	8735.29	23	7017.77	4	736.16	2	798.62	1	182.74
占沪深北三市比重（%）	0.64	0.95	0.49	0.76	0.09	0.08	0.04	0.09	0.02	0.02

资料来源：沪深北交易所，同花顺。

（二）行业内上市公司构成情况

表2　2021年化学纤维制造业上市公司构成情况

门类	沪市			深市			北交所	总计	ST/*ST
	主板	科创板	合计	主板	创业板	合计			
化学纤维制造业（家）	9	2	11	14	4	18	1	30	2/0
占行业内上市公司比重（%）	30.00	6.67	36.67	46.67	13.33	60.00	3.33	100.00	6.67/0

资料来源：沪深北交易所，同花顺。

（三）行业内上市公司融资情况

表3　　　　2021年化学纤维制造业上市公司与沪深两市融资情况对比　　　　单位：家

门类	融资家数	新股	增发	配股
化学纤维制造业	7	3	4	0
沪深两市总数	1032	524	502	7
占比（%）	0.68	0.57	0.80	0.00

资料来源：沪深北交易所，同花顺。

其中，首发的3家公司中，汇隆新材在创业板上市；增发的4家公司中，有2家沪市、2家深市。

按行业大类划分，进行融资的7家公司中，化学纤维制造业7家，占比100%。

从融资效果看，上述公司实际发行数量为72081.10万股；实际募集资金45.26亿元，基本完成了融资计划。

（四）行业内上市公司资产及业绩情况

表4　　　　　2021年化学纤维制造业上市公司资产情况　　　　　单位：亿元

指标	2021年	2021年可比样本增长（%）	2020年	2020年可比样本增长（%）	2019年
总资产	10561.22	28.01	8016.36	19.69	6548
流动资产	3341.15	35.57	2400.12	5.44	2181.19
占比（%）	31.64	1.76	29.94	-4.05	33.31
非流动资产	7220.07	24.79	5616.25	27.03	4366.81
占比（%）	68.36	-1.76	70.06	4.05	66.69
流动负债	4128.65	24.69	3239.68	12	2836.59
占比（%）	39.09	-1.04	40.41	-2.77	43.32
非流动负债	2850.51	39.46	1973.05	19.59	1640.52
占比（%）	26.99	2.21	24.61	-0.02	25.05
归属于母公司股东权益	2965.10	23.10	2328.53	25.12	1778.39
占比（%）	28.08	-1.12	29.05	1.26	27.16

资料来源：沪深北交易所，同花顺。

表5　　　　　2021年化学纤维制造业上市公司收入实现情况　　　　　单位：亿元

指标	2021年	2021年可比样本增长（%）	2020年	2020年可比样本增长（%）	2019年
营业收入	7644.91	42.38	5240.85	16.78	4467.14
利润总额	887.06	80.92	480.85	43.9	324.55
归属于母公司所有者的净利润	593.03	84.93	313.63	24.28	243.63

资料来源：沪深北交易所，同花顺。

（五）利润分配情况

2021年全年化学纤维制造业上市公司中共有22家公司实施了分红配股。其中，2家上市公司实施送股或转增股，22家上市公司实施派息，其中2家公司既实施了送股、转增又实施了派息。

（六）其他财务指标情况

1. 盈利能力指标

表6　　　　2021年化学纤维制造业上市公司盈利能力情况

指标	2021年	2021年可比样本变动	2020年	2020年可比样本变动	2019年
毛利率（%）	17.57	3.03	14.59	1.29	12.91
净资产收益率（%）	20.00	6.69	13.47	-0.09	13.7
销售净利率（%）	9.35	2.07	7.31	1.32	5.83
资产净利率（%）	7.60	2.38	5.21	0.62	4.54

资料来源：沪深北交易所，同花顺。

2. 偿债能力指标

表7　　　　2021年化学纤维制造业上市公司偿债能力指标

指标	2021年	2021年可比样本变动	2020年	2020年可比样本变动	2019年
流动比率	0.81	0.06	0.74	-0.05	0.77
速动比率	0.51	-0.01	0.52	-0.01	0.52
资产负债率（%）	66.08	1.17	65.03	-2.8	68.37

资料来源：沪深北交易所，同花顺。

3. 营运能力指标

表8　　　　2021年化学纤维制造业上市公司营运能力情况　　　　单位：次

营运能力指标	2021年	2021年可比样本变动	2020年	2020年可比样本变动	2019年
存货周转率	6.46	0.16	6.22	-0.19	6.51
应收账款周转率	37.33	4.56	32.2	3.39	29.21
流动资产周转率	2.63	0.37	2.24	-0.04	2.35
固定资产周转率	2.03	0.31	1.69	-0.54	2.26
总资产周转率	0.81	0.10	0.71	-0.05	0.78
净资产周转率	2.36	0.24	2.11	-0.14	2.32

资料来源：沪深北交易所，同花顺。

三、重点上市公司介绍

恒力石化

恒力集团是以炼油、石化、聚酯新材料和纺织全产业链发展的国际型企业。恒力石化于2016年3月借壳大橡胶上市，2018年2月公司注入了集团的PTA资产与在建的2000万吨炼化一体化资产，2019年3月公司"恒力炼化2000万吨/年炼化一体化项目"一次性打通炼厂全流程，5月17日实现正式全面投产。2020年7月，公司150万吨/年乙烯顺利投产。2021年公司投资建设年产45万吨PBS类生物降解塑料项目、150万吨/年绿色多功能纺织新材料、新材料配套化工项目和年产80万吨功能性聚酯薄膜、功能性塑料项目，并宣布与日本芝浦及青岛中科华联签约引进12条湿法锂电池隔膜生产线，产能达16亿㎡。公司打造"原油—芳烃、乙烯—精对苯二甲酸（PTA）、乙二醇—聚酯（PET）—民用丝及工业丝、工程塑料、薄膜—纺织"的完整产业链。在炼油板块，恒力目前拥有2000万吨/年炼化一体化项目，首次采用沸腾床渣油加氢裂化技术，总加氢能力超过2700万吨，以960万吨连续重整、450万吨/年芳烃联合装置为核心，配套MTBE、异构化、烷基化装置，设计年产450万吨/年芳烃、82万吨/年MTBE、97万吨/年纯苯、54万吨/年润滑基础油、130万吨/年混合脱氢、43万吨/年聚丙烯、35万吨/年醋酸等化工品。

2021年，恒力股份实现营业总收入1979.97亿元，同比增长29.94%，归属上市公司股东扣非净利润145.21亿元，同比增长12.79%。截至2021年12月31日，公司总资产2102.96亿元，较2020年1910.29亿元增加10.09%。

四、上市公司在行业中的影响力

2021年，化学纤维制造业行业总资产10161.4亿元，实现营业收入10263亿元，利润总额629亿元。同期，上市公司总资产10561.22亿元，占行业比重103.93%；实现营业收入7644.91亿元，占行业比重74.49%；实现利润总额887.06亿元。

表9　化学纤维制造业行业2019~2021年总资产、营业收入、利润总额及上市公司占比

指标	2021年		2020年		2019年	
	行业总体	上市公司占比	行业总体	上市公司占比	行业总体	上市公司占比
总资产（亿元）	10161.4	103.93%	8920.6	89.86%	8548	78.65%
营业收入（亿元）	10263	74.49%	7984.2	65.64%	9175	49.13%
利润总额（亿元）	629	141.03%	263.5	182.49%	363	92.25%

资料来源：沪深北交易所，同花顺。

撰稿人：马昕晔
审稿人：宋　涛

橡胶和塑料制品业

一、橡胶和塑料制品业总体概况

2021年,我国橡胶和塑料制品业各项经营指标较2020年同期总体形势向好,规模稳步提升。2021年,行业总资产规模达到27449.42亿元,与2020年同期相比增长14.54%;营业收入25684.9亿元,与2020年同期相比增长2.7%;实现利润总额1702.5亿元,与2020年同期相比上涨1.2%。

二、行业内上市公司发展概况

(一)行业内上市公司基本情况

表1　2021年橡胶和塑料制品业上市公司发行股票概况

门类	总数		沪深主板		创业板		科创板		北交所	
	家数	市值（亿元）	家数	市值（亿元）	家数	市值（亿元）	家数	市值（亿元）	家数	市值（亿元）
橡胶和塑料制品业（家）	107	11524.79	57	8667.02	38	2089.82	8	721.06	4	46.89
占沪深北三市比重（%）	2.28	1.25	1.21	0.94	0.81	0.23	0.17	0.08	0.09	0.01

资料来源:沪深北交易所,同花顺。

(二)行业内上市公司构成情况

表2　2021年橡胶和塑料制品业上市公司构成情况

门类	沪市			深市			北交所	总计	ST/*ST
	主板	科创板	合计	主板	创业板	合计			
橡胶和塑料制品业（家）	25	8	33	32	38	70	4	107	1/1
占行业内上市公司比重（%）	23.36	7.48	30.84	29.91	35.51	65.42	3.74	100.00	0.93/0.93

资料来源:沪深北交易所,同花顺。

（三）行业内上市公司融资情况

表3　　2021年橡胶和塑料制品业上市公司与沪深两市融资情况对比　　　单位：家

门类	融资家数	新股	增发	配股
橡胶和塑料制品业	24	16	8	0
沪深两市总数	1032	524	502	7
占比（%）	2.33	3.05	1.59	0.00

资料来源：沪深北交易所，同花顺。

其中，首发的16家公司中，有3家在科创板上市，9家在创业板上市，3家新三板，1家主板；增发的8家公司中，有2家沪市、6家深市，其中5家主板，3家创业板公司。

从融资效果看，上述公司实际发行数量为149226.92万股；实际募集资165.31亿元，基本完成了融资计划。

（四）行业内上市公司资产及业绩情况

表4　　2021年橡胶和塑料制品业上市公司资产情况　　　单位：亿元

指标	2021年	2021年可比样本增长（%）	2020年	2020年可比样本增长（%）	2019年
总资产	5439.43	20.38	4460.62	16.61	3768.68
流动资产	2873.72	16.61	2412.12	21.92	1985.85
占比（%）	52.83	-1.71	54.08	2.35	52.69
非流动资产	2565.71	24.91	2048.51	10.93	1782.82
占比（%）	47.17	1.71	45.92	-2.35	47.31
流动负债	1800.56	21.19	1539.06	8.44	1341.04
占比（%）	33.10	0.22	34.5	-2.6	35.58
非流动负债	618.83	37.95	515.2	10.37	443.4
占比（%）	11.38	1.45	11.55	-0.65	11.77
归属于母公司股东权益	2910.29	15.53	2342.03	24.42	1928.81
占比（%）	53.50	-2.24	52.5	3.29	51.18

资料来源：沪深北交易所，同花顺。

表5　　2021年橡胶和塑料制品业上市公司收入实现情况　　　单位：亿元

指标	2021年	2021年可比样本增长（%）	2020年	2020年可比样本增长（%）	2019年
营业收入	3654.43	17.27	2980.39	12.52	2434.62
利润总额	381.59	-10.95	347.1	155.93	107.1
归属于母公司所有者的净利润	326.86	-9.99	289.86	179.54	78.71

资料来源：沪深北交易所，同花顺。

（五）利润分配情况

2021年年全年橡胶和塑料制品业上市公司中共有84家公司实施了分红配股。其中，20家上市公司实施送股或转增股，83家上市公司实施派息，其中19家公司既实施了送股、转增又实施了派息。

（六）其他财务指标情况

1. 盈利能力指标

表6　　2021年橡胶和塑料制品业上市公司盈利能力情况

指标	2021年	2021年可比样本变动	2020年	2020年可比样本变动	2019年
毛利率（%）	22.20	-4.79	26.41	4.04	21.99
净资产收益率（%）	11.23	-3.18	12.38	6.87	4.08
销售净利率（%）	9.10	-2.61	9.78	5.79	3.3
总资产净利率（%）	6.68	-2.07	7.04	4.17	2.26

资料来源：沪深北交易所，同花顺。

2. 偿债能力指标

表7　　2021年橡胶和塑料制品业上市公司偿债能力指标

指标	2021年	2021年可比样本变动	2020年	2020年可比样本变动	2019年
流动比率	1.60	-0.06	1.57	0.17	1.48
速动比率	1.21	-0.10	1.25	0.16	1.18
资产负债率（%）	44.48	1.67	46.05	-3.25	47.35

资料来源：沪深北交易所，同花顺。

3. 营运能力指标

表8　　2021年橡胶和塑料制品业上市公司营运能力情况　　单位：次

营运能力指标	2021年	2021年可比样本变动	2020年	2020年可比样本变动	2019年
存货周转率	4.75	-0.03	4.71	-0.02	4.69
应收账款周转率	5.59	0.00	5.55	0.39	5.07
流动资产周转率	1.37	-0.03	1.36	-0.01	1.29
固定资产周转率	2.72	0.09	2.49	0.03	2.41
总资产周转率	0.73	-0.01	0.72	0	0.68
净资产周转率	1.30	-0.04	1.37	-0.03	1.31

资料来源：沪深北交易所，同花顺。

三、重点上市公司介绍

（一）洁特生物

公司是主要从事细胞培养类及与之相关的液体处理类生物实验室一次性塑料耗材研发、生产和销售的高新技术企业，主要产品包括生物培养和液体处理两大类生物实验室一次性塑料耗材，并配有少量试剂、小型实验仪器等，涉及逾千种产品。

公司产品的终端客户主要包括高等院校的生物实验室，生命科学、医学等研究机构，卫生防疫系统的各级疾病控制中心、检验检疫机构、药品食品监测机构，各级医院及诊所等医疗机构的中心实验室，制药企业，生物科技公司等。

公司全资子公司拜费尔多年来一直从事防护用品的研发、生产和销售，主要产品包括医用外科口罩、KN95口罩、FFP2口罩、儿童口罩、防护服、护目镜、正压防护服、正压防护头套、负压隔离担架等。

2021年，公司实现营业收入8.56亿元，比2020年同期增长69.8%；实现归属于上市公司股东的净利润1.71亿元，比2020年同期增长43.38%。

（二）祥源新材

公司专业生产环保交联聚烯烃泡棉（XPE/IXPE/IXPP）及聚氨酯泡棉（PU）、有机硅发泡材料等产品，是一家集研发、生产、销售新材料于一体的高新技术企业。公司拥有先进的生产设备和生产技术工艺，经过十余年的发展，现已成为国内知名的聚烯烃、聚氨酯发泡材料供应商。

2021年，公司实现营业收入4.57亿元，比2020年同期增长130.42%；实现归属于上市公司股东的净利润8773.63万元，比2020年同期增长17.09%。

（三）海优新材

公司是从事特种高分子薄膜研发、生产和销售的高新技术企业。公司以薄膜配方、设备、工艺技术为核心，立足于新能源、新材料领域，致力于不断研发与创新，为光伏、交通、建筑、大消费等多领域客户提供中高端特种薄膜产品，为成为国际领先的特种高分子薄膜"智"造商不懈努力。

在大力发展新能源产业的背景下，公司主营的高分子薄膜材料主要为新能源光伏产业进行配套。产品结构以EVA、POE胶膜等封装胶膜为主，包括抗PID型透明EVA胶膜、白色增效EVA胶膜、POE胶膜及其他应用于新型组件的胶膜和高分子薄膜。

2021年，公司实现营业收入31.05亿元，比2020年同期增长109.66%；实现归属于上市公司股东的净利润2.52亿元，比2020年同期增长12.97%。

（四）横河精密

公司始终坚持以精密模具、精密零组件的研发与制造为核心，不断向下游进行业务拓展，现有产品涵盖精密齿轮及齿轮箱、精密结构件、散热风扇、全塑尾门、全塑引擎盖、加油小门执行机构等，广泛应用于智能家电、汽车智能座舱、汽车工程塑料轻量化应用等领域。

2021年，公司实现营业收入6.96亿元，比2020年同期增长20.38%；实现归属于上市公司股东的净利润2205.50万元，比2020年同期增长51.98%。

（五）宁波色母

公司主要从事色母粒的研发、生产、销售和技术服务，致力于为客户提供塑料着色定制化产品，精准满足客户塑料着色和功能需求；是一家具有自主研发和创新能力的高新技术企业。公司的主要产品为彩色母粒、白色母粒、黑色母粒、功能母粒等，公司产品广泛应用于电子电器、日用品、食品饮料、化工、日化、建材、农业、汽车、医疗等领域，在高端家电、食品饮料包装、光学薄膜等要求产品具备高性能高标准高品质的领域中得到广泛应用，并与众多知名企业建立了长期稳定的合作关系。

公司是国内最早从事色母粒研究和生产的单位之一，自成立以来，专注于从事色母粒的研发、生产、销售和技术服务，公司经过30多年发展，一直遵循"市场导向、服务顾客、研发品管、齐头并进；提升装备、结构转型、成本合理、精益求精"的经营理念，加大研发投入和技术创新，持续不断优化生产工艺，部分产品的性能已基本达到或部分超过国际领先的色母粒企业同类产品，实现了部分进口替代。现已成为国内领先的塑料色母粒供应商。公司的色母粒产品产销量、销售额及市场占有率在行业中名列前茅，其中彩色母粒被列入国家级第六批单项冠军。

2021年，公司实现营业收入4.92亿元，比2020年同期增长14.62%；实现归属于上市公司股东的净利润1.09亿元，比2020年同期增长4.29%。

四、上市公司在行业中的影响力

2021年橡胶和塑料制造业总资产规模达到27449.42亿元，较2020年增长14.54%；其中，全行业上市公司资产总额为5439.43亿元，2021年可比样本较2020年增长20.38%；上市公司资产总额占行业资产总额的19.81%。

2021年橡胶和塑料制造业营业收入达到25684.9亿元，较2020年增长2.7%；其中，全行业上市公司实现营业收入3654.43亿元，2021年可比样本较2020年增长17.27%；上市公司营业收入占行业营业收入总额的14.23%。

2021年橡胶和塑料制造业利润总额达到1702.5亿元，较2020年增长1.2%；其中，全行业上市公司实现利润总额381.59亿元，2021年可比样本较2020年降低10.95%；上市公司利润总额占行业利润总额的22.41%。

撰稿人：周　铮　赵晨曦
审稿人：朱卫华

非金属矿物制品业

一、非金属矿物制品业总体概况

（一）行业整体运行情况

2021年，行业发展经受国际环境复杂严峻、局部疫情时有发生和大宗商品价格高位波动等诸多考验，实现恢复性增长。

一是生产恢复常态。2021年全年，非金属矿物制品工业增加值同比增长8.0%。其中，水泥产量23.8亿吨，同比下降0.4%，平板玻璃产量10.2亿重量箱，同比增长8.4%。

二是价格水平整体上行。受原材料价格上涨以及能耗"双控"、环保限产等政策影响，2021年非金属矿物制品产品全年均价相较于2020年大幅增长。全年非金属矿物制品产品平均价格水平同比增长3.7%。据中国建筑材料联合会数据，建材及非金属矿工业产品全年平均出厂价格同比上涨4.1%，其中水泥平均出厂价格同比上涨6.0%，平板玻璃平均出厂价格同比上涨35.1%。

三是经济效益增长显著。2021年非金属矿物制品规模以上工业企业完成主营业务收入66000亿元，同比增长13.8%；利润总额5587.4亿元，同比增长14.3%；销售利润率8.8%。其中，水泥行业营业收入10754亿元，同比增长7.3%，利润总额1694亿元，同比下降10.0%；平板玻璃行业营业收入1184亿元，同比增长28.1%，利润总额247亿元，同比增长89.3%。

四是固定资产投资持续恢复。建材行业固定资产投资全年继续保持增长，其中非金属矿采选业固定资产投资同比增长26.9%，非金属矿制品业固定资产投资同比增长14.1%。分行业看，混凝土与水泥制品、墙体材料、建筑用石等行业的规模化发展以及环保投入、绿色矿山建设仍然是建材行业投资的主要驱动力。

五是出口实现大幅增长。2021年，我国建材及非金属矿商品出口金额468.9亿美元，比上年增长20.9%，建材及非金属矿商品平均离岸价格下降0.7%，建材产品出口量增价减。建材及非金属矿制品主要出口商品中，夹层玻璃、玻璃纤维及制品、其他矿物纤维及制品、建筑陶瓷、砖瓦及建筑砌块、大理石荒料、滑石、石棉制品、云母和云母制品、钻石等商品量价齐增，出口额实现大幅增长。

（二）细分行业运行概况

1. 水泥、石灰和石膏制造

2021年是"十四五"开局之年，也

是我国开启"双碳"行动的元年。需求方面，全国水泥市场需求受固定资产投资、房地产和基建投资增速大幅趋降影响，呈现出"需求减弱，前高后低，压力加剧"的特征；供给方面，水泥行业受"能耗双控、限电限产、煤价飙升"的影响，供给不足，成本大幅上涨，使得全国水泥市场价格出现"先抑后扬"的"V"形走势。全年水泥行业效益总体水平比上年虽有减弱，但韧性犹在，行业利润依旧处于历史较好水平。

一是产量水平先高后低。1~4月延续上一年的多项稳增长措施持续发力拉动水泥需求向好，叠加上一年同期低基数的影响，全国水泥产量呈现高位增长。进入5月份，受持续强降雨天气影响，大宗商品价格上涨导致部分工程进度有所放缓，需求提前回落，5~12月连续8个月水泥产量同比出现负增长，9月、10月更是受能源价格进一步暴涨、能耗双控、限电限产等影响，水泥生产受到严重制约，导致9月、10月、11月、12月水泥产量同比大幅下降，下降幅度分别为13.0%、17.1%、18.6%、11.1%。2021年全国水泥产量23.8亿吨，同比下降0.4%。

二是价格水平创新高。2021年全国水泥市场平均价格486元/吨，比2020年增长10.7%，在生产成本大幅上涨和供给收缩的背景下，水泥价格整体上移，价位创历史新高。从9月开始，水泥、石灰和石膏制造行业出厂价格指数连续大幅增长，9~12月水泥、石灰和石膏制造行业出厂价格指数同比增长分别达到9.6%、33.8%、36.0%、29.9%。

三是经济效益维持良好水平。2021年全年需求虽略有下降，但水泥行业价格持续高位运行，且对成本传导能力不减，使2021年水泥行业利润维持较好水平。2021年水泥规模以上工业企业全年营业收入10754亿元，同比增长7.3%，利润总额1694亿元，同比下降10.0%。2021年水泥制品及石膏制品制造业销售利润率达到8.1%。

四是进口量首现下降。我国在连续三年熟料进口大幅增长后，2021年首次出现下降。2021年中国进口水泥熟料总量为2772万吨，比上年下降16.9%。进口量下降的主要原因是全球海运费大幅上涨，压缩了贸易利润，减弱了贸易商进口积极性。

2. 石膏、水泥制品及类似制品制造

2021年，受益于持续巩固拓展疫情防控和经济社会发展成果，精准实施宏观政策，我国经济稳中向好。水泥混凝土制品作为开展建筑施工的基础性材料，在快速恢复建设的各项工程中发挥着至关重要的作用。石膏、水泥制品及类似制品制造行业在我国经济发展和社会建设中有着重要地位，全年行业继续坚持走绿色发展、智能化发展道路，稳中向好，重点产品产量和主要经济指标再度创新高。

一是重点产品产量分化。2021年，规模以上混凝土与水泥制品工业企业商品混凝土、预制混凝土桩产量创下历史新高；但是，除商品混凝土、预制混凝土桩等产品产量增速同口径实现同比增长外，混凝土排水管、混凝土压力管、混凝土电杆等产品产量增速同口径同比均呈现不同幅度的下降。2021年规模以上混凝土与水泥制品工业企业商品混凝土产量创下历史新高,达32.93亿立方米,同口径同比增长6.9%;预制混凝土桩产量同样创历史新高,达4.86亿米,同口径同比增长2.3%;而行业其他重点产品如混凝土电杆、混凝土压力管和混凝土排水管等产量分别为1652万根、0.83万千米、7.94万千米,同口径同比下降1.9%、3.3%、21.3%。

二是产品均价略有上升。2021年,全国商品混凝土(C30)年度均价为433.5元/立方米,较上年均价略高2.2元/立方米。

三是经济效益实现"收增利减"。2021年,中国规模以上混凝土与水泥制品工业企业主营业务收入累计2.10万亿元,首次突破2万亿元,创历史新高,同比增长9.2%;累计实现利润总额853.58亿元,同比下降6.42%,首度出现年度负增长。

3. 砖瓦、石材等建筑材料制造

2021年,在经济复苏背景下,砖瓦、石材等建筑材料制造行业经济活动持续复苏,产量水平大幅增长;价格水平小幅下降;主营业务收入大幅增长,增速提升;受上游原材料价格波动影响,利润总额与销售利润率有所下降。

一是产量水平大幅增长。2021年规模以上企业生产的沥青和改性沥青防水卷材累计产量为29.6亿平方米,比上年同期增长18.0%。

二是价格水平小幅下降。2021年砖瓦、石材等建筑材料制造行业价格与上年同期相比略有下降。2021年1~9月行业生产者出厂价格指数持续低于上年同期水平,而10~12月行业生产者出厂价格指数均大于100,与上年同期价格相比上涨0.1%、0.8%、1.2%。

三是营收增长、利润稳定。2021年839家规模以上(主营业务收入在2000万元以上)防水企业的主营业务收入累计为1261.59亿元,比上年同期增长13.2%,增速比上年同期提高8.6%;规模以上企业的利润总额达75.64亿元,比上年同期下降2.04%,增速比上年同期减少14.11%;规模以上防水建筑材料工业销售利润率6.00%,比上年同期减少0.93个百分点。

4. 玻璃制造

2021年,平板玻璃行业产量大幅增长、产品价格大幅提升、效益持续提升,盈利能力不断改善。

一是产量大幅增长。2021年,平板玻璃产量10.2亿重量箱,同比增长8.4%。

钢化玻璃、夹层玻璃、中空玻璃产量分别为6.2亿平方米、1.3亿平方米、1.6亿平方米,同比分别增长13.1%、12.2%、3.4%。

二是产品价格大幅提升。2021年1~12月玻璃制造工业生产者出厂价格指数均大于100,表现出中间高两边低的态势。其中,5~8月出厂价格指数维持高位,均大于135。1~12月中国平板玻璃月平均出厂价都在100元/重量箱以上。2021年9月，中国平板玻璃月平均出厂价最高，平均出厂价为143.4元/重量箱。

三是效益大幅增长。2021年，平板玻璃规模以上工业企业主营业务收入为1184亿元，同比增长28.1%，利润总额247亿元，同比增长89.3%；平板玻璃全行业平均销售利润率达到7.4%，相较上年提升6个百分点。

5. 玻璃制品制造

2021年玻璃制品制造行业恢复显著，产量快速增长，价格持续提升，经济效益大幅提升，行业出口增长显著。日用玻璃制品行业是消费品产业链及供应链的重要环节，行业发展对经济复苏有重要影响。

一是产量快速提升。2021年1～12月中国日用玻璃制品累计产量为819.1万吨，同比增长10.67%。我国日用玻璃制品产量集中度高，大区分布不均衡，其中华东地区产量最高。

二是价格持续增长。2021年玻璃制品的价格持续增长，与2020年同期相比，每月出厂价格同比增幅区间为0.5%～3.5%。其中，2021年8～10月，月出厂价格同比增幅均超过3%。

三是经济效益大幅提升。2021年上半年玻璃制品制造业实现业务收入557.28亿元，累计同比增长15.88%；实现利润25.66亿元，累计同比增长39.60%；主营业务收入利润率达到4.60%。

四是行业出口增长显著。2021年，玻璃及其制品累计出口1576.42万亿元，同比增长20.90%。2021年上半年日用玻璃出口增长迅速，日用玻璃行业上半年出口金额为34.94亿美元，同比增长52.06%。其中：玻璃瓶罐行业出口金额11.81亿美元，同比增长38.44%；玻璃器皿行业出口金额20.39亿美元，同比增长65.95%；玻璃保温容器行业出口1.76亿美元，同比增长29.96%；玻璃仪器行业出口0.98亿美元，同比增长21.77%。

6. 玻璃纤维和玻璃纤维增强塑料制品制造

2021年，玻璃纤维和玻璃纤维增强塑料制品制造行业统筹疫情防控和经济发展，在"双碳"战略背景下持续做好产品结构和产能结构优化调整以及供给侧结构性改革。在汽车、电子、风电及出口等重点领域需求轮番拉动下，行业全年保持高景气发展态势。玻璃纤维和玻璃纤维增强塑料制品制造行业产量、出口量迅速增长，经济效益大幅提升。

一是产量快速增长。据中国玻璃纤维工业协会，2021年国内大陆地区玻璃纤维纱总产量达到624万吨，同比增长15.2%。2021年我国玻璃纤维增强复合材料制品总产量规模约为584万吨，同比增长14.5%，其中热塑性复合材料制品产量增长明显，总产量规模约274万吨，同比增长约31.1%。

二是整体经济效益大幅提升。2021年，玻璃纤维及制品全行业（不含玻璃纤维增强复合材料制品）主营业务收入达到1244亿元，同比增长21.4%；利润总额创历史新高，达到231.4亿元，同比增长95.5%。与2020年相比，下游风电市场有所调整，但汽车、电子及外贸出口市场持续走强，行业在产能扩张持续加速的基础上，各品种产品价格仍保持在高位运行，为全年经济效益大幅提升奠定了坚实基础。同时，2021年，规模以上玻纤及制品企业整体工业销售利润率达到18.6%，为历史最佳。

三是出口迅速增长。出口方面，2021年我国玻璃纤维及制品出口总量达到168.3万吨，同比增长高达26.6%；出口金额30.58亿美元，同比增长49.3%。因国外疫情影响，海外客户纷纷转向中国玻璃纤维及制品企业寻求稳定产能供应。进口方面，进口总量小幅下降，进口金额持续提升。2021年我国玻璃纤维及制品进口总量达到18.2万吨，同比下降3.3%；进口金额达到10.53亿美元，同比增长12.5%。随着内需市场需求旺盛、国内疫情形势持续好转和行业产能持续扩大，近年来各类玻璃纤维及制品进口规模整体呈逐渐收缩态势。

7. 陶瓷制品制造

2021年，陶瓷制品制造行业整体运行形势保持平稳，稳重有进，但稳中亦有忧，市场需求下降，市场分化较为明显、能源成本、原材料价格波动、能耗"双控"政策实施等增加了陶瓷制品制造行业经济运行的波动性。

一是产量小幅下降。全年，建筑陶瓷销售低迷，产量为81.74亿平方米，同比下降4.6%；卫生陶瓷制品产量达2.22亿件，同比增长2.5%。

二是价格小幅上涨。2021年1月陶瓷制品制造工业生产者出厂价格指数为98.8，随后小幅上涨，在4月达到99.5，第二季度价格开始逐步回落，7月份回落至年初水平至98.8，12月出厂价格指数为102.2。

三是行业整体经济效益较稳定。2021年全年全国规模以上陶瓷制品行业主营业务收入6977.75亿元，同比增长14.06%；利润总额488.4亿元，同比增长11.88%；2021年我国建筑陶瓷行业实现销售收入3457.8亿元，同比增长11.14%；实现利润总额223.5亿元，同比增长9.02%；卫生陶瓷实现营收854.99亿元，同比增长15.4%。

四是出口额稳步上涨。全年，建筑卫生陶瓷商品出口金额为157.70亿美元，同比增长11.43%。卫生陶瓷对出口的贡献明显。其中，2021年建筑陶瓷出口量为6.01亿平方米，较2020年下降3.40%，出口额40.99亿美元，同比下降0.70%；卫生陶瓷出口量为1.10亿件，比2020年增长16.82%，出口额达98.78亿美元，同比增长12.13%。

8. 耐火材料制品制造

2021年，耐火材料行业深入推进供给侧结构性改革，行业整体运行平稳，下行压力呈现，产量略有下降。

一是产量小幅下降。2021年全国耐火材料制品产量2402.67万吨，同比减少3.04%。其中，致密定形耐火制品1320.51万吨，同比减少3.68%；隔热耐火制品60.98万吨，同比减少1.98%；不定形耐火制品1021.18万吨，同比减少2.26%。

二是效益增长明显。2021年，92家

重点企业实现营收696.95亿元，同比增长13.32%，实现利润43.22亿元。

三是进出口大幅上涨。2021年，全国耐火原材料进出口贸易总额48.32亿美元，比上年同期增长51.56%。其中出口贸易额45.54亿美元，同比增长54.39%；进口贸易额2.78亿美元，同比增长16.60%。全国耐火原材料出口总量736.92万吨，同比增长37.27%；其中耐火原料出口量560.23万吨，同比增长41.24%；耐火制品出口量176.69万吨，同比增长26.02%。

9. 石墨及其他非金属矿物制品制造

2021年石墨及其他非金属矿物制品制造行业继续延续往年高景气的局面，表现出产能过剩的发展状况。

一是产量保持快速增长态势。随着近年来我国钢铁、金属硅等产业的快速发展，我国石墨电极需求量不断增大，加上国内政策的支持与引导，进一步推动了市场石墨电极的需求快速增长，2021年中国石墨电极产量达到100.9万吨，同比增长31.7%；2021年中国石墨电极产能达到171.7万吨，占全球供应的65%。

二是同比价格继续上涨。2021年石墨及其他非金属矿物制品价格震荡偏强，全年行业生产者出厂价格指数均高于100，且同比涨幅逐渐扩大。1月价格指数为100.2，至12月，指数价格上涨至124.4，涨幅较大。

二、行业内上市公司发展概况

（一）行业内上市公司基本情况

表1　　　　　2021年非金属矿物制品业上市公司发行股票概况

门类	总数		沪深主板		创业板		科创板		北交所	
	家数	市值(亿元)	家数	市值(亿元)	家数	市值(亿元)	家数	市值(亿元)	家数	市值(亿元)
非金属矿物制品业	108	18245.6	76	14570.2	23	2165.3	6	768.87	3	741.23
占沪深北三市比重（%）	2.30	1.99	1.62	1.59	0.49	0.24	0.13	0.08	0.06	0.08

资料来源：沪深北交易所，同花顺。

（二）行业内上市公司构成情况

表2　　　　　2021年非金属矿物制品业上市公司构成情况

门类	沪市			深市			北交所	总计	ST/*ST
	主板	科创板	合计	主板	创业板	合计			
非金属矿物制品业（家）	41	6	47	35	23	58	3	108	1/2
占行业内上市公司比重（%）	37.96	5.56	43.52	32.41	21.30	53.70	2.78	100.00	0.93/1.85

资料来源：沪深北交易所，同花顺。

（三）行业内上市公司融资情况

表3　　2021年非金属矿物制品业上市公司与沪深两市融资情况对比　　单位：家

门类	融资家数	新股	增发	配股
非金属矿物制品业	24	9	15	0
沪深两市总数	1032	524	502	7
占比（%）	2.33	1.72	2.99	0

资料来源：沪深北交易所，同花顺。

其中，首发的9家公司中，有0家在中小板上市，3家在创业板上市，5家在主板上市，1家在科创板上市；增发的15家公司中，有5家沪市、10家深市。

按行业大类划分，进行融资的24家公司中，石墨及其他非金属矿物制品制造业5家，石膏、水泥制品及类似制品制造业4家，砖瓦、石材等建筑材料制造业5家，玻璃制造业3家，水泥、石灰和石膏制造业2家，陶瓷制品制造业1家，药用辅料及包装材料业1家，输配电及控制设备制造业1家，电子元件及电子专用材料制造业1家，耐火材料制品制造业1家，分别占比20.8%、16.7%、20.8%、12.5%、8.3%、4.2%、4.2%、4.2%、4.2%、4.2%。

从融资效果看，上述公司实际发行数量为960953.00万股；实际募集资金1311.48亿元，基本完成了融资计划。

（四）行业内上市公司资产及业绩情况

表4　　2021年非金属矿物制品业上市公司资产情况　　单位：亿元

指标	2021年	2021年可比样本增长（%）	2020年	2020年可比样本增长（%）	2019年
总资产	17219.34	12.06	13524.5	9.72	11933.8
流动资产	8132.87	10.98	7093.89	13.01	6060.74
占比（%）	47.23	-0.46	52.45	1.52	50.79
非流动资产	9086.47	13.05	6430.59	6.31	5873.07
占比（%）	52.77	0.46	47.55	-1.52	49.21
流动负债	6066.91	12.61	4493.3	1.88	4278.29
占比（%）	35.23	0.17	33.22	-2.56	35.85
非流动负债	2339.75	12.82	1735.83	11.59	1522.97
占比（%）	13.59	0.09	12.83	0.21	12.76
归属于母公司股东权益	7953.50	14.31	6513.16	13.86	5498.81
占比（%）	46.19	0.91	48.16	1.75	46.08

资料来源：沪深北交易所，同花顺。

表5 2021年非金属矿物制品业上市公司收入实现情况 单位：亿元

指标	2021年	2021年可比样本增长（%）	2020年	2020年可比样本增长（%）	2019年
营业收入	9843.26	12.33	7589.65	11.46	6567.18
利润总额	1470.15	4.60	1295.06	14.68	1092.64
归属于母公司所有者的净利润	1064.99	9.85	942.79	17.01	776.37

资料来源：沪深北交易所，同花顺。

（五）利润分配情况

2021年全年非金属矿物制品业上市公司中共有74家公司实施了分红配股。其中，14家上市公司实施送股或转增股，74家上市公司实施派息，其中13家公司既实施了送股、转增又实施了派息。

（六）其他财务指标情况

1. 盈利能力指标

表6 2021年非金属矿物制品业上市公司盈利能力情况

指标	2021年	2021年可比样本变动	2020年	2020年可比样本变动	2019年
毛利率（%）	26.44	-1.40	28.28	-3.08	31.33
净资产收益率（%）	13.39	-0.54	14.48	0.39	14.12
销售净利率（%）	11.72	-0.67	13.55	0.65	12.9
资产净利率（%）	7.08	-0.87	7.95	0.53	7.4

资料来源：沪深北交易所，同花顺。

2. 偿债能力指标

表7 2021年非金属矿物制品业上市公司偿债能力指标

指标	2021年	2021年可比样本变动	2020年	2020年可比样本变动	2019年
流动比率	1.34	-0.02	1.58	0.16	1.42
速动比率	0.97	-0.01	1.13	0.15	0.97
资产负债率（%）	48.82	0.26	46.06	-2.34	48.61

资料来源：沪深北交易所，同花顺。

3. 营运能力指标

表8 2021年非金属矿物制品业上市公司营运能力情况 单位：次

营运能力指标	2021年	2021年可比样本变动	2020年	2020年可比样本变动	2019年
存货周转率	3.41	0.18	2.75	0.28	2.44

续表

营运能力指标	2021年	2021年可比样本变动	2020年	2020年可比样本变动	2019年
应收账款周转率	7.50	-1.10	8.44	0.29	8.36
流动资产周转率	1.27	-0.04	1.14	0	1.13
固定资产周转率	2.01	-0.11	1.97	0.11	1.85
总资产周转率	0.60	-0.04	0.59	0.01	0.57
净资产周转率	1.18	-0.07	1.11	-0.02	1.14

资料来源：沪深北交易所，同花顺。

三、重点上市公司介绍

（一）海螺水泥

海螺水泥主营业务为水泥、商品熟料、骨料及混凝土的生产、销售。根据市场需求，本集团的水泥品种主要包括32.5级水泥、42.5级水泥及52.5级水泥，产品广泛应用于铁路、公路、机场、水利工程等国家大型基础设施建设项目，以及城市房地产开发、水泥制品和农村市场等。

公司抓住发展机遇，积极推进国内外项目建设和并购，水泥主业和上下游产业链延伸取得丰硕成果，在建项目陆续投产，产能持续扩大。截至2021年年末，公司熟料产能2.69亿吨/年，同比增长2.67%；水泥产能3.84亿吨/年，同比增长4.06%；骨料产能6580万吨/年，同比增长12.86%；商品混凝土产能1470万立方米/年，同比增长250%；光伏发电装机容量200MW/年，整体具有显著的规模优势。

截至2021年年末，公司资产总额为2305.15亿元，同比增长14.20%；2021年公司全年营业总收入1679.53亿元，同比减少4.73%。2021年公司利润总额441.16亿元，同比减少6.41%，全年实现净利润341.66亿元，同比减少6.05%，每股盈利6.28元，较上年同期下降0.36元/股，整体盈利能力稳定。

根据公司战略规划，未来将围绕公司"十四五"发展规划，继续加大投资发展力度，奋力提升产业能级，构建新一轮发展格局。抢抓机遇推进国内发展，加快存量项目建设进程，全力推进项目并购，进一步完善市场布局；加快延伸上下游产业链，全力推进骨料项目拓展和产能发挥，加快商品混凝土产业布局，大力推进新能源产业发展，打造新的产业增长极。同时，公司将密切关注国内外宏观经济形势，统筹推进疫情防控和生产经营管理。强化市场供求形势研判，推进营销模式创新，优化资源配置，强化终端市场建设，增强渠道控制力，稳步提升市场份额。

（二）东方雨虹

东方雨虹致力于新型建筑防水材料的

研发、生产、销售和防水工程施工业务领域，目前已形成以防水业务为核心，民用建材、建筑涂料、特种砂浆、建筑粉料、节能保温、建筑修缮、非织造布、特种薄膜等多元业务为延伸的建筑建材系统。

公司主要产品包括建筑防水材料、建筑装饰涂料、特种砂浆、建筑粉料、建筑节能材料、非织造布、特种薄膜等，产品体系日趋完善。其中，建筑防水材料共有200余细分品种，2000多种规格、型号的产品，公司也在持续优化产品结构、提升产品质量、扩大产品品类，所生产的防水材料基本覆盖了国内新型建筑防水材料的多数重要品种，是国内建筑防水材料行业生产新型建筑防水材料品种较为齐全的企业之一。

2021年，公司实现营业收入319.34亿元，同比增长46.96%；利润总额51.00亿元，同比增长22.74%；归属于上市公司股东的净利润42.05亿元，同比增长24.07%；基本每股收益1.74元/股，经营实现稳健增长。

未来，公司将以"凝聚一切、升级一切、全力以赴、全速前进"作为工作主题，持续优化房地产营销体系及营销模式，重构营销竞争优势，提高市场占有率；抓住民用建材发展的战略机遇期，构建以防水防潮系统、瓷砖铺贴美缝系统为核心的双主业，以及密封胶、腻子墙面辅材为补充的多品类产品线共同发展的格局；切实推进公司内部结构优化，在风控、技术研发、服务模式等方面持续加大投入，助力公司形成核心竞争优势，有效提升产品盈利能力。

（三）中国巨石

中国巨石是国内玻纤行业的龙头企业，主营业务为玻璃纤维及制品的生产和销售，公司玻纤产品品种广泛、品类齐全，有100多个大类近1000个规格品种，主要包括无碱玻璃纤维无捻粗纱、短切原丝、短切毡、方格布、电子布等玻纤产品。

公司坚持"先建市场，后建工厂"的理念，稳步实施"三地五洲"战略，国内现有桐乡、九江、成都三大生产基地，国外在美国南卡、埃及苏伊士也有生产布局，充分参与国际分工，努力促进全球经济的发展融合。

2021年，公司实现营业收入197.07亿元，同比增长68.92%；归属于上市公司股东的净利润60.28亿元，同比增长149.51%。基本每股收益1.51元/股，相较上年同期增长0.90元/股，经营情况持续增长。

未来，公司将即以玻纤业务为核心，继续做大、做强、做优主业，做全、做稳、做强供应链，做深、做长、做实产业链，打造玻纤产业生态圈，以"创新引领高质量发展、生产经营高速度增长、企业价值高品质提升"为目标，构建"制造数智化、管控精准化、产销全球化、发展和谐化"的新发展格局。

（四）旗滨集团

旗滨集团从事玻璃产品制造与销售，包括优质浮法玻璃原片、节能建筑玻璃、高铝电子玻璃、中性硼硅药用玻璃、光伏新材料等玻璃产品，是国内优质建筑玻璃原片龙头企业之一。

公司在福建、广东、湖南、浙江、马来西亚等地建有大型原片生产基地，国内七大原片生产基地布局分别位于中国经济发展活跃的珠三角、长三角、福建沿海、长株潭经济带；在广东、湖南、浙江、天津、马来西亚拥有6个节能建筑玻璃基地。主要产品有0.33~19mm优质浮法玻璃原片、超白浮法玻璃、着色（绿、蓝、灰）玻璃等玻璃原片；各种离线LOW-E低辐射镀膜玻璃、钢化玻璃、夹层玻璃、中空玻璃、在线镀膜玻璃、离线阳光控制镀膜玻璃等节能玻璃；高铝超薄电子玻璃；中性硼硅药用玻璃素管、光伏高透基板等。

2021年，公司实现营业收入145.73亿元，同比增长51.12%；归属于上市公司股东的净利润42.34亿元，同比增长133.38%；基本每股收益1.61元/股，相较上年同期增长0.92元/股。

四、上市公司在行业中的影响力

非金属矿物制品业行业2021年总资产、营业收入、利润总额分别为70494.20亿元、66217.7亿元、5587.4亿元，分别同比增长13.4%、14.1%、10.5%。近年来，非金属矿物制品业上市公司在行业中的影响力持续提升。2021年全年非金属矿物制品业上市公司的总资产在行业中的占比为24.43%，较2020年提升2.67%；上市公司的营业收入在行业中的占比为14.87%，较2020年提升1.79%；上市公司的利润总额在行业中的占比为26.31%，较2020年提升0.69%。

撰稿人：郑晓刚　袁定云
审稿人：朱卫华

黑色金属冶炼及压延加工业

一、黑色金属冶炼及压延加工业总体概况

2021年，中国黑色金属冶炼及压延加工企业数量为5433家，较2020年增加258家；总资产达到69363亿元，较2020年增长10.50%。

2021年，中国黑色金属冶炼及压延加工业营业收入达96662.30亿元，较2020年上升32.20%；利润总额为4240.90亿元，较2020年上升75.50%。

二、行业内上市公司发展概况

（一）行业内上市公司基本情况

表1　2021年黑色金属冶炼及压延加工业上市公司发行股票概况

门类	总数		沪深主板		创业板		科创板		北交所	
	家数	市值（亿元）	家数	市值（亿元）	家数	市值（亿元）	家数	市值（亿元）	家数	市值（亿元）
黑色金属冶炼和压延加工业	32	9801.96	31	9659.79	0	0	1	142.18	0	0
占沪深北三市比重（%）	0.68	1.07	0.66	1.05	0	0	0.02	0.02	0	0

资料来源：沪深北交易所，同花顺。

（二）行业内上市公司构成情况

表2　2021年黑色金属冶炼及压延加工业上市公司构成情况

门类	沪市			深市			北交所	总计	ST/*ST
	主板	科创板	合计	主板	创业板	合计			
黑色金属冶炼和压延加工业（家）	20	1	21	11	0	11	0	32	1/0
占行业内上市公司比重（%）	62.50	3.13	65.63	34.38	0	34.38	0	100.00	3.13/0

资料来源：沪深北交易所，同花顺。

（三）行业内上市公司融资情况

表3　2021年黑色金属冶炼及压延加工业上市公司与沪深两市融资情况对比　　单位：家

门类	融资家数	新股	增发	配股
黑色金属冶炼及压延加工业	2	1	1	0
沪深两市总数	1032	524	502	7
占比（%）	0.19	0.19	0.20	0

资料来源：沪深北交易所，同花顺。

其中，首发的1家公司在科创板上市；增发的1家公司是深市公司。

按行业大类划分，进行融资的1032家公司中，黑色金属冶炼及压延加工业2家，占比0.19%。

从融资效果看，上述公司实际发行数量为142603.401万股；实际募集资金77.92亿元，基本完成了融资计划。

（四）行业内上市公司资产及业绩情况

表4　2021年黑色金属冶炼及压延加工业上市公司资产情况　　　　　单位：亿元

指标	2021年	2021年可比样本增长（%）	2020年	2020年可比样本增长（%）	2019年
总资产	21001.51	6.68	19584.6	4.49	18192.7
流动资产	7901.95	9.38	7191.83	5.41	6629.15
占比（%）	37.63	0.93	36.72	0.32	36.44
非流动资产	13099.56	5.12	12392.8	3.97	11563.6
占比（%）	62.37	-0.93	63.28	-0.32	63.56
流动负债	9672.15	6.05	9053.65	0.72	8702.01
占比（%）	46.05	-0.27	46.23	-1.73	47.83
非流动负债	2097.04	-3.20	2157.03	21.59	1675.76
占比（%）	9.99	-1.02	11.01	1.55	9.21
归属于母公司股东权益	8264.54	9.49	7531.16	5.61	7082.14
占比（%）	39.35	1.01	38.45	0.41	38.93

资料来源：沪深北交易所，同花顺。

表5　2021年黑色金属冶炼及压延加工业上市公司收入实现情况　　　　　单位：亿元

指标	2021年	2021年可比样本增长（%）	2020年	2020年可比样本增长（%）	2019年
营业收入	23249.06	41.26	16447.9	2.26	16028.7
利润总额	1459.90	93.54	752.15	-0.1	738.98
归属于母公司所有者的净利润	1120.80	96.09	570.2	0.53	560.19

资料来源：沪深北交易所，同花顺。

（五）利润分配情况

2021年全年黑色金属冶炼及压延加工业上市公司中共有25家公司实施了分红配股。其中，2家上市公司实施送股或转增股，25家上市公司实施派息，其中2家公司既实施了送股、转增又实施了派息。

（六）其他财务指标情况

1. 盈利能力指标

表6　2021年黑色金属冶炼及压延加工业上市公司盈利能力情况

指标	2021年	2021年可比样本变动	2020年	2020年可比样本变动	2019年
毛利率（%）	11.66	1.35	10.82	-0.57	11.34
净资产收益率（%）	13.56	5.99	7.57	-0.38	7.91
销售净利率（%）	5.28	1.43	3.84	-0.12	3.91
资产净利率（%）	6.04	2.74	3.3	-0.18	3.48

资料来源：沪深北交易所，同花顺。

2. 偿债能力指标

表7　　　　2021年黑色金属冶炼及压延加工业上市公司偿债能力指标

指标	2021年	2021年可比样本变动	2020年	2020年可比样本变动	2019年
流动比率	0.82	0.02	0.79	0.04	0.76
速动比率	0.54	0.00	0.55	0.02	0.52
资产负债率（%）	56.04	-1.29	57.24	-0.18	57.04

资料来源：沪深北交易所，同花顺。

3. 营运能力指标

表8　　　　2021年黑色金属冶炼及压延加工业上市公司营运能力情况　　　单位：次

营运能力指标	2021年	2021年可比样本变动	2020年	2020年可比样本变动	2019年
存货周转率	8.44	1.61	6.8	-0.02	6.84
应收账款周转率	63.36	19.21	44.41	4.55	39.82
流动资产周转率	3.07	0.73	2.35	-0.06	2.44
固定资产周转率	2.69	0.76	1.86	0.02	1.84
总资产周转率	1.14	0.29	0.86	-0.02	0.89
净资产周转率	2.64	0.63	2.01	-0.07	2.1

资料来源：沪深北交易所，同花顺。

三、重点上市公司介绍

（一）华菱钢铁

湖南华菱钢铁股份有限公司主营业务钢材产品的生产和销售。产品主要有线材、螺纹钢、热轧超薄带钢卷、中厚板、无缝钢管、冷轧板卷、镀锌板。公司获得各项技术专利55项，牵头制定、参与行业标准修订7项，荣获1项国家科技进步二等奖，2项冶金科学技术二等奖以及多个冶金行业实物金杯奖。经营范围：主营钢坯、无缝钢管、线材、棒材、螺纹钢、热轧超薄带钢卷、冷轧板卷、涂镀钢板、中小型材、热轧中板等黑色和有色金属产品的生产与销售；兼营外商投资企业获准开展的相关附属产品，咨询服务业务。

2021年，公司继续实施"三大变革"，持续完善"三大战略支撑体系"，生产经营更加稳顺，经营业绩再创历史最优。全年实现营业总收入1715.75亿元，同比增长47.24%；实现利润总额、净利润、归属于母公司所有者的净利润119.44亿元、104.68亿元、96.8亿元，同比分别增长48.71%、50.31%、51.36%。其中，下属核心子公司华菱湘钢、华菱涟钢和汽车板公司分别实现净利润 50.61 亿元、44.59 亿元、6.14 亿元，同比分别增长 37.58%、64.24%、68.22%，均创同期历史最好水平；华菱衡钢实现净利润 3.62 亿元，同比增长 65.90%。报告期末资产负债率为 52.28%，较年初降低 5.26 个百分点，较历史最高值降低了 34.62 个百分点；报告期财务费用为 2.63 亿元，同比降低 56.03%，较同期历史最高值降低了 24.98 亿元。

（二）首钢股份

北京首钢股份有限公司的主营业务为钢铁冶炼、钢压延加工、技术开发、技术咨询、技术转让、技术服务、技术培训。其主要产品包括钢材、钢坯、冷轧薄板、化工、建材和电子等。2019 年通过国家生态环境部"钢铁行业超低排放"评估验收，成为全国首家，目前钢铁行业内唯一一家通过全工序超低排放评估验收的企业，为钢铁行业绿色可持续发展提供了技术先行和经验借鉴，荣获中国节能协会评定的节能减排科技进步一等奖。经营范围包括钢铁冶炼，钢压延加工；铜冶炼及压延加工、销售；烧结矿、焦炭、化工产品制造、销售；高炉余压发电及煤气生产、销售；工业生产废异物加工、销售；销售金属材料、焦炭、化工产品、机械电器设备、建筑材料、通用设备、五金、家具、装饰材料；设备租赁（汽车除外）；经营电信业务；保险代理业务；保险经纪业务；装卸搬运；软件开发；广告设计、代理；仓储服务；技术开发、技术咨询、技术转让、技术服务、技术培训；投资及投资管理。

公司的主营业务为钢铁产品和金属软磁材料（电工钢）的生产和销售。智新电磁：电工钢 150.1 万吨，同比降低 2.7%，其中取向产量 19.3 万吨，同比增长 0.2%，无取向产量 130.8 万吨，同比降低 3.1%。薄规格取向产量 16.3 万吨，同比增长 26%，高牌号无取向产量 54.7 万吨，同比增长 28%。金属软磁材料销售收入 133.07 亿元，占营业收入比率为 9.93%。迁钢公司：铁 800.1 万吨，同比降低 0.3%；钢 849.0 万吨，同比持平；热轧卷 821.3 万吨（含内供原料），同比持平。京唐公司：铁 1390.9 万吨，同比增长 8.1%；钢 1522.9 万吨，同比增长 35%；材 1433.3 万吨，同比增长 41.6%。冷轧公司：冷轧板材 202.8 万吨，同比增长 10%。钢铁产品销售收入 1161.13 亿元，占营业收入比率为 86.63%。

四、上市公司在行业中的影响力

2021 年黑色金属冶炼及压延加工业总资产规模达到 69363.00 亿元，较 2020 年增长 10.50%；其中全行业上市公司资产总额为 21001.51 亿元，较 2020 年增加 6.68%（可比样本）；上市资产总额占行业资产总额的 30.28%。

2021 年黑色金属冶炼及压延加工业营业收入达到 96662.30 亿元，较 2020 年增长 32.20%；其中全行业上市公司实现营业收入 23249.06 亿元，较 2020 年增加

41.26%（可比样本）；上市公司营业收入占行业营业收入总额的24.05%。

2021年黑色金属冶炼及压延加工业利润总额达到4240.90亿元，较2020年增长75.50%；其中全行业上市公司实现利润总额1459.90亿元，较2020年增长93.54%（可比样本）；上市公司利润总额占行业利润总额的34.42%。

撰稿人：阎予露
审稿人：解学成

有色金属冶炼和压延加工业

一、有色金属冶炼和压延加工业总体概况

2021年，中国有色金属冶炼和压延加工业企业数量为7829家，较2020年上升5.93%，资产总计44546.80亿元，较2020年增加8.50%。

2021年中国有色金属冶炼和压延加工业营业收入达到70052.90亿元，较2020年增长31.60%，利润总额为3131.20亿元，较2020年增长115.90%。

二、行业内上市公司发展概况

（一）行业内上市公司基本情况

表1　2021年有色金属冶炼和压延加工业上市公司发行股票概况

门类	总数		沪深主板		创业板		科创板		北交所	
	家数	市值（亿元）	家数	市值（亿元）	家数	市值（亿元）	家数	市值（亿元）	家数	市值（亿元）
有色金属冶炼和压延加工业	81	18655.29	70	17241.14	8	903.25	2	489.20	1	21.71
占沪深北三市比重（%）	1.72	2.03	1.49	1.88	0.17	0.10	0.04	0.05	0.02	0

资料来源：沪深北交易所，同花顺。

（二）行业内上市公司构成情况

表2　2021年有色金属冶炼和压延加工业上市公司构成情况

门类	沪市			深市			北交所	总计	ST/*ST
	主板	科创板	合计	主板	创业板	合计			
有色金属冶炼和压延加工业（家）	30	2	32	40	8	48	1	81	0/2
占行业内上市公司比重（%）	37.04	2.47	39.51	49.38	9.88	59.26	1.23	100.00	0/2.47

资料来源：沪深北交易所，同花顺。

（三）行业内上市公司融资情况

表3　2021年有色金属冶炼和压延加工业上市公司与沪深两市融资情况对比　单位：家

门类	融资家数	新股	增发	配股
有色金属冶炼和压延加工业	12	4	8	0
沪深两市总数	1032	524	502	7
占比（%）	1.16	0.76	1.59	0

资料来源：沪深北交易所，同花顺。

其中，首发的4家公司中，有2家在主板上市，1家在创业板上市，1家在科创板上市；增发的8家公司中，有2家沪市和6家深市。

按行业大类划分，进行融资的1032家公司中，有色金属冶炼和压延加工业12家，占比1.16%。

从融资效果看，上述公司实际发行数量为207184.6233万股；实际募集资金196.60亿元，基本完成了融资计划。

（四）行业内上市公司资产及业绩情况

表4　2021年有色金属冶炼和压延加工业上市公司资产情况　单位：亿元

指标	2021年	2021年可比样本增长（%）	2020年	2020年可比样本增长（%）	2019年
总资产	14063.07	11.68	11980	4.23	11152.25
流动资产	6642.03	21.84	5178.13	3.46	4837.95
占比（%）	47.23	3.94	43.22	-0.32	43.38
非流动资产	7421.04	3.92	6801.86	4.82	6314.3
占比（%）	52.77	-3.94	56.78	0.32	56.62
流动负债	5162.98	4.44	4623.97	-7.68	4854.47
占比（%）	36.71	-2.54	38.6	-4.98	43.53

续表

指标	2021年	2021年可比样本增长（%）	2020年	2020年可比样本增长（%）	2019年
非流动负债	2295.43	6.18	2093.92	16.69	1760.29
占比（%）	16.32	-0.84	17.48	1.87	15.78
归属于母公司股东权益	5830.14	19.76	4641.03	12.11	4026.6
占比（%）	41.46	2.80	38.74	2.72	36.11

资料来源：沪深北交易所，同花顺。

表5　2021年有色金属冶炼和压延加工业上市公司收入实现情况　　单位：亿元

指标	2021年	2021年可比样本增长（%）	2020年	2020年可比样本增长（%）	2019年
营业收入	19984.16	39.91	13965.9	13.09	11817.05
利润总额	979.52	171.07	326.34	239.86	81.85
归属于母公司所有者的净利润	702.94	176.59	226.62	2297	-2.11

资料来源：沪深北交易所，同花顺。

（五）利润分配情况

2021年全年有色金属冶炼和压延加工业上市公司中共有54家公司实施了分红配股。其中，9家上市公司实施送股或转增股，53家上市公司实施派息，其中8家公司既实施了送股、转增又实施了派息。

（六）其他财务指标情况

1. 盈利能力指标

表6　2021年有色金属冶炼和压延加工业上市公司盈利能力情况

指标	2021年	2021年可比样本变动	2020年	2020年可比样本变动	2019年
毛利率（%）	9.57	2.02	7.58	-0.17	7.71
净资产收益率（%）	12.06	6.84	4.88	4.65	-0.05
销售净利率（%）	3.97	1.97	1.85	1.62	0.13
资产净利率（%）	5.96	3.63	2.2	1.95	0.14

资料来源：沪深北交易所，同花顺。

2. 偿债能力指标

表7　　　　2021年有色金属冶炼和压延加工业上市公司偿债能力指标

指标	2021年	2021年可比样本变动	2020年	2020年可比样本变动	2019年
流动比率	1.29	0.18	1.12	0.12	1.0
速动比率	0.80	0.12	0.68	0.05	0.63
资产负债率（%）	53.04	-3.39	56.08	-3.11	59.31

资料来源：沪深北交易所，同花顺。

3. 营运能力指标

表8　　　　2021年有色金属冶炼和压延加工业上市公司营运能力情况　　　　单位：次

营运能力指标	2021年	2021年可比样本变动	2020年	2020年可比样本变动	2019年
存货周转率	7.81	1.22	6.64	0.32	6.25
应收账款周转率	28.23	3.74	24.18	0.87	24.21
流动资产周转率	3.30	0.61	2.74	0.23	2.49
固定资产周转率	5.06	1.33	3.82	0.27	3.46
总资产周转率	1.50	0.33	1.19	0.08	1.09
净资产周转率	3.31	0.53	2.81	0.11	2.66

资料来源：沪深北交易所，同花顺。

三、重点上市公司介绍

（一）中国铝业

中国铝业是是集铝土矿、煤炭等资源开采，氧化铝、炭素、原铝和铝合金产品生产、销售、技术研发，国际贸易，物流产业，火力及新能源发电于一体的大型铝生产经营企业。公司产品主要有氧化铝、原铝、贸易、能源等。公司于2001年12月11日、12日分别在纽约证券交易所和香港联合交易所有限公司挂牌上市，在换股吸收合并山东铝业、兰州铝业后，公司又实现在上海证券交易所上市，成为在纽约、香港、上海三地上市的企业之一。2019年2月，本公司A股被纳入MSCI中国A股在岸指数；2019年6月，本公司A股被纳入富时罗素旗舰指数富时全球股票指数系列。《财富》2019年中国500强排行榜第52位。经营范围包括铝矿资源的开发及铝矿产品、碳素制品及相关有色金属产品的生产、销售，火电、风电、太阳能发电及其相关产业的建设与运营管理，以及从事煤炭、铁路、机械制造及其相关产业的投资；本集团也从事有色金属产品及煤炭产品的贸易及物流业务。

2021年，公司实现营收2697.48亿元,同比增长 45.03%;归母净利润 50.79 亿元,同比增长 585.5%;扣非归母净利润 70.29 亿元,同比增加 1687%。2021 年四季度,公司实现营收 748.19 亿元,同比增长 41.6%、环比增长 0.8%。

(二) 江西铜业

江西铜业的主营业务为铜和黄金的采选、冶炼和加工,贵金属和稀散金属的提取与加工,有色金属及相关副产品的冶炼、压延加工与深加工,以及相关产品的贸易业务。产品包括:阴极铜、黄金、白银、硫酸、铜杆、铜管、铜箔、硒、碲、铼、铋等 50 多个品种。本集团为中国最大的铜生产基地,最大的伴生金、银生产基地,以及重要的硫化工基地,作为首家采用氧气底吹熔炼—还原炉粉煤底吹直接还原技术处理高铅复杂金精矿的专业工厂,在"中国黄金十大冶炼企业"中排名第一。经营范围包括有色金属矿、稀贵金属、非金属矿;有色金属及相关副产品的冶炼、压延加工与深加工;自产产品的售后服务、相关的咨询服务和业务;境外期货套期保值业务;与上述业务相关的三氧化二砷、硫酸、氧气、液氧、液氮、液氩的生产和加工。

2021 年,公司实现营业收入 4427.68 亿元,同比增长 38.99%(上年同期:3185.63 亿元);归属上市公司股东净利润 56.36 亿元,同比增长 142.87%(上年同期:23.20 亿元)。截至 2021 年 12 月 31 日,公司总资产为 1610.35 亿元,较年初增长 14.30%(年初:1408.81 亿元),其中归属上市公司股东净资产为 697.99 亿元,较年初增长 16.51%(年初:599.10 亿元)。

(三) 北方稀土

北方稀土是我国乃至全世界最大的稀土生产、科研、贸易基地,是稀土行业的龙头企业,以开发利用举世闻名的稀土宝藏—白云鄂博稀土矿山为使命,建有稀土选矿、冶炼分离、深加工、应用产品、科研等完善的稀土工业体系,能够生产稀土原料(精矿、碳酸稀土、氧化物与盐类、金属)、稀土功能材料(抛光材料、贮氢材料、磁性材料、发光材料、催化材料)、稀土应用产品(镍氢动力电池、磁共振仪)等门类齐全的稀土产品。公司快速发展依托四大核心优势:全面掌控北方轻稀土资源,积极整合布局南方中重稀土资源;主导产品—北方轻稀土产品,具有随铁开采的成本优势,确保了公司在市场竞争中立于不败之地;旗下的稀土研究院,是全球最大的以稀土资源开发利用为宗旨的专业研究机构。

2021 年,公司实现营收 304.08 亿元,同比增长 43.1%;归母净利润 51.3 亿元,同比增长 516.1%;扣非归母净利 49.67 亿元,同比增长 516.4%。2021 年四季度,公司实现营收 63.17 亿元,同比增长 10.5%、环比减少 32.6%;归母净利润 19.81 亿元,同比增长 510%、环比增长 77.9%;扣非归母净利 20.08 亿元,同比增长 490.3%、环比增长 94.6%。

四、上市公司在行业中的影响力

2021年有色金属冶炼和压延加工业总资产规模达到44546.80亿元，较2020年增长8.50%；其中全行业上市公司资产总额为14063.07亿元，较2020年增加11.68%（可比样本）；上市资产总额占行业资产总额的31.57%。

2021年有色金属冶炼和压延加工业营业收入达到70052.90亿元，较2020年增长31.60%；其中全行业上市公司实现营业收入19984.16亿元，较2020年增加39.91%（可比样本）；上市公司营业收入占行业营业收入总额的28.53%。

2021年有色金属冶炼和压延加工业利润总额达到3131.20亿元，较2020年增长115.90%；其中全行业上市公司实现利润总额979.52亿元，较2020年增长171.07%（可比样本）；上市公司利润总额占行业利润总额的31.28%。

撰稿人：阎予露
审稿人：解学成

金属制品业

一、金属制品业总体概况

2021年，中国金属制品业固定资产投资额为12005.44亿元，较2020年上升13.50%，工业增加值同比增长16%。

2021年金属制品业营业收入达到46835.4亿元，较2020年上升27.22%，利润总额达到2256.7亿元，较2020年上升33.76%

二、行业内上市公司发展概况

（一）行业内上市公司基本情况

表1　　2021年金属制品业上市公司发行股票概况

门类	总数		沪深主板		创业板		科创板		北交所	
	家数	市值（亿元）	家数	市值（亿元）	家数	市值（亿元）	家数	市值（亿元）	家数	市值（亿元）
金属制品业	89	7369.67	65	6373.26	14	555.18	7	374.56	3	66.67
占沪深北三市比重（%）	1.89	0.80	1.38	0.69	0.30	0.06	0.15	0.04	0.06	0.01

资料来源：沪深北交易所，同花顺。

（二）行业内上市公司构成情况

表2　　2021年金属制品业上市公司构成情况

门类	沪市			深市			北交所	总计	ST/*ST
	主板	科创板	合计	主板	创业板	合计			
金属制品业（家）	25	7	32	40	14	54	3	89	0/1
占行业内上市公司比重（%）	28.09	7.87	35.96	44.94	15.73	60.67	3.37	100.00	0/1.12

资料来源：沪深北交易所，同花顺。

（三）行业内上市公司融资情况

表3　　2021年金属制品业上市公司与沪深两市融资情况对比　　单位：家

门类	融资家数	新股	增发	配股
金属制品业	25	16	9	0
沪深两市总数	1032	524	502	7
占比（%）	2.42	3.05	1.79	0.00

资料来源：沪深北交易所，同花顺。

其中，首发的16家公司中，有2家在沪深主板上市，8家在创业板上市，4加在科创板上市，2家在北交所上市；增发的9家公司中，有5家沪市、4家深市公司。

从融资效果看，上述公司实际发行数量为13.15亿股；实际募集资金132.27亿元，基本完成了融资计划。

（四）行业内上市公司资产及业绩情况

表4　　2021年金属制品业上市公司资产情况　　单位：亿元

指标	2021年	2021年可比样本增长（%）	2020年	2020年可比样本增长（%）	2019年
总资产	6228.17	14.33	5262.06	2.36	4621.13
流动资产	3591.17	19.19	2920.63	1.79	2488.91
占比（%）	57.66	2.35	55.5	-0.31	53.86
非流动资产	2637.00	8.31	2341.43	3.08	2132.22
占比（%）	42.34	-2.35	44.5	0.31	46.14
流动负债	2585.46	18.27	2112.44	-0.25	1832.12
占比（%）	41.51	1.39	40.14	-1.05	39.65

续表

指标	2021年	2021年可比样本增长（%）	2020年	2020年可比样本增长（%）	2019年
非流动负债	686.88	10.16	606.48	-16.07	712.49
占比（%）	11.03	-0.42	11.53	-2.53	15.42
归属于母公司股东权益	2736.42	11.69	2356.13	13.78	1855.08
占比（%）	43.94	-1.04	44.78	4.5	40.14

资料来源：沪深北交易所，同花顺。

表5　　2021年金属制品业上市公司收入实现情况　　单位：亿元

指标	2021年	2021年可比样本增长（%）	2020年	2020年可比样本增长（%）	2019年
营业收入	5737.48	38.30	4109.71	9.95	2913.48
利润总额	372.62	22.27	286.09	25.35	190.4
归属于母公司所有者的净利润	260.25	10.63	220.01	44.58	120.55

资料来源：沪深北交易所，同花顺。

（五）利润分配情况

2021年全年金属制品业上市公司中共有70家公司实施了分红配股。其中，10家上市公司实施送股或转增股，68家上市公司实施派息，其中8家公司既实施了送股、转增又实施了派息。

（六）其他财务指标情况

1. 盈利能力指标

表6　　2021年金属制品业上市公司盈利能力情况

指标	2021年	2021年可比样本变动	2020年	2020年可比样本变动	2019年
毛利率（%）	15.41	-0.85	15.54	-1.25	18.87
净资产收益率（%）	9.51	-0.09	9.34	1.99	6.5
销售净利率（%）	4.91	-1.05	5.64	1.25	4.54
资产净利率（%）	4.83	0.23	4.45	1.16	2.95

资料来源：沪深北交易所，同花顺。

2. 偿债能力指标

表7　　2021年金属制品业上市公司偿债能力指标

指标	2021年	2021年可比样本变动	2020年	2020年可比样本变动	2019年
流动比率	1.39	0.01	1.38	0.03	1.36
速动比率	1.04	-0.02	1.07	0.18	0.91
资产负债率（%）	52.54	0.97	51.67	-3.58	55.06

资料来源：沪深北交易所，同花顺。

3. 营运能力指标

表8　　　　　　　　　2021年金属制品业上市公司营运能力情况　　　　　　　　　单位：次

营运能力指标	2021年	2021年可比样本变动	2020年	2020年可比样本变动	2019年
存货周转率	6.14	2.06	4.2	0.75	3.2
应收账款周转率	7.12	1.15	6.28	0.23	5.41
流动资产周转率	1.74	0.35	1.42	0.08	1.2
固定资产周转率	4.42	1.06	3.43	-0.03	2.91
总资产周转率	0.98	0.21	0.79	0.04	0.65
净资产周转率	2.05	0.40	1.7	0.02	1.44

资料来源：沪深北交易所，同花顺。

三、重点上市公司介绍

（一）中集集团

中集集团于1980年1月14日创立于深圳，1994年4月8日在深圳证券交易所上市，目前主要股东为招商局集团和中远集团等，是国有控股的公众上市公司。经过二十多年的发展，中集集团已经成为根植于中国本土的世界领先的物流装备和能源装备供应商。公司在集装箱、道路运输车辆、能源化工及食品装备、海洋工程、物流服务、空港设备等业务领域提供高品质与可信赖的装备和服务，占据领先地位。

2021年中集集团实现营业收入1636.96亿元，较2020年上升73.85%；毛利率较2020年上升3.75个百分点至18.03%；营业利润134.72亿元，较2020年上升81.08%；归属于上市公司净利润66.65亿元，较2020年上升24.59%；净资产收益率上升2.11个百分点至14.96%；每股收益1.8元，较2020年上升28.37%。2021年年末，公司资产负债率63.08%，较2020年下降0.09个百分点。

（二）新兴铸管

新兴铸管成立于1997年5月24日，1997年6月6日在深圳证券交易所上市。新兴铸管是一家跨地区、跨行业、集科工贸于一体的大型企业，国家520家重点企业之一，主营业务为离心球墨铸铁管及配套管件、钢铁冶炼及压延加工、铸造制品和机械设备和电子工程等，形成了六大产品系列：新兴铸管、新兴管件、新兴钢铁、新兴格板、新兴钢塑管、新兴机械。新兴铸管产品先后通过了SGSISO9001质量体系认证、法国BV质量体系认证，获得了欧盟15个国家承认的PSB证书，通过了德国、新加坡、埃及等十几个国家的商检，通过了ISO14001环保体系认证，获国际尤卡斯环保证书。

2021年新兴铸管实现营业收入533.01亿元，较2020年上升24.07%；

毛利率较 2020 年下降 2.83 个百分点至 10.17%；营业利润 29.88 亿元，较 2020 年上升 6.97%；归属于上市公司净利润 20.07 亿元，较 2020 年上升 10.72%；净资产收益率上升 0.42 个百分点至 8.79%；每股收益 0.5 元，较 2020 年上升 11.11%。2021 年年末，公司资产负债率 50.66%，较 2020 年下降 3.93 个百分点。

（三）精工钢构

长江精工钢结构（集团）股份有限公司成立于 1999 年 6 月 28 日，于 2002 年 6 月 5 日在上海证券交易所上市，主营业务是钢结构建筑及围护系统的设计、制作、施工和工程服务。主要产品体系包括钢结构构件和装配式建筑产品。公司是钢结构行业的龙头企业之一。公司已获得一项国家科学进步奖一等奖，五项国家科学进步奖二等奖，为业内获得国家科学进步奖最多的公司，也是业内唯一一家获得国家科学进步奖一等奖的公司。

2021 年精工钢构实现营业收入 151.41 亿元，较 2020 年上升 31.85%；毛利率较 2020 年下降 2.28 个百分点至 13.40%；营业利润 7.04 亿元，较 2020 年上升 5.96%；归属于上市公司净利润 6.87 亿元，较 2020 年上升 6.19%；净资产收益率下降 1.14 个百分点至 8.79%；每股收益 0.34 元，较 2020 年下降 2.86%。2021 年年末，公司资产负债率 58.84%，较 2020 年上升 2.12 个百分点。

（四）鸿路钢构

安徽鸿路钢结构（集团）股份有限公司成立于 2002 年 9 月 19 日，2011 年 1 月 18 日在深圳证券交易所上市，公司的主营业务是钢结构制造销售业务其他配套建材生产销售业务及钢结构装配式建筑工程总承包业务，公司主要产品包括钢结构系列产品和围护产品等。公司在发展过程中重视技术研发能力的提升及人才的培养，是国家高新技术企业、国家级企业技术中心企业，凭借强大的钢结构技术团队，加快创新驱动和转型升级，在装配式建筑、智能立体停车库设备、钢结构制造等领域拥有约 400 多项专利，具备较强大的技术研发和装备制造能力。"一体化装配式高层钢结构住宅成套技术""高端智能车库存取技术""装配式低层住宅集成技术"三大技术体系，处于国内领先地位。

2021 年鸿路钢构实现营业收入 195.15 亿元，较 2020 年上升 45.08%；毛利率较 2020 年下降 0.91 个百分点至 12.64%；营业利润 15.11 亿元，较 2020 年上升 47.33%；归属于上市公司净利润 11.50 亿元，较 2020 年上升 43.93%；净资产收益率上升 2.72 个百分点至 14.36%；每股收益 2.19 元，较 2020 年上升 43.14%。2021 年年末，公司资产负债率 62.86%，较 2020 年下降 0.26 个百分点。

（五）东南网架

浙江东南网架股份有限公司成立于 2001 年 12 月 29 日，2007 年 5 月 30 日在深圳证券交易所上市，主营业务为钢结构建筑及围护系统的设计、制造、安装以及装配式钢结构建筑总承包业务及涤纶长丝的生产和销售；公司的主要产品为空间钢结构、高层重钢结构、轻钢结构、POY；2018年，公司共获省级工法5项，授权专利27项，其中发明专利9项，创历史年度之最；自主或参与开发的在研项目中，有6项分别被列为国家科技计划项目、国家自然基金项目和区重大科技、重大技术创新计划项目；苏州传媒建造关键技术创新与应用荣获华夏建设科学技术奖一等奖，吴志新焊接技师工作室获批省级技能大师工作室，东南网架BIM工作室获得杭州市高技能人才创新工作室。

2021年东南网架实现营业收入112.87亿元，较2020年上升21.94%；毛利率较2020年上升1.65个百分点至13.26%；营业利润5.55亿元，较2020年上升66.93%；归属于上市公司净利润4.93亿元，较2020年上升82.00%；净资产收益率上升2.83个百分点至9.49%；每股收益0.48元，较2020年上升84.62%。2021年年末，公司资产负债率62.12%，较2020年下降2.32个百分点。

四、上市公司在行业中的影响力

2021年金属制品业总资产规模达到35813.60亿元，较2020年上升13.02%；其中全行业上市公司资产总额为6228.17亿元，较2020年增加18.36%；上市资产总额占行业资产总额的17.39%。

2021年金属制品业营业收入达到46835.4亿元，较2020年上升27.22%；其中全行业上市公司实现营业收入为5737.48亿元，较2020年增加39.61%；上市公司营业收入占行业营业收入总额的12.25%。

2021年金属制品业利润总额达到2256.7亿元，较2020年上升33.76%；其中全行业上市公司实现利润总额372.62亿元，较2020年增加30.24%；上市公司利润总额占行业利润总额的16.51%。

撰稿人：唐　笑　贾宏坤
审稿人：朱卫华

通用设备制造业

一、通用设备制造业总体概况

（一）行业整体运行情况

通用设备制造业是装备制造业中的基础性产业，为工业行业提供基础动力、基础加工零部件和整机，在航空航天、交通运输、石油化工、轻工纺织等领域具有重要应用价值。通用设备制造业有较强周期性，特别与宏观经济政策、固定资产投资等变量高度相关。

2021年疫情仍在反复，通用设备制造行业发展态势总体向好，下半年增速放缓。根据国家统计局发布数据显示，全国规模以上工业企业中，通用设备制造业营业收入同比增长15.1%，营业成本同比增长15.9%，利润总额同比增长8.3%；整体来看盈利能力提升。

后疫情时代宏观经济持续复苏，受益于制造业投资增速回升，通用机械行业有望维持较高景气度。产业升级背景下，行业整体将呈现格局集中化、产品高端化的发展趋势。下游行业将更多地考虑产品质量而非成本，通用设备小企业的市场份额将逐步被大企业蚕食，行业马太效应将日益明显，细分领域龙头业绩有望充分受益。从结构上看，竞争能力较弱的低端通用装备仍在继续消化过剩产能，而高端装备进口替代能力较强的龙头订单已在持续复苏中。在《中国智造2025》的指引下，掌握智能制造核心技术、关键零部件和系统解决方案的先进制造龙头将引领中国制造业的转型创新升级。

（二）细分行业运行概况

工业机器人：2021年我国工业机器人总产量为36.6万套，同比增加54%。从产品结构来看，轻小负载产品（包括协作机器人、SCARA等）是2021年市场增长的主力动力，3C产业持续增长，新能源汽车市场渗透率提高，需求带动作用明显；从竞争格局来看，新玩家以中小企业为主，市场集中度进一步提升，国产替代进程缓慢。长期来看，劳动力短缺与制造业用人成本趋势性上升是工业机器人发展的"拉力"。

机床：2021年我国金属切削机床累计产量达60.2万台，同比增长29.2%。在经历了2012~2019年行业低谷后，机床行业自2020年4月触底反弹。2021年市场需求持续改善，进出口大幅度增长，下半年增长势头有所减弱，机床行业有望保持向好趋势。

叉车：2021年叉车销量达109.94万台，同比增长37.4%。叉车行业的下游需求主要来自制造业和物流，整体景气度与国民经济息息相关，显著受益宏观经济回暖；电动化+仓储化的趋势将进一步打开增长空间，智能叉车替代优势明显。

注塑机：2021年伯朗特机械手（注塑机用）出货量前低后高，12月出货量为1010台，同比有所缩减。

二、行业内上市公司发展概况

（一）行业内上市公司基本情况

表1　　　　2021年通用设备制造业上市公司发行股票概况

门类	总数		沪深主板		创业板		科创板		北交所	
	家数	市值（亿元）	家数	市值（亿元）	家数	市值（亿元）	家数	市值（亿元）	家数	市值（亿元）
通用设备制造业	168	14392.89	104	9828.55	49	3465.82	13	1074.14	2	24.38
占沪深北三市比重（%）	3.58	1.57	2.21	1.07	1.04	0.38	0.28	0.12	0.04	0.00

资料来源：沪深北交易所，同花顺。

（二）行业内上市公司构成情况

表2　　　　　　　　　　2021年通用设备制造业上市公司构成情况

门类	沪市			深市			北交所	总计	ST/*ST
	主板	科创板	合计	主板	创业板	合计			
通用设备制造业（家）	44	13	57	60	49	109	2	168	2/1
占行业内上市公司比重（%）	26.19	7.74	33.93	35.71	29.17	64.88	1.19	100.00	1.19/0.6

资料来源：沪深北交易所，同花顺。

（三）行业内上市公司融资情况

表3　　　　　2021年通用设备制造业上市公司与沪深两市融资情况对比　　　　单位：家

门类	融资家数	新股	增发	配股
通用设备制造业	47	25	22	0
沪深两市总数	1032	524	502	7
占比（%）	4.55	4.77	4.38	0

资料来源：沪深北交易所，同花顺。

其中，首发的25家公司中，有2家在中小板上市，14家在创业板上市；增发的22家公司中，有5家沪市、17家深市及7家中小板公司。

从融资效果看，上述公司实际发行数量为469157万股；实际募集资金385亿元，基本完成了融资计划。

（四）行业内上市公司资产及业绩情况

表4　　　　　　　　　2021年通用设备制造业上市公司资产情况　　　　　　单位：亿元

指标	2021年	2021年可比样本增长（%）	2020年	2020年可比样本增长（%）	2019年
总资产	13625.10	7.72	12507.4	12.13	11126.95
流动资产	8740.68	5.36	8002.56	13.12	7148.78
占比（%）	64.15	-1.44	63.98	0.56	64.25
非流动资产	4884.42	12.22	4504.85	10.41	3978.17
占比（%）	35.85	1.44	36.02	-0.56	35.75
流动负债	6523.25	4.11	6079.26	11.25	5451.25
占比（%）	47.88	-1.66	48.61	-0.39	48.99

续表

指标	2021年	2021年可比样本增长（%）	2020年	2020年可比样本增长（%）	2019年
非流动负债	1438.83	21.59	1210.3	8.95	1127.24
占比（%）	10.56	1.20	9.68	-0.28	10.13
归属于母公司股东权益	5076.18	10.02	4640.99	12.64	4080.9
占比（%）	37.26	0.78	37.11	0.17	36.68

资料来源：沪深北交易所，同花顺。

表5　　2021年通用设备制造业上市公司收入实现情况　　单位：亿元

指标	2021年	2021年可比样本增长（%）	2020年	2020年可比样本增长（%）	2019年
营业收入	7215.02	12.51	6130.17	13.04	5246.13
利润总额	250.42	-31.33	358.7	106.11	130.47
归属于母公司所有者的净利润	189.08	-31.99	273.23	195.5	49.24

资料来源：沪深北交易所，同花顺。

（五）利润分配情况

2021年全年通用设备制造业上市公司中共有121家公司实施了分红配股。其中，21家上市公司实施送股或转增股，119家上市公司实施派息，其中19家公司既实施了送股、转增又实施了派息。

（六）其他财务指标情况

1. 盈利能力指标

表6　　2021年通用设备制造业上市公司盈利能力情况

指标	2021年	2021年可比样本变动	2020年	2020年可比样本变动	2019年
毛利率（%）	19.19	-0.60	19.92	-0.31	21.44
净资产收益率（%）	3.72	-2.30	5.89	3.64	1.21
销售净利率（%）	2.76	-2.09	4.97	2.71	1.55
资产净利率（%）	1.52	-1.10	2.57	1.4	0.76

资料来源：沪深北交易所，同花顺。

2. 偿债能力指标

表7　　2021年通用设备制造业上市公司偿债能力指标

指标	2021年	2021年可比样本变动	2020年	2020年可比样本变动	2019年
流动比率	1.34	0.02	1.32	0.02	1.31
速动比率	1.04	-0.02	1.05	0.03	1.04
资产负债率（%）	58.44	-0.46	58.28	-0.67	59.12

资料来源：沪深北交易所，同花顺。

3. 营运能力指标

表8　　　　　　　　　2021年通用设备制造业上市公司营运能力情况　　　　　　　　单位：次

营运能力指标	2021年	2021年可比样本变动	2020年	2020年可比样本变动	2019年
存货周转率	3.17	-0.05	3.17	0.19	2.81
应收账款周转率	4.28	0.13	4.2	0.3	3.57
流动资产周转率	0.85	0.02	0.81	0.0	0.77
固定资产周转率	4.38	0.12	3.53	-0.01	3.57
总资产周转率	0.55	0.01	0.52	0.0	0.49
净资产周转率	1.33	0.02	1.25	0.01	1.19

资料来源：沪深北交易所，同花顺。

三、重点上市公司介绍

（一）国茂股份

2021年国茂股份实现营业收入29.44亿元，同比增长34.81%；实现利润总额5.22亿元，同比增长25.70%；归母净利润4.62亿元，同比增长28.66%；扣非归母净利润4.24亿元，同比增长32.10%；综合毛利率为27.12%，同比下降1.16个百分点，毛利率下降主要系原材料大幅涨价及疫情影响。营收及净利润上升的主要原因是：（1）受益于国内工业自动化发展、进口替代，市场需求提升；（2）受环保政策趋严和成本价格上升影响，下游厂商增加订单数量，公司在手订单饱满；（3）公司持续积累规模和技术优势，通过转移上游价格获得稳定利润。

分板块来看，齿轮减速机业务实现营业收入21.31亿元，同比增长30.20%，毛利率28.14%，同比下降1.29个百分点。齿轮减速机作为通用减速机主要应用，是公司传统优势领域，收入持续高速提升。

摆线针轮减速机业务实现营业收入5.17亿元，同比提升20.27%，毛利率19.93%，同比下降0.90个百分点。摆线针业务收入增速较高主要系下游多个行业呈现较高景气度，有效带动公司减速机销量，毛利率在原材料大幅涨价和疫情影响下具有韧性。

在保持原有业务竞争力的同时，公司通过积极研发和并购取得外延式发展：

2021年公司研发成果主要包括：（1）工程机械领域，公司已开发出运用于高空作业平台、水平定向钻、机库门、启闭机的减速机新品，挖掘机、水泥搅拌车、电动叉车、光伏支架等领域应用的减速机样品尚在试制中；（2）高端减速机领域，研制出的SHE2超高扭矩系列齿轮箱，升级后的新机型扭矩提升20%以上；全新开发大功率MGHB系列减速机，产品性能优良，可全面替代进口减速机；ABB机器人用减速机新品5500型号通过挪威满负荷疲劳测试，温升、振动、回转精度、轴承损伤度等方面表现优异，现已实现小批量供货；非标 HB 系列产品成功运用于振华港机美国项目，产品性能获得客户认可；（3）工业齿轮箱领域，公司对原有的大功率 PV 系列减速机进行全面升级。升级后的 HB 系列工业齿轮箱与进口减速机同尺寸、同扭矩/功率，实现进口替代；（4）在通用减速机领域，ZY 系列部分产品箱体由分体式改造为整体式，降低了加工工艺成本，减速机外形更为简洁美观；CAE 仿真软件于 2021 年 3 月运行，已成功应用于部分大功率机型。

2021 年，公司主要完成两次项目投资。一是参股中重科技，积极拓展下游冶金市场，以期提升细分行业市占率。2021 年，中重科技实现规模及利润的快速增长，为公司带来一定的投资收益。二是成立控股子公司国茂精密传动，收购目标公司谐波及 RV 减速器相关资产，并任命其原有的核心技术人员为国茂精密传动业务部总经理。积极布局精密减速器领域，是公司由通用减速机向专用减速机领域延伸的重要举措，有助于公司拓宽赛道，提升综合竞争力。

（二）拓斯达

2021 年拓斯达实现营业收入 32.93 亿元，同比增长 19.50%；实现利润总额 0.79 亿元，同比下降 87.08%；归母净利润 0.65 亿元，同比下降 87.42%；扣非归母净利润 0.29 亿元，同比下降 94.21%；综合毛利率 24.54%，同比下滑 24.78 个百分点。2021 年公司营收稳步增长，但盈利能力承压。主要系 2021 年上半年公司为拓展市场份额、进一步提升品牌影响力、通过规模效应降低生产成本，以"规模增长"为重点，投入了大量人力物力开拓新业务线，期间承接个性化方案较多、业务不够聚焦，加之局部疫情反复、大宗商品原材料涨价等外部影响，多重因素叠加导致了公司的净利润不及预期。同时，公司的注塑机、数控机床等作为初期孵化阶段产品，前期耗费了较多场地、物料及人力成本，导致公司盈利空间进一步被挤压。

分业务板块来看，工业机器人应用及成套设备业务实现收入 11.17 亿元，同比下降 42.24%，毛利率 28.98%，同比下降 29.20 个百分点。营业收入下降主要系 2021 年口罩机业务大幅缩减，营收同比下降 99.35%。除口罩机及相关设备业务外，工业机器人及自动化应用系统业务的营业收入实现较大幅度增长，较上年同比增长 80.10%。毛利率下降主要系自动化应用系统业务毛利率下滑幅度较大。注塑机配套设备及自动供料系统业务实现收入 5.20 亿元，同比增长 120.78%，毛利率 29.72%，同比增加 0.08 个百分点。注塑机板块收入大幅增长主要系公司新推出的注塑机产品 2021 年取得 2.3 亿元收入，体现公司在行业内的竞争力。

2021 年公司研发投入持续增强，推出了如下新产品，进一步夯实了公司产品与服务的市场竞争力：（1）机器人方面，公司拓星云系列机器人 TRV007-910-A

产品样机已经完成测试，现处于小批量验证阶段；拓星云系列机器人TRV007-710-A已完成样机设计外发打样；拓星辰系列SCARA进入系列化持续迭代阶段；新推出GU80S系列五轴横走式机械手，目前已投入市场使用。（2）全电动注塑机是公司研发的核心产品之一，目前已经完成总体技术方案评审、机械设计评审，在2021年11月交付样机进入客户现场试用；报告期内，根据市场需求新研制TMII—中小型伺服机铰式注塑机，目前已正式推出市场。（3）数控机床方面，公司新推出HMU140P卧式头台分离式五轴联动加工中心，主要应用于航空发动机钛合金、高温合金加工。

2021年，公司客户拓展取得了显著成果：公司大客户部集中力量深挖下游行业自动化应用规模较大的头部客户需求，有效拓展了伯恩光学、立讯精密、宁德时代、欣旺达、新能德、亿纬锂能、蜂巢能源、珠海冠宇、多氟多、捷普绿点、裕同科技等客户需求。

（三）华中数控

2021年华中数控实现营业收入16.34亿元，同比提升23.55%；实现利润总额0.40亿元，同比下降11.84%；归母净利润0.31亿元，同比增长12.44%；扣非归母净利润-0.64亿元；综合毛利率31.47%，同比下降7.84个百分点。

分板块看，2021年数控系统与机床业务实现收入8.39亿元，同比增长35.32%；机器人业务实现收入6.48亿元，同比增长53.26%；特种装备实现收入0.97亿元，同比下降56.72%，主要系2021年防疫用红外产品大幅缩减；新能源及汽车配件实现收入0.20亿元，同比下降46.30%，主要因疫情原因观光车销量有所下降。

2021年，公司维持较高研发投入，研发费用率达12.66%，投向产品升级和新品研发：（1）数控系统产品方面：公司对华中8型数控系统产品进行迭代升级，进一步提升了产品竞争力；实现了华中9型智能数控系统新产品开发，增加公司的产品系列，助力公司实现智能化、网络化的产品战略目标，打造产品技术高点。（2）机器人产品方面：完成PCB行业专用机器人研发项目，增加公司的产品系列，形成新的利润增长点；完成对10kg/20kg SCARA四轴机器人产品升级改进，满足新能源等行业对大惯量SCARA机器人需求。

（四）海天精工

2021年海天精工实现营业收入27.30亿元，同比提升67.30%；实现利润总额4.12亿元，同比增长170.60%；归母净利润3.71亿元，同比增长168.46%；扣非归母净利润3.43亿元，同比提升192.37%；综合毛利率25.72%，同比提升1.69个百分点。2021年，我国机床工具行业延续2020年下半年以来恢复性增长态势，市场需求持续改善，进出口大幅度增长，机床工具行业运行继续保持向好趋势。公司业绩实现高速增长，主要系航空航天、新能源、出口产业链等行业的设备投资需求大幅提升。

分产品来看，2021年数控龙门加工中心业务实现收入13.99亿元，同比提升51.94%；数控立式加工中心业务实现收入7.12亿元，同比提升86.25%；数控卧式加工中心业务实现收入4.39亿元，同比提升142.80%。

分区域看，2021年公司中国大陆营收24.89亿元，同比增长70.65%；海外营收1.90亿元，同比增长38.21%，在国外疫情反复暴发的恶劣环境下，2021年公司克服困难积极开拓国外客户，并完成了土耳其子公司和马来西亚子公司的设立注册。

（五）纽威数控

2021年纽威数控实现营业收入17.13亿元，同比增长47.06%；实现利润总额1.89亿元，同比增长59.22%；归母净利润1.69亿元，同比增长62.06%；扣非归母净利润1.52亿元，同比提升60.59%；综合毛利率25.27%，同比提升0.18个百分点。2021年公司业绩大幅增长主要系机床下游行业需求旺盛，公司销售订单持续增加。

分板块看，2021年公司大型加工中心业务实现收入7.79亿元，同比提升73.54%；毛利率25.43%，同比增加1.21个百分点。立式数控机床实现收入4.98亿元，同比提升41.78%；毛利率22.82%，同比减少0.92个百分点。卧式数控机床实现收入3.92亿元，同比提升15.54%；毛利率28.03%，同比增加0.91个百分点。

海外业务迅速拓展，销售网络覆盖全球主要国家。得益于纽威集团丰富的出海经验，公司已在全球四十多个国家建立了完善的销售网络。2021年纽威海外收入实现2.11亿元，占比达12.4%，而国内同行海外收入占比4%~6%。

（六）怡合达

2021年怡合达实现营业收入18.03亿元，同比增长49.03%；实现利润总额4.64亿元，同比增长48.10%；归母净利润4.01亿元，同比增长47.65%；扣非归母净利润3.93亿元，同比提升51.01%；综合毛利率41.57%，同比下滑2.28个百分点。2021年公司业绩大幅增长主要系以3C、锂电、汽车、光伏、工业机器人等为代表的需求增加，公司产品的应用领域、客户覆盖、地域覆盖进一步提升。

分板块看，2021年公司新能源业务实现收入4.65亿元，同比提升146.61%；毛利率37.10%，同比下降3.80个百分点。3C行业业务实现收入4.63亿元，同比提升64.48%；毛利率42.07%，同比减少0.98个百分点。汽车行业业务实现收入1.87亿元，同比提升5.60%；毛利率43.75%，同比下降2.52个百分点。

分销售模式来看，2021年线上销售收入为5.08亿元，同比增加164.1%，占总营收比重为28%；线下销售收入12.95亿元，同比27.3%，占总营收比重为72%。2021年公司业绩快速增长，主要系在国家对智能制造、先进制造的大力扶持下,自动化设备行业迎来黄金发展期,以3C、锂电、汽车、光伏、工业机器人等为代表的下游行业需求增加。同时公司大力发展网络销售模式,线上销售规模迅速扩张。

四、上市公司在行业中的影响力

表9　通用设备制造业2019～2021年总资产、营业收入、利润总额及上市公司占比

指标	2021年		2020年		2019年	
	行业总体	上市公司占比	行业总体	上市公司占比	行业总体	上市公司占比
总资产(亿元)	52456.3	26%	47912.8	26%	45010.7	25%
营业收入(亿元)	47010.6	15%	40065.7	15%	39520	13%
利润总额(亿元)	3153.1	8%	2858.8	13%	2649	5%

资料来源:沪深北交易所,同花顺。

2021年,通用设备制造业上市公司总资产占行业总量的26%;营业收入占行业总量的15%;利润总额占行业总量的8%。上市公司的体量在行业中的占比维持稳定。我国通用设备制造业企业数量超过2万家,整体呈现小、散、乱、弱的格局,除个别细分行业外,行业集中度较低,产品相似度高、竞争激烈,小型企业数量占比接近90%。

2021年,通用设备行业景气度企稳回升,总资产、营业收入、利润总额分别同比增加9%、17%、10%;制造业转型升级背景下,龙头企业市场份额持续提升。大型上市公司中,年收入规模在百亿元级别以上有12家,即上海电气、金风科技、东方电气、明阳智能、上海机电、上柴股份、电气风电、运达股份、三花智控、海立股份、杭叉集团和长虹华意;而在168家上市公司中,仍有58家企业收入低于10亿元。强者恒强的发展趋势下,未来行业百亿营收级别企业数量有望持续增长。

撰稿人:李　旻　周尔双
审稿人:董岚枫　王　勇

专用设备制造业

一、专用设备制造业总体概况

(一)行业整体运行情况

专用设备制造业是专用于特定行业的设备制造业,下游应用行业包括矿山、冶金、建筑、化工、木材、非金属加工、食品、饮料、烟草及饲料生产专用设备9大行业。作为典型的下游驱动型行业,专用设备制造业与国家宏观经济政策、固定资产投资、下游特定行业资本开支等变量高度相关。2021年疫情反复的背景下,我国

支持政策力度加大，行业从2020年下半年以来订单持续复苏，以锂电设备、光伏设备、半导体设备等为代表的细分行业延续高速增长态势，业绩保持稳健增长。

2021年全行业总资产达50351.6亿元，较2020年上升7.58%；实现营业收入36563.5亿元，较2020年上升11.72%；实现利润总额2947.9亿元，较2020年上升4.25%。

(二) 细分行业运行概况

2021年我国经济持续转型升级，经济运行总体稳中向好、好于预期，行业收入和盈利能力持续提升。(1) 锂电设备：全球龙头电池厂进入扩产新周期，锂电池行业自2019年四季度以来快速复苏，在2020下半年国内疫情得到有效控制的背景下，2021年行业新签订单加速增长，国内电池厂的订单验收稳步推进，锂电设备主要公司实现快速增长。(2) 光伏设备：2021年我国光伏新增装机54.93GW，同比增长13.96%，光伏产品出口额达到284亿美元，同比增长43.80%。下游光伏装机增长带来新增设备需求，同时硅片、电池片、组件环节均出现了技术迭代，存量设备更新带来替换需求，主要设备商业绩实现快速增长。(3) 半导体设备：终端需求旺盛，叠加晶圆产能东移，晶圆厂纷纷上调资本开支，2021年中国大陆半导体设备销售额达到296.2亿美元，同比增长58.23%。此外，中美贸易摩擦影响下内资晶圆厂对于国产设备诉求增强，国产替代进程加速，利好国产设备厂商。

二、行业内上市公司发展概况

(一) 行业内上市公司基本情况

表1　2021年专用设备制造业上市公司发行股票概况

门类	总数		沪深主板		创业板		科创板		北交所	
	家数	市值(亿元)	家数	市值(亿元)	家数	市值(亿元)	家数	市值(亿元)	家数	市值(亿元)
专用设备制造业	320	44187.11	132	18811.31	108	16283.96	72	8727.74	8	364.10
占沪深北三市比重(%)	6.81	4.81	2.81	2.05	2.30	1.77	1.53	0.95	0.17	0.04

资料来源：沪深北交易所，同花顺。

(二) 行业内上市公司构成情况

表2　2021年专用设备制造业上市公司构成情况

门类	沪市			深市			北交所	总计	ST/*ST
	主板	科创板	合计	主板	创业板	合计			
专用设备制造业(家)	72	72	144	60	108	168	8	320	2/4
占行业内上市公司比重(%)	22.50	22.50	45.00	18.75	33.75	52.50	2.50	100.00	0.63/1.25

资料来源：沪深北交易所，同花顺。

（三）行业内上市公司融资情况

表3　2021年专用设备制造业上市公司与沪深两市融资情况对比　　　　　　　　单位：家

门类	融资家数	新股	增发	配股
专用设备制造业	89	55	34	0
沪深两市总数	1032	524	502	7
占比（%）	8.62	10.50	6.77	0

资料来源：沪深北交易所，同花顺。

其中，首发的55家公司中，有1家在中小板上市，18家在创业板上市；增发的34家公司中，有11家沪市、23家深市。

从融资效果看，上述公司实际发行数量为662633.99万股；实际募集资金884.25亿元，基本完成了融资计划。

（四）行业内上市公司资产及业绩情况

表4　2021年专用设备制造业上市公司资产情况　　　　　　　　单位：亿元

指标	2021年	2021年可比样本增长（%）	2020年	2020年可比样本增长（%）	2019年
总资产	20181.06	16.65	16313.6	15.48	13976.7
流动资产	13687.24	18.10	10864.8	17.71	9103.17
占比（%）	67.82	0.83	66.6	1.26	65.13
非流动资产	6493.82	13.71	5448.81	11.29	4873.53
占比（%）	32.18	-0.83	33.4	-1.26	34.87
流动负债	8356.12	14.13	6899.3	14.74	5983.91
占比（%）	41.41	-0.91	42.29	-0.28	42.81
非流动负债	1843.04	15.19	1545.07	21.89	1273.73
占比（%）	9.13	-0.12	9.47	0.5	9.11
归属于母公司股东权益	9640.81	19.71	7553.34	15.2	6426.69
占比（%）	47.77	1.22	46.3	-0.11	45.98

资料来源：沪深北交易所，同花顺。

表5　2021年专用设备制造业上市公司收入实现情况　　　　　　　　单位：亿元

指标	2021年	2021年可比样本增长（%）	2020年	2020年可比样本增长（%）	2019年
营业收入	10749.38	17.39	8622.49	19.09	7204.56
利润总额	1160.95	6.32	993.3	48.62	590.6
归属于母公司所有者的净利润	992.09	9.23	823.8	51.95	466.23

资料来源：沪深北交易所，同花顺。

（五）利润分配情况

2021年全年专用设备制造业上市公司中共有232家公司实施了分红配股。其中，30家上市公司实施送股或转增股，231家上市公司实施派息，其中29家公司既实施了送股、转增又实施了派息。

（六）其他财务指标情况

1. 盈利能力指标

表6　　2021年专用设备制造业上市公司盈利能力情况

指标	2021年	2021年可比样本变动	2020年	2020年可比样本变动	2019年
毛利率（%）	27.74	-2.05	29.36	-0.02	28.76
净资产收益率（%）	10.29	-0.99	10.91	2.64	7.25
销售净利率（%）	9.47	-0.73	9.84	2.12	6.72
资产净利率（%）	5.43	-0.38	5.58	1.42	3.59

资料来源：沪深北交易所，同花顺。

2. 偿债能力指标

表7　　2021年专用设备制造业上市公司偿债能力指标

指标	2021年	2021年可比样本变动	2020年	2020年可比样本变动	2019年
流动比率	1.64	0.06	1.57	0.04	1.52
速动比率	1.20	0.03	1.16	0.03	1.12
资产负债率（%）	50.54	-1.03	51.76	0.22	51.93

资料来源：沪深北交易所，同花顺。

3. 营运能力指标

表8　　2021年专用设备制造业上市公司营运能力情况　　单位：次

营运能力指标	2021年	2021年可比样本变动	2020年	2020年可比样本变动	2019年
存货周转率	2.32	0.03	2.31	0.1	2.21
应收账款周转率	3.58	0.21	3.39	0.42	2.96
流动资产周转率	0.85	-0.01	0.86	0.03	0.82
固定资产周转率	4.36	0.33	3.89	0.4	3.41
总资产周转率	0.57	0.00	0.57	0.03	0.53
净资产周转率	1.17	0.00	1.17	0.05	1.12

资料来源：沪深北交易所，同花顺。

三、重点上市公司介绍

（一）三一重工

2021年营业收入1068.7亿元，同比增加6.8%；归母净利润120.3亿元，同比减少22.0%；扣非归母净利润102.9亿元，同比减少26.2%。2021年分产品来看（1）挖掘机械：实现营收418亿元，同比增加11%，约为全年挖机行业销量增速4.63%两倍以上，销量突破10万台连续两年全球第一；（2）混凝土机械：实现营收267亿元，同比减少1%，在地产板块承压背景下表现稳健，稳居全球第一品牌；（3）起重机械：实现营收219亿元，同比增加13%，高于行业销量增速减少9%，中大型履带起重机份额升至40%，稳居第一。公司主要产品增速高于行业，行业强者恒强趋势延续。

2021年公司综合毛利率25.9%，同比减少4.0个百分点；归母净利润率11.6%，同比减少4.4个百分点，公司盈利能力下降，一方面系原材料及运费成本上涨、销售结构变化，另一方面系主动加大投入代理商渠道、电动化数字化研发。

（二）恒立液压

2021年实现营业收入93.09亿元，同比增加18.51%；归母净利润26.94亿元，同比增加19.51%；扣非归母净利润25.58亿元，同比增加16.72%。2021年分产品看：（1）液压油缸：实现营收51.9亿元，同比增加15.3%，其中挖机油缸销量85.53万只，同比增加21.13%，远高于挖机行业4.62%，按单台挖机配置4根油缸计算，全年公司挖机油缸份额升至62%，较2020年提升8个百分点，挖机油缸份额持续提升；非挖油缸销量16.84万只，同比增加36.23%，主要下游为高空作业平台、新能源、盾构机及海工海事，订单增长较为稳定，与挖机板块形成剪刀差对冲下游周期波动；（2）液压泵阀：实现营收32.4亿元，同比增加38.4%，其中挖机泵/挖机阀销量分别13.88/11.68万只，同比增速1.63%/13.33%，产量增速分别达70.32%/98.63%，主要系公司为应对行业周期加大库存。公司泵阀、马达减速机在挖机各吨位市场份额均有提升，适用于海工、盾构等领域的工业泵阀实现量产。

2021年公司综合毛利率44.0%，同比持平；归母净利润率28.9%，同比增加0.2个百分点。分产品看，油缸/泵阀/液压系统/配件和铸件的毛利率分别为44%/52%/45%/4%，同比增加2.6/减少0.3/减少0.5/减少2.7个百分点，高毛利产品泵阀营收占比35%，同比增加5个百分点，高毛利产品结构提升，使得公司在原材料价格上涨背景下维持利润率稳定。

2021年营业总收入843.28亿元，同比增加14.01%；归母净利润56.15亿元，同比增加50.57%，位于业绩预告中上水平；扣非归母净利润51.19亿元，同比增加45.27%。2021年分版块来看，公司起重机械/桩工机械/铲运机械/消防机械分别实现收入 272.09/89.52/81.22/49.98 亿元，分别同比增加 2.72%/22.11%/22.77%/33.86%，增速稳居行业前列。据公司年报，2021 年徐工集团挖掘机成长为国内第二、全球第六；塔式起重机跃升至全球第二；矿山露天挖运设备居全球前五，打破国际顶尖巨头垄断；混凝土机械稳居全球第一阵营。2021 年公司出口收入 129.4 亿元，同比增加 111.81%，创历史新高。

2021 年公司综合毛利率为 16.24%，同比减少 0.8 个百分点；归母净利润率为 6.66%，同比增加 1.62 个百分点，利润率提升逻辑持续兑现。展望未来，公司利润率仍有较大提升空间，公司净利率仍存在翻倍以上提升空间。2020 年 9 月混改后，公司考核机制由市场份额转向利润，公司利润增速及利润率提升大幅高于行业，盈利能力提升逻辑持续兑现，释放业绩弹性。

（三）先导智能

2021 年公司实现营收 100.4 亿元，同比增加 71.3%；归母净利润 15.9 亿元，同比增加 106.5%。2021 年公司销售毛利率为 34.1%，同比减少 0.3 个百分点；销售净利率为 15.8%，同比增加 2.7 个百分点，主要受益于期间费用率下降，2021 年公司期间费用率为 16.9%，同比减少 1.5 个百分点。第四季度单季来看，销售毛利率为 29.1%，同比减少 0.2 个百分点，环比减少 7.7 个百分点；销售净利率为 14.2%，同比增加 6.7 个百分点，环比减少 4.6 个百分点。2021 第四季度毛利率环比下滑，主要系低毛利的物流线确认收入占比提高所致（约 15% 毛利率），而物流线的毛利率较低也是受到阶段性产能不足，采用外协模式而导致的。

2021 年 9 月公司推出限制性股票激励计划（草案），从业绩目标上来看注重未来盈利能力的提升：先导智能这样的龙头锂电设备商净利率将持续提升，原因主要有 3 点：（1）2020 年 4 季度以来动力电池厂迈入扩产高峰，设备商产能稀缺性凸显，高端产能不足，先导智能等龙头设备商话语权进一步提升；（2）下游扩产加速对设备商交付能力要求提高，规模较大的厂商才更能满足交付时间要求；（3）规模效应带来费用率下行，先导智能等龙头净利率水平将持续提升。

（四）杭可科技

公司 2021 年实现营收 24.8 亿元，同比增加 66%；实现归母净利润 2.35 亿元，同比减少 37%。其中四季度单季度收入 7.2 亿元，同比增加 56%，环比增加 5%；实现归母净利润减少 300 万元，主要有多方面因素导致（部分海外订单延迟到 2022 年验收；四季度低毛利的物流线验收占比较高；股份支付费用使用 BS 模型后有所上调等因素），均为阶段性影响。2021 年公司毛利率为 26.2%，同比减少 22 个百分点；净利率伟为 9.5%，同比减少 15 个百分点。2021 年费用控制良好，期间费用率为 17%。

（五）晶盛机电

2021年公司实现营业收入59.6亿元，同比增加56.4%；归母净利润为17.1亿元，同比增加99.5%；扣非归母净利润为16.3亿元，同比增加99.1%，规模效应使得利润增速高于收入增速。分业务来看，晶体生长设备营收34.7亿元，同比增加32%，占比58%；智能化加工设备营收11.4亿元，同比增加107%，占比19%；蓝宝石材料营收3.9亿元，同比增加101%，占比7%；设备改造服务营收3.6亿元，同比增加258%，占比6%。由此可见，公司的智能化加工设备，蓝宝石材料，设备改造服务三块业务的收入增速均远高于主业晶体生长设备，公司平台化布局成果显著，设备和材料各项业务多点开花。

2021年公司毛利率为39.7%，同比增加3.1个百分点；净利率为29.0%，同比增加6.6个百分点，为2016年以来最高。期间费用率较为稳定为9.6%，同比减少0.7个百分点。第四季度单季毛利率为42.9%，同比增加0.9个百分点，环比增加2.5个百分点，净利率为30.8%，同比增加5.6个百分点，环比增加0.5个百分点。主要系2021年一季度其他收益较多使得净利率较高为31.2%；期间费用率为9.1%，同比减少4.0个百分点。随着2021年批量的光伏设备大订单放量，进入业绩兑现期，2022年减少2023年公司的费用率会随着规模效应持续下降，净利率水平会稳中有升。

（六）高测股份

2021年公司实现营收15.7亿元，同比增加110%；归母净利润为1.7亿元，同比增加193%；扣非归母净利润为1.7亿元，同比增加303%。其中切割设备收入9.8亿元，同比增加74%，占比63%；金刚线营收2.9亿元，同比增加37%，占比19%；切片代工新业务首次实现收入1.1亿元，占比7%；创新业务收入1.1亿元，同比增加323%，占比7%。

2021年毛利率为33.7%，同比减少1.6个百分点；净利率为11%，同比增加3.1个百分点。期间费用率为20.3%，同比减少7.6个百分点，其中销售费用率为4.0%，同比减少1.3个百分点，管理费用率（含研发）为15.9%，同比减少5.5个百分点，财务费用率为0.4%，同比减少0.8个百分点。

切片代工的收入来源为代工费增加、硅泥回收增加、结余硅片售出，代工费增加硅泥回收可以覆盖成本，结余硅片即利润。目前高测单位硅料可以比客户多切8%，让利客户3%，自留5%，单GW盈利保持高位。即使考虑后续硅片价格下降（历史数据上看，硅料价格低位时，硅片单W售价为0.55元），保守预计单GW利润能够维持在2000万元以上，产能释放带来高业绩弹性。

（七）迈为股份

2021年公司实现营业收入31亿元，同比增加35%；归母净利润为6.4亿元，同比增加 63%，扣非归母净利润为 6 亿元，同比增加 76%。第四季度单季度来看，实现营收 9.1 亿元，同比增加 36%；归母净利润 1.9 亿元，同比增加 56%，规模效应下利润增速高于收入增速。2021 年公司综合毛利率为 38.3%，同比增加 4.3 个百分点，主要系公司持续进行研发降本，对原材料及零部件进行国产替代，并且随着采购规模上升，议价能力增加，使得公司产品在保持价格基本不变的情况下，毛利率有所增长；销售净利率为 20.3%，同比增加 3.3 个百分点。

（八）奥特维

公司 2021 年业绩持续超预期，利润增速超过收入增速。2021 年实现营收 20.5 亿元，同比增加 79%；归母净利润 3.7 亿元，同比增加 139%，超业绩快报预计的归母净利润 3.6 亿元；扣非归母净利润 3.3 亿元，同比增加 138%。第四季度单季营收为 6.2 亿元，同比增加 26%，环比增加 23%；归母净利润为 1.4 亿元，同比增加 66%，环比增加 68%；扣非归母净利润为 1.2 亿元，同比增加 56%，环比增加 55%。2021 年综合毛利率为 37.7%，同比增加 1.6 个百分点；销售净利率为 17.9%，同比增加 4.4 个百分点；扣非净利率为 15.9%，同比增加 4 个百分点，主要系期间费用率下降增厚扣非净利率，2021 年期间费用率为 17.3%，同比减少 0.3 个百分点。

公司技术储备丰富，成长为横跨光伏、锂电、半导体的自动化平台公司：（1）半导体键合机：奥特维获通富微电批量键合机订单。（2）光伏领域：单晶炉获得 GW 级订单；烧结退火炉（光注入）随着 N 型电池片（TOPCon）市场规模扩大逐步放量；SMBB 超细焊丝多主栅串焊机已获得知名光伏企业大额订单。（3）锂电设备：是公司低基数的高增长业务，2021 年中标蜂巢 1.3 亿元订单（模组 PACK 线）。

（九）北方华创

2021 年公司实现营收 96.8 亿元，同比增加 60%，归母净利润 10.8 亿元，同比增加 101%。分产品看，电子工艺装备、电子元器件分别实现营收 79.5/17.2 亿元，同比增加 63%/47%。

受益下游高景气和公司拓品加速，两大主业均实现高速增长。（1）半导体设备：集成电路逻辑器件、先进存储、先进封装等产线新建及扩建推动需求上升；（2）LED 设备：Mini LED 需求拉动下产业投资回暖；（3）第三代半导体：5G 应用、汽车电子等需求拉动第三代半导体产线投资快速增长。在贸易摩擦叠加缺芯推动下，半导体设备国产化进度加快，公司刻蚀机、PVD、CVD、立式炉、清洗机、ALD 等设备新产品市场导入节奏加快，产品工艺覆盖率及客户渗透率进一步提高。

（十）中微公司

2021 年公司实现营业收入 31.1 亿元，同比增加 36.7%。分业务看，（1）刻蚀设备收入为 20.0 亿元，同比增加 55.4%，2021 年共交付 CCP/ICP 刻蚀设备 298/134 腔，产量同比增长 40%/235%；（2）MOCVD 设备收入为 5.0 亿元，同比增加 1.5%，主要系 LED 设备市场增速放缓和新增 MOCVD 设备规模订单尚未确认收入。自 2021 年 6 月发布用于 MiniLED 量产的 MOCVD 新品以来，公司已获超 100 腔 MiniLED 客户订单。随下游高端显示 MiniLED 和 MicroLED 需求爆发，公司 MOCVD 设备有望迎业绩拐点。

2021 年公司新签订单金额达 41.3 亿元，同比增加 91%；合同负债 13.7 亿元，同比增加 132%，在手订单饱满，增长动力充足。存货达 17.6 亿元，同比增加 65.6%，下游需求旺盛，公司大量备货以及时满足客户需求。

（十一）长川科技

2021 年公司实现营业收入 15.11 亿元，同比增加 88%，实现大幅增长，主要系集成电路行业景气度较高，下游客户对半导体测试设备需求旺盛，公司通过不断加大新产品研发和新市场拓展力度、加大与行业内知名客户的合作力度等措施，市场份额持续提升。分产品来看：（1）测试机：实现收入 4.89 亿元，同比增加 174.33%，收入占比达到 32.37%，同比增加 10.19 个百分点，是收入端增长的核心驱动力；（2）分选机：实现收入 9.36 亿元，同比增加 67.59%，收入占比为 61.96%，同比减少 7.55 个百分点；（3）其他业务：实现收入 0.86 亿元，同比增加 28.29%，收入占比为 5.67%，同比减少 2.64 个百分点。

2021 年公司实现归母净利润 2.18 亿元，同比增加 157%，实现扣非归母净利润 1.93 亿元，同增加 340%，均位于业绩预告偏上限。2021 年公司销售净利率为 14.70%，同比增加 4.13 个百分点；扣非销售净利率为 12.80%，同比增加 7.32 个百分点，盈利能力大幅提升。

（十二）芯源微

2021 年公司实现营业收入 8.29 亿元，同比增加 151.95%，其中第四季度实现营收 2.81 亿元，同比增加 140.64%，延续高速增长态势。分产品来看：（1）光刻工序涂胶显影设备：2021 年实现收入 5.06 亿元，同比增加 114.40%，主要系半导体设备行景气度高，此外公司在前道涂胶显影领域快速拓展，2021 年涂胶显影设备在主营收入中占比为 62.23%，为公司最大收入来源；（2）单片式湿法设备：2021 年实现收入 2.90 亿元，同比增加 280.56%，在主营收入中占比为 35.60%，同比增加 11.70 个百分点，主要系清洗机、去胶机、湿法刻蚀机等产品收入快速增长。

2021 年公司实现归母净利润 0.77 亿元，同比增加 58.41%，实现扣非归母净利润 0.64 亿元，同比增加 395.83%，2021 年公司归母净利率为 9.33%，同比减少 5.51 个百分点，扣非归母净利率达到 7.70%，同比增加 3.79 个百分点，真实经营盈利水平明显提升。

(十三)华峰测控

2021年公司实现营收8.78亿元,同比大幅提升121%,主要受益于全球"缺芯"背景下,封测厂加速扩产,资本开支维持高位,同时公司加大客户拓展力度,持续推出新品完善业务体系,市场竞争力持续提升,带动相关业务订单量大幅增长,公司在维持模拟测试机领先性的同时,拓展新品SoC/GaN测试机,成长空间打开。

2021年公司实现归母净利润4.39亿元,同比增加120%,扣非归母净利润4.35亿元,同比增加194%;公司销售净利率为49.96%,同比减少0.15个百分点,扣非归母净利率为49.48%,同比增加12.27个百分点,真实经营盈利能力大幅提升,具体来看:(1)毛利端:2021年公司销售毛利率为80.22%,同比增加0.47个百分点,略有提升,其中测试系统和配件毛利率分别同比增加0.21个百分点和增加1.09个百分点,主要系市场需求旺盛和新品陆续推出;(2)费用端:2021年公司期间费用率为23.48%,同比减少11.97个百分点,其中销售/管理/研发/财务费用率分别同比下降3.76/3.95/4.17/0.08个百分点,公司规模效应彰显。

四、上市公司在行业中的影响力

2021年,专用设备制造业上市公司总资产20181.06亿元,占全行业总量的40.08%;营业收入10749.38亿元,占全行业总量的29.40%;利润总额1160.95亿元,占行业总量的34.52%。

我国专用设备制造业企业较多,市场较分散,细分领域竞争较激烈,近年来由于全球经济去产能去库存周期资本开支整体下行,设备企业的营业收入和利润也持续下行,行业内部经历出清和洗牌。然而,2021年政策刺激下基建水平提升,周期性较强的细分行业的订单延续复苏态势,周期量价齐升,行业集中度继续提高,其中占据行业龙头地位的上市公司将处于竞争优势地位,未来影响力和市占率有望继续提升。对于锂电、光伏、半导体等高成长领域,具备核心竞争力的先进设备商也将在下游持续高景气周期中继续获得良好业绩。

表9 专用设备制造业2019~2021年总资产、营业收入、利润总额及上市公司占比

指标	2021年		2020年		2019年	
	行业总体	上市公司占比	行业总体	上市公司占比	行业总体	上市公司占比
总资产(亿元)	50351.6	40.08%	46804.2	34.86%	40996.8	33.27%
营业收入(亿元)	36563.5	29.40%	32726.5	26.35%	29473.30	23.74%
利润总额(亿元)	2947.9	34.52%	2827.6	35.13%	2216.40	28.12%

资料来源:沪深北交易所,同花顺。

撰稿人:李旻 周尔双
审稿人:董岚枫 王勇

汽车制造业

一、汽车制造业总体概况

（一）行业整体运行情况

2018年以来，中国汽车行业经历了产销"三连降"，2021年又遇到了芯片短缺等一系列严峻挑战，但在新能源汽车以及整车出口的带动下，中国汽车行业实现整车销售2627.5万辆，同比增长3.8%，实现恢复性增长，在全球汽车行业经历百年未有之大变局的背景下，展现出强大的发展韧性和发展动力。

从数据上看，2021年我国汽车制造行业累计实现营业收入86706.20亿元，同比增长6.70%；累计实现利润总额5305.70亿元，同比增长1.90%。

2021年新能源汽车仍保持快速增长态势：根据中国汽车工业协会数据，2021年新能源汽车销量达352.1万辆，同比增长157.5%，占汽车整体销量比重达13.40%。其中，新能源乘用车销量达333.4万辆，同比增长167.5%，新能源商用车销量达18.6万辆，同比增长54.0%。从数据来看，新能源乘用车占据主力地位，销量占比高达94.69%。

（二）细分行业运行概况

分领域看，首先，2021年乘用车产销分别为2140.8万辆、2148.2万辆，同比分别增长7.1%、6.5%。其中，轿车产销同比增速为7.8%和7.1%，MPV产销同比增速为6.1%和0.1%，SUV产销同比增速为6.7%和6.8%。

其次，商用车产量和销量分别为467.4万辆和479.3万辆，同比分别下降10.7%和6.6%。其中，货车产量和销量分别为416.6万辆和428.8万辆，同比分别下降12.8%和8.5%；客车产量和销量分别为50.8万辆和50.5万辆，同比分别增长12.2%和12.6%。

分品牌看，2021年自主品牌乘用车销售954.3万辆，同比增长23.1%，占乘用车销量总量的44.4%。日系、德系、美系、韩系、法系份额分别为20.6%、20.6%、10.2%、2.4%、0.6%。

二、行业内上市公司发展概况

（一）行业内上市公司基本情况

表1　2021年汽车制造业上市公司发行股票概况

门类	总数		沪深主板		创业板		科创板		北交所	
	家数	市值（亿元）	家数	市值（亿元）	家数	市值（亿元）	家数	市值（亿元）	家数	市值（亿元）
汽车制造业	161	29739.95	128	27903.40	27	1674.76	1	90.01	5	71.78
占沪深北三市比重（%）	3.43	3.24	2.73	3.04	0.57	0.18	0.02	0.01	0.11	0.01

资料来源：沪深北交易所，同花顺。

（二）行业内上市公司构成情况

表2　2021年汽车制造业上市公司构成情况

门类	沪市			深市			北交所	总计	ST/*ST
	主板	科创板	合计	主板	创业板	合计			
汽车制造业（家）	78	1	79	50	27	77	5	161	1/2
占行业内上市公司比重（%）	48.45	0.62	49.07	31.06	16.77	47.83	3.11	100.00	0.62/1.24

资料来源：沪深北交易所，同花顺。

（三）行业内上市公司融资情况

表3　2021年汽车制造业上市公司与沪深两市融资情况对比　　单位：家

门类	融资家数	新股	增发	配股
汽车制造业	43	19	24	0
沪深两市总数	1032	524	502	7
占比（%）	4.17	3.63	4.78	0.00

资料来源：沪深北交易所，同花顺。

其中，首发的19家公司中，有6家在上交所主板上市，1家在科创板上市，9家在深交所创业板上市，3家在北交所上市；增发的24家公司中，有14家沪市、10家深市公司。

参考申万二级子行业划分，进行融资的43家公司中，乘用车2家，汽车零部件36家，商用车4家，专业工程1家，分别占比4.65%、83.72%、9.30%、2.33%。

从融资效果看，上述公司实际发行数量为421118.43万股；实际募集资金495.04亿元，基本完成了融资计划。

（四）行业内上市公司资产及业绩情况

表4　　2021年汽车制造业上市公司资产情况　　　　单位：亿元

指标	2021年	2021年可比样本增长（%）	2020年	2020年可比样本增长（%）	2019年
总资产	33272.87	6.87	30609.1	6.53	27621.8
流动资产	19389.94	6.10	17969.1	8.61	15720.9
占比（%）	58.28	-0.42	58.71	1.13	56.91
非流动资产	13882.93	7.96	12640	3.69	11900.9
占比（%）	41.72	0.42	41.29	-1.13	43.09
流动负债	16167.90	4.94	15168.3	7.23	13579.1
占比（%）	48.59	-0.89	49.56	0.32	49.16
非流动负债	3592.54	2.58	3485.32	12.04	3033.47
占比（%）	10.80	-0.45	11.39	0.56	10.98
归属于母公司股东权益	12147.51	11.02	10706	4.4	9813.42
占比（%）	36.51	1.36	34.98	-0.71	35.53

资料来源：沪深北交易所，同花顺。

表5　　2021年汽车制造业上市公司收入实现情况　　　　单位：亿元

指标	2021年	2021年可比样本增长（%）	2020年	2020年可比样本增长（%）	2019年
营业收入	25886.36	9.44	23154.1	-1.6	22251.7
利润总额	1026.86	9.92	891.75	8.92	744.37
归属于母公司所有者的净利润	699.53	13.89	580.47	12.76	452.96

资料来源：沪深北交易所，同花顺。

（五）利润分配情况

2021年全年汽车制造业上市公司中共有117家公司实施了分红配股。其中，16家上市公司实施送股或转增股，114家上市公司实施派息，其中12家公司既实施了转增又实施了派息。

（六）其他财务指标情况

1. 盈利能力指标

表6　　2021年汽车制造业上市公司盈利能力情况

指标	2021年	2021年可比样本变动	2020年	2020年可比样本变动	2019年
毛利率（%）	13.80	-0.46	14.79	-0.74	15.55
净资产收益率（%）	5.76	0.15	5.42	0.4	4.62
销售净利率（%）	3.28	0.01	3.19	0.23	2.83
资产净利率（%）	2.64	0.07	2.49	-0.01	2.33

资料来源：沪深北交易所，同花顺。

2. 偿债能力指标

表7　　　　　　　　　2021年汽车制造业上市公司偿债能力指标

指标	2021年	2021年可比样本变动	2020年	2020年可比样本变动	2019年
流动比率	1.20	0.01	1.18	0.02	1.16
速动比率	0.99	0.01	0.98	0.0	0.98
资产负债率（%）	59.39	-1.34	60.94	0.88	60.14

资料来源：沪深北交易所，同花顺。

3. 营运能力指标

表8　　　　　　　　　2021年汽车制造业上市公司营运能力情况　　　　　　　　　单位：次

营运能力指标	2021年	2021年可比样本变动	2020年	2020年可比样本变动	2019年
存货周转率	6.80	-0.01	6.82	-0.9	7.76
应收账款周转率	8.41	0.82	7.63	0.21	7.24
流动资产周转率	1.37	0.02	1.34	-0.13	1.44
固定资产周转率	5.38	0.39	4.84	-0.36	5.05
总资产周转率	0.80	0.02	0.78	-0.07	0.82
净资产周转率	2.01	0.03	1.98	-0.12	2.04

资料来源：沪深北交易所，同花顺。

三、重点上市公司介绍

（一）上汽集团

上汽集团是目前国内产销规模最大的汽车集团，业务主要涵盖整车、零部件、移动出行和服务、金融、国际经营等领域，并通过创新科技构建技术底座、提供业务赋能，现已形成以整车业务为龙头、各板块融合发展的"5+1"业务板块格局。

2021年面对缺芯、疫情、限电以及原材料价格大幅上涨等多重严峻挑战，公司全力以赴保供应、稳增长、调结构、增效益，实现了"十四五"平稳开局。2021年公司整车销量"稳中有进"，全年实现整车批售546.4万辆，终端零售达到581.1万辆，同比增长5.5%，整车销量连续16年保持全国第一；经济效益"稳中提质"，实现营业总收入7798.5亿元，同比增长5.1%，归属于上市公司股东的净利润245.3亿元，同比增长20.1%，加权平均净资产收益率9.2%，较上年增加1.2个百分点，经济运行质量明显提升；转型升级"稳中见新"，自主品牌整车销量达到285.7万辆，同比增长10%，占公司总销量的比重首次突破50%，达到52.3%；新能源汽车销售73.3万辆，同比增长128.9%，排名国内第一、全球前三；海外销量达到69.7万辆，同比增长78.9%，整车出口连续6年保持国内行业第一。

表9　上汽集团2019~2021年财务指标　　单位：万元

项目	2021年	2020年	2019年
营业收入	75991463.56	72304258.92	82653000.30
营业总成本	77074973.03	72952879.85	83037483.12
营业利润	4144674.95	3560749.89	4034510.31
利润总额	4155765.94	3589162.47	4095779.22
归属母公司股东的净利润	2453309.79	2043103.75	2560338.42
资产负债率（%）	64.14	66.28	64.58
销售毛利率（%）	9.63	10.76	12.15
销售净利率（%）	4.47	4.04	4.27

资料来源：同花顺。

（二）广汽集团

广汽集团是国内首家实现A+H股整体上市的大型国有控股股份制汽车集团。广汽集团前身为成立于1997年6月的广州汽车集团有限公司。

广汽集团坚持合资合作与自主创新共同发展，业务涵盖整车（汽车、摩托车）及零部件研发、制造、汽车商贸服务、汽车金融等，是国内产业链最为完整的汽车集团之一，也是国内汽车行业首家拥有保险、保险经纪、汽车金融、融资租赁、财务等多块金融行业牌照的企业集团。目前，广汽集团旗下共有广汽本田、广汽丰田、广汽乘用车、广汽新能源、广汽研究院、广汽菲亚特克莱斯勒、广汽三菱等数十家知名企业与研发机构，整车核心业务板块形成自主品牌、日系合资、欧美系合资"三足鼎立"稳步发展格局。

2021年广汽集团乘用车产销分别为213.54万辆和214.17万辆，同比分别增长5.13%和4.97%。从车型类别看，MPV车型销量大幅增长38.84%，轿车和SUV销量同比稳定增长3.44%和2.40%。新能源汽车产销量继续保持高速增长态势，全年产销分别为14.47万辆和14.29万辆，同比分别增长88.68%和77.35%；节能汽车比例进一步提升，全年产销分别为29.65万辆和29.88万辆，同比分别增长36.84%和43.63%。

表10　广汽集团2019~2021年财务指标　　单位：万元

项目	2021年	2020年	2019年
营业收入	7511015.70	6271711.14	5923368.42
营业总成本	8052217.47	6815521.99	6545268.79

续表

项目	2021 年	2020 年	2019 年
营业利润	714538.88	563792.01	568171.05
利润总额	723688.07	569507.88	629395.93
归属母公司股东的净利润	733491.53	596582.70	661753.74
资产负债率（%）	39.95	39.32	39.99
销售毛利率（%）	7.92	6.47	6.90
销售净利率（%）	9.84	9.65	11.33

资料来源：同花顺。

（三）长城汽车

长城汽车是中国最大的SUV和皮卡制造企业之一。目前，旗下拥有哈弗、魏牌、欧拉、坦克及长城皮卡五大整车品牌，孵化全新独立运营汽车科技公司——沙龙机甲科技有限公司；与宝马合作，成立光束汽车有限公司并运作；产品涵盖SUV、轿车、皮卡三大品类，以及相关主要汽车零部件的生产及供应。

在研发环节，长城汽车已在美国、日本、德国、印度等多个国家建立研发中心，形成以中国总部为核心，涵盖欧洲、亚洲、北美的全球化研发布局，全面覆盖整车、核心零部件、新能源及智能化等领域研发。在生产方面，长城汽车在泰国、巴西等地建立了全工艺整车生产基地，并设置多个KD工厂。在销售方面，截至2021年年底，长城汽车已出口到170多个国家和地区，海外销售渠道近700家，海外累计销售超90万辆。

2021年至2025年，长城汽车累计研发投入将达约1000亿元；到2023年，在全球范围内的研发人员，会在现有的1.5万人基础上翻一番，达到3万人，其中，软件开发人才达到1万人。

表11　长城汽车 2019—2021 年财务指标　　　　　　　　　　　　　　　　　单位：万元

项目	2021 年	2020 年	2019 年
营业收入	13640466.30	10330760.72	9510807.86
营业总成本	13187809.18	9884334.31	9140898.60
营业利润	636876.75	575160.73	477684.36
利润总额	748210.23	622728.74	510055.64
归属母公司股东的净利润	672609.39	536249.02	449687.49
资产负债率（%）	64.58	62.77	51.90
销售毛利率（%）	16.16	17.21	16.22
销售净利率（%）	4.93	5.19	4.76

资料来源：同花顺。

（四）长安汽车

长安汽车为中国汽车行业第一阵营，多年来位居全国工业企业500强、中国制造业100强、重庆上市公司前10强之列。公司主要业务涵盖整车（含乘用车、商用车）的研发、制造和销售以及发动机的研发、生产。同时，公司积极发展移动出行、汽车生活服务、新营销、换电服务等新业务，加快探索产业金融、二手车等领域，以构建较为全面的产业生态，向智能低碳出行科技公司转型。

面对新冠疫情起伏反复、芯片供应短缺、限电限产等挑战以及百年未有之大变局下汽车行业深度变革，长安汽车聚焦规模、市占率、利润提升，强化营销牵引、狠抓经营质量提升，全年实现销量230.1万辆，同比增长14.8%，市占率同比提升0.8个百分点，重回汽车集团第四；长安系中国品牌汽车销售175.5万辆，同比增长16.7%，居行业第二；中国品牌狭义乘用车企业排名行业第二，与行业第一的差距较2020年缩小63.7%。

与2020年相比，2021年公司营业收入1051.42亿元，增幅24.33%，公司销售同比向好；经营现金净流量229.72亿元，较上年同期增幅115.17%，现金净流入同比大幅提升。公司报告期内归属于上市公司股东的净利润为35.52亿元，同比上升6.87%，净利润同比向好，主要由于公司自主板块销量提升，经营质量改善，利润同比大幅增长，此外合资板块盈利能力总体向好。

表12　　　　　　　　　　　　长安汽车2019~2021年财务指标　　　　　　　　　　　　单位：万元

项目	2021年	2020年	2019年
营业收入	10514187.72	8456554.41	7059524.51
营业总成本	10250055.33	8633226.07	7255525.91
营业利润	373052.35	262410.45	-210710.81
利润总额	382060.88	259658.50	-224236.69
归属母公司股东的净利润	355246.33	332425.12	-264671.94
资产负债率（%）	58.74	55.77	54.99
销售毛利率（%）	16.64	14.30	14.68
销售净利率（%）	3.43	3.89	-3.75

资料来源：同花顺。

（五）宇通客车

公司是一家集客车产品研发、制造与销售为一体的大型制造业企业，主要产品可满足5米至18米不同长度的市场需求。截至2021年年末，公司拥有126个产品系列的完整产品链，主要用于公路客运、旅游客运、公交客运、团体通勤、校车、景区车、机场摆渡车、自动驾驶微循环车、客车专用车等各个细分市场。

根据中国客车统计信息网数据显示，2021年客车行业7米及以上客车实现销售87525辆，较2020年下降9.15%。公司全年累计实现客车销售41828辆，同比提升0.17%；实现营业收入232.33亿元，同比提升7.04%；实现归属于上市公司股东的净利润6.14亿元，同比提升18.95%。

公司是以客车生产为主业的制造型企业。传统客车产品主要零部件大部分采购自潍柴、玉柴、法士特、东风车桥、宝钢、福耀、瑞立等国内汽车零部件龙头企业，以及Cummins（康明斯）、ZF（采埃孚）、Allison（艾里逊）、BOSCH（博世）、ContinentalAG（大陆）、Michelin（米其林）、Schaeffler（舍弗勒）、SKF（斯凯孚）等国际汽车零部件公司。经过多年深入合作，公司已同大部分供应商形成了长期、稳定、紧密的合作伙伴关系，使公司在产业配套方面的竞争优势得到保障和持续提升。

表13　　　　　　　　　　　宇通客车2019～2021年财务指标　　　　　　　　　单位：万元

项目	2021年	2020年	2019年
营业收入	2323346.32	2170504.84	3047943.79
营业总成本	2320112.77	2210741.39	2891276.82
营业利润	53498.64	30399.60	201828.83
利润总额	54345.71	34771.30	208373.50
归属母公司股东的净利润	61378.53	51599.03	194021.38
资产负债率（%）	52.30	53.64	51.76
销售毛利率（%）	18.65	17.48	24.35
销售净利率（%）	2.69	2.39	6.43

资料来源：同花顺。

（六）华域汽车

华域汽车主要业务范围包括汽车等交通运输车辆和工程机械的零部件及其总成的设计、研发和销售等，公司主要业务涵盖汽车内外饰件、金属成型和模具、功能件、电子电器件、热加工件、新能源等，各类主要产品均具有较高国内市场占有率。同时，公司汽车内饰、轻量化铸铝、油箱系统、汽车电子等业务和产品已积极拓展至国际市场。

2021年，按合并报表口径，公司实现营业收入1399.44亿元，比上年同期增长4.77%；实现归属于上市公司股东的净利润64.69亿元，比上年同期增长19.72%；实现归属于上市公司股东的扣除非经常性损益的净利润50.01亿元，比上年同期增长18.66%。

公司坚持智能制造方向，抓好数字化转型工作，助力业务升级发展。根据公司未来五年智能制造实施路径，以"质量、效率、柔性、敏捷、协同"为目标，扎实推进相关工作,2021年重点抓好老制造基地向数字化的转型工作,已完成10家数字化标杆工厂的103个数字化项目建设,上海延锋金桥饰件系统有限公司和亚普汽车部件系统有限公司荣获国家工信部和发改委联合颁发的《2021年度智能制造示范工厂》称号;公司与瑞士ABB集团开展智能装备领域的合资合作,集成和发挥双方在各自行业的有效资源和优势,形成在控制、驱动、机器人技术、传感分析等方面的综合应用能力,加速推进智能制造,助力公司转型升级。

表14 华域汽车2019~2021年财务指标 单位:万元

项目	2021年	2020年	2019年
营业收入	13994413.96	13357763.97	14402362.61
营业总成本	13532192.11	12931871.13	13888678.89
营业利润	892834.15	791922.20	915669.80
利润总额	896370.21	793989.96	943484.56
归属母公司股东的净利润	646893.99	540327.69	646316.33
资产负债率(%)	65.11	61.32	57.81
销售毛利率(%)	14.38	15.23	14.46
销售净利率(%)	5.71	5.22	5.91

资料来源:同花顺。

(七)比亚迪

公司主要经营包括新能源汽车、传统燃油汽车在内的汽车业务,手机部件及组装业务,二次充电电池及光伏业务,并积极利用自身技术优势拓展城市轨道交通及其他业务。2021年集团实现收入约人民币216142百万元,同比增长38.02%,其中汽车、汽车相关产品及其他产品业务的收入约人民币112489百万元,同比增长33.93%;手机部件、组装及其他产品业务的收入约人民币86454百万元,同比增长43.99%;二次充电电池及光伏业务的收入约人民币16471百万元,同比增长36.27%。三大业务占本集团总收入的比例分别为52.04%、40.00%和7.62%。

2021年,比亚迪新能源汽车通过技术创新与应用,销量节节攀升,12月虽受疫情影响,单月销量仍创下历史新高,根据中国汽车工业协会公布的数据,2021年集团新能源汽车市场占有率达17.1%,年内增长近8%,销量遥遥领跑国内新能源汽车市场,并稳居全球前列,全系产品赢得了消费者的青睐,品牌影响力持续扩大。

表15 比亚迪2019~2021年财务指标 单位:万元

项目	2021年	2020年	2019年
营业收入	21614239.50	15659769.10	12773852.30
营业总成本	21260233.90	14901037.20	12561518.20

续表

项目	2021年	2020年	2019年
营业利润	463199.20	708577.30	231228.80
利润总额	451800.30	688258.70	243113.10
归属母公司股东的净利润	304518.80	423426.70	161445.00
资产负债率（%）	64.76	67.94	68.00
销售毛利率（%）	13.02	19.38	16.29
销售净利率（%）	1.84	3.84	1.66

资料来源：同花顺。

（八）潍柴动力

公司是中国综合实力最强的汽车及装备制造集团之一，多年来，公司坚持产品经营、资本运营双轮驱动，致力于打造最具品质、技术和成本三大核心竞争力的产品，成功构筑起了动力总成（发动机、变速箱、车桥、液压）、整车整机、智能物流等产业板块协同发展的新格局。

公司主要产品包括全系列发动机、变速箱、车桥、液压产品、重型汽车、叉车、供应链解决方案、燃料电池系统及零部件、汽车电子及零部件等，其中，发动机产品远销全球110多个国家和地区，广泛应用和服务于全球卡车、客车、工程机械、农业装备、船舶、电力等市场。"潍柴动力发动机""法士特变速器""汉德车桥""陕汽重卡""林德液压"等深得客户信赖，形成了品牌集群效应。2021年，公司坚持创新引领、迈向高端，传统业务优势地位更加稳固，新业态、新能源、新科技业务不断突破，海外业务的业绩贡献显著提升，公司业务结构不断优化升级，国际化发展水平稳步提升，抗风险能力和综合竞争力持续增强。

公司动力总成业务发展稳健，销售发动机102万台，同比增长3.1%，其中重卡发动机销售42.9万台，市场份额同比提升2.8个百分点至30.7%；销售变速箱115.3万台，其中重卡变速箱销售101万台，市场份额同比提升5.3个百分点至72.4%；销售车桥93.8万根，其中中重卡桥销售69.7万根。同时，战略高端产品继续发力，大缸径发动机实现收入14.1亿元，同比增长49.3%；高端液压实现国内收入5.6亿元，同比增长11.8%。

表16　　　　　　　　　　潍柴动力2019～2021年财务指标　　　　　　　　　　单位：万元

项目	2021年	2020年	2019年
营业收入	20354770.33	19749109.29	17436089.25
营业总成本	19013927.01	18504780.89	16061977.68
营业利润	1388899.14	1246072.64	1415589.27
利润总额	1405479.14	1268167.89	1435165.01

续表

项目	2021 年	2020 年	2019 年
归属母公司股东的净利润	925448.82	920712.92	910495.54
资产负债率（%）	62.84	70.29	70.54
销售毛利率（%）	19.46	19.31	21.80
销售净利率（%）	5.68	5.71	6.83

资料来源：同花顺。

四、上市公司在行业中的影响力

营业收入方面，根据国家统计局的数据，2021 年汽车制造业营业收入为 86706.20 亿元，同比增长 6.70%；行业上市公司 2021 年累计实现营业收入 25886.36 亿元，同比增长 9.44%，增速高于行业约 2.74 个百分点；汽车制造业上市公司营业收入占行业营收比重的 29.86%。

利润总额方面，2021 年，汽车制造业累计实现利润总额 5305.70 亿元，同比增长 1.90%；2021 年行业内上市公司利润总额为 1026.86 亿元，同比增长 9.92%，高于行业增速 8.02 个百分点；上市公司利润总额占行业比重为 19.35%。

总体上看，汽车上市公司在行业中影响较大，主要汽车企业集团均已实现整体或部分上市，行业营业收入、利润总额等方面占比继续提高。

撰稿人：宁前羽

审稿人：张敬华　任宪功

铁路、船舶、航空航天和其他运输设备制造业

一、铁路、船舶、航空航天和其他运输设备制造业总体概况

（一）行业整体运行情况

2021 年制造业固定资产投资额、PMI 等指数大幅回升，2021 年 3 月、6 月、9 月、12 月铁路、船舶、航空航天和其他运输设备制造业工业增加值累计同比分别为 27.2%、15.3%、11.3%、8.4%，景气度相比 2020 年呈现向好趋势。

（二）细分行业运行概况

铁路："十三五"期间全国铁路固定资产投资稳定在约每年 8000 亿元，平均

投资额达到7980亿元,较"十二五"期间提升934亿元。2020年,全国铁路完成固定资产投资7819亿元,较年初计划增加719亿元。"十三五"规划圆满收官,"四纵四横"高铁网提前建成,"八纵八横"高铁网加密成型。国铁集团2022年初公布数据显示,2021年全国铁路完成固定资产投资7489亿元,同比减少4.22%。

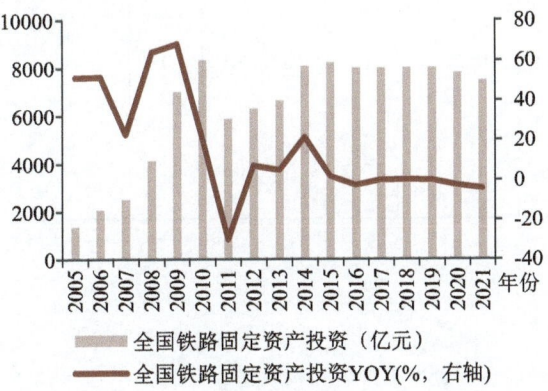

图1 "十三五"期间铁路建设投资稳定
资料来源:国家铁路局、Wind资讯。

图2 "十三五"期间铁路投资计划圆满完成
资料来源:国家铁路局、经济观察网。
注:全国铁路计划固定资产投资额为国铁集团年初公布计划数。

城市轨道交通:城市轨道交通处于高速发展期,运营里程维持较高增速。据城市轨道交通协会数据显示,2010年以来城市轨道交通运营里程数持续增长,2010~2021年CAGR达到18.26%。截至2021年年末我国城轨运营里程达到9206.8公里,同时在建里程自2017年以来一直保持在每年6000公里以上的高位。运营线路数量持续增长,截至2021年年末我国城轨运营线路达到283条。在建线路受疫情影响2021年出现回落,2021年年末在建线路共计253条。

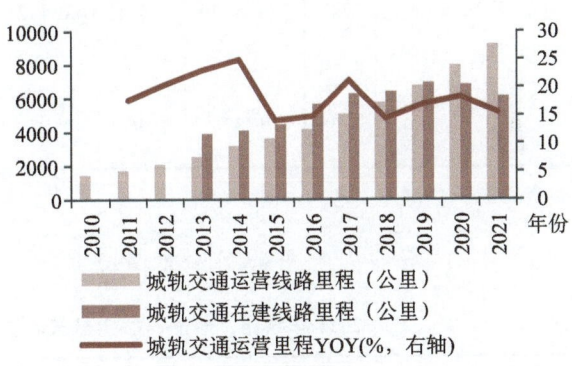

图3 2010以来城轨里程CAGR达到18.26%
资料来源:城市轨道交通协会。

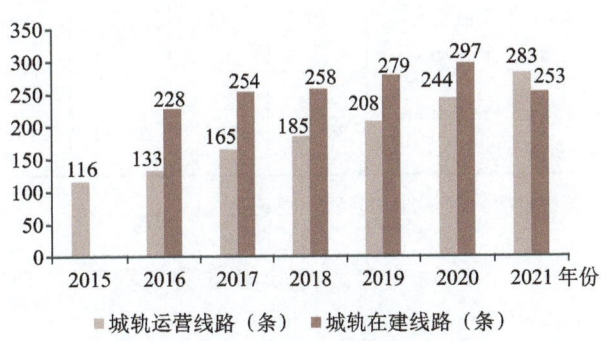

图4 城轨运营线路数量持续增长
资料来源:城市轨道交通协会。

航空航天:航空航天逻辑不断强化+股权激励预期,行业景气度确定,有望持续向上。从短期来看,下游大额订单落地验证了行业未来3~5年的高景气度和高确定性，随着订单快速执行，重点企业业绩有望实现高增长；从长期来看，国家对国防建设的需求正在发生积极变化，预计随着短中期装备补量提质，中长期新装备不断研发、军外贸不断拓展以及军民融合不断深化，这些都将保障航空航天行业长期可持续快速发展。

二、行业内上市公司发展概况

（一）行业内上市公司基本情况

表1　2021年铁路、船舶、航空航天和其他运输设备制造业上市公司发行股票概况

门类	总数		沪深主板		创业板		科创板		北交所	
	家数	市值（亿元）	家数	市值（亿元）	家数	市值（亿元）	家数	市值（亿元）	家数	市值（亿元）
铁路、船舶、航空航天和其他运输设备制造业	74	17305.99	45	14394.21	17	1082.92	12	1828.86	0	0
占沪深北三市比重（%）	1.58	1.88	0.96	1.57	0.36	0.12	0.26	0.20	0	0

资料来源：沪深北交易所，同花顺。

（二）行业内上市公司构成情况

表2　2021年铁路、船舶、航空航天和其他运输设备制造业上市公司构成情况

门类	沪市			深市			北交所	总计	ST/*ST
	主板	科创板	合计	主板	创业板	合计			
铁路、船舶、航空航天和其他运输设备制造业（家）	29	12	41	16	17	33	0	74	0/0
占行业内上市公司比重（%）	39.19	16.22	55.41	21.62	22.97	44.59	0	100.00	0/0

资料来源：沪深北交易所，同花顺。

（三）行业内上市公司融资情况

表3　2021年铁路、船舶、航空航天和其他运输设备制造业上市公司与沪深两市融资情况对比　单位：家

门类	融资家数	新股	增发	配股
铁路、船舶、航空航天和其他运输设备制造业	19	12	7	0
沪深两市总数	1032	524	502	7
占比（%）	1.84	2.29	1.39	0

资料来源：沪深北交易所，同花顺。

其中，首发的12家公司中，有2家在主板上市，有4家在创业板上市，6家在科创板上市；增发的7家公司中，有4家沪市、3家深市。

按行业大类划分，进行融资的19家公司中，机械行业9家，国防军工行业6家，汽车行业4家，分别占比47%、32%、21%。

从融资效果看，上述公司实际发行数量为117550.77万股；实际募集资金238.05亿元，基本完成了融资计划。

（四）行业内上市公司资产及业绩情况

表4　　2021年铁路、船舶、航空航天和其他运输设备制造业上市公司资产情况　　单位：亿元

指标	2021年	2021年可比样本增长（%）	2020年	2020年可比样本增长（%）	2019年
总资产	16434.12	12.96	13919	3.16	12271.2
流动资产	11573.45	16.70	9465.47	3.28	8329.85
占比（%）	70.42	2.26	68.0	0.08	67.88
非流动资产	4860.67	4.94	4453.48	2.91	3941.31
占比（%）	29.58	-2.26	32.0	-0.08	32.12
流动负债	8101.00	17.67	6674.77	2.83	5764.53
占比（%）	49.29	1.97	47.95	-0.15	46.98
非流动负债	1074.19	16.14	897.76	-10.34	873.56
占比（%）	6.54	0.18	6.45	-0.97	7.12
归属于母公司股东权益	6667.20	6.89	5846.32	10.84	5019.37
占比（%）	40.57	-2.30	42.0	2.91	40.9

资料来源：沪深北交易所，同花顺。

表5　　2021年铁路、船舶、航空航天和其他运输设备制造业上市公司收入实现情况　　单位：亿元

指标	2021年	2021年可比样本增长（%）	2020年	2020年可比样本增长（%）	2019年
营业收入	7168.88	7.03	6317.68	0.19	5972.69
利润总额	387.27	-10.27	364.12	-7.88	354.47
归属于母公司所有者的净利润	309.10	-8.25	275.73	-7.73	265.95

资料来源：沪深北交易所，同花顺。

（五）利润分配情况

2021年全年铁路、船舶、航空航天和其他运输设备制造业上市公司中共有53家公司实施了分红配股。其中，7家上市公司实施送股或转增股，53家上市公司实施派息，其中7家公司既实施了送股、转增又实施了派息。

（六）其他财务指标情况

1. 盈利能力指标

表6　　　2021年铁路、船舶、航空航天和其他运输设备制造业上市公司盈利能力情况

指标	2021年	2021年可比样本变动	2020年	2020年可比样本变动	2019年
毛利率（%）	17.42	-1.24	18.24	-0.37	18.71
净资产收益率（%）	4.64	-0.76	4.72	-0.95	5.3
销售净利率（%）	4.74	-0.76	4.85	-0.39	4.95
资产净利率（%）	2.19	-0.38	2.24	-0.38	2.48

资料来源：沪深北交易所，同花顺。

2. 偿债能力指标

表7　　　2021年铁路、船舶、航空航天和其他运输设备制造业上市公司偿债能力指标

指标	2021年	2021年可比样本变动	2020年	2020年可比样本变动	2019年
流动比率	1.43	-0.01	1.42	0.01	1.45
速动比率	1.10	0.03	1.05	-0.01	1.09
资产负债率（%）	55.83	2.15	54.4	-1.12	54.1

资料来源：沪深北交易所，同花顺。

3. 营运能力指标

表8　　　2021年铁路、船舶、航空航天和其他运输设备制造业上市公司营运能力情况　　　单位：次

营运能力指标	2021年	2021年可比样本变动	2020年	2020年可比样本变动	2019年
存货周转率	2.31	0.06	2.2	-0.17	2.38
应收账款周转率	3.50	-0.06	3.55	-0.07	3.46
流动资产周转率	0.67	-0.02	0.68	-0.06	0.74
固定资产周转率	3.40	0.21	3.07	-0.11	3.24
总资产周转率	0.46	-0.01	0.46	-0.04	0.5
净资产周转率	1.02	0.00	1.02	-0.09	1.1

资料来源：沪深北交易所，同花顺。

三、重点上市公司介绍

（一）思维列控

思维列控是国内列车运行控制技术领域领导者。公司最早在1992年成立于河南郑州，以研制监控记录器起家，深耕铁路行车安全系统领域三十年。2021年公司实现营业收入10.65亿元，同比增长26%，归母净利润3.85亿元，同比增长167%；2021年毛利率和净利率分别为60.98%和37.04%。

动车监测：新增需求空间广阔。DMS系统、EOAS系统等监测系统的更新换代周期通常为10年。DMS于2008年开始成为动车组标配的列控动态监测系统，目前所有动车组均安装了DMS系统车载设备，2018年开始进入更新替代周期；EOAS动车组司机操控信息分析系统于2013年成为新增动车组标准配置，2015年开始大规模应用推广，预计2021年迎来第一轮更新周期。

安防：安全产品谱系逐渐扩大，远期空间大。调车防护系统处于起步推广阶段，潜在市场容量较大。机车调防系统（LSP）于2021年开始推广，潜在市场空间19.5亿元，公司市占率60%。

（二）交控科技

交控科技是轨交信号系统总承包商。公司是国内首家掌握自主化CBTC核心技术的轨交信号系统总承包商，技术持续领跑同行，专业从事城市轨道交通信号系统的研发、设备研制、系统集成以及信号系统总承包、维保维护服务等业务，主要产品有基础CBTC系统、I-CBTC系统、FAO系统等。公司近五年营收稳定增长，归母净利CAGR达59.58%。2017~2021年主营业务收入分别为8.80/11.63/16.52/20.26/25.82亿元，CAGR达30.89%，整体呈现良好的增长趋势。近五年归母净利润分别为0.45/0.66/1.27/2.37/2.91亿元，CAGR达59.58%。

我国轨交信号系统市场空间广阔，集中度高。随着系统的不断升级，列车行车间隔不断缩小，信号系统的技术水平不断提高。早期信号系统被海外厂商垄断，国内共有12家城市轨道交通信号系统总承包商，国内企业影响力持续提升。轨道交通信号系统市场集中度较高，交控科技和卡斯柯占据半壁江山，随着全国各城市轨道交通系统陆续进入改造阶段，未来市场容量广阔。

公司立足核心技术，持续迭代创新，品质优良方能保障长久发展。公司秉承着"应用一代、开发一代、研究一代"的创新路径，打破了海外厂商对CBTC技术的垄断；先后实现了全自主FAO技术的线路运营，以及重庆I-CBTC示范工程项目的顺利验收，VBTC产品已通过SIL4认证并开展现场实验；同时积极布局AV-COS系统研发，多项关键技术实现突破。公司发挥技术创新优势占领新线市场，同时将CBTC技术应用范围由城轨新线建设拓展至重载铁路和既有线路改造市场，多措并举保持轨交信号系统行业领先地位。

四、上市公司在行业中的影响力

表9 铁路、船舶、航空航天和其他运输设备制造业行业 2019~2021 年总资产、营业收入、利润总额及上市公司占比

指标	2021 年		2020 年		2019 年	
	行业总体	上市公司占比	行业总体	上市公司占比	行业总体	上市公司占比
总资产（亿元）	18588.00	88.41%	16414.60	84.80%	15701.00	78.16%
营业收入（亿元）	13094.10	54.75%	11465.80	55.10%	11275.30	52.97%
利润总额（亿元）	538.10	71.97%	626.10	58.16%	622.10	56.98%

资料来源：沪深交易所，Wind 资讯。

2021 年铁路、船舶、航空航天和其他运输设备制造业总资产规模达到 18588.00 亿元，较 2020 年增加 13.24%；其中全行业上市公司资产总额为 16434.12 亿元，2021 年可比样本较 2020 年增长 12.96%，上市公司资产总额占行业资产总额的 88.41%。

2021 年铁路、船舶、航空航天和其他运输设备制造业营业收入规模达到 13094.10 亿元，较 2020 年增加 14.20%；其中全行业上市公司营业收入为 7168.88 亿元，2021 年可比样本较 2020 年增长 7.03%，上市公司营业收入占行业营业收入总额的 54.75%。

2021 年铁路、船舶、航空航天和其他运输设备制造业利润规模达到 538.10 亿元，较 2020 年减少 14.06%；其中全行业上市公司利润为 387.27 亿元，2021 年可比样本较 2020 年下降 10.27%，上市公司利润总额占行业利润总额的 71.97%。

撰稿人：何佳霖
审稿人：王　珂

电气机械及器材制造业

一、电气机械及器材制造业总体概况

（一）行业整体运行情况

根据国家统计局数据，2021 年全国规模以上电气机械及器材制造行业企业数量为 30305 家，行业总资产合计 89199.10 亿元，较 2020 年增长 16.3%。

2021 年，电气机械及器材制造业实现营业收入 85320.2 亿元，较 2020 年增长 23.7%；实现利润总额 4555.50 亿元，

较2020年增长12.2%；2021年，电气机械及器材制造行业毛利率为14.74%，较2020年下降了1.13百分点。

2021年，电气机械及器材制造业固定资产投资完成额累计同比23.30%。从国家统计局发布的细分行业景气指数来看，2021年四季度电气机械及器材制造业景气指数为146.4，较2020年四季度的146.0有所增长。

（二）细分行业运行概况

1. 电器设备类公司

电气设备类公司景气度与电力投资完成情况密切相关。根据国家能源局统计，2021年，全社会用电量83128亿千瓦时，较2020年增长10.30%。新增发电设备17629万千瓦，较2020年下降7.91%。其中，水电新增设备容量2349万千瓦，较2020年增长79.00%；火电新增设备容量4628万千瓦，较2020年下降18.20%；核电新增设备容量340万千瓦，较2020年增长203.57%；风电新增设备容量4757万千瓦，较2020年下降34.03%；太阳能新增设备容量5493万千瓦，较2020年增长13.96%。2021年，新增220千伏及以上变电设备容量24334万千伏安，新增220千伏及以上线路长度32220千米。

2021年，全国发电设备累计平均利用小时3817小时，较2020年增加60小时。其中，水电累计平均利用3622小时，较2020年减少203小时；火电累计平均利用4448小时，较2020年增加237小时；风电累计平均利用2232小时，较2020年增加154小时；核电累计平均利用小时7802小时，较2020年增加352小时；太阳能累计平均利用小时1281小时，较2020年持平。

2021年，电源工程投资完成额5530亿元，较2020年增长4.50%。其中水电工程投资完成额988亿元，较2020年下降7.40%；火电工程投资完成额672亿元，较2020年增长18.30%；核电工程投资完成额538亿元，较2020年增长41.80%；风电投资完成额2478亿元，较2020年下降6.60%；2021年，电网基本建设工程投资完成额4951亿元，较2020年小幅增长1.10%。

2. 家电类公司

家电类公司景气度与房地产投资完成情况紧密相关。2021年，全国房地产开发投资完成额147602.08亿元，较2020年增长4.40%，增幅比2020年减少2.60个百分点。

2021年，彩电累计生产量18496.50万台，较2020年下降3.60%；空调累计生产量21835.70万台，较2020年增长9.40%；家用电冰箱累计生产量8992.10万台，较2020年小幅下降0.40%；家用洗衣机累计生产量8618.50万台，较2020年增长9.50%；冷柜累计生产量2906.00万台，较2020年增长7.90%。

二、行业内上市公司发展概况

（一）行业内上市公司基本情况

表1　2021年电气机械及器材制造业上市公司发行股票概况

门类	总数		沪深主板		创业板		科创板		北交所	
	家数	市值(亿元)	家数	市值(亿元)	家数	市值(亿元)	家数	市值(亿元)	家数	市值(亿元)
电气机械和器材制造业	296	77796.07	184	40574.50	84	28983.42	25	8093.81	3	144.34
占沪深北三市比重（%）	6.30	8.47	3.92	4.42	1.79	3.15	0.53	0.88	0.06	0.02

资料来源：沪深北交易所，同花顺。

（二）行业内上市公司构成情况

表2　2021年电气机械及器材制造业上市公司构成情况

门类	沪市			深市			北交所	总计	ST/*ST
	主板	科创板	合计	主板	创业板	合计			
电气机械和器材制造业（家）	89	25	114	95	84	179	3	296	9/5
占行业内上市公司比重（%）	30.07	8.45	38.51	32.09	28.38	60.47	1.01	100.00	3.04/1.69

资料来源：沪深北交易所，同花顺。

（三）行业内上市公司融资情况

表3　2021年电气机械及器材制造业上市公司与沪深两市融资情况对比　　单位：家

门类	融资家数	新股	增发	配股
电气机械及器材制造业	69	35	34	0
沪深两市总数	1032	524	502	7
占比（%）	6.69	6.68	6.77	0

资料来源：沪深北交易所，同花顺。

其中，首发的35家公司中，有9家在创业板上市，16家在科创板上市，2家北证上市；增发的34家公司中，有5家沪市、29家深市。

按行业大类划分，进行融资的69家公司中，电力设备业53家，电子业3家，公用事业业1家，国防军工业1家，机械设备业2家，家用电器业9家，分别占比76.81%、4.35%、1.45%、1.45%、2.90%、13.04%。

从融资效果看，上述公司实际发行数量为553752.25万股；实际募集资金999.18亿元，基本完成了融资计划。

（四）行业内上市公司资产及业绩情况

表4　　2021年电气机械及器材制造业上市公司资产情况　　单位：亿元

指标	2021年	2021年可比样本增长（%）	2020年	2020年可比样本增长（%）	2019年
总资产	37303.96	22.41	28430.6	13.94	24076.54
流动资产	23325.89	19.88	18127.8	14	15286.44
占比（%）	62.53	-1.32	63.76	0.04	63.49
非流动资产	13978.07	26.86	10302.8	13.82	8790.1
占比（%）	37.47	1.32	36.24	-0.04	36.51
流动负债	17644.71	28.09	12777	11.26	11031.04
占比（%）	47.30	2.10	44.94	-1.08	45.82
非流动负债	3793.18	18.69	3052.81	14.22	2575.67
占比（%）	10.17	-0.32	10.74	0.03	10.7
归属于母公司股东权益	14904.04	16.74	11895.3	18.55	9703.3
占比（%）	39.95	-1.94	41.84	1.63	40.3

资料来源：沪深北交易所，同花顺。

表5　　2021年电气机械及器材制造业上市公司收入实现情况　　单位：亿元

指标	2021年	2021年可比样本增长（%）	2020年	2020年可比样本增长（%）	2019年
营业收入	26146.74	29.56	18472.8	5.27	16838.09
利润总额	2217.45	28.31	1526.46	18.95	1213.98
归属于母公司所有者的净利润	1799.92	31.34	1197.67	21.85	927.43

资料来源：沪深北交易所，同花顺。

（五）利润分配情况

2021年全年电气机械及器材制造业上市公司中共有208家公司实施了分红配股。其中，29家上市公司实施送股或转增股，205家上市公司实施派息，其中26家公司既实施了送股、转增又实施了派息。

（六）其他财务指标情况

1. 盈利能力指标

表6　2021年电气机械及器材制造业上市公司盈利能力情况

指标	2021年	2021年可比样本变动	2020年	2020年可比样本变动	2019年
毛利率（%）	22.35	-1.11	23.84	-1.43	25.03
净资产收益率（%）	12.08	1.34	10.07	0.27	9.56
销售净利率（%）	7.27	0.07	6.92	0.89	5.96
资产净利率（%）	5.61	0.51	4.79	0.34	4.35

资料来源：沪深北交易所，同花顺。

2. 偿债能力指标

表7　2021年电气机械及器材制造业上市公司偿债能力指标

指标	2021年	2021年可比样本变动	2020年	2020年可比样本变动	2019年
流动比率	1.32	-0.09	1.42	0.03	1.39
速动比率	1.04	-0.13	1.18	0.05	1.13
资产负债率（%）	57.47	1.78	55.68	-1.05	56.51

资料来源：沪深北交易所，同花顺。

3. 营运能力指标

表8　2021年电气机械及器材制造业上市公司营运能力情况　　单位：次

营运能力指标	2021年	2021年可比样本变动	2020年	2020年可比样本变动	2019年
存货周转率	4.84	0.10	4.71	0.06	4.68
应收账款周转率	5.94	0.73	5.08	0.16	4.83
流动资产周转率	1.22	0.11	1.09	-0.06	1.14
固定资产周转率	5.01	0.49	4.28	-0.41	4.73
总资产周转率	0.77	0.06	0.69	-0.05	0.73
净资产周转率	1.78	0.17	1.58	-0.13	1.68

资料来源：沪深北交易所，同花顺。

三、重点上市公司介绍

（一）美的集团

美的于1968年成立于中国广东，业务与客户迄今已遍及全球。公司是一家消费电器、暖通空调、机器人与自动化系统、智能供应链（物流）的科技集团，提供多元化的产品种类与服务，包括以厨房家电、冰箱、洗衣机及各类小家电为核心的消费电器业务；以家用空调、中央空调、供暖及通风系统为核心的暖通空调业务；以库卡集团、美的机器人公司等为核心的机器人及自动化系统业务；以安得智联为集成解决方案服务平台的智能供应链业务。美的集团2021年实现营收总收入3433.61亿元，同比增长20.18%，实现利润总额337.18亿元，同比增长6.49%，其中归属于母公司的净利润为244.70亿元，同比增长4.96%，基本每股收益4.17元，2020年为3.93元。

（二）海尔智家

海尔智家股份有限公司成立于1984年，1993年11月19日，海尔智家在上海证券交易所上市，是中国最早上市的公司之一，也是最早入选上证180成分股指数的蓝筹股公司之一，并于2019年被纳入MSCI全球指数。2018年10月24日，海尔智家成功在德国法兰克福交易所主板发行D股。2020年12月23日，海尔智家成功在香港主板上市。至此，海尔智家实现"A+D+H"三地上市，构建与全球化运营同步的全球资本平台。公司坚持海外自主创牌，通过自身的持续耕耘与行业整合，先后收购日本三洋白电业、美国GE家电业务、新西兰Fisher & Paykel业务，持股墨西哥MABE48.41%股权、收购意大利Candy公司，构建"研发、制造、营销"三位一体的全球化竞争力，通过不断优化资源整合能力、发挥全球战略协同优势，实现"海尔、卡萨帝、统帅、美国GE Appliances、新西兰Fisher & Paykel、日本AQUA、意大利Candy"七大世界级品牌布局与全球化运营。面对物联网时代的机遇和挑战，海尔智家坚持智慧家庭战略，紧跟时代脚步，推进物联网生态转型，聚焦用户最佳体验的持续迭代，为消费者提供智慧家庭解决方案，创造全场景智能生活体验。

海尔智家2021年实现营收总收入2275.56亿元，同比增长8.50%，实现利润总额159.16亿元，同比增长17.36%，其中归属于母公司的净利润为130.67亿元，同比增长47.10%，基本每股收益1.41元，2020年为1.34元。

（三）格力电器

珠海格力电器股份有限公司成立于1991年，1996年11月在深交所挂牌上市。公司成立初期，主要依靠组装生产家用空调，现已发展成为多元化的工业集团，产业覆盖空调、高端装备、生活品类、通信设备等领域，产品远销160多个国家和地区。公司拥有国家重点实验室、国家工程技术研究中心、国家级工业设计中心、国家认定企业技术中心、机器人工程技术研发中心各1个，同时成为国家通报咨询中心研究评议基地。公司加快推进产业布局转型升级，2013年起，相继进军智能装备、通信设备、模具等领域，目前格力智能装备已为家电、汽车、食品、3C数码、建材卫浴等众多行业提供服务，格力已经从专业的空调生产企业迈入多元化的高端技术产业时代。

格力电器2021年实现营收总收入1896.54亿元，同比增长11.24%，实现利润总额268.03亿元，同比增长1.88%，其中归属于母公司的净利润为230.64亿元，同比增长 4.01%，基本每股收益 4.04 元，2020 年为 3.71 元。

（四）宁德时代

宁德时代新能源科技股份有限公司成立于 2011 年 12 月 16 日，公司是全球领先的动力电池系统提供商，专注于新能源汽车动力电池系统、储能系统的研发、生产和销售，致力于为全球新能源应用提供一流解决方案。公司在电池材料、电池系统、电池回收等产业链关键领域拥有核心技术优势及可持续研发能力，形成了全面、完善的生产服务体系。公司拥有国际一流的研发团队，设立了"福建省院士专家工作站"，拥有锂离子电池企业省级重点实验室、中国合格评定国家认可委员会（CNAS）认证的测试验证中心，参与了《电动客车安全技术条件》等多个国家、行业规范及标准的制定。公司曾获得中国化学与物理电源行业协会"中国动力和储能用锂离子电池前 10 强企业"、中国储能网"中国储能产业最具影响力企业"、工信部和财政部"2017 年国家技术创新示范企业"等多项荣誉。

宁德时代 2021 年实现营收总收入 1303.56 亿元，同比增长 159.06%，实现利润总额 198.87 亿元，同比增长 184.81%，其中归属于母公司的净利润为 159.31 亿元，同比增长 185.34%，基本每股收益 6.88 元，2020 年为 2.49 元。

（五）隆基股份

隆基绿能科技股份有限公司成立于 2000 年 2 月 14 日，公司是全球最大的单晶硅生产制造商。公司始终专注于单晶硅棒、硅片的研发、生产和销售，经过十多年的发展，目前已成为全球最大的太阳能单晶硅光伏产品制造商。产业覆盖隆基单晶硅、隆基乐叶光伏、隆基新能源、隆基清洁能源光伏全产业链。自创立以来，始终秉承"可靠、增值、愉悦"的企业文化理念，持续为社会提供优秀的能源与服务，依托长期积累形成的规模化生产优势、全产业链优势、创新优势、品牌优势和人才优势，致力于领先的光伏发电技术和产业，促进光伏发电"平价时代"的早日到来，从而改变人类利用能源的方式，改变世界能源的格局，改变人类的生活方式，实现世界文明可持续发展。

隆基股份 2021 年实现营收总收入 809.32 亿元，同比增长 48.27%，实现利润总额 102.32 亿元，同比增长 3.23%，其中归属于母公司的净利润为 90.86 亿元，同比增长 6.24%，基本每股收益 1.69 元，2020 年为 2.27 元。

（六）海信家电

海信家电是中国大型的白电产品制造企业之一，创立于 1984 年，主营业务涵盖了空调、冰箱、冷柜等白色家电领域产品的研发、制造、营销和售后服务，产品远销 130 多个国家和地区。2006 年年底，广东科龙电器股份有限公司（简称"科龙电器"）与海信重组成功，由此诞生了中国白色家电的新航母——海信科龙电器股份有限公司。公司主导产品涵盖空调、冰箱、洗衣机、冷柜、生活电器等多个领域，生产基地分布于顺德、青岛、北京、南京、扬州、湖州、成都、营口等多个城市，具有年产空调900万套、冰箱（含冷柜）1250万台、洗衣机200万台的能力。在顺德、青岛、南京三地设立了研发中心，并在美国、日本、英国等各地设立了科研机构，组成了规模较大、专业齐全的研发团队，时刻与世界主流家电技术保持同步，推进着研究成果的不断创新，致力提升人们的生活品质。

海信家电2021年实现营收总收入675.63亿元，同比增长39.61%，实现利润总额29.17亿元，同比下降16.31%，其中归属于母公司的净利润为9.73亿元，同比下降38.40%，基本每股收益0.71元，2020年为1.16元。

（七）特变电工

特变电工是中国变压器行业首家上市公司，拥有对外经济技术合作经营权和国家外援项目建设资质。主营业务包括输变电业务、新能源业务及能源业务。公司输变电业务主要包括变压器、电线电缆及其他输变电产品的研发、生产和销售，输变电国际成套系统集成业务等；新能源业务主要包括多晶硅、逆变器的生产与销售，为光伏、风能电站提供设计、建设、调试及运维等全面的能源解决方案；能源业务主要包括煤炭的开采与销售、电力及热力的生产和供应。特变电工建有中国唯一的国家级特高压变压器工程技术研究中心，四大国家级工程实验室、五家国家级企业技术中心。

特变电工2021年实现营收总收入613.71亿元，同比增长37.39%，实现利润总额115.38亿元，同比增长221.56%，其中归属于母公司的净利润为72.55亿元，同比增长196.34%，基本每股收益1.88元，2020年为0.59元。

（八）中天科技

江苏中天科技股份有限公司成立于1996年2月9日，公司是国内光电缆品种最齐全的专业企业、国家级重点高新技术企业，主营光纤通信和电力传输。中天科技2021年实现营收总收入461.63亿元，同比增长9.70%，实现利润总额2.58亿元，同比下降90.64%，其中归属于母公司的净利润为1.72亿元，同比下降92.43%，基本每股收益0.06元，2020年为0.75元。

（九）天合光能

天合光能股份有限公司创立于1997年，业务覆盖光伏组件的研发、生产和销售，电站及系统产品，光伏发电及运维服务、智能微网及多能系统的开发和销售以及能源云平台运营等，致力于成为全球光伏智慧能源解决方案的领导者，助力新型电力系统变革，创建美好零碳新世界。天合光能以创新引领作为第一发展战略和核心驱动力量，搭建全面领先的科创体系。

天合光能2021年实现营收总收入444.80亿元，同比增长51.20%，实现利润总额22.74亿元，同比增长61.61%，其中归属于母公司的净利润为18.04亿元，同比增长46.77%，基本每股收益0.87元，2020年为0.64元。

（十）宝胜股份

宝胜股份公司成立于2000年6月30日，是中国航空工业集团公司旗下的上市公司，是中国电线电缆行业国有大型控股企业。公司拥有专业化、系列化、规模化、成套化的产品族群，可提供电能和智能系统解决方案。公司专业生产涵盖行业电力电缆、控制和仪表线缆、高频数据和网络线缆、信号电缆、电磁线、架空线、建筑电线全部七大类、高中低压所有电缆及系统、精密导体、高分子材料，并可提供电气工程设计安装、智能装备、光伏电站建设EPC项目总承包服务。通过提供"超越预期、超值满意、超强信赖"的全系列的产品和专业服务，有效满足各领域客户的差异化需求。

宝胜股份2021年实现营收总收入428.78亿元，同比增长25.07%，实现利润总额-7.05亿元，同比下降306.42%，其中归属于母公司的净利润为-7.63亿元，同比下降435.91%，基本每股收益-0.56元，2020年为0.16元。

（十一）晶澳科技

晶澳太阳能科技股份有限公司成立于2000年10月20日，是实施产业链一体化战略的全球知名的高性能光伏产品制造商，产业链覆盖硅片、电池、组件及光伏电站。晶澳在全球拥有12个生产基地、20多个分支机构，产品足迹遍布100多个国家和地区，广泛应用于地面光伏电站以及工商业、住宅分布式光伏系统，凭借持续的技术创新、稳健的财务优势和发达的全球销售与服务网络，以及太阳能光伏电站的开发、建设、运营等，是工业与信息化部公布的第一批符合《光伏制造行业规范条件》的企业。

晶澳科技2021年实现营收总收入413.02亿元，同比增长59.80%，实现利润总额24.26亿元，同比增长33.75%，其中归属于母公司的净利润为20.39亿元，同比增长35.31%，基本每股收益1.28元，2020年为1.09元。

（十二）亨通光电

亨通光电成立于1993年，专注于光通信网络、智能电网领域高端技术与产品研发、制造及系统集成服务，向通信运营服务、新能源汽车充电运营服务、智慧社区、大数据领域发展，布局芯片高端技术研发、制造，在"产品+运营+服务"综合服务模式基础上，形成运营一代、储备一代、布局一代的可持续发展的业务生态，海外产业基地11个，全球化运营、市场竞争力及品牌价值不断提升。

亨通光电2021年实现营收总收入412.71亿元，同比增长27.44%，实现利润总额17.37亿元，同比增长29.67%，其中归属于母公司的净利润为14.36亿元，同比增长35.28%，基本每股收益0.61元，2020年为0.55元。

（十三）TCL中环

TCL中环新能源科技股份有限公司成

立于1988年12月，致力于半导体节能产业和新能源产业，是一家集科研、生产、经营、创投于一体的国有控股高新技术企业。公司围绕"绿色低碳、可持续发展"，致力于半导体节能和新能源两大产业，制造管理上推行自动化、产品创新上实现差异化，在自身快速发展的前提下推动行业的整体发展，实现回报股东、奉献社会。公司产品广泛应用于智能电网传输、新能源汽车、高铁、风能发电逆变器、集成电路、消费类电子、航天航空、光伏发电等多个领域。2018年公司收购国电光伏90%股权，有利于充分发挥公司主营业务综合优势，增强上市公司持续经营能力。

TCL中环2021年实现营收总收入411.05亿元，同比增长115.70%，实现利润总额50.00亿元，同比增长195.49%，其中归属于母公司的净利润为40.30亿元，同比增长270.03%，基本每股收益1.32元，2020年为0.38元。

（十四）正泰电器

浙江正泰电器股份有限公司成立于1997年8月，是正泰集团核心控股公司。公司专业从事配电电器、控制电器、终端电器、电源电器和电力电子等100多个系列、10000多种规格的低压电器产品的研发、生产和销售。正泰电器于2010年1月21日在上海证券交易所成功上市，2016年，正泰电器收购正泰新能源开发有限公司100%的股权，注入光伏发电资产及业务，形成了"低压电器+光伏新能源"双主业。

正泰电器2021年实现营收总收入388.65亿元，同比增长16.88%，实现利润总额44.90亿元，同比下降42.31%，其中归属于母公司的净利润为34.01亿元，同比下降47.09%，基本每股收益1.58元，2020年为2.99元。

（十五）汇川技术

汇川技术成立于2003年，是专门从事工业自动化和新能源相关产品研发、生产和销售的高新技术企业。经过15年的发展，公司已经从单一的变频器供应商发展成机电液综合产品及解决方案供应商，已在电机驱动与控制、电力电子、工业网络通信等核心技术方面取得了领先优势。目前主要产品包括：服务于智能装备领域的工业自动化产品；服务于工业机器人领域的核心部件、整机及解决方案；服务于新能源汽车领域的动力总成产品；服务于轨道交通领域的牵引与控制系统；服务于设备后服务市场的工业互联网解决方案等。

汇川技术2021年实现营收总收入179.43亿元，同比增长55.87%，实现利润总额38.19亿元，同比增长62.97%，其中归属于母公司的净利润为35.73亿元，同比增长70.15%，基本每股收益1.37元，2020年为1.22元。

四、上市公司在行业中的影响力

表9 电气机械及器材制造业行业2019~2021年总资产、营业收入、利润总额及上市公司占比

指标	2021年		2020年		2019年	
	行业总体	上市公司占比	行业总体	上市公司占比	行业总体	上市公司占比
总资产（亿元）	89199.1	41.82%	76528.2	39.82%	72818.7	36.38%
营业收入（亿元）	85320.2	30.65%	67831.7	29.75%	65438.4	28.98%
利润总额（亿元）	4555.5	48.68%	3999.8	43.21%	3843.3	36.74%

资料来源：沪深北交易所，同花顺。

撰稿人：李　旻　曾朵红
审稿人：董岚枫　王　勇

计算机、通信和其他电子设备制造业

一、计算机、通信和其他电子设备制造业总体概况

（一）行业整体运行情况

2021年，计算机、通信和其他电子设备制造业营业收入呈现加速增长趋势，利润较2020年亦有大幅回升。2021年，行业总资产规模达到147178.10亿元，与2020年同期相比增长16.96%，营业收入141285.3亿元，与2020年同期相比增长16.77%，实现利润总额8283.00亿元，与2020年同期相比增长39.93%。

（二）细分行业运行概况

2021年，计算机业营业收入保持提升趋势，利润较2020年有所下滑。2021年，行业总资产规模达到4842.15亿元，与2020年同期相比增长11.46%；营业收入3656.11亿元，与2020年同期相比增长14.03%；实现利润总额278.67亿元，与2020年同期相比下滑12.20%。

2021年，通信业营业收入较2020年保持增长态势，而利润较2020年有较大下滑。2021年，行业总资产规模达到4282.37亿元，与2020年同期相比增长9.78%；营业收入2796.28亿元，与2020年同期相比增长14.12%；实现利润总额90.94亿元，与2020年同期相比下滑24.22%。

2021年，电子业营业收入和利润较2020年均保持加速增长态势。2021年，行业总资产规模达到34090.66亿元，与2020年同期相比增长17.31%；营业收入23281.92亿元，与2020年同期相比增长

24.26%；实现利润总额 1947.44 亿元，与2020年同期相比增长72.11%。

2021年，其他行业营业收入保持提升趋势，利润较2020年有较大增长。2021年，行业总资产规模达到6598.82亿元，与2020年同期相比增长9.30%；营业收入4820.53亿元，与2020年同期相比增长12.17%；实现利润总额275.26亿元，与2020年同期相比增长27.35%。

二、行业内上市公司发展概况

（一）行业内上市公司基本情况

表1　2021年计算机、通信和其他电子设备制造业上市公司发行股票概况

门类	总数		沪深主板		创业板		科创板		北交所	
	家数	市值（亿元）	家数	市值（亿元）	家数	市值（亿元）	家数	市值（亿元）	家数	市值（亿元）
计算机、通信和其他电子设备制造业	484	94109.29	251	61116.51	156	19309.70	72	13547.17	5	135.91
占沪深北三市比重（%）	10.30	10.24	5.34	6.65	3.32	2.10	1.53	1.47	0.11	0.01

资料来源：沪深北交易所，同花顺。

（二）行业内上市公司构成情况

表2　2021年计算机、通信和其他电子设备制造业上市公司构成情况

门类	沪市			深市			北交所	总计	ST/*ST
	主板	科创板	合计	主板	创业板	合计			
计算机、通信和其他电子设备制造业（家）	98	72	170	153	156	309	5	484	7/9
占行业内上市公司比重（%）	20.25	14.88	35.12	31.61	32.23	63.84	1.03	100.00	1.45/1.86

资料来源：沪深北交易所，同花顺。

（三）行业内上市公司融资情况

表3　2021年计算机、通信和其他电子设备制造业上市公司与沪深两市融资情况对比　　单位：家

门类	融资家数	新股	增发	配股
计算机、通信和其他电子设备制造业	145	62	82	1
沪深两市总数	1049	524	518	7
占比（%）	13.82	11.83	15.83	14.29

资料来源：沪深北交易所，同花顺。

其中,首发的62家公司中,有0家在中小板上市,22家在创业板上市,35家在科创板上市,3家在主板上市,2家在北证上市;增发的78家公司中,有22家沪市、56家深市公司。

按行业大类划分,进行融资的145家公司中,计算机行业11家,通信行业13家,电子行业92家,其他行业29家,分别占比7.59%、8.97%、63.45%、20.00%。

从融资效果看,上述公司实际发行数量为1684207.99万股;实际募集资金2083.42亿元,基本完成了融资计划。

(四)行业内上市公司资产及业绩情况

表4　2021年计算机、通信和其他电子设备制造业上市公司资产情况　　单位:亿元

指标	2021年	2021年可比样本增长(%)	2020年	2020年可比样本增长(%)	2019年
总资产	49814.01	14.93	42863.1	18.01	34271.11
流动资产	28503.23	15.97	24348.4	17.2	19663.12
占比(%)	57.22	0.52	56.8	-0.4	57.38
非流动资产	21310.78	13.56	18514.7	19.11	14607.99
占比(%)	42.78	-0.52	43.2	0.4	42.62
流动负债	17391.03	12.09	15572.6	9.58	13719.57
占比(%)	34.91	-0.88	36.33	-2.8	40.03
非流动负债	6735.55	7.46	6175.39	28.65	4542.62
占比(%)	13.52	-0.94	14.41	1.19	13.25
归属于母公司股东权益	22607.25	19.00	18565.9	20.33	14473.53
占比(%)	45.38	1.55	43.31	0.83	42.23

资料来源:沪深北交易所,同花顺。

表5　2021年计算机、通信和其他电子设备制造业上市公司收入实现情况　　单位:亿元

指标	2021年	2021年可比样本增长(%)	2020年	2020年可比样本增长(%)	2019年
营业收入	34554.84	20.44	28475.3	9.98	24468.13
利润总额	2592.30	45.22	1698.73	59.02	962.3
归属于母公司所有者的净利润	2116.45	41.27	1420.39	71.34	738.05

资料来源:沪深北交易所,同花顺。

(五)利润分配情况

2021年全年计算机、通信和其他电子设备制造业上市公司中共有336家公司实施了分红配股。其中,67家上市公司实施送股或转增股,332家上市公司实施派息,其中61家公司既实施了送股、转增又实施了派息。

(六)其他财务指标情况

1. 盈利能力指标

表6　　　　2021年计算机、通信和其他电子设备制造业上市公司盈利能力情况

指标	2021年	2021年可比样本变动	2020年	2020年可比样本变动	2019年
毛利率(%)	20.51	0.79	19.65	0.39	19.3
净资产收益率(%)	9.36	1.48	7.65	2.28	5.1
销售净利率(%)	6.66	1.23	5.2	2	3.01
资产净利率(%)	4.94	1.05	3.74	1.36	2.22

资料来源:沪深北交易所,同花顺。

2. 偿债能力指标

表7　　　　2021年计算机、通信和其他电子设备制造业上市公司偿债能力指标

指标	2021年	2021年可比样本变动	2020年	2020年可比样本变动	2019年
流动比率	1.64	0.05	1.56	0.1	1.43
速动比率	1.24	-0.01	1.24	0.08	1.13
资产负债率(%)	48.43	-1.82	50.74	-1.61	53.29

资料来源:沪深北交易所,同花顺。

3. 营运能力指标

表8　　　　2021年计算机、通信和其他电子设备制造业上市公司营运能力情况　　　单位:次

营运能力指标	2021年	2021年可比样本变动	2020年	2020年可比样本变动	2019年
存货周转率	4.58	-0.28	4.89	-0.17	4.97
应收账款周转率	5.10	0.48	4.63	0.19	4.36
流动资产周转率	1.30	0.04	1.26	-0.03	1.28
固定资产周转率	3.43	-0.02	3.38	-0.26	3.67
总资产周转率	0.74	0.02	0.72	-0.02	0.74
净资产周转率	1.46	0.00	1.48	-0.1	1.6

资料来源:沪深北交易所,同花顺。

三、重点上市公司介绍

(一) 海康威视

海康威视成立于2001年，2010年5月首次发行A股并在深圳交易所中小板上市。公司是领先的视频产品和内容服务提供商，面向全球提供领先的视频产品、专业的行业解决方案与内容服务。公司积极布局新兴市场和新兴业务，基于互联网推出了面向家庭和小微企业的相关产品及云服务平台；进入智能制造领域，推出了一系列机器视觉产品及解决方案。公司产品已涵盖视频监控系统的所有主要设备，包括前端采集设备、后端存储及集中控制、显示、管理及储存设备。典型视频监控系统的前端设备主要包括摄像机（采集视音频信号）及DVS（压缩及编码视音频信号）；典型视频监控系统的后端设备主要包括录像机（记录及存储视音频信号）；典型视频监控系统的中心控制设备主要包括集中控制设备（控制、检索及显示视音频信号）、VMS软件及中心储存设备。此外，公司拥有门禁、报警、可视对讲等系列大安防领域的产品。

2021年实现营业总收入814.20亿元，同比增速为28.21%，实现归属于母公司净利润168.00亿元，同比增速为25.51%。

(二) 立讯精密

立讯精密成立于2004年，于2010年9月首次发行A股并在深圳交易所主板上市。公司是一家技术导向公司，公司专注于连接线、连接器的研发、生产和销售，产品主要应用于3C（计算机、通信、消费电子）和汽车、医疗等领域。产品主要应用于3C（电脑、通信、消费电子）、汽车和通信等领域，核心产品电脑连接器已树立了优势地位，台式电脑连接器覆盖全球20%以上的台式电脑，并快速扩大笔记本电脑连接器的生产，公司已经开发出DP、eDP、USB3.0、ESATA等新产品，同时公司正逐步进入汽车连接器、通信连接器和高端消费电子连接器领域，拓展新的产品市场，确立了自身的竞争优势。根据BISHOP AND ASSOCIATES 2020年8月发布的研究报告显示，按照年度销售金额进行的2019年全球连接器厂商排名中，公司在该TOP 10榜单中排名第6位，是唯一进入前10的中国内地企业。公司深度参与Type–C标准的制定，是全球第一家取得USB–C Connector认证和USB–C Cable Assembly产品认证的制造企业，获得TID认证的Cable与Connector产品已逾20项。公司目前是USB、HDMI、SATA等协会的会员。公司拥有自主产品的核心技术和知识产权，发明专利、实用新型专利及外观设计专利达2300多项。公司实验室于2007年通过国家认可委认证，并获"深圳市测试平台"称号。

2021年实现营业总收入1539.46亿元，同比增速为66.43%，实现归属于母公司净利润70.71亿元，同比增速为–2.14%。

（三）中兴通讯

中兴通讯成立于1985年，前身为深圳市中兴半导体有限公司，1997年11月首次发行A股并在深圳交易所主板上市，2004年12月发行H股并在香港联交所主板上市。公司是全球领先的综合性通信制造业上市公司，是近年全球增长快速的通信解决方案提供商。公司拥有通信业界完整的、端到端的产品线和融合解决方案，通过全系列的无线、有线、业务、终端产品和专业通信服务，灵活满足全球不同运营商和企业网客户的差异化需求以及快速创新的追求。公司通过为全球多个国家和地区的电信运营商和企业网客户提供创新技术与产品解决方案，让全世界用户享有语音、数据、多媒体、无线宽带等全方位沟通。公司位列全球专利布局第一阵营，是全球5G技术研究、标准制定主要贡献者和参与者。截至2021年12月31日，公司拥有约8.4万件全球专利申请、历年全球累计授权专利约4.2万件。根据国际知名专利数据公司IPLytics在2021年11月发布的报告，公司向ETSI披露5G标准必要专利声明量位居全球第四。

2021年实现营业总收入1145.22亿元，同比增速为12.88%，实现归属于母公司净利润68.13亿元，同比增速为59.94%。

（四）东山精密

东山精密系前身东山钣金于2007年12月整体变更发起设立，经过多年的整合和发展，已经成为中国最大的专业从事精密钣金结构件工艺设计、制造服务企业，全球最大的基站天线精密钣金零部件提供商，并逐步打造出以印刷电路板、电子器件和通信设备为代表，以FPC、LED封装、滤波器、基站天线为核心的产品群。公司致力于为智能互联、互通的世界提供技术领先的核心器件，为全球客户提供全方位的智能互联解决方案，业务涵盖印刷电路板、电子器件和通信设备等领域，产品广泛应用于消费电子、电信、工业、汽车等市场。公司已经成为全球前五名的柔性线路板的制造商，行业知名的基站天线通信设备部件供应商之一，LED在部分小间距细分领域市场份额第一。

2021年实现营业总收入317.93亿元，同比增速为13.17%，实现归属于母公司净利润18.62亿元，同比增速为21.72%。

（五）三安光电

三安光电是国家发改委批准的"国家高科技产业化示范工程"企业、工业和信息化部认定的"国家技术创新示范企业"，承担了国家"863""973"计划等多项重大课题，拥有国家人事部颁发的博士后科研工作站及国家认定的企业技术中心。公司主要从事全色系超高亮度LED外延片、芯片、Ⅲ-Ⅴ族化合物半导体材料、微波通讯集成电路与功率器件、光通讯元器件等的研发、生产与销售，产品性能指标居国际先进水平。截至2020年年底，公司拥有申请专利2251件，其中授权专利1586件。公司凭借强大的企业实力，继2014年扩大LED外延芯片研发与制造产业化规模、同时投资集成电路产业，建设砷化镓高速半导体与氮化镓高功率半导体项目之后，2018年三安光电在福建泉州南安高新技术产业园区，斥资333亿元投资Ⅲ-Ⅴ族化合物半导体材料、LED外延、芯片、微波集成电路、光通讯、射频滤波器、电力电子、SIC材料及器件、特种封装等产业。

2021年实现营业总收入125.72亿元，同比增速为48.71%，实现归属于母公司净利润13.13亿元，同比增速为29.20%。

（六）闻泰科技

闻泰科技成立于1993年，于1996年8月首次发行A股并在上海交易所主板上市，主营业务包括半导体IDM、光学模组、通信产品集成三大业务板块，已经形成从半导体芯片设计、晶圆制造、封装测试，到光学模组、通信终端、服务器、笔记本电脑、IoT、汽车电子产品研发制造于一体的全产业链布局。旗下的安世半导体是全球知名的半导体IDM公司，是原飞利浦半导体标准产品事业部，有60多年半导体研发和制造经验，总部位于荷兰奈梅亨，晶圆制造工厂在德国汉堡和英国曼彻斯特，封装测试工厂位于中国东莞、菲律宾卡布尧和马来西亚芙蓉。安世半导体设备公司ITEC致力为全球半导体制造商带来经久耐用的创新性制造解决方案，提供半导体、RFID和MiniLED制造设备和系统，以高生产率水平的组装、测试、检测和智能制造平台为客户助力，帮助客户在质量、生产率和可持续性方面取得优势地位，同时把总体拥有成本降到低位。旗下的得尔塔科技在光学模组领域是主流供应商。公司采用flip-chip技术，实现更稳定的性能，更强的抗干扰、更小的产品尺寸，以满足特定客户的产品需求。得尔塔科技拥有FTIR、X-Ray、TBR、酸碱化学试验等解析和信赖试验设备一百多台，专注光学领域的研发和生产分析实验，聚焦摄像头模组的同时，积极布局新技术、新产品和新服务。公司以多年专业经验铸就有利竞争优势，未来随着摄像头高端化、双摄、三摄等技术的创新，其将不断向手机、IoT、智能汽车等领域延伸，从而实现高速增长。

2021年实现营业总收入527.29亿元，同比增速为1.98%，实现归属于母公司净利润26.12亿元，同比增速为8.12%。

（七）中芯国际

中芯国际成立于2000年，是全球领先的集成电路晶圆代工企业之一，也是中国大陆技术最先进、规模最大、配套服务最完善、跨国经营的专业晶圆代工企业，主要为客户提供0.35微米至14纳米多种技术节点、不同工艺平台的集成电路晶圆代工及配套服务，在逻辑工艺领域，中芯国际是中国大陆第一家实现14纳米FinFET量产的晶圆代工企业，代表中国大陆自主研发集成电路制造技术的最先进水平；在特色工艺领域，中芯国际陆续推出中国大陆最先进的 24 纳米 NAND、40 纳米高性能图像传感器等特色工艺，与各领域的龙头公司合作，实现在特殊存储器、高性能图像传感器等细分市场的持续增长，除集成电路晶圆代工业务外，中芯国际亦致力于打造平台式的生态服务模式，为客户提供设计服务与 IP 支持、光掩模制造、凸块加工及测试等一站式配套服务，并促进集成电路产业链的上下游合作，与产业链各环节的合作伙伴一同为客户提供全方位的集成电路解决方案。

2021 年实现营业总收入 356.31 亿元，同比增速为 29.70%，实现归属于母公司净利润 107.33 亿元，同比增速为 147.75%。

（八）卓胜微

江苏卓胜微电子股份有限公司成立于 2012 年 8 月 10 日，于 2019 年 6 月 18 日在深圳证券交易所创业板上市，股票代码：300782。公司专注于射频集成电路领域的研究、开发与销售，主要向市场提供射频开关、射频低噪声放大器、射频滤波器、射频功率放大器等射频前端分立器件及各类模组产品，同时公司还对外提供低功耗蓝牙微控制器芯片。公司在无锡、北京、上海、苏州、深圳、成都、重庆、美国、韩国均有研发或销售中心，形成了高效的业务协同网络。公司射频前端分立器件和射频模组产品主要应用于智能手机等移动智能终端产品，客户覆盖全球主要安卓手机厂商，同时还可应用于智能穿戴、通信基站、汽车电子、无人飞机、蓝牙耳机及网通组网设备等需要无线连接的领域。公司低功耗蓝牙微控制器芯片主要应用于智能家居、可穿戴设备等电子产品。经过多年经营实践的积累和持续的新产品研发，公司的射频前端产品系列日益丰富，目前公司在射频前端领域处于国内领先地位，是射频前端芯片市场的主要竞争者之一，是国内集成电路产业中射频前端领域业务较为完整、综合能力较强的企业之一。公司在射频开关、射频低噪声放大器、天线开关的射频分立器件领域已经取得了较强的竞争优势，初步形成了和国际一流企业开展竞争的能力；公司是国内企业中率先推出接收端射频模组系列产品的厂商，部分接收端模组产品性能指标可比肩国际先进水平。经过多年在射频前端应用领域的深耕与积累，公司建立了一支稳定高效、自主创新、拥有成熟完善管理体系的专业团队，涵盖了技术研发、市场销售、生产运营、品质管理、财务管理等各个方面，以公司创始人为核心的技术团队均于国内外一流大学或研究所取得博士或硕士学位，并曾供职国内外知名的芯片设计厂商，具备优秀的技术能力和丰富的产品开发经验。截至 2021 年，公司研发人员数量为 457 人，占公司员工总数的 68.52%，同比增长 126.24%。

2021 年实现营业总收入 46.34 亿元，同比增速为 65.95%，实现归属于母公司净利润 21.35 亿元，同比增速为 99.00%。

（九）澜起科技

澜起科技成立于 2004 年，于 2019 年

7月作为科创板首批上市企业登陆上海证券交易所,是国际领先的数据处理及互连芯片设计公司,为全球仅有的3家内存接口芯片供应商之一,致力于为云计算和人工智能领域提供高性能、低功耗的芯片解决方案,目前公司拥有互连类芯片和津逮®服务器平台两大产品线。公司主要经营模式为Fabless模式,在该模式下企业仅需专注于从事产业链中的集成电路设计和营销环节,其余委托代工完成;由公司取得测试芯片成品销售给客户。公司的主营业务是为云计算和人工智能领域提提供以芯片为基础的解决方案,目前主要产品包括内存接口,津逮服务器CPU以及混合安全内存模组。公司发明的DDR4全缓冲"1+9"架构被采纳为国际标准。现已成为全球可提供从DDR2到DDR4内存全缓冲/半缓冲完整解决方案的主要供应商之一,在内存接口芯片市场位列全球前二。

2021年实现营业总收入25.62亿元,同比增速为40.49%,实现归属于母公司净利润8.29亿元,同比增速为-24.88%。

(十) 兆易创新

兆易创新成立于2005年4月,是一家以中国为总部的全球化芯片设计公司。公司致力于各类存储器、控制器及周边产品的设计研发,已通过SGS ISO9001及ISO14001等管理体系的认证,在上海、合肥、中国香港设有全资子公司、在深圳设有分公司,在中国台湾地区设有办事处,并在韩国、美国、日本等地通过产品分销商为客户提供优质便捷的本地化服务。公司核心管理团队由来自世界各地的高级管理人员组成,每一位都曾在硅谷、韩国、台湾等各地著名IC企业工作多年,有着丰富的研发及管理经验。公司产品为NOR Flash、NAND Flash及MCU,广泛应用于手持移动终端、消费类电子产品、个人电脑及周边、网络、电信设备、医疗设备、办公设备、汽车电子及工业控制设备等各个领域。公司先后被评为"重大科技成果产业化突出贡献单位""创新型试点企业"。截至2021年年底,公司已获得834项授权专利,其中包含787项中国专利、30项美国专利、9项欧洲国家专利。2021年公司共新申请136项国内外专利,新获得136项专利授权。此外,公司还拥有104项商标、20项集成电路布图,37项软件著作权,以及11项非软件的版权登记。

2021年实现营业总收入85.10亿元,同比增速为89.25%,实现归属于母公司净利润23.37亿元,同比增速为165.33%。

(十一) 沪硅产业-U

沪硅产业-U目前已成为中国少数具有一定国际竞争力的半导体硅片企业,产品得到了众多国内外客户的认可。公司目前已成为多家主流半导体企业的供应商,提供的产品类型涵盖300mm抛光片及外延片、200mm及以下抛光片、外延片及SOI硅片,产品主要应用于存储芯片、图像处理芯片、通用处理器芯片、功率器件、传感器、射频芯片、模拟芯片、分立器件等领域。公司主要从事半导体硅片的研发、生产和销售，是中国大陆规模最大的半导体硅片制造企业之一，是中国大陆率先实现300mm半导体硅片规模化销售的企业。硅产业集团自设立以来，坚持面向国家半导体行业的重大战略需求，坚持全球化布局，坚持紧跟国际前沿技术，突破了多项半导体硅片制造领域的关键核心技术，打破了我国300mm半导体硅片国产化率几乎为0的局面，推进了我国半导体关键材料生产技术"自主可控"的进程。公司子公司上海新昇300mm半导体硅片产能已完成30万片/月的安装建设，并启动新增30万片/月的扩产建设；子公司新傲科技和Okmetic 200mm及以下抛光片、外延片合计产能超过40万片/月；子公司新傲科技和Okmetic 200mm及以下SOI硅片合计产能超过5万片/月。公司的技术水平和科技创新能力国内领先，截至2021年年底，公司及控股子公司拥有已获授权的专利558项，其中发明专利479项，实用新型专利75项，软件著作权4项。

2021年实现营业总收入24.67亿元，同比增速为36.19%，实现归属于母公司净利润1.46亿元，同比增速为67.81%。

（十二）紫光国微

紫光国微是紫光集团旗下半导体行业上市公司，专注于集成电路芯片设计开发领域，是目前国内领先的集成电路芯片设计和系统集成解决方案供应商。公司专注于集成电路芯片设计开发业务，是领先的集成电路芯片产品和解决方案提供商，产品及应用遍及国内外，在智能安全芯片、高稳定存储器芯片、安全自主FPGA、功率半导体器件、超稳晶体频率器件等核心业务领域已形成领先的竞争态势和市场地位。公司深耕集成电路相关领域多年，凭借持续的技术积累、市场拓展和精心构筑的产品质量体系，智能芯片、特种行业集成电路、存储器芯片、FPGA以及晶体等核心业务已形成业内领先的竞争优势，产品及应用遍及国内外。

2021年实现营业总收入53.42亿元，同比增速为63.35%，实现归属于母公司净利润19.54亿元，同比增速为142.28%。

（十三）国盾量子

科大国盾量子技术股份有限公司创立于2009年，是我国率先从事量子通信技术产业化的企业，公司主要从事量子通信产品的研发、生产、销售及技术服务，为各类光纤量子保密通信网络以及星地一体广域量子保密通信地面站的建设系统地提供软硬件产品，为政务、金融、电力、国防等行业和领域提供组网及量子安全应用解决方案，公司主要产品包括量子保密通信网络核心设备、量子安全应用产品、核心组件以及管理与控制软件四大门类，其中，量子保密通信网络核心设备主要包括QKD产品和信道与密钥组网交换产品，用于建立量子密钥分发链路，实现建链控制、链路汇接、链路切换、多链路共纤以及密钥多路由交换和管理，形成远距离覆盖、多链路组网的能力，并为全网终端按需提供量子密钥。公司主要产品被部署在量子保密通信骨干网、量子保密通信城域网和行业量子保密通信接入网，产品与技术得到了充分验证，公司产品在国家重大活动保障中发挥作用，如"十八大"量子安全保障（获军队科技进步一等奖）、"抗战胜利七十周年阅兵"量子安全保障、"十九大"量子安全保障、杭州G20峰会保电系统量子安全保障、青岛上合峰会保电系统量子安全保障、首届中国国际进口博览会保电系统量子安全保障等。

2021年实现营业总收入1.79亿元，同比增速为33.55%，实现归属于母公司净利润-0.37亿元，同比增速为-225.93%。

（十四）紫光股份

紫光股份背靠紫光集团和清华大学，收购新华三后形成当前"云网"产业版图。1988年，清华大学科技开发总公司成立，是清华大学为加速科技成果产业化成立的第一家综合性校办企业。1993年，清华大学科技开发总公司更名为紫光集团。1999年，紫光集团发起设立紫光股份有限公司，同年11月成功上市。2002年，紫光进行了资产重组，调整后的紫光股份成为主营信息产业的高科技上市公司。2016年，紫光股份从惠普公司收购华三51%股权，并在北京成立新华三集团（简称"新华三"）。公司的核心业务基本覆盖IT服务的重要领域：硬件方面提供智能网络设备、存储系统、全系列服务器等为主的面向未来计算架构的先进装备。公司结合全球信息产业的发展趋势及自身优势业务的特点，将公司战略聚焦于IT服务领域，致力于打造一条完整而强大的"云—网—端"产业链，向云计算、移动互联网和大数据处理等信息技术的行业应用领域全面深入，并成为集现代信息系统研发、建设、运营、维护于一体的全产业链服务提供商。

2021年实现营业总收入676.38亿元，同比增速为12.57%，实现归属于母公司净利润21.48亿元，同比增速为18.51%。

（十五）中科曙光

中科曙光成立于2006年，是在中国科学院大力推动下，以国家"863"计划重大科研成果为基础组建的国家高新技术企业。公司主要从事研究、开发、生产制造高性能计算机、通用服务器及存储产品，并围绕高端计算机提供软件开发、系统集成与技术服务。公司是国内高性能计算领域的领军企业。由曙光公司研发的"星云"高性能计算机在第35届全球超级计算机"TOP500"中以每秒系统峰值达三千万亿次（3PFlops）、每秒实测Linpack值达1.271千万亿次的速度，取得了全球第二的成绩，成为世界上第三台实测性能超千万亿次的超级计算机，再次向世界力证了"中国速度"。自成立以来，曙光公司始终倡导着"自主创新服务中国"的品牌理念，以全面、专业、增值的服务为广大中国用户提供良好的应用体验，曙光的硬件产品、解决方案、云计算服务已被广泛应用于政府、能源、互联网、教育、气象、医疗及公共事业等社会各个领域。

2021 年实现营业总收入 112.00 亿元，同比增速为 10.23%，实现归属于母公司净利润 11.58 亿元，同比增速为 40.78%。

（十六）京东方 A

京东方科技集团股份有限公司（BOE）创立于 1993 年 4 月，是一家为信息交互和人类健康提供智慧端口产品和专业服务的物联网公司。核心业务包括显示器件、智慧系统、健康服务。产品广泛应用于手机、平板电脑、笔记本电脑、显示器、电视、车载、数字信息显示、健康医疗、金融应用、可穿戴设备等领域。经过近 28 年发展，京东方已成为全球半导体显示领域龙头，显示屏幕总出货量稳居全球第一，其中五大主流应用及多个创新应用市场占有率引领全球。2020 年 BOE（京东方）新增专利申请超 9000 件，柔性 OLED、传感、人工智能、大数据等创新领域新增专利申请超 4500 件；新增专利授权超 5500 件，其中海外授权超 2300 件；技术标准方面，主持制修订外部技术标准 36 项，主持的"LCD 多屏显示终端"IEC 国际标准、"8K 电视显示屏接口规范"等团体标准正式发布。BOE（京东方）在北京、重庆、安徽合肥、四川成都、绵阳、福建福州、厦门、江苏苏州、内蒙古鄂尔多斯、河北固安等地拥有多个制造基地，在美国、德国、英国、法国、瑞士、日本、韩国、新加坡、印度、俄罗斯、巴西、阿联酋等多个国家和地区设有子公司，服务体系覆盖欧、美、亚、非等全球主要地区。

2021 年实现营业总收入 2193.10 亿元，同比增速为 61.79%，实现归属于母公司净利润 258.31 亿元，同比增速为 412.96%。

（十七）浪潮信息

浪潮信息于 1998 年成立，2000 年在 A 股上市，是中国领先的云计算、大数据服务商，业务涵盖云数据中心、云服务大数据、智慧城市、智慧企业等产业群组，为全球多个国家和地区提供 IT 产品和服务，全方位满足政府与企业信息化需求。公司凭借高端服务器、海量存储、云操作系统、信息安全技术为客户打造领先的云计算基础架构平台，基于浪潮政务、企业、行业信息化软件、终端产品和解决方案，全面支撑智慧政府、企业云、垂直行业云建设。公司是全国国家安全可靠计算机信息系统集成重点企业之一，自主研发的中国第一款关键应用主机浪潮 K1 使中国成为继美日之后第三个掌握高端服务器核心技术的国家，荣获国家科技进步一等奖。公司以数据为核心，基于全球领先的云数据中心平台和云服务平台，打造平台生态型企业，携手合作伙伴构建数据社会化大生态，加快向云服务、大数据、智慧城市"新三大运营商"转型，致力于成为"云+数"新型互联网企业。

2021年实现营业总收入670.48亿元，同比增速为6.36%，实现归属于母公司净利润20.03亿元，同比增速为34.52%。

（十八）中航光电

中航光电成立于2002年，是中国专业从事高可靠光、电、流体连接器及相关设备的研发、生产、销售与服务，为军工防务及高端制造领域提供互连技术解决方案的高科技企业。公司主要产品包括电连接器、光器件及光电设备、线缆组件及集成产品、流体器件及液冷设备等，广泛应用于航空、航天等防务领域以及通信与数据传输、新能源汽车、轨道交通、消费类电子、工业、能源、医疗、智能装备与机器人等民用高端制造领域。产品远销欧洲、美国、以色列、澳大利亚、韩国、印度等海外30多个国家和地区。

2021年实现营业总收入128.67亿元，同比增速为24.86%，实现归属于母公司净利润19.91亿元，同比增速为38.35%。

（十九）传音控股

深圳传音控股股份有限公司成立于2013年，于2019年在科创板上市。公司是一家以手机为核心的智能终端的设计、研发、生产及品牌运营的高新技术企业，业务集中在非洲、南亚、东南亚等新兴市场国家。同时实施多元化战略，开发了数码配件、家用电器以及移动互联网服务。主要产品为TECNO、itel和Infinix三大品牌手机，另创立数码配件品牌Oraimo，家用电器品牌Syinix及售后服务品牌Carlcare，自主研发HIOS、itelOS、和XOS等智能终端操作系统。针对特定市场需求，完成了切合当地市场的研发成果，包括黑人肤色摄像技术、防汗液USB端口等。2018年手机出货量全球市场占有率7.04%，排名第四；非洲市占率48.71%，排名第一；印度市占率6.72%，排名第四。

2021年实现营业总收入494.12亿元，同比增速为30.75%，实现归属于母公司净利润39.09亿元，同比增速为45.52%。

（二十）航天发展

航天发展是中国航天科工集团公司通过反向收购而新组建的第7家上市公司，致力于军用产业、军民融合产业领域的高新技术公司，以信息技术作为主业和基业。公司目前拥有航天科工集团公司通信网络技术中心、电磁防护技术研发中心、精密电子研发中心、环境试验中心、射频仿真及电子模拟系统工程技术研究中心等具有实力的技术研究中心。公司坚守"科技强军，航天报国"的神圣使命，把打赢信息化条件下局部战争作为目标，深入构建在复杂电磁环境下，集战术战法研究、体系攻防对抗演练、武器装备性能验证等诸多功能于一体的电子蓝军体系，打造中国电子蓝军主要设备供应商。

2021年实现营业总收入41.44亿元，同比增速为-6.59%，实现归属于母公司净利润6.44亿元,同比增速为-20.26%。

(二十一) 三环集团

三环集团成立于1992年,与2014年成功登录创业板上市。公司集材料、产品、装备研发与制造于一体,是全国最大的先进技术陶瓷、电子元件生产基地之一。公司主要从事电子陶瓷类电子元件及其基础材料的研发、生产和销售,主要产品包括通信部件、半导体部件、电子元件材料、电子元件、压缩机部件、燃料电池部件、新材料等的生产和研发,公司产品主要应用于电子、通信、消费类电子产品、工业用电子设备和新能源等领域。公司具有几十年电子陶瓷领域的技术积累,专注于各种电子陶瓷的研发和生产,掌握了新型材料、电子浆料、功能玻璃、纳米粉体等关键基础材料的制备技术,独立完成从原材料到成品的生产全过程,在生产加工和工艺控制上形成了一条具有自己特色的工艺技术路线,主要产品技术达到国际先进水平。

2021年实现营业总收入62.18亿元,同比增速为55.69%,实现归属于母公司净利润20.11亿元,同比增速为39.68%。

(二十二) 华润微

华润微是中国领先的拥有芯片设计、晶圆制造、封装测试等全产业链一体化经营能力的半导体企业,产品聚焦于功率半导体、智能传感器与智能控制领域,为客户提供丰富的半导体产品与系统解决方案。公司产品设计自主、制造全程可控,在分立器件及集成电路领域均已具备较强的产品技术与制造工艺能力,形成了先进的特色工艺和系列化的产品线。公司是华润集团半导体投资运营平台,始终以振兴民族半导体产业为己任,曾先后整合了华科电子、中国华晶、上华科技等中国半导体先驱。公司及下属相关经营主体曾建成并运营中国第一条4英寸晶圆生产线、第一条6英寸晶圆生产线,承担了多项国家重点专项工程。经过多年发展及一系列整合,公司已成为中国本土具有重要影响力的综合性半导体企业,自2004年起连续被工信部评为中国电子信息百强企业。公司已获得包括国家技术发明二等奖、"九五"国家重点科技攻关优秀科技成果奖、教育部技术发明一等奖、教育部技术发明二等奖、省级科技进步一等奖及国家级及省部级研发项目在内的多项重要奖项。

2021年实现营业总收入92.49亿元,同比增速为32.56%,实现归属于母公司净利润22.68亿元,同比增速为135.34%。

(二十三) 深南电路

深南电路成立于1984年,并于2017年12月登陆深交所。公司始终专注于电子互联领域,致力于"打造世界级电子电路技术与解决方案的集成商",拥有印制电路板、封装基板及电子装联三项业务,形成了业界独特的"3-In-One"业务布局:即以互联为核心,在不断强化印制电路板业务领先地位的同时,大力发展与其"技术同根"的封装基板业务及"客户同源"的电子装联业务。公司具备提供"样品→中小批量→大批量"的综合制造能力，通过开展方案设计、制造、电子装联、微组装和测试等全价值链服务，为客户提供专业高效的一站式综合解决方案。公司系国家火炬计划重点高新技术企业、印制电路板行业首家国家技术创新示范企业及国家企业技术中心；同时，公司系中国电子电路行业协会（CPCA）的理事长单位及标准委员会会长单位，主导、参与了多项行业标准的制定。

2021年实现营业总收入139.43亿元，同比增速为20.19%，实现归属于母公司净利润14.81亿元，同比增速为3.53%。

（二十四）振华科技

振华科技成立于1997年，并于同年登陆深交所。公司为股份制大型企业，主要从事电子信息产品的研制生产和销售，其主导产品有：以片式钽电容器、片式电阻器、片式电感器、片式二、三极管、厚膜混合集成电路和高压真空开关管为代表的新型电子元器件；以程控交换机、电子电话机（移动、无绳及可视电话机）为代表的通信整机；以电力自动化控制系统为代表的光机电一体化设备等。主导产品在性能、质量以及市场占有率上均处于国内同类产品先进水平，并且全部通过ISO9001：2000质量管理体系认证和国军标质量体系认证。公司还拥有国家批准的技术中心和博士后科研工作站，被国家科技部认定为国家重点高新技术企业和国家高新技术研究发展计划（863计划）成果产业化基地。

2021年实现营业总收入56.56亿元，同比增速为43.20%，实现归属于母公司净利润14.91亿元，同比增速为146.21%。

（二十五）生益科技

生益科技成立于1985年，并于1998年登陆上交所。公司始终立足于高标准、高品质、高性能、高可靠性，自主生产覆铜板、半固化片、绝缘层压板、金属基覆铜箔板、涂树脂铜箔、覆盖膜类等高端电子材料。产品主要供制作单、双面线路板及高多层线路板，广泛用于家电、手机、汽车、电脑、航空航天工业、通信设备以及各种中高档电子产品中。公司的主导产品已获得华为、中兴、诺基亚、博世、联想、索尼、三星、飞利浦等国际知名企业的认证，拥有较大的竞争优势，产品销美洲、欧洲、韩国、日本、东南亚等世界多个国家和地区。根据美国Prismark调研机构对于全球刚性覆铜板的统计和排名，从2013年至2021年，生益科技刚性覆铜板销售总额已跃升全球第二，全球市场占有率稳定在12%左右。公司自主研发的多系列新品参与市场竞争，大力开展自主创新，努力摆脱国外的技术和专利限制，大大缩短我国在该技术领域与世界先进水平的差距。2021年公司共申请国内专利42件，境外专利35件，PCT9件；2021年共授权115件，其中国内专利71件，境外专利44件。现拥有731件有效专利。

2021年实现营业总收入202.74亿

元，同比增速为38.04%，实现归属于母公司净利润28.30亿元，同比增速为68.38%。

四、上市公司在行业中的影响力

2021年计算机、通信和其他电子设备制造业总资产规模达到147178.10亿元，较2020年增加16.96%；其中全行业上市公司资产总额为49814.01亿元，2021年可比样本较2020年增长14.93%，上市公司资产总额占行业资产总额的33.85%。

2021年计算机、通信和其他电子设备制造业营业收入规模达到141285.30亿元，较2020年增加16.77%；其中全行业上市公司营业收入为34554.84亿元，2021年可比样本较2020年增长20.44%，上市公司营业收入占行业营业收入总额的24.46%。

2021年计算机、通信和其他电子设备制造业利润规模达到8283.00亿元，较2020年增长39.93%；其中全行业上市公司利润为2592.30亿元，2021年可比样本较2020年增长45.22%，上市公司利润总额占行业利润总额的31.30%。

撰稿人：鄢　凡　程　鑫
审稿人：朱卫华

仪器仪表制造业

一、仪器仪表制造业总体概况

2021年，中国仪器仪表行业运行情况总体良好，全行业实现销售收入9101.40亿元，同比增长18.82%，利润总额957.0亿元，同比增长16.75%，利润率为10.51%，较2020年下降0.19个百分点。同时出口呈现小幅度的上升，行业出口交货值1232.2亿元，同比增长4.69%，出口交货值占行业收入的比重为13.54%，比2020年下降了1.83个百分点。

从费用情况来看，2021年仪器仪表行业期间费用总计1049.6亿元，期间费用率为11.53%，同比下降0.24个百分点。其中营业费用为468.6亿元，营业费用率为5.15%，同比上升0.04个百分点；管理费用为528.3亿元，管理费用率为5.80%，同比下降0.07个百分点；财务费用为52.7亿元，财务费用率为0.6%，同比下降0.2个百分点。

从偿债能力看，截至2021年12月31日，仪器仪表行业总资产为12443.8亿元，同比增长14.68%，总负债为5617.6亿元，同比增长15.24%，资产负债率为

45.14%，较 2020 年年末上升了 0.22 个百分点。

二、行业内上市公司发展概况

（一）行业内上市公司基本情况

表1　2021 年仪器仪表制造业上市公司发行股票概况

门类	总数		沪深主板		创业板		科创板		北交所	
	家数	市值（亿元）	家数	市值（亿元）	家数	市值（亿元）	家数	市值（亿元）	家数	市值（亿元）
仪器仪表制造业	75	4427.01	21	1731.67	34	1750.10	14	839.13	6	106.11
占沪深北三市比重（%）	1.60	0.48	0.45	0.19	0.72	0.19	0.30	0.09	0.13	0.01

资料来源：沪深北交易所，同花顺。

（二）行业内上市公司构成情况

表2　2021 年仪器仪表制造业上市公司构成情况

门类	沪市			深市			北交所	总计	ST/*ST
	主板	科创板	合计	主板	创业板	合计			
仪器仪表制造业（家）	9	14	23	12	34	46	6	75	1/2
占行业内上市公司比重（%）	12.00	18.67	30.67	16.00	45.33	61.33	8.00	100.00	1.33/2.67

资料来源：沪深北交易所，同花顺。

（三）行业内上市公司融资情况

表3　2021 年仪器仪表制造业上市公司与沪深两市融资情况对比　　　单位：家

门类	融资家数	新股	增发	配股
仪器仪表制造业	19	12	7	0
沪深两市总数	1032	524	502	7
占比（%）	1.84	2.29	1.39	0

资料来源：沪深北交易所，同花顺。

其中，首发的 12 家公司中，有 6 家在科创板上市，2 家在创业板上市，4 家在新三板上市；增发的 7 家公司为深市公司。

从融资效果看，上述公司实际发行数量为 45738.82 万股；实际募集资金 102.19 亿元，基本完成了融资计划。

（四）行业内上市公司资产及业绩情况

表4　　　　　　　　　　2021年仪器仪表制造业上市公司资产情况　　　　　　　　　　单位：亿元

指标	2021年	2021年可比样本增长（%）	2020年	2020年可比样本增长（%）	2019年
总资产	1868.94	12.37	1676.37	16.83	1314.78
流动资产	1200.07	11.94	1055.06	19.73	802.41
占比（%）	64.21	-0.24	62.94	1.53	61.03
非流动资产	668.87	13.13	621.31	12.21	512.37
占比（%）	35.79	0.24	37.06	-1.53	38.97
流动负债	523.43	5.82	512.44	15.78	404.93
占比（%）	28.01	-1.73	30.57	-0.28	30.8
非流动负债	155.02	-3.74	179.12	14.76	139.34
占比（%）	8.29	-1.39	10.68	-0.19	10.6
归属于母公司股东权益	1162.97	18.59	947.77	16.5	749.6
占比（%）	62.23	3.27	56.54	-0.16	57.01

资料来源：沪深北交易所，同花顺。

表5　　　　　　　　　　2021年仪器仪表制造业上市公司收入实现情况　　　　　　　　　　单位：亿元

指标	2021年	2021年可比样本增长（%）	2020年	2020年可比样本增长（%）	2019年
营业收入	776.30	8.41	689.62	12.53	544.01
利润总额	98.79	-10.38	100.39	67.08	44.92
归属于母公司所有者的净利润	84.20	-9.27	84.03	64.14	37.73

资料来源：沪深北交易所，同花顺。

（五）利润分配情况

2021年全年仪器仪表制造业上市公司中共有65家公司实施了分红配股。其中，8家上市公司实施送股或转增股，64家上市公司实施派息，其中7家公司既实施了送股、转增又实施了派息。

（六）其他财务指标情况

1. 盈利能力指标

表6　　　　　　　　　　2021年仪器仪表制造业上市公司盈利能力情况

指标	2021年	2021年可比样本变动	2020年	2020年可比样本变动	2019年
毛利率（%）	36.85	-1.63	37.93	-0.97	38.51
净资产收益率（%）	7.24	-2.22	8.87	2.57	5.03
销售净利率（%）	11.03	-2.18	12.47	4.3	6.72
资产净利率（%）	4.85	-1.21	5.53	1.91	2.85

资料来源：沪深北交易所，同花顺。

2. 偿债能力指标

表7　　　　　　2021年仪器仪表制造业上市公司偿债能力指标

指标	2021年	2021年可比样本变动	2020年	2020年可比样本变动	2019年
流动比率	2.29	0.13	2.06	0.07	1.98
速动比率	1.87	0.05	1.73	0.09	1.64
资产负债率（%）	36.30	-3.12	41.25	-0.47	41.4

资料来源：沪深北交易所，同花顺。

3. 营运能力指标

表8　　　　　　2021年仪器仪表制造业上市公司营运能力情况　　　　　　　单位：次

营运能力指标	2021年	2021年可比样本变动	2020年	2020年可比样本变动	2019年
存货周转率	2.50	-0.16	2.63	0.08	2.55
应收账款周转率	2.83	0.09	2.7	0.19	2.45
流动资产周转率	0.68	-0.04	0.71	-0.01	0.7
固定资产周转率	3.08	0.05	2.72	0.14	2.46
总资产周转率	0.44	-0.02	0.44	0.0	0.42
净资产周转率	0.71	-0.06	0.76	0.0	0.73

资料来源：沪深北交易所，同花顺。

三、重点上市公司介绍

（一）康斯特

北京康斯特仪表科技股份有限公司的主营业务为数字检测仪器设备研发、生产与销售，辅助检测服务，已为全球用户提供专业的压力、温湿度校准测试解决方案，帮助用户实现对产品、技术、工艺参数的验证与分析。公司主要产品有数字压力表、智能压力校验仪、全自动压力校验仪、智能压力发生器、智能压力控制器、压力校验器、智能干体炉、智能测温仪、智能精密恒温槽、智能精密检定炉、温湿度自动检定系统过程校验仪、高精度直流数字多用表等。

康斯特已获得多项权威认证和荣誉。2014年公司被科技部火炬中心评选为国家火炬计划重点高新技术企业，2016年被工信部认定为智能制造试点示范，2018年被认定为全国制造业单项冠军示范企业。多数产品通过了欧盟CE认证、北美CSA认证、ATEX本安防爆认证和DNV船级社认证。

公司专家在全国压力计量技术委员会、全国温度计量技术委员会、全国压力标准委员会和全国校准方法标准委员会担任委员。公司实施差异化产品创新战略，持续高比例进行研发投入，专职研发团队占总人数的33%，在美国及欧洲主要国家获得12项专利授权，获得22项国内发明专利和190余项国内专利和著作权，ConST811现场全自动压力校验仪荣获"改革开放40周年机械工业杰出产品"，ConST685智能多通道超级测温仪荣获德国iF设计奖，多项产品获得了北京市新技术新产品认证。

2021年，公司实现营业收入3.53亿元，同比增长22.21%，实现归母净利润0.70亿元，同比增长17.07%，每股收益0.33元，扣除非经常性损益后的归属母公司股东净利润为0.66亿元，对应每股净利润为0.31元。

（二）宁水集团

宁波水表（集团）股份有限公司主要从事一系列以智能水表为核心产品的各类智慧水务终端设备、智慧水务大数据服务系统与平台的研发、生产与销售，并致力于成为智慧水务服务一体化解决方案的提供商。

2021年，工业和信息化部、中国工业经济联合会发文公布了第六批制造业单项冠军名单，宁水集团智能水表凭借对产品品质的长期坚守、领先的技术创新能力以及优秀的市场影响力，荣膺"国家制造业单项冠军产品"。同时，公司"NB-IoT无线阀控冷水水表"和"NB-IoT无线远传冷水水表"两项产品荣获由中国计量科学研究院颁发的全国水表行业领域首批计量评价证书001号、002号计量评价（NIM-CS）证书。公司继续坚持"一业为主，做精做强"的经营方针，充分发挥品牌、品种、品质、信誉以及中国水表之都的优势，利用国际著名水表产地的区域优势，凭借强大的研发实力，立足水计量产业的创新升级，正逐步转型发展成为集智慧计量与营运、智慧用水管理、水质实时监控、管网调度、管网GIS定位系统等综合集成的具备智慧水务服务一体化解决方案的提供商。公司多年来全面提升服务于国内外供排水企业的水平与能力，持续保持在国内水计量产业的领先地位，引领我国水计量产业的技术进步与发展，助力科学用水与节水工作迈上新台阶。公司年度产销各类水表超千万台，产品覆盖全球80多个国家和地区，成为水表全球贸易竞争的主要参与者和国际水表标准制定的重要参与者。

2021年公司实现营业收入17.17亿元，较上年同期增长8.00%，实现归母净利润2.35亿元，较上年同期减少13.81%，每股收益1.16元，扣除非经常性损益后的归属母公司股东净利润为2.14亿元，对应每股收益为1.06元。

（三）川仪股份

重庆川仪自动化股份有限公司成立于1999年，于2014年在A股上市。公司主要从事工业自动控制系统装置及工程成套的研发、生产、销售，主要产品包括智能执行机构、智能变送器、智能调节阀、智能流量仪表、温度仪表、控制设备及装置、分析仪器等单项产品及系统集成和总包服务。

公司是我国领先的综合型自动化仪器企业，拥有丰富而有竞争力的产品体系，系列化产品可选工艺路径丰富、有较强的定制能力，广泛应用于石油化工、冶金、电力、煤炭、轻工建材、市政公用及环保、新能源等行业。公司始终坚持自主创新，持续对标赶超、提档升级，主导产品技术性能国内领先，部分产品具有国际先进水平。公司不断推进高端智能诊断、卫生型、高速总线、超微差压、无线型智能压力变送器研发及产业化，并依托多个国家重大项目和国家重大研发项目，先后推出特种行业用流量仪表、调节阀、阀门限位开关、电加热器装置等一批自主创新产品。"川仪"在业内享有较高知名度和美誉度，被认定为"中国驰名商标"。并取得了全国质量标杆企业、国家科技进步二等奖、中国工业行业排头兵企业、国工业重点行业（通用仪器仪表制造）效益十佳企业、国家信息产业基地龙头企、国家高技能人才培养示范基地。

2021年，公司实现营业收入54.87亿元，同比增长20.06%，实现归母净利润5.39亿元，同比增长41.32%，每股收益1.36元，扣除非经常性损益后归属母公司净利润为3.93亿元，对应每股收益为0.96元。

（四）三川智慧

三川智慧科技股份有限公司成立于2004年，并于2010年在创业板上市。公司的主要业务包括以智能水表特别是物联网水表为核心产品的各类水表、水务管理应用系统、水务投资运营、供水企业产销差与DMA分区计量管理、健康饮水服务、智慧水务数据云平台建设等。公司以涉水的相关产业链为发展目标，以物联网和大数据技术为载体，致力成为世界领先的水计量功能服务商、智慧水务整体解决方案提供商。

公司是国内最早专业从事水表研发、生产、销售的企业之一，也是行业内首家以水表为主业的上市公司，产品品种全，市场规模大。公司业务以国内为主，遍布全国31个省、市、自治区，与国内众多自来水公司建立和保持着长期、稳定、紧密的业务合作关系，客户覆盖率达到40%左右。公司系"国家高新技术企业""国家技术创新示范企业"，设立了博士后科研工作站和院士专家科技服务站，公司技术中心被认定为国家认定企业技术中心。2021年，公司新增专利129项，其中发明专利6项、实用新型专利117项、外观设计专利6项，新增计算机软件著作权152项。经多年发展，公司产品先后荣获中国名牌、国家免检、用户满意产品等荣誉称号，"三川牌"被授予中国驰名商标，在行业内获得了较高的品牌知名度、美誉度和市场影响力。

2021年，公司实现营业收入9.37亿元，较上年同期减少2.40%，实现归母净利润1.89亿元，较上年同期减少11.83%，每股收益0.18元，扣除非经常性损益后归属母公司净利润为1.73亿元，对应每股收益为 0.17 元。

四、上市公司在行业中的影响力

2021 年仪器仪表制造业总资产规模达到 12443.8 亿元，较 2020 年增加 14.68%；其中全行业上市公司资产总额为 1868.94 亿元，2021 年可比样本较 2020 年增长 12.37%，上市公司资产总额占行业资产总额的 15.02%。

2021 年仪器仪表制造业营业收入规模达到 9101.4 亿元，较 2020 年增加 18.82%；其中全行业上市公司营业收入为 776.30 亿元，2021 年可比样本较 2020 年增长 8.41%，上市公司营业收入占行业营业收入总额的 8.53%。

2021 年仪器仪表制造业利润规模达到 957.0 亿元，较 2020 年增加 16.75%；其中全行业上市公司利润为 98.79 亿元，2021 年可比样本较 2020 年减少 10.38%，上市公司利润总额占行业利润总额的 10.32%。

撰稿人：胡小禹
审稿人：朱卫华

其他制造业

一、其他制造业总体概况

根据国家统计局数据，2021 年其他制造业合计实现营业收入 1956.80 亿元，同比增长 16.10%；实现利润总额 108.70 亿元，同比增长 24.10%；行业毛利率水平为 16.03%，较 2020 年同期下降 0.05 个百分点，行业整体盈利能力保持稳定。

二、行业内上市公司发展概况

（一）行业内上市公司基本情况

表1　　　　　　　　　　2021 年其他制造业上市公司发行股票概况

门类	总数		沪深主板		创业板		科创板		北交所	
	家数	市值（亿元）	家数	市值（亿元）	家数	市值（亿元）	家数	市值（亿元）	家数	市值（亿元）
其他制造业	16	979.40	11	710.10	4	203.91	1	65.39	0	0
占沪深北三市比重（%）	0.34	0.11	0.23	0.08	0.09	0.02	0.02	0.01	0	0

资料来源：沪深北交易所，同花顺。

（二）行业内上市公司构成情况

表2　2021年其他制造业上市公司构成情况

门类	沪市			深市			北交所	总计	ST/*ST
	主板	科创板	合计	主板	创业板	合计			
其他制造业（家）	6	1	7	5	4	9	0	16	0/1
占行业内上市公司比重（%）	37.50	6.25	43.75	31.25	25.00	56.25	0	100.00	0/6.25

资料来源：沪深北交易所，同花顺。

（三）行业内上市公司融资情况

表3　2021年其他制造业上市公司与沪深两市融资情况对比　　　单位：家

门类	融资家数	新股	增发	配股
其他制造业	3	1	2	0
沪深两市总数	1032	524	502	7
占比（%）	0.29	0.19	0.40	0

资料来源：沪深北交易所，同花顺。

其中，首发的1家公司中，1家在创业板上市；增发的2家公司中，有1家沪市、1家深市。

从融资效果看，上述公司实际发行数量为10027.58万股；实际募集资金7.74亿元，基本完成了融资计划。

（四）行业内上市公司资产及业绩情况

表4　2021年其他制造业上市公司资产情况　　　单位：亿元

指标	2021年	2021年可比样本增长（%）	2020年	2020年可比样本增长（%）	2019年
总资产	562.19	1.59	928.65	-15.49	1014.22
流动资产	421.09	-1.41	741.98	-7.76	747.42
占比（%）	74.90	-2.27	79.90	6.69	73.69
非流动资产	141.11	11.71	186.67	-36.6	266.79
占比（%）	25.10	2.27	20.10	-6.69	26.3
流动负债	200.40	-8.16	518.52	-16.55	600.15
占比（%）	35.65	-3.78	55.84	-0.71	59.17
非流动负债	29.63	17.65	63.77	-39.72	105.3
占比（%）	5.27	0.72	6.87	-2.76	10.38
归属于母公司股东权益	312.87	6.80	329.37	-7.44	293.25
占比（%）	55.65	2.72	35.47	3.08	28.91

资料来源：沪深北交易所，同花顺。

表 5 2021年其他制造业上市公司收入实现情况 单位：亿元

指标	2021年	2021年可比样本增长（%）	2020年	2020年可比样本增长（%）	2019年
营业收入	831.05	20.88	787.69	-13.5	841.8
利润总额	41.10	-18.08	-26.56	62.66	-87.02
归属于母公司所有者的净利润	22.76	-37.63	-38.13	55.67	-98.5

资料来源：沪深北交易所，同花顺。

（五）利润分配情况

2021年全年其他制造业上市公司中共有12家公司实施了分红配股。其中，2家上市公司实施送股或转增股，12家上市公司实施派息，其中2家公司既实施了送股、转增又实施了派息。

（六）其他财务指标情况

1. 盈利能力指标

表 6 2021年其他制造业上市公司盈利能力情况

指标	2021年	2021年可比样本变动	2020年	2020年可比样本变动	2019年
毛利率（%）	13.73	2.51	11.47	-3.12	12.79
净资产收益率（%）	7.28	-5.18	-11.58	12.6	-33.59
销售净利率（%）	3.43	-2.12	-4.77	4.53	-11.54
资产净利率（%）	5.12	-1.12	-3.71	3.63	-9.07

资料来源：沪深北交易所，同花顺。

2. 偿债能力指标

表 7 2021年其他制造业上市公司偿债能力指标

指标	2021年	2021年可比样本变动	2020年	2020年可比样本变动	2019年
流动比率	2.10	0.14	1.43	0.14	1.25
速动比率	1.08	0.00	0.64	0.01	0.6
资产负债率（%）	40.92	-3.06	62.7	-3.47	69.56

资料来源：沪深北交易所，同花顺。

3. 营运能力指标

表 8 2021年其他制造业上市公司营运能力情况 单位：次

营运能力指标	2021年	2021年可比样本变动	2020年	2020年可比样本变动	2019年
存货周转率	3.62	0.43	1.68	-0.2	1.91

续表

营运能力指标	2021年	2021年可比样本变动	2020年	2020年可比样本变动	2019年
应收账款周转率	16.41	5.55	6.39	-0.2	6.23
流动资产周转率	1.96	0.40	1.02	-0.08	1.09
固定资产周转率	13.63	1.05	11.31	-2.21	11.99
总资产周转率	1.49	0.37	0.78	-0.01	0.79
净资产周转率	2.59	0.21	2.19	0.02	2.34

资料来源：沪深北交易所，同花顺。

三、重点上市公司介绍

老凤祥

老凤祥主要从事黄金珠宝首饰、工艺美术品、笔类文具制品的生产经营及销售，主营业务涵盖三大产业，一是以"老凤祥"商标为代表的黄金珠宝首饰产业；二是以"工美"知名品牌为代表的工艺美术品产业；三是以"中华"商标为代表的笔类文具用品产业。公司融科工贸于一体，集产供销于一身，拥有完整的产业链和多元化的产品线，截至2021年年底拥有4945个销售网点，多家黄金和珠宝首饰专业加工厂、子公司、东莞生产基地、研究所、博物馆、典当行、拍卖行等。

2021年，公司实现营业收入586.91亿元，同比增长13.47%；归属上市公司股东的净利润为18.76亿元，同比增长18.30%；实现每股收益3.59元。毛利率为7.77%，同比下滑0.41个百分点；销售净利率4.17%，同比提升0.16个百分点；净资产收益率20.41%，同比提升0.50个百分点。

四、上市公司在行业中的影响力

从行业整体情况看，2021年行业总资产、营业收入、利润总额分别为1548.50亿元、1956.80亿元、108.70亿元，分别同比增长1.4%、16.10%、24.10%，其中上市公司占比分别为36.31%、42.47%、37.81%。占行业总体的比重较大，对行业具有较高影响力。

撰稿人：刘　丽　王梓旭
审稿人：朱卫华

废弃资源综合利用业

一、废弃资源综合利用业总体概况

根据国家统计局数据，截至2021年年末，中国废弃资源综合利用业规模以上工业企业数量为2657个，比2020年增加498个。2021年，中国废弃资源综合利用业合计实现营业收入9080.7亿元，同比增长52.3%，行业营业成本为8458.4亿元，同比增长53.3%，实现利润总额346.8亿元，同比增长44.7%。

我国经济规模持续增长，对资源和环境的可持续发展提出更高要求，发展废弃资源综合利用业，有利于节约资源能源，提高资源利用效率。我国环保政策保持高压态势，废弃资源综合利用业发展空间广阔。

二、行业内上市公司发展概况

（一）行业内上市公司基本情况

表1　2021年废弃资源综合利用业上市公司发行股票概况

门类	总数		沪深主板		创业板		科创板		北交所	
	家数	市值（亿元）	家数	市值（亿元）	家数	市值（亿元）	家数	市值（亿元）	家数	市值（亿元）
废弃资源综合利用业	11	1079.65	5	736.03	4	147.84	2	195.78	0	0
占沪深北三市比重（%）	0.23	0.12	0.11	0.08	0.09	0.02	0.04	0.02	0	0

资料来源：沪深北交易所，同花顺。

（二）行业内上市公司构成情况

表2　2021年废弃资源综合利用业上市公司构成情况

门类	沪市			深市			北交所	总计	ST/*ST
	主板	科创板	合计	主板	创业板	合计			
废弃资源综合利用业（家）	1	2	3	4	4	8	0	11	0/1
占行业内上市公司比重（%）	9.09	18.18	27.27	36.36	36.36	72.73	0	100.00	0/9.09

资料来源：沪深北交易所，同花顺。

（三）行业内上市公司融资情况

表3　　　2021年废弃资源综合利用业上市公司与沪深两市融资情况对比　　　　单位：家

门类	融资家数	新股	增发	配股
废弃资源综合利用业	4	4	0	0
沪深两市总数	1032	524	502	7
占比（%）	0.39	0.76	0	0

资料来源：沪深北交易所，同花顺。

其中，首发的4家公司中，有1家在科创板上市，3家在创业板上市。

从融资效果看，上述公司实际发行数量为10759.15万股；实际募集资金18.63亿元，基本完成了融资计划。

（四）行业内上市公司资产及业绩情况

表4　　　　2021年废弃资源综合利用业上市公司资产情况　　　　单位：亿元

指标	2021年	2021年可比样本增长（%）	2020年	2020年可比样本增长（%）	2019年
总资产	685.00	21.48	550.77	8.46	485.75
流动资产	357.98	23.40	277.93	5.87	246.86
占比（%）	52.26	0.81	50.46	-1.24	50.82
非流动资产	327.02	19.45	272.84	11.23	238.89
占比（%）	47.74	-0.81	49.54	1.24	49.18
流动负债	249.67	2.55	249.12	4.9	229.11
占比（%）	36.45	-6.73	45.23	-1.53	47.17
非流动负债	95.85	77.95	59.1	-14.06	68.27
占比（%）	13.99	4.44	10.73	-2.81	14.05
归属于母公司股东权益	313.09	25.88	224.79	19.78	175.47
占比（%）	45.71	1.60	40.81	3.86	36.12

资料来源：沪深北交易所，同花顺。

表5　　　　2021年废弃资源综合利用业上市公司收入实现情况　　　　单位：亿元

指标	2021年	2021年可比样本增长（%）	2020年	2020年可比样本增长（%）	2019年
营业收入	455.35	53.42	259.85	-7.19	236.46
利润总额	51.56	137.72	14.38	591.59	-4.94
归属于母公司所有者的净利润	47.16	171.53	10.73	259.92	-8.32

资料来源：沪深北交易所，同花顺。

（五）利润分配情况

2021年全年废弃资源综合利用业上市公司中共有10家公司实施了分红配股。其中，无上市公司实施送股或转增股，10家上市公司实施派息。

（六）其他财务指标情况

1. 盈利能力指标

表6　　2021年废弃资源综合利用业上市公司盈利能力情况

指标	2021年	2021年可比样本变动	2020年	2020年可比样本变动	2019年
毛利率（%）	16.38	-3.76	19.16	-1.15	22.7
净资产收益率（%）	15.06	8.08	4.77	8.35	-4.74
销售净利率（%）	10.56	4.48	4.39	6.55	-3.27
资产净利率（%）	7.70	4.34	2.15	3.36	-1.61

资料来源：沪深北交易所，同花顺。

2. 偿债能力指标

表7　　2021年废弃资源综合利用业上市公司偿债能力指标

指标	2021年	2021年可比样本变动	2020年	2020年可比样本变动	2019年
流动比率	1.43	0.24	1.12	0.01	1.08
速动比率	1.06	0.18	0.82	0.01	0.78
资产负债率（%）	50.44	-2.29	55.96	-4.35	61.22

资料来源：沪深北交易所，同花顺。

3. 营运能力指标

表8　　2021年废弃资源综合利用业上市公司营运能力情况　　单位：次

营运能力指标	2021年	2021年可比样本变动	2020年	2020年可比样本变动	2019年
存货周转率	4.50	1.30	2.91	-0.12	2.59
应收账款周转率	3.96	0.79	2.89	-0.69	3.35
流动资产周转率	1.41	0.34	0.96	-0.1	0.95
固定资产周转率	3.94	0.67	1.96	-0.65	2.3
总资产周转率	0.73	0.18	0.49	-0.07	0.49
净资产周转率	1.50	0.28	1.17	-0.23	1.26

资料来源：沪深北交易所，同花顺。

三、重点上市公司介绍

格林美

2001年,格林美(GEM)基于绿色生态制造(G-Green E-Eco M-Manufacture)的理想而设立,并在国内率先提出"资源有限、循环无限"的绿色低碳产业理念,积极倡导通过开采城市矿山的商业模式来"消除污染、再造资源",推进循环型社会的发展。公司于2010年1月22日登陆深圳证券交易所(股票代码:002340.SZ),在册员工7000余名,年产值200余亿元。

公司的主营业务归属新能源行业与废弃资源综合利用行业。在废弃资源综合利用业领域,公司回收处理废旧动力电池、电子废弃物、报废汽车、废塑料与镍钴锂钨战略资源,主要再制造镍钴钨资源、超细钴镍钨粉末材料与改性塑料,是世界领先的废物再生企业和中国循环经济领军企业;在新能源领域,公司制造动力电池用三元前驱体和三元正极材料以及3C数码电池用四氧化三钴材料,是世界新能源供应链的头部企业。

公司回收处理的电子废弃物占中国报废总量的10%以上,回收处理的废旧电池(除铅酸电池外)占中国报废总量的10%以上,回收处理报废汽车占中国报废总量的4%以上,循环再生的钴资源为中国原钴开采量的2倍以上,循环再生的镍资源占中国原镍开采量的8%以上,循环再生的钨资源占中国原钨开采量的5%以上。

报告期内,公司以动力材料三元前驱体和3C数码材料四氧化三钴为主体的新能源材料业务销售规模占比总销售规模约70%,以电子废弃物回收、新能源回收(报废动力电池和报废汽车)、钨资源回收为主体的城市矿山业务销售规模占比总销售规模约30%。2021年,公司实现营业收入1930101.83万元,同比增长54.83%;归属于上市公司股东的净利润92328.29万元,同比增长123.82%;归属于上市公司股东的净资产1422848.08万元,同比增长6.90%。

四、上市公司在行业中的影响力

根据国家统计局数据,2021年废弃资源综合利用业规模以上工业企业实现营业收入9080.7亿元,实现利润总额346.8亿元。2021年废弃资源综合利用业11家上市公司合计实现营业收入455.35亿元,实现利润总额51.56亿元。废弃资源综合利用业上市公司营业收入的行业占比为5.01%,上市公司利润总额的行业占比为14.87%。

撰稿人:易华强
审稿人:马文扬

电力、热力、燃气及水生产和供应业

一、电力、热力、燃气及水生产和供应业总体概况

（一）行业整体运行情况

2021年，电力、热力、燃气及水生产和供应业实现平稳发展。根据国家统计局数据，2021年全年全部工业增加值372575亿元，比上年增长9.6%，其中，电力、热力生产和供应业增长10.9%。2021年，规模以上工业增加值增长9.6%，其中，全年规模以上工业中，电力、热力生产和供应业增长10.9%。2021年，全年规模以上工业企业利润87092亿元，比上年增长34.3%，其中，电力、热力、燃气及水生产和供应业利润3089亿元，下降41.9%。

（二）细分行业运行概况

根据国家统计局的数据，2021年全国发电量为85342.50亿千瓦时，同比增长9.7%，增速较上年提高6个百分点。其中，火电发电量58058.70亿千瓦时，同比增长8.9%，约占全部发电量的68.03%；水电发电量13390亿千瓦时，同比降低1.2%，约占全部发电量的15.69%；核电发电量4075.2亿千瓦时，同比增长11.3%，约占全部发电量的4.78%。

2021年，全社会用电量83128亿千瓦时，同比增长10.3%，较2020年同期增长14.7%，两年平均增长7.1%。分产业看，第一产业用电量1023亿千瓦时，同比增长16.4%，占全社会用电量的比例为1.23%；第二产业用电量56131亿千瓦时，同比增长9.1%，占全社会用电量的比例为67.52%；第三产业用电量14231亿千瓦时，同比增长17.8%，占全社会用电量的比例为17.12%；城乡居民生活用电量11743亿千瓦时，同比增长7.3%，占全社会用电量的比例为14.13%。

二、行业内上市公司发展概况

（一）行业内上市公司基本情况

表1　2021年电力、热力、燃气及水生产和供应业上市公司发行股票概况

门类	总数		沪深主板		创业板		科创板		北交所	
	家数	市值（亿元）	家数	市值（亿元）	家数	市值（亿元）	家数	市值（亿元）	家数	市值（亿元）
电力、热力、燃气及水生产和供应业	129	29991.92	125	29767.27	3	209.67	0	0	1	14.98

续表

门类	总数		沪深主板		创业板		科创板		北交所	
	家数	市值(亿元)	家数	市值(亿元)	家数	市值(亿元)	家数	市值(亿元)	家数	市值(亿元)
占沪深北三市比重（%）	2.75	3.26	2.66	3.24	0.06	0.02	0	0	0.02	0

资料来源：沪深北交易所，同花顺。

（二）行业内上市公司构成情况

表2　　　　2021年电力、热力、燃气及水生产和供应业上市公司构成情况

门类	沪市			深市			北交所	总计	ST/*ST
	主板	科创板	合计	主板	创业板	合计			
电力、热力、燃气及水生产和供应业（家）	81	0	81	44	3	47	1	129	3/2
占行业内上市公司比重（%）	62.79	0	62.79	34.11	2.33	36.43	0.78	100.00	2.33/1.55

资料来源：沪深北交易所，同花顺。

（三）行业内上市公司融资情况

表3　　2021年电力、热力、燃气及水生产和供应业上市公司与沪深两市融资情况对比　　单位：家

门类	融资家数	新股	增发	配股
电力、热力、燃气及水生产和供应业	25	11	14	0
沪深两市总数	1032	524	502	7
占比（%）	2.42	2.10	2.79	0

资料来源：沪深北交易所，同花顺。

其中，首发的11家公司中，有11家在主板上市；增发的14家公司中，有10家沪市、4家深市公司。

按行业大类划分，进行融资的25家公司中，电力、热力生产和供应业18家，燃气生产和供应业5家，水的生产和供应业2家，分别占比72%、20%、8%。

从融资效果看，上述公司实际发行数量为1438478.47万股；实际募集资金582.14亿元，基本完成了融资计划。

（四）行业内上市公司资产及业绩情况

电力、热力、燃气及水生产和供应业

表4　2021年电力、热力、燃气及水生产和供应业上市公司资产情况　　　　　单位：亿元

指标	2021年	2021年可比样本增长（%）	2020年	2020年可比样本增长（%）	2019年
总资产	60266.96	8.09	52828.9	5.95	47838.2
流动资产	10759.44	20.84	8357.62	7.05	7841.66
占比（%）	17.85	1.88	15.82	0.16	16.39
非流动资产	49507.52	5.66	44471.2	5.75	39996.6
占比（%）	82.15	-1.88	84.18	-0.16	83.61
流动负债	15941.29	11.69	13539.5	4.59	12549.2
占比（%）	26.45	0.85	25.63	-0.33	26.23
非流动负债	22565.72	13.12	18874.4	1.59	17657.3
占比（%）	37.44	1.67	35.73	-1.54	36.91
归属于母公司股东权益	17276.37	1.18	16155.5	12.05	13907.6
占比（%）	28.67	-1.96	30.58	1.66	29.07

资料来源：沪深北交易所，同花顺。

表5　2021年电力、热力、燃气及水生产和供应业上市公司收入实现情况　　　　　单位：亿元

指标	2021年	2021年可比样本增长（%）	2020年	2020年可比样本增长（%）	2019年
营业收入	18568.79	18.99	14800.7	0.1	13726.7
利润总额	888.49	-60.34	2103.92	25.5	1539.26
归属于母公司所有者的净利润	519.78	-62.82	1305.64	29.91	942.97

资料来源：沪深北交易所，同花顺。

（五）利润分配情况

2021年全年电力、热力、燃气及水生产和供应业上市公司中共有82家公司实施了分红配股。其中，9家上市公司实施送股或转增股，88家上市公司实施派息，其中0家公司既实施了送股、转增又实施了派息。

（六）其他财务指标情况

1. 盈利能力指标

表6　2021年电力、热力、燃气及水生产和供应业上市公司盈利能力情况

指标	2021年	2021年可比样本变动	2020年	2020年可比样本变动	2019年
毛利率（%）	13.72	-10.73	24.36	2.12	22.37
净资产收益率（%）	3.01	-5.18	8.08	1.11	6.78
销售净利率（%）	3.40	-8.27	11.54	2.56	8.86
资产净利率（%）	1.09	-2.31	3.33	0.58	2.59

资料来源：沪深北交易所，同花顺。

2. 偿债能力指标

表7　2021年电力、热力、燃气及水生产和供应业上市公司偿债能力指标

指标	2021年	2021年可比样本变动	2020年	2020年可比样本变动	2019年
流动比率	0.67	0.05	0.62	0.01	0.62
速动比率	0.59	0.03	0.55	0.03	0.54
资产负债率（%）	63.89	2.52	61.36	-1.87	63.14

资料来源：沪深北交易所，同花顺。

3. 营运能力指标

表8　2021年电力、热力、燃气及水生产和供应业上市公司营运能力情况　单位：次

营运能力指标	2021年	2021年可比样本变动	2020年	2020年可比样本变动	2019年
存货周转率	14.12	2.13	11.6	0.51	10.17
应收账款周转率	6.07	-0.20	6.39	-0.88	7.05
流动资产周转率	1.89	0.05	1.83	-0.16	1.82
固定资产周转率	0.64	0.07	0.51	-0.02	0.51
总资产周转率	0.32	0.03	0.29	-0.02	0.29
净资产周转率	0.86	0.09	0.76	-0.09	0.81

资料来源：沪深北交易所，同花顺。

三、重点细分行业介绍

表9　2021年电力、热力、燃气及水生产和供应业上市公司数量分布及市值情况

大类	上市公司家数（家）	占行业内比重（%）	境内总市值（亿元）	占行业内比重（%）
水的生产和供应业	17	13.18	1653.31	5.51
燃气生产和供应业	31	24.03	2838.71	9.46
电力、热力生产和供应业	81	62.79	25499.89	85.02

资料来源：沪深北交易所，同花顺。

（一）电力、热力生产和供应业

1. 行业概况

2021年，我国政府继续对清洁能源给予高度重视，在电源结构、电力消纳、电力市场等领域持续出台政策，大力支持以水电、太阳能、风电为代表的清洁能源行业发展。电源结构方面，鼓励建设清洁

电力、热力、燃气及水生产和供应业

低碳、安全高效的能源体系，提高能源供给保障能力，加快发展非化石能源，坚持集中式和分布式并举，大力提升风电、光伏发电规模，加快发展东中部分布式能源，有序发展海上风电，加快西南水电基地建设，建设一批多能互补的清洁能源基地。电力消纳方面，持续加强"源网荷储"衔接，提升清洁能源消纳和存储能力，提升向边远地区输配电能力。电力市场方面，将持续推动全国统一的电力市场体系的建立，推进跨省跨区资源市场化配置，提高绿色电力交易规模，形成新能源、储能等发展的市场交易和价格机制，鼓励新能源参与市场交易，市场主体平等竞争、自主选择，电力资源在全国范围内将得到进一步优化配置。

截至2021年年底，全国全口径发电装机容量23.8亿千瓦，同比增长7.9%。其中全口径非化石能源发电装机容量11.2亿千瓦，同比增长13.4%，占总装机容量比重为47.0%。

2. 行业内上市公司发展情况

表10　2021年电力、热力生产和供应业上市公司收入及资产增长情况　　　　单位：亿元

指标	2021年	2021年可比样本增长（%）	2020年	2020年可比样本增长（%）	2019年
营业收入	15122.96	17.33	12254.8	-0.59	11901.1
利润总额	549.49	-71.27	1794.39	24.22	1405.21
归属于母公司所有者的净利润	341.72	-63.23	1138.35	34.99	849.17
总资产	52466.49	7.36	46156.1	5.31	42683.2
归属于母公司股东权益	14899.53	-0.21	14094.3	13.67	11897.6

资料来源：沪深北交易所，同花顺。

表11　2021年电力、热力生产和供应业上市公司盈利能力情况

指标	2021年	2021年可比样本变动	2020年	2020年可比样本变动	2019年
毛利率（%）	12.22	-12.75	24.82	2.36	22.77
净资产收益率（%）	2.29	-5.87	8.08	0.9	7.14
销售净利率（%）	2.48	-9.70	11.99	2.58	9.43
资产净利率（%）	0.74	-2.60	3.27	0.57	2.67

资料来源：沪深北交易所，同花顺。

表12　2021年电力、热力生产和供应业上市公司偿债及营运情况

指标	2021年	2021年可比样本变动	2020年	2020年可比样本变动	2019年
资产负债率（%）	64.29	2.80	61.44	-2.42	64.1
存货周转率（次）	13.63	1.90	11.35	0.54	10.02
总资产周转率（次）	0.30	0.02	0.27	-0.01	0.28

资料来源：沪深北交易所，同花顺。

（二）燃气生产和供应业

1. 行业概况

2021年，中国天然气表观消费量3726亿立方米，同比增长12.7%，城市燃气、燃气发电和工业燃料成为推动天然气市场增长的主要动力。供应方面，根据国家统计局数据，2021年国内天然气总产量达到2053亿立方米，比2020年增长8.2%，比2019年增长18.8%，两年平均增长9.0%。根据海关总署统计数据，2021年，中国天然气进口量12136万吨，同比增长19.9%，其中LNG进口量7893万吨，同比增长18.3%，占天然气进口的65%，管道气进口量4243万吨，同比增长22.9%，占比为35%。天然气对外依存度提高至45%，中国已超越日本，成为全球第一大LNG进口国。

2. 行业内上市公司发展情况

表13　2021年燃气生产和供应业上市公司收入及资产增长情况　　单位：亿元

指标	2021年	2021年可比样本增长（%）	2020年	2020年可比样本增长（%）	2019年
营业收入	2748.38	27.38	2008.88	0.51	1366.93
利润总额	198.41	-5.89	199.44	40.9	43.68
归属于母公司所有者的净利润	67.76	35.55	80.15	59.23	21.91
总资产	4517.76	15.50	3783.58	4.9	2733.17
归属于母公司股东权益	1182.12	14.56	979.72	-4.47	1019.54

资料来源：沪深北交易所，同花顺。

表14　2021年燃气生产和供应业上市公司盈利能力情况

指标	2021年	2021年可比样本变动	2020年	2020年可比样本变动	2019年
毛利率（%）	17.27	-1.60	19.03	0.72	15.14
净资产收益率（%）	5.73	-2.81	8.18	4.01	2.15
销售净利率（%）	5.10	-2.14	7.36	2.7	1.37
资产净利率（%）	3.32	-0.79	4	1.02	0.7

资料来源：沪深北交易所，同花顺。

表15　2021年燃气生产和供应业上市公司偿债及营运情况

指标	2021年	2021年可比样本变动	2020年	2020年可比样本变动	2019年
资产负债率（%）	63.25	0.31	63.25	1.76	55.98
存货周转率（次）	18.30	3.19	14.65	-0.16	13.1
总资产周转率（次）	0.65	0.08	0.54	-0.1	0.51

资料来源：沪深北交易所，同花顺。

电力、热力、燃气及水生产和供应业

(三) 水的生产和供应业

1. 行业概况

水务产业包括原水生产、自来水生产、污水处理、中水生产等子行业,形成了一条完整的水务产业链。根据国家统计局公布的数据,2011~2021年我国水的生产和供应业规模以上企业数量呈现逐年增长的态势,由2011年内的1110家增长至2021年的2823家。

2. 行业内上市公司发展情况

表16　2021年水的生产和供应业上市公司收入及资产增长情况　　　　单位:亿元

指标	2021年	2021年可比样本增长(%)	2020年	2020年可比样本增长(%)	2019年
营业收入	697.45	24.96	536.97	17.06	458.72
利润总额	140.58	20.71	110.09	21.86	90.36
归属于母公司所有者的净利润	110.29	45.49	87.14	43.32	71.89
总资产	3282.71	10.21	2889.14	19.14	2421.82
归属于母公司股东权益	1194.72	7.36	1081.51	8.91	990.44

资料来源:沪深北交易所,同花顺。

表17　2021年水的生产和供应业上市公司盈利能力情况

指标	2021年	2021年可比样本变动	2020年	2020年可比样本变动	2019年
毛利率(%)	32.28	-1.90	33.62	0.12	33.5
净资产收益率(%)	9.23	1.00	8.06	0.82	7.26
销售净利率(%)	16.76	-0.44	16.87	0.43	16.45
资产净利率(%)	3.73	0.23	3.41	0.07	3.34

资料来源:沪深北交易所,同花顺。

表18　2021年水的生产和供应业上市公司偿债及营运情况

指标	2021年	2021年可比样本变动	2020年	2020年可比样本变动	2019年
资产负债率(%)	58.52	1.04	57.47	3.2	54.32
存货周转率(次)	13.02	4.40	8.5	1.24	7.29
总资产周转率(次)	0.22	0.02	0.2	0	0.2

资料来源:沪深北交易所,同花顺。

四、重点上市公司介绍

(一) 华能国际

华能国际主要在中国全国范围内开发、建设和经营管理大型发电厂,是中国最大的上市发电公司之一。截至2021年12月31日,公司拥有可控发电装机容量118695兆瓦,权益发电装机容量103875兆瓦,天然气、水电、风电、太阳能和生物质发电等低碳清洁能源装机占比达到了22.39%。公司中国境内电厂广泛分布在二十六个省、自治区和直辖市;公司在新加坡全资拥有一家营运电力公司,在巴基斯坦投资一家营运电力公司。

公司的主要业务是利用现代化的技术和设备,利用国内外资金,在国内外开发、建设和运营大型燃煤、燃气发电厂、新能源发电项目及配套港口、航运、增量配电网等设施,为社会提供电力、热力及综合能源服务。报告期内,公司电力、热力销售收入约占主营业务收入的99.84%。公司的主要业绩驱动因素包括但不限于发电量(供热量)、电价(热价)及燃料价格等方面。同时,技术创新、环境政策、人才队伍等亦会间接影响公司当期业绩和发展潜力。

2021年,公司实现营业收入为人民币2046.05亿元,比上年同期上升了20.75%。受燃煤采购价格同比大幅上涨影响,公司全年业绩亏损,归属于母公司股东净利润为人民币-102.64亿元,比上年同期下降了324.85%,每股收益为人民币-0.79元。

2021年,公司中国境内各运行电厂按合并报表口径累计完成上网电量4301.65亿千瓦时,同比增长13.23%;公司境内电厂全年平均利用小时4058小时,同比增长314小时。其中燃煤机组利用小时4488小时,同比增长429小时。公司大部分燃煤电厂的利用小时数在所在地区处于领先水平。供热量累计完成2.97亿吉焦,同比增长12.64%。

2021年,公司全年共采购煤炭2.03亿吨。面对高企的煤价,公司准确研判煤炭市场走势,抓好国家政策落实,优化采购策略、区域供应结构,加强与重点大矿合作的力度,提前锁定优质资源,积极有效地应对国内电力需求快速增长、煤炭资源缺口大、煤价高涨等新的形势和挑战,持续履行为社会提供充足、可靠环保电能的职责。2021年,公司原煤采购综合价为770.67元/吨,同比上涨60.85%。境内火电厂售电单位燃料成本为316.36元/兆瓦时,同比上涨51.32%。

2021年,公司安全生产、技术经济及能耗指标继续保持行业领先,公司境内火电机组平均等效可用率为93.26%,生产供电煤耗为290.69克/千瓦时,生产厂用电率为4.34%。公司高度重视节能环保工作,目前,公司全部燃煤机组均装有脱硫、脱硝和除尘装置,各项指标均符合环保要求。

截至2021年年底,公司超低排放机组容量占比达到99%。

电力、热力、燃气及水生产和供应业

2021年，公司新增可控发电装机容量5232.45兆瓦。其中，低碳清洁能源项目投产3232.45兆瓦。公司低碳清洁能源装机比重同比提高1.79个百分点。截至2021年12月31日，公司拥有可控发电装机容量118695兆瓦，权益发电装机容量103875兆瓦。

2021年，公司境外项目盈利。中国准则下，新加坡业务实现营业收入163亿元，实现净利润1.25亿元；巴基斯坦业务实现营业收入52亿元，实现净利润7.62亿元。

公司不断加大科技创新力度，科技成果转化持续推进，科技创新对公司高质量发展的支撑作用日益凸显。供热增容、热电解耦、灵活性改造、污泥耦合等先进技术广泛应用，首套大型火电机组国产DCS分散控制系统、PLC工控系统投入运行，高碱煤液态排渣锅炉技术、700℃高效超超临界发电技术和燃机自主运维技术完成主要研发工作并开展应用示范。2021年，公司系统授权发明专利80件、实用新型专利2365件、申请PCT专利28件、美日欧专利20件，授权国际专利5件。此外，公司的环保排放水平符合国家标准，燃煤机组均已按国家要求实现了烟气超低排放，平均煤耗、厂用电率、水耗等能耗指标也处于行业领先地位。

（二）长江电力

长江电力以大型水电运营为主要业务，为全球最大的水电上市公司，目前水电总装机容量4559.5万千瓦，其中，国内水电装机4549.5万千瓦，占全国水电装机的11.64%；代管的乌东德、白鹤滩水电站装机共1620万千瓦，占全国水电装机的4.14%；公司管理运行三峡、葛洲坝、溪洛渡、向家坝、乌东德、白鹤滩6座巨型水电站，持续提供优质、稳定、可靠的清洁能源。

2021年，公司所属的4座流域梯级电站发电量2083.22亿千瓦时，代管的2座电站发电量545.61亿千瓦时，在发挥梯级电站综合效益、节能减排、能源保供、推动经济社会发展等方面发挥了重要作用。

2021年，公司在坚持做强做优水电主业的同时，积极开展产业链上下游和相关新兴领域战略投资，全年实现投资收益54.26亿元，创历史新高；同时，有序推进金沙江下游风光水储一体化可再生能源开发，深入开展水风光互补的运行调度研究；发挥公司大水电运维核心能力，高质量布局和推进抽水蓄能业务发展；推进智慧综合能源业务，创新推出城市绿色综合能源管家模式，积极布局"源网荷储"一体化发展。

2021年，受长江来水同比偏枯、上游新建电站蓄水等影响，公司梯级电站完成发电量2083.22亿千瓦时，比上年同期减少186.08亿千瓦时，下降8.20%；实现利润总额324.09亿元，比上年同期减少0.46亿元，下降0.14%；实现归属于母公司净利润262.73亿元，比上年同期减少0.25亿元，下降0.09%；基本每股收益1.1553元，比上年同期减少0.03

元,下降 2.53%。

(三) 中国广核

中国广核是中广核核能发电的唯一平台,主营业务为建设、运营及管理核电站,销售该等核电站所发电力,组织开发核电站的设计及科研工作。

截至 2021 年 12 月 31 日,公司管理 25 台在运核电机组和 7 台在建核电机组(其中包含本公司控股股东委托本公司管理的 4 台在建机组),装机容量分别为 28261 兆瓦和 8299 兆瓦,占全国在运及在建核电总装机容量的 53.01% 以及 41.01%,在运及在建核电机组合计装机容量占全国核电总装机容量的 49.71%。

公司的主要产品是电力。根据中国核能行业协会发布的《2021 年 1-12 月全国核电运行情况》,截至 2021 年 12 月 31 日,我国投入商业运行的核电机组共 53 台,全国商运核电机组上网电量为 3820.84 亿千瓦时。2021 年,公司管理的核电站的总上网电量为 2011.51 亿千瓦时,占全国核电机组上网电量的 52.65%。

截至 2021 年 12 月 31 日,公司合并报表口径总资产约为 3999.93 亿元,较上年末增长 2.07%;负债合计约为 2490.83 亿元,资产负债率 62.27%;归属于母公司股东的权益约为 1009.11 亿元,较上年末增长 5.92%。公司实现合并报表口径营业收入约为 806.79 亿元,较上年同期增长 14.30%;归属于母公司股东的净利润约为 97.33 亿元,较上年同期增长 1.78%;经营活动产生的现金流量净额约为 349.11 亿元,较上年同期增长 15.77%。

(四) 新奥股份

新奥生态控股股份有限公司作为新奥集团清洁能源产业链重要组成部分,从国家发展需求和战略使命出发,着力发展天然气上游产业链,提供产品和服务。公司主要业务包含天然气销售业务、综合能源业务、工程建造及安装业务、能源生产业务、增值及数智化业务。

2021 年度,公司持续延长和纵深在天然气产业全场景的布局,在需求、资源、输储等方面不断进行业务探索与创新,同时促进各业务场景中的协同,不断放大产业聚合效应。

2021 年,公司深入推行可持续发展战略,参照国际标准搭建了完整的治理架构与执行体系,通过设立 ESG 委员会及管理团队,不断强化 ESG 的战略引领作用,将 ESG 要素根植于核心业务与企业文化中。公司在 2021 年年初首次发布《2020 环境、社会及管治报告》,获评 MSCI 的 ESG 管理水平 BB 级,同时被纳入 MSCI 中国 A 股指数及恒生 A 股可持续发展企业基准指数,反映出资本市场专业机构对公司 ESG 管理水平、长期投资价值的充分肯定。

2021 年,公司营业收入较上年同期增加 31.58%,营业成本较上年同期增加 34.45%,主要是公司所属子公司天然气业务(零售、批发、直销)气量增加、单价上涨,以及综合能源业务快速增长

……电力、热力、燃气及水生产和供应业

所致。

（五）重庆水务

重庆水务集团成立于2001年，2010年在上海证券交易所整体上市，是一家集产业投资、建设、运营与专业技术服务于一体的国内领先、国有控股的专业水务综合服务商。截至2021年年末，总资产292.45亿元，净资产165.04亿元。公司专注于城市供水、污水处理和污泥处理处置等水务环保产业的投资、建设和运营管理，业态延伸至环境综合治理、基础设施咨询与建设、环保科技服务等领域，拥有全资及控股子公司29家，合营、联营公司12家，运营管理自来水厂31座，日供水能力452.55万立方米（含合营联营），服务人口960余万人，占有重庆市主城区86%的自来水市场；运营管理污水处理厂113座，日污水处理能力487.395万立方米（含合营），日污泥处理处置能力2232吨（含委托运营），服务人口1800余万人，占有全市92%的污水处理市场。供水和排水水质全面达到或优于国家标准。

2021年，公司实现营业收入72.52亿元，比上年同期63.50亿元增加9.03亿元，增幅为14.22%，其中，主营业务收入63.97亿元，比上年同期增加16.40%，主要系供排水企业水量增加所致；其他业务收入8.56亿元，比上年同期增加0.18%。

（六）大唐发电

公司是中国大型独立发电公司之一，公司及子公司发电业务主要分布于全国19个省、市、自治区。截至2021年年末，公司总装机容量达到68770.03兆瓦，其中京津冀、东南沿海区域是公司火电装机最为集中的区域，水电项目大多位于西南地区，风电、光伏广布全国资源富集区域。公司大力推进低碳清洁能源转型，截至2021年年底，公司新投产机组774.15兆瓦，均为新能源机组，公司低碳清洁能源占比进一步提升至30.27%。

2021年，公司累计完成发电量约2729.25亿千瓦时，同比增长约1.54%；累计完成上网电量约2577.16亿千瓦时，同比增长约1.56%。实现经营收入约为1034.12亿元，比上年同期上升8.16%；经营成本完成约1043.62亿元，比上年同期增加33.87%；实现净利润约-118.96亿元，同比下降约323.78%；归属于母公司所有者的净利润约为-92.64亿元，同比下降约404.74%；资产总额约为2959.68亿元，比上年末增加5.58%；负债总额约为2198.01亿元，比上年末增加16.33%；资产负债率约为74.27%，比上年末增加6.87个百分点。

五、上市公司在行业中的影响力

2021年，电力、热力、燃气及水生产和供应业共实现主营业务收入94292.6亿元，比2020年增长15.5%，其中上市公司共实现主营业务收入18568.79亿元，上市公司总收入规模占全行业比重达19.69%，比2020年增加1.37个百分点；

2021年，电力、热力、燃气及水生产和供应业共实现利润总额3089.2亿元，同比减少41.9%，其中上市公司共实现利润总额888.49亿元，上市公司利润总额占全行业比重达28.76%，比2020年下降11.95个百分点。总体来看，上市公司在行业中影响力有所下降。

撰稿人：尤　越
审稿人：张敬华　任宪功

建筑业

一、建筑业总体概况

（一）行业整体运行情况

2021年经济整体面临下行压力，在加大跨周期调节力度、做好逆周期调节、适度靠前发力的要求下稳增长诉求更加迫切。党的十八大以来，我国建筑业积极应对国内外市场风险挑战，全力克服新冠疫情冲击，实现行业平稳健康发展，建筑业增加值占国内生产总值的比重始终保持在7%左右，国民经济支柱产业的地位持续稳固。2021年行业内110家上市公司实现营业收入总计81801.72亿元，同比增长15.42%；实现利润总额2879.99亿元，同比减少3.77%。

2021年，全国建筑业企业总产值29.3万亿元，同比增长11.04%；完成竣工产值13.5万亿元，同比增长10.12%；签订合同总额65.7万亿元，同比增长10.29%，其中新签合同额34.5万亿元，同比增长5.96%；房屋施工面积157.55亿平方米，同比增长5.41%；房屋竣工面积40.83亿平方米，同比增长6.11%；实现利润8554亿元，同比增长1.26%。

随着建设规模的持续扩大，建筑业市场主体蓬勃发展。2021年年末，全国各种类型建筑业企业达到226万家，其中有施工活动的具有建筑业企业资质的总承包和专业承包建筑业企业（以下简称建筑业企业）12.9万家，2013~2021年企业个数年均增长6.1%，实现了行业规模的跨越式发展。

建筑业企业劳动生产率明显提升，经济效益不断优化。2021年年末，按建筑业总产值计算的劳动生产率达到47.3万元/人，按建筑业增加值计算的劳动生产率达到12.9万元/人。

建筑业的平稳发展不断为社会提供新增就业岗位。2021年，全社会建筑业企业用工人数达8180万人，在国民经济行业门类中位居第二，仅低于制造业成为吸纳就业的重要领域。其中具有总承包和专业承包资质的建筑业企业平均用工人数6194万人，比2012年增长33.8%，2013~2021年年均增长3.3%。建筑业专业人才队伍不断壮大，执业资格人员数量逐年增加。2021年年末，全国建筑业企业工程技术人员达到682万人，全国注册一级建造师超过74万人，增加30多万人。同时，建筑业为吸纳农村剩余劳动力、缓解社会就业压力做出了重要贡献。国家统计局农民工监测调查报告显示，2021年年末全国农民工总量29251万人，其中建筑业农民工年末从业人员占比为19.0%。

（二）细分行业运行概况

按照证监会2021年三季度上市公司行业分类结果，建筑业门类下共分为4个细分行业大类。

1. 房屋建筑业。仅包含高新发展和重庆建工2家公司。房建项目主要分为研发阶段和建设阶段：研发阶段主要内容是项目的规划设计；建设阶段依次包括基础工程、主体工程、装饰工程和最后的工程交工验收。2021年，房屋建筑业实现营业收入644.37亿元，同比增长5.92%；归母净利润4.37亿元，同比减少22.53%。

2. 建筑安装业。仅包含亚翔集成和深达桑A 2家公司。我国建筑安装业起步于20世纪80年代，目前仍处于快速发展阶段。建筑安装业2021年实现营业收入449.16亿元，同比增长36.16%；归母净利润3.87亿元，同比增加61.34%。

3. 建筑装饰和其他建筑业。包含宝鹰股份、金螳螂等31家公司。建筑装饰行业位于产业链后端：上游主要是建筑装饰材料行业等，下游包括交通枢纽、政务场所、酒店餐饮、商业用房、面向地产商的住宅整体装修、面向个人业主的住宅装修等。装修装饰子行业主要分为公共建筑装修装饰、住宅建筑装修装饰、建筑幕墙。该细分行业2021年实现营业收入1314.88亿元，同比减少3.98%。

4. 土木工程建筑业。包含美丽生态、北方国际等75家公司，占建筑业门类的68%，为最大细分行业。与房屋建筑业相比，土木工程建筑业涉及的业务范围更加广阔，包含铁路、公路、水利、城市轨道交通等基础设施建设业务。土木工程建筑业等重要基础设施建设行业快速发展。2021年，土木工程建筑业实现营业收入79393.31亿元，同比增长15.79倍；归母净利润1841.05亿元，同比增长12.35%。

二、行业内上市公司发展概况

（一）行业内上市公司基本情况

表1　2021年建筑业上市公司发行股票概况

门类	总数		沪深主板		创业板		科创板		北交所	
	家数	市值（亿元）	家数	市值（亿元）	家数	市值（亿元）	家数	市值（亿元）	家数	市值（亿元）
建筑业（家）	110	16394.94	97	15698.65	12	682.87	0	0	1	13.43
占沪深北三市比重（%）	2.34	1.78	2.07	1.71	0.26	0.07	0	0	0.02	0

资料来源：沪深北交易所，同花顺。

（二）行业内上市公司构成情况

表2　　2021年建筑业上市公司构成情况

门类	沪市			深市			北交所	总计	ST/*ST
	主板	科创板	合计	主板	创业板	合计			
建筑业（家）	53	0	53	44	12	56	1	110	2/3
占行业内上市公司比重（%）	48.18	0	48.18	40.00	10.91	50.91	0.91	100.00	1.82/2.73

资料来源：沪深北交易所，同花顺。

（三）行业内上市公司融资情况

表3　　2021年建筑业上市公司与沪深两市融资情况对比　　单位：家

门类	融资家数	新股	增发	配股
建筑业	21	9	12	0
沪深两市总数	1032	524	502	7
占比（%）	2.03	1.72	2.39	0

资料来源：沪深北交易所，同花顺。

其中，首发的9家公司中，有0家在中小板上市，2家在创业板上市；增发的12家公司中，有7家沪市、5家深市及2家中小板公司。

按行业大类划分，进行融资的21家公司中，房屋建筑业0家，土木工程建筑业15家，建筑安装业1家，建筑装饰和其他建筑业5家，分别占比0%、71.43%、4.76%、23.81%。

从融资效果看，上述公司实际发行数量为1553149.24万股；实际募集资金299.50亿元，基本完成了融资计划。

（四）行业内上市公司资产及业绩情况

表4　　2021年建筑业上市公司资产情况　　单位：亿元

指标	2021年	2021年可比样本增长（%）	2020年	2020年可比样本增长（%）	2019年
总资产	127061.48	9.59	98914.4	12.09	85981.2
流动资产	83815.59	7.21	63780.5	10.08	56044.4
占比（%）	65.96	-1.47	64.48	-1.18	65.18
非流动资产	43245.90	14.53	35133.9	15.93	29936.8
占比（%）	34.04	1.47	35.52	1.18	34.82

续表

指标	2021年	2021年可比样本增长（%）	2020年	2020年可比样本增长（%）	2019年
流动负债	74018.64	10.03	55253.2	9.2	48947
占比（%）	58.25	0.23	55.86	-1.48	56.93
非流动负债	22835.62	8.43	18433.6	14.46	15746.1
占比（%）	17.97	-0.19	18.64	0.39	18.31
归属于母公司股东权益	20581.22	8.57	17871.7	10.21	16000.6
占比（%）	16.20	-0.15	18.07	-0.31	18.61

资料来源：沪深北交易所，同花顺。

表5　2021年建筑业上市公司收入实现情况　　　单位：亿元

指标	2021年	2021年可比样本增长（%）	2020年	2020年可比样本增长（%）	2019年
营业收入	81801.72	15.42	63955.8	12.04	55329.8
利润总额	2879.99	-3.77	2597.9	8.06	2325.05
归属于母公司所有者的净利润	1617.39	-7.54	1570.48	2.69	1459.23

资料来源：沪深北交易所，同花顺。

（五）利润分配情况

2021年全年建筑业上市公司中共有68家公司实施了分红配股。其中，4家上市公司实施送股或转增股，66家上市公司实施派息，其中2家公司既实施了送股、转增又实施了派息。

（六）其他财务指标情况

1. 盈利能力指标

表6　2021年建筑业上市公司盈利能力情况

指标	2021年	2021年可比样本变动	2020年	2020年可比样本变动	2019年
毛利率（%）	11.14	-0.21	11.11	-0.16	11.45
净资产收益率（%）	7.86	-1.37	8.79	-0.64	9.12
销售净利率（%）	2.69	-0.54	3.14	-0.16	3.27
资产净利率（%）	1.81	-0.29	2.15	-0.14	2.23

资料来源：沪深北交易所，同花顺。

2. 偿债能力指标

表7　　　　　　　　　　2021年建筑业上市公司偿债能力指标

指标	2021年	2021年可比样本变动	2020年	2020年可比样本变动	2019年
流动比率	1.13	-0.03	1.15	0.01	1.15
速动比率	0.80	-0.02	0.86	0.06	0.79
资产负债率（%）	76.23	0.04	74.5	-1.09	75.24

资料来源：沪深北交易所，同花顺。

3. 营运能力指标

表8　　　　　　　　　　2021年建筑业上市公司营运能力情况　　　　　　　　　单位：次

营运能力指标	2021年	2021年可比样本变动	2020年	2020年可比样本变动	2019年
存货周转率	3.01	0.38	3.38	0.4	2.9
应收账款周转率	6.13	0.32	5.95	0.24	5.86
流动资产周转率	1.01	0.05	1.05	0.01	1.03
固定资产周转率	15.59	1.35	14.6	1.01	13.33
总资产周转率	0.67	0.02	0.68	-0.01	0.68
净资产周转率	2.83	0.05	2.73	-0.14	2.81

资料来源：沪深北交易所，同花顺。

三、重点细分行业介绍

表9　　　　　　　　　　2021年建筑业上市公司数量分布及市值情况

大类	上市公司家数（家）	占行业内比重（%）	境内总市值（亿元）	占行业内比重（%）
建筑装饰和其他建筑业	31	28.18	1418.68	8.65
土木工程建筑业	75	68.18	14600.75	89.06
房屋建筑业	2	1.82	113.39	0.69
建筑安装业	2	1.82	262.12	1.60

资料来源：沪深北交易所，同花顺。

(一) 房屋建筑业

1. 行业概况

房屋建筑业指的是居民住宅、商业建筑、学校医院、港口码头等房屋建筑主体的施工，是建筑业最传统的业务组成部分。上市公司中大部分公司都有业务涉及房屋建筑。

2. 行业内上市公司发展情况

表10　2021年房屋建筑业上市公司收入及资产增长情况　　　单位：亿元

指标	2021年	2021年可比样本增长（%）	2020年	2020年可比样本增长（%）	2019年
营业收入	644.37	5.92	608.33	9.73	554.41
利润总额	5.81	-29.26	8.21	-12	9.33
归属于母公司所有者的净利润	4.37	-22.53	5.08	13.02	5.64
总资产	888.32	8.48	818.86	5.35	777.26
归属于母公司股东权益	120.27	9.02	110.32	15.14	95.81

资料来源：沪深北交易所，同花顺。

表11　2021年房屋建筑业上市公司盈利能力情况

指标	2021年	2021年可比样本变动	2020年	2020年可比样本变动	2019年
毛利率（%）	5.19	0.90	4.29	-0.45	4.74
净资产收益率（%）	3.63	-0.97	4.6	-1.28	5.88
销售净利率（%）	0.71	-0.34	1.06	-0.27	1.33
资产净利率（%）	0.54	-0.27	0.8	-0.18	0.98

资料来源：沪深北交易所，同花顺。

表12　2021年房屋建筑业上市公司偿债及营运情况

指标	2021年	2021年可比样本变动	2020年	2020年可比样本变动	2019年
资产负债率（%）	85.98	0.13	85.85	0.66	85.19
存货周转率（次）	5.78	2.73	3.05	1.08	1.98
总资产周转率（次）	0.75	-0.01	0.76	0.02	0.74

资料来源：沪深北交易所，同花顺。

(二) 建筑安装业

1. 行业概况

建筑安装业是指建筑物主体工程竣工后，建筑物内各种设备的安装，如生产设备、动力设备、起重设备、运输设备、传动设备、医疗实验设备及其他各种设备的装配、安置工程作业，包括建筑物主体施工中的敷设线路、管道的安装以及铁路、机场、港口、隧道、地铁的照明和信号系统的安装，与设备相连的工作台、梯子、栏杆的装设工程作业和被安装设备的绝缘、防腐、保温、油漆等工程作业，不包括工程收尾的装饰，如对墙面、地板、天花板、门窗等处理。建筑安装是房地产开发行业中必不可少的环节，通常认为房地产的竣工面积与建筑安装行业完成的建筑面积较为相近，其在建筑业总产值中的比例在8%左右。我国建筑安装业起步于20世纪80年代，目前仍处于快速发展阶段。

2. 行业内上市公司发展情况

表13　　　2021年建筑安装业上市公司收入及资产增长情况　　　单位：亿元

指标	2021年	2021年可比样本增长（%）	2020年	2020年可比样本增长（%）	2019年
营业收入	449.16	36.16	9.29	-50.84	18.7
利润总额	15.98	28.76	-0.38	-130.04	1.19
归属于母公司所有者的净利润	3.87	61.34	-0.33	-120.45	1.01
总资产	465.37	22.38	19.78	-13.28	21.27
归属于母公司股东权益	70.87	81.35	10.35	-19.32	11.5

资料来源：沪深北交易所，同花顺。

表14　　　2021年建筑安装业上市公司盈利能力情况

指标	2021年	2021年可比样本变动	2020年	2020年可比样本变动	2019年
毛利率（%）	11.73	-1.24	8.28	-2.99	11.32
净资产收益率（%）	5.46	0.84	-3.18	-11.45	8.81
销售净利率（%）	2.52	-0.13	-3.71	-9.31	5.41
资产净利率（%）	2.68	-1.43	-1.62	-6.64	4.98

资料来源：沪深北交易所，同花顺。

表15　　　2021年建筑安装业上市公司偿债及营运情况

指标	2021年	2021年可比样本变动	2020年	2020年可比样本变动	2019年
资产负债率（%）	77.32	-0.95	46.9	3.93	45.12
存货周转率（次）	41.27	8.56	3.67	-0.92	4.56
总资产周转率（次）	1.06	-0.48	0.44	-0.46	0.92

资料来源：沪深北交易所，同花顺。

（三）建筑装饰和其他建筑业

1. 行业概况

建筑装饰是建筑业的重要组成部分，随着我国经济快速增长，城市化进程不断加快，建筑装饰业处于快速增长阶段，成为成长性较好的新兴行业之一，在国民经济中的地位和重要性不断提升。建筑装饰按照服务对象划分，可分为公共建筑装饰（简称"公装"）和家庭住宅装饰（简称"家装"）。

2. 行业内上市公司发展情况

表16　2021年建筑装饰和其他建筑业上市公司收入及资产增长情况　　单位：亿元

指标	2021年	2021年可比样本增长（%）	2020年	2020年可比样本增长（%）	2019年
营业收入	1314.88	-3.98	1291.91	-6.81	1525.62
利润总额	-243.91	-596.77	44.57	-27.58	5.4
归属于母公司所有者的净利润	-231.90	-570.79	32.21	-40.66	-10.76
总资产	2208.76	-7.91	2287.26	6.04	2381.62
归属于母公司股东权益	562.90	-28.17	768.11	6.25	734.86

资料来源：沪深北交易所，同花顺。

表17　2021年建筑装饰和其他建筑业上市公司盈利能力情况

指标	2021年	2021年可比样本变动	2020年	2020年可比样本变动	2019年
毛利率（%）	13.57	-2.72	16.51	-1.09	17.3
净资产收益率（%）	-41.20	-45.76	4.19	-2.19	-1.46
销售净利率（%）	-17.46	-20.31	2.72	-0.84	-0.51
资产净利率（%）	-9.96	-11.65	1.58	-0.82	-0.34

资料来源：沪深北交易所，同花顺。

表18　2021年建筑装饰和其他建筑业上市公司偿债及营运情况

指标	2021年	2021年可比样本变动	2020年	2020年可比样本变动	2019年
资产负债率（%）	72.87	7.24	64.71	-0.02	67.47
存货周转率（次）	14.06	4.02	10.49	2.51	5.56
总资产周转率（次）	0.57	-0.02	0.58	-0.09	0.66

资料来源：沪深北交易所，同花顺。

（四）土木工程建筑业

1. 行业概况

土木工程建筑业指土木工程主体的施工活动，主要是指铁路、道路、隧道和桥梁工程建筑、水利和港口工程建筑、工矿工程建筑、架线和管道工程建筑以及公园、高尔夫球场等其他工程建筑，不包括主体工程施工签订土方挖运、拆除爆破等工程准备活动。土木工程建筑业是建筑业中最主要细分行业之一，产值在行业总产值中占比较大。上市公司大部分集中在这个细分领域内。

2. 行业内上市公司发展情况

表19　2021年土木工程建筑业上市公司收入及资产增长情况　　　　　　　　单位：亿元

指标	2021年	2021年可比样本增长（%）	2020年	2020年可比样本增长（%）	2019年
营业收入	79393.31	15.79	62046.25	12.56	53231.08
利润总额	3102.11	6.13	2545.5	9.15	2309.13
归属于母公司所有者的净利润	1841.05	12.35	1533.53	15.73	1463.34
总资产	123499.02	9.93	95788.48	12.31	82801.04
归属于母公司股东权益	19827.18	10.01	16982.96	10.39	15158.4

资料来源：沪深北交易所，同花顺。

表20　2021年土木工程建筑业上市公司盈利能力情况

指标	2021年	2021年可比样本变动	2020年	2020年可比样本变动	2019年
毛利率（%）	11.14	-0.16	11.06	-0.11	11.35
净资产收益率（%）	9.29	-0.18	9.03	-0.57	9.65
销售净利率（%）	3.04	-0.22	3.17	-0.14	3.4
资产净利率（%）	2.04	-0.07	2.17	-0.12	2.32

资料来源：沪深北交易所，同花顺。

表21　2021年土木工程建筑业上市公司偿债及营运情况

指标	2021年	2021年可比样本变动	2020年	2020年可比样本变动	2019年
资产负债率（%）	76.21	-0.13	74.64	-1.14	75.38
存货周转率（次）	2.94	0.36	3.34	0.38	2.87
总资产周转率（次）	0.67	0.02	0.69	-0.01	0.68

资料来源：沪深北交易所，同花顺。

四、重点上市公司介绍

（一）中国建筑

中国建筑是我国专业化经营历史最久、市场化经营最早、一体化程度最高的投资建设集团，在房屋建筑工程、基础设施建设与投资、房地产开发与投资、勘察设计等领域居行业领先地位。中国建筑是全球最大的工程承包商，在《财富》"世界500强"2021年榜单上位列第13位；

《财富》"中国500强"排名中连续九年位列前3名；在美国《工程新闻记录》(ENR) 2020年度"全球工程承包商250强"榜单上继续位居首位，16次获得国务院国资委年度考核A级。国际三大评级机构标普、穆迪、惠誉继续将中国建筑的评级维持为A/A2/A，展望维持"稳定"，保持行业内全球最高信用评级。

中国建筑是世界上最大的工程承包商，业务范围涉及城市建设的全部领域与项目建设的每个环节，具有全国布局的综合设计能力、施工能力和土地开发能力，拥有包括产品技术研发、勘察设计、地产开发、工程承包、设备制造、物业管理等在内完整的建筑产品产业链条，全国绝大多数的300米以上超高层、众多技术含量高、结构形式复杂的建筑均由中国建筑承建。

2021年，公司新签合同额35295亿元，同比增长10.3%。建筑业务新签合同额同比增长12.1%，至31074亿元，其中，房建业务新签合同额为22506亿元，同比增长8.3%；基建业务新签合同额为8439亿元，同比增长24.1%。公司地产业务实现合约销售额4221亿元，同比下降1.5%；合约销售面积2143万平方米，同比下降9.6%。

2021年，公司业务结构更趋优化。营业收入同比增长17.1%，至18913亿元。房建业务实现营业收入11470亿元，同比增长14.6%，仍是公司最主要收入贡献板块，实现毛利897亿元，毛利率7.8%，同比上升1.1个百分点；基础设施建设与投资业务营业收入4100亿元，同比增长17.7%，实现毛利428亿元，同比增长45.1%，毛利率10.4%，同比上升1.9个百分点；房地产业务营业收入3309亿元，同比增长22%，实现毛利697亿元，毛利率为21.1%，同比降低5.1个百分点。

公司盈利能力稳步增强。2020年，公司实现归属于上市公司股东净利润同比增长7.3%，至449.4亿元；收入净利率为4.4%，同比下降0.06个百分点；加权平均净资产收益率为15.54%，继续保持行业领先水平；基本每股收益1.07元，同比增长10.3%。

公司经营性现金流入持续向好。全年实现净流入144亿元，同比减少29.2亿元；投资方面，房地产开发业务投资收支比104.4%，同比小幅回落1.3个百分点；基础设施和房建投资业务投资收支比50.9%，同比提高9.3个百分点；城镇综合建设业务投资收支比164.0%，同比提高55.8个百分点。

公司资产负债结构稳中有降。2021年，公司资产负债率同比下降0.5个百分点至73.2%。总资产同比增长8.9%，比负债增长率8.3%高出0.6个百分点。公司应收账款周转率及应收账款周转天数分别为11.09次和32.47天，较2020年有所提升，位居行业前列。

（二）中国交建

中国交建是中国领先的交通基建企业，公司的核心业务领域——基建建设、基建设计和疏浚均为业内领导者。中国交建是世界最大的港口、公路与桥梁的设计与建设公司、世界最大的疏浚公司；中国最大的国际工程承包公司、中国最大的高速公路投资商；拥有世界上最大的工程船船队。公司拥有33家主要全资、控股子公司，业务足迹遍及中国所有省、市、自治区及港澳特区和世界139个国家和地区。

公司作为中交集团主要控股子公司，对其经营成绩起着重要作用。中交集团世界500强排名由2016年的第110位跃升至2021年的第61位，连续15年荣膺ENR全球最大国际承包商中资企业首位，连续16年获国务院国资委央企经营业绩考核为A级。

"十四五"期间，公司把握基建行业数字化、智能化发展方向，加快推动产业转型升级，"大交通"建设国家队、"大城市"发展主力军的地位更加巩固。2021年，公司公路业务规模重返国内第一，城市建设产业链和价值链不断完善，产城融合能力不断提升，海外经营规模逆势上扬，江河湖海业务达历史新高，绿色低碳产业链不断完善。

2021年中国交建经营受疫情影响明显转弱。2021年全年实现营业收入6856.39亿元，同比增长9.25%。其中，各业务来自境外地区的收入为948.40亿元（约折合146.96亿美元），约占本集团收入的13.83%。实现毛利858.4亿元，同比增长5.03%，毛利率12.52%，较上年同期减少0.50个百分点。利润总额287.44亿元，同比增加12.94%；净利润234.96亿元，同比增加21.44%；归属于公司股东的净利润为179.93亿元，同比增长11.03%。每股收益为1.02元，拟每10股派现金股息约为2.04元。

2021年，公司新签合同额12679.12亿元，同比增长18.85%，完成年度目标的108%（按照在2020年新签合同额10667.99亿元的基础上增长10%测算）。其中，基建建设业务新签合同额11253.68亿元，同比增长18.35%；基建设计业务新签合同额445.08亿元，同比下降6.75%；疏浚业务新签合同额873.01亿元，同比增长48.38%；其他业务新签合同额107.35亿元，同比增长14.83%。新签合同额的增长主要来自城市综合开发、市政工程、房屋建筑、道路与桥梁、轨道交通等项目领域投资与建设需求的增加。截至2021年12月31日，公司持有在执行未完成合同金额为31282.54亿元。

2021年，公司境外新签合同额实现逆势上扬，各业务来自境外地区的新签合同额2159.78亿元（约折合312.99亿美元），同比增长5.36%，约占新签合同额的17%。其中，新签合同额在3亿美元以上项目24个，总合同额185.26亿美元，占全部境外新签合同额的59%。经统计，截至2021年12月31日，公司共在139个国家和地区开展业务。

此外，新签基础设施等投资类项目总投资概算为4001.96亿元，按照公司股比确认合同额为2181.04亿元，预计在设与施工环节本公司可承接的建安合同额为1871.55亿元。

（三）中国电建

中国电建依托"大基建"，聚焦"水、能、城"，集成"投建营"，以打造现代电建、数字电建、特色电建。公司具有"懂水熟电，擅规划设计，长施工建造，能投资运营"全方位优势、懂水熟电的核心优势以及全产业链经营的突出特征。公司业务涵盖工程承包与勘察设计、电力投资与运营、房地产开发、设备制造与租赁及其他业务，具有规划、勘察、设计、施工、运营、装备制造和投融资等全产业链服务能力，能提供一站式综合性服务。

2021年，公司市场地位进一步提升，在《财富》世界500强排名位列107位，较上年上升50位。ENR设计商排名方面，在2020年全球工程设计企业150强中排名第一，连续两年居于榜首；ENR工程承包商排名方面，在全球工程承包商250强中位列第5位（中资企业第五），两项排名在电力领域均排名第一。按照国际业务排名，在2021年国际工程设计公司225强中列第16位，在亚洲市场排第1位；在国际工程承包商250强中列第7位。两项排名在电力行业领域均位列全球第一。

中国电建2021年实现营业收入4483.25亿元，同比增长11.75%。其中，工程承包与勘测设计业务作为公司最具竞争实力、收入总额最多的业务，2021年实现营业收入3729.88亿元，同比增长12.22%，占主营业务收入的83.56%；毛利率为10.92%，较上年11.80%减少0.88个百分点，毛利额占比70.38%；房地产开发业务方面，2021年实现营业收入295.39亿元，同比增长7.88%，占主营业务收入的4.56%；毛利率11.75%，同比下降7.25个百分点，毛利额占比6.00%；电力投资与运营业务作为公司重要业务，2021年经营效益显著提升，实现营业收入203.41亿元，同比增长7.88%，占主营业务收入的4.56%；毛利率为40.82%，同比下降7.03个百分点，毛利额占比14.34%。

2021年，中国电建新签合同总额7802.83亿元，同比增长15.91%，为全年新签合同总额计划的104.46%。其中：国内新签合同额6160.49亿元，同比增长30.61%；国外新签合同额1642.34亿元，同比减少18.54%。国内外水利电力业务新签合同额3103.81亿元。截至报告期末，合同存量14645.44亿元，同比增长32.44%。其中：国内合同存量12030.26亿元，占比82.14%；国外合同存量2615.18亿元，占比17.86%。2021年，公司共完成投资1441.07亿元，较2020年完成的1103.63亿元增加了30.58%，完成2021年投资计划1820亿元的79.18%。

（四）中国铁建

中国铁建业务涵盖工程承包、勘察设计咨询、工业制造、房地产开发、物流与物资贸易及其他业务，具有科研、规划、勘察、设计、施工、监理、维护、运营和投融资等完善的行业产业链，涉及高原铁路、高速铁路、高速公路、桥梁、隧道和城市轨道交通工程设计及建设领域。目前，中国铁建经营业务遍及包括台湾省在内的全国32个省、自治区、直辖市和香港、澳门特别行政区，以及世界121个国家。

公司是中国乃至全球最具实力、最具规模的特大型综合建设集团之一，连续入选美国《工程新闻记录》（ENR）杂志"全球250家最大承包商"，2021年排名第3位；连续入选《财富》杂志"世界500强"，2021年排名第42位；连续入选"中国企业500强"，2021年排名第12位。

2021年，中国铁建实现营业收入10200.102亿元，同比增长12.05%；实现利润总额351.514亿元，同比增长11.63%，净利润293.152亿元，同比增长14.03%；净利润率2.87%，同比增加0.05个百分点，创历年最好水平；基本每股收益1.60元；资产总额达到13529.70亿元，同比增加1101.772亿元；资产负债率74.39%，同比下降0.37个百分点。

2021年全年新签合同额28196.516亿元，完成年度计划的103.10%，同比增长10.39%。其中，国内业务新签合同额25623.513亿元，占新签合同总额的90.87%，同比增长10.38%；海外业务新签合同额2573.003亿元，占新签合同总额的9.13%，同比增长10.52%。截至2021年年末，本集团未完合同额48548.981亿元，同比增长12.41%。其中，国内业务未完合同额38971.975亿元，占未完合同总额的80.27%；海外业务未完合同额9577.006亿元，占未完合同总额的19.73%。

（五）中国中铁

中国中铁是全球最大的多功能综合型建设集团之一，可提供全套工程和工业产品及相关服务，并且在基础设施建设、勘察设计与咨询服务、工程设备与零部件制造等领域处于行业领先地位。后续又相继开展了房地产开发、物资贸易、基础设施投资运营、矿产资源开发及金融等相关多元业务。公司各业务上下游联系紧密，逐步形成了公司纵向"建筑业一体化"、横向"主业突出、相关多元"的产品产业布局。

基础设施建设方面，公司始终在中国行业处于领先地位，是全球最大的建筑工程承包商之一。此外，公司在中国铁路基建领域、城市轨道交通基建领域均为最大的建设集团，拥有中国唯一的高速铁路建造技术等国家重点实验室，代表着中国铁路、轨道交通建造方面最先进的技术水平。

2021年，公司多项业绩指标连续创历史最好水平，实现新签合同额27293.2亿元，同比增长4.7%。其中，境内业务新签合同额为25776.1亿元，同比增长4.4%；境外业务实现新签合同额1517.1

亿元，同比增长 11.3%；营业总收入 9747.49 亿元，同比增长 14.56%；净利润 304.7 亿元，同比增长 11.82%；归属于母公司股东的净利润 276.18 亿元，同比增长 9.65%；息税折旧摊销前利润（EBITDA）606.59 亿元，同比增长 9.46%。应收账款周转率由同期的 8.66 次提高至 8.67 次，资产周转效率进一步提升；资产负债率 73.68%，较期初减少 0.22 个百分点，实现了公司经营规模、效益、质量连年迈上新台阶。经营现金流方面，中国中铁 2020 年经营现金流量净额为 309.94 亿元，同比多流入 87.96 亿元。

五、上市公司在行业中的影响力

上市建筑公司引领行业增长。建筑业的上市公司充分利用公共公司的品牌、公信力方面优势，依靠资本市场融资条件优势，在整个行业中始终处在排头兵的位置，具有较强代表性。2021 年行业内 110 家上市公司实现营业收入总计 81801.72 亿元，同比增长 15.42%；实现利润总额 2879.99 亿元，同比减少 3.77%。

上市建筑公司在细分领域普遍处于行业龙头地位。2021 年，全球工程建设领域最权威的学术杂志《工程新闻记录》（ENR），对全世界工程建筑领域的重要建筑企业进行排名，选出营业收入排在全球前 250 名的工程公司，上榜的中国企业大部分为上市的建筑公司。

撰稿人：唐　猛
审稿人：袁　豪

批发和零售业

一、批发和零售业总体概况

（一）行业整体运行情况

批发零售业是社会化大生产过程中的重要环节，是决定经济运行速度、质量和效益的引导性力量，是我国市场化程度最高、竞争较为激烈的行业之一。2021年，批发和零售业增加值11.05万亿元，迈上十万亿元新台阶，比上年增长11.3%，占GDP比重9.66%，拉动GDP增长1.07个百分点，高于2019年0.51个百分点。面对国际环境变化、新冠疫情反复、产业链供应链不稳、成本传导压力加大等不利因素影响，全年商品交易市场受到了一定的冲击，但在我国经济稳定恢复的大环境下，也实现了稳定增长，高质量发展特征明显，恢复到了疫情前的发展水平。主要体现在商品交易市场数字化赋能进一步释放，直播功能不断丰富，搭建各类平台，生态圈建设不断完善，拓宽上下游渠道，供应链职能更为全面。

（二）细分行业运行概况

根据商品在流通环节中的批发活动和零售活动，批发与零售业主要分为批发业和零售业两个大类。从国外的发展经验来看，批发与零售贸易的比率整体呈下降趋势，不过批发商品交易额依然呈上升趋势。

作为商品流通的重要环节，批发业的发展对于节约全社会的成本、降低交易成本、提高流通效率、促进经济增长具有重要作用，目前我国批发市场主要以专业市场为主。然而随着生产商和零售商向批发环节一体化进程的加快，我国批发业的发展陷入困境，整个流通体系呈现"两头活跃、中间萎缩"的基本格局。从商品结构来看，中国矿产品、建材及化工产品，食品、饮料及烟草制品，纺织、服装及日用品等行业的批发业务主营业务收入所占的比重最大；而饮料及茶叶、烟草制品、服装、鞋帽、体育用品、图书、中药材及中成药、通信及广播电视设备等产品的批发业务毛利率较高，均在10%以上。我国东部地区批发零售市场发展水平较高，成交量达到亿元以上的批发市场数量超过1300家，占中国批发零售成交量达到亿元以上的农产品批发市场总量的65%左右。

零售渠道分为线下渠道和线上渠道，目前国内本地零售市场仍以线下渠道为主，线下零售规模保持稳定。数据显示，2016～2021年中国本地零售行业的市场规模由11万亿元增加至13.4万亿元，复合年增长率为3.9%。未来随着中国经济恢复增长，线上渠道将会成为本地零售业增长的主要驱动力，2023年本地零售规模将达14.5万亿元。随着社会经济的发展，居民生活水平的提高，零售行业在数字化改革和电商驱动的背景下，消费者线上购物的渗透率普遍提升。2021年，我国电子商务坚持创新驱动，不断加快产业数字化步伐，全国电子商务交易额达42.3万亿元，同比增长19.6%；网上零售额达13.1万亿元，同比增长14.1%；实物商品网上零售额10.8万亿元，占社会消费品零售总额比重达到24.5%，直播电商、即时零售等新模式业态创新不断激发消费活力，带动网络零售提质升级，助力构建全国统一大市场。在互联网的加持下，传统零售行业也在随着时代变化而不断转型发展。

二、行业内上市公司发展概况

（一）行业内上市公司基本情况

表1　　　　　　　　2021年批发和零售业上市公司发行股票概况

门类	总数		沪深主板		创业板		科创板		北交所	
	家数	市值(亿元)	家数	市值(亿元)	家数	市值(亿元)	家数	市值(亿元)	家数	市值(亿元)
批发和零售业	187	17502.19	161	15134.24	25	2356.70	0	0	1	11.25
占沪深北三市比重（%）	3.98	1.90	3.43	1.65	0.53	0.26	0	0	0.02	0.00

资料来源：沪深北交易所，同花顺。

（二）行业内上市公司构成情况

表2　　　　　　　　2021年批发和零售业上市公司构成情况

门类	沪市			深市			北交所	总计	ST/*ST
	主板	科创板	合计	主板	创业板	合计			
批发和零售业（家）	100	0	100	61	25	86	1	187	4/7
占行业内上市公司比重（%）	53.48	0	53.48	32.62	13.37	45.99	0.53	100.00	2.14/3.74

资料来源：沪深北交易所，同花顺。

（三）行业内上市公司融资情况

表3　　　　2021年批发和零售业上市公司与沪深两市融资情况对　　　单位：家

门类	融资家数	新股	增发	配股
批发和零售业	31	16	15	0
沪深两市总数	1032	524	502	7
占比（%）	3.00	3.05	2.99	0

资料来源：沪深北交易所，同花顺。

其中,首发的16家公司中,有4家在主板上市,12家在创业板上市;增发的15家公司中,有5家沪市、10家深市公司。

按行业大类划分,进行融资的15家公司中,批发业8家,零售业7家,分别占比53.33%、46.67%。

从融资效果看,上述公司实际发行数量为299585.3万股;实际募集资金402.38亿元,基本完成了融资计划。

(四) 行业内上市公司资产及业绩情况

表4　　　　　2021年批发和零售业上市公司资产情况　　　　　单位:亿元

指标	2021年	2021年可比样本增长(%)	2020年	2020年可比样本增长(%)	2019年
总资产	35714.17	10.01	31613.7	6.22	29973.5
流动资产	23420.54	7.40	20880.5	8.15	19356.5
占比(%)	65.58	-1.60	66.05	1.18	64.58
非流动资产	12293.64	15.37	10733.2	2.66	10617.1
占比(%)	34.42	1.60	33.95	-1.18	35.42
流动负债	18856.50	6.09	17205.4	7.77	15977.5
占比(%)	52.80	-1.95	54.42	0.78	53.31
非流动负债	5089.12	48.57	3439.19	6.85	3286.19
占比(%)	14.25	3.70	10.88	0.06	10.96
归属于母公司股东权益	9800.13	0.99	9437.46	1.57	9449.24
占比(%)	27.44	-2.45	29.85	-1.37	31.53

资料来源:沪深北交易所,同花顺。

表5　　　　　2021年批发和零售业上市公司收入实现情况　　　　　单位:亿元

指标	2021年	2021年可比样本增长(%)	2020年	2020年可比样本增长(%)	2019年
营业收入	53692.08	17.28	43723.3	3.26	42032.3
利润总额	773.15	-1.87	684.55	-39.47	1120.6
归属于母公司所有者的净利润	319.88	-20.49	316.59	-51.87	655.88

资料来源:沪深北交易所,同花顺。

(五) 利润分配情况

2021年全年批发和零售业上市公司中共有120家公司实施了分红配股。其中,10家上市公司实施送股或转增股,118家上市公司实施派息,其中8家公司既实施了送股、转增又实施了派息。

(六) 其他财务指标情况

1. 盈利能力指标

表6　　2021年批发和零售业上市公司盈利能力情况

指标	2021年	2021年可比样本变动	2020年	2020年可比样本变动	2019年
毛利率（%）	8.61	-1.33	9.86	-1.07	10.82
净资产收益率（%）	3.26	-0.88	3.35	-3.73	6.94
销售净利率（%）	0.95	-0.15	0.95	-0.89	1.83
资产净利率（%）	1.49	-0.12	1.35	-1.38	2.67

资料来源：沪深北交易所，同花顺。

2. 偿债能力指标

表7　　2021年批发和零售业上市公司偿债能力指标

指标	2021年	2021年可比样本变动	2020年	2020年可比样本变动	2019年
流动比率	1.24	0.02	1.21	0	1.21
速动比率	0.80	-0.01	0.8	0	0.8
资产负债率（%）	67.05	1.74	65.3	0.85	64.27

资料来源：沪深北交易所，同花顺。

3. 营运能力指标

表8　　2021年批发和零售业上市公司营运能力情况　　　　　　单位：次

营运能力指标	2021年	2021年可比样本变动	2020年	2020年可比样本变动	2019年
存货周转率	6.21	0.37	5.8	-0.33	6.02
应收账款周转率	13.35	1.93	11.58	-0.17	11.61
流动资产周转率	2.37	0.18	2.18	-0.1	2.24
固定资产周转率	18.56	3.01	14.5	0.09	14.34
总资产周转率	1.58	0.11	1.42	-0.06	1.46
净资产周转率	4.66	0.50	4.06	-0.08	4.04

资料来源：沪深北交易所，同花顺。

三、重点细分行业介绍

表9　　2021年批发和零售业上市公司数量分布及市值情况

大类	上市公司家数（家）	占行业内比重（%）	境内总市值（亿元）	占行业内比重（%）
零售业	101	54.01	9891.56	56.52
批发业	86	45.99	7610.63	43.48

资料来源：沪深北交易所，同花顺。

（一）零售业

1. 行业概况

零售业指从工农业生产者、批发贸易业或居民购进商品，转卖给城乡居民作为生活消费和售给社会集团作为公共消费的商品流通企业。它是百货商店、超级市场、专门零售商店、品牌专卖店、售货摊等主要面向最终消费者（如居民等）的销售活动，包括以互联网、邮政、电话、售货机等方式的销售活动。还包括在同一地点，后面加工生产，前面销售的店铺（如面包房）。

2021年，受益于更加精准有效的疫情防控政策以及疫苗接种率的持续提高，促消费政策逐步落地显效，带动市场销售规模持续扩大，消费结构不断优化升级，消费市场总体保持恢复态势。零售行业对于支撑国民经济稳定恢复起到了重要作用，随着我国经济的不断发展、城市化进程的持续推进、居民收入的不断提高、消费的持续升级以及政府鼓励消费政策的实施，我国零售行业有着持续平稳上升的空间。后疫情时代，随着消费者消费习惯的改变，新业态、新模式不断涌现，线上零售规模持续扩大，线上线下融合不断加强，零售行业呈现产业链数字化、渠道多元化等发展趋势。为了适应消费者需求的变化，零售行业企业不断创新经营模式，提升服务品质，回归零售本质，推动行业转型升级。

2. 行业内上市公司发展情况

表10　　2021年零售业上市公司收入及资产增长情况　　单位：亿元

指标	2021年	2021年可比样本增长（%）	2020年	2020年可比样本增长（%）	2019年
营业收入	13737.57	-2.98	13436.9	-12.59	15086.6
利润总额	-129.03	-144.49	254.87	-58.42	602.39
归属于母公司所有者的净利润	-185.44	-156.17	130.19	-67.03	373.26
总资产	16118.16	6.66	14964.2	0.84	14696.5
归属于母公司股东权益	5100.73	-7.89	5514.89	0.06	5470.68

资料来源：沪深北交易所，同花顺。

表11　　2021年零售业上市公司盈利能力情况

指标	2021年	2021年可比样本变动	2020年	2020年可比样本变动	2019年
毛利率（%）	18.62	-0.15	18.92	0.09	18.75
净资产收益率（%）	-3.64	-6.64	2.36	-4.52	6.82
销售净利率（%）	-1.23	-2.53	1.1	-1.56	2.65
资产净利率（%）	-1.08	-2.32	0.99	-1.86	2.81

资料来源：沪深北交易所，同花顺。

表12　2021年零售业上市公司偿债及营运情况

指标	2021年	2021年可比样本变动	2020年	2020年可比样本变动	2019年
资产负债率（%）	65.76	5.28	60.21	0.09	60.08
存货周转率（次）	4.54	-0.14	4.71	-0.73	5.38
总资产周转率（次）	0.88	-0.07	0.9	-0.17	1.06

资料来源：沪深北交易所，同花顺。

（二）批发业

1. 行业概况

批发业是指批发商向批发、零售单位及其他企业、事业、机关批量销售生活用品和生产资料的活动，以及从事进出口贸易和贸易经纪与代理的活动。批发商可以对所批发的货物拥有所有权，并以本单位、公司的名义进行交易活动；也可以不拥有货物的所有权，而以中介身份做代理销售商；还包括各类商品批发市场中固定摊位的批发活动。作为商品流通的重要环节，批发业的发展对于节约全社会的成本、降低交易成本、提高流通效率、促进经济增长具有重要作用。

近年来，我国商品批发市场在稳步发展的同时，也出现了一些变化。一方面，在原来批发市场发育较快、市场功能作用比较显著的地方，出现了专业批发市场功能弱化、地位下降的倾向。其主要表现在市场的年成交额增长速度下降，市场的辐射功能和交易功能弱化。另一方面，一部分专业市场逐步引入了现代企业制度和管理制度，在市场组织形式上谋求创新，向现代流通组织形式迈进。

2. 行业内上市公司发展情况

表13　2021年批发业上市公司收入及资产增长情况　　　　　　　单位：亿元

指标	2021年	2021年可比样本增长（%）	2020年	2020年可比样本增长（%）	2019年
营业收入	39954.51	26.35	30286.3	12.3	26945.7
利润总额	902.18	81.22	429.68	-17.04	518.21
归属于母公司所有者的净利润	505.33	58.10	186.4	-28.63	282.62
总资产	19596.01	12.93	16649.4	11.57	15277
归属于母公司股东权益	4699.40	12.81	3922.57	3.78	3978.56

资料来源：沪深北交易所，同花顺。

表 14　　　　　　　　　　　2021 年批发业上市公司盈利能力情况

指标	2021 年	2021 年可比样本变动	2020 年	2020 年可比样本变动	2019 年
毛利率（%）	5.17	-0.81	5.85	-0.59	6.38
净资产收益率（%）	10.75	5.09	4.75	-2.62	7.1
销售净利率（%）	1.70	0.68	0.88	-0.49	1.38
资产净利率（%）	3.67	1.72	1.69	-0.93	2.54

资料来源：沪深北交易所，同花顺。

表 15　　　　　　　　　　　2021 年批发业上市公司偿债及营运情况

指标	2021 年	2021 年可比样本变动	2020 年	2020 年可比样本变动	2019 年
资产负债率（%）	68.11	-1.40	69.88	1.11	68.3
存货周转率（次）	6.97	0.51	6.36	-0.17	6.39
总资产周转率（次）	2.16	0.24	1.92	0.01	1.84

资料来源：沪深北交易所，同花顺。

四、重点上市公司介绍

（一）迪阿股份

迪阿股份以 DR 品牌为核心，坚守和传递及"男士一生仅能定制一枚"DR 求婚钻戒的理念及购买规则，赋予品牌独特的情感内涵和价值主张，在求婚钻戒领域形成了独特的品牌理念优势。与此同时，公司在中国市场抓住新零售时代消费升级和技术升级的契机，利用移动互联网打造了现代、高效、贴近消费者的品牌运营模式，充分整合社交类平台、视频类平台、新闻类平台、搜索引擎等新媒体资源向消费者传达其品牌内涵。目前，公司围绕品牌理念进一步构建了互联网传播优势、纯自营经营优势、定制化优势等。因此，在珠宝企业逐步重视品牌内涵、品牌竞争日趋激烈的背景下，公司紧跟消费者购买偏好及消费习惯变化，始终坚持以品牌为核心建立和巩固经营壁垒，已打造成为有区隔度、深层内涵及消费者强信任纽带的珠宝品牌。

2021 年公司在品牌传播优化、品牌影响力扩大、渠道建设能力及运营水平进一步提升的积极影响下，经营业绩持续快速增长。公司实现营业收入 46.23 亿元，较上年同期增长 87.57%。归属于上市公司股东的净利润 13.02 亿元，较上年同期增长 131.09%，扣除非经常性损益后的归属于上市公司股东的净利润 12.49 亿元，较上年同期增长 131.03%，基本每股收益 3.62 元，较上年同期增长 132.05%。2021 年期间费用总额 14.33 亿元，较上年同期增长 56.22%，其中销售费用 12.18 亿元，较上年同期增长 67.05%，主要原因是当期延续了良好的经营态势，业务规模同比大幅增长，门店数量和销售人员数量增长较快，使得工资薪金、市场推广费、门店租赁相关支出等费用增长较快。

表16　迪阿股份2018~2021年财务指标

项目	2021年	2020年	2019年	2018年
营业总收入（亿元）	46.23	24.64	16.65	15.00
营业总成本（亿元）	30.82	18.14	14.07	11.66
营业利润（亿元）	16.33	6.92	2.90	3.60
利润总额（亿元）	16.32	6.92	2.90	3.60
归属母公司股东的净利润（亿元）	13.02	5.63	2.64	2.73
销售毛利率（%）	70.14	69.37	70.21	69.82
销售净利率（%）	28.16	22.85	15.86	18.17
净资产收益率（%）	32.61	63.02	45.56	64.35

资料来源：Wind资讯。

（二）豫园股份

豫园股份依托上海城市文化商业根基，以为全球家庭智造快乐生活为使命，立志成为引领中华文化复兴潮流、植根中国的全球一流家庭快乐消费产业集团。公司逐步形成了面向家庭消费，具有独特竞争优势的产业集群，主要包括珠宝时尚、商业管理、文化餐饮和食品饮料、国潮腕表、美丽健康、复合功能地产等业务板块。

公司旗下拥有丰富的品牌资源，其中"豫园商城"商业旅游文化品牌已经成为上海标志性的城市文化名片。公司拥有老庙、亚一、南翔馒头店、上海老饭店、绿波廊酒楼、松鹤楼、童涵春堂、海鸥表、上海表等一系列具有充分知名度和美誉度的老字号品牌，通过聚焦经典时尚和潮流演绎的文创产品，开启老字号品牌的焕新升级，持续提升品牌价值。公司的"豫园新春民俗灯会"被国家文化部列入"国家级非物质文化遗产项目"。丰富的优质品牌资源对于公司塑造市场影响力、差异化经营和特色化发展起到了支撑作用。2021年，公司实现营业收入510.63亿元，同比增加12.15%；归属于上市公司股东的扣除非经常性损益的净利润27.99亿元，同比增加13.39%；归属于上市公司股东的净利润38.61亿元，同比增加6.92%。

表17　豫园股份2018~2021年财务指标

项目	2021年	2020年	2019年	2018年
营业总收入（亿元）	510.63	440.51	429.12	337.77
营业总成本（亿元）	486.25	405.47	381.49	298.13

续表

项目	2021年	2020年	2019年	2018年
营业利润（亿元）	49.56	50.03	53.74	46.32
利润总额（亿元）	49.63	52.74	54.06	45.98
归属母公司股东的净利润（亿元）	38.61	36.10	32.08	30.21
销售毛利率（%）	24.12	24.50	26.83	25.72
销售净利率（%）	7.69	9.13	9.10	10.13
净资产收益率（%）	11.48	11.21	10.68	15.19

资料来源：Wind资讯。

(三) 苏宁易购

苏宁易购聚焦家电3C零售业务，重塑销售网络、商品供应链、物流服务核心能力，实现企业的发展。公司拥有行业领先的销售网络，线上线下融合发展的服务和营销能力，快速推进门店数字化转型，具备较强的品牌形象提升及商品推广能力。截至12月31日公司拥有家电3C家居生活专业店1839家，覆盖核心商圈、社区商圈、商超和部分购物中心等各种用户消费场景；下沉市场苏宁易购零售云加盟店9178家；线上拥有苏宁易购、苏宁易购天猫旗舰店两大平台矩阵，在行业来看，苏宁易购是国内家电行业零售的领先企业。公司在家电3C产品领域拥有全面的、专业的商品供应链管理能力及零售运营管理能力，具备全场景零售渠道的商品组货能力和品牌主推能力。同时，拥有零售行业领先的全国性的自建物流基础设施及售后服务网络，致力于不断提升供应链履约效率和服务能力。

2021年公司实现营业收入1389.04亿元，同比减少44.94%；归属于上市公司股东的净利润-432.65亿元，同比减少912.11%。受阶段性流动性压力影响，带来商品库存下降，终端销售能力受影响，与此同时，互联网线上对于不可能产生盈利模式的商品，以及价格竞争的敏感商品，公司进行了大力度的策略调整，带来该部分商品主要为快消、通信等产品销售下滑。商品销售规模大幅下降带来毛利下降，带来公司主营业务毛利率同比下降；公司通过加大闲置物业的招商转租，带来其他业务毛利率同比有所增加，由此带来公司综合毛利率同比下降4.34%。

表18　苏宁易购2018~2021年财务指标

项目	2021年	2020年	2019年	2018年
营业总收入（亿元）	1389.04	2522.96	2692.29	2449.57
营业总成本（亿元）	1792.19	2627.15	2768.86	2459.34
营业利润（亿元）	-516.75	-68.64	146.72	136.59
利润总额（亿元）	-520.73	-69.01	145.95	139.45

续表

项目	2021 年	2020 年	2019 年	2018 年
归属母公司股东的净利润（亿元）	-432.65	-42.75	98.43	133.28
销售毛利率（%）	6.60	10.99	14.53	15.00
销售净利率（%）	-31.81	-2.12	3.46	5.16
净资产收益率（%）	-79.42	-5.19	11.66	16.67

资料来源：Wind 资讯。

（四）永辉超市

永辉超市是中国企业 500 强之一，是国家级"流通"及"农业产业化"双龙头企业。永辉超市是中国大陆首批将生鲜农产品引进现代超市的流通企业之一，被国家七部委誉为中国"农改超"推广的典范，通过农超对接，以生鲜特色经营及物美价廉的商品受到百姓认可，被誉为"民生超市、百姓永辉"。自创办以来，永辉超市持续高质量发展。目前永辉超市已在全国发展超千家连锁超市，业务覆盖 29 个省份，585 个城市，经营面积超过 800 万平方米。位居 2020 年中国超市百强第二位、2020 年中国连锁百强第四位。

2021 年公司实现营业总收入 910.62 亿元，同比减少 2.29%，归属于上市公司股东的合并净利润 -39.44 亿元。

2021 年，超过 50 家门店的有重庆、福建、四川、安徽、浙江、广东、江苏 7 个省及直辖市，拥有 30~50 家门店的有河北、北京、河南、贵州、上海、陕西 6 个省及直辖市，以及 16 个省及直辖市有门店合计 118 家。年内公司实现新开 Bravo 门店 75 家，关店 14 家，新签约门店 47 家。截至 2021 年年底，超市业务已经进入 29 个省市，超市业态门店 1057 家。在 2021 年惨烈的竞争环境下，除西藏获得连续两年收入和利润双增长外，其他省市均有不同程度下滑。

表 19　　永辉超市 2018~2021 年财务指标

项目	2021 年	2020 年	2019 年	2018 年
营业总收入（亿元）	910.62	931.99	848.77	705.17
营业总成本（亿元）	959.40	922.31	833.58	699.21
营业利润（亿元）	-48.28	22.85	16.40	12.64
利润总额（亿元）	-47.22	21.74	17.77	14.49
归属母公司股东的净利润（亿元）	-39.44	17.94	15.64	14.80
销售毛利率（%）	18.71	21.37	21.56	22.15
销售净利率（%）	-4.94	1.77	1.71	1.41
净资产收益率（%）	-26.28	9.10	7.93	7.52

资料来源：Wind 资讯。

（五）王府井

王府井集团是目前全国规模最大、业态最全的商业零售集团之一。经过67年的发展，已经建立了包括王府井百货，王府井购物中心，王府井奥莱，赛特奥莱，燕莎商城、燕莎奥莱、西单商场、贵友大厦、法雅商贸、睿锦尚品等深受消费者喜爱的品牌体系。王府井以其货真价实的商品、周到满意的服务以及诚实守信的经营理念，赢得广大顾客的信任与支持。公司拥有成熟的经营管理模式，日趋完善的市场化运行机制，经验丰富的运营管理团队和良好的品牌合作关系，以及超过1800万人的庞大会员体系，形成了稳固的业绩平台和多种主力业态，全国连锁布局的良好发展态势，市场影响力不断增强，构成了王府井的核心竞争力。

2021年，公司实现营业收入127.53亿元，同比增长10.55%，剔除门店变动因素，同店同比增长8.91%；归属于上市公司股东的净利润13.40亿元，同比增长295.61%。剔除重组等非经常性因素后，公司归属于上市公司股东的扣除非经常性损益后的净利润实现9.43亿元，同比增长131.28%。公司利润较上年同期大幅增长主要受公司主营业务恢复良好，收入增长的同时成本费用控制良好影响，同时也受上年同期比较基数较低影响。

表20　　　　　　　　　王府井2018~2021年财务指标

项目	2021年	2020年	2019年	2018年
营业总收入（亿元）	127.53	82.23	267.89	267.11
营业总成本（亿元）	111.55	75.85	253.84	251.12
营业利润（亿元）	19.06	6.24	15.28	16.29
利润总额（亿元）	19.06	6.47	14.45	17.03
归属母公司股东的净利润（亿元）	13.40	3.87	9.61	12.01
销售毛利率（%）	42.14	35.43	20.65	21.18
销售净利率（%）	10.81	4.31	3.53	4.59
净资产收益率（%）	8.69	3.38	8.66	11.46

资料来源：Wind资讯。

（六）中国黄金

中国黄金主要从事黄金、白银、珠宝、首饰、模具产品的创意研发、加工、批发及零售；各种金属纪念币、章的设计、生产、批发与销售；黄金手表、K金手表、铂金手表、贵金属镶嵌手表与贵金属智能电子穿戴设备的研发，设计与销售；外包装物的生产、加工、批发及零售，黄金白银旧料回收利用；办公用品、礼品、工艺品的批发和零售；普通货物道路运输，贵金属的仓储及物流，会展服务等。品牌是公司生存和发展的核心要素之一。中国黄金坚持践行"黄金为民，送福万家"的服务理念,致力于提升品牌在投资者与消费者心中的地位和价值。通过多年的经营实践,"中国黄金"品牌获得了多方认可,品牌知名度、美誉度、忠诚度不断攀升。

2021年,公司营业总收入达到507.58亿元,完成董事会预算销售收入预算目标478.56亿元的106.06%,与2020年营业总收入337.88亿元相比,同比增长50.23%;利润总额达到10.01亿元,完成董事会预算利润总额8.00亿元的125.13%,与2020年实际完成值6.29亿元相比,同比增长59.14%;归属于上市公司股东净利润达到7.94亿元,完成董事会预算净利润6.09亿元的130.38%,与2020年实际完成值5.00亿元相比,同比增长58.84%。

表21 中国黄金2018~2021年财务指标

项目	2021年	2020年	2019年	2018年
营业总收入(亿元)	507.58	337.88	382.74	409.11
营业总成本(亿元)	499.57	329.85	370.16	403.27
营业利润(亿元)	9.54	5.58	5.90	4.69
利润总额(亿元)	10.01	6.29	6.07	4.89
归属母公司股东的净利润(亿元)	7.94	5.00	4.51	3.62
销售毛利率(%)	3.09	4.35	5.13	2.75
销售净利率(%)	1.57	1.49	1.18	0.90
净资产收益率(%)	13.52	10.11	10.09	8.90

资料来源:Wind资讯。

(七)百联股份

百联股份是大型综合性商业股份制上市公司,几乎涵盖了零售业现有的各种业态,如百货、购物中心、奥特莱斯、大型综合超市、超级市场、便利店、专业连锁等。百联股份以百货商店、连锁超市、购物中心、奥特莱斯为核心业务,控股香港上市的联华超市股份有限公司、三联集团有限公司,旗下拥有一批享誉国内外的知名企业,如第一八佰伴、东方商厦、永安百货等百货商店;第一百货商业中心、百联南方、百联西郊、百联中环、百联又一城等购物中心;百联奥特莱斯广场、联华超市、华联超市等一批知名企业;"亨达利""亨得利""茂昌""吴良材""冠龙"等知名品牌。

百联股份持续深化组织体系建设,积极提升事业部运行效能,形成了完善的制度流程体系,各项业务实现良性增长。在事业部制管理下,百货业态将通过转型创新促增长,加快业态创新、模式创新,形成新的增长动力;购物中心业态将通过存量升级促增长,打造业态亮点、创新品类组合、提升物业品质,为消费者提供更为品质化的生活方式;奥特莱斯业态将通过市场拓展促增长，继续保持百联奥特莱斯在中国奥莱行业领先地位。根据目标客户的需求，事业部积极开展营销创新和服务创新，培养了一批具有较高忠诚度的核心客户群，表现出了良好的专业运作优势。2021年，公司实现营业收入346.50亿元，同比减少1.62%。归属于上市公司股东的净利润7.53亿元，同比减少2.30%。

表22　　　　　　　　　　百联股份2018~2021年财务指标

项目	2021年	2020年	2019年	2018年
营业总收入（亿元）	346.50	352.09	504.59	484.27
营业总成本（亿元）	338.89	344.94	493.93	473.89
营业利润（亿元）	10.63	15.54	14.81	14.36
利润总额（亿元）	11.80	14.27	15.98	15.62
归属母公司股东的净利润（亿元）	7.53	7.97	9.58	8.72
销售毛利率（%）	26.73	25.30	20.88	20.93
销售净利率（%）	1.83	2.26	1.80	1.87
净资产收益率（%）	4.16	4.36	5.54	5.29

资料来源：Wind资讯。

（八）华致酒行

华致酒行国内领先的精品酒水营销和服务商之一，以"精品、保真、服务、创新"为核心理念，依托多年构建的遍布全国的酒类流通全渠道营销网络体系，以及与上游酒类生产企业长期的合作关系，开发及遴选契合市场需求的产品，持续为客户和广大消费者提供白酒、葡萄酒、黄酒等国内外优质酒类产品和多元化的服务，致力于建立并完善酒类营销生态体系，通过互联网共享经济平台，打造快捷的遍布全国的酒品消费服务体系，满足不断升级的市场需求。公司多年来深耕酒类消费终端市场，凭借专业的运营团队、丰富的产品营销经验以及深刻的酒文化认知，构建了包括华致连锁门店、零售网点、KA卖场、团购、电商、终端供应商在内的全渠道营销网络体系，从而与上游知名酒企酒商形成了长期稳定的合作关系。公司在为生产企业提供高效、便捷的服务时，也为终端消费者提供优质、丰富的产品，从而成为链接生产厂商和大众消费市场的关键纽带。

2021年，公司在董事会、管理层和全体员工的共同努力下，秉承"精品、保真、服务、创新"的核心理念，紧紧围绕发展战略及年度经营目标任务，进一步巩固并深化了与国内外知名酒厂及酒商的长期合作关系，完善并优化了覆盖全国的"毛细血管式"的全渠道营销网络，有效扩大了公司在酒水流通领域国内市场领先的地位。2021年公司业绩实现较快速增长，实现营业收入74.60亿元，同比增长50.97%；实现净利润6.88亿元，同比增长80.98%，其中归属于上市公司股东的净利润 6.76 亿元，同比增长 81.03%。

表 23　　　　　　　　　　　　　华致酒行 2018~2021 年财务指标

项目	2021 年	2020 年	2019 年	2018 年
营业总收入（亿元）	74.60	49.41	37.38	27.21
营业总成本（亿元）	66.56	45.01	33.78	24.52
营业利润（亿元）	8.26	4.75	3.87	2.88
利润总额（亿元）	8.26	4.76	3.89	2.92
归属母公司股东的净利润（亿元）	6.76	3.73	3.19	2.25
销售毛利率（%）	20.96	19.07	21.39	21.36
销售净利率（%）	9.22	7.69	8.59	8.36
净资产收益率（%）	21.69	14.02	16.57	18.18

资料来源：Wind 资讯。

（九）孩子王

孩子王主要从事母婴童商品零售及增值服务，是一家数据驱动的，基于顾客关系经营的创新型亲子家庭全渠道服务提供商。自设立以来，公司立足于为准妈妈及 0~14 岁婴童提供一站式购物及全方位成长服务，通过"科技力量 + 人性化服务"，深度挖掘客户需求，通过大量场景互动，建立高粘度客户基础，开创了以会员关系为核心资产的单客经营模式。公司以线下门店和线上平台为渠道，大力发展自有品牌，全力拓展育儿服务类产品，面向终端消费者提供母婴童商品和服务业务。同时，为加强与供应商合作，公司还提供包括会员开发、互动活动冠名、商品线上线下推广宣传、广告等在内的供应商增值服务。

2021 年度公司实现营业收入 90.49 亿元，同比增长 8.30%，归属于上市公司股东的净利润 2.02 亿元，同比下降 48.44%。2021 年，企业规模和服务效率的稳健提升，公司大力发展全渠道战略，在线下门店布局方面，公司持续推进门店功能和定位的迭代升级，通过与包括万达、华润等大型购物中心深度战略合作，打造以场景化、服务化、数字化为基础的大型用户门店，2021 年数字化门店迎来第九代升级；同时，公司抢抓母婴市场发展机遇，加快门店开立速度，扩大市场覆盖，截至 2021 年年末，公司在全国 20 个省（市）、142 个城市拥有 495 家大型数字化实体门店，服务了超过 5000 万个会员家庭。

表 24　　　　　　　　　　　　　孩子王 2018~2021 年财务指标

项目	2021 年	2020 年	2019 年	2018 年
营业总收入（亿元）	90.49	83.55	82.43	66.71
营业总成本（亿元）	89.23	79.80	78.46	64.57

续表

项目	2021 年	2020 年	2019 年	2018 年
营业利润（亿元）	2.41	4.81	4.71	2.62
利润总额（亿元）	2.29	4.81	4.76	2.66
归属母公司股东的净利润（亿元）	2.02	3.91	3.77	2.76
销售毛利率（%）	30.60	30.53	30.34	30.11
销售净利率（%）	2.22	4.68	4.58	4.14
净资产收益率（%）	8.17	20.64	24.99	23.44

资料来源：Wind 资讯。

五、上市公司在行业中的影响力

批发和零售业是我国市场化程度最高，竞争最激烈的行业。我国地域分布较广，渠道深度大，在商业区域代理格局下，上市公司区域格局明显。

根据 CCFA 发布的《2021 年中国连锁 Top100》，2021 年，Top100 连锁企业销售规模近 2.3 万亿元，同比下降 2.8%。门店总数近 19 万个，同比增长 8.9%。百货、超市、便利店、专业店等零售业四个主要业态的销售额同比增长分别为 10.9%、0.3%、8.7% 和 -17.0%；其门店数同比增长分别为 1.1%、2.3%、8.4% 和 19.1%。

2021 年 Top100 连锁企业中，销售额同比增长的企业有 68 家（上年为 47 家），门店数实现增长的有 60 家（上年为 66 家）。有 12 家企业销售额、门店数均实现双位数增长，分别是居然之家、美宜佳、大参林、钱大妈、罗森、易初莲花、柒-拾壹、来酷科技、天福、健之佳、寿康永乐、比优特。其中，美宜佳、大参林、钱大妈、天福、健之佳、比优特连续两年实现销售、门店双位数增速。

2021 年，Top100 连锁企业线上销售规模达 4700 亿元，占总销售的 20.6%。Top100 连锁企业线上销售占比平均值为 8.6%，比上年提高了 1.3 个百分点。Top100 连锁企业人工成本比上年有所上升，其占销售额的比重从 4.7% 提高到 4.9%；租金成本比上年有所下降，其占销售额的比重从 2.7% 降至 2.6%。超市和专业店业态企业的净利润率分别为 0.9% 和 -1.3%，同比下降约 0.4 个和 6.4 个百分点；百货和便利店业态净利润率分别为 4.0% 和 1.7%，同比上升约 0.9 个和 0.2 个百分点。

近年来，线上零售虽面临流量红利见顶、获客成本高企导致增速下降，但随着线上消费进一步渗透更多年龄层级和地区，以及线上线下融合的消费新模式、新业态加速发展，预计线上销售规模将持续扩张。在疫情常态化下，数字化和消费升级已成为消费品零售行业的主要增长动力，消费品企业和实体零售企业正不断探索新业态、新模式，采用直播带货、即时零售等方式开展数字化业务。网络零售即时性和社交内容化已渐成趋势，预计资本将流向数字化结合体验式服务的新兴企业，而网络零售监管加强也会助推平台经济新秩序。

调查显示，八成以上Top100连锁企业预计2022年销售额将实现增长，其中一半企业认为增长率在5%以上。线上销售方面，九成以上Top100连锁企业预计将进一步增长，近六成企业预计增长会达到10%以上。门店拓展方面，占半数的Top100连锁企业表示将持续开店，约1/6的企业表示将缩减门店数量。

撰稿人：谷　茜
审稿人：平海庆

交通运输、仓储和邮政业

一、交通运输、仓储和邮政业总体概况

（一）行业整体运行情况

交通运输、仓储和邮政业是指利用运输工具将货物或者旅客送达目的地，使其空间位置得到转移的业务活动，包括公路运输服务、水路运输服务、航空运输服务等细分行业，是国民经济中基础性和先导性行业，也是经济社会发展的重要支撑和强力保障。在当前背景下，整体来看，交通运输、仓储和邮政业将受到国内外疫情情况、供应链恢复节奏等因素影响，2021年交通运输、仓储和邮政业继续受到全球疫情的扰动，各细分行业景气度继续呈现出分化局面。

（二）细分行业运行概况

2021年，仓储板块实现营收901.94亿元，可比样本增长51.54%；实现归母净利润19.86亿元，可比样本增长373.84%。道路运输板块实现营收1644.42亿元，可比样本增长18.13%；合计实现归母净利润292.15亿元，可比样本增长1.96%。航空运输板块实现营收3537.81亿元，可比样本增长12.22%；合计实现归母净利润-367.45亿元，可比样本减少248.84%。水上运输板块实现营收6562.59亿元，可比样本增长50.19%；合计实现归母净利润1341.80亿元，可比样本增长228.57%。铁路运输板块实现营收1561.67亿元，可比样本增长12.54%；合计实现归母净利润169.78亿元，可比样本减少36.06%。装卸搬运和运输代理业板块实现营收1959.70亿元，可比样本增长56.03%；合计实现归母净利润78.69亿元，可比样本增长32.73%。邮政业板块实现营收3506.85亿元，可比样本增长29.18%；合计实现归母净利润70.83亿元，可比样本减少40.20%。

二、行业内上市公司发展概况

（一）行业内上市公司基本情况

表1　2021年交通运输、仓储和邮政业上市公司发行股票概况

门类	总数		沪深主板		创业板		科创板		北交所	
	家数	市值（亿元）	家数	市值（亿元）	家数	市值（亿元）	家数	市值（亿元）	家数	市值（亿元）
交通运输、仓储和邮政业	109	27312.55	106	27196.49	3	116.07	0	0	0	0

续表

门类	总数		沪深主板		创业板		科创板		北交所	
	家数	市值(亿元)	家数	市值(亿元)	家数	市值(亿元)	家数	市值(亿元)	家数	市值(亿元)
占沪深北三市比重（%）	2.32	2.97	2.26	2.96	0.06	0.01	0	0	0	0

资料来源：沪深北交易所，同花顺。

（二）行业内上市公司构成情况

表2　　　　2021年交通运输、仓储和邮政业上市公司构成情况

门类	沪市			深市			北交所	总计	ST/*ST
	主板	科创板	合计	主板	创业板	合计			
交通运输、仓储和邮政业（家）	73	0	73	33	3	36	0	109	0/1
占行业内上市公司比重（%）	66.97	0	66.97	30.28	2.75	33.03	0	100.00	0/0.92

资料来源：沪深北交易所，同花顺。

（三）行业内上市公司融资情况

表3　　2021年交通运输、仓储和邮政业上市公司与沪深两市融资情况对比　　单位：家

门类	融资家数	新股	增发	配股
交通运输、仓储和邮政业	23	5	18	0
沪深两市总数	1032	524	502	7
占比（%）	2.23	0.95	3.59	0

资料来源：沪深北交易所，同花顺。

其中，首发的5家公司中，都在主板上市；增发的18家公司中，有13家沪市和5家深市。按行业大类划分，进行融资的1032家公司中，交通运输、仓储和邮政业业23家，占比2.23%。从融资效果看，上述公司实际发行数量为1987643.93万股；实际募集资金793.31亿元，基本完成了融资计划。

（四）行业内上市公司资产及业绩情况

表4　　　　2021年交通运输、仓储和邮政业上市公司资产情况　　单位：亿元

指标	2021年	2021年可比样本增长（%）	2020年	2020年可比样本增长（%）	2019年
总资产	47172.42	10.93	41857	3.14	36788.7
流动资产	11118.51	22.25	9021.62	14.82	7397.21

续表

指标	2021年	2021年可比样本增长（%）	2020年	2020年可比样本增长（%）	2019年
占比（%）	23.57	2.18	21.55	2.19	20.11
非流动资产	36053.90	7.85	32835.4	0.34	29391.5
占比（%）	76.43	-2.18	78.45	-2.19	79.89
流动负债	11230.81	-1.14	11373.1	12.44	9668.8
占比（%）	23.81	-2.91	27.17	2.25	26.28
非流动负债	14402.00	19.56	11848.9	3.37	10608.4
占比（%）	30.53	2.20	28.31	0.06	28.84
归属于母公司股东权益	18645.91	12.47	16123.6	-3	14399.1
占比（%）	39.53	0.54	38.52	-2.44	39.14

资料来源：沪深北交易所，同花顺。

表5 2021年交通运输、仓储和邮政业上市公司收入实现情况 单位：亿元

指标	2021年	2021年可比样本增长（%）	2020年	2020年可比样本增长（%）	2019年
营业收入	19674.98	32.33	14797.3	-13.33	15977.6
利润总额	2336.71	1673.60	72.39	-96.24	1729.49
归属于母公司所有者的净利润	1605.65	2702.40	-99.78	-107.48	1194.54

资料来源：沪深北交易所，同花顺。

（五）利润分配情况

2021年全年交通运输、仓储和邮政业上市公司中共有85家公司实施了分红配股。其中，8家上市公司实施送股或转增股，84家上市公司实施派息，其中7家公司既实施了送股、转增又实施了派息。

（六）其他财务指标情况

1. 盈利能力指标

表6 2021年交通运输、仓储和邮政业上市公司盈利能力情况

指标	2021年	2021年可比样本变动	2020年	2020年可比样本变动	2019年
毛利率（%）	16.31	5.23	10.61	-5.98	16.21
净资产收益率（%）	8.61	8.98	-0.62	-8.64	8.3
销售净利率（%）	9.44	9.50	-0.37	-9.2	8.55
资产净利率（%）	4.14	4.16	-0.13	-4.12	3.9

资料来源：沪深北交易所，同花顺。

2. 偿债能力指标

表7　　2021年交通运输、仓储和邮政业上市公司偿债能力指标

指标	2021年	2021年可比样本变动	2020年	2020年可比样本变动	2019年
流动比率	0.99	0.19	0.79	0.02	0.77
速动比率	0.92	0.19	0.73	0.02	0.69
资产负债率（%）	54.34	-0.70	55.48	2.31	55.12

资料来源：沪深北交易所，同花顺。

3. 营运能力指标

表8　　2021年交通运输、仓储和邮政业上市公司营运能力情况　　单位：次

营运能力指标	2021年	2021年可比样本变动	2020年	2020年可比样本变动	2019年
存货周转率	22.26	3.91	17.82	-2.33	19.44
应收账款周转率	14.88	2.33	12.31	-3.01	15.12
流动资产周转率	1.95	0.17	1.75	-0.5	2.21
固定资产周转率	1.37	0.32	1.01	-0.11	1.23
总资产周转率	0.44	0.08	0.36	-0.09	0.46
净资产周转率	0.97	0.19	0.79	-0.17	1.01

资料来源：沪深北交易所，同花顺。

三、重点细分行业介绍

表9　　2021年交通运输、仓储和邮政业公司数量分布及市值情况

大类	上市公司家数（家）	占行业内比重（%）	境内总市值（亿元）	占行业内比重（%）
道路运输业	35	32.11	3129.10	11.46
铁路运输业	6	5.50	3848.03	14.09
仓储业	9	8.26	507.34	1.86
航空运输业	14	12.84	5897.59	21.59
水上运输业	30	27.52	8053.15	29.49
装卸搬运和运输代理业	10	9.17	1084.90	3.97
邮政业	5	4.59	4792.44	17.55

资料来源：沪深北交易所，同花顺。

交通运输、仓储和邮政业

（一）仓储业

1. 行业概况

2021年，仓储板块实现营收901.94亿元，可比样本增长51.54%；合计实现归母净利润19.86亿元，可比样本增长108.98%。

2021年，伴随全球疫情下仓储业供需错配的格局持续呈现，国内生产仍保持旺盛，国内原材料需求增长态势不变，叠加国内岸线资源紧张，码头、罐容资源稀缺，2021年仓储板块公司业绩可比样本高增态势继续。

2. 行业内上市公司发展情况

表10　2021年仓储业上市公司收入及资产增长情况　　　单位：亿元

指标	2021年	2021年可比样本增长（%）	2020年	2020年可比样本增长（%）	2019年
营业收入	901.94	51.54	601.67	19.99	492.25
利润总额	25.70	74.13	14.02	92.87	5.63
归属于母公司所有者的净利润	19.86	108.98	8.86	128.42	3.47
总资产	478.39	12.18	431.77	13.43	370.98
归属于母公司股东权益	253.92	8.32	208.18	9.57	183.51

资料来源：沪深北交易所，同花顺。

表11　2021年仓储业上市公司盈利能力情况

指标	2021年	2021年可比样本变动	2020年	2020年可比样本变动	2019年
毛利率（%）	4.99	-1.60	6.58	-0.32	6.51
净资产收益率（%）	7.82	3.77	4.25	1.75	1.89
销售净利率（%）	2.25	0.60	1.52	0.6	0.66
资产净利率（%）	4.48	2.03	2.24	1.07	0.85

资料来源：沪深北交易所，同花顺。

表12　2021年仓储业上市公司偿债及营运情况

指标	2021年	2021年可比样本变动	2020年	2020年可比样本变动	2019年
资产负债率（%）	43.50	1.58	48.56	1.45	47.67
存货周转率（次）	32.45	6.14	26.54	3.15	23.07
总资产周转率（次）	1.99	0.51	1.48	0.2	1.29

资料来源：沪深北交易所，同花顺。

（二）道路运输业

1. 行业概况

2021年，道路运输板块实现营收1644.42亿元，可比样本增长18.13%；合计实现归母净利润292.15亿元，可比样本增长1.96%。

2021年，因人员出行继续受到新冠疫情影响，公路客运量继续承压。2021年，全国公路客运量50.87亿人次，同比减少26.21%，旅客周转量3627.54亿人公里，同比减少21.84%。货运方面，2021年全国公路货运量为391.39亿吨，同比增长14.23%，货运周转量69087.65亿吨公里，同比增长14.82%。

2. 行业内上市公司发展情况

表13　　　　　2021年道路运输业上市公司收入及资产增长情况　　　　　单位：亿元

指标	2021年	2021年可比样本增长（%）	2020年	2020年可比样本增长（%）	2019年
营业收入	1644.42	18.13	1176.78	-10.51	1262.52
利润总额	402.16	66.42	229.16	-40.87	373.08
归属于母公司所有者的净利润	292.15	1.96	157.41	-42.67	282.95
总资产	7785.09	9.79	6885.44	6.36	6357.72
归属于母公司股东权益	3276.04	7.77	3020.58	3.42	2899.12

资料来源：沪深北交易所，同花顺。

表14　　　　　2021年道路运输业上市公司盈利能力情况

指标	2021年	2021年可比样本变动	2020年	2020年可比样本变动	2019年
毛利率（%）	29.63	5.04	26.9	-7.26	33.8
净资产收益率（%）	8.92	3.56	5.21	-4.61	9.76
销售净利率（%）	19.49	6.53	14.53	-8.79	23.54
资产净利率（%）	4.31	1.65	2.56	-2.42	4.87

资料来源：沪深北交易所，同花顺。

表15　　　　　2021年道路运输业上市公司偿债及营运情况

指标	2021年	2021年可比样本变动	2020年	2020年可比样本变动	2019年
资产负债率（%）	52.60	0.48	51.2	0.72	50.5
存货周转率（次）	4.95	0.96	3.25	-0.06	3.21
总资产周转率（次）	0.22	0.02	0.18	-0.04	0.21

资料来源：沪深北交易所，同花顺。

（三）航空运输业

1. 行业概况

2021年，航空运输板块实现营收3537.81亿元，按可比样本增长12.22%；合计实现归母净利润-367.45亿元，按可比样本增加64.2%。

2021年，因全球范围内疫情继续蔓延，"五个一"政策下，国际航线仍承受重大限制。而伴随国内疫情得到稳定，国内航线客流量较前有进一步修复。

2. 行业内上市公司发展情况

表16　2021年航空运输业上市公司收入及资产增长情况　　　　　　　　　　单位：亿元

指标	2021年	2021年可比样本增长（%）	2020年	2020年可比样本增长（%）	2019年
营业收入	3537.81	12.22	3001.5	-46.97	5656.76
利润总额	-490.07	60.01	-1261.9	-479.46	331.53
归属于母公司所有者的净利润	-367.45	64.2	-1050.2	-639.89	238.26
总资产	13170.68	5.38	12406.9	-2.41	12700.8
归属于母公司股东权益	2926.35	5.66	2717.33	-28.41	3788.89

资料来源：沪深北交易所，同花顺。

表17　2021年航空运输业上市公司盈利能力情况

指标	2021年	2021年可比样本变动	2020年	2020年可比样本变动	2019年
毛利率（%）	-9.11	1.12	-12.1	-25.7	13.56
净资产收益率（%）	-12.56	24.51	-38.65	-44.94	6.29
销售净利率（%）	-10.98	23.92	-37.56	-42.16	4.59
资产净利率（%）	-3.03	5.68	-8.98	-11.18	2.2

资料来源：沪深北交易所，同花顺。

表18　2021年航空运输业上市公司偿债及营运情况

指标	2021年	2021年可比样本变动	2020年	2020年可比样本变动	2019年
资产负债率（%）	75.58	0.32	75.54	8.2	67.08
存货周转率（次）	48.26	5.63	41.44	-24	65.44
总资产周转率（次）	0.28	0.03	0.24	-0.24	0.48

资料来源：沪深北交易所，同花顺。

（四）水上运输业

1. 行业概况

2021年，水上运输板块实现营收6562.59亿元，按可比样本增长50.19%；合计实现归母净利润1341.80亿元，按可比样本增长180.31%。

2021年，在全球疫情的背景下，船箱供应不足的局面持续呈现。主要系我国复工复产及供应链恢复进一步推进，且欧美集运供应链运转仍未完全修复，集装箱周转效率仍低迷，持续供需错配下，海运运价仍维持高位水平，因此行业内公司业绩继续呈现可比样本提升。

2. 行业内上市公司发展情况

表19　2021年水上运输业上市公司收入及资产增长情况　　　　单位：亿元

指标	2021年	2021年可比样本增长（%）	2020年	2020年可比样本增长（%）	2019年
营业收入	6562.59	50.19	4278.33	2.53	4022.57
利润总额	1948.64	186.68	657.81	-0.29	645.83
归属于母公司所有者的净利润	1341.80	180.31	461.89	47.59	406.89
总资产	15708.60	12.46	13550.72	3.73	12840.11
归属于母公司股东权益	6555.03	21.93	5125.3	5.65	4773.2

资料来源：沪深北交易所，同花顺。

表20　2021年水上运输业上市公司盈利能力情况

指标	2021年	2021年可比样本变动	2020年	2020年可比样本变动	2019年
毛利率（%）	33.71	12.55	20.81	2.07	19
净资产收益率（%）	20.47	11.57	9.01	0.4	8.52
销售净利率（%）	23.99	10.69	13.18	0.27	13.11
资产净利率（%）	10.61	6.29	4.24	-0.06	4.26

资料来源：沪深北交易所，同花顺。

表21　2021年水上运输业上市公司偿债及营运情况

指标	2021年	2021年可比样本变动	2020年	2020年可比样本变动	2019年
资产负债率（%）	47.84	-3.14	51.44	-1.12	52.37
存货周转率（次）	13.40	1.18	12.26	-0.74	12.57
总资产周转率（次）	0.44	0.12	0.32	-0.01	0.32

资料来源：沪深北交易所，同花顺。

（五）铁路运输业

1. 行业概况

2021年，铁路运输业板块实现营收1561.67亿元，按可比样本增长12.54%；合计实现归母净利润169.78亿元，按可比样本减少36.06%。

2021年国内铁路客运需求继续受到疫情因素的影响。2021年，全国铁路客运量26.12亿人次，同比增长18.51%，铁路旅客周转量9567.81亿人公里，同比增长15.75%。货运方面，2021年全国铁路货运量为47.74亿吨，同比增长4.88%，铁路货运周转量33238亿吨公里，同比增长8.93%。

2. 行业内上市公司发展情况

表22　　　　　2021年铁路运输业上市公司收入及资产增长情况　　　　　单位：亿元

指标	2021年	2021年可比样本增长（%）	2020年	2020年可比样本增长（%）	2019年
营业收入	1561.67	12.54	1744.4	-13.16	1182.64
利润总额	244.03	21.39	211.63	-43.67	215.06
归属于母公司所有者的净利润	169.78	-36.06	150.77	-42.6	149.17
总资产	5656.17	0.88	5591.21	3.64	2001.11
归属于母公司股东权益	3682.88	1.39	3507.93	-3.46	1540.03

资料来源：沪深北交易所，同花顺。

表23　　　　　2021年铁路运输业上市公司盈利能力情况

指标	2021年	2021年可比样本变动	2020年	2020年可比样本变动	2019年
毛利率（%）	18.14	2.13	13.81	-6.25	17.75
净资产收益率（%）	4.61	0.66	4.3	-3.14	9.69
销售净利率（%）	11.51	0.70	9.08	-4.94	13.88
资产净利率（%）	3.19	0.44	2.88	-3.26	8.27

资料来源：沪深北交易所，同花顺。

表24　　　　　2021年铁路运输业上市公司偿债及营运情况

指标	2021年	2021年可比样本变动	2020年	2020年可比样本变动	2019年
资产负债率（%）	28.67	-0.37	31.08	4.84	18.88
存货周转率（次）	30.05	6.17	22.96	-5.51	20.12
总资产周转率（次）	0.28	0.02	0.32	-0.12	0.6

资料来源：沪深北交易所，同花顺。

（六）装卸搬运和运输代理业

1. 行业概况

2021年，装卸搬运和运输代理业板块实现营收1959.70亿元，按可比样本增长56.03%；合计实现归母净利润78.69亿元，按可比样本增长32.73%。从盈利能力来看，2021年装卸搬运板块毛利率为6.78%，按可比样本减少0.12%；销售净利率为4.20%，按可比样本减少0.68%。

2. 行业内上市公司发展情况

表25　　2021年装卸搬运和运输代理业上市公司收入及资产增长情况　　单位：亿元

指标	2021年	2021年可比样本增长（%）	2020年	2020年可比样本增长（%）	2019年
营业收入	1959.70	56.03	1280	11.54	1093.29
利润总额	96.89	35.13	73.3	940.22	4.65
归属于母公司所有者的净利润	78.69	32.73	60.52	29.41	-4.63
总资产	1227.63	22.74	1058.64	10.9	916.7
归属于母公司股东权益	598.07	16.76	530.66	28.92	394.65

资料来源：沪深北交易所，同花顺。

表26　　2021年装卸搬运和运输代理业上市公司盈利能力情况

指标	2021年	2021年可比样本变动	2020年	2020年可比样本变动	2019年
毛利率（%）	6.78	-0.12	7.1	1.4	5.64
净资产收益率（%）	13.16	1.58	11.41	12.18	-1.17
销售净利率（%）	4.20	-0.68	4.88	4.99	-0.24
资产净利率（%）	7.39	0.93	6.21	6.34	-0.29

资料来源：沪深北交易所，同花顺。

表27　　2021年装卸搬运和运输代理业上市公司偿债及营运情况

指标	2021年	2021年可比样本变动	2020年	2020年可比样本变动	2019年
资产负债率（%）	49.05	2.60	46.91	-6.75	53.69
存货周转率（次）	109.33	11.23	56.12	7.99	64.17
总资产周转率（次）	1.76	0.44	1.27	0.07	1.19

资料来源：沪深北交易所，同花顺。

交通运输、仓储和邮政业

（七）邮政业

1. 行业概况

2021年，邮政业板块实现营收3506.85亿元，按可比样本增长29.18%；合计实现归母净利润70.83亿元，按可比样本减少40.20%。

2021年，伴随着疫情下线上消费渗透率进一步提升，及线上销售模式加速创新、消费人群、消费品类加速拓宽，电商快递业务量继续呈现高增态势。2021年，全年完成快递业务量1083亿票，可比样本增长29.92%。

2. 行业内上市公司发展情况

表28　　　　　　　　　2021年邮政业上市公司收入及资产增长情况　　　　　　　　　单位：亿元

指标	2021年	2021年可比样本增长（%）	2020年	2020年可比样本增长（%）	2019年
营业收入	3506.85	29.18	2714.64	19.71	2267.6
利润总额	109.36	-26.27	148.34	-3.5	153.72
归属于母公司所有者的净利润	70.83	-40.20	110.98	-6.8	118.43
总资产	3145.85	62.80	1932.33	20.68	1601.26
归属于母公司股东权益	1353.63	33.54	1013.65	23.66	819.69

资料来源：沪深北交易所，同花顺。

表29　　　　　　　　　2021年邮政业上市公司盈利能力情况

指标	2021年	2021年可比样本变动	2020年	2020年可比样本变动	2019年
毛利率（%）	10.57	-2.49	13.06	-1.41	14.47
净资产收益率（%）	5.23	-5.72	10.95	-3.5	14.45
销售净利率（%）	1.95	-2.04	3.99	-1.16	5.15
资产净利率（%）	2.69	-3.43	6.12	-1.92	8.05

资料来源：沪深北交易所，同花顺。

表30　　　　　　　　　2021年邮政业上市公司偿债及营运情况

指标	2021年	2021年可比样本变动	2020年	2020年可比样本变动	2019年
资产负债率（%）	52.02	4.91	47.11	-1.36	48.47
存货周转率（次）	200.48	0.03	200.45	12.8	187.65
总资产周转率（次）	1.38	-0.16	1.54	-0.03	1.56

资料来源：沪深北交易所，同花顺。

四、重点上市公司介绍

(一) 顺丰控股

2021年,顺丰控股实现营收2071.87亿元,可比样本增长34.55%;实现归母净利润42.69亿元,可比样本减少41.73%,扣非后归母净利润18.34亿元,可比样本减少70.09%。每股收益为0.87元/股;销售毛利率为12.37%,较2020年减少3.98%。

分板块来看,2021年速运物流营收为1323.19亿元,可比样本增长12.77%。2021年公司共完成业务量105.5亿票,可比样本增长29.7%,相较行业整体快递业务量为1083亿票,可比样本增速为30%。公司快递业务量占全国快递服务企业业务量的比例约为9.74%,较2020年同期占比9.76%持平。分核心业务来看:2021年时效件收入为961.6亿元,可比样本增长7.3%,经济件业务收入为322.7亿元,可比样本增长54.7%。2021年供应链及国际业务营收为392.0亿元,可比样本增长199.8%。

(二) 中远海控

2021年,中远海控营收3336.94亿元,可比样本增长94.85%;实现归母净利润892.96亿元,可比样本增长799.52%,扣非后归母净利润891.79亿元,可比样本增长829.58%。每股收益为5.58元/股;销售毛利率为42.3%,较2020年增长28.09%。

分板块来看:(1) 2021年集装箱航运及相关业务营收为3279.27亿元,可比样本增长97.54%。(2) 2021年集装箱码头及相关业务营收为79.31亿元,可比样本增长13.20%。

(三) 京沪高铁

2021年,京沪高铁实现营收293.05亿元,可比样本增长16.11%;实现归母净利润48.16亿元,可比样本增长49.15%。2021年公司每股收益为0.10元/股;销售毛利率为35.85%,较2020年增长4.54%。

分板块来看,京沪高铁2021年提供路网服务收入为188.79亿元,可比样本增长9.57%;实现旅客运输收入为99.70亿元,可比样本增长31.03%。2021年京沪高铁本线列车运送旅客为3529.1万人次,可比样本增长27.1%。

(四) 上港集团

2021年,上港集团实现营收342.89亿元,可比样本增长31.28%;实现归母净利润146.82亿元,可比样本增长76.74%。2021年公司每股收益为0.63元/股;销售毛利率为40.71%,较2020年增长4.37%。

分板块来看,2021年,公司实现集装箱业务收入149.06亿元,可比样本增长11.70%;港口物流业务收入103.72亿元,可比样本增长41.81%;港口服务收入26.57亿元,可比样本增长17.46%;

散杂货业务收入13.65亿元，可比样本增长7.31%。从吞吐量来看，2021年母港货物吞吐量为5.39亿吨，可比样本增长5.7%，其中散杂货吞吐量为8238.8亿吨，可比样本增长8.9%。

（五）中国国航

2021年，中国国航实现营收745.32亿元，可比样本增长7.32%；实现归母净利润减少166.42亿元，可比样本减少15.50%。2021年公司每股收益减少1.15元/股；销售毛利率减少15.18%，较2020年减少6.36%。

分板块来看，2021年，公司实现航空客运收入583.17亿元，可比样本增长4.65%，全年运输旅客人次为6904.52万人次，可比样本增长0.52%，客座率为68.63%，可比样本减少1.75%；2021年，公司实现航空货运及邮运收入111.13亿元，可比样本增长29.93%；其他主营业务收入51.02亿元，可比样本减少2.32%。

五、上市公司在行业中的影响力

2021年，交通运输、仓储和邮政业上市公司总资产为47172.42亿元，按可比样本增长10.93%；实现营业收入19674.98亿元，按可比样本增长32.33%；实现归母净利润1605.65亿元，按可比样本增长2702.4%。

撰稿人：宁修齐
审稿人：解学成

住宿和餐饮业

一、住宿和餐饮业总体概况

（一）行业整体运行情况

整体来看，社会服务行业对疫情变化最为敏感。目前国内常态化疫情防控下，偶有局部疫情反复。不同于2020年疫情最初在国内传播，2021年疫情常态化防控，境外输入病例不间断出现给整体旅游市场复苏带来较大难度。

中长期来看，我国旅游业发展已经从奢侈消费转变为居民常态化生活选项。居民实际收入增长、个人可支配时间增多、旅游需求旺盛、休闲度假成为社会环境的一部分，"有钱有闲"的生活特征带动旅游业向好发展。当人均GDP突破5000美元左右，将会步入成熟的度假旅游经济，2015年我国人均GDP已经突破8000美元，2020年受疫情影响收入增速放缓，但仍突破1万美元大关。

旅游行业正处在高速发展阶段，旅游消费偏好改变、消费品质提升。年轻一代逐渐成为社会消费主力军，Z世代的消费观念和习惯也影响旅游消费趋势改变。此前OTA平台对疫情后Z世代旅游消费偏好进行调查，超过半数年轻人表示疫情对旅游消费水平影响较小，仍会保持和疫情前同样级别的消费，更有超过部分群体表示会适当提高旅游消费水平，增加的旅行预算主要用于改善酒店住宿和途中餐食。由此反映出，目前疫情反复对消费者整体出行计划没有产生较大改变。预算增加主要系疫情之下消费者更加注重旅游安全性、私密性，以及对于"出行不易"增加享受性，带动中高端旅行产品更受青睐，享受感、体验感、满足感成为更加重要的衡量标准。

（二）细分行业运行概况

住宿业：自2020年起，我国开始构建以国内大循环为主体、国内国外双循环的新发展格局。这样的战略定位，为本土酒店产品、民族酒店品牌发展壮大创造有利环境。同时伴随着国内消费升级、连锁品牌第一代经济型酒店面临升级改造、传统单体酒店升级换代，中高端酒店赛道迎来发展红利期。同时，疫情危机为行业整合和中高端酒店发展提供契机，酒店物业老旧、管理落后、防疫卫生较差、抗风险能力弱的企业相继出清，酒店品牌化率和连锁率持续提升。

从连锁化率看，截至2021年年初中国酒店连锁化率为31%（增加4.9个百分点），同比略有提升，但与欧美等成熟酒店市场60%~70%连锁化率相比仍有较大差距。酒店业内部环境（疫情加速龙头酒店品牌扩张整合）和外部环境（疫情后消费者酒店选择偏好发生改变）和为连锁酒店发展提供动力。

细分酒店业连锁化率驱动因素，首先来自行业内部。中国酒店业经历过去近20年高速发展逐渐进入成熟期，业内竞争加剧、产品同质化严重、马太效应显著、头部酒店集团优势愈发明显。在此基础上，行业整合是必然趋势，体现在品牌化、连锁化率，连锁酒店占据酒店业比例越来越大。

其次来自行业外部。虽然近年来疫情对旅游业带来沉重打击，行业经营状况曲折中复苏。但危机中为酒店连锁化率提升带来合适契机。消费者酒店选择偏好发生改变，具有较高卫生标准、边际效应提高的中高端酒店更受青睐，消费者愿意负担略高的房价换取更优质的服务。疫情持续蔓延使居民出游意愿基本落实在国内，部分境外游需求转向国内游，侧面推动中高端目的地游升级，带动酒店等配套设施跟上需求变化步伐作出改变。连锁化酒店在危机中抗风险能力以及转化应变能力更强，有能力及时调整营销服务策略。

餐饮业：我国餐饮行业伴随经济发展，不仅成为消费能力提升的见证，因其属于必选消费末端环节，最贴近消费者日常生活，逐步成为扩内需、促销费的支柱产业。餐饮服务市场增长主要得益于城镇化进程的加快和居民消费偏好改变，日益加快的生活节奏增加大众对外出用餐多样化的需求。2013~2019年我国餐饮市场总收入逐年上升，近几年增速有所下滑，2019年增速9.4%。疫情暴发以来餐饮行业发展受到一定限制，2020年我国餐饮行业收入首次出现负增长，同比下滑15.4%。餐饮消费在消费零售行业占据重要地位。餐饮收入在全国消费品零售总额比重从2015年的10.74%增加至2019年的11.35%。2020年受疫情影响，餐饮收入占比降至10.08%。

目前国内餐饮行业竞争格局总体较为分散。分城市线级来看，一线、新一线、二线城市的餐饮连锁化率高于低线城市。疫情以来，一线城市连锁化率突破20%，规模的连锁餐饮企业占比在一定程度上有所提升。但与美国、日本餐饮连锁化率超过50%相比，我国餐饮连锁化率和市场集中度还有很大提升空间。从餐饮品牌的集中度看，中国餐饮品牌CR5仅约2%，而美国和日本CR5分别达到15%和14%，中国较成熟市场有较大差距，且中国餐饮市场CR5除海底捞外均为西式餐饮。

二、行业内上市公司发展概况

（一）行业内上市公司基本情况

表1　　　　　　　　　　2021年住宿和餐饮业上市公司发行股票概况

门类	总数		沪深主板		创业板		科创板		北交所	
	家数	市值（亿元）	家数	市值（亿元）	家数	市值（亿元）	家数	市值（亿元）	家数	市值（亿元）
住宿和餐饮业	9	1040.17	8	1012.53	1	27.64	0	0	0	0

续表

门类	总数		沪深主板		创业板		科创板		北交所	
	家数	市值(亿元)	家数	市值(亿元)	家数	市值(亿元)	家数	市值(亿元)	家数	市值(亿元)
占沪深北三市比重（%）	0.19	0.11	0.17	0.11	0.02	0.00	0	0	0	0

资料来源：沪深北交易所，同花顺。

（二）行业内上市公司构成情况

表2　　2021年住宿和餐饮业上市公司构成情况

门类	沪市			深市			北交所	总计	ST/*ST
	主板	科创板	合计	主板	创业板	合计			
住宿和餐饮业（家）	4	0	4	4	1	5	0	9	0/1
占行业内上市公司比重（%）	44.44	0	44.44	44.44	11.11	55.56	0	100.00	0/11.11

资料来源：沪深北交易所，同花顺。

（三）行业内上市公司融资情况

表3　　2021年住宿和餐饮业上市公司与沪深两市融资情况对比　　　　单位：家

门类	融资家数	新股	增发	配股
住宿和餐饮业	3	1	2	0
沪深两市总数	1032	524	502	7
占比（%）	0.29	0.19	0.40	0

资料来源：沪深北交易所，同花顺。

按行业大类划分，进行融资的3家公司中，住宿业3家，餐饮业0家，分别占比30%、0。

融资公司中，首发的1家公司君亭酒店在深交所创业板上市，实际发行数据2014万股，募集资金2.46亿元；首旅酒店增发13434.84万股，募集资金30亿元；锦江酒店增发11210.76万股，募资49.99亿元。

从融资效果看，上述公司实际发行数量为26659.6023万股；实际募集资金82.46亿元，基本完成了融资计划。

（四）行业内上市公司资产及业绩情况

住宿和餐饮业

表4　　　　　　　　　　　　2021年住宿和餐饮业上市公司资产情况　　　　　　　　　　　　单位：亿元

指标	2021年	2021年可比样本增长（%）	2020年	2020年可比样本增长（%）	2019年
总资产	922.37	31.05	736.69	-1.99	738.27
流动资产	184.62	8.60	188.96	-0.15	184.59
占比（%）	20.02	-4.14	25.65	0.47	25
非流动资产	737.76	38.19	547.73	-2.61	553.68
占比（%）	79.99	4.14	74.35	-0.47	75
流动负债	239.34	28.23	197.79	5.98	183.18
占比（%）	25.95	-0.57	26.85	2.02	24.81
非流动负债	315.33	49.45	211.26	-4.66	221.55
占比（%）	34.19	4.21	28.68	-0.8	30.01
归属于母公司股东权益	353.84	22.79	309.11	-3.82	311.47
占比（%）	38.36	-2.58	41.96	-0.8	42.19

资料来源：沪深北交易所，同花顺。

表5　　　　　　　　　　　　2021年住宿和餐饮业上市公司收入实现情况　　　　　　　　　　　　单位：亿元

指标	2021年	2021年可比样本增长（%）	2020年	2020年可比样本增长（%）	2019年
营业收入	228.43	16.57	214.9	-42.47	358.67
利润总额	6.35	184.63	-11.18	-129.1	35.78
归属于母公司所有者的净利润	1.22	113.55	-11.87	-147.08	23.25

资料来源：沪深北交易所，同花顺。

（五）利润分配情况

2020年全年住宿和餐饮业上市公司中共有5家公司实施了分红配股。其中，1家上市公司实施送股或转增股，4家上市公司实施派息，其中1家公司既实施了送股、转增又实施了派息。

（六）其他财务指标情况

1. 盈利能力指标

表6　　　　　　　　　　　　2021年住宿和餐饮业上市公司盈利能力情况

指标	2021年	2021年可比样本变动	2020年	2020年可比样本变动	2019年
毛利率（%）	28.96	8.20	22.26	-46.35	69.2
净资产收益率（%）	0.34	3.47	-3.84	-11.68	7.46
销售净利率（%）	1.01	5.43	-5.46	-12.85	7.15
资产净利率（%）	0.28	1.51	-1.58	-5.22	3.44

资料来源：沪深北交易所，同花顺。

2. 偿债能力指标

表7 2021年住宿和餐饮业上市公司偿债能力指标

指标	2021年	2021年可比样本变动	2020年	2020年可比样本变动	2019年
流动比率	0.77	−0.14	0.96	−0.06	1.01
速动比率	0.71	−0.12	0.88	−0.05	0.93
资产负债率（%）	60.14	3.64	55.53	1.22	54.82

资料来源：沪深北交易所，同花顺。

3. 营运能力指标

表8 2021年住宿和餐饮业上市公司营运能力情况 单位：次

营运能力指标	2021年	2021年可比样本变动	2020年	2020年可比样本变动	2019年
存货周转率	10.42	0.36	10.73	3.17	7.5
应收账款周转率	13.29	0.04	13.42	−9.3	21.88
流动资产周转率	1.29	0.10	1.14	−0.77	1.88
固定资产周转率	1.82	0.38	1.52	−0.99	2.44
总资产周转率	0.28	0.00	0.29	−0.2	0.48
净资产周转率	0.68	0.05	0.64	−0.47	1.1

资料来源：沪深北交易所，同花顺。

三、重点细分行业介绍

表9 2021年住宿和餐饮业上市公司数量分布及市值情况

大类	上市公司家数（家）	占行业内比重（%）	境内总市值（亿元）	占行业内比重（%）
餐饮业	3	33.33	97.58	9.38
住宿业	6	66.67	942.58	90.62

资料来源：沪深北交易所，同花顺。

（一）住宿业

1. 行业概况

酒店行业整体运营情况受疫情影响波动较大。年内商旅出差、休闲出行需求基本复苏。从旅游市场来看，周边游、省内游、跨省游同步发展，国内旅行社复工复产率已达到疫前正常水平。但局部疫情暴发后，跨省游基本被第一时间停止，旅客运输量变化直接反应酒店入住率情况。7~8月受南京输入疫情影响暑期酒店市场萎靡，国庆节前后福建、内蒙古暴发疫情，直接打击酒店行业。

中高端酒店近年来供给不断上升。从酒店数量来看，2019年全国中端酒店数量达3.13万家，2016~2019年复合增速达43.2%。2020年在疫情冲击下，中端酒店扩张速度有所放缓，同比下滑5.1%，但中端酒店占酒店业整体数量占比提升1个百分点，侧面反映中端酒店供给端持续充沛。从客房数来看，疫情前国内中端酒店客房数量呈高速增长。2016年的139.6万间上升至2019年的281万间，复合增长率26.3%。2020年在疫情影响下，中端酒店客房数量有一定下滑，同比下降7.7%，但在整体酒店数量中仍然上升了2个百分点。

从疫前供需两端数据来看，国内中端酒店供给、需求基本保持同步上升态势。在供给大量增长的情况下，客房出租率保持在稳定水平，新增供给和新增需求基本保持平衡。近年来头部酒店集团对中端酒店市场布局动作从未停止，锦江酒店、首旅酒店新开店酒店中中端酒店占比持续提升。疫情短期内抑制消费需求升级，但长期内消费偏好改善将为中端酒店发展带来更多机会。

2. 行业内上市公司发展情况

表10　　　　2021年住宿业上市公司收入及资产增长情况　　　　单位：亿元

指标	2021年	2021年可比样本增长（%）	2020年	2020年可比样本增长（%）	2019年
营业收入	197.68	15.56	187.28	-44.48	337.08
利润总额	7.91	209.42	-10.81	-130.1	35.91
归属于母公司所有者的净利润	3.03	-86.04	-11.08	-163.49	23.63
总资产	860.63	32.13	682.02	-3.46	706.38
归属于母公司股东权益	319.39	27.42	271.2	-6.57	290.2

资料来源：沪深北交易所，同花顺。

表11　　　　2021年住宿业上市公司盈利能力情况

指标	2021年	2021年可比样本变动	2020年	2020年可比样本变动	2019年
毛利率（%）	31.10	9.40	21.01	-49.27	70.32
净资产收益率（%）	0.95	4.27	-4.08	-12.22	8.14
销售净利率（%）	2.17	6.71	-5.72	-13.45	7.74
资产净利率（%）	0.57	1.75	-1.54	-5.2	3.66

资料来源：沪深北交易所，同花顺。

表12　2021年住宿业上市公司偿债及营运情况

指标	2021年	2021年可比样本变动	2020年	2020年可比样本变动	2019年
资产负债率（%）	61.33	2.50	57.6	1.7	55.9
存货周转率（次）	9.97	-0.01	10.9	3.51	7.38
总资产周转率（次）	0.26	0.00	0.27	-0.2	0.47

资料来源：沪深北交易所，同花顺。

（二）餐饮业

1. 行业概况

餐饮消费渠道多花样趋势越发明显。随着零售电商平台不断趋于成熟，餐饮服务平台随之壮大。叠加都市上班族工作时间较长挤占日常休闲时间，懒人经济应运而生。2016~2021年我国外卖占全国餐饮收入比重稳步增长，同时受疫情影响，消费者逐渐养成居家做饭或叫外卖的用餐习惯，推动外卖渠道、熟食半成品零售的快速发展。2021年外卖占比增至21.4%，较五年前占比提升近两倍。

2016~2021年国内餐饮连锁化程度逐步提升，连锁餐饮市场份额从2016年8.8%稳步增长至2021年18%。近两年受疫情影响，许多小型个人餐饮店出现现金流短缺、库存积压、受局部疫情管控影响等困难而不得不关闭。反观连锁餐企，规模化和品牌效应增强其应对风险能力，虽然不间断疫情持续出现，但国内餐饮连锁化率重压之下进一步增长至18%。

餐饮消费需求出现分化。社零餐饮数据2021年3~4月、7~8月受局部地区疫情反复整体收入下滑。消费者画像在疫情暴发后出现细微变动，20岁及以下消费者消费增幅达34%，少年经济正在崛起；由学生步入工作岗位身份转变、可支配收入增多、消费追求新鲜事物，Z世代逐渐成为消费主体。据第七次全国人口普查数据显示，"90后""00后"人口约占总人口24%，他们将影响未来5~10年中国消费格局。

2. 行业内上市公司发展情况

表13　2021年餐饮业上市公司收入及资产增长情况　　　　　　单位：亿元

指标	2021年	2021年可比样本增长（%）	2020年	2020年可比样本增长（%）	2019年
营业收入	30.75	23.51	27.62	-23.75	21.6
利润总额	-1.56	-478.07	-0.37	-114.84	-0.13
归属于母公司所有者的净利润	-1.82	-193.07	-0.79	-127.19	-0.38
总资产	61.74	17.59	54.66	20.97	31.88
归属于母公司股东权益	34.45	-8.12	37.91	21.81	21.26

资料来源：沪深北交易所，同花顺。

表14　　　　　　　　　　　2021年餐饮业上市公司盈利能力情况

指标	2021年	2021年可比样本变动	2020年	2020年可比样本变动	2019年
毛利率（%）	15.19	0.91	30.71	-22.37	51.72
净资产收益率（%）	-5.27	-3.46	-2.09	-7.21	-1.8
销售净利率（%）	-6.46	-2.79	-3.71	-7.93	-2.08
资产净利率（%）	-3.48	-1.59	-2.05	-5.44	-1.36

资料来源：沪深北交易所，同花顺。

表15　　　　　　　　　　　2021年餐饮业上市公司偿债及营运情况

指标	2021年	2021年可比样本变动	2020年	2020年可比样本变动	2019年
资产负债率（%）	43.53	15.97	29.68	0.26	30.87
存货周转率（次）	13.73	3.05	9.55	0.81	8.92
总资产周转率（次）	0.54	0.02	0.55	-0.25	0.66

资料来源：沪深北交易所，同花顺。

四、重点上市公司介绍

锦江酒店：

公司旗下拥有近40个品牌，原先分属锦江、维也纳、铂涛管理，2020年公司内部人士改革后，前台和后台资源整合，新品牌的孵化和存量品牌升级协同进行，并分配重点资源给部分品牌以期实现单品牌快速成长。目前麓枫酒店已经签约1000余家门店，在跨地区复制开店后，数量上有追赶全季酒店之势。从公司当前孵化新品来看，公司先发布局中高端酒店的细分市场，如国潮风"原拓"、运动风"缤跃"、城市度假"欧暇·地中海"等。公司依靠兼并收购在2016年成为境内第一大规模的酒店管理公司。疫情下公司逆势扩张，开店数量和储备店数均领先于华住、首旅。预计公司将继续保持领先地位，拉开与竞争对手距离。

中短期我国酒店业仍以经济型酒店为主导，中端和中高端细分市场则在所有类别中增速领先，其中经济型酒店和中端酒店通过加速迭代升级来满足市场对品质化和多元化的追求。我国三大龙头酒店集团疫后推行新战略，加速开发大规模单品牌。对于高端酒店市场，我国长期被海外国际品牌占领，疫情为市场带来变化。2020年锦江旗下希尔顿欢朋发展迅速。高端酒店市场需要时间积淀和打磨，中长期若本土品牌在品牌创新、调性打磨和精细化运营下能快速成长，突围仍然可期。

五、上市公司在行业中的影响力

表16　住宿和餐饮业2019~2021年总资产、营业收入、利润总额及上市公司占比

指标	2021年		2020年		2019年	
	行业总体	上市公司占比	行业总体	上市公司占比	行业总体	上市公司占比
总资产（亿元）	23163.62	3.98%	22152.18	3.18%	20361.23	3.48%
营业收入（亿元）	11595.16	1.97%	9145.1	2.14%	9548.32	3.1%
利润总额（亿元）	-295.4	2.15%	-313.57	2.39%	148.92	24.1%

资料来源：Wind资讯。

撰稿人：张晓霖

审稿人：王　冯

信息传输、软件和信息技术服务业

一、信息传输、软件和信息技术服务业总体概况

（一）行业整体运行情况

软件是新一代信息技术的灵魂，是数字经济发展的基础，是制造强国、网络强国、数字中国建设的关键支撑。发展软件和信息技术服务业，对于加快建设现代产业体系具有重要意义。"十四五"时期是我国开启全面建设社会主义现代化国家新征程的第一个五年，全球新一轮科技革命和产业变革深入发展，软件和信息技术服务业迎来新的发展机遇。

2021年我国经济持续稳定恢复，经济发展和疫情防控保持全球领先地位，主要指标实现预期目标。同时，国家战略科技力量加快壮大，产业链韧性得到提升，改革开放向纵深推进，民生保障有力有效，生态文明建设持续推进。在充分肯定成绩的同时，应看到我国经济发展面临需求收缩、供给冲击、预期转弱三重压力。中国经济处于逐步过渡到高质量发展的阶段，经济运行开始显现新特点：市场需求对供给的要求发生了重大变化，个性化、多元化的消费特点日益突出。社会生产力发展的重点，已经从强调"快和多"转为强调"好和省"。加快发展信息传输、软件和信息技术服务业，能够加快增强信息技术在国民经济中的渗透带动作用，成为经济持续增长的良好支撑基础和条件，促进经济结构保持不断调整优化的前进态势。

（二）细分行业运行概况

从细分行业来看，按可比口径计算，2021年我国信息传输、软件和信息技术服务业增加值43956亿元，增长17.2%，已成为经济平稳较快增长的重要推动力量。

2021年，我国通信业全面贯彻党的十九大及十九届历次全会精神，深入落实党中央、国务院决策部署，积极推进网络强国和数字中国建设，5G和千兆光网等新型信息基础设施建设覆盖和应用普及全面加速，为打造数字经济新优势、增强经济发展新动能提供有力支撑。行业发展质量和增长水平进一步提升，实现"十四五"良好开局。电信业务收入稳步提升，电信业务总量较快增长。2021年电信业务总量达1.7万亿元，同比增长27.8%。电信业务收入累计完成1.47万亿元，比2020年增长8.0%，增速同比提高4.1个百分点。新兴业务实现快速增长，对业务拉动作用增强；语音业务收入持续下滑；

数据及互联网业务收入平稳增长，仍是主要收入来源。

2021年，全国各级广播电视部门和单位贯彻新发展理念、构建新发展格局，深入实施舆论引导能力提升工程、新时代精品工程、智慧广电建设工程、视听中国播映工程、安全播出工程、管理优化工程等"六大工程"，落实"一五一"工作格局，稳中求进、守正创新，聚焦主题主线，突出精品创作，积极应对疫情影响，统筹疫情防控和经济社会发展，各方面工作取得新成效，实现"十四五"良好开局，有力服务了党和国家工作大局。全国广播节目综合人口覆盖率99.48%，电视节目综合人口覆盖率99.66%，分别比2020年提高了0.10个和0.07个百分点。广播电视机构大力推进智慧广电建设，推进媒体深度融合，有效整合优质资源、生产要素，向互联网主阵地聚合、向移动端倾斜，广播电视机构智慧广电及融合业务收入显著增加。

2021年我国网民规模达10.32亿，普及率达73.0%。我国网民使用手机上网的比例达99.7%，手机仍是上网的最主要设备。在线办公、在线医疗用户规模分别达4.69亿和2.98亿，同比分别增长35.7%和38.7%，成为用户规模增长最快的两类应用；网上外卖、网约车的用户规模增长率紧随其后，同比分别增长29.9%和23.9%，用户规模分别达5.44亿和4.53亿。2021年我国有全国影响力的工业互联网平台已经超过150个，接入设备总量超过7600万台套，全国在建"5G+工业互联网"项目超过2000个，工业互联网和5G在国民经济重点行业的融合创新应用不断加快。

2021年，我国软件和信息技术服务业运行态势良好，盈利能力稳步提升，软件业务出口保持增长，从业人员规模不断扩大，实现"十四五"良好开局。软件产品收入稳定较快增长；信息技术服务收入增速领先；信息安全产品和服务收入增长加快；嵌入式系统软件收入涨幅扩大。全国软件和信息技术服务业规模以上企业超4万家，累计完成软件业务收入94994亿元，同比增长17.7%。全行业实现利润总额11875亿元，同比增长7.6%。

二、行业内上市公司发展概况

（一）行业内上市公司基本情况

表1　　2021年信息传输、软件和信息技术服务业上市公司发行股票概况

门类	总数		沪深主板		创业板		科创板		北交所	
	家数	市值（亿元）	家数	市值（亿元）	家数	市值（亿元）	家数	市值（亿元）	家数	市值（亿元）
信息传输、软件和信息技术服务业	382	48783.88	159	28119.18	158	12638.33	53	7859.90	12	166.46
占沪深北三市比重（%）	8.13	5.31	3.39	3.06	3.36	1.38	1.13	0.86	0.26	0.02

资料来源：沪深北交易所，同花顺。

(二)行业内上市公司构成情况

表2　2021年信息传输、软件和信息技术服务业上市公司构成情况

门类	沪市			深市			北交所	总计	ST/*ST
	主板	科创板	合计	主板	创业板	合计			
信息传输、软件和信息技术服务业（家）	69	53	122	90	158	248	12	382	8/10
占行业内上市公司比重（%）	18.06	13.87	31.94	23.56	41.36	64.92	3.14	100.00	2.09/2.62

资料来源：沪深北交易所，同花顺。

(三)行业内上市公司融资情况

表3　2021年信息传输、软件和信息技术服务业上市公司与沪深两市融资情况对比

门类	融资家数	新股	增发	配股
信息传输、软件和信息技术服务业	77	35	43	0
沪深两市总数（家）	1032	524	502	7
占比（%）	7.46	6.68	8.57	0

资料来源：沪深北交易所，同花顺。

其中，首发的35家公司中，有3家在主板上市，11家在创业板上市，14家在科创板上市，7家在新三板上市；增发的43家公司中，有10家沪市主板、20家创业板、2家科创板、10家中小板及1家新三板公司。

按行业大类划分，进行融资的78家公司中，软件和信息技术服务业65家，互联网和相关服务业12家，电信、广播电视和卫星传输服务业1家，分别占比83.33%、15.38%、1.28%。

从融资效果看，上述公司实际发行数量为1536883.71万股；实际募集资金1178.84亿元，基本完成了融资计划。

(四)行业内上市公司资产及业绩情况

表4　2021年信息传输、软件和信息技术服务业上市公司资产情况　　单位：亿元

指标	2021年	2021年可比样本增长（%）	2020年	2020年可比样本增长（%）	2019年
总资产	31364.48	6.45	22200.3	7.0	19915.6
流动资产	13400.59	11.90	10952.1	13.8	9101.08
占比（%）	42.73	2.08	49.33	2.95	45.7

续表

指标	2021年	2021年可比样本增长（%）	2020年	2020年可比样本增长（%）	2019年
非流动资产	17963.88	2.71	11248.2	1.11	10814.5
占比（%）	57.27	-2.08	50.67	-2.95	54.3
流动负债	10702.65	5.38	7633.66	7.79	6942.02
占比（%）	34.12	-0.35	34.39	0.25	34.86
非流动负债	1917.14	-5.93	1279.12	2.16	1273.02
占比（%）	6.11	-0.80	5.76	-0.27	6.39
归属于母公司股东权益	16436.41	9.46	11091.2	8.14	9554.84
占比（%）	52.40	1.44	49.96	0.53	47.98

资料来源：沪深北交易所，同花顺。

表5　2021年信息传输、软件和信息技术服务业上市公司收入实现情况　　单位：亿元

指标	2021年	2021年可比样本增长（%）	2020年	2020年可比样本增长（%）	2019年
营业收入	17098.59	11.42	11403.1	-1.7	11070.9
利润总额	1026.97	6.37	584	53.35	263.91
归属于母公司所有者的净利润	730.62	11.88	347.67	108.24	58.81

资料来源：沪深北交易所，同花顺。

（五）利润分配情况

2021年全年信息传输、软件和信息技术服务业上市公司中共有241家公司实施了分红配股。其中，49家上市公司实施送股或转增股，239家上市公司实施派息，其中48家公司既实施了送股、转增又实施了派息。

（六）其他财务指标情况

1. 盈利能力指标

表6　2021年信息传输、软件和信息技术服务业上市公司盈利能力情况

指标	2021年	2021年可比样本变动	2020年	2020年可比样本变动	2019年
毛利率（%）	29.48	-0.98	30.02	0.88	28.81
净资产收益率（%）	4.45	0.10	3.13	1.51	0.62
销售净利率（%）	4.87	-0.06	3.88	1.57	1.42
资产净利率（%）	2.74	0.09	2.06	0.73	0.81

资料来源：沪深北交易所，同花顺。

信息传输、软件和信息技术服务业

2. 偿债能力指标

表7　2021年信息传输、软件和信息技术服务业上市公司偿债能力指标

指标	2021年	2021年可比样本变动	2020年	2020年可比样本变动	2019年
流动比率	1.25	0.07	1.43	0.08	1.31
速动比率	1.12	0.06	1.28	0.08	1.16
资产负债率（%）	40.24	-1.15	40.15	-0.02	41.25

资料来源：沪深北交易所，同花顺。

3. 营运能力指标

表8　2021年信息传输、软件和信息技术服务业上市公司营运能力情况　　单位：次

营运能力指标	2021年	2021年可比样本变动	2020年	2020年可比样本变动	2019年
存货周转率	9.08	0.11	6.95	-0.71	7.79
应收账款周转率	5.66	0.45	4.25	-0.14	4.46
流动资产周转率	1.35	-0.02	1.11	-0.16	1.28
固定资产周转率	1.91	0.18	2.35	-0.01	2.27
总资产周转率	0.56	0.03	0.53	-0.04	0.57
净资产周转率	0.95	0.03	0.89	-0.07	0.96

资料来源：沪深北交易所，同花顺。

三、重点细分行业介绍

表9　2021年信息传输、软件和信息技术服务业上市公司数量分布及市值情况

大类	上市公司家数（家）	占行业内比重（%）	境内总市值（亿元）	占行业内比重（%）
软件和信息技术服务业	292	76.44	34272.83	70.25
电信、广播电视和卫星传输服务	17	4.45	6485.33	13.29
互联网和相关服务	73	19.11	8025.71	16.45

资料来源：沪深北交易所，同花顺。

（一）电信、广播电视和卫星传输服务

1. 行业概况

（1）电信行业保持稳中向好运行态势。

2021年电信业务收入稳步提升，电信业务总量较快增长。2021年电信业务总量达到1.7万亿元，同比增长27.8%。电信业务收入累计完成1.47万亿元，比2020年增长8.0%，增速同比提高4.1个

百分点。

数据及互联网业务收入平稳增长，仍是主要收入来源。2021年，固定数据及互联网业务实现收入2601亿元，比上年增长9.3%，在电信业务收入中占比由上年的17.4%提升至17.8%；移动数据及互联网业务实现收入6409亿元，比上年增长3.3%。新兴业务实现快速增长，对业务拉动作用增强。云计算、大数据等新兴业务发展加速，2021年实现相关业务收入2225亿元，比上年增长27.8%，在电信业务收入中占比由上年的12.8%提升至15.2%。其中，数据中心、云计算、大数据业务比上年分别增长18.4%、91.5%和35.5%。

新型基础设施用户规模迅速扩大。移动电话用户规模小幅增长，5G用户数快速扩大。2021年，全国电话用户净增4755万户，总数达到18.24亿户。其中，移动电话用户总数16.43亿户，全年净增4875万户，普及率为116.3部/百人，比上年末提高3.4部/百人。其中，4G移动电话用户为10.69亿户，5G移动电话用户达到3.55亿户，二者占移动电话用户数的86.7%。固定电话用户总数1.81亿户，全年净减121万户，普及率降至12.8部/百人。百兆及以上宽带接入用户占比持续攀升，千兆用户加快发展。截至2021年年底，三家基础电信企业的固定互联网宽带接入用户总数达5.36亿户，全年净增5224万户。其中，100Mbps及以上接入速率的用户为4.98亿户，全年净增6385万户，占总用户数的93%，占比较上年末提高3.1个百分点；1000Mbps及以上接入速率的用户为3456万户，比上年末净增2816万户。农村宽带用户较快增长，增速保持两位数。截至2021年年底，全国农村宽带用户总数达1.58亿户，全年净增1581万户，比上年末增长11%，增速较城镇宽带用户高出0.4个百分点。新业态蓬勃发展，蜂窝物联网用户和IPTV规模持续扩大。截至2021年年底，三家基础电信企业发展蜂窝物联网用户13.99亿户，全年净增2.64亿户，其中应用于智慧公共事业、智能制造、智慧交通的终端用户占比分别达22.4%、18.1%、15.6%。发展IPTV（网络电视）用户总数达3.49亿户，全年净增3336万户。

移动互联网流量保持快速增长。移动互联网流量快速增长，月户均流量（DOU）创新高。2021年，移动互联网接入流量达2216亿GB，比上年增长33.9%。全年移动互联网月户均流量（DOU）达13.36GB/户，比上年增长29.2%；12月当月DOU达14.72GB/户，创历史新高。其中，手机上网流量达到2125亿GB，比上年增长35.5%，在移动互联网总流量中占比为95.9%。移动短信业务量收不同步，话音业务量增速转正。2021年，全国移动短信业务量比上年减少1%，移动短信业务收入比上年增长6.6%，移动短信业务量收增速差从上年的15.4%下降至7.6%。2021年，全国移动电话去话通话时长2.27万亿分钟，比上年增加1.1%。

网络基础设施持续演进升级。固定资

信息传输、软件和信息技术服务业

产投资与上年基本持平，5G投资占比近半。2021年，三家基础电信企业和中国铁塔股份有限公司共完成电信固定资产投资4058亿元。其中，移动通信的固定资产投资额为1943亿元，占全部投资的47.9%；5G投资额达1849亿元，占全部投资的45.6%，占比较上年提高8.9个百分点。网络基础设施优化升级，全光网建设深入推进。2021年，新建光缆线路长度319万公里，全国光缆线路总长度达5488万公里；其中，长途光缆线路、本地网中继光缆线路和接入网光缆线路长度分别达112.6万公里、1874万公里和3502万公里，接入网光缆线路长度比上年净增达297万公里，进一步保障和支撑用户服务质量。截至2021年年底，互联网宽带接入端口数达到10.18亿个，比上年末净增7180万个。其中，光纤接入（FTTH/O）端口达到9.6亿个，比上年末净增8017万个，占比由上年末的93%提升至94.3%。5G网络建设加快，网络覆盖持续推进。2021年，全国移动通信基站总数达996万个，全年净增65万个。其中4G基站达590万个，5G基站为142.5万个，全年新建5G基站超65万个。

（2）广播电视行业持续繁荣。

广播电视行业积极应对疫情影响，统筹疫情防控和经济社会发展，各方面工作取得新成效，实现"十四五"良好开局，有力服务了党和国家工作大局。2021年全国制作广播节目时间812.71万小时，同比下降1.01%；播出时间1589.49万小时，同比增长0.55%。制作电视节目时间305.96万小时，同比下降6.79%；播出时间2013.99万小时，同比增长1.29%。

深入实施"舆论引导能力提升"工程，宣传思想工作取得显著成效。播出新闻资讯类广播电视节目时间保持稳定，唱响新时代主旋律最强音。2021年全国制作新闻资讯类广播节目时间145.72万小时，同比增长0.31%；播出时间313.33万小时，与2020年基本持平。制作新闻资讯类电视节目时间109.37万小时，同比下降0.35%；播出时间288.84万小时，同比增长1.15%。深入开展"奋斗百年路启航新征程"重大主题宣传，营造奋进新征程的浓厚氛围。做强做亮做优正面宣传，播出公益广告时间持续增长。2021全国制作专题服务类广播节目时间222.61万小时，播出时间336.47万小时，同比增长0.77%；制作专题服务类电视节目时间79.27万小时，播出时间274.22万小时，同比增长4.66%。播出广播公益广告节目时间56.38万小时，同比增长2.53%，占播出广播广告节目时间的39.31%，比2020年提高了0.42个百分点；播出电视公益广告节目时间108.08万小时，同比增长9.76%，占播出电视广告节目时间的47.82%，比2020年提高了4.05个百分点。聚焦乡村振兴，农村节目制作播出时间保持稳定。2021年全国制作农村广播节目时间141.56万小时，同比增长1.84%，占制作广播节目时间的17.42%；播出时间457.70万小时，同比下降0.34%，占播出公共广播节目时间的28.80%。制作农村电视节目时间69.03万小时，同比下降3.29%，占制作电视节目时间的22.56%；播出时间438.36万小时，同比下降3.02%，占播出公共电视节目时间的21.77%。

深入实施"新时代精品"工程，内容创作生产持续繁荣。聚焦庆祝建党百年主题，推出了一批思想精深、艺术精湛、制作精良的电视剧精品力作。2021年全国制作发行电视剧194部、6736集，制作发行部数同比下降3.96%，制作影视剧类电视节目时间7.52万小时，同比下降21.17%。全国播出电视剧20.89万部，播出影视剧类电视节目时间884.33万小时，同比增长1.28%。扎实推进"记录新时代"纪录片创作传播工程，用镜头和话筒记录时代和民族的难忘瞬间。2021年全国制作纪录片8.87万小时，同比增长1.95%；播出时间74.07万小时，同比增长19.28%。持续推进中国经典民间故事动漫创作工程等国产动画系列重点工程，传承中华文化基因和经典故事。2021年全国制作发行电视动画片332部、7.99万分钟，制作时间同比下降31.53%；播出电视动画片时间45.24万小时，同比增长1.41%。播出少儿广播节目时间28.76万小时，同比增长0.03%；播出少儿电视节目时间62.61万小时，同比下降0.81%。加强网络视听内容建设，扩大优质网络文化产品供给。2021年获得上线备案号重点网络电影688部、网络剧232部、网络动画片199部、网络纪录片19部。推进综艺益智类节目创新创优，丰富人民群众精神文化生活。加强对广播电视节目的引导，2021年全国制作综艺益智类广播节目时间193.86万小时，同比下降1.98%，播出时间354.33万小时，同比下降2.72%；制作综艺益智类电视节目时间30.02万小时，同比下降12.20%，播出时间109.46万小时，同比下降5.57%。制作广播剧类节目时间22.39万小时，同比增长2.42%，播出时间97.78万小时，同比增长0.35%。

深化技术融合创新，智慧广电服务能力持续提高。深入实施"智慧广电"工程，高新视频生产、广电5G建设等加快转型升级。截至2021年年底，全国高清电视频道985个，4K超高清电视频道8个、8K超高清电视频道1个，中央广播电视总台和25家省级台电视频道基本实现高清化。新闻资讯类、专题服务类、综艺益智类电视节目高清超高清制作比例分别达到62.3%、55.7%和59.4%。有线电视网络整合与广电5G建设一体化加快发展，全国有线电视实际用户数2.04亿户，同比下降1.45%；高清和超高清用户1.09亿户，同比增长7.92%；智能终端用户3325万户，同比增长11.39%。有线电视双向数字实际用户数9701万户，同比增长1.57%，高清超高清视频点播用户3992万户，占点播用户的比例达95.3%。全国交互式网络电视（IPTV）用户1超过3亿户，互联网电视（OTT）用户2数10.83亿户，互联网视频年度付费用户7.1亿，互联网音频年度付费用户1.5亿，短视频上传用户超过7亿。

深入贯彻新发展理念，广播电视行业

信息传输、软件和信息技术服务业

总收入首次突破1万亿元。2021年全国广播电视行业总收入11488.81亿元，同比增长24.68%。其中，广播电视和网络视听业务实际创收收入9673.11亿元，同比增长25.43%；财政补助收入968.76亿元，与上年基本持平；其他收入846.94亿元，同比增长58.45%。传统广播电视广告收入保持稳定，新媒体广告收入快速增长。广告收入3079.42亿元，同比增长58.73%。其中：传统广播电视广告收入786.46亿元，同比下降0.40%；广播电视和网络视听机构通过互联网取得的新媒体广告收入2001.46亿元，同比增长124.89%；广播电视和网络视听机构通过竞价排名、报刊广告、楼宇广告、户外广告、品牌推广等取得的其他广告收入291.50亿元，同比增长11.89%。有线电视网络业务收入小幅下降。有线电视网络收入734.56亿元，同比下降2.96%。其中，收视维护费、付费数字电视、落地费等传统有线电视网络业务收入487.60亿元，同比下降6.34%。传统广播电视节目销售收入略有增长，电视购物频道收入下滑明显。传统广播电视节目销售收入438.24亿元，同比增长6.42%；电视购物频道收入115.61亿元，同比下降14.66%；付费数字电视内容与播控收入23.40亿元；节目制作相关服务收入271.82亿元；技术服务、演出等其他创收收入1224.66亿元，同比增长2.71%。持证及备案机构网络视听收入持续快速增长。网络视听收入3594.65亿元，同比增长22.10%。其中：用户付费、节目版权等服务收入大幅增长，达974.05亿元，同比增长17.24%；网络直播、短视频等其他收入增长迅速，达2620.60亿元，同比增长24.02%。积极推进智慧广电建设和媒体深度融合，广播电视机构智慧广电及融合发展业务收入显著增加。在实际创收收入中，广播电视机构智慧广电及融合发展业务收入1085.70亿元，同比增长21.47%，主要收入构成包括：广播电视机构新媒体广告收入276.71亿元，同比增长35.01%；有线电视网络宽带、集团客户等增值业务收入246.97亿元，同比增长4.48%；IPTV平台分成收入161.76亿元，同比增长19.09%；OTT集成服务业务收入78.02亿元，同比增长9.73%；广播电视机构网络视听收入322.24亿元，同比增长31.24%。

（3）卫星传输服务市场规模不断提升。

2021年我国卫星导航与位置服务产业总体产值达到4690亿元人民币，较2020年增长16.29%。其中，包括与卫星导航技术研发和应用直接相关的芯片、器件、算法、软件、导航数据、终端设备、基础设施等在内的产业核心产值同比增长约12.28%，达到1454亿元人民币，在总体产值中占比为31%，增速高于上年。由卫星导航应用和服务所衍生带动形成的关联产值同比增长约18.20%，达到3236亿元人民币，在总体产值中占比达到69%。

北斗辐射带动力增强，应用深度广度持续拓展。2021年，北斗系统对经济社会发展的辐射带动作用显著增强，应用深度广度持续拓展。多个行业、部门和省市已将北斗应用及产业化发展纳入"十四五"规划。北斗系统已广泛进入各行各业，以及大众消费、共享经济和民生领域，深刻改变着人们的生产生活方式，产生了显著的经济和社会效益。北斗系统在交通运输、公共安全、救灾减灾、农林牧渔、城市治理等行业领域，以及电力、水利、通信基础设施建设等方面，已逐步形成深度应用、规模化发展的良好局面，正在全面赋能各行各业并实现显著效益。北斗也正在成为智能手机、可穿戴设备等大众消费产品定位功能标准配置。国产华为、OPPO、VIVO、小米、努比亚、酷派等智能手机厂商均全面支持北斗系统应用。北斗地基增强功能已进入智能手机，可实现1米级高精度定位，正在中国多个城市开展车道级导航试点应用。具备北斗三号短报文通信能力的大众手机即将面市，它将重新定义手机应用功能。截至2021年年底，国产北斗兼容型芯片及模块销量已超过2亿片，季度出货量突破1000万片，具有北斗定位功能的终端产品社会总保有量已超过12亿台/套（含智能手机）。2021年国内厘米级应用北斗高精度芯片、模块和板卡的总出货量持续增长，达到120万片，伴随芯片等基础产品技术的持续突破，国内建立并实施了北斗基础产品认证检测制度。

行业应用多点开花，高精度大显身手。2021年高精度市场持续发展，国内厘米级应用高精度芯片、模块和板卡年内总出货量超过120万片，主要应用场景包括无人机、农机自动驾驶、智慧施工、测绘仪器、机器人、智能网联汽车等，高精度应用明显呈现泛在化和规模化趋势。国内市场各类高精度应用终端总销量接近170万台/套，其中应用国产高精度模块和板卡的终端已超过80%；高精度天线出货量接近170万只。高精度相关产品销售收入从2010年的11亿元人民币已快速增长到2021年的151.9亿元人民币，年均复合增长率接近24.5%。

市场需求稳定增长，市场规模不断提升。在市场发展方面，2021年国内卫星导航与位置服务市场需求继续保持稳定增长态势。包括新基建、交通、能源、水利等在内的现代基础设施体系建设对北斗应用的需求持续释放，北斗在智能交通、智慧能源、智慧农业及水利、智能制造等领域的应用所形成的数字化场景，正在不断形成新的细分市场，进一步提升了我国卫星导航与位置服务的总体市场规模。在现代基础设施体系建设方面，2021年，随着"新基建"战略的推动，加速了北斗融入自然资源、通信、交通、电力、水利等行业的基础设施建设的步伐。在自然资源领域，自然资源部统筹开展了全国2326座基准站全面接收北斗三号数据的改造工作，大力推进自然资源系统国家级和省级基准站数据资源整合，逐步构建起全国北斗定位差分服务"一张网"基准服务系统。在通信行业，中国移动在全国范围内建设超过4000座北斗地基增强基准站，建成全球规模最大的5G+北斗高精度服务系统，可面向全国31个省（区、

信息传输、软件和信息技术服务业

市）提供高精度定位服务，并率先实现全面支持北斗三号。在电力行业，已完成了超过 2000 座电力行业北斗地基增强基准站的建设和部署，为无人机自主巡检、变电站机器人巡检、杆塔监测等业务应用的智能设备提供可靠的、精准的、稳定的高精度位置服务。在交通运输行业，包括 106 座基准站的长江干线北斗卫星地基增强系统工程已经建成并投入使用，提前 24 个月实现了长江干线及周边 8 万余平方公里区域的北斗卫星地基增强信号全面覆盖，随着北斗智能船载终端陆续投放航运市场，已为用户提供实时厘米级的位置信息服务。在应急管理方面，地震监测预警北斗地基增强框架站超 180 座，大陆构造环境网络超 260 座，对地震等灾害监测起到了重要作用。

2. 行业内上市公司发展情况

表 10　2021 年电信、广播电视和卫星传输服务上市公司收入及资产增长情况　　单位：亿元

指标	2021 年	2021 年可比样本增长（%）	2020 年	2020 年可比样本增长（%）	2019 年
营业收入	8068.95	8.85	3517.34	2.42	3434.02
利润总额	542.40	25.67	140.89	-18.06	172.15
归属于母公司所有者的净利润	339.47	13.07	31.84	-61.42	70.95
总资产	15658.82	3.94	8048.94	1.95	7890.42
归属于母公司股东权益	6958.52	10.38	2680.82	-0.46	2693.17

资料来源：沪深北交易所，同花顺。

表 11　2021 年电信、广播电视和卫星传输服务上市公司盈利能力情况

指标	2021 年	2021 年可比样本变动	2020 年	2020 年可比样本变动	2019 年
毛利率（%）	27.12	-1.14	25.98	0.03	25.95
净资产收益率（%）	4.88	0.84	1.19	-1.44	2.63
销售净利率（%）	5.26	0.86	2.87	-1.19	4.07
资产净利率（%）	2.76	0.58	1.26	-0.54	1.81

资料来源：沪深北交易所，同花顺。

表 12　2021 年电信、广播电视和卫星传输服务上市公司偿债及营运情况

指标	2021 年	2021 年可比样本变动	2020 年	2020 年可比样本变动	2019 年
资产负债率（%）	42.75	-2.28	42.46	0.86	41.57
存货周转率（次）	36.92	4.66	19.15	0.65	18.81
总资产周转率（次）	0.53	0.03	0.44	0	0.44

资料来源：沪深北交易所，同花顺。

（二）互联网和相关服务

1. 行业概况

信息通信行业实现跨越式发展，为经济社会发展提供强大的新动能。移动电话基站数保持增长，5G网络建设稳步推进。截至2021年12月，我国移动电话基站总数达996万个，累计建成并开通5G基站总数为142.5万个，全年新增5G基站数达到65.4万个。移动电话用户规模稳中有增，5G用户规模快速扩大。截至2021年12月，移动电话用户总数达16.43亿户，其中5G移动电话用户达3.55亿户。固定宽带接入用户稳步增长，千兆用户数稳步提升。截至2021年12月，三家基础电信企业的固定互联网宽带接入用户总数达5.36亿户，比上年末净增5224万户。其中，1000Mbps及以上接入速率的固定互联网宽带接入用户达3456万户，比上年末净增2816万户。

我国工业互联网发展稳步推进，"5G+工业互联网"应用深入发展。工业互联网的网络基础、平台中枢、数据要素、安全保障作用进一步显现。网络体系建设不断推进，基础电信企业加快外网建设，工业企业推进内网改造升级，五大国家顶级节点建成并稳定运行；平台体系纵深范围不断扩大，有全国影响力的工业互联网平台已经超过150家，接入设备总量超过7600万台套；数据汇聚赋能初见成效，国家工业互联网大数据中心已形成覆盖京津冀、长三角、粤港澳大湾区、成渝双城经济圈的体系化布局；安全体系保障能力不断提升，顶层设计不断完善，威胁监测和信息通报处置不断强化。"5G+工业互联网"加快构建与工业经济深度融合的新型基础设施、应用模式和工业生态。工业和信息化部推动相关单位借鉴已发布的两批"5G+工业互联网"二十个典型场景和十个重点行业应用实践，紧扣行业领域特点需求，挖掘更多应用场景，推动"5G+工业互联网"与实体经济深度融合。目前已在电子设备制造、装备制造、钢铁、采矿、电力等行业取得显著应用成效，在推动我国数字经济发展中发挥更大作用。

数字政府建设加速推进，我国国家治理能力现代化水平不断提高。大数据、云计算、移动互联网、物联网、人工智能等新技术不断应用到政府治理过程，全国政府数字化转型工作稳步开展，政务服务平台、监督平台和全国信用体系已经形成。数字政府建设成为实现政务数字化转型，驱动经济社会高质量创新发展，推进国家治理体系和治理能力现代化的关键抓手。浙江"最多跑一次"改革、江苏"不见面审批（服务）"改革、上海"一网通办"改革等发展模式，有效解决群众和企业办事难、办事慢、办事烦等问题，驱动互联网政务服务由点到面、由浅及深加快发展。

一体化政务服务能力显著提升，成为我国现阶段数字政府建设的典型特征。我国各省市积极探索，通过构建普惠均等、便民高效、智能精准的政务服务"一张网"，以"我为群众办实事"为初心，聚焦网上办事的堵点难点和"急难愁盼"

信息传输、软件和信息技术服务业

问题，着力在提升服务水平和服务效能上下功夫，努力书写便民利企的民生答卷。全国一体化政务服务平台实名用户超过10亿人，其中国家政务服务平台注册用户超过4亿人，总使用量368.2亿人次，为地方部门提供身份认证核验服务29亿余次，群众满意度、获得感不断提升。

国家政务服务平台建设成效持续发挥，有效激发市场活力，推动营商环境提质提标。为贯彻落实中央经济工作会议和国务院常务会议关于帮助市场主体特别是中小微企业、个体工商户减负纾困、恢复发展的部署要求，2021年，全国一体化政务服务平台上线"助企纾困服务专区"，汇集地方和部门相关助企纾困政策1262条，各端累计接入办事服务1154项并持续丰富完善，推动助企纾困政策对企业的精准化匹配、个性化推送、一站式办理，形成助企纾困政策查询、办理、反馈、完善的管理闭环，推动各类办事服务好办易办，让企业更快速、更便捷、更精准地享受政策，直达办事服务，受到企业和群众普遍欢迎。

2. 行业内上市公司发展情况

表13　2021年互联网和相关服务上市公司收入及资产增长情况　　　　单位：亿元

指标	2021年	2021年可比样本增长（%）	2020年	2020年可比样本增长（%）	2019年
营业收入	3009.52	14.32	2608.9	-19.79	3108.96
利润总额	94.61	-39.94	126.59	901.32	-110.3
归属于母公司所有者的净利润	62.18	180.82	68.2	191.22	-153.07
总资产	3678.62	2.81	3599.37	1.4	3320.42
归属于母公司股东权益	2234.35	2.09	2161.61	6.18	1709.34

资料来源：沪深北交易所，同花顺。

表14　2021年互联网和相关服务上市公司盈利能力情况

指标	2021年	2021年可比样本变动	2020年	2020年可比样本变动	2019年
毛利率（%）	24.63	-2.96	27.5	4.07	22.47
净资产收益率（%）	2.78	-1.50	3.16	6.23	-8.95
销售净利率（%）	2.22	-2.02	3.08	4.52	-4.49
资产净利率（%）	1.84	-1.35	2.25	3.57	-4.21

资料来源：沪深北交易所，同花顺。

表15　2021年互联网和相关服务上市公司偿债及营运情况

指标	2021年	2021年可比样本变动	2020年	2020年可比样本变动	2019年
资产负债率（%）	36.59	0.47	38.06	-2.5	46.56
存货周转率（次）	32.87	4.88	26.58	-6.22	32.54
总资产周转率（次）	0.83	0.08	0.73	-0.19	0.94

资料来源：沪深北交易所，同花顺。

（三）软件和信息技术服务业

1. 行业概况

2021年，我国软件和信息技术服务业运行态势良好，软件业务收入保持较快增长，盈利能力稳步提升，软件业务出口保持增长，从业人员规模不断扩大，"十四五"实现良好开局。软件业务收入保持较快增长。2021年，全国软件和信息技术服务业规模以上企业超4万家，累计完成软件业务收入94994亿元，同比增长17.7%，两年复合增长率为15.5%。盈利能力稳步提升。2021年，软件业利润总额11875亿元，同比增长7.6%；主营业务利润率提高0.1个百分点达9.2%。软件业务出口保持增长。2021年，软件业务出口521亿美元，同比增长8.8%。其中，软件外包服务出口149亿美元，同比增长8.6%；嵌入式系统软件出口194亿美元，同比增长4.9%。从业人员规模不断扩大，工资总额加快增长。2021年，我国软件业从业人员平均人数809万人，同比增长7.4%。从业人员工资总额同比增长15.0%。

软件产品收入平稳较快增长。2021年，软件产品收入24433亿元，同比增长12.3%，增速较上年同期提高2.2个百分点，占全行业收入比重为25.7%。其中，工业软件产品实现收入2414亿元，同比增长24.8%，高出全行业水平7.1个百分点。信息技术服务收入增速领先。2021年，信息技术服务收入60312亿元，同比增长20.0%，高出全行业水平2.3个百分点，占全行业收入比重为63.5%。其中，云服务、大数据服务共实现收入7768亿元，同比增长21.2%，占信息技术服务收入的12.9%，占比较上年同期提高4.6个百分点；集成电路设计收入2174亿元，同比增长21.3%；电子商务平台技术服务收入10076亿元，同比增长33.0%。信息安全产品和服务收入增长加快。2021年，信息安全产品和服务收入1825亿元，同比增长13.0%，增速较上年同期提高3个百分点。嵌入式系统软件收入涨幅扩大。2021年，嵌入式系统软件收入8425亿元，同比增长19.0%，增速较上年同期提高7个百分点。

从区域发展情况来看，东部地区保持较快增长，中西部地区增势突出。2021年，东部、中部、西部和东北地区分别完成软件业务收入76164亿元、4618亿元、11586亿元和2627亿元，分别同比增长17.6%、18.9%、19.4%和12.1%。其中，中部、西部地区高出全国平均水平1.2个、1.7个百分点。四个地区软件业务收入在全国总收入中的占比分别为80.2%、4.9%、12.2%和2.8%。主要软件大省收入占比进一步提高，部分中西部省市增速亮眼。2021年，软件业务收入居前5名的北京、广东、江苏、浙江、山东共完成收入62692亿元，占全国软件业比重的66.0%，占比较上年同期提高1.2个百分点。软件业务收入增速高于全国平均水平的省市有15个，其中增速高于30%的省份集中在中西部地区，包括贵州、广西、山西等。中心城市软件业务

信息传输、软件和信息技术服务业

收入增长加快,利润总额平稳增长。2021年,全国15个副省级中心城市实现软件业务收入49540亿元,同比增长16.3%,增速较上年同期提高3.3个百分点,占全国软件业的比重为52.2%;实现利润总额6403亿元,同比增长4.5%,增速较上年同期回落0.5个百分点。其中,杭州、青岛、济南和广州软件业务收入同比增速超过全行业平均水平。

2. 行业内上市公司发展情况

表16　　2021年软件和信息技术服务业上市公司收入及资产增长情况　　单位:亿元

指标	2021年	2021年可比样本增长(%)	2020年	2020年可比样本增长(%)	2019年
营业收入	6020.12	13.58	5276.82	7.39	4527.92
利润总额	389.95	3.61	316.53	40.88	202.06
归属于母公司所有者的净利润	328.98	10.82	247.63	78.46	140.93
总资产	12027.03	11.14	10552	13.42	8704.71
归属于母公司股东权益	7243.54	11.05	6248.74	13.04	5152.32

资料来源:沪深北交易所,同花顺。

表17　　2021年软件和信息技术服务业上市公司盈利能力情况

指标	2021年	2021年可比样本变动	2020年	2020年可比样本变动	2019年
毛利率(%)	35.06	0.10	33.96	-1.2	35.33
净资产收益率(%)	4.54	-0.13	3.96	1.09	2.74
销售净利率(%)	5.67	-0.33	4.95	1.38	3.48
资产净利率(%)	2.99	-0.14	2.63	0.67	1.88

资料来源:沪深北交易所,同花顺。

表18　　2021年软件和信息技术服务业上市公司偿债及营运情况

指标	2021年	2021年可比样本变动	2020年	2020年可比样本变动	2019年
资产负债率(%)	38.08	0.03	39.09	0.29	38.93
存货周转率(次)	3.55	-0.05	3.7	0	3.65
总资产周转率(次)	0.53	0.01	0.53	-0.02	0.54

资料来源:沪深北交易所,同花顺。

四、重点上市公司介绍

（一）中国电信

中国电信股份有限公司是一家全球大型的领先的全业务综合智能信息服务运营商，主营业务为提供综合性固定通信业务、移动通信业务等基础电信业务，以及互联网接入服务业务、信息服务业务等增值电信业务以及其他相关业务。2021年，公司紧抓数字经济发展机遇，实施"云改数转"战略，坚持积极进取的市场发展策略，以5G引领个人信息化升级，持续提升5G运营能力；融合"千兆宽带+全屋WiFi+天翼高清+智家应用"，加快家庭业务向数字生活服务升级；以"融云、融安全、融5G、融数、融智"为抓手，打造综合智能的场景化解决方案，推动产业数字化加速发展。2021年，公司移动用户达到3.72亿户，用户净增连续4年保持行业领先，5G套餐用户渗透率到达50.4%，有线宽带用户达到近1.70亿户。

2021年，公司营业收入为人民币4342亿元，同比增长11.3%，其中服务收入为人民币4028亿元，同比增长7.8%，剔除出售附属公司的收入影响后，同比增幅达到8.1%，增幅连续5年高于行业平均。归属于母公司股东的净利润为人民币259.52亿元，同比增长24.4%。归属于上市公司股东的扣除非经常性损益的净利润为250.44亿元，同比增长19.2%，基本每股收益为人民币0.31元。资本开支为人民币867亿元。

2021年，公司实施"云改数转"战略，以客户为中心拓展综合智能信息服务，打造科技创新核心能力，构建新型信息基础设施，建立强强联合、开放合作的产业和资本生态，改革体制机制，高质量发展取得新成效。

（二）金山办公

金山办公是国内领先的办公软件和服务提供商，主要从事WPS Office办公软件相关产品及服务的设计研发及销售推广。公司主要产品包括WPS Office办公软件、金山文档等办公能力产品矩阵以及金山数字办公平台解决方案。其中WPS Office办公软件及金山文档等产品可在Windows、Linux、MacOS、Android、iOS、HarmonyOS等众多主流操作平台上应用，主要服务包括基于公司产品为客户提供涉及日常办公和文档相关的增值功能、互联网广告推广等服务。金山数字办公平台可根据组织级客户需求以对应的赋能方式及交付模式为其提供一站式、多平台应用的解决方案或服务。

2021年，公司实现营业收入32.80亿元，较上年增长45.07%；实现归属于母公司所有者的净利润10.41亿元，较上年增长18.57%；营业收入中，国内个人办公服务订阅业务14.65亿元，较上年度增长44.20%；国内机构订阅及服务业务4.46亿元，较上年度增长23.40%；国内机构授权业务9.62亿元，较上年度增长

信息传输、软件和信息技术服务业

107.10%；互联网广告推广服务及其他业务4.06亿元，较上年度减少3.01%。

（三）科大讯飞

科大讯飞自创业以来持续聚焦智能语音、自然语言理解、机器学习推理及自主学习等核心技术研究并始终保持国际前沿技术水平，积极推动人工智能产品研发和行业应用落地，致力于让机器"能听会说，能理解会思考，用人工智能建设美好世界"。公司坚持"平台+赛道"的人工智能战略。"平台"赋能上，依托国内首家上线的人工智能开放平台——讯飞开放平台，为开发者提供一站式人工智能解决方案，人工智能产业生态持续构建。应用"赛道"上，科大讯飞在教育、医疗、办公、智慧城市等领域，已经实现了源头技术创新和产业应用的良性互动，在不断扩大的应用规模中成效显现。

2021年，公司全年实现营业收入超过183亿元，同比增长40.61%，在A股所有上市公司中，科大讯飞是过去10年来唯一连续10年营收年增长率均超25%的上市公司。根据地业务迎来人工智能规模化应用红利期，为了业务快速落地和更稳健发展，公司根据明确的人力资源模型提前布局运营及驻点人员，2021年人员规模增长3301人。在此背景下，公司2021年实现毛利75.33亿元，同比增长28.20%；实现归属于上市公司股东的净利润15.56亿元，同比增长14.13%；实现扣除非经常性损益的净利润9.79亿元，同比增长27.54%。

（四）中国联通

中国联通是国内三大移动运营商之一，通过联通红筹公司的相关控股公司，拥有覆盖中国、通达世界的现代通信网络，为广大用户提供全方位、高品质信息通信服务，包括移动宽带（WCDMA、LTEFDD、TD-LTE、5G）、固网宽带、GSM、固网本地电话、信息通信技术服务、数据通信服务以及其他相关增值服务。2021年，中国联通以"强基固本、守正创新、融合开放"的战略升级，积极主动服务国家战略和融入新发展格局，坚定推动高质量发展，持续发挥IT集约化优势，大力推进数字化转型和服务模式创新，以5G业务为引领，强化融合经营，提升用户发展。

2021年，公司经营业绩稳健增长，盈利水平快速提升。营业收入达到人民币3279亿元，同比增长7.9%；主营业务收入达到人民币2962亿元，同比增长7.4%，增速较2020年全年提高3.1个百分点。全年利润总额达到人民币178亿元，归属于母公司净利润达到人民币63.1亿元，同比增长14.2%，增速较2020年全年提高3.4个百分点。EBITDA达到人民币961亿元，较2020年同比提升2.3%。

（五）中国卫通

中国卫通是我国独一拥有通信卫星资源且自主可控的卫星通信运营企业，被列为国家一类应急通信专业保障队伍。公司运营管理着 15 颗优质的在轨民商用通信广播卫星，覆盖中国全境、东南亚、南亚、中东、非洲以及欧洲和太平洋地区。公司拥有完善的基础设施、可靠的测控系统、优秀的专业化团队、卓越的系统集成和 7×24 小时全天候高品质服务能力，为广大民众提供安全稳定的广播电视信号传输，为国家政府部门和重要行业客户提供专属服务，为重大活动和抢险救灾等突发事件提供及时可靠的通信保障。

公司 2021 年实现营业收入 26.34 亿元，同比下降 2.81%；归属于上市公司股东的净利润 5.72 亿元，同比增长 17.09%。截至 2021 年年末，公司总资产 191.08 亿元，归属于上市公司股东的净资产 120.06 亿元，资产负债率 17.44%。

（六）东方明珠

东方明珠拥有国内全渠道视频集成与分发平台及独具特色的文化内容、文娱消费等资源，其中线上业务具体包括有线电视、IPTV、OTT、移动互联网终端等全媒体渠道，电视购物、视频购物、影视剧制作及发行、版权管理、游戏业务等，线下业务包括围绕东方明珠广播电视塔、上海国际会议中心（东方滨江大酒店）、奔驰文化中心、东方绿舟等多个上海地标性建筑展开的观光游览、浦江游览、酒店餐饮、会务会展、现场演艺、舞美制作、国际国内旅游、度假休闲、户外拓展等文化旅游及文化地产开发运营等业务。公司通过线上线下业务的整合、打通，满足人民群众不断提高的追求品质生活的需求。

2021 年公司实现营业收入 90.7 亿元，同比减少 9.61%，实现归属于母公司净利润 18.6 亿元，同比增加 14.77%。

（七）江苏有线

江苏有线主要从事广电网络的建设运营，广播电视节目传输，数据宽带业务以及数字电视增值业务的开发与经营，按照国家有关法律、法规，对江苏省广播电视传输网络实行统一规划、统一建设、统一管理、统一运营，实现省、市、县三级网络互联互通，建设一个技术先进、性能完善、安全可靠、国内领先的有线广播电视传输平台和公共信息服务基础网络，把社会效益放在首位，实现社会效益和经济效益相统一，为江苏省各地广播电视台提供优质服务和安全播出保障，为党和政府舆论宣传功能的发挥提供强有力支撑，为江苏社会经济发展和信息大省、文化强省建设做贡献。

2021 年，公司经营状况良好，实现了预期的主要经营目标。公司实现营业收入 74.59 亿元，与上年同比增长 1.55%；利润总额 3.82 亿元，与 2020 年同比增长 76.60%；归属于上市公司股东的净利润 3.15 亿元，与 2020 年同比增长 86.88%。

（八）用友网络

用友网络长期专注并持续领航企业软件与企业服务市场 34 年，是中国和全球领先的企业与公共组织云服务和软件提供商。公司融合移动互联网、云计算、大数据、人工智能、物联网、区块链等新一代

信息传输、软件和信息技术服务业

信息技术，按照商业创新平台（BIP）的理念，充分发挥技术与商业相结合的优势，通过构建和运营全球领先（数字化、智能化、全球化、社会化、生态化、平台化、高弹性、安全可信）的商业创新平台YonBIP，面向企业与公共组织提供财务、人力、协同、营销、采购、供应链、制造、研发、平台服务等多领域、跨行业的企业云服务，使企业的数智化商业创新变得简单、便捷、大众化、社会化。

2021年，公司实现营业收入893180万元，同比增长4.7%，其中金融服务业务收入同比下降72.5%。公司主营的云服务与软件业务收入实现864102万元，同比增长15.7%，其中，软件业务收入同比下降18.0%，云服务业务收入同比增长55.5%，占云服务与软件业务收入的61.6%，较上年同期提升15.8个百分点，已成为公司最主要的收入来源。

（九）三六零

三六零安全科技股份有限公司致力于成为互联网和安全服务提供商。公司是互联网免费安全的倡导者，先后推出360安全卫士、360手机卫士、360安全浏览器等安全产品。随着全社会、全行业数字化程度的深化，"大安全"时代加速到来，360以"让世界更安全更美好"为使命，致力于实现"不断创造黑科技，做全方位守护者"的愿景。十余年来，360公司深耕安全行业，拥有安全人才3800余人，培养和集聚的"白帽子军团"，具备出色的漏洞挖掘与攻防对抗能力。同时公司积累了丰富的安全大数据，以及近万件原创技术和核心技术专利。

2021年，公司全年共实现营业收入为人民币108.86亿元，同比下降6.28%，其中互联网广告及服务收入为人民币63.06亿元，同比下降16.06%；智能硬件业务收入为人民币20.63亿元，同比下降3.68%；互联网增值服务收入为人民币11.04亿元，同比下降2.67%；安全及其他业务收入为人民币13.81亿元，同比增长70.91%。2021年度，公司营业总成本为人民币96.26亿元，同比增长9.02%。2021年，公司实现归属于上市公司股东的净利润人民币9.02亿元，同比下降69.02%。

（十）恒生电子

恒生电子是国内领先的金融科技产品与服务提供商，聚焦金融行业，主要面向证券、期货、公募、信托、保险、私募、银行与产业、交易所以及新兴行业等客户提供一站式金融科技解决方案。在金融数字化转型升级大背景下，公司从流程数字化逐步深入业务数字化，并不断进行金融科技智能化应用的探索，运用云原生、高性能、大数据、人工智能、区块链等先进技术赋能金融机构更好地管理资产、服务客户，帮助客户实现金融数字化转型升级。

2021年，公司实现营业收入为54.97亿元人民币，同比增加31.73%；实现归属于上市公司股东的净利润为14.64亿元人民币，同比增加10.73%。公司各项业务保持持续增长。行业方面，保险、私募市场拓展情况良好，证券、基金、期货、信托等行业保持稳定增长；产品方面，新一代核心产品如 O45、估值 6.0、TA、理财销售、投顾产品等推广顺利，获得了客户青睐，UF3.0 实现全业务上线，分布式云原生架构与多家券商取得了深度合作，继续保持了公司的技术领先地位。

（十一）宝信软件

宝信软件是中国领先的工业软件行业应用解决方案和服务提供商。公司产品与服务业绩遍及钢铁、交通、医药、有色、化工、装备制造、金融等多个行业。近年来，宝信软件坚持"智慧化"发展战略，积极投身"新基建"与"在线新经济"，加大投入工业互联网平台建设，致力于推动新一代信息技术与实体经济融合创新，促进工业全要素、全产业链、全价值链深度互联，引领制造业向数字化、网络化、智能化转型升级；同时，公司持续推进新型智慧城市建设，以智慧交通、智慧园区、城市应急管理为切入点，深入探索智慧城市新模式和新业态。

2021 年，公司实现营业收入 117.59 亿元，同比增加 15.01%，其中软件开发及工程服务营业收入为 85.02 亿元，服务外包营业收入为 31.21 亿元，系统集成营业收入为 1.29 亿元；实现归属上市公司股东的净利润为 18.19 亿元，同比增加 35.92%。

（十二）深信服

深信服科技股份有限公司是一家专注于企业级网络安全、云计算、IT 基础设施与物联网的产品和服务供应商，拥有深信服智安全、信服云和深信服新 IT 三大业务品牌，与子公司信锐技术，致力于承载各行业用户数字化转型过程中的基石性工作，从而让每个用户的数字化更简单、更安全。公司一直围绕解决企业级用户的 IT 问题拓展自身业务，立志承载各行业用户数字化转型过程中的基石性工作，让各政府部门、医疗和教育等事业单位、各类金融机构、电信运营商、能源、各行业商企组织等用户的数字化更简单、更安全。

2021 年，公司实现营业总收入约 68.05 亿元，同比增长 24.67%。其中，网络安全业务收入约为 36.89 亿元，同比增长 10.15%；云计算及 IT 基础设施业务收入约为 23.79 亿元，同比增长 49.53%；基础网络及物联网业务收入为人民币 7.37 亿元，同比增长 42.15%。公司归属于上市公司股东的净利润约为人民币 2.73 亿元，同比下降 66.29%，降幅与营业利润和利润总额降幅基本持平。

（十三）广联达

广联达定位为数字建筑平台服务商，立足建筑产业，围绕工程项目的全生命周期，为客户提供建设工程领域专业的软硬件产品和解决方案，以及产业大数据、产业新金融等增值服务。成立至今，公司一直坚持自主研发、自建渠道，并通过覆盖全国的营销网络、一体化的运作支持迅速感知用户需求，迭代产品，构建出一套敏

信息传输、软件和信息技术服务业

捷高效的研营销服体系。

2021年,公司实现营业总收入56.19亿元,同比增长40.32%;实现营业利润7.58亿元,同比增长83.10%;实现归属于上市公司股东的净利润6.61亿元,同比增长100.06%。公司加快前瞻技术布局与融合创新探索,在图形、AI、行业开放平台等重点领域持续取得突破。全年研发投入16.26亿元,占营业收入比重达到29.23%。

(十四) 奇安信

奇安信专注于网络空间安全市场,主营业务为向政府、企事业类客户提供新一代企业级网络安全产品和服务。公司创建了面向万物互联时代的网络安全协同联动的主动防御体系,凭借持续的创新研发和以实战攻防为核心的安全能力,已发展成为国内领先的基于安全大数据、人工智能和安全运营技术的网络安全产品及服务提供商。公司面向新型基础设施建设、面向数字化业务,结合"内生安全"思想,将新一代网络安全框架作为顶层设计指导,以"数据驱动安全"为技术理念、以打造网络安全颠覆性和非对称性能力为目标,创建了面向万物互联时代的网络安全协同联动防御体系。

2021年,公司实现营业总收入580907.56万元,比上年同期增长39.60%,近五年(2017~2021年)复合增长率63.08%,人均创收同比提升12.70%。公司在2021年仍处于战略投入期,公司净利润为-55396.97万元,亏损较上年同期增加62.58%,归属于母公司所有者的净利润-55474.96万元,亏损较上年同期增加65.91%,归属于上市公司股东的扣除非经常性损益后的净利润-78816.25万元,亏损较上年同期增加46.15%。

(十五) 三七互娱

三七互娱聚焦以网络游戏研发、发行和运营为基础的文化创意业务,同时通过外延投资虚拟现实产业链等方式,进行元宇宙布局;此外,持续投资影视、音乐、艺人经纪、动漫、社交文娱、电竞、文化健康、新消费等领域,打造全产业链生态布局,推动产业价值与文化价值的互相赋能。公司稳步推进"精品化、多元化、全球化"发展战略,以"给世界带来快乐"作为企业使命,致力于成为一家卓越的、可持续发展的文娱企业。

2021年,公司实现营业收入162.16亿元,同比增长12.62%;归属于上市公司股东的净利润28.76亿元,同比增长4.15%。随着公司"全球化"战略的持续推进,2021年公司海外业务再创新高,海外游戏业务营业收入47.77亿元,较上年同期增长122.94%。

(十六) 完美世界

完美世界聚焦网络游戏的研发、发行及运营业务,同时布局电视剧、电影制作等影视业务。公司深耕游戏行业20余载,在PC端游戏、移动游戏、主机游戏、VR游戏、云游戏以及元宇宙等多个领域进行布局，积淀了深厚的技术底蕴与行业经验。公司依托既有优势，紧抓市场需求，创新求变，凭借雄厚的研发与发行实力、富有创意的文化设计，推出了多款全球化精品大作，不仅为全球用户提供了具有优质内容与文化内涵的游戏产品，也为中国文化的全球化传播起到了积极作用。

2021 年，公司实现营业收入 85.18 亿元，较上年同期同比下降 16.69%；实现归属于上市公司股东的净利润 3.69 亿元，较上年同期同比下降 76.16%。其中，公司游戏业务处于战略升级和产品创新迭代的关键阶段，因新老游戏衔接、研发投入增加以及被投资企业经营性利润下滑等原因，转型期业绩出现阶段性压力，游戏业务实现营业收入 74.2 亿元，较上年同期同比下降 19.77%，实现归属于上市公司股东的净利润 7.2 亿元，较上年同期同比下降 68.48%；公司影视业务实现营业收入 9.5 亿元，因环球影业片单投资造成公允价值变动损失等原因，影视业务整体产生亏损 2.0 亿元。

（十七）国联股份

国联股份主营 B2B 电子商务和产业互联网平台。公司以工业电子商务为基础，以互联网大数据为支撑，为相关行业提供工业品和原材料的网上商品交易、商业信息服务和互联网技术服务。公司致力于互联网、物联网、大数据、云计算、人工智能等新技术与传统产业的深度融合，实现促进传统产业降本增效的价值使命。

2021 年，公司实现营业收入 372.30 亿元，同比增长 116.98%；报告期内公司营业收入快速增长主要来自网上商品交易业务的增长。公司实现净利润 7.06 亿元，同比增长 97.14%，归属于母公司的净利润为 5.78 亿元，同比增长 89.97%。报告期内公司净利润主要来自网上商品交易业务、商业信息服务和数字技术服务。

（十八）吉比特

吉比特专注于网络游戏创意策划、研发制作及商业化运营业务。公司自 2004 年成立以来，深耕游戏市场，经过多年的快速发展和技术积累，公司规模不断扩大，技术研发实力持续增强，产品矩阵日益丰富。公司成功研发出《问道》《问道外传》等多款立足于中华传统文化的客户端游戏；2016 年 4 月，依托《问道》端游十余年来积累的强大用户群体和 IP 价值，公司成功推出了自主研发的 MMORPG 游戏《问道手游》并持续多年稳健运营；2021 年 2 月，公司推出自主研发的水墨国风放置修仙手游《一念逍遥》，上线以来表现优异。

2021 年度，公司实现营业收入 46.19 亿元，同比增长 68.44%；归属于上市公司股东的净利润 14.68 亿元，同比增长 40.34%；经营活动产生的现金流量净额 24.18 亿元，同比增长 57.75%。公司经营情况良好，业绩稳健增长，现金流充沛。

（十九）昆仑万维

昆仑万维科技股份有限公司作为中国领先的互联网平台出海企业，昆仑万维逐

信息传输、软件和信息技术服务业

渐在全球范围内形成了海外信息分发及元宇宙平台 Opera、海外社交娱乐平台 StarX、全球移动游戏平台 Ark Games、休闲娱乐平台闲徕互娱、投资板块五大业务，市场遍及中国、东南亚、非洲、中东、北美、南美、欧洲等地，为全球互联网用户提供社交、资讯、娱乐等信息化服务。作为世界知名的互联网品牌之一，Opera 在第三方浏览器行业保持市场份额第一的地位。公司凭借强大的品牌影响力及用户基础，不断赋能，丰富产品矩阵，实现从浏览器向信息分发、元宇宙平台的转型发展，并将业务拓展至更多国际市场。截至报告期末，Opera 全球平均月活跃用户近 3.6 亿。

2021 年，昆仑万维营业收入 48.50 亿元，归母净利润 15.47 亿元，与五年前相比（24.25 亿元营业收入，5.31 亿元归母净利润），收入及利润规模均显著增长。同时，公司收入来源更加丰富多元，在原有游戏收入基础上增加了社交娱乐、广告、搜索等，截至报告期末，社交娱乐、广告、搜索、游戏各项收入在营业收入中占比分别为 43.70%、20.17%、16.22%、16.04%，整体收入结构较五年前更为均衡。

五、上市公司在行业中的影响力

2021 年我国信息传输、软件和信息技术服务业增加值 43956 亿元，增长 17.2%，已成为经济平稳较快增长的重要推动力量。按照可比样本的测算口径，信息传输、软件和信息技术服务业国内上市公司营业收入占行业总收入的比重为 12.09%，占比保持稳定。各细分子行业情况如下：

2021 年，电信、广播电视和卫星传输服务业国内上市公司收入行业占比为 26.13%。我国电信业务进步非常快，但是即将进入成熟期。2021 年，在人工智能、互联网等新兴发展的带动下，电信行业重新焕发新的活力，行业向宽带化、移动化、互联网化的逐步演进不仅为行业带来了新的增长点，同时将行业的重要性进一步提升。此外，5G 渗透率不断提高，5G 用户不断增加推动电信业务收入发展。广播电视机构大力推进智慧广电建设，推进媒体深度融合，有效整合优质资源、生产要素，向互联网主阵地聚合、向移动端倾斜，广播电视机构智慧广电及融合业务收入显著增加。随着云计算、大数据、物联网、人工智能等新技术应用，新兴业务大力拓展，固定增值与其他业务收入将进一步发展，推动电信、广播电视和卫星传输服务业务收入增长。

2021 年，互联网和相关服务业国内上市公司营业收入行业占比为 19.42%。随着移动互联网兴起和智能终端的普及，电子商务搜索引擎、即时通信、社交网站、网络视频、视频监视、移动支付、智能电表、宠物植入芯片、数字健康监测、智能穿戴设备等应用服务得到快速发展，生产性信息服务兴起加速了产业的跨界融合，推动互联网经济持续快速增长。2021 年以来，上市公司充分运用云计算、大数据、人工智能等新一代信息技术与平台服务优势,开发非接触式经济模式助力我国经济社会线上化进程提速,培育经济发展新动能,推动高质量发展。此外,上市公司牢牢把握信息化发展的历史机遇,稳步推进网络基础设施建设,通过社交网络构建服务新生态,电子商务、网络游戏、在线教育等行业均实现显著增长,直播带货、社交团购等线上销售方式持续活跃。在我国经济社会持续复苏的推动下,互联网企业从资本获得资金和赋能,加快了业内横向和产业链纵向的并购,提升自身研发实力,通过上市快速扩大规模。随着上市公司逐步覆盖全产业链,互联网良好的生态环境得以构建,传统业务得以转型,整个行业将会在上市公司的推动下加速发展。

2021年,软件和信息技术服务业国内上市公司收入行业占比为6.34%。2021年软件类上市公司整体盈利能力持续性提高。伴随着云计算、大数据、物联网、移动互联网、人工智能、虚拟现实等新一代信息技术快速演进,全球信息产业技术创新进入新一轮加速期,中国软件和信息技术服务业迎来了实现跨越发展的战略机遇期,市场得到进一步扩张,更多的资金投入该行业,软件和信息技术服务业得以保持高速发展并逐渐成熟。当前,中国软件产业市场竞争力不断增强,正在步入加速迭代、群体突破的关键时期,迎来从量的增长转向质的提升的新阶段。同时,5G商用为中国软件行业春风送暖。随着中国新旧动能加快转换,也为软件产业发展创造了良好的外部环境。上市公司充分利用云计算、大数据、人工智能等新一代信息技术,加速渗透经济和社会生活各个领域,将软件产业服务化、平台化、融合化。我国软件和信息技术服务业运行态势良好,吸纳就业人数稳步增加;产业向高质量方向发展步伐加快,结构持续调整优化,新的增长点不断涌现,服务和支撑两个强国建设能力显著增强,正在成为数字经济发展、智慧社会演进的重要驱动力量。

撰稿人:连天龙
审稿人:张敬华　任宪功

金融业

一、金融业总体概况

（一）行业整体运行情况

2021年，在以习近平同志为核心的党中央领导下，我国经济发展和疫情防控保持全球领先地位，实现了较高增长、较低通胀、较多就业的优化组合，高质量发展取得新成效，金融市场整体平稳运行。2021年年末，广义货币供应量（M2）余额为238.3万亿元，同比增长9.0%。狭义货币供应量（M1）余额为64.7万亿元，同比增长3.5%。流通中货币（M0）余额为9.1万亿元，同比增长7.7%。

2021年年末，金融机构本外币贷款余额为198.5万亿元，同比增长11.3%，比年初增加20.1万亿元，同比多增3088亿元。人民币贷款余额为192.7万亿元，同比增长11.6%，比年初增加19.95万亿元，同比多增3150亿元。2021年年末，金融机构本外币各项存款余额为238.6万亿元，同比增长9.3%，比年初增加20.2万亿元，同比多增703亿元。人民币各项存款余额为232.3万亿元，同比增长9.3%，比年初增加19.7万亿元，同比多增323亿元。外币存款余额为9969亿美元，比年初增加1077亿美元，同比少增238亿美元。

社融增量小于2020年。2021年社会融资规模增量累计为31.35万亿元，比上年少3.44万亿元，比2019年多5.68万亿元。其中，对实体经济发放的人民币贷款增加19.94万亿元，同比少增907亿元；对实体经济发放的外币贷款折合人民币增加1715亿元，同比多增265亿元；委托贷款减少1696亿元，同比少减2258亿元；信托贷款减少2.01万亿元，同比多减9054亿元；未贴现的银行承兑汇票减少4916亿元，同比多减6662亿元；企业债券净融资3.29万亿元，同比少1.09万亿元；政府债券净融资7.02万亿元，同比少1.31万亿元；非金融企业境内股票融资1.24万亿元，同比多3434亿元。

2021年，债券市场共发行各类债券61.9万亿元，较2020年增长8.0%。其中，国债发行6.7万亿元，地方政府债券发行7.5万亿元，金融债券发行9.6万亿元，公司信用类债券发行14.8万亿元，信贷资产支持证券发行8815.3亿元，同业存单发行21.8万亿元。2021年12月末，1年、3年、5年、7年、10年期国债收益率分别为2.24%、2.46%、2.61%、2.78%、2.78%，分别较2020年同期下行23个、36个、34个、39个、36个百分点。2021年年末，中债国债总指数收盘价为206.6，较2020年同期上涨11.4；中债新综合全价指数收盘价为121.5，较2020年同期上涨2.5。2021年12月，银行间同业拆借月加权平均利率为2.02%，较2020年同期上行72个基点；银行间质押式回购月加权平均利率为2.09%，较2020年同期上行73个基点。

2021年年末，上证指数收于3639.8点，较2020年年末上涨166.7点，涨幅为4.8%；深证成指收于14857.4点，较2020年年末上涨386.7点，涨幅为2.7%。两市全年成交额258.0万亿元，同比增长24.7%。股票市场筹资额同比增加。全年累计筹资1.5万亿元，同比增长27.5%。其中，IPO发行523家，募集资金5426亿元；增发523家，募集资金9133亿元；配股7家，募集资金493亿元。截至2021年12月末，沪深两市总市值96.53万亿元，流通市值75.03万亿元，分别比2020年年末增长14.24%和16.8%。流通市值占总市值的77.73%，比2020年年末提升了1.7个百分点。

（二）细分行业运行概况

2021年年末，中国银行业金融机构本外币资产344.8万亿元，同比增长7.8%。其中，大型商业银行本外币资产138.4万亿元，占比40.1%，资产总额同比增长7.8%；股份制商业银行本外币资产62.2万亿元，占比18.0%，资产总额同比增长7.5%。银行业金融机构境内外本外币负债总额为315.28万亿元，同比增长7.6%。其中，大型商业银行负债总额126.58万亿元，占比40.1%，同比增长7.5%；股份制商业银行负债总额57.11万亿元，占比18.1%，同比增长7.3%。

普惠金融力度不减，信贷资产质量基本稳定。2021年，银行业金融机构用于小微企业的贷款（包括小微型企业贷款、个体工商户贷款和小微企业主贷款）余额50.0万亿元，其中单户授信总额1000万元及以下的普惠型小微企业贷款余额2.8万亿元，同比增速24.9%。保障性安居工程贷款余额6.3万亿元。2021年年末，商业银行不良贷款余额2.70万亿元，不良贷款率1.73%；关注类贷款余额3.8万亿元，关注类贷款率2.31%。商业银行贷款损失准备余额为5.6万亿元，较上年末增加6225亿元；拨备覆盖率为196.91%，较上年末提升12.44个百分点；贷款拨备率为3.4%，较上年末提升0.01个百分点。

据银保监会统计数据，2021年全年，保险公司原保险保费收入4.49万亿元，同比下降0.79%。其中，财产险业务保费收入1.17万亿元，同比下降2.16%；人身险业务保费收入3.32万亿元，同比下降0.3%；2021年全年的寿险业务原保险保费收入2.36万亿元，同比下降1.71%；健康险业务原保险保费收入8447亿元，同比增长3.36%；意外险业务原保险保费收入1210亿元，同比增长3.06%；2021年年末，保险公司总资产24.89万亿元，较年初增加1.59万亿元，较年初增长6.82%。保险资金运用余额为23.23万亿元，占保险业总资产的

93.33%，较年初增加1.55万亿元，增幅为7.14%。

根据中国证券业协会的统计数据，证券行业业绩稳健增长，资本实力不断增强。2021年全行业140家证券公司实现营业收入5024.10亿元，实现净利润1911.19亿元。截至2021年年末，证券行业总资产为10.59万亿元，净资产为2.57万亿元，较上年末分别增加19.07%、11.34%。客户交易结算资金期末余额（含信用交易资金）1.90万亿元，较上年末增加14.66%，客户基础不断扩大。证券行业积极践行新发展理念，服务实体经济取得新成效。2021年证券公司共服务481家企业完成境内首发上市，融资金额达到5351.46亿元，分别同比增加87家、增长13.87%。其中，在科创板首发上市的"硬科技"企业有162家，融资2029.04亿元；在创业板首发上市的成长型创新创业企业有199家，融资1475.11亿元。两板首发上市家数占全年IPO家数的75.05%，融资金额占全年IPO融资总额的65.48%，引导资本有效支持科技创新。2021年证券公司服务527家境内上市公司实现再融资，融资金额达到9575.93亿元，分别同比增加132家、增长8.10%。证券公司承销债券15.23万亿元，同比增长12.53%。证券行业2021年实现投资银行业务净收入699.83亿元，同比增长4.12%。另外，证券行业持续推进财富管理转型，服务居民财富管理能力不断提升。2021年年末，证券行业资产管理业务规模为10.88万亿元，同比增加3.53%，尤其以主动管理为代表的集合资管规模大幅增长112.52%达到3.28万亿元。全年实现资管业务净收入317.86亿元，同比增长6.10%。2021年证券行业代理销售金融产品净收入206.90亿元，同比增长53.96%，收入占经纪业务收入13.39%，占比提升3.02个百分点。2021年全行业实现投资咨询业务净收入54.57亿元，同比增长13.61%。

信托业下行态势已经显示企稳，新发展格局正在形成，2021年度或将成为信托业本轮调整的一个转折起承时点。2021年年末，全行业信托资产规模余额20.55万亿元，比上年末20.49万亿元增加600亿元，同比增长0.29%，比三季度20.44万亿元增加1100亿元，环比增长0.52%。增幅虽然不大，却是信托业自2018年步入下行期以来的首年度止跌回升。2021年年底，全行业实现经营收入1207.98亿元，相比上年末1228.05亿元略降1.63%，相对平稳。事实上，自2018年调整以来，虽然信托资产规模降幅较大，但信托业经营收入一直保持了相对平稳态势，四年间有增有减但同比增减幅度均不大，分别为减少4.20%、增加5.22%、增加2.33%、减少1.63%。相比经营收入有增有减的平稳态势而言，受各种风险因素的侵蚀，2018~2020年信托业的利润总额则一直处于下滑之中，三年间同比降幅分别为11.20%、0.65%、19.79%，但这种下滑趋势在2021年度也同样得以扭转，成功实现了企稳回升。2021年年底全行业实现利润总额601.67亿元，同比增长了 3.17%，同时实现人均利润 199.22 万元，同比增长了 1.43%，虽然增幅不大，但同样是 2018 年以来首年度实现正增长。

二、行业内上市公司发展概况

（一）行业内上市公司基本情况

表1　2021年金融业上市公司发行股票概况

门类	总数		沪深主板		创业板		科创板		北交所	
	家数	市值（亿元）	家数	市值（亿元）	家数	市值（亿元）	家数	市值（亿元）	家数	市值（亿元）
金融业	127	126442.51	123	121628.63	4	4813.88	0	0	0	0
占沪深北三市比重（%）	2.70	13.76	2.62	13.24	0.09	0.52	0	0	0	0

资料来源：沪深北交易所，同花顺。

（二）行业内上市公司构成情况

表2　2021年金融业上市公司构成情况

门类	沪市			深市			北交所	总计	ST/*ST
	主板	科创板	合计	主板	创业板	合计			
金融业（家）	88	0	88	35	4	39	0	127	3/2
占行业内上市公司比重（%）	69.29	0	69.29	27.56	3.15	30.71	0	100.00	2.36/1.57

资料来源：沪深北交易所，同花顺。

（三）行业内上市公司融资情况

表3　2021年金融业上市公司与沪深两市融资情况对比　　单位：家

门类	融资家数	新股	增发	配股
金融业	21	6	10	5
沪深两市总数	1032	524	502	7
占比（%）	2.03	1.15	1.99	71.43

资料来源：沪深北交易所，同花顺。

2021 年，金融业有 21 家公司进行了融资。按行业大类划分，进行融资的 1032 家公司中，金融业 21 家，占比 2.03%。

（四）行业内上市公司资产及业绩情况

金融业

表4　　　　　　　　　　2021年金融业上市公司资产情况　　　　　　　　　单位：亿元

指标	2021年	2021年可比样本增长（%）	2020年	2020年可比样本增长（%）	2019年
总资产	2596639.09	8.40	2373404.35	10.99	2128656.95
总负债	2354824.95	8.16	2157076.47	10.95	1936282.84
归属于母公司股东权益	233016.55	11.02	208160.19	11.41	185167.09

资料来源：沪深北交易所，同花顺。

表5　　　　　　　　　　2021年金融业上市公司收入实现情况　　　　　　　　单位：亿元

指标	2021年	2021年可比样本增长（%）	2020年	2020年可比样本增长（%）	2019年
营业收入	100651.23	6.44	93819.44	7.13	86956.87
利润总额	28873.82	11.58	25658.66	0.05	25461.9
归属于母公司所有者的净利润	23548.72	10.95	21045.76	1.11	20682.19

资料来源：沪深北交易所，同花顺。

（五）利润分配情况

2021年全年金融业上市公司中共有109家公司实施了分红配股。其中，5家上市公司实施送股或转增股，109家上市公司实施派息，其中5家公司既实施了送股、转增又实施了派息。

三、重点细分行业介绍

表6　　　　　　　　2021年金融业上市公司数量分布及市值情况

大类	上市公司家数（家）	占行业内比重（%）	境内总市值（亿元）	占行业内比重（%）
货币金融服务	43	33.86	71415.10	56.48
资本市场服务	57	44.88	34802.80	27.52
保险业	7	5.51	16292.89	12.89
其他金融业	20	15.75	3931.73	3.11

资料来源：沪深北交易所，同花顺。

（一）货币金融服务业

1. 行业概况

截至2021年12月末，全国共有4602家银行业金融机构。其中，开发性金融机构1家，政策性银行2家，国有大型商业银行5家，国有控股大型商业银行1家，股份制商业银行12家，城市商业银行128家，民营银行19家，外资法人银行41家，住房储蓄银行1家，农村商业银行 1596 家，农村信用社 577 家，农村合作银行 23 家，村镇银行 1651 家，农村资金互助社 39 家，贷款公司 13 家，信托公司 68 家，金融资产管理公司 5 家，金融租赁公司 71 家，企业集团财务公司 255 家，汽车金融公司 25 家，消费金融公司 30 家，货币经纪公司 6 家，其他金融机构 33 家。

2021 年年末，中国银行业金融机构本外币资产 344.8 万亿元，同比增长 7.8%。其中，大型商业银行本外币资产 138.4 万亿元，占比 40.1%，资产总额同比增长 7.8%；股份制商业银行本外币资产 62.2 万亿元，占比 18.0%，资产总额同比增长 7.5%。银行业金融机构境内外本外币负债总额为 315.28 万亿元，同比增长 7.6%。其中，大型商业银行负债总额 126.58 万亿元，占比 40.1%，同比增长 7.5%；股份制商业银行负债总额 57.11 万亿元，占比 18.1%，同比增长 7.3%。

存贷款增速平稳。截至 2021 年年底，银行业金融机构本外币各项存款余额为 238.6 万亿元，同比增长 9.3%，比年初增加 20.2 万亿元。其中，住户存款余额为 102.50 万亿元，较年初增加 9.9 万亿元，同比增长 10.69%；非金融企业人民币存款余额为 69.67 万亿元，较年初增加 3.65 万亿元，同比增长 5.53%；非金融企业外汇各项存款余额为 5245.2 亿美元，较年初增加 948 亿美元。本外币各项贷款余额为 198.5 万亿元，同比增长 11.3%，比年初增加 20.1 万亿元。其中，短期贷款余额为 51.6 万亿元，较年初增加 2.88 万亿元，同比增长 5.9%；中长期贷款余额为 129.1 万亿元，较年初增加 15.36 万亿元，同比增长 13.5%；票据融资余额为 9.85 万亿元，较年初增加 1.5 万亿元，同比增长 17.9%。

资本充足率有所提升。2021 年 12 月末，商业银行（不含外国银行分行）资本充足率为 15.13%，较年初上升 0.43 个百分点。一级资本充足率为 12.35%，较年初上升 0.31 个百分点。核心一级资本充足率为 10.78%，较年初上升 0.06 个百分点。

资产质量持续优化。2021 年年末，商业银行不良贷款余额 2.70 万亿元，不良贷款率 1.73%；关注类贷款余额 3.8 万亿元，关注类贷款率 2.31%。商业银行贷款损失准备余额为 5.6 万亿元，较上年末增加 6225 亿元；拨备覆盖率为 196.91%，较上年末提升 12.44 个百分点；贷款拨备率为 3.4%，较上年末提升 0.01 个百分点。

银行业利润稳健增长，盈利水平回升。2021 年全年，商业银行累计实现净利润 2.2 万亿元，同比增长 12.6%。平均资本利润率为 9.64%，较上年末上升 0.16 个百分点。平均资产利润率为 0.79%，较上年末上升 0.02 个百分点。

流动性水平保持稳健。2021 年年末，商业银行流动性覆盖率为 145.30%，较上年末下降 1.17 个百分点；流动性比例为 60.32%，较上年末上升 1.91 个百分点；人民币超额备付金率 2.05%，较上年末下降 0.24 个百分点；存贷款比例

（人民币境内口径）为79.69%，较上年末上升2.88个百分点。

2. 行业内上市公司发展状况

表7　　　　　2021年货币金融服务上市公司收入及资产增长情况　　　　　单位：亿元

指标	2021年	2021年可比样本增长（%）	2020年	2020年可比样本增长（%）	2019年
营业收入	58079.79	7.92	53354.04	5.49	50525.97
利润总额	23155.94	12.33	20416.97	-0.62	20527.6
归属于母公司所有者的净利润	19186.82	13.37	16874.65	7.68	16743.09
总资产	2264015.69	7.91	2076948.02	10.26	1881155.09
归属于母公司股东权益	188162.01	11.54	167142.4	10.82	150660.42

资料来源：沪深北交易所，同花顺。

表8　　　　　2021年货币金融服务业上市公司盈利能力情况

指标	2021年	2021年可比样本增长（%）	2020年	2020年可比样本增长（%）	2019年
净利差	2.03%	-0.13	2.16%	-0.05	2.21%
净息差	2.12%	-0.12	2.24%	-0.04	2.28%
成本收入比率	28.91%	1.09	27.82%	-0.96	28.78%
ROAE	11.49%	0.3	11.19%	-1.14	12.33%
ROAA	0.87%	0.02	0.85%	-0.07	0.92%

资料来源：东方财富。

表9　　　　　2021年货币金融服务业上市公司资本充足情况

指标	2021年	2021年可比样本增长（%）	2020年	2020年可比样本增长（%）	2019年
核心一级资本充足率	10.43%	0.04%	10.39%	-0.27%	10.66%
一级资本充足率	11.88%	0.28	11.59%	0	11.59%
资本充足率	14.58%	0.19	14.39%	-0.12	14.51%

资料来源：东方财富。

表10　　　　　2021年货币金融服务业上市公司资产质量情况

指标	2021年	2021年可比样本增长（%）	2020年	2020年可比样本增长（%）	2019年
不良贷款余额（亿元）	17453.06	1.11	17139.61	16.34	14719.40
不良贷款率（%）	1.34	-0.14	1.48	0.05	1.43
贷款损失准备（亿元）	41508.52	11.58	36798.90	12.03	32811.89
拨备覆盖率（%）	237.83	22.33	214.70	-8.26	222.92

资料来源：东方财富。

(二) 资本市场服务

1. 行业概况

截至2021年年底，全国共有140家证券公司，较2020年增加1家，其中，共有48家证券公司在沪、深证券交易所上市，新上市的有财达证券。

证券行业业绩稳健增长，资本实力不断增强。2021年全行业140家证券公司实现营业收入5024.10亿元，实现净利润1911.19亿元。截至2021年年末，证券行业总资产为10.59万亿元，净资产为2.57万亿元，较上年末分别增加19.07%、11.34%。客户交易结算资金期末余额（含信用交易资金）1.90万亿元，较上年末增加14.66%，客户基础不断扩大。

投资银行业务层面，证券行业服务实体经济取得新成效。2021年证券公司共服务481家企业完成境内首发上市，融资金额达到5351.46亿元，分别同比增加87家、增长13.87%。其中，在科创板首发上市的"硬科技"企业有162家，融资2029.04亿元；在创业板首发上市的成长型创新创业企业有199家，融资1475.11亿元。两板首发上市家数占全年IPO家数的75.05%，融资金额占全年IPO融资总额的65.48%，引导资本有效支持科技创新。2021年证券公司服务527家境内上市公司实现再融资，融资金额达到9575.93亿元，分别同比增加132家、增长8.10%。证券公司承销债券15.23万亿元，同比增长12.53%。证券行业2021年实现投资银行业务净收入699.83亿元，同比增长4.12%。

证券行业持续推进财富管理转型，服务居民财富管理能力不断提升。2021年年末，证券行业资产管理业务规模为10.88万亿元，同比增加3.53%，尤其以主动管理为代表的集合资管规模大幅增长112.52%达到3.28万亿元。全年实现资管业务净收入317.86亿元，同比增长6.10%。2021年证券行业代理销售金融产品净收入206.90亿元，同比增长53.96%，收入占经纪业务收入13.39%，占比提升3.02个百分点。2021年全行业实现投资咨询业务净收入54.57亿元，同比增长13.61%。

证券行业集中度总体平稳，头部公司盈利能力突出。从行业资产集中度来看，2021年证券行业总资产CR10为66.27%，较2020年降低0.62个百分点；净资产CR10为49.12%，较2020年提升0.3个百分点。2021年度，证券行业营业收入及净利润排名前十的证券公司与2020年相比调整不大，头部证券公司地位较为稳固。2021年营业收入CR10为78.51%，较2020年提升8.75个百分点；净利润CR10为67.16%，较2020年度提升4.33个百分点。

2. 行业内上市公司发展状况

表11　　2021年资本市场服务上市公司收入及资产增长情况　　　　　　　　　　　单位：亿元

指标	2021年	2021年可比样本增长（%）	2020年	2020年可比样本增长（%）	2019年
营业收入	7767.56	22.48	6062.12	23.48	4662.39
利润总额	2827.71	24.63	2246.77	31.15	1629.43
归属于母公司所有者的净利润	2129.94	72.23	1644.41	119.69	1148.85
总资产	123271.97	17.16	104363	21.03	81350.57
归属于母公司股东权益	23836.85	11.89	21135.5	14.83	17418.07

资料来源：沪深北交易所，同花顺。

表12　　2021年资本市场服务业上市公司盈利能力情况

指标	2021年	2021年可比样本增长（%）	2020年	2020年可比样本增长（%）	2019年
净资产收益率	8.94	1.14	7.78	1.15	6.6
总资产收益率	1.98	0.11	1.87	0.2	1.68

资料来源：同花顺。

表13　　2021年资本市场服务业上市公司营运能力情况

指标	2021年	2021年可比样本增长（%）	2020年	2020年可比样本增长（%）	2019年
总资产周转率（%）	0.07	0.00	0.06	0	0.06

资料来源：沪深北交易所，同花顺。

（三）保险业

1. 行业概况

据银保监会统计数据，2021年全年，保险公司原保险保费收入4.49万亿元，同比下降0.79%。其中，财产险业务保费收入1.17万亿元，同比下降2.16%；人身险业务保费收入3.32万亿元，同比下降0.3%；2021年全年的寿险业务原保险保费收入2.36万亿元，同比下降1.71%；健康险业务原保险保费收入8447亿元，同比增长3.36%；意外险业务原保险保费收入1210亿元，同比增长3.06%；2021年年末，保险公司总资产24.89万亿元，较年初增加1.59万亿元，较年初增长6.82%。保险资金运用余额为23.23万亿元，占保险业总资产的93.33%，较年初增加1.55万亿元，增幅为7.14%。

2. 行业内上市公司发展状况

表 14　　　　　　　　　　　　　2021 年保险业经营情况表　　　　　　　　　单位：亿元、万件

项　目	本年累计/截至当期
原保险保费收入	44900
1. 财产险	11671
2. 人身险	33229
（1）寿险	23572
（2）健康险	8447
（3）人身意外伤害险	1210
保险金额	121461992
保单件数	4889556
原保险赔付支出	15609
1. 财产险	7688
2. 人身险	7921
（1）寿险	3540
（2）健康险	4029
（3）人身意外伤害险	352
业务及管理费	5225
资金运用余额	232280
其中：银行存款	26179
债券	90683
股票和证券投资基金	29505
资产总额	248874
其中：再保险公司	6057
资产管理公司	1030
净资产	29306

资料来源：中国银行保险业监督管理委员会。

表 15　　　　　　　　　　　2021 年保险业上市公司收入及资产增长情况　　　　　　　　　单位：亿元

指标	2021 年	2021 年可比样本增长（%）	2020 年	2020 年可比样本增长（%）	2019 年
营业收入	33493.52	0.94	33179.8	7.14	30968.14
利润总额	2728.60	-2.40	2795.84	-11.62	3163.4
归属于母公司所有者的净利润	2165.11	-20.48	2441.5	52.7	2722.56
总资产	197498.35	9.40	180534	14.29	157959.2
归属于母公司股东权益	18697.08	6.55	17547.2	12.85	15549.57

资料来源：沪深北交易所，同花顺。

表16　2021年保险业上市公司盈利能力情况

指标	2021年	2021年可比样本变动	2020年	2020年可比样本变动	2019年
净资产收益率（%）	10.48	-1.68	12.16	-4.4	16.56
总资产收益率（%）	1.32	-0.18	1.50	-0.51	2.01

资料来源：上市公司年报，东方财富。

表17　2021年保险业上市公司偿债能力情况

指标	2021年	2021年可比样本增长（%）	2020年	2020年可比样本增长（%）	2019年
偿付能力充足率	246.84	-13.58	260.42	6.42	254

资料来源：上市公司年报，东方财富。

（四）其他金融业

1. 行业概况

租赁业稳步增长。截至2021年年末，全国融资租赁公司共计9090家，较上年末增长27.4%。其中，金融租赁企业69家，内资租赁企业276家，外资租赁企业8745家；全行业注册资金达3.20万亿元，较上年末增长25.3%，外资租赁仍是主力但内资租赁实现高速增长，注册资金较上年末增长44.9%。从业务体量上看，全行业业务总量为6.06万亿元，较上年末增长13.7%。其中，金融租赁企业、内资租赁企业和外资租赁企业的业务总量分别增长11.8%、16%和13.8%。

信托业下行态势已经显示企稳，新发展格局正在形成，2021年度或将成为信托业本轮调整的一个转折起承时点。2021年年末，全行业信托资产规模余额20.55万亿元，比上年末20.49万亿元增加600亿元，同比增长0.29%，比三季度20.44万亿元增加1100亿元，环比增长0.52%。增幅虽然不大，却是信托业自2018年步入下行期以来的首年度止跌回升。2021年年底，全行业实现经营收入1207.98亿元，相比上年末1228.05亿元略降1.63%，相对平稳。事实上，自2018年调整以来，虽然信托资产规模降幅较大，但信托业经营收入一直保持了相对平稳态势，四年间有增有减但同比增减幅度均不大，分别减少4.20%、增加5.22%、增加2.33%、减少1.63%。相比经营收入有增有减的平稳态势而言，受各种风险因素的侵蚀，2018~2020年信托业的利润总额则一直处于下滑之中，三年间同比降幅分别为11.20%、0.65%、19.79%，但这种下滑趋势在2021年度也同样得以扭转，成功实现了企稳回升。2021年年底全行业实现利润总额601.67亿元，同比增长了3.17%，同时实现人均利润199.22万元，同比增长了1.43%，虽然增幅不大，但同样是2018年以来首年度实现正增长。

2. 行业内上市公司发展状况

表18　2021年其他金融业上市公司收入及资产增长情况　　　　　单位：亿元

指标	2021年	2021年可比样本增长（%）	2020年	2020年可比样本增长（%）	2019年
营业收入	1310.36	7.15	1223.46	9.09	800.37
利润总额	161.57	-18.60	199.08	-11.05	141.47
归属于母公司所有者的净利润	66.85	-42.33	85.21	-6.93	67.69
总资产	11853.08	2.59	11559.65	9.55	8192.1
归属于母公司股东权益	2320.60	-0.37	2335.09	12.9	1539.03

资料来源：沪深北交易所，同花顺。

表19　2021年其他金融业上市公司盈利能力情况　　　　　单位：亿元

指标	2021年	2021年可比样本变动	2020年	2020年可比样本变动	2019年
毛利率（%）	63.25	0.89	62.36	-1.97	65.84
净资产收益率（%）	2.88	-0.75	3.65	-1.79	4.4
销售净利率（%）	7.76	-3.85	11.66	-3.0	12.52
资产净利率（%）	0.87	-0.42	1.29	-0.31	1.23

资料来源：沪深北交易所，同花顺。

表20　2021年其他金融业上市公司偿债及营运情况

指标	2021年	2021年可比样本变动	2020年	2020年可比样本变动	2019年
资产负债率（%）	73.97	1.69	72.24	-1.9	76.11
存货周转率（次）	0.86	0.13	0.73	0.24	0.34
总资产周转率（次）	0.11	0.00	0.11	0.0	0.1

资料来源：沪深北交易所，同花顺。

四、重点上市公司介绍

（一）招商银行

招商银行成立于1987年，总部位于中国深圳，是一家经营模式鲜明、市场影响力突出的商业银行。公司业务以中国市场为主，分销网络主要分布于中国大陆中心城市，以及中国香港、纽约、伦敦、新加坡、卢森堡、悉尼等国际金融中心。2002年4月，公司在上海证券交易所上市。2006年9月，公司在香港联交所上市。

公司持续深化"轻型银行"战略，积极探索自身3.0经营模式转型。"十四五"期间，中国小康社会全面建成，居民家庭金融资产配置比例持续上升，产业结构调整步伐加快，公司顺势而为，全力打造大财富管理价值循环链，链接全社会的资产和资金，构建以"大财富管理的业务模式＋数字化的运营模式＋开放融合的组织模式"为核心的3.0模式，做国民经济转型升级和人民美好生活的"连接器"。

2021年，集团坚持"质量、效益、规模"动态均衡发展理念，以及"轻型银行"的战略方向和"一体两翼"的战略定位，稳健开展各项业务，营业收入和利润均较快增长，资产负债结构持续优化，资产质量进一步优化。

2021年内，集团实现营业收入3312.53亿元，同比增长14.04%；实现归属于行股东的净利润1199.22亿元，同比增长23.20%；实现净利息收入2039.19亿元，同比增长10.21%；实现非利息净收入1273.34亿元，同比增长20.75%；归属于行股东的平均总资产收益率（ROAA）和归属于行普通股股东的平均净资产收益率（ROAE）分别为1.36%和16.96%，同比分别上升0.13个和1.23个百分点。

截至2021年年末，集团资产总额92490.21亿元，较上年末增长10.62%；贷款和垫款总额55700.34亿元，较上年末增长10.76%；负债总额83833.40亿元，较上年末增长9.86%；客户存款总额63470.78亿元，较上年末增长12.77%。

截至2021年年末，集团不良贷款总额508.62亿元，较上年末减少27.53亿元；不良贷款率0.91%，较上年末下降0.16个百分点；拨备覆盖率483.87%，较上年末上升46.19个百分点；贷款拨备率4.42%，较上年末下降0.25个百分点。

（二）宁波银行

宁波银行股份有限公司成立于1997年4月10日，2007年7月19日成为国内首家在深圳证券交易所挂牌上市的城市商业银行。宁波银行除了在宁波地区经营之外，已在上海、杭州、南京、深圳、苏州、温州、北京、无锡、金华、绍兴、台州、嘉兴、丽水、湖州、衢州、舟山设立16家分行，营业网点446家。成立24年以来，伴随中国经济的快速增长，在广大客户和社会各界的大力支持下，宁波银行各项业务取得长足发展，已经发展成为一家资本净额超2036亿元，总资产超2.02万亿元的区域性股份制上市银行，在全球银行排名中名列第103位。

宁波银行前两大股东分别是宁波市政府和新加坡华侨银行，持股均为20%，一直以来都十分支持宁波银行的发展。宁波市开发投资集团有限公司代表政府持有宁波银行18.72%的股份，加上同样代表政府持股的一致行动人宁兴（宁波）资产管理有限公司持有的1.29%股份，宁波市政府合计持有20.02%的股份。

宁波银行坚持"大银行做不好，小银行做不了"的经营策略，积极探索差异化的发展道路，持续积累差异化的比较优势，用专业为客户创造价值，努力将公司打造成中国银行业中一家具备核心竞争力、在细分市场客户服务上具备比较优势的优秀商业银行。以"熟悉的市场，了解的客户"为准入原则，持续深化公司银行、零售公司、财富管理、私人银行、个人信贷、信用卡、金融市场、机构业务、投资银行、资产托管、票据业务等利润中心建设，提升永赢基金、永赢租赁、宁银理财的可持续发展能力，形成更加多元化的盈利布局，以更好地适应银行业下阶段科技化、市场化、国际化的发展趋势。

2021年，公司围绕"专注主业，服务实体"的要求，加大普惠小微、制造业和绿色金融等重点领域的信贷支持力度，持续积累核心客户，用专业为客户创造价值。2021年内，公司经营规模迈上新台阶，服务客户数增长创新高。截至2021年年末，公司资产总额20156.07亿元，较上年末增长23.90%；各项存款10528.87亿元，较上年末增长13.80%；各项贷款8627.09亿元，较上年末增长25.45%；企业客户总数49万户，较年初新增2.9万户。

各利润中心通过金融科技赋能，推进商业模式升级，推动盈利稳健增长。2021年，公司实现营业收入527.74亿元，同比增长28.37%；实现归属于母公司股东的净利润195.46亿元，同比增长29.87%，继续保持良好增速。得益于财富管理、国际结算、小微企业等护城河业务的持续构筑，公司客户服务能力持续提升，盈利结构进一步优化。2021年，公司实现非利息收入200.77亿元，同比增长51.50%，在营业收入中占比为38.04%，其中手续费及佣金净收入82.62亿元，同比增长30.27%，在营业收入中占比为15.66%。

面对经营环境变化，公司坚守审慎经营理念，资产质量保持良好。截至2021年年末，公司不良贷款余额66.19亿元，90天以上逾期贷款余额46.84亿元。不良贷款率0.77%，较上年末下降0.02个百分点，继续保持行业较低水平。关注类贷款及逾期90天以上贷款的占比分别为0.48%和0.54%，较上年末分别下降0.02个和0.12个百分点。拨贷比4.03%，较上年末提高0.02个百分点；拨备覆盖率525.52%，较上年末提高19.93个百分点。

公司坚持融合创新，积极布局数字化经营，持续升级专业经营体系，依托互联网经营平台，为客户提供综合化的金融服务，数字化转型初显成效，资本充足、资本回报继续保持行业较好水平。截至2021年年末，资本充足率为15.44%，较上年末提高0.6个百分点；一级资本充足率为11.29%，较上年末提高0.41个百分点；核心一级资本充足率为10.16%，较上年末提高0.64个百分点；公司加权平均净资产收益率16.63%，较上年末提高1.73个百分点。

（三）中国平安

公司于1988年诞生于深圳蛇口，是中国第一家股份制保险企业，至今已发展成为融保险、银行、投资三大主营业务为一体、核心金融与互联网金融业务并行发展的个人金融生活服务集团之一。公司致力于成为国际领先的个人金融生活服务提供商，坚持"科技引领金融，金融服务生活"的理念，通过"综合金融+互联网"和"互联网+综合金融"两个模式，聚焦"大金融资产"和"大医疗健康"两大产业，围绕保险、银行、资产管理、互联网金融四大板块，为客户创造"专业，让生活更简单"的品牌体验。公司是国内金融牌照最齐全、业务范围最广泛、控股关系最紧密的个人金融生活服务集团之一。平安集团旗下子公司包括平安寿险、平安产险、平安养老险、平安健康险、平安银行、平安信托、平安证券、平安大华基金等，涵盖金融业各个领域，已发展成为中国少数能为客户同时提供保险、银行及投资等全方位金融产品和服务的金融企业之一。

2021年，平安致力于成为国际领先的个人金融生活服务集团，为超2.27亿个人客户和超6.47亿互联网用户提供多样化的产品及便捷的服务。在继续专注个人业务发展的同时，平安也持续深化团体业务"1+N"服务模式，满足不同客户综合金融需求，稳步提升团体客户价值和团体业务贡献。

利润稳定增长，现金分红水平持续提升。2021年，公司实现归属于母公司股东的营运利润1479.61亿元，同比增长6.1%；营运ROE达18.9%。同时，平安注重股东回报，向股东派发全年股息每股现金人民币2.38元，同比增长8.2%，持续提高现金分红。

客户经营成果良好。截至2021年12月末，个人客户数超2.27亿；同时持有多家子公司合同的个人客户数占比提升至39.3%。2021年，团体业务综合金融融资规模同比增长26.9%。

寿险及健康险业务深化改革转型。平安寿险贯彻"渠道+产品"双轮驱动战略，持续深化改革，推动业务高质量发展。代理人渠道实施队伍分层精细化经营，2021年代理人人均首年保费同比增长超22%，人均产能有效提升。同时依托集团医疗健康生态圈，平安创新推出"保险+健康管理""保险+高端养老""保险+居家养老"等产品及服务，持续提升客户服务体验。

财产保险业务维持良好的业务品质。2021年，平安产险综合成本率同比优化1.1个百分点至98.0%；承保利润同比增长145.7%至51.36亿元。平安产险全力应对河南特大暴雨灾害，切实践行"应赔尽赔、早赔快赔"号召，赔款总额超31亿元。

银行经营业绩稳健增长，资产质量保持平稳，风险抵补能力不断增强。2021年，平安银行实现营业收入1693.83亿元，同比增长10.3%；净利润363.36亿元，同比增长25.6%。截至2021年12月末，平安银行不良贷款率1.02%，较年初下降0.16个百分点；拨备覆盖率288.42%，较年初上升87.02个百分点。

医疗健康生态圈战略升级。平安创新探索"HMO+家庭医生+O2O"集团管理式医疗模式，打通供给、需求与支付的闭环，为客户提供"省心、省时又省钱"的医疗健康服务。截至2021年12月末，平安智慧医疗累计服务187个城市，赋能超4.5万家医疗机构，惠及约132万名医生。

科技业务持续增长。平安持续探索创新商业模式，加速推进业务拓展，2021年，科技业务总收入达992.72亿元，同比增长9.8%。核心技术能力持续深化。截至2021年12月末，公司科技专利申请数较年初增加7008项，累计达38420项，位居国际金融机构前列。平安运用人工智能技术助力金融业务发展。2021年，平安AI坐席驱动产品销售规模约2758亿元，同比增长66%。截至2021年12月末，平安AI坐席覆盖2158个场景；全年AI坐席服务量约20.7亿次，在客服总量中占比达84%。2021年，AI催收的30日回退率77%。

全面深化绿色金融工作，助力社会可持续发展。截至2021年12月31日，平安绿色投融资规模2245.80亿元，绿色银行类业务规模898.13亿元；2021年环境类可持续保险原保险保费收入445.69亿元。同时，平安持续推进"三村工程"项目，截至2021年12月末，累计提供扶贫及产业振兴帮扶资金418.50亿元；荣获第十一届"中华慈善奖"、第三届"首都慈善奖"等荣誉。

（四）中金公司

中金公司是由国内外著名金融机构和公司基于战略合作关系共同投资组建的中国第一家中外合资投资银行。公司自1995年成立以来，一直致力于为客户提供高质量金融增值服务，业务范围覆盖宏观经济、证券和市场研究、股权与债务发行与承销、兼并收购财务顾问、股本销售交易、固定收益、自营投资、资产管理、财富管理、直接投资、证券投资咨询等诸多领域。

2021年年末，集团总资产为人民币6497亿元，较2020年年末增长24.57%；归属于母公司股东的权益合计为人民币844亿元，较2020年年末增长17.85%；实现收入为人民币301亿元，同比增长27.35%；实现归属于母公司股东的净利润为人民币108亿元，同比增长49.54%；加权平均净资产收益率为14.64%。

投行业务持续巩固核心优势。2021年中资企业全球IPO承销规模排名第一，A股IPO承销规模排名第二，港股IPO全球协调人承销规模排名第一；境内债券承销规模券商排名第五，中资企业境外债承销排名第一；中国并购市场总排名第一，持续发力国企改革、跨境交易。公司聚焦重要机遇，在科技创新领域持续发力，参与绿色金融市场建设，深化"一带一路"布局。

股票业务产品业务快速增长，机构覆盖、创新产品、跨境业务排名保持市场前列。2021年股票业务积极推动"机构化"。深耕机构客群，以客户为中心，全面覆盖多元客群，为境内外机构投资者提供"投研、销售、交易、产品、跨境"等一站式综合金融服务。深入推进"资本化"。作为衍生品核心交易商，境内产品业务持续提升全生命周期产品服务能力，保持市场优势地位，深化产品创新，加强支持区域发展、绿色金融等方面的产品布局。境外产品业务不断丰富产品及客户结构，形成具有国际竞争力的产品线，在境外中资券商中名列前茅。加大国际布局力度，中金（香港）跨境业务持续领先，互联互通交易份额保持市场前列。同时，股票业务继续拓展德国、瑞士等其他国际市场，积极推进中欧通。

固定收益业务持续推进业务发展与模式转型。2021年，公司以客户为中心，做大做强市场规模，债券承销和交易量实现了较快增长，市场排名取得突破。其中，中资美元债承销全市场第一，记账式国债现货交易量全市场第一；不断加强国际化客户覆盖和交易服务能力，以境内和香港为双中心，搭建纽约、伦敦、新加坡、东京等地的全球化销售网络，实现跨境做市结算量券商第二。积极把握机遇，加强产品创新和客户服务，持续发展衍生品业务。率先布局公募REITs、碳交易、绿色金融、专精特新等市场机会，成为国内领先的公募REITs做市商，践行服务国家战略；加强境内外产品创新，实现诸多创新业务落地，打造定制化服务能力；持续发展跨境衍生品业务，拓展利率和外汇业务范围，大宗商品做市重点品种排名市场前列。

资产管理业务规模过万亿元。2021年年底，资管板块管理规模为1.13万亿元，同比大幅增长120%。公司持续丰富产品线，加强绿色金融、科技创新等方面的产品布局，结合市场环境、围绕客户需求加大力度研发创新策略、创新产品及综合解决方案；进一步强化投研能力建设，改进投研管理体系，加强团队建设与人才培养，提升投资研究能力；进一步加强客户覆盖，延伸客户服务深度和广度，加大央企、行业性客户年金业务开发力度，深挖银行理财子公司需求，大力开拓城农商行业务，加强与零售渠道的深度合作，提升客户响应及增值服务能力，不断加强国际客户及海外中资机构覆盖，拓展境外渠道。

私募股权业务稳步发展。2021年年底，中金资本在管认缴规模人民币3278亿元，巩固行业龙头地位。2021年围绕"科技创新""碳中和"等国家战略完成多只基金的募集，新募集认缴规模超过人民币550亿元，并在中金启元国家引导基金层面引入全国社保基金资金，同时完成对北京科创基金管理公司的控股。中金资本管理部围绕总公司战略，"三化一家"实现显著进展。国际化方面，中金资本管理部积极拓展美元基金产品。区域化方面，中金资本管理部坚持区域下沉，与各地政府开展多元合作，2021年在北京、长三角、川渝、湖南等地的区域化布局取得突破进展。数字化方面，2021年中金资本管理部数字化团队积极响应数字化转型战略，推动部门业务流程线上化、规范化。

财富管理业务买方投顾转型成效初现。2021年财富管理业务的产品保有量、交易市场份额、客户账户资产总额均保持快速增长，平台"留长钱"能力持续加强，尤其在买方投顾模式上，继续引领行业转型，在"中国50"之后推出了"微50"，为券商行业领先的低门槛配置类产品，惠及更多的财富人群。截至年底，财富管理买方收费资产近人民币800亿元，同比大幅增长超180%，进一步确立了在财富管理业务模式和规模上的领先地位。投顾团队规模快速扩张，投顾品牌市场影响力进一步提升。截至年末，中金财富投顾团队超3000人，其中服务高净值客户的私人财富顾问超过1000人。

（五）东方财富

东方财富是中国领先的互联网财富管理综合运营商，主要业务有证券业务、金融电子商务服务业务、金融数据服务业务等，涵盖互联网证券和互联网基金销售等多个细分领域。主要业务的服务内容：

证券业务：主要依托构建的互联网财富管理生态圈，通过拥有相关业务牌照的东方财富证券、东方财富期货、哈富证券等公司，为海量用户提供证券、期货经纪等服务。

金融电子商务服务业务：主要通过天天基金，为用户提供基金第三方销售服务。天天基金依托以"东方财富网"为核心的互联网财富管理生态圈所形成的用户资源优势和品牌形象优势，向用户提供一站式互联网自助基金交易服务。

金融数据服务业务：主要以金融数据终端为载体，通过PC端、移动端，向海量用户提供专业化金融数据服务。公司构建以"东方财富网"为核心的互联网财富管理生态圈，聚集了海量用户资源和用户黏性优势，在垂直财经领域始终保持绝对领先地位，为公司进一步拓展业务领域、完善服务链条奠定了坚实基础。同时，"东方财富网"具有较高的品牌知名度和投资者认可度，形成了较强的品牌优势。

2021年，公司立足于自身战略定位，始终秉持以用户为中心的发展理念，进一步加强研发科技投入，充分利用大数据、人工智能等技术，提升科技赋能金融水平，进一步满足用户需求，增强用户体验和黏性，积极探索互联网资产管理业务，进一步完善互联网财富管理生态圈。2021年内，公司实现营业总收入130.94亿元，同比增长58.94%，实现归属于上市公司股东净利润85.53亿元，同比增长79.00%。

天天基金深入推进业务创新和差异化发展，持续提升交易体验，提高专业化、个性化服务能力，拓宽服务范围，进一步完善一站式线上自助理财服务。2021年内，公司基金销售保有规模大幅增长，市场占有率持续提升，互联网基金销售业务实现较快增长。截至2021年年末，共上线150家公募基金管理人12777只基金产品，公司互联网金融电子商务平台共计实现基金认（申）购（含定投）交易3.75亿笔，基金销售额为2.24万亿元，其中非货币型基金共计实现认（申）购（含定投）交易3.18亿笔，销售额为1.34万亿元。截至2021年年末，天天基金非货币市场公募基金保有规模6739亿元，累计基金销售额超过6万亿元。天天基金平台日均活跃访问用户数为314.7万,其中,交易日日均活跃访问用户数为394.81万,非交易日日均活跃访问用户数为155.12万。

2021年,公司完成可转债"东财转3"发行及上市工作,募集资金总额158亿元;海外子公司完成境外美元债发行及上市工作,募集资金3亿美元;东方财富证券完成短期融资券、私募债、公募债等债券发行工作,进一步丰富融资手段,降低融资成本;提升了公司的资本实力与综合竞争力,为公司业务的持续健康发展提供了资本助力。

五、上市公司对行业的影响

银行业:资产规模方面,截至2021年年底,银行业上市公司总资产为226.3万亿元,按可比口径增长7.91%。截至2021年年底,银行业金融机构境内外本外币资产总额为344.8万亿元,同比增长7.8%。上市公司总资产占全行业比重为65.63%,同比提升0.06个百分点。

盈利能力方面,2021年,银行业上市公司全年共实现归母净利润1.92万亿元,按可比口径增长12.65%,上市公司净利润占全行业比重为87.78%,较2020年提高约0.01个百分点。

证券业:截至2021年年底,券商A股上市共有48家,新上市的有财达证券。2021年,上市证券公司共实现主营业务收入6524.78亿元,按可比口径增长23.02%,好于行业同比增长24.4%的水平;实现利润2004.89亿元,同比增长31.48%,好于行业同比增长28.0%的水平。

根据中国证券业协会的数据,截至2021年年底,证券行业总资产为10.59万亿元,同比增长19.07%,实现营业收入5024亿元,同比增长12.03%;实现净利润1911.19亿元,同比增长21.32%。

保险业:截至2021年年底,A股保险业上市公司共6家,分别为中国平安、中国人寿、中国太保、新华保险、中国人保、天茂集团,西水股份已退市。2021年,保险业上市公司总资产为19.75万亿元,按可比口径增长9.4%;实现营业收入3.35万亿元,按可比口径增长1.59%;实现归母净利润2164.29亿元,按可比口径下滑14.42%。截至2021年12月底,保险行业资产总额达到24.89万亿元,较年初增长6.82%。

2021年年末,保险公司总资产24.89万亿元,较年初增加1.59万亿元,较年初增长6.82%。从资产角度看,上市保险公司占行业总资产的比重为79.35%,同比增加1.87个百分点。原保险保费收入的角度来看,2021年各公司合计达到2.53万亿元,按可比口径增长0.19%,占行业总保费的比重为56.41%,同比提升0.55个百分点。

其他金融业:信托业、金融租赁业上市公司数量和规模均较小,不具有行业代表性。

撰稿人:张一纬
审稿人:解学成

房地产业

一、房地产业总体概况

政策方面，2021年，中央层面继续保持"房住不炒"的调控总基调不变，上半年以"控房价""控租金"为主基调；地方政府层面房调控政策的核心目标也是稳地价、稳房价、稳预期。下半年因部分头部房企流动性危机以及大量房企违约事件爆发，监管层要求金融机构准确理解、把握和执行房地产金融管理制度，满足房企合理的资金需求，对于已爆发流动性危机的房企，在协调金融机构注入流动性支持项目复工的同时，鼓励银行稳妥有序开展房地产项目并购贷款业务，重点支持优质房地产企业兼并收购出险和困难的大型房地产企业的优质项目，按照法治化、市场化原则开展房企信用风险的处置化解工作，同时，部分房价下行压力较大城市相继出台了"限跌令"或"救市"等政策来稳定市场预期。

销售方面，2021年国内商品房销售一路走低，一至四季度商品房销售面积增速分别为63.83%、10.97%、-12.53%和-16.80%，商品房销售额各季度增速分别为88.45%、17.24%、-14.13%和-18.68%。商品房销售增速从第三季度由正转负的原因主要为，受部分大型房企流动性风险爆发影响，部分购房者因预期房价下行和担心购买期房可能会陷入烂尾楼纠纷，暂缓了购房计划。从累计数据看，全年商品房销售面积达到17.94亿平方米，同比增长1.90%；商品房销售额为18.19万亿元人民币，同比增长4.80%。

价格方面，2021年，百城住宅成交均价16180元/平方米，同比上涨2.44%，为近7年来最低涨幅，较2020年收窄1.02个百分点。其中上半年市场表现平稳，上涨1.70%，较2020年同期扩大0.43个百分点；下半年市场持续降温，百城新建住宅价格累计上涨0.73%，较上半年收窄0.97个百分点，较2020年同期收窄1.43个百分点。分梯队来看，一线城市新建住宅价格累计上涨2.43%，涨幅较2020年收窄1.50个百分点；二线城市价格累计上涨2.52%，涨幅较2020年收窄1.15个百分点；三四线代表城市价格累计上涨2.31%，涨幅较2020年收窄0.18个百分点。

土地市场方面，2021年百城住宅类土地供应面积为4.48亿平方米，同比下降19.18%；成交面积为3.16亿平方米，同比下降27.23%；成交金额为4.11万亿元，同比下降9.63%；成交土地单位面积均价同比上涨了24.18%。土地成交单价上涨并非土地市场过热，而主要是受第一轮"土拍两集中"政策影响。对未来市场的无法判断和缺地问题的压力，使房企在上半年土地市场中激烈竞争，从而导致成交土地溢价率有所上升。从三季度开始，受销售低迷和资金紧张影响，房企拿地规模大幅下降，土地市场整体迅速降温，土地市场陷入颓势。

总体来看，2021年中国房地产市场经历了从上半年高热到下半年深度调整的转变，但全年全国商品房成交规模仍保持较高水平。三季度之后，中央及各部委连续释放维稳信号，信贷环境边际改善，房企融资环境逐步转好，但按揭放款和开发贷等资金到位尚需时间，信贷环境边际改善传导至市场端效果并不明显。

二、行业内上市公司发展概况

（一）行业内上市公司基本情况

表1　2021年房地产业上市公司发行股票概况

门类	总数		沪深主板		创业板		科创板		北交所	
	家数	市值(亿元)	家数	市值(亿元)	家数	市值(亿元)	家数	市值(亿元)	家数	市值(亿元)
房地产业	117	16882.77	116	16840.28	1	42.50	0	0	0	0
占沪深北三市比重（%）	2.49	1.84	2.47	1.83	0.02	0.00	0	0	0	0

资料来源：沪深北交易所，同花顺。

（二）行业内上市公司构成情况

表2　2021年房地产业上市公司构成情况

门类	沪市			深市			北交所	总计	ST/*ST
	主板	科创板	合计	主板	创业板	合计			
房地产业（家）	61	0	61	55	1	56	0	117	2/8
占行业内上市公司比重（%）	52.14	0	52.14	47.01	0.85	47.86	0	100.00	1.71/6.84

资料来源：沪深北交易所，同花顺。

（三）行业内上市公司融资情况

表3　2021年房地产业上市公司与沪深两市融资情况对比　　　　单位：家

门类	融资家数	新股	增发	配股
房地产业	0	0	0	0
沪深两市总数	1032	524	502	7
占比（%）	0	0	0	0

资料来源：沪深北交易所，同花顺。

2021年，房地产业上市公司并未从资本市场直接融资。

（四）行业内上市公司资产及业绩情况

表4　　2021年房地产业上市公司资产情况　　　　　单位：亿元

指标	2021年	2021年可比样本增长（%）	2020年	2020年可比样本增长（%）	2019年
总资产	123304.96	4.27	132285	13.82	116217
流动资产	98743.55	1.97	109134	13.6	96050.7
占比（%）	80.08	-1.81	82.5	-0.15	82.65
非流动资产	24561.41	14.70	23151	14.82	20166.5
占比（%）	19.92	1.81	17.5	0.15	17.35
流动负债	72433.71	6.20	78448.7	13.64	69063.3
占比（%）	58.74	1.07	59.3	-0.09	59.43
非流动负债	24045.09	-0.58	26352.8	14.64	23048.4
占比（%）	19.50	-0.95	19.92	0.14	19.83
归属于母公司股东权益	16982.52	-1.54	18154.3	7.95	16733.6
占比（%）	13.77	-0.81	13.72	-0.75	14.4

资料来源：沪深北交易所，同花顺。

表5　　2021年房地产业上市公司收入实现情况　　　　　单位：亿元

指标	2021年	2021年可比样本增长（%）	2020年	2020年可比样本增长（%）	2019年
营业收入	24332.12	6.17	27501.7	11.05	24735.7
利润总额	1522.53	-55.26	3727.87	-9.07	4032.28
归属于母公司所有者的净利润	357.51	-80.08	1957	-15.56	2249.41

资料来源：沪深北交易所，同花顺。

（五）利润分配情况

2021年全年房地产业上市公司中共有67家公司实施了分红配股。其中，6家上市公司实施送股或转增股，65家上市公司实施派息，其中4家公司既实施了送股、转增又实施了派息。

（六）其他财务指标情况

1. 盈利能力指标

表6　　2021年房地产业上市公司盈利能力情况

指标	2021年	2021年可比样本变动	2020年	2020年可比样本变动	2019年
毛利率（%）	23.08	-6.77	27.31	-4.4	31.71
净资产收益率（%）	2.11	-8.30	10.78	-3	13.44
销售净利率（%）	3.28	-7.04	9.42	-2.38	11.55
资产净利率（%）	0.66	-1.46	2.09	-0.62	2.64

资料来源：沪深北交易所，同花顺。

2. 偿债能力指标

表7　2021年房地产业上市公司偿债能力指标

指标	2021年	2021年可比样本变动	2020年	2020年可比样本变动	2019年
流动比率	1.36	-0.06	1.39	0	1.39
速动比率	0.48	-0.01	0.49	0.02	0.47
资产负债率（%）	78.24	0.11	79.22	0.05	79.26

资料来源：沪深北交易所，同花顺。

3. 营运能力指标

表8　2021年房地产业上市公司营运能力情况

营运能力指标	2021年	2021年可比样本变动	2020年	2020年可比样本变动	2019年
存货周转率	0.29	0.03	0.3	0.01	0.29
应收账款周转率	17.71	-0.40	12.35	-1.14	13.48
流动资产周转率	0.25	0.00	0.27	-0.01	0.28
固定资产周转率	14.67	-0.26	13.34	-0.55	13.83
总资产周转率	0.20	0.00	0.22	-0.01	0.23
净资产周转率	0.92	-0.02	1.06	-0.06	1.12

资料来源：沪深北交易所，同花顺。

三、重点上市公司介绍

（一）万科A

万科企业股份有限公司成立于1984年，经过三十余年发展，已成为国内领先的城乡建设与生活服务商，公司业务聚焦全国经济最具活力的三大经济圈及中西部重点城市。2021年，公司继续荣登《财富》"世界500强"，位列榜单第160位。自2016年首次跻身《财富》"世界500强"以来，公司已连续6年上榜。

2021年，公司实现销售面积3807.8万平方米，销售金额6277.8亿元，分别同比下降18.4%和10.8%。2021年，公司在全国商品房市场的份额约占3.5%，在20个城市的销售金额位列当地第一。2021年，公司实现营业收入4528.0亿元，同比增长8.0%；实现归属于上市公司股东的净利润225.2亿元，同比下降45.7%；每股基本盈利1.94元，同比下降46.50%；全面摊薄的净资产收益率为9.55%，较2020年减少8.94个百分点。分业务类型看，营业收入中，来自房地产开发及相关资产经营业务的营业收入为4299.3亿元，占比95.0%；来自物业服务的营业收入为198.3亿元，占比4.4%。

2021年公司盈利能力大幅下滑的原因有三点：（1）毛利率下滑：2021年公司整体毛利率为21.8%，同比下降7.4个百分点；（2）投资收益回落：2021年投资收益66.1亿元，较2020年135.1亿元的高位水平减少了69.0亿元；（3）计提减值：2021年公司对部分项目、个别股权投资计提了35.3亿元资产减值，合计减少权益净利润约25.5亿元。

截至2021年年末，公司资产负债率为79.74%，净负债率为29.7%；有息负债2659.6亿元，占总资产的比例为13.7%。有息负债以中长期负债为主，短期借款和一年内到期的有息负债合计586.2亿元，占比为22.0%；一年以上有息负债2073.4亿元，占比为78.0%。截至2021年年末，公司持有货币资金1493.52亿元，货币资金对短期债务的覆盖倍数为2.5倍。2021年全年实现经营性现金净流入41.13亿元，连续13年保持经营性现金流净额为正。

2021年，公司发行公司债券15.66亿元，分两次共发行住房租赁专项公司债券60亿元，分三次共发行中期票据60亿元，最低票面利率为3.08%；此外，公司在境外发行14.45亿元人民币债券，票面利率3.45%。2021年，公司实际利息支出合计134.5亿元，其中资本化的利息合计67.0亿元。2021年年末，公司存量融资的综合融资成本为4.11%。

2021年公司获取新项目148个，总规划计容建筑面积2667.4万平方米，权益计容规划建筑面积1901.4万平方米，权益地价总额约1401.5亿元，新增项目平均地价为6942元/平方米。2021年年末，公司在建项目总计容建筑面积约10367.0万平方米，权益计容建筑面积约6428.4万平方米；规划中项目总计容建筑面积约4521.7万平方米，权益计容建筑面积约2910.1万平方米。此外，公司还参与了一批旧城改造项目，总计容建筑面积约534.7万平方米。

截至2021年年末，公司累计开业211个商业项目（含113个社区商业项目），建筑面积1139.16万平方米。其中，2021年新开业项目34个，建筑面积206.87万平方米。此外，规划中和在建商业建筑面积为401.31万平方米。

2021年公司开发业务新开工计容面积约3265.3万平方米，同比下降17.6%，完成年初计划的103.7%；开发业务竣工计容面积约3571.4万平方米，同比增长5.6%，完成年初计划的99.6%。2022年，公司现有项目（不含未来新获取项目）计划新开工计容面积1920.1万平方米；预计项目竣工计容面积3899.5万平方米。

2022年，公司现有项目计划新开工计容面积1920.1万平方米；预计项目竣工计容面积3899.5万平方米。

（二）招商蛇口

招商蛇口为国内房地产上市龙头企业之一，是A级央企招商局集团城市综合开发运营板块的旗舰公司，是招商局集团在国内唯一的地产资产整合平台及重要的业务协同平台。公司于2015年吸收合并招商地产上市,整合了原招商地产和蛇口工业区两大平台的优势资源,致力于成为"中国领先的城市及园区综合开发和运营服务商",以独特的"前港—中区—后城"综合发展模式,全面参与中国以及"一带一路"重要节点的城市化建设。目前,公司主要业务包括:园区开发运营、社区开发运营、邮轮产业建设运营。

2021年,公司实现营业收入1606.43亿元,同比增长23.93%,实现归属于上市公司股东的净利润103.72亿元,同比减少15.35%,基本每股收益1.16元,同比减少20.55%。来自社区开发与运营的收入为1279.11亿元,占比79.63%;来自园区开发与运营的收入为325.33亿元,占比20.25%;来自邮轮产业建设与运营的收入为1.99亿元,占比0.12%。社区开发与运营为公司主要收入来源。

2021年,公司实现签约销售面积1464.47万平方米,同比增加17.77%;实现签约销售金额3268.34亿元,同比增加17.73%,行业排名提升至第7。深圳、上海、苏州、南京等7个城市销售规模居当地前三,16个城市销售规模当地排名前十。

2021年,公司累计获取土地113宗,新增土地面积666万平方米,总计容建面1559万平方米,权益面积886万平方米。2021年,公司在划定的"强心30城"中权益地价投入占总投资额的比重达90%,前10城投资占比达到62%,较上年提高10个百分点,重点布局上海、南京、广州、杭州、武汉、重庆等核心城市,位于长三角和粤港澳的合计投资比重超70%。2021年,公司在产城联动方面获取项目9宗,补充土储约215万平方米。2021年,公司单项目收并购共12宗,累计补充项目资源106万平方米;全年获取14个旧改项目排他资格,预估土地储备面积510万平方米。此外,公司积极与上海市属国企筹划组建上海城市更新基金,该基金总规模约800亿元,为目前全国落地规模最大的城市更新基金,将定向用于投资旧区改造和城市更新项目。

负债方面,2021年年末,公司资产负债率67.68%,同比上升2.05个百分点;剔除预收款后的资产负债率为50.29%,同比上升2.44个百分点;净负债率33.11%,处于行业较低水平。2021年年末,公司有息负债共计1711.78亿元,占总资产的比例为19.99%。有息负债以中长期负债为主,短期借款和一年内到期的有息负债合计372.94亿元,占比为21.79%;一年以上有息负债1338.84亿元,占比为78.21%。截至2021年年末,公司持有货币资金795.33亿元,货币资金对短期债务的覆盖倍数为2.13倍。2021年全年实现经营性现金净流入259.77亿元,连续4年保持经营性现金流净额为正。

2021年公司全年综合资金成本为4.48%;先后发行了超短期融资券、中期票据、公司债等产品,发行金额合计214.6亿元,均为同期市场较优利率。

2022年,公司计划实现签约销售金

额 3300 亿元，实现新开工面积 1400 万平方米，实现竣工面积 1400 万平方米。

（三）金地集团

金地（集团）股份有限公司初创于 1988 年，1993 年开始正式经营房地产。2001 年 4 月，金地（集团）股份有限公司在上海证券交易所正式挂牌上市。金地集团历经十年探索和实践，现已发展成为一个以房地产开发为主营业务的上市公司，同时也是中国建设系统企业信誉 AAA 单位、房地产开发企业国家一级资质单位。

2021 年，公司实现营业总收入 992.32 亿元，同比增长 18.16%；其中房地产业务结转收入 883.63 亿元，同比增加 17.54%，主要是本期结转项目增加所致。实现归母净利润 94.10 亿元，同比下降 9.5%；每股收益为 2.08 元。公司 2021 年营业成本 779.81 亿元，同比增长 38.83%，明显高于营业收入 18.16% 的增速。2021 年，公司房地产业务的毛利率为 19.65%，比上年降低 13.91 个百分点。

2021 年，公司累计实现签约面积 1377.0 万平方米，同比增长 15.25%，实现签约金额 2867.1 亿元，同比增长 18.15%，增幅位于 Top20 房企前列。公司所在城市市场份额得到进一步稳固和提升，在全国十多个城市的市场排名位列前十，其中在上海、金华、呼和浩特、徐州、昆山的市占率均排在第一位。

2021 年公司投资地块 111 宗，总投资额约 1309 亿元，权益投资额约 523 亿元，公司新增总土地储备约 1636 万平方米，其中权益储备约 648 万平方米。在一线、二线城市投资占比 65%，其中市场流动性更好、安全性更高的一线城市投资占比明显提升达到 34%。截至 2021 年年末，公司共进入全国 78 个城市，总土地储备约 6398 万平方米，权益土地储备约 2923 万平方米。

2021 年，公司实现经营性现金净流入 94.00 亿元。2021 年年末，公司持有货币资金 648.06 亿元，其中预售监管资金 88.2 亿元，剔除受限资金后对一年内到期的有息负债的覆盖倍数为 1.40 倍。2021 年年末，公司债务融资余额为 1256 亿元，债务融资加权平均成本为 4.56%，资产负债率 76.19%，剔除预收款项后，公司实际资产负债率为 67.6%，净负债率为 55.2%，处于行业优秀水平。

（四）保利发展

保利发展是中国保利集团控股的房地产行业龙头企业，主营业务为房地产开发与销售，并以此为基础构建成涵盖物业服务、全域化管理、销售代理、商业管理、不动产金融等在内的不动产生态平台，综合实力连续多年稳居行业前五，央企第一。2021 年，保利发展位居《福布斯》世界排名第 201 位，行业领导品牌前三。

2021 年，公司实现营业总收入 2850.24 亿元，同比增长 17.19%；实现净利润 371.89 亿元，同比下降 7.14%；归母净利润 273.88 亿元，同比下降

5.39%，主要受地产项目利润率下降影响。2021年，公司毛利率为26.80%，同比下降5.79个百分点，与行业利润率下行趋势一致。2021年公司净利率为13.05%，同比下降3.42个百分点。

2021年，公司实现签约金额5349.29亿元，同比增长6.38%；实现签约面积3333.02万平方米，同比下降2.23%。公司38个核心城市销售贡献达78%。珠三角、长三角签约销售合计超过2800亿元，合计销售占比达53%。单城签约过百亿元城市17个，较2020年增加2个，合计销售贡献超3400亿元。其中广州、佛山合计实现销售规模超920亿元，杭州首次突破300亿元，南京、北京超200亿元，东莞、上海、郑州、武汉等超100亿元。

2021年，公司拓展项目145个，新增容积率面积2722万平方米，拓展金额1857亿元，分别同比下降15%和21%。全年新增住宅货量占比85%，拓展权益比为72%。2021年，公司拓展楼面地价为6821元/平方米，同比下降8%。公司坚持"核心城市+城市群"深耕战略，重点补仓销售贡献高的优质区域，本年新增资源中珠三角、长三角拓展金额占比合计为54%，较上年提升7个百分点。截至2021年年末，公司在建面积16372万平方米，待开发面积7327万平方米。

现金流方面，2021年公司实现回笼金额5020亿元，回笼率为93.8%，居于行业高位，公司已连续4年保持经营活动现金流为正。2021年，公司发行公司债86.9亿元、中期票据100亿元，年末公司有息负债规模为3382亿元，综合融资成本约4.46%，较上年末下降31个基点，继续保持业内领先优势。

2021年年末，公司资产负债率78.36%，同比下降0.33个百分点；剔除预收款后的资产负债率为48.58%，同比下降0.82个百分点；净负债率58.19%，同比上升1.64个百分点。账面有息负债3477亿元，占总资产的比例为24.83%。有息负债以中长期负债为主，短期借款和一年内到期的有息负债合计741亿元，占比为21.32%；一年以上有息负债2735亿元，占比为78.68%。截至2021年年末，公司持有货币资金1714亿元，货币资金对短期债务的覆盖倍数为2.31倍。

2022年，公司计划完成房地产及相关产业直接投资3650亿元，计划新开工面积4010万平方米，计划竣工面积4231万平方米。

四、上市公司在行业中的影响力

房地产上市公司作为房地产公司中的优秀企业，在品牌影响力、信息和资源获取能力、人才吸引力、融资能力、市场研判能力、管理能力、研发能力、销售能力等方面都具有较强的优势。随着国内人口增长趋势转变，房地产行业将由成熟期进入缓慢衰退期，上市房企凭借自身优势，有更强的风险控制能力和更高效的资源配置能力，市场占有率还将继续提升。

品牌影响力继续稳固：过去二十年，房地产行业优胜劣汰，注品牌、重形象的上市公司在行业中的地位不断巩固，万科、保利、招商、金地、华侨城等已经成为行业中的知名房地产品牌。良好的品牌形象使这些房企在市场低迷的情况下保持了较好的销售形势，更加稳固了行业龙头的地位。

管理能力不断提升：作为公众公司，上市公司在组织架构、公司运作、财务会计、信息披露等方面更加规范、高效、透明。同时，为了更好回报股东，上市公司在成本、费用管理，运营能力等方面也在不断提升。

信息获取能力和研发能力：上市房地产公司信息一般比较公开、透明，受市场关注度较高，容易与投资者和相关机构形成互动，在互动中更容易获得更多市场信息。大型房地产上市公司业务布局城市非常多，在与当地相关部门、客户、金融机构的互动中也能获取更多市场信息。大量市场信息的获得有利于上市公司提高研发能力。

融资能力更强：由于信息公开透明，上市公司能获得金融机构、评级机构、资产评估机构等中介机构更好的评级，在融资方面相对非上市公司更容易，同时融资成本也相对较低。

优质土地资源获取能力：基于品牌影响力、信息获取能力、研发能力、融资能力等方面的优势，房地产上市公司更容易受到当地政府青睐，更容易获得土地资源。

总体来看，房地产行业上市公司汇聚了房地产行业的优秀企业，代表了行业发展的方向，拥有品牌、信息、资源、规模、研发等方面的优势，在未来的市场中将会更具优势、强者恒强。

撰稿人：平海庆
审稿人：张红兵

租赁和商务服务业

一、租赁和商务服务业总体概况

（一）行业整体运行情况

2021年，全国租赁和商务服务业增加值为37484.0亿元，同比增长15.45%，占国内生产总值（现价）的比重为3.26%，较2020年上升0.06个百分点。2021年租赁和商务服务业对国内生产总值增长的贡献率为3.7%，较2020年上升4.3个百分点。2021年租赁和商务服务业固定资产投资额同比增长13.6%。就业人员数扩大，2021年租赁和商务服务业就业人员680.30万人，同比增长5.7%；就业人员平均工资102537元，同比增长10.3%。

（二）细分行业运行概况

1. 商务服务业

商务服务业包括市场管理、旅行社、企业管理服务、广告业等。2021年，全国电子商务交易额继续保持增长，全年达42.3万亿元，同比增长19.6%；因新冠疫情防控得当，旅游业缓慢复苏，国内旅游人数达32.50亿人次，比上年同期上升12.9%，国内旅游收入2.92万亿元，同比上升31.0%；物流业稳步发展，物流总额达335.2万亿元，按可比价格计算同比增长9.2%，社会物流总费用16.7万亿元，同比增长12.1%；广告市场规模达10167.9亿元，同比增长11.2%；亿元以上商品交易专业市场成交额达88654.32亿元，同比增长10.8%。

2. 租赁业

截至2021年12月底，中国融资租赁企业总数量为11917家，同比下降2.0%；其中外资租赁11417家，同比下降2.2%；内资租赁428家，同比增长3.4%；金融租赁72家，同比增长1.4%。2021年中国融资租赁合同总余额为62100亿元，同比下降4.5%；其中金融租赁约25090亿元，同比增长0.2%；内资租赁约20710亿元，与上年底持平；外资租赁约16300亿元，同比下降15.5%。截至2021年12月底，全国31个省、市、区都设立了融资租赁公司，但绝大部分企业仍分布在东南沿海一带。

2021年，受中国新冠疫情防控政策影响，外资租赁遭受巨大冲击，内资与金融租赁出现向好迹象。融资租赁企业仍集中分布在个别地区，行业发展处于复苏与调整状态。

二、行业内上市公司发展概况

（一）行业内上市公司基本情况

表1　　2021年租赁和商务服务业上市公司发行股票概况

门类	总数		沪深主板		创业板		科创板		北交所	
	家数	市值（亿元）	家数	市值（亿元）	家数	市值（亿元）	家数	市值（亿元）	家数	市值（亿元）
租赁和商务服务业	68	10241.97	50	9335.12	16	879.63	0	0	2	27.21
占沪深北三市比重（%）	1.45	1.11	1.06	1.02	0.34	0.10	0	0	0.04	0

资料来源：沪深北交易所，同花顺。

（二）行业内上市公司构成情况

表2　　2021年租赁和商务服务业上市公司构成情况

门类	沪市			深市			北交所	总计	ST/*ST
	主板	科创板	合计	主板	创业板	合计			
租赁和商务服务业（家）	22	0	22	28	16	44	2	68	3/5
占行业内上市公司比重（%）	32.35	0	32.35	41.18	23.53	64.71	2.94	100.00	4.41/7.35

资料来源：沪深北交易所，同花顺。

（三）行业内上市公司融资情况

表3　　2021年租赁和商务服务业上市公司与沪深两市融资情况对比　　单位：家

门类	融资家数	新股	增发	配股
租赁和商务服务业	8	3	5	0
沪深两市总数	1032	524	502	7
占比（%）	0.78	0.57	1.00	0

资料来源：沪深北交易所，同花顺。

其中，首发的3家公司中，有1家在主板上市，2家在创业板上市；增发的5家公司中，有1家沪市、4家深市公司。

按行业大类划分，进行融资的8家公司中，全部属于商务服务业，占比100%。

从融资效果看，上述公司实际发行数量为113668.75万股；实际募集资金92.80亿元，基本完成了融资计划。

（四）行业内上市公司资产及业绩情况

表4　　　　　　　　　2021年租赁和商务服务业上市公司资产情况　　　　　　　　单位：亿元

指标	2021年	2021年可比样本增长（%）	2020年	2020年可比样本增长（%）	2019年
总资产	9973.76	5.57	8909.81	1.14	8692.35
流动资产	3499.33	-2.33	3392.83	5.99	3130.05
占比（%）	35.09	-2.84	38.08	1.75	36.01
非流动资产	6474.43	10.40	5516.98	-1.64	5562.31
占比（%）	64.91	2.84	61.92	-1.75	63.99
流动负债	3157.25	0.96	2988.47	10.37	2674.61
占比（%）	31.66	-1.45	33.54	2.81	30.77
非流动负债	3093.95	10.19	2702.95	-4.23	2819.08
占比（%）	31.02	1.30	30.34	-1.7	32.43
归属于母公司股东权益	3231.74	5.76	2773.78	-2.11	2760.25
占比（%）	32.40	0.06	31.13	-1.03	31.75

资料来源：沪深北交易所，同花顺。

表5　　　　　　　　　2021年租赁和商务服务业上市公司收入实现情况　　　　　　　　单位：亿元

指标	2021年	2021年可比样本增长（%）	2020年	2020年可比样本增长（%）	2019年
营业收入	8946.27	21.37	7174.33	6.41	6648.03
利润总额	373.09	120.53	93.04	-58.62	209.6
归属于母公司所有者的净利润	242.12	151.86	29.92	-71.68	97.06

资料来源：沪深北交易所，同花顺。

（五）利润分配情况

2021年全年租赁和商务服务业上市公司中共有36家公司实施了分红配股。其中，6家上市公司实施送股或转增股，34家上市公司实施派息，其中3家公司既实施了送股、转增又实施了派息。

（六）其他财务指标情况

1. 盈利能力指标

表6　　　　　　　　　2021年租赁和商务服务业上市公司盈利能力情况

指标	2021年	2021年可比样本变动	2020年	2020年可比样本变动	2019年
毛利率（%）	11.89	-0.43	11.98	-3.58	15.34
净资产收益率（%）	7.49	4.35	1.08	-2.65	3.52
销售净利率（%）	3.13	1.73	0.48	-1.63	1.97
资产净利率（%）	2.89	1.79	0.39	-1.23	1.5

资料来源：沪深北交易所，同花顺。

2. 偿债能力指标

表7　2021年租赁和商务服务业上市公司偿债能力指标

指标	2021年	2021年可比样本变动	2020年	2020年可比样本变动	2019年
流动比率	1.11	-0.04	1.14	-0.05	1.17
速动比率	0.91	-0.05	0.94	-0.03	0.96
资产负债率（%）	62.68	-0.15	63.88	1.11	63.2

资料来源：沪深北交易所，同花顺。

3. 营运能力指标

表8　2021年租赁和商务服务业上市公司营运能力情况　　单位：次

营运能力指标	2021年	2021年可比样本变动	2020年	2020年可比样本变动	2019年
存货周转率	12.81	1.70	11.03	0.27	10.79
应收账款周转率	11.93	1.68	10.38	0.29	10.06
流动资产周转率	2.53	0.41	2.18	0.19	1.99
固定资产周转率	3.94	0.75	3.08	0.12	2.92
总资产周转率	0.92	0.14	0.81	0.05	0.76
净资产周转率	2.47	0.38	2.21	0.12	2.1

资料来源：沪深北交易所，同花顺。

三、重点细分行业介绍

表9　2021年租赁和商务服务业上市公司数量分布及市值情况

大类	上市公司家数（家）	占行业内比重（%）	境内总市值（亿元）	占行业内比重（%）
商务服务业	65	95.59	9915.30	96.81
租赁业	3	4.41	326.67	3.19

资料来源：沪深北交易所，同花顺。

（一）商务服务业

1. 行业概况

商务服务业属于现代服务业的范畴，包括企业管理服务、法律服务、咨询与调查、广告业、职业中介服务等行业，是符合现代服务业要求的人力资本密集行业，也是高附加值行业。据国家统计局发布，服务业商务活动指数相比上年略有回落，2021年12月的服务业商务活动指数为52.0%，比上年同期下降2.8个百分点。

2021年全国电子商务交易额坚持创新驱动，持续保持增长态势，达到42.3万亿元，同比上年增长19.6%，年复合增长率达到了21.39%，远超我国GDP增长水平。其中，按照交易方式划分，网上零售额达13.1万亿元，同比增长14.1%；实物商品网上零售额10.8万亿元，占社会消费品零售总额比重达24.5%；跨境电商进出口额达1.92万亿元，5年增长近10倍；电子商务相关产业吸纳及带动就业超过6700万人；我国已连续9年保持全球最大网络零售市场地位。按照交易对象划分，商品类交易额为31.3万亿元，同比增长16.6%，服务类交易额为11万亿元，同比增长为28.9%。

2021年，受新冠疫情持续影响，旅游经济效益仍较为惨淡，国内旅游人数32.46亿人次，同比上年上升了12.8%，国内旅游收入为2.92万亿元，同比上年上升了31.0%。经核算，2021年全国旅游及相关产业增加值为45484亿元，比上年增长12.0%（未扣除价格因素），占国内生产总值（GDP）的比重为3.96%，比上年下降0.05个百分点。从增长速度上来看，整个旅游业及相关产业均保持一定的正向增速，其中，旅游餐饮增速最大，为18.6%，增幅最小的政府旅游管理服务也有2.0%的增速。

表10　　　　　　　　　　　　2021年全国旅游及相关产业增加值　　　　　　　　　　　单位：亿元

分类名称	增加值	增速（%）	构成（%）
旅游及相关产业	45484	12.0	100.0
旅游业	40724	11.8	89.5
旅游出行	11027	4.0	24.2
旅游住宿	2927	14.1	6.4
旅游餐饮	6566	18.6	14.4
旅游游览	2279	9.0	5.0
旅游购物	15017	14.5	33.0
旅游娱乐	1999	15.6	4.4
旅游综合服务	907	14.5	2.0
旅游相关产业	4760	13.4	10.5
旅游辅助服务	4704	13.5	10.3
政府旅游管理服务	56	2.0	0.1

注：1. 增速为现价增长速度，未扣除价格因素。
　　2. 若数据分项合计与总计不等，是由于数值修约误差所致。
资料来源：国家统计局。

2021年，中国物流业物流总额达到了335.2万亿元，按照可比价格计算，同比上年增长了11.70%。社会物流总费用为16.7万亿元，同比上年增长了12.08%。社会物流总费用与GDP比率为14.60%，与上年基本持平。2021年的物流业总收入为11.9万亿元，同比上年增长13.33%。

2021年，中国广告市场规模为10167.9亿元，同比2020年增长了1024亿元，增幅为11.20%，其中，互联网广告市场规模达到了6550.10亿元，同比上年增长了19.24%。据CTR报告显示，2021年中国广告刊例花费同比上涨11.20%，生活圈媒体方面，电视广告上涨1.30%，电梯LCD广告上涨31.50%，杂志广告下降7.80%，电梯海报广告增长32.40%，广播广告上涨3.40%，影院视频广告涨幅为253.20%。

2021年，中国亿元以上商品交易的专业市场数量为2623个，同比下降3.81%；亿元以上商品交易专业市场成交额为88654.32亿元，同比上涨10.78%；亿元以上商品交易专业市场营业面积达到了20462.09万平方米，同比下降1.81%；亿元以上商品交易专业市场摊位数为1770625个，同比下降3.15%。

2. 行业内上市公司发展情况

表11　2021年商务服务业上市公司收入及资产增长情况　　　　　　　　　　　　单位：亿元

指标	2021年	2021年可比样本增长（%）	2020年	2020年可比样本增长（%）	2019年
营业收入	8649.69	22.18	6883.07	8.6	6243.97
利润总额	380.87	44.96	186.6	2.66	166.52
归属于母公司所有者的净利润	249.29	167.51	103.96	-7.92	75.55
总资产	7350.61	7.44	6303.86	3.8	5955.72
归属于母公司股东权益	2917.71	6.88	2447.94	1.27	2344.01

资料来源：沪深北交易所，同花顺。

表12　2021年商务服务业上市公司盈利能力情况

指标	2021年	2021年可比样本变动	2020年	2020年可比样本变动	2019年
毛利率（%）	10.91	-0.42	10.96	-3.15	13.86
净资产收益率（%）	8.54	2.31	4.25	0.77	3.22
销售净利率（%）	3.30	0.68	1.69	0.04	1.49
资产净利率（%）	4.02	1.26	1.88	0.13	1.58

资料来源：沪深北交易所，同花顺。

租赁和商务服务业

表13　　2021年商务服务业上市公司偿债及营运情况

指标	2021年	2021年可比样本变动	2020年	2020年可比样本变动	2019年
资产负债率（%）	55.71	0.03	56.55	0.79	56.25
存货周转率（次）	12.53	1.73	10.71	0.42	10.31
总资产周转率（次）	1.22	0.16	1.11	0.05	1.06

资料来源：沪深北交易所，同花顺。

（二）租赁业

1. 行业概况

据统计，截至2021年12月底，中国租赁业企业总数量为11917家，同比下降2.0%；其中，外资租赁为11417家，同比上年下降了2.2%，内资租赁为428家，同比增长3.4%，金融租赁为72家，同比增长1.4%。2021年中国融资租赁合同总余额为62100亿元，同比下降4.5%，其中，金融租赁约为25090亿元，同比增长0.2%，内资租赁约为20710亿元，与上年底基本持平，外资租赁约为16300亿元，同比下降15.5%。总的来说，在我国及时有效的防疫手段下，2021年租赁市场相比疫情暴发之初，已经有了较大幅度的回暖，整体呈现较活跃态势，尤其是春节前后和毕业季左右更是旺季，租赁市场已经逐渐开始向"买方市场"倾斜，只是超6成的城市平均租金水平仍低于疫情前，预计明年租赁市场活跃度将继续保持增长趋势。截至2021年12月底，全国31个省、市、区都设立了租赁公司，由于东部地区租赁需求更为旺盛，绝大部分企业仍分布在东南沿海一带，按照"东—中—西"的顺序依次减弱，超6成的租赁企业分布在长三角、东南沿海及环渤海地区。其中，租赁企业数量最多的城市依次为广州、重庆、上海、苏州和天津。

2. 行业内上市公司发展情况

表14　　2021年租赁业上市公司收入及资产增长情况　　单位：亿元

指标	2021年	2021年可比样本增长（%）	2020年	2020年可比样本增长（%）	2019年
营业收入	296.58	1.83	291.26	-27.92	404.06
利润总额	-7.77	91.69	-93.56	-317.19	43.08
归属于母公司所有者的净利润	-7.17	-133.35	-74.04	-424.55	21.51
总资产	2623.15	0.66	2605.95	-4.78	2736.63
归属于母公司股东权益	314.03	-3.63	325.84	-21.72	416.24

资料来源：沪深北交易所，同花顺。

表15　2021年租赁业上市公司盈利能力情况

指标	2021年	2021年可比样本变动	2020年	2020年可比样本变动	2019年
毛利率（%）	40.25	4.14	36.11	-2.24	38.35
净资产收益率（%）	-2.28	20.44	-22.72	-27.89	5.17
销售净利率（%）	-1.68	26.50	-28.18	-37.5	9.32
资产净利率（%）	-0.19	2.88	-3.07	-4.4	1.32

资料来源：沪深北交易所，同花顺。

表16　2021年租赁业上市公司偿债及营运情况

指标	2021年	2021年可比样本变动	2020年	2020年可比样本变动	2019年
资产负债率（%）	82.21	0.61	81.6	3.27	78.32
存货周转率（次）	487.12	-260.82	747.94	-156.8	904.74
总资产周转率（次）	0.11	0.00	0.11	-0.03	0.14

资料来源：沪深北交易所，同花顺。

四、重点上市公司介绍

（一）渤海租赁

公司是首家于A股上市的租赁产业集团，主营业务涵盖飞机租赁、集装箱租赁、境内融资租赁等，是全球第三大飞机租赁商、第二大集装箱租赁商。渤海租赁致力于为全球客户提供全方位的租赁服务和配套金融服务，在世界各地拥有逾30个运营中心，业务范围覆盖六大洲。渤海租赁是2021年A股市场上最大的以经营租赁为主业的上市公司，据其2021年年报称，整体业务结构上，境外收入占比较高。报告期内，飞机租赁业务收入占公司营业收入约79.39%，集装箱租赁业务收入约占19.17%，境内融资租赁业务收入约占0.81%。其中，截至2022年一季度末，公司旗下共有飞机863架，包括自有和管理机队598架、订单飞机265架，机队平均剩余租期约7.0年，平均机龄约6.0年，服务于全球共149家客户，核心业务模式为从飞机制造厂商或其他机构购买飞机，以经营租赁为主、售后回租为辅的方式向全球范围内的航空公司及其他客户提供飞机中长期租赁服务，为全球第二大飞机租赁业务集团；就其集装箱业务而言，公司主要通过子公司GSCL开展业务，集装箱分布于全球的172个港口，合计CEU约为418.7万，服务于全球共750家客户，公司箱队类型包括干箱、冷藏箱、罐箱、特种箱等，其中，集装箱队的多元化构成领先于行业水平。主要业务为集装箱经营性租赁、售后回租、一手和二手集装箱贸易等。通过持续的研发投资，渤海租赁能够为客户提供高度定制化的集装箱租赁服务，从而为客户节约大量运

租赁和商务服务业

营、维护和维修成本。

截至2021年12月，公司实现营业收入267.91万元，同比下降了2.29%，利润总额为-15.47亿元，同比变动83.88%，净利润为-11.29亿元，同比变动86.87%；实现归属于母公司所有者的净利润-12.32亿元，同比变动84.01%；基本每股收益为-0.1998元。

2021年，公司毛利率为38.71%，同比上升约3个百分点；销售净利率为-4.21%，同比上升27.14个百分点；净资产收益率为-4.81%，同比上升23.55个百分点。

截至2021年年末，公司的资产负债率为83.93%，同比提升0.54个百分点。

（二）中国中免

中国中免所属行业为旅游业，目前主要从事旅行社业务和免税业务，其中旅游社业务主要包括入境游、出境游、国内游、会奖旅游、签证服务、商旅服务、航空服务、电子服务等业务；免税业务主要包括烟酒、香化等免税商品的批发、零售等业务。此外，公司还从事旅游综合项目开发业务，主要包括旅游综合项目投资开发、旅游景区景点投资开发和旅游股权投资等业务。公司下属全资子公司国旅总社、中免公司及国旅投资公司分别负责公司的旅行社业务、免税业务、旅游综合项目投资开发业务等。当前拥有免税店200多家，覆盖全国30多个省市自治区，每年为将近2亿人次国内外游客提供免税商品服务，和全球1200多个知名品牌有过合作，是当今世界上排名第一的免税运营商。

2021年，公司实现营业收入676.76亿元，同比增长28.67%，实现利润总额为148.81亿元，同比增长56.67%；实现归属于母公司所有者的净利润为97.27亿元，同比增长63.99%；每股收益为4.98元。

2021年，中国中免销售毛利率为32.94%，同比下降5.98个百分点；销售净利率为18.38%，同比上升4.86个百分点；净资产收益率（年化）为38.02%，同比上升9.62个百分点。

截至2021年年末，公司的资产负债率为37.54%，同比下降6.35个百分点。

（三）分众传媒

分众传媒属于企业服务领域的数字化媒体集团，旗下的产品类别共有三种，截至2021年12月底，楼宇媒体占比91.79%，影院媒体占比7.90%，其他媒体占比0.31%。公司原本是专业研究、制造、销售计算机整机及其周边产品和数码通信产品，2015年经过重大资产重组，将原有资产全部置出，发展情景广阔的生活圈媒体业务，主营业务转变为媒体广告业务，在全球范围首创电梯媒体。公司抓住了电梯这个日常生活核心场景，这个场景代表着四个词：主流人群、必经、高频、低干扰，而这四个词正是今天引爆品牌的核心稀缺资源。公司被誉为"中国最具品牌引爆力的媒体平台"。

2021年，公司实现营业收入148.36

亿元，同比增长22.64%，其中，楼宇媒体全年实现营业收入1361777.78万元，较上年增长17.64%；影院媒体全年实现营业收入117267.74万元，较上年增长145.08%。2021年度，公司营业成本较上年增加36993.30万元，增长8.32%。主要原因为2020年疫情期间，各地影院停业未发生影院媒体租赁成本，故2021年度影院业务租赁成本同比明显上升，其余成本在过去几年持续有效的成本管理下，报告期内成本稳中有降。实现营业利润为77.45亿元，同比增长53.46%，实现归属于母公司所有者的净利润为60.63亿元，同比增长51.42%；每股收益为0.42元。

2021年，分众传媒销售毛利率为67.53%，同比上升6.78个百分点；销售净利率为41.19%，同比上升24.55个百分点；净资产收益率为34.26%，同比上升45.6个百分点。

截至2021年年末，公司的资产负债率为26.89%，同比上升6.68个百分点。

五、上市公司在行业中的影响力

2021年我国租赁与商务服务业上市公司总资产达9973.76亿元。2016~2020年，我国租赁与商务服务业行业营业收入分别为74823.21亿元、78833.62亿元、85404.9亿元、95121.6亿元、92504.0亿元，其中上市公司营业收入所占比重分别为5.89%、7.79%、7.82%、6.99%、7.76%。2021年，上市公司营业收入达8946.27亿元。整体来看，上市公司营业收入规模在行业中所占一定比重，且影响力逐步提升。

撰稿人：宁浮洁
审稿人：马　莉

科学研究和技术服务业

一、科学研究和技术服务业总体概况

（一）行业整体运行情况

2021年，我国科学研究和技术服务业公共财政支出预算为9669.8亿元，较2020年同比增长7.1%。2021年，我国科学研究和技术服务业固定资产投资额为9400亿元，较2020年同比增长14.50%。

（二）细分行业运行概况

科学研究和技术服务业分为研究和试验发展、专业技术服务业以及科技推广和应用服务业3个子行业。

其中，研究和试验发展行业方面，2021年固定资产投资额同比增长17.30%；专业技术服务业方面，2021年固定资产投资额同比增长8.00%；科技推广和应用服务业方面，2021年固定资产投资额同比增长15.80%。

二、行业内上市公司发展概况

（一）行业内上市公司基本情况

表1　2021年科学研究和技术服务上市公司发行股票概况

门类	总数		沪深主板		创业板		科创板		北交所	
	家数	市值（亿元）	家数	市值（亿元）	家数	市值（亿元）	家数	市值（亿元）	家数	市值（亿元）
科学研究和技术服务业	90	12159.97	32	5403.41	42	4912.23	11	1746.24	5	98.09
占沪深北三市比重（%）	1.92	1.32	0.68	0.59	0.89	0.53	0.23	0.19	0.11	0.01

资料来源：沪深北交易所，同花顺。

（二）行业内上市公司构成情况

表2　2021年科学研究和技术服务上市公司构成情况

门类	沪市			深市			北交所	总计	ST/*ST
	主板	科创板	合计	主板	创业板	合计			
科学研究和技术服务业（家）	20	11	31	12	42	54	5	90	1/1
占行业内上市公司比重（%）	22.22	12.22	34.44	13.33	46.67	60.00	5.56	100.00	1.11/1.11

资料来源：沪深北交易所，同花顺。

（三）行业内上市公司融资情况

表3　　2021年科学研究和技术服务上市公司与沪深两市融资情况对比　　单位：家

门类	融资家数	新股	增发	配股
科学研究和技术服务业	37	30	7	0
沪深两市总数	1032	524	502	7
占比（%）	3.59	5.73	1.39	0.00

资料来源：沪深北交易所，同花顺。

其中，首发的30家公司中，有2家在主板上市，17家在创业板上市，7家在科创板上市，4家在北交所上市；增发的7家公司中，有1家沪市、6家深市公司。

按行业大类划分，进行融资的37家公司中，专业技术服务业28家，研究和试验发展业8家，科技推广和应用服务业1家，分别占比75.68%、21.62%、2.70%。

从融资效果看，上述公司实际发行数量为231196.18万股；实际募集资金384.74亿元，基本完成了融资计划。

（四）行业内上市公司资产及业绩情况

表4　　2021年科学研究和技术服务上市公司资产情况　　单位：亿元

指标	2021年	2021年可比样本增长（%）	2020年	2020年可比样本增长（%）	2019年
总资产	3924.43	27.82	2457.62	22.94	2390.59
流动资产	2424.60	26.60	1529.41	24.98	1560.39
占比（%）	61.78	-0.60	62.23	1.01	65.27
非流动资产	1499.82	29.85	928.21	19.73	830.2
占比（%）	38.22	0.60	37.77	-1.01	34.73
流动负债	1127.66	16.49	813.34	20.43	964.02
占比（%）	28.73	-2.80	33.09	-0.69	40.33
非流动负债	312.47	29.77	192.25	18.58	199.87
占比（%）	7.96	0.12	7.82	-0.29	8.36
归属于母公司股东权益	2402.25	33.68	1411.15	24.99	1190.26
占比（%）	61.21	2.68	57.42	0.94	49.79

资料来源：沪深北交易所，同花顺。

表5　　2021年科学研究和技术服务上市公司收入实现情况　　单位：亿元

指标	2021年	2021年可比样本增长（%）	2020年	2020年可比样本增长（%）	2019年
营业收入	1697.24	18.01	1155.47	21.5	1148.13
利润总额	274.68	16.46	154.48	9.37	128.28
归属于母公司所有者的净利润	224.55	12.89	130.66	11.54	103.86

资料来源：沪深北交易所，同花顺。

（五）利润分配情况

2021年全年科学研究和技术服务业上市公司中共有77家公司实施了分红配股。其中，29家上市公司实施送股或转增股，75家上市公司实施派息，其中27家公司既实施了送股、转增又实施了派息。

（六）其他财务指标情况

1. 盈利能力指标

表6　2021年科学研究和技术服务上市公司盈利能力情况

指标	2021年	2021年可比样本变动	2020年	2020年可比样本变动	2019年
毛利率（%）	35.01	-1.28	34.33	-0.57	30.35
净资产收益率（%）	9.35	-1.72	9.26	-1.12	8.73
销售净利率（%）	13.83	-0.44	11.56	-1.01	9.35
资产净利率（%）	6.71	-0.81	5.99	-0.55	4.92

资料来源：沪深北交易所，同花顺。

2. 偿债能力指标

表7　2021年科学研究和技术服务上市公司偿债能力指标

指标	2021年	2021年可比样本变动	2020年	2020年可比样本变动	2019年
流动比率	2.15	0.17	1.88	0.07	1.62
速动比率	1.96	0.15	1.7	0.13	1.4
资产负债率（%）	36.70	-2.68	40.92	-0.98	48.69

资料来源：沪深北交易所，同花顺。

3. 营运能力指标

表8　2021年科学研究和技术服务上市公司营运能力情况　　　单位：次

营运能力指标	2021年	2021年可比样本变动	2020年	2020年可比样本变动	2019年
存货周转率	5.89	0.41	5.04	0.5	3.9
应收账款周转率	3.38	0.48	2.82	0.48	2.23
流动资产周转率	0.78	-0.07	0.84	-0.01	0.81
固定资产周转率	3.59	0.08	3.63	0.26	4.03
总资产周转率	0.49	-0.04	0.52	0	0.53
净资产周转率	0.78	-0.11	0.88	0	1.01

资料来源：沪深北交易所，同花顺。

三、重点细分行业介绍

表9　　　　　2021年科学研究和技术服务上市公司数量分布及市值情况

大类	上市公司家数（家）	占行业内比重（%）	境内总市值（亿元）	占行业内比重（%）
科技推广和应用服务业	3	3.33	423.94	3.49
研究和试验发展	19	21.11	7450.66	61.27
专业技术服务业	68	75.56	4285.37	35.24

资料来源：沪深北交易所，同花顺。

（一）研究和试验发展

1. 行业概况

研究和试验发展指在科学技术领域，为增加知识总量（包括人类文化和社会知识的总量），以及运用这些知识去创造新的应用进行的系统性的创造性的活动，包括基础研究、应用研究、试验发展三类活动。

2021年，全年研究与试验发展（R&D）经费支出27864亿元，比2020年增长14.2%，与国内生产总值之比为2.44%，其中基础研究经费1696亿元。截至2021年年末，我国正在运行的国家重点实验室533个，纳入新序列管理的国家工程研究中心191个，国家企业技术中心1636家，大众创业万众创新示范基地212家，大众创业万众创新向纵深发展。2021年全年国家科技成果转化引导基金累计设立36只子基金，资金总规模624亿元。国家级科技企业孵化器1287家，国家备案众创空间2551家。全年授予专利权460.1万件，比上年增长26.4%；PCT专利申请受理量7.3万件。截至2021年末，有效专利1542.1万件，其中境内有效发明专利270.4万件。每万人口高价值发明专利拥有量7.5件。全年商标注册773.9万件，比上年增长34.3%。全年共签订技术合同67万项，技术合同成交金额37294亿元，比上年增长32.0%。

2. 行业内上市公司发展情况

表10　　　2021年研究和试验发展上市公司收入及资产增长情况　　　　　单位：亿元

指标	2021年	2021年可比样本增长（%）	2020年	2020年可比样本增长（%）	2019年
营业收入	501.69	37.81	284.19	26.1	209.19
利润总额	152.00	48.25	52.83	36.69	35.65
归属于母公司所有者的净利润	126.62	198.19	45.43	83.68	28.76
总资产	1467.57	44.16	767.6	41.4	523.01
归属于母公司股东权益	1059.14	42.37	541.33	53.06	339.22

资料来源：沪深北交易所，同花顺。

科学研究和技术服务业

表11　2021年研究和试验发展上市公司盈利能力情况

指标	2021年	2021年可比样本变动	2020年	2020年可比样本变动	2019年
毛利率（%）	42.17	-3.38	39	-1.59	40.7
净资产收益率（%）	11.95	0.31	8.39	-0.49	8.48
销售净利率（%）	26.27	1.68	16.02	1.86	13.98
资产净利率（%）	10.60	-0.20	6.95	0.2	6.43

资料来源：沪深北交易所，同花顺。

表12　2021年研究和试验发展上市公司偿债及营运情况

指标	2021年	2021年可比样本变动	2020年	2020年可比样本变动	2019年
资产负债率（%）	25.71	0.98	28.84	-5.41	34.51
存货周转率（次）	4.05	-0.86	4.7	-0.67	5.55
总资产周转率（次）	0.40	-0.04	0.43	-0.04	0.46

资料来源：沪深北交易所，同花顺。

（二）专业技术服务业

1. 行业概况

专业技术服务业包括气象服务、地震服务、海洋服务、测绘服务、技术检测、环境监测、工程技术与规划管理、工程管理服务、工程勘察设计、规划管理、其他专业技术服务等。

专业技术服务业在国内发展几十年以来，发展速度一直比较缓慢且竞争激烈，与国外相比，目前行业仍然存在经营规模偏小、效率偏低、从业人员水平和服务能力有待提高的问题。

2. 行业内上市公司发展情况

表13　2021年专业技术服务业上市公司收入及资产增长情况　　　　　单位：亿元

指标	2021年	2021年可比样本增长（%）	2020年	2020年可比样本增长（%）	2019年
营业收入	1165.68	10.96	869.52	20.05	937.6
利润总额	116.06	-9.18	101.46	-0.93	92.45
归属于母公司所有者的净利润	92.66	-12.07	85.14	21.2	74.91
总资产	2305.28	19.62	1684.46	15.89	1864.9
归属于母公司股东权益	1274.19	27.51	869.56	12.17	850.86

资料来源：沪深北交易所，同花顺。

表14　　　　　　　　2021年专业技术服务业上市公司盈利能力情况

指标	2021年	2021年可比样本变动	2020年	2020年可比样本变动	2019年
毛利率（%）	31.72	-1.22	32.75	-0.32	27.99
净资产收益率（%）	7.27	-3.51	9.79	-1.24	8.8
销售净利率（%）	8.35	-2.20	10.11	-1.97	8.31
资产净利率（%）	4.60	-1.59	5.6	-0.87	4.52

资料来源：沪深北交易所，同花顺。

表15　　　　　　　　2021年专业技术服务业上市公司偿债及营运情况

指标	2021年	2021年可比样本变动	2020年	2020年可比样本变动	2019年
资产负债率（%）	42.76	-3.46	46.31	1.58	52.65
存货周转率（次）	6.93	1.34	5.16	0.79	3.7
总资产周转率（次）	0.55	-0.04	0.55	0.02	0.54

资料来源：沪深北交易所，同花顺。

（三）科技推广和应用服务业

1. 行业概况

科技推广和应用服务业包括技术推广服务、科技中介服务、其他科技推广和应用服务业等。行业内企业主要运用现代科技知识、现代技术和分析研究方法，以及经验、信息等要素向社会提供智力服务。近年来，国家不断出台多项政策支持行业整体发展，产业结构升级调整为创新基地带来开发运营的机会，同时中小企业快速发展也带来了行业机遇。

2. 行业内上市公司发展情况

表16　　　　　2021年科技推广和应用服务业上市公司收入及资产增长情况　　　　　单位：亿元

指标	2021年	2021年可比样本增长（%）	2020年	2020年可比样本增长（%）	2019年
营业收入	29.87	26.33	1.76	30.86	1.34
利润总额	6.63	19.50	0.19	8.7	0.17
归属于母公司所有者的净利润	5.27	56.53	0.08	-76.83	0.19
总资产	151.57	21.24	5.56	107.26	2.68
归属于母公司股东权益	68.92	28.19	0.27	44.28	0.18

资料来源：沪深北交易所，同花顺。

科学研究和技术服务业

表17　　　　　　　2021年科技推广和应用服务业上市公司盈利能力情况

指标	2021年	2021年可比样本变动	2020年	2020年可比样本变动	2019年
毛利率（%）	43.01	0.47	55.52	-7.44	62.97
净资产收益率（%）	7.65	-0.91	30.69	-71.44	102.13
销售净利率（%）	18.75	-2.03	8.34	-5.28	13.62
资产净利率（%）	4.05	-0.41	3.55	-2.43	5.98

资料来源：沪深北交易所，同花顺。

表18　　　　　　　2021年科技推广和应用服务业上市公司偿债及营运情况

指标	2021年	2021年可比样本变动	2020年	2020年可比样本变动	2019年
资产负债率（%）	50.94	-2.19	75.82	18.47	57.35
存货周转率（次）	20.49	4.31	4.68	2.68	2
总资产周转率（次）	0.22	0.00	0.43	-0.01	0.44

资料来源：沪深北交易所，同花顺。

四、重点上市公司介绍

（一）电科院

电科院是一家全国性的独立第三方综合电器检测机构，主要从事输配电电器、核电电器、机床电器、船用电器、汽车电子电气、太阳能及风能发电设备等各类高低压电器的技术检测服务，是我国电器检测行业的龙头企业之一。公司设立了"国家电器产品质量监督检验中心"，具体从事电器产品的检测和质量监督检验业务，是技术检测行业国家级的综合性电器检测实验室。公司多次获得国家级及省部级的技术奖项、国务院颁发的"国家科学技术进步奖二等奖"、天津市人民政府颁发的"天津市科学技术进步奖二等奖"等奖项。公司依托先进的电器检测试验系统和完善的检测服务运营体系，致力于为客户提供公正、科学、高效的电器检测服务，获得了市场的广泛认可。公司主营业务由低压电器检测、高压电器检测、环境检测三部分组成。

2021年，公司实现营业收入8.63亿元，同比增长22.83%；归属于上市公司股东的净利润为1.93亿元，同比增长122.43%；实现每股收益0.26元；毛利率达到48.95%，同比上升5.77个百分点；销售净利率22.42%，同比上升9.99个百分点；净资产收益率10.20%，同比上升5.84个百分点。

2021年年末，公司的资产负债率达到48.10%，同比下降7.22个百分点。

（二）华测检测

华测检测是一家全国性的、综合性的独立第三方检测服务机构，主要从事工业品、消费品、生命科学、贸易保障以及医学领域的技术检测服务。公司在全球90多个城市设立150多间实验室，拥有11000多名优秀员工。公司服务能力已全面覆盖到纺织服装及鞋包、婴童玩具及轻工产品、电子电器、医药及医学、食品及农产品、化妆品及日化用品、能源化工、环境、建材及建筑工程、工业装备及制造、轨道交通、汽车和航空材料、芯片及半导体、低碳环保和绿色认证、海事服务、数字化认证等相关行业及其供应链上下游产业的服务。

公司具备向社会独立出具公正数据的资质，检测数据具有较高的市场公信力，检测报告得到包括美国、英国、德国、法国、意大利、日本、韩国、中国台湾和中国香港地区在内的多个国家和地区的认可。公司为中国制造业产品创新、产业升级提供公共技术服务平台，为中国乃至世界各地的产品质量、安全、环保、健康、节能等提供监督和支持。

2021年，公司实现营业收入43.29亿元，同比增长21.34%；归属于上市公司股东的净利润为7.46亿元，同比增长29.19%；实现每股收益0.45元；毛利率达到50.83%，同比提升0.87个百分点；销售净利率17.63%，同比提升1.12个百分点；净资产收益率18.17%，同比提升1.42个百分点。

2021年年末，公司的资产负债率达到29.63%，同比下降0.09个百分点。

（三）广电计量

广电计量是一家全国性、综合性的独立第三方计量检测服务机构，是国家火炬计划重点高新技术企业，主营业务是计量服务、检测服务、检测装备研发等专业技术服务。公司是国内极少数同时通过CNAS、DILAC、CMA、CMAF和总装军用实验室认可的质检机构之一，经营资质的全面性本身就代表领先且全面的技术能力。公司长期以来积累形成了一批重点、优势计量检测项目，在无线电计量、电磁计量、光通信计量、无线电检测、装备定型试验、汽车电子及零部件检测、能效检测、环境可靠性分析和失效分析等领域建立了技术优势。公司被评为2014年度亚洲品牌500强。公司的主营业务主要包括：可靠性与环境试验、计量业务、电测兼容检测、环保检测、食品检测、化学分析。

2021年，公司实现营业收入22.47亿元，同比增长22.09%；归属于上市公司股东的净利润为1.82亿元，同比下降22.60%；实现每股收益0.33元；毛利率达到41.38%，同比下降1.89个百分点；销售净利率8.57%，同比下降4.64个百分点；净资产收益率6.81%，同比下降7.74个百分点。

2021年年末，公司的资产负债率达到34.28%，同比下降12.93个百分点。

（四）谱尼测试

谱尼测试是一家全国性、综合性的独立第三方计量检测服务机构，拥有30多个大型实验基地及150多个专业实验室。目前公司主营业务主要包括检验检测、计量、认证等相关技术服务，根据检验检测服务对象与检验检测内容的不同，公司将其检验检测业务划分为健康与环保、电子及安规、消费品质量鉴定和安全保障四大领域。公司已具备CMA、CNAS、食品复检机构、CATL、CCC等资质，具备医疗机构执业许可证、医疗器械生产许可证等。得到生态环境部、农业农村部、市场监督管理总局、国家卫健委、民航局等多个国家部委认可及授权，检测报告获100多个国家和地区的公认。公司是经国家发改委、科技部、海关总署联合评定发文认定的企业技术中心、北京市批准的生物医药类工程实验室、北京市科委认定的工程技术研究中心、博士后科研工作站，掌握众多领域成熟的检验检测技术，构建了专业人才队伍和较为完善的研发体系，积极参与多项国家及行业标准的起草制定工作。

2021年，公司实现营业收入20.07亿元，同比增长40.70%；归属于上市公司股东的净利润为2.20亿元，同比上升34.54%；实现每股收益1.61元；毛利率达到46.16%，同比下降2.70个百分点；销售净利率10.98%，同比下降0.50个百分点；净资产收益率11.53%，同比下降5.35个百分点。

2021年年末，公司的资产负债率达到27.36%，同比上升13.52个百分点。

五、上市公司在行业中的影响力

科学研究和技术服务业整体行业规模偏小，其中：研究与试验发展业上市公司共有19家，2021年共实现营业收入501.69亿元，仅占全国研究与试验发展经费的1.80%（2021年我国R&R经费投入总量达到27864亿元，同比增长14.2%），对行业影响力很小。专业技术服务业上市公司共有68家，2021年共实现营业收入1165.68亿元，专业技术服务上市公司对行业影响力很小。科技推广和应用服务业上市公司共有3家，2021年共实现营业收入29.87亿元，对行业影响力很小。

撰稿人：冯重光
审稿人：姜　娅

水利、环境和公共设施管理业

一、水利、环境和公共设施管理业总体概况

（一）行业整体运行情况

根据国家统计局的数据，2021年水利、环境和公共设施管理行业固定资产投资完成额累计同比下降1.2%，民间水利、环境和公共设施管理业固定投资完成额累计同比下降2.0%。

其中，民间水利管理业固定资产投资完成额累计同比增加7.0%；公共设施管理业固定资产投资完成额累计同比减少1.3%，民间公共设施管理业固定资产投资完成额累计同比减少2.5%。

（二）细分行业运行概况

1. 公共设施管理业

公共设施管理业包括市政设施管理、环境卫生管理、城乡市容管理、绿化管理、公园管理和游览景区管理。

城市化进程的推进使得城乡市容管理、绿化管理的面积有所增加；2021年，城市清扫保洁面积为1034211.20万平方米，同比增长6.01%；城市园林绿地面积为3479788公顷，同比增长5.06%；城市公园面积为647962公顷，同比增长20.33%，城市公园数为22062个，同比上涨11.29%，日益增长的城市人口也带来了生活垃圾总量的上涨，2021年城市生活垃圾清运量24869.2万吨，同比上涨5.77%。

2. 生态保护和环境治理业

2021年全国环保产业营业收入约2.18万亿元，较2020年增长约11.8%，比当年国内生产总值（GDP）增速高3.7个百分点，对国民经济直接贡献率为1.8%。全国地级及以上城市优良天数比率为87.5%，同比上升0.5个百分点；PM2.5浓度为30微克/立方米，同比下降9.1%；全国地表水优良水质断面比例为84.9%，同比上升1.5个百分点；劣Ⅴ类水质断面比例为1.2%，同比下降0.6个百分点。海洋环境保护治理中直排海污染源排放废水量为72.78亿吨，同比上涨2.07%。

二、行业内上市公司发展概况

（一）行业内上市公司基本情况

水利、环境和公共设施管理业

表1　　2021年水利、环境和公共设施管理业上市公司发行股票概况

门类	总数		沪深主板		创业板		科创板		北交所	
	家数	市值（亿元）	家数	市值（亿元）	家数	市值（亿元）	家数	市值（亿元）	家数	市值（亿元）
水利、环境和公共设施管理业	90	5655.63	48	3728.53	31	1680.28	8	214.00	3	32.82
占沪深北三市比重（%）	1.92	0.62	1.02	0.41	0.66	0.18	0.17	0.02	0.06	0.00

资料来源：沪深北交易所，同花顺。

（二）行业内上市公司构成情况

表2　　2021年水利、环境和公共设施管理业上市公司构成情况

门类	沪市			深市			北交所	总计	ST/*ST
	主板	科创板	合计	主板	创业板	合计			
水利、环境和公共设施管理业（家）	23	8	31	25	31	56	3	90	1/3
占行业内上市公司比重（%）	25.56	8.89	34.44	27.78	34.44	62.22	3.33	100.00	1.11/3.33

资料来源：沪深北交易所，同花顺。

（三）行业内上市公司融资情况

表3　　2021年水利、环境和公共设施管理业上市公司与沪深两市融资情况对比　　单位：家

门类	融资家数	新股	增发	配股
水利、环境和公共设施管理业	24	14	10	0
沪深两市总数	1032	524	502	7
占比（%）	2.33	2.67	1.99	0

资料来源：沪深北交易所，同花顺。

其中，首发上市14中，有3家在中小板上市，9家在创业板上市；增发的10家公司中，有2家沪市、5家深市及3家中小板公司。

按行业大类划分，进行融资的24家公司中，生态保护和环境治理业22家，公共设施管理业2家，分别占比91.67%和8.33%。

从融资效果看，上述公司实际发行数量为234225.5704万股；实际募集资金160.95亿元，基本完成了融资计划。

(四) 行业内上市公司资产及业绩情况

表4　　　　2021年水利、环境和公共设施管理业上市公司资产情况　　　　单位：亿元

指标	2021年	2021年可比样本增长（%）	2020年	2020年可比样本增长（%）	2019年
总资产	7466.79	1.88	6977.52	11	5157.94
流动资产	2978.12	3.39	2718.24	8.35	1940.4
占比（%）	39.88	0.58	38.96	-0.95	37.62
非流动资产	4488.68	0.90	4259.28	12.76	3217.54
占比（%）	60.12	-0.58	61.04	0.95	62.38
流动负债	2603.32	-2.10	2551.88	4.96	1920.69
占比（%）	34.87	-1.42	36.57	-2.1	37.24
非流动负债	1798.00	1.42	1677.77	20.08	1230.85
占比（%）	24.08	-0.11	24.05	1.82	23.86
归属于母公司股东权益	2833.12	5.83	2535.58	13.06	1844.6
占比（%）	37.94	1.42	36.34	0.66	35.76

资料来源：沪深北交易所，同花顺。

表5　　　　2021年水利、环境和公共设施管理业上市公司收入实现情况　　　　单位：亿元

指标	2021年	2021年可比样本增长（%）	2020年	2020年可比样本增长（%）	2019年
营业收入	2274.71	9.73	1942.23	1.6	1480.8
利润总额	100.66	-46.26	156.24	-22.48	150.06
归属于母公司所有者的净利润	65.96	-53.50	114.07	-24.07	115.17

资料来源：沪深北交易所，同花顺。

(五) 利润分配情况

2021年全年水利、环境和公共设施管理业上市公司中共有59家，公司实施了分红配股。其中，12家上市公司实施送股或转增股，58家上市公司实施派息，其中11家公司既实施了送股、转增又实施了派息。

(六) 其他财务指标情况

1. 盈利能力指标

表6　　　　2021年水利、环境和公共设施管理业上市公司盈利能力情况

指标	2021年	2021年可比样本变动	2020年	2020年可比样本变动	2019年
毛利率（%）	22.03	-3.10	24.64	-1.48	25.93
净资产收益率（%）	2.33	-2.97	4.5	-2.2	6.24
销售净利率（%）	3.19	-4.15	6.38	-2.23	8.15
资产净利率（%）	0.98	-1.22	1.87	-1.04	2.6

资料来源：沪深北交易所，同花顺。

2. 偿债能力指标

表7　2021年水利、环境和公共设施管理业上市公司偿债能力指标

指标	2021年	2021年可比样本变动	2020年	2020年可比样本变动	2019年
流动比率	1.14	0.06	1.07	0.03	1.01
速动比率	1.04	0.05	0.97	0.23	0.76
资产负债率（%）	58.95	-1.52	60.62	-0.29	61.1

资料来源：沪深北交易所，同花顺。

3. 营运能力指标

表8　2021年水利、环境和公共设施管理业上市公司营运能力情况　　　单位：次

营运能力指标	2021年	2021年可比样本变动	2020年	2020年可比样本变动	2019年
存货周转率	6.66	3.55	3.02	0.89	2.41
应收账款周转率	2.67	0.18	2.54	-0.07	2.67
流动资产周转率	0.78	0.02	0.74	-0.08	0.83
固定资产周转率	3.44	0.04	3.15	-0.49	3.34
总资产周转率	0.31	0.01	0.29	-0.04	0.32
净资产周转率	0.76	0.00	0.75	-0.09	0.79

资料来源：沪深北交易所，同花顺。

三、重点细分行业介绍

表9　2021年水利、环境和公共设施管理业上市公司数量分布及市值情况

大类	上市公司家数（家）	占行业内比重（%）	境内总市值（亿元）	占行业内比重（%）
水利管理业	0	0	0	0
公共设施管理业	20	22.22	665.12	11.76
生态保护和环境治理业	70	77.78	4990.51	88.24

资料来源：沪深北交易所，同花顺。

（一）公共设施管理业

1. 行业概况

根据《国民经济行业分类》，公共设施管理业包括市政设施管理、环境卫生管理、城乡市容管理、绿化管理、城市公园管理、游览景区管理6个细分行业。

市政公共设施管理服务行业的行业机构主要由原料及服务生产商、产品及服务集成商、设计规划商、行业产品与服务代

理、行业的产品与服务经销商与消费者等组成。

政策是重要驱动因素，在统一化进程加快、精细化管理需求加持下，需求有望迎来快速释放。同时，互联网市政公共设施管理服务、大数据与智能化应用均进入实质性落地阶段，创新业务愈加清晰。格局优化，系统复杂度大幅提升使得龙头优势更加明显，行业集中度有望加速提升，优质公司强者越强。

2. 行业内上市公司发展情况

表10　2021年公共设施管理业上市公司收入及资产增长情况　　　　单位：亿元

指标	2021年	2021年可比样本增长（%）	2020年	2020年可比样本增长（%）	2019年
营业收入	185.70	13.24	156.7	-28.8	123.92
利润总额	-6.14	-158.41	9.45	-65.12	18.43
归属于母公司所有者的净利润	-8.23	-144.15	6.52	-76.85	12.51
总资产	581.54	3.77	549.86	4.26	425.32
归属于母公司股东权益	323.40	-2.65	323.79	6.19	258.32

资料来源：沪深北交易所，同花顺。

表11　2021年公共设施管理业上市公司盈利能力情况

指标	2021年	2021年可比样本变动	2020年	2020年可比样本变动	2019年
毛利率（%）	22.74	-2.74	25.48	-3.82	37.21
净资产收益率（%）	-2.55	-4.79	2.01	-3.93	4.84
销售净利率（%）	-4.81	-9.22	4	-4.93	10.22
资产净利率（%）	-1.56	-2.89	1.16	-2.72	3.05

资料来源：沪深北交易所，同花顺。

表12　2021年公共设施管理业上市公司偿债及营运情况

指标	2021年	2021年可比样本变动	2020年	2020年可比样本变动	2019年
资产负债率（%）	41.94	3.70	38.61	-0.88	36.87
存货周转率（次）	3.10	0.70	2.3	-0.51	1.47
总资产周转率（次）	0.33	0.03	0.29	-0.14	0.3

资料来源：沪深北交易所，同花顺。

（二）生态保护和环境治理业

1. 行业概况

生态保护业包括自然保护区管理、野生动物保护、野生植物保护、其他自然保护；环境治理业包括水污染治理、大气污染治理、固体废物治理、危险废物治理、放射性废物治理、其他污染治理。

水利、环境和公共设施管理业

大自然是人类赖以生存发展的基本条件。尊重自然、顺应自然、保护自然，是全面建设社会主义现代化国家的内在要求。随着环保意识逐渐深入人心，环保行业竞争日益激烈，目前我国环保方面的政策导向主要是以治理大气污染、水污染、土壤污染、推进双碳、深化能源革命、加快能源转型为主，政策牵引下环保行业市场需求逐步释放，行业整合加速，细分行业集中度大幅提升，中央环保决心不变，市场空间较大。

2. 行业内上市公司发展情况

表13　　2021年生态保护和环境治理业上市公司收入及资产增长情况　　单位：亿元

指标	2021年	2021年可比样本增长（%）	2020年	2020年可比样本增长（%）	2019年
营业收入	2089.01	9.43	1785.53	5.55	1356.88
利润总额	106.80	-39.59	146.79	-15.87	131.63
归属于母公司所有者的净利润	74.19	-48.87	107.55	-18.33	102.66
总资产	6885.26	1.72	6427.66	11.62	4732.62
归属于母公司股东权益	2509.72	7.03	2211.8	14.14	1586.29

资料来源：沪深北交易所，同花顺。

表14　　2021年生态保护和环境治理业上市公司盈利能力情况

指标	2021年	2021年可比样本变动	2020年	2020年可比样本变动	2019年
毛利率（%）	21.97	-3.13	24.57	-1.14	24.9
净资产收益率（%）	2.96	-2.77	4.86	-1.95	6.47
销售净利率（%）	3.91	-3.70	6.59	-1.98	7.97
资产净利率（%）	1.19	-1.08	1.93	-0.88	2.56

资料来源：沪深北交易所，同花顺。

表15　　2021年生态保护和环境治理业上市公司偿债及营运情况

指标	2021年	2021年可比样本变动	2020年	2020年可比样本变动	2019年
资产负债率（%）	60.38	-1.93	62.5	-0.37	63.28
存货周转率（次）	7.41	4.22	3.1	1.04	2.54
总资产周转率（次）	0.31	0.01	0.29	-0.03	0.32

资料来源：沪深北交易所，同花顺。

四、重点上市公司介绍

(一) 瀚蓝环境

公司是一家专注于环境服务产业的上市公司,致力为各地政府提供系统性环境服务方案,覆盖自来水供应、污水处理、固废处理全产业链。供水业务方面,公司目前拥有桂城水厂和南海第二水厂,控股佛山市南海九江自来水有限公司,供水水质一直达到并超过国家规定的水质标准。污水处理业务方面,公司通过BOT、TOT和委托运营等方式,拥有多个污水处理项目的特许经营权。固废处理业务方面,建设了南海固废处理环保产业园。产业园规划建设了固体废物全产业链处理系统,包括前端的垃圾集中压缩转运系统;中端的生活垃圾焚烧处理系统、污泥干化焚烧处理系统;末端的渗滤液处理系统、飞灰处理系统,形成了由源头到终端完整的固体废物处理产业链。南海固废处理环保产业园以系统的整体规划,国际领先的建设标准,优于欧盟标准的排放指标,与一墙之隔的大学城及高档生活社区融为一体,已成为破解垃圾围城困境的南海样本,成为国内同行业标杆和典范。

2021年实现营业收入117.77亿元,同比增长57.41%,其中主营业务收入114.69亿元,同比增长58.50%,主营业务收入占公司营业收入比例97.39%;归属于上市公司股东的净利润11.63亿元,同比增长10.01%;归属于上市公司股东的扣除非经常性损益的净利润11.24亿元,同比增长10.17%,"十四五"开局良好。

固废处理业务2021年实现主营业务收入65.68亿元,占公司主营业务收入的57.27%,同比增长62.62%;实现净利润为7.17亿元,占公司净利润的60.41%,同比增长27.18%,是公司的核心增长动力。能源业务2021年实现主营业务收入33.58亿元,占公司主营业务收入的29.28%,同比增长79.19%。2021年实现主营业务收入9.84亿元,占公司主营业务收入的8.58%,同比增长7.75%。供水业务主营业务收入增长的主要原因是疫情影响降低,工商业售水、供水工程安装业务恢复到疫情前水平。公司落实降本增效举措,积极提升智慧水务水平,全年水损率控制在8.56%,处于行业前列,体现公司优秀的运营管理能力。2021年实现主营业务收入5.59亿元,占公司主营业务收入的4.88%,同比增长36.38%。

(二) 碧水源

公司是一家集膜材料研发、膜设备制造、膜工艺应用于一体的高科技环保企业,已发展为全球一流的膜设备生产制造商和供应商之一。公司专业从事环境保护领域,在水处理领域拥有全产业链,目前已形成市政污水和工业废水处理、自来水处理、海水淡化、民用净水、湿地保护与重建、海绵城市建设、河流综合治理、黑臭水体治理、市政景观建设、城市光环境

水利、环境和公共设施管理业

设计建设、固废危废处理、生态农业和循环经济等全业务链的高科技环保企业。公司主要采用先进的膜技术为客户提供建造给水与污水处理厂或再生水厂与海水淡化厂及城市生态系统的整体技术解决方案，包括技术方案设计、工程设计、技术实施与系统集成、运营技术支持和运营服务等，并制造和提供核心的膜组器系统和核心部件膜材料；同时公司研发、生产与销售家用及商用净水器产品，并提供城市生态环境治理、市政与给排水的工程建设服务。公司曾获得国家科学技术进步奖二等奖，承担了国家科技重大专项水专项、"863计划""国家科技支撑计划"等国家课题，建有院士专家工作站、博士后工作站、美国工程院士-DavidWaite教授工作站、李锁定创新工作室、"国家工程技术中心"等。

2021年，公司实现营业收入9548781385.33元，同比减少0.72%；实现利润总额835190761.02元，同比减少42.04%；实现归属于公司股东的净利润583808154.03元，同比减少48.93%。

（三）伟明环保

本公司主营业务涵盖城市生活垃圾焚烧发电行业全产业链，包括核心技术研发、关键设备制造销售及项目投资、项目建设、运营管理等领域，是国内领先的生活垃圾焚烧处理企业。公司在全国各地投资、建设、运营生活垃圾焚烧厂，并在垃圾焚烧厂附近投资、建设、运营餐厨垃圾处理、污泥处理、农林废弃物处理和工业固废处理项目，与生活垃圾进行协同处置；同时，公司介入行业上下游的环保装备研发制造销售、环保工程承包建设、垃圾清运、渗滤液处理等领域。公司主要产品包括电力销售、垃圾处置服务、设备销售及服务等，通过向电力公司提供电力，并收取发电收入，向地方政府环卫部门提供垃圾焚烧处理服务，并收取垃圾处置费。公司主要通过增加生活垃圾处理运营项目规模和设备销售及服务规模，并开展各类固废协同处理、介入行业上下游来提升公司营业收入和利润水平。

截至2021年12月底，公司拥有生活垃圾焚烧发电项目合计设计规模约5.07万吨/日（含盛运环保、国源环保、参股和委托运营项目），其中运营及试运营项目设计总规模约2.84万吨/日，在建和筹建项目规模约2.23万吨/日。2021年，各垃圾焚烧运营项目合计完成生活垃圾入库量664.45万吨，同比增长27.98%，完成上网电量21.01亿度，同比增长32.14%；全年合计处理餐厨垃圾28.96万吨，同比增长51.23%，副产品油脂销售8218吨，处理污泥6.75万吨，同比增长14.60%；全年完成生活垃圾清运量122.63万吨，同比增长21.92%，完成餐厨垃圾清运量28.27万吨，同比增长56.19%。

公司渗滤液处理项目对外共处理渗滤液13.11万吨，同比增长16.43%。公司全面推进各项目建设。垃圾焚烧项目方面，双鸭山项目、秦皇岛项目、浦城项目、闽清项目、嘉禾项目、武平项目等各垃圾焚烧项目建设进展顺利，富锦项目、罗甸项目、蛟河项目等完成项目核准和环评批复，进入建设阶段。

公司完成新河县生活垃圾处理特许经营协议签订，成功取得昌黎项目、象州项目，新增投资永康项目二期，成功重整投资盛运环保系公司，完成国源环保增资，联合体中标崇义项目。

2021年，公司的专利技术和软件著作权从2020年年末的124项增加到2021年年末的186项，中温次高压技术的成功研发和应用，降低能耗、提升效率，为项目效益的提升带来了强大推力。伟明设备荣获2020年浙江省创新型领军企业培育称号，入选工信部符合《环保装备制造业（固废处理装备）规范条件》企业名单，并被认定为2021年度浙江省"专精特新"中小企业。永强公司、温州公司、瑞安公司取得国家高新技术企业认定，伟明设备获得国家高新技术企业重新认定，公司高新技术企业达到5家。

（四）高能环境

公司是国内较早专业从事环境污染防治技术研究和应用的高新技术企业之一，业务领域涵盖环境修复、城市环境和工业环境三大板块，将土壤修复、危险废弃物处理处置、填埋场生态修复作为核心发展领域，生活垃圾处理处置、工业废水处理、污泥处置、建筑垃圾处理等作为重点领域协同发展，通过工程承包、投资运营和技术服务等方式为政府和企业用户提供环境治理系统解决方案。公司已形成"两站一中心"，即"院士专家工作站""博士后工作站分站"和"国家企业技术中心"。能够有效提升技术中心基础能力与技术竞争力建设，逐步完善核心技术研发及应用体系。公司获得"绿色领导奖""中小型企业社会责任奖"国际荣誉以及"国家科技进步二等奖""第十二届人民企业社会责任奖""绿英奖""2017年度责任品牌奖""中国环保行业诚信品牌""中国创新企业500强""全国节能减排先锋企业""北京建设行业AAA信用企业"等荣誉。

2021年公司固废危废资源化利用板块各项目运营良好，板块收入达到34.94亿元，同比增长155.70%。公司收购江西鑫科环保高新技术有限公司（以下简称"江西鑫科"）80%股权、收购重庆耀辉环保有限公司51%股权，以外延方式快速扩张资源化产能和实现区域布局；子公司金昌高能环境技术有限公司年处理10万吨的固危废资源综合利用项目在报告期内开工建设，增强区域竞争优势。此外，公司加大对现有项目的改扩建投入：高能鹏富完成熔炼系统、烘干系统、烟气超低排放系统的改造，提升生产效率和原料适用性；靖远高能实施扩建电解铅、稀贵金属、物料烘干预处理等四条生产线，投产后将拓宽原料种类和提升产能规模，其中冶炼废渣综合利用技术提升及产业优化项目（二期）于2021年3月列入甘肃省重点项目。通过上述项目建设，使公司资源化领域整体处置能力得以快速提升。公司收购的江西鑫科项目除前端含铜、锌、镍、铅废料处置外，还包含10万吨电解铜生产线及其他多金属深加工生产线，随着江西鑫科项目建成投产，公司资源化利用产业链将从原来前端固危废回收处理延伸至后端金属类产品的深度加工，上下游延伸的一体化建设有助于公司加强内部协同，并可提升整体盈利能力。公司收购鑫盛源金属材料有限公司、金昌正弦波环保科技有限公司各51%股权，将产品线延伸至氧化亚镍和电池级硫酸镍钴领域，进一步拓展公司的产业链至新能源材料领域。除金属类资源化利用外，公司已通过并购杭州新材料将资源化领域扩展至废橡胶资源化利用领域，除了现有杭州、清远、襄阳外，杭州新材料公司在重庆、唐山等地积极拓展生产基地，进一步扩大产能和品类。公司通过并购浙江嘉天禾51%的股权，资源化利用业务扩展至医用废塑料及废玻璃的资源化利用领域。目前公司资源化利用已涉及金属、橡胶、塑料、玻璃等资源回收利用品类。

报告期内，公司对运营板块的投入成效显著。公司运营收入达到48.42亿元，同比增长128.56%，运营收入占公司整体收入比例提升至61.87%。其中，固废危废资源化运营收入增长155.70%，生活垃圾处理运营收入增长156.77%。

五、上市公司在行业中的影响力

2021年水利、环境和公共设施管理行业上市公司共计90家，市值5655.63亿元，其中主板48家，市值3728.53亿元，市值前5名为伟明环保、浙富控股、碧水源、盈峰环境和高能环境，市值分别为476.07亿元、382.32亿元、261.29亿元、233.05亿元和186.95亿元，排在前5位的公司品牌价值合计1539.7亿元，占上市行业榜单总计品牌价值的27.2%，排在前10位的公司品牌价值合计2259.79亿元，占行业榜单总计品牌价值的40%，排在前20位的公司品牌价值合计3161.95亿元，占行业榜单总计品牌价值的56%。

按地区来看，上市公司较为集中的地区为北京市、江苏省、安徽省、浙江省和深圳省，这几个地区对行业发展起到主导作用。2020年列入统计的15556家环保企业数量排名前5名分别为山东、广东、江苏、浙江、安徽，山东省环保企业以小型为主，因此上市数目较少，北京多以大中型和国有企业为主，因此上市率较高。

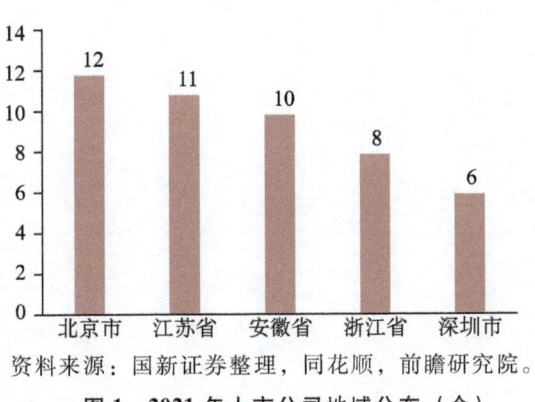

资料来源：国新证券整理，同花顺，前瞻研究院。

图1 2021年上市公司地域分布（个）

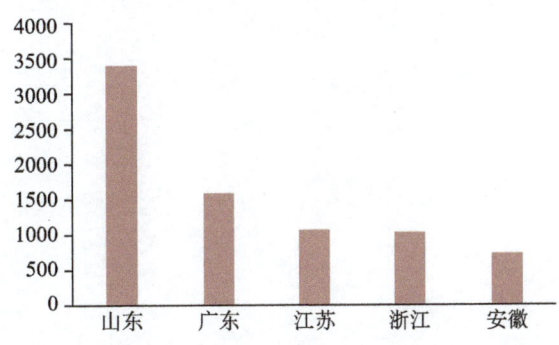

图2 2020年环保企业地区分布（个）

2021年上市公司共实现营业收入2274.71亿元，根据中国环保产业发展状况报告的数据，2021年全国列入统计范围内企业营收为19558.8亿元，同比上涨9.8%，营业利润同比上涨7.1%，利润率为9.6%，根据这个比例，测算出上市公司收入约占整个行业11%，上市企业收入同比增长9.73%，基本和行业增速持平，但是营业利润同比下降46.26%，远低于行业平均增速，销售净利率为3.19%，也远低于行业水平。环保企业净资产收益率相对较低，2021年行业净资产收益率持续下降至10.5%，上市企业净资产收益率更低，为2.33%，行业总资产周转率为0.5，行业整体运营能力亟需提高，上市企业总资产周转率仅为0.31，低于行业水平，行业应收账款周转率3.3，上市企业为2.67，仍旧低于行业水平，行业资产负债率为55%，上市企业资产负债率为58.95%，高于行业水平，整体来看，上市公司整体运营盈利能力还有很大提升空间。

撰稿人：王　闻
审稿人：马文扬

教 育

一、教育业总体概况

（一）行业整体运行情况

2021年，全国教育经费总投入5.8万亿元，较2020年同比增长9.4%；其中国家财政性教育经费4.6万亿元，较2020年同比增长7.3%，国家财政性教育经费占国内生产总值比例为4.02%。全国公共财政教育支出3.76万亿元，较2020年同比增长3.5%，占公共财政支出的15.3%，较2020年同期上升了0.5个百分点。

2021年，全国各级各类学校52.93万所，同比减少0.8万所。其中，普通高等教育院校3012所，同比增加274所；高中阶段院校2.19万所，同比减少0.25万所；义务教育阶段院校20.72万所，同比减少0.36万所；特殊教育院校2288所，同比增加44所；学前教育机构29.48万所，同比增加0.31万所。

2021年，全国各级各类在校生人数2.91亿人，同比增长0.69%。其中，高等教育院校在校生人数4430万人，同比增加5.9%；高中阶段院校在校生人数3916.84万人，同比减少5.12%；义务教育阶段院校在校生人数1.58亿人，同比增长1.28%；特殊教育院校在校生人数91.98万人，同比增长4.52%；学前教育机构在校生人数4805.21万人，同比减少0.27%。

2021年，全国专任教师1844.37万人，同比增长2.91%。其中，高等教育院校专任教师188.52万人，同比增长2.85%；高中阶段院校专任教师272.37万人，同比减少2.12%；义务教育阶段院校专任教师1057.19万人，同比增长2.69%；特殊教育院校专任教师6.94万人，同比增长4.83%；学前教育机构专任教师319.10万人，同比增长9.53%。

（二）细分行业运行概况

学科类培训：2021年7月，中共中央办公厅、国务院办公厅印发了《关于进一步减轻义务教育阶段学生作业负担和校外培训负担的意见》，进一步强化对校外培训机构的监管。截至2022年2月，全国线下校外培训机构数量达9728个（原12.4万个），压减率达92%，线上校外培训机构数量达34个（原263个），压减率达87%。

非学科类培训：以素质教育为主，包括艺术培训、体育培训、STEAM教育、营地教育等，双减后素质教育需求有所增加，预计2021年素质教育市场规模超

5200亿元（数据来自艾媒咨询）。截至2021年9月，中国艺术类培训企业数量达38万家、体育类培训企业数量达67万家（数据来自天眼查）。

职业培训：2021年普通高校毕业生数量达826.5万人，同比增加3.68%，研究生毕业生数量达77.3万人，同比增加6.09%。2021年月平均城镇调查失业率为5.12%，同比下降0.50个百分点，16~24岁就业人员月平均调查失业率为14.26%，同比提升0.07个百分点。在毕业生数量增加背景下，适龄青年失业率有所提升，职业培训需求有所增加。预计2021年中国职业培训市场规模超2300亿元（数据来自艾媒咨询）。截至2021年5月，职业培训机构数量超过16万家（数据来自企查查）。

学历教育：2021年，高等教育方面，普通本科招生444.60万人，同比增长1.21%；职业本科招生4.14万人，同比增长7.66%；高职（专科）招生552.58万人（含五年制高职转入专科招生45.20万人），下降3.16%；成人本专科招生378.53万人，同比增长4.06%；网络本专科招生283.92万人，同比增长2.16%。高中阶段教育方面，普通高中招生904.95万人，同比增长3.25%；中等职业教育招生488.99万人，同比增长0.90%。特殊教育方面，招收各种形式的特殊教育学生14.91万人，同比基本持平。义务教育方面，小学阶段招生1782.58万人，同比下降1.41%，初中阶段招生1705.44万人，同比增长4.49%。

教育信息化：2021年中国教育交互平板出货量135.7万台，同比增加7.6%。分产品类别来看，其中液晶白板占比67.2%，出货量91.2万台，同比增加1.2%；投影白板占比3.3%，出货量4.4万台，同比减少59.8%；液晶黑板占比29.5%，出货量40万台，同比增加60.5%。分行业应用来看，公立义务教育、职业教育、高校、公立高中、私立教育机构、幼教、培训机构分别占比53.8%、13.5%、7.8%、7.8%、5.5%、5.5%、4.4%。其中公立义务教育市场出货量73万台，同比下降10%，占比下降11个百分点。

二、行业内上市公司发展概况

（一）行业内上市公司基本情况

表1　　　　　　　　　　2021年教育上市公司发行股票概况

门　类	A、B股总数	A股股票数	B股股票数	境内总市值（亿元）	流通A股市值（亿元）	流通B股市值（亿元）
教育	12	886.89	10	836.64	2	50.24
占沪深北三市比重（%）	0.26	0.10	0.21	0.09	0.04	0.01

资料来源：沪深北交易所，同花顺。

（二）行业内上市公司构成情况

表2　　　　　　　　　　　　　2021年教育上市公司构成情况

门类	沪市			深市			北交所	总计	ST/*ST
	主板	科创板	合计	主板	创业板	合计			
教育（家）	5	0	5	5	2	7	0	12	0/0
占行业内上市公司比重（%）	41.67	0	41.67	41.67	16.67	58.33	0	100.00	0/0

资料来源：沪深北交易所，同花顺。

（三）行业内上市公司融资情况

表3　　　　　2021年教育上市公司与沪深两市融资情况对比　　　　　单位：家

门类	融资家数	新股	增发	配股
教育	3	2	1	0
沪深两市总数	1032	524	502	7
占比（%）	0.29	0.38	0.20	0

资料来源：沪深北交易所，同花顺。

其中，首发的2家公司中，有1家在沪市主板上市，有1家在深市主板上市；增发的1家公司中，有1家深市主板公司。

从融资效果看，上述公司实际发行数量为8290.24万股；实际募集资金17.53亿元，基本完成了融资计划。

（四）行业内上市公司资产及业绩情况

表4　　　　　　　　　　2021年教育上市公司资产情况　　　　　　　　单位：亿元

指标	2021年	2021年可比样本增长（%）	2020年	2020年可比样本增长（%）	2019年
总资产	360.60	-12.74	365.2	10.29	331.12
流动资产	123.57	-37.75	168.73	29.87	129.92
占比（%）	34.27	-13.77	46.2	6.97	39.24
非流动资产	237.03	10.38	196.46	-2.35	201.2
占比（%）	65.73	13.77	53.8	-6.97	60.76
流动负债	174.04	-21.30	200.79	22.25	164.25
占比（%）	48.26	-5.25	54.98	5.38	49.6

续表

指标	2021年	2021年可比样本增长（%）	2020年	2020年可比样本增长（%）	2019年
非流动负债	42.88	82.52	20.46	1.67	20.13
占比（%）	11.89	6.21	5.6	-0.48	6.08
归属于母公司股东权益	129.47	-15.89	130.06	-0.1	130.19
占比（%）	35.90	-1.34	35.61	-3.7	39.32

资料来源：沪深北交易所，同花顺。

表5　　　　　　　　　　2021年教育上市公司收入实现情况　　　　　　　　单位：亿元

指标	2021年	2021年可比样本增长（%）	2020年	2020年可比样本增长（%）	2019年
营业收入	161.97	-18.99	179.2	-4.1	186.87
利润总额	-39.97	-352.32	11.77	-45.44	21.57
归属于母公司所有者的净利润	-38.86	-418.31	9.06	-42.02	15.62

资料来源：沪深北交易所，同花顺。

（五）利润分配情况

2021年全年教育业上市公司中共有4家公司实施了分红配股。其中，1家上市公司实施送股或转增股，4家上市公司实施派息，其中1家公司既实施了送股、转增又实施了派息。

（六）其他财务指标情况

1. 盈利能力指标

表6　　　　　　　　　2021年教育上市公司盈利能力情况

指标	2021年	2021年可比样本变动	2020年	2020年可比样本变动	2019年
毛利率（%）	35.93	-14.53	50.35	-1.09	51.44
净资产收益率（%）	-30.02	-37.95	6.96	-5.04	12
销售净利率（%）	-24.16	-29.63	4.14	-4.47	8.61
资产净利率（%）	-10.11	-12.88	2.13	-2.8	4.93

资料来源：沪深北交易所，同花顺。

2. 偿债能力指标

表7　　　　　　　　　2021年教育上市公司偿债能力指标

指标	2021年	2021年可比样本变动	2020年	2020年可比样本变动	2019年
流动比率	0.71	-0.19	0.84	0.05	0.79
速动比率	0.70	-0.19	0.83	0.1	0.73
资产负债率（%）	60.16	0.96	60.58	4.9	55.68

资料来源：沪深北交易所，同花顺。

3. 营运能力指标

表8　　　　　　　　　　　2021年教育上市公司营运能力情况　　　　　　　　　　单位：次

营运能力指标	2021年	2021年可比样本变动	2020年	2020年可比样本变动	2019年
存货周转率	57.98	42.44	15.39	6.72	8.67
应收账款周转率	34.56	-2.62	44.47	2.61	41.86
流动资产周转率	1.01	-0.12	1.2	-0.25	1.45
固定资产周转率	2.82	-1.22	4.33	-1.11	5.44
总资产周转率	0.42	-0.09	0.51	-0.06	0.57
净资产周转率	1.04	-0.14	1.23	-0.05	1.28

资料来源：沪深北交易所，同花顺。

三、重点上市公司介绍

（一）东方时尚

东方时尚于2016年2月在上海证券交易所主板成功上市，目前公司主要从事机动车驾驶员培训及航空培训服务，以北京地区为主（2019年公司在北京地区市占率高达35%），毛利额占比超90%。公司自2011年以来先后在云南、湖北、河北、山东等地启动异地扩张，以"自建+并购"的双重模式与标准化的经营管理进行扩张。2021年公司北京/山东（含通航业务）/云南/荆州/石家庄地区收入占比为69%/13%/9%/7%/3%。公司2021年招生22.7万人，同比增长16.5%。此外，公司于2018年引入VR、人工智能教学模式，并在汽车综合服务领域积极延伸。2019年正式步入通用航空领域，开拓飞行培训新业务。

公司2021年实现收入12.0亿元，同比增加41.3%，实现净利润1.52亿元，同比减少5.42%。公司2021年毛利率为51.3%，同比上升6.7个百分点，净利率为12.4%，同比下降3.9个百分点。截至2021年年末，公司剔除预收款资产负债率为49%，同比上升3.7个百分点；每股收益0.21元。

（二）传智教育

传智教育于2021年1月登陆深圳证券交易所中小板，主营业务为非学历IT教育培训，通过自主研发的优质课程为学员提供一站式IT技术短期培训服务和高等职业教育，目前面向的客户群体包括成年人、大学生、高中生以及少儿。目前教学中心覆盖北京、上海、广州、深圳等全国19座城市。公司2021年线上/下短期培训服务收入为6.22亿元，同比增加4.73%，毛利率为49.41%，同比增加5.80个百分点。高教业务2021年实现收入2942万元，同比减少12.11%，高教业务有JAVA应用开发、全栈应用开发等五个专业方向。同时，公司2021年12月投资举办了一所营利性全日制统招民办中职学校，宿迁传智互联网中等职业技术学校。

公司2021年实现收入6.64亿元，同比增加3.79%，归母净利润0.77亿元，同比增加18.10%，扣非归母净利润为0.49亿元，同比增加25.48%，2021年公司毛利率为48.84%，同比增加3.88个百分点，净利率为11.6%，同比上升1.4个百分点。截至2021年年末，公司剔除预收款资产负债率为22.9%，同比上升2个百分点；每股收益0.19元。

四、上市公司在行业中的影响力

截至2021年年末，A股教育业上市公司共有12家，2021年共实现营业收入161.97亿元，无论是企业数量还是收入规模，教育业上市公司在行业内的占比均较低。教育资产的证券化进程尚处于初期，且难度较大，较多公司选择港股、美股市场上市。已经上市的教育公司尽管在细分行业中处于龙头地位，但受到双减、疫情等影响，业绩和市值表现也出现较大波动。综合来看，目前A股教育业上市公司在行业中影响力相对有限。

撰稿人：冯重光

审稿人：姜　娅

卫生和社会工作

一、卫生和社会工作总体概况

2021年，我国卫生业公共财政支出预算18658.80亿元，较2020年同比增长4.29%；卫生业公共财政支出决算19142.68亿元，较2020年同比下降0.38%；2021年，全国卫生总费用达75593.6亿元，较2020年同比增长4.74%；人均卫生费用5348.1元，较2020年同比增长4.61%。2021年我国城镇卫生和社会工作固定资产投资（不含农户）名义增速同比增长19.5%。

截至2021年年末，全国医疗卫生机构总数1030935个，同比增加8013个。其中：医院36570个，基层医疗卫生机构977790个，专业公共卫生机构13276个。与2020年相比，医院增加1176个，基层医疗卫生机构增加7754个。

截至2021年年末，全国医疗卫生机构床位944.8万张，其中：医院741.3万张，占比78.5%，基层医疗卫生机构171.2万张，占比18.1%，专业公共卫生机构30.2万张，占比3.2%。与2020年比较，床位增加34.8万张，其中：医院床位增加28.1万张，基层医疗卫生机构床位增加6.3万张，专业公共卫生机构床位增加0.6万张。每万人口医疗卫生机构床位数由2020年的64.6张增加到2021年的67.0张。

截至2021年年末，全国民政部门登记和管理的机构和设施共计238.0万个，职工总数1730.4万人，固定资产原价8610.0亿元；各类民政服务机构和设施拥有床位842.8万张，每千人口民政服务床位数6.0张；全国民政事业费支出4679.0亿元，占国家财政支出的1.9%，其中，中央财政向各地转移支付的民政事业费1578.1亿元，占全年民政事业费支出的33.7%；民政服务设施建设项目规模2732.1万平方米，全年实际完成投资总额201.3亿元。

二、行业内上市公司发展概况

（一）行业内上市公司基本情况

表1　　　　2021年卫生和社会工作上市公司发行股票概况

门类	总数		沪深主板		创业板		科创板		北交所	
	家数	市值（亿元）	家数	市值（亿元）	家数	市值（亿元）	家数	市值（亿元）	家数	市值（亿元）
卫生和社会工作	14	4713.22	10	1989.46	4	2723.76	0	0	0	0
占沪深北三市比重（%）	0.30	0.51	0.21	0.22	0.09	0.30	0	0	0	0

资料来源：沪深北交易所，同花顺。

（二）行业内上市公司构成情况

表2　2021年卫生和社会工作上市公司构成情况

门类	沪市			深市			北交所	总计	ST/*ST
	主板	科创板	合计	主板	创业板	合计			
卫生和社会工作（家）	3	0	3	7	4	11	0	14	0/3
占行业内上市公司比重（%）	21.43	0	21.43	50.00	28.57	78.57	0	100.00	0/21.43

资料来源：沪深北交易所，同花顺。

（三）行业内上市公司融资情况

表3　2021年卫生和社会工作上市公司与沪深两市融资情况对比　　单位：家

门类	融资家数	新股	增发	配股
卫生和社会工作	4	1	3	0
沪深两市总数	1032	524	502	7
占比（%）	0.39	0.19	0.60	0

资料来源：沪深北交易所，同花顺。

其中，首发的1家公司在创业板上市；增发的3家公司中，有1家沪市、2家深市公司。

按行业大类划分，进行融资的4家公司中，均为卫生业上市公司，占比100%。

从融资效果看，上述公司实际发行数量为60370.86万股；实际募集资金15.98亿元，基本完成了融资计划。

（四）行业内上市公司资产及业绩情况

表4　2021年卫生和社会工作上市公司资产情况　　单位：亿元

指标	2021年	2021年可比样本增长（%）	2020年	2020年可比样本增长（%）	2019年
总资产	1085.30	20.53	1024.1	26.22	811.07
流动资产	453.81	17.80	473.97	46.18	324.09
占比（%）	41.81	-0.97	46.28	6.32	39.96
非流动资产	631.49	22.57	550.12	12.94	486.97
占比（%）	58.19	0.97	53.72	-6.32	60.04
流动负债	392.96	17.58	300.16	12.83	265.91
占比（%）	36.21	-0.91	29.31	-3.48	32.79

续表

指标	2021年	2021年可比样本增长（%）	2020年	2020年可比样本增长（%）	2019年
非流动负债	165.44	53.87	106.49	-10.91	119.53
占比（%）	15.24	3.30	10.4	-4.33	14.74
归属于母公司股东权益	486.13	14.44	566.44	48.16	382.2
占比（%）	44.79	-2.39	55.31	8.19	47.12

资料来源：沪深北交易所，同花顺。

表5　2021年卫生和社会工作上市公司收入实现情况　　　　　　单位：亿元

指标	2021年	2021年可比样本增长（%）	2020年	2020年可比样本增长（%）	2019年
营业收入	642.72	26.64	494.5	16.31	424.79
利润总额	67.09	2.22	85.65	1104.33	7.06
归属于母公司所有者的净利润	40.82	-9.46	61.71	552.99	-13.65

资料来源：沪深北交易所，同花顺。

（五）利润分配情况

2021年全年卫生和社会工作业上市公司中共有5家公司实施了分红配股。其中，2家上市公司实施送股或转增股，4家上市公司实施派息，1家公司既实施了送股、转增又实施了派息。

（六）其他财务指标情况

1. 盈利能力指标

表6　2021年卫生和社会工作上市公司盈利能力情况

指标	2021年	2021年可比样本变动	2020年	2020年可比样本变动	2019年
毛利率（%）	40.04	1.20	40.32	0.78	39.56
净资产收益率（%）	8.40	-2.22	10.89	14.46	-3.57
销售净利率（%）	7.61	-2.55	14.29	15.78	-1.5
资产净利率（%）	4.93	-1.14	7.7	8.51	-0.82

资料来源：沪深北交易所，同花顺。

2. 偿债能力指标

表7　2021年卫生和社会工作上市公司偿债能力指标

指标	2021年	2021年可比样本变动	2020年	2020年可比样本变动	2019年
流动比率	1.15	0.00	1.58	0.36	1.22
速动比率	1.07	0.00	1.51	0.38	1.13
资产负债率（%）	51.45	2.39	39.71	-7.81	47.52

资料来源：沪深北交易所，同花顺。

3. 营运能力指标

表8　　　　　　　　2021年卫生和社会工作上市公司营运能力情况　　　　　　　　单位：次

营运能力指标	2021年	2021年可比样本变动	2020年	2020年可比样本变动	2019年
存货周转率	13.41	1.80	12.62	1.51	11.1
应收账款周转率	4.13	-0.01	4.13	0.01	4.12
流动资产周转率	1.53	0.08	1.24	-0.17	1.41
固定资产周转率	3.49	0.35	3.18	-0.22	3.4
总资产周转率	0.65	0.05	0.54	-0.01	0.55
净资产周转率	1.30	0.10	0.95	-0.06	1.01

资料来源：沪深北交易所，同花顺。

三、重点上市公司介绍

爱尔眼科

爱尔眼科是一家服务范围覆盖亚洲、欧洲和北美洲的眼科医疗集团，主要业务包含屈光手术、白内障以及视光业务等。在专业化、规模化、科学化发展战略的指导下，公司现已在全球范围内开设眼科医院及中心达723家，其中：中国内地610家、中国香港7家、美国1家、欧洲93家、东南亚12家。2021年，中国内地年门诊量超1500万人次，手术量超100万台，医疗服务网络覆盖全球近30亿人口。

2021年，公司实现营业收入150.01亿元，同比增长25.93%；实现利润总额31.48亿元，同比增长33.19%；实现归属于母公司净利润23.23亿元，同比增长34.78%；每股收益0.43元。

2021年，公司毛利率为51.92%，同比上升0.89个百分点；销售净利率16.47%，同比上升0.71个百分点；净资产收益率20.58%，同比下降0.90个百分点。

截至2021年年末，公司的资产负债率为44.05%，同比增长12.59个百分点。

四、上市公司在行业中的影响力

2019~2021年，我国卫生机构总资产分别为51847.92亿元、59520.15亿元、71187.01亿元，上市公司占比分别为1.56%、1.72%、1.52%。

2019~2021年，我国卫生机构总收入分别为46441.38亿元、48689.98亿元、54824.02亿元，其中业务收入分别为37492.16亿元、35713.61亿元、41771.77亿元，上市公司营业收入占卫生机构业务收入比重分别为1.13%、1.38%、1.54%。

2019~2021年，我国卫生机构利润（以总收入减去总支出计算）分别为2344.96亿元、-1328.65亿元、3177.79亿元，其中业务利润（以业务收入减去业务支出计算）分别为 -3399.75亿元、-6294.84亿元、-6526.82亿元，上市公司利润总额占业务利润比重分别为 -0.21%、-1.36%、-1.03%。

综上所述，2021年国内疫情相对平稳，得益于人才、技术、资源和信息等方面的优势，上市公司的影响力持续增强。

撰稿人：许菲菲
审稿人：朱卫华

文化、体育和娱乐业

一、文化、体育和娱乐业总体概况

（一）行业整体运行情况

2021年，中国传媒产业规模呈恢复性增长态势，中国传媒产业总产值达29710.3亿元，增长率从上一年的8.40%提升至13.54%，恢复至2019年的两位数增长水平，产业增速持续高于GDP增速。细分市场来看，互联网广告、互联网营销服务、移动数据及互联网业务、网络游戏、网络视听短视频及电商为五个收入超过千亿元的行业，且收入均保持稳定增长，另外，2021年电影行业收入出现明显反弹，增长率超100%。

传统媒体方面，图书、期刊、报纸出版总印数起伏较小。报刊行业自2011年达到巅峰状态以来广告收入连续十年下滑，报纸的广告的价值持续收缩，新收入来源探索动力激增，报刊"付费墙"商业模式转型及政务服务逐渐成为报业媒体的重要营收来源。图书方面，2021年图书出版业仍面临疫情反复，市场回暖缓慢等问题，但主题类图书出版市场依然火热，社会主义核心价值观、中华优秀传统文化、党史学习等方面的图书受到出版界的高度重视，另外，直播售书等新型营销模式逐渐成熟，成为图书发行渠道新思路。

现代媒体方面，短视频成为主流媒体融合发展中的创新传播形态，在媒介生态中的地位日渐稳固。多年来，主流媒体与短视频平台"相互成就"，短视频使主流媒体在表达形式上更加亲民化、传播渠道上更加多元化；对短视频平台来说，主流媒体的入驻，使其在主流价值和内容的带动下，从单纯的娱乐化平台转变为多元化的综合性平台。同时，长短视频在竞争中逐渐呈现融合发展之势，短视频平台开启会员付费、广告等长视频平台的变现模式。一些长视频平台已经增加了随机播放功能以提高用户留存率。

电视、广播方面市场规模均呈现轻微收缩，但呈现相反的发展特征。2021年全国观众人均每日收视电视市场为118分钟，较2020年下降14分钟，直播电台广播媒体人均日收听量为54分钟。电视方面，所有上星频道份额整体稳定，省级和市级地面频道的份额近五年连续收缩，而地方广播电台依托具有地域特色的节目内容表现出较强竞争优势。

"十四五"规划提出推进媒体深度融合，实施全媒体传播工程，做强新型主流媒体。主流媒体融合持续发展，找到符合自身发展的表达方式和营收模式。中国传媒业的"政策市"特征尤为突出,传媒业的内容选择、发展取向和业态样式皆与政策框架有密不可分的关系。2021年中宣部、国家广电总局等针对互联网巨头进行反垄断治理、市场监管总局出台《禁止网络不正当竞争行为规定(公开征求意见稿)》,宣布将公开禁止"二选一""流量劫持、恶意不兼容"等不当行为。2021年8月中央网信办公布《关于进一步加强"饭圈"乱象治理的通知》,提出取消明星艺人榜单、严管明星经纪公司、严控未成年人参与、规范应援集资行为等十项措施,约束娱乐圈乱象,加速行业重新洗牌。直播行业方面,薇娅等多名头部主播被罚并全网下架,使得头部主播效应弱化,企业转而开展自播,品牌传播更加自主可控,也为品牌私域流量池打造提供了新思路。

(二)细分行业运行概况

按照行业分类,国内文化、体育和娱乐行业主要可分为新闻和出版业、广播、电视、电影和影视录音制作业与文化艺术业、体育4个大类,其中有多家公司的业务同时涵盖几个大类,按照各类业务收入占总收入比例最高为标准。

1. 新闻和出版业

从图书出版来看,2021年图书出版实现营业收入1082.2亿元,增长12.3%;利润总额190.1亿元,增长16.0%。全国共出版新版图书22.5万种,较2020年增长5.4%;重印图书30.4万种,增长10.4%;总印数118.6亿册(张),增长14.4%;总印张1065.9亿印张,增长16.0%。其中,主题图书传播力影响力进一步提升,一批反映新时代发展成就的图书引人注目,在69种年度印数达到或超过100万册的一般图书中,主题图书28种。

报纸期刊出版方面,2021年全国共出版期刊10185种,总印数20.1亿册,总印张119.0亿张,定价总金额为217.3亿元,分别增长-0.1%、-1.3%、2.2%、2.6%,定价总金额217.3亿元,增长2.6%。期刊出版实现营业收入224.6亿元,增长15.7%;利润总额36.9亿元,增长21.5%,期刊出版状况明显改善。报纸方面,全国共出版报纸1752种,较2020年降低3.2%;总印数283.0亿份,降低2.1%;总印张628.6亿印张,降低4.0%;定价总金额366.1亿元,降低0.1%,报纸出版实现营业收入579.2亿元,增长7.4%;利润总额69.8亿元,增长38.4%。

音像制品方面,2021年全国共出版音像制品8172种,较2020年降低5.1%;出版数量17200.8万盒(张),降低1.8%。音像制品出版实现营业收入30.5亿元,增长1.5%;利润总额1.9亿元,降低48.4%。电子出版物方面,全国共出版电子出版物8199种,较2020年增长4.8%;出版数量31773.1万张,增长25.7%。电子出版物出版实现营业收入20.0亿元,增长12.0%;利润总额3.4亿元,增长30.2%。

2021年出版物版权实现贸易顺差,

全国累计出口图书、期刊、报纸、音像制品、电子出版物、数字出版物（不含游戏）金额 10523.0 万美元，增长 26.8%。其中，累计出口图书、期刊、报纸、音像制品、电子出版物金额 4891.5 万美元。面对疫情的持续冲击及影响，新闻出版单位积极开拓线上业务，推进数字化转型发展，数字出版物出口金额 5631.4 万美元，首次超过传统出版物。全国共输出图书、音像制品和电子出版物版权 12770 项，较 2020 年降低 8.1%；引进图书、音像制品和电子出版物版权 12220 项，降低 13.9%；实现贸易顺差 550 项。

2. 体育

根据《国家体育产业统计分类》，体育产业包括体育用品及相关产品制造、体育场地设施建设、包含体育管理活动、体育竞赛表演活动 9 个细分领域在内的等体育服务业构成。其中，体育服务业和体育用品及相关产品逐渐成为体育产业的主体，分别占比体育产业增加值 70% 和 28%。2021 年全国体育产业总规模（总产出）为 31175 亿元，增加值为 12245 亿元。与 2020 年相比，体育产业总产出增长 13.9%，增加值增长 14.1%。

3. 广播、电视、电影和影视录音制作业

2021 年全国广播电视行业总收入 11488.81 亿元，同比增长 24.68%。其中，广播电视和网络视听业务实际创收收入 9673.11 亿元，同比增长 25.43%；财政补助收入 968.76 亿元，与上年基本持平；其他收入 846.94 亿元，同比增长 58.45%。

2021 年全国制作广播节目时间 812.71 万小时，同比下降 1.01%；播出时间 1589.49 万小时，同比增长 0.55%。制作电视节目时间 305.96 万小时，同比下降 6.79%；播出时间 2013.99 万小时，同比增长 1.29%。

广播电视重点惠民工程稳步发展，广播电视节目综合人口覆盖率稳步提升。截至 2021 年年底，全国广播节目综合人口覆盖率 99.48%，电视节目综合人口覆盖率 99.66%，分别比 2020 年提高 0.10 个和 0.07 个百分点。有线电视网络整合与广电 5G 建设一体化加快发展，用户基数持续扩大，2021 年全国有线电视实际用户数为 2.04 亿户，高清和超高清用户数为 1.09 亿户。全国共有高清电视频道 985 个，4K 超高清电视频道 8 个、8K 超高清电视频道 1 个，中央广播电视总台和 25 家省级台电视频道基本实现高清化。随着"新时代精品"工程的深入落实和与技术融合创新，中国广播电视内容创作生产保持繁荣发展态势。

2021 年全国制作发行电视剧 194 部、6736 集，制作发行部数同比下降 3.96%，制作影视剧类电视节目时间 7.52 万小时，同比下降 21.17%。全国播出电视剧 20.89 万部，播出影视剧类电视节目时间 884.33 万小时，同比增长 1.28%。《山海情》《觉醒年代》《功勋》等电视剧"刷屏""破圈"。

中国经典民间故事动漫创作工程等国产动画系列得到长足发展，2021 年全国

制作发行电视动画片332部、7.99万分钟,制作时间同比下降31.53%;播出电视动画片时间45.24万小时,同比增长1.41%。播出少儿广播节目时间28.76万小时,同比增长0.03%;播出少儿电视节目时间62.61万小时,同比下降0.81%。涌现了《林海雪原》《锡兰王子东行记》《下姜村的绿水青山梦》《熊猫和小跳羚》等优质动画片。

网络电影方面,2021年获得上线备案号重点网络电影688部、网络剧232部、网络动画片199部、网络纪录片19部。综艺益智类广播节目方面,2021年全国制作综艺益智类广播节目时间193.86万小时,同比下降1.98%,播出时间354.33万小时,同比下降2.72%;制作综艺益智类电视节目时间30.02万小时,同比下降12.20%,播出时间109.46万小时,同比下降5.57%。制作广播剧类节目时间22.39万小时,同比增长2.42%,播出时间97.78万小时,同比增长0.35%。以河南台"中国节日"为代表的文化类节目,带动群众特别是年轻人对优秀传统文化的寻根热潮,引起广泛热议和好评。

电影方面,受益于全国疫情的有效管控,行业复苏较快,截至2021年年底,国产影片数量突破新高,达到740部;影院数量持续小幅增加,达12137家;全年新增银幕数量6667块,同比增长8.8%,共计82248块;2021年全年实现电影总票房472.58亿元,其中国产电影票房为399.27亿元,占总票房的84.49%,城市院线观影人次达11.67亿。

4. 文化艺术业

据国家统计局调查,2021年全国6.5万家规模以上文化及相关产业企业实现营业收入119064亿元,按可比口径计算,比上年增长16.0%。文化新业态特征较为明显的16个行业小类实现营业收入39623亿元,比上年增长18.9%,高于全部规模以上文化及相关产业企业11.6个百分点。

分行业类别看,新闻信息服务营业收入13715亿元,比上年增长15.5%,两年平均增长16.7%;内容创作生产25163亿元,增长14.8%,两年平均增长9.7%;创意设计服务19565亿元,增长16.6%,两年平均增长13.8%;文化传播渠道12962亿元,增长20.7%,两年平均增长3.2%;文化投资运营547亿元,增长14.3%,两年平均增长8.4%;文化娱乐休闲服务1306亿元,增长18.1%,两年平均下降9.2%;文化辅助生产和中介服务16212亿元,增长14.6%,两年平均增长3.3%;文化装备生产6940亿元,增长13.6%,两年平均增长7.2%;文化消费终端生产22654亿元,增长16.2%,两年平均增长10.5%。

分产业类型看,文化制造业营业收入44030亿元,比上年增长14.7%,两年平均增长6.6%;文化批发和零售业18779亿元,增长18.2%,两年平均增长6.2%;文化服务业56255亿元,增长16.3%,两年平均增长11.8%。

分领域看,新闻信息服务、内容创作

生产等六个文化核心领域营业收入73258亿元，比上年增长16.5%，两年平均增长9.9%；文化相关领域45806亿元，增长15.2%，两年平均增长7.3%。

分区域看，东部地区实现营业收入90429亿元，比上年增长16.5%，两年平均增长9.2%；中部地区17036亿元，增长14.9%，两年平均增长7.9%；西部地区10557亿元，增长13.7%，两年平均增长8.8%；东北地区1042亿元，增长11.0%，两年平均增长0.7%。

二、行业内上市公司发展概况

（一）行业内上市公司基本情况

表1　　　　　　　　2021年文化、体育和娱乐业上市公司发行股票概况

门类	总数		沪深主板		创业板		科创板		北交所	
	家数	市值（亿元）	家数	市值（亿元）	家数	市值（亿元）	家数	市值（亿元）	家数	市值（亿元）
文化、体育和娱乐业	62	6788.19	47	4031.07	15	2757.12	0	0	0	0
占沪深北三市比重（%）	1.32	0.74	1.00	0.44	0.32	0.30	0	0	0	0

资料来源：沪深北交易所，同花顺。

（二）行业内上市公司构成情况

表2　　　　　　　　2021年文化、体育和娱乐业上市公司构成情况

门类	沪市			深市			北交所	总计	ST/*ST
	主板	科创板	合计	主板	创业板	合计			
文化、体育和娱乐业（家）	31	0	31	16	15	31	0	62	1/1
占行业内上市公司比重（%）	50.00	0	50.00	25.81	24.19	50.00	0	100.00	1.61/1.61

资料来源：沪深北交易所，同花顺。

（三）行业内上市公司融资情况

表3　　　　　　2021年文化、体育和娱乐业上市公司与沪深两市融资情况对比　　　单位：家

门类	融资家数	新股	增发	配股
文化、体育和娱乐业	8	5	3	0
沪深两市总数	1032	524	502	7
占比（%）	0.78	0.95	0.60	0

资料来源：沪深北交易所，同花顺。

文化、体育和娱乐业

其中，首发的5家公司中，有0家在中小板上市，2家在创业板上市，3家在主板上市；增发的3家公司中，有0家沪市、3家深市及0家中小板公司。

按行业大类划分，进行融资的8家公司中，新闻和出版业5家，体育业1家，广播、电视、电影和影视录音制作业1家，文化艺术业1家，分别占比62.5%、12.5%、12.5%、12.5%。

从融资效果看，上述公司实际发行数量为68241.68万股；实际募集资金93.62亿元，基本完成了融资计划。

（四）行业内上市公司资产及业绩情况

表4　2021年文化、体育和娱乐业上市公司资产情况　　　单位：亿元

指标	2021年	2021年可比样本增长（%）	2020年	2020年可比样本增长（%）	2019年
总资产	5111.14	9.67	4406.54	-2.36	4405.97
流动资产	2924.53	6.99	2561.53	-2.71	2572.3
占比（%）	57.22	-1.43	58.13	-0.21	58.38
非流动资产	2186.62	13.48	1845.02	-1.88	1833.67
占比（%）	42.78	1.43	41.87	0.21	41.62
流动负债	1582.95	3.31	1459.59	4.65	1355.38
占比（%）	30.97	-1.91	33.12	2.22	30.76
非流动负债	509.46	75.20	272.35	-10.05	288.45
占比（%）	9.97	3.73	6.18	-0.53	6.55
归属于母公司股东权益	2933.47	6.58	2598.39	-4.11	2681.48
占比（%）	57.39	-1.66	58.97	-1.07	60.86

资料来源：沪深北交易所，同花顺。

表5　2021年文化、体育和娱乐业上市公司收入实现情况　　　单位：亿元

指标	2021年	2021年可比样本增长（%）	2020年	2020年可比样本增长（%）	2019年
营业收入	2132.56	14.01	1723.14	-15.81	2020.99
利润总额	196.21	463.94	-91.99	-500.81	3.43
归属于母公司所有者的净利润	182.08	429.40	-91.81	-831.4	-25.14

资料来源：沪深北交易所，同花顺。

（五）利润分配情况

2021年全年文化、体育和娱乐业上市公司中共有36家公司实施了分红配股。其中，36家上市公司全部实施派息，1家上市公司实施送股或转增股，1家公司既实施了送股、转增又实施了派息。

（六）其他财务指标情况

1. 盈利能力指标

表6　　　　　　　2021年文化、体育和娱乐业上市公司盈利能力情况

指标	2021年	2021年可比样本变动	2020年	2020年可比样本变动	2019年
毛利率（%）	30.95	2.30	28.3	-2.01	30.24
净资产收益率（%）	6.21	8.22	-3.53	-3.17	-0.94
销售净利率（%）	8.67	11.76	-5.55	-5.35	0.96
资产净利率（%）	3.78	5.02	-2.14	-2.05	0.44

资料来源：沪深北交易所，同花顺。

2. 偿债能力指标

表7　　　　　　　2021年文化、体育和娱乐业上市公司偿债能力指标

指标	2021年	2021年可比样本变动	2020年	2020年可比样本变动	2019年
流动比率	1.85	0.06	1.75	-0.13	1.9
速动比率	1.55	0.05	1.48	-0.1	1.59
资产负债率（%）	40.94	1.82	39.3	1.69	37.31

资料来源：沪深北交易所，同花顺。

3. 营运能力指标

表8　　　　　　　2021年文化、体育和娱乐业上市公司营运能力情况　　　　　　　单位：次

营运能力指标	2021年	2021年可比样本变动	2020年	2020年可比样本变动	2019年
存货周转率	3.18	0.31	2.96	-0.35	3.32
应收账款周转率	6.11	1.25	4.57	-0.28	4.82
流动资产周转率	0.75	0.08	0.66	-0.11	0.78
固定资产周转率	4.25	0.51	3.83	-0.99	5.03
总资产周转率	0.44	0.04	0.39	-0.07	0.46
净资产周转率	0.73	0.08	0.63	-0.1	0.72

资料来源：沪深北交易所，同花顺。

三、重点细分行业介绍

表9　　　　　　　2021年文化、体育和娱乐业上市公司数量分布及市值情况

大类	上市公司家数（家）	占行业内比重（%）	境内总市值（亿元）	占行业内比重（%）
广播、电视、电影和影视录音制作业	24	38.71	2303.37	33.93
新闻和出版业	28	45.16	2363.70	34.82
体育	2	3.23	169.52	2.50
文化艺术业	8	12.90	1951.60	28.75

资料来源：沪深北交易所，同花顺。

文化、体育和娱乐业

(一) 广播、电视、电影和影视录音制作业

1. 行业概况

2021年全国广播电视行业总收入11488.81亿元,同比增长24.68%。其中,广播电视和网络视听业务实际创收收入9673.11亿元,同比增长25.43%;财政补助收入968.76亿元,与上年基本持平;其他收入846.94亿元,同比增长58.45%。

2021年全国制作广播节目时间812.71万小时,同比下降1.01%;播出时间1589.49万小时,同比增长0.55%。制作电视节目时间305.96万小时,同比下降6.79%;播出时间2013.99万小时,同比增长1.29%。

电影方面,受益于全国疫情的有效管控,行业复苏较快,截至2021年年底,国产影片数量突破新高,达到740部;影院数量持续小幅增加,达12137家;全年新增银幕数量6667块,同比增长8.8%,共计82248块;2021年全年实现电影总票房472.58亿元,其中国产电影票房为399.27亿元,占总票房的84.49%,城市院线观影人次达11.67亿。

2. 行业内上市公司发展情况

表10　2021年广播、电视、电影和影视录音制作业上市公司收入及资产增长情况　单位:亿元

指标	2021年	2021年可比样本增长(%)	2020年	2020年可比样本增长(%)	2019年
营业收入	520.00	43.12	368.32	-43.05	611.78
利润总额	-14.18	92.35	-204.16	-54.75	-149.08
归属于母公司所有者的净利润	-15.33	88.14	-196.62	-410.15	-162.25
总资产	1796.96	7.38	1700.78	-10.98	1776.3
归属于母公司股东权益	884.90	-3.90	914.56	-15.89	1031.36

资料来源:沪深北交易所,同花顺。

表11　2021年广播、电视、电影和影视录音制作业上市公司盈利能力情况

指标	2021年	2021年可比样本变动	2020年	2020年可比样本变动	2019年
毛利率(%)	24.28	11.81	12.02	-13.03	24.61
净资产收益率(%)	-1.73	17.54	-21.5	-7.82	-15.73
销售净利率(%)	-3.09	47.07	-54.8	-31.83	-20.15
资产净利率(%)	-0.92	9.38	-11.18	-3.74	-6.5

资料来源:沪深北交易所,同花顺。

表12　2021年广播、电视、电影和影视录音制作业上市公司偿债及营运情况

指标	2021年	2021年可比样本变动	2020年	2020年可比样本变动	2019年
资产负债率（%）	49.26	5.93	44.52	4.21	40.44
存货周转率（次）	2.51	0.55	1.96	-0.85	2.73
总资产周转率（次）	0.30	0.09	0.2	-0.12	0.32

资料来源：沪深北交易所，同花顺。

（二）文化艺术业

1. 行业概况

据国家统计局调查，2021年全国6.5万家规模以上文化及相关产业企业实现营业收入119064亿元，按可比口径计算，比上年增长16.0%。文化新业态特征较为明显的16个行业小类实现营业收入39623亿元，比上年增长18.9%，高于全部规模以上文化及相关产业企业11.6个百分点。整体来看，我国现代文化产业体系不断健全，文化产品供给质量稳步提升，文化消费市场总体趋向活跃，文化市场主体发展活力将进一步增强，整体产业规模有望持续发展壮大。

2. 行业内上市公司发展情况

表13　2021年文化艺术业上市公司收入及资产增长情况　　　　单位：亿元

指标	2021年	2021年可比样本增长（%）	2020年	2020年可比样本增长（%）	2019年
营业收入	220.57	9.46	202.85	-5.59	211.89
利润总额	28.66	966.34	2.03	-90.96	19.54
归属于母公司所有者的净利润	27.49	52.52	0.18	-98.25	16.02
总资产	533.72	16.25	468.23	4.45	439.57
归属于母公司股东权益	364.36	23.89	298.49	5.57	279.72

资料来源：沪深北交易所，同花顺。

表14　2021年文化艺术业上市公司盈利能力情况

指标	2021年	2021年可比样本变动	2020年	2020年可比样本变动	2019年
毛利率（%）	35.81	-0.10	35.79	-2.88	38.11
净资产收益率（%）	7.55	7.27	0.06	-6.34	5.73
销售净利率（%）	12.22	11.89	0.02	-8.29	7.45
资产净利率（%）	5.43	5.28	0.01	-4.17	3.75

资料来源：沪深北交易所，同花顺。

文化、体育和娱乐业

表15　　2021年文化艺术业上市公司偿债及营运情况

指标	2021年	2021年可比样本变动	2020年	2020年可比样本变动	2019年
资产负债率（%）	30.94	-4.08	35.35	-0.75	35.53
存货周转率（次）	4.84	0.96	3.72	0.5	3.45
总资产周转率（次）	0.44	-0.01	0.44	-0.06	0.5

资料来源：沪深北交易所，同花顺。

（三）新闻和出版业

1. 行业概况

2021年，全国出版、印刷和发行服务实现营业收入18564.7亿元，较2020年增长10.7%；利润总额1085.5亿元，增长5.9%；拥有资产总额23840.4亿元，增长5.6%；所有者权益（净资产）11894.1亿元，增长4.1%。2021年，全国共出版图书、期刊、报纸、音像制品和电子出版物426.65亿册（份、盒、张），较2020年增长2.19%。受疫情持续性冲击，新闻出版单位积极开拓线上业务，推进数字化转型，呈现出较强发展势头。另外，新技术与新闻出版业的融合，使新闻出版业的发展呈现出一种复杂局面，突出表现为先进与落后的技术共存、市场竞争加剧、新兴企业持续涌现、受众需求较为分散。

2. 行业内上市公司发展情况

表16　　2021年新闻和出版业上市公司收入及资产增长情况　　单位：亿元

指标	2021年	2021年可比样本增长（%）	2020年	2020年可比样本增长（%）	2019年
营业收入	1374.04	7.03	1149.97	-2.6	1191.92
利润总额	180.23	41.56	110.56	-16.2	132.48
归属于母公司所有者的净利润	169.34	24.71	105.14	109.68	120.84
总资产	2713.34	9.93	2231.6	3.94	2182.71
归属于母公司股东权益	1651.56	9.46	1381.8	3.48	1366.01

资料来源：沪深北交易所，同花顺。

表17　　2021年新闻和出版业上市公司盈利能力情况

指标	2021年	2021年可比样本变动	2020年	2020年可比样本变动	2019年
毛利率（%）	32.70	0.72	32.22	0.53	31.74
净资产收益率（%）	10.25	2.21	7.61	-1.42	8.85
销售净利率（%）	12.59	3.01	9.27	-1.42	10.62
资产净利率（%）	6.67	1.60	4.87	-1.2	5.98

资料来源：沪深北交易所，同花顺。

表18 2021年新闻和出版业上市公司偿债及营运情况

指标	2021年	2021年可比样本变动	2020年	2020年可比样本变动	2019年
资产负债率（%）	37.53	0.39	36.19	0.64	35.15
存货周转率（次）	3.54	0.10	3.59	-0.13	3.74
总资产周转率（次）	0.53	0.00	0.53	-0.04	0.56

资料来源：沪深北交易所，同花顺。

（四）体育

1. 行业概况

2021年，全国体育产业总规模（总产出）为31175亿元，增加值为12245亿元，与2020年相比，体育产业总产出增长13.9%，增加值增长14.1%。从内部构成看，体育服务业增加值为8576亿元，占体育产业增加值的比重为70.0%，比上年提高1.3个百分点。体育用品及相关产品制造增加值为3433亿元，占体育产业增加值的比重为28.0%，比上年下降1.3个百分点。体育场地设施建设增加值为236亿元，占体育产业增加值的比重为1.9%，比上年下降0.1个百分点。从增长速度看，随着全民健身和体育竞赛活动的有序恢复，叠加2020年基数较低因素，体育产业实现较快增长。与上年相比，体育竞赛表演活动增加值增长26.1%，体育健身休闲活动增加值增长21.1%，体育场地和设施管理增加值增长27.7%，体育经纪与代理、广告与会展、表演与设计服务增加值增长21.9%。以非接触性活动为主的体育传媒与信息服务增加值保持较快增长，增速为19.9%。

2. 行业内上市公司发展情况

表19 2021年体育上市公司收入及资产增长情况   单位：亿元

指标	2021年	2021年可比样本增长（%）	2020年	2020年可比样本增长（%）	2019年
营业收入	17.96	-18.23	2	-54.54	4.4
利润总额	1.50	4.64	-0.42	-185.85	0.49
归属于母公司所有者的净利润	0.58	-63.17	-0.51	-233.03	0.25
总资产	67.12	13.05	5.93	-19.75	7.39
归属于母公司股东权益	32.65	14.56	3.54	-19.39	4.4

资料来源：沪深北交易所，同花顺。

表20 2021年体育上市公司盈利能力情况

指标	2021年	2021年可比样本变动	2020年	2020年可比样本变动	2019年
毛利率（%）	30.25	-4.63	18.46	-10.34	28.8

续表

指标	2021年	2021年可比样本变动	2020年	2020年可比样本变动	2019年
净资产收益率（%）	1.78	1.67	-14.39	-19.97	5.58
销售净利率（%）	6.04	1.95	-19.45	-28	8.55
资产净利率（%）	1.72	0.26	-5.84	-11.51	5.67

资料来源：沪深北交易所，同花顺。

表21　　　　　　　　　　2021年体育上市公司偿债及营运情况

指标	2021年	2021年可比样本变动	2020年	2020年可比样本变动	2019年
资产负债率（%）	35.10	0.93	27.34	-2.93	30.27
存货周转率（次）	0.80	-0.05	3.79	-4.53	8.32
总资产周转率（次）	0.28	-0.07	0.3	-0.36	0.66

资料来源：沪深北交易所，同花顺。

四、重点上市公司介绍

（一）芒果超媒

芒果超媒为国内四大长视频平台之一芒果TV的经营主体，2018年6月快乐购通过重大资产重组将芒果TV运营主体快乐阳光及多家子公司注入上市公司并更名为"芒果超媒"，成为国内A股首家国有控股的视频平台，其核心商业模式为依托优质内容供给与丰富内容分销进行多元变现。

公司长期坚持以长视频平台内容为主要导向，时代需求、社会情绪、人民关注作为内容创新的主攻方向。主营业务覆盖综艺及影视剧制造、广告、会员服务、运营商业务等方面。综艺方面，芒果TV拥有26个综艺节目制作团队，搭建节目生产中台中心，专门配备技术、导摄、包装等多维工作室，为内容生产提供专业支撑，2018年公司上线40余档综艺节目，《披荆斩棘的哥哥》《乘风破浪的姐姐》《密室大逃脱》等综艺节目广受好评。影视剧方面，芒果TV拥有29个影视制作团队和34家"新芒计划"战略工作室，全年上线各类影视剧170部，其中重点影视剧55部，"大芒计划"微短剧84部。

稳步推进新赛道布局，延展产业链条，2018年公司全力推动"新潮国货内容电商平台"小芒App发展，日活峰值达126万。布局线下实景娱乐赛道，依托《大侦探》《密室大逃脱》等优质内容，将IP从线上延伸到线下，开创全新品牌M-CITY，致力于打造线下实景娱乐综合体。

芒果超媒2021年实现营收153.56亿元，同比增长9.64%；归母净利润21.14亿同比降低增长6.66%。其中，公司互联网视频业务营收112.61亿元，同比增长 24.29%，毛利率 43.61%，占总营收 73.34%；新媒体互动娱乐内容制作与运营营收 18.77 亿元，同比减少 32.10%，毛利率 17.09%，占总营收 12.23%；内容电商营收 21.57 亿元，同比增加 2.5%，毛利率 8.73%，占总营收 14.05%。

（二）光线传媒

光线传媒成立于 1998 年，于 2011 年在深交所正式挂牌上市，成为继华谊兄弟、华策影视之后第三家在内地上市的影视公司，经过二十余年的发展，光线传媒已经实现了从电视节目公司至电影制作发行公司的成功转型。截至今日，光线传媒已经成为中国最大的民营传媒娱乐集团，涵盖了电影及电视剧的投资、制作发行，艺人经纪，实景娱乐等主营业务内容。

2021 年，公司上映《人潮汹涌》《明天会好的》《革命者》等影片，总票房约为 27.93 亿元，另外公司有《姜子牙 2》《深海》等诸多在制电视剧和动漫作品。

光线传媒 2021 年实现营收 11.68 亿元，同比增长 0.74%；归母净利润 -3.12 亿元。其中，公司电影及衍生业务营收 9.14 亿元，同比减少 2.86%，毛利率 36.34%，占总营收 78.3%；电视剧营收 1.07 亿元，同比减少 30.65%，毛利率 37.03%，占总营收 9.15%；经纪业务及其他营收 1.47 亿元，同比增加 129.75%，毛利率 51.28%，占总营收 12.55%。

（三）宋城演艺

宋城演艺成立于 1994 年杭州成立，于 2010 年挂牌上市。公司成功打造高盈利强复制的"景区+演艺"模式，并扩张至全国成为国内首屈一指的演艺龙头，截至 2021 年年底已经投入运营的项目共 14 个，其中重资产项目 11 个（含 3 个非千古情景区），轻资产项目 3 个，合计拥有 74 个各类型剧场，17.5 万个座位数。

2021 年，公司依托于杭州宋城和上海千古情景区，持续调整空间布局，创新丰富内容，优化线路动向，推动演艺公园模式突破升级。杭州宋城推出室外版《宋城千古情》、实景演出《风笛之恋》、光影秀《My All》，节目容量从 120 分钟提升至 300 分钟。上海千古情景区五一期间实现收入超 2500 万元，接待游客 17.9 万次，并实时推出爆笑亲子互动剧《WA！海洋》、科幻爱情秀《蓝色之恋 L'amour bleu》、战争体验剧《杜鹃喋血》等数台新演出。

宋城演艺 2021 年实现营收 11.85 亿元，同比增长 31.27%；归母净利润 3.15 亿元。其中，公司文化艺术业——现场演艺业务营收 10.1 亿元，同比增长 49.39%，毛利率 43.23%，占总营收 85.22%；旅游服务业营收 1.75 亿元，同比减少 22.74%，毛利率 96.33%，占总营收 14.78%。

撰稿人：邹国强　李陈佳
审稿人：马　莉　詹陆雨

综 合

一、综合业总体概况

综合行业共有 13 家上市公司，从行业内部看，业务涉及地产、商贸、金属、物流、金融、能源等多种业务，各公司主营业务各异，因此行业整体特性不突出。2021 年综合行业上市公司整体实现营业收入 478.51 亿元，可比样本较 2020 年同期上涨 28.68%；行业实现归属于母公司所有者净利润 19.19 亿元，同比上涨 208.59%。

二、行业内上市公司发展概况

（一）行业内上市公司基本情况

表1　　　2021年综合业上市公司发行股票概况

门类	总数		沪深主板		创业板		科创板		北交所	
	家数	市值（亿元）	家数	市值（亿元）	家数	市值（亿元）	家数	市值（亿元）	家数	市值（亿元）
综合	13	1089.46	13	1089.46	0	0	0	0	0	0
占沪深北三市比重（%）	0.28	0.12	0.28	0.12	0	0	0	0	0	0

资料来源：沪深北交易所，同花顺。

（二）行业内上市公司构成情况

表2　　　2021年综合业上市公司构成情况

门类	沪市			深市			北交所	总计	ST/*ST
	主板	科创板	合计	主板	创业板	合计			
综合（家）	7	0	7	6	0	6	0	13	1/2
占行业内上市公司比重（%）	53.85	0	53.85	46.15	0	46.15	0	100.00	7.69/15.38

资料来源：沪深北交易所，同花顺。

（三）行业内上市公司融资情况

表3　　　　　2021年综合业上市公司与沪深两市融资情况对比　　　　　单位：家

门类	融资家数	新股	增发	配股
综合业	0	0	0	0
沪深两市总数	1032	524	502	7
占比（%）	0	0	0	0

资料来源：沪深北交易所，同花顺。

2021年综合业的上市公司均没有在沪深两市融资。

（四）行业内上市公司资产及业绩情况

表4　　　　　　2021年综合业上市公司资产情况　　　　　　单位：亿元

指标	2021年	2021年可比样本增长（%）	2020年	2020年可比样本增长（%）	2019年
总资产	1116.37	-4.32	1232.07	-0.12	1770.79
流动资产	624.65	-3.03	683.46	2.58	763.19
占比（%）	55.95	0.74	55.47	1.46	43.1
非流动资产	491.71	-5.91	548.61	-3.29	1007.6
占比（%）	44.05	-0.74	44.53	-1.46	56.9
流动负债	471.18	-0.42	505.12	3.72	588.35
占比（%）	42.21	1.65	41	1.52	33.23
非流动负债	124.59	-22.27	164.36	-11.3	313.82
占比（%）	11.16	-2.58	13.34	-1.68	17.72
归属于母公司股东权益	398.67	-0.58	431	-0.97	738.61
占比（%）	35.71	1.34	34.98	-0.3	41.71

资料来源：沪深北交易所，同花顺。

表5　　　　　　2021年综合业上市公司收入实现情况　　　　　　单位：亿元

指标	2021年	2021年可比样本增长（%）	2020年	2020年可比样本增长（%）	2019年
营业收入	478.51	28.68	423.4	-12.5	602.72
利润总额	36.03	41.19	22.06	-41.02	43.5
归属于母公司所有者的净利润	19.19	208.59	1.83	-87.69	19.62

资料来源：沪深北交易所，同花顺。

（五）利润分配情况

2021年全年综合业上市公司中共有4家公司实施了分红。其中，0家上市公司实施送股或转增股，4家上市公司实施派息。

（六）其他财务指标情况

1. 盈利能力指标

表6　2021年综合业上市公司盈利能力情况

指标	2021年	2021年可比样本变动	2020年	2020年可比样本变动	2019年
毛利率（%）	25.52	-3.11	29.08	-5.03	33.74
净资产收益率（%）	4.81	3.26	0.42	-2.99	2.66
销售净利率（%）	5.18	1.22	2.54	-2.59	4.63
资产净利率（%）	2.17	0.89	0.87	-1.22	1.62

资料来源：沪深北交易所，同花顺。

2. 偿债能力指标

表7　2021年综合业上市公司偿债能力指标

指标	2021年	2021年可比样本变动	2020年	2020年可比样本变动	2019年
流动比率	1.33	-0.04	1.35	-0.02	1.3
速动比率	0.84	-0.03	0.88	-0.02	0.88
资产负债率（%）	53.37	-0.92	54.34	-0.16	50.95

资料来源：沪深北交易所，同花顺。

3. 营运能力指标

表8　2021年综合业上市公司营运能力情况　　　单位：次

营运能力指标	2021年	2021年可比样本变动	2020年	2020年可比样本变动	2019年
存货周转率	1.54	0.37	1.27	-0.11	1.61
应收账款周转率	7.24	1.66	5.47	-0.27	6.0
流动资产周转率	0.75	0.16	0.63	-0.14	0.82
固定资产周转率	3.25	0.81	2.22	-0.39	2.81
总资产周转率	0.42	0.09	0.34	-0.06	0.35
净资产周转率	0.91	0.19	0.75	-0.11	0.7

资料来源：沪深北交易所，同花顺。

三、重点上市公司介绍

天宸股份

天宸股份主要业务有出租车运营、物业租赁和物业管理。公司的经营业务中，出租车经营、物业租赁和物业管理等传统型业务资质较全，在经营管理上积累了较为丰富的经验。

公司作为业务收入构成来源的主要是物业租赁和出租车业务。出租车行业近年驾驶员紧缺现象日益突出、刚性成本持续上升、且面临"网约车"等其他业务形态冲击，竞争激烈，行业趋于规模化和集中化。同时由于疫情及相关政策影响，商业办公性质的物业租赁也将会产生波动，面临较大的不确定性。

2020年年底，子公司天宸健康启动了位于上海闵行区颛桥镇的1A项目建设工作，部分用地先行开发低层办公用房，目前项目正在积极推进，其他部分用地也正在规划中。近年，在经历多重调控和资金困境之下，房地产行业整体运营处于低位阶段，特别是企业开发资金流转方面，外部融资比较困难。但房地产仍是国民经济比较重要的产业之一，同时也拥有其刚性需求，随着相关政策的落地，房地产的行业格局将进一步优化，行业集中度也将不断提升，因此，该行业正面临挑战，同时也面临着新的机遇。

2021年天宸通过控股子公司启动了康复医院建设工作，并新设全资子公司作为运营主体。

2021年公司实现营业收入4181.76万元，其中出租车业务收入为1322.31万元，物业租赁及其他收入为2859.45万元，营业收入较上年同期3688.59万元，增加13.37%，主要是由于2020年同期受疫情影响公司出租车营运收入以及物业租赁收入减少，2021年上述业务收入逐渐恢复正常所致。2021年度归属于上市公司股东的净利润为12306.58万元，较上年同期10532.42万元增加16.84%，主要是公司持有的金融资产公允价值上升所致。

撰稿人：吕　梁
审稿人：马文扬

第三篇

上市公司地区篇

- 北京地区・天津地区・河北地区・山西地区・内蒙古地区
- 辽宁地区・吉林地区・黑龙江地区
- 上海地区・江苏地区・浙江地区・安徽地区・福建地区・江西地区・山东地区
- 河南地区・湖北地区・湖南地区・广东地区・广西地区・海南地区
- 重庆地区・四川地区・贵州地区・云南地区・西藏地区
- 陕西地区・甘肃地区・青海地区・宁夏地区・新疆地区
- 深圳地区・大连地区・宁波地区・厦门地区・青岛地区

（因资料数据所限，本年鉴未将我国港澳台地区情况列示分析。）

北京地区

一、北京经济发展概况

表1　　　　　　　　　　　　2021年北京经济发展概况　　　　　　　　　　　单位：亿元

指标	1~3月		1~6月		1~9月		1~12月	
	绝对量	同比增长（%）	绝对量	同比增长（%）	绝对量	同比增长（%）	绝对量	同比增长（%）
地区生产总值（GDP）	8915.90	17.10	19228.00	13.40	29753.00	10.70	40269.60	8.50
全社会固定资产投资	—	18.30	—	9.20	—	7.90	—	4.90
社会消费品零售总额	3560.28	31.10	7227.50	21.00	10701.58	14.00	14867.74	8.40
规模以上工业增加值	—	38.40	—	41.40	—	38.70	—	31.00
规模以上工业企业实现利润	653.20	320.60	1907.30	198.50	2890.70	146.80	3664.90	118.60
居民消费价格指数（CPI）	1~3月		1~6月		1~9月		1~12月	
	-0.10		0.50		0.80		1.10	

资料来源：国家统计局。

二、北京上市公司总体情况

（一）公司数量

表2　　　　　　　　　　　　2021年北京上市公司数量　　　　　　　　　　　单位：家

公司总数	2021年新增	股票类别			板块分布				
		仅A股	仅B股	(A+B)股	沪市主板	深市主板	北交所	创业板	科创板
424	43	423	0	1	158	86	11	118	51

资料来源：沪深北交易所，同花顺。

（二）行业分布

表3　2021年北京上市公司行业分布情况

所属证监会行业类别	家数	占比（%）	所属证监会行业类别	家数	占比（%）
采矿业	13	3.07	批发和零售业	17	4.01
电力、热力、燃气及水生产和供应业	14	3.30	水利、环境和公共设施管理业	12	2.83
房地产业	13	3.07	卫生和社会工作	0	0.00
建筑业	23	5.42	文化、体育和娱乐业	11	2.59
交通运输、仓储和邮政业	5	1.18	信息传输、软件和信息技术服务业	100	23.58
教育	3	0.71	制造业	152	35.85
金融业	22	5.19	住宿和餐饮业	2	0.47
居民服务、修理和其他服务业	1	0.24	租赁和商务服务业	14	3.30
科学研究和技术服务业	19	4.48	综合	1	0.24
农、林、牧、渔业	2	0.47	合计	424	100.00

资料来源：沪深北交易所，同花顺。

（三）股本结构及规模

表4　2021年北京上市公司股本规模在10亿股以上公司分布情况

股本规模（亿股）	公司家数	具体公司
1000≤	6	工商银行，农业银行，中国银行，建设银行，中国石油，中国石化
500≤ ~ <1000	3	邮储银行，中国电信，光大银行
200≤ ~ <500	16	京沪高铁，中信银行，中国人保，民生银行，中国建筑，中国能建，京东方A，中国联通，中国中车，三峡能源，中国人寿，中国中铁，中国重工，长江电力，北京银行，中国中冶
100≤ ~ <200	16	中国神华，石化油服，大唐发电，中国核电，中国铝业，中国交建，华能国际，华夏银行，中国电建，中国国航，中国铁建，中煤能源，金隅集团，中国通号，海油发展，中国银河
50≤ ~ <100	11	三一重工，中信建投，国投电力，中国外运，首创环保，首钢股份，京能电力，福田汽车，中国化学，泛海控股，节能风电
20≤ ~ <50	41	中金黄金，中金公司，中铁特货，际华集团，北汽蓝谷，大北农，天地科技，中国卫通，中信国安，碧水源，北辰实业，同方股份，用友网络，东兴证券，东华软件，新华保险，金融街，中铝国际，光线传媒，紫光股份，信达地产，燕京啤酒，神州高铁，掌趣科技，华联股份，东方园林，安迪苏，首开股份，捷成股份，利亚德，东方雨虹，蓝色光标，奥瑞金，京运通，四维图新，三聚环保，华远地产，城建发展，万达电影，中铁工业，万通发展

续表

股本规模（亿股）	公司家数	具体公司
10≤ ~ <20	61	中色股份，神州泰岳，中国中免，中航电子，新华联，中国电影，航天信息，中国出版，中化岩土，乐普医疗，光环新网，华创阳安，旋极信息，北新建材，中国黄金，千方科技，京威股份，石基信息，三元股份，北方导航，北信源，飞利信，数码视讯，清新环境，歌华有线，天坛生物，同仁堂，二六三，*ST中天，百济神州，*ST大唐，中工国际，颖泰生物，昊华能源，昆仑万维，ST网力，北京利尔，广联达，中国卫星，*ST数知，华电重工，江河集团，东方国信，王府井，首旅酒店，电子城，人民网，合康新能，华胜天成，农发种业，合纵科技，五矿发展，中国医药，中科三环，高能环境，华润双鹤，双鹭药业，安泰科技，ST弘高，中牧股份，中国国贸

资料来源：沪深北交易所，同花顺。

表5　　2021年北京上市公司分地区股权构成情况　　单位：家

股权性质 地域分布	央企国资控股	省属国资控股	地市国资控股	民营控股	其他	合计
北京市	115	33	17	233	26	424

资料来源：北京证监局。

（四）市值规模

截至2021年12月31日，北京424家上市公司境内总市值163691.06亿元，占全国上市公司境内总市值的17.81%；其中上交所上市公司209家，总股本27360.23亿股，境内总市值132916.90亿元，占上交所上市公司境内总市值的25.61%；深交所上市公司204家，总股本2173.91亿股，境内总市值29968.93亿元，占深交所上市公司境内总市值的7.57%。

（五）资产规模

截至2021年12月31日，北京424家上市公司合计总资产1948855.08亿元，归属于母公司股东权益224701.05亿元，与2020年相比，分别增长8.41%、12.86%；平均每股净资产7.61元。

三、北京上市公司经营情况及变动分析

（一）总体经营情况

表6　　2021年北京上市公司经营情况

指标	2021年	2020年	变动率（%）
家数	424	380	11.58
亏损家数	88	77	14.29
亏损家数比例（%）	20.57	20.26	2.44

续表

指　标	2021 年	2020 年	变动率（%）
平均每股收益（元）	0.56	0.61	-8.20
平均每股净资产（元）	7.61	7.21	5.55
平均净资产收益率（%）	8.98	8.42	0.56
总资产（亿元）	1948855.08	1797650.43	8.41
归属于母公司股东权益（亿元）	224701.05	199089.72	12.86
营业收入（亿元）	226533.18	184921.96	22.50
利润总额（亿元）	26860.37	22355.25	20.15
归属于母公司所有者的净利润（亿元）	20175.78	16758.53	20.39

资料来源：沪深北交易所，同花顺。

（二）分行业经营情况

表7　2021年北京上市公司分行业经营情况

所属行类	营业收入（亿元）	可比样本变动率（%）	归属于母公司所有者的净利润（亿元）	可比样本变动率（%）
采矿业	61078.21	33.36	2323.45	132.27
电力、热力、燃气及水生产和供应业	5397.12	13.96	163.24	-68.42
房地产业	1928.34	33.48	7.50	-91.81
建筑业	61661.94	14.37	1469.72	10.56
交通运输、仓储和邮政业	2409.14	26.12	-73.80	4.32
教育	15.87	24.76	0.46	-8.00
金融业	59115.42	6.53	14740.25	10.84
居民服务、修理和其他服务业	3.12	-36.20	0.07	108.05
科学研究和技术服务业	368.23	21.64	47.15	27.50
农、林、牧、渔业	42.27	2.90	-0.50	60.63
批发和零售业	3012.24	19.15	60.82	31.93
水利、环境和公共设施管理业	414.64	11.54	-0.69	-104.00
卫生和社会工作业	—	—	—	—
文化、体育和娱乐业	368.17	38.24	20.94	129.79
信息传输、软件和信息技术服务业	10310.92	12.74	412.90	35.77
制造业	18917.34	23.79	907.31	84.07
住宿和餐饮业	71.01	17.08	-1.01	86.68
租赁和商务服务业	1411.35	16.37	101.73	93.44
综合	7.85	640.57	-3.76	-25.75
合计	226533.18	17.67	20175.78	18.49

资料来源：沪深北交易所，同花顺。

(三）业绩变动情况分析

1. 营业收入、毛利率等变动原因分析

2021年，北京地区上市公司实现营业收入226533.18亿元，同比增长22.50%；利润总额26860.37亿元，同比增长20.15%；归属于母公司所有者的净利润20175.78亿元，同比增长20.39%；收入继2020年下滑后开始回升，平均毛利率为33.80%，较2020年略有下滑。

2. 盈利构成分析

2021年，北京地区上市公司扣除非经常性损益后的净利润为19803.92亿元、较2020年有较大幅度增长，非经常性损益金额合计371.95亿元；营业利润占利润总额的比重为101.54%，是上市公司的主要利润来源；投资净收益合计6467.33亿元、在利润总额中占比24.08%，占比有所下降。

3. 经营性现金流量分析

2021年，北京地区上市公司经营活动产生的现金流量净额为40336.66亿元，同比下降6.56%，企业资金状况更为紧张；辖区424家上市公司中325家经营活动产生的现金流量净额为正，较2020年增加3.83%。

4. 业绩特点分析

（1）总体业绩稳中有升。2021年北京上市公司营业收入、净利润、平均净资产收益率与2020年相比均呈现上升趋势。

（2）亏损面有所扩大。北京地区上市公司亏损88家，48家公司连续两年亏损，均较2020年大幅增加，此外，有105家上市公司扣除非经常性损益后的净利润为负，较2020年小幅上升。

（3）2021年，面对纷繁复杂的国内外形势和各种风险挑战，我国在统筹经济发展和疫情防控方面取得了全球瞩目的成效，经济社会发展总体稳定。上市公司克服不利因素的影响，营业收入和扣非净利润均有较大幅度增长。主板上市公司在北京全部上市公司营业收入和归属母公司股东的净利润的贡献方面仍然是绝对主力，占全辖区的比例分别为98.36%、99.35%，营业收入、归属母公司股东的净利润前十大的辖区公司均为主板上市公司。行业分布方面，归属母公司股东的净利润前十大的辖区公司中7家所属行业为金融业、2家所属行业为采矿业、1家所属行业为建筑业，2021年金融业上市公司实现的归属母公司股东的净利润在辖区占比达73.06%。

5. 利润分配情况

表8　2021年北京上市公司现金分红情况

2021年分红公司家数			2021年分红金额		
家数	变动率（%）	分红公司家数占地区公司总数比重（%）	金额（亿元）	变动率（%）	分红金额占归属于母公司所有者的净利润比重（%）
281	7.66	66.27	7196.83	27.54	34.07

资料来源：北京证监局。

四、北京上市公司并购重组情况

（一）并购重组基本情况

2021年，北京地区上市公司涉及并购重组17单，涉及沪主板公司7家、深主板公司8家、创业板公司2家。其中，已完成的10单，占全国的11.24%，较2020年增加3单，交易金额共计334.47亿元，占全国的6.09%，较2020年减少3.83%。新发起的10单，交易金额约227.33亿元，同比增长69.52%。另外，已明确失败的并购重组交易共5单，较2019年减少2单。

（二）并购重组特点

随着资本市场注册制改革的稳步推进，上市审核效率进一步提高，上市流程大大缩短，企业上市审核渠道更加畅通，IPO对并购重组显现出一定的替代效应。并购重组数量和成功率持续下降，但并购重组质量显著提升，不仅为上市公司带来资本市场红利，也进一步优化了上市公司业务布局，推动上市公司高质量发展。

具体到北京地区，2021年并购重组主要集中在计算机、通信和其他电子设备制造业，体现了北京地区高新技术产业集聚、人才储备丰富、政策支持力度较强等特点。重组方式较为多样，其中发行股份购买资产7单、协议收购5单，还包括吸收合并、增资、二级市场收购等其他方式，发行股份的方式占绝大多数，有利于并购方保持较好的营运能力，被并购方也可以获得股票升值的超额收益。并购重组目的多围绕多元化战略、战略合作、资产调整展开，其中多元化战略5单、战略合作3单、资产调整3单、其他并购目的3单，垂直整合、横向整合和借壳上市各1单。例如 *ST大唐定增收购大唐联诚95.001%股权、东方中科定增收购万里红78.33%股权、王府井换股吸收合并首商股份100%股权、昆仑万维收购Oper 8.47%股权、万邦达收购惠州伊斯科16%股权等，相关上市公司通过兼并优质资产、剥离不良资产或非主要业务等方式，实现了聚焦主业或转型发展的诉求。随着北京地区上市公司"走出去"步伐的加快和全球化资源配置需求的上升，跨境并购持续升温，2021年有2单重大资产重组标的涉及境外资产，有利于引进境外先进管理经验，加快海外市场的开拓。

五、北京上市公司募集资金情况、使用情况

（一）募集资金总体情况

表9 2021年北京上市公司募集资金情况

发行类型	代码	简称	募集资金（亿元）
首发	300935.SZ	盈建科	8.05
	300928.SZ	华安鑫创	7.61

续表

发行类型	代码	简称	募集资金（亿元）
首发	600916.SH	中国黄金	8.98
	688687.SH	凯因科技	8.06
	300958.SZ	建工修复	3.04
	688316.SH	青云科技-U	7.64
	688456.SH	有研粉材	3.19
	688201.SH	信安世纪	6.23
	688315.SH	诺禾致源	5.13
	688468.SH	科美诊断	2.93
	300965.SZ	恒宇信通	9.26
	605305.SH	中际联合	10.43
	603511.SH	爱慕股份	8.40
	688613.SH	奥精医疗	5.48
	600905.SH	三峡能源	227.13
	688621.SH	阳光诺和	5.38
	688597.SH	煜邦电力	2.59
	001210.SZ	金房节能	6.36
	688509.SH	正元地信	3.35
	688787.SH	海天瑞声	3.95
	605069.SH	正和生态	6.16
	601728.SH	中国电信	470.94
	300774.SZ	倍杰特	1.87
	301047.SZ	义翘神州	49.80
	605599.SH	菜百股份	7.78
	601728.SH	中国电信	8.09
	001213.SZ	中铁特货	17.60
	688272.SH	富吉瑞	4.29
	688722.SH	同益中	2.53
	688280.SH	精进电动-UW	20.33
	301080.SZ	百普赛斯	22.50
	301085.SZ	亚康股份	4.29
	301169.SZ	零点有数	3.50
	688246.SH	嘉和美康	13.62
	688235.SH	百济神州-U	221.60
	688236.SH	春立医疗	11.46
		小计	1209.55

续表

发行类型	代码	简称	募集资金（亿元）
再融资（增发、配股）	601985.SH	中国核电	76.00
	601066.SH	中信建投	38.84
	601668.SH	中国建筑	27.91
	601908.SH	京运通	25.00
	603123.SH	翠微股份	3.39
	603588.SH	高能环境	0.30
	600031.SH	三一重工	0.14
	600588.SH	用友网络	0.06
	002362.SZ	汉王科技	5.69
	300073.SZ	当升科技	4.11
	002738.SZ	中矿资源	0.06
	603533.SH	掌阅科技	10.61
	603986.SH	兆易创新	2.83
	601016.SH	节能风电	0.46
	002405.SZ	四维图新	40.00
	300674.SZ	宇信科技	0.22
	300444.SZ	双杰电气	6.00
	300688.SZ	创业黑马	2.18
	300271.SZ	华宇软件	1.28
	300785.SZ	值得买	0.06
	300799.SZ	左江科技	0.03
	601658.SH	邮储银行	300.00
	600855.SH	航天长峰	0.90
	603138.SH	海量数据	0.34
	600161.SH	天坛生物	33.40
	603588.SH	高能环境	0.22
	002271.SZ	东方雨虹	80.00
	002573.SZ	清新环境	15.80
	300034.SZ	钢研高纳	3.00
	003001.SZ	中岩大地	0.18
	000959.SZ	首钢股份	55.69
	300302.SZ	同有科技	0.39
	600733.SH	北汽蓝谷	55.00
	600980.SH	北矿科技	1.90
	603859.SH	能科科技	8.00
	603267.SH	鸿远电子	0.57

续表

发行类型	代码	简称	募集资金（亿元）
再融资（增发、配股）	601226.SH	华电重工	0.31
	688200.SH	华峰测控	0.14
	603588.SH	高能环境	0.08
	603986.SH	兆易创新	0.07
	688277.SH	天智航-U	0.07
	300477.SZ	合纵科技	10.04
	300166.SZ	东方国信	8.00
	300212.SZ	易华录	5.00
	000151.SZ	中成股份	2.50
	002819.SZ	东方中科	0.04
	000959.SZ	首钢股份	8.23
	300674.SZ	宇信科技	0.07
	002148.SZ	北纬科技	0.12
	300271.SZ	华宇软件	0.02
	300887.SZ	谱尼测试	0.08
	600031.SH	三一重工	0.33
	603588.SH	高能环境	0.04
	603127.SH	昭衍新药	0.04
	688066.SH	航天宏图	7.00
	603616.SH	韩建河山	3.84
	688339.SH	亿华通-U	2.00
	688198.SH	佰仁医疗	0.11
	600100.SH	同方股份	24.96
	300036.SZ	超图软件	7.23
	300344.SZ	立方数科	5.69
	300662.SZ	科锐国际	7.60
	000725.SZ	京东方A	203.33
	002151.SZ	北斗星通	0.95
	601117.SH	中国化学	100.00
	688015.SH	交控科技	7.60
	688015.SH	交控科技	0.07
	603986.SH	兆易创新	1.33
	688169.SH	石头科技	0.06
	603825.SH	华扬联众	3.84
	300289.SZ	利德曼	5.57
	300456.SZ	赛微电子	23.45

续表

发行类型	代码	简称	募集资金（亿元）
再融资（增发、配股）	300661.SZ	圣邦股份	0.05
	300036.SZ	超图软件	0.42
	300541.SZ	先进数通	0.07
	002995.SZ	天地在线	0.14
	300496.SZ	中科创达	0.43
	600588.SH	用友网络	1.71
	600031.SH	三一重工	0.46
	603127.SH	昭衍新药	0.82
	603588.SH	高能环境	0.39
	601985.SH	中国核电	1.25
	601198.SH	东兴证券	44.93
	002405.SZ	四维图新	7.56
	002780.SZ	三夫户外	1.93
	002065.SZ	东华软件	6.14
	300825.SZ	阿尔特	7.89
	603986.SH	兆易创新	0.75
	002371.SZ	北方华创	85.00
	300418.SZ	昆仑万维	1.83
	300223.SZ	北京君正	13.07
	300825.SZ	阿尔特	0.25
	300661.SZ	圣邦股份	0.06
	002819.SZ	东方中科	35.80
	600886.SH	国投电力	36.33
	603127.SH	昭衍新药	0.17
	688561.SH	奇安信-U	1.21
	688066.SH	航天宏图	0.08
	600859.SH	王府井	37.43
	688169.SH	石头科技	0.01
	600258.SH	首旅酒店	30.00
	603871.SH	嘉友国际	5.84
	600588.SH	用友网络	0.05
	603138.SH	海量数据	3.61
	603986.SH	兆易创新	0.24
	600198.SH	*ST大唐	24.08
	600855.SH	航天长峰	0.14
	688168.SH	安博通	0.05

续表

发行类型	代码	简称	募集资金（亿元）
再融资（增发、配股）	300073.SZ	当升科技	46.45
	300081.SZ	恒信东方	7.00
	300593.SZ	新雷能	0.08
	000959.SZ	首钢股份	2.11
	300430.SZ	诚益通	0.05
	300070.SZ	碧水源	35.74
	300860.SZ	锋尚文化	0.09
	300383.SZ	光环新网	30.00
	小计		1712.07
其他融资（公司债券、金融债）	601186.SH	中国铁建	10.00
	601186.SH	中国铁建	10.00
	601588.SH	北辰实业	13.39
	601800.SH	中国交建	5.00
	601992.SH	金隅集团	15.00
	601800.SH	中国交建	15.00
	601800.SH	中国交建	5.00
	000402.SZ	金融街	10.00
	000402.SZ	金融街	5.00
	601186.SH	中国铁建	5.00
	601186.SH	中国铁建	10.00
	601390.SH	中国中铁	19.00
	601390.SH	中国中铁	10.00
	601186.SH	中国铁建	20.00
	601186.SH	中国铁建	10.00
	601992.SH	金隅集团	20.00
	601992.SH	金隅集团	15.00
	600155.SH	华创阳安	6.00
	600886.SH	国投电力	10.00
	601390.SH	中国中铁	20.00
	601390.SH	中国中铁	10.00
	603123.SH	翠微股份	10.00
	600900.SH	长江电力	20.00
	000786.SZ	北新建材	10.00
	601669.SH	中国电建	12.00
	000402.SZ	金融街	25.00
	600008.SH	首创环保	10.00

续表

发行类型	代码	简称	募集资金（亿元）
其他融资（公司债券、金融债）	600886.SH	国投电力	10.00
	600743.SH	华远地产	10.00
	600376.SH	首开股份	34.20
	601669.SH	中国电建	15.00
	601669.SH	中国电建	15.00
	600886.SH	国投电力	20.00
	000402.SZ	金融街	19.00
	601598.SH	中国外运	20.00
	601588.SH	北辰实业	3.19
	601390.SH	中国中铁	8.00
	601390.SH	中国中铁	22.00
	601800.SH	中国交建	8.00
	601800.SH	中国交建	7.00
	000402.SZ	金融街	20.00
	600011.SH	华能国际	18.00
	601186.SH	中国铁建	13.00
	601390.SH	中国中铁	20.00
	601390.SH	中国中铁	10.00
	601186.SH	中国铁建	18.00
	600900.SH	长江电力	15.00
	600743.SH	华远地产	21.00
	600011.SH	华能国际	35.00
	600011.SH	华能国际	5.00
	601390.SH	中国中铁	26.00
	601390.SH	中国中铁	4.00
	600011.SH	华能国际	5.00
	600011.SH	华能国际	15.00
	000402.SZ	金融街	11.30
	600886.SH	国投电力	6.00
	600743.SH	华远地产	15.00
	600657.SH	信达地产	10.10
	600657.SH	信达地产	20.20
	600743.SH	华远地产	15.00
	600657.SH	信达地产	17.20
	600657.SH	信达地产	10.50
	600155.SH	华创阳安	10.00

续表

发行类型	代码	简称	募集资金（亿元）
其他融资（公司债券、金融债）	000402.SZ	金融街	9.00
	601881.SH	中国银河	39.95
	601066.SH	中信建投	30.00
	601995.SH	中金公司	10.00
	601995.SH	中金公司	25.00
	601066.SH	中信建投	20.00
	601881.SH	中国银河	36.00
	601881.SH	中国银河	24.00
	601198.SH	东兴证券	25.00
	601066.SH	中信建投	40.00
	601881.SH	中国银河	18.00
	601881.SH	中国银河	42.00
	601066.SH	中信建投	40.00
	601066.SH	中信建投	20.00
	601881.SH	中国银河	10.00
	601881.SH	中国银河	25.00
	601881.SH	中国银河	13.05
	601881.SH	中国银河	32.00
	601198.SH	东兴证券	20.00
	601995.SH	中金公司	10.00
	601995.SH	中金公司	15.00
	601198.SH	东兴证券	9.00
	601198.SH	东兴证券	21.00
	601881.SH	中国银河	20.00
	601881.SH	中国银河	40.00
	601066.SH	中信建投	10.00
	601881.SH	中国银河	32.00
	601881.SH	中国银河	18.00
	601066.SH	中信建投	15.00
	601066.SH	中信建投	45.00
	601198.SH	东兴证券	16.60
	601198.SH	东兴证券	8.20
	601066.SH	中信建投	10.00
	601066.SH	中信建投	25.00
	601198.SH	东兴证券	20.00
	601066.SH	中信建投	50.00

续表

发行类型	代码	简称	募集资金（亿元）
其他融资（公司债券、金融债）	601995.SH	中金公司	20.00
	601881.SH	中国银河	50.00
	601066.SH	中信建投	35.00
	601066.SH	中信建投	20.00
	601995.SH	中金公司	10.00
	601995.SH	中金公司	35.00
	601881.SH	中国银河	50.00
	601995.SH	中金公司	15.00
	601995.SH	中金公司	25.00
	601066.SH	中信建投	30.00
	601066.SH	中信建投	10.00
	601995.SH	中金公司	20.00
	601995.SH	中金公司	20.00
	601995.SH	中金公司	15.00
	601995.SH	中金公司	20.00
	601995.SH	中金公司	10.00
	601995.SH	中金公司	10.00
	601881.SH	中国银河	15.00
	601881.SH	中国银河	25.00
	601995.SH	中金公司	15.00
	601066.SH	中信建投	20.00
	601881.SH	中国银河	32.00
	601066.SH	中信建投	10.00
	601881.SH	中国银河	18.00
	601995.SH	中金公司	25.00
	601995.SH	中金公司	25.00
	601016.SH	节能风电	30.00
	300003.SZ	乐普医疗	16.38
	300229.SZ	拓尔思	8.00
		小计	2340.26
		总计	5261.89

资料来源：北京证监局。

（二）募集资金使用情况及特点

2021年，面对严峻疫情和百年变局，资本市场实现"十四五"良好开局，股债融资规模创历史新高，服务实体经济实现量质双升。北京地区上市公司运用多种资本市场工具累计直接融资5261.89亿元。其中，36家公司首发上市，募集资金1209.55亿元，募资总额占全市场22.59%；116家次定向增发融资1712.07亿元，发行债券募集资金2340.26亿元。首发、增发、配股、可转债募投项目共计337个，截至2021年年底已投入募集资金占计划投入募集资金总额的比例约为53.17%。

（三）募集资金变更情况

表10　　　　　2021年北京上市公司募集资金使用项目变更情况

变更募集资金使用项目的公司家数	涉及金额（亿元）	募集资金总额（亿元）	占公司募集资金总额的比例（%）
37	293.55	5261.89	5.58

资料来源：北京证监局。

2021年，北京地区有37家上市公司变更募集资金投向，公司数量较2020年有所增加，涉及金额约293.55亿元，均不属于超募资金，变更投向的募集资金约占相关公司募集资金总额的3.62%，变更后的募集资金仍用于主营业务，变更的原因主要是提高募集资金使用效益。其中，变更募集资金投向的上市公司主要集中在计算机、通信和其他电子设备制造业、商务服务业和电力，共有22家公司，占变更公司总数的59.46%，变更后的募投资金投向集中在收购或投资新项目，涉及金额约129.72亿元，约占变更总金额的44.19%，剩余主要为项目结余资金永久补充流动资金。

六、北京上市公司规范运作情况

（一）上市公司治理专项情况

2021年以来，北京证监局严格贯彻《国务院关于进一步提高上市公司质量的意见》（国发14号文）》有关精神，落实证监会统一部署，积极开展辖区公司治理专项行动。督促上市公开展内部治理自查，以主动整改促进水平提升，夯实规范根基。辖区352家上市公司对7方面119项内容展开自查，共自查反馈了470个问题，主要集中在三会运作、董监高履职尽责、独立性等方面。结合自查自纠和年报披露情况，北京证监局稳妥推进公司治理专项检查，以检查促整改，整改促进提升。截至2021年年底，问题整改率达85%，上市公司规范治理长效机制初步建立，专项行动整体效果良好。

（二）审计情况及监管情况

截至2022年4月30日，北京地区上市公司已全部披露2021年年报。审计意见类型中，4家为无法表示意见、2家为保留意见、9家为带强调事项段的无保留意见，其他为标准无保留意见；内部控制审计意见类型中，1家为否定意见，1家为无法表示意见，1家为带强调事项段的无保留意见，其他为标准无保留意见。2021年北京证监局创新年报监管模式，探索公司监管与会计监管"双线协同"工作机制，聚焦重点、突破难点，重点审核辖区62家上市公司年报，在此基础上制定现场检查计划，对上市公司开展现场检查46家次，对相关中介机构检查20家次，启动立案程序6家次，下发行政监管措施99件。对审计机构违法违规行为下发行政监管措施17件，对审计机构立案调查1家次、进入稽查程序1家次，首次要求1家审计机构重新出具审计报告，持续增强监管震慑。

（三）信息披露情况

为提高信息披露质量，北京证监局推出"三个首次"：一是首次建立年报监管协同机制。公司监管及会计监管"双线"联动，共同开展全链条年报监管工作。二是首次召开辖区年报监管工作会，通报突出问题，凝聚共识提高信息披露质量。三是首次从业绩预告入手，前瞻性研判风险领域，开展针对性"双线"联查，不断提高问题发现及处置效率。总体看，辖区信息披露质量有所提升，但也暴露出部分问题，如未及时披露临时报告、定期报告质量不高、披露不规范等问题，需进一步加强信息披露工作。

（四）证券市场服务情况

2021年，北京证监局坚持站稳人民立场，打造投资者保护"战斗堡垒"。一是鼓励召开业绩说明会，近九成上市公司按要求或主动召开，展现了良好风貌，获得投资者高度认可。二是与沪深交易所联合举办投资者集体接待日活动，辖区394家公司、1402名董监高人员线上参与，反响强烈。三是妥善办理上市公司相关举报事项300余件，积极回应投资者关切。

（五）其他

面对疫情和百年变局，辖区上市公司保持了积极回报投资者、勇担社会责任的良好传统。2021年，辖区281家上市公司实施现金分红7196.83亿元，分红金额为上年两倍有余，占全国上市公司现金分红总额的38%，其中12家上市公司分红金额超百亿元，工商银行、建设银行、农业银行、中国银行分红金额更是超过500亿元。此外，辖区上市公司还积极投身疫情防控，践行绿色发展理念，实现了社会责任和经济责任双丰收。

撰稿人：李　阳　王祎娜
审稿人：徐　彬　张　琼　文　静

天津地区

一、天津经济发展概况

表1　　　　　　　　　　　　　2021年天津经济发展概况　　　　　　　　　　　　单位：亿元

指标	1~3月		1~6月		1~9月		1~12月	
	绝对量	同比增长（%）	绝对量	同比增长（%）	绝对量	同比增长（%）	绝对量	同比增长（%）
地区生产总值（GDP）	3404.04	15.90	7309.25	11.40	11417.55	8.60	15695.05	6.60
全社会固定资产投资	—	24.10	—	6.20	—	8.40	—	6.10
社会消费品零售总额	—	32.00	—	17.20	—	7.80	3769.80	5.20
规模以上工业增加值	—	30.30	—	17.30	—	10.60	—	8.20
规模以上工业企业实现利润	324.80	172.00	762.30	96.10	1128.20	63.50	1456.90	40.80
居民消费价格指数（CPI）	1~3月		1~6月		1~9月		1~12月	
	0.00		0.70		0.90		1.30	

资料来源：国家统计局。

二、天津上市公司总体情况

（一）公司数量

表2　　　　　　　　　　　　　2021年天津上市公司数量　　　　　　　　　　　　单位：家

公司总数	2021年新增	股票类别			板块分布				
		仅A股	仅B股	(A+B)股	沪市主板	深市主板	北交所	创业板	科创板
63	3	62	0	1	29	18	0	12	4

资料来源：沪深北交易所，同花顺，Wind。

（二）行业分布

表3 2021年天津上市公司行业分布情况

所属证监会行业类别	家数	占比（%）	所属证监会行业类别	家数	占比（%）
采矿业	3	4.76	批发和零售业	5	7.94
电力、热力、燃气及水生产和供应业	2	3.17	水利、环境和公共设施管理业	1	1.59
房地产业	5	7.94	卫生和社会工作	0	0.00
建筑业	0	0.00	文化、体育和娱乐业	2	3.17
交通运输、仓储和邮政业	4	6.35	信息传输、软件和信息技术服务业	2	3.17
教育	0	0.00	制造业	37	58.73
金融业	0	0.00	住宿和餐饮业	0	0.00
居民服务、修理和其他服务业	0	0.00	租赁和商务服务业	0	0.00
科学研究和技术服务业	2	3.17	综合	0	0.00
农、林、牧、渔业	0	0.00	合计	63	100.00

资料来源：沪深北交易所，同花顺，Wind。

（三）股本结构及规模

表4 2021年天津上市公司股本规模在10亿股以上公司分布情况

股本规模（亿股）	公司家数	具体公司
100≤ ~ <200	1	中远海控
50≤ ~ <100	3	三六零，招商公路，中国铁物
20≤ ~ <50	8	中海油服，海油工程，卓朗科技，TCL中环，红日药业，海航科技，天津港，中储股份
10≤ ~ <20	15	广宇发展，津滨发展，金开新能，天士力，泰达股份，中科曙光，国机汽车，友发集团，创业环保，富通信息，渤海化学，百利电气，天保基建，天房发展，津药药业

资料来源：沪深北交易所，同花顺，Wind。

表5 2021年天津上市公司分地区股权构成情况 单位：家

股权性质 地域分布	央企国资控股	省属国资控股	地市国资控股	民营控股	其他	合计
天津市	11	15	1	29	7	63

资料来源：天津证监局。

（四）市值规模

截至2021年12月31日，天津63家上市公司境内总市值12288.64亿元，占全国上市公司境内总市值的1.34%；其中上交所上市公司33家，总股本585.65亿股，境内总市值7353.33亿元，占上交所上市公司境内总市值的1.42%；深交所上市公司30家，总股本324.90亿股，境内总市值4935.31亿元，占深交所上市公司境内总市值的1.24%。

（五）资产规模

截至2021年12月31日，天津63家上市公司合计总资产13225.91亿元，归属于母公司股东权益5577.42亿元，与2020年相比，分别增长10.75%、32.78%；平均每股净资产6.13元。

三、天津上市公司经营情况及变动分析

（一）总体经营情况

表6　　2021年天津上市公司经营情况

指标	2021年	2020年	变动率（%）
家数	63	60	5.00
亏损家数	5	11	-54.55
亏损家数比例（%）	7.94	18.33	-10.39
平均每股收益（元）	1.31	0.18	627.78
平均每股净资产（元）	6.13	4.78	28.24
平均净资产收益率（%）	21.36	3.76	17.6
总资产（亿元）	13225.91	11942.22	10.75
归属于母公司股东权益（亿元）	5577.42	4200.45	32.78
营业收入（亿元）	10460.20	9294.94	12.54
利润总额（亿元）	1672.51	262.5	537.15
归属于母公司所有者的净利润（亿元）	1191.45	158.02	653.99

资料来源：沪深北交易所，同花顺，Wind。

（二）分行业经营情况

表7　　2021年天津上市公司分行业经营情况

所属行类	营业收入（亿元）	可比样本变动率（%）	归属于母公司所有者的净利润（亿元）	可比样本变动率（%）
采矿业	530.80	7.45	8.49	-73.45
电力、热力、燃气及水生产和供应业	64.44	36.50	10.99	75.56

续表

所属行类	营业收入（亿元）	可比样本变动率（%）	归属于母公司所有者的净利润（亿元）	可比样本变动率（%）
房地产业	265.10	1.00	-18.85	57.29
建筑业	—	—	—	—
交通运输、仓储和邮政业	4320.20	79.58	961.23	617.17
教育	—	—	—	—
金融业	—	—	—	—
居民服务、修理和其他服务业	—	—	—	—
科学研究和技术服务业	44.76	14.30	2.95	3587.50
农、林、牧、渔业	—	—	—	—
批发和零售业	2968.39	-33.23	45.65	155.74
水利、环境和公共设施管理业	5.85	-38.29	1.66	-40.93
卫生和社会工作业	—	—	—	—
文化、体育和娱乐业	24.37	-15.15	1.86	-32.12
信息传输、软件和信息技术服务业	112.15	-5.52	9.48	-68.33
制造业	2124.15	32.99	167.99	110.33
住宿和餐饮业	—	—	—	—
租赁和商务服务业	—	—	—	—
综合	—	—	—	—
合计	10460.20	12.54	1191.45	636.37

资料来源：沪深北交易所，同花顺，Wind。

（三）业绩变动情况分析

1. 营业收入、毛利率等变动原因分析

2021年，天津辖区上市公司共实现营业收入10460.2亿元，比2020年增加1165.26亿元，同比增长12.54%。主要原因是中央国有控股公司营业收入大幅增长，11家公司共实现营业收入6015.33亿元，同比增长51.48%，占辖区全部上市公司营业收入的57.29%。2021年，辖区公司总体毛利率、销售净利率、净资产收益率分别为14.21%、13%、21.36%，较2020年分别增长了0.21%、11%、17.36%。

2. 盈利构成分析

2021年，天津辖区共有5家公司亏损，较2020年减少6家。5家公司共计亏损36.01亿元，其中，天房发展2021年度因对部分项目存货大额计提减值，全年亏损18.44亿元；其他58家盈利公司合计归属于母公司股东的净利润1227.46亿元，较2020年度增加890亿元，其中，中远海控增加793.7亿元。从盈利构成看，58家公司利润的主要来源是营业利润，为1740亿元。

3. 经营性现金流量分析

2021年，天津辖区上市公司经营活动现金流量净额为2123.92亿元，较2020

年增加1158.36亿元，同比增长120%，大幅增长的主要原因是中远海控经营活动现金流量净额大幅增长，增长1259.2亿元，增幅达279.6%。

4. 业绩特点分析

2021年，天津上市公司整体经营业绩再上新台阶。63家公司营业收入首破万亿，达到1.05万亿元，同比增长10.73%。净利润首破千亿元，达到1191亿元，同比增长615%。一是中央国有控股公司营业收入大幅提高。11家中央国有控股公司实现营业收入6015.33亿元，同比增长51.48%；实现净利润970.61亿元，同比增长375.79%，中远海控营业收入3336.94亿元，净利润892.96亿元。二是市属国有控股公司扭亏为盈。14家市属国有控股公司实现营业收入648.07亿元，同比增长19.78%。泰达股份、天津港营业收入超百亿元；14家公司实现净利润29.2亿元，整体扭亏为盈，天津港等4家公司净利润超5亿元。三是民营等其他公司盈利能力分化。38家民营等其他上市公司实现营业收入3796.8亿元，同比下降23.22%，27家公司增长，11家公司下降，其中海航科技2021年度出售重要子公司，营业收入较2020年减少1650.32亿元。38家公司实现净利润合计191.64亿元，同比增长829.57%，25家公司增长，13家公司下降。

5. 利润分配情况

表8　　　　　　　　　　2021年天津上市公司现金分红情况

2021年分红公司家数			2021年分红金额		
家数	变动率（%）	分红公司家数占地区公司总数比重（%）	金额（亿元）	变动率（%）	分红金额占归属于母公司所有者的净利润比重（%）
41	2.5	65.08	227.81	249.56	19.12

资料来源：天津证监局。

四、天津上市公司并购重组情况

（一）并购重组基本情况

2021年，天津辖区1家公司海航科技完成并购重组，涉及金额104.66亿元。

（二）并购重组特点

2021年，受疫情影响，天津辖区上市公司并购重组家次较往年偏少，全年共1家公司完成并购重组，为海航科技重大资产出售事项。此外，另有3家公司正在实施并购重组，截至2021年12月31日，相关交易尚未完成，涉及金额共计326.86亿元。

五、天津上市公司募集资金情况、使用情况

（一）募集资金总体情况

表9　　　　　　　　　　　　2021年天津上市公司募集资金情况

发行类型	代码	简称	募集资金（亿元）
首发	300988	津荣天宇	4.38
	603529	爱玛科技	18.11
	001206	依依股份	10.52
		小计	33.01
再融资（增发、配股）	002129	TCL中环	90
	601360	三六零	49.30
	000927	中国铁物	15.74
	300119	瑞普生物	13.36
	600821	金开新能	13.35
	603727	博迈科	7.73
	002432	九安医疗	3.16
		小计	192.64
其他融资（公司债券、短期融资券、中期票据、次级债、金融债、境外发行债券）	002887	绿茵生态	7.12（可转债）
	000965	天保基建	4（公司债）
	600874	创业环保	2.5（公司债）
	001965	招商公路	25（公司债）
	300026	红日药业	6（公司债）
	600787	中储股份	10（短期融资券）
	001965	招商公路	15（短期融资券）
		小计	69.62
		总计	295.27

资料来源：天津证监局。

（二）募集资金使用情况及特点

2021年，辖区上市公司通过首发、再融资、发行公司债券、短期融资券等方式共募集资金295.27亿元，融资规模基本保持稳定。一是全年3家公司完成首发上市，首发融资33.01亿元；二是全年7家上市公司开展再融资，再融资192.64亿元，较上年增长39.3%；三是7家公司通过发行公司债券、短期融资券等方式融资，募集资金69.62亿元。

（三）募集资金变更情况

表10　　　　　　　　　　2021年天津上市公司募集资金使用项目变更情况

变更募集资金使用项目的公司家数	涉及金额（亿元）	募集资金总额（亿元）	占公司募集资金总额的比例（%）
6	25.73	122.65	20.98

资料来源：天津证监局。

2021年，辖区上市公司中，康希诺、久日新材调整了首发募集资金的使用项目；凯莱英、博迈科变更了2020年、2021年非公开发行募集资金的部分投资项目；中源协和变更了2019年非公开发行募集资金的部分投资项目实施方式；凯发电气变更了2018年可转债募集资金投资项目的内部主体投资结构。

六、天津上市公司规范运作情况

（一）上市公司治理专项情况

2021年，天津辖区上市公司治理结构逐步完善，规范运作水平持续提高。59家公司在年度报告披露后，召开业绩说明会，召开率超98%；57家公司董事长或总经理出席说明会，出席率超96%，有效拉近了与投资者之间的距离。41家公司开展了现金分红，分红公司家数占辖区上市公司总数的65.08%，分红金额较上年同期大幅增长，增幅达249%，有效提升了中小投资者的获得感。57家公司开展公司治理专项自查，累计自查出64项问题，完成整改55项，占累计自查问题个数的85.94%，尚未完成整改的公司均已制定整改方案。

（二）审计情况及监管情况

2021年，天津辖区上市公司年报审计中，61家公司年度报告被出具标准无保留意见审计报告，2家公司被出具保留意见审计报告，1家公司对会计差错事项进行更正。2021年，天津证监局以风险问题为导向，结合"双随机"抽查，加大重点审计项目检查力度，同时在对上市公司现场检查过程中，延伸检查年审机构执业质量，针对发现的问题，对被检查会计师事务所印发检查结果告知书，督促进一步提高执业质量。

（三）信息披露情况

2021年，天津辖区上市公司合规意识不断增强，信息披露质量不断提高。63家公司均在规定时间内披露了当年度定期报告。但部分公司仍存在信息披露违规情况，个别公司存在未及时披露重大事项进展的情况，公司及相关责任人员被采取行政监管措施；另有部分公司临时公告存在信息披露瑕疵，被出具监管关注函。

（四）证券市场服务情况

一是广泛调研积极建言献策。推进天津辖区资本市场抢抓改革机遇，促进监管服务相融合，局领导带队走访调研挂牌、拟上市公司27家次，与地方金融监管部门多次开展座谈交流，多渠道深入宣传创业板、科创板和精选层相关政策要求，引导公司利用资本市场融资功能，实现跨越式发展。

二是深入落实注册制改革工作要求。精简、压缩内部管理程序，规范、细化辅导监管流程，提供高效的发行人股东核查比对服务；联合走访辖区"专精特新"企业、召开政策解读沙龙，及时传达注册制审核最新政策要求。全年辖区共有10

家企业提交 IPO 申报材料，其中 3 家企业申报科创板、3 家申报创业板。

三是大力推动提高辖区上市公司质量。及时向辖区上市公司传达证监会系统工作会议精神，部署全年重点工作。推动出台天津市提高上市公司质量工作方案。开展上市公司治理专项行动，推动完成 64 项问题整改或制定整改方案。推动 59 家公司召开业绩说明会，3 家公司获选投资者关系管理优秀案例。

撰稿人：林星哲

审稿人：张文鑫　王子军　冯红莉

河北地区

一、河北经济发展概况

表1　　2021年河北经济发展概况　　单位：亿元

指　标	1~3月 绝对量	1~3月 同比增长（%）	1~6月 绝对量	1~6月 同比增长（%）	1~9月 绝对量	1~9月 同比增长（%）	1~12月 绝对量	1~12月 同比增长（%）
地区生产总值（GDP）	8750.50	15.10	18739.30	9.90	29060.70	7.70	40391.30	6.50
全社会固定资产投资	—	16.20	—	0.40	—	0.40	—	3.00
社会消费品零售总额	3012.20	24.30	6213.00	13.20	9475.30	9.70	13509.90	6.30
规模以上工业增加值	—	17.60	—	8.70	—	5.10	—	4.90
规模以上工业企业实现利润	559.80	130.00	1488.90	80.60	2037.10	39.60	2294.30	10.60
居民消费价格指数（CPI）	1~3月		1~6月		1~9月		1~12月	
	0.10		0.50		0.60		1.00	

资料来源：国家统计局。

二、河北上市公司总体情况

（一）公司数量

表2　　2021年河北上市公司数量　　单位：家

公司总数	2021年新增	股票类别 仅A股	股票类别 仅B股	股票类别 (A+B)股	板块分布 沪市主板	板块分布 深市主板	板块分布 北交所	板块分布 创业板	板块分布 科创板
69	8	68	0	1	26	24	3	16	0

资料来源：沪深北交易所，同花顺。

（二）行业分布

表3　　2021年河北上市公司行业分布情况

所属证监会行业类别	家数	占比（%）	所属证监会行业类别	家数	占比（%）
采矿业	2	2.90	批发和零售业	1	1.45
电力、热力、燃气及水生产和供应业	4	5.80	水利、环境和公共设施管理业	1	1.45
房地产业	2	2.90	卫生和社会工作	0	0.00
建筑业	2	2.90	文化、体育和娱乐业	0	0.00
交通运输、仓储和邮政业	2	2.90	信息传输、软件和信息技术服务业	3	4.35
教育	0	0.00	制造业	50	72.46
金融业	2	2.90	住宿和餐饮业	0	0.00
居民服务、修理和其他服务业	0	0.00	租赁和商务服务业	0	0.00
科学研究和技术服务业	0	0.00	综合	0	0.00
农、林、牧、渔业	0	0.00	合计	69	100.00

资料来源：沪深北交易所，同花顺。

（三）股本结构及规模

表4　　2021年河北上市公司股本规模在10亿股以上公司分布情况

股本规模（亿股）	公司家数	具体公司
100≤ ~ <200	2	河钢股份，庞大集团
50≤ ~ <100	5	长城汽车，唐山港，东旭光电，秦港股份，电投产融
20≤ ~ <50	10	荣盛发展，新兴铸管，华夏幸福，新天绿能，冀中能源，财达证券，新奥股份，冀东水泥，中国动力，三友化工
10≤ ~ <20	10	保变电气，建投能源，华北制药，以岭药业，晶澳科技，常山北明，开滦股份，沧州明珠，养元饮品，承德露露

资料来源：沪深北交易所，同花顺。

表5　　2021年河北上市公司分地区股权构成情况　　　　　　　　　　单位：家

地域分布＼股权性质	央企国资控股	省属国资控股	地市国资控股	民营控股	其他	合计
石家庄市	2	5	2	11	0	20
唐山市	1	3	2	6	1	13
秦皇岛市	0	1	0	3	0	4
邯郸市	2	0	1	1	0	4

续表

股权性质 地域分布	央企国资控股	省属国资控股	地市国资控股	民营控股	其他	合计
邢台市	0	1	2	2	0	5
保定市	5	0	3	5	0	13
张家口市	0	1	4	0	1	6
承德市	0	0	5	1	0	6
沧州市	1	1	6	3	0	11
廊坊市	0	0	7	5	1	13
衡水市	0	0	8	1	1	10
合计	11	12	40	38	4	69

资料来源：河北证监局。

（四）市值规模

截至2021年12月31日，河北69家上市公司境内总市值13871.37亿元，占全国上市公司境内总市值的1.51%；其中上交所上市公司26家，总股本559.25亿股，境内总市值7011.40亿元，占上交所上市公司境内总市值的0.77%；深交所上市公司40家，总股本574.25亿股，境内总市值6824.93亿元，占深交所上市公司境内总市值的1.72%。

（五）资产规模

截至2021年12月31日，河北69家上市公司合计总资产22106.17亿元，归属于母公司股东权益5923.06亿元，与2020年相比，分别增长4.09%、0.29%；平均每股净资产6.01元。

三、河北上市公司经营情况及变动分析

（一）总体经营情况

表6　　　　　　　　　　　2021年河北上市公司经营情况

指　标	2021年	2020年	变动率（%）
家数	69	61	13.11
亏损家数	6	5	20.00
亏损家数比例（%）	8.70	8.2	0.50
平均每股收益（元）	0.00	0.37	-100.00
平均每股净资产（元）	4.95	5.24	-5.53
平均净资产收益率（%）	-0.02	7.06	-7.08
总资产（亿元）	22106.17	21237.29	4.09
归属于母公司股东权益（亿元）	5923.06	5906.09	0.29
营业收入（亿元）	9786.17	8717.46	12.26
利润总额（亿元）	198.82	738.41	-73.07
归属于母公司所有者的净利润（亿元）	-1.33	416.98	-100.32

资料来源：沪深北交易所，同花顺。

(二) 分行业经营情况

表7　　　　　　　　　　2021年河北上市公司分行业经营情况

所属行类	营业收入（亿元）	可比样本变动率（％）	归属于母公司所有者的净利润（亿元）	可比样本变动率（％）
采矿业	379.91	42.94	40.41	129.99
电力、热力、燃气及水生产和供应业	1472.78	26.77	40.54	-11.60
房地产业	904.25	-47.65	-439.85	-493.88
建筑业	29.57	1.55	1.42	-6.58
交通运输、仓储和邮政业	126.70	-11.36	31.27	10.18
教育	—	—	—	—
金融业	113.79	-26.17	19.77	9.65
居民服务、修理和其他服务业	—	—	—	—
科学研究和技术服务业	—	—	—	—
农、林、牧、渔业	—	—	—	—
批发和零售业	286.33	4.55	8.98	54.83
水利、环境和公共设施管理业	1.76	-65.83	-2.67	-2153.85
卫生和社会工作业	—	—	—	—
文化、体育和娱乐业	—	—	—	—
信息传输、软件和信息技术服务业	131.13	2.78	-18.34	-1218.29
制造业	6339.94	26.91	317.14	34.51
住宿和餐饮业	—	—	—	—
租赁和商务服务业	—	—	—	—
综合	—	—	—	—
合计	9786.17	10.17	-1.33	-100.29

资料来源：沪深北交易所，同花顺。

(三) 业绩变动情况分析

1. 营业收入、毛利率等变动原因分析

2021年度，辖区上市公司累计实现营业总收入9786.17亿元，较2020年同比增长12.26%，受疫情影响，其中实现营业收入增长的仅57家，收入下降的12家；归母净利润-1.33亿元，较2020年下降100.32%。毛利率方面，有23家公司毛利率较2020年增长。

2. 盈利构成分析

制造业仍是收入和利润贡献的主力，51家制造业企业营业收入、净利润分别为6345.83亿元、344.96亿元，占比分别为65.00%、325.39%。受行业和大环境影响，辖区房企上市公司亏损448.39亿元，拉低整个辖区净利润水平。其中长城汽车、新奥股份、冀东水泥、冀中能源归属于母公司净利润67.26亿元、41.02亿元、28.10亿元、27.39亿元、26.88亿元，中红医疗、新天绿能、养元饮品、唐山港、晶澳科技、新兴铸管净利润均超20亿元。

3. 经营性现金流量分析

2021年度，河北上市公司经营活动产生的现金流量净额为1259.47亿元，较上年有大幅度增长，增长率为105.11%。其中经营活动产生的现金流量净额为正的55家，为负的14家。长城汽车经营活动产生的现金流量净额最大为353.16亿元，最小为电投产融-48.63亿元。增长绝对值最大的为长城汽车301.34亿元，下降绝对值最大的为电投产融59.30亿元。

4. 业绩特点分析

2021年，河北上市公司营业收入总体上涨，增长率12.26%，主要受河北两家房企上市公司的影响，两家房地产企业净利润从2020年的125.80亿元，到2021年亏损448.39亿元，拉低了整个河北省上市公司总体盈利能力。从公司属性上来看，36家非房地产民营企业净利润232.93亿元，占非房地产上市公司净利润的42.01%，地方国有企业占比34.04%，中央国有企业占比14.61%，民营企业与国有企业利润贡献率相当。从板块来看，板块差异发展明显，50家主板、6家创业板、3家北交所营业收入为9345.83亿元、404.08亿元、12.32亿元。

5. 利润分配情况

表8　2021年河北上市公司现金分红情况

2021年分红公司家数			2021年分红金额		
家数	变动率（%）	分红公司家数占地区公司总数比重（%）	金额（亿元）	变动率（%）	分红金额占归属于母公司所有者的净利润比重（%）
52	15.56	75.36	184.47	9.15	-138.70

资料来源：河北证监局。

四、河北上市公司并购重组情况

（一）并购重组基本情况

2021年，河北省上市公司全年实施并购重组并完成共4家，（新奥股份、新诺威、冀东水泥、电投产融），并购重组涉及的标的资产618.53亿元，较上年增加17.83%，其中冀东水泥、电投产融构成重大资产重组。

（二）并购重组特点

2021年，河北省上市公司并购重组金额较大，其中电投产融收购国家电投财务34%股权的委托管理权，交易价格为469.21亿元；冀东水泥收购金隅冀东水泥（唐山）有限责任公司，交易价格为136.23亿元。重组目的多样化，冀东水泥、新奥股份为横向整合、新诺威为资产调整、电投产融为其他并购目的。除冀东水泥外，其余公司都涉及控制权的变更。

五、河北上市公司募集资金情况、使用情况

（一）募集资金总体情况

表9　　　　　　　　　　　2021年河北上市公司募集资金情况

发行类型	代码	简称	募集资金（亿元）
首发	003031.SZ	中瓷电子	4.07
	300981.SZ	中红医疗	20.25
	300990.SZ	同飞股份	11.11
	600906.SH	财达证券	18.80
	603176.SH	汇通集团	1.98
	605196.SH	华通线缆	3.84
	832171.BJ	志晟信息	1.14
	小计		61.19
再融资（增发、配股）	300491.SZ	通合科技	2.5
	600803.SH	新奥股份	30.73
	600812.SH	华北制药	6.16
	300428.SZ	立中集团	3.11
	300428.SZ	立中集团	3.10
	002282.SZ	博深股份	4.25
	000401.SZ	冀东水泥	136.23
	小计		186.08
其他融资（公司债券、短期融资券、中期票据、次级债、金融债、境外发行债券）	新天绿能	新天绿能	15.4（公司债10.4，短期融资券5）
	000778.SZ	新兴铸管	10（公司债）
	000401.SZ	冀东水泥	20（公司债）
	601633.SH	长城汽车	35（可转债）
	002049.SZ	紫光国微	15（可转债）
	000600.SZ	建投能源	25（公司债）
	600906.SH	财达证券	25（金融债）
	002603.SZ	以岭药业	14（短期融资券）
	601000.SH	唐山港	10（短期融资券）
	小计		169.40
	总计		416.67

资料来源：河北证监局。

（二）募集资金使用情况及特点

2021年，河北省上市公司募集资金使用方面整体上不存在违规变更募集资金用途或重大违法违规情况，但存在《募集资金管理制度》更新不及时、理财专户管理不规范、披露信息与实际不符等问题。

（三）募集资金变更情况

2021年，河北省上市中有9家变更募集资金使用，其中紫光国微变更募集资金为2021年可转债10.5亿元；中国动力变更募集资金为2016年定向增发20.24亿元；海泰新能变更募集资金项目使用地点为2022年IPO5.16亿元；中船汉光变更募投资金为2020年IPO1.15亿元；工大科雅变更募集资金为IPO超募资金0.48亿元；新天绿能变更募集资金实施方式为2021年定向增发45.45亿元；博深股份变更募集资金为2020年定向增发0.54亿元；润农节水变更募集资金为2020年IPO0.51亿元；晨光生物变更募集资金为2019年可转债0.28亿元。

表10　2021年河北上市公司募集资金使用项目变更情况

变更募集资金使用项目的公司家数	涉及金额（亿元）	募集资金总额（亿元）	占公司募集资金总额的比例（%）
9	85.31	221.39	38.53

资料来源：河北证监局。

六、河北上市公司规范运作情况

（一）上市公司治理专项情况

2021年，河北上市公司公司治理水平整体较好。河北证监局扎实开展公司治理专项行动，动态跟踪辖区存在公司治理问题的公司，但是还存在公司治理问题整改不到位、公司与控股股东在资产、人员、财务、机构方面不独立等问题。

（二）审计情况及监管情况

2021年，辖区69家上市公司中，共有64家被出具了标准无保留意见的审计报告，占比92.75%，5家被出具了非标准意见的审计报告，占比7.25%，其中，带强调事项段的无保留意见2份，保留意见3份。河北证监局坚决落实"管少管精才能管好"的监管原则，以风险问题为导向，结合日常监管工作，选取重点、关注类项目，通过强化事前风险提示、事中持续督导、事后监督问责的全流程审计监管，促进会计师事务所、上市公司质量双提升。其中，聚焦各项目风险点下发年报审计提示函25份，采用线上线下相结合的方式，对风险提示落实情况及审计进展等事项进行督导，及时开展年报、审计总结审阅工作，针对发现的疑点、线索开展现场检查，对检查发现问题及时采取监管措施，持续关注问题整改进展，切实提高中介机构执业质量。

(三) 信息披露情况

2021年，随着提高上市公司质量专项工作的不断推进，河北上市公司信息披露质量持续提升。个别主体存在定期报告披露内容不准确、临时报告披露不及时等违反信披办法的现象，河北证监局及时对相关责任主体共采取了2件行政监管措施。

(四) 证券市场服务情况

1. 稳步推进辅导上市监管工作

一是抢抓交易所发展机遇，加强政策培训宣传。分层次、分专题、分板块组织开展培训，以资本市场专报等形式向省、各地市政府传递政策信息，鼓励中小企业利用多层次资本市场实现高质量发展；二是积极开展调研，挖掘潜在资源。赴石家庄、邢台、保定等多地开展推进上市工作系列调研，传递正确的上市理念，充分调动各方积极性，推动形成项目供给梯队。三是深入企业摸底，持续跟踪进展。组织对辖区企业和辅导机构进行摸底，持续跟踪重点企业申报及审核进展，梳理最新审核政策，掌握辅导期企业申报工作计划及目前存在的问题。四是采取科技化创新辅导验收工作方式，稳步推进辅导验收工作，2021年辖区新增上市公司7家，辅导期的拟上市企业42家，报会审核企业10家。

2. 大力支持辖区主体利用资本市场直接融资

进一步拓宽直接融资渠道，支持符合条件的企业在沪深北交易所上市融资，引导符合条件的债券发行人通过交易所债券市场发行公司债券实现直接融资，降低企业运行成本，提高辖区上市公司质量。2021年度，辖区上市公司直接筹资总额为387.67亿元，分别为首发筹资61.19亿元，增发筹资186.08亿元，债券融资140.4亿元。

撰稿人：杜　飞
审稿人：国　振

山西地区

一、山西经济发展概况

表1　　　　　　　　　　　　　2021年山西经济发展概况　　　　　　　　　　　　单位：亿元

指标	1~3月		1~6月		1~9月		1~12月	
	绝对量	同比增长（%）	绝对量	同比增长（%）	绝对量	同比增长（%）	绝对量	同比增长（%）
地区生产总值（GDP）	4464.06	17.30	9606.70	12.20	15584.85	10.50	22590.16	9.10
全社会固定资产投资	—	29.40	—	18.20	—	5.20	—	4.80
社会消费品零售总额	1751.70	43.50	3635.40	30.30	5631.90	22.40	7747.30	14.80
规模以上工业增加值	—	23.90	—	15.90	—	14.00	—	12.70
规模以上工业企业实现利润	463.30	420.00	1197.10	254.10	2087.60	252.10	2949.90	50.70
居民消费价格指数（CPI）	1~3月		1~6月		1~9月		1~12月	
	0.30		0.60		0.70		1.00	

资料来源：国家统计局。

二、山西上市公司总体情况

（一）公司数量

表2　　　　　　　　　　　　　　2021年山西上市公司数量　　　　　　　　　　　　单位：家

公司总数	2021年新增	股票类别			板块分布				
		仅A股	仅B股	(A+B)股	沪市主板	深市主板	北交所	创业板	科创板
41	2	40	0	1	21	15	1	4	0

资料来源：沪深北交易所，同花顺。

（二）行业分布

表3　　2021年山西上市公司行业分布情况

所属证监会行业类别	家数	占比（%）	所属证监会行业类别	家数	占比（%）
采矿业	6	14.63	批发和零售业	2	4.88
电力、热力、燃气及水生产和供应业	4	9.76	水利、环境和公共设施管理业	0	0.00
房地产业	0	0.00	卫生和社会工作	0	0.00
建筑业	0	0.00	文化、体育和娱乐业	1	2.44
交通运输、仓储和邮政业	2	4.88	信息传输、软件和信息技术服务业	1	2.44
教育	0	0.00	制造业	23	56.10
金融业	1	2.44	住宿和餐饮业	0	0.00
居民服务、修理和其他服务业	0	0.00	租赁和商务服务业	1	2.44
科学研究和技术服务业	0	0.00	综合	0	0.00
农、林、牧、渔业	0	0.00	合计	41	100.00

资料来源：沪深北交易所，同花顺。

（三）股本结构及规模

表4　　2021年山西上市公司股本规模在10亿股以上公司分布情况

股本规模（亿股）	公司家数	具体公司
200≤ ~ <500	1	永泰能源
100≤ ~ <200	1	大秦铁路
50≤ ~ <100	1	太钢不锈
20≤ ~ <50	9	美锦能源，山西焦煤，山西证券，太原重工，晋控电力，潞安环能，山西焦化，华阳股份，阳煤化工
10≤ ~ <20	12	山煤国际，南风化工，晋控煤业，*ST跨境，山西路桥，国新能源，山西汾酒，晋西车轴，通宝能源，兰花科创，振东制药，ST安泰

资料来源：沪深北交易所，同花顺。

表5　　2021年山西上市公司分地区股权构成情况　　单位：家

股权性质 地域分布	央企国资控股	省属国资控股	地市国资控股	民营控股	其他	合计
太原市	2	9	2	5	0	18
大同市	1	1	0	2	0	4

续表

股权性质\地域分布	央企国资控股	省属国资控股	地市国资控股	民营控股	其他	合计
阳泉市	0	2	0	0	0	2
长治市	0	1	0	3	0	4
朔州市	0	0	0	0	0	0
晋城市	0	0	1	0	0	1
晋中市	0	1	0	2	0	3
运城市	1	1	0	2	0	4
忻州市	0	0	0	1	0	1
临汾市	0	2	0	1	0	3
吕梁市	0	1	0	0	0	1
合计	4	18	3	16	0	41

资料来源：山西证监局。

（四）市值规模

截至2021年12月31日，山西41家上市公司境内总市值10256.98亿元，占全国上市公司境内总市值的1.03%；其中上交所上市公司21家，总股本642.15亿股，境内总市值7242.51亿元，占上交所上市公司境内总市值的1.24%；深交所上市公司19家，总股本316.74亿股，境内总市值3000.10亿元，占深交所上市公司境内总市值的0.74%；北交所上市公司1家，总股本0.72亿股，境内总市值14.37亿元，占北交所上市公司境内总市值的0.38%。

（五）资产规模

截至2021年12月31日，山西41家上市公司合计总资产11270.42亿元，归属于母公司股东权益4570.11亿元，与2020年相比，分别增长11.25%、13.34%；平均每股净资产4.76元。

三、山西上市公司经营情况及变动分析

（一）总体经营情况

表6　2021年山西上市公司经营情况

指标	2021年	2020年	变动率（%）
家数	41	39	5.12
亏损家数	5	4	25.00
亏损家数比例（%）	12.19	10.26	18.81
平均每股收益（元）	0.66	0.32	106.25

续表

指　标	2021 年	2020 年	变动率（%）
平均每股净资产（元）	4.76	4.40	8.18
平均净资产收益率（%）	13.86	7.48	85.29
总资产（亿元）	11270.42	10130.71	11.25
归属于母公司股东权益（亿元）	4570.11	4032.12	13.34
营业收入（亿元）	5972.10	4511.43	32.38
利润总额（亿元）	930.47	425.13	118.86
归属于母公司所有者的净利润（亿元）	629.41	301.66	108.64

资料来源：沪深北交易所，同花顺。

（二）分行业经营情况

表7　　　　　　　　　2021年山西上市公司分行业经营情况

所属行类	营业收入（亿元）	可比样本变动率（%）	归属于母公司所有者的净利润（亿元）	可比样本变动率（%）
采矿业	1615.41	46.91	217.23	220.30
电力、热力、燃气及水生产和供应业	627.94	17.87	12.99	-70.25
房地产业	—	—	—	—
建筑业	—	—	—	—
交通运输、仓储和邮政业	803.44	8.94	125.87	18.39
教育	—	—	—	—
金融业	39.94	19.51	8.04	7.06
居民服务、修理和其他服务业	—	—	—	—
科学研究和技术服务业	—	—	—	—
农、林、牧、渔业	—	—	—	—
批发和零售业	568.71	9.69	56.11	554.70
水利、环境和公共设施管理业	—	—	—	—
卫生和社会工作业	—	—	—	—
文化、体育和娱乐业	1.75	-15.87	-1.45	-680.00
信息传输、软件和信息技术服务业	2.63	30.85	0.40	37.93
制造业	2307.61	43.16	210.07	139.72
住宿和餐饮业	—	—	—	—
租赁和商务服务业	4.66	125.12	0.14	27.27
综合	—	—	—	—
合计	5972.10	29.88	629.41	114.60

资料来源：沪深北交易所，同花顺。

(三) 业绩变动情况分析

1. 营业收入、毛利率等变动原因分析

2021年，因煤炭价格大幅上涨，山西地区上市公司营业收入总额5972.10亿元，同比增长32.38%。其中，28家上市公司营业收入实现增长，13家上市公司营业收入有所下滑。毛利率28.69%，较上年增长5.72个百分点。分季度看，一季度至四季度上市公司营业收入持续向好，同比增速分别为26.43%、24.20%、32.54%、34.66%。

2. 盈利构成分析

2021年，山西地区上市公司实现净利润629.41亿元，同比增长108.64%，其中，36家公司实现盈利，5家公司经营亏损。2021年，山西地区上市公司全力克服疫情等客观因素影响，企业生产经营逐步企稳，前三季度盈利面逐步扩大，第四季度受到汛情、煤炭资源限价等因素影响，业绩有所回落，归属于母公司股东的净利润同比增速分别为122.07%、164.95%、111.39%、53.70%。

3. 经营性现金流量分析

2021年，山西地区上市公司经营能力大幅提升，销售商品、提供劳务收到的现金为5594.72亿元，同比增加1510.97亿元；购买商品、接受劳务收到的现金为3072.85亿元，同比增加658.68亿元。经营活动产生的现金量净额为1199.38亿元，同比增加625.90亿元。其中仅五矿稀土、科新发展等7家上市公司经营活动产生的现金流量净额为负值，其余上市公司均为正值。筹资活动产生的现金流量净额为-467.87亿元，同比减少630.25亿元，反映出山西地区上市公司在2021年整体融资水平有所下降。其中，山西证券筹资活动产生的现金流量净额最高，为40.70亿元。

4. 业绩特点分析

山西地区不同行业上市公司业绩分化较为明显。其中，煤炭开采及洗选业营业收入涨幅较大，归母净利润翻番，达214.18亿元，占辖区上市公司归母净利润的34.03%；制造业业绩较为平稳，白酒、医药制造业增长势头良好，有色金属冶炼、加工业业绩有所下滑，电力、热力生产和供应业受煤炭价格冲击较大，业绩降幅明显。

5. 利润分配情况

表8　　　　　　　　　　　　2021年山西上市公司现金分红情况

2021年分红公司家数			2021年分红金额		
家数	变动率（%）	分红公司家数占地区公司总数比重（%）	金额（亿元）	变动率（%）	分红金额占归属于母公司所有者的净利润比重（%）
22	4.76	53.66	228.92	100.78	36.37

资料来源：山西证监局。

四、山西上市公司并购重组情况

（一）并购重组基本情况

2021年，山西地区6家上市公司通过并购重组不断优化产业结构，提升市场竞争力。

1. 双林生物通过发行股份及支付现金方式购买派斯菲科生物制药股份有限公司87.39%股权及七度投资合伙企业（有限合伙）100%财产份额，涉及金额33.47亿元。

2. 山西路桥通过发行股份及支付现金方式购买山西平榆高速公路有限责任公司100%股权。标的资产交易价格29.23亿元。

3. 太钢不锈通过现金方式购买太原重工轨道交通设备有限公司20%股权。标的资产交易价格为5.48亿元。

4. 美锦能源通过现金方式购买锦辉煤业有限公司100%股权。标的资产交易价格为6.51亿元。

5. 潞安环能通过现金方式购买山西潞安金源煤层气开发有限责任公司100%股权。标的资产交易价格为3.4亿元。

6. 南风化工通过资产置换、发行股份及支付现金等方式购买北方铜业79.39%股权。标的资产交易价格为43.83亿元。

（二）并购重组特点

2021年，辖区上市公司并购重组规模较为活跃，通过资产注入、资产置换等方式调整产业结构、实施战略转型。山西路桥、派林生物等公司通过现金购买资产等方式，进一步做大做强主业，强化市场竞争力，有效提升盈利能力；南风化工等公司通过资产置换顺利实现转型发展；太钢不锈、潞安环能通过购买资产延伸产业链，进一步发挥协同效应，提升抗风险能力。

五、山西上市公司募集资金情况、使用情况

（一）募集资金总体情况

表9　　2021年山西上市公司募集资金情况

发行类型	代码	简称	募集资金（亿元）
首发	831832.BJ	科达自控	2.69
	小计		2.69
再融资（增发、配股）	000403.SZ	双林生物	49.47（增发）
	600617.SH	国新能源	10.12（增发）
	600234.SH	山水文化	4.80（增发）
	000755.SZ	山西路桥	29.23（增发）
	000737.SZ	南风化工	31.76（增发）
	小计		125.38

续表

发行类型	代码	简称	募集资金（亿元）
其他融资（公司债券、短期融资券、中期票据、次级债、金融债、境外发行债券）	002500.SZ	山西证券	27（次级债）
	000767.SZ	晋控电力	6（公司债）
	002500.SZ	山西证券	25（公司债）
	600617.SH	国新能源	5（公司债）
	603112.SH	华翔股份	8（可转债）
	000767.SZ	晋控电力	15（短期融资券）
	000767.SZ	晋控电力	11（永续债）
小计			97
总计			225.07

资料来源：山西证监局。

（二）募集资金使用情况及特点

2021 年，山西辖区上市公司通过首发、再融资和公司债等方式募集资金 225.07 亿元，较 2020 年下降 58.85%，募集资金下降的原因是 2020 年上市公司大秦铁路可转债融资 320 亿元。2021 年共有 18 家公司使用募集资金 132.23 亿元，上市公司使用募集资金主要用途为募投项目使用、偿还贷款、补充流动资金等。

（三）募集资金变更情况

表 10　　2021 年山西上市公司募集资金使用项目变更情况

变更募集资金使用项目的公司家数	涉及金额（亿元）	募集资金总额（亿元）	占公司募集资金总额的比例（%）
1	0.41	1.33	31.11

资料来源：山西证监局。

仟源药业募投项目研究药品被纳入集采，公司再投入资金进行研发，取得药品批件后较难获得良好的经济效益，故公司变更"仟源保灵药品研发项目"为"新药研发项目"。

六、山西上市公司规范运作情况

（一）上市公司治理专项情况

一是坚决落实《国务院关于进一步提高上市公司质量的意见》（国发〔2020〕14 号）精神，组织开展辖区上市公司治理专项行动，督促辖区公司认真自查公司治理方面的突出问题和隐患，通过自查自纠，持续推动治理问题整改，切实提高上市公司质量。二是坚持风险和问题导向，聚焦控股股东及实际控制人行为规范、三会运作、董监高履职尽责、内部控制规范性、信息披露与透明度五方面重点问题，科学确定现场检查对象，制定差异化现场检查计划，切实提高现场检查质效。三是持续跟踪整改进展，一司一策制定整改方案，按月更新工作台账，采取多种方式加大督促整改力度，切实推动问题实质性解决。四是紧盯"关键少数"，加大对公司治理专题培训力度，通过讲解公司治理规范、通报违规案例等方式进一步阐明监管态度、明确监管要求。

（二）审计情况及监管情况

在2021年年度报告审计过程中，共有16家会计师事务所为41家山西地区上市公司提供审计服务。山西地区41家上市公司全部按期披露2021年年报，其中39家为标准无保留意见，1家为带强调事项段的无保留意见，1家为无法表示意见。在披露内部控制审计报告的辖区35家上市公司中，34家内部控制审计报告均为标准无保留意见，1家为否定意见。

在2021年年度报告审计过程中，山西证监局一是提前谋划，制定年报审计监管工作方案和审阅计划，优化年报审阅工作底稿，明确工作要求，从制度层面夯实年报监管工作基础。二是紧盯"关键少数"，组织召开辖区年报监管专题会议，强调资本市场执业风险、监管形势和法律责任，传达对违法行为零容忍的监管态势。三是细化流程监管，通过下发风险提示函、约谈会计师及质控负责人、列席年报审计沟通会、审阅审计总结及年报、现场检查等方式，督促审计机构规范执业、切实发挥好资本市场"看门人"责任。

（三）信息披露情况

2021年，山西证监局坚持以信息披露为抓手，坚持依法全面从严监管，提升监管针对性和有效性。一是认真贯彻落实证监会党委精神，推动山西省人民政府出台《山西省提高上市公司质量的实施意见》，以信息披露为公司治理监管重要抓手，切实提高上市公司治理。二是持续加强信息披露制度规则培训，督促上市公司严格执行企业会计准则和信息披露编报规则，切实提升财务信息披露质量。三是以投资者需求为导向，督促上市公司、股东及相关信息披露义务人真实、准确、完整、及时、公平披露信息，做到简明清晰、通俗易懂。

（四）证券市场服务情况

不断凝聚资本市场改革发展共识。积极献言献策，向山西省委省政府报告关于资本市场深化改革、支持实体经济发展的工作动向。组织召开辖区监管工作会议，宣讲市场形势、传递改革声音、引导规范发展，不断凝聚资本市场助力山西经济高质量发展的广泛共识。

支持优质企业梯次上市。推动山西省政府出台《山西省推进企业上市"倍增"计划》，围绕稳步推进股票发行注册制改革开展大讨论，联合省地方金融监管局通过座谈会、调研等方式，积极推动辖区优质企业在资本市场上市挂牌，支持广誉远、金利华电等上市公司将注册地迁入山西。

资本市场直接融资规模不断扩大。省内市场主体实现资本市场直接融资2118.65亿元,同比增长27.91%。其中上市公司IPO融资2.69亿元,上市公司增发融资125.38亿元,山西地区社会融资结构得以不断改善和优化。

撰稿人:高丁丁
审稿人:鲁家焱

内蒙古地区

一、内蒙古经济发展概况

表1　　2021年内蒙古经济发展概况　　单位：亿元

指标	1~3月 绝对量	1~3月 同比增长（%）	1~6月 绝对量	1~6月 同比增长（%）	1~9月 绝对量	1~9月 同比增长（%）	1~12月 绝对量	1~12月 同比增长（%）
地区生产总值（GDP）	4222.60	15.20	9103.60	10.40	14491.50	7.80	20514.20	6.30
全社会固定资产投资	—	71.70	—	25.70	—	-2.10	—	2.20
社会消费品零售总额	—	25.60	2289.99	14.00	3548.03	9.20	5060.31	6.30
规模以上工业增加值	—	16.30	—	9.70	—	7.40	—	6.00
规模以上工业企业实现利润	587.90	170.30	1353.60	184.40	2202.90	167.10	3380.80	114.80
居民消费价格指数（CPI）	1~3月 0.20		1~6月 0.50		1~9月 0.60		1~12月 0.90	

资料来源：国家统计局。

二、内蒙古上市公司总体情况

（一）公司数量

表2　　2021年内蒙古上市公司数量　　单位：家

公司总数	2021年新增	股票类别 仅A股	股票类别 仅B股	股票类别 (A+B)股	板块分布 沪市主板	板块分布 深市主板	板块分布 北交所	板块分布 创业板	板块分布 科创板
29	3	27	1	1	17	8	1	3	0

资料来源：沪深北交易所，同花顺。

(二) 行业分布

表3　　　　　　　　　　　　2021年内蒙古上市公司行业分布情况

所属证监会行业类别	家数	占比（%）	所属证监会行业类别	家数	占比（%）
采矿业	7	24.14	批发和零售业	0	0.00
电力、热力、燃气及水生产和供应业	1	3.45	水利、环境和公共设施管理业	1	3.45
房地产业	0	0.00	卫生和社会工作	0	0.00
建筑业	0	0.00	文化、体育和娱乐业	1	3.45
交通运输、仓储和邮政业	0	0.00	信息传输、软件和信息技术服务业	0	0.00
教育	0	0.00	制造业	18	62.07
金融业	1	3.45	住宿和餐饮业	0	0.00
居民服务、修理和其他服务业	0	0.00	租赁和商务服务业	0	0.00
科学研究和技术服务业	0	0.00	综合	0	0.00
农、林、牧、渔业	0	0.00	合计	29	100.00

资料来源：沪深北交易所，同花顺。

(三) 股本结构及规模

表4　　　　　　　　2021年内蒙古上市公司股本规模在10亿股以上公司分布情况

股本规模（亿股）	公司家数	具体公司
200≤ ~ <500	1	包钢股份
50≤ ~ <100	3	君正集团，内蒙华电，伊利股份
20≤ ~ <50	5	远兴能源，北方稀土，亿利洁能，伊泰B股，银泰黄金
10≤ ~ <20	10	电投能源，兴业矿业，内蒙一机，赤峰黄金，蒙草生态，大中矿业，鄂尔多斯，生物股份，退市西水，ST平能

资料来源：沪深北交易所，同花顺。

表5　　　　　　　　2021年内蒙古上市公司分地区股权构成情况　　　　　　　　单位：家

股权性质＼地域分布	央企国资控股	省属国资控股	地市国资控股	民营控股	其他	合计
呼和浩特市	1	1	0	3	2	7
包头市	2	2	0	3	1	8
乌海市	0	0	0	2	0	2
赤峰市	1	0	0	2	0	3

续表

股权性质 地域分布	央企国资控股	省属国资控股	地市国资控股	民营控股	其他	合计
通辽市	1	0	0	0	0	1
鄂尔多斯市	0	0	0	4	0	4
锡林郭勒盟	0	0	0	1	0	1
巴彦卓尔市	0	0	0	1	0	1
阿拉善盟	1	0	0	0	0	1
乌兰察布市	0	0	0	1	0	1
合计	6	3	0	17	3	29

资料来源：内蒙古证监局。

（四）市值规模

截至2021年12月31日，内蒙古29家上市公司境内总市值9374.00亿元，占全国上市公司境内总市值的1.02%；其中上交所上市公司17家，总股本868.17亿股，境内总市值7863.20亿元，占上交所上市公司境内总市值的1.51%；深交所上市公司11家，总股本163.10亿股，境内总市值1494.25亿元，占深交所上市公司境内总市值的0.38%；北交所上市公司1家，总股本1.45亿股，境内总市值16.55亿元，占北交所上市公司境内总市值的0.63%。

（五）资产规模

截至2021年12月31日，内蒙古28家（除平庄能源）上市公司合计总资产7385.82亿元，归属于母公司股东权益3363.76亿元，与2020年相比，分别增长11.85%、21.16%；平均每股净资产3.26元。

三、内蒙古上市公司经营情况及变动分析

（一）总体经营情况

表6　　2021年内蒙古上市公司经营情况

指　标	2021年	2020年	变动率（%）
家数	29	26	11.54
亏损家数	2	7	-71.43
亏损家数比例（%）	6.90	26.92	-20.02
平均每股收益（元）	0.51	0.12	325.00
平均每股净资产（元）	3.26	2.8	16.43
平均净资产收益率（%）	15.76	4.21	11.55

续表

指　　标	2021年	2020年	变动率（%）
总资产（亿元）	7385.82	6603.62	11.85
归属于母公司股东权益（亿元）	3363.76	2776.35	21.16
营业收入（亿元）	4608.07	3731.5	23.49
利润总额（亿元）	709.95	-125.31	666.55
归属于母公司所有者的净利润（亿元）	530.05	116.9	353.42

资料来源：沪深北交易所，同花顺。

（二）分行业经营情况

表7　　　　　　　　　2021年内蒙古上市公司分行业经营情况

所属行类	营业收入（亿元）	可比样本变动率（%）	归属于母公司所有者的净利润（亿元）	可比样本变动率（%）
采矿业	950.51	32.74	159.31	415.90
电力、热力、燃气及水生产和供应业	189.34	23.26	4.52	-40.45
房地产业	—	—	—	—
建筑业	—	—	—	—
交通运输、仓储和邮政业	—	—	—	—
教育	—	—	—	—
金融业	1.06	-99.50	0.83	100.95
居民服务、修理和其他服务业	—	—	—	—
科学研究和技术服务业	—	—	—	—
农、林、牧、渔业	—	—	—	—
批发和零售业	—	—	—	—
水利、环境和公共设施管理业	29.11	14.52	3.09	33.19
卫生和社会工作业	—	—	—	—
文化、体育和娱乐业	15.92	25.35	2.29	13.93
信息传输、软件和信息技术服务业	—	—	—	—
制造业	3422.14	28.69	360.01	110.69
住宿和餐饮业	—	—	—	—
租赁和商务服务业	—	—	—	—
综合	—	—	—	—
合计	4608.07	21.97	530.05	319.91

资料来源：沪深北交易所，同花顺。

(三) 业绩变动情况分析

1. 营业收入、毛利率等变动原因分析

2021年,内蒙古辖区上市公司实现营业收入4608.07亿元,同比增长23.49%;归属于母公司的净利润530.05亿元,同比增加353.42%。由于在供需失衡、货币宽松等因素影响下,大宗商品价格大幅上涨,内蒙古地区煤炭开采、有色金属、基础化工等上游行业上市公司明显受益,利润同比增幅较大,2021年净利率为13.52%,增加了10.39个百分点。辖区内亏损企业由2020年的7家下降到2家,整体经营情况较2020年提升较大。上游行业上市公司利润占实体企业利润的比重达78.16%,较上年提升19.3个百分点,进一步反映出我区上市公司的行业特点。

2. 盈利构成分析

从盈利构成来看,2021年辖区上市公司利润总额为709.95亿元,与上年同期相比增加666.55%,营业利润720.80亿元,较2020年同期增加769.89%,营业利润中,投资净收益80.63亿元,较2020年同期减少67.58%,其中远兴能源2021年投资净收益39.05亿元,较2020年同期增长3418.02%,鄂尔多斯2021年投资收益15.63亿元,较2020年同期增长266.90%。2021年,辖区上市公司营业外收入3.90亿元,同比上升9.24%。

3. 经营性现金流量分析

2021年,辖区上市公司经营活动现金流量净额为932.87亿元,较2020年同期增长75.46%。在29家上市公司中,2家上市公司经营活动现金流量净额为负,占比为6.90%,2020年6家上市公司经营活动现金流量净额为负,占比23.08%。

4. 业绩特点分析

2021年,辖区上市公司经营情况较上年同期整体好转,23家公司净利润较上年有所增加,其中,远兴能源、伊泰B股、北方稀土、包钢股份、鄂尔多斯增长比例较大,分别增长4412.70%、1908.42%、519.20%、378.55%、309.50%。2家亏损企业中全部为制造业,分别是ST明科和ST天首。

5. 利润分配情况

表8 2021年内蒙古上市公司现金分红情况

2021年分红公司家数			2021年分红金额		
家数	变动率(%)	分红公司家数占地区公司总数比重(%)	金额(亿元)	变动率(%)	分红金额占归属于母公司所有者的净利润比重(%)
19	26.67	65.52	195.79	53.18	36.94

资料来源:内蒙古证监局。

四、内蒙古上市公司并购重组情况

（一）并购重组基本情况

2021年内蒙古有1家上市公司（远兴能源）实施重大重组，其中涉及现金购买股权20.86亿元，涉及现金增资36.69亿元，合计58.11亿元。1家上市公司（平庄能源）被龙源电力集团有限公司（简称龙源电力）换股吸收合并，同时涉及重大资产出售及支付现金购买资产，其中平庄能源出售资产价值34.37亿元，龙源电力购买资产价值57.74亿元，平庄能源换股价值合计39.46亿元。

（二）并购重组特点

2021年内蒙古上市公司资产并购重组呈现以下特点：

1. 辖区上市公司并购重组活跃度不高。2019年、2020年、2021年辖区上市公司实施重大资产重组的公司家数分别为3家、2家、2家，占辖区上市公司总数的比例分别为11.54%、7.69%、6.90%。

2. 并购企业多为采矿或化工业，横向整合的产业并购成为主流。内蒙古上市公司中采矿化工类企业较多，2021年2家公司资产重组均涉及采矿化工行业。从并购类型来看，近几年内蒙古地区上市公司通过横向整合的产业并购，提高了产业集中度和核心竞争力，增强了上市公司抵御风险的能力。

3. 辖区上市公司首次通过吸收合并平稳退市。辖区内蒙古平庄能源股份有限公司因经营情况持续恶化，2018年、2019年、2020年连续三年归母净利润为负。在国家能源投资集团的推动下，龙源电力通过发行股份及重大资产重组吸收合并平庄能源，对全面实行股票发行注册制改革、实现市场优胜劣汰、畅通多元化退出渠道和保护投资者具有重要意义。

五、内蒙古上市公司募集资金情况、使用情况

（一）募集资金总体情况

表9　　2021年内蒙古上市公司募集资金情况

发行类型	代码	简称	募集资金（亿元）
首发	001203	大中矿业	19.66
	603230	内蒙新华	9.85
	836433	大唐药业	2.90
	小计		32.41
再融资（增发、配股）	600887	伊利股份	120.47
	002688	金河生物	8.20
	300239	东宝生物	4.07
	小计		132.74

续表

发行类型	代码	简称	募集资金（亿元）
其他融资（公司债券、短期融资券、中期票据、次级债、金融债、境外发行债券）	600887	伊利股份	706
	600111	北方稀土	12
	600863	内蒙华电	25
	600010	包钢股份	5
小计			748
总计			913.15

资料来源：内蒙古证监局。

（二）募集资金使用情况及特点

2021年，内蒙古3家公司首发上市，募集资金32.41亿元，实现自治区9年内首发上市融资零突破。6家上市公司通过再融资、发行优先股、发行公司债券、中期票据和短期融资券、超短融融资880.74亿元，同比融资规模增长164.28%。结合现场检查和日常监管掌握的情况，内蒙古上市公司募集资金使用情况较为规范，主要有如下特点：一是募集资金基本能够按照约定用途投入使用；二是暂时闲置的募集资金购买理财产品、补充流动资金的情况比较普遍；三是融资总额中债务性融资金额占比较高，主要用于偿还到期银行贷款及补充流动资金，股权性融资的募集资金投向主要是项目建设。

（三）募集资金变更情况

2021年，内蒙古地区只有东宝生物1家上市公司变更募集资金用途，公司将终止"胶原蛋白肽补充剂制品建设项目"中的大部分募集资金投资项目，并将变更后的剩余募集资金用于永久补充流动资金。公司募集资金用途变更已经公司股东大会审议通过，程序合规。

表10　2021年内蒙古上市公司募集资金使用项目变更情况

变更募集资金使用项目的公司家数	涉及金额（亿元）	募集资金总额（亿元）	占公司募集资金总额的比例（%）
1	1.30	4.07	31.94

资料来源：内蒙古证监局。

六、内蒙古上市公司规范运作情况

（一）上市公司治理专项工作情况

2021年，内蒙古证监局全面贯彻落实推动提高上市公司质量各项部署，分阶段、按步骤开展上市公司治理专项行动，推进辖区上市公司规范运作水平持续提升。一是制度先行，代拟并推动自治区政府出台《内蒙古自治区进一步提高上市公司质量的实施方案》。二是做好公司治理自查工作，辖区自查范围内26家上市公司全部按要求完成自查，发现治理问题或瑕疵49项，涉及公司20家，年内整改率达94%。三是以现场检查为切入点，重点关注上市公司三会运作、承诺履行、信息披露等的合规运作情况，检查共发现公司治理方面的问题36项，均已及时整改。四是督促上市公司加强对中小投资者权益的保护力度，持续开展投资者网上集体接待等活动，鼓励上市公司现金分红，辖区公司投资者回报力度进一步增强。

（二）审计情况及监管情况

2021年，12家会计师事务所为内蒙古辖区28家上市公司（平庄能源在年报披露前退市）提供了2021年年报审计服务，其中24家公司的审计报告为标准无保留意见，1家公司的审计报告为带强调事项段的无保留意见，3家公司的审计报告为无法表示意见。2021年内蒙古辖区4家上市公司更换了年报审计机构。

2021年，内蒙古证监局针对辖区退市风险集中的情况，紧盯重点类审计项目和关键审计事项，有效提升审计监管效能。一是约谈4家退市风险公司独立董事，并下发监管提示函，压实上市公司主体责任。二是通过辖区上市公司监管工作会议、审计监管工作会议、下发正式通知、电话问询、现场督导、高频率约谈等方式，压实审计机构"看门人"责任。三是针对非标审计意见引发的负面舆情和集中举报，及时通报自治区政府和相关部门。四是按照上市部要求，结合交易所线索分析报告，抽调精干力量快速推进现场检查。五是就现场检查及日常监管中发现的问题第一时间与交易所交换意见，通过"三点一线"监管联动迅速压降风险。

（三）信息披露情况

内蒙古证监局结合提高上市公司质量专项工作，切实履行信息披露监管职责。一是加强对日常信息披露事项审阅，关注重点类风险类公司，加强舆情监控，确保信息披露的真实、准确、完整。二是持续做好政策宣传和对"关键少数"培训工作，举办上市公司董监高培训7期，引导"关键少数"提升法治规范意识，参训人员超过1000人次；逐家落实"监管第一课培训"或首次约谈提醒，在风险源头念好"紧箍咒"。三是落实"零容忍"要求，持续提高线索发现能力，年内对上市公司及相关主体采取行政监管措施9项，对应立案的违法违规行为坚决移送立案查处。

（四）证券市场服务情况

2021年，内蒙古证监局着力提升资本市场服务实体经济能力，在提高直接融资比重、服务投资者方面成效显著。一是坚持不懈抓好拟上市企业培育工作。年内3家辅导企业上市，实现自治区9年上市公司零突破。二是资本市场再融资功能进一步凸显。2021年，辖区无论上市公司再融资家数还是融资金额，都是近年之最，资本市场对自治区实体经济的支持能力进一步提升。三是资本市场对优化地区营商环境的带动作用进一步显现。年内，持续配合自治区优化营商环境相关工作，辖区相关上市公司积极回报投资者、规范运作的良好形象带动了地区营商环境的整体提升，上市公司作为地区经济"基本盘"和"压舱石"的作用进一步体现。

撰稿人：郭　赟　孙　威
审稿人：王　坤　郝　斌

辽宁地区（不含大连地区）

一、辽宁经济发展概况

表1　　2021年辽宁经济发展概况　　单位：亿元

指标	1~3月 绝对量	1~3月 同比增长（%）	1~6月 绝对量	1~6月 同比增长（%）	1~9月 绝对量	1~9月 同比增长（%）	1~12月 绝对量	1~12月 同比增长（%）
地区生产总值（GDP）	5844.90	12.90	12641.20	9.90	19722.70	7.40	27584.10	5.80
全社会固定资产投资	—	19.00	—	8.60	—	9.80	—	9.80
社会消费品零售总额	2166.40	22.30	4582.40	17.10	7165.80	12.80	9783.90	9.20
规模以上工业增加值	—	16.50	—	11.50	—	7.80	—	4.60
规模以上工业企业实现利润	512.20	480.70	1142.60	122.60	1645.20	68.80	1699.60	148.80
居民消费价格指数（CPI）	1~3月 0.20		1~6月 0.80		1~9月 0.80		1~12月 1.10	

资料来源：国家统计局。

二、辽宁上市公司总体情况

（一）公司数量

表2　　2021年辽宁上市公司数量　　单位：家

公司总数	2021年新增	股票类别 仅A股	股票类别 仅B股	股票类别 (A+B)股	板块分布 沪市主板	板块分布 深市主板	板块分布 北交所	板块分布 创业板	板块分布 科创板
50	1	48	0	2	18	18	0	11	3

资料来源：沪深北交易所，同花顺。

（二）行业分布

表3　2021年辽宁上市公司行业分布情况

所属证监会行业类别	家数	占比（%）	所属证监会行业类别	家数	占比（%）
采矿业	1	2.00	批发和零售业	3	6.00
电力、热力、燃气及水生产和供应业	3	6.00	水利、环境和公共设施管理业	1	2.00
房地产业	0	0.00	卫生和社会工作	0	0.00
建筑业	0	0.00	文化、体育和娱乐业	2	4.00
交通运输、仓储和邮政业	1	2.00	信息传输、软件和信息技术服务业	3	6.00
教育	0	0.00	制造业	36	72.00
金融业	0	0.00	住宿和餐饮业	0	0.00
居民服务、修理和其他服务业	0	0.00	租赁和商务服务业	0	0.00
科学研究和技术服务业	0	0.00	综合	0	0.00
农、林、牧、渔业	0	0.00	合计	50	100.00

资料来源：沪深北交易所，同花顺。

（三）股本结构及规模

表4　2021年辽宁上市公司股本规模在10亿股以上公司分布情况

股本规模（亿股）	公司家数	具体公司
50≤~＜100	1	鞍钢股份
20≤~＜50	4	本钢板材，凌钢股份，联美控股，锦州港
10≤~＜20	13	抚顺特钢，申华控股，文投控股，*ST沈机，华锦股份，机器人，金山股份，锌业股份，东北制药，辽宁能源，金杯汽车，东软集团，远大智能

资料来源：沪深北交易所，同花顺。

表5　2021年辽宁上市公司分地区股权构成情况　　单位：家

股权性质＼地域分布	央企国资控股	省属国资控股	地市国资控股	民营控股	其他	合计
沈阳市	4	7	1	10	3	25
鞍山市	1	0	0	6	1	8
抚顺市	0	0	0	1	0	1
本溪市	1	0	0	0	0	1
丹东市	0	0	0	1	0	1

续表

股权性质 地域分布	央企国资控股	省属国资控股	地市国资控股	民营控股	其他	合计
锦州市	0	0	0	1	2	3
营口市	0	0	0	2	0	2
阜新市	0	0	0	2	0	2
辽阳市	0	0	0	2	0	2
盘锦市	1	0	0	0	0	1
铁岭市	0	0	1	0	0	1
葫芦岛市	0	0	1	1	0	2
朝阳市	0	0	1	0	0	1
合计	7	7	4	26	6	50

资料来源：辽宁证监局。

（四）市值规模

截至2021年12月31日，辽宁50家上市公司境内总市值4971.52亿元，占全国上市公司境内总市值的0.54%；其中上交所上市公司21家，总股本231.35亿股，境内总市值2590.89亿元，占上交所上市公司境内总市值的0.5%；深交所上市公司29家，总股本314.7亿股，境内总市值2380.63亿元，占深交所上市公司境内总市值的0.6%。

（五）资产规模

截至2021年12月31日，辽宁50家上市公司合计总资产4768.59亿元，归属于母公司股东权益2283.35亿元，与2020年相比，分别增长6.33%、10.21%；平均每股净资产4.18元。

三、辽宁上市公司经营情况及变动分析

（一）总体经营情况

表6　　　　　　　　　　　　2021年辽宁上市公司经营情况

指　标	2021年	2020年	变动率（%）
家数	50	49	2.04
亏损家数	14	14	0.00
亏损家数比例（%）	28.00	28.57	-0.57
平均每股收益（元）	0.25	0.04	525.00
平均每股净资产（元）	4.18	3.48	20.11
平均净资产收益率（%）	5.89	1.23	4.66
总资产（亿元）	4768.59	4484.58	6.33

续表

指 标	2021年	2020年	变动率（%）
归属于母公司股东权益（亿元）	2283.35	2071.82	10.21
营业收入（亿元）	4631.81	3487.14	32.83
利润总额（亿元）	185.25	50.41	267.49
归属于母公司所有者的净利润（亿元）	134.43	25.51	426.97

资料来源：沪深北交易所，同花顺。

（二）分行业经营情况

表7　2021年辽宁上市公司分行业经营情况

所属行类	营业收入（亿元）	可比样本变动率（%）	归属于母公司所有者的净利润（亿元）	可比样本变动率（%）
采矿业	59.15	17.01	0.27	105.78
电力、热力、燃气及水生产和供应业	120.30	-5.85	-10.95	-237.74
房地产业	—	—	—	—
建筑业	—	—	—	—
交通运输、仓储和邮政业	29.33	-32.84	1.26	-32.62
教育	—	—	—	—
金融业	—	—	—	—
居民服务、修理和其他服务业	—	—	—	—
科学研究和技术服务业	—	—	—	—
农、林、牧、渔业	—	—	—	—
批发和零售业	81.18	2.14	0.72	108.91
水利、环境和公共设施管理业	1.14	-32.94	-1.42	-136.67
卫生和社会工作业	—	—	—	—
文化、体育和娱乐业	36.45	18.73	-6.09	81.60
信息传输、软件和信息技术服务业	127.27	14.18	5.30	69.33
制造业	4177.00	35.37	145.34	107.87
住宿和餐饮业	—	—	—	—
租赁和商务服务业	—	—	—	—
综合	—	—	—	—
合计	4631.81	31.18	134.43	269.11

资料来源：沪深北交易所，同花顺。

（三）业绩变动情况分析

1. 营业收入、毛利率等变动原因分析

2021年，辖区公司累计实现营业收入4631.81亿元，较2020年增长32.83%；归属于母公司所有者的净利润134.43亿元，较2020年增长426.97%；实现利润总额185.25亿元，较2020年增长267.49%；

辽宁地区（不含大连地区）

实现营业利润191.41亿元，较2020年增长171.10%；平均毛利率12.07%，较2020年减少个7.06百分点。辖区上市公司以传统制造业为主，随着经济结构转型不断深入，产业结构和资产质量得到一定优化，经营业绩大幅增长。但营业成本高企，导致毛利率水平较低。

2. 盈利构成分析

2021年，辖区有14家公司亏损，亏损总额63.95亿元；36家公司盈利，盈利总额198.38亿元。净利润超过10亿元的公司有4家，比2020年多1家，其中包括2家钢铁企业，1家信息技术企业，1家公用事业企业，鞍钢股份盈利最多，归属母公司所有者净利润达69.25亿元。从盈利构成来看，制造业企业贡献了主要部分，占当期归属母公司所有者净利润的比重为108.11%。

3. 经营性现金流量分析

2021年，辖区上市公司经营性现金流量净额为294.39亿元，较2020年增加25.33%。其中，39家公司经营性现金流量净额为正，占比78%，比2020年少2家。从经营性现金流量变化来看，22家企业出现了不同程度的增长，6家企业经营性现金流量由负变正，8家企业经营性现金流量由正变负。

4. 业绩特点分析

（1）收入规模增加，营运能力提升。2021年，辖区上市公司累计实现营业收入4631.81亿元，同比增长32.83%。其中，营收增长的公司有39家，占比78%。鞍钢股份辖区营收排名第一，实现营业收入1366.74亿元，占辖区收入的29.51%。从收入构成来看，辖区上市公司营业收入排名前十的公司中，有9家制造业企业，贡献辖区上市公司营业总收入的90.18%。从营运能力看，2021年辖区上市公司总资产周转率为99.26%、应收账款周转率为18.44次、存货周转率为5.94次，照比2020年均有不同程度的增长，反映辖区上市公司总体营运效率提高。

（2）利润水平提升，但两极分化加剧。2021年，辖区上市公司实现归属于母公司所有者净利润134.43亿元，同比增长426.97%，增速在连续两年为负的基础上，实现扭亏，平均增幅在36个辖区中排名第4。此外，辖区23家公司净利润出现不同程度下滑，数量占比超四成。在盈利的36家公司中，有13家公司利润没有破亿元；盈利超过5亿元的公司有11家，合计盈利占辖区盈利总额的127.99%；盈利超过10亿元的公司有4家，合计盈利占辖区盈利总额的86.62%。

（3）研发投入稳中有升，创新驱动力仍有不足。2021年，辖区上市公司研发费用合计49.13亿元，排名全国第24，较上年同比增长12.77%，较2019年增长30.17%。研发支出占营业收入的1.06%，较上年同比下降0.19个百分点，该项指标已连续三年低于全国平均水平。从个体看，辖区研发费用过亿元的14家公司的研发费用总计37.38亿元，占辖区研发费用的76.09%，其中有11家主板公司，研发费用总计30.12亿元，化工、设备制造、钢铁等传统行业占比超六成，信息技术等高新技术行业占比不足两成。

5. 利润分配情况

表8　2021年辽宁上市公司现金分红情况

2021年分红公司家数			2021年分红金额		
家数	变动率（%）	分红公司家数占地区公司总数比重（%）	金额（亿元）	变动率（%）	分红金额占归属于母公司所有者的净利润比重（%）
25	0	50	95.83	162.09	71.29

资料来源：辽宁证监局。

四、辽宁上市公司并购重组情况

（一）并购重组基本情况

2021年，辖区共发生2起并购重组，相比2020年减少1家，总涉及金额约8.18亿元，相比2020年减少81.92%。在完成的2起并购中，1起为横向整合，1起为战略合作。

（二）并购重组特点

2021年，辖区开展并购重组公司数量及交易金额较2020年明显下降。从开展并购重组公司的性质看，2家分别为为主板民营控股上市公司和主板国有控股上市公司。从重组目的看，2家公司属于传统制造业，其并购目的均在于优化自身产业结构、补链强链，以优化财务状况，实现规模效应，提高风险承受能力。

五、辽宁上市公司募集资金情况、使用情况

（一）募集资金总体情况

表9　2021年辽宁上市公司募集资金情况

发行类型	代码	简称	募集资金（亿元）
首发	688739	成大生物	45.82
	301100	风光股份	13.91
	小计		59.73
再融资（增发、配股）	600306	ST商城	3.50
	300573	兴齐眼药	6.00
	300293	蓝英装备	1.20
	603396	金辰股份	3.80
	300758	七彩化学	5.93
	300473	德尔股份	2.99
	300290	荣科科技	1.76
	小计		25.18

辽宁地区（不含大连地区）

续表

发行类型	代码	简称	募集资金（亿元）
其他融资（公司债券、短期融资券、中期票据、次级债、金融债、境外发行债券）	114944	21铁岭01	3.2
	小计		3.2
总计			88.11

资料来源：辽宁证监局。

（二）募集资金使用情况及特点

2021年，辖区共有10家上市公司通过资本市场融资，募集资金总额88.11亿元，较2020年下降8.85%。其中，2家公司IPO募集资金59.73亿元，较2020年增长588.93%；7家公司通过非公开发行股票方式募集资金25.18亿元，较2020年增长183.24%；1家公司通过发行公司债募集资金3.2亿元，较2020年下降95.97%。2021年，已投入使用募集资金36.85亿元，占募集资金总额的41.82%。辖区上市公司募集资金使用呈如下特点：一是大部分募集资金用于研发创新、延伸产业链和扩大规模等经营性用途；二是受宏观环境影响，资金使用效率偏低，部分项目未达预期收益；三是为降低募集资金成本，大部分公司用闲置资金购买保本型银行理财产品。

（三）募集资金变更情况

2021年，辖区共有4家公司变更募集资金用途，涉及金额10.08亿元，占募集资金总额的20.12%。其中，2家公司是以扩大产业规模，降低成本，保障募投项目顺利实施，从而增加项目投资金额；另外2家公司则分别是改变实施方式和减少投资规模，以优化股权结构，优化资源配置，提高管理效率。

表10　2021年辽宁上市公司募集资金使用项目变更情况

变更募集资金使用项目的公司家数	涉及金额（亿元）	募集资金总额（亿元）	占公司募集资金总额的比例（%）
4	10.08	50.12	20.12

资料来源：辽宁证监局。

六、辽宁上市公司规范运作情况

（一）上市公司治理专项情况

2021年，辽宁证监局以强化公司治理为监管重点，加强风险管控，强化执法问责，多举措推进上市公司完善治理结构。一是依托"三点一线"工作机制，强化现场检查效能。2021年，共对14家上市公司开展现场检查，其中"双随机"检查1家、专项检查10家、回访检查3

家。针对检查发现的违法违规问题，对相关主体采取行政监管措施15家次，下发监管关注函25家次，对1家公司股东资金占用及违规担保问题进行立案调查，提醒责任，督促整改，传递"零容忍"信号。二是完善风险预警与反应机制。建立信息舆情日报告制度，设立风险工作台账，逐条明确后续监管对策；同时，借助证监会科技监管系统和沪深交易所画像系统，综合研判并及时应对风险因素，全面加强辖区公司的风险监测和处置工作。三是提升"关键少数"的勤勉态度与合规意识。通过约谈、培训、为新上市公司董监高开展"监管第一课"等方式，划定监管红线，督促"关键少数"勤勉尽责，强化公司"三会一层"的规范运作。

（二）审计情况及监管情况

2021年，共有18家会计师事务所对辖区50家上市公司进行了年报审计，审计费用总计6304.60万元，较2020年增长6.13%。从审计意见类型看，45家公司被出具了标准无保留意见，3家公司被出具了带强调事项段的无保留意见，保留意见与无法表示意见各1家。从内控审计报告看，辖区共有44家公司出具了内控审计报告，较2020年增长6家，其中42家为标准无保留意见，1家为带强调事项段的无保留意见，1家公司被出具了否定意见。

2021年，辽宁证监局坚持以问题风险为导向、审计监管与上市公司监管相结合方式，通过对会计师事务所提示审计风险、约谈提醒、现场检查和问题通报等方式，引导审计机构归位尽责。一是根据辖区公司特点和年审监管重点，制定辖区年度审计监管工作方案，进行审计项目风险分类，并差异化监管。二是积极开展审计项目现场检查工作。2021年，开展了1家上市公司年审项目"双随机"现场检查、3个审计项目专题检查、2个审计项目专项检查，并对1家会计师事务所审计项目进行"一案双查"。针对其中违规问题，及时采取监管措施。三是强化内外部交流。一方面，召开审计监管工作会议，通报审计监管工作情况和监管中发现的问题，做好审计风险提示；另一方面，搭建内外部学习交流和协作机制，强化单位会计小组作用发挥，通过召开专题培训和座谈交流，强化沟通交流，提升水平。

（三）信息披露情况

2021年，辽宁证监局以信息披露为核心，持续加强监管。一是强化公司信息披露、舆情、举报和股价异动等事项的联动监管。实现重大风险当日报告、临时报告和重大舆情当日关注、定期报告半月审阅、举报线索月内核查。二是强化定期报告审阅的风险识别作用。借助科技监管，细化定期报告审阅标准，精确排查公司风险。三是以现场检查为抓手，强化监管协同。对重大信息披露问题，及时开展现场核查，并加强与交易所、稽查部门等的监管联动，查处打击违规行为。四是建立良好的沟通渠道。举办上市公司投资者集体接待日活动，辖区49家上市公司160余名高管人员与投资者进行交流,问题答复率80.83%。此外,推动召开2021年年报业绩说明会,辖区33家上市公司召开业绩说明会43场,董事长(总经理)出席率达100%,1家公司入选优秀案例,投资者保护意识普遍增强。

(四)证券市场服务情况

1. 凝聚各方合力,形成支持上市公司高质量发展的良好环境

推动辽宁省政府、沈阳市政府分别出台《辽宁省人民政府关于提高全省上市公司质量的实施意见》《沈阳市关于提高全市上市公司质量的实施方案》。与省国资委签订《共同提高国有控股上市公司质量合作备忘录》,建立共同推动提高国有控股上市公司质量的长效工作机制。与沈阳市中级人民法院签订《关于加强审判机关与证券行业监管部门工作协调配合的备忘录》,共建金融司法与行政执法协同机制。与中证投服中心就持股行权工作建立定点联络机制,明确定期开展联合调查研究、行权个案交流等工作安排,共同推进提高辖区公司治理水平。此外,还与省市政府建立信息通报机制,定期向省市政府报送《辽宁辖区上市公司动态》、分析报告等工作信息,传递最新监管要求,通报辖区上市公司情况,提示公司风险,并提出相应建议。

2. 积极支持辖区上市公司利用资本市场做优做强

推动上市公司通过发行可交换债券、定向增发、并购重组等方式筹措资金,改善资产和财务状况,助力产业升级。针对1家*ST公司在并购重组进程中遇到的困难和问题,及时给予专业指导。针对2家公司在控股股东破产重整中面临的持续稳定经营受到影响的问题,及时向省政府发函说明情况,提示风险。针对辖区公司受到国家"双碳"政策、海外利益安全等因素影响的情况,深入开展专项调研,积极向地方政府及有关部门反映公司面临的困难,提出对策。

3. 积极应对困难挑战,切实防范化解各类风险

遵循"难易结合、同步推进、分类施策、精准拆弹"的原则,对风险问题开展靶向化解。全年完成3家风险类公司压降,化解2家公司股票质押风险、2只高风险公司债券兑付风险、2家公司银行债务逾期风险。同时,督导辖区上市公司对资金占用与违规担保进行自查整改,解决占用担保11.31亿元,并推动1家公司通过重组方式彻底解决控股股东隐性占用资金问题。

撰稿人:金思宇
审稿人:刘 敏

辽宁地区（含大连地区）

一、辽宁经济发展概况

表1　　　　　　　　　　　　　　2021年辽宁经济发展概况　　　　　　　　　　　　　单位：亿元

指标	1~3月		1~6月		1~9月		1~12月	
	绝对量	同比增长（%）	绝对量	同比增长（%）	绝对量	同比增长（%）	绝对量	同比增长（%）
地区生产总值（GDP）	5844.90	12.90	12641.20	9.90	19722.70	7.40	27584.10	5.80
全社会固定资产投资	—	19.00	—	8.60	—	9.80	—	9.80
社会消费品零售总额	2166.40	22.30	4582.40	17.10	7165.80	12.80	9783.90	9.20
规模以上工业增加值	—	16.50	—	11.50	—	7.80	—	4.60
规模以上工业企业实现利润	512.20	480.70	1142.60	122.60	1645.20	68.80	1699.60	148.80
居民消费价格指数（CPI）	1~3月		1~6月		1~9月		1~12月	
	0.20		0.80		0.80		1.10	

资料来源：国家统计局。

二、辽宁上市公司总体情况

（一）公司数量

表2　　　　　　　　　　　　　　2021年辽宁上市公司数量　　　　　　　　　　　　　单位：家

公司总数	2021年新增	股票类别			板块分布				
		仅A股	仅B股	(A+B)股	沪市主板	深市主板	北交所	创业板	科创板
81	5	77	1	3	31	29	2	14	5

资料来源：沪深北交易所，同花顺。

（二）行业分布

表3　2021年辽宁上市公司行业分布情况

所属证监会行业类别	家数	占比（%）	所属证监会行业类别	家数	占比（%）
采矿业	1	1.23	批发和零售业	7	8.64
电力、热力、燃气及水生产和供应业	6	7.41	水利、环境和公共设施管理业	2	2.47
房地产业	1	1.23	卫生和社会工作	0	0.00
建筑业	0	0.00	文化、体育和娱乐业	2	2.47
交通运输、仓储和邮政业	4	4.94	信息传输、软件和信息技术服务业	5	6.17
教育	1	1.23	制造业	51	62.96
金融业	0	0.00	住宿和餐饮业	0	0.00
居民服务、修理和其他服务业	0	0.00	租赁和商务服务业	0	0.00
科学研究和技术服务业	0	0.00	综合	0	0.00
农、林、牧、渔业	1	1.23	合计	81	100.00

资料来源：沪深北交易所，同花顺。

（三）股本结构及规模

表4　2021年辽宁上市公司股本规模在10亿股以上公司分布情况

股本规模（亿股）	公司家数	具体公司
200≤~<500	1	辽港股份
100≤~<200	1	国电电力
50≤~<100	3	鞍钢股份，广汇汽车，恒力石化
20≤~<50	5	本钢板材，圆通速递，凌钢股份，联美控股，锦州港
10≤~<20	19	抚顺特钢，申华控股，大连重工，文投控股，ST沈机，天神娱乐，华锦股份，机器人，辽宁成大，金山股份，ST海投，*ST晨鑫，锌业股份，东北制药，辽宁能源，金杯汽车，铁龙物流，东软集团，远大智能

资料来源：沪深北交易所，同花顺。

表5　2021年辽宁上市公司分地区股权构成情况　　　　　　　　　　　　单位：家

股权性质＼地域分布	央企国资控股	省属国资控股	地市国资控股	民营控股	其他	合计
沈阳市	4	7	1	10	3	25
大连市	3	2	6	17	3	31
鞍山市	1	0	0	6	1	8
抚顺市	0	0	0	1	0	1

续表

股权性质\地域分布	央企国资控股	省属国资控股	地市国资控股	民营控股	其他	合计
本溪市	1	0	0	0	0	1
丹东市	0	0	0	1	0	1
锦州市	0	0	0	1	2	3
营口市	0	0	0	2	0	2
阜新市	0	0	0	2	0	2
辽阳市	0	0	0	2	0	2
盘锦市	1	0	0	0	0	1
铁岭市	0	0	1	0	0	1
葫芦岛市	0	0	1	1	0	2
朝阳市	0	0	1	0	0	1
合计	10	9	10	43	9	81

资料来源：辽宁证监局，大连证监局。

（四）市值规模

截至2021年12月31日，辽宁境内上市公司81家，其中沪深交易所主板60家、创业板14家、科创板5家，北交所2家；总股本1318.44亿元，总市值9791.89亿元。

（五）资产规模

截至2021年12月31日，辽宁81家上市公司合计总资产14806.59亿元，归属于母公司股东权益5140.45亿元，与2020年相比，分别增长10%、12.21%；平均每股净资产3.9元。

三、辽宁上市公司经营情况及变动分析

（一）总体经营情况

表6　2021年辽宁上市公司经营情况

指标	2021年	2020年	变动率（%）
家数	81	76	6.58
亏损家数	25	20	25.00
亏损家数比例（%）	30.86	26.32	4.54
平均每股收益（元）	0.27	0.21	28.57
平均每股净资产（元）	3.90	3.62	7.73
平均净资产收益率（%）	6.87	5.82	1.05

辽宁地区（含大连地区）

续表

指标	2021年	2020年	变动率（%）
总资产（亿元）	14806.59	13459.96	10.00
归属于母公司股东权益（亿元）	5140.45	4581.1	12.21
营业收入（亿元）	11278.62	8875.22	27.08
利润总额（亿元）	492.02	438.83	12.12
归属于母公司所有者的净利润（亿元）	353.06	266.55	32.46

资料来源：沪深北交易所，同花顺。

（二）分行业经营情况

表7　　　　　　　　　　2021年辽宁上市公司分行业经营情况

所属行类	营业收入（亿元）	可比样本变动率（%）	归属于母公司所有者的净利润（亿元）	可比样本变动率（%）
采矿业	59.15	17.01	0.27	105.78
电力、热力、燃气及水生产和供应业	1834.83	15.48	-30.42	-158.70
房地产业	0.36	-97.13	0.45	-84.10
建筑业	—	—	—	—
交通运输、仓储和邮政业	783.29	17.67	44.83	1.72
教育	3.36	-5.62	-1.98	58.58
金融业	—	—	—	—
居民服务、修理和其他服务业	—	—	—	—
科学研究和技术服务业	—	—	—	—
农、林、牧、渔业	20.83	8.10	0.07	-53.33
批发和零售业	1930.35	0.73	43.26	8.04
水利、环境和公共设施管理业	3.19	11.93	-3.39	-160.77
卫生和社会工作业	—	—	—	—
文化、体育和娱乐业	36.45	18.73	-6.09	81.60
信息传输、软件和信息技术服务业	146.45	19.58	4.76	14.98
制造业	6460.37	32.74	301.31	41.67
住宿和餐饮业	—	—	—	—
租赁和商务服务业	—	—	—	—
综合	—	—	—	—
合计	11278.62	21.54	353.06	13.20

资料来源：沪深北交易所，同花顺。

（三）业绩变动情况分析

1. 营业收入、毛利率等变动原因分析

2021年，辽宁上市公司共实现营业收入11278.62亿元，同比增长27.08%；归属于母公司所有者的净利润（以下简称净利润）353.06亿元，同比增长32.46%；利润总额492.02亿元，同比增长12.12%。经营业绩总体上稳中向好，营收和净利润大幅增长，但行业业绩分化明显，制造业公司业绩增幅较大，房地产业、教育业营收出现不同程度下降，电力、热力、公共设施管理业等公用事业行业平均毛利率为负。

2. 盈利构成分析

2021年，辽宁上市公司中有56家公司盈利，数量与2020年持平，盈利总额456.13亿元；25家公司亏损，同比增加5家，亏损总额103.07亿元；42家公司净利润出现不同程度下滑。在盈利公司中，净利润超过10亿元的公司有9家，数量与2020年持平，其中恒力石化盈利最多，净利润达155.38亿元；净利润不足1亿元的公司有21家，其中微利企业（0至3000万元）7家。

3. 经营性现金流量分析

2021年，辽宁上市公司经营性现金流量净额为865亿元，较2020年减少10.46%，下滑的主要原因是国电电力、恒力石化2家大型公司受大宗商品等原材料价格上涨所致，其他公司净现金流及经营活动净额变化幅度不大。81家上市公司中有62家公司经营性现金流量净额为正，占比76.54%。

4. 业绩特点分析

（1）总体业绩大幅增长，但分化趋势加剧。2021年，辽宁上市公司总体业绩大幅增长，但以传统制造业为主的行业分布，导致经营业绩受周期影响较大，各细分行业差异明显。在净利润增量的86.51亿元中，鞍钢股份、本钢板材、抚顺特钢和凌钢股份4家钢铁企业受益于钢材价格上涨等因素，净利润合计同比增长76.56亿元，占比超过85%；头部公司恒力石化的竞争优势进一步巩固扩大，净利润同比增长20.69亿元，占比近1/4。与此同时，受煤炭采购成本增加等因素影响，国电电力、金山股份2家供电企业净利润由正转负，合计亏损金额达37.65亿元；联美控股、大连热电和惠天热电3家供热企业净利润均有所下滑。

（2）国有上市公司质量提升初见成效。截至2021年年末，辽宁81家上市公司中，国有上市公司29家，总资产和营业收入占比均超过1/2。近年来，辽宁提高上市国企质量初见成效。东北制药、抚顺特钢以国企改革为契机，通过资产注入、市场化债转股等方式改善资产质量、提升经营业绩；沈阳机床通过破产重整、引入战略投资等方式摆脱历史包袱、实现轻装上阵；辽宁成大借助注册制改革契机，实现子公司成大生物"A拆A"科创板上市；辽宁产控集团顺利收购辽宁能源，实现国有出资人从"管资产"到"管资本"的职能转变，国有企业的公司治理机制进一步完善。

(3) 民营上市公司机遇和风险并存。截至2021年，辽宁43家民营上市公司总资产占比约1/3，营业收入占比近1/2，实现净利润236.89亿元，占比超过六成，展现出了民营企业资产轻、盈利能力强的经营韧性和活力。随着经济结构转型的不断深入，政策支持力度加大，民营企业经营发展迎来机遇，但其面临的挑战也不容忽视，部分上市公司风险问题突出：如省内出现首家因主营业务收入不足1亿元而被强制退市的民营企业；辖区股票质押风险集中在民营企业；民营企业经营现金流相对紧张，19家经营活动产生的现金流量净额为负的上市公司中有13家为民营企业；部分民营企业面临着长短期借款结构不合理、融资渠道不畅等问题。

5. 利润分配情况

表8　　　　　　　　　　　2021年辽宁上市公司现金分红情况

2021年分红公司家数			2021年分红金额		
家数	变动率（%）	分红公司家数占地区公司总数比重（%）	金额（亿元）	变动率（%）	分红金额占归属于母公司所有者的净利润比重（%）
41	2.5	50.62	156.03	31.49	44.19

资料来源：辽宁证监局，大连证监局。

四、辽宁上市公司并购重组情况

（一）并购重组基本情况

2021年，辽宁共发生2起并购重组，相比2020年减少1家，总涉及金额约8.18亿元，相比2020年减少81.92%。在完成的2起并购中，1起为横向整合，1起为战略合作。

（二）并购重组特点

2021年，辖区开展并购重组公司数量及交易金额较2020年明显下降。从开展并购重组公司的性质看，2家分别为主板民营控股上市公司和主板国有控股上市公司。从重组目的看，2家公司属于传统制造业，其并购目的均在于优化自身产业结构、补链强链，以优化财务状况，实现规模效应，提高风险承受能力。

五、辽宁上市公司募集资金情况、使用情况

（一）募集资金总体情况

表 9　　2021 年辽宁上市公司募集资金情况

发行类型	代码	简称	募集资金（亿元）
首发	688739	成大生物	45.82
	301100	风光股份	13.91
	688305	科德数控	2.50
	301007	德迈仕	2.03
	836826	盖世食品	0.85
	小计		65.11
再融资（增发、配股）	600306	ST商城	3.50
	300573	兴齐眼药	6.00
	300293	蓝英装备	1.20
	603396	金辰股份	3.80
	300758	七彩化学	5.93
	300473	德尔股份	2.99
	300290	荣科科技	1.76
	002606	大连电瓷	1.30
	601880	辽港股份	21.00
	600233	圆通速递	37.90
	小计		85.38
其他融资（公司债券、短期融资券、中期票据、次级债、金融债、境外发行债券）	114944	21铁岭01	3.2
	600297	广汇汽车	10
	600795	国电电力	86
	600739	辽宁成大	16
	小计		115.2
总计			265.69

资料来源：辽宁证监局，大连证监局。

（二）募集资金使用情况及特点

2021 年，辽宁共有 19 家上市公司通过资本市场融资，募集资金总额 265.69 亿元，较 2020 年增长 174.87%。其中，5 家公司 IPO 募集资金 65.11 亿元，较 2020 年增长 650.98%；7 家公司通过非公开发行股票方式募集资金 85.38 亿元，较 2020 年增长 7.94%。上市公司股权融资数量、金额较往年大幅上升，但在全国排名依旧靠后，并购重组和再融资活跃度不高，上市公司资本运作活跃度有待进一步提升。辽宁上市公司募集资金使用呈如下特点：一是大部分募集资金用于研发创新、延伸产业链和扩大规模等经营性用途；二是受宏观环境影响，资金使用效率偏低，部分项目未达预期收益；三是为降低募集资金成本，大部分公司用闲置资金购买保本型银行理财产品。

（三）募集资金变更情况

表10　　2021年辽宁上市公司募集资金使用项目变更情况

变更募集资金使用项目的公司家数	涉及金额（亿元）	募集资金总额（亿元）	占公司募集资金总额的比例（%）
4	10.08	50.12	20.12

资料来源：辽宁证监局，大连证监局。

2021年，辽宁共有4家上市公司变更募集资金用途，涉及金额10.08亿元，占募集资金总额的20.12%。其中，2家公司为了扩大产业规模、降低成本、保障募投项目顺利实施，从而增加项目投资金额；另外2家公司则分别是改变实施方式和减少投资规模，以优化股权结构和资源配置，提高管理效率。

六、辽宁上市公司规范运作情况

（一）上市公司治理专项情况

以公司治理为监管重点，加强风险管控，强化执法问责，多举措推进上市公司完善治理结构。一是强化现场检查效能。提高检查对象选取的精准性，根据不同情况分别开展"双随机"检查、专项检查和回访检查，针对检查发现的违法违规问题，分类采取移交稽查立案、下发行政监管措施和监管关注函等措施，传递"零容忍"信号。二是优化上市公司舆情监测处置机制。建立信息舆情日报告制度，设立工作台账，发挥科技监管优势，及时研判问题线索，逐条明确后续监管对策，提高反应速度和处置质效。三是发挥"关键少数"作用。通过约谈、培训、为新上市公司董监高开展"监管第一课"等方式，综合施策，明确监管红线，督促"关键少数"勤勉尽责，强化公司"三会一层"规范运作，激发规范治理内生动力。

（二）审计情况及监管情况

2021年，共有21家会计师事务所对辽宁81家上市公司进行了年报审计，审计费用总计1.78亿元。从审计意见类型看，72家公司被出具了标准无保留意见，其中6家公司被出具了带强调事项段的无保留意见，2家公司被出具了保留意见，1家公司被出具了无法表示意见。从内控审计报告看，辖区共有72家公司出具了内控审计报告，出具标准无保留意见的有63家，出具带强调事项段的无保留意见和否定意见的各3家。

在审计监管方面，始终坚持以问题风险为导向，通过提示风险、约谈提醒、现场检查和问题通报等方式，引导审计机构归位尽责。一是根据公司特点和年审监管重点，制定年度审计监管工作方案，进行审计项目风险分类，实施差异化监管。二是结合上市公司监管情况，积极开展审计项目现场检查，针对检查发现的违规问题，及时采取监管措施。三是强化内外部交流。一方面，召开审计监管工作会议，通报审计监管工作情况和监管中发现的问题，做好审计风险提示；另一方面，搭建学习交流平台，强化单位会计小组作用发挥，通过召开专题培训和座谈交流，强化业务学习，提升专业水平。

（三）信息披露情况

以信息披露监管为基础，不断提升日常监管效能。一是强化公司信息披露、重大舆情、投诉举报和股价异动等事项的联动监管，实现重大风险当日报告、临时报告和重大舆情当日关注、定期报告半月审阅、举报线索月内核查。二是强化年报审阅的风险识别作用。借助科技监管，细化年报审阅标准，全面掌握公司信息，精确排查公司风险。三是以现场检查为抓手，强化监管协同。对重大信息披露问题，及时开展现场核查，发挥"三点一线"机制优势，加强与交易所的监管联动，快速查处打击违规行为。四是引导建立良好沟通机制。搭建交流渠道，举办上市公司投资者集体接待日活动，并推动上市公司召开年报业绩说明会，引导上市公司增强投资者保护意识、积极回应期待、稳定市场预期。

（四）证券市场服务情况

1. 为高质量发展凝聚合力

一是推动重点工作落地落实。推动省市政府分别出台《辽宁省人民政府关于提高全省上市公司质量的实施意见》《沈阳市关于提高全市上市公司质量的实施方案》《大连市人民政府关于提高上市公司质量的实施意见》。二是实现央地协作制度化。与辽宁省国资委签订《共同提高国有控股上市公司质量合作备忘录》，建立共同推动提高国有控股上市公司质量的长效工作机制；与沈阳市中级人民法院签订《关于加强审判机关与证券行业监管部门工作协调配合的备忘录》，共建金融司法与行政执法协同机制。三是建立信息通报机制。定期向省市政府报送《辽宁辖区上市公司动态》、分析报告等工作信息，传递最新监管要求，通报辖区上市公司情况，提示公司风险，并提出相应建议。四是发挥会管单位监管合力。与中证投服中心就持股行权工作建立定点联络机制，明确定期开展联合调查研究、行权个案交流等工作安排，共同推进提高辖区公司治理水平。

2. 切实服务地方实体经济

推动上市公司通过发行债券、定向增发、并购重组等方式筹措资金，改善资产和财务状况，助力产业升级。针对1家*ST公司在并购重组进程中遇到的困难和问题，及时给予专业指导；针对2家公司在控股股东破产重整中面临的持续稳定经营受到影响的问题，及时向省政府发函说明情况，提示风险；针对辖区公司受到国家"双碳"政策、海外利益安全等因素影响的情况，深入开展专项调研，积极向地方政府和有关部门反映公司面临的困难，提出对策。

3. 有效防范化解各类风险

遵循"难易结合、同步推进、分类施策、精准拆弹"的原则，靶向化解控股股东股票高比例质押、高风险公司债券兑付、银行债务逾期等风险，推动2家上市公司完成平稳退市，督导上市公司对资金占用与违规担保进行自查整改并通过还款、重组等方式彻底解决占用担保问题。

4. 发挥协会自律传导功能

与上市公司协会共同组织上市公司专题培训，内容涉及会计准则及相关规则、公司治理、持股行权、打击证券违法犯罪等，参训人员覆盖上市公司实际控制人、董监高、关键岗位人员以及审计、评估等中介机构人员，推动树立法治诚信的行业文化。

撰稿人：金思宇　潘遂邃
审稿人：刘　敏　潘遂邃

吉林地区

一、吉林经济发展概况

表1　2021年吉林经济发展概况　　　　　　　　　　　　　　　　　单位：亿元

指标	1~3月 绝对量	1~3月 同比增长（%）	1~6月 绝对量	1~6月 同比增长（%）	1~9月 绝对量	1~9月 同比增长（%）	1~12月 绝对量	1~12月 同比增长（%）
地区生产总值（GDP）	2771.46	14.90	6083.46	10.70	9536.61	7.80	13235.52	6.60
全社会固定资产投资	—	21.80	—	15.90	—	6.70	—	5.80
社会消费品零售总额	—	26.10	—	18.80	—	12.50	4216.63	10.30
规模以上工业增加值	—	28.70	—	16.00	—	6.10	—	4.60
规模以上工业企业实现利润	228.00	2011.10	700.10	47.30	874.30	23.80	1073.80	25.70
居民消费价格指数（CPI）	1~3月	-0.20	1~6月	0.30	1~9月	0.30	1~12月	0.60

资料来源：国家统计局。

二、吉林上市公司总体情况

（一）公司数量

表2　2021年吉林上市公司数量　　　　　　　　　　　　　　　　　单位：家

公司总数	2021年新增	股票类别 仅A股	股票类别 仅B股	股票类别 (A+B)股	板块分布 沪市主板	板块分布 深市主板	板块分布 北交所	板块分布 创业板	板块分布 科创板
48	4	47	0	1	16	22	2	6	2

资料来源：沪深北交易所，同花顺。

(二) 行业分布

表3　　　　　　　　　　　　　2021年吉林上市公司行业分布情况

所属证监会行业类别	家数	占比（%）	所属证监会行业类别	家数	占比（%）
采矿业	0	0.00	批发和零售业	1	2.08
电力、热力、燃气及水生产和供应业	3	6.25	水利、环境和公共设施管理业	2	4.17
房地产业	3	6.25	卫生和社会工作	0	0.00
建筑业	1	2.08	文化、体育和娱乐业	0	0.00
交通运输、仓储和邮政业	1	2.08	信息传输、软件和信息技术服务业	6	12.50
教育	0	0.00	制造业	30	62.50
金融业	1	2.08	住宿和餐饮业	0	0.00
居民服务、修理和其他服务业	0	0.00	租赁和商务服务业	0	0.00
科学研究和技术服务业	0	0.00	综合	0	0.00
农、林、牧、渔业	0	0.00	合计	48	100.00

资料来源：沪深北交易所，同花顺。

(三) 股本结构及规模

表4　　　　　　　2021年吉林上市公司股本规模在10亿股以上公司分布情况

股本规模（亿股）	公司家数	具体公司
20≤ ~ <50	10	一汽解放，*ST利源，亚泰集团，吉视传媒，苏宁环球，吉电股份，顺发恒业，东北证券，吉林化纤，通化东宝
10≤ ~ <20	7	富奥股份，英利汽车，诺德股份，吉林高速，中钢国际，紫鑫药业，吉林敖东

资料来源：沪深北交易所，同花顺。

表5　　　　　　　　　2021年吉林上市公司分地区股权构成情况　　　　　　　　单位：家

地域分布＼股权性质	央企国资控股	省属国资控股	地市国资控股	民营控股	其他	合计
长春市	5	5	6	10	4	30
吉林市	1	1	1	5	0	8
四平市	0	0	0	0	0	0
辽源市	0	0	0	1	0	1

续表

股权性质 地域分布	央企国资控股	省属国资控股	地市国资控股	民营控股	其他	合计
通化市	0	0	0	5	1	6
白山市	0	0	1	0	0	1
松原市	0	0	0	0	0	0
白城市	0	0	0	0	0	0
延边州	0	0	1	1	0	2
合计	6	6	9	22	5	48

资料来源：吉林证监局。

（四）市值规模

截至 2021 年 12 月 31 日，吉林 48 家上市公司境内总市值 5399.94 亿元，占全国上市公司境内总市值的 0.59%；其中上交所上市公司 18 家，总股本 176.51 亿股，境内总市值 1517.69 亿元，占上交所上市公司境内总市值的 0.29%；深交所上市公司 28 家，总股本 348.59 亿股，境内总市值 3681.83 亿元，占深交所上市公司境内总市值的 0.93%。

（五）资产规模

截至 2021 年 12 月 31 日，吉林 48 家上市公司合计总资产 5749.83 亿元，归属于母公司股东权益 2185.70 亿元，与 2020 年相比，分别增长 9.00%、6.06%；平均每股净资产 4.13 元。

三、吉林上市公司经营情况及变动分析

（一）总体经营情况

表 6　2021 年吉林上市公司经营情况

指　标	2021 年	2020 年	变动率（%）
家数	48	45	6.67
亏损家数	9	11	-18.18
亏损家数比例（%）	18.75	24.44	-23.28
平均每股收益（元）	0.27	0.35	-22.86
平均每股净资产（元）	4.13	3.88	6.44
平均净资产收益率（%）	6.57	8.96	-26.67
总资产（亿元）	5749.83	5175.49	11.10

续表

指　标	2021 年	2020 年	变动率（%）
归属于母公司股东权益（亿元）	2185.70	2000.47	9.26
营业收入（亿元）	2679.32	2583.86	3.69
利润总额（亿元）	182.41	224.74	-18.84
归属于母公司所有者的净利润（亿元）	143.63	179.25	-19.87

资料来源：沪深北交易所，同花顺。

（二）分行业经营情况

表7　2021年吉林上市公司分行业经营情况

所属行类	营业收入（亿元）	可比样本变动率（%）	归属于母公司所有者的净利润（亿元）	可比样本变动率（%）
采矿业	—	—	—	—
电力、热力、燃气及水生产和供应业	169.46	21.69	-1.86	-136.40
房地产业	46.87	-28.86	8.55	-41.48
建筑业	158.62	6.98	6.49	7.81
交通运输、仓储和邮政业	12.72	49.65	3.18	221.21
教育	—	—	—	—
金融业	74.78	13.13	16.24	21.83
居民服务、修理和其他服务业	—	—	—	—
科学研究和技术服务业	—	—	—	—
农、林、牧、渔业	—	—	—	—
批发和零售业	83.52	4.37	0.28	21.74
水利、环境和公共设施管理业	89.32	1.28	0.35	-91.65
卫生和社会工作业	—	—	—	—
文化、体育和娱乐业	—	—	—	—
信息传输、软件和信息技术服务业	53.02	-1.71	-0.49	-115.76
制造业	1991.01	-2.39	110.88	-23.04
住宿和餐饮业	—	—	—	—
租赁和商务服务业	—	—	—	—
综合	—	—	—	—
合计	2679.32	3.69	143.63	-19.87

资料来源：沪深北交易所，同花顺。

（三）业绩变动情况分析

1. 营业收入、毛利率等变动原因分析

2021年辖区上市公司实现营业收入2679.32亿元，同比增长3.69%。受宏观经济整体下行等国际国内大变局因素影响，制造业、房地产业等公司业绩下滑明显。

2. 盈利构成分析

2021年辖区上市公司实现净利润143.63亿元，同比下降19.87%，其中，9家公司亏损，占A股亏损公司735家的1.22%。

3. 经营性现金流量分析

2021年辖区上市公司经营活动现金流量净额383.47亿元，同比增长78.90%，主要是经营活动现金流入增加至2749.16亿元，同比增长7.84%。

4. 业绩特点分析

优势产业发展势头不减，"压舱石"作用不变。辖区汽车、医药两大传统优势产业，均实现两位数增长。其中，6家汽车产业上市公司，实现收入1388.87亿元，占比达52.48%，10家医药产业上市公司，实现收入220.41亿元，同比增长14.36%，新兴产业发展活力不减，创新发展决心不变。2021年辖区上市公司研发支出、研发强度保持高位增长，同比涨幅分别达25%、50%。

5. 利润分配情况

表8　　　　　　　　　　2021年吉林上市公司现金分红情况

2021年分红公司家数			2021年分红金额		
家数	变动率（%）	分红公司家数占地区公司总数比重（%）	金额（亿元）	变动率（%）	分红金额占归属于母公司所有者的净利润比重（%）
28	14.29	58.33	61.86	22.86	43.07

资料来源：吉林证监局。

四、吉林上市公司并购重组情况

（一）并购重组基本情况

2021年辖区两家公司完成重大资产收购，其中派斯林（原长春经开）15.59亿元现金收购美国万丰100%股权，皓宸医疗（原融钰集团）2.46亿元收购德伦医疗51%股权。

（二）并购重组特点

一是均属于跨界收购，扩充了公司业务版图，使公司实现快速营业收入规模提升。二是均属于现金收购。三是派斯林收购美国万丰100%股权属于跨境收购，标的资产主要经营业务均在美国。

五、吉林上市公司募集资金情况、使用情况

（一）募集资金总体情况

表9　　2021年吉林上市公司募集资金情况

发行类型	代码	简称	募集资金（亿元）
首发	601279	英利汽车	3.09
	300985	致远新能	8.30
	688276	百克生物	15.01
	831726	朱老六	2.11
	836077	吉林碳谷	1.63
		小计	30.13
再融资（增发、配股）	000800	一汽解放	3.09
	000420	吉林化纤	3.30
	000875	吉电股份	22.41
	003029	吉大正元	0.62
	000546	金圆股份	4.96
		小计	34.37
其他融资（公司债券、短期融资券、中期票据、次级债、金融债、境外发行债券）	000928	中钢国际	9.60
	000686	东北证券	72.60
		小计	82.20
总计			146.70

资料来源：吉林证监局。

（二）募集资金使用情况及特点

2021年，吉林辖区新增5家新上市公司，首发募集资金30.13亿元，5家公司再融资募集资金34.37亿元，2家公司发行公司债券募集资金82.20亿元。辖区上市公司能够积极利用资本市场的直接融资功能，募集资金用于项目建设，提高发展质量，助力实体经济发展，同时，适当使用募集资金偿还银行贷款和补充流动资金，保证正常生产经营、调整资本结构。

（三）募集资金变更情况

无此情况。

六、吉林上市公司规范运作情况

（一）上市公司治理专项情况

坚决贯彻证监会关于开展上市公司治理专项行动的各项工作部署，研究细化落实举措，全力推动专项行动在辖区尽快落地见效。一是突出重点，制定具体专项行动方案。成立工作专班，研究制定《吉林辖区上市公司治理专项行动工作方案》，聚焦五方面重点工作，部署25项具体安排，明确任务，责任到人，务实推进各项工作。二是加强指导，确保自查按时高质完成。认真梳理上市公司规范运作整体情况、突出问题，并分析原因、提出对策，对个案进行剖析，向上市部报送分析报告和典型个案。三是重在落实，开展公司治理现场检查。对5家公司治理自查整改情况、三会一层规范运作情况、现金分红情况、内幕信息知情人登记情况等进行现场检查。四是加大引导，提升公司投资者保护意识。组织举办"2021年吉林辖区上市公司网上集体业绩说明会"活动，持续开展上市公司公开电话"畅通工程"，上市公司与投资者沟通渠道更加畅通。

（二）审计情况及监管情况

2021年，吉林辖区48家上市公司中，5家公司财务报告审计意见类型为非标准意见（吉药控股为无法表示意见；ST金鸿、紫鑫药业为保留意见；*ST利源、中通国脉为带强调事项段的无保留意见），1家公司内控报告审计意见类型为非标准意见（ST金鸿为否定意见）。吉林证监局共对辖区15家上市公司开展了年报审计监管，共梳理107项风险事项，累计下发6份风险提示函、12份监管备忘录，现场督导4家次，约谈审计机构34家次、关键审计人员62人次，审阅审计计划、审计总结19份。通过事中监管，92个风险得到妥善解决，12家审计机构补充完善了审计程序。

（三）信息披露情况

以提升透明度为目标、以投资者需求为导向，进一步完善非现场监管手段，提升问题线索发现能力，提高非现场监管质效，推动上市挂牌公司提高信息披露质量。一是做深做细临时公告审核。全年，共审核临时公告5100余份；关注媒体报道160余篇，督导1家公司及时发布澄清公告，对2家公司的媒体质疑事项发函问询或现场核查，未出现负面报道大范围蔓延的情形。二是全覆盖开展年报审核分析。集中召开3期交流会，对20家上市公司的基本情况、财务数据、行业情况、重大事项、关注的问题等进行深入交流，并向13家公司下发年报问询函。三是持续推动提高信息披露管理水平。组织召开上市公司培训会，强化上市公司守法合规意识，推动上市公司做好信息披露工作。紧盯"关键少数"，对上市公司董监高、主要股东进行分层、分级、分类管理，精准推送有针对性的监管法规案例，提升宣传教育的针对性、有效性。

（四）证券市场服务情况

一是立足监管职能，优化盘活存量公司。宣传证监会再融资、并购重组政策。摸排公司融资意向、困难障碍，深入了解公司实际困难、发展瓶颈、融资需求等，提出对策建议。2021年以来，辖区上市公司直接融资（含IPO、增发、可转债）74.1亿元，为作为欠发达省份的吉林省注入稀缺的资金活水。二是注重从存量中发掘增量，引导上市公司分拆上市。结合2020年年报，摸排上市公司分拆上市可行性，深入了解分拆意向，协助解决可能存在的困难障碍。三是坚持分类服务，推动挂牌公司"晋层上市"。做好精选层辅导验收，跟踪了解在审公司审核进展，加强与公众公司部的沟通协调。2021年以来，朱老六、吉林碳谷完成公开发行并在精选层挂牌，累计募集资金总额3.74亿元，成功实现辖区精选层零突破。四是参与承办上市公司投资机构吉林行活动。与省金融局、商务厅等一道参与承办"携手资本力量 助力吉林振兴——上市公司与投资机构吉林行活动"，省委副书记、省长韩俊主持现场会，省委书记景俊海出席现场会并讲话。本次活动共有40个重点招商和股权融资项目集中签约，签约金额326亿元。五是开展调研走访。深入一线了解公司运营现状，宣讲资本市场新动向新政策，送服务上门，帮助企业更好地适应新形势，加快发展壮大步伐。

撰稿人：管庆婷
审稿人：尹晓燕

黑龙江地区

一、黑龙江经济发展概况

表1　　　　　　　　　　　2021年黑龙江经济发展概况　　　　　　　　　单位：亿元

指标	1~3月		1~6月		1~9月		1~12月	
	绝对量	同比增长（%）	绝对量	同比增长（%）	绝对量	同比增长（%）	绝对量	同比增长（%）
地区生产总值（GDP）	2692.50	12.40	5990.50	10.30	9747.60	8.00	14879.20	6.10
全社会固定资产投资	—	20.90	—	15.20	—	32.50	—	20.40
社会消费品零售总额	1162.50	35.60	2472.70	24.80	3842.60	16.60	5542.90	8.80
规模以上工业增加值	—	13.90	—	12.10	—	10.10	—	7.30
规模以上工业企业实现利润	120.00	169.10	288.20	71.60	448.60	110.50	515.20	27.00
居民消费价格指数（CPI）	1~3月		1~6月		1~9月		1~12月	
	-0.40		0.10		0.30		0.60	

资料来源：国家统计局。

二、黑龙江上市公司总体情况

（一）公司数量

表2　　　　　　　　　　　2021年黑龙江上市公司数量　　　　　　　　　单位：家

公司总数	2021年新增	股票类别			板块分布				
		仅A股	仅B股	（A+B）股	沪市主板	深市主板	北交所	创业板	科创板
38	-1	37	0	1	25	9	0	3	1

资料来源：沪深北交易所，同花顺。

（二）行业分布

表3　　2021年黑龙江上市公司行业分布情况

所属证监会行业类别	家数	占比（%）	所属证监会行业类别	家数	占比（%）
采矿业	0	0.00	批发和零售业	1	2.63
电力、热力、燃气及水生产和供应业	2	5.26	水利、环境和公共设施管理业	0	0.00
房地产业	0	0.00	卫生和社会工作	0	0.00
建筑业	2	5.26	文化、体育和娱乐业	1	2.63
交通运输、仓储和邮政业	2	5.26	信息传输、软件和信息技术服务业	1	2.63
教育	0	0.00	制造业	24	63.16
金融业	3	7.89	住宿和餐饮业	0	0.00
居民服务、修理和其他服务业	0	0.00	租赁和商务服务业	0	0.00
科学研究和技术服务业	0	0.00	综合	0	0.00
农、林、牧、渔业	2	5.26	合计	38	100.00

资料来源：沪深北交易所，同花顺。

（三）股本结构及规模

表4　　2021年黑龙江上市公司股本规模在10亿股以上公司分布情况

股本规模（亿股）	公司家数	具体公司
50≤ ~ <100	2	中航产融，中国一重
20≤ ~ <50	7	安通控股，东方集团，湘财股份，哈药股份，誉衡药业，*ST金洲，哈投股份
10≤ ~ <20	9	华电能源，北大荒，国中水务，宝泰隆，龙江交通，ST瑞德，京蓝科技，博实股份，龙建股份

资料来源：沪深北交易所，同花顺。

表5　　2021年黑龙江上市公司分地区股权构成情况　　　　　　　　　　　　单位：家

地域分布 \ 股权性质	央企国资控股	省属国资控股	地市国资控股	民营控股	其他	合计
哈尔滨市	6	3	3	15	2	29
齐齐哈尔市	1	0	0	0	1	2
鸡西市	0	0	0	1	0	1
鹤岗市	0	0	0	0	0	0
双鸭山市	0	0	0	0	0	0

续表

股权性质\地域分布	央企国资控股	省属国资控股	地市国资控股	民营控股	其他	合计
大庆市	1	0	0	0	0	1
伊春市	0	0	0	1	0	1
佳木斯市	1	0	0	0	0	1
七台河市	0	0	0	1	0	1
牡丹江市	0	0	1	0	1	2
黑河市	0	0	0	0	0	0
绥化市	0	0	0	0	0	0
合计	9	3	4	18	4	38

资料来源：黑龙江证监局。

（四）市值规模

截至2021年12月31日，黑龙江38家上市公司境内总市值3639.77亿元，占全国上市公司境内总市值的0.40%；其中上交所上市公司26家，总股本474.97亿股，境内总市值2886.31亿元，占上交所上市公司境内总市值的0.56%；深交所上市公司12家，总股本97.30亿股，境内总市值753.46亿元，占深交所上市公司境内总市值的0.19%。

（五）资产规模

截至2021年12月31日，黑龙江38家上市公司合计总资产8456.77亿元，归属于母公司股东权益1871.46亿元，与2020年相比，分别增长13.46%、8.95%；平均每股净资产3.27元。

三、黑龙江上市公司经营情况及变动分析

（一）总体经营情况

表6　2021年黑龙江上市公司经营情况

指　标	2021年	2020年	变动率（%）
家数	38	39	-2.56
亏损家数	7	8	-12.50
亏损家数比例（%）	18.42	20.51	-2.09
平均每股收益（元）	0.09	0.03	200.00
平均每股净资产（元）	3.27	2.96	10.47

续表

指 标	2021年	2020年	变动率（%）
平均净资产收益率（%）	2.73	1.12	1.61
总资产（亿元）	8456.77	7453.47	13.46
归属于母公司股东权益（亿元）	1871.46	1717.71	8.95
营业收入（亿元）	1947.83	1689.31	15.30
利润总额（亿元）	89.50	64.48	38.80
归属于母公司所有者的净利润（亿元）	51.02	19.19	165.87

资料来源：沪深北交易所，同花顺。

（二）分行业经营情况

表7　　　　　　　　2021年黑龙江上市公司分行业经营情况

所属行类	营业收入（亿元）	可比样本变动率（%）	归属于母公司所有者的净利润（亿元）	可比样本变动率（%）
采矿业	—	—	—	—
电力、热力、燃气及水生产和供应业	101.86	-7.82	-30.27	-181.35
房地产业	—	—	—	—
建筑业	159.36	22.63	-10.07	52.75
交通运输、仓储和邮政业	83.31	54.44	19.34	29.59
教育	—	—	—	—
金融业	265.88	9.45	51.94	34.67
居民服务、修理和其他服务业	—	—	—	—
科学研究和技术服务业	—	—	—	—
农、林、牧、渔业	38.51	10.63	8.95	-14.33
批发和零售业	93.15	16.36	2.77	90.89
水利、环境和公共设施管理业	—	—	—	—
卫生和社会工作业	—	—	—	—
文化、体育和娱乐业	17.91	16.24	4.43	145.01
信息传输、软件和信息技术服务业	3.93	-30.30	-2.01	39.14
制造业	1183.92	12.61	5.93	-62.88
住宿和餐饮业	—	—	—	—
租赁和商务服务业	—	—	—	—
综合	—	—	—	—
合计	1947.83	12.95	51.02	6.72

资料来源：沪深北交易所，同花顺。

（三）业绩变动情况分析

1. 营业收入、毛利率等变动原因分析

2021年，黑龙江地区38家上市公司实现营业收入1947.83亿元，相当于全省2021年GDP的13.09%，同比增长15.30%。26家公司营业收入实现增长，4家公司营收增长率超过50%。其中，医药制造业经营业绩稳步回升，营业收入同比增长15.77%；金融业营业收入同比增长11.08%。经济韧性较强，平均毛利率26.17%，较2020年同期增长，其中医药制造业、软件和信息服务业企业表现较好。

2. 盈利构成分析

2021年，黑龙江地区上市公司实现净利润51.02亿元，同比增长165.87%。其中，31家公司盈利，7家亏损，2家公司扭亏为盈，4家公司连续亏损。21家公司净利润增长，其中，中国一重、葵花药业、东安动力、九洲集团等11家公司实现净利润连续三年增长，哈三联增幅最高达1096.77%。净利润排名前三的企业中航产融、安通控股、中直股份合计盈利达71.5亿元，利润贡献率占盈利企业的53.63%。

3. 经营性现金流量分析

2021年，黑龙江地区上市公司经营活动产生的现金流量净额为545.48亿元，同比增长164.81%，企业资金状况显著改善。经营活动产生的现金流量净额为正的26家，为负的12家，连续3年为负的5家，其中经营活动产生的现金流量净额最大的为452.12亿元，最小的为-12.55亿元。

4. 业绩特点分析

一是经营业绩稳步增长。2021年黑龙江地区上市公司营业收入、净利润、平均净资产收益率与2020年相比均有上升。二是两级分化现象明显。营业总收入超过100亿元的上市公司有6家，占比达55%，中国一重最高，为231.28亿元；营业收入不足5亿元公司有7家，其中威帝股份最低，仅0.7亿元；东安动力营收增速最高，同比增长94.54%；金洲慈航营收下降最多，同比下降73.72%。净利润超过5亿元的公司有4家，中航产融最高为44.71亿元，已连续8年全省净利润排名第一；亏损超过10亿元的公司有4家，华电能源亏损最多，亏损29.37亿元。

5. 利润分配情况

表8　　　　　　　　　2021年黑龙江上市公司现金分红情况

2021年分红公司家数			2021年分红金额		
家数	变动率（%）	分红公司家数占地区公司总数比重（%）	金额（亿元）	变动率（%）	分红金额占归属于母公司所有者的净利润比重（%）
20	-4.76	52.63	40.28	0	78.95

资料来源：黑龙江证监局。

四、黑龙江上市公司并购重组情况

（一）并购重组基本情况

2021年，黑龙江地区共2家公司完成了重大资产并购重组，涉及金额26.94亿元。其中，湘财股份出资25.37亿元购买了大智慧15%的股权；东安动力出资1.57亿元收购东安汽发19.64%股权。

（二）并购重组特点

2021年，黑龙江地区重大资产重组均为协议收购和现金支付，重组目的为横向整合，相关公司所属行业分别为金融业企业和汽车零配件企业。

五、黑龙江上市公司募集资金情况、使用情况

（一）募集资金总体情况

表9　　　　　　　　　　2021年黑龙江上市公司募集资金情况

发行类型	代码	简称	募集资金（亿元）
首发	605577	龙版传媒	2.66
	小计		2.66
再融资（增发、配股）	600095	湘财股份	17.37
	603567	珍宝岛	12.38
	小计		29.75
其他融资（公司债券、短期融资券、中期票据、次级债、金融债、境外发行债券）	600705	中航产融	25.00
	600095	湘财股份	6.40
	小计		31.40
总计			63.81

资料来源：黑龙江证监局。

（二）募集资金使用情况及特点

2021年，黑龙江地区11家上市公司共使用募集资金8.95亿元，募集资金整体运行情况良好。其中，用于补充流动资金及偿还贷款等募集资金达到4.49亿元，占比约1/2。

（三）募集资金变更情况

2021年，2家上市公司变更募集资金使用项目。哈三联调整0.46亿元募集资金用于建设动保生产基地建设项目，调整1亿元补充流动资金；广联航空将超募资金余额以及募集资金账户利息共计0.95亿元用于建设航空产业加工制造基地项目。

表10　2021年黑龙江上市公司募集资金使用项目变更情况

变更募集资金使用项目的公司家数	涉及金额（亿元）	募集资金总额（亿元）	占公司募集资金总额的比例（%）
2	2.42	18.1	13.38

资料来源：黑龙江证监局。

六、黑龙江上市公司规范运作情况

（一）上市公司治理专项情况

一是汇集资本市场发展合力。推动黑龙江省政府印发《黑龙江省人民政府关于进一步提高上市公司质量的实施意见》，于"十四五"规划中明确资本市场发展目标，为提高上市公司质量提供制度保障。二是开展公司治理专项行动。通过"抓部署、抓学习、抓协作、抓引导"，召开启动会议、加大审核力度等压实上市公司及"关键少数"主体责任，覆盖上市公司董监高、实控人等300余人，推动自查发现33个问题。针对问题，研究监管对策，督促公司加强整改，开展现场检查，提升公司治理内生动力。三是推动重点领域风险出清。2021年，推动2家公司平稳退市，将风险公司数量从8家压降至6家；上市公司资金占用和违规担保总额，从高峰时的76.34亿元和166.60亿元下降至4.72亿元和5.15亿元，化解率达到95.66%和96.9%；高比例股票质押公司由峰值时的11家降至5家，下降幅度达到55%。

（二）审计情况及监管情况

12家审计机构对注册地在黑龙江的38家上市公司的2021年年报进行审计，并按期发表审计意见，出具审计报告。从审计意见类型看，30家财务报告审计意见类型为标准无保留意见，8家公司为非标意见，其中2家公司为无法表示意见、4家公司为保留意见。35家公司披露了内部控制审计报告，其中，31家内控审计意见类型为标准无保留，3家公司为否定意见。

黑龙江证监局以问题和风险为导向，强化年报事前事中事后监管。确定15家上市公司为2021年年报监管重点项目，占比40%，下发风险提示函，针对性提示关键审计事项78项，实现风险公司和重点风险全覆盖；审阅审计计划，跟踪审计进展，通过约见谈话等方式及时向关键少数、审计机构传导监管要求，督促提高审计工作质量，成功防止1家公司以突击式债务豁免规避退市风险警示，推动3家公司以非标审计意见类型充分揭示风险；抓年报分析，及时与交易所交换审阅意见，锁定检查线索，对2家会计师事务所承接审计执业质量进行现场检查。

（三）信息披露情况

黑龙江证监局坚持市场化、法制化原

则,完善监管机制,优化监管方法,加强同会机关、交易所及地方政府协调联动,持续提高信息披露质量。一是加强风险监控监测。践行分类监管理念,及时排查、梳理辖区上市公司风险情况,确定公司风险等级,逐家研判风险化解路径。全年审阅上市公司公告4000余份,关注问题及线索150余家次。二是加大违法违规查处打击力度。针对日常监管发现的问题线索,约谈上市公司及其控股股东、中介机构共计56家次、160余人次,下发核查函13份、关注函2份,开展现场检查核查15家次,因信息披露违规对上市公司及其相关方采取行政监管措施10项。

(四)证券市场服务情况

一是广泛开展调研,推动转变市场理念。针对制约辖区资本市场发展的思想观念短板和体制机制问题,先后在七台河、鹤岗、双鸭山以及北大荒集团举办资本市场系列培训会,宣讲资本市场功能定位和企业发展路径。二是推动29家上市公司召开年度业绩说明会,建立健全董事会同投资者的沟通机制。全年共办理投诉事项100余件,未出现负面舆情。

撰稿人:段清文
审稿人:郭若超

上海地区

一、上海经济发展概况

表1　　　　　　　　　　　　2021年上海经济发展概况　　　　　　　　　　　单位：亿元

指标	1～3月		1～6月		1～9月		1～12月	
	绝对量	同比增长（%）	绝对量	同比增长（%）	绝对量	同比增长（%）	绝对量	同比增长（%）
地区生产总值（GDP）	9458.86	17.60	20102.53	12.70	30866.73	9.80	43214.85	8.10
全社会固定资产投资	—	27.10	—	10.90	—	23.20	—	15.00
社会消费品零售总额	4556.67	48.90	9048.44	30.30	13279.18	19.60	18079.25	13.50
规模以上工业增加值	—	34.50	—	20.00	—	15.20	—	11.00
规模以上工业企业实现利润	719.10	224.70	1529.40	36.30	2264.60	9.50	3032.00	196.30
居民消费价格指数（CPI）	1～3月		1～6月		1～9月		1～12月	
	0.30		0.70		0.90		1.20	

资料来源：国家统计局。

二、上海上市公司总体情况

（一）公司数量

表2　　　　　　　　　　　　　2021年上海上市公司数量　　　　　　　　　　　　单位：家

公司总数	2021年新增	股票类别			板块分布				
		仅A股	仅B股	（A+B）股	沪市主板	深市主板	北交所	创业板	科创板
390	47	356	4	30	228	32	3	68	59

资料来源：沪深北交易所，同花顺。

(二) 行业分布

表3　　2021年上海上市公司行业分布情况

所属证监会行业类别	家数	占比（%）	所属证监会行业类别	家数	占比（%）
采矿业	3	0.77	批发和零售业	24	6.15
电力、热力、燃气及水生产和供应业	3	0.77	水利、环境和公共设施管理业	5	1.28
房地产业	18	4.62	卫生和社会工作	1	0.26
建筑业	14	3.59	文化、体育和娱乐业	6	1.54
交通运输、仓储和邮政业	21	5.38	信息传输、软件和信息技术服务业	45	11.54
教育	2	0.51	制造业	207	53.08
金融业	18	4.62	住宿和餐饮业	1	0.26
居民服务、修理和其他服务业	0	0.00	租赁和商务服务业	9	2.31
科学研究和技术服务业	10	2.56	综合	1	0.26
农、林、牧、渔业	2	0.51	合计	390	100.00

资料来源：沪深北交易所，同花顺。

(三) 股本结构及规模

表4　　2021年上海上市公司股本规模在10亿股以上公司分布情况

股本规模（亿股）	公司家数	具体公司
500≤~<1000	1	交通银行
200≤~<500	3	浦发银行，上港集团，宝钢股份
100≤~<200	10	中国东航，上海电气，上海银行，和辉光电，中远海发，海通证券，绿地控股，上汽集团，上海石化，东方财富
50≤~<100	16	沪农商行，中国太保，国泰君安，上海建工，招商轮船，中芯国际，东方证券，上海莱士，国投资本，中华企业，协鑫集成，二三四五，国网英大，ST安信，金龙鱼，振华重工
20≤~<50	36	申能股份，中远海能，光大证券，中国船舶，美凯龙，陆家嘴，豫园股份，世茂股份，东方明珠，华域汽车，隧道股份，大众公用，上海医药，中银证券，中化国际，中国核建，上海电力，复星医药，城投控股，上海临港，美邦服饰，飞乐音响，格科微，沪硅产业，大名城，网宿科技，大众交通，外服控股，光明地产，鹏欣资源，环旭电子，ST方科，卫宁健康，华谊集团，爱旭股份，大智慧
10≤~<20	46	吉祥航空，上海机场，市北高新，上实发展，百联股份，华峰超纤，天海防务，上柴股份，爱建集团，华丽家族，东航物流，张江高科，宝信软件，紫江企业，光大嘉宝，航天机电，光明乳业，云赛智联，电气风电，华贸物流，三湘印象，海欣股份，万达信息，氯碱化工，外高桥，宝钢包装，澜起科技，浦东金桥，上海环境，申达股份，海立股份，锦江酒店，华鑫股份，顺灏股份，益民集团，安诺其，上海凯宝，新华传媒，复旦张江，交运股份，国药现代，德邦股份，上海机电，良信股份，普利特，中毅达

资料来源：沪深北交易所，同花顺。

表5　　　　　　　　　　2021年上海上市公司分地区股权构成情况　　　　　　　　单位：家

股权性质 地域分布	央企国资控股	省属国资控股	地市国资控股	民营控股	其他	合计
上海市	36	60	22	207	65	390

资料来源：上海证监局。

（四）市值规模

截至2021年12月31日，上海390家上市公司境内总市值81150.50亿元，占全国上市公司境内总市值的8.83%；其中上交所上市公司287家，总股本5811.83亿股，境内总市值65692.45亿元，占上交所上市公司境内总市值的12.64%；深交所上市公司100家，总股本833.97亿股，境内总市值15387.64亿元，占深交所上市公司境内总市值的3.88%。

（五）资产规模

截至2021年12月31日，上海390家上市公司合计总资产372793.78亿元，归属于母公司股东权益55050.09亿元，与2020年相比，分别增长11.34%、11.57%；平均每股净资产8.28元。

三、上海上市公司经营情况及变动分析

（一）总体经营情况

表6　　　　　　　　　2021年上海上市公司经营情况

指标	2021年	2020年	变动率（%）
家数	390	343	13.70
亏损家数	48	52	-7.69
亏损家数比例（%）	12.31	15.16	-2.85
平均每股收益（元）	0.66	0.6	10.00
平均每股净资产（元）	8.28	8.11	2.10
平均净资产收益率（%）	7.91	7.4	0.51
总资产（亿元）	372793.78	334830.1	11.34
归属于母公司股东权益（亿元）	55050.09	49342.46	11.57
营业收入（亿元）	61219.05	52505.05	16.60
利润总额（亿元）	5668.75	4840.71	17.11
归属于母公司所有者的净利润（亿元）	4355.94	3652.62	19.26

资料来源：沪深北交易所，同花顺。

（二）分行业经营情况

表7　　2021年上海上市公司分行业经营情况

所属行类	营业收入（亿元）	可比样本变动率（%）	归属于母公司所有者的净利润（亿元）	可比样本变动率（%）
采矿业	137.33	27.58	5.04	73.68
电力、热力、燃气及水生产和供应业	614.81	25.89	0.52	-98.63
房地产业	1240.30	8.46	123.27	-14.54
建筑业	10046.02	18.98	141.70	-40.13
交通运输、仓储和邮政业	3392.57	20.53	138.81	77.01
教育	21.43	-2.05	-0.32	77.15
金融业	11590.43	6.40	2519.41	12.66
居民服务、修理和其他服务业	—	—	—	—
科学研究和技术服务业	166.25	18.30	15.59	86.23
农、林、牧、渔业	40.43	-3.07	-1.18	-130.35
批发和零售业	3987.32	6.77	125.61	9.67
水利、环境和公共设施管理业	84.86	36.43	-4.37	-210.52
卫生和社会工作业	17.78	43.62	2.04	84.68
文化、体育和娱乐业	69.43	32.38	5.62	215.60
信息传输、软件和信息技术服务业	1618.24	12.80	80.01	35.78
制造业	27856.78	14.95	1187.33	29.51
住宿和餐饮业	113.39	14.56	1.01	-8.70
租赁和商务服务业	221.26	-3.95	14.64	819.15
综合	0.42	13.37	1.23	16.84
合计	61219.05	13.47	4355.94	13.50

资料来源：沪深北交易所，同花顺。

（三）业绩变动情况分析

1. 营业收入、毛利率等变动原因分析

2021年，上海上市公司实现营业收入61219.05亿元，较2020年同比增长16.60%；利润总额5668.75亿元，较2020年同比增长17.11%；毛利率31.40%，略低于2020年（32.61%）水平。2021年，面对复杂的国际形势和新冠疫情反复的叠加影响，上海上市公司积极应对，总体经营业绩呈现增长态势。

2. 盈利构成分析

2021年盈利构成与2020年同比变化不大。营业利润是上海上市公司盈利的主要来源，其中投资净收益2734.26亿元，占利润总额的比重为48.23%，与2020年（47.43%）基本持平。390家上市公司共确认非经常性损益568.66亿元，占归属于上市公司净利润13.05%，超2020年（9.86%）水平。

3. 经营性现金流量分析

2021年，上海上市公司现金及现金等价物净减少953.69亿元，现金流整体表现不及2020年净增加5463.27亿元，其中，经营性现金流量净额为2303.52亿元，较2020年（8083.39亿元）大幅下降，主要是受到部分大型银行现金及现金等价物大幅减少的影响。390家上市公司中，307家经营性现金流量净额为正，占比78.72%，略低于2020年（83.09%）。

4. 业绩特点分析

（1）科创板公司发展态势良好。截至2021年年末，上海科创板上市公司共59家，全国占比15.65%，在全国各省市中位居并列第二。2021年，上海科创板上市公司业绩表现亮眼，共实现营业收入1507.36亿元、净利润232.75亿元，同比增长37.46%、124.71%；研发投入179.22亿元，同比增长20.82%，占营业收入的比例为11.89%。

（2）金融业公司业绩稳中有进。上海金融业上市公司总体业绩保持稳定增长，2021年共实现营业总收入1.16万亿元、净利润2519.41亿元，同比增长6.40%、12.66%，分别占上海上市公司营业收入、净利润总额的18.93%、57.84%。

（3）实体企业业绩分化显著。上海实体类上市公司2021年共实现营业收入4.96万亿元、净利润1836.53亿元，同比增长15.25%、14.67%。部分行业包括制造业，批发和零售业，交通运输、仓储和邮政业等营业收入和净利润实现双增长，但部分行业包括建筑业、房地产业、电力、热力、燃气及水生产和供应业、住宿和餐饮业等净利润出现下滑，主要是受原材料价格上涨、行业政策、疫情等因素的影响。

（4）龙头企业业绩突出，积极履行社会责任。2021年，净利润排名前20位的上市公司共计实现净利润3523.39亿元，占上海上市公司净利润总额的80.89%，发挥了经济发展"压舱石"作用。宝钢股份、上汽集团、中芯国际等行业头部上市公司"领头羊"作用明显。上海上市公司积极履行社会责任，参与疫情防控，在服务碳达峰碳中和、"一带一路"、乡村振兴、脱贫攻坚等国家战略方面发挥引领作用。

5. 利润分配情况

2021年，上海共有277家公司实施了现金分红，占上海390家上市公司的71.03%，高于2020年分红家数（252家）。合计分红1501.91亿元，占上海上市公司归属于母公司所有者的净利润的34.48%。

表8　2021年上海上市公司现金分红情况

2021年分红公司家数			2021年分红金额		
家数	变动率（%）	分红公司家数占地区公司总数比重（%）	金额（亿元）	变动率（%）	分红金额占归属于母公司所有者的净利润比重（%）
277	9.92	71.03	1501.91	10.64	34.48

资料来源：上海证监局。

四、上海上市公司并购重组情况

(一) 并购重组基本情况

2021年，上海共有6家（次）上市公司实施了并购重组，涉及交易金额共计217.48亿元，同比下降75%。

表9　2021年上海上市公司并购重组情况

序号	股票代码	公司简称	并购重组方式	涉及金额（亿元）
1	601968.SH	宝钢包装	发行股份购买资产	11.60
2	600500.SH	中化国际	现金收购	75.97
3	600081.SH	东风科技	发行股份购买资产	14.79
4	600662.SH	外服控股	发行股份购买资产	68.08
5	600841.SH	动力新科	发行股份购买资产	46.72
6	002058.SZ	威尔泰	协议收购	0.32
		合计		217.48

(二) 并购重组特点

2021年，上海国资上市公司积极开展以优化产业布局和结构调整为目的的并购重组，促进产业转型和技术升级，发挥上市公司在国资国企改革中的"排头兵"和"领头羊"作用。如上海外服通过借壳强生控股实现上交所主板上市，成为人力资源主板上市第一股，树立行业标杆。

五、上海上市公司募集资金情况、使用情况

(一) 募集资金总体情况

表10　2021年上海上市公司募集资金情况

发行类型	代码	简称	募集资金（亿元）
首发	605398.SH	新炬网络	5.59
	688680.SH	海优新材	14.69
	688317.SH	之江生物	21.04
	300947.SZ	德必集团	6.94
	605081.SH	太和水	8.46
	605208.SH	永茂泰	6.30
	300963.SZ	中洲特材	3.64
	605289.SH	罗曼股份	5.91
	603324.SH	盛剑环境	6.16
	688682.SH	霍莱沃	4.23
	300983.SZ	尤安设计	24.16

续表

发行类型	代码	简称	募集资金（亿元）
首发	605098.SH	行动教育	5.82
	688217.SH	睿昂基因	2.56
	605339.SH	南侨食品	10.79
	688660.SH	电气风电	29.01
	301001.SZ	凯淳股份	5.11
	301000.SZ	肇民科技	8.57
	688538.SH	和辉光电	81.72
	601156.SH	东航物流	25.04
	301005.SZ	超捷股份	5.21
	688131.SH	皓元医药	12.09
	301025.SZ	读客文化	0.62
	301024.SZ	霍普股份	5.14
	688718.SH	唯赛勃	2.54
	688071.SH	华依科技	2.50
	301037.SZ	保立佳	3.34
	601825.SH	沪农商行	85.84
	688728.SH	格科微	35.93
	688766.SH	普冉股份	13.49
	688798.SH	艾为电子	32.01
	688385.SH	复旦微电	7.48
	301046.SZ	能辉科技	3.12
	301070.SZ	开勒股份	4.46
	605598.SH	上海港湾	5.99
	301060.SZ	兰卫医学	2.00
	688091.SH	上海谊众-U	10.08
	688121.SH	卓然股份	9.20
	301062.SZ	上海艾录	1.61
	301099.SZ	雅创电子	4.40
	688082.SH	盛美上海	36.85
	688212.SH	澳华内镜	7.50
	688107.SH	安路科技-U	13.03
	831305.BJ	海希通讯	3.57
	830799.BJ	艾融软件	2.22
	831961.BJ	创远仪器	2.68
	688206.SH	概伦电子	12.27
	688265.SH	南模生物	16.49
	301166.SZ	C优宁维	18.65
	688110.SH	东芯股份	33.37
	688230.SH	芯导科技	20.22
		小计	689.62

续表

发行类型	代码	简称	募集资金（亿元）
再融资（增发、配股）	600119.SH	长江投资	2.50
	603068.SH	博通集成	7.61
	002506.SZ	协鑫集成	25.13
	600754.SH	锦江酒店	50.00
	603713.SH	密尔克卫	11.00
	002825.SZ	纳尔股份	2.76
	603330.SH	上海天洋	3.87
	603236.SH	移远通信	10.63
	300236.SZ	上海新阳	7.92
	300067.SZ	安诺其	4.50
	603329.SH	上海雅仕	2.59
	603056.SH	德邦股份	6.14
	603918.SH	金桥信息	3.57
	603197.SH	保隆科技	9.18
	300762.SZ	上海瀚讯	10.00
	688012.SH	中微公司	82.07
	002162.SZ	悦心健康	2.00
	603006.SH	联明股份	5.49
	600679.SH	上海凤凰	5.00
	600619.SH	海立股份	15.94
	600882.SH	妙可蓝多	30.00
	300627.SZ	华测导航	8.00
	600626.SH	申达股份	8.69
	002858.SZ	力盛赛车	3.90
	603496.SH	恒为科技	3.47
	300578.SZ	会畅通讯	6.00
	603189.SH	网达软件	7.40
	300590.SZ	移为通信	3.36
	300222.SZ	科大智能	6.26
	603565.SH	中谷物流	27.48
	600845.SH	宝信软件	7.87
	600843.SH	上工申贝	8.15
	603030.SH	全筑股份	1.40
	601828.SH	美凯龙	37.01
	600662.SH	外服控股	9.61
	300501.SZ	海顺新材	6.02
	600115.SH	中国东航	108.28
	601866.SH	中远海发	50.26
	600841.SH	上柴股份	20.00
	603020.SH	爱普股份	7.50
	600597.SH	光明乳业	19.30
	小计		647.84

续表

发行类型	代码	简称	募集资金（亿元）
其他融资（公司债券、短期融资券、中期票据、次级债、金融债、境外发行债券）	002568.SZ	百润股份	11.28
	300059.SZ	东方财富	158.00
	300253.SZ	卫宁健康	9.70
	300483.SZ	首华燃气	13.80
	300613.SZ	富瀚微	5.81
	600115.SH	东方航空	90.00
	600196.SH	复星医药	16.00
	600284.SH	浦东建设	9.00
	600500.SH	中化国际	15.00
	600604.SH	市北高新	9.00
	600611.SH	大众交通	9.00
	600635.SH	大众公用	10.00
	600648.SH	外高桥	6.00
	600655.SH	豫园股份	5.00
	600675.SH	中华企业	30.87
	600837.SH	海通证券	573.00
	600848.SH	上海临港	20.00
	600895.SH	张江高科	30.80
	600958.SH	东方证券	199.00
	601211.SH	国泰君安	842.00
	601229.SH	上海银行	200.00
	601231.SH	环旭电子	34.50
	601611.SH	中国核建	20.00
	601696.SH	中银证券	15.00
	601788.SH	光大证券	263.00
	601866.SH	中远海发	40.00
	603650.SH	彤程新材	8.00
	605222.SH	起帆电缆	10.00
		小计	2653.76
总计			3991.22

资料来源：上海证监局。

（二）募集资金使用情况及特点

2021年度，上海共有118家上市公司通过首发、再融资（增发、配股）、其他融资（公司债券、可转债等）的方式募集资金3991.22亿元。上海上市公司募集资金整体使用情况较为规范，涉及变更募集资金使用项目的公司能履行内部审批及对外披露程序。主要特点如下：一是募集资金整体使用效率较高，但受经济转型及行业动态变化影响，个别公司募集资金使用进度较慢，部分募投项目未达预期收益；二是使用闲置募集资金购买理财产品的现象较为普遍，主要用于购买保本型银行理财产品。

（三）募集资金变更情况

2021年，上海有30家上市公司变更募集资金的使用项目，涉及募集资金44.82亿元，占该30家上市公司相关募集资金总额的13.35%。募集资金的主要变更原因包括：一是根据项目行业发展和市场环境变化，暂缓或取消原募投项目，或者变更募投项目的实施方式和实施地点；二是根据公司经营规划和战略转型需要，终止部分原募投项目，改投新项目；三是将原募投项目结余资金投资新项目，进一步提高募集资金使用效率。

表11　　　　　　　　　2021年上海上市公司募集资金使用项目变更情况

变更募集资金使用项目的公司家数	涉及金额（亿元）	募集资金总额（亿元）	占公司募集资金总额的比例（%）
30	44.82	335.83	13.35

资料来源：上海证监局。

六、上海上市公司规范运作情况

（一）上市公司治理专项情况

2021年，上海上市公司积极落实《关于进一步提高上市公司质量的意见》（国发〔2020〕14号）《关于开展上市公司治理专项行动的公告》（证监办发〔2020〕69号）等文件精神，不断提高上市公司治理水平。上海证监局紧紧围绕"强化公司治理底线、坚持标本兼治、倡导最佳实践"主线，扎实完成自查自纠、现场检查和整改提升三个阶段工作，推动上市公司着力提升内控有效性、建立规范治理的长效机制。

（二）审计情况及监管情况

27家会计师事务所为上海390家上市公司提供了2021年年报审计服务。其中，4份为带有解释性说明的无保留意见，4份为保留意见，2份为无法表示意见。上海上市公司非标意见报告数量占比为2.56%，较2020年（1.75%）略有增加。上海证监局在2021年年报监管工作中，重点关注市场存在的突出问题和重大风险，强调公司财务信息披露质量和内控制度建设健全，加强与会计师事务所的沟通协作，推动进一步提升执业质量，提升服务资本市场能力。

（三）信息披露情况

2021年，上海上市公司对照新《证券法》，持续提高信息披露的质量。上海证监局坚持以信息披露监管为核心，对信息披露违法违规依法进行查处，同时通过培训、座谈等方式，引导和推动上市公司提高信息披露质量。一是督促上市公司强制性信息披露，做到真实、准确、完整、及时和公平；二是鼓励上市公司增加主动性、自愿性信息披露；三是引导上市公司充分利用交易所平台、公司网站、微博微信，业绩说明会等多种渠道加强与投资者沟通交流，及时答复投资者关心的问题，提升上市公司透明度。

（四）证券市场服务情况

一是积极引导，推动提高上市公司治理水平。多措并举引导上市公司树立合规意识，持续提高规范运作意识和水平。强化信息披露，要求公司落实新《证券法》要求，以投资者需求为导向，提升信息披露质量，打造真实透明的上市公司。持续提高公司治理结构的科学性，切实提升公司规范运作水平。督促公司进一步健全治理结构，加强对控股股东和实际控制人及其关联方的约束，防范资金占用行为和违规担保。持续提高投资回报的主动，落实现金分红机制，保护投资者收益权。

二是加强监管，维护投资者合法权益。加大对上市公司信息披露和公司治理等违法违规行为的查处力度，依法追究上市公司及相关主体的违法违规责任。2021年，上海局在上市公司监管中对上市公司及相关主体共采取行政监管措施66份，涉及上市公司、董监高、控股股东及实际控制人、持股5%以上股东以及中介机构等多类主体。对上市公司违规线索立案稽查6家次。

三是强化服务，提升金融服务能级。加大政策宣传，召开辅导监管工作政策指导和专业培训，提高拟上市国内公司和中介机构对政策的把握能力。进一步完善辅导监管工作流程，保障质量、增加工作透明度。主动与地方政府对接，加大走访调研，摸清企业需求，积极支持辖区上市公司围绕主业做优做强，利用资本市场优化结构、转型发展。

撰稿人：沈　棣
审稿人：袁国济

江苏地区

一、江苏经济发展概况

表1　　　　　　　　　　　　2021年江苏经济发展概况　　　　　　　　　　　　单位：亿元

指标	1~3月		1~6月		1~9月		1~12月	
	绝对量	同比增长（%）	绝对量	同比增长（%）	绝对量	同比增长（%）	绝对量	同比增长（%）
地区生产总值（GDP）	25878.40	19.20	55199.60	13.20	84895.70	10.20	116364.20	8.60
全社会固定资产投资	—	22.10	—	10.30	—	13.50	—	10.80
社会消费品零售总额	10803.49	39.10	21758.20	28.70	31725.10	19.50	42702.60	15.10
规模以上工业增加值	—	33.60	—	21.50	—	15.80	—	12.80
规模以上工业企业实现利润	2010.40	162.50	4467.40	59.50	6805.90	37.70	9358.10	28.50
居民消费价格指数（CPI）	1~3月		1~6月		1~9月		1~12月	
	0.50		1.20		1.30		1.60	

资料来源：国家统计局。

二、江苏上市公司总体情况

（一）公司数量

表2　　　　　　　　　　　　2021年江苏上市公司数量　　　　　　　　　　　　单位：家

公司总数	2021年新增	股票类别			板块分布				
		仅A股	仅B股	（A+B）股	沪市主板	深市主板	北交所	创业板	科创板
571	92①	567	1	3	202	129	13	156	71

资料来源：沪深北交易所，同花顺，Wind。

---

① 其中11家由精选层平移上市至北交所。

（二）行业分布

表3　2021年江苏上市公司行业分布情况

所属证监会行业类别	家数	占比（%）	所属证监会行业类别	家数	占比（%）
采矿业	0	0.00	批发和零售业	20	3.50
电力、热力、燃气及水生产和供应业	6	1.05	水利、环境和公共设施管理业	12	2.10
房地产业	7	1.23	卫生和社会工作	1	0.18
建筑业	10	1.75	文化、体育和娱乐业	4	0.70
交通运输、仓储和邮政业	10	1.75	信息传输、软件和信息技术服务业	24	4.20
教育	2	0.35	制造业	437	76.53
金融业	14	2.45	住宿和餐饮业	1	0.18
居民服务、修理和其他服务业	0	0.00	租赁和商务服务业	3	0.53
科学研究和技术服务业	14	2.45	综合	4	0.70
农、林、牧、渔业	2	0.35	合计	571	100.00

资料来源：沪深北交易所，同花顺，Wind。

（三）股本结构及规模

表4　2021年江苏上市公司股本规模在10亿股以上公司分布情况

股本规模（亿股）	公司家数	具体公司
100≤ ~ <200	2	江苏银行，南京银行
50≤ ~ <100	9	苏宁易购，华泰证券，徐工机械，恒瑞医药，南钢股份，国电南瑞，宁沪高速，东吴证券，江苏有线
20≤ ~ <50	37	招商南油，东方盛虹，冠捷科技，爱康科技，海澜之家，美年健康，三房巷，中南建设，江苏国信，南京证券，紫金银行，胜利精密，中天科技，苏州银行，龙腾光电，奥特佳，鸿达兴业，江苏租赁，药明康德，国联证券，常熟银行，金螳螂，凤凰传媒，中国天楹，南极电商，中南文化，亨通光电，红豆股份，新城控股，汇鸿集团，中材国际，沙钢股份，怡球资源，江阴银行，太极实业，天合光能，林洋能源
10≤ ~ <20	79	沪电股份，无锡银行，文峰股份，张家港行，苏农银行，天顺风能，江苏阳光，长电科技，江南高纤，东山精密，中材科技，ST维维，东华能源，双良节能，先导智能，江苏国泰，ST辉丰，洋河股份，中新集团，金通灵，华润材料，旷达科技，东方电热，智慧农业，永鼎股份，中航高科，维信诺，苏垦农发，ST新海，宝胜股份，协鑫能科，南京新百，雷科防务，吴通控股，通富微电，华润微，航发控制，苏美达，恒立液压，综艺股份，千红制药，亚太科技，中超控股，苏交科，今世缘，健友股份，国睿科技，通鼎互联，连云港，长江健康，南京高科，保税科技，江苏索普，ST宏图，双星新材，苏州高新，风范股份，中央商场，春兴精工，银河电子，五洋停车，锦富技术，中来股份，孩子王，通用股份，栖霞建设，黑牡丹，朗新科技，南京医药，海伦哲，蔚蓝锂芯，四环生物，丹化科技，威孚高科，华东重机，恩华药业，*ST德威（2022年退市），恒顺醋业，鱼跃医疗

资料来源：沪深北交易所，同花顺，Wind。

表5　2021年江苏上市公司分地区股权构成情况　　　　　　　　单位：家

股权性质 地域分布	央企国资控股	省属国资控股	地市国资控股	民营控股	其他	合计
南京市	11	18	12	55	10	106
无锡市	3	0	11	82	7	103
徐州市	0	0	3	8	0	11
常州市	1	0	2	49	4	56
苏州市	1	1	14	131	28	175
南通市	1	0	3	37	4	45
连云港市	0	0	1	8	0	9
淮安市	0	1	1	1	0	3
盐城市	0	0	1	3	1	5
扬州市	3	1	1	10	1	16
镇江市	0	0	4	15	0	19
泰州市	1	0	1	12	1	15
宿迁市	0	0	2	6	0	8
合计	21	21	56	417	56	571

资料来源：江苏证监局，Wind。

（四）市值规模

截至2021年12月31日，江苏571家上市公司境内总市值74814.92亿元，占全国上市公司境内总市值的8.15%；其中上交所上市公司273家，总股本2361.91亿股，境内总市值43609.10亿元，占上交所上市公司境内总市值的8.39%；深交所上市公司285家，总股本2096.81亿股，境内总市值30923.91亿元，占深交所上市公司境内总市值的7.80%。北交所上市公司13家，总股本15.85亿股，境内总市值281.91亿元，占北交所上市公司境内总市值的10.35%。

（五）资产规模

截至2021年12月31日，江苏571家上市公司合计总资产119610.20亿元，归属于母公司股东权益25773.95亿元，与2020年相比，分别增长13.10%、14.84%；平均每股净资产5.76元。

三、江苏上市公司经营情况及变动分析

（一）总体经营情况

表6 2021年江苏上市公司经营情况

指标	2021年	2020年	变动率（%）
家数	571	482	18.46
亏损家数	82	52	57.69
亏损家数比例（%）	14.36	10.79	3.57
平均每股收益（元）	0.41	0.44	-6.82
平均每股净资产（元）	5.76	5.36	7.46
平均净资产收益率（%）	7.08	8.29	-1.21
总资产（亿元）	119610.20	105751.63	13.10
归属于母公司股东权益（亿元）	25773.95	22443.85	14.84
营业收入（亿元）	30851.90	25917.39	19.04
利润总额（亿元）	2370.19	2402.61	-1.35
归属于母公司所有者的净利润（亿元）	1825.91	1862.36	-1.96

资料来源：沪深北交易所，同花顺，Wind。

（二）分行业经营情况

表7 2021年江苏上市公司分行业经营情况

所属行类	营业收入（亿元）	可比样本变动率（%）	归属于母公司所有者的净利润（亿元）	可比样本变动率（%）
采矿业	—	—	—	—
电力、热力、燃气及水生产和供应业	460.54	8.68	13.14	-64.56
房地产业	2777.12	8.60	130.41	-52.12
建筑业	1010.39	51.82	-34.20	-239.14
交通运输、仓储和邮政业	332.83	23.23	53.94	29.04
教育	15.21	—	-3.71	—
金融业	2006.50	18.10	673.55	24.48
居民服务、修理和其他服务业	—	—	—	—
科学研究和技术服务业	494.71	43.59	75.63	50.00
农、林、牧、渔业	117.10	35.83	-3.80	-249.61
批发和零售业	5923.16	2.23	-375.67	-2392.83
水利、环境和公共设施管理业	413.19	-2.88	17.23	-25.41
卫生和社会工作业	91.56	17.16	0.64	-88.45
文化、体育和娱乐业	146.03	5.64	26.46	115.12
信息传输、软件和信息技术服务业	844.48	22.57	90.28	58.50
制造业	16025.42	27.32	1147.46	41.81
住宿和餐饮业	13.74	20.53	0.28	-34.88
租赁和商务服务业	61.18	-3.03	5.04	-67.21
综合	118.75	39.90	9.22	-161.92
合计	30851.90	19.04	1825.90	-1.96

资料来源：沪深北交易所，同花顺，Wind。

(三) 业绩变动情况分析

1. 营业收入、毛利率等变动原因分析

辖区上市公司2021年实现营业收入30851.9亿元，同比增长19.04%；利润总额2370.19亿元，同比降低1.35%。制造业、金融业等行业的上市公司营业收入本年度大幅增长，是带动辖区营收增长的主要动力；受外部环境等影响，本年度批发和零售业、房地产业行业利润下滑严重。江苏地区上市公司平均毛利率28.22%，较2020年上升3.04个百分点。

2. 盈利构成分析

从盈利构成来看，2021年江苏地区上市公司利润主要来源于营业利润，为2403.38亿元，占利润总额的101.4%，占比较2020年增加了1.96个百分点；营业外收入55.93亿元，占利润总额2.36%，占比较2020年下降了0.66个百分点；营业外支出89.12亿元，占利润总额的3.76%，占比较2020年增加1.3个百分点。上市公司主营业务稳健增长，营业外收支相关的非经常性损益金额占利润总额比例较小，主营业务更为突出。

3. 经营性现金流量分析

2021年江苏非金融类上市公司经营活动现金流同比增长15.44%，现金流出同比增长16.39%，净现金流入增加87.42亿元。反映出2021年江苏辖区上市公司竞争能力增强，现金流更为健康，抵御风险的能力得到提高。

4. 业绩特点分析

一是盈利情况分化问题持续。在491家盈利公司中，净利润超过10亿元的有59家，占辖区公司净利润的比例为99.8%。净利润排名前60家公司盈利合计1936.66亿元，超过辖区的整体盈利，盈利情况分化问题仍然较为突出。

二是科创板公司盈利情况较优。2021年江苏主板公司净利润较2020年同期减少14.44%，盈利面为83.99%；创业板公司净利润较2020年同期增长26.33%，盈利面为83.97%；科创板公司净利润较2020年同期增长32.7%，盈利面为94.37%。

三是民企上市公司总体盈利情况与国企仍有较大差距。2021年，江苏417家上市民企实现净利润961.93亿元，同比下降5.98%，亏损面13.43%。98家国企实现净利润1227.37亿元，同比增长21.39%，亏损面14.29%。数量占比73.03%的民营企业贡献的净利润占全辖区的49.83%，较上年增加6.81个百分点。

5. 利润分配情况

表8　　　　　　　　　　　2021年江苏上市公司现金分红情况

2021年分红公司家数			2021年分红金额		
家数	变动率（%）	分红公司家数占地区公司总数比重（%）	金额（亿元）	变动率（%）	分红金额占归属于母公司所有者的净利润比重（%）
418	13.28	73.2	786.97	4.75	43.1

资料来源：江苏证监局根据Wind整理。

四、江苏上市公司并购重组情况

（一）并购重组基本情况

2021年，江苏上市公司共有105家次完成并购重组，涉及交易金额258.38亿元，其中构成重大资产重组或者通过发行股份方式收购的公司有5家，交易金额33.79亿元。与2020年相比，并购重组家次上升了6.1%，交易金额下降了13.28%。

（二）并购重组特点

2021年，江苏上市公司并购重组的主要特点有：一是并购区域总体较为集中，苏州地区最为活跃。苏州、无锡和南京三市共开展并购75家次，占比超过七成，其中苏州地区43家，占全辖区的近41%。二是并购主体以民营企业为主，交易规模总体较小。2021年完成并购重组的上市公司中85家为非国有企业，占全部并购主体的81%。并购交易规模在1亿元以下的有55家次，占比52.38%。交易规模超过10亿元的大型并购有7家，占比6.67%。三是电子行业并购重组最活跃。从行业来看，并购主体和并购标的主要集中在电子行业，分别有20家和15家。江苏电子行业正通过并购进入快速整合发展期，产业集中度进一步提升，资本带来的整合效应凸显。

五、江苏上市公司募集资金情况、使用情况

（一）募集资金总体情况

表9   2021年江苏上市公司募集资金情况

发行类型	代码	简称	募集资金（亿元）
首发	301186.SZ	超达装备	5.12
	301101.SZ	明月镜片	9.04
	688192.SH	迪哲医药-U	21.03
	301168.SZ	通灵股份	11.72
	301179.SZ	泽宇智能	14.52
	301155.SZ	海力风电	32.97
	688232.SH	新点软件	40.00
	301180.SZ	万祥科技	4.88
	688182.SH	灿勤科技	10.50
	836720.BJ	吉冈精密	2.54
	688105.SH	诺唯赞	22.01
	301098.SZ	金埔园林	3.26
	301093.SZ	华兰股份	19.55
	870436.BJ	大地电气	1.80
	301088.SZ	戎美股份	18.90

续表

发行类型	代码	简称	募集资金（亿元）
首发	688257.SH	新锐股份	14.45
	301090.SZ	华润材料	23.19
	688211.SH	中科微至	29.77
	832089.BJ	禾昌聚合	2.30
	301078.SZ	孩子王	6.28
	301076.SZ	新瀚新材	6.20
	301072.SZ	中捷精工	1.96
	688697.SH	纽威数控	6.17
	301063.SZ	海锅股份	3.66
	688103.SH	国力股份	2.88
	301061.SZ	匠心家居	14.54
	301058.SZ	中粮科工	3.62
	688711.SH	宏微科技	6.77
	835305.BJ	云创数据	3.48
	301045.SZ	天禄科技	4.08
	871642.BJ	通易航天	0.63
	605588.SH	冠石科技	5.01
	300964.SZ	本川智能	6.21
	301040.SZ	中环海陆	3.39
	688670.SH	金迪克	12.14
	301036.SZ	双乐股份	5.85
	605167.SH	利柏特	5.43
	301030.SZ	仕净科技	2.03
	688800.SH	瑞可达	4.06
	301026.SZ	浩通科技	5.11
	301023.SZ	江南奕帆	5.44
	688226.SH	威腾电气	2.50
	301016.SZ	雷尔伟	4.13
	688601.SH	力芯微	5.84
	688690.SH	纳微科技	3.55
	301012.SZ	扬电科技	1.69
	301010.SZ	晶雪节能	2.11
	688700.SH	东威科技	3.46
	301006.SZ	迈拓股份	5.02
	605319.SH	无锡振华	5.61
	301003.SZ	江苏博云	8.14
	688076.SH	诺泰生物	8.30

续表

发行类型	代码	简称	募集资金（亿元）
首发	688355.SH	明志科技	5.43
	001205.SZ	盛航股份	4.97
	688685.SH	迈信林	2.52
	688097.SH	博众精工	4.62
	688113.SH	联测科技	3.06
	605300.SH	佳禾食品	4.50
	300982.SZ	苏文电能	5.55
	605089.SH	味知香	7.13
	300975.SZ	商络电子	2.76
	688533.SH	上声电子	3.09
	300970.SZ	华绿生物	6.53
	003043.SZ	华亚智能	3.96
	688260.SH	昀冢科技	2.89
	688661.SH	和林微纳	3.54
	688633.SH	星球石墨	6.11
	688329.SH	艾隆科技	3.24
	300959.SZ	线上线下	8.20
	605286.SH	同力日升	6.33
	605389.SH	长龄液压	9.59
	300952.SZ	恒辉安防	4.25
	605298.SH	必得科技	4.32
	605133.SH	嵘泰股份	8.14
	832735.BJ	德源药业	3.09
	688607.SH	康众医疗	5.11
	688350.SH	富淼科技	4.15
	688689.SH	银河微电	4.50
	300933.SZ	中辰股份	3.09
	300936.SZ	中英科技	5.71
	300931.SZ	通用电梯	2.59
	688656.SH	浩欧博	5.56
	003032.SZ	传智教育	3.40
	300926.SZ	博俊科技	3.82
	300927.SZ	江天化学	2.68
	833509.BJ	同惠电子	1.51
	871396.BJ	常辅股份	0.44
	836149.BJ	旭杰科技	1.00
	830946.BJ	森萱医药	3.24
	832278.BJ	鹿得医疗	1.50
	430418.BJ	苏轴股份	1.16
	839167.BJ	同享科技	1.22
		小计	617.34

续表

发行类型	代码	简称	募集资金（亿元）
再融资（增发、配股）	300507.SZ	苏奥传感	4.76
	002453.SZ	华软科技	6.40
	300091.SZ	金通灵	8.00
	603179.SH	新泉股份	11.99
	600970.SH	中材国际	26.87
	603626.SH	科森科技	5.01
	000570.SZ	苏常柴A	6.35
	300715.SZ	凯伦股份	15.00
	300346.SZ	南大光电	6.13
	300292.SZ	吴通控股	1.80
	600746.SH	江苏索普	9.93
	688396.SH	华润微	50.00
	000738.SZ	航发控制	42.98
	300165.SZ	天瑞仪器	0.32
	601500.SH	通用股份	8.85
	603158.SH	腾龙股份	5.94
	300721.SZ	怡达股份	1.62
	002635.SZ	安洁科技	10.14
	002239.SZ	奥特佳	4.42
	300373.SZ	扬杰科技	14.90
	002165.SZ	红宝丽	5.09
	601008.SH	连云港	5.00
	601456.SH	国联证券	50.90
	002531.SZ	天顺风能	1.53
	002947.SZ	恒铭达	3.50
	603115.SH	海星股份	6.86
	603530.SH	神马电力	4.24
	300217.SZ	东方电热	6.09
	002333.SZ	罗普斯金	5.06
	300394.SZ	天孚通信	7.86
	300331.SZ	苏大维格	8.00
	603185.SH	上机数控	30.00
	002079.SZ	苏州固锝	3.01
	300585.SZ	奥联电子	1.44
	300725.SZ	药石科技	9.35
	002623.SZ	亚玛顿	10.00
	603985.SH	恒润股份	14.74

续表

发行类型	代码	简称	募集资金（亿元）
再融资（增发、配股）	300708.SZ	聚灿光电	7.02
	603042.SH	华脉科技	2.52
	002409.SZ	雅克科技	11.90
	300390.SZ	天华超净	7.80
	300447.SZ	全信股份	3.20
	603890.SH	春秋电子	5.27
	603666.SH	亿嘉和	7.08
	300228.SZ	富瑞特装	4.71
	300782.SZ	卓胜微	30.06
	300284.SZ	苏交科	23.58
	002413.SZ	雷科防务	6.02
	300757.SZ	罗博特科	2.00
	300751.SZ	迈为股份	6.09
	300751.SZ	迈为股份	28.12
	603693.SH	江苏新能	7.50
	600370.SH	三房巷	5.81
	300617.SZ	安靠智电	14.82
	600584.SH	长电科技	50.00
	002747.SZ	埃斯顿	7.95
	300450.SZ	先导智能	25.00
	688186.SH	广大特材	13.13
	603005.SH	晶方科技	10.29
	600919.SH	江苏银行	148.03
	601555.SH	东吴证券	81.03
	小计		922.99
其他融资（可转债）	000301.SZ	东方盛虹	50.00
	002091.SZ	江苏国泰	45.57
	002734.SZ	利民股份	9.80
	002966.SZ	苏州银行	50.00
	300196.SZ	长海股份	5.50
	300623.SZ	捷捷微电	11.95
	300641.SZ	正丹股份	3.20
	300651.SZ	金陵体育	2.50
	300655.SZ	晶瑞电材	5.23
	300682.SZ	朗新科技	8.00
	300707.SZ	威唐工业	3.01
	300798.SZ	锦鸡股份	6.00

续表

发行类型	代码	简称	募集资金（亿元）
其他融资（可转债）	600901.SH	江苏金租	50.00
	601009.SH	南京银行	200.00
	603212.SH	赛伍技术	7.00
	603486.SH	科沃斯	10.40
	603707.SH	健友股份	7.80
	603982.SH	泉峰汽车	6.20
	688001.SH	华兴源创	8.00
	688599.SH	天合光能	52.52
	000301.SZ	东方盛虹	50.00
小计			542.69
总计			2083.02

资料来源：江苏证监局根据 Wind 整理。

（二）募集资金使用情况及特点

2021 年度，辖区共有 174 家上市公司通过首发、再融资（增发、配股）、其他融资（可转债）的方式募集资金 2083.02 亿元。总体来看，辖区上市公司募集资金使用较为规范，募集资金投向变更时能够依规履行审议及公告程序。

（三）募集资金变更情况

2021 年度，辖区共有 49 家公司变更了募集资金使用项目，涉及金额 125.53 亿元，占 49 家公司（首发和近三年）募集资金总额（475.06 亿元）的 26.42%。公司变更募集资金使用项目的主要原因有：一是原有项目已不符合公司现实的经营发展需求，无法获得理想的投资回报，为推动公司持续发展而进行变更；二是基于项目进度和市场变化，变更后的项目较原项目更具竞争优势；三是投资项目已完成结项，结余资金用于永久补充流动资金，以满足公司对营运资金的需求，提高募集资金使用效率。

表 10　2021 年江苏上市公司募集资金使用项目变更情况

变更募集资金使用项目的公司家数	涉及金额（亿元）	募集资金总额（亿元）	占公司募集资金总额的比例（%）
49	125.53	475.06	26.42

资料来源：江苏证监局根据 Wind 整理。

六、江苏上市公司规范运作情况

（一）上市公司治理专项情况

2021年，江苏证监局紧紧围绕"强化治理底线、坚持标本兼治、倡导最佳实践"三条主线，高效开展上市公司治理专项工作。一是坚持自查自纠，通过动态跟踪指导、建立"流水线"式审核反馈机制、采取多维度分析模式等，多措并举快速完成公司自查工作。二是严抓现场检查，通过创新性开展上市公司巡检活动、拓展检查内容，实现检查范围高覆盖、重点问题高暴露，充分发挥现场检查的实效。三是勤督办促提升，通过逐家反馈问题、明确整改要求、持续跟踪整改效果，辖区上市公司治理问题得到有效整改，公司治理能力持续优化。此外，江苏证监局坚持教育、监管两手抓，注重激发完善公司治理的内生动力，推动形成提升上市公司治理水平的长效机制。

（二）审计情况及监管情况

2022年，共有36家会计师事务所为江苏上市公司出具了2021年度审计报告，其中3家为非原证券资格的会计师事务所。在2021年年报审计意见类型中，标准无保留意见的审计报告543份（占95.10%），非标意见审计报告28份（占4.90%）。2022年，江苏局进一步压实中介机构"看门人"责任，对两家会计师事务所开展全面检查，督促提升质量管理水平；全年共对会计师事务所、评估机构执业的32个审计评估项目开展现场检查，并向审计评估机构采取行政监管措施10家次。

（三）信息披露情况

信息披露对于促进上市公司规范运作、提高上市公司质量，增强市场透明度、保护投资者合法权益具有重要意义。江苏证监局始终将信息披露监管作为上市公司监管工作的重点。一是建立健全监管机制。联合省地方金融监管局出台《江苏省上市公司高质量发展行动计划（2021－2025年）》，明确全省上市公司高质量发展的工作目标，督促上市公司提升信息披露质量。二是严厉打击信息披露违法违规行为。根据证监会统一部署，对"隋田力专网通信事件"涉及公司快速查办，持续强化严监管氛围。三是围绕行业特征压实信息披露主体责任。深化上市公司行业监管，持续关注行业动态和事件。结合"能耗双限""双减"等政策，督促相关公司做好信息披露，客观及时向市场揭示风险和应对举措。四是加强退市风险公司信息披露监管。督促康得新按计划披露重述报表和2020年年报，督促长城影视多次发布公司股票可能因股价低于1元将被终止上市的风险提示公告，实现康得新、长城影视平稳退市。

（四）证券市场服务情况

一是丰富投资者教育活动形式。结合3·15国际消费者权益日、5·15投资者保护宣传日、金融知识普及月、世界投资者周等重要时间节点，组织辖区证券期货经营机构开展投教活动，线上线下各类投教活动参与人次近887万，实体产品投放量超10万件，电子产品点击量超1000万，开发投教产品近1500件，取得良好效果。

二是多措并举处理投诉举报，开展纠纷调解。认真回应投资者诉求，2021年，接待来访114批次、228人次，接听来电1419个，妥善处理举报事项1100余件，当年办结率达87%，近1/3在7天内办结。推动纠纷多元化解，指导省证券业协会及中证江苏调解工作站发挥纠纷调解专业委员会优势，与省市区三级法院合力推动"总对总"诉调对接机制实践，全年受理纠纷82件，成功调解57件，调解金额252.04万。

三是抓好培训宣讲，推动全省上市公司高质量发展。开展专项培训，面向全省公司开展信息披露、ESG专题等培训12次，覆盖近3000家次公司、近万人次。加强投资者关系管理，指导上市公司高质量召开业绩说明会，召开比例达94%；联合省上市公司协会对全省近130家新上市公司的董秘、证代，开展"空中讲堂——上市公司投资者关系管理"专题培训。

撰稿人：沈嘉棋　魏　惟　刘星雨
　　　　赵士莉　卞　洁　陈姝元
　　　　朱晓萌　辛廷姣　李　瑞
　　　　徐　尧
审稿人：王　鼎　葛　萍　傅潍潍
　　　　沈茂荣　邵展翘　徐　君

浙江地区（不含宁波地区）

一、浙江经济发展概况

表1　　　　　　　　　　　　2021年浙江经济发展概况　　　　　　　　　　　单位：亿元

指标	1~3月		1~6月		1~9月		1~12月	
	绝对量	同比增长（%）	绝对量	同比增长（%）	绝对量	同比增长（%）	绝对量	同比增长（%）
地区生产总值（GDP）	16347.00	19.50	34556.00	13.40	52853.00	10.60	73516.00	8.50
全社会固定资产投资	—	21.80	—	14.90	—	-5.20	—	3.70
社会消费品零售总额	6748.50	26.50	13900.80	16.40	20898.03	12.90	29211.00	9.70
规模以上工业增加值	—	34.10	—	20.80	—	16.60	—	12.90
规模以上工业企业实现利润	1399.40	157.70	3263.20	55.20	4970.50	27.60	6788.70	—
居民消费价格指数（CPI）	1~3月		1~6月		1~9月		1~12月	
	0.80		1.30		1.30		1.50	

资料来源：国家统计局。

二、浙江上市公司总体情况

（一）公司数量

表2　　　　　　　　　　　　2021年浙江上市公司数量　　　　　　　　　　　单位：家

公司总数	2021年新增	股票类别			板块分布				
		仅A股	仅B股	(A+B)股	沪市主板	深市主板	北交所	创业板	科创板
499	74	497	1	1	205	154	2	109	29

资料来源：沪深北交易所，同花顺。

（二）行业分布

表3　　　　　　　　　　　2021年浙江上市公司行业分布情况

所属证监会行业类别	家数	占比（%）	所属证监会行业类别	家数	占比（%）
采矿业	2	0.40	批发和零售业	13	2.61
电力、热力、燃气及水生产和供应业	8	1.60	水利、环境和公共设施管理业	8	1.60
房地产业	9	1.80	卫生和社会工作	3	0.60
建筑业	8	1.60	文化、体育和娱乐业	13	2.61
交通运输、仓储和邮政业	1	0.20	信息传输、软件和信息技术服务业	38	7.62
教育	0	0.00	制造业	371	74.36
金融业	10	2.00	住宿和餐饮业	1	0.20
居民服务、修理和其他服务业	0	0.00	租赁和商务服务业	10	2.00
科学研究和技术服务业	4	0.80	综合	0	0.00
农、林、牧、渔业	0	0.00	合计	499	100.00

资料来源：沪深北交易所，同花顺。

（三）股本结构及规模

表4　　　　　　2021年浙江上市公司股本规模在10亿股以上公司分布情况

股本规模（亿股）	公司家数	具体公司
200≤~<500	1	浙商银行
100≤~<200	2	浙能电力，荣盛石化
50≤~<100	9	海康威视，新湖中宝，世纪华通，利欧股份，杭州银行，小商品城，浙富控股，物产中大，众泰汽车
20≤~<50	31	天山铝业，华峰化学，中国巨石，浙商证券，三花智控，财通证券，汤姆猫，杭钢股份，万向钱潮，浙江龙盛，盈峰环境，ST瀚叶，滨江集团，传化智联，大华股份，浙江东方，华谊兄弟，巨化股份，森马服饰，宋城演艺，新和成，康恩贝，桐昆股份，浙版传媒，万丰奥威，联络互动，浙江永强，杭萧钢构，正泰电器，福莱特，浙江新能
10≤~<20	67	海亮股份，完美世界，中金环境，华策影视，大东南，华数传媒，*ST艾格，嘉凯城，华东医药，卫星化学，横店东磁，海翔药业，露笑科技，腾达建设，伟星新材，兴源环境，创业慧康，申通快递，新凤鸣，瑞丰银行，华海药业，轻纺城，罗欣药业，恒生电子，永安期货，阳光照明，嘉化能源，士兰微，水晶光电，浙江交科，宋都股份，万里扬，亚厦股份，浙文互联，卧龙电驱，伟明环保，莱茵体育，晶盛机电，海宁皮城，浙数文化，东方通信，公元股份，亿帆医药，海利得，华友钴业，报喜鸟，*ST天马，海正药业，景兴纸业，普洛药业，浙文影业，闰土股份，巨星科技，华鼎股份，康盛股份，英洛华，向日葵，浙江建投，贝因美，合盛硅业，兄弟科技，航民股份，万马股份，东南网架，浙大网新，华媒控股，金固股份

资料来源：沪深北交易所，同花顺。

表5　　2021年浙江上市公司分地区股权构成情况　　单位：家

股权性质 地域分布	央企国资控股	省属国资控股	地市国资控股	民营控股	其他	合计
杭州市	3	16	16	151	15	201
温州市	0	0	1	25	2	28
嘉兴市	1	1	4	40	4	50
湖州市	0	0	1	30	2	33
绍兴市	0	1	5	62	5	73
金华市	0	1	3	25	7	36
衢州市	0	2	0	8	0	10
舟山市	0	0	0	2	0	2
台州市	1	1	3	53	3	61
丽水市	0	0	0	4	1	5
合计	5	22	33	400	39	499

资料来源：浙江证监局。

（四）市值规模

截至2021年12月31日，浙江499家上市公司境内总市值70706.82亿元，占全国上市公司境内总市值的7.69%；其中上交所上市公司234家，总股本1966.05亿股，境内总市值34144.12亿元，占上交所上市公司境内总市值的6.57%；深交所上市公司263家，总股本2298.72亿股，境内总市值36540.66亿元，占深交所上市公司境内总市值的9.22%。北交所上市公司2家，总股本1.86亿股，境内总市值22.05亿元，占北交所上市公司境内总市值的0.81%。

（五）资产规模

截至2021年12月31日，浙江499家上市公司合计总资产85764.53亿元，归属于母公司股东权益22791.74亿元，与2020年相比，分别增长24.21%、23.24%；平均每股净资产5.34元。

三、浙江上市公司经营情况及变动分析

（一）总体经营情况

表6　　2021年浙江上市公司经营情况

指标	2021年	2020年	变动率（%）
家数	499	425	17.41
亏损家数	49	53	-7.55
亏损家数比例（%）	9.82	12.47	-21.25

浙江地区（不含宁波地区）

续表

指　标	2021 年	2020 年	变动率（%）
平均每股收益（元）	0.60	0.45	33.33
平均每股净资产（元）	5.34	4.77	11.95
平均净资产收益率（%）	11.27	9.34	20.66
总资产（亿元）	85764.53	69048.44	24.21
归属于母公司股东权益（亿元）	22791.74	18493.45	23.24
营业收入（亿元）	36280.91	25046.24	44.86
利润总额（亿元）	3303.98	2293.33	44.07
归属于母公司所有者的净利润（亿元）	2569.60	1727.32	48.76

资料来源：沪深北交易所，同花顺。

（二）分行业经营情况

表7　　　　　　　　　　2021年浙江上市公司分行业经营情况

所属行类	营业收入（亿元）	可比样本变动率（%）	归属于母公司所有者的净利润（亿元）	可比样本变动率（%）
采矿业	11.69	18.44	2.19	-1.79
电力、热力、燃气及水生产和供应业	872.22	33.85	8.00	-89.34
房地产业	771.24	26.50	45.33	-17.16
建筑业	1642.53	19.83	21.13	-35.81
交通运输、仓储和邮政业	252.55	17.11	-9.09	-2625.00
教育	—	—	—	—
金融业	1812.32	21.73	320.07	14.70
居民服务、修理和其他服务业	—	—	—	—
科学研究和技术服务业	89.71	43.01	31.56	59.23
农、林、牧、渔业	—	—	—	—
批发和零售业	9312.11	41.13	94.33	14.23
水利、环境和公共设施管理业	367.99	18.77	51.41	29.59
卫生和社会工作业	165.75	23.13	17.60	79.41
文化、体育和娱乐业	334.54	16.10	24.07	-193.11
信息传输、软件和信息技术服务业	1062.40	12.04	75.05	-39.57
制造业	18959.57	31.16	1838.17	52.05
住宿和餐饮业	2.78	8.59	0.37	5.71
租赁和商务服务业	623.51	46.20	49.41	136.98
综合	—	—	—	—
合计	36280.91	31.58	2569.60	33.51

资料来源：沪深北交易所，同花顺。

(三) 业绩变动情况分析

1. 营业收入、毛利率等变动原因分析

2021年,浙江辖区上市公司经营业绩稳步上涨。全年度实现营业收入总计3.63万亿元,同比增长44.86%;归属于上市公司母公司的净利润2569.60亿元,同比上升48.76%。扣除非经常性损益影响后,化学原料和化学制品制造业对净利润增长贡献较大,邮政业贡献最小。

2. 盈利构成分析

2021年辖区上市公司利润来源主要是营业利润,其占利润总额比重为100.58%,比2020年同期增加0.01个百分点。投资收益占利润总额的15.87%,比2020年同期减少8.17个百分点。营业外收支净额为-19.03亿元,占利润总额的比重为-0.58%。

3. 经营性现金流量分析

2021年,辖区上市公司经营活动现金净流入1825.31亿元,同比减少38.65%。499家上市公司中,405家经营性现金流量为正,占比81.16%,同比减少4.25个百分点。

4. 业绩特点分析

一是总体呈"前高后稳"态势。2021年,国内推出有力的防疫措施,经济活动持续回归正常,整体呈现疫后复苏态势。分季度看,一季度实现良好开局,浙江辖区上市公司营业收入和净利润同比分别增长54%和81%。二季度保持了快速增长势头,中报披露营业收入和净利润同比分别增长42%和52%。受部分生产要素价格上涨影响,三季度、四季度业绩增速放缓,稳中有进。

二是行业业绩情况差异较大。2021年辖区上市公司整体稳中向好,不同行业差异较大。受经济复苏、需求回升、产业转型升级等因素影响,工业生产稳步回升,辖区内占比最大的制造业行业增势良好,租赁和商务服务业、卫生和社会工作、科学研究和技术服务业等行业净利润分别增长130%、66%和62%。部分行业受疫情等影响较大,交通运输、仓储和邮政业亏损最多,全年亏损9.11亿元,文体娱乐业较上年的巨幅利润下滑有所提升。房地产行业融资收紧,上下游产业业绩下滑。

三是龙头公司引领产业发展。浙江辖区多家头部公司,具有市值高、规模大、影响广等特点,例如海康威视、正泰电器、荣盛石化、新和成等8家头部公司,分布在安防、化纤、生物医药、环保等行业,这些公司在细分领域充分发挥"领头羊"作用,以公司高质量发展推动产业链进步。2021年,这8家头部公司实现营业收入合计3516.38亿元,归母净利润478.12亿元,分别占辖区总量的9.6%和18.5%。

5. 利润分配情况

浙江地区（不含宁波地区）

表8　2021年浙江上市公司现金分红情况

2021年分红公司家数			2021年分红金额		
家数	变动率（%）	分红公司家数占地区公司总数比重（%）	金额（亿元）	变动率（%）	分红金额占归属于母公司所有者的净利润比重（%）
386	18.77	77.35	781.49	22.05	30.41

资料来源：浙江证监局。

四、浙江上市公司并购重组情况

（一）并购重组基本情况

2021年，浙江辖区共有145家上市公司实施并购重组209次，比2020年度增加24.40%；交易金额395.35亿元，比2020年度增加16.83%。

（二）并购重组特点

整体来看，并购重组更重"提质"。证监会《上市公司证券发行管理办法（2020年修订）》落地以来，浙江证监局在并购重组监管关口前移作了一些探索，通过风险研判、约谈、问询、核查等一系列动作，阻止部分跨界、跨境、三高、虚假的并购重组，有效防范了"有毒资产"的注入。

从行业分布来看，2021年并购重组市场体现出较为显著的"硬属性"，完成并购重组的前三大行业分别为通用设备制造业、计算机、通信和其他电子设备制造业和专用设备制造业。

五、浙江上市公司募集资金情况、使用情况

（一）募集资金总体情况

表9　2021年浙江上市公司募集资金情况

发行类型	代码	简称	募集资金（亿元）
首发	001211.SZ	双枪科技	4.75
	003030.SZ	祖名股份	4.74
	003036.SZ	泰坦股份	3.09
	003041.SZ	真爱美家	4.50
	300930.SZ	屹通新材	3.28
	300943.SZ	春晖智控	3.33
	300945.SZ	曼卡龙	2.33
	300984.SZ	金沃股份	3.72
	300992.SZ	泰福泵业	2.12
	300994.SZ	久祺股份	5.78

续表

发行类型	代码	简称	募集资金（亿元）
首发	301004.SZ	嘉益股份	1.95
	301008.SZ	宏昌科技	6.27
	301009.SZ	可靠股份	8.52
	301032.SZ	新柴股份	3.00
	301052.SZ	果麦文化	1.46
	301053.SZ	远信工业	2.43
	301055.SZ	张小泉	2.69
	301056.SZ	森赫股份	2.62
	301057.SZ	汇隆新材	2.19
	301065.SZ	本立科技	7.51
	301066.SZ	万事利	1.76
	301068.SZ	大地海洋	2.94
	301073.SZ	君亭酒店	2.46
	301077.SZ	星华新材	9.22
	301081.SZ	严牌股份	5.53
	301082.SZ	久盛电气	6.26
	301092.SZ	争光股份	12.10
	301096.SZ	百诚医药	21.53
	301113.SZ	雅艺科技	5.46
	301119.SZ	正强股份	3.58
	600032.SH	浙江新能	7.30
	600927.SH	永安期货	26.16
	601528.SH	瑞丰银行	12.26
	601921.SH	浙版传媒	22.84
	603048.SH	浙江黎明	6.38
	603071.SH	物产环能	15.49
	603171.SH	税友股份	5.41
	603216.SH	梦天家居	9.33
	605005.SH	合兴股份	2.56
	605011.SH	杭州热电	2.47
	605020.SH	永和股份	4.62
	605055.SH	迎丰股份	3.86
	605056.SH	咸亨国际	5.46
	605060.SH	联德股份	9.35
	605077.SH	华康股份	15.04
	605080.SH	浙江自然	7.88

浙江地区（不含宁波地区）

续表

发行类型	代码	简称	募集资金（亿元）
首发	605138.SH	盛泰集团	5.54
	605162.SH	新中港	4.86
	605180.SH	华生科技	5.60
	605259.SH	绿田机械	5.96
	605268.SH	王力安防	6.91
	605277.SH	新亚电子	5.65
	605303.SH	园林股份	6.60
	605337.SH	李子园	7.76
	605488.SH	福莱新材	6.13
	605507.SH	国邦医药	27.30
	605566.SH	福莱蒽特	10.74
	605580.SH	恒盛能源	4.19
	688032.SH	禾迈股份	55.77
	688075.SH	安旭生物	12.00
	688079.SH	美迪凯	10.22
	688092.SH	爱科科技	2.83
	688109.SH	品茗科技	6.81
	688255.SH	凯尔达	9.24
	688296.SH	和达科技	3.35
	688565.SH	力源科技	2.51
	688606.SH	奥泰生物	18.05
	688611.SH	杭州柯林	4.67
	688616.SH	西力科技	2.76
	688701.SH	卓锦股份	2.51
	688767.SH	博拓生物	9.21
	688789.SH	宏华数科	5.75
	688819.SH	天能股份	48.72
	838924.BJ	广脉科技	0.81
	小计		595.98
再融资（增发、配股）	002020.SZ	京新药业	5.00
	002115.SZ	三维通信	4.68
	002214.SZ	大立科技	9.70
	002273.SZ	水晶光电	22.50
	002389.SZ	航天彩虹	9.11
	002520.SZ	日发精机	6.99
	002562.SZ	兄弟科技	5.43

续表

发行类型	代码	简称	募集资金（亿元）
再融资（增发、配股）	002570.SZ	贝因美	2.59
	002617.SZ	露笑科技	6.43
	002637.SZ	赞宇科技	4.10
	002915.SZ	中欣氟材	4.42
	300133.SZ	华策影视	7.27
	300412.SZ	迦南科技	2.70
	300548.SZ	博创科技	6.26
	300571.SZ	平治信息	5.85
	300587.SZ	天铁股份	8.10
	300604.SZ	长川科技	3.72
	300643.SZ	万通智控	2.98
	300649.SZ	杭州园林	0.67
	300669.SZ	沪宁股份	2.51
	300702.SZ	天宇股份	9.00
	300768.SZ	迪普科技	10.15
	300792.SZ	壹网壹创	8.95
	600059.SH	古越龙山	9.59
	600267.SH	海正药业	25.85
	600460.SH	士兰微	22.44
	600796.SH	钱江生化	24.59
	601233.SH	桐昆股份	19.70
	601599.SH	浙文影业	6.00
	601865.SH	福莱特	25.00
	601878.SH	浙商证券	28.05
	603093.SH	南华期货	3.65
	603129.SH	春风动力	17.27
	603222.SH	济民医疗	2.41
	603260.SH	合盛硅业	25.00
	603289.SH	泰瑞机器	1.94
	603290.SH	斯达半导	35.00
	603456.SH	九洲药业	10.00
	300257.SZ	开山股份	11.00
	603595.SH	东尼电子	4.68
	603799.SH	华友钴业	60.18
	603926.SH	铁流股份	1.70
	605358.SH	立昂微	52.00
	688023.SH	安恒信息	13.33
	小计		548.49

浙江地区（不含宁波地区）

续表

发行类型	代码	简称	募集资金（亿元）
其他融资（公司债券、短期融资券、中期票据、次级债、金融债、境外发行债券、交易所资产支持证券融资）	000411.SZ	英特集团	6.00
	002050.SZ	三花智控	30.00
	002126.SZ	银轮股份	7.00
	002244.SZ	滨江集团	14.50
	002276.SZ	万马股份	4.00
	002534.SZ	西子洁能	11.10
	002931.SZ	锋龙股份	2.45
	300078.SZ	思创医惠	8.17
	300611.SZ	美力科技	3.00
	300673.SZ	佩蒂股份	7.20
	300813.SZ	泰林生物	2.10
	600077.SH	宋都股份	2.00
	600120.SH	浙江东方	20.00
	600176.SH	中国巨石	2.00
	600208.SH	新湖中宝	30.50
	600267.SH	海正药业	18.15
	600352.SH	浙江龙盛	60.00
	600926.SH	杭州银行	150.00
	601108.SH	财通证券	87.00
	601878.SH	浙商证券	75.00
	603055.SH	台华新材	6.00
	603208.SH	江山欧派	5.83
	603225.SH	新凤鸣	25.00
	603298.SH	杭叉集团	11.50
	603605.SH	珀莱雅	7.52
	603685.SH	晨丰科技	4.15
	603733.SH	仙鹤股份	20.50
	603995.SH	甬金股份	10.00
	605007.SH	五洲特纸	6.70
		小计	637.37
总计			1781.84

资料来源：浙江证监局。

（二）募集资金使用情况及特点

2021年，浙江辖区上市公司募集资金使用情况总体合规性较好，存在的违规情况主要有两种，一是募集资金实际投资进度与计划存在较大差异，未及时履行信息披露义务。二是募集资金的使用和管理不规范。

（三）募集资金变更情况

2021年，浙江辖区有67家上市公司变更募集资金投向，涉及金额145.10亿元。相比2020年，变更家数减少37家，涉及金额减少354.02亿元。

表10　　2021年浙江上市公司募集资金使用项目变更情况

变更募集资金使用项目的公司家数	涉及金额（亿元）	募集资金总额（亿元）	占公司募集资金总额的比例（%）
67	145.10	409.75	35.41

资料来源：浙江证监局。

六、浙江上市公司规范运作情况

（一）上市公司治理专项情况

2021年全年，浙江辖区上市公司圆满完成公司治理专项行动第一阶段的自查工作，通过自查自纠提升内部治理水平，专项行动第二阶段的现场检查工作有序开展，实现"以检查促整改、以整改促提升"的目标。

公司自查阶段，辖区388家上市公司参与，总体规范运作水平良好，但有部分公司在"三会一层"运作，"关键少数"行为规范，尤其是控股股东、实际控制人的行为规范和内部控制等方面存在瑕疵和问题。自查共发现需整改问题569项，截至2021年年底，整改完成率达92.44%。

现场检查阶段，浙江证监局将公司治理作为现场检查计划的重点，共开展检查19家次，发现的公司治理问题合计62项，主要为制度制定不规范、印章管理不规范、三会运作不规范等。现场检查结束后，浙江证监局一方面督促公司落实整改，截至2021年年底，已落实整改59项，另一方面落实零容忍要求，对公司及相关责任人员采取行政监管措施19家次，立案调查7家次。

（二）审计情况及监管情况

浙江辖区上市公司均于2022年4月30日前完成年报披露。从财务报告审计意见类型看，辖区有23家上市公司被出具非标准意见审计报告。其中1家公司为无法表示意见，12家公司为保留意见，10家公司为带强调事项段的无保留意见。从内控审计意见类型看，有10家公司被出具非标准意见内控审计报告。其中2家为否定意见，3家为保留意见，5家为带强调事项段的无保留意见。

浙江证监局强化年报全过程监管，推动提升年报披露质量。前期，下发审计风险提示函，列明重点关注风险事项，压实审计机构责任，同时以风险和问题为导向选定年报审阅名单，为年报审阅打下坚实基础。年报审阅过程中，成立年报专项小组，强化内部协同，加强与交易所间的信息互通，实现通力协作。通过年报审阅，发现部分公司存在财务指标异常、业绩预告不准确、前期差错更正等问题，并做好分类处置工作，综合运用现场检查、出具行政监管措施、落实退市新规等手段，实现监管的精准有效。

（三）信息披露情况

辖区上市公司信息披露质量不断提升，2021年度沪深交易所信息披露考核结果中A（优秀）、B（良好）的公司家数共有396家，同时仍有部分公司存在以下几类问题：一是业绩预告不准确，二是财务指标信息披露不真实，存在提前确认收入、少计成本等问题，三是信息披露存在重大遗漏，未及时披露员工持股计划减持安排、关联方非经营性资金往来等事项。

（四）证券市场服务情况

持续做好上市公司服务工作。全年共培训上市公司"关键少数"人员1640人次，培训上市公司1135家次。组织召开ESG培训会，推动部分公司率先建立ESG工作制度，落实"双碳"战略，加快推进绿色低碳转型发展。

切实保护投资者合法权益。结合党史学习教育开展"为投资者办实事"投资者保护主题实践活动，推动投教联盟成员解决一批投资者"急难愁盼"问题。与杭州中院、浙江省高院举行诉调对接主题座谈会、研讨会，推进纠纷多元化解机制建设。辖区两则证券纠纷调解案例入选证监会调解典型案例。

撰稿人：徐志娜　王佳伟
审稿人：娄丽忠　翁　立

浙江地区（含宁波地区）

一、浙江经济发展概况

表1　　　　　　　　　　　　2021年浙江经济发展概况　　　　　　　　　　　　单位：亿元

指标	1~3月		1~6月		1~9月		1~12月	
	绝对量	同比增长（%）	绝对量	同比增长（%）	绝对量	同比增长（%）	绝对量	同比增长（%）
地区生产总值（GDP）	16347.00	19.50	34556.00	13.40	52853.00	10.60	73516.00	8.50
全社会固定资产投资	—	21.80	—	14.90	—	-5.20	—	3.70
社会消费品零售总额	6748.50	26.50	13900.80	16.40	20898.03	12.90	29211.00	9.70
规模以上工业增加值	—	34.10	—	20.80	—	16.60	—	12.90
规模以上工业企业实现利润	1399.40	157.70	3263.20	55.20	4970.50	27.60	6788.70	—
居民消费价格指数（CPI）	1~3月		1~6月		1~9月		1~12月	
	0.80		1.30		1.30		1.50	

资料来源：国家统计局。

二、浙江上市公司总体情况

（一）公司数量

表2　　　　　　　　　　　　2021年浙江上市公司数量　　　　　　　　　　　　单位：家

公司总数	2021年新增	股票类别			板块分布				
		仅A股	仅B股	(A+B)股	沪市主板	深市主板	北交所	创业板	科创板
606	88	604	1	1	265	169	3	137	32

资料来源：沪深北交易所，同花顺。

（二）行业分布

表3　　　　　　　　　　　2021年浙江上市公司行业分布情况

所属证监会行业类别	家数	占比（%）	所属证监会行业类别	家数	占比（%）
采矿业	2	0.33	批发和零售业	16	2.64
电力、热力、燃气及水生产和供应业	10	1.65	水利、环境和公共设施管理业	8	1.32
房地产业	11	1.82	卫生和社会工作	3	0.5
建筑业	13	2.15	文化、体育和娱乐业	13	2.15
交通运输、仓储和邮政业	4	0.66	信息传输、软件和信息技术服务业	39	6.43
教育	0	0	制造业	458	75.55
金融业	11	1.82	住宿和餐饮业	1	0.17
居民服务、修理和其他服务业	0	0	租赁和商务服务业	12	1.98
科学研究和技术服务业	4	0.66	综合	0	0
农、林、牧、渔业	1	0.17	合计	606	100

资料来源：沪深北交易所，同花顺。

（三）股本结构及规模

表4　　　　　　　　2021年浙江上市公司股本规模在10亿股以上公司分布情况

股本规模（亿股）	公司家数	具体公司
200≤ ~ <500	1	浙商银行
100≤ ~ <200	3	宁波港，浙能电力，荣盛石化
50≤ ~ <100	10	海康威视，新湖中宝，世纪华通，利欧股份，宁波银行，杭州银行，小商品城，浙富控股，物产中大，众泰汽车
20≤ ~ <50	35	天山铝业，华峰化学，雅戈尔，中国巨石，浙商证券，三花智控，财通证券，汤姆猫，杭钢股份，万向钱潮，浙江龙盛，荣安地产，盈峰环境，ST瀚叶，滨江集团，传化智联，大华股份，韵达股份，浙江东方，华谊兄弟，巨化股份，森马服饰，宋城演艺，新和成，康恩贝，桐昆股份，浙版传媒，万丰奥威，联络互动，浙江永强，杭萧钢构，正泰电器，福莱特，杉杉股份，浙江新能
10≤ ~ <20	81	海亮股份，完美世界，中金环境，华策影视，大东南，华数传媒，*ST艾格，天邦食品，嘉凯城，华东医药，卫星化学，横店东磁，海翔药业，露笑科技，腾达建设，伟星新材，兴源环境，创业慧康，申通快递，龙元建设，新凤鸣，瑞丰银行，百隆东方，华海药业，金田股份，轻纺城，罗欣药业，恒生电子，永安期货，阳光照明，宁波富达，嘉化能源，士兰微，水晶光电，三星医疗，浙江交科，均胜电子，宋都股份，万里扬，亚厦股份，浙文互联，卧龙电驱，伟明环保，莱茵体育，晶盛机电，海宁皮城，浙数文化，东方通信，公元股份，亿帆医药，海利得，华友钴业，报喜鸟，*ST天马，宁波海运，海正药业，景兴纸业，普洛药业，亿晶光电，浙文影业，闰土股份，*ST围海，巨星科技，华鼎股份，康盛股份，英洛华，向日葵，继峰股份，宁波能源，宏润建设，拓普集团，浙江建投，贝因美，合盛硅业，兄弟科技，航民股份，万马股份，东南网架，浙大网新，华媒控股，金固股份

资料来源：沪深北交易所，同花顺。

表5　　　　　　　　　　　　2021年浙江上市公司分地区股权构成情况　　　　　　　　　　单位：家

股权性质 地域分布	央企国资控股	省属国资控股	地市国资控股	民营控股	其他	合计
杭州市	3	16	16	151	15	201
宁波市	1	4	7	88	7	107
温州市	0	0	1	25	2	28
嘉兴市	1	1	4	40	4	50
湖州市	0	0	1	30	2	33
绍兴市	0	1	5	62	5	73
金华市	0	1	3	25	7	36
衢州市	0	2	0	8	0	10
舟山市	0	0	0	2	0	2
台州市	1	1	3	53	3	61
丽水市	0	0	0	4	1	5
合计	6	26	40	488	46	606

资料来源：浙江证监局、宁波证监局。

（四）市值规模

截至2021年12月31日，浙江606家上市公司境内总市值85562.81亿元，占全国上市公司境内总市值的9.31%；其中上交所上市公司297家，总股本2529.80亿股，境内总市值43014.24亿元，占上交所上市公司境内总市值的8.27%；深交所上市公司306家，总股本2572.48亿股，境内总市值42511.84亿元，占深交所上市公司境内总市值的10.73%。北交所上市公司3家，总股本3.94亿股，境内总市值36.73亿元，占北交所上市公司境内总市值的1.35%。

（五）资产规模

截至2021年12月31日，浙江606家上市公司合计总资产115930.04亿元，归属于母公司股东权益28337.74亿元，与2020年相比，分别增长23.55%、22.14%；平均每股净资产5.91元。

三、浙江上市公司经营情况及变动分析

（一）总体经营情况

表6　　　　　　　　　　2021年浙江上市公司经营情况

指标	2021年	2020年	变动率（%）
家数	606	518	16.99
亏损家数	58	61	-4.92

浙江地区（含宁波地区）

续表

指标	2021年	2020年	变动率（%）
亏损家数比例（%）	9.57	11.78	-18.75
平均每股收益（元）	0.60	0.48	25.79
平均每股净资产（元）	5.91	4.98	18.72
平均净资产收益率（%）	10.88	9.66	12.63
总资产（亿元）	115930.04	93830.89	23.55
归属于母公司股东权益（亿元）	28337.74	23201.76	22.14
营业收入（亿元）	42683.58	29988.81	42.33
利润总额（亿元）	3930.86	2922.53	34.50
归属于母公司所有者的净利润（亿元）	3083.10	2241.03	37.58

资料来源：沪深北交易所，同花顺。

（二）分行业经营情况

表7　2021年浙江上市公司分行业经营情况

所属行类	营业收入（亿元）	可比样本变动率（%）	归属于母公司所有者的净利润（亿元）	可比样本变动率（%）
采矿业	11.69	18.44	2.19	-1.79
电力、热力、燃气及水生产和供应业	945.31	33.37	14.49	-81.62
房地产业	1020.71	26.00	59.48	-22.86
建筑业	2191.24	15.80	36.43	-18.12
交通运输、仓储和邮政业	924.55	17.19	52.14	2.14
教育	—	—	—	—
金融业	2340.06	23.17	515.53	20.02
居民服务、修理和其他服务业	—	—	—	—
科学研究和技术服务业	89.71	43.01	31.56	59.23
农、林、牧、渔业	105.07	-2.39	-44.62	-237.50
批发和零售业	9396.95	40.30	98.06	12.11
水利、环境和公共设施管理业	367.99	18.77	51.41	29.59
卫生和社会工作业	165.75	23.13	17.60	79.41
文化、体育和娱乐业	334.54	16.10	24.07	-193.11
信息传输、软件和信息技术服务业	1073.52	11.87	75.76	-40.12
制造业	23059.16	31.19	2098.87	43.22
住宿和餐饮业	2.78	8.59	0.37	5.71
租赁和商务服务业	654.55	44.09	49.76	172.51
综合	—	—	—	—
合计	42683.58	31.58	3083.10	33.51

资料来源：沪深北交易所，同花顺。

（三）业绩变动情况分析

1. 营业收入、毛利率等变动原因分析

2021年，全省上市公司克服多重困难，全年业绩稳步增长，行业状况持续好转，高质量发展态势明显，全省上市公司营业收入达4.27万亿元，占全省GDP的58.05%，较上年增加8个百分点。整体来看，上市公司内生动力持续增强，基本盘地位更加巩固。

2. 盈利构成分析

全省上市公司九成实现盈利，八成收入规模扩大，逾五成收入利润双增长。除1家退市公司外，605家上市公司实现营业收入4.27万亿元，净利润3091.59亿元，同比分别增长30.71%和25.48%。营业收入和净利润分别占全国的6.58%和6.37%。

3. 经营性现金流量分析

2021年，全省上市公司经营活动现金净流入1757.03亿元。482家公司经营活动产生的现金流净额为正，占比79.54%。

4. 业绩特点分析

从季度数据看，因2020年同比基数较低，2021年一季度营业收入和净利润涨幅较大，分别增长55.48%和72.95%。受部分生产要素价格上涨影响，第三季度利润增速放缓，第四季度有所改善。二季度、三季度、四季度营业收入同比分别增长31.59%、31.06%和15.90%，净利润同比分别增长25.77%、7.04%和13.89%。

从行业数据看，全省上市公司所属56个证监会大类行业中，除畜牧、建筑装饰、其他制造、开采辅助活动、皮革制品和制鞋五个行业外，均实现盈利。行业结构上看，盈利进一步向头部集中，净利润前十行业合计占总利润比例同比增加4个百分点，行业利润平均值与中位数之差由1.20亿元扩大至2.45亿元，不同行业之间分化明显。

一是产业上下游业绩分化。受经济复苏、需求回升及大宗商品价格上涨等因素影响，上游周期性行业收益明显，化工行业净利润增长，而中下游的汽车制造等行业利润受到严重挤压。二是新旧动能分化。2021年，房地产融资收紧，销售下滑，产业链上下游受到拖累。传统经济动能承压，但战略新兴产业表现亮眼，计算机通信制造业实现净利润250.31亿元，同比增长25.47%。三是疫情影响分化。受疫情持续影响，2021年文娱行业仍面临较大困难，行业净利润较低。而抗疫相关细分行业保持增长。

5. 利润分配情况

表8　2021年浙江上市公司现金分红情况

2021年分红公司家数			2021年分红金额		
家数	变动率（%）	分红公司家数占地区公司总数比重（%）	金额（亿元）	变动率（%）	分红金额占归属于母公司所有者的净利润比重（%）
476	19.55	78.55	981.41	22.83	31.83

资料来源：浙江证监局，宁波证监局。

四、浙江上市公司并购重组情况

（一）并购重组基本情况

全省共168家上市公司实施并购重组245次，比2020年度增加24.37%；涉及金额443.87亿元，比2020年度减少8.15%。

（二）并购重组特点

浙江省内并购重组质量提高。一是并购重组监管关口前移。监管部门在并购重组监管关口前强化风险研判，通过问询、核查等监管措施，阻止部分跨界、跨境、三高等高风险并购重组，有效防范"有毒资产"的注入。二是并购重组市场更重科技"硬实力"，2021年的并购重组集中在设备制造业。三是公司对大额收购或处置资产、股权更趋审慎。受疫情及多种因素的影响，上市公司并购重组谈判、筹划时间较长，决策过程较为谨慎。公司主要以现金收购上下游行业资产，普遍未达到重大资产重组标准，发行股份支付并购对价的较少。

五、浙江上市公司募集资金情况、使用情况

（一）募集资金总体情况

表9　　2021年浙江上市公司募集资金情况

发行类型	代码	简称	募集资金（亿元）
首发	001211.SZ	双枪科技	4.75
	003030.SZ	祖名股份	4.74
	003036.SZ	泰坦股份	3.09
	003041.SZ	真爱美家	4.50
	300930.SZ	屹通新材	3.28
	300943.SZ	春晖智控	3.33
	300945.SZ	曼卡龙	2.33
	300984.SZ	金沃股份	3.72
	300992.SZ	泰福泵业	2.12
	300994.SZ	久祺股份	5.78
	301004.SZ	嘉益股份	1.95
	301008.SZ	宏昌科技	6.27
	301009.SZ	可靠股份	8.52
	301032.SZ	新柴股份	3.00
	301052.SZ	果麦文化	1.46
	301053.SZ	远信工业	2.43
	301055.SZ	张小泉	2.69
	301056.SZ	森赫股份	2.62
	301057.SZ	汇隆新材	2.19

续表

发行类型	代码	简称	募集资金（亿元）
首发	301065.SZ	本立科技	7.51
	301066.SZ	万事利	1.76
	301068.SZ	大地海洋	2.94
	301073.SZ	君亭酒店	2.46
	301077.SZ	星华新材	9.22
	301081.SZ	严牌股份	5.53
	301082.SZ	久盛电气	6.26
	301092.SZ	争光股份	12.10
	301096.SZ	百诚医药	21.53
	301113.SZ	雅艺科技	5.46
	301119.SZ	正强股份	3.58
	600032.SH	浙江新能	7.30
	600927.SH	永安期货	26.16
	601528.SH	瑞丰银行	12.26
	601921.SH	浙版传媒	22.84
	603048.SH	浙江黎明	6.38
	603071.SH	物产环能	15.49
	603171.SH	税友股份	5.41
	603216.SH	梦天家居	9.33
	605005.SH	合兴股份	2.56
	605011.SH	杭州热电	2.47
	605020.SH	永和股份	4.62
	605055.SH	迎丰股份	3.86
	605056.SH	咸亨国际	5.46
	605060.SH	联德股份	9.35
	605077.SH	华康股份	15.04
	605080.SH	浙江自然	7.88
	605138.SH	盛泰集团	5.54
	605162.SH	新中港	4.86
	605180.SH	华生科技	5.60
	605259.SH	绿田机械	5.96
	605268.SH	王力安防	6.91
	605277.SH	新亚电子	5.65
	605303.SH	园林股份	6.60
	605337.SH	李子园	7.76
	605488.SH	福莱新材	6.13
	605507.SH	国邦医药	27.30

浙江地区（含宁波地区）

续表

发行类型	代码	简称	募集资金（亿元）
首发	301065.SZ	本立科技	7.51
	605566.SH	福莱蒽特	10.74
	605580.SH	恒盛能源	4.19
	688032.SH	禾迈股份	55.77
	688075.SH	安旭生物	12.00
	688079.SH	美迪凯	10.22
	688092.SH	爱科科技	2.83
	688109.SH	品茗科技	6.81
	688255.SH	凯尔达	9.24
	688296.SH	和达科技	3.35
	688565.SH	力源科技	2.51
	688606.SH	奥泰生物	18.05
	688611.SH	杭州柯林	4.67
	688616.SH	西力科技	2.76
	688701.SH	卓锦股份	2.51
	688767.SH	博拓生物	9.21
	688789.SH	宏华数科	5.75
	688819.SH	天能股份	48.72
	838924.BJ	广脉科技	0.81
	605228.SH	神通科技	4.71
	300953.SZ	震裕科技	6.69
	300969.SZ	恒帅股份	4.14
	605378.SH	野马电池	5.87
	605117.SH	德业股份	13.97
	300998.SZ	宁波方正	1.60
	301019.SZ	宁波色母	5.79
	605028.SH	世茂能源	5.67
	605555.SH	德昌股份	16.18
	603213.SH	镇洋发展	3.91
	603219.SH	富佳股份	3.92
	301198.SZ	喜悦智行	5.44
	301193.SZ	家联科技	9.22
		小计	683.09

续表

发行类型	代码	简称	募集资金（亿元）
再融资（增发、配股）	002020.SZ	京新药业	5.00
	002115.SZ	三维通信	4.68
	002214.SZ	大立科技	9.70
	002273.SZ	水晶光电	22.50
	002389.SZ	航天彩虹	9.11
	002520.SZ	日发精机	6.99
	002562.SZ	兄弟科技	5.43
	002570.SZ	贝因美	2.59
	002617.SZ	露笑科技	6.43
	002637.SZ	赞宇科技	4.10
	002915.SZ	中欣氟材	4.42
	300133.SZ	华策影视	7.27
	300412.SZ	迦南科技	2.70
	300548.SZ	博创科技	6.26
	300571.SZ	平治信息	5.85
	300587.SZ	天铁股份	8.10
	300604.SZ	长川科技	3.72
	300643.SZ	万通智控	2.98
	300649.SZ	杭州园林	0.67
	300669.SZ	沪宁股份	2.51
	300702.SZ	天宇股份	9.00
	300768.SZ	迪普科技	10.15
	300792.SZ	壹网壹创	8.95
	600059.SH	古越龙山	9.59
	600267.SH	海正药业	25.85
	600460.SH	士兰微	22.44
	600796.SH	钱江生化	24.59
	601233.SH	桐昆股份	19.70
	601599.SH	浙文影业	6.00
	601865.SH	福莱特	25.00
	601878.SH	浙商证券	28.05
	603093.SH	南华期货	3.65
	603129.SH	春风动力	17.27
	603222.SH	济民医疗	2.41
	603260.SH	合盛硅业	25.00
	603289.SH	泰瑞机器	1.94
	603290.SH	斯达半导	35.00

浙江地区（含宁波地区）

续表

发行类型	代码	简称	募集资金（亿元）
再融资（增发、配股）	603456.SH	九洲药业	10.00
	300257.SZ	开山股份	11.00
	603595.SH	东尼电子	4.68
	603799.SH	华友钴业	60.18
	603926.SH	铁流股份	1.70
	605358.SH	立昂微	52.00
	688023.SH	安恒信息	13.33
	601689.SH	拓普集团	20.00
	603076.SH	乐惠国际	4.18
	300439.SZ	美康生物	6.00
	600152.SH	维科技术	7.00
	300729.SZ	乐歌股份	7.00
	603617.SH	君禾股份	5.18
	603178.SH	圣龙股份	4.44
	300566.SZ	激智科技	6.98
	600884.SH	杉杉股份	30.53
	002142.SZ	宁波银行	118.94
	小计		758.74
其他融资（公司债券、短期融资券、中期票据、次级债、金融债、境外发行债券）	000411.SZ	英特集团	6.00
	002050.SZ	三花智控	30.00
	002126.SZ	银轮股份	7.00
	002244.SZ	滨江集团	14.50
	002276.SZ	万马股份	4.00
	002534.SZ	西子洁能	11.10
	002931.SZ	锋龙股份	2.45
	300078.SZ	思创医惠	8.17
	300611.SZ	美力科技	3.00
	300673.SZ	佩蒂股份	7.20
	300813.SZ	泰林生物	2.10
	600077.SH	宋都股份	2.00
	600120.SH	浙江东方	20.00
	600176.SH	中国巨石	2.00
	600208.SH	新湖中宝	30.50
	600267.SH	海正药业	18.15
	600352.SH	浙江龙盛	60.00
	600926.SH	杭州银行	150.00
	601108.SH	财通证券	87.00

续表

发行类型	代码	简称	募集资金（亿元）
其他融资（公司债券、短期融资券、中期票据、次级债、金融债、境外发行债券）	601878.SH	浙商证券	75.00
	603055.SH	台华新材	6.00
	603208.SH	江山欧派	5.83
	603225.SH	新凤鸣	25.00
	603298.SH	杭叉集团	11.50
	603605.SH	珀莱雅	7.52
	603685.SH	晨丰科技	4.15
	603733.SH	仙鹤股份	20.50
	603995.SH	甬金股份	10.00
	605007.SH	五洲特纸	6.70
	601018.SH	宁波港	35.00
	603538.SH	美诺华	5.20
	601609.SH	金田股份	15.00
	603877.SH	太平鸟	8.00
	300666.SZ	江丰电子	5.17
	002896.SZ	中大力德	2.70
	603305.SH	旭升集团	13.50
	300863.SZ	卡倍亿	2.79
	002120.SZ	韵达股份	6.30
		小计	731.03
		总计	2172.86

资料来源：浙江证监局，宁波证监局。

（二）募集资金使用情况及特点

一是首发融资占比提升。2021年，浙江省上市公司募集资金（首发、再融资）金额为1441.83亿元，较上年下降143.72亿元，首发融资占比47.38%，较上年提高22个百分点。二是省内上市公司募集资金使用情况总体合规性较好，但存在部分公司募集资金实际投资缓慢、募集资金使用和管理不规范等问题。

（三）募集资金变更情况

2021年，浙江有71家上市公司变更募集资金投向，涉及金额172.23亿元。相比2020年，变更家数减少39家，涉及金额减少361.01亿元。

表10　2021年浙江上市公司募集资金使用项目变更情况

变更募集资金使用项目的公司家数	涉及金额（亿元）	募集资金总额（亿元）	占公司募集资金总额的比例（%）
71	172.23	502.86	34.25

资料来源：浙江证监局，宁波证监局。

六、浙江上市公司规范运作情况

（一）上市公司治理专项情况

2021年，按照证监会开展上市公司治理专项行动的统一部署，全省认真有序落实辖区公司治理专项行动。一是圆满完成公司治理专项行动第一阶段的自查工作，通过自查自纠提升内部治理水平，督促公司及时提交自查清单，并完成审核工作，对自查清单的内容进行了数据统计和汇总分析，梳理上市公司规范运作整体情况以及自查发现的突出问题、共性问题和疑难点问题，并在分析原因的基础上提出监管建议，深入分析典型案例。二是启动公司治理专项检查，专项行动第二阶段的现场检查工作有序开展，实现"以检查促整改、以整改促提升"的目标。三是推动上市公司积极召开2020年年报业绩说明会，举办上市公司业绩说明会在线培训，全省共有24家公司关于业绩说明会的经验做法被中国上市公司协会评选为优秀案例。

（二）审计情况及监管情况

全省上市公司均于2022年4月30日前按时完成年报披露。从财务报告审计意见类型看，共有24家上市公司被出具非标准意见审计报告。其中1家公司年报被出具否定意见，1家公司为无法表示意见，12家公司为保留意见，10家公司为带强调事项段的无保留意见。从内控审计意见类型看，有11家公司被出具非标准意见内控审计报告。其中3家为否定意见，3家为保留意见，5家为带强调事项段的无保留意见。

浙江省证券监管部门扎实部署年报监管工作，防范上市公司风险，推动提升年报披露质量。前期，下发审计风险提示函，列明重点关注风险事项，压实审计机构责任，同时以风险和问题为导向选定年报审阅名单，为年报审阅打下坚实基础。年报审阅过程中，及时约谈"关键少数"，警示风险。约谈重点公司高管人员和重点项目签字会计师，共计约谈公司227家次，向公司相关人员和审计机构了解情况并强调监管要求。结合年报审阅中发现的风险事项，综合运用各种监管手段，实现监管的精准有效。

（三）信息披露情况

辖区上市公司信息披露质量不断提升，2021年度沪深交易所信息披露考核结果中A（优秀）、B（良好）的公司家数共有488家。在日常监管工作中，强化以信息披露为中心的事中事后监管，进一步优化非现场监管流程，提高违法违规线索监测和处置的及时性。聚焦业绩预告不准确、"蹭热点"、会计处理不合规、信息披露存在重大遗漏等违法违规行为，加大查处打击力度。

（四）证券市场服务情况

一是加强辅导监管与服务，支持优秀企业发行上市。二是组织召开上市公司

"关键少数"和 ESG 培训会。三是通过书面通知、走访推动、培训会强调等多种方式，鼓励公司在年报披露后以网络等方式召开业绩说明会。四是为进一步加强上市公司与投资者的沟通交流，增强上市公司的透明度，促进公司规范运作，举办上市公司投资者网上集体接待日活动。

撰稿人：徐志娜　王佳伟　郑　怡
审稿人：娄丽忠　翁　立　丁伟伟

安徽地区

一、安徽经济发展概况

表1　2021年安徽经济发展概况　　　　　　　　　　　　　　　　　　单位：亿元

指标	1~3月 绝对量	1~3月 同比增长（%）	1~6月 绝对量	1~6月 同比增长（%）	1~9月 绝对量	1~9月 同比增长（%）	1~12月 绝对量	1~12月 同比增长（%）
地区生产总值（GDP）	9529.10	18.70	20576.50	12.90	31874.80	10.20	42959.20	8.30
全社会固定资产投资	—	25.70	—	11.40	—	10.40	—	9.40
社会消费品零售总额	5322.20	36.40	10771.10	27.40	15981.80	22.00	21471.20	17.10
规模以上工业增加值	—	26.30	—	17.30	—	13.30	—	8.90
规模以上工业企业实现利润	600.70	99.70	1397.00	52.40	2060.50	33.20	2669.90	13.60
居民消费价格指数（CPI）	1~3月		1~6月		1~9月		1~12月	
	0.10		0.60		0.60		0.90	

资料来源：国家统计局。

二、安徽上市公司总体情况

（一）公司数量

表2　2021年安徽上市公司数量　　　　　　　　　　　　　　　　　　单位：家

公司总数	2021年新增	股票类别 仅A股	股票类别 仅B股	股票类别 (A+B)股	板块分布 沪市主板	板块分布 深市主板	板块分布 北交所	板块分布 创业板	板块分布 科创板
149	23	146	0	3	52	48	5	29	15

资料来源：沪深北交易所，同花顺。

（二）行业分布

表3　　2021年安徽上市公司行业分布情况

所属证监会行业类别	家数	占比（%）	所属证监会行业类别	家数	占比（%）
采矿业	3	2.01	批发和零售业	6	4.03
电力、热力、燃气及水生产和供应业	2	1.34	水利、环境和公共设施管理业	10	6.71
房地产业	2	1.34	卫生和社会工作	0	0.00
建筑业	3	2.01	文化、体育和娱乐业	2	1.34
交通运输、仓储和邮政业	2	1.34	信息传输、软件和信息技术服务业	6	4.03
教育	1	0.67	制造业	104	69.80
金融业	3	2.01	住宿和餐饮业	1	0.67
居民服务、修理和其他服务业	0	0.00	租赁和商务服务业	0	0.00
科学研究和技术服务业	2	1.34	综合	0	0.00
农、林、牧、渔业	2	1.34	合计	149	100.00

资料来源：沪深北交易所，同花顺。

（三）股本结构及规模

表4　　2021年安徽上市公司股本规模在10亿股以上公司分布情况

股本规模（亿股）	公司家数	具体公司
100≤ ~ <200	1	铜陵有色
50≤ ~ <100	3	马钢股份，中公教育，海螺水泥
20≤ ~ <50	14	华安证券，山鹰国际，国元证券，淮河能源，华塑股份，江南化工，新集能源，淮北矿业，长信科技，科大讯飞，皖能电力，三七互娱，江淮汽车，精工钢构
10≤ ~ <20	17	精达股份，皖新传媒，皖维高新，中粮科技，*ST新光，鑫科材料，ST德豪，安徽建工，华孚时尚，国轩高科，皖通高速，安科生物，阳光电源，楚江新材，中鼎股份，恒源煤电，长虹美菱

资料来源：沪深北交易所，同花顺。

表5　　2021年安徽上市公司分地区股权构成情况　　单位：家

股权性质\地域分布	央企国资控股	省属国资控股	地市国资控股	民营控股	其他	合计
合肥市	8	14	5	37	4	68
芜湖市	0	4	1	11	1	17

续表

股权性质\地域分布	央企国资控股	省属国资控股	地市国资控股	民营控股	其他	合计
蚌埠市	2	1	1	2	2	8
淮南市	1	0	0	1	0	2
马鞍山市	2	0	0	5	1	8
淮北市	0	2	0	2	0	4
铜陵市	0	1	1	5	2	9
安庆市	0	0	1	3	0	4
黄山市	0	0	1	0	1	2
阜阳市	0	0	1	0	0	1
宿州市	0	0	0	0	0	0
滁州市	0	1	1	8	1	11
六安市	0	0	0	4	0	4
宣城市	1	0	0	6	0	7
池州市	1	0	0	2	0	3
亳州市	0	0	1	0	0	1
合计	15	23	13	86	12	149

资料来源：安徽证监局。

（四）市值规模

截至2021年12月31日，安徽149家上市公司境内总市值21892.68亿元，占全国上市公司境内总市值的2.38%；其中上交所上市公司67家，总股本690.96亿股，境内总市值8553.17亿元，占上交所上市公司境内总市值的1.65%；深交所上市公司77家，总股本742.37亿股，境内总市值13245.51亿元，占深交所上市公司境内总市值的3.34%；北交所上市公司5家，总股本4.35亿股，境内总市值93.99亿元，占北交所上市公司境内总市值的3.45%。

（五）资产规模

截至2021年12月31日，安徽149家上市公司合计总资产18382.23亿元，归属于母公司股东权益8315.85亿元，与2020年相比，分别增长16.15%、15.82%；平均每股净资产5.78元。

三、安徽上市公司经营情况及变动分析

（一）总体经营情况

表6　　　　　　　　　　　　2021年安徽上市公司经营情况

指　　标	2021年	2020年	变动率（%）
家数	149	126	18.25
亏损家数	14	12	16.67
亏损家数比例（%）	9.40	9.52	-0.12
平均每股收益（元）	0.65	0.60	8.33
平均每股净资产（元）	5.78	5.37	7.64
平均净资产收益率（%）	11.29	11.15	0.14
总资产（亿元）	18382.23	15455.27	18.94
归属于母公司股东权益（亿元）	8315.85	7009.36	18.64
营业收入（亿元）	12997.89	10483.91	23.98
利润总额（亿元）	1199.64	1038.38	15.53
归属于母公司所有者的净利润（亿元）	938.58	781.30	20.13

资料来源：沪深北交易所，同花顺。

（二）分行业经营情况

表7　　　　　　　　　　　　2021年安徽上市公司分行业经营情况

所属行类	营业收入（亿元）	可比样本变动率（%）	归属于母公司所有者的净利润（亿元）	可比样本变动率（%）
采矿业	842.76	27.82	86.01	69.11
电力、热力、燃气及水生产和供应业	259.69	20.70	-11.31	-192.48
房地产业	93.14	32.51	15.78	163.37
建筑业	824.70	24.58	14.93	30.85
交通运输、仓储和邮政业	266.98	68.39	19.51	45.06
教育	69.12	-38.30	-23.70	-202.86
金融业	99.89	19.24	30.33	15.32
居民服务、修理和其他服务业	—	—	—	—
科学研究和技术服务业	27.50	17.37	4.56	3.40
农、林、牧、渔业	51.38	26.61	3.52	91.30
批发和零售业	483.45	33.73	14.43	68.57
水利、环境和公共设施管理业	154.20	14.99	15.86	-7.36
卫生和社会工作业	—	—	—	—
文化、体育和娱乐业	180.05	17.66	9.99	13.27
信息传输、软件和信息技术服务业	405.86	21.24	46.78	27.22
制造业	9223.09	20.19	710.45	16.70
住宿和餐饮业	16.08	24.07	1.44	-22.16
租赁和商务服务业	—	—	—	—
综合	—	—	—	—
合计	12997.89	21.53	938.58	17.24

资料来源：沪深北交易所，同花顺。

(三) 业绩变动情况分析

1. 营业收入、毛利率等变动原因分析

2021年，辖区149家上市公司共实现营业总收入12997.89亿元，同比增长23.98%，增速较2020年上升18.31个百分点，主要原因是2021年疫情防控取得成效，经济恢复趋势明显；上市公司平均毛利率为19.78%，与2020年基本持平，公司盈利能力保持稳定，未出现重大不利变化。

2. 盈利构成分析

2021年，辖区149家上市公司共实现净利润938.58亿元，其中净利润超过10亿元的有22家，家数较上年增长7家。一方面，超过5亿元的有40家，家数较上年增长6家；盈利前5名公司依次为海螺水泥、马钢股份、淮北矿业、铜陵有色、三七互娱。另一方面，有14家公司亏损76.97亿元，亏损面9.4%，相比2020年11家公司亏损55.25亿元，亏损金额有所扩大。从净利润分布看，辖区公司业绩状况两级分化较为明显，利润主要集中在水泥、钢铁、煤炭等大型国有传统行业，本年度亏损企业主要分布在教育、汽车制造业、电气机械和器材制造业等。

3. 经营性现金流量分析

2021年，辖区149家上市公司经营活动现金流量净额为1038.91亿元，同比增长9.18%。同时，辖区上市公司平均经营性现金流净额为6.97亿元，有105家上市公司经营现金流净额为正，占辖区上市公司的比例为70.47%；其中海螺水泥继续保持辖区经营性现金流净额的最高水平，为339.01亿元，安徽建工经营性现金流净额最低，为-54.92亿元。

4. 业绩特点分析

一方面，业绩状况总体向好，部分公司亏损面有所扩大。从经营业绩看，辖区上市公司整体保持恢复发展，业绩稳中有升；从亏损情况看，辖区上市公司亏损面同比小幅增加。另一方面，整体业绩表现提升，板块、行业间分化明显。

分板块看，主板公司多属于传统行业，规模较大，业绩波动稳中趋好；创业板公司收入增长较快但盈利能力有待提升；科创板公司营收增速高于辖区平均水平，但呈现业绩波动大、风险高的特点。分行业看，制造业公司数量最多，业绩增幅略高于辖区平均水平，个别行业受疫情冲击、市场需求萎缩、能源大宗商品价格上涨等因素影响，业绩下降明显。

5. 利润分配情况

表8　　　　　　　　　　　2021年安徽上市公司现金分红情况

2021年分红公司家数			2021年分红金额		
家数	变动率(%)	分红公司家数占地区公司总数比重(%)	金额(亿元)	变动率(%)	分红金额占归属于母公司所有者的净利润比重(%)
121	22.22	81.21	367.49	39.3	39.15

资料来源：安徽证监局。

四、安徽上市公司并购重组情况

（一）并购重组基本情况

2021年，安徽辖区有香农芯创、江南化工2家上市公司依托资本市场实施完成重大资产重组，实现交易金额47.71亿，同比增长57.82%。2021年实施并购重组的2家上市公司总计实现营业收入为156.87亿元，归属母公司股东的净利润12.77亿元。2家公司通过并购重组进一步提升公司规模，逐渐形成新的利润增长点。

（二）并购重组特点

2021年，辖区并购重组市场坚持发挥服务实体经济发展的根本功能，推动并购重组市场优化增量发展、深化存量改革，进一步把好市场入口关，坚持做到增量与存量并重。一是持续推动上市公司高质量发展。2021年实施并购重组的上市公司，通过注入大体量的优质资产，实现营业收入、净利润水平及资产规模同比大幅上升，为上市公司高质量发展增添新的活力。二是通过重组优质资产的证券化，强化上市规范治理要求，进一步推动建立规范、有效、透明的上市公司治理体系。三是进一步强化创新驱动力，辖区并购重组标的涵盖了各类创新驱动产业，持续提升辖区上市公司创新能力，推动创新成果不断涌现，有效实现了辖区市场主体"双创"活力加快释放。

五、安徽上市公司募集资金情况、使用情况

（一）募集资金总体情况

表9　　　　　　　　　　2021年安徽上市公司募集资金情况

发行类型	代码	简称	募集资金（亿元）
首发	871981.BJ	晶赛科技	2.50
	688768.SH	容知日新	2.50
	688733.SH	壹石通	7.05
	688659.SH	元琛科技	2.60
	688639.SH	华恒生物	6.25
	688630.SH	芯碁微装	4.60
	688367.SH	工大高科	2.50
	688162.SH	巨一科技	15.76
	605189.SH	富春染织	6.22
	600935.SH	华塑股份	15.21
	301167.SZ	建研设计	5.27
	301129.SZ	瑞纳智能	10.25
	301108.SZ	洁雅股份	11.63
	301049.SZ	超越科技	4.56

续表

发行类型	代码	简称	募集资金（亿元）
首发	300956.SZ	英力股份	4.24
	300929.SZ	华骐环保	2.86
	003038.SZ	鑫铂股份	4.81
	001217.SZ	华尔泰	8.68
	小计		117.49
再融资（增发、配股）	000859.SZ	国风塑业	7.08
	600909.SH	华安证券	39.62
	603815.SH	交建股份	8.71
	002230.SZ	科大讯飞	25.5
	300274.SZ	阳光电源	36.38
	002074.SZ	国轩高科	73.03
	600418.SH	江淮汽车	20
	002226.SZ	江南化工	31.69
	002760.SZ	凤形股份	3.54
	002057.SZ	中钢天源	9.5
	002347.SZ	泰尔股份	2.29
	600375.SH	汉马科技	5.89
	600218.SH	全柴动力	7.5
	002361.SZ	神剑股份	6.5
	603596.SH	古井贡酒	50
	002042.SZ	华孚时尚	11.41
	002555.SZ	三七互娱	29.33
	002298.SZ	中电兴发	3.31
	300087.SZ	荃银高科	5.5
	小计		376.78
其他融资（公司债券、短期融资券、中期票据、次级债、金融债、境外发行债券）	000728.SZ	国元证券	65
	000543.SZ	皖能电力	10
	600909.SH	华安证券	20
	603689.SH	皖天然气	9.3
	002969.SZ	嘉美包装	7.5
	603596.SH	伯特利	9.02
	小计		120.82
总计			615.09

资料来源：安徽证监局。

（二）募集资金使用情况及特点

2021年度，安徽辖区共有18家公司实现首发上市，首发募集资金117.49亿元；19家上市公司成功实行非公开发行、资产重组及配股，增发募集资金376.78亿元，主要用于公司募投项目、购买资产及补充流动资金等；6家上市公司通过发行证券公司债、可转债等方式募集资金120.82亿元；合计实现募集资金总额615.09亿元，同比实现募集资金融资上升74.93%。从报告期内募集资金使用现场检查及非现场监管情况上看，辖区上市公募集资金管理及使用情况规范，基本能够按照预期投资计划使用，及时准确地披露募集资金使用情况。

（三）募集资金变更情况

2021年度，辖区上市公司按照证券法律、法规的要求规范使用募集资金，并及时披露了募集资金的使用情况，但有华孚时尚、嘉美包装、大富科技、中鼎股份、皖仪科技、华菱精工、安徽建工7家公司因募投项目环境发生变化，经履行相关审议及披露程序后，存在部分募集资金使用项目及金额发生变更的情形。

表10　　　2021年安徽上市公司募集资金使用项目变更情况

变更募集资金使用项目的公司家数	涉及金额（亿元）	募集资金总额（亿元）	占公司募集资金总额的比例（%）
7	26.6	84.14	31.61

资料来源：安徽证监局。

六、安徽上市公司规范运作情况

（一）上市公司治理专项情况

一是以专项自查为抓手，推动公司强化治理。精准把握自查清单所列119项问题的填报要求，先后提出审核意见889条，辖区所有公司均按时完成修改与填报。二是以业绩说明会为契机，引导积极参与治理。印发专项通知，推动公司积极召开业绩说明会，辖区共计127家公司召开业绩说明会，五类重点公司全部召开，董事长（总经理）出席率达100%。三是以查处占用担保为手段，督促改进公司治理。对交易所筛选的12家资金异常公司全部开展现场走访，建立问题台账。运用通知、谈话、培训等多种方式，引导上市公司珍惜政策窗口期，在限期内集中掏底、完成整改。

（二）审计情况及监管情况

一方面，以信息披露为核心，扎实开展定期报告监管。坚持问题和风险导向，实施差异化年报研析，全年拟定16份年报审计风险提示函，开展年报专项约谈、走访21家，对所有公司年报开展审阅分析，抽选会计监管、公司监管经验丰富的同志组成年报审阅专项小组对38家重点公司进行审阅，对80家上市公司进行了年报问询，涉及347个问题或风险疑点，多次召开年报分析研讨会，有效开展"说公司、促监管"。另一方面，坚持"零容忍"，依法打击违法违规行为。对4家上市公司进行全面现场检查，8家上市公司开展专项现场检查，依法依规对上市公司、公司股东、高管等责任主体采取行政监管措施11份，开展首单查审罚一体化案件办理，及时对涉嫌违法违规问题移交稽查处理，全年提请立案3家次。

（三）信息披露情况

2021年，辖区上市公司信息披露总体情况较为良好，绝大部分公司积极主动通过交易所投资者关系互动平台、公司网站等多种途径与投资者进行交流，信息披露意识和义务履行进一步增强。一是优化监管流程，进一步做好非现场监管针对性。督导公司严格履行强制性信息披露义务，进一步完善内部信息披露制度和流程；试点开展自愿性信息披露，引导公司以投资者需求为导向，结合行业特点和自身实际，开展自愿性信息披露；强化对公司发生敏感事件时信息披露的动态监管，健全信息披露异常情形问责机制。二是借助科技监管手段，进一步做好信息披露监管有效性。充分借助信息平台、科技执法、大数据分析、舆情检测、科技培训"五位一体"的科技监管手段，充分运用上市公司监管平台、画像系统等科技监管平台，利用好科技资源，深化局所间监管协作，切实提升上市公司信息披露的有效性。

（四）证券市场服务情况

近年来，安徽辖区始终坚持将保护投资者合法权益作为各项工作的出发点和落脚点，贯彻监管全过程，切实维护广大投资者的知情权、参与权、决策权等合法权益。一是加强信息披露监管，切实保护投资者知情权。督导上市公司严格落实信息披露要求，完善以投资者需求为导向的信息披露体系，力争给投资者一个真实透明的上市公司。二是提升上市公司质量，不断增强投资者满意度、获得感。在入口方面，强化辅导全过程监管，压实中介机构责任，切实防止企业"带病申报"。在持续监管方面，抓住上市公司大股东、实控人、董监高等"关键少数"，强化监管压力传导，不断提升公司治理和规范运作水平。三是防范化解重大风险，积极维护广大投资者的合法权益。加强股权质押、债券违约等重点风险监管，"一司一策"制定风险预案，密切与交易所、地方政府协作，多措并举推进风险处置。四是健全多元纠纷化解机制，多途径保障投资者求偿权。推动法院、仲裁、行业协会、中证中小投资者服务中心等建立"开庭+调解"、诉调对接、小额速调、示范判决等多元纠纷化解机制。

撰稿人：赵佰杰

审稿人：刘　勇

福建地区（不含厦门地区）

一、福建经济发展概况

表1　2021年福建经济发展概况　　单位：亿元

指标	1~3月 绝对量	1~3月 同比增长(%)	1~6月 绝对量	1~6月 同比增长(%)	1~9月 绝对量	1~9月 同比增长(%)	1~12月 绝对量	1~12月 同比增长(%)
地区生产总值（GDP）	10750.60	17.90	22913.86	12.30	35196.61	8.80	48810.36	8.00
全社会固定资产投资	—	30.50	—	13.10	—	4.90	—	6.00
社会消费品零售总额	5155.74	26.30	10150.51	17.90	14978.88	12.10	20373.11	9.40
规模以上工业增加值	—	22.70	—	14.60	—	10.80	—	9.90
规模以上工业企业实现利润	935.00	55.60	1988.07	34.50	2975.38	19.20	4353.30	81.70
居民消费价格指数（CPI）	1~3月		1~6月		1~9月		1~12月	
	0.00		0.40		0.40		0.70	

资料来源：国家统计局。

二、福建辖区上市公司总体情况

（一）公司数量

表2　2021年福建辖区上市公司数量　　单位：家

公司总数	2021年新增	股票类别 仅A股	股票类别 仅B股	股票类别 (A+B)股	板块分布 沪市主板	板块分布 深市主板	板块分布 北交所	板块分布 创业板	板块分布 科创板
100	7	100	0	0	39	35	1	20	5

资料来源：沪深北交易所，同花顺，Wind。

(二) 行业分布

表3 2021年福建辖区上市公司行业分布情况

所属证监会行业类别	家数	占比（%）	所属证监会行业类别	家数	占比（%）
采矿业	2	2.00	批发和零售业	6	6.00
电力、热力、燃气及水生产和供应业	4	4.00	水利、环境和公共设施管理业	0	0.00
房地产业	4	4.00	卫生和社会工作	0	0.00
建筑业	1	1.00	文化、体育和娱乐业	0	0.00
交通运输、仓储和邮政业	2	2.00	信息传输、软件和信息技术服务业	14	14.00
教育	0	0.00	制造业	61	61.00
金融业	2	2.00	住宿和餐饮业	0	0.00
居民服务、修理和其他服务业	0	0.00	租赁和商务服务业	0	0.00
科学研究和技术服务业	0	0.00	综合	0	0.00
农、林、牧、渔业	4	4.00	合计	100	100.00

资料来源：沪深北交易所，同花顺，Wind。

(三) 股本结构及规模

表4 2021年福建辖区上市公司股本规模在10亿股以上公司分布情况

股本规模（亿股）	公司家数	具体公司
1000≤	0	
500≤ ~ <1000	0	
200≤ ~ <500	2	紫金矿业，兴业银行
100≤ ~ <200	0	
50≤ ~ <100	2	永辉超市，兴业证券
20≤ ~ <50	11	阳光城，合力泰，华映科技，福建高速，ST冠福，福耀玻璃，ST泰禾，三钢闽光，宁德时代，青山纸业，恺英网络
10≤ ~ <20	13	福能股份，平潭发展，中闽能源，航天发展，贵人鸟，中国武夷，冠城大通，圣农发展，达华智能，ST龙净，新大陆，纳川股份，国脉科技

资料来源：沪深北交易所，同花顺，Wind。

表5 2021年福建辖区上市公司分地区股权构成情况　　　　　　　　　　单位：家

股权性质 地域分布	央企国资控股	省属国资控股	地市国资控股	民营控股	其他	合计
福州市	2	11	3	28	6	50
泉州市	1	0	1	11	5	18
莆田市	0	1	0	2	0	3
三明市	1	1	1	1	0	4

续表

股权性质 地域分布	央企国资控股	省属国资控股	地市国资控股	民营控股	其他	合计
漳州市	0	0	3	3	0	6
南平市	0	1	0	4	2	7
龙岩市	0	0	3	4	1	8
宁德市	0	0	1	3	0	4
合计	4	14	12	56	14	100

资料来源：福建证监局。

（四）市值规模

截至2021年12月31日，福建辖区100家上市公司境内总市值31715.74亿元，占全国上市公司境内总市值的3.45%；其中上交所上市公司44家，总股本901.97亿股，境内总市值14228.84亿元，占上交所上市公司境内总市值的2.74%；深交所上市公司55家，总股本494.37亿股，境内总市值17464.72亿元，占深交所上市公司境内总市值的4.41%；北交所上市公司1家，总股本1.15亿股，境内总市值22.17亿元，占北交所上市公司境内总市值的0.81%。

（五）资产规模

截至2021年12月31日，福建辖区100家上市公司合计总资产106165.31亿元，归属于母公司股东权益12095.09亿元，与2020年相比，分别增长10.50%、10.00%；平均每股净资产8.65元。

三、福建辖区上市公司经营情况及变动分析

（一）总体经营情况

表6　　　　　　　　　　2021年福建辖区上市公司经营情况

指标	2021年	2020年	变动率（%）
家数	100	93	7.53
亏损家数	20	10	100.00
亏损家数比例（%）	20.00	10.75	9.25
平均每股收益（元）	0.88	0.74	18.92
平均每股净资产（元）	8.65	8.11	6.66
平均净资产收益率（%）	10.15	9.14	1.01
总资产（亿元）	106165.31	96073.24	10.50
归属于母公司股东权益（亿元）	12095.09	10995.76	10.00
营业收入（亿元）	11321.65	9450.31	19.80
利润总额（亿元）	1564.11	1281.63	22.04
归属于母公司所有者的净利润（亿元）	1227.38	1005.11	22.12

资料来源：沪深北交易所，同花顺，Wind。

福建地区（不含厦门地区）

（二）分行业经营情况

表7　　　　　　　　　　2021年福建辖区上市公司分行业经营情况

所属行类	营业收入（亿元）	可比样本变动率（%）	归属于母公司所有者的净利润（亿元）	可比样本变动率（%）
采矿业	2253.71	31.41	157.57	142.09
电力、热力、燃气及水生产和供应业	150.83	26.62	21.91	7.90
房地产业	655.62	-34.76	-118.87	-1549.68
建筑业	15.68	59.99	0.41	-20.06
交通运输、仓储和邮政业	79.45	34.07	8.42	-278.8
教育	—	—	—	—
金融业	2402.08	8.83	874.23	23.78
居民服务、修理和其他服务业	—	—	—	—
科学研究和技术服务业	—	—	—	—
农、林、牧、渔业	167.00	10.40	0.98	-94.62
批发和零售业	1111.78	1.76	-35.84	-262.85
水利、环境和公共设施管理业	—	—	—	—
卫生和社会工作业	—	—	—	—
文化、体育和娱乐业	—	—	—	—
信息传输、软件和信息技术服务业	218.50	10.63	20.60	49.37
制造业	4267.01	47.46	297.97	91.76
住宿和餐饮业	—	—	—	—
租赁和商务服务业	—	—	—	—
综合	—	—	—	—
合计	11321.65	19.80	1227.38	22.11

资料来源：沪深北交易所，同花顺，Wind。

（三）业绩变动情况分析

1. 营业收入、毛利率等变动原因分析

2021年，福建辖区100家上市公司实现营业总收入11321.65亿元，同比增长19.81%；营业总成本9943.32亿元，同比增长19.97%；营业利润1572.72亿元，同比增长20.68%；利润总额1564.11亿元，同比增长22.04%；毛利率为12.17%，同比下降1.02百分点。营业收入增幅小于营业成本增幅是毛利率下降的主要原因。

2. 盈利构成分析

从盈利构成看，2021年，福建辖区上市公司利润来源主要是营业利润，其占利润总额的比重为100.55%，营业外收入总额占利润总额比重为1.36%，营业外支出总额占利润总额比重为-1.91%。

3. 经营性现金流量分析

2021年，福建辖区77家上市公司经营现金流量净额为正，占100家上市公司的77%，低于2020年87.10%的水平。

4. 业绩特点分析

2021年度，福建辖区上市公司总体

发展形势良好，资产规模平稳增长，盈利水平有所提高。具体情况如下：

（1）资产规模持续扩大。截至 2021 年 12 月 31 日，福建辖区上市公司资产总额为 106165.31 亿元，较上年同期增长 10.50%；归属于母公司股东权益总额为 12095.09 亿元，较上年同期增长 10.00%。

（2）盈利能力总体保持增长。2021 年度，福建辖区 100 家上市公司共实现营业收入 11321.65 亿元，同比增加 19.80%；实现净利润 1227.38 亿元，同比增加 22.12%；平均净资产收益率 10.15%；平均每股收益 0.88 元，同比增加 18.92%。

（3）亏损面扩大。2021 年度福建辖区上市公司亏损金额有所增多，辖区 93 家上市公司中有 20 家出现亏损，亏损总额为 216.16 亿元，与 2020 年度相比，亏损公司家数增加 10 家，亏损金额增加 68.39%。

（4）积极回报股东。2021 年，福建辖区共有 60 家公司提出利润分配或资本公积金转增股本方案，发放现金股利，占盈利公司家数的 75%；派发现金总额 364.81 亿元，占福建辖区公司净利润的 29.72%。

5. 利润分配情况

表8　2021 年福建辖区上市公司现金分红情况

2021 年分红公司家数			2021 年分红金额		
家数	变动率（%）	分红公司家数占地区公司总数比重（%）	金额（亿元）	变动率（%）	分红金额占归属于母公司所有者的净利润比重（%）
60	-1.64	60	364.81	18.78	29.72

资料来源：福建证监局。

四、福建辖区上市公司并购重组情况

（一）并购重组基本情况

2021 年，福建辖区上市公司并购重组活跃度较低。据统计，福建辖区上市公司发生并购重组 44 家次，交易金额 132.66 亿元，全年共有 3 家上市公司构成重大资产重组，涉及金额合计 7.3 亿元。截至目前，3 家公司均已终止。

（二）并购重组特点

近年来，辖区上市公司积极开展并购重组进行转型升级，越来越多企业选择以并购重组的方式，打通上下游产业链甚至实现跨行业发展做大做强。随并购重组数量增多，部分公司也出现了一些负面效应：一是受新冠疫情影响，并购重组交易各项工作进度不及预期，上市公司受市场环境影响而终止并购重组交易。二是并购形成的商誉规模较大，减值风险影响公司发展后劲。三是并购标的未能完成业绩承诺的情形多发，制约了上市公司并购重组效益的发挥。

五、福建辖区上市公司募集资金情况、使用情况

福建地区（不含厦门地区）

（一）募集资金总体情况

表9　　　　　　　　　　2021年福建辖区上市公司募集资金情况

发行类型	代码	简称	募集资金（亿元）
首发	300946	恒而达	4.91
	300941	创识科技	7.27
	300955	嘉亨家化	4.17
	688195	腾景科技	4.40
	605086	龙高股份	4.12
	300972	万辰生物	2.76
		小计	27.62
再融资（增发、配股）	300648	星云股份	4.00
	002752	昇兴股份	7.46
	300640	德艺文创	3.42
	300436	广生堂	5.14
	603668	天马科技	5.60
	300650	太龙股份	4.20
	600753	东方银星	1.00
	300706	阿石创	3.00
	603663	三祥新材	2.20
	600203	福日电子	10.50
	002639	雪人股份	6.70
		小计	53.23
其他融资（公司债券、短期融资券、中期票据、次级债、金融债、境外发行债券）	601377	兴业证券	35
	601377	兴业证券	35
	002682	龙洲股份	3
	000671	阳光城	10
	601899	紫金矿业	5
	000671	阳光城	5.8
	601377	兴业证券	30
	603363	傲农生物	10
	601899	紫金矿业	5
	601377	兴业证券	30
	600660	福耀玻璃	3
	601377	兴业证券	50
	601899	紫金矿业	3

续表

发行类型	代码	简称	募集资金（亿元）
其他融资（公司债券、短期融资券、中期票据、次级债、金融债、境外发行债券）	600693	东百集团	1
	601899	紫金矿业	15
	601899	紫金矿业	5
	601377	兴业证券	30
	600660	福耀玻璃	3
	603817	海峡环保	1.5
	000671	阳光城	5
	000671	阳光城	0.3
	000671	阳光城	10
	600660	福耀玻璃	2
	601899	紫金矿业	5
	600660	福耀玻璃	4
	601377	兴业证券	40
	601899	紫金矿业	20
	601377	兴业证券	40
	601377	兴业证券	40
	600660	福耀玻璃	3
	300174	元力股份	9
	601899	紫金矿业	15
	601377	兴业证券	40
	600660	福耀玻璃	3
	601377	兴业证券	43
	601166	兴业银行	300
	601377	兴业证券	45
	601377	兴业证券	30
	601166	兴业银行	400
	601166	兴业银行	50
	603817	海峡环保	1.5
	601377	兴业证券	41
	601166	兴业银行	500
		小计	1927.10
	总计		2007.95

资料来源：福建证监局。

福建地区（不含厦门地区）

（二）募集资金使用情况及特点

2021年，福建辖区共有50家上市公司使用募集资金，金额196.32亿元，其中41.27亿元为2021年度募集资金，占全年使用募集资金总额的21.02%；155.05亿元为以前年度募集资金，占年度使用募集资金总额的78.98%。福建辖区上市公司共涉及10个行业，除金融业、交通运输仓储和邮政业外的8个行业均涉及到募集资金的使用。

（三）募集资金变更情况

2021年，福建辖区有10家上市公司变更募集资金的使用项目，涉及金额48.41亿元，占10家公司募集资金总额322.45亿元的15.01%。募集资金变更程序合法，均经过公司董事会和股东大会批准。变更的原因主要包括：一是上市公司战略发展规划调整，募集资金投向发生变更；二是募投项目的行业现状、市场环境等发生改变，为适应市场发展，以市场需求为导向更改募集资金使用项目；三是因客观市场、施工环境的影响变化，导致原项目未达预期，为有效利用资金，减少对原募投项目的投入。

表10　2021年福建上市公司募集资金使用项目变更情况

变更募集资金使用项目的公司家数	涉及金额（亿元）	募集资金总额（亿元）	占公司募集资金总额的比例（%）
10	48.41	322.45	15.01

资料来源：福建证监局。

六、福建辖区上市公司规范运作情况

（一）上市公司治理专项情况

2021年，福建证监局以公司治理专项行动作为提高辖区上市公司质量的重要抓手，对11家上市公司开展公司治理现场检查，将现场检查及上市公司自查发现的资金占用和违规担保、三会运作不规范、以及信息披露不及时等公司治理问题175项全部纳入整改范围，逐家逐项跟踪督导整改；组织上市公司业绩说明会专题培训班，引导辖区94家上市公司召开业绩说明会，扎实推进公司治理专项行动工作。

（二）审计情况及监管情况

2021年，福建证监局以提高辖区市场主体财务信息披露质量为目标，对"重点机构"和"重点项目"双向发力，纵深强化会计师事务所和资产评估机构监管工作，做实做细日常监管和现场检查，推动辖区中介机构切实提升执业质量。全年完成证监会会计部安排的7个审计项目的专题或全面检查，按照"双随机"机制和问题线索导向对11个项目开展自主检查。根据检查结果，对 3 家审计机构、1 家评估机构及 8 名责任人采取出具警示函的行政监管措施；对 1 家审计机构、1 家评估机构及 4 名责任人采取监管谈话的行政监管措施。

（三）信息披露情况

2021 年，福建证监局持续强化信息披露监管，全年对 15 家次上市公司开展现场检查和双随机检查，发现公司治理、信息披露、募集资金管理使用、财务核算等方面问题 135 项，根据现场检查、年报监管及日常监管情况，累计对 21 家上市公司和 47 名有关股东、董事、监事、高级管理人员短线交易、违规减持、信息披露违规等问题采取行政监管措施。

（四）证券市场服务情况

2021 年，为促进辖区上市公司高质量发展和资本市场的持续、稳定、健康发展贡献力量，福建证监局协同福建省上市公司协会多措并举开展工作。一是开展投保专题活动。福建证监局联合沪深交易所举办"2021 年度福建辖区上市公司投资者网上集体接待日"活动，辖区 93 家上市公司 280 名高管通过线上方式与投资者交流，全部公司董事长均亲自出席，回应投资者关切；指导协会组织辖区上市公司开展"5·15 全国投资者保护宣传日""股东来了""2021 年世界投保周"等主题活动；组织协会对辖区上市公司开展年度投资者关系管理评价；开展中小投资者"走进上市公司"活动 6 次。二是开展培训，提升公司治理水平及规范意识。围绕年报编制与审计、业绩说明会、公司治理、持股行权、提高上市公司质量等主题，开展了 5 场培训，共有来自 500 余家次上市公司、新三板挂牌企业董监高共计 660 余人参训。三是开展业绩说明会培训班，助推上市公司召开业绩说明会。于 2021 年 3 月举办了福建辖区上市公司业绩说明会线上培训活动，重点推动沪深 200 指数公司、"A＋H"上市公司、央企控股上市公司、科创板、创业板上市公司召开业绩说明会，辖区上市公司均按要求召开了业绩说明会。

（五）其他

2021 年，福建证监局采取措施稳定市场预期，鼓励上市公司及相关大股东、董监高通过回购、增持、终止减持等方式提振资本市场信心。辖区全年累计 35 家上市公司实施股份回购 7.03 亿股，涉及金额 47.21 亿元；31 家上市公司 73 名大股东、高管增持 16.48 亿股，涉及金额 130.47 亿元；4 家上市公司员工持股计划增持 3060.29 万股，涉及金额 12.03 亿元。

撰稿人：张轶飞　林　娟
审稿人：商丹丹　黄　丽

福建地区（含厦门地区）

一、福建经济发展概况

表1　2021年福建经济发展概况　　　　　　　　　　　　　　单位：亿元

指标	1~3月 绝对量	1~3月 同比增长(%)	1~6月 绝对量	1~6月 同比增长(%)	1~9月 绝对量	1~9月 同比增长(%)	1~12月 绝对量	1~12月 同比增长(%)
地区生产总值（GDP）	10750.60	17.90	22913.86	12.30	35196.61	8.80	48810.36	8.00
全社会固定资产投资	—	30.50	—	13.10	—	4.90	—	6.00
社会消费品零售总额	5155.74	26.30	10150.51	17.90	14978.88	12.10	20373.11	9.40
规模以上工业增加值	—	22.70	—	14.60	—	10.80	—	9.90
规模以上工业企业实现利润	935.00	55.60	1988.07	34.50	2975.38	19.20	4353.30	81.70
居民消费价格指数（CPI）	1~3月		1~6月		1~9月		1~12月	
	0.00		0.40		0.40		0.70	

资料来源：国家统计局。

二、福建省上市公司总体情况

（一）公司数量

表2　2021年福建省上市公司数量　　　　　　　　　　　　　　单位：家

公司总数	2021年新增	股票类别 仅A股	股票类别 仅B股	股票类别 (A+B)股	板块分布 沪市主板	板块分布 深市主板	板块分布 北交所	板块分布 创业板	板块分布 科创板
162	11	161	1	0	60	57	1	36	8

资料来源：沪深北交易所，同花顺，Wind。

（二）行业分布

表3　2021年福建省上市公司行业分布情况

所属证监会行业类别	家数	占比（%）	所属证监会行业类别	家数	占比（%）
采矿业	3	1.85	批发和零售业	11	6.79
电力、热力、燃气及水生产和供应业	4	2.47	水利、环境和公共设施管理业	1	0.62
房地产业	4	2.47	卫生和社会工作	0	0.00
建筑业	1	0.62	文化、体育和娱乐业	0	0.00
交通运输、仓储和邮政业	4	2.47	信息传输、软件和信息技术服务业	21	12.96
教育	1	0.62	制造业	102	62.96
金融业	4	2.47	住宿和餐饮业	0	0
居民服务、修理和其他服务业	0	0.00	租赁和商务服务业	1	0.62
科学研究和技术服务业	1	0.62	综合	0	0
农、林、牧、渔业	4	2.47	合计	162	100.00

资料来源：沪深北交易所，同花顺，Wind。

（三）股本结构及规模

表4　2021年福建省上市公司股本规模在10亿股以上公司分布情况

股本规模（亿股）	公司家数	具体公司
1000≤	0	
500≤ ~ <1000	0	
200≤ ~ <500	2	紫金矿业，兴业银行
100≤ ~ <200	0	
50≤ ~ <100	2	永辉超市，兴业证券
20≤ ~ <50	16	阳光城，合力泰，建发股份，华映科技，盛屯矿业，福建高速，厦门银行，ST冠福，福耀玻璃，ST泰禾，三钢闽光，宁德时代，青山纸业，厦门象屿，恺英网络，厦门国贸
10≤ ~ <20	16	福能股份，平潭发展，中闽能源，厦工股份，航天发展，贵人鸟，中国武夷，冠城大通，厦门钨业，圣农发展，合兴包装，达华智能，ST龙净，新大陆，纳川股份，国脉科技

资料来源：沪深北交易所，同花顺，Wind。

……福建地区（含厦门地区）

表5　　　　　　　　　　　　2021年福建省上市公司分地区股权构成情况　　　　　　　　　　单位：家

股权性质 地域分布	央企国资控股	省属国资控股	地市国资控股	民营控股	其他	合计
福州市	2	11	3	28	6	50
厦门市	1	4	8	49	0	62
泉州市	1	0	1	11	5	18
莆田市	0	1	0	2	0	3
三明市	1	1	1	1	0	4
漳州市	0	0	3	3	0	6
南平市	0	1	0	4	2	7
龙岩市	0	0	3	4	1	8
宁德市	0	0	1	3	0	4
合计	5	18	20	105	14	162

资料来源：福建证监局、厦门证监局。

（四）市值规模

截至2021年12月31日，福建省162家上市公司境内总市值38797.35亿元，占全国上市公司境内总市值的3.46%；其中上交所上市公司68家，总股本1115.33亿股，境内总市值17998.35亿元，占上交所上市公司境内总市值的3.46%；深交所上市公司93家，总股本669.52亿股，境内总市值20776.83亿元，占深交所上市公司境内总市值的5.24%；北交所上市公司1家，总股本1.15亿股，境内总市值22.17亿元，占北交所上市公司境内总市值的0.81%。

（五）资产规模

截至2021年12月31日，福建省162家上市公司合计总资产120846.35亿元，归属于母公司股东权益14772.01亿元，与2020年相比，分别增长12.27%、11.47%；平均每股净资产8.27元。

三、福建省上市公司经营情况及变动分析

（一）总体经营情况

表6　　　　　　　　　　　2021年福建省上市公司经营情况

指标	2021年	2020年	变动率（%）
家数	162	151	7.28
亏损家数	30	13	130.77
亏损家数比例（%）	18.52	8.61	9.91
平均每股收益（元）	0.85	0.72	17.44
平均每股净资产（元）	8.27	7.71	7.23

续表

指标	2021年	2020年	变动率（%）
平均净资产收益率（%）	10.24	9.35	0.89
总资产（亿元）	120846.35	107642.85	12.27
归属于母公司股东权益（亿元）	14772.01	13252.22	11.47
营业收入（亿元）	31732.05	23836.55	33.13
利润总额（亿元）	2038.91	1650.01	23.57
归属于母公司所有者的净利润（亿元）	1512.74	1239.69	22.08

资料来源：沪深北交易所，同花顺，Wind。

（二）分行业经营情况

表7　　　　　　　2021年福建省上市公司分行业经营情况

所属行类	营业收入（亿元）	可比样本变动率（%）	归属于母公司所有者的净利润（亿元）	可比样本变动率（%）
采矿业	2706.08	28.41	167.89	155.63
电力、热力、燃气及水生产和供应业	150.83	26.62	21.91	7.92
房地产业	655.62	-34.76	-118.87	-1550.07
建筑业	15.68	59.92	0.41	-19.93
交通运输、仓储和邮政业	327.70	43.37	12.24	-840.41
教育	25.29	4.10	-5.36	-1326.94
金融业	2476.52	8.80	900.96	23.93
居民服务、修理和其他服务业	—	—	—	—
科学研究和技术服务业	8.41	5.60	0.40	-14.34
农、林、牧、渔业	167.00	10.40	0.98	-94.62
批发和零售业	14149.05	42.88	62.96	-35.61
水利、环境和公共设施管理业	22.96	122.08	4.72	55.27
卫生和社会工作业	—	—	—	—
文化、体育和娱乐业	—	—	—	—
信息传输、软件和信息技术服务业	363.55	17.66	40.43	51.20
制造业	6038.20	47.78	402.48	54.83
住宿和餐饮业	—	—	—	—
租赁和商务服务业	4625.16	28.40	21.60	66.22
综合	—	—	—	—
合计	31732.05	33.11	1512.74	22.03

资料来源：沪深北交易所，同花顺，Wind。

（三）业绩变动情况分析

1. 营业收入、毛利率等变动原因分析

2021年，福建省162家上市公司实现营业总收入31732.05亿元，同比增长33.13%；营业总成本29975.96亿元，同比增长33.99%；营业利润2045.97亿元，同比增长22.54%；利润总额2038.91亿元，同比增长23.57%；毛利率为5.53%，同比下降0.63百分点。营业收入增幅小于营业成本增幅是毛利率下降的主要原因。

2. 盈利构成分析

从盈利构成看，2021年，福建省上市公司实现利润总额2038.91亿元，其中归母净利润1512.74亿元。利润来源主要是营业利润，其占利润总额的比重为100.35%，营业外收入总额占利润总额比重为1.44%，营业外支出总额占利润总额比重为-1.79%。

3. 经营性现金流量分析

2021年，福建省126家上市公司经营现金流量净额为正，占162家上市公司的77.78%，低于2020年86.84%的水平。

4. 业绩特点分析

（1）资产规模持续扩大。截至2021年12月31日，福建省上市公司资产总额为120846.35亿元，较上年同期增长12.27%；归属于母公司股东权益总额为14772.01亿元，较上年同期增长11.47%。

（2）盈利能力总体保持增长。2021年度，福建省162家上市公司共实现营业收入31732.05亿元，同比增加33.13%；实现净利润1512.74亿元，同比增加22.08%；平均净资产收益率10.24%，同比增加0.89个百分点；平均每股收益0.85元，同比上升17.44%。

（3）亏损面扩大。2021年度福建省上市公司亏损金额有所增多，全省162家上市公司中有30家出现亏损，亏损总额为243.52亿元，与2020年度相比，亏损公司家数增加17家，亏损金额增加84.86%。

（4）积极回报股东。2021年，福建省共有110家公司提出利润分配或资本公积金转增股本方案，发放现金股利，占盈利公司家数的83.33%；派发现金总额478.43亿元，占福建省公司净利润的31.62%。

5. 利润分配情况

表8　2021年福建省上市公司现金分红情况

2021年分红公司家数			2021年分红金额		
家数	变动率（%）	分红公司家数占地区公司总数比重（%）	金额（亿元）	变动率（%）	分红金额占归属于母公司所有者的净利润比重（%）
110	-0.9	67.90	478.43	20.21	31.62

资料来源：福建证监局，厦门证监局。

四、福建省上市公司并购重组情况

（一）并购重组基本情况

2021年，福建省上市公司发生并购重组102家次，交易金额308.12亿元，全年共有3家上市公司构成重大资产重组，涉及金额合计7.3亿元。截至目前，3家构成重大资产重组公司均已终止。

（二）并购重组特点

近年来，福建省上市公司积极开展并购重组进行转型升级，越来越多企业选择以并购重组的方式，打通上下游产业链甚至实现跨行业发展做大做强。随并购重组数量增多，部分公司也出现了一些负面效应：一是受新冠疫情影响，并购重组交易各项工作进度不及预期，上市公司受市场环境影响而终止并购重组交易；二是并购形成的商誉规模较大，减值风险影响公司发展后劲；三是并购标的未能完成业绩承诺的情形多发，制约了上市公司并购重组效益的发挥。

五、福建省上市公司募集资金情况、使用情况

（一）募集资金总体情况

表9　2021年福建省上市公司募集资金情况

发行类型	代码	简称	募集资金（亿元）
首发	300946	恒而达	4.91
	300941	创识科技	7.27
	300955	嘉亨家化	4.17
	688195	腾景科技	4.4
	605086	龙高股份	4.12
	300972	万辰生物	2.76
	688619	罗普特	9.04
	301028	东亚机械	5.04
	605365	立达信	8.49
	688778	厦钨新能	15.41
	小计		65.60
再融资（增发、配股）	300648	星云股份	4.00
	002752	昇兴股份	7.46
	300640	德艺文创	3.42
	300436	广生堂	5.14

福建地区（含厦门地区）

续表

发行类型	代码	简称	募集资金（亿元）
再融资（增发、配股）	603668	天马科技	5.60
	300650	太龙股份	4.20
	600753	东方银星	1.00
	300706	阿石创	3.00
	603663	三祥新材	2.20
	600203	福日电子	10.50
	002639	雪人股份	6.70
	000526	学大教育	8.31
	000701	厦门信达	5.82
	002593	日上集团	3.29
	603180	金牌厨柜	2.86
		小计	73.52
其他融资（公司债券、短期融资券、中期票据、次级债、金融债）	601377	兴业证券	35
	601377	兴业证券	35
	002682	龙洲股份	3
	000671	阳光城	10
	601899	紫金矿业	5
	000671	阳光城	5.8
	601377	兴业证券	30
	603363	傲农生物	10
	601899	紫金矿业	5
	601377	兴业证券	30
	600660	福耀玻璃	3
	601377	兴业证券	50
	601899	紫金矿业	3
	600693	东百集团	1
	601899	紫金矿业	15
	601899	紫金矿业	5
	601377	兴业证券	30
	600660	福耀玻璃	3
	603817	海峡环保	1.5
	000671	阳光城	5

续表

发行类型	代码	简称	募集资金（亿元）
其他融资（公司债券、短期融资券、中期票据、次级债、金融债）	000671	阳光城	0.3
	000671	阳光城	10
	600660	福耀玻璃	2
	601899	紫金矿业	5
	600660	福耀玻璃	4
	601377	兴业证券	40
	601899	紫金矿业	20
	601377	兴业证券	40
	601377	兴业证券	40
	600660	福耀玻璃	3
	300174	元力股份	9
	601899	紫金矿业	15
	601377	兴业证券	40
	600660	福耀玻璃	3
	601377	兴业证券	43
	601166	兴业银行	300
	601377	兴业证券	45
	601377	兴业证券	30
	601166	兴业银行	400
	601166	兴业银行	50
	603817	海峡环保	1.5
	601377	兴业证券	41
	601166	兴业银行	500
	600057	厦门象屿	89
	600153	建发股份	237.65
	600755	厦门国贸	83
	600549	厦门钨业	23
	小计		2359.75
总计			2498.87

资料来源：福建证监局，厦门证监局。

（二）募集资金使用情况及特点

2021年，福建省共有84家上市公司使用募集资金，金额259.09亿元。福建省上市公司共涉及14个行业，除金融业、交通运输仓储、科学研究和技术服务业和邮政业外的10个行业均涉及募集资金的使用。

（三）募集资金变更情况

2021年，福建省有14家上市公司变更募集资金的使用项目，涉及金额53.12亿元，占14家公司募集资金总额358.5亿元的14.82%。

福建省上市公司募集资金变更程序合法，均经过公司董事会和股东大会批准。变更的原因主要包括：一是上市公司战略发展规划调整，募集资金投向发生变更；二是募投项目的行业现状、市场环境等发生改变，为适应市场发展，以市场需求为导向更改募集资金使用项目；三是因客观市场、施工环境的影响变化，导致原项目未达预期，为有效利用资金，减少对原募投项目的投入。

表10　2021年福建省上市公司募集资金使用项目变更情况

变更募集资金使用项目的公司家数	涉及金额（亿元）	募集资金总额（亿元）	占公司募集资金总额的比例（%）
14	53.12	358.5	14.82

资料来源：福建证监局，厦门证监局。

六、福建省上市公司规范运作情况

（一）上市公司治理专项情况

2021年，福建证券监管机构扎实推进公司治理专项行动。一是组织专项行动。以上市公司治理专项行动作为重要抓手，督促上市公司认真主动整改，切实提升公司治理水平；制定上市公司治理专项行动实施方案，从存量和增量两个维度谋划落实措施。二是组织召开培训。狠抓关键少数培训，要求知敬畏、守底线。组织协会召开公司治理片区交流会，围绕治理结构、决策机制、内控规范、投资者关系管理等进行深入交流，剖析公司治理痛点与难点，共商解决对策。沟通引导上市公司召开业绩说明会；指导协会举办业绩说明会专题培训；动员各上市公司董事长、总经理充分准备并亲自出席业绩说明会。三是抓严自查和专项检查。通过查与改齐头并进，要求年审会计师事务所和持续督导机构评价、结合全年现场检查，发现问题367项，督促上市公司进行问题整改。

（二）审计情况及监管情况

2021年，福建证券监管机构在证监会会计部的悉心指导下，扎实开展会计师事务所监管工作，强化日常监管、加大问责力度，全面提升福建省中介机构执业质量。一是多维推进，做好备案管理工作。

高度重视审计评估机构证券服务业务信息报送工作，建立健全备案信息报送工作机制，按要求做好业务备案、年度备案和重大事项备案；对中介机构普遍关切的问题即时做出解答，对备案过程中的特殊问题通过图片、视频形式在线指导。二是周密部署，开展年报审计事前监管。做好事前工作，展开年报编制与审计线上培训，详细解读《会计监管风险提示第9号——上市公司控股股东资金占用及其审计》及新规则下退市相关内容；优化机制，明确年报审计工作内容和重点、分工安排和工作职责，摸排确定重点领域、重点项目；压实审计责任，督促强化风险意识，加强质量管理，同时做好监管指导。三是过程督导，进行审计机构持续监管。聚焦重点项目，重点关注高风险审计项目，量身定制年审提示函，突出精准度和时效性，及时审阅审计计划和审计总结，约谈会计师等，适时调阅审计底稿、开展现场督导，推动质控加强全程督导与复核。四是保质保量，扎实开展检查工作。结合市场热点和突出问题狠抓重点，对重点项目贴身督导，重点关注退市风险、异常换所项目监管；根据风险与问题导向原则，多层次审核分析年报审计工作，通过同行业上市公司横向比较、舞弊动机分析，协调解决财务问题分歧、问题，保障审计工作顺利完成。

（三）信息披露情况

2021年，福建证券监管机构持续强化信息披露监管，推动上市公司信息披露监管提升。一方面，以年报审计为抓手，督促年审机构守牢执业底线，强化质量控制，同时压实上市公司信息披露主体责任，督促其规范会计核算、关联交易，强化公司治理、承诺履行，提高年报信息披露质量；另一方面，通过现场检查发现问题，全年对上市公司开展现场检查和双随机检查，发现公司治理、信息披露、募集资金管理使用、财务核算等多方面问题，根据现场检查、年报监管及日常监管情况，累计对上市公司和有关股东、董事、监事、高级管理人员短线交易、违规减持、信息披露违规等问题采取行政监管措施。

（四）证券市场服务情况

2021年，为促进福建省上市公司高质量发展和资本市场的持续、稳定、健康发展贡献力量，福建证券监管机构协同上市公司协会多措并举开展工作。一是开展投保专题活动。举办网上集体接待日活动，福建省上市公司高管、董事长通过线上方式与投资者交流，回应投资者关切；二是举办业绩说明会专题培训，指导上市公司协会举办业绩说明会专题培训活动。上市公司均按要求召开了业绩说明会，上市公司董事长、总经理悉数走到"台前"，交流阵容更"豪华"；其中紫金矿业和三钢闽光荣登中上协上市公司业绩说明会优秀实践案例名单。

（五）其他

2021，福建证券监管机构组织上市公

福建地区（含厦门地区）

司克服新冠疫情，采取措施稳定市场预期。福建证券监管机构坚持监管与服务并举，及时指导上市公司认真应对疫情突发状况，第一时间摸底协调解决上市公司的生产经营困难，督促落实防控要求，依规做好信披和投保工作。提醒辖区各上市公司认真配合落实地方政府的各项防控要求，努力确保人员生产安全；密切关注疫情对公司生产经营的影响，重要情况及时报告，严格按照规定做好信息披露；加强投资者关系管理，及时回应投资者关切。鼓励上市公司及相关大股东、董监高通过回购、增持、终止减持等方式提振资本市场信心。

撰稿人：张轶飞　林娟林　文　杰　施杨淇

审稿人：商丹丹　黄　丽　李永春　卢　海　杜艳力

江西地区

一、江西经济发展概况

表1　　　　　　　　　　　　2021年江西经济发展概况　　　　　　　　　　单位：亿元

指　标	1~3月		1~6月		1~9月		1~12月	
	绝对量	同比增长（%）	绝对量	同比增长（%）	绝对量	同比增长（%）	绝对量	同比增长（%）
地区生产总值（GDP）	6575.00	18.40	13977.20	12.90	21601.00	10.20	29619.70	8.80
全社会固定资产投资	—	29.70	—	20.20	—	5.10	—	2.60
社会消费品零售总额	2670.20	47.80	5510.10	31.30	8339.20	23.10	12206.70	17.70
规模以上工业增加值	—	29.40	—	18.50	—	14.70	—	11.40
规模以上工业企业实现利润	536.00	88.60	1244.40	52.60	1918.30	37.00	3122.40	30.30
居民消费价格指数（CPI）	1~3月		1~6月		1~9月		1~12月	
	0.30		0.70		0.60		0.90	

资料来源：国家统计局。

二、江西上市公司总体情况

（一）公司数量

表2　　　　　　　　　　　　2021年江西上市公司数量　　　　　　　　　　单位：家

公司总数	2021年新增	股票类别			板块分布				
		仅A股	仅B股	(A+B)股	沪市主板	深市主板	北交所	创业板	科创板
70	15	69	0	1	25	23	1	17	4

资料来源：沪深北交易所，同花顺。

（二）行业分布

表3　2021年江西上市公司行业分布情况

所属证监会行业类别	家数	占比（%）	所属证监会行业类别	家数	占比（%）
采矿业	1	1.43	批发和零售业	3	4.29
电力、热力、燃气及水生产和供应业	4	5.71	水利、环境和公共设施管理业	1	1.43
房地产业	0	0.00	卫生和社会工作	0	0.00
建筑业	1	1.43	文化、体育和娱乐业	2	2.86
交通运输、仓储和邮政业	2	2.86	信息传输、软件和信息技术服务业	3	4.29
教育	0	0.00	制造业	50	71.43
金融业	1	1.43	住宿和餐饮业	0	0.00
居民服务、修理和其他服务业	0	0.00	租赁和商务服务业	0	0.00
科学研究和技术服务业	1	1.43	综合	0	0.00
农、林、牧、渔业	1	1.43	合计	70	100.00

资料来源：沪深北交易所，同花顺。

（三）股本结构及规模

表4　2021年江西上市公司股本规模在10亿股以上公司分布情况

股本规模（亿股）	公司家数	具体公司
20≤ ~ <50	6	江西铜业，新钢股份，正邦科技，晶科科技，赣粤高速，方大特钢
10≤ ~ <20	10	江特电机，美克家居，赣锋锂业，仁和药业，中文传媒，诚志股份，孚能科技，联创电子，三川智慧，天音控股

资料来源：沪深北交易所，同花顺。

表5　2021年江西上市公司分地区股权构成情况　　　　　单位：家

地域分布 \ 股权性质	央企国资控股	省属国资控股	地市国资控股	民营控股	其他	合计
南昌市	2	5	4	16	1	28
九江市	0	0	0	2	0	2
景德镇市	0	0	2	2	1	5
萍乡市	0	1	1	1	0	3
新余市	0	2	1	3	0	6
鹰潭市	0	1	0	1	0	2
赣州市	1	0	1	7	0	9

续表

股权性质 地域分布	央企国资控股	省属国资控股	地市国资控股	民营控股	其他	合计
宜春市	0	0	0	4	0	4
上饶市	1	2	1	2	0	6
吉安市	0	0	0	2	0	2
抚州市	1	0	0	2	0	3
合计	5	11	10	42	2	70

资料来源：江西证监局。

（四）市值规模

截至 2021 年 12 月 31 日，江西 70 家上市公司境内总市值 8918.41 亿元，占全国上市公司境内总市值的 0.97%；其中上交所上市公司 29 家，总股本 266.59 亿股，境内总市值 3350.21 亿元，占上交所上市公司境内总市值的 0.64%；深交所上市公司 40 家，总股本 258.21 亿股，境内总市值 5559.04 亿元，占深交所上市公司境内总市值的 1.40%。

（五）资产规模

截至 2021 年 12 月 31 日，江西 70 家上市公司合计总资产 7694.22 亿元，归属于母公司股东权益 3372.40 亿元，平均每股净资产 6.22 元。

三、江西上市公司经营情况及变动分析

（一）总体经营情况

表6　　　　　　　　　　2021 年江西上市公司经营情况

指　标	2021 年	2020 年	变动率（%）
家数	70	55	27.27
亏损家数	10	9	11.11
亏损家数比例（%）	14.29	16.36	-2.07
平均每股收益（元）	0.23	0.51	-54.90
平均每股净资产（元）	6.22	6.57	-5.33
平均净资产收益率（%）	3.62	7.7	-4.08
总资产（亿元）	7694.22	6494.65	18.47
归属于母公司股东权益（亿元）	3372.40	2975.62	13.33
营业收入（亿元）	9426.47	6938.89	35.85
利润总额（亿元）	205.74	292.01	-29.54
归属于母公司所有者的净利润（亿元）	122.16	229.14	-46.69

资料来源：沪深北交易所，同花顺。

（二）分行业经营情况

表7　　2021年江西上市公司分行业经营情况

所属行类	营业收入（亿元）	可比样本变动率（%）	归属于母公司所有者的净利润（亿元）	可比样本变动率（%）
采矿业	93.84	23.42	0.55	124.66
电力、热力、燃气及水生产和供应业	330.37	51.69	15.53	-30.14
房地产业	—	—	—	—
建筑业	14.53	-29.91	-17.48	-242.75
交通运输、仓储和邮政业	82.47	19.54	9.04	318.52
教育	—	—	—	—
金融业	2.06	-38.69	0.62	-28.74
居民服务、修理和其他服务业	—	—	—	—
科学研究和技术服务业	1.81	5.85	0.57	21.28
农、林、牧、渔业	476.70	-3.04	-188.19	-427.63
批发和零售业	784.18	17.73	4.66	-22.07
水利、环境和公共设施管理业	9.13	-5.97	3.83	-1.03
卫生和社会工作业	—	—	—	—
文化、体育和娱乐业	111.20	0.96	18.09	24.42
信息传输、软件和信息技术服务业	18.27	20.83	1.18	-33.71
制造业	7501.91	35.50	273.76	143.97
住宿和餐饮业	—	—	—	—
租赁和商务服务业	—	—	—	—
综合	—	—	—	—
合计	9426.47	30.60	122.16	-42.98

资料来源：沪深北交易所，同花顺。

（三）业绩变动情况分析

1. 营业收入、毛利率等变动原因分析

2021年辖区上市公司整体营业总收入9426.47亿元，同比增长35.85%；平均毛利率7.73%，下滑2.66个百分点，主要是因为辖区上市公司正邦科技2021年亏损接近200亿元所致。

2. 盈利构成分析

2021年，江西上市公司9成行业实现盈利，逾4成行业利润同比增幅超30%，但也有部分行业仍处于恢复中。从细分行业来看，位于产业链前端的化工、钢铁行业也实现高速增长。位于产业链中后端的行业受下游需求动力不同影响，材料价格传导程度出现差异，部分公司面临较大的成本上浮压力。

3. 经营性现金流量分析

2021年经营性现金流量为正数的公司55家，占比78.57%；经营活动产生的现金流量净额合计357.78亿元，同比下滑7.23%，主要是因为辖区上市公司正邦科技2021年亏损接近200亿元所致。

4. 业绩特点分析

一是龙头公司压舱石作用凸显。江西铜业、赣锋锂业等收入或利润前10%的龙头公司聚焦主业，收入利润大幅提升，竞争力强，充分发挥稳市值和示范引领作用。7家公司中，1家实现千亿元以上收入，5家实现百亿元以上收入，5家实现十亿元以上净利润。龙头公司"基本盘"越扎越稳，为江西上市公司整体业绩的平稳增长奠定了良好基础。

二是创新新势力引领增长。悦安新材、晨光新材等10家"专精特新"公司全年实现收入371.97亿元，净利润18.51亿元，同比分别增长28.62%和136.88%。百胜智能、善水科技等10家高端装备制造、新材料、生物类战略新兴产业公司实现收入535.15亿元，净利润23.43亿元，同比分别增长31.06%、8.32%，从整体来看，这些"新势力"公司的业绩增速显著高于全省上市公司平均水平，呈现出强劲的发展势头。

三是国企改革质效提升。2021年是国企改革三年行动方案推向纵深的关键之年，江西国有控股公司不断提质增效。全省国有上市公司实现营业收入7624.31亿元、归母净利润157.42亿元，同比分别增长32.08%、86.74%。

5. 利润分配情况

辖区上市公司正邦科技2021年归母净利润亏损188.19亿元，导致2021年辖区分红金额占归属于母公司所有者的净利润比例超过100%。

表8　　　　　　　　　2021年江西上市公司现金分红情况

2021年分红公司家数			2021年分红金额		
家数	变动率（%）	分红公司家数占地区公司总数比重（%）	金额（亿元）	变动率（%）	分红金额占归属于母公司所有者的净利润比重（%）
45	11.11	64.29	117.23	-12.72	145.08

资料来源：江西证监局。

四、江西上市公司并购重组情况

（一）并购重组基本情况

2021年辖区实施股权再融资（包括发行股份购买资产、非公开发行）公司7家，融资金额为77.54亿元，ST昌九通过重大资产重组实现凤凰涅槃，博雅生物通过非公开发行成为央企控股上市公司。

（二）并购重组特点

2021年，江西证监局依据《江西省推动上市公司高质量发展协作机制》，与各方形成工作合力，借助市场化力量积极推动ST昌九开展出清式并购重组，ST昌九实现凤凰涅槃，现已更名为返利科技。

五、江西上市公司募集资金情况、使用情况

（一）募集资金总体情况

表9　　2021年江西上市公司募集资金情况

发行类型	代码	简称	募集资金（亿元）
首发	301190.SZ	善水科技	14.94
	301083.SZ	百胜智能	4.04
	688786.SH	悦安新材	2.51
	605090.SH	九丰能源	28.68
	300986.SZ	志特新材	4.33
	833427.BJ	华维设计	1.89
		小计	56.39
再融资（增发、配股）	300748.SZ	金力永磁	5.21
	300472.SZ	新元科技	4.65
	600228.SH	返利科技	30.20
	300294.SZ	博雅生物	24.57
	300095.SZ	华伍股份	6.00
	002760.SZ	凤形股份	3.54
	603398.SH	沐邦高科	3.37
		小计	77.54
其他融资（公司债券、短期融资券、中期票据、次级债、金融债、境外发行债券）	300818.SZ	耐普矿机	4.00
	601778.SH	晶科科技	30.00
	600269.SH	赣粤高速	53.00
	601778.SH	晶科科技	2.00
	600373.SH	中文传媒	29.50
	000829.SZ	天音控股	10.00
	600362.SH	江西铜业	10.00
	000899.SZ	赣能股份	6.00
		小计	144.5
总计			278.43

资料来源：江西证监局。

（二）募集资金使用情况及特点

2021年，辖区21家上市公司累计完成直接融资278.43亿元。其中九丰能源等6家公司IPO融资56.39亿元。返利科技、博雅生物等公司完成再融资7家次，

累计融资 77.54 亿元。

六、江西上市公司规范运作情况

（一）上市公司治理专项情况

一是扎实开展上市公司治理专项行动。根据会上市部专项工作要求，制定工作方案并向辖区上市公司下发通知，督促相关公司做好自查工作。安排专人做好自查填报解惑答疑工作，逐家审阅自查清单并督促公司修改，根据填报情况形成《江西辖区上市公司治理自查分析报告》。二是超八成公司召开业绩说明会。为搭建辖区上市公司与投资者良好沟通平台，进一步提高上市公司的透明度。联合协会举办辖区上市公司业绩说明会线上培训班，并鼓励辖区上市公司召开业绩说明会，截至目前有 47 家上市公司召开业绩说明会，占比超过 85%。三是"清欠解保"初战告捷。针对存在占用和担保行为的 *ST节能和博雅生物，约谈相关人员，提示公司及大股东要珍惜此次来之不易的机会，尽快推动解决占用和担保事宜，在各方共同努力下，辖区资金占用和违规担保问题已经清零。

（二）审计情况及监管情况

一是加强日常管理，夯实工作基础。分析梳理 17 家样本公司执行企业会计准则和财务信息披露规则方面存在的 9 类问题，提请现场检查 4 家，督促后续改正 8 家，在日常监管中重点关注 1 家。二是做实全面检查，优化执业生态。组织对大华会计师事务所江西分所开展全方位检查，发现其在内部治理与管理、业务承接、质量控制、独立性和具体项目执业质量等方面的问题 19 个。通过监管约谈、限期整改等方式督促大华江西分所进一步规范执业，全面提高执业能力，助推辖区资本市场特别是上市公司财务信息质量提升。三是聚焦重点风险，助力上市公司质量提升。坚持问题导向，启动对世龙实业非标审计意见的现场检查。问题风险与双随机相结合，对 2 家审计机构开展货币资金审计专题检查，重点关注公司货币资金真实完整性及审计程序的充分恰当性。共督促整改问题 8 个，切实防范上市公司资金占用风险。

（三）信息披露情况

强化专业监管，加大现场检查力度。2021 年启动上市公司现场检查和专项核查 11 家次，并对中介机构执业情况进行延伸检查。对违法违规行为保持"零容忍"，立案调查 2 家次，采取行政监管措施 7 家次，有效维护辖区市场秩序。

（四）证券市场服务情况

指导协会积极开展各项活动，提升会员获得感。2021 年，指导协会先后组织开展了辖区上市公司 2020 年年报暨退市新规线上视频专题培训班。引导推动辖区上市公司召开业绩说明会并举办业绩说明会培训班。召开 3·15 消费者权益日系列活动之《刑法修正案（十一）》线上解读培训会；组织上市公司参加"新法一周年，投服在身边"线上培训。

(五) 其他

现场检查是上市公司日常监管的重要手段，上市公司监管工作会议要求突出风险导向并加强质量控制，提升检查效能。江西局强化现场检查质量控制，对涉嫌损害上市公司利益的行为紧盯不放，追回上市公司近千万元损失，及时有力地保护了上市公司合法权益。

撰稿人：黄　君
审稿人：唐理斌　洪　漫　史达宁

山东地区（不含青岛地区）

一、山东经济发展概况

表1　　　　　　　　　　　2021年山东经济发展概况　　　　　　　　　单位：亿元

指标	1~3月 绝对量	1~3月 同比增长（%）	1~6月 绝对量	1~6月 同比增长（%）	1~9月 绝对量	1~9月 同比增长（%）	1~12月 绝对量	1~12月 同比增长（%）
地区生产总值（GDP）	18055.51	18.00	38906.35	12.80	60439.20	9.90	83095.90	8.30
全社会固定资产投资	—	18.00	—	11.60	—	8.10	—	5.90
社会消费品零售总额	7566.87	30.45	15511.81	24.46	23674.60	18.60	33714.50	15.30
规模以上工业增加值	—	23.50	—	16.10	—	11.60	—	9.60
规模以上工业企业实现利润	1239.80	181.10	2815.50	88.10	4000.70	45.90	5268.80	34.30
居民消费价格指数（CPI）	1~3月		1~6月		1~9月		1~12月	
	0.30		0.90		1.00		1.20	

资料来源：国家统计局。

二、山东上市公司总体情况

（一）公司数量

表2　　　　　　　　　　　　2021年山东辖区上市公司数量　　　　　　　　　　单位：家

公司总数	2021年新增	股票类别 仅A股	股票类别 仅B股	股票类别 (A+B)股	板块分布 沪市主板	板块分布 深市主板	板块分布 北交所	板块分布 创业板	板块分布 科创板
211	26	207	1	3	67	86	5	41	12

资料来源：沪深北交易所，同花顺。

（二）行业分布

表3　2021年山东辖区上市公司行业分布情况

所属证监会行业类别	家数	占比（%）	所属证监会行业类别	家数	占比（%）
采矿业	5	2.37	批发和零售业	7	3.32
电力、热力、燃气及水生产和供应业	2	0.95	水利、环境和公共设施管理业	1	0.47
房地产业	3	1.42	卫生和社会工作	0	0.00
建筑业	3	1.42	文化、体育和娱乐业	2	0.95
交通运输、仓储和邮政业	5	2.37	信息传输、软件和信息技术服务业	11	5.21
教育	0	0.00	制造业	162	76.78
金融业	3	1.42	住宿和餐饮业	0	0.00
居民服务、修理和其他服务业	0	0.00	租赁和商务服务业	0	0.00
科学研究和技术服务业	0	0.00	综合	2	0.95
农、林、牧、渔业	5	2.37	合计	211	100.00

资料来源：沪深北交易所，同花顺。

（三）股本结构及规模

表4　2021年山东辖区上市公司股本规模在10亿股以上公司分布情况

股本规模（亿股）	公司家数	具体公司
100≤ ~ <200	2	山东钢铁，南山铝业
50≤ ~ <100	4	华电国际，潍柴动力，中泰证券，新潮能源
20≤ ~ <50	15	兖矿能源，山东高速，齐鲁银行，山东黄金，通裕重工，歌尔股份，ST金正，万华化学，日照港，晨鸣纸业，齐翔腾达，太阳纸业，华鲁恒升，山东出版，滨化股份
10≤ ~ <20	32	中航沈飞，鲁西化工，山东矿机，山东路桥，瑞康医药，山推股份，好当家，浪潮信息，美晨生态，金晶科技，玲珑轮胎，康欣新材，东方电子，博汇纸业，联泓新科，新能泰山，双塔食品，东岳硅材，中国重汽，华泰股份，史丹利，联创股份，恒邦股份，步长制药，天润工业，中锐股份，西王食品，龙大美食，瑞茂通，鲁商发展，蓝帆医疗，国瓷材料

资料来源：沪深北交易所，同花顺。

表5　　　　　　　　　　2021年山东辖区上市公司分地区股权构成情况　　　　　　　　　单位：家

股权性质 地域分布	央企国资控股	省属国资控股	地市国资控股	民营控股	其他	合计
济南市	2	11	1	18	11	43
淄博市	0	5	1	20	3	29
枣庄市	0	0	0	3	1	4
东营市	0	0	0	4	1	5
烟台市	2	2	6	29	6	45
潍坊市	0	2	8	18	1	29
济宁市	0	5	0	4	1	10
泰安市	2	1	0	1	0	4
威海市	1	1	0	9	1	12
日照市	0	1	0	1	0	2
临沂市	0	2	0	3	0	5
德州市	0	1	1	8	0	10
聊城市	2	1	0	1	0	4
滨州市	0	1	2	3	1	7
菏泽市	0	0	0	1	1	2
合计	9	33	19	123	27	211

资料来源：山东证监局。

（四）市值规模

截至2021年12月31日，山东辖区211家上市公司总股本2174.5亿股，境内总市值31963.14亿元，占全国上市公司境内总市值的3.31%；其中上交所上市公司79家，总股本1129.66亿股，境内总市值16223.15亿元，占上交所上市公司境内总市值的3.12%；深交所上市公司127家，总股本1040.04亿股，境内总市值15667.36亿元，占深交所上市公司境内总市值的3.91%。

（五）资产规模

截至2021年12月31日，山东辖区211家上市公司合计总资产36653.57亿元，归属于母公司股东权益12556.65亿元，与2020年相比，分别增长29.92%、19.19%。平均每股净资产5.77元。

三、山东上市公司经营情况及变动分析

（一）总体经营情况

山东地区（不含青岛地区）

表6　　2021年山东辖区上市公司经营情况

指　标	2021年	2020年	变动率（%）
家数	211	185	14.05
亏损家数	30	28	7.14
亏损家数比例（%）	14.22	15.14	-0.92
平均每股收益（元）	0.65	0.46	41.30
平均每股净资产（元）	5.77	5.26	9.70
平均净资产收益率（%）	11.30	8.82	2.48
总资产（亿元）	36653.57	28212.58	29.92
归属于母公司股东权益（亿元）	12556.65	10534.72	19.19
营业收入（亿元）	20557.66	17769.53	15.69
利润总额（亿元）	1824.23	1215.87	50.03
归属于母公司所有者的净利润（亿元）	1418.72	929.24	52.68

资料来源：沪深北交易所，同花顺。

（二）分行业经营情况

表7　　2021年山东辖区上市公司分行业经营情况

所属行类	营业收入（亿元）	可比样本变动率（%）	归属于母公司所有者的净利润（亿元）	可比样本变动率（%）
采矿业	1934.76	-32.03	164.29	163.79
电力、热力、燃气及水生产和供应业	1089.70	11.64	-48.55	-205.91
房地产业	178.29	-3.94	2.82	203.23
建筑业	597.23	58.72	7.83	-41.87
交通运输、仓储和邮政业	437.07	21.18	22.76	185.93
教育	—	—	—	—
金融业	234.52	27.39	67.45	25.40
居民服务、修理和其他服务业	—	—	—	—
科学研究和技术服务业	—	—	—	—
农、林、牧、渔业	66.09	10.30	-6.44	-2900.00
批发和零售业	1112.80	6.02	11.81	47.44
水利、环境和公共设施管理业	20.16	32.11	-4.43	-2115.00
卫生和社会工作业	—	—	—	—
文化、体育和娱乐业	113.02	11.82	15.67	9.20
信息传输、软件和信息技术服务业	111.34	4.40	10.47	7.38
制造业	14658.01	22.65	1175.21	48.83
住宿和餐饮业	—	—	—	—
租赁和商务服务业	—	—	—	—
综合	4.68	54.46	-0.17	-525.00
合计	20557.66	12.85	1418.72	41.02

资料来源：沪深北交易所，同花顺。

（三）业绩变动情况分析

1. 营业收入、毛利率等变动原因分析

2021年山东辖区上市公司共实现营业收入20557.66亿元，较2020年同比增长15.69%。其中177家上市公司营业收入正增长，28家公司营收增幅超过50%。从盈利质量来看，由于营业收入增长幅度高于营业成本增长幅度，2021年山东辖区非金融类上市公司毛利率为19.48%，较2020年有所增加。

2. 盈利构成分析

2021年山东辖区上市公司共实现利润总额1824.23亿元，同比增长50.03%。从盈利构成来看，辖区上市公司利润主要来源于营业利润，金额为1845.62亿元，占利润总额的比重101.17%。同时辖区上市公司营业外收入为37.35亿元，较2020年减少19.41亿元。

3. 经营性现金流量分析

2021年山东辖区上市公司经营活动产生的现金流量净额合计2498.56亿元，较2020年同比增长4.47%，其中176家上市公司经营活动产生的现金流量净额为正值，家数占比83.41%，123家公司经营性现金流量大于净利润，主业利润有充足的现金流支撑，盈利质量较高。

4. 业绩特点分析

2021年山东辖区上市公司业绩稳步增长，实现归属于母公司所有者的净利润1418.72亿元，较2020年同比增长52.68%。辖区上市公司涉及12个门类行业中8个行业实现正增长，9个行业实现盈利，其中盈利贡献最大的仍为制造业，占辖区上市公司归属于母公司所有者的净利润的82.84%。采矿业、房地产业、交通运输业业绩增长较快，增幅均在100%以上。受疫情等因素影响，农林牧渔、公共设施管理业业绩下滑最明显。

5. 利润分配情况

2021年山东辖区共有153家上市公司提出利润分配方案，其中135家采用单纯现金分红的方式，2家采取了单纯转股的方式，16家采取了现金分红和转股相结合的方式。

2021年辖区上市公司现金分红家数为151家，分红总额528.22亿元，分红总额较2020年的384.51亿元增长37.37%。

表8　2021年山东辖区上市公司现金分红情况

2021年分红公司家数			2021年分红金额		
家数	变动率（%）	分红公司家数占地区公司总数比重（%）	金额（亿元）	变动率（%）	分红金额占归属于母公司所有者的净利润比重（%）
151	11.85	71.56	528.22	37.37	37.23

资料来源：山东证监局。

四、山东上市公司并购重组情况

（一）并购重组基本情况

2021年度，山东辖区18家上市公司实施并购重组，其中6家涉及上市公司控制权变更事项，6家涉及发行股份购买资产事项，8家构成重大资产重组。截至2021年12月31日，4家公司完成控制权变更，2家公司完成重大资产重组，涉及金额32亿元。

（二）并购重组特点

2021年度，山东辖区上市公司并购重组呈现以下特点：一是与沪深交易所相比，北交所上市公司开展并购重组的活跃度相对较低，2021年辖区暂无北交所公司开展并购重组。二是涉及控制权变更的并购重组中，国资入主上市公司的比例增大。辖区6家实施控制权变更的公司中有4家实控人拟变更为国资，国资的入主，为公司解决了流动性困境，同时上市公司业务方向与当地产业布局协同发展，实现了双赢。三是受疫情及内外部环境的影响，并购重组开展过程中尽调程序推进缓慢，叠加股价、市场环境等因素，公司对并购重组事项的筹划更加审慎，多家公司终止并购重组。

五、山东上市公司募集资金情况、使用情况

（一）募集资金总体情况

表9　　　　　　　　　　　　2021年山东辖区上市公司募集资金情况

发行类型	代码	简称	募集资金（亿元）
首发	003042	中农联合	5.91
	605016	百龙创园	4.65
	688663	新风光	5.07
	688191	智洋创新	4.35
	300993	玉马遮阳	3.98
	300996	普联软件	4.60
	688681	科汇股份	2.50
	601665	齐鲁银行	24.55
	001207	联科科技	6.49
	688161	威高骨科	15.00
	301017	漱玉平民	3.59
	301020	密封科技	3.89
	688087	英科再生	7.30
	301035	润丰股份	15.22

续表

发行类型	代码	简称	募集资金（亿元）
首发	605589	圣泉集团	19.46
	600955	维远股份	40.65
	301069	凯盛新材	3.10
	605567	春雪食品	5.90
	830832	齐鲁华信	2.69
	837212	智新电子	1.28
	301149	隆华新材	7.05
	301188	力诺特玻	7.55
	301185	鸥玛软件	4.56
	837092	汉鑫科技	1.62
	301199	迈赫股份	9.76
	小计		210.73
再融资（增发、配股）	000830	鲁西化工	32.96
	600076	康欣新材	8.59
	000951	中国重汽	50.13
	603856	东宏股份	0.10
	603638	艾迪精密	0.85
	000680	山推股份	6.82
	002580	圣阳股份	4.94
	300185	通裕重工	9.44
	002234	民和股份	5.67
	000726	鲁泰A	0.80
	000338	潍柴动力	130.00
	600898	ST美讯	1.66
	002805	丰元股份	4.50
	603612	索通发展	2.65
	300214	日科化学	2.87
	002726	龙大肉食	6.11
	300308	中际旭创	26.99
	603536	惠发食品	0.35
	002026	山东威达	1.59
	300479	神思电子	3.10
	小计		300.13

续表

发行类型	代码	简称	募集资金（亿元）
其他融资（公司债券、短期融资券、中期票据、次级债、金融债、境外发行债券）	300243	瑞丰高材	3.40
	600027	华电国际	14.70
	605006	山东玻纤	6.00
	000498	山东路桥	3.00
	小计		27.10
总计			537.96

资料来源：山东证监局。

（二）募集资金使用情况及特点

2021年，山东辖区上市公司直接融资537.96亿元，其中25家公司首发融资210.73亿元，20家公司增发融资300.13亿元，4家公司在交易所债券市场融资27.10亿元。2021年辖区共有113家公司使用募集资金，金额355.38亿元，辖区上市公司募集资金使用总体较为规范。其中150.90亿元为2021年度募集的资金，占全年募集资金使用总额的42.46%。

（三）募集资金变更情况

2021年度，7家公司涉及募集资金变更事项，涉及金额为13.86亿元，2家涉及募投项目金额的调整，涉及金额4.87亿元，3家涉及将原有募投项目变更为其他投资项目，涉及金额2.24亿元；2家涉及新增募投项目，涉及金额6.76亿元。

表10　　　　2021年山东辖区上市公司募集资金使用项目变更情况

变更募集资金使用项目的公司家数	涉及金额（亿元）	募集资金总额（亿元）	占公司募集资金总额的比例（%）
7	13.86	66.67	20.80

资料来源：山东证监局。

六、山东上市公司规范运作情况

（一）上市公司治理专项情况

2020年12月，证监会开展为期2年的上市公司治理专项行动。2020年12月至2021年4月为专项行动自查阶段，山东局组织辖区175家上市公司参加公司治理专项行动自查工作，各公司按要求参与填报《上市公司治理专项自查清单》。自查发现，辖区公司治理水平整体良好，治理架构基本完备，运作较为规范，但也发现辖区部分上市公司存在缺乏独立性、存在资金占用、违规担保、超期未履行承诺、董事会到期未换届、董监高未履行忠实义务等问题。截至 2022 年 4 月 30 日，辖区上市公司已基本完成自查问题的整改，整改率达 92.59%。自 2021 年 5 月开始，公司治理专项行动进入现场检查阶段，我局共对 13 家公司开展了公司治理现场检查，通过检查促整改、以整改促提升，在检查中新发现的问题均已得到整改，整改率达 100%。

（二）审计情况及监管情况

截至 2022 年 4 月 30 日，山东辖区 211 家上市公司按期披露了 2021 年年报。29 家审计机构为上述公司出具了审计报告，其中标准无保留意见 201 份，10 家上市公司被出具了非无保留意见，其中保留意见 9 份、带强调事项段无保留意见 1 份。175 家上市公司披露了 2021 年内部控制审计报告，其中，标准无保留意见 171 份，带强调事项段的无保留意见 1 份，保留意见 1 份，否定意见 2 份。2021 年，辖区有 25 家上市公司更换会计师事务所，其中 8 家上市公司在年审期间换所或非标意见换所，2 家上市公司连续两年换所，1 家上市公司年审机构变更为"新所"。

山东证监局紧抓上市公司年报披露"前、中、后"三阶段，有序做好 2021 年年报审计监管工作。一是年报披露前，召开辖区上市公司年报工作会议，传达并细化我会年报监管工作要求；全面排查辖区公司风险情况，坚持问题导向，分析确定年报监管重点公司名单 42 家，对 21 家审计机构的 63 名签字注册会计师、项目负责人进行约谈，向审计机构下发监管提示函 17 份，阐明监管要求，提示审计风险；加强对 11 家"异常换所"公司的年报监管，分析"换所"原因，约谈风险公司新任审计机构，要求其审慎开展审计服务。二是年报披露中，密切关注年报审计工作进展，及时掌握上市公司年报披露中存在的问题，发现问题的及时介入、及时纠正。就 2 家可能存在规避退市行为的公司，提前布局现场检查，先行查询相关交易方银行账户资金流水、信用报告等，开展外围调查，最终查实 1 家公司存在规避退市的违法行为，实现劣质公司的市场出清。三是年报披露后，对公司年报开展审阅工作，范围涵盖全部高风险及次高风险类公司，全部科创板公司，全部头部公司，存在退市风险的公司，近年被出具非标审计意见、异常换所的公司，董监高突然辞职的公司，以及业绩大幅下滑或异常波动的公司；对于"异常换所"公司年报，重点关注前后任审计机构的审计意见情况。对纳入现场检查的风险公司在后续检查中一并对审计机构执业情况开展延伸检查，2021 年对 2 家审计、评估机构及 9 名执业人员采取了行政监管措施。

（三）信息披露情况

2021 年，山东证监局紧紧围绕提高上市公司质量这一目标，优化监管方式，强化信息披露持续监管。充分利用中央监管信息系统、交易所画像系统相关功能，强化对定期报告、临时报告的审核分析。通过下发问询函、约见谈话、采取监管措施等，妥善处置日常监管中发现的问题。紧盯上市公司股价异常波动及信息披露情况，密切关注公司蹭热点、炒概念、操纵股价等违规行为。指导公司依法做好自愿性披露工作。全年我局共对20家上市公司进行了现场检查，针对监管发现的问题，对2家上市公司立案调查，对6家上市公司及23名相关方采取行政监管措施，有效维护了辖区市场秩序。

（四）证券市场服务情况

一是持续做好辖区上市公司规范运作的教育引导工作。组织召开辖区上市公司监管工作会议、董监事培训、新上市公司董秘交流座谈会等，要求"关键少数"严守法律底线，切实承担提高上市公司质量及风险化解主体责任。二是通过多种方式加强对并购重组再融资、股权激励等政策的宣讲，支持上市公司用足用好政策，多渠道融资发展。三是与地方政府及相关部门协作推动提高上市公司质量，先后与潍坊、烟台、东营等地市政府及省地方金融监管局发函、座谈，通报相关公司情况，协调解决公司面临的问题，推动上市公司的风险化解和质量提升。四是扎实做好投资者权益保护工作。妥善处理投资者投诉举报事项，全年共处理信访、举报、投诉事项114件，行政复议事项2件。

撰稿人：邵烈娜　刘新朋
　　　　王　真　高　雪
审稿人：郑新胜　殷　茵

山东地区（含青岛地区）

一、山东经济发展概况

表1　　2021年山东经济发展概况　　单位：亿元

指标	1~3月		1~6月		1~9月		1~12月	
	绝对量	同比增长（%）	绝对量	同比增长（%）	绝对量	同比增长（%）	绝对量	同比增长（%）
地区生产总值（GDP）	18055.51	18.00	38906.35	12.80	60439.20	9.90	83095.90	8.30
全社会固定资产投资	—	18.00	—	11.60	—	8.10	—	5.90
社会消费品零售总额	7566.87	30.45	15511.81	24.46	23674.60	18.60	33714.50	15.30
规模以上工业增加值	—	23.50	—	16.10	—	11.60	—	9.60
规模以上工业企业实现利润	1239.80	181.10	2815.50	88.10	4000.70	45.90	5268.80	34.30
居民消费价格指数（CPI）	1~3月		1~6月		1~9月		1~12月	
	0.30		0.90		1.00		1.20	

资料来源：国家统计局。

二、山东上市公司总体情况

（一）公司数量

表2　　2021年山东上市公司数量　　单位：家

公司总数	2021年新增	股票类别			板块分布				
		仅A股	仅B股	（A+B）股	沪市主板	深市主板	北交所	创业板	科创板
269	40	264	2	3	88	103	7	54	17

资料来源：沪深北交易所，同花顺。

(二) 行业分布

表3　　　　　　　　　　　　2021年山东上市公司行业分布情况

所属证监会行业类别	家数	占比（%）	所属证监会行业类别	家数	占比（%）
采矿业	5	1.86	批发和零售业	9	3.35
电力、热力、燃气及水生产和供应业	2	0.74	水利、环境和公共设施管理业	2	0.74
房地产业	4	1.49	卫生和社会工作	1	0.37
建筑业	4	1.49	文化、体育和娱乐业	3	1.12
交通运输、仓储和邮政业	7	2.60	信息传输、软件和信息技术服务业	13	4.83
教育	0	0.00	制造业	203	75.46
金融业	6	2.23	住宿和餐饮业	0	0.00
居民服务、修理和其他服务业	0	0.00	租赁和商务服务业	2	0.74
科学研究和技术服务业	0	0.00	综合	2	0.74
农、林、牧、渔业	6	2.23	合计	269	100.00

资料来源：沪深北交易所，同花顺。

(三) 股本结构及规模

表4　　　　　　　　2021年山东上市公司股本规模在10亿股以上公司分布情况

股本规模（亿股）	公司家数	具体公司
100≤ ~ <200	2	南山铝业，山东钢铁
50≤ ~ <100	7	华电国际，海尔智家，潍柴动力，中泰证券，新潮能源，青岛港，青农商行
20≤ ~ <50	18	兖矿能源，山东高速，齐鲁银行，青岛银行，山东黄金，通裕重工，歌尔股份，汉缆股份，ST金正，万华化学，日照港，赛轮轮胎，晨鸣纸业，齐翔腾达，太阳纸业，华鲁恒升，山东出版，滨化股份
10≤ ~ <20	38	中航沈飞，鲁西化工，山东矿机，山东路桥，瑞康医药，山推股份，好当家，浪潮信息，美晨生态，金晶科技，玲珑轮胎，青岛啤酒，康欣新材，东方电子，博汇纸业，联泓新科，海信视像，新能泰山，东方铁塔，双塔食品，东岳硅材，华仁药业，中国重汽，海联金汇，华泰股份，史丹利，联创股份，恒邦股份，步长制药，天润工业，中锐股份，西王食品，龙大美食，特锐德，瑞茂通，鲁商发展，蓝帆医疗，国瓷材料

资料来源：沪深北交易所，同花顺。

表5　　2021年山东上市公司分地区股权构成情况　　单位：家

地域分布＼股权性质	央企国资控股	省属国资控股	地市国资控股	民营控股	其他	合计
济南市	2	11	1	18	11	43
淄博市	0	5	1	20	3	29
枣庄市	0	0	0	3	1	4
东营市	0	0	0	4	1	5
烟台市	2	2	6	29	6	45
潍坊市	0	2	8	18	1	29
济宁市	0	5	0	4	1	10
泰安市	2	1	0	1	0	4
威海市	1	1	0	9	1	12
日照市	0	1	0	1	0	2
临沂市	0	2	0	3	0	5
德州市	0	1	1	8	0	10
聊城市	2	1	0	1	0	4
滨州市	0	1	2	3	1	7
菏泽市	0	0	0	1	1	2
青岛市	2	1	8	38	9	58
合计	11	34	27	161	36	269

资料来源：山东证监局　青岛证监局。

（四）市值规模

截至2021年12月31日，山东省269家上市公司总股本2731.22亿元，境内总市值39295.17亿元，占全国上市公司境内总市值的4.07%；其中上交所上市公司105家，总股本1417.01亿股，境内总市值21187.99亿元，占上交所上市公司境内总市值的4.08%；深交所上市公司157家，总股本1307.47亿股，境内总市值17998.49亿元，占深交所上市公司境内总市值的4.49%。

（五）资产规模

截至2021年12月31日，山东省269家上市公司合计总资产52523.26亿元，归属于母公司股东权益16047.1亿元，与2020年相比，分别增长24.31%、18.74%；平均每股净资产5.87元。

三、山东上市公司经营情况及变动分析

（一）总体经营情况

山东地区（含青岛地区）

表6　2021年山东上市公司经营情况

指　标	2021年	2020年	变动率（%）
家数	269	229	17.47
亏损家数	35	32	9.38
亏损家数比例（%）	13.01	13.97	-0.96
平均每股收益（元）	0.65	0.48	35.42
平均每股净资产（元）	5.87	5.35	9.72
平均净资产收益率（%）	11.12	9.01	2.11
总资产（亿元）	52523.26	42249.08	24.31
归属于母公司股东权益（亿元）	16047.1	13514.66	18.74
营业收入（亿元）	25761.30	22081.3	16.67
利润总额（亿元）	2281.50	1598.96	42.69
归属于母公司所有者的净利润（亿元）	1784.06	1218.04	46.47

资料来源：沪深北交易所，同花顺。

（二）分行业经营情况

表7　2021年山东上市公司分行业经营情况

所属行类	营业收入（亿元）	可比样本变动率（%）	归属于母公司所有者的净利润（亿元）	可比样本变动率（%）
采矿业	1934.76	-32.03	164.29	163.79
电力、热力、燃气及水生产和供应业	1089.70	11.64	-48.55	-205.91
房地产业	180.82	-3.15	5.18	650.72
建筑业	647.63	53.24	9.23	-39.67
交通运输、仓储和邮政业	722.20	32.66	64.48	33.94
教育	—	—	—	—
金融业	449.41	16.43	127.47	18.38
居民服务、修理和其他服务业	—	—	—	—
科学研究和技术服务业	—	—	—	—
农、林、牧、渔业	75.43	8.41	-6.09	-1249.06
批发和零售业	1264.15	6.03	16.84	38.49
水利、环境和公共设施管理业	24.18	33.00	-3.65	-929.55
卫生和社会工作业	10.90	5.93	-3.64	-344.30
文化、体育和娱乐业	137.17	11.87	18.46	9.95
信息传输、软件和信息技术服务业	148.61	8.94	13.37	-0.29
制造业	18947.73	20.21	1421.63	44.84
住宿和餐饮业	—	—	—	—
租赁和商务服务业	123.94	113.62	5.21	133.63
综合	4.68	54.46	-0.17	-525.00
合计	25761.3	13.31	1784.06	36.34

资料来源：沪深北交易所，同花顺。

(三) 业绩变动情况分析

1. 营业收入、毛利率等变动原因分析

2021年山东省上市公司运行稳中向好,269家上市公司实现营业收入25761.3亿元,较2020年同比增长16.67%,其中超八成公司营业收入正增长,35家公司营收增幅超过50%,12家公司营收增幅超过100%,上市公司作为实体经济"基本盘"地位更加巩固。2021年山东省非金融类上市公司营业成本20056.02亿元,较2020年增长12.42%,由于营业收入增长幅度高于营业成本增长幅度,全省非金融类上市公司毛利率20.77%,较2020年略有增加。

2. 盈利构成分析

2021年山东省上市公司共实现利润总额2281.50亿元,同比增长42.69%。从盈利构成来看,全省上市公司实现营业利润2302.77亿元,占利润总额的比重为100.93%。同时全省上市公司营业外收入为44.87亿元,较2020年减少20.1亿元。

3. 经营性现金流量分析

2021年山东省上市公司经营活动现金净流入2943.59亿元,同比减少16.31%,但经营活动现金流入29147.53亿元,同比增长12.8%,占营业收入比重113.14%,整体现金回收能力较强,收益质量较好。

4. 业绩特点分析

2021年山东省上市公司整体业绩稳步增长,实现归属于母公司所有者净利润1784.06亿元,较2020同比增长46.47%。全省上市公司涉及15个门类行业中8个行业实现正增长,10个行业实现盈利,其中盈利贡献最大的为制造业,占全省上市公司归属于母公司所有者净利润的79.69%。从营业收入增速来看,租赁和商务服务、公共设施管理、建筑、交通运输行业表现抢眼,营业收入增幅均在30%以上。采矿业、房地产、租赁和商务服务行业归属于母公司所有者净利润增长较快,增幅均在100%以上。

5. 利润分配情况

表8　　　　　　　　　　　2021年山东上市公司现金分红情况

2021年分红公司家数			2021年分红金额		
家数	变动率(%)	分红公司家数占地区公司总数比重(%)	金额(亿元)	变动率(%)	分红金额占归属于母公司所有者的净利润比重(%)
199	16.37	73.98	652.81	33.95	36.59

资料来源:山东证监局,青岛证监局。

四、山东省上市公司并购重组情况

(一) 并购重组基本情况

2021年,山东省21家上市公司完成并购重组31起,总金额127亿元,平均每单交易金额4.10亿元,其中重大资产重组4起。

(二) 并购重组特点

2021年度,山东省上市公司并购重

组呈现以下特点：一是与沪深交易所相比，北交所上市公司开展并购重组的活跃度相对较低。二是涉及控制权变更的并购重组中，国资入主上市公司的比例增大。国资的入主，为公司解决了流动性困境，同时上市公司业务方向与当地产业布局协同发展，实现了双赢。三是并购目的多样化。上市公司实施并购重组的目的包括横向整合、战略合作、资产调整、多元化战略、私有化等多种类型，其中横向整合和战略合作比较多。四是受疫情及内外部环境的影响，并购重组开展过程中尽调程序推进缓慢，叠加股价、市场环境等因素，公司对并购重组事项的筹划更加审慎，多家公司终止并购重组。

五、山东省上市公司募集资金情况、使用情况

（一）募集资金总体情况

表9　　　　　　　　　　　2021年山东上市公司募集资金情况

发行类型	代码	简称	募集资金（亿元）
首发	003042	中农联合	5.91
	605016	百龙创园	4.65
	688663	新风光	5.07
	688191	智洋创新	4.35
	300993	玉马遮阳	3.98
	300996	普联软件	4.60
	688681	科汇股份	2.50
	601665	齐鲁银行	24.55
	001207	联科科技	6.49
	688161	威高骨科	15.00
	301017	漱玉平民	3.59
	301020	密封科技	3.89
	688087	英科再生	7.30
	301035	润丰股份	15.22
	605589	圣泉集团	19.46
	600955	维远股份	40.65
	301069	凯盛新材	3.10
	605567	春雪食品	5.90
	830832	齐鲁华信	2.69
	837212	智新电子	1.28
	301149	隆华新材	7.05
	301188	力诺特玻	7.55

续表

发行类型	代码	简称	募集资金（亿元）
首发	301185	鸥码软件	4.56
	837092	汉鑫科技	1.62
	301199	迈赫股份	9.76
	688190	云路股份	13.99
	001219	青岛食品	3.82
	688501	青达环保	2.50
	605287	德才股份	7.89
	301022	海泰科	5.17
	301015	百洋医药	4.02
	603836	海程邦达	8.64
	300950	德固特	2.10
	688677	海泰新光	7.79
	300948	冠中生态	3.03
	003033	征和工业	4.76
小计			274.44
再融资（增发、配股）	000830	鲁西化工	32.96
	600076	康欣新材	8.59
	000951	中国重汽	50.13
	603856	东宏股份	0.10
	603638	艾迪精密	0.85
	000680	山推股份	6.82
	002580	圣阳股份	4.94
	300185	通裕重工	9.44
	002234	民和股份	5.67
	000726	鲁泰A	0.80
	000338	潍柴动力	130.00
	600898	ST美讯	1.66
	002805	丰元股份	4.50
	603612	索通发展	2.65
	300214	日科化学	2.87
	002726	龙大肉食	6.11
	300308	中际旭创	26.99
	603536	惠发食品	0.35
	002026	山东威达	1.59

续表

发行类型	代码	简称	募集资金（亿元）
再融资（增发、配股）	300479	神思电子	3.10
	601058	赛轮轮胎	12.27
	300569	天能重工	10.01
	300001	特锐德	10.00
	603739	蔚蓝生物	5.00
	603577	汇金通	3.76
	300786	国林科技	3.60
		小计	344.77
其他融资（公司债券、短期融资券、中期票据、次级债、金融债、境外发行债券）	300243	瑞丰高材	3.40
	600027	华电国际	14.70
	605006	山东玻纤	6.00
	000498	山东路桥	3.00
	123118.SZ	惠城环保	3.20
	127050.SZ	森麒麟	21.99
		小计	52.29
总计			671.5

资料来源：山东证监局，青岛证监局。

（二）募集资金使用情况及特点

2021年，山东省上市公司直接融资671.5亿元，其中36家公司首发融资274.44亿元，26家公司增发融资344.77亿元，6家公司在交易所债券市场发行债券融资52.29亿元。根据现场检查和日常监管情况，辖区上市公司募集资金使用总体较为规范。2021年，山东省共有132家上市公司使用募集资金，用于实体项目建设、补充流动资金及偿还债务，有力支持了地方经济发展。

（三）募集资金变更情况

2021年度，13家公司涉及募集资金变更事项，涉及金额为22.56亿元，占募集资金总额的比例20.63%。

表10　2021年山东上市公司募集资金使用项目变更情况

变更募集资金使用项目的公司家数	涉及金额（亿元）	募集资金总额（亿元）	占公司募集资金总额的比例（%）
13	22.56	109.37	20.63

资料来源：山东证监局，青岛证监局。

六、山东上市公司规范运作情况

（一）上市公司治理专项情况

2020年12月，证监会开展为期2年的上市公司治理专项行动。在自查阶段，按照相关要求，山东省216家上市公司参与填报《上市公司治理专项自查清单》。针对自查发现的问题深入分析，建立台账，定期调度，分类推动整改。经分析，发现上市公司存在的问题主要涉及缺乏独立性、存在资金占用、违规担保、超期未履行承诺、董事会到期未换届、董监高未履行忠实义务等。在现场检查阶段，将公司治理检查纳入年度现场检查计划，对开展全面检查的上市公司全部延伸检查，对问题较多的公司开展公司治理专项检查，切实推动有问题的公司实质性整改。

（二）审计情况及监管情况

截至2022年4月30日，山东省269家上市公司按期披露了2021年年报。29家审计机构为上述公司出具了审计报告，其中标准无保留意见258份，11家上市公司被出具了非无保留意见，其中保留意见9份、带强调事项段无保留意见2份。216家上市公司披露了2021年内部控制审计报告，其中，标准无保留意见211份，带强调事项段的无保留意见2份，保留意见1份，否定意见2份。

山东证监局紧抓上市公司年报披露"前、中、后"三阶段，有序做好2021年年报审计监管工作。一是年报披露前，召开辖区上市公司年报工作会议，传达并细化我会年报监管工作要求；全面排查辖区公司风险情况，坚持问题导向，分析确定年报监管重点公司名单42家，对21家审计机构的63名签字注册会计师、项目负责人进行约谈，向审计机构下发监管提示函17份，阐明监管要求，提示审计风险；加强对11家"异常换所"公司的年报监管，分析"换所"原因，约谈风险公司新任审计机构，要求其审慎开展审计服务。二是年报披露中，密切关注年报审计工作进展，及时掌握上市公司年报披露中存在的问题，发现问题的及时介入、及时纠正。就2家可能存在规避退市行为的公司，提前布局现场检查，先行查询相关交易方银行账户资金流水、信用报告等，开展外围调查，最终查实1家公司存在规避退市的违法行为，实现劣质公司的市场出清。三是年报披露后，对公司年报开展审阅工作，范围涵盖全部高风险及次高风险类公司，全部科创板公司，全部头部公司，存在退市风险的公司，近年被出具非标审计意见、异常换所的公司，董监高突然辞职的公司，以及业绩大幅下滑或异常波动的公司；对于"异常换所"公司年报，重点关注前后任审计机构的审计意见情况。对纳入现场检查的风险公司在后续检查中一并对审计机构执业情况开展延伸检查，2021年对2家审计、评估机构及9名执业人员采取了行政监管措施。

青岛证监局狠抓"三位一体"，坚持多措并举，多轮驱动，聚焦重点机构、重

山东地区（含青岛地区）

点项目，扎实有序抓好2021年年报审计全过程监管。一是下发专项通知，传达2021年年报监管工作要求，提醒重点注意事项，全面压实会计、审计主体责任。二是紧盯重点机构，针对辖区尤尼泰振青2021年首次承接3家异常"换所"风险公司年审项目情况，通过下发监管关注函、局主要负责人带队约谈、多次与项目所在地证监局沟通等方式督促事务所勤勉尽责、防范风险，事务所最终依据专业判断出具审计报告。三是聚焦重点项目，利用会计画像系统简历涵盖多维指标的风险判别机制，识别出13个重点监管项目，精准下发2份监管关注函，进行23项风险提示，约谈会计师30余次。其中13个重点项目共进行审计调整9.12亿元，推动2家公司将部分原总额法核算收入调整为净额法核算，调减营业收入，推动2家公司调整补提存货跌价准备、资产减值损失，推动2家公司调补提商誉减值。

（三）信息披露情况

2021年，山东证监局紧紧围绕提高上市公司质量这一目标，优化监管方式，强化信息披露持续监管。充分利用中央监管信息系统、交易所画像系统相关功能，强化对定期报告、临时报告的审核分析。通过下发问询函、约见谈话、采取监管措施等，妥善处置日常监管中发现的问题。紧盯上市公司股价异常波动及信息披露情况，密切关注公司蹭热点、炒概念、操纵股价等违规行为。指导公司依法做好自愿性披露工作。全年我局共对20家上市公司进行了现场检查，针对监管发现的问题，对2家上市公司立案调查，对6家上市公司及23名相关方采取行政监管措施，有效维护了辖区市场秩序。

2021年，青岛证监局以提高上市公司透明度为目标，加强信息披露监管，督促公司以投资者需求为导向，提升信息披露有效性。一是统筹风险导向和"双随机"原则，累计开展现场检查、专项检查、投诉核查等各类检查19家次，发现4家公司信息披露不规范，出具2份警示函，切实督促辖区公司提高信息披露质量。二是编写《青岛辖区上市公司监管情况通报》，对辖区上市公司信息披露工作评价情况和存在的信息披露问题进行集中通报，督促公司"对号"入座，切实认真问题，及时查漏补缺，抓住此次自查契机，真整改、见实效。

（四）证券市场服务情况

山东证监局持续做好辖区上市公司规范运作的教育引导工作。组织召开辖区上市公司监管工作会议、董监事培训、新上市公司董秘交流座谈会等，要求"关键少数"严守法律底线，切实承担提高上市公司质量及风险化解主体责任。通过多种方式加强对并购重组再融资、股权激励等政策的宣讲，支持上市公司用足用好政策，多渠道融资发展。积极与地市政府及相关部门协作推动提高上市公司质量，先后与潍坊、烟台、东营等地市政府及省地方金融监管局发函、座谈，通报相关公司情况，协调解决公司面临的问题，推动上市公司的风险化解和质量提升。扎实做好投资者权益保护工作。妥善处理投资者投诉举报事项，全年共处理信访、举报、投诉事项114件，行政复议事项2件。

青岛证监局持续摸排辖区上市后备企业，对标对表板块定位，坚持主板、科创板、创业板、北交所一体推进，优先支持优势产业、优秀企业、优良资产上市。主动对接政府部门，围绕制造业单项冠军企业、专精特新"小巨人"等企业开展深度摸排，建立动态储备库，支持优质企业登陆资本市场。创新举办上市公司集体业绩说明会，会同中小投服组织投资者网上集体接待日活动，全年54家沪深公司召开年报业绩说明会，超过前一年度家数（38家），召开比例96%，董事长或总经理出席率100%，召开质量不断提升。

撰稿人：邵烈娜　刘新朋　王　真
　　　　高　雪　张　燕
审稿人：郑新胜　殷　茵　任　路

河南地区

一、河南经济发展概况

表1　　　　　　　　　　　　　2021年河南经济发展概况　　　　　　　　　　　　　单位：亿元

指　标	1~3月 绝对量	1~3月 同比增长（%）	1~6月 绝对量	1~6月 同比增长（%）	1~9月 绝对量	1~9月 同比增长（%）	1~12月 绝对量	1~12月 同比增长（%）
地区生产总值（GDP）	13306.65	15.40	28927.96	10.20	44016.24	7.10	58887.41	6.30
全社会固定资产投资	—	14.60	—	7.80	—	5.1	—	4.5
社会消费品零售总额	5825.34	28.1	11813.09	17.1	17523.61	11.1	24381.70	8.3
规模以上工业增加值	—	16.30	—	10.50	—	7.90	—	6.30
规模以上工业企业实现利润	611.60	38.80	1339.30	20.80	1855.50	12.10	2581.17	1.6
居民消费价格指数（CPI）	1~3月		1~6月		1~9月		1~12月	
	0.20		0.70		0.80		0.90	

资料来源：国家统计局。

二、河南上市公司总体情况

（一）公司数量

表2　　　　　　　　　　　　　2021年河南上市公司数量　　　　　　　　　　　　　单位：家

公司总数	2021年新增	股票类别 仅A股	股票类别 仅B股	股票类别 （A+B）股	板块分布 沪市主板	板块分布 深市主板	板块分布 北交所	板块分布 创业板	板块分布 科创板
98	11	98	0	0	30	38	3	23	4

资料来源：沪深北交易所，同花顺。

（二）行业分布

表3　　　　　　　　　　　2021年河南上市公司行业分布情况

所属证监会行业类别	家数	占比（%）	所属证监会行业类别	家数	占比（%）
采矿业	4	4.08	批发和零售业	0	0.00
电力、热力、燃气及水生产和供应业	4	4.08	水利、环境和公共设施管理业	1	1.02
房地产业	0	0.00	卫生和社会工作	0	0.00
建筑业	1	1.02	文化、体育和娱乐业	1	1.02
交通运输、仓储和邮政业	2	2.04	信息传输、软件和信息技术服务业	3	3.06
教育	0	0.00	制造业	75	76.53
金融业	3	3.06	住宿和餐饮业	0	0.00
居民服务、修理和其他服务业	0	0.00	租赁和商务服务业	0	0.00
科学研究和技术服务业	2	2.04	综合	0	0.00
农、林、牧、渔业	2	2.04	合计	98	100.00

资料来源：沪深北交易所，同花顺。

（三）股本结构及规模

表4　　　　　　　2021年河南上市公司股本规模在10亿股以上公司分布情况

股本规模（亿股）	公司家数	具体公司
200≤～<500	1	洛阳钼业
50≤～<100	2	郑州银行，牧原股份
20≤～<50	13	中原证券，中信重工，*ST中孚，双汇发展，安阳钢铁，ST大有，龙佰集团，平煤股份，中粮资本，宇通客车，神火股份，中原高速，易成新能
10≤～<20	22	华兰生物，莲花健康，郑煤机，棕榈股份，新乡化纤，黄河旋风，恒星科技，平高电气，豫能控股，郑州煤电，*ST金刚，焦作万方，新天科技，瑞贝卡，一拖股份，中航光电，*ST科迪，豫光金铅，神马股份，中原传媒，濮耐股份，许继电气

资料来源：沪深北交易所，同花顺。

表5　　　　　　　2021年河南上市公司分地区股权构成情况　　　　　　　　　　单位：家

股权性质 地域分布	央企国资控股	省属国资控股	地市国资控股	民营控股	其他	合计
郑州市	0	6	3	22	2	33
开封市	0	1	0	0	0	1

续表

股权性质 地域分布	央企国资控股	省属国资控股	地市国资控股	民营控股	其他	合计
洛阳市	5	0	0	7	0	12
商丘市	0	0	1	2	0	3
安阳市	0	2	0	2	0	4
平顶山市	1	2	0	0	0	3
新乡市	0	0	1	3	0	4
焦作市	1	1	0	4	1	7
济源市	1	0	1	1	0	3
濮阳市	0	0	0	2	0	2
许昌市	1	0	1	5	0	7
漯河市	0	0	0	1	1	2
三门峡市	0	1	0	1	0	2
鹤壁市	0	0	0	1	0	1
周口市	0	0	0	4	0	4
驻马店市	0	0	0	1	0	1
南阳市	1	0	1	5	0	7
信阳市	0	0	1	1	0	2
合计	10	13	9	62	4	98

资料来源：河南证监局。

（四）市值规模

截至2021年12月31日，河南98家上市公司境内总市值15758.71亿元，占全国上市公司境内总市值的1.72%；其中上交所上市公司34家，总股本662.93亿股，境内总市值4914.26亿元，占上交所上市公司境内总市值的0.88%；深交所上市公司61家，总股本595.26亿股，境内总市值10842.89亿元，占深交所上市公司境内总市值的2.71%。北交所上市公司3家，总股本3.24亿股，境内总市值29.79亿元，占北交所上市公司境内总市值的1.14%。

（五）资产规模

截至2021年12月31日，河南98家上市公司合计总资产20179.28亿元，归属于母公司股东权益5784.33亿元，与2020年相比，分别增长12.21%、15.32%；平均每股净资产4.59元。

三、河南上市公司经营情况及变动分析

（一）总体经营情况

表6　　　　　　　　　　　2021年河南上市公司经营情况

指标	2021年	2020年	变动率（%）
家数	98	87	12.64
亏损家数	11	13	-15.38
亏损家数比例（%）	11.22	14.94	-3.72
平均每股收益（元）	0.45	0.45	0
平均每股净资产（元）	4.59	4.26	7.75
平均净资产收益率（%）	9.21	10.47	-12.03
总资产（亿元）	20179.28	17975.72	12.26
归属于母公司股东权益（亿元）	5784.33	5015.7	15.32
营业收入（亿元）	8789.1	6645.48	32.26
利润总额（亿元）	713.49	665.19	7.26
归属于母公司所有者的净利润（亿元）	532.98	534.24	-0.24

资料来源：沪深北交易所，同花顺。

（二）分行业经营情况

表7　　　　　　　　　　　2021年河南上市公司分行业经营情况

所属行类	营业收入（亿元）	可比样本变动率（%）	归属于母公司所有者的净利润（亿元）	可比样本变动率（%）
采矿业	2146.84	48.06	91.02	393.87
电力、热力、燃气及水生产和供应业	252.86	38.39	-8.88	-162.14
房地产业	—	—	—	—
建筑业	40.46	-16.08	-7.54	-1813.64
交通运输、仓储和邮政业	112.38	30.52	17.06	514.17
教育	—	—	—	—
金融业	255.69	24.46	51.12	18.20
居民服务、修理和其他服务业	—	—	—	—
科学研究和技术服务业	21.96	7.07	3.85	1.05
农、林、牧、渔业	820.82	38.18	43.66	-83.40
批发和零售业	—	—	—	—
水利、环境和公共设施管理业	4.99	-3.85	1.09	-12.80
卫生和社会工作业	—	—	—	—
文化、体育和娱乐业	92.61	-3.43	9.75	5.06
信息传输、软件和信息技术服务业	14.81	2.63	2.19	-18.89
制造业	4888.79	22.65	329.66	90.36
住宿和餐饮业	—	—	—	—
租赁和商务服务业	—	—	—	—
综合	—	—	—	—
合计	8652.22	30.20	532.98	-0.24

资料来源：沪深北交易所，同花顺。

(三) 业绩变动情况分析

1. 营业收入、毛利率等变动原因分析

2021年，河南辖区98家上市公司公司累计实现营业收入8789.1亿元，同比增长32.26%；营业成本6861.55亿元，同比增长37.07%；总体毛利率20.70%，同比下降3.97个百分点。采矿业、农牧业头部公司业绩增速较快，传统制造业转型升级提速。辖区以制造业企业为主，受原材料价格上涨等因素，导致整体毛利率同比有所下滑。

2. 盈利构成分析

2021年，河南辖区98家上市公司实现归属于母公司所有者的净利润532.98亿元，同比下降0.24%。11家公司亏损，较2020年减少2家，65家公司归母净利润同比上升。2021年，牧原股份、洛阳钼业、双汇发展、龙佰集团4家公司实现归母净利润合计215.52亿元，占比为40.44%，头部企业聚集效应持续显现。

3. 经营性现金流量分析

2021年，河南辖区98家上市公司经营活动产生的现金流量净额累计615.60亿元，同比下降23.15%，84家公司经营活动现金为净流入，占比为85.71%，较2020年下降2.8个百分点。牧原股份、神火股份、洛阳钼业等7家公司经营活动现金净流入超50亿元。煤炭、化工、新材料等行业经营活动现金流相对较好，畜牧、食品、公用事业等行业经营活动现金流降幅较大。

4. 业绩特点分析

一是营业收入快速增长。全年实现营业收入8789.1亿元，同比增长32.26%，平均营业收入87.42亿元，其中牧原股份、双汇发展等17家公司营业收入超百亿，洛阳钼业营业收入超过1000亿元。

二是净利润增速放缓。全年实现归母净利润532.98亿元，同比下降0.24%，主要是同期营业成本增长较快所致。

三是行业持续分化。14家机械设备制造行业上市公司实现归母净利润22.94亿元，同比增长272.40%；3家煤炭企业实现归母净利润39.96亿元，同比增长774.80%；火力发电行业豫能控股亏损20.28亿元；农业企业盈利空间收窄，牧原股份归母净利润减少205.47亿元，同比下降74.85%；8家食品类上市公司实现归母净利润60.22亿元，同比下降26.80%。

四是研发投入加大。全年投入研发费用192.26亿元，同比增长32.29%，近八成公司研发投入实现正增长。

5. 利润分配情况

表8　2021年河南上市公司现金分红情况

2021年分红公司家数			2021年分红金额		
家数	变动率（%）	分红公司家数占地区公司总数比重（%）	金额（亿元）	变动率（%）	分红金额占归属于母公司所有者的净利润比重（%）
72	14.29	72.72	206.59	-0.59	38.78

资料来源：河南证监局。

四、河南上市公司并购重组情况

（一）并购重组基本情况

2021年，辖区共有4家公司完成并购重组，涉及3家国有上市公司和1家民营上市公司，并购重组资产金额合计约58.77亿元，配套融资21.59亿元。

（二）并购重组特点

一是并购重组业态更加多样。4家上市公司分别涉及现金重组、横向并购和纵向并购，上市公司利用资本市场开展并购重组的意识和能力不断提升。

二是现金重组亮点突出。新开源现金出售BV公司股权，回笼资金21.77亿元，有效优化公司财务结构，持续聚焦核心主营业务。

三是国有上市公司围绕国企改革与供给侧结构性改革，通过并购重组推进产业整合和转型升级。神马股份收购尼龙化工，实现产业链延伸；豫能控股收购控股股东持有的濮阳豫能，发挥热电联产效应的同时，解决长期存在的同业竞争问题；易成新能完成对平煤隆基的股权收购，新增光伏组件加工业务，丰富业务结构，完善产业链布局，创造新的利润增长点。

五、河南上市公司募集资金情况、使用情况

（一）募集资金总体情况

表9　　　　　　　　2021年河南上市公司募集资金情况

发行类型	代码	简称	募集资金（亿元）
首发	605368	蓝天燃气	9.80
	832225	利通科技	1.04
	688626	翔宇医疗	11.53
	300614	百川畅银	3.69
	688517	金冠电气	2.62
	001215	千味央厨	3.34
	301071	力量钻石	3.11
	301089	拓新药业	6.02
	833454	同心传动	1.14
	301182	凯旺科技	6.50
	小计		48.79
再融资（增发、配股）	002601	龙佰集团	22.65
	600876	洛阳玻璃	20
	300850	新强联	14.6

续表

发行类型	代码	简称	募集资金（亿元）
再融资（增发、配股）	002407	多氟多	11.5
	600186	莲花健康	9.94
	000949	新乡化纤	9.91
	001896	豫能控股	8.32
	300481	濮阳惠成	8
	601038	一拖股份	7
	002132	恒星科技	6.38
	600810	神马股份	6
	300007	汉威科技	6
	300480	光力科技	5.5
	300080	易成新能	3.27
	小计		139.07
其他融资（公司债券、短期融资券、中期票据、次级债、金融债、境外发行债券）	300732	设研院	3.76
	002714	牧原股份	95.5
	002225	濮耐股份	6.26
	600810	神马股份	4
	000400	许继电气	5.61
	601375	中原证券	43
	002431	棕榈股份	5
	300263	隆华科技	7.99
	603993	洛阳钼业	14.5
	001896	豫能控股	5
	601666	平煤股份	6.97
	002936	郑州银行	150
	000544	中原环保	5
	600020	中原高速	5
	600312	平高电气	5
	000885	城发环境	6
	小计		368.59
总计			556.45

资料来源：河南证监局。

（二）募集资金使用情况及特点

2021年，辖区共有38家上市公司累计完成直接融资556.45亿元。其中10家公司首发融资48.79亿元，14家公司通过增发、配股实现再融资139.07亿元，16家公司通过发行公司债券、短期融资券等其他融资方式实现再融资368.59亿元，融资总额较2020年有所上升。总体来看，辖区上市公司募集资金使用情况较为规范，资金使用依法依规履行审批决策程序和信息披露义务，但也存在个别公司募集资金管理制度有待完善、募集资金使用程序不规范、现金管理涉及的审议程序不完善等问题。

（三）募集资金变更情况

表10 2021年河南上市公司募集资金使用项目变更情况

变更募集资金使用项目的公司家数	涉及金额（亿元）	募集资金总额（亿元）	占公司募集资金总额的比例（%）
4	19.32	46.27	41.75

资料来源：河南证监局。

2021年，河南辖区上市公司按照相关规范要求和募投项目使用募集资金，并及时披露募集资金使用情况，但因市场环境变化和公司发展战略及经营需要，易成新能、天迈科技、明泰铝业、森源电气4家公司变更或终止部分募投项目，共涉及金额19.32亿元，占公司募集资金总额的41.75%。另有濮耐股份、仕佳光子变更募集项目实施主体等。相关变更均履行董事会、股东大会审议决策程序和信息披露义务。

六、河南上市公司规范运作情况

（一）上市公司治理专项情况

2020年，河南证监局持续以公司治理专项行动为抓手，提升上市公司治理水平。一是提前谋划细化工作方案，拟定11项具体工作措施。二是督促公司有效自查整改，针对专项自查开展7次专项培训、4轮专项审核，指导公司高质量完成自查填报工作，实现零退回。公司自查发现问题323个，督促公司修订制度、完善治理、积极整改，整改率已达80%。三是倡导公司治理最佳实践，推动在全国范围内率先完成召开业绩说明会工作，四类重点公司召开率100%，其中，洛阳钼业等3家公司被中上协选为业绩说明会优秀案例，中航光电被选为最佳案例并作为代表发言。

（二）审计情况及监管情况

1. 河南辖区98家上市公司2021年年报审计情况

98家上市公司均披露了2021年年报（ST辅仁于6月30日披露年报）。其中，92家公司财务报表被出具标准审计意见；6家公司被出具非标准审计意见，包括带强调事项段无保留意见2家，无法表示意见4家（其中3家已退市）。整体上看，非标意见与风险类公司高度契合，年报信息披露质量进一步提升。

2. 年报审计监管工作情况

2021年，河南证监局坚持监管目标精准化、监管程序规范化、监管进度台账化、监管协作精细化，切实加强年报审计监管工作。

一是压实中介机构责任，下发专项工作通知，联合省注协召开年报审计监管工作会议，约谈年审会计师59人次、下发监管提示函24份、现场督导20家次，明确监管要求，提示重点风险，督促年审机构归位尽责，勤勉执业。

二是坚持问题风险导向，聚焦重点机构、重点项目、重点领域，确定24家重点审计监管项目，通过逐家约谈、现场督导、审阅审计计划及审计总结等方式强化跟踪督导，督促公司依法依规披露年报，审计机构扎实开展审计工作。

三是做好年报审计审阅分析，对疑点问题"一问到底"，关注有关问题和疑点136个，对28家公司出具年报审核意见表，向9家上市公司和2家上市公司控股股东下发监管关注函。

（三）信息披露情况

2021年，河南证监局以信息披露监管为核心，持续强化日常监管，辖区上市公司信息披露透明度、规范性持续提高。一是强化信息披露日常监管，对头部公司、两创公司等重点公司集中关注，对上市公司货币资金、科创板募集资金使用等重点事项精准监管。二是强化快速反应，及时关注大额定增、股价异动等重点事项，迅速处置媒体质疑和重大舆情。三是严厉打击违法违规行为，对发现的未及时披露资金占用、政府补助、交易性金融资产收益等违规行为，依规采取监管措施，移送立案稽查，强化执法震慑。

（四）证券市场服务情况

2021年，河南证监局坚持监管与服务并重，持续优化上市公司服务，推动上市公司高质量发展。一是支持企业防汛抗疫复工复产。面对特大暴雨灾害和新冠疫情反复局面，积极作为，提升监管温度。跟踪摸排市场主体受灾情况，指导公司积极应对。主动对接河南省"万人助万企"活动，协调解决上市公司实际困难，助力企业渡过难关。引导企业捐款捐物，弘扬资本市场正能量。

二是支持推进国企改革。全力协调解决上市公司股权转让后控股股东、实控人认定等难点问题，支持安阳钢铁等公司控股股东开展混改，进一步激发发展活力。

三是主动作为赴各地市召开专题座谈会，组织20余家企业交流经验困惑，听取意见建议，改进监管工作。

四是加强对河南上市公司协会的联系，指导协会完善制度规范，强化上市公司培训、经验交流、警示教育等会员服务，联合举办专项培训12场次，覆盖2000余人次。

撰稿人：贾明星　倪曾曾
审稿人：陈　敏

湖北地区

一、湖北经济发展概况

表1　　　　　　　　　　　　2021年湖北经济发展概况　　　　　　　　　　　单位：亿元

指标	1~3月		1~6月		1~9月		1~12月	
	绝对量	同比增长(%)	绝对量	同比增长(%)	绝对量	同比增长(%)	绝对量	同比增长(%)
地区生产总值（GDP）	9872.67	58.31	22777.69	28.50	34731.56	18.69	50012.94	12.85
全社会固定资产投资	—	284.80	—	83.60	—	32.5	—	20.4
社会消费品零售总额	4782.83	62.71	9498.88	34.50	14394.40	21.98	21561.37	19.89
规模以上工业增加值	—	96.00	—	34.90	—	17.30	—	14.80
规模以上工业企业实现利润	668.20	462.90	1484.60	92.60	2168.00	32.50	3189.50	10.70
居民消费价格指数（CPI）	1~3月		1~6月		1~9月		1~12月	
	-1.50		-0.50		-0.10		0.30	

资料来源：国家统计局。

二、湖北上市公司总体情况

（一）公司数量

表2　　　　　　　　　　　　2021年湖北上市公司数量　　　　　　　　　　　单位：家

公司总数	2021年新增	股票类别			板块分布				
		仅A股	仅B股	(A+B)股	沪市主板	深市主板	北交所	创业板	科创板
128	13	126	0	2	44	42	3	31	8

资料来源：沪深北交易所，同花顺。

(二) 行业分布

表3　　2021年湖北上市公司行业分布情况

所属证监会行业类别	家数	占比（%）	所属证监会行业类别	家数	占比（%）
采矿业	0	0.00	批发和零售业	8	6.25
电力、热力、燃气及水生产和供应业	5	3.91	水利、环境和公共设施管理业	4	3.13
房地产业	4	3.13	卫生和社会工作	0	0.00
建筑业	4	3.13	文化、体育和娱乐业	3	2.34
交通运输、仓储和邮政业	3	2.34	信息传输、软件和信息技术服务业	7	5.47
教育	0	0.00	制造业	85	66.41
金融业	3	2.34	住宿和餐饮业	0	0.00
居民服务、修理和其他服务业	0	0.00	租赁和商务服务业	2	1.56
科学研究和技术服务业	0	0.00	综合	0	0.00
农、林、牧、渔业	0	0.00	合计	128	100.00

资料来源：沪深北交易所，同花顺。

(三) 股本结构及规模

表4　　2021年湖北上市公司股本规模在10亿股以上公司分布情况

股本规模（亿股）	公司家数	具体公司
50≤ ~ <100	5	天风证券，居然之家，湖北能源，长江证券，中信特钢
20≤ ~ <50	9	天茂集团，三安光电，中航机电，航天电子，长源电力，高德红外，安道麦A，华新水泥，东风汽车
10≤ ~ <20	23	ST中珠，九州通，南国置业，人福医药，楚天高速，启迪环境，华昌达，三丰智能，百川能源，新洋丰，*ST中安，闻泰科技，华灿光电，长江传媒，烽火通信，骆驼股份，力源信息，三峡新材，兴发集团，ST高升，湖北广电，长航凤凰，华工科技

资料来源：沪深北交易所，同花顺。

表5　　2021年湖北上市公司分地区股权构成情况　　单位：家

股权性质＼地域分布	央企国资控股	省属国资控股	地市国资控股	民营控股	其他	合计
武汉市	12	3	9	43	4	71
黄石市	1	0	0	4	2	7
十堰市	0	0	0	2	1	3
荆州市	1	0	0	5	1	7

续表

股权性质 地域分布	央企国资控股	省属国资控股	地市国资控股	民营控股	其他	合计
潜江市	0	0	0	2	0	2
仙桃市	0	0	0	1	0	1
宜昌市	1	0	4	5	1	11
襄阳市	4	0	0	6	1	11
鄂州市	0	0	0	1	1	2
荆门市	0	0	1	5	0	6
黄冈市	0	1	0	0	0	1
孝感市	0	0	1	2	1	4
咸宁市	0	0	0	1	0	1
随州市	0	0	0	1	0	1
合计	19	4	15	78	12	128

资料来源：湖北证监局。

（四）市值规模

截至 2021 年 12 月 31 日，湖北 128 家上市公司境内总市值 18334.93 亿元，占全国上市公司境内总市值的 2.00%；其中上交所上市公司 52 家，总股本 513.76 亿股，境内总市值 9421.97 亿元，占上交所上市公司境内总市值的 1.81%；深交所上市公司 73 家，总股本 760.38 亿股，境内总市值 8871.46 亿元，占深交所上市公司境内总市值的 2.24%。

（五）资产规模

截至 2021 年 12 月 31 日，湖北 128 家上市公司合计总资产 19118.24 亿元，归属于母公司股东权益 6620.52 亿元，与 2020 年相比，分别下降 2.08%、增长 1.96%；平均每股净资产 5.18 元。

三、湖北上市公司经营情况及变动分析

（一）总体经营情况

表6　　　　　　　　　　2021 年湖北上市公司经营情况

指　标	2021 年	2020 年	变动率（%）
家数	128	114	12.28
亏损家数	26	21	23.81
亏损家数比例（%）	20.31	18.42	1.89
平均每股收益（元）	0.32	0.3	6.67
平均每股净资产（元）	5.18	5.27	-1.71

续表

指标	2021年	2020年	变动率（%）
平均净资产收益率（%）	6.26	5.7	0.56
总资产（亿元）	19118.24	19524.85	-2.08
归属于母公司股东权益（亿元）	6620.52	6493.38	1.96
营业收入（亿元）	9002.32	8695.98	3.52
利润总额（亿元）	572.49	558.4	2.52
归属于母公司所有者的净利润（亿元）	414.36	369.82	12.04

资料来源：沪深北交易所，同花顺。

（二）分行业经营情况

表7　　2021年湖北上市公司分行业经营情况

所属行类	营业收入（亿元）	可比样本变动率（%）	归属于母公司所有者的净利润（亿元）	可比样本变动率（%）
采矿业	—	—	—	—
电力、热力、燃气及水生产和供应业	414.72	25.42	32.57	-22.95
房地产业	211.53	18.10	-23.20	-16.63
建筑业	143.40	14.23	7.04	-15.58
交通运输、仓储和邮政业	63.77	23.78	9.42	145.70
教育	—	—	—	—
金融业	626.12	17.37	34.67	11.09
居民服务、修理和其他服务业	—	—	—	—
科学研究和技术服务业	—	—	—	—
农、林、牧、渔业	—	—	—	—
批发和零售业	1689.84	9.05	41.27	63.46
水利、环境和公共设施管理业	100.57	2.07	-44.78	-234.8
卫生和社会工作业	—	—	—	—
文化、体育和娱乐业	97.49	-0.10	-7.26	59.64
信息传输、软件和信息技术服务业	80.89	4.94	-15.60	-7266.38
制造业	5440.60	17.78	357.81	18.61
住宿和餐饮业	—	—	—	—
租赁和商务服务业	133.39	44.76	22.44	62.93
综合	—	—	—	—
合计	9002.32	16.09	414.36	12.04

资料来源：沪深北交易所，同花顺。

(三) 业绩变动情况分析

1. 营业收入、毛利率等变动原因分析

2021年，湖北128家上市公司实现营业收入9002.32亿元，同比增长3.52%，其中102家公司同比增长，26家公司同比下降，营业收入下降主要集中在制造业，占比53.85%。2021年，湖北上市公司整体毛利率为26.80%。

2. 盈利构成分析

2021年，湖北128家上市公司实现归属于母公司所有者的净利润414.36亿元，同比增长12.04%，26家公司亏损，比2020年增多5家，79家公司盈利水平同比上升。

3. 经营性现金流量分析

2021年，湖北128家上市公司经营活动现金流量净额1119.53亿元，其中98家公司经营活动现金为净流入，占湖北上市公司总家数的76.56%，其中中信特钢、长江证券、华新水泥、中航机电、居然之家、兴发集团、天风证券和福星股份8家公司经营性现金净流入金额靠前，均超过50亿元。从行业情况来看，制造业、批发和零售业、房地产业、租赁和商务服务业和电力、热力、燃气及水生产和供应业经营现金流量较好；制造业中，78.82%公司经营性现金为净流入，总体经营性现金流入情况较好。

4. 业绩特点分析

湖北上市公司2021年整体业绩特点：一是资产规模相对稳定，128家公司资产合计19118.24亿元，同比增长下降2.08%；二是营业收入总额持续增长，128家公司合计实现营业收入9002.32亿元，同比增长3.52%；三是总体盈利能力上升，128家公司实现归属于母公司股东的净利润414.36亿元，同比增长12.04%；四是投资活动较为活跃，128家公司投资活动产生的现金净流出1063.28亿元，同比增长70.97%。

5. 利润分配情况

2021年，有79家公司实施了现金分红，占上市公司总家数的61.72%，现金分红金额203.15亿元，现金分红金额占归属于母公司所有者的净利润比重为49.03%。现金分红超过5亿元的有10家，分别为中信特钢、华新水泥、长江证券、居然之家、湖北能源、高德红外、济川药业、百川能源、兴发集团和九州通。

表8　　2021年湖北上市公司现金分红情况

2021年分红公司家数			2021年分红金额		
家数	变动率（%）	分红公司家数占地区公司总数比重（%）	金额（亿元）	变动率（%）	分红金额占归属于母公司所有者的净利润比重（%）
79	12.86	61.72	203.15	18.09	49.03

资料来源：湖北证监局。

四、湖北上市公司并购重组情况

(一) 并购重组基本情况

2021年，湖北2家（振华股份、长源电力）公司完成资产并购重组，涉及资产金额合计56.42亿元，配套募集资金10亿元，平均重组交易金额达28.21亿元。2021年，湖北上市公司开展并购重组数量和并购重组交易金额较上年基本持平。

(二) 并购重组特点

一是并购重组家数保持稳定，2020年和2021年湖北并购重组数量均为2家次；二是配套融资金额大幅下降，2021年配套融资金额较上一年下降83.39%；三是市场占有率进一步提升，振华股份通过收购民丰化工100%股权，实现行业横向整合，产品市场占有率进一步提升。

五、湖北上市公司募集资金情况、使用情况

(一) 募集资金总体情况

表9　　　　　　　　　　2021年湖北上市公司募集资金情况

发行类型	代码	简称	募集资金（亿元）
首发	688665	四方光电	5.17
	688667	菱电电控	9.73
	300966	共同药业	2.39
	300971	博亚精工	3.83
	300980	祥源新材	5.89
	688038	中科通达	2.50
	301048	金鹰重工	5.51
	688151	华强科技	30.25
	301211	亨迪药业	15.48
	301221	光庭信息	16.18
	301127	天源环保	12.33
	839946	华阳变速	1.43
	小计		110.69
再融资（增发、配股）	002159	三特索道	3.63
	600079	人福医药	10.00
	300046	台基股份	3.50
	002414	高德红外	25.00
	300161	华中数控	4.28
	300567	精测电子	14.94
	601162	天风证券	81.79

续表

发行类型	代码	简称	募集资金（亿元）
再融资（增发、配股）	000821	京山轻机	5.4
	002627	三峡旅游	8.16
	603738	泰晶科技	6.39
	600774	汉商集团	9.16
	300683	海特生物	6.00
	002932	明德生物	4.66
	300494	盛天网络	4.86
	603067	振华股份	4.39
	000966	长源电力	52.03
	小计		244.19
其他融资（公司债券、短期融资券、中期票据、次级债、金融债、境外发行债券）	600801	华新水泥	13.00
	002305	南国置业	5.95
	600136	当代文体	3.80
	000783	长江证券	171.00
	601162	天风证券	130.00
	000902	新洋丰	10.00
	600133	东湖高新	15.50
	600745	闻泰科技	86.00
	300776	帝尔激光	8.40
	600885	宏发股份	20.00
	300871	回盛生物	7.00
	小计		470.65
总计			825.53

资料来源：湖北证监局。

（二）募集资金使用情况及特点

2021年，湖北上市公司股票直接融资金额354.88亿元，其他融资470.65亿元。主要有以下几个特点：一是IPO融资金额大幅增长，2021年IPO融资总额较上年增加52.51亿元，增长90.25%；二是再融资规模有所下降，2021年13家公司通过现金增发实现融资187.77亿元，2家公司通过非现金增发融资56.42亿元，总计244.19亿元，同比减少33.4%；三是债权融资规模扩大，2021年各类债权融资470.65亿元，同比上升10.29%。

（三）募集资金变更情况

湖北地区

表 10　　2021 年湖北上市公司募集资金使用项目变更情况

变更募集资金使用项目的公司家数	涉及金额（亿元）	募集资金总额（亿元）	占公司募集资金总额的比例（％）
5	9.48	43.54	21.77

资料来源：湖北证监局。

2021 年，湖北共有 5 家上市公司变更了募集资金用途，较上年增加 66.67%，涉及变更金额 9.48 亿元，同比减少 16.40%。其中，3 家公司变更募集资金使用标的，涉及金额 7.44 亿元，占比 78.48%%；2 家公司变更募集资金投资项目的金额，涉及金额 2.04 亿元，占比 21.52%。

六、湖北上市公司规范运作情况

（一）上市公司治理专项情况

2021 年，湖北证监局切实贯彻落实上司公司治理专项行动方案，结合辖区实际，持续推动辖区上市公司规范运作水平不断提高。一是开展公司治理自查自纠行动，对辖区上市公司治理情况进行深入分析，摸清辖区上市公司治理现状，督促有问题的公司积极整改；二是开展公司治理类现场检查，全年对 12 家公司治理问题的整改情况进行现场检查，为下一步提升公司治理水平奠定基础。

（二）审计情况及监管情况

2021 年，湖北证监局全力推动辖区上市公司按期披露年报，辖区 128 家上市公司，共有 24 家会计师事务所承接湖北辖区上市公司 2021 年年报审计业务，其中 *ST 凯乐被出具无法表示意见，启迪环境、三峡新材、ST 高升、ST 明诚、ST 中珠 5 家被出具保留意见，带强调事项段的无保留意见 4 家，带持续经营重大不确定性事项段的无保留意见 3 家，标准无保留意见 115 家。2021 年年报中，109 家上市公司披露了内部控制审计报告，其中 *ST 凯乐被出具否定意见，奥园美谷、启迪环境、人福医药、武昌鱼被出具带强调事项段的无保留意见，其他均为标准无保留意见。

在审计监管方面，湖北证监局聚焦重点、及时审核，对违法违规行为零容忍。一是开展年报审计监管，聚焦收入成本、重大非常规交易、资产减值、关联交易、会计差错更正等领域，对辖区上市公司年报进行全部审阅，实施现场约谈 43 家次、电话沟通 155 家次、发函问询 35 家次、现场督导 7 家次、下发审计风险提示函 17 家次；二是及时开展现场检查，对违法违规问题零容忍，全年针对信息披露、短线交易等违规问题，累计采取行政监管措施 19 家次，下发监管关注函 14 家次，移送稽查立案 3 家次。

（三）信息披露情况

2021 年，湖北证监局坚持以信息披

露监管为中心，督促上司公司提高披露质量。一是及时审阅各类公告，扣好上市"第一颗扣子"，全年及时审阅上市公司公告，对关注的问题开展约谈36家次，撰写监管日志306份，开展新上市公司首次约谈6家次；二是做好舆情监控，全年跟踪关注舆情撰写监管日报和半月报260份，重点加强对负面舆情、热点舆情的梳理。

（四）证券市场服务情况

2021年，面对新冠疫情持续反复的影响，湖北证监局持续推动上市公司利用资本市场做优做强。一是营造良好发展环境，积极向地方政府建言献策，不断宣传资本市场发展和上市公司质量提升对地方经济发展的带动作用，推动省政府出台《省人民政府关于进一步提升上市公司质量的实施意见》（鄂政发〔2021〕8号）、《省政府国资委关于推进提高国有控股上市公司质量有关工作的通知》（鄂国资产权〔2021〕34号）等系列文件，完善惠企营商环境；二是推动上市公司实施再融资并购重组，实地走访10余家上市公司，深入开展调查研究，指导工作实践，推动2家公司完成发行股份购买资产；三是有针对性的开展专题培训，提高上市公司对直接融资工具的运作水平和使用效率，开展再融资新规等线上和线下培训11场次，培训上市公司826家次，涉及"关键少数"人员4967人次。

撰稿人：李娄俊
审稿人：黄俊华

湖南地区

一、湖南经济发展概况

表1　　2021年湖南经济发展概况　　单位：亿元

指　标	1~3月		1~6月		1~9月		1~12月	
	绝对量	同比增长（%）	绝对量	同比增长（%）	绝对量	同比增长（%）	绝对量	同比增长（%）
地区生产总值（GDP）	10223.99	15.00	21666.50	11.70	33222.57	8.90	46063.09	7.66
全社会固定资产投资	—	20.70	—	12.90	—	13.80	—	11.00
社会消费品零售总额	4269.56	28.60	8897.97	24.90	13322.66	19.10	18596.85	—
规模以上工业增加值	—	16.90	—	12.10	—	9.00	—	8.40
规模以上工业企业实现利润	583.60	71.30	1168.00	30.80	1485.80	17.40	2060.00	30.60
居民消费价格指数（CPI）	1~3月		1~6月		1~9月		1~12月	
	0.10		0.40		0.20		0.50	

资料来源：国家统计局。

二、湖南上市公司总体情况

（一）公司数量

表2　　2021年湖南上市公司数量　　单位：家

公司总数	2021年新增	股票类别			板块分布				
		仅A股	仅B股	(A+B)股	沪市主板	深市主板	北交所	创业板	科创板
132	15	131	0	1	31	55	2	32	12

资料来源：沪深北交易所，同花顺。

（二）行业分布

表3　　2021年湖南上市公司行业分布情况

所属证监会行业类别	家数	占比（%）	所属证监会行业类别	家数	占比（%）
采矿业	2	1.52	批发和零售业	11	8.33
电力、热力、燃气及水生产和供应业	3	2.27	水利、环境和公共设施管理业	3	2.27
房地产业	0	0.00	卫生和社会工作	1	0.76
建筑业	1	0.76	文化、体育和娱乐业	3	2.27
交通运输、仓储和邮政业	2	1.52	信息传输、软件和信息技术服务业	6	4.55
教育	1	0.76	制造业	89	67.42
金融业	4	3.03	住宿和餐饮业	1	0.76
居民服务、修理和其他服务业	0	0.00	租赁和商务服务业	0	0.00
科学研究和技术服务业	1	0.76	综合	0	0.00
农、林、牧、渔业	4	3.03	合计	132	100.00

资料来源：沪深北交易所，同花顺。

（三）股本结构及规模

表4　　2021年湖南上市公司股本规模在10亿股以上公司分布情况

股本规模（亿股）	公司家数	具体公司
50≤ ~ <100	6	中联重科，方正证券，华菱钢铁，鹏都农牧，爱尔眼科，铁建重工
20≤ ~ <50	6	蓝思科技，五矿资本，长沙银行，旗滨集团，金贵银业，尔康制药
10≤ ~ <20	24	长远锂科，芒果超媒，岳阳林纸，中南传媒，华银电力，科力远，现代投资，ST天润，电广传媒，天桥起重，时代电气，友阿股份，中兵红箭，惠博普，隆平高科，拓维信息，唐人神，湖南黄金，湘电股份，加加食品，山河智能，湖南天雁，华天酒店，亚光科技

资料来源：沪深北交易所，同花顺。

表5　　2021年湖南上市公司分地区股权构成情况　　　　　单位：家

地域分布 \ 股权性质	央企国资控股	省属国资控股	地市国资控股	民营控股	其他	合计
长沙市	7	15	5	47	4	78
岳阳市	2	0	1	5	2	10
常德市	0	1	0	5	0	6
张家界市	0	0	1	0	0	1
益阳市	0	0	0	7	0	7
湘潭市	1	2	1	1	0	5

续表

股权性质\地域分布	央企国资控股	省属国资控股	地市国资控股	民营控股	其他	合计
娄底市	0	0	0	0	0	0
怀化市	0	0	0	2	0	2
湘西州	1	0	0	0	0	1
邵阳市	0	0	0	1	0	1
永州市	0	1	0	1	0	2
衡阳市	1	0	1	1	1	4
郴州市	0	0	3	0	0	3
株洲市	3	0	2	7	0	12
合计	15	19	14	77	7	132

资料来源：湖南证监局。

（四）市值规模

截至2021年12月31日，湖南132家上市公司境内总市值1.99万亿元，占全国上市公司境内总市值的2.01%；其中上交所上市公司43家，总股本485.73亿股，境内总市值6904.74亿元，占上交所上市公司境内总市值的1.17%；深交所上市公司87家，总股本813.15亿股，境内总市值13011.51亿元，占深交所上市公司境内总市值的3.23%。

（五）资产规模

截至2021年12月31日，湖南132家上市公司合计总资产22339.09亿元，归属于母公司股东权益6838.77亿元，与2020年相比，分别增长14.55%、22.89%；平均每股净资产5.25元。

三、湖南上市公司经营情况及变动分析

（一）总体经营情况

表6　　　　　　　　　　2021年湖南上市公司经营情况

指标	2021年	2020年	变动率（%）
家数	132	117	12.82
亏损家数	27	14	92.86
亏损家数比例（%）	20.45	11.97	8.48
平均每股收益（元）	0.41	0.42	-2.38
平均每股净资产（元）	5.25	4.88	7.58
平均净资产收益率（%）	7.86	8.71	-0.85
总资产（亿元）	22339.09	19501.05	14.55

续表

指标	2021年	2020年	变动率（%）
归属于母公司股东权益（亿元）	6838.77	5564.96	22.89
营业收入（亿元）	8192.11	7194.05	13.87
利润总额（亿元）	687.00	620.91	10.64
归属于母公司所有者的净利润（亿元）	537.28	484.98	10.78

资料来源：沪深北交易所，同花顺。

（二）分行业经营情况

表7　2021年湖南上市公司分行业经营情况

所属行类	营业收入（亿元）	可比样本变动率（%）	归属于母公司所有者的净利润（亿元）	可比样本变动率（%）
采矿业	214.40	32.77	4.53	863.83
电力、热力、燃气及水生产和供应业	134.93	16.18	-21.05	-1391.41
房地产业	—	—	—	—
建筑业	10.41	-25.85	0.29	20.83
交通运输、仓储和邮政业	165.28	12.09	6.76	10.46
教育	9.31	9.53	-4.61	39.82
金融业	428.10	1.73	116.01	13.37
居民服务、修理和其他服务业	—	—	—	—
科学研究和技术服务业	1.57	-10.80	-0.19	-337.50
农、林、牧、渔业	98.04	7.26	-3.72	-164.47
批发和零售业	767.09	6.05	-7.87	-167.55
水利、环境和公共设施管理业	18.65	29.78	0.74	469.23
卫生和社会工作业	150.01	25.93	23.23	34.74
文化、体育和娱乐业	269.61	8.81	36.52	7.57
信息传输、软件和信息技术服务业	84.71	-12.53	-5.46	73.09
制造业	5834.07	25.48	391.26	1.95
住宿和餐饮业	5.94	15.34	0.84	116.37
租赁和商务服务业	—	—	—	—
综合	—	—	—	—
合计	8192.11	20.16	537.28	1.32

资料来源：沪深北交易所，同花顺。

（三）业绩变动情况分析

1. 营业收入、毛利率等变动原因分析

2021年，湖南辖区132家上市公司实现营业收入8192.11亿元，较2020年同比增长13.87%；营业成本6026.00亿元，较2020年同比增长10.14%；整体毛利率26.44%，较2020年增长3.66个百分点。

2. 盈利构成分析

从盈利构成来看，2021年湖南辖区上市公司的利润来源于营业利润，其占利润总额的比例为101.38%，比2020年下降0.74个百分点。2021年，辖区上市公司实现净利润567.59亿元，其中净利润超过10亿元的公司有14家，按净利润高低排序分别是华菱钢铁、长沙银行、中联重科、旗滨集团、五矿资本、爱尔眼科、圣湘生物、蓝思科技、芒果超媒、时代电气、方正证券、铁建重工、中南传媒和安克创新，合计占上市公司净利润的86.45%，同比上升3.11个百分点。

3. 经营性现金流量分析

2021年，湖南辖区132家上市公司经营活动产生的现金流量净额为862.73亿元，基本与2020年持平。非金融类上市公司经营活动产生的现金流量净额为571.92亿元，占比66.29%，比2020年减少11.78个百分点。2021年，辖区共有102家上市公司经营活动产生的现金流量净额为正，占全部上市公司的比重为77.27%，比2020年下降3.93个百分点。

4. 业绩特点分析

一是制造业营收表现亮眼。89家制造业上市公司实现营业收入5834.07亿元，同比增长25.89%，占辖区全部营收总和的71.22%。华菱钢铁营业收入突破千亿，是第一家营收千亿元的省属国有控股上市公司，中联重科和蓝思科技营业收入处于500亿元梯队，另有8家制造业上市公司营收处于百亿元梯队。二是龙头企业业绩集中度高。市值前十大上市公司实现净利润231.06亿元，占辖区总和的40.71%。三是战略型新兴行业景气度高。辖区上市公司战略型新兴行业的增长贡献率得到进一步提升，战略新兴企业营收整体增长23.32%。辖区上市公司研发支出277.49亿元，同比增长27%，实体公司研发强度达4.32%，高出A股实体公司整体研发强度1.82个百分点。

5. 利润分配情况

表8　2021年湖南上市公司现金分红情况

2021年分红公司家数			2021年分红金额		
家数	变动率（%）	分红公司家数占地区公司总数比重（%）	金额（亿元）	变动率（%）	分红金额占归属于母公司所有者的净利润比重（%）
83	7.79	62.88	215.13	17.01	40.04

资料来源：湖南证监局。

四、湖南上市公司并购重组情况

（一）并购重组基本情况

2021年全年，湖南辖区共有 2 家上市公司实施了 2 次重大资产重组，涉及资产金额 17.22 亿元。与 2020 年的 6 家和 211.44 亿元相比，实施重大资产重组的家数减少了 4 家，涉及的资产金额减少了 194.22 亿元。

（二）并购重组特点

一是整合资源。老百姓收购华康大药房35%股权、江苏百佳惠49%股权和泰州隆泰源49%股权，涉及资产金额 2.10 亿元，此次收购有利于上市公司对标的公司集权管控，进一步完善网点布局，提高盈利能力。二是丰富业务类型。华凯易佰收购易佰网络90%股权，涉及资产 15.12 亿元，此次收购有利于上市公司的产业布局得到进一步的完善和优化，打造新的利润增长点。

五、湖南上市公司募集资金情况、使用情况

（一）募集资金总体情况

表9　　2021年湖南上市公司募集资金情况

发行类型	代码	简称	募集资金（亿元）
首发	688187.SH	时代电气	75.55
	688799.SH	华纳药厂	7.24
	688425.SH	铁建重工	42.42
	301087.SZ	可孚医疗	37.24
	301079.SZ	邵阳液压	2.50
	688059.SH	华锐精密	4.08
	688779.SH	长远锂科	27.25
	301118.SZ	恒光股份	6.05
	688067.SH	爱威科技	2.50
	835174.BJ	五新隧装	0.98
	301126.SZ	达嘉维康	6.39
	001216.SZ	华瓷股份	5.90
	001208.SZ	华菱线缆	4.90
	001218.SZ	丽臣实业	10.24
		小计	233.25

续表

发行类型	代码	简称	募集资金（亿元）
再融资（增发、配股）	300358.SZ	楚天科技	3.40
	002852.SZ	道道全	7.92
	002452.SZ	长高电新	3.76
	300592.SZ	华凯易佰	5.00
	300592.SZ	华凯易佰	12.68
	300433.SZ	蓝思科技	150.00
	601577.SH	长沙银行	58.80
	002913.SZ	奥士康	4.48
	300726.SZ	宏达电子	10.00
	603319.SH	湘油泵	3.67
	600975.SH	新五丰	10.30
	000157.SZ	中联重科	52.00
	002261.SZ	拓维信息	9.16
	002554.SZ	惠博普	6.98
	002892.SZ	科力尔	5.00
	002297.SZ	博云新材	6.31
	600416.SH	湘电股份	10.81
	002567.SZ	唐人神	15.50
	300413.SZ	芒果超媒	45.00
	小计		420.77
其他融资（公司债券、短期融资券、中期票据、次级债、金融债、境外发行债券）	002155.SZ	湖南黄金	8.00
	300298.SZ	三诺生物	5.00
	300490.SZ	华自科技	6.70
	300705.SZ	九典制药	2.70
	601636.SH	旗滨集团	15.00
	688598.SH	金博股份	6.00
	小计		43.40
总计			697.41

资料来源：湖南证监局。

（二）募集资金使用情况及特点

2021年，湖南辖区共有33家公司通过首发、再融资等方式筹集资金654.02亿元，同时1家公司大股东通过发行可交换债券募集资金8.00亿元。辖区募集资金使用规范，资金大多流向实体经济建设项目，同时涉及变更募集资金项目的公司严格履行了内部审批及外部信息披露义务。

（三）募集资金变更情况

2021年，湖南辖区共有7家公司变更了募集资金使用项目，涉及金额10.00亿元，占上市公司募集资金总额的40.19%。公司变更募集资金使用项目的主要原因有：一是部分公司实施主体、方式和地点发生了变化；二是所处行业环境、监管法规和公司内部规划发生变化；三是为了提高募集资金使用效率。

表10　　　　2021年湖南上市公司募集资金使用项目变更情况

变更募集资金使用项目的公司家数	涉及金额（亿元）	募集资金总额（亿元）	占公司募集资金总额的比例（%）
7	10.00	24.87	40.19

资料来源：湖南证监局。

六、湖南上市公司规范运作情况

（一）上市公司治理专项情况

一是强化组织领导。制定上市公司治理专项行动工作方案，成立公司治理专项行动领导小组，明确五个方面19项工作任务，绘制提高公司治理水平的"路线图"，细化责任人和"时间表"。二是强化学习培训。举办局内公司治理学习交流培训会。举办湖南辖区上市公司治理专项行动培训交流会，辖区上市公司350余人线上参加培训。三是强化正面激励。组织开展"湖南上市公司治理优秀案例征集活动"，从股东治理、董事会治理、监事会治理等七个方面征集总结34家公司优秀案例和经验，对评选出的优秀案例予以书面表彰，加大先进典型的宣传。四是强化问题整改。组织112家上市公司进行治理自查，对自查发现的问题督促完成整改率达99.29%。开展与公司治理相关现场检查累计13家次，针对发现的问题已全部推动完成整改。五是强化重点问题治理。全力推进"清欠解保"，分类施策推动4家上市公司以现金还款、引进战略投资者、"债务平移"、处置资产等方式解决占用担保问题。截至2021年年底，湖南辖区存在资金占用和违规担保公司由最高的8家下降至1家，资金占用金额由最高的88.13亿元下降至3202万元，违规担保金额由最高的40.22亿元下降至15.28亿元。

（二）审计情况及监管情况

2021年年报审计中，湖南辖区132家上市公司，有126家公司被出具标准无保留意见的审计报告，1家公司被出具带强调事项段的无保留意见审计报告，5家公司被出具保留意见的审计报告。2021年年报审计被出具非标意见的公司比2020年增加1家。

2021年年报审计中，湖南辖区132

家上市公司，有96家公司出具了内控专项审计报告，较2020年增加15家公司开展内控专项审计。其中：93家公司被出具标准无保留意见的内控专项审计报告，1家公司被出具带强调事项段的无保留意见内控专项审计报告，2家公司被出具否定意见的内控专项审计报告。

（三）信息披露情况

一是抓实年报监管。对3家上市公司下发监管关注函，向16家年审重点公司下发年报事后审核问询函，完成19家年报重点审计项目的审计总结审核。二是抓实"三高并购"监管。全年约谈并购相关方50余人次，将2个并购标的纳入现场检查，推动20余项问题整改落实；推动13个业绩承诺义务人完成业绩补偿，推动9家公司终止异常的"三高并购"。三是抓实监管执法。全年累计完成4家公司的"双随机"现场检查、13家公司专项检查，累计发现公司治理、财务会计、信息披露等方面的问题300余个。对13家次上市公司24个违法主体下发行政监管措施，对3家次公司或股东开展立案调查。四是抓实调查研究。对辖区2家"实体清单"企业进行专项调研，对"实体清单"企业关于信息披露方面的诉求和现有信息披露豁免的相关规定进行梳理，提出"实体清单"企业信息披露监管的意见建议。

（四）证券市场服务情况

一是助力上市公司高质量发展。贯彻落实《国务院关于进一步提高上市公司质量的意见》，推动湖南省人民政府办公厅出台《关于推动湖南上市公司高质量发展的若干措施》。先后与长沙、益阳、株洲、常德等市州政府及省国资委签署合作备忘录，构筑提高上市公司质量工作合力。举办"提高上市公司质量专题教育活动"，通过专题展、短视频、专题讲座等形式多元化宣讲展示提高上市公司质量成果。二是推动解决上市公司发展难题。局领导"分片包干"调研辖区内14个市州，走访65家公司。组织31家上市公司赴上交所学习交流，协调解决相关问题。为有再融资意愿的7家上市公司"牵线搭桥"，搭建投融资双方沟通交流平台。推动省市政府加大对上市公司的纾困力度，截至2021年年底，辖区12家上市公司大股东累计获批各类纾困资金121.35亿元。三是推动上市公司实质性化解风险。全面梳理高风险、次高风险类公司情况，协调"湖南省企业上市工作联席会办公室"向全省11家风险公司的属地政府下发《风险提示函》，督促"一司一策"制定风险化解路径。全年7家公司实现脱星、摘帽，风险公司数由2021年年初的11家下降至8家，压降比例为27.28%。

撰稿人：周超文　刘秋云　刘航宇
审稿人：戴文慧

广东地区（不含深圳地区）

一、广东经济发展概况

表1　　　　　　　　　　　　　2021年广东经济发展概况　　　　　　　　　　　　单位：亿元

指标	1~3月		1~6月		1~9月		1~12月	
	绝对量	同比增长（%）	绝对量	同比增长（%）	绝对量	同比增长（%）	绝对量	同比增长（%）
地区生产总值（GDP）	27117.96	18.58	57226.31	13.00	88009.86	9.70	124369.67	8.00
全社会固定资产投资	—	31.90	—	15.80	—	13.80	—	7.60
社会消费品零售总额	11012.67	32.10	21458.19	19.60	32601.42	13.60	44187.71	9.90
规模以上工业增加值	7860.39	28.90	17156.26	18.50	26670.67	12.10	37453.05	9.00
规模以上工业企业实现利润	2079.60	102.70	4870.30	32.10	7512.20	18.00	10927.60	28.10
居民消费价格指数（CPI）	1~3月		1~6月		1~9月		1~12月	
	-0.70		0.10		0.40		0.80	

资料来源：国家统计局。

二、广东上市公司总体情况

（一）公司数量

表2　　　　　　　　　　　　　2021年广东上市公司数量　　　　　　　　　　　　单位：家

公司总数	2021年新增	股票类别			板块分布				
		仅A股	仅B股	(A+B)股	沪市主板	深市主板	北交所	创业板	科创板
389	45	386	0	3	61	176	7	115	30

资料来源：沪深北交易所，同花顺。

（二）行业分布

表3　　2021年广东上市公司行业分布情况

所属证监会行业类别	家数	占比（%）	所属证监会行业类别	家数	占比（%）
采矿业	2	0.51	批发和零售业	6	1.54
电力、热力、燃气及水生产和供应业	10	2.57	水利、环境和公共设施管理业	5	1.29
房地产业	8	2.06	卫生和社会工作	2	0.51
建筑业	2	0.51	文化、体育和娱乐业	3	0.77
交通运输、仓储和邮政业	12	3.08	信息传输、软件和信息技术服务业	25	6.43
教育	0	0.00	制造业	287	73.78
金融业	4	1.03	住宿和餐饮业	0	0.00
居民服务、修理和其他服务业	0	0.00	租赁和商务服务业	8	2.06
科学研究和技术服务业	11	2.83	综合	2	0.51
农、林、牧、渔业	2	0.51	合计	389	100.00

资料来源：沪深北交易所，同花顺。

（三）股本结构及规模

表4　　2021年广东上市公司股本规模在10亿股以上公司分布情况

股本规模（亿股）	公司家数	具体公司
1000≤		
500≤ ~ <1000		
200≤ ~ <500		
100≤ ~ <200	6	南方航空，分众传媒，TCL科技，*ST康美，保利发展，广汽集团
50≤ ~ <100	7	广发证券，领益智造，美的集团，温氏股份，广州港，格力电器，粤电力A
20≤ ~ <50	22	海天味业，南网能源，越秀金控，广州发展，搜于特，东阳光，金发科技，ST粤泰，广电运通，韶钢松山，白云机场，大洋电机，海印股份，易事特，生益科技，海格通信，珠江啤酒，巨轮智能，宝新能源，中远海特，华发股份，粤高速A
10≤ ~ <20	48	明阳智能，格力地产，国盛金控，三环集团，亿纬锂能，梅雁吉祥，科达制造，冠豪高新，普邦股份，佳都科技，省广集团，高新兴，汤臣倍健，岭南股份，海大集团，白云山，*ST浪奇，华铁股份，东风股份，创世纪，勤上股份，木林森，奥飞娱乐，中山公用，中船防务，纳思达，达安基因，佛山照明，海信家电，珠江钢琴，东方精工，远光软件，中顺洁柔，珠海中富，智度股份，星辉娱乐，粤水电，塔牌集团，东鹏控股，天融信，华利集团，粤传媒，科顺股份，贤丰控股，珠海冠宇，ST奥马，韶能股份，东莞控股

资料来源：沪深北交易所，同花顺。

表5　　2021年广东上市公司分地区股权构成情况　　单位：家

地域分布 \ 股权性质	央企国资控股	省属国资控股	地市国资控股	民营控股	其他	合计
广州市	9	11	23	78	10	131
珠海市	2	0	7	24	1	34
汕头市	0	0	2	28	2	32
韶关市	1	0	1	1	0	3
佛山市	0	3	8	33	1	45
江门市	0	0	0	14	1	15
湛江市	1	0	0	2	0	3
茂名市	0	0	0	1	0	1
肇庆市	0	3	0	6	0	9
惠州市	0	0	1	12	4	17
梅州市	0	0	0	9	0	9
汕尾市	0	0	0	0	0	0
河源市	0	0	0	1	0	1
阳江市	0	0	0	2	0	2
清远市	0	0	0	3	0	3
东莞市	0	0	5	34	6	45
中山市	0	0	2	20	1	23
潮州市	0	0	0	5	2	7
揭阳市	0	0	0	6	1	7
云浮市	0	0	0	1	1	2
合计	13	17	49	280	30	389

资料来源：广东证监局。

（四）市值规模

截至2021年12月31日，广东389家上市公司境内总市值63947.93亿元，占全国上市公司境内总市值的6.95%；其中上交所上市公司91家，总股本1253.85亿股，境内总市值20271.2亿元，占上交所上市公司境内总市值的3.9%；深交所上市公司291家，总股本2542.07亿股，境内总市值43548.8亿元，占深交所上市公司境内总市值的11%。

（五）资产规模

截至2021年12月31日，广东389家上市公司合计总资产67173.21亿元，归属于母公司股东权益20677.14亿元，与2020年相比，分别增长14.57%、11.34%；平均每股净资产5.43元。

三、广东上市公司经营情况及变动分析

（一）总体经营情况

广东地区（不含深圳地区）

表6 2021年广东上市公司经营情况

指标	2021年	2020年	变动率（%）
家数	389	344	13.08
亏损家数	66	54	22.22
亏损家数比例（%）	16.97	15.7	1.27
平均每股收益（元）	0.51	0.45	13.33
平均每股净资产（元）	5.43	5.35	1.50
平均净资产收益率（%）	9.32	8.33	0.99
总资产（亿元）	67173.21	58630.5	14.57
归属于母公司股东权益（亿元）	20677.14	18571.12	11.34
营业收入（亿元）	29877.22	23794.7	25.56
利润总额（亿元）	2664.29	2190.19	21.65
归属于母公司所有者的净利润（亿元）	1927.55	1546.42	24.65

资料来源：沪深北交易所，同花顺。

（二）分行业经营情况

表7 2021年广东上市公司分行业经营情况

所属行类	营业收入（亿元）	可比样本变动率（%）	归属于母公司所有者的净利润（亿元）	可比样本变动率（%）
采矿业	94.47	39.23	5.48	28.94
电力、热力、燃气及水生产和供应业	1182.74	26.32	3.30	-95.85
房地产业	3516.59	13.48	309.72	-2.01
建筑业	171.58	13.44	-3.07	-739.58
交通运输、仓储和邮政业	1485.95	15.67	-73.49	3.73
教育	—	—	—	—
金融业	509.18	19.19	132.80	-7.48
居民服务、修理和其他服务业	—	—	—	—
科学研究和技术服务业	126.46	15.56	-4.63	-141.05
农、林、牧、渔业	660.16	-13.48	-131.93	-262.74
批发和零售业	536.97	15.98	9.68	-64.11
水利、环境和公共设施管理业	233.44	13.39	16.10	3.07
卫生和社会工作业	132.78	35.42	15.38	72.81
文化、体育和娱乐业	96.14	21.22	4.57	58.68
信息传输、软件和信息技术服务业	501.56	-7.00	-0.89	95.15
制造业	20042.47	26.62	1576.50	54.90
住宿和餐饮业	—	—	—	—
租赁和商务服务业	452.44	4.35	57.35	65.99
综合	134.29	23.36	10.67	84.28
合计	29877.22	21.47	1927.55	16.55

资料来源：沪深北交易所，同花顺。

(三) 业绩变动情况分析

1. 营业收入、毛利率等变动原因分析

2021年，广东上市公司实现营业收入29877.22亿元，较2020年增长25.56%；实现利润总额2664.29亿元，较2020年增加21.65%；实现归属于母公司所有者的净利润1927.55亿元，较2020年增加24.65%；实现平均每股收益0.51元，较2020年增加13.33%；平均净资产收益率9.32%，较2020年增长0.99个百分点；毛利率22.77%，较2020年下降2.58个百分点。

2. 盈利构成分析

从盈利构成来看，2021年上市公司利润来源主要是营业利润，金额为2672.94亿元，占利润总额的100.35%，其中投资净收益占利润总额的比重为20.62%。营业外收支净额为-9.32亿元，较2020年净减少10.8亿元。

3. 经营性现金流量分析

2021年，广东上市公司经营活动产生的现金净流入为2585.59亿元，较2020年下降15.18%。其中，有309家上市公司经营活动产生的现金流量为正，占辖区389家上市公司的79.43%，较2020年下降7.4个百分点；80家上市公司经营性现金流量为负，占比20.57%。

4. 业绩特点分析

2021年广东上市公司经营情况呈现以下特点：一是整体业绩受到疫情等因素影响依然较大。66家公司出现亏损，较上年增加12家，亏损公司占比为16.97%，较上年增加1.27个百分点。二是在疫情影响放缓，国内国外经济边际转好的背景下，上市公司实现营业收入29877.22亿元，较2020年增长25.56%；实现利润总额2664.29亿元，较2020年增加21.65%；实现归属于母公司所有者的净利润1927.55亿元，较2020年增加24.65%，经营业绩呈现明显的反弹趋势。三是各个行业经营情况差异较大。制造业，交通运输、仓储和邮政业，水利、环境和公共设施管理业，文化、体育和娱乐业，卫生和社会工作业，信息传输、软件和信息技术服务业，租赁和商务服务业，采矿业，综合业的净利润较2020年实现增长，其他行业净利润均出现下降，其中建筑业净利润的可比样本变动比率较2020年下降了739.58%。四是研发投入持续增长。2021年广东上市公司整体研发投入919.5亿元，较2020年大幅增长22.6%，占上市公司营业总收入的比例进一步上升至3.08%，高于全国上市公司的平均水平。

5. 利润分配情况

表8　2021年广东上市公司现金分红情况

2021年分红公司家数			2021年分红金额		
家数	变动率（%）	分红公司家数占地区公司总数比重（%）	金额（亿元）	变动率（%）	分红金额占归属于母公司所有者的净利润比重（%）
266	10.37	68.38	902.22	-0.14	46.81

资料来源：广东证监局。

四、广东上市公司并购重组情况

(一) 并购重组基本情况

2021年,广东上市公司并购重组活动持续减少,共有2家上市公司实施并完成重大资产重组,分别为科顺股份、创世纪,涉及金额17.66亿元,实施完成重大资产重组上市公司较2020年减少8家,并购金额较2019年下降87.31%,并购金额已连续三年下降。其中,1家公司通过支付现金+发行股份购买资产实施横向整合,1家公司通过支付现金+发行股份购买资产实施垂直整合或战略合作。

(二) 并购重组特点

整体来看,2021年广东上市公司并购重组呈现以下特点:一是并购重组案例大幅下降。2020年辖区共有10家上市公司完成重组并购,但在2021年期间完成重组并购的上市公司数量急剧下滑至2家。二是交易方式均为以支付现金和发行股份相结合的形式,该种交易方式在2021年宏观经济整体转弱的背景下既可缓解上市公司现金资金紧张的问题,也可以适度捆绑标的公司原股东利益,保障标的企业持续规范运作。三是行业集中度高。已实施完成重大资产重组的上市公司均为制造业,其他行业在2021年度没有已经完成并购的项目。四是标的行业均与上市公司原主营业务相关。2家完成并购重组的项目中,标的企业生产的产品均为与上市公司原主营业务相关的上下游或同类产品,不存在多元化或跨界经营的并购项目。五是失败率高。2021年共有10个并购重组项目实施或终止,其中除上述2家上市公司完成重组外,有5家上市公司重组失败,2家上市公司停止实施。

五、广东上市公司募集资金情况、使用情况

(一) 募集资金总体情况

表9　　　　　　　　　　2021年广东上市公司募集资金情况

发行类型	代码	简称	募集资金(亿元)
首发	003035.SZ	南网能源	10.6061
	300932.SZ	三友联众	7.7774
	688669.SH	聚石化学	8.5517
	838275.BJ	驱动力	0.6
	688628.SH	优利德	5.2553
	003037.SZ	三和管桩	4.3384
	688183.SH	生益电子	20.6624
	003039.SZ	顺控发展	3.6332

续表

发行类型	代码	简称	募集资金（亿元）
首发	688083.SH	中望软件	23.3064
	003040.SZ	楚天龙	3.6218
	688609.SH	九联科技	3.99
	688662.SH	富信科技	3.4436
	688683.SH	莱尔科技	3.532
	300968.SZ	格林精密	7.1022
	300973.SZ	立高食品	11.9738
	300976.SZ	达瑞电子	21.9302
	300978.SZ	东箭科技	3.5785
	300979.SZ	华利集团	38.8674
	001201.SZ	东瑞股份	20.0724
	001202.SZ	炬申股份	4.8653
	688359.SH	三孚新科	2.542
	300995.SZ	奇德新材	3.0971
	300997.SZ	欢乐家	4.446
	833523.BJ	德瑞锂电	1.7406
	688625.SH	呈和科技	5.4933
	688345.SH	博力威	6.4775
	301011.SZ	华立科技	3.0814
	831768.BJ	拾比佰	2.8
	688499.SH	利元亨	8.547
	301018.SZ	申菱环境	4.9748
	001209.SZ	洪兴股份	7.0178
	301029.SZ	怡合达	5.6574
	301033.SZ	迈普医学	2.5005
	301042.SZ	安联锐视	7.2085
	688148.SH	芳源股份	3.664
	301043.SZ	绿岛风	4.5475
	300844.SZ	山水比德	8.1032
	831039.BJ	国义招标	0.6086
	001212.SZ	中旗新材	7.1796
	301059.SZ	金三江	2.4618
	688622.SH	禾信仪器	3.0975
	688772.SH	珠海冠宇	22.4695
	872925.BJ	锦好医疗	2.1

广东地区（不含深圳地区）

续表

发行类型	代码	简称	募集资金（亿元）
首发	836892.BJ	广咨国际	0.8909
	301178.SZ	天亿马	5.7312
	301133.SZ	金钟股份	3.8017
	688049.SH	炬芯科技	13.1089
	301111.SZ	粤万年青	4.192
	301138.SZ	华研精机	7.851
	688248.SH	南网科技	10.3673
	688227.SH	品高股份	10.4831
	小计		383.95
再融资（增发、配股）	600098.SH	广州发展	52.5883
	300408.SZ	三环集团	39
	300146.SZ	汤臣倍健	31.2535
	002291.SZ	遥望科技	29.7207
	300476.SZ	胜宏科技	20
	002709.SZ	天赐材料	16.6531
	002967.SZ	广电计量	15
	601515.SH	东风股份	12.2
	300903.SZ	科翔股份	9.9732
	300793.SZ	佳禾智能	9.912
	002792.SZ	通宇通讯	8.117
	002152.SZ	广电运通	7
	300687.SZ	赛意信息	6.5
	002723.SZ	小崧股份	5.73
	300246.SZ	宝莱特	5.4
	300599.SZ	雄塑科技	5.0072
	300460.SZ	惠伦晶体	5
	300691.SZ	联合光电	4.75
	300586.SZ	美联新材	4.6554
	300591.SZ	万里马	4.2
	300083.SZ	创世纪	4
	603309.SH	维力医疗	3.9944
	300589.SZ	江龙船艇	3.75
	603038.SH	华立股份	2.5
	002908.SZ	德生科技	2.0215
	603882.SH	金域医学	1.5

续表

发行类型	代码	简称	募集资金（亿元）
再融资（增发、配股）	603813.SH	原尚股份	1.4726
	603535.SH	嘉诚国际	1.34
	300619.SZ	金银河	1.0718
	小计		314.31
其他融资（公司债券、短期融资券、中期票据、次级债、金融债、境外发行债券）	002953.SZ	日丰股份	3.80
	000507.SZ	珠海港	4.00
	300723.SZ	一品红	4.80
	000100.SZ	TCL科技	5.00
	002975.SZ	博杰股份	5.26
	002833.SZ	弘亚数控	6.00
	300738.SZ	奥飞数据	6.35
	300607.SZ	拓斯达	6.70
	002911.SZ	佛燃能源	8.00
	600185.SH	格力地产	8.00
	603920.SH	世运电路	10.00
	300529.SZ	健帆生物	10.00
	000636.SZ	风华高科	10.00
	300791.SZ	仙乐健康	10.25
	002918.SZ	蒙娜丽莎	11.69
	000531.SZ	穗恒运A	12.00
	688388.SH	嘉元科技	12.40
	600323.SH	瀚蓝环境	13.10
	000685.SZ	中山公用	15.00
	600098.SH	广州发展	35.00
	000539.SZ	粤电力A	41.00
	600325.SH	华发股份	79.70
	600048.SH	保利发展	86.90
	300498.SZ	温氏股份	92.97
	000987.SZ	越秀资本	130.00
	600029.SH	南方航空	171.00
	000776.SZ	广发证券	717.00
	小计		1515.92
合计			2214.18

资料来源：广东证监局。

（二）募集资金使用情况及特点

2021年度，广东辖区上市公司募集资金总体使用情况良好，呈现如下特点：一是投向实体经济比例高，投向制造业的募集资金占全年募集资金总额的比例在90%以上。二是募集渠道以其他融资为主，首发募集资金和增发募集资金并重为辅，呈现一高二平的特征。三是募集资金投入使用的比例较高，已投入募集资金占计划投入的比例在80%以上。

（三）募集资金变更情况

2021年，广东辖区有5家公司变更募集资金的使用项目，涉及金额约为30.35亿元，占原计划投入募集资金的21.83%，家数、金额和占比均较上年大幅下降。募集资金变更的程序合法。变更的原因主要包括：一是为提高募集资金使用效率，结合市场形势和公司未来发展战略的需要对募投项目进行调整；二是外部的宏观经济和市场环境发生了较大变化，原有产品市场开拓不如预期；三是公司募投项目地块规划发生变化；四是原投资项目可行性和假设条件发生了较大变化，将剩余募集资金改投其他项目。

表10　　　　　　　　　　　2021年广东上市公司募集资金使用项目变更情况

变更募集资金使用项目的公司家数	涉及金额（亿元）	募集资金总额（亿元）	占公司募集资金总额的比例（%）
5	30.35	138.97	21.83

资料来源：广东证监局。

六、广东上市公司规范运作情况

（一）上市公司治理专项情况

2021年，广东证监局深入贯彻依法全面从严监管理念，继续推进公司治理监管工作，持续提高上市公司质量，将公司治理列为年报审核和现场检查的一项重点内容，切实抓紧抓好。根据对辖区389家上市公司年报审核和现场检查的情况来看，除少部分公司存在内控制度未有效执行、"三会"运作不规范、关联交易未及时履行审议程序、财务核算不规范等问题外，大部分公司治理运作都比较规范。

（二）审计情况及监管情况

广东辖区389家上市公司均如期披露了2021年年度报告，有21家上市公司被出具非标准审计意见，其中6家公司被出具无法表示意见、7家公司被出具保留意见，8家公司被出具带强调事项段。广东证监局对披露2021年年报的上市公司实施年报监管。在年报监管期间，除了太安堂、ST柏龙2家公司未按期披露2021年年报外，广东证监局对辖区其余387家上市公司年报进行全面审核，结合日常监管掌握的情况，向215家公司的年报审计机构下发了年报审计风险提示函，同比增加103.7%；以风险为导向，按照问题导向和双随机原则，选取34家上市公司进行现场检查，同时延伸检查年报审计和评估机构的工作底稿；强化会计审计监管联动，在对辖区会计师事务所执业情况进行全面分析的基础上，2021年对大华所执业的勤上股份等4个年审项目开展专题检查，并联合公司监管处室对中审众环所执业的ST摩登等16个年审项目和天健兴业执业的汇金科技评估项目进行自主检查。对1家事务所进行全面检查，并选取其执业的3个上市公司2020年年报审计项目进行检查；选取23家上市公司年报审计和评估项目开展专项检查。

（三）信息披露情况

2021年，广东辖区上市公司基本能够按照信息披露的有关法律法规，依法履行信息披露义务，在指定信息披露报纸和网站真实、准确、完整、及时地披露公司动态信息，保障信息使用的公平、公正。

（四）证券市场服务情况

2021年，广东证监局认真贯彻落实全国证券期货监管工作会议精神和各项工作部署，切实做好保护投资者尤其是中小投资者合法权益相关工作。一是强化现金分红监管。督促辖区上市公司建立差异化分红制度，规范、完善利润分配的内部决策程序和机制，增强现金分红透明度和持续回报投资者能力。2021年，广东辖区266家上市公司实施了现金分红，分红金额达902.22亿元。二是认真做好承诺履行监管工作。持续跟进业绩承诺履行情况，将相关方是否能够及时进行业绩补偿作为日常监管关注的重点，督促相关方及时履行业绩补偿义务。三是认真做好信访投诉举报处理工作。进一步优化投资者诉求处理机制，压实上市公司处理投资者投诉举报的首要责任，督促上市公司建立完善纠纷处理工作机制，切实把投资者保护工作要求落到实处。四是加强上市公司诚信教育引导。坚持惩防并举、预防为先的思路，通过会议和培训增强上市公司完善内控机制、提高规范发展的意识，开展新上市公司及发生并购重组的上市公司"监管第一课"培训，要求公司不断增强规范意识，完善治理结构，健全内控机制，确保规范运作。四是联合广东省地方金融监管局以视频直播方式召开辖区促进上市公司规范发展专题会议，我局主要负责人及省金融局分管负责人出席会议并讲话，辖区上市公司主要负责人及高管人员、36家会计师事务所负责人及20个各地市金融局负责人和监管干部共1490人参加了会议。

撰稿人：谭裔江
审稿人：张敏聪

广东地区（含深圳地区）

一、广东经济发展概况

表1　　　　　　　　　　　2021年广东经济发展概况　　　　　　　　　　单位：亿元

指标	1~3月 绝对量	1~3月 同比增长（%）	1~6月 绝对量	1~6月 同比增长（%）	1~9月 绝对量	1~9月 同比增长（%）	1~12月 绝对量	1~12月 同比增长（%）
地区生产总值（GDP）	27117.96	18.58	57226.31	13.00	88009.86	9.70	124369.67	8.00
全社会固定资产投资	—	31.90	—	15.80	—	13.80	—	7.60
社会消费品零售总额	11012.67	32.10	21458.19	19.60	32601.42	13.60	44187.71	9.90
规模以上工业增加值	7860.39	28.90	17156.26	18.50	26670.67	12.10	37453.05	9.00
规模以上工业企业实现利润	2079.60	102.70	4870.30	32.10	7512.20	18.00	10927.60	28.10
居民消费价格指数（CPI）	1~3月	-0.70	1~6月	0.10	1~9月	0.40	1~12月	0.80

资料来源：国家统计局。

二、广东上市公司总体情况

（一）公司数量

表2　　　　　　　　　　　2021年广东上市公司数量　　　　　　　　　　单位：家

公司总数	2021年新增	股票类别 仅A股	股票类别 仅B股	股票类别 (A+B)股	板块分布 沪市主板	板块分布 深市主板	板块分布 北交所	板块分布 创业板	板块分布 科创板
761	84	742	0	19	84	358	10	250	59

资料来源：沪深北交易所，同花顺。

（二）行业分布

表3　2021年广东上市公司行业分布情况

所属证监会行业类别	家数	占比（%）	所属证监会行业类别	家数	占比（%）
采矿业	2	0.26	批发和零售业	22	2.89
电力、热力、燃气及水生产和供应业	16	2.10	水利、环境和公共设施管理业	11	1.44
房地产业	25	3.28	卫生和社会工作	2	0.26
建筑业	19	2.49	文化、体育和娱乐业	3	0.39
交通运输、仓储和邮政业	19	2.49	信息传输、软件和信息技术服务业	65	8.53
教育	0	0.00	制造业	517	67.94
金融业	12	1.57	住宿和餐饮业	0	0.00
居民服务、修理和其他服务业	0	0.00	租赁和商务服务业	19	2.49
科学研究和技术服务业	24	3.15	综合	3	0.39
农、林、牧、渔业	2	0.26	合计	761	100.00

资料来源：沪深北交易所，同花顺。

（三）股本结构及规模

表4　2021年广东上市公司股本规模在10亿股以上公司分布情况

股本规模（亿股）	公司家数	具体公司
1000≤		
500≤ ~ <1000	1	中国广核
200≤ ~ <500	1	招商银行
100≤ ~ <200	11	南方航空，分众传媒，TCL科技，*ST康美，保利发展，广汽集团，工业富联，平安银行，中国平安，中信证券，万科A
50≤ ~ <100	13	广发证券，领益智造，美的集团，温氏股份，广州港，格力电器，粤电力A，国信证券，招商证券，华侨城A，招商蛇口，广深铁路，立讯精密
20≤ ~ <50	55	海天味业，南网能源，越秀金控，广州发展，搜于特，东阳光，金发科技，ST粤泰，广电运通，韶钢松山，白云机场，大洋电机，海印股份，易事特，生益科技，海格通信，珠江啤酒，巨轮智能，宝新能源，中远海特，华发股份，粤高速A，顺丰控股，格林美，深圳能源，中兴通讯，兆驰股份，金地集团，大悦城，第一创业，中金岭南，中集集团，香江控股，欧菲光，长城证券，南玻A，中国长城，比亚迪，深圳燃气，节能铁汉，海王生物，南山控股，飞马国际，汇川技术，怡亚通，中国宝安，深天马A，深康佳A，鹏鼎控股，盐田港，深高速，光启技术，深圳机场，世联行，中集车辆

广东地区（含深圳地区）

续表

股本规模（亿股）	公司家数	具体公司
10≤ ~ <20	98	明阳智能，格力地产，国盛金控，三环集团，亿纬锂能，梅雁吉祥，科达制造，冠豪高新，普邦股份，佳都科技，省广集团，高新兴，汤臣倍健，岭南股份，海大集团，白云山，*ST 浪奇，华铁股份，东风股份，创世纪，勤上股份，木林森，奥飞娱乐，中山公用，中船防务，纳思达，达安基因，佛山照明，海信家电，珠江钢琴，东方精工，远光软件，中顺洁柔，珠海中富，智度股份，星辉娱乐，粤水电，塔牌集团，东鹏控股，天融信，华利集团，粤传媒，科顺股份，贤丰控股，珠海冠宇，ST 奥马，韶能股份，东莞控股，招商港口，达实智能，健康元，兆新股份，天健集团，奋达科技，海能达，欣旺达，农产品，华测检测，深科技，ST 广田，美盈森，兴森科技，东旭蓝天，华联控股，劲嘉股份，海普瑞，拓日新能，科陆电子，绿色动力，深振业A，聚飞光电，宝鹰股份，洪涛股份，长园集团，沃尔核材，拓邦股份，爱施德，深赛格，迈瑞医疗，力合科创，长盈精密，天虹股份，英飞拓，皇庭国际，深粮控股，新纶新材，深桑达A，信立泰，周大生，洲明科技，方大集团，英唐智控，大族激光，招商积余，ST 星源，深圳华强，深深房A，华控赛格

资料来源：沪深北交易所，同花顺。

表5　2021年广东上市公司分地区股权构成情况　　　　　　　　　　　　　　单位：家

地域分布＼股权性质	央企国资控股	省属国资控股	地市国资控股	民营控股	其他	合计
广州市	9	11	23	78	10	131
深圳市	26	5	44	249	48	372
珠海市	2	0	7	24	1	34
汕头市	0	0	2	28	2	32
韶关市	1	0	1	1	0	3
佛山市	0	3	8	33	1	45
江门市	0	0	0	14	1	15
湛江市	1	0	0	2	0	3
茂名市	0	0	0	1	0	1
肇庆市	0	3	0	6	0	9
惠州市	0	0	1	12	4	17
梅州市	0	0	0	9	0	9
汕尾市	0	0	0	0	0	0
河源市	0	0	0	1	0	1
阳江市	0	0	0	2	0	2
清远市	0	0	0	3	0	3
东莞市	0	0	5	34	6	45

续表

股权性质 地域分布	央企国资控股	省属国资控股	地市国资控股	民营控股	其他	合计
中山市	0	0	2	20	1	23
潮州市	0	0	0	5	2	7
揭阳市	0	0	0	6	1	7
云浮市	0	0	0	1	1	2
合计	39	22	93	529	78	761

资料来源：广东证监局，深圳证监局。

（四）市值规模

截至 2021 年 12 月 31 日，广东省（含深圳）761 家上市公司境内总市值 155571.13 亿元，其中上交所上市公司 143 家，总股本 2457.83 亿股，境内总市值 49854.74 亿元，深交所上市公司 608 家，总股本 6132.1 亿股，境内总市值 104848.90 亿元。

（五）资产规模

截至 2021 年 12 月 31 日，广东 761 家上市公司合计总资产 419571.67 亿元，归属于母公司股东权益 68628.2 亿元，与 2020 年相比，分别增长 11.24%、12.54%；平均每股净资产 7.97 元。

三、广东上市公司经营情况及变动分析

（一）总体经营情况

表6　　　　　　　　　　2021 年广东上市公司经营情况

指标	2021 年	2020 年	变动率（%）
家数	761	677	12.41
亏损家数	139	102	36.27
亏损家数比例（%）	18.27	15.07	3.20
平均每股收益（元）	0.78	0.83	-6.02
平均每股净资产（元）	7.97	7.51	6.13
平均净资产收益率（%）	9.77	11.11	-1.34
总资产（亿元）	419571.67	377182.32	11.24
归属于母公司股东权益（亿元）	68628.20	60980.59	12.54
营业收入（亿元）	89227.78	75239.74	18.59
利润总额（亿元）	9453.32	9471.48	-0.19
归属于母公司所有者的净利润（亿元）	6704.23	6776.94	-1.07

资料来源：沪深北交易所，同花顺。

广东地区（含深圳地区）

（二）分行业经营情况

表7　　　　　　　　　　2021年广东上市公司分行业经营情况

所属行类	营业收入（亿元）	可比样本变动率（%）	归属于母公司所有者的净利润（亿元）	可比样本变动率（%）
采矿业	94.47	39.23	5.48	28.94
电力、热力、燃气及水生产和供应业	2569.11	25.60	120.19	-45.16
房地产业	12650.83	13.15	802.99	-28.92
建筑业	1347.40	14.39	-102.20	-816.19
交通运输、仓储和邮政业	4078.09	25.61	19.13	-50.96
教育	—	—	—	—
金融业	18727.80	3.33	3185.26	0.47
居民服务、修理和其他服务业	—	—	—	—
科学研究和技术服务业	332.43	10.59	25.39	-44.67
农、林、牧、渔业	660.16	-13.48	-131.93	-262.74
批发和零售业	4534.74	22.45	71.31	-3.05
水利、环境和公共设施管理业	329.09	9.53	11.88	-35.22
卫生和社会工作业	132.78	35.42	15.38	72.81
文化、体育和娱乐业	96.14	21.22	4.57	58.68
信息传输、软件和信息技术服务业	1129.53	2.40	17.11	-21.22
制造业	40861.31	23.12	2604.97	29.31
住宿和餐饮业	—	—	—	—
租赁和商务服务业	1373.54	4.81	33.68	-69.30
综合	310.35	44.02	21.03	69.60
合计	89227.78	16.02	6704.23	-3.75

资料来源：沪深北交易所，同花顺。

（三）业绩变动情况分析

1. 营业收入、毛利率等变动原因分析

2021年，广东省上市公司实现营业收入89227.78亿元，较2020年增长18.59%；实现利润总额9453.32亿元，较2020年下降0.19%；实现归属于母公司所有者的净利润6704.23亿元，较2020年减少1.07%；实现平均每股收益0.78元，较2020年减少6.02%；平均净资产收益率9.77%，较2020年减少1.34个百分点。

2. 盈利构成分析

从盈利构成来看，2021年上市公司利润来源主要是营业利润，金额为9510.17亿元，占利润总额的100.6%。

3. 经营性现金流量分析

2021年广东辖区上市公司经营情况呈现以下特点：一是整体业绩受到疫情等因素影响依然较大。66家公司出现亏损，较上年增加12家，亏损公司占比为16.97%，较上年增加1.27个百分点。二是在疫情影响放缓，国内国外经济边际转好的背景下，上市公司实现营业收入29877.22亿元，较2020年增长25.56%；实现利润总额2664.29亿元，较2020年增加21.65%；实现归属于母公司所有者的净利润1927.55亿元，较2020年增加24.65%，经营业绩呈现明显的反弹趋势。三是各个行业经营情况差异较大。制造业，交通运输、仓储和邮政业，水利、环境和公共设施管理业，文化、体育和娱乐业，卫生和社会工作业，信息传输、软件和信息技术服务业，租赁和商务服务业，采矿业，综合业的净利润较2020年实现增长，其他行业净利润均出现下降，其中建筑业净利润较2019年下降了739.58%。四是研发投入持续增长。2021年广东上市公司整体研发投入919.5亿元，较2020年大幅增长22.6%，占上市公司营业总收入的比例进一步上升至3.08%，高于全国上市公司的平均水平。

4. 业绩特点分析

2021年，深圳上市公司业绩呈现几个特点：一是头部引领支撑作用明显，深圳市值超千亿元的13家头部上市公司总市值、总资产、净资产、营业收入、净利润、支付各项税费及员工总数，占全市上市公司总数的比重均超过五成，是深圳上市公司持续稳定发展的关键主体；二是民营企业主体地位突出，从近三年数据来看，深圳民营上市公司总资产、营业收入、净利润、研发投入、员工总数及支付给员工的现金等均占全市上市公司总数的八成左右，净资产及支付各项税费占比超过七成；三是产业链总体布局偏中下游，深圳实体经济行业上市公司大部分属于中下游的制造、服务等行业，受上游原材料价格上涨影响大；四是外向型经济特征明显，近年深圳上市公司海外业务收入规模持续攀升，由2017年的3354.54亿元增长至2021年的7003.14亿元，复合增长率达20.2%。

5. 利润分配情况

表8　　　　　　　　　　2021年广东上市公司现金分红情况

2021年分红公司家数			2021年分红金额		
家数	变动率（%）	分红公司家数占地区公司总数比重（%）	金额（亿元）	变动率（%）	分红金额占归属于母公司所有者的净利润比重（%）
521	9.92	68.46	2529.03	8.68	37.72

资料来源：广东证监局，深圳证监局。

四、广东上市公司并购重组情况

2021年，广东辖区共有2家上市公司实施并完成重大资产重组，分别为科顺股份、创世纪，涉及金额17.66亿元，实施完成重大资产重组上市公司较2020年减少8家，并购金额较2019年下降87.31%，并购金额已连续三年下降。其中，1家公司通过支付现金+发行股份购买资产实施横向整合，1家公司通过支付现金+发行股份购买资产实施垂直整合或深圳上市公司共完成重大资产并购重组 3 宗，深桑达 A 定增收购中国系统 96.72% 股权；民德电子收购泰博迅睿 100% 股权；维业股份收购华发景龙 50% 股权和建泰建设 40% 股权。

五、广东上市公司募集资金情况、使用情况

（一）募集资金总体情况

表 9　　　　　　　　　　2021 年广东上市公司募集资金情况

发行类型	代码	简称	募集资金（亿元）
首发	003035.SZ	南网能源	10.6061
	300932.SZ	三友联众	7.7774
	688669.SH	聚石化学	8.5517
	838275.BJ	驱动力	0.6
	688628.SH	优利德	5.2553
	003037.SZ	三和管桩	4.3384
	688183.SH	生益电子	20.6624
	003039.SZ	顺控发展	3.6332
	688083.SH	中望软件	23.3064
	003040.SZ	楚天龙	3.6218
	688609.SH	九联科技	3.99
	688662.SH	富信科技	3.4436
	688683.SH	莱尔科技	3.532
	300968.SZ	格林精密	7.1022
	300973.SZ	立高食品	11.9738
	300976.SZ	达瑞电子	21.9302
	300978.SZ	东箭科技	3.5785
	300979.SZ	华利集团	38.8674
	001201.SZ	东瑞股份	20.0724
	001202.SZ	炬申股份	4.8653
	688359.SH	三孚新科	2.542
	300995.SZ	奇德新材	3.0971
	300997.SZ	欢乐家	4.446
	833523.BJ	德瑞锂电	1.7406
	688625.SH	呈和科技	5.4933
	688345.SH	博力威	6.4775
	301011.SZ	华立科技	3.0814

续表

发行类型	代码	简称	募集资金（亿元）
首发	831768.BJ	拾比佰	2.8
	688499.SH	利元亨	8.547
	301018.SZ	申菱环境	4.9748
	001209.SZ	洪兴股份	7.0178
	301029.SZ	怡合达	5.6574
	301033.SZ	迈普医学	2.5005
	301042.SZ	安联锐视	7.2085
	688148.SH	芳源股份	3.664
	301043.SZ	绿岛风	4.5475
	300844.SZ	山水比德	8.1032
	831039.BJ	国义招标	0.6086
	001212.SZ	中旗新材	7.1796
	301059.SZ	金三江	2.4618
	688622.SH	禾信仪器	3.0975
	688772.SH	珠海冠宇	22.4695
	872925.BJ	锦好医疗	2.1
	836892.BJ	广咨国际	0.8909
	301178.SZ	天亿马	5.7312
	301133.SZ	金钟股份	3.8017
	688049.SH	炬芯科技	13.1089
	301111.SZ	粤万年青	4.192
	301138.SZ	华研精机	7.851
	688248.SH	南网科技	10.3673
	688227.SH	品高股份	10.4831
	688328.SH	深科达	3.34
	688617.SH	惠泰医疗	12.41
	688575.SH	亚辉龙	6.07
	300962.SZ	中金辐照	2.24
	301039.SZ	中集车辆	17.58
	301091.SZ	深城交	14.60
	300989.SZ	蕾奥规划	7.74
	688793.SH	倍轻松	4.22
	300949.SZ	奥雅股份	8.13
	688323.SH	瑞华泰	2.69
	301013.SZ	利和兴	3.40

广东地区（含深圳地区）

续表

发行类型	代码	简称	募集资金（亿元）
首发	300854.SZ	中兰环保	2.47
	301086.SZ	鸿富瀚	14.50
	301041.SZ	金百泽	1.95
	688383.SH	新益昌	5.00
	300960.SZ	通业科技	3.09
	301067.SZ	显盈科技	6.43
	688210.SH	统联精密	8.55
	301002.SZ	崧盛股份	4.42
	839680.BJ	广道数字	2.05
	301189.SZ	奥尼电子	19.85
	300951.SZ	博硕科技	15.04
	834765.BJ	美之高	1.21
	300814.SZ	中富电路	3.69
	301177.SZ	迪阿股份	46.76
	300991.SZ	创益通	2.94
	688655.SH	迅捷兴	2.53
	300939.SZ	秋田微	7.44
	605499.SH	东鹏饮料	18.51
	301038.SZ	深水规院	2.20
	688216.SH	气派科技	3.94
	300938.SZ	信测标准	6.07
	300961.SZ	深水海纳	3.76
	300942.SZ	易瑞生物	2.17
	301021.SZ	英诺激光	3.59
	300940.SZ	南极光	3.78
	688395.SH	正弦电气	3.43
	688112.SH	鼎阳科技	12.43
	301051.SZ	信濠光电	19.76
	301128.SZ	强瑞技术	5.51
	300977.SZ	深圳瑞捷	10.04
		合计	709.5

续表

发行类型	代码	简称	募集资金（亿元）
再融资（增发、配股）	600098.SH	广州发展	52.5883
	300408.SZ	三环集团	39
	300146.SZ	汤臣倍健	31.2535
	002291.SZ	遥望科技	29.7207
	300476.SZ	胜宏科技	20
	002709.SZ	天赐材料	16.6531
	002967.SZ	广电计量	15
	601515.SH	东风股份	12.2
	300903.SZ	科翔股份	9.9732
	300793.SZ	佳禾智能	9.912
	002792.SZ	通宇通讯	8.117
	002152.SZ	广电运通	7
	300687.SZ	赛意信息	6.5
	002723.SZ	小崧股份	5.73
	300246.SZ	宝莱特	5.4
	300599.SZ	雄塑科技	5.0072
	300460.SZ	惠伦晶体	5
	300691.SZ	联合光电	4.75
	300586.SZ	美联新材	4.6554
	300591.SZ	万里马	4.2
	300083.SZ	创世纪	4
	603309.SH	维力医疗	3.9944
	300589.SZ	江龙船艇	3.75
	603038.SH	华立股份	2.5
	002908.SZ	德生科技	2.0215
	603882.SH	金域医学	1.5
	603813.SH	原尚股份	1.4726
	603535.SH	嘉诚国际	1.34
	300619.SZ	金银河	1.0718
	300506.SZ	名家汇	2.55
	300676.SZ	华大基因	20.03
	300124.SZ	汇川技术	21.30
	300350.SZ	华鹏飞	4.00
	002218.SZ	拓日新能	10.00

广东地区（含深圳地区）

续表

发行类型	代码	简称	募集资金（亿元）
再融资（增发、配股）	002789.SZ	建艺集团	1.99
	000063.SZ	中兴通讯	26.11
	000021.SZ	深科技	14.74
	000032.SZ	深桑达A	10.10
	000032.SZ	深桑达A	74.29
	300634.SZ	彩讯股份	5.04
	000099.SZ	中信海直	11.03
	002456.SZ	欧菲光	35.30
	002139.SZ	拓邦股份	10.50
	300572.SZ	安车检测	11.49
	300724.SZ	捷佳伟创	25.00
	300745.SZ	欣锐科技	2.55
	300545.SZ	联得装备	6.00
	300671.SZ	富满微	9.00
	002183.SZ	怡亚通	22.25
	600446.SH	金证股份	10.01
	002227.SZ	奥特迅	3.60
	300576.SZ	容大感光	0.21
	002551.SZ	尚荣医疗	1.12
	300538.SZ	同益股份	6.22
	300241.SZ	瑞丰光电	6.99
	002294.SZ	信立泰	19.52
	002197.SZ	证通电子	5.63
	300686.SZ	智动力	10.79
	002837.SZ	英维克	3.09
	300531.SZ	优博讯	1.02
	300647.SZ	超频三	5.30
	300227.SZ	光韵达	1.96
	002786.SZ	银宝山新	5.41
	603808.SH	歌力思	4.83
	002352.SZ	顺丰控股	200.00
	002587.SZ	奥拓电子	2.05
	300232.SZ	洲明科技	8.83
	002215.SZ	诺普信	3.50

续表

发行类型	代码	简称	募集资金（亿元）
再融资（增发、配股）	300197.SZ	节能铁汉	14.07
	300319.SZ	麦捷科技	13.40
	300207.SZ	欣旺达	39.15
	小计		1004.28
其他融资（公司债券、短期融资券、中期票据、次级债、金融债、境外发行债券）	002953.SZ	日丰股份	3.80
	000507.SZ	珠海港	4.00
	300723.SZ	一品红	4.80
	000100.SZ	TCL 科技	5.00
	002975.SZ	博杰股份	5.26
	002833.SZ	弘亚数控	6.00
	300738.SZ	奥飞数据	6.35
	300607.SZ	拓斯达	6.70
	002911.SZ	佛燃能源	8.00
	600185.SH	格力地产	8.00
	603920.SH	世运电路	10.00
	300529.SZ	健帆生物	10.00
	000636.SZ	风华高科	10.00
	300791.SZ	仙乐健康	10.25
	002918.SZ	蒙娜丽莎	11.69
	000531.SZ	穗恒运 A	12.00
	688388.SH	嘉元科技	12.40
	600323.SH	瀚蓝环境	13.10
	000685.SZ	中山公用	15.00
	600098.SH	广州发展	35.00
	000539.SZ	粤电力 A	41.00
	600325.SH	华发股份	79.70
	600048.SH	保利发展	86.90
	300498.SZ	温氏股份	92.97
	000987.SZ	越秀资本	130.00
	600029.SH	南方航空	171.00
	000776.SZ	广发证券	717.00
	002594.SZ	比亚迪	20.00
	002939.SZ	长城证券	90.00
	000031.SZ	大悦城	20.00

广东地区（含深圳地区）

续表

发行类型	代码	简称	募集资金（亿元）
其他融资（公司债券、短期融资券、中期票据、次级债、金融债、境外发行债券）	002797.SZ	第一创业	8.00
	002736.SZ	国信证券	225.00
	002583.SZ	海能达	1.40
	300676.SZ	华大基因	5.00
	000027.SZ	深圳能源	80.00
	002399.SZ	海普瑞	8.70
	002789.SZ	建艺集团	1.15
	002121.SZ	科陆电子	5.00
	000090.SZ	天健集团	9.00
	002130.SZ	沃尔核材	3.00
	002183.SZ	怡亚通	14.00
	000050.SZ	深天马A	20.00
	000002.SZ	万科A	89.81
	300207.SZ	欣旺达	10.00
	001872.SZ	招商港口	20.00
	001979.SZ	招商蛇口	10.40
	000012.SZ	南玻A	20.00
小计			2176.38
总计			3890.16

资料来源：广东证监局，深圳证监局。

（二）募集资金使用情况及特点

2021年，92家公司通过IPO募集资金709.5亿元；118家上市公司通过增发、配股及其他融资方式等项目共筹集资金3180.61亿元。

（三）募集资金变更情况

2021年，广东省共有44家公司变更募集资金投向，涉及金额约为225.51亿元，占公司募集资金总额的32.44%。

表10　2021年广东上市公司募集资金使用项目变更情况

变更募集资金使用项目的公司家数	涉及金额（亿元）	募集资金总额（亿元）	占公司募集资金总额的比例（%）
44	225.51	695.13	32.44

资料来源：广东证监局，深圳证监局。

六、广东上市公司规范运作情况

（一）上市公司治理专项情况

2021年，证监局认真落实证监会《关于开展上市公司治理专项行动的通知》（证监办发〔2020〕69号）等有关通知要求，深入贯彻依法全面从严监管理念，继续推进公司治理监管工作，持续提高上市公司质量，将公司治理列为年报审核和现场检查的一项重点内容，切实抓紧抓好。对广东省约700家上市公司开展年报审核、现场检查和自查自纠行动，认真查摆了制约辖区上市公司整体质量提升的风险隐患和突出问题，一批长期困扰上市公司发展的治理问题得到有效解决。

（二）审计情况及监管情况

2021年年度报告，广东省积极强化上市公司年报监管，共有45家被出具非标准审计意见，其中14家被出具无法表示意见、15家被出具保留意见、16家被出具带强调事项段的无保留意见。

（三）信息披露情况

2021年，广东省上市公司基本能够按照信息披露的有关法律法规，依法履行信息披露义务，强化信息披露持续监管，推动上市公司不断改善信息披露质量，在指定信息披露报纸和网站真实、准确、完整、及时地披露公司动态信息，保障信息使用的公平、公正。

（四）证券市场服务情况

广东证监局和深圳证监局认真贯彻落实全国证券期货监管工作会议精神和各项工作部署，不断优化服务实体经济举措，切实做好保护投资者尤其是中小投资者合法权益相关工作。一是凝聚合力优化机制。紧抓《国务院关于进一步提高上市公司质量的意见》出台契机，深入分析实际、细致谋划落实方案，拜访市政府相关部门凝聚合力，顺利推动政府部门出台相关政策意见。二是深入一线走访调研。聚焦规范运作关键环节，梳理新上市公司关注重点，做好政策宣导和风险提示。三是聚焦重点精心培训。紧扣上市公司薄弱环节，抓住上市公司"关键少数"，分类分层开展培训，精准传达监管理念、监管政策、监管要求，提升上市公司规范运作内生动力。四是强化现金分红管理，增强现金分红透明度和持续回报投资者能力，并及时认真做好承诺履行监管工作和信访投诉举报处理工作，进一步优化投资者完善纠纷处理工作机制，并加强上市公司诚信教育引导。

撰稿人：谭裔江　刘宇兴　刘文力
审稿人：张敏聪　周　勋

广西地区

一、广西经济发展概况

表1　2021年广西经济发展概况　　　　　　　　　　　　　　　　　　　单位：亿元

指标	1~3月		1~6月		1~9月		1~12月	
	绝对量	同比增长（%）	绝对量	同比增长（%）	绝对量	同比增长（%）	绝对量	同比增长（%）
地区生产总值（GDP）	5525.08	16.10	11787.04	12.00	18046.96	9.00	24740.86	7.50
全社会固定资产投资	—	26.90	—	15.10	—	-9.40	—	-3.10
社会消费品零售总额	—	28.30	—	18.60	—	12.40	8538.50	9.00
规模以上工业增加值	—	24.10	—	17.40	—	11.30	—	8.60
规模以上工业企业实现利润	270.80	152.40	588.20	91.20	835.20	51.10	1131.30	44.40
居民消费价格指数（CPI）	1~3月		1~6月		1~9月		1~12月	
	0.30		0.70		0.60		0.90	

资料来源：国家统计局。

二、广西上市公司总体情况

（一）公司数量

表2　2021年广西上市公司数量　　　　　　　　　　　　　　　　　　　单位：家

公司总数	2021年新增	股票类别			板块分布			
		仅A股	仅B股	（A+B）股	沪市主板	深市主板	北交所	创业板	科创板
39	1	39	0	0	17	19	1	2	0

资料来源：沪深北交易所，同花顺。

（二）行业分布

表3　2021年广西上市公司行业分布情况

所属证监会行业类别	家数	占比（%）	所属证监会行业类别	家数	占比（%）
采矿业	0	0.00	批发和零售业	3	7.69
电力、热力、燃气及水生产和供应业	3	7.69	水利、环境和公共设施管理业	2	5.13
房地产业	1	2.56	卫生和社会工作	0	0.00
建筑业	0	0.00	文化、体育和娱乐业	0	0.00
交通运输、仓储和邮政业	2	5.13	信息传输、软件和信息技术服务业	4	10.26
教育	0	0.00	制造业	20	51.28
金融业	1	2.56	住宿和餐饮业	0	0.00
居民服务、修理和其他服务业	0	0.00	租赁和商务服务业	0	0.00
科学研究和技术服务业	1	2.56	综合	1	2.56
农、林、牧、渔业	1	2.56	合计	39	100.00

资料来源：沪深北交易所，同花顺。

（三）股本结构及规模

表4　2021年广西上市公司股本规模在10亿股以上公司分布情况

股本规模（亿股）	公司家数	具体公司
50≤～＜100	2	桂冠电力，国海证券
20≤～＜50	3	中恒集团，恒逸石化，柳钢股份
10≤～＜20	9	天下秀，广西广电，北部湾港，柳工，*ST东网，桂东电力，丰林集团，五洲交通，ST银河

资料来源：沪深北交易所，同花顺。

表5　2021年广西上市公司分地区股权构成情况　　　　　　　　　　　　　单位：家

股权性质 地域分布	央企国资控股	省属国资控股	地市国资控股	民营控股	其他	合计
防城港市	0	0	0	0	0	0
南宁市	1	3	3	6	2	15
崇左市	0	0	0	0	0	0
柳州市	0	2	2	1	0	5
来宾市	0	0	0	0	0	0
桂林市	0	1	0	6	1	8

续表

股权性质\地域分布	央企国资控股	省属国资控股	地市国资控股	民营控股	其他	合计
梧州市	0	1	0	0	0	1
贺州市	0	1	0	0	0	1
玉林市	0	0	0	1	0	1
贵港市	0	1	0	0	0	1
百色市	0	0	0	0	0	0
钦州市	0	0	0	0	0	0
河池市	0	0	0	0	1	1
北海市	0	1	0	5	0	6
合计	1	10	5	19	4	39

资料来源：广西证监局。

（四）市值规模

截至2021年12月31日，广西39家上市公司境内总市值3111.36亿元，占全国上市公司境内总市值的0.34%；其中上交所上市公司17家，总股本259.40亿股，境内总市值1570.04亿元，占上交所上市公司境内总市值的0.30%；深交所上市公司21家，总股本216.15亿股，境内总市值1523.06亿元，占深交所上市公司境内总市值的0.38%。

（五）资产规模

截至2021年12月31日，广西39家上市公司合计总资产5484.48亿元，归属于母公司股东权益1742.74亿元，与2020年相比，分别增长10.49%、7.47%；平均每股净资产3.66元。

三、广西上市公司经营情况及变动分析

（一）总体经营情况

表6　　　　　　　　　　2021年广西上市公司经营情况

指标	2021年	2020年	变动率（%）
家数	39	38	2.63
亏损家数	7	6	16.67
亏损家数比例（%）	17.95	15.79	2.16
平均每股收益（元）	0.23	0.25	-8.00
平均每股净资产（元）	3.66	3.41	7.33
平均净资产收益率（%）	6.32	7.44	-1.12

续表

指　标	2021 年	2020 年	变动率（%）
总资产（亿元）	5484.48	4963.76	10.49
归属于母公司股东权益（亿元）	1742.74	1621.55	7.47
营业收入（亿元）	3576.03	2665.09	34.18
利润总额（亿元）	149.52	156.74	-4.61
归属于母公司所有者的净利润（亿元）	110.09	120.58	-8.70

资料来源：沪深北交易所，同花顺。

（二）分行业经营情况

表7　　2021年广西上市公司分行业经营情况

所属行类	营业收入（亿元）	可比样本变动率（%）	归属于母公司所有者的净利润（亿元）	可比样本变动率（%）
采矿业	—	—	—	—
电力、热力、燃气及水生产和供应业	275.76	-5.79	17.25	-36.11
房地产业	5.68	-0.46	0.64	-40.12
建筑业	—	—	—	—
交通运输、仓储和邮政业	77.29	9.08	17.30	5.49
教育	—	—	—	—
金融业	51.70	15.36	7.65	5.41
居民服务、修理和其他服务业	—	—	—	—
科学研究和技术服务业	11.55	5.79	1.28	5.04
农、林、牧、渔业	29.05	17.03	0.27	20.51
批发和零售业	183.67	9.88	5.77	-1.32
水利、环境和公共设施管理业	29.04	-24.84	-7.28	-919.37
卫生和社会工作业	—	—	—	—
文化、体育和娱乐业	—	—	—	—
信息传输、软件和信息技术服务业	139.00	31.20	3.80	-6.99
制造业	2742.69	45.59	60.82	2.81
住宿和餐饮业	—	—	—	—
租赁和商务服务业	—	—	—	—
综合	30.59	-4.12	2.60	314.02
合计	3576.03	33.57	110.09	-9.89

资料来源：沪深北交易所，同花顺。

（三）业绩变动情况分析

1. 营业收入、毛利率等变动原因分析

2021年广西上市公司实现营业收入合计3576.03亿元，较2020年同比上升34.18%，主要原因是恒逸石化、柳钢股份、柳工营业收入大幅增加；2021年，广西38家上市公司整体毛利率12.22%

（剔除金融业企业国海证券），较2020年下降2.46%，主要原因为受原材料价格上涨、疫情等因素影响，部分企业营业成本增幅较大。

2. 盈利构成分析

从盈利构成来看，2021年上市公司利润来源主要是营业利润，金额为150.79亿元，占利润总额的100.85%，其中投资净收益占利润总额的25.24%。非经常性损益为16.86亿元，较上年同比减少16.67%，占利润总额的11.27%。

3. 经营性现金流量分析

2021年广西上市公司经营活动现金流入3731.83亿元，较2020年增长20.85%；经营活动现金流出3480.83亿元，较2020年增长22.10%；经营活动现金流量净额251亿元，较2020年同比增长5.90%。其中，12家公司经营活动现金流量净额为负，较2020年增加6家；前5家上市公司经营现金流量净额占比72.01%。

4. 业绩特点分析

2021年广西上市公司实现归属母公司所有者净利润110.09亿元，其中32家上市公司实现盈利，7家亏损，盈利面达到82.05%。分季度看，2021年1至4季度净利润同比增速分别为84.62%、10.98%、-13.27%、-227.16%，呈现前高后低、增速迅速回落的情况，主要原因是受上年1季度可比数据较低及4季度计提大额减值损失等因素影响。分行业看，石油石化、通信、互联网等行业企业营业收入及净利润均实现正增长；受原材料价格上涨、疫情反复、新媒体冲击、新医保政策出台等多重因素影响，电力、旅游、环境设施、传统有线电视、房地产等企业和部分医药生物企业营业收入及净利润均有所下降。

5. 利润分配情况

表8　　　　　　　　　　　2021年广西上市公司现金分红情况

2021年分红公司家数			2021年分红金额		
家数	变动率（%）	分红公司家数占地区公司总数比重（%）	金额（亿元）	变动率（%）	分红金额占归属于母公司所有者的净利润比重（%）
21	0	53.85	49.73	-18.32	45.17

资料来源：广西证监局。

四、广西上市公司并购重组情况

（一）并购重组基本情况

2021年，广西1家上市公司（国发股份）完成并购重组工作，2家上市公司（南化股份、柳工）正在进行重大资产重组。国发股份通过定向发行股份及支付现金的方式购买广州高盛生物科技股份有限公司99.9779%的股权，通过取得标的公司控制权，进入体外诊断及司法鉴定业务领域，拓宽主营业务范围，优化公司业务布局，提升主营业务持续发展的能力；南化股份向广西华锡集团股份有限公司发行股份购买资产并募集配套资金的申请被证监会受理，交易完成后公司将注入盈利能力较强的有色金属勘探、开采、选矿等相关业务资产，实现业务转型；柳工发行股份吸收合并控股股东广西柳工集团机械有限公司取得证监会核准批复，交易完成后公司将实现整体上市，解决同业竞争问题，完善产业布局。

（二）并购重组特点

2021年，广西上市公司并购重组热情持续不减，多家公司积极利用资本市场并购重组，通过横向纵向或多元化产业整合，优化业务布局和产业结构，拓宽盈利来源，做大做强做优企业，提升公司的经营实力和盈利能力。

五、广西上市公司募集资金情况、使用情况

（一）募集资金总体情况

表9　　　　　　　　　　2021年广西上市公司募集资金情况

发行类型	代码	简称	募集资金（亿元）
首发	301027.SZ	华蓝集团	4.21
	832885.BJ	星辰科技	1.68
	小计		5.89
再融资（增发、配股）	600538.SH	国发股份	0.68
	603166.SH	福达股份	2.91
	000911.SZ	南宁糖业	6.00
	600310.SH	桂东电力	7.40
	300422.SZ	博世科	7.57
	小计		24.56
其他融资（公司债券、短期融资券、中期票据、次级债、金融债、境外发行债券）	000528.SZ	柳工	2.00
	000750.SZ	国海证券	8.80
	601368.SH	绿城水务	9.40
	000582.SZ	北部湾港	30.00
	600236.SH	桂冠电力	35.00
	小计		85.20
总计			115.65

资料来源：广西证监局。

（二）募集资金使用情况及特点

2021年，广西12家上市公司通过资本市场直接融资115.65亿元，其中，首发融资5.89亿元，再融资24.56亿元，公司债券等其他融资85.2亿元，资本市

场有利支持了上市公司持续健康发展。整体来看，上市公司聚焦主营业务，募集资金基本投入主业项目建设和日常经营周转，主要用于以下项目：一是用于公司新布局的重要工程项目建设或原有项目的后续建设，支持公司持续发展。二是用于银行贷款等公司债务的偿还。三是补充流动性资金。

（三）募集资金变更情况

表10　　2021年广西上市公司募集资金使用项目变更情况

变更募集资金使用项目的公司家数	涉及金额（亿元）	募集资金总额（亿元）	占公司募集资金总额的比例（％）
4	28.01	52.40	53.46

资料来源：广西证监局。

六、广西上市公司规范运作情况

（一）上市公司治理专项情况

2021年，广西证监局持续推进公司治理专项行动有序开展，引导上市公司不断提高公司治理水平。一是开展自查自纠，指导辖区上市公司对照公司治理自查清单问题逐一开展自查，实行问题台账式销号管理，推动问题实质性整改。二是加强现场检查，聚焦自查突出问题，对10家上市公司开展公司治理检查，对违规问题依法采取监管措施并督促规范化整改。三是多渠道开展培训，组织开展董秘座谈会、提高上市公司质量系列培训等专题培训，采取"现场检查＋治理培训"的模式对上市公司100余名"关键少数"开展个性化"一对一"培训。

（二）审计情况及监管情况

2022年，广西辖区39家上市公司全部如期披露2021年年度报告。其中，除1家公司被出具无法表示意见、1家公司被出具带强调事项的无保留意见外，其余37家公司审计报告均为标准无保留意见。35家公司开展了内部控制审计，其中1家公司被出具否定意见，1家公司被出具带强调事项段的无保留意见，非标准审计意见占比5.71％。

广西证监局聚焦问题风险，积极统筹谋划，督促中介机构切实发挥好资本市场"看门人"作用。2022年完成辖区10家重点类公司的2021年年报审计项目监管，通过下发风险提示函、约谈、现场督导、审阅审计总结等方式加强对重点审计项目的全程督导。结合风险情况，选取3家上市公司2021年年报审计项目进行现场检查，督促审计机构勤勉尽责，提高执业质量。

（三）信息披露情况

广西证监局坚持以信息披露为核心，强化监管力度。一是强化日常监管，每日关注公司公告、股价走势、媒体舆情等信息，发现问题线索及时间询约谈，了解相关事项具体情况。二是加强年报审阅，开展"看年报说监管"活动，全面审阅39家上市公司年报，分析公司异常指标和事项，及时调整公司风险分类。三是强化监管问责，对存在信息披露违规问题的6家上市公司及18名相关责任主体采取了行政监管措施。

（四）证券市场服务情况

一是支持上市公司利用资本市场不断发展壮大。2021年，2家公司IPO募资5.89亿元，5家上市公司定增募资24.56亿元，其中，星辰科技成为全国首批北交所上市公司，实现辖区北交所上市公司零突破。二是积极作为，主动为上市公司排忧解难。实地调研走访南宁、柳州等地市上市公司，开展上市公司现场座谈会，了解公司生产经营情况，着力解决公司发展诉求。三是保护投资者利益，做好投资者保护工作。2021年共处理涉及上市公司的信访投诉15起，督促上市公司强化投资者关系管理，做好投资者沟通工作。组织辖区32家上市公司开展"投资者集体接待日活动"，实现上市公司与投资者的良好互动。

（五）其他

广西上市公司积极履行社会责任。2021年报披露后，辖区38家上市公司举办了业绩说明会，1/3公司披露了独立的社会责任报告或ESG报告，近7成公司在年报中披露社会责任或环境信息，近7成上市公司积极支持巩固脱贫攻坚成果，共投入帮扶资金及物资超4000万元。其中，西麦食品、两面针和黑芝麻为支援河南抗洪救灾，分别捐赠超过百万元物品；柳工计划开展光伏发电和采用新技术新工艺建设灯塔工厂，预计可实现碳减排量2.2万吨，粤桂股份完成其在全国碳排放交易市场第一个履约周期配额履约任务。

撰稿人：周坤学
审稿人：覃智勇

海南地区

一、海南经济发展概况

表1　　　　　　　　　　　　　　2021年海南经济发展概况　　　　　　　　　　　　　单位：亿元

指标	1~3月 绝对量	1~3月 同比增长（%）	1~6月 绝对量	1~6月 同比增长（%）	1~9月 绝对量	1~9月 同比增长（%）	1~12月 绝对量	1~12月 同比增长（%）
地区生产总值（GDP）	1395.99	19.80	2885.85	17.50	4508.06	12.80	6475.20	11.20
全社会固定资产投资	—	20.30	—	20.70	—	0.40	—	3.00
社会消费品零售总额	546.39	61.60	1170.43	46.40	1764.63	31.90	2497.62	26.50
规模以上工业增加值	—	17.20	—	12.50	—	10.80	—	10.30
规模以上工业企业实现利润	47.40	457.60	100.90	144.30	146.10	66.60	212.10	10.60
居民消费价格指数（CPI）	1~3月	-1.30	1~6月	-0.40	1~9月	-0.10	1~12月	0.30

资料来源：国家统计局。

二、海南上市公司总体情况

（一）公司数量

表2　　　　　　　　　　　　　　2021年海南上市公司数量　　　　　　　　　　　　　单位：家

公司总数	2021年新增	股票类别 仅A股	股票类别 仅B股	股票类别 (A+B)股	板块分布 沪市主板	板块分布 深市主板	板块分布 北交所	板块分布 创业板	板块分布 科创板
34	2	30	0	4	12	18	0	3	1

资料来源：沪深北交易所，同花顺。

（二）行业分布

表3 2021年海南上市公司行业分布情况

所属证监会行业类别	家数	占比（%）	所属证监会行业类别	家数	占比（%）
采矿业	3	8.82	批发和零售业	0	0.00
电力、热力、燃气及水生产和供应业	0	0.00	水利、环境和公共设施管理业	0	0.00
房地产业	3	8.82	卫生和社会工作	1	2.94
建筑业	1	2.94	文化、体育和娱乐业	1	2.94
交通运输、仓储和邮政业	3	8.82	信息传输、软件和信息技术服务业	1	2.94
教育	0	0.00	制造业	14	41.18
金融业	1	2.94	住宿和餐饮业	1	2.94
居民服务、修理和其他服务业	0	0.00	租赁和商务服务业	1	2.94
科学研究和技术服务业	0	0.00	综合	1	2.94
农、林、牧、渔业	3	8.82	合计	34	100.00

资料来源：沪深北交易所，同花顺。

（三）股本结构及规模

表4 2021年海南上市公司股本规模在10亿股以上公司分布情况

股本规模（亿股）	公司家数	具体公司
1000≤	0	
500≤ ~ <1000	0	
200≤ ~ <500	1	*ST海航
100≤ ~ <200	1	*ST基础
50≤ ~ <100	0	
20≤ ~ <50	4	海南橡胶，洲际油气，海峡股份，海南矿业
10≤ ~ <20	9	华闻集团，海马汽车，*ST海创，海南海药，罗牛山，海南瑞泽，中钨高新，*ST海医，神农科技

资料来源：沪深北交易所，同花顺。

表5 2021年海南上市公司分地区股权构成情况 单位：家

地域分布 \ 股权性质	央企国资控股	省属国资控股	地市国资控股	民营控股	其他	合计
海口市	4	7	0	13	3	27
三亚市	0	0	0	4	1	5

续表

股权性质 地域分布	央企国资控股	省属国资控股	地市国资控股	民营控股	其他	合计
澄迈县	0	0	0	1	0	1
昌江黎族自治县	0	0	0	1	0	1
合计	4	7	0	19	4	34

资料来源：海南证监局。

（四）市值规模

截至2021年12月31日，海南34家上市公司境内总市值3867.35亿元，占全国上市公司境内总市值的0.42%；其中上交所上市公司13家，总股本578.92亿股，境内总市值2277.24亿元，占上交所上市公司境内总市值的0.44%；深交所上市公司21家，总股本196.58亿股，境内总市值1590.11亿元，占深交所上市公司境内总市值的0.4%。

（五）资产规模

截至2021年12月31日，海南34家上市公司合计总资产3654.97亿元，归属于母公司股东权益989.87亿元，与2020年相比，分别增长0.28%、100.23%；平均每股净资产1.28元。

三、海南上市公司经营情况及变动分析

（一）总体经营情况

表6　2021年海南上市公司经营情况

指　标	2021年	2020年	变动率（%）
家数	34	32	6.25
亏损家数	23	13	76.92
亏损家数比例（%）	67.65	40.63	27.02
平均每股收益（元）	0.03	-1.42	—
平均每股净资产（元）	1.28	0.99	29.29
平均净资产收益率（%）	2.66	-73.42	76.08
总资产（亿元）	3654.97	3644.9	0.28
归属于母公司股东权益（亿元）	989.87	494.36	100.23
营业收入（亿元）	1278.35	1068.44	19.65
利润总额（亿元）	37.24	-835.56	—
归属于母公司所有者的净利润（亿元）	26.34	-745.39	—

资料来源：沪深北交易所，同花顺。

（二）分行业经营情况

表7　　2021年海南上市公司分行业经营情况

所属行类	营业收入（亿元）	可比样本变动率（％）	归属于母公司所有者的净利润（亿元）	可比样本变动率（％）
采矿业	226.71	53.01	0.70	-81.03
电力、热力、燃气及水生产和供应业	—	—	—	—
房地产业	47.68	-26.10	2.79	103.54
建筑业	0.73	35.19	-0.53	31.17
交通运输、仓储和邮政业	361.33	16.17	49.15	107.70
教育	—	—	—	—
金融业	6.67	113.78	3.83	199.96
居民服务、修理和其他服务业	—	—	—	—
科学研究和技术服务业	—	—	—	—
农、林、牧、渔业	173.60	-4.72	-3.29	-698.18
批发和零售业	—	—	—	—
水利、环境和公共设施管理业	—	—	—	—
卫生和社会工作业	1.19	60.81	-2.81	-560.66
文化、体育和娱乐业	10.10	-65.99	0.13	100.62
信息传输、软件和信息技术服务业	2.53	21.77	-1.76	—
制造业	426.25	24.26	-13.50	-194.12
住宿和餐饮业	0.30	87.50	-0.02	83.33
租赁和商务服务业	9.40	-41.80	-6.90	1.15
综合	11.87	20.02	-1.47	55.72
合计	1278.35	15.02	26.34	103.76

资料来源：沪深北交易所，同花顺。

（三）业绩变动情况分析

1. 营业收入、毛利率等变动原因分析

2021年，海南上市公司实现营业收入1278.35亿元，较2020年同比增长19.65％；营业成本1426.45亿元，较2020年下降17.17％；营业利润35.44亿元，较2020年同比增加858.48亿元；利润总额37.24亿元，较2020年同比增加860.8亿元。从毛利率来看，海南34家上市公司整体毛利率为-11.59%，较2020年增长49.6个百分点，其中19家毛利率上升，13家毛利率下降；营业收入增长、营业成本下降，是毛利率上升的主要原因。

2. 盈利构成分析

从盈利构成看，2021年海南上市公司营业利润35.44亿元，投资净收益196.50亿元，营业外收支净额1.80亿元，公允价值变动净收益为-30.70亿元，分别较2020年同比增加858.48亿元、312.97亿元、14.32亿元、47.55亿元。

3. 经营性现金流量分析

2021年，海南上市公司经营性现金流量净额为66.18亿元，比2020年上升120.82%。34家上市公司中，25家上市公司经营性现金流量净额为正，占比73.53%，较2020年增加20.4个百分点，其余9家上市公司经营现金流量净额为负。经营现金流量净额增幅最大的是罗牛山，比2020年增加14.54亿元，降幅最大的是海德股份，比2020年减少11.65亿元。

4. 业绩特点分析

海南上市公司2021年整体业绩特点：一是经营业绩前低后高。2021年，海南上市公司一季度、二季度、三季度、四季度营业收入分别为267.11亿元、345.26亿元、324.59亿元、791.39亿元，二季度、三季度、四季度环比增速分别为29.26%、-5.99%、143.81%，营业收入回升幅度明显。二是亏损面扩大，但亏损额收窄。2021年海南有23家公司亏损，占全省上市公司总数67.65%，较2020年上升76.92%。其中，*ST海航和*ST基础回归主业经营，业绩有所回升，扣除非经常性损益后的净利润分别较2020年同比增加449.98亿元、86.98亿元。

5. 利润分配情况

表8　　　　　　　　　　　2021年海南上市公司现金分红情况

2021年分红公司家数			2021年分红金额		
家数	变动率（%）	分红公司家数占地区公司总数比重（%）	金额（亿元）	变动率（%）	分红金额占归属于母公司所有者的净利润比重（%）
6	-25	17.65	7.73	54.6	29.35

资料来源：海南证监局。

四、海南上市公司并购重组情况

无此情况。

五、海南上市公司募集资金情况、使用情况

（一）募集资金总体情况

表9　2021年海南上市公司募集资金情况

发行类型	代码	简称	募集资金（亿元）
首发	688676	金盘科技	4.30
	小计		4.30
再融资（增发、配股）	601969	海南矿业	7.57
	300630	普利制药	0.01
	002693	双成药业	0.13
	000657	中钨高新	0.70
	小计		8.41
其他融资（公司债券、短期融资券、中期票据、次级债、金融债、境外发行债券）	300630	普利制药	8.50
	小计		8.50
总计			21.21

资料来源：海南证监局。

（二）募集资金使用情况及特点

2021年，海南10家公司使用募集资金12.85亿元，较2020年下降32.08%。其中上市公司使用2021年度募集资金5.13亿元，占全年使用募集资金总额的39.92%；使用以前年度募集资金7.72亿元，占全年使用募集资金总额的60.08%。

（三）募集资金变更情况

表10　2021年海南上市公司募集资金使用项目变更情况

变更募集资金使用项目的公司家数	涉及金额（亿元）	募集资金总额（亿元）	占公司募集资金总额的比例（%）
3	66.65	212.23	31.40

资料来源：海南证监局。

六、海南上市公司规范运作情况

（一）上市公司治理专项情况

海南证监局以"关键少数"为抓手，强化"关键少数"合规和自律意识，推动完善公司治理、提高上市公司质量。一是开展上市公司治理专项行动，明确各阶段主要工作内容、分工安排和完成时限，并按节点推动落实。二是召开上市公司监管工作会议、上市公司业绩网上集体说明会，用辖区公司"身边事"警示教育"身边人"，督促上市公司及其董监高对标对表《上市公司治理准则》，提升治理水平、促进规范运作。三是以"四个实"加强"关键少数"培训，第一，实行会议加培训的模式；第二，实现培训人员全覆盖；第三，扎实安排培训课程；第四，力求培训达到实效。

（二）审计情况及监管情况

2021年，海南证监局扎实开展辖区上市公司2020年年报监管工作。一是年报披露前，通过下发审计风险提示函、约谈公司及其中介机构，传导监管压力。对辖区上市公司财务总监开展新收入准则培训，提升其对企业会计准则及相关财务信息披露规定的理解和应用水平。二是年报披露后，实现辖区上市公司年报审阅全覆盖；对于风险类公司采取双重审阅全面排查风险。三是配合其他派出机构开展"大所"专项监管工作；结合辖区上市公司风险情况及年审机构执业情况，对3家会计师事务所执业的年报审计项目开展专项检查。

（三）信息披露情况

海南证监局持续加强上市公司信息披露监管工作。一是针对个别公司股价异动，及时了解情况，适时监管。二是采取主动沟通、实地查看、专题报告、持续跟进等方式开展日常监管，要求公司依法合规做好信息披露工作。

（四）证券市场服务情况

2021年，海南证监局积极发挥资本市场功能服务海南自贸港建设。一是鼓励和支持企业利用资本市场做大做强。截至2021年年底，海南新增2家上市公司，其中金盘科技在上交所科创板首次发行股票上市；资本市场为海南企业提供直接融资135.98亿元。二是加大拟上市企业培育力度。配合省金融监管局完成海南省企业上市（挂牌）后备资源库的建立；完成呀诺达、新道科技上市辅导验收工作；通过培训会议、走访调研、座谈交流等方式，深入宣传深化资本市场改革相关政策。三是服务地方实体经济发展。配合省金融监管局拟订服务企业上市的"尖峰岭行动计划"；及时向省政府及相关部门通报资本市场全面深化改革情况；围绕引进优质企业落户海南开展一系列活动，如指导行业协会与海南国际经济发展局签订合作备忘录，联合多方举办海南自贸港政策宣讲活动。

撰稿人：廖玉琪
审稿人：熊　文

重庆地区

一、重庆经济发展概况

表1　　　　　　　　　　2021年重庆经济发展概况　　　　　　　　　　单位：亿元

指标	1~3月		1~6月		1~9月		1~12月	
	绝对量	同比增长（%）	绝对量	同比增长（%）	绝对量	同比增长（%）	绝对量	同比增长（%）
地区生产总值（GDP）	5995.25	18.40	12903.41	12.80	19951.89	9.90	27894.02	8.30
全社会固定资产投资	—	13.80	—	9.30	—	8.40	—	6.10
社会消费品零售总额	3378.80	41.70	6892.99	29.90	10302.06	23.70	13967.67	18.50
规模以上工业增加值	—	35.40	—	19.00	—	14.20	—	10.70
规模以上工业企业实现利润	341.20	263.40	779.30	77.40	1241.50	49.20	1877.50	40.80
居民消费价格指数（CPI）	1~3月		1~6月		1~9月		1~12月	
	-1.00		0.00		0.00		0.30	

资料来源：国家统计局。

二、重庆上市公司总体情况

（一）公司数量

表2　　　　　　　　　　2021年重庆上市公司数量　　　　　　　　　　单位：家

公司总数	2021年新增	股票类别			板块分布				
		仅A股	仅B股	(A+B)股	沪市主板	深市主板	北交所	创业板	科创板
63	6	61	1	1	31	25	2	5	0

资料来源：沪深北交易所，同花顺。

（二）行业分布

表3　　　　　　　　　　　2021年重庆上市公司行业分布情况

所属证监会行业类别	家数	占比（%）	所属证监会行业类别	家数	占比（%）
采矿业	1	1.59	批发和零售业	3	4.76
电力、热力、燃气及水生产和供应业	5	7.94	水利、环境和公共设施管理业	3	4.76
房地产业	6	9.52	卫生和社会工作	0	0.00
建筑业	2	3.17	文化、体育和娱乐业	1	1.59
交通运输、仓储和邮政业	3	4.76	信息传输、软件和信息技术服务业	2	3.17
教育	0	0.00	制造业	32	50.79
金融业	3	4.76	住宿和餐饮业	0	0.00
居民服务、修理和其他服务业	0	0.00	租赁和商务服务业	0	0.00
科学研究和技术服务业	2	3.17	综合	0	0.00
农、林、牧、渔业	0	0.00	合计	63	100.00

资料来源：沪深北交易所，同花顺。

（三）股本结构及规模

表4　　　　　　　　2021年重庆上市公司股本规模在10亿股以上公司分布情况

股本规模（亿股）	公司家数	具体公司
1000≤		
500≤ ~ <1000		
200≤ ~ <500		
100≤ ~ <200	1	渝农商行
50≤ ~ <100	4	重庆钢铁，长安汽车，西南证券，金科股份
20≤ ~ <50	7	重庆水务，力帆科技，重庆银行，太阳能，迪马股份，隆鑫通用，巨人网络
10≤ ~ <20	16	华邦健康，三峡水利，重庆建工，重药控股，三峰环境，智飞生物，重庆燃气，小康股份，重庆路桥，福安药业，重庆港，声光电科，宗申动力，国城矿业，财信发展，莱美药业

资料来源：沪深北交易所，同花顺。

表5　　　　　　　　　2021年重庆上市公司分地区股权构成情况　　　　　　　　单位：家

股权性质 地域分布	央企国资控股	省属国资控股	地市国资控股	民营控股	其他	合计
重庆市	11	12	2	31	7	63

资料来源：重庆证监局。

（四）市值规模

截至 2021 年 12 月 31 日，重庆 63 家上市公司境内总市值 11367.89 亿元，占全国上市公司境内总市值的 1.24%；其中上交所上市公司 31 家，总股本 584.69 亿股，境内总市值 5308.88 亿元，占上交所上市公司境内总市值的 1.02%；深交所上市公司 30 家，总股本 370.74 亿股，境内总市值 6033.21 亿元，占深交所上市公司境内总市值的 1.52%；北交所上市公司 2 家，总股本 4.60 亿股，境内总市值 25.85 亿元，占北交所上市公司境内总市值的 0.95%。

（五）资产规模

截至 2021 年 12 月 31 日，重庆 63 家上市公司合计总资产 33400.61 亿元，归属于母公司股东权益 5484.94 亿元，与 2020 年相比，分别增长 35.46%、22.26%；平均每股净资产 5.71 元。

三、重庆上市公司经营情况及变动分析

（一）总体经营情况

表6　　　　　　　　　2021年重庆上市公司经营情况

指　标	2021 年	2020 年	变动率（%）
家数	63	57	10.53
亏损家数	12	5	140.00
亏损家数比例（%）	19.05	8.77	10.28
平均每股收益（元）	0.49	0.41	19.51
平均每股净资产（元）	5.71	4.83	18.22
平均净资产收益率（%）	8.52	8.58	-0.06
总资产（亿元）	33400.61	24658.02	35.46
归属于母公司股东权益（亿元）	5484.94	4486.41	22.26
营业收入（亿元）	7129.38	5594.01	27.45
利润总额（亿元）	628.63	514.82	22.11
归属于母公司所有者的净利润（亿元）	467.25	384.78	21.43

资料来源：沪深北交易所，同花顺。

（二）分行业经营情况

表7　　　　　　　　2021年重庆上市公司分行业经营情况

所属行类	营业收入（亿元）	可比样本变动率（%）	归属于母公司所有者的净利润（亿元）	可比样本变动率（%）
采矿业	17.09	88.22	2.08	41.50
电力、热力、燃气及水生产和供应业	354.00	34.16	50.85	21.10

续表

所属行类	营业收入（亿元）	可比样本变动率（%）	归属于母公司所有者的净利润（亿元）	可比样本变动率（%）
房地产业	1556.45	20.40	13.71	-85.66
建筑业	584.63	4.62	0.59	-45.87
交通运输、仓储和邮政业	65.69	6.81	3.71	-2.11
教育	—	—	—	—
金融业	484.53	9.12	152.62	9.67
居民服务、修理和其他服务业	—	—	—	—
科学研究和技术服务业	40.63	11.77	7.19	23.12
农、林、牧、渔业	—	—	—	—
批发和零售业	843.81	25.01	19.18	34.41
水利、环境和公共设施管理业	109.23	17.33	13.32	58.57
卫生和社会工作业	—	—	—	—
文化、体育和娱乐业	3.88	109.73	-3.34	57.45
信息传输、软件和信息技术服务业	24.34	-2.72	10.24	-3.03
制造业	3045.09	32.26	197.12	64.13
住宿和餐饮业				
租赁和商务服务业	—	—	—	—
综合				
合计	7129.38	23.70	467.25	7.55

资料来源：沪深北交易所，同花顺。

（三）业绩变动情况分析

1. 营业收入、毛利率等变动原因分析

2021年，辖区63家上市公司实现营业总收入7129.38亿元，同比增长27.45%，增幅高于同期全市场营业收入增长率，15家上市公司营业收入增长30%以上；实现归属于母公司所有者净利润467.25亿元，同比增长21.43%，但净增加7家公司亏损。除去3家金融业公司，四成上市公司毛利率达30%以上，但超六成上市公司毛利率同比下滑，主要原因为受国内宏观政策变化、大宗商品价格上涨、个别行业下行压力加大等多种因素叠加影响。

2. 盈利构成分析

从盈利构成看，2021年63家重庆上市公司非经常性损益74.04亿元，占当期归属于上市公司股东净利润的15.85%，非经常性损益占净利润的比例同比下降32.94个百分点。辖区上市公司2021年实现扣非后净利润393.21亿元，同比增长99.56%，主要受3家企业当期业绩同比大幅增长及本年度新增1家上市公司基数贡献较大的影响所致。此外，辖区超六成上市公司扣除非经常性损益后净利润同比上涨。

3. 经营性现金流量分析

随着经营业绩转好及融资环境逐步改

善,辖区上市公司流动性困难得到缓解。2021年辖区非金融类上市公司经营活动产生的现金流量净额为702.34亿元,较2020年增长53.84%,近八成上市公司现金流量净额为正。

4. 业绩特点分析

辖区上市公司主要行业板块面临较大转型压力。从医药制造及流通业来看,疫苗业务、订制化研发等部分医药细分业务发展迅速,智飞生物、博腾股份、正川股份3家公司净利润同比上升超60%;但仿制药生产等传统医药制造行业受国家集采政策影响,业绩下滑趋势明显加速,2021年新增亏损公司2家、连续亏损公司2家,4家公司合计亏损近10亿元。

从汽车及摩托车制造业来看,通过产业结构调整和转型升级,重庆汽摩行业整体经营业绩稳中有升,2021年8家汽摩行业上市公司实现营业收入1534.98亿元,同比增长22.94%;但个体恢复仍不均衡,仍有2家亏损,其中,小康股份尚处于转型过渡期,已连续两年亏损均超15亿元。从房地产及建筑行业来看,受国家"加强基础设施建设项目管理"及"三道红线"等房地产宏观政策影响,房地产项目建设增速放缓,行业面临较大资金压力。2021年,8家房地产及建筑业上市公司中有3家出现亏损,其中2家系新增亏损公司,3家公司合计亏损30.08亿元。

5. 利润分配情况

表8　2021年重庆上市公司现金分红情况

2021年分红公司家数			2021年分红金额		
家数	变动率(%)	分红公司家数占地区公司总数比重(%)	金额(亿元)	变动率(%)	分红金额占归属于母公司所有者的净利润比重(%)
44	12.82	69.84	160.20	9.88	34.29

资料来源:重庆证监局。

四、重庆上市公司并购重组情况

(一)并购重组基本情况

2021年,重庆共3家上市公司实施并购重组,交易总价值18.49亿元。完成的并购重组事项为2起:一是声光电科分别通过置入及定向增发收购的方式,取得了西南设计、芯亿达、瑞晶实业三家100%股权;二是重药控股子公司重药股份收购ST天圣持有的51%长圣医药股权。

(二)并购重组特点

辖区上市公司通过开展并购重组,实现了业务转型或渠道资源的重大拓展。2021年,声光电科通过重大资产重组,主营业务由特种锂离子电源相关转型为集成电路、电源产品相关。2021年度声光电科总资产、净资产、营业收入、净利润分别增长287.26%、377.09%、311.69%、71.60%,进一步夯实了公司高质量持续发展的基础。辖区上市公司重药控股及

ST 天圣的子公司存在业务在重庆区县覆盖区域重叠的情况，重药控股子公司重药股份通过收购 ST 天圣控股子公司长圣医药 51% 股权，可与自身资源互补，产生叠加效应，进一步提高重药股份医药商业整体业务规模，提升竞争实力。

五、重庆上市公司募集资金情况、使用情况

（一）募集资金总体情况

表9　　　　　　　　　　2021 年重庆上市公司募集资金情况

发行类型	代码	简称	募集资金（亿元）
首发	601963.SH	重庆银行	37.63
	605122.SH	四方新材	13.25
	833873.BJ	中设咨询	1.73
	001317.SZ	三羊马	3.20
	001296.SZ	长江材料	5.25
	小计		61.06
再融资（增发、配股）	603717.SH	天域生态	4.02
	300006.SZ	莱美药业	10.84
	600452.SH	涪陵电力	17.97
	600877.SH	声光电科	18.48
	601127.SH	小康股份	25.93
	300275.SZ	梅安森	1.54
	002507.SZ	涪陵榨菜	33.00
	小计		111.79
其他融资（公司债券、证监会主管 ABS、可转债）	603976.SH	正川股份	4.05
	000656.SZ	金科股份	56.35
	600369.SH	西南证券	20.00
	000736.SZ	中交地产	20.35
	601158.SH	重庆水务	10.00
	600565.SH	迪马股份	4.50
	小计		115.25
总计			288.10

资料来源：重庆证监局。

（二）募集资金使用情况及特点

2021 年，重庆 5 家企业首发上市，合计融资 61.06 亿元；7 家上市公司通过增发股票募集资金 111.79 亿元，所募资金主要用于重大资产重组及经营研

发；6家上市公司通过发行公司债、资产支持证券、可转债等方式融资115.25亿元。

上市公司通过资本市场直接融资，为公司持续做大做强提供了有力保障，如涪陵榨菜通过定向增发募集资金33亿元用于新建绿色智能化生产基地，有助于公司进一步增强综合竞争力。

（三）募集资金变更情况

表10　2021年重庆上市公司募集资金使用项目变更情况

变更募集资金使用项目的公司家数	涉及金额（亿元）	募集资金总额（亿元）	占公司募集资金总额的比例（%）
5	5.33	101.04	5.28

资料来源：重庆证监局。

六、重庆上市公司规范运作情况

（一）上市公司治理专项情况

重庆证监局按照证监会统一部署，组织辖区上市公司开展公司治理专项自查，加强过程督导，及时对辖区上市公司填报的自查清单进行分析，并结合现场检查计划，对重点上市公司开展公司治理专项检查。针对上市公司自查及检查发现的问题，持续推动整改规范，促进上市公司高质量发展。积极贯彻落实国务院《关于进一步提高上市公司质量的意见》，推动重庆市政府发布《重庆市人民政府关于进一步提高上市公司质量的实施意见》，持续组织开展辖区上市公司"关键少数"培训，多措并举推动辖区上市公司提高公司治理水平。

（二）审计情况及监管情况

重庆63家上市公司全部在法定期限内披露2021年年报。其中，61家公司的审计意见类型为标准无保留意见，2家公司的审计意见类型为保留意见。

重庆证监局将年报监管作为推动提高上市公司信息披露质量的重要抓手，强化过程督导，通过谈话提醒、下发风险提示函、现场督导、列席沟通会等方式，持续督导上市公司及审计机构提高年报编制和审计工作质量。安排专人细化完善审阅模板，将辖区上市公司年报全部纳入审阅范围，实现年报审阅全覆盖。通过审阅分析年报，对部分上市公司年报审计中发现的重点线索情况开展专项现场检查，对年报审计中存在的问题依法予以处理。

（三）信息披露情况

重庆证监局持续通过日常监管、现场检查等方式推动辖区上市公司提高信息披露质量，对于监管发现的信息披露问题坚持"零容忍"原则，依法依规进行查处。通过审阅每日公告、关注公司舆情、电话沟通、约见谈话、走访等方式，及时了解公司最新情况及相关信息披露的真实性、准确性、完整性、及时性、公平性；通过现场检查公司信息披露制度、重大信息内部传递流程、信息披露事务管理情况，查找公司信息披露环节短板，督促公司进行整改。

（四）证券市场服务情况

重庆证监局持续深化投资者保护工作。一是进一步提高举报投诉办理效率，优化办理流程，及时回应投资者诉求。二是联合深交所及重庆上市公司协会，通过"云端"视频互动方式走进辖区上市公司智飞生物，7.3万余名投资者通过线上直播方式参与。三是指导重庆上市公司协会开展投资者网上集体接待日活动，组织辖区上市公司高管就投资者关心的问题开展积极交流互动。四是推动辖区上市公司通过多种方式回报股东，44家上市公司在2021年度实施现金分红金额合计160.20亿元，总体股利支付率达34.29%。5家上市公司实施股份回购，回购金额合计10.90亿元。

（五）其他

2021年，重庆辖区有47家上市公司召开了2020年度业绩说明会，占辖区应披露2020年度报告上市公司数量的80%。辖区沪深300指数、"A+H"、央企控股、创业板上市公司共20家，全部召开了业绩说明会。47家召开业绩说明会的公司由董事长或总经理亲自参会，投资者提问总体回复率为96.63%。在中国上市公司协会主办的业绩说明会经验交流评选中，辖区重庆啤酒荣获"上市公司2020年度业绩说明会最佳实践案例"，重庆银行、博腾股份、智飞生物3家公司荣获"上市公司2020年度业绩说明会优秀实践案例"。

撰稿人：尹林兴
审稿人：孙鸿飞

四川地区

一、四川经济发展概况

表1　　　　　　　　　　　　2021年四川经济发展概况　　　　　　　　　　　单位：亿元

指标	1~3月		1~6月		1~9月		1~12月	
	绝对量	同比增长（%）	绝对量	同比增长（%）	绝对量	同比增长（%）	绝对量	同比增长（%）
地区生产总值（GDP）	11859.24	15.80	25232.39	12.10	38998.66	9.30	53850.79	8.20
全社会固定资产投资	—	17.80	—	10.30	—	13.10	—	10.80
社会消费品零售总额	5628.41	29.90	11684.65	23.70	17381.75	18.90	24133.21	15.90
规模以上工业增加值	—	15.50	—	12.10	—	10.70	—	9.80
规模以上工业企业实现利润	898.00	60.00	1923.00	45.20	2964.90	39.30	4359.20	21.00
居民消费价格指数（CPI）	1~3月		1~6月		1~9月		1~12月	
	-0.50		0.10		0.00		0.30	

资料来源：国家统计局。

二、四川上市公司总体情况

（一）公司数量

表2　　　　　　　　　　　　2021年四川上市公司数量　　　　　　　　　　　单位：家

公司总数	2021年新增	股票类别			板块分布				
		仅A股	仅B股	(A+B)股	沪市主板	深市主板	北交所	创业板	科创板
156	20	156	0	0	45	57	4	37	13

资料来源：沪深北交易所，同花顺。

（二）行业分布

表3　　　　　　　　　　　　2021年四川上市公司行业分布情况

所属证监会行业类别	家数	占比（%）	所属证监会行业类别	家数	占比（%）
采矿业	1	0.64	批发和零售业	5	3.21
电力、热力、燃气及水生产和供应业	11	7.05	水利、环境和公共设施管理业	2	1.28
房地产业	1	0.64	卫生和社会工作	1	0.64
建筑业	4	2.56	文化、体育和娱乐业	2	1.28
交通运输、仓储和邮政业	2	1.28	信息传输、软件和信息技术服务业	17	10.90
教育	0	0.00	制造业	100	64.10
金融业	4	2.56	住宿和餐饮业	0	0.00
居民服务、修理和其他服务业	0	0.00	租赁和商务服务业	1	0.64
科学研究和技术服务业	3	1.92	综合	1	0.64
农、林、牧、渔业	1	0.64	合计	156	100.00

资料来源：沪深北交易所，同花顺。

（三）股本结构及规模

表4　　　　　　　　2021年四川上市公司股本规模在10亿股以上公司分布情况

股本规模（亿股）	公司家数	具体公司
50≤～<100	3	和邦生物，钒钛股份，国机重装
20≤～<50	14	四川路桥，四川长虹，新希望，通威股份，川投能源，五粮液，成都银行，东方电气，四川成渝，蓝光发展，国金证券，兴蓉环境，华西证券，宏达股份
10≤～<20	24	川发龙蟒，盛和资源，茂业商业，鹏博士，泸天化，正源股份，天齐锂业，泸州老窖，川能动力，科伦药业，红旗连锁，广汇物流，*ST蓝盾，新华文轩，广安爱众，国网信通，华西能源，雅化集团，博瑞传播，*ST华塑，创维数字，利君股份，四川九洲，云图控股

资料来源：沪深北交易所，同花顺。

表5　　　　　　　　2021年四川上市公司分地区股权构成情况　　　　　　　　单位：家

地域分布＼股权性质	央企国资控股	省属国资控股	地市国资控股	民营控股	其他	合计
成都市	9	8	8	68	9	102
自贡市	0	0	1	3	0	4

续表

股权性质 地域分布	央企国资控股	省属国资控股	地市国资控股	民营控股	其他	合计
攀枝花市	1	0	0	1	0	2
泸州市	1	0	2	0	0	3
德阳市	1	0	0	4	0	5
绵阳市	0	0	3	7	1	11
广元市	0	0	0	0	0	0
遂宁市	2	0	1	1	1	5
内江市	0	1	0	2	0	3
乐山市	0	0	1	4	1	6
南充市	0	1	0	1	0	2
眉山市	0	0	0	3	0	3
宜宾市	0	0	3	2	0	5
广安市	0	0	1	0	0	1
达州市	0	0	0	1	0	1
雅安市	0	0	0	1	0	1
巴中市	0	0	0	0	0	0
资阳市	0	0	0	0	0	0
阿坝藏族羌族自治州	1	0	0	0	0	1
凉山彝族自治州	1	0	0	0	0	1
甘孜藏族自治州	0	0	0	0	0	0
合计	16	10	20	98	12	156

资料来源：四川证监局。

（四）市值规模

截至 2021 年 12 月 31 日，四川 156 家上市公司境内总市值 34418.15 亿元，占全国上市公司境内总市值的 3.75%；其中上交所上市公司 58 家，总股本 792.17 亿股，境内总市值 10910.92 亿元，占上交所上市公司境内总市值的 2.1%；深交所上市公司 94 家，总股本 723.97 亿股，境内总市值 23360.62 亿元，占深交所上市公司境内总市值的 5.9%。

（五）资产规模

截至 2021 年 12 月 31 日，四川 156 家上市公司合计总资产 27157.61 亿元，归属于母公司股东权益 8118.56 亿元，与 2020 年相比，分别增长 12.51%、14.04%；平均每股净资产 5.34 元。

三、四川上市公司经营情况及变动分析

（一）总体经营情况

表6　　　　　　　　　　2021年四川上市公司经营情况

指　标	2021年	2020年	变动率（%）
家数	156	136	14.71
亏损家数	18	17	5.88
亏损家数比例（%）	11.54	12.5	-0.96
平均每股收益（元）	0.51	0.41	24.39
平均每股净资产（元）	5.34	4.9	8.98
平均净资产收益率（%）	9.58	8.46	1.12
总资产（亿元）	27157.61	24136.98	12.51
归属于母公司股东权益（亿元）	8118.56	7119.27	14.04
营业收入（亿元）	9581.61	8088.23	18.46
利润总额（亿元）	1056.92	821.7	28.63
归属于母公司所有者的净利润（亿元）	778.12	602.29	29.19

资料来源：沪深北交易所，同花顺。

（二）分行业经营情况

表7　　　　　　　　　　2021年四川上市公司分行业经营情况

所属行类	营业收入（亿元）	可比样本变动率（%）	归属于母公司所有者的净利润（亿元）	可比样本变动率（%）
采矿业	23.03	40.77	14.35	104.71
电力、热力、燃气及水生产和供应业	293.00	19.27	62.22	6.34
房地产业	201.16	-53.17	-138.34	-518.96
建筑业	1029.58	26.96	62.19	69.46
交通运输、仓储和邮政业	97.92	60.84	19.38	157.71
教育	—	—	—	—
金融业	302.33	18.62	111.43	16.34
居民服务、修理和其他服务业	—	—	—	—
科学研究和技术服务业	18.43	-3.46	-0.35	-112.11
农、林、牧、渔业	29.83	107.30	2.59	102.34
批发和零售业	238.40	7.74	9.99	23.64
水利、环境和公共设施管理业	14.55	78.75	0.99	1391.61
卫生和社会工作业	2.95	490.00	-0.06	-175.00

续表

所属行类	营业收入（亿元）	可比样本变动率（%）	归属于母公司所有者的净利润（亿元）	可比样本变动率（%）
文化、体育和娱乐业	111.59	16.93	13.84	2.75
信息传输、软件和信息技术服务业	224.15	-4.84	-17.38	-262.84
制造业	6946.14	20.35	622.36	38.04
住宿和餐饮业	—	—	—	—
租赁和商务服务业	15.37	15.74	9.18	18.76
综合	33.17	-24.51	5.73	-30.46
合计	9581.61	16.26	778.12	7.12

资料来源：沪深北交易所，同花顺。

（三）业绩变动情况分析

1. 营业收入、毛利率等变动原因分析

2021年，四川上市公司营业总收入9581.61亿元，较2020年同比增长18.46%；营业成本8658.7亿元，较2020年增加17.08%；销售费用、管理费用和财务费用合计1125.42亿元，较2020年增加17.61%；毛利率9.63%，较2020年上升1.06个百分点。总的看来，2021年营业收入增幅略大于营业成本增幅，且营业收入增幅略大于销售费用、管理费用和财务费用增幅，毛利率有小幅上涨。

2. 盈利构成分析

从盈利结构看，2021年，四川上市公司营业利润其占利润总额比重进一步提升，达到104.03%，比2020年上升1.38个百分点。归属母公司净利润在5亿元以上的36家，比2020年增加8家，总额929.86亿元，占四川上市公司归属母公司净利润总额的119.5%。2021年，蓝光发展和新希望分别巨额亏损138.34亿元、95.9亿元，*ST蓝盾和ST鹏博士分别亏损15.51亿元和11.68亿元，对整体经济效果影响较大。

3. 经营性现金流量分析

2021年，四川156家上市公司经营现金流入891.61亿元，其中122家上市公司经营现金流量净额为正，占156家上市公司的78.21%，较2020年下降1.94个百分点。

4. 业绩特点分析

2021年，四川上市公司实现归属母公司所有者净利润778.12亿元，较2020年同比增加29.19%，总体业绩向好。并且，平均每股收益0.51元，较2020年上涨24.39%，；平均每股净资产5.34元，较2020年上涨8.98%，盈利质量和资产质量有所提升。

5. 利润分配情况

2021年，四川共有94家上市公司进行现金分红，较2020年增加5家，分红家数占四川辖区上市公司60.26%。总计分红278.69亿元，较2020年上涨15.16%，分红金额占四川公司归属母公司所有者净利润的35.82%。其中分红5

亿元以上的公司9家，共计分红204.22亿元，占总分红的73.28%。白酒类上市公司现金分红占据前两位，共计130.19亿元，占总分红的46.71%。

表8　　2021年四川上市公司现金分红情况

2021年分红公司家数			2021年分红金额		
家数	变动率（%）	分红公司家数占地区公司总数比重（%）	金额（亿元）	变动率（%）	分红金额占归属于母公司所有者的净利润比重（%）
94	5.62	60.26	278.69	15.16	35.82

资料来源：四川证监局。

四、四川上市公司并购重组情况

（一）并购重组基本情况

2021年，四川共有36家公司完成并购重组事项43单，涉及交易金额131.79亿元，完成并购重组数量较2020年同期下降17.31%，交易金额较2020年同期上涨6.18%。

（二）并购重组特点

一是横向并购仍是主流。与2020年相同，2021年四川完成的并购重组交易绝大部分为同行业收购，上市公司通过并购重组实现整合，降低固定成本，提高了产业集中度和核心竞争力。二是跨区域并购特点显著。2021年，四川完成的并购重组项目中，超过50%为跨省并购，甚至有2单跨国并购，分别为在美国和日本的并购。通过并购重组，四川上市公司的市场化占有率大幅提升，区域扩张和协调发展步伐进一步加快，并购重组对企业竞争力提升的效应明显。三是现金收购占比高，发行股份购买资产情况相对较少。2021年，四川上市公司超过60%并购采用现金支付方式，发行股份购买资产及资产置换等仅占不足40%。

五、四川上市公司募集资金情况、使用情况

（一）募集资金总体情况

表9　　2021年四川上市公司募集资金情况

发行类型	代码	简称	募集资金（亿元）
首发	688737	中自科技	15.25
	688553	汇宇制药	24.72
	688636	智明达	4.31
	300937	药易购	2.30
	688117	圣诺生物	3.58
	688319	欧林生物	4.00
	300987	川网传媒	2.27
	836260	中寰股份	1.31

续表

发行类型	代码	简称	募集资金（亿元）
首发	836239	长虹能源	2.70
	832566	梓橦宫	2.23
	688696	极米科技	16.72
	301213	观想科技	6.30
	301050	雷电微力	14.67
	688511	天微电子	5.62
	688776	国光电气	9.96
	603759	海天股份	8.74
	688070	纵横股份	5.07
	001288	运机集团	5.82
		小计	135.57
再融资（增发、配股）	300366	创意信息	7.29
	000509	华塑控股	2.48
	002240	盛新锂能	9.50
	300733	西菱动力	1.45
	002312	川发龙蟒	19.76
	601208	东材科技	7.67
	000155	川能动力	6.18
	300678	中科信息	1.72
	603477	巨星农牧	4.20
	600804	ST 鹏博士	17.00
	300696	爱乐达	5.00
	603333	尚纬股份	6.16
	002497	雅化集团	15.00
	300019	硅宝科技	8.40
	000803	山高环能	6.05
	300470	中密控股	4.60
		小计	122.46
其他融资（公司债券、短期融资券、中期票据、次级债、金融债、境外发行债券）	127049	新希望（可转债）	81.50
	127047	帝欧家居（可转债）	15.00
	128142	新乳业（可转债）	7.18
		蓝光发展（中期票据）	10.00
		新希望（中期票据）	20.00
		川能动力（中期票据）	3.00
		广安爱众（中期票据）	3.00
		四川成渝（中期票据）	10.00
		兴蓉环境（中期票据）	16.00
		四川路桥（中期票据）	10.00
		华西证券（金融债）	50.00
		国金证券（金融债）	53.00
		成都银行（ABS）	8.93
		小计	532.53
		总计	790.56

资料来源：四川证监局。

（二）募集资金使用情况及特点

2021年，四川上市公司通过资本市场直接融资790.56亿元（不含H股融资），较2020年上涨20.6%。其中，A股首发股本融资（IPO）135.57亿元，再融资122.46亿元，公司债等其他融资532.53亿元，资本市场有力支持了四川上市公司持续健康发展。2021年，上市公司募集资金主要用于以下方面：一是加大研发投入，提升科技创新；二是改扩建自有项目，实现产能升级；三是收购外部资产，以横向并购为主；四是补充流动资金。与2020年相比，用于研发投入和厂房扩建的比例有所提高，补充流动性资金的比例持平。2021年度募集资金使用情况整体正常，基本符合募投项目计划安排。

（三）募集资金变更情况

2021年，四川有3家公司变更募集资金的使用项目，变更项目涉及金额约为2.53亿元。3家公司变更募集资金用途的原因均为：基于公司发展战略需要，将原定于投入部分项目的募集资金改变投入更加符合新情况、新发展的项目。上述公司募集资金的变更均经过董事会或股东大会批准并公告披露。

表10　　　　　　　　2021年四川上市公司募集资金使用项目变更情况

变更募集资金使用项目的公司家数	涉及金额（亿元）	募集资金总额（亿元）	占公司募集资金总额的比例（%）
3	2.53	23.54	10.75

资料来源：四川证监局。

六、四川上市公司规范运作情况

（一）上市公司治理专项情况

2021年，四川上市公司治理水平有所提升，规范发展基础进一步夯实。一是治理问题有效整改。2021年，四川有超过130家的上市公司参加公司治理专项行动，通过自查等方式发现一批同业竞争、履职超期等治理底线问题，这些上市公司积极整改，整改率达98%，仅有3家因资金占用等历史遗留问题未完成整改。二是公司治理长效机制逐步完善。四川上市公司积极完善内部制度提升内控规范性，如盟升电子强化了内幕信息知情人登记制度，华塑控股强化财务报告内部控制。同时，子公司管控进一步加强，卫士通等公司通过梳理子公司内部管理流程，明晰子公司权责范围，规范子公司业务开展。三是投资者关系管理效果有效提升。2021年，四川辖区上市公司积极召开业绩说明会，139家公司召开2021年度业绩说明会，占比89.1%。实现了业绩说明会量质齐升。有43家公司还修订完善了《投资者关系管理制度》，持续提升投资者关系管理水平。四是四川上市公司多渠道推动投资者了解上市公司，通过举办投资者网上集体接待日、走进上市公司等活动，增进公司与投资者沟通互动。

（二）审计情况及监管情况

156家上市公司按期披露2021年度财务报表审计报告。从审计意见类型看，标准无保留意见145家，带强调事项段的无保留意见3家，保留意见5家，无法表示意见3家。

年报监管方面，四川证监局突出年报监管"重头戏"。一是抓好"三个早"。"早部署"，及时制定工作方案；"早建库"，结合日常监管筛选重点审读公司名单；"早宣传"，通过辖区监管工作会及引导地方协会开展专题培训等，做好年报监管宣贯工作。二是强化年报事前事中事后监管。以风险问题为导向，聚焦公司业绩预告规范性和年报重点事项信息披露，紧盯可能存在的财务舞弊、占用担保等问题线索，建立年报监管台账并进行销账式管理。三是延伸年报监管成效，通过审读年报进一步树立和关注公司经营发展中的障碍瓶颈，协调各方共同解决。审计监管方面，四川证监局认真贯彻"压实中介机构责任"的相关要求，构建多方合力，着力加强和优化对辖区执业会计师事务所与资产评估机构的监管，扎实开展对辖区上市公司执行会计准则和财务信息披露规范的监管。尤其是对于新执业的会计师事务所，以及年报披露前临时变更的会计师事务所，加强中介机构履职监管，必要的开展现场检查，督促中介结构切实履行好资本市场"看门人"职责。

（三）信息披露情况

四川上市公司信息披露事务管理能力持续加强，信息披露质量不断提升。2020年，四川上市公司披露公告近4000条，85%上市公司未出现信息披露违规问题，50%以上公司在信息披露质量评价中获得较高评级。但2021年，仍有部分公司出现信息披露问题，四川证监局依法对定期报告披露不完整、减持等临时披露义务未按规定履行等问题采取行政监管措施。

（四）证券市场服务情况

2021年，四川上市公司积极履行社会责任，加速推进服务经济社会发展。2021年，四川共有94家上市公司进行现金分红，总计分红278.69亿元分红家数和金额创历史新高，公司发展的红利与广大投资者共享；2021年，四川上市公司合计缴纳各种税费673亿元，成为政府财政收入的重要组成部分；2021年，四川上市公司创造就业岗位54.7万个，在保就业、稳增长方面做出积极贡献。

撰稿人：熊城棋
审稿人：阳　眉

贵州地区

一、贵州经济发展概况

表1　　　　　　　　　　　　2021年贵州经济发展概况　　　　　　　　　　　单位：亿元

指标	1~3月		1~6月		1~9月		1~12月	
	绝对量	同比增长（%）	绝对量	同比增长（%）	绝对量	同比增长（%）	绝对量	同比增长（%）
地区生产总值（GDP）	4336.47	16.14	9075.47	12.10	13985.53	8.70	19586.42	8.10
全社会固定资产投资	—	33.00	—	3.40	—	13.70	—	10.20
社会消费品零售总额	—	40.30	—	25.70	—	16.10	8904.27	13.70
规模以上工业增加值	—	21.60	—	15.20	—	11.70	—	12.90
规模以上工业企业实现利润	324.80	39.90	634.90	36.20	844.40	30.10	1063.50	72.40
居民消费价格指数（CPI）	1~3月		1~6月		1~9月		1~12月	
	-0.80		-0.30		-0.20		0.10	

资料来源：国家统计局。

二、贵州上市公司总体情况

（一）公司数量

表2　　　　　　　　　　　　2021年贵州上市公司数量　　　　　　　　　　　单位：家

公司总数	2021年新增	股票类别			板块分布				
		仅A股	仅B股	(A+B)股	沪市主板	深市主板	北交所	创业板	科创板
33	2	33	0	0	15	14	0	2	2

资料来源：沪深北交易所，同花顺。

（二）行业分布

表3　2021年贵州上市公司行业分布情况

所属证监会行业类别	家数	占比（%）	所属证监会行业类别	家数	占比（%）
采矿业	1	3.03	批发和零售业	1	3.03
电力、热力、燃气及水生产和供应业	2	6.06	水利、环境和公共设施管理业	0	0.00
房地产业	1	3.03	卫生和社会工作	0	0.00
建筑业	0	0.00	文化、体育和娱乐业	0	0.00
交通运输、仓储和邮政业	1	3.03	信息传输、软件和信息技术服务业	2	6.06
教育	0	0.00	制造业	23	69.70
金融业	1	3.03	住宿和餐饮业	0	0.00
居民服务、修理和其他服务业	0	0.00	租赁和商务服务业	0	0.00
科学研究和技术服务业	1	3.03	综合	0	0.00
农、林、牧、渔业	0	0.00	合计	33	100.00

资料来源：沪深北交易所，同花顺。

（三）股本结构及规模

表4　2021年贵州上市公司股本规模在10亿股以上公司分布情况

股本规模（亿股）	公司家数	具体公司
50≤~<100	1	中天金融
20≤~<50	2	贵阳银行，信邦制药
10≤~<20	9	圣济堂，盘江股份，贵州百灵，贵州茅台，高鸿股份，贵州燃气，贵广网络，中航重机，华夏航空

资料来源：沪深北交易所，同花顺。

表5　2021年贵州上市公司分地区股权构成情况　　　　　　单位：家

地域分布＼股权性质	央企国资控股	省属国资控股	地市国资控股	民营控股	其他	合计
贵阳市	9	1	1	9	2	22
遵义市	0	2	0	2	0	4
六盘水市	0	1	0	0	0	1
安顺市	0	0	1	2	0	3
铜仁市	0	0	0	1	0	1
黔南州	0	0	0	2	0	2
合计	9	4	2	16	2	33

资料来源：贵州证监局。

(四) 市值规模

截至2021年12月31日，贵州33家上市公司境内总市值30747.69亿元，占全国上市公司境内总市值的3.20%；其中上交所上市公司17家，总股本154.73亿股，境内总市值27599.32亿元，占上交所上市公司境内总市值的4.92%；深交所上市公司16家，总股本175.59亿股，境内总市值3016.19亿元，占深交所上市公司境内总市值的0.75%。

(五) 资产规模

截至2021年12月31日，贵州33家上市公司合计总资产12773.75亿元，归属于母公司股东权益3613.82亿元，与2020年相比，分别增长11.32%、17.09%；平均每股净资产10.60元。

三、贵州上市公司经营情况及变动分析

(一) 总体经营情况

表6　　　　　　　　　2021年贵州上市公司经营情况

指　标	2021年	2020年	变动率（%）
家数	33	31	6.45
亏损家数	4	3	33.33
亏损家数比例（%）	12.12	9.68	25.21
平均每股收益（元）	1.78	1.94	-8.25
平均每股净资产（元）	10.60	9.97	6.32
平均净资产收益率（%）	16.76	19.46	-13.87
总资产（亿元）	12773.75	11475.12	11.32
归属于母公司股东权益（亿元）	3613.82	3086.43	17.09
营业收入（亿元）	2686.69	2301.61	16.73
利润总额（亿元）	803.98	825.94	-2.66
归属于母公司所有者的净利润（亿元）	605.70	600.76	0.82

资料来源：沪深北交易所，同花顺。

(二) 分行业经营情况

表7　　　　　　　　　2021年贵州上市公司分行业经营情况

所属行类	营业收入（亿元）	可比样本变动率（%）	归属于母公司所有者的净利润（亿元）	可比样本变动率（%）
采矿业	97.26	48.19	11.72	35.18
电力、热力、燃气及水生产和供应业	71.24	3.32	4.11	-36.77
房地产业	196.50	-16.16	-64.16	-1221.68

续表

所属行类	营业收入（亿元）	可比样本变动率（%）	归属于母公司所有者的净利润（亿元）	可比样本变动率（%）
建筑业	—	—	—	—
交通运输、仓储和邮政业	39.67	-16.10	-0.99	-116.15
教育	—	—	—	—
金融业	150.04	-6.70	60.45	2.08
居民服务、修理和其他服务业	—	—	—	—
科学研究和技术服务业	30.39	8.61	3.38	-34.24
农、林、牧、渔业	—	—	—	—
批发和零售业	85.48	21.80	0.15	112.30
水利、环境和公共设施管理业	—	—	—	—
卫生和社会工作业	—	—	—	—
文化、体育和娱乐业	—	—	—	—
信息传输、软件和信息技术服务业	31.90	-17.10	-3.82	-3720.00
制造业	1984.20	24.89	594.85	16.48
住宿和餐饮业	—	—	—	—
租赁和商务服务业	—	—	—	—
综合	—	—	—	—
合计	2686.69	16.73	605.70	0.82

资料来源：沪深北交易所，同花顺。

（三）业绩变动情况分析

1. 营业收入、毛利率等变动原因分析

2021年，贵州上市公司营业总收入2686.69亿元，同比增长16.73%。其中，12家公司营业总收入增长20%以上，9家公司营业总收入下滑。贵州茅台营业总收入超过1000亿元，中伟股份、中天金融、贵阳银行营业总收入超过100亿元，这4家公司营业总收入合计占贵州上市公司营业总收入的60%以上。2021年贵州上市公司总体毛利率为55.13%，同比减少3.37个百分点。其中，贵州茅台毛利率保持在90%以上，13家公司毛利率上升，20家公司毛利率下降。

2. 盈利构成分析

2021年，贵州上市公司实现归属于母公司所有者的净利润合计605.70亿元，同比增长0.82%，其中贵州茅台归属于母公司所有者的净利润为524.60亿元、占比86.61%。从构成看，营业利润为贵州上市公司利润的主要来源；投资净收益合计18.86亿元，同比减少14.26%，占归属于母公司股东净利润的3.11%；非经常性损益合计17.62亿元，同比减少45.22%，占归属于母公司股东净利润的2.91%。

3. 经营性现金流量分析

2021年，贵州上市公司经营活动现金流入3078.30亿元，同比增长3.08%；经营活动现金流出2322.56亿元，同比增长10.21%；经营活动现金流量净额755.74亿元，同比减少14.02%。

4. 业绩特点分析

一是经营业绩总体稳中向好。贵州上市公司2021年实现营业总收入2686.69亿元，同比增长16.73%，占贵州省2021年GDP的13.78%；实现归属于母公司所有者的净利润605.70亿元，同比增长0.82%。二是贵州茅台"压舱石"作用充分发挥。2021年，贵州茅台营业总收入、归属于母公司所有者的净利润占比分别达40.74%、86.61%。三是新兴产业企业经营业绩快速增长。中伟股份、航宇科技、振华科技等新能源电池材料、军工行业上市公司，2021年归属母公司股东的净利润实现翻倍增长。

5. 利润分配情况

表8　　　　　　　　　　2021年贵州上市公司现金分红情况

2021年分红公司家数			2021年分红金额		
家数	变动率（%）	分红公司家数占地区公司总数比重（%）	金额（亿元）	变动率（%）	分红金额占归属于母公司所有者的净利润比重（%）
24	4.35	72.73	306.91	11.69	50.67

资料来源：贵州证监局。

四、贵州上市公司并购重组情况

无此情况。

五、贵州上市公司募集资金情况、使用情况

（一）募集资金总体情况

表9　　　　　　　　　　2021年贵州上市公司募集资金情况

发行类型	代码	简称	募集资金（亿元）
首发	688239	航宇科技	4.02
	688707	振华新材	13.01
	小计		17.03
再融资（增发、配股）	000589	贵州轮胎	10.00
	601997	贵阳银行	45.00
	000851	高鸿股份	12.50
	002895	信邦制药	15.12
	600765	中航重机	19.10
	002025	航天电器	14.31
	300919	中伟股份	50.00
	小计		166.03

续表

发行类型	代码	简称	募集资金（亿元）
其他融资（公司债券、可转换公司债券、次级债、金融债、境外发行债券）	002895	川恒股份	11.60
	600903	贵州燃气	10.00
	小计		21.60
总计			204.66

资料来源：贵州证监局。

（二）募集资金使用情况及特点

2021年，贵州11家上市公司通过首发、再融资等方式合计募集资金204.66亿元，同比增长6.84倍。一是募集资金主要用于募投项目使用、偿还贷款、补充流动资金等。二是大部分公司使用募集资金对预先投入募投项目自筹资金进行了置换。三是部分公司使用闲置募集资金进行现金管理、暂时补充流动资金，提升募集资金使用效率。

（三）募集资金变更情况

2021年，贵州有2家上市公司变更募集资金的使用项目，涉及金额10.14亿元，占募集资金总额（合计16亿元）的63.38%。其中，振华新材基于优化子公司资产负债结构及公司整体发展战略考虑，将部分募投项目由向子公司借款变更为向子公司增资；贵州三力根据公司实际内部环境、长期发展规划等因素，变更GMP改造二期扩建项目的建设地点及主要建设内容。

表10　2021年贵州上市公司募集资金使用项目变更情况

变更募集资金使用项目的公司家数	涉及金额（亿元）	募集资金总额（亿元）	占公司募集资金总额的比例（%）
2	10.14	16	63.38

资料来源：贵州证监局。

六、贵州上市公司规范运作情况

（一）上市公司治理专项情况

2021年，贵州证监局围绕"强化治理底线、坚持标本兼治、倡导最佳实践"三条主线，深入开展公司治理专项行动，持续提高贵州上市公司质量。一是狠抓自查整改，压实上市公司主体责任。高标准、严要求，督促上市公司严格对照专项清单自查，并逐一整改，针对性建立长效机制。二是加大查处力度，提高公司治理监管效能。以问题和风险为导向，聚焦重点公司、重点问题以及问题高频点，开展公司治理专项检查，以查促改。三是加强宣传培训，构建公司治理良好生态。联合贵州证券业协会开展专题培训，倡导最佳实践，推动上市公司开好业绩说明会，营造尊重投资者、主动沟通投资者的良好氛围。在各方共同努力下，贵州上市公司规范运作意识不断增强，公司治理自查问题大部分已完成整改，治理能力有效提高。

（二）审计情况及监管情况

贵州33家上市公司均严格按要求披露了2021年年度报告，其中31家公司被出具标准无保留意见的审计报告，1家公司被出具带强调事项段的无保留意见的审计报告，1家公司被出具保留意见的审计报告。为切实发挥审计机构"看门人"作用，贵州证监局扎实推进年报审计监管。一是强化分类监管。聚焦重点机构、重点项目、重点领域，针对性制定整体工作计划。二是强化压力传导。分阶段开展风险提示、约谈提醒、持续督导等工作，督促审计机构勤勉尽责，充分发挥审核把关作用。三是强化监督检查。对3家审计机构执业项目开展现场检查，对发现的问题依法依规采取相应措施，营造严肃监管氛围。

（三）信息披露情况

2021年，贵州上市公司信息披露情况总体良好，质量不断提升。贵州证监局始终将信息披露监管作为上市公司日常监管工作的重点。一是强化信息披露日常监管。每日关注研判公司公告、舆情和信访事项，严厉打击"蹭热点"等信息披露违法违规行为，对疑点问题和违规线索及时采取相应处理措施。二是强化重大事项持续监管。持续关注公司重大事项信息披露进展，督促公司依法依规做好信息披露。三是强化科技监管。充分运用大数据、企业画像系统等科技监管手段，提高问题发现、风险揭示的能力，增强信息披露监管效能。

（四）证券市场服务情况

2021年，贵州证监局坚持监管和服务并举，着力推动上市公司高质量发展，切实保护投资者合法权益。一是大力支持贵州优质企业上市。2021年，航宇科技、振华新材相继在上交所科创板上市，实现科创板上市公司"零突破"，资本市场服务创新战略不断提质增速。二是持续做好资本市场融资功能宣传培训，支持上市公司加大再融资力度。2021年，贵州上市公司再融资爆发式增长，9家公司合计再融资188亿元，同比增长20.7倍，为历年最高水平。三是认真做好信访投诉举报处理工作。进一步优化工作流程，及时对投资者信访投诉事项进行核查处理。2021年共办理上市公司信访投诉事项25件，切实回应投资者关切。四是推动上市公司增强现金分红透明度和持续回报能力。2021年，贵州24家上市公司实施现金分红，分红金额达306.91亿元，占归属于母公司所有者的净利润的50.67%。

撰稿人：孙　韬
审稿人：程催禧

云南地区

一、云南经济发展概况

表1　　　　　　　　　　　　2021年云南经济发展概况　　　　　　　　　　　单位：亿元

指标	1~3月 绝对量	1~3月 同比增长（%）	1~6月 绝对量	1~6月 同比增长（%）	1~9月 绝对量	1~9月 同比增长（%）	1~12月 绝对量	1~12月 同比增长（%）
地区生产总值（GDP）	5958.64	15.30	12740.68	12.00	19607.76	8.90	27146.76	7.30
全社会固定资产投资	—	23.70	—	14.40	—	13.20	—	11.00
社会消费品零售总额	2498.06	24.60	5143.12	17.40	7828.55	12.10	10731.80	9.60
规模以上工业增加值	—	18.50	—	14.20	—	10.70	—	8.80
规模以上工业企业实现利润	298.70	57.60	655.40	50.60	1040.60	41.40	1211.00	2.80
居民消费价格指数（CPI）	1~3月		1~6月		1~9月		1~12月	
	-0.30		0.20		0.10		0.20	

资料来源：国家统计局。

二、云南上市公司总体情况

（一）公司数量

表2　　　　　　　　　　　　2021年云南上市公司数量　　　　　　　　　　　单位：家

公司总数	2021年新增	股票类别 仅A股	股票类别 仅B股	股票类别 （A+B）股	板块分布 沪市主板	板块分布 深市主板	板块分布 北交所	板块分布 创业板	板块分布 科创板
41	4	41	0	0	17	18	1	5	0

资料来源：沪深北交易所，同花顺。

（二）行业分布

表3　　2021年云南上市公司行业分布情况

所属证监会行业类别	家数	占比（%）	所属证监会行业类别	家数	占比（%）
采矿业	1	2.44	批发和零售业	3	7.32
电力、热力、燃气及水生产和供应业	2	4.88	水利、环境和公共设施管理业	2	4.88
房地产业	3	7.32	卫生和社会工作	0	0.00
建筑业	0	0.00	文化、体育和娱乐业	0	0.00
交通运输、仓储和邮政业	0	0.00	信息传输、软件和信息技术服务业	1	2.44
教育	0	0.00	制造业	23	56.10
金融业	2	4.88	住宿和餐饮业	0	0.00
居民服务、修理和其他服务业	0	0.00	租赁和商务服务业	1	2.44
科学研究和技术服务业	0	0.00	综合	0	0.00
农、林、牧、渔业	3	7.32	合计	41	100.00

资料来源：沪深北交易所，同花顺。

（三）股本结构及规模

表4　　2021年云南上市公司股本规模在10亿股以上公司分布情况

股本规模（亿股）	公司家数	具体公司
100≤ ~ <200	1	华能水电
50≤ ~ <100	2	太平洋，驰宏锌锗
20≤ ~ <50	4	红塔证券，云铝股份，美好置业，我爱我家
10≤ ~ <20	10	云内动力，云天化，云南铜业，锡业股份，*ST云城，沃森生物，云南白药，云维股份，*ST易见，云南旅游

资料来源：沪深北交易所，同花顺。

表5　　2021年云南上市公司分地区股权构成情况　　　　　　　　　　单位：家

股权性质 地域分布	央企国资控股	省属国资控股	地市国资控股	民营控股	其他	合计
昆明市	6	9	1	11	3	30
曲靖市	1	1	1	0	0	3
玉溪市	0	0	0	1	0	1
保山市	0	0	0	1	0	1
文山州	1	0	0	0	0	1

续表

股权性质 地域分布	央企国资控股	省属国资控股	地市国资控股	民营控股	其他	合计
丽江市	0	0	0	1	0	1
普洱市	0	0	0	1	0	1
临沧市	0	0	0	1	0	1
大理州	0	0	0	1	0	1
迪庆州	0	0	0	1	0	1
合计	8	10	2	18	3	41

资料来源：云南证监局。

（四）市值规模

截至2021年12月31日，云南41家上市公司境内总市值10969.82亿元，占全国上市公司境内总市值的1.19%；其中上交所上市公司17家，总股本442.96亿股，境内总市值3349.63亿元，占上交所上市公司境内总市值的0.60%；深交所上市公司23家，总股本237.79亿股，境内总市值7601.43亿元，占深交所上市公司境内总市值的1.90%。

（五）资产规模

截至2021年12月31日，云南41家上市公司合计总资产7394.41亿元，归属于母公司股东权益2988.60亿元，与2020年相比，分别增长0.42%、14.26%；平均每股净资产4.38元。

三、云南上市公司经营情况及变动分析

（一）总体经营情况

表6　2021年云南上市公司经营情况

指标	2021年	2020年	变动率（%）
家数	41	37	10.81
亏损家数	9	6	50.00
亏损家数比例（%）	21.95	16.22	5.73
平均每股收益（元）	0.37	0.26	42.31
平均每股净资产（元）	4.38	4.09	7.09
平均净资产收益率（%）	8.38	6.42	1.96
总资产（亿元）	7394.41	7363.33	0.42
归属于母公司股东权益（亿元）	2988.60	2615.5	14.26
营业收入（亿元）	5200.63	4086.68	27.26
利润总额（亿元）	330.26	218.41	51.21
归属于母公司所有者的净利润（亿元）	250.44	167.89	49.17

资料来源：沪深北交易所，同花顺。

(二) 分行业经营情况

表7　2021年云南上市公司分行业经营情况

所属行类	营业收入（亿元）	可比样本变动率（％）	归属于母公司所有者的净利润（亿元）	可比样本变动率（％）
采矿业	217.17	13.32	5.84	23.73
电力、热力、燃气及水生产和供应业	223.65	5.82	58.53	18.36
房地产业	215.70	18.68	-30.14	-38.26
建筑业	—	—	—	—
交通运输、仓储和邮政业	—	—	—	—
教育	—	—	—	—
金融业	83.64	23.78	16.98	160.03
居民服务、修理和其他服务业	—	—	—	—
科学研究和技术服务业	—	—	—	—
农、林、牧、渔业	33.09	8.74	1.45	-85.85
批发和零售业	272.82	23.65	18.98	34.23
水利、环境和公共设施管理业	17.76	-20.82	-3.63	-257.83
卫生和社会工作业	—	—	—	—
文化、体育和娱乐业	—	—	—	—
信息传输、软件和信息技术服务业	55.93	31.94	0.87	-8.42
制造业	4072.02	28.19	188.70	58.69
住宿和餐饮业	—	—	—	—
租赁和商务服务业	8.85	-35.68	-7.14	86.82
综合	—	—	—	—
合计	5200.63	25.06	250.44	90.80

资料来源：沪深北交易所，同花顺。

(三) 业绩变动情况分析

1. 营业收入、毛利率等变动原因分析

2021年云南上市公司共实现营业收入5200.63亿元，较2020年同比增加27.26%，金融行业、制造业、信息技术服务业、批发零售业公司营业收入有一定增幅，公共设施管理业、租赁和商务服务业公司营业收入降幅较大。39家非金融企业总体毛利率为17.21%，较2020年上升0.3个百分点。房地产行业类上市公司毛利下降较快。

2. 盈利构成分析

2021年，云南上市公司实现归属母公司股东净利润250.44亿元，同比增长49.17%。其中，32家盈利公司实现归属母公司股东净利润 290.13 亿元，9 家亏损公司归属母公司股东净利润 -39.69 亿元，大额资产减值和财务费用对上市公司盈利能力影响较大。

3. 经营性现金流量分析

2021 年，云南上市公司经营活动产生的现金流量净额为 863.36 亿元，同比增加 51.41%；41 家公司中有 10 家经营活动产生的现金流量净额为净流出，31 家实现净流入。

4. 业绩特点分析

2021 年云南 41 家上市公司营业收入、实现归属母公司股东净利润较 2020 年明显增长。有色行业、化工行业盈利能力大幅提升，但部分公司主业盈利能力不强，9 家上市公司扣非后归属母公司股东净利润为负数。从行业来看，随着有色金属和化工产品价格上涨，云南有色行业和化工行业上市公司营业收入大幅增长。新材料行业增速较快，电力行业利润贡献突出，房地产业公司则收入上升但利润下降，亏损较严重。受新冠疫情影响，旅游行业公司营业收入和利润明显下降，生物医药行业公司营业收入增长平稳，但因云南白药炒股亏损金额较大，生物医药行业整体净利润较 2020 年有较大降幅。

5. 利润分配情况

表 8   2021 年云南上市公司现金分红情况

2021 年分红公司家数			2021 年分红金额		
家数	变动率（%）	分红公司家数占地区公司总数比重（%）	金额（亿元）	变动率（%）	分红金额占归属于母公司所有者的净利润比重（%）
24	9.09	58.54	87.89	-12.36	35.09

资料来源：云南证监局。

四、云南上市公司并购重组情况

（一）并购重组基本情况

2021 年，云南辖区共有 1 家上市公司开展重大资产重组，占辖区上市公司总数的 2.44%。为优化公司资产结构，增强企业抗风险能力，云南城投拟出售公司下属的苍南银泰置业有限公司等 12 家子公司的股权。

（二）并购重组特点

2021 年，受新冠疫情影响，云南上市公司并购重组较少。云南城投通过出售下属子公司股权，优化资产结构，减少债务负担，纾解企业经营困难，提升上市公司抗风险能力。

五、云南上市公司募集资金情况、使用情况

（一）募集资金总体情况

表9　2021年云南上市公司募集资金情况

发行类型	代码	简称	募集资金（亿元）
首发	300957	贝泰妮	30.10
	605296	神农集团	22.45
	小计		52.55
再融资（增发、配股）	601236	红塔证券	79.41
	000807	云铝股份	30.00
	小计		109.41
其他融资（公司债券、短期融资券、中期票据、次级债、金融债、境外发行债券）	300767	震安科技	2.85
	小计		2.85
总计			164.81

资料来源：云南证监局。

（二）募集资金使用情况及特点

2021年，云南5家公司通过首发上市、定向增发、配股等方式募集资金164.81亿元，较2020年下降69.44%。募集资金主要用于新建产能项目及补充流动资金。

（三）募集资金变更情况

表10　2021年云南上市公司募集资金使用项目变更情况

变更募集资金使用项目的公司家数	涉及金额（亿元）	募集资金总额（亿元）	占公司募集资金总额的比例（%）
2	2.26	12.15	18.60

资料来源：云南证监局。

2021年，云南辖区2家上市公司将结余募集资金永久补充流动资金，用于公司日常生产经营，涉及金额2.26亿元，占2家公司本次募集资金总额12.15亿元的18.60%。2021年，辖区上市公司基本能够按照原计划使用募集资金，变更募集资金使用项目的公司家数及涉及金额均较2020年明显下降。

六、云南上市公司规范运作情况

（一）上市公司治理专项情况

一是推动云南省政府印发《云南省人民政府关于进一步提高上市公司质量的实施意见》，从提高上市公司质量的总体要求、提高上市公司治理水平、支持优质企业上市完善企业上市扶植政策、推动上市公司做优做强、保障退市机制落地、解决上市公司突出问题以及建立相关工作机制形成提高上市公司质量工作合力7个方面提出了17条工作举措，确保《国务院关于进一步提高上市公司质量的意见》在辖区落地。同时，进一步推动将提高国有上市公司质量相关内容纳入《云南省国企改革三年行动实施方案（2020－2022

年)》。二是组织开展上市公司治理专项行动。制定上市公司治理专项行动的工作方案，召集辖区上市公司董事长、财务总监、董事会秘书，进行动员部署，开展公司治理专题培训，并组织辖区上市公司认真开展自查自纠工作。三是开展资金占用和违规担保限期整改。落实国发14号文件要求，召集辖区上市公司当面解读资金占用和违规担保限期整改政策，扎实开展自查自纠。

(二) 审计情况及监管情况

2021年，云南辖区41家上市公司中，4家公司被出具带强调事项或解释说明段的无保留意见，1家公司被出具了保留意见，1家公司被出具无法表示意见，其余35家公司审计报告均为标准无保留意见。云南证监局围绕年报信息披露真实性、资金占用与违规担保、退市监管、公司治理披露、并购重组持续监管和《监管规则适用指引——会计类第1号》等重点披露规则执行情况6大年报监管重点，采用现场督导、约谈、下发提示函、现场检查等多种方式，对2021年年报审计工作进行持续监管。同时组织监管干部组成年报审阅分析工作小组，按拟订的年报审阅计划进行审阅，并对多家上市公司年报审计业务进行检查，对未履职尽责的中介机构及签字会计师采取监管措施，督促整改，同时向辖区上市公司、会计师事务所、云南省财政厅、云南省注协通报审计监管中发现的问题。

(三) 信息披露情况

云南辖区上市公司信息披露情况整体良好，但仍有部分上市公司存在信息披露不真实、不准确、不完整的问题。云南证监局坚持以信息披露为中心的监管要求，严肃查处信息披露违法违规行为，从严追究违法违规主体责任。全年，云南辖区3家上市公司及信息披露主要责任人因信息披露违规被采取了行政监管措施。

(四) 证券市场服务情况

一是主动服务实体经济发展。主动将资本市场全面深化改革融入地方经济社会发展大局，积极配合云南省政府实施《云南省推进企业上市倍增三年行动方案(2019－2021年)》，梳理形成全省上市后备企业信息库，建立局领导分片挂钩机制，主动帮助挂钩州市上市、拟上市公司解决困难和问题。支持上市公司科学利用资本市场发展。二是鼓励辖区上市公司召开业绩说明会。动员辖区26家上市公司召开业绩说明会，其中包括14家鼓励类公司和12家自愿召开的公司，所有召开业绩说明会的公司均由董事长或总经理出席。此外，组织辖区全体上市公司召开集体业绩说明会1次，引导形成敬畏投资者的市场氛围。

撰稿人：熊金刚
审稿人：钱宗保　蒋厚贤

西藏地区

一、西藏经济发展概况

表1　　　　　　　　　　　　　2021年西藏经济发展概况　　　　　　　　　　　　　单位：亿元

指标	1~3月 绝对量	1~3月 同比增长（%）	1~6月 绝对量	1~6月 同比增长（%）	1~9月 绝对量	1~9月 同比增长（%）	1~12月 绝对量	1~12月 同比增长（%）
地区生产总值（GDP）	475.72	17.50	926.05	9.10	1440.35	7.20	2080.17	6.70
全社会固定资产投资	—	25.50	—	-1.60	—	-19.2	—	-14.2
社会消费品零售总额	—	29.10	346.29	13.00	558.79	8.60	810.34	8.70
规模以上工业增加值	—	27.60	—	21.10	—	13.80	—	12.90
规模以上工业企业实现利润	2.70	—	26.60	—	36.60	408.30	48.90	—
居民消费价格指数（CPI）	1~3月 1.00		1~6月 1.20		1~9月 1.00		1~12月 0.90	

资料来源：国家统计局。

二、西藏上市公司总体情况

（一）公司数量

表2　　　　　　　　　　　　　2021年西藏上市公司数量　　　　　　　　　　　　　单位：家

公司总数	2021年新增	股票类别 仅A股	股票类别 仅B股	股票类别 (A+B)股	板块分布 沪市主板	板块分布 深市主板	板块分布 北交所	板块分布 创业板	板块分布 科创板
21	1	21	0	0	9	7	0	5	0

资料来源：沪深北交易所，同花顺。

（二）行业分布

表3　　2021年西藏上市公司行业分布情况

所属证监会行业类别	家数	占比（%）	所属证监会行业类别	家数	占比（%）
采矿业	3	14.29	批发和零售业	0	0.00
电力、热力、燃气及水生产和供应业	0	0.00	水利、环境和公共设施管理业	1	4.76
房地产业	1	4.76	卫生和社会工作	0	0.00
建筑业	0	0.00	文化、体育和娱乐业	0	0.00
交通运输、仓储和邮政业	0	0.00	信息传输、软件和信息技术服务业	2	9.52
教育	0	0.00	制造业	12	57.14
金融业	1	4.76	住宿和餐饮业	0	0.00
居民服务、修理和其他服务业	0	0.00	租赁和商务服务业	0	0.00
科学研究和技术服务业	1	4.76	综合	0	0.00
农、林、牧、渔业	0	0.00	合计	21	100.00

资料来源：沪深北交易所，同花顺。

（三）股本结构及规模

表4　　2021年西藏上市公司股本规模在10亿股以上公司分布情况

股本规模（亿股）	公司家数	具体公司
20≤ ~ <50	2	梅花生物，华林证券
10≤ ~ <20	1	海思科

资料来源：沪深北交易所，同花顺。

表5　　2021年西藏上市公司分地区股权构成情况　　单位：家

股权性质 地域分布	央企国资控股	省属国资控股	地市国资控股	民营控股	其他	合计
拉萨市	1	2	0	11	2	16
昌都市	0	0	0	1	0	1
山南市	0	0	1	2	0	3
林芝市	0	0	0	1	0	1

资料来源：西藏证监局。

（四）市值规模

截至 2021 年 12 月 31 日，西藏 21 家上市公司境内总市值 2798.97 亿元，占全国上市公司境内总市值的 0.30%；其中上交所上市公司 9 家，总股本 79.39 亿股，境内总市值 1213.44 亿元，占上交所上市公司境内总市值的 0.23%；深交所上市公司 12 家，总股本 67.12 亿股，境内总市值 1585.53 亿元，占深交所上市公司境内总市值的 0.40%。

（五）资产规模

截至 2021 年 12 月 31 日，西藏 21 家上市公司合计总资产 1211.84 亿元，归属于母公司股东权益 592.99 亿元，与 2020 年相比，分别增长 3.25%，8.32%；平均每股净资产 4.05 元。

三、西藏上市公司经营情况及变动分析

（一）总体经营情况

表 6　　　　　　　　　　　　2021 年西藏上市公司经营情况

指　标	2021 年	2020 年	变动率（%）
家数	21	20	5.00
亏损家数	2	1	100.00
亏损家数比例（%）	9.52	5	4.52
平均每股收益（元）	0.47	0.4	17.50
平均每股净资产（元）	4.05	3.76	7.71
平均净资产收益率（%）	11.60	10.5	1.10
总资产（亿元）	1211.84	1173.67	3.25
归属于母公司股东权益（亿元）	592.99	547.46	8.32
营业收入（亿元）	536.08	465.06	15.27
利润总额（亿元）	83.94	71.75	16.99
归属于母公司所有者的净利润（亿元）	68.80	57.5	19.65

资料来源：沪深北交易所，同花顺。

（二）分行业经营情况

表 7　　　　　　　　　　　2021 年西藏上市公司分行业经营情况

所属行类	营业收入（亿元）	可比样本变动率（%）	归属于母公司所有者的净利润（亿元）	可比样本变动率（%）
采矿业	41.01	5.29	10.11	1772.22
电力、热力、燃气及水生产和供应业	—	—	—	—
房地产业	25.14	34.87	1.18	6.31
建筑业	—	—	—	—
交通运输、仓储和邮政业	—	—	—	—

续表

所属行类	营业收入（亿元）	可比样本变动率（%）	归属于母公司所有者的净利润（亿元）	可比样本变动率（%）
教育	—	—	—	—
金融业	13.95	-6.38	4.84	-40.39
居民服务、修理和其他服务业	—	—	—	—
科学研究和技术服务业	10.26	6.88	1.71	23.91
农、林、牧、渔业	—	—	—	—
批发和零售业	—	—	—	—
水利、环境和公共设施管理业	1.74	38.10	-0.08	-260.00
卫生和社会工作业	—	—	—	—
文化、体育和娱乐业	—	—	—	—
信息传输、软件和信息技术服务业	28.05	22.38	1.27	-50.97
制造业	415.92	14.33	49.76	11.57
住宿和餐饮业	—	—	—	—
租赁和商务服务业	—	—	—	—
综合	—	—	—	—
合计	536.08	14.05	68.80	17.79

资料来源：沪深北交易所，同花顺。

（三）业绩变动情况分析

1. 营业收入、毛利率等变动原因分析

随着疫情影响逐渐减弱、逆周期宏观调控持续发力和区内市场环境逐渐改善，辖区公司经营业绩恢复增长势头。2021年，辖区上市公司营业总收入536.08亿元，同比增长15.27%；实现归母净利润68.80亿元，同比增长19.65%。其中梅花生物在原材料价格上涨的情况下，通过提升经营管理水平，抓住有利时机，提高了产品销量及毛利率，实现净利润大幅增长。

2. 盈利构成分析

辖区12家制造业公司贡献利润49.76亿元，占辖区上市公司总利润的72.33%；3家采矿业公司贡献利润10.11亿元，占总利润的14.69%；1家金融业公司贡献利润4.84亿元，占总利润的7.03%；其他5家公司贡献利润4.09亿元，占总利润的5.94%。

3. 经营性现金流量分析

2021年，辖区20家实体公司经营性现金流量净额80.42亿元，同比增长20.93%。主要系梅花生物、奇正藏药等公司业绩大幅增长，带动整体现金流量呈现上升态势。

4. 业绩特点分析

辖区公司业绩水平分化较大，净利润主要由少数公司贡献，净利润前4的公司贡献利润47.92亿元，占总利润的69.65%；超过10家公司全年盈利不足1亿元，部分公司盈利能力有待提升。

5. 利润分配情况

2021年，辖区15家公司累计现金分

红 31.96 亿元，占 2021 年度归母净利润的 46.45%，延续了辖区公司高比例分红的传统。

表 8　　2021 年西藏上市公司现金分红情况

2021 年分红公司家数			2021 年分红金额		
家数	变动率（%）	分红公司家数占地区公司总数比重（%）	金额（亿元）	变动率（%）	分红金额占归属于母公司所有者的净利润比重（%）
15	0	71.43	31.96	-3.33	46.45

资料来源：西藏证监局。

四、西藏上市公司并购重组情况

无此情况。

五、西藏上市公司募集资金情况、使用情况

（一）募集资金总体情况

表 9　　2021 年西藏上市公司募集资金情况

发行类型	代码	简称	募集资金（亿元）
首发	301075	多瑞医药	5.45
	小计		5.45
再融资（增发、配股）	002653	海思科	0.24
	002287	奇正藏药	0.02
	603676	卫信康	0.53
	300564	筑博设计	0.36
	小计		1.15
其他融资（公司债券、短期融资券、中期票据、次级债、金融债、境外发行债券）	600326	西藏天路	5
	300624	万兴科技	3.79
	—	东方财富证券	83
	—	拉萨城投	30
	—	西藏建工	10
	小计		131.79
总计			138.39

资料来源：西藏证监局。

（二）募集资金使用情况及特点

辖区公司的募集资金用途，一是投资公司发展相关项目，包括数字创意资源商城建设项目、AI数字创意研发中心建设项目、醋酸钠林格注射液项目、西藏总部及研发中心项目建设等。二是偿还公司有息债务。三是补充公司的营运资金。辖区公司2021年以债券融资居多，债券融资使用主要特点是：偿还公司前期有息借款、补充公司流动资金的占比较高，投入实体项目相对不多。股权融资以新建项目投资为主。

（三）募集资金变更情况

无此情况。

六、西藏上市公司规范运作情况

（一）上市公司治理专项情况

组织开展公司治理自查工作。向辖区上市公司印发公司治理自查专项通知，发现辖区公司合计存在57项公司治理问题，督促公司及时整改。对已完成整改和可立行立改的问题，通过现场检查或约谈、走访、核查等非现场监管方式检查整改效果；对尚未整改的问题，要求公司明确整改期限，责任到人，并紧盯整改进展。督促辖区公司认真举办业绩说明会、持续做好投资者保护工作、加大"关键少数"培训力度等。

（二）审计情况及监管情况

2021年，辖区21家公司年度审计报告中，20份为标准无保留意见，1份为保留意见，同时，有1家公司内控审计报告被出具否定意见、1家公司内控审计报告被出具带强调事项段的无保留意见。结合年报审计情况，开展全面检查、其他专项检查6家次。重点关注资金占用、信息披露不实、大股东股权冻结、内幕信息登记情况和独立运作情况，累计发现并督促公司整改问题20项。

（三）信息披露情况

2021年交易所信息披露考核结果显示，有4家公司评价考核结果较上年得到提升。考核中获得A类评价的公司有奇正藏药和华宝股份2家，信息披露水平整体向好，深交所上市公司奇正藏药，连续六年信息披露评价考核结果为A类。同时，也存在部分上市公司对信息披露重视程度不足的问题，一是个别公司未按照相关规定披露关联方和关联交易。二是个别公司未及时披露收到股东财务资助的信息。三是个别公司未按照规定披露对外财务资助信息。四是个别公司在执行信息披露相关制度中存在瑕疵。五是个别公司存在金融性交易资产披露不准确，资产受限情况未严格披露等问题。

（四）证券市场服务情况

一是加强培训，提高规范运作意识。我局协调专业师资，组织召开相关人员培训6次，共计600余人次参加，培训内容涵盖公司治理、信息披露、并购重组、债券发行、案例分析等，及时向辖区各市场主体宣讲最新监管政策，通报违法违规行为被惩戒情况；局领导带队实地前往1家新上市企业在藏办公地，现场开展"监管第一课"，强调把好资本市场入门关，持续提升关键人员的规范运作意识。二深入调研，主动服务企业发展。证监局主要领导亲自带队，走访调研上市公司、拟上市企业6家次，通过实地查看公司经营项目、听取公司有关负责人汇报等方式，准确掌握企业发展状况，详细了解企业生产经营中遇到的困难，帮助企业准确把握政策法规，依法理顺解决问题，推动企业利用好资本市场发展。

（五）其他

鼓励辖区公司不断增强在藏贡献力度，辖区公司积极履行社会责任，助力扶贫、解决就业、增加税收、扩大投资等。

撰稿人：张上弓
审稿人：尹　贺

陕西地区

一、陕西经济发展概况

表1　　　　　　　　　　　2021年陕西经济发展概况　　　　　　　　　　　单位：亿元

指标	1~3月		1~6月		1~9月		1~12月	
	绝对量	同比增长（%）	绝对量	同比增长（%）	绝对量	同比增长（%）	绝对量	同比增长（%）
地区生产总值（GDP）	6352.79	15.40	13542.60	10.20	21193.18	7.00	29800.98	6.50
全社会固定资产投资	—	30.00	—	10.00	—	-3.1	—	-3.0
社会消费品零售总额	2529.53	37.20	4974.93	22.80	7415.78	12.00	10250.50	6.70
规模以上工业增加值	—	18.90	—	11.60	—	7.20	—	7.60
规模以上工业企业实现利润	617.50	118.00	1473.70	101.60	2419.20	94.30	3605.10	88.6
居民消费价格指数（CPI）	1~3月		1~6月		1~9月		1~12月	
	0.40		1.00		1.10		1.50	

资料来源：国家统计局，陕西省统计局。

二、陕西上市公司总体情况

（一）公司数量

表2　　　　　　　　　　　2021年陕西上市公司数量　　　　　　　　　　　单位：家

公司总数	2021年新增	股票类别			板块分布				
		仅A股	仅B股	(A+B)股	沪市主板	深市主板	北交所	创业板	科创板
66	8	66	0	0	25	18	2	13	8

资料来源：沪深北交易所，同花顺。

（二）行业分布

表3　　　　　　　　　　　　2021年陕西上市公司行业分布情况

所属证监会行业类别	家数	占比（%）	所属证监会行业类别	家数	占比（%）
采矿业	3	4.55	批发和零售业	1	1.52
电力、热力、燃气及水生产和供应业	1	1.52	水利、环境和公共设施管理业	3	4.55
房地产业	1	1.52	卫生和社会工作	1	1.52
建筑业	1	1.52	文化、体育和娱乐业	0	0.00
交通运输、仓储和邮政业	0	0.00	信息传输、软件和信息技术服务业	1	1.52
教育	1	1.52	制造业	48	72.73
金融业	3	4.55	住宿和餐饮业	1	1.52
居民服务、修理和其他服务业	0	0.00	租赁和商务服务业	1	1.52
科学研究和技术服务业	0	0.00	综合	0	0.00
农、林、牧、渔业	0	0.00	合计	66	100.00

资料来源：沪深北交易所，同花顺。

（三）股本结构及规模

表4　　　　　　　　2021年陕西上市公司股本规模在10亿股以上公司分布情况

股本规模（亿股）	公司家数	具体公司
1000≤	0	
500≤~<1000	0	
200≤~<500	0	
100≤~<200	1	ST大集
50≤~<100	3	陕西煤业，隆基绿能，中国西电
20≤~<50	12	西部证券，西安银行，保力新，陕国投A，陕西建工，北元集团，彩虹股份，金钼股份，中航西飞，航发动力，国际医学，陕西黑猫
10≤~<20	5	陕鼓动力，*ST必康，中再资环，陕天然气，兴化股份

资料来源：沪深交易所，同花顺。

表5　　　　　　　　　　2021年陕西上市公司分地区股权构成情况　　　　　　　　　单位：家

地域分布 \ 股权性质	央企国资控股	省属国资控股	地市国资控股	民营控股	其他	合计
西安市	7	13	8	16	4	48
咸阳市	0	1	1	2	0	4
宝鸡市	2	3	0	0	0	5

续表

股权性质 地域分布	央企国资控股	省属国资控股	地市国资控股	民营控股	其他	合计
渭南市	0	0	0	2	0	2
安康市	0	0	0	0	0	0
商洛市	0	0	0	1	0	1
汉中市	1	0	0	0	0	1
榆林市	0	1	0	0	0	1
延安市	0	0	0	1	1	2
铜川市	0	0	0	0	1	1
杨凌示范区	0	0	0	1	0	1
合计	10	18	9	23	6	66

资料来源：陕西证监局。

（四）市值规模

截至 2021 年 12 月 31 日，陕西 66 家上市公司境内总市值 15929.68 亿元，占全国上市公司境内总市值的 1.65%；其中上交所上市公司 33 家，总股本 534.9 亿股，境内总市值 11462.53 亿元，占上交所上市公司境内总市值的 2.21%；深交所上市公司 31 家，总股本 497.76 亿股，境内总市值 4381.56 亿元，占深交所上市公司境内总市值的 1.95%；北交所上市公司 2 家，总股本 6.4 亿股，境内总市值 85.6 亿元，占北交所上市公司境内总市值的 3.16%。

（五）资产规模

截至 2021 年 12 月 31 日，陕西 66 家上市公司合计总资产 15642.09 亿元，归属于母公司股东权益 4786.32 亿元，与 2020 年相比，分别增长 16.91%、11%；平均每股净资产 4.61 元。

三、陕西上市公司经营情况及变动分析

（一）总体经营情况

表 6　　　　　　　　　　　　2021 年陕西上市公司经营情况

指　标	2021 年	2020 年	变动率（%）
家数	66	59	11.86
亏损家数	13	10	30.00
亏损家数比例（%）	19.70	16.95	2.75
平均每股收益（元）	0.51	0.38	34.21
平均每股净资产（元）	4.61	5.03	-8.35

续表

指标	2021年	2020年	变动率（%）
平均净资产收益率（%）	11.06	7.51	3.55
总资产（亿元）	15642.09	13379.94	16.91
归属于母公司股东权益（亿元）	4786.32	4311.87	11.00
营业收入（亿元）	6543.39	4937.81	32.52
利润总额（亿元）	790.36	468.73	68.62
归属于母公司所有者的净利润（亿元）	529.61	323.65	63.64

资料来源：沪深北交易所，同花顺。

（二）分行业经营情况

表7　　　　　　　　　　　2021年陕西上市公司分行业经营情况

所属行类	营业收入（亿元）	可比样本变动率（%）	归属于母公司所有者的净利润（亿元）	可比样本变动率（%）
采矿业	1609.88	55.89	216.49	54.76
电力、热力、燃气及水生产和供应业	75.63	-7.72	4.21	17.93
房地产业	69.42	30.88	3.77	14.59
建筑业	1594.78	24.86	34.77	22.91
交通运输、仓储和邮政业	—	—	—	—
教育	2.38	15.53	0.36	24.14
金融业	158.63	9.79	49.47	8.51
居民服务、修理和其他服务业	—	—	—	—
科学研究和技术服务业	—	—	—	—
农、林、牧、渔业	—	—	—	—
批发和零售业	16.63	-24.78	-6.87	84.86
水利、环境和公共设施管理业	29.34	8.67	-0.39	-230.00
卫生和社会工作业	29.21	81.77	-8.22	-1926.67
文化、体育和娱乐业	—	—	—	—
信息传输、软件和信息技术服务业	30.05	8.88	0.64	4.92
制造业	2886.43	26.33	232.03	46.87
住宿和餐饮业	5.19	26.28	-1.69	-1977.78
租赁和商务服务业	35.71	27.17	5.05	39.12
综合	—	—	—	—
合计	6543.39	30.83	529.61	56.42

资料来源：沪深北交易所，同花顺。

（三）业绩变动情况分析

1. 营业收入、毛利率等变动原因分析

受国内疫情影响整体减弱及国内工业消费需求旺盛因素共同作用，辖区上市公司实现营业收入6543.39亿元，同比增长32.52%，高于全国同期19.81%的增速，分别有八成公司营业收入正向增长和实现盈利。53家公司实现营业收入正增长，27家公司增速超30%。其中，以陕西黑猫、陕西煤业、兴化股份、隆基股份、彩虹股份等为代表的能源化工、电子消费企业因国内工业消费市场需求增加，收入平均增速超过60%；以中熔电气、美畅股份等为代表的11家战略新兴产业企业表现亮眼，收入平均增速接近40%。

2. 盈利构成分析

2021年，辖区上市公司实现净利润529.61亿元，同比增长63.64%，高于全国同期19.56%的增速。2021年，辖区53家上市公司净利润为正，其中，43家公司实现正增长，16家公司盈利增速超过50%。陕西黑猫受益于国内工业持续增长推动焦炭价格上涨，金钼股份因钼行业呈现周期性上行态势，兴化股份因下游化工行业原材料需求旺盛，中国西电持续推进技术降本增效，三角防务国内锻件产品市场份额占比优势不断巩固，西部超导高端钛合金产品市场竞争力强，净利润均实现1倍以上增长。

3. 经营性现金流量分析

2021年度，陕西66家上市公司经营活动产生的现金流量净额832.52亿元，较2020年增加16.88亿元，同比增长2.06%，平均每家公司经营性活动现金流量净额12.61亿元。其中，55家公司经营活动产生的现金流量净额为净流入，占比83.33%。

4. 业绩特点分析

从营收来看，陕西建工、陕西煤业等10家收入超百亿元的公司合计5312.43亿元，占辖区公司总收入的81%，而收入排名后30位的上市公司收入合计占辖区收入比重仅为3.38%；从盈利来看，陕西煤业、隆基股份等9家盈利超过10亿元的蓝筹公司合计451.51亿元，占当年实现盈利上市公司净利润比重达79%，而剩余盈利公司中，15家公司盈利不足1亿元，更有13家公司经营亏损。总体来看，辖区上市公司业绩两级分化明显。

5. 利润分配情况

表8 2021年陕西上市公司现金分红情况

2021年分红公司家数			2021年分红金额		
家数	变动率（%）	分红公司家数占地区公司总数比重（%）	金额（亿元）	变动率（%）	分红金额占归属于母公司所有者的净利润比重（%）
43	13.15	65.15	154.95	-2.49	29.25

资料来源：陕西证监局。

四、陕西上市公司并购重组情况

2021年辖区上市公司并购重组活动较少，天和防务1家上市公司发生许可类重大资产重组，主要是通过发行股份的方式购买子公司南京彼奥和华扬通信的少数股权，有利于增强上市公司对子公司的控制力，增强上市公司的持续盈利能力和风险能力；有利于进一步提升上市公司的产业链协同创新，产业协同和市场协同能力，加速上市公司围绕主营业务进行产业布局。

五、陕西上市公司募集资金情况、使用情况

（一）募集资金总体情况

表9　　2021年陕西上市公司募集资金情况

发行类型	代码	简称	募集资金（亿元）
首发	688314	康拓医疗	2.52
	688269	凯立新材	4.42
	301031	中熔电气	4.44
	605033	美邦股份	4.29
	688285	高铁电气	6.76
	688167	炬光科技	17.7
	835640	富士达	新三板精选层平移北交所
	834599	同力股份	新三板精选层平移北交所
	小计		40.12
再融资（增发、配股）	002673	西部证券	75.00
	000516	国际医学	10.00
	002149	西部材料	7.85
	300397	天和防务	5.90
	600456	宝钛股份	20.05
	300487	蓝晓科技	1.28
	600248	陕西建工	21.30
	601015	陕西黑猫	14.57
	300397	天和防务	5.90
	000837	秦川机床	7.99
	600706	曲江文旅	2.29
	小计		172.13
其他融资（公司债、可转换债券）	300775	三角防务	9.04
	600984	建设机械	5.00
	600665	天地源	9.00
	小计		23.04
总计			235.29

资料来源：陕西证监局。

（二）募集资金使用情况及特点

2021年，陕西上市公司持续利用增发、配股、发行公司债、可转债等再融资方式，利用资本市场实现直接融资共计235.29亿元。有41家上市公司共使用募集资金201.93亿元，分别同比增长24.24%和157.79%。当期使用募集资金的上市公司占比为66.66%，募集资金使用效率较高，但个别公司受疫情导致的行业市场变化等影响，募投项目进展缓慢，个别公司存在使用闲置募集资金购买理财产品、补充流动资金的情况。

（三）募集资金变更情况

表10　2021年陕西上市公司募集资金使用项目变更情况

变更募集资金使用项目的公司家数	涉及金额（亿元）	募集资金总额（亿元）	占公司募集资金总额的比例（%）
8	39.09	201.68	19.3

资料来源：陕西证监局。

六、陕西上市公司规范运作情况

（一）上市公司治理专项情况

2021年，陕西证监局认真开展公司治理专项行动，对部分公司治理开展现场检查，并组织开展公司治理突出问题专项整治工作，对4家公司董监高违规减持、近亲属短线交易问题出具行政监管措施5项，就5家公司存在的董事会、监事会换届超期问题下发监管关注函督促整改，督促相关公司股东履行业绩补偿承诺或提供解决方案。经过不断努力，辖区上市公司治理整体情况得到明显改善。在构建规范发展机制方面，联合省国资委等4家单位线上线下同步举办辖区上市公司2020年度业绩说明会，有3家公司被评为2020年A股上市公司业绩说明会优秀案例，其中隆基股份入选50家公司治理最佳实践案例。此外，烽火电子获评国务院国资委国有企业公司治理示范企业。

（二）审计情况及监管情况

2021年年报期间，陕西辖区除兴昌华所延安必康审计项目外，其余65家上市公司按期披露经审计的财务报告。从披露信息来看，年审机构贯彻落实陕西证监局年报审计监管要求，着力提升风险合规意识和服务资本市场能力，1家公司审计调亏后触及退市条件，1家公司被出具无法表示意见报告后未能按期披露年报，2家公司被出具带强调事项段无保留意见，在提高上市公司财务信息披露质量、服务退市制度改革等方面有效发挥了"看门人"作用。2021年年报期间，陕西证监局进一步强化审计督导，压实中介机构责任，全年下发审计监管备忘录10份，覆盖全部风险项目，开展现场审计督导6家次，约谈相关人员26家次，努力将风险化解在审计过程之中，消除在审计报告日之前，通过传导监管压力，1家公司主动披露资金占用事项，涉系投资的2家公司均计提了大额减值准备、1家公司延期披露年报并补提大额减值，有效释放风险。

（三）信息披露情况

2021年，陕西上市公司及相关信息披露义务人基本能够依法履行信息披露义务，但个别公司仍然存在信息披露不规范事项。对此，陕西证监局以信息披露为中心，坚持非现场检查和现场检查联动，依法从严处置，持续督促上市公司提高信披质量。针对发现的信息披露不实、信息披露不及时等问题，对其中4家公司、8名董监高人员、5名股东采取6项行政监管措施。

（四）证券市场服务情况

2021年，陕西证监局发挥职能优势，积极改进服务、提高效率，助力地方经济高质量发展，推动实体企业扩大直接融资。一是推进企业上市公司取得积极进展。联合省省级有关部门深入开展上市后备资源培育工作，发布300家省级后备企业名单，深入落实辅导监管要求，全年累计接收家/次企业辅导备案（含终止和二次辅导），20家企业辅导验收进入证监会或交易所审核程序，企业上市梯次发展格局进一步巩固。本年度新增上市公司8家。二是推动各类企业利用多层次资本市场开展直接融资，增强服务实体经济能力。

（五）其他

2021年，陕西证监局加强风险排查，及时有效处置上市公司风险。全面排查辖区上市公司风险隐患，强化风险动态监控，提高核查效率，对风险隐患始终做到心中有数。坚持分类监管、精准施策，妥善化解上市公司风险，进一步压降风险类公司数量。

撰稿人：殷少伟
审稿人：王明生

甘肃地区

一、甘肃经济发展概况

表1　2021年甘肃经济发展概况　单位：亿元

指　标	1~3月 绝对量	1~3月 同比增长（%）	1~6月 绝对量	1~6月 同比增长（%）	1~9月 绝对量	1~9月 同比增长（%）	1~12月 绝对量	1~12月 同比增长（%）
地区生产总值（GDP）	2207.10	13.20	4748.20	10.50	7401.00	8.50	10243.30	6.90
全社会固定资产投资	—	30.10	—	18.20	—	9.80	—	6.30
社会消费品零售总额	1034.70	34.00	2030.90	24.80	3024.70	18.00	4037.10	11.10
规模以上工业增加值	—	15.50	—	11.40	—	9.80	—	8.90
规模以上工业企业实现利润	114.00	415.80	307.80	198.50	466.30	125.30	516.50	16.10
居民消费价格指数（CPI）	1~3月		1~6月		1~9月		1~12月	
	0.50		0.70		0.70		0.90	

资料来源：国家统计局。

二、甘肃上市公司总体情况

（一）公司数量

表2　2021年甘肃上市公司数量　单位：家

公司总数	2021年新增	股票类别 仅A股	股票类别 仅B股	股票类别 (A+B)股	板块分布 沪市主板	板块分布 深市主板	板块分布 北交所	板块分布 创业板	板块分布 科创板
33	0	33	0	0	15	15	0	3	0

资料来源：沪深北交易所，同花顺。

（二）行业分布

表3　　　2021年甘肃上市公司行业分布情况

所属证监会行业类别	家数	占比（%）	所属证监会行业类别	家数	占比（%）
采矿业	3	9.09	批发和零售业	2	6.06
电力、热力、燃气及水生产和供应业	1	3.03	水利、环境和公共设施管理业	0	0.00
房地产业	0	0.00	卫生和社会工作	1	3.03
建筑业	0	0.00	文化、体育和娱乐业	1	3.03
交通运输、仓储和邮政业	0	0.00	信息传输、软件和信息技术服务业	0	0.00
教育	0	0.00	制造业	21	63.6
金融业	0	0.00	住宿和餐饮业	0	0.00
居民服务、修理和其他服务业	0	0.00	租赁和商务服务业	0	0.00
科学研究和技术服务业	1	3.03	综合	0	0.00
农、林、牧、渔业	3	9.09	合计	33	100.00

资料来源：沪深北交易所，同花顺。

（三）股本结构及规模

表4　　　2021年甘肃上市公司股本规模在10亿股以上公司分布情况

股本规模（亿股）	公司家数	具体公司
50≤ ~ <100	2	白银有色，酒钢宏兴
20≤ ~ <50	6	*ST银亿，方大炭素，华天科技，首航高科，靖远煤电，中核钛白
10≤ ~ <20	4	亚盛集团，*ST恒康，甘肃电投，兰石重装

资料来源：沪深北交易所，同花顺。

表5　　　2021年甘肃上市公司分地区股权构成情况　　　单位：家

地域分布＼股权性质	央企国资控股	省属国资控股	地市国资控股	民营控股	其他	合计
兰州市	2	9	2	7	0	20
嘉峪关市	0	1	0	0	0	1
金昌市	0	0	0	0	0	0
白银市	0	0	1	2	1	4
天水市	0	0	0	2	0	2
武威市	0	0	0	2	0	2
张掖市	0	0	0	0	0	0

续表

股权性质 地域分布	央企国资控股	省属国资控股	地市国资控股	民营控股	其他	合计
酒泉市	0	0	1	1	0	2
平凉市	0	0	0	0	0	0
庆阳市	0	0	0	0	0	0
定西市	0	0	0	0	0	0
陇南市	0	0	0	2	0	2
合计	2	10	4	16	1	33

资料来源：甘肃证监局。

（四）市值规模

截至2021年12月31日，甘肃33家上市公司境内总市值3060.14亿元，占全国上市公司境内总市值的0.33%；其中上交所上市公司15家，总股本263.37亿股，境内总市值1471.75亿元，占上交所上市公司境内总市值的0.24%；深交所上市公司18家，总股本197.32亿股，境内总市值1588.40亿元，占深交所上市公司境内总市值的0.30%。

（五）资产规模

截至2021年12月31日，甘肃33家上市公司合计总资产3135.21亿元，归属于母公司股东权益1403.59亿元，与2020年相比，分别增长7.85%、13.47%；平均每股净资产2.91元。

三、甘肃上市公司经营情况及变动分析

（一）总体经营情况

表6　2021年甘肃上市公司经营情况

指　标	2021年	2020年	变动率（%）
家数	33	33	0.00
亏损家数	12	10	20.00
亏损家数比例（%）	36.36	30.30	6.06
平均每股收益（元）	0.14	0.05	180
平均每股净资产（元）	2.91	2.67	9.0
平均净资产收益率（%）	4.82	0.02	4.8
总资产（亿元）	3135.21	2906.90	7.85
归属于母公司股东权益（亿元）	1403.59	1237.01	13.47
营业收入（亿元）	2019.27	1695.69	19.08
利润总额（亿元）	103.84	49.46	109.95
归属于母公司所有者的净利润（亿元）	67.67	23.11	192.82

资料来源：沪深北交易所，同花顺。

（二）分行业经营情况

表7　　　　　　　　　　　　2021年甘肃上市公司分行业经营情况

所属行类	营业收入（亿元）	可比样本变动率（%）	归属于母公司所有者的净利润（亿元）	可比样本变动率（%）
采矿业	64.93	36.95	1.73	130.19
电力、热力、燃气及水生产和供应业	20.12	-11.17	2.60	-41.18
房地产业	—	—	—	—
建筑业	—	—	—	—
交通运输、仓储和邮政业	—	—	—	—
教育	—	—	—	—
金融业	—	—	—	—
居民服务、修理和其他服务业	—	—	—	—
科学研究和技术服务业	25.82	4.07	3.27	6.51
农、林、牧、渔业	58.11	4.35	1.36	121.45
批发和零售业	16.11	-0.62	2.41	28.88
水利、环境和公共设施管理业	—	—	—	—
卫生和社会工作业	30.16	7.48	-3.71	-613.46
文化、体育和娱乐业	12.22	12.73	0.85	14.86
信息传输、软件和信息技术服务业	—	—	—	—
制造业	1791.80	18.03	59.16	135.89
住宿和餐饮业	—	—	—	—
租赁和商务服务业	—	—	—	—
综合	—	—	—	—
合计	2019.27	19.08	67.67	192.82

资料来源：沪深北交易所，同花顺。

（三）业绩变动情况分析

1. 营业收入、毛利率等变动原因分析

2021年，甘肃上市公司实现营业收入2019.27亿元，较2020年同比上升19.08%；营业利润108.79亿元，较2020年增加52.03亿元；利润总额103.84亿元，较2020年增加54.38亿元。营业收入上升的主要原因是制造业尤其是非金属矿物制品业发展态势较好，行业营业收入占2021年辖区整体90.05%，拉动整体增长。

2. 盈利构成分析

2021年，甘肃上市公司实现归属于母公司所有者净利润67.67亿元，较2020年增长44.56亿元，主要原因是4家上市公司盈利能力提升，实现归属于母公司所有者净利润翻番。从盈利构成情况来看，2021年上市公司利润主要来源于营业利润，金额为108.79亿元，占利润总额的104.77%，营业外收支净额为-4.95亿元，投资净收益为15.12亿元，占利润总

额的比重分别为-4.77%和14.56%。

3. 经营性现金流量分析

2021年,甘肃上市公司经营活动产生的现金流量净额为191.76亿元,较2020年增长20.61%,其中24家公司经营活动产生的现金流量净额为正,占33家上市公司的72.73%,较2020年下降3.03个百分点。

4. 业绩特点分析

2021年,甘肃上市公司实现归属于母公司所有者净利润67.67亿元,较2020年增长44.56亿元;平均每股收益0.14元,较2020年增长0.09元;平均净资产收益率4.82%,较2020年增长4个百分点。分板块来看,辖区主板公司净利润较2020年有所上升,增长19.75亿元,创业板公司净利润相比2020年增长6.91亿元。平均每股收益主板、创业板分别为0.17亿元、-0.08亿元,相比2020年分别上升6.25%和82.98%。

5. 利润分配情况

表8　2021年甘肃上市公司现金分红情况

2021年分红公司家数			2021年分红金额		
家数	变动率（%）	分红公司家数占地区公司总数比重（%）	金额（亿元）	变动率（%）	分红金额占归属于母公司所有者的净利润比重（%）
16	-20	49	47.13	137.1	69.65

资料来源：甘肃证监局。

四、甘肃上市公司并购重组情况

无此情况。

五、甘肃上市公司募集资金情况、使用情况

（一）募集资金总体情况

表9　2021年甘肃上市公司募集资金情况

发行类型	代码	简称	募集资金（亿元）
再融资（增发、配股）	002185	华天科技	51.00
	603169	兰石重装	13.30
小计			64.30
总计			64.30

资料来源：甘肃证监局。

（二）募集资金使用情况及特点

2021年,甘肃辖区共15家上市公司使用募集资金,合计金额53.53亿元,主要用于项目建设和补充流动资金。截至2021年年末,有14家公司募集资金尚未

使用完毕。

(三) 募集资金变更情况

表10　　　　　　　　2021年甘肃上市公司募集资金使用项目变更情况

变更募集资金使用项目的公司家数	涉及金额（亿元）	募集资金总额（亿元）	占公司募集资金总额的比例（%）
2	6.59	68.05	9.68

资料来源：甘肃证监局。

六、甘肃上市公司规范运作情况

(一) 上市公司治理专项情况

2021年，甘肃证监局持续加强上市公司治理监管，主动作为、多措并举，推动辖区上市公司治理能力提升。一是组织辖区上市公司认真开展自查，根据自查清单梳理上市公司在组织机构运行和决策、内部控制规范体系建设、信息披露与透明度、关联方管理、投资者管理等方面存在的问题，要求上市公司逐项进行整改。二是组织开展提高上市公司质量专题培训会、财务总监专题培训会、上市公司监管工作座谈会、中介机构年报审计监管集体沟通会，通过多种形式进行政策培训和解读，明确监管要求，督促提升公司治理水平。三是扎实开展现场检查，坚持风险导向，结合日常监管，查找问题、反馈问题、整改问题，督促公司持续完善治理机制。2021年共开展上市公司现场检查8家次，采取行政监管措施3家次、9人次。

(二) 审计情况及监管情况

2021年，辖区33家上市公司的财务报告审计报告中，29家公司为标准无保留意见审计报告，3家公司为带强调事项的无保留意见审计报告，1家公司为保留意见审计报告。在纳入内控实施范围的29家公司的内部控制审计报告中，28家为标准无保留意见报告，1家为带强调事项的无保留意见报告。在年报审计监管工作中，甘肃证监局坚持风险导向，完善事中事后监管机制，全面加强审计机构监管工作，切实提高辖区中介机构执业质量。2021年，约谈9个重点审计项目签字会计师，列席年审会计师与公司审计委员会沟通会，开展7家次上市公司年报审计项目现场检查。召开辖区监管工作会议，举办辖区上市公司财务总监培训班1次，联合省政府相关部门举办直接融资培训班开展财务专题培训1次。

(三) 信息披露情况

2021年，甘肃局主动作为，提前部署，围绕"给投资者一个真实、透明、合规的上市公司"监管目标，推动提高辖区公司信息披露质量。一是督促中介机构切实发挥好财务信息"看门人"作用，集体约谈辖区审计市场占比较高的会计师事务所负责人、签字会计师、质控合伙人，督促中介机构规范执业。二是督促上市公司严格落实信息披露要求，逐家约谈重点公司高管人员，传递监管压力，提出监管要求。三是加强现场检查力度，重点关注上市公司信息披露是否合规，对发现的违法违规行为及时采取措施，督促整改。

（四）证券市场服务情况

一是深入开展走访调研，扎实推进注册制改革、提高上市公司质量等重点工作。二是靠前服务，加强政策宣讲，持续推动上市后备企业培育工作。三是统筹做好资本市场疫情防控，积极向辖区上市公司传达我会金融支持疫情防控相关政策，鼓励用好足用相关政策，推动相关部门在支持上市公司复工复产方面采取实质性措施。四是推动"保险+期货""合作社+场外期权"服务三农，助力乡村振兴。五是推动落成辖区首家财商教育基地，不仅将投资者教育纳入辖区各层次国民教育体系，同时将投教平台的功能延伸。六是强化执法协作，依法从严打击证券违法活动。主动与省公安厅、省检察院、省法院等司法部门深化工作协作，加强信息共享，为司法部门提供专业支持。七是持续加强证券基金经营机构从业人员管理，促进形成辖区良好健康发展生态。

撰稿人：张欣蓉
审稿人：毛朗格　李康莉　罗义杰

青海地区

一、青海经济发展概况

表1　　　　　　　　　　　　　2021年青海经济发展概况　　　　　　　　　　　单位：亿元

指　标	1~3月		1~6月		1~9月		1~12月	
	绝对量	同比增长（%）	绝对量	同比增长（%）	绝对量	同比增长（%）	绝对量	同比增长（%）
地区生产总值（GDP）	743.88	12.80	1557.40	9.10	2401.80	6.70	3346.63	5.70
全社会固定资产投资	—	18.10	—	-1.50	—	-3.10	—	-3.00
社会消费品零售总额	209.22	28.20	437.03	14.90	695.94	10.50	947.84	8.00
规模以上工业增加值	—	13.10		9.30		8.00		9.20
规模以上工业企业实现利润	46.60	763.00	140.90	362.00	266.50	278.00	301.60	88.60
居民消费价格指数（CPI）	1~3月		1~6月		1~9月		1~12月	
	0.30		0.80		1.00		1.30	

资料来源：国家统计局。

二、青海上市公司总体情况

（一）公司数量

表2　　　　　　　　　　　　　　2021年青海上市公司数量　　　　　　　　　　　　单位：家

公司总数	2021年新增	股票类别			板块分布				
		仅A股	仅B股	(A+B)股	沪市主板	深市主板	北交所	创业板	科创板
11	-1	11	0	0	7	4	0	0	0

资料来源：沪深北交易所，同花顺。

（二）行业分布

表3　　　　　　　　　　　　2021年青海上市公司行业分布情况

所属证监会行业类别	家数	占比（%）	所属证监会行业类别	家数	占比（%）
采矿业	1	9.09	批发和零售业	0	0.00
电力、热力、燃气及水生产和供应业	0	0.00	水利、环境和公共设施管理业	0	0.00
房地产业	0	0.00	卫生和社会工作	0	0.00
建筑业	1	9.09	文化、体育和娱乐业	0	0.00
交通运输、仓储和邮政业	0	0.00	信息传输、软件和信息技术服务业	1	9.09
教育	0	0.00	制造业	8	72.73
金融业	0	0.00	住宿和餐饮业	0	0.00
居民服务、修理和其他服务业	0	0.00	租赁和商务服务业	0	0.00
科学研究和技术服务业	0	0.00	综合	0	0.00
农、林、牧、渔业	0	0.00	合计	11	100.00

资料来源：沪深北交易所，同花顺。

（三）股本结构及规模

表4　　　　　　　2021年青海上市公司股本规模在10亿股以上公司分布情况

股本规模（亿股）	公司家数	具体公司
50≤~<100	1	盐湖股份
20≤~<50	2	西部矿业，远东股份
10≤~<20	2	西宁特钢，藏格矿业

资料来源：沪深北交易所，同花顺。

表5　　　　　　　　2021年青海上市公司分地区股权构成情况　　　　　　　　单位：家

股权性质 地域分布	央企国资控股	省属国资控股	地市国资控股	民营控股	其他	合计
西宁市	0	3	0	5	0	8
海东市	0	0	0	1	0	1
格尔木市	0	1	0	1	0	2
合计	0	4	0	7	0	11

资料来源：青海证监局。

(四)市值规模

截至2021年12月31日,青海11家上市公司境内总市值3507.59亿元,占全国上市公司境内总市值的0.38%;其中上交所上市公司7家,总股本76.61亿股,境内总市值661.69亿元,占上交所上市公司境内总市值的0.13%;深交所上市公司4家,总股本86.42亿股,境内总市值2845.90亿元,占深交所上市公司境内总市值的0.72%。

(五)资产规模

截至2021年12月31日,青海11家上市公司合计总资产1399.17亿元,归属于母公司股东权益440.22亿元,与2020年相比,分别增长4.63%、15.91%;平均每股净资产2.7元。

三、青海上市公司经营情况及变动分析

(一)总体经营情况

表6　　2021年青海上市公司经营情况

指标	2021年	2020年	变动率(%)
家数	11	12	-8.33
亏损家数	4	4	0.00
亏损家数比例(%)	36.36	33.33	3.03
平均每股收益(元)	0.46	0.01	4500.00
平均每股净资产(元)	2.70	2.28	18.42
平均净资产收益率(%)	17.00	0.24	16.76
总资产(亿元)	1399.17	1337.22	4.63
归属于母公司股东权益(亿元)	440.22	379.79	15.91
营业收入(亿元)	974.46	828.13	17.67
利润总额(亿元)	96.03	22.14	333.74
归属于母公司所有者的净利润(亿元)	74.86	0.92	8036.96

资料来源:沪深北交易所,同花顺。

(二)分行业经营情况

表7　　2021年青海上市公司分行业经营情况

所属行类	营业收入(亿元)	可比样本变动率(%)	归属于母公司所有者的净利润(亿元)	可比样本变动率(%)
采矿业	384.01	33.92	29.32	223.26
电力、热力、燃气及水生产和供应业	—	—	—	—
房地产业	—	—	—	—

续表

所属行类	营业收入（亿元）	可比样本变动率（%）	归属于母公司所有者的净利润（亿元）	可比样本变动率（%）
建筑业	51.26	4.76	1.11	2.78
交通运输、仓储和邮政业	—	—	—	—
教育	—	—	—	—
金融业	—	—	—	—
居民服务、修理和其他服务业	—	—	—	—
科学研究和技术服务业	—	—	—	—
农、林、牧、渔业	—	—	—	—
批发和零售业	—	—	—	—
水利、环境和公共设施管理业	—	—	—	—
卫生和社会工作业	—	—	—	—
文化、体育和娱乐业	—	—	—	—
信息传输、软件和信息技术服务业	2.00	-74.19	-6.29	48.06
制造业	537.20	13.13	50.71	2067.09
住宿和餐饮业	—	—	—	—
租赁和商务服务业	—	—	—	—
综合	—	—	—	—
合计	974.46	19.08	74.86	20132.43

资料来源：沪深北交易所，同花顺。

(三) 业绩变动情况分析

1. 营业收入、净利润等变动原因分析

2021年，青海11家上市公司实现营业收入974.46亿元，同比增长17.67%，其中10家公司营业收入同比增长；归属母公司股东的净利润（以下简称净利润）合计74.86亿元，同比增长80.37倍，主要得益于盐湖股份、西部矿业、藏格矿业和远东股份净利润大幅增长。

2. 盈利构成分析

2021年，青海上市公司利润来源主要是营业利润，其中7家盈利，4家亏损，盈利面63.64%。盈利的7家公司实现净利润96.21亿元，占利润总额的100.19%；亏损的4家公司实现净利润-21.35亿元，主营业务盈利能力有待提高。

3. 经营性现金流量分析

2021年，青海上市公司经营活动产生的现金流量净额173.04亿元，同比增长225.28%。其中，9家公司经营性现金流量净额为正，8家公司经营性现金流量净额同比上升，1家公司持续3年以上经营性现金流量净额为负。

4. 业绩特点分析

(1) 资源优势充分发挥，两大支柱产业表现强劲。2021年，受益于全球大宗商品价格大幅上涨等有利因素，青海省盐湖化工、有色金属两大支柱产业优势充分发挥，持续提质增效。盐湖股份、西部矿业、藏格矿业、金瑞矿业实现营业收入、净利润双增长，4家公司利润总额占全省规上工业企业的40.60%，净利润对本省GDP贡献率为17.08%。

（2）深耕主业多元协同，民营上市公司稳健发展。2021年，青海省7家民营上市公司实现营业收入316.77亿元，同比增长9.61%；实现净利润11.46亿元，同比增长41.18亿元。青海省民营上市公司在各自领域具有相对优势，服务本省经济发展的潜力和空间巨大，其中，天佑德酒持续推动青稞酒产品结构升级，积极布局省外市场，2021年实现扭亏为盈；远东股份不断强化风电、光伏、核电电缆制造的技术和产品创断，营业收入、净利润创历史新高；正平股份推进业务多元化，文旅板块进一步带动周边乡村旅游、民宿经济等特色产业。

（3）股东回报意识增强，积极分享发展红利。2021年，青海省3家上市公司披露现金分红方案，分红金额5.17亿元，较2020年增长70.77%，西部矿业、正平股份连续3年现金分红，持续与投资者分享企业发展红利。

5. 利润分配情况

表8　　　　　　　　　2021年青海上市公司现金分红情况

2021年分红公司家数			2021年分红金额		
家数	变动率（%）	分红公司家数占地区公司总数比重（%）	金额（亿元）	变动率（%）	分红金额占归属于母公司所有者的净利润比重（%）
3	50	27.27	5.17	70.77	6.91

资料来源：青海证监局。

四、青海上市公司并购重组情况

（一）并购重组基本情况

青海上市公司通过并购重组实现产业整合，不断提高质量，助力地方经济高质量发展。一是西部矿业为进一步增强发展动力，不断扩大资源储量、拓展资源品种，收购西矿集团持有的西部镁业91.40%股权、昆仑黄金12%股权和农银金投持有的会东大梁22.73%股权。二是藏格矿业为提升在盐湖提锂领域的持续发展能力和综合竞争力，收购嘉锦实业、泰坦通源100%股权，同时成立全资子公司认购藏青基金47.08%的合伙份额，藏青基金收购麻米措矿业51%股权。三是正平股份拓展在基础设施、文旅开发等领域的投资和建设，收购金阳光投资、北京金来顺持有的海东平安驿100%股权，公司"平安驿"文旅品牌建设日趋完善。四是青海华鼎为提升公司的盈利能力、抗风险能力，改善经营业绩，基于锐丰文化的良好发展前景，收购锐丰科技持有的锐丰文化70%股权。

（二）并购重组特点

2021年，青海上市公司充分利用资

本市场资源优化配置功能，积极开展了以产业整合、产业转型升级为目的的并购重组。一是西部矿业持续贯彻落实公司资源发展战略，延伸了矿产资源产业链，进一步助推公司产业结构升级，提高产业技术含量。二是藏格矿业整合锂矿资源，扩大资源储量，为公司后续聚焦主业稳健、长远发展夯实基础。三是正平股份通过股权投资、并购重组等方式推动多元化发展，进一步发挥文旅品牌作用推动特色产业发展。四是青海华鼎为提高盈利能力，推行业务转型退出机床制造领域，收购文创行业公司培育新的利润增长点。

五、青海上市公司募集资金情况、使用情况

（一）募集资金总体情况

表9　　　　　　　　　　2021年青海上市公司募集资金情况

发行类型	代码	简称	募集资金（亿元）
再融资（增发、配股）	002646	天佑德酒	4.40
	603843	正平股份	4.12
小计			8.52
总计			8.52

资料来源：青海证监局。

（二）募集资金使用情况及特点

2021年，青海辖区上市公司正平股份、天佑德酒通过非公开发行股票募集资金4.40亿元、4.12亿元，扣除发行费用后的募集资金净额分别为4.35亿元、4.05亿元，募集资金主要用于主营业务的发展和补充流动资金。2021年，正平股份使用募集资金4.35亿元，天佑德酒使用募集资金0.69亿元，2家公司均按照募集说明书约定投向使用募集资金。

（三）募集资金变更情况

无此情况。

六、青海上市公司规范运作情况

（一）上市公司治理专项情况

2021年，青海证监局围绕提高上市公司质量的目标，督促辖区上市公司提高公司治理能力和规范运作水平。一是贯彻落实国发14号文精神，及时向青海省政府专题报告，推动青海省政府印发《关于进一步提高上市公司质量的实施意见》，对提高辖区上市公司质量工作作出总体部署。二是扎实开展公司治理专项行动，成立工作专班，强化组织协调，要求辖区上市公司认真做好自查整改。根据自查清单深入分析研究，梳理存在的共性和

突出问题，提出监管对策建议，夯实上市公司高质量发展的基础。三是将公司治理纳入现场检查内容，督促公司将问题整改和提升治理水平有效结合，推动公司治理专项行动取得实效。经整改，辖区上市公司规范运作水平进一步提升。四是高度重视上市公司董监高培训，要求上市公司董事长、总经理认真参加由证监会、沪深交易所、青海证监局及中国上市公司协会举办的各类专题培训，不断提高"关键少数"风险意识、合规意识。

（二）审计情况及监管情况

向辖区上市公司及其年报审计机构下发专项通知，提出监管要求，持续强化年报审计监管工作。做好事前沟通，逐家发函提醒，明确关键审计事项和风险问题，确保年报编制、审计工作重点突出、有序推进。做好事中督导，结合风险级别、"换所"等情况，合理确定重点审计项目，持续跟踪工作进展，压实审计机构责任，督促发挥"看门人"作用。做好事后审核，深挖重点难点会计审计问题，探索年报审阅分析新思路、新手段，对具体问题逐家发函问询并针对性开展现场检查，进一步提高上市公司信息披露质量和审计执业质量。

（三）信息披露情况

2021年，青海证监局持续以信息披露监管为核心，强化信息披露监管力度，提高上市公司透明度，保障投资者知情权。一是在现场检查中，重点对公司信息披露情况做专项检查，采取警示函措施2家次，出具《检查结果告知书》13份。二是对辖区上市公司恢复上市、业绩预亏、公司治理、大股东股份回购注销、第一大股东变更等重要事项提醒、问询，持续释放监管信号，督促提高信息披露质量。三是加强信息披露监管，高度关注股价异动、媒体质疑或市场舆情，及时向公司询问或核查，回应市场关切。

（四）证券市场服务情况

2021年，青海证监局提升资本市场服务实体经济能力，积极利用多层次资本市场体系服务青海经济建设。一是积极支持2家上市公司再融资8.52亿元，有效缓解公司资金紧张局面，助推公司聚焦主业实现高质量发展。这也是辖区上市公司自2017年以来首次利用资本市场完成股权融资，实现了"十四五"开局之年"开门红"。二是紧抓资本市场全面深化改革机遇，加大拟上市挂牌企业政策宣讲、调研培育力度，积极支持省内企业利用资本市场融资发展，取得积极成效。三是创新形式、精心组织辖区上市公司集体接待日暨业绩说明会，使线下现场集中与线上网络直播相互联动、文字化年度报告与可视化讲解视频相互补充，实现与投资者的良好互动。

撰稿人：张　婷
审稿人：胡巍东　陈建鑫

宁夏地区

一、宁夏经济发展概况

表1　　　　　　　　　　　　2021年宁夏经济发展概况　　　　　　　　　　　单位：亿元

指　标	1~3月		1~6月		1~9月		1~12月	
	绝对量	同比增长（%）	绝对量	同比增长（%）	绝对量	同比增长（%）	绝对量	同比增长（%）
地区生产总值（GDP）	952.53	15.70	2028.82	11.20	3180.64	8.40	4522.31	6.70
全社会固定资产投资	—	16.50	—	5.50	—	8.70	—	6.00
社会消费品零售总额	342.60	22.90	640.35	11.70	996.14	7.60	1335.12	2.60
规模以上工业增加值	—	14.80	—	11.70	—	10.20	—	8.00
规模以上工业企业实现利润	101.30	291.10	256.90	235.40	362.00	143.00	462.60	20.90
居民消费价格指数（CPI）	1~3月		1~6月		1~9月		1~12月	
	-0.30		0.70		1.00		1.40	

资料来源：国家统计局。

二、宁夏上市公司总体情况

（一）公司数量

表2　　　　　　　　　　　　2021年宁夏上市公司数量　　　　　　　　　　　单位：家

公司总数	2021年新增	股票类别			板块分布				
		仅A股	仅B股	(A+B)股	沪市主板	深市主板	北交所	创业板	科创板
16	2	16	0	0	6	8	1	1	0

资料来源：沪深北交易所，同花顺。

(二) 行业分布

表3　　　　　　　　　　　　2021年宁夏上市公司行业分布情况

所属证监会行业类别	家数	占比（%）	所属证监会行业类别	家数	占比（%）
采矿业	0	0.00	批发和零售业	1	6.25
电力、热力、燃气及水生产和供应业	3	18.75	水利、环境和公共设施管理业	0	0.00
房地产业	0	0.00	卫生和社会工作	0	0.00
建筑业	0	0.00	文化、体育和娱乐业	0	0.00
交通运输、仓储和邮政业	1	6.25	信息传输、软件和信息技术服务业	0	0.00
教育	0	0.00	制造业	10	62.50
金融业	0	0.00	住宿和餐饮业	0	0.00
居民服务、修理和其他服务业	0	0.00	租赁和商务服务业	0	0.00
科学研究和技术服务业	0	0.00	综合	0	0.00
农、林、牧、渔业	1	6.25	合计	16	100.00

资料来源：沪深北交易所，同花顺。

(三) 股本结构及规模

表4　　　　　　　　2021年宁夏上市公司股本规模在10亿股以上公司分布情况

股本规模（亿股）	公司家数	具体公司
50≤ ~ <100	1	宝丰能源
20≤ ~ <50	2	中银绒业，嘉泽新能
10≤ ~ <20	2	西部创业，宝塔实业

资料来源：沪深北交易所，同花顺。

表5　　　　　　　　2021年宁夏上市公司分地区股权构成情况　　　　　　　　单位：家

地域分布＼股权性质	央企国资控股	省属国资控股	地市国资控股	民营控股	其他	合计
银川市	2	2	0	5	1	10
石嘴山市	2	0	0	1	0	3
吴忠市	0	0	0	2	0	2
固原市	0	0	0	0	0	0
中卫市	1	0	0	0	0	1
合计	5	2	0	8	1	16

资料来源：宁夏证监局。

(四) 市值规模

截至2021年12月31日，宁夏16家上市公司境内总市值2126.07亿元，占全国上市公司境内总市值的0.23%；其中上交所上市公司6家，总股本116.26亿股，境内总市值1594.66亿元，占上交所上市公司境内总市值的0.31%；深交所上市公司9家，总股本95.27亿股，境内总市值516.43亿元，占深交所上市公司境内总市值的0.13%。

(五) 资产规模

截至2021年12月31日，宁夏16家上市公司合计总资产1073.41亿元，归属于母公司股东权益652.65亿元，与2020年相比，分别增长9.2%、13.18%；平均每股净资产3.05元。

三、宁夏上市公司经营情况及变动分析

(一) 总体经营情况

表6　　2021年宁夏上市公司经营情况

指　标	2021年	2020年	变动率（%）
家数	16	14	14.29
亏损家数	3	1	200.00
亏损家数比例（%）	18.75	7.14	11.61
平均每股收益（元）	0.43	0.29	48.28
平均每股净资产（元）	3.05	2.8	8.93
平均净资产收益率（%）	14.11	10.45	3.66
总资产（亿元）	1073.41	982.94	9.20
归属于母公司股东权益（亿元）	652.65	576.63	13.18
营业收入（亿元）	475.40	362.88	31.01
利润总额（亿元）	107.28	70.26	52.69
归属于母公司所有者的净利润（亿元）	92.07	60.23	52.86

资料来源：沪深北交易所，同花顺。

(二) 分行业经营情况

表7　　2021年宁夏上市公司分行业经营情况

所属行类	营业收入（亿元）	可比样本变动率（%）	归属于母公司所有者的净利润（亿元）	可比样本变动率（%）
采矿业	—	—	—	—
电力、热力、燃气及水生产和供应业	32.41	24.70	9.18	211.19
房地产业	—	—	—	—

续表

所属行类	营业收入（亿元）	可比样本变动率（%）	归属于母公司所有者的净利润（亿元）	可比样本变动率（%）
建筑业	—	—	—	—
交通运输、仓储和邮政业	12.37	38.06	2.26	31.40
教育	—	—	—	—
金融业	—	—	—	—
居民服务、修理和其他服务业	—	—	—	—
科学研究和技术服务业	—	—	—	—
农、林、牧、渔业	7.14	32.22	0.82	64.00
批发和零售业	57.05	0.19	0.51	18.60
水利、环境和公共设施管理业	—	—	—	—
卫生和社会工作业	—	—	—	—
文化、体育和娱乐业	—	—	—	—
信息传输、软件和信息技术服务业	—	—	—	—
制造业	366.42	33.32	79.31	42.23
住宿和餐饮业	—	—	—	—
租赁和商务服务业	—	—	—	—
综合	—	—	—	—
合计	475.40	27.75	92.07	50.05

资料来源：沪深北交易所，同花顺。

（三）业绩变动情况分析

1. 营业收入、毛利率等变动原因分析

2021年辖区上市公司营业收入同比增长31.01%，增幅较大，扭转了2020年的下降趋势。15家披露年报的公司平均毛利率有所增长，保持在20%以上。营业收入和毛利率增长主要是上市公司克服疫情影响，经营发展承受住了压力。

2. 盈利构成分析

2021年，辖区15家披露年报的上市公司12家盈利、3家亏损，亏损家数较2020年增加2家。实现营业利润110.71亿元，是利润总额的1.03倍，同比持平，辖区上市公司盈利稳定性和持久性良好。

3. 经营性现金流量分析

2021年，辖区上市公司经营活动产生的现金流量净额合计为113.82亿元，同比增长47.17%，较2020年的增长幅度进一步提升。其中3家公司经营活动现金流量净额为负，同比减少50%。

4. 业绩特点分析

2021年，辖区上市公司共计实现归属于母公司所有者的净利润92.07亿元，同比增长52.86%。经营业绩主要由辖区1家大型企业贡献，同比增长52.93%。

5. 利润分配情况

表8 2021年宁夏上市公司现金分红情况

2021年分红公司家数			2021年分红金额		
家数	变动率（%）	分红公司家数占地区公司总数比重（%）	金额（亿元）	变动率（%）	分红金额占归属于母公司所有者的净利润比重（%）
5	-16.67	31.25	26.47	1.38	29.04

资料来源：宁夏证监局。

四、宁夏上市公司并购重组情况

（一）并购重组基本情况

2021年，9家上市公司实施并购重组19次，交易金额74.67亿元，当年完成并购重组4家次。在并购重组的公司家数、交易金额和完成次数方面，相比2020年均大幅提升。

（二）并购重组特点

2021年，辖区上市公司"重视并购、审慎并购、健康并购"理念不断强化，通过并购重组吸收合并优质资产、做优做强主业的动力进一步提升。并购重组以现金收购股权为主，不涉及发行股份购买资产。

五、宁夏上市公司募集资金情况、使用情况

（一）募集资金总体情况

表9 2021年宁夏上市公司募集资金情况

发行类型	代码	简称	募集资金（亿元）
首发	300967.SZ	晓鸣股份	2.13
		小计	2.13

资料来源：宁夏证监局。

(二) 募集资金使用情况及特点

2021年，辖区仅有1家公司首发上市募集资金2.13亿元，存放和使用符合有关法规和制度的规定，对募集资金的管理、使用均履行了必要的决策程序及信息披露义务，募集资金均投向主营业务。

(三) 募集资金变更情况

无此情况。

六、宁夏上市公司规范运作情况

(一) 上市公司治理专项情况

一是按照上市公司治理专项行动的统一部署，认真完成指导上市公司自查、监管审核、总结分析等各项工作，全面摸底辖区上市公司治理情况，掌握治理薄弱环节。上市公司自查发行14方面30项问题。二是紧抓"关键少数"不放松，提高规范运作责任意识。持续开展上市公司新任董监高监管谈话，在日常监管中加强约谈问询频次，对上市公司董监高、控股股东及实控人开展监管谈话50余家次、300余人次。

(二) 审计情况及监管情况

2021年，宁夏辖区上市公司分别由信永中和、立信、安永华明、天职国际、大华、大信、普华永道中天、利安达8家会计师事务所审计，除1家上市公司未披露2021年年报，审计机构对15家上市公司年报均出具了标准无保留审计意见。宁夏证监局通过督促会计师勤勉尽责、问询重大会计问题、开展现场检查等方式，督导审计机构不断提高执业质量。对辖区4家上市公司年报检查延伸检查审计机构，对1家审计机构从业人员采取行政监管措施，对3家审计机构出具检查结果告知书。

(三) 信息披露情况

宁夏证监局坚持以信息披露为核心，持续督促上市公司真实、准确、完整、及时地披露信息。一是强化日常监管。安排专人盯市，每日关注公司公告、股价走势及媒体舆情，发现问题线索及时问询约谈。二是重视年报审计及披露。年初对年报编制、审计与披露质量发出通知提出明确要求，发出审计关注事项提醒函4份，约谈3家公司及中介机构人员了解风险公司重要事项审计情况。认真审核公司年报，发出2份年报问询函。

(四) 证券市场服务情况

宁夏证监局积极推动注册制改革落实落地，服务实体经济发展。一是推动优质企业上市。开展注册制大讨论，积极落实会党委注册制改革各项任务，大力宣传注册制改革政策精神，加大优质企业培育力度，取得可喜成绩。蛋种鸡养殖龙头企业晓鸣股份上市融资2.13亿元，成为注册制后辖区第一家上市公司，实现了创业板零的突破。凯添燃气成为第一家北交所上市公司。二是加强对企业的培育辅导。加强对8家IPO及北交所辅导备案企业的持续监管，完成威力传动辅导验收。落实自治区党委政府关于建立省级领导同志抓重点产业工作机制相关精神，调研走访重点龙头企业情况，宣传证监会相关政策。持续开展走访调研，举办多次专题培训，为企业上市提供政策咨询。三是支持直接融资稳健发展。不断加强公司债券、资产证券化业务的宣传，提高辖区企业对债券融资工具的认识，债券融资规模总体呈稳健趋势发展。

撰稿人：牛　丽　何　娟　杨成龙　关智聪　郭汇东

审稿人：段晓霞

新疆地区

一、新疆经济发展概况

表1　　　　　　　　　　　　2021年新疆经济发展概况　　　　　　　　　　　　单位：亿元

指标	1~3月		1~6月		1~9月		1~12月	
	绝对量	同比增长（%）	绝对量	同比增长（%）	绝对量	同比增长（%）	绝对量	同比增长（%）
地区生产总值（GDP）	3402.54	12.10	7328.90	9.90	11396.14	8.80	15983.65	7.00
全社会固定资产投资	—	29.00	—	25.60	—	5.70	—	1.20
社会消费品零售总额	758.69	46.30	1609.80	19.80	2561.23	24.60	3584.62	17.00
规模以上工业增加值	—	16.30	—	11.40	—	10.80	—	8.80
规模以上工业企业实现利润	358.00	212.40	888.40	196.50	1485.70	189.70	1916.10	10.20
居民消费价格指数（CPI）	1~3月		1~6月		1~9月		1~12月	
	0.60		1.20		1.20		1.20	

资料来源：国家统计局。

二、新疆上市公司总体情况

（一）公司数量

表2　　　　　　　　　　　　2021年新疆上市公司数量　　　　　　　　　　　　单位：家

公司总数	2021年新增	股票类别			板块分布				
		仅A股	仅B股	(A+B)股	沪市主板	深市主板	北交所	创业板	科创板
58	-1	58	0	0	30	21	0	6	1

资料来源：沪深北交易所，同花顺。

（二）行业分布

表3　　　　　　　　　　　2021年新疆上市公司行业分布情况

所属证监会行业类别	家数	占比（%）	所属证监会行业类别	家数	占比（%）
采矿业	5	8.62	批发和零售业	4	6.90
电力、热力、燃气及水生产和供应业	6	10.34	水利、环境和公共设施管理业	1	1.72
房地产业	0	0.00	卫生和社会工作	1	1.72
建筑业	2	3.45	文化、体育和娱乐业	0	0.00
交通运输、仓储和邮政业	1	1.72	信息传输、软件和信息技术服务业	2	3.45
教育	0	0.00	制造业	27	46.55
金融业	2	3.45	住宿和餐饮业	0	0.00
居民服务、修理和其他服务业	0	0.00	租赁和商务服务业	1	1.72
科学研究和技术服务业	1	1.72	综合	0	0.00
农、林、牧、渔业	5	8.62	合计	58	100.00

资料来源：沪深北交易所，同花顺。

（三）股本结构及规模

表4　　　　　2021年新疆上市公司股本规模在10亿股以上公司分布情况

股本规模（亿股）	公司家数	具体公司
200≤ ~ <500	1	申万宏源
100≤ ~ <200	1	中油资本
50≤ ~ <100	4	天山股份，广汇能源，渤海租赁，中油工程
20≤ ~ <50	5	金风科技，特变电工，中泰化学，德展健康，中粮糖业
10≤ ~ <20	14	大全能源，卓郎智能，新疆天业，八一钢铁，*ST新亿，新研股份，*ST济堂，青松建化，天康生物，新疆众和，西部建设，北新路桥，天富能源，*ST中葡

资料来源：沪深北交易所，同花顺。

表5　　　　　　　　　2021年新疆上市公司分地区股权构成情况　　　　　　　　　　单位：家

股权性质＼地域分布	央企国资控股	省属国资控股	地市国资控股	民营控股	其他	合计
乌鲁木齐市	5	6	2	15	3	31
昌吉市	1	0	1	4	0	6

续表

股权性质\地域分布	央企国资控股	省属国资控股	地市国资控股	民营控股	其他	合计
克拉玛依市	2	0	0	2	0	4
石河子市	0	0	3	1	0	4
五家渠市	0	0	1	1	0	2
阿拉尔市	0	0	2	0	0	2
库尔勒市	1	0	0	1	0	2
阿克苏市	0	0	0	1	0	1
塔城市	0	0	0	1	0	1
喀什市	0	0	0	1	0	1
和田市	0	0	0	1	0	1
可克达拉市	0	0	1	0	0	1
双河市	0	0	1	0	0	1
铁门关市	0	0	1	0	0	1
合计	9	6	12	28	3	58

资料来源：新疆证监局。

（四）市值规模

截至2021年12月31日，新疆58家上市公司境内总市值9246.87亿元，占全国上市公司境内总市值的1.01%；其中上交所上市公司31家，总股本398.35亿股，境内总市值4260.38亿元，占上交所上市公司境内总市值的0.82%；深交所上市公司27家，总股本719.69亿股，境内总市值4986.49亿元，占深交所上市公司境内总市值的1.26%。

（五）资产规模

截至2021年12月31日，新疆58家上市公司合计总资产29605.27亿元，归属于母公司股东权益5657.82亿元，与2020年相比，分别增长20.87%、23.76%；平均每股净资产5.06元。

三、新疆上市公司经营情况及变动分析

（一）总体经营情况

表6　　　　　　　　　　　2021年新疆上市公司经营情况

指标	2021年	2020年	变动率（%）
家数	58	59	-1.69
亏损家数	15	17	-11.76
亏损家数比例（%）	25.86	28.81	-2.95

续表

指 标	2021年	2020年	变动率（%）
平均每股收益（元）	0.50	0.14	257.14
平均每股净资产（元）	5.06	4.43	14.22
平均净资产收益率（%）	9.87	3.25	6.62
总资产（亿元）	29605.27	24493.31	20.87
归属于母公司股东权益（亿元）	5657.82	4571.52	23.76
营业收入（亿元）	7524.94	5333.14	41.10
利润总额（亿元）	846.70	301.37	180.95
归属于母公司所有者的净利润（亿元）	558.39	148.8	275.26

资料来源：沪深北交易所，同花顺。

（二）分行业经营情况

表7　　　　　　　　2021年新疆上市公司分行业经营情况

所属行类	营业收入（亿元）	可比样本变动率（%）	归属于母公司所有者的净利润（亿元）	可比样本变动率（%）
采矿业	1101.90	19.10	55.65	143.54
电力、热力、燃气及水生产和供应业	133.67	37.72	12.54	146.37
房地产业	—	—	—	—
建筑业	239.38	25.82	3.10	82.35
交通运输、仓储和邮政业	13.02	15.12	0.40	37.93
教育	—	—	—	—
金融业	652.71	9.63	149.48	-4.24
居民服务、修理和其他服务业	—	—	—	—
科学研究和技术服务业	2.81	230.59	0.60	118.75
农、林、牧、渔业	33.68	24.05	-1.74	-355.88
批发和零售业	54.88	-1.10	0.30	101.23
水利、环境和公共设施管理业	1.49	192.16	0.27	162.79
卫生和社会工作业	10.44	13.36	0.37	-13.95
文化、体育和娱乐业	—	—	—	—
信息传输、软件和信息技术服务业	11.13	-12.84	-6.33	39.66
制造业	5001.90	6.72	356.07	61.23
住宿和餐饮业	—	—	—	—
租赁和商务服务业	267.91	-2.29	-12.32	84.01
综合	—	—	—	—
合计	7524.94	9.27	558.39	90.99

资料来源：沪深北交易所，同花顺。

(三) 业绩变动情况分析

1. 营业收入、毛利率等变动原因分析

2021年,新疆上市公司实现营业收入7524.94亿元,较2020年增长41.10%;营业成本5448.04亿元,较2020年增长6.44%;利润总额846.7亿元,较2020年增长180.95%;归属于母公司所有者净利润558.39亿元,较2020年增长275.26%;毛利率27.6%,较2020年增长近2个百分点。

2. 盈利构成分析

2021年,新疆上市公司利润来源主要是营业利润,占利润总额的100.32%,较2020年下降3.94个百分点。其中,投资净收益252.01亿元,较2020年上升87.69%,占利润总额的比重为29.76%;资产减值损失-126.97亿元,较2020年下降27.51%,占利润总额的比重为-15%;资产处置收益4.69亿元,较2020年下降47.18%,占利润总额的比重为0.55%;公允价值变动净收益18.84亿元,较2020年下降4.18%,占利润总额的比重为2.22%。

3. 经营性现金流量分析

2021年,新疆上市公司产生经营性现金流净额877.21亿元,较2020年年末增长907.73亿元,现金流量大幅改善。其中,经营活动现金流入9112.05亿元,较2020年增长36.31%;经营活动现金流出8234.84亿元,较2020年增长22.65%。

4. 业绩特点分析

(1) 资产规模看。截至2021年12月31日,新疆上市公司总股本1118.04亿股,同比增长8.32%;总资产29605.27亿元,同比增长20.87%;净资产7160.36亿元,同比增长25.16%,市场规模不断扩大;资产负债率75.81%,同比下降0.78个百分点,财务杠杆持续改善。

(2) 从盈利情况看。2021年,新疆上市公司共计实现营业收入7524.94亿元,同比增长41.10%;归属母公司股东的净利润558.39亿元,同比增长275.26%,营收及利润增幅分别超过全市场平均水平21.85个、213.95个百分点。

(3) 从现金流方面看。2021年,新疆上市公司经营活动现金流量净额合计877.21亿元,同比增长907.73亿元。其中,金融业上市公司经营活动现金流量净额合计增长483.03亿元,增幅94.99%,其他行业上市公司经营活动现金流量净额合计增长425.06亿元,增幅89%。

5. 利润分配情况

2021年,新疆有29家上市公司发布现金分红方案,占41家盈利上市公司中的70.73%,预计分红金额为165.1亿元,较上年增长68%,分红金额占2021年净利润总额的29.56%。新疆有21家上市公司已连续三年实施现金分红,分红水平不断提高,为投资者带来持续的收益和回报。

表 8　　2021 年新疆上市公司现金分红情况

2021 年分红公司家数			2021 年分红金额		
家数	变动率（%）	分红公司家数占地区公司总数比重（%）	金额（亿元）	变动率（%）	分红金额占归属于母公司所有者的净利润比重（%）
29	-3.33	50	165.1	68	29.56

资料来源：新疆证监局。

四、新疆上市公司并购重组情况

（一）并购重组基本情况

2021 年，新疆共有 4 家上市公司完成重大资产重组，合计交易金额 1008.5 亿元。其中，天山股份发行股份购买中国联合水泥有限公司 100% 股权、中材水泥有限责任公司 100% 股权、南方水泥有限公司 99.93% 股权、西南水泥有限公司 95.72% 股权，并非公开发行募集配套资金；*ST德新现金收购东莞致宏精密模具有限公司 100% 股权；*ST香梨现金收购统一石油化工有限公司 100% 股权、统一（陕西）石油化工有限公司 25% 股权、统一（无锡）石油制品有限公司 25% 股权；中泰化学通过现金出售的方式，向控股股东转让北京中泰齐力国际科贸有限公司 100% 股权，购买新疆新冶能源化工股份有限公司 69.09% 股权，出售上海中泰多经国际贸易有限责任公司 60% 股权。

（二）并购重组特点

资本运作持续活跃，资产规模不断增长。2021 年，新疆上市公司资本运作延续活跃态势，4 家上市公司完成重大资产重组，交易金额（含募集配套资金）合计 1008.5 亿元，加速资源配置和产业整合，不断增强核心竞争力，推动效益和质量提升。例如，天山股份整合中国建材集团旗下主要水泥板块资产，交易金额为 981.42 亿元，重组后成为 A 股规模最大的水泥上市公司；*ST德新、*ST香梨通过重组拓展主业，改善经营基本面，在年报披露后撤销退市风险警示。

现金类重组数量增多，交易估值趋于理性。2021 年，新疆 4 单重大资产重组中，按支付方式划分，发股类重组 1 单，现金类重组 3 单，现金类重组近年呈现上升趋势；按估值方法划分，采用收益法评估结论的 2 单，采用资产基础法评估结论的 1 单，采用市场法评估结论的 1 单，评估增值率较以前年度下降明显。

五、新疆上市公司募集资金情况、使用情况

（一）募集资金总体情况

表 9　　2021年新疆上市公司募集资金情况

发行类型	代码	简称	募集资金（亿元）
首发	688303.SH	大全能源	64.47
	小计		64.47
再融资（增发、配股）	603227.SH	雪峰科技	1.98
	600888.SH	新疆众和	11.75
	002307.SZ	北新路桥	6
	002092.SZ	中泰化学	38.12
	603393.SH	新天然气	8.07
	002800.SZ	天顺股份	0.49
	000877.SZ	天山股份	941.71
	300588.SZ	熙菱信息	3
	002100.SZ	天康生物	20.67
	600419.SH	天润乳业	5.67
	小计		1037.46
其他融资（公司债券、短期融资券、中期票据、次级债、金融债、境外发行债券）	000166.SZ	申万宏源	80
	002307.SZ	北新路桥	3.3
	000617.SZ	中油资本	15
	002302.SZ	西部建设	13
	002092.SZ	中泰化学	15
	600089.SH	特变电工	15
	600256.SH	广汇能源	4
	小计		145.3
总计			1247.23

资料来源：新疆证监局。

（二）募集资金使用情况及特点

2021年，新疆上市公司共募集资金1247.23亿元，直接融资规模创历史新高，其中首发募集资金64.47亿元，再融资募集资金1037.46亿元，其他融资募集资金145.3亿元，主要用于项目建设、支付重组交易对价及补充运营资金。其中，大全能源首发上市，实现辖区科创板"零的突破"，10家上市公司实现再融资，同比增长2.23倍，有力地支持了实体经济发展。

（三）募集资金变更情况

2021年，有1家公司变更募集资金投资项目1个，涉及金额1.9亿元，占公司募集资金总额的97.94%，并履行了相应审议程序。变更募集资金原因是公司客运业务受疫情影响较大，调整原募投项目，用于支付重大资产重组交易对价。

表10　2021年新疆上市公司募集资金使用项目变更情况

变更募集资金使用项目的公司家数	涉及金额（亿元）	募集资金总额（亿元）	占公司募集资金总额的比例（%）
1	1.90	1.94	97.94

资料来源：新疆证监局。

六、新疆上市公司规范运作情况

（一）上市公司治理专项情况

2021年，新疆证监局贯彻落实《关于开展上市公司治理专项行动的通知》文件要求，有序推进公司治理自查、现场检查、督促整改等各项工作，确保专项行动取得实效。一是督促辖区上市公司于2021年4月末之前完成自查清单填报工作，发现治理问题110项。二是开展公司治理专项检查8家，发现问题19项，约谈董监高10人次，下发监管关注函4份，出具行政监管措施5项，移送稽查立案2家次。三是督促辖区上市公司严格落实信息披露、内部控制、股权激励、ESG等规则，修订完善公司治理制度，召开独立董事座谈会，狠抓"关键少数"履职，推动辖区上市公司强化内生动力，构建良好生态。

（二）审计情况及监管情况

2021年，共有20家会计师事务所承做辖区58家公司2021年年报审计业务，其中承做公司家数较多的为立信、希格玛、大信、天职国际等会计师事务所。在审计监管方面，新疆证监局一是以风险和问题为导向，将承接审计业务较多的会计师事务所确定为辖区重点审计机构，加大对总所质量控制负责人、项目组人员的约谈力度，督促审计机构细化项目分类并制定审计计划，履行好"看门人"职责。二是落实分类监管，加大对涉及退市、异常"换所"等重点项目的约谈函询力度，充分提示相关公司风险情况，持续关注审计进展情况，对部分项目实施现场督导，督促审计机构严格执行审计程序、保证审计质量。三是通过举办专题培训、印发通知文件等方式，督促审计机构落实风险导向审计理念和方法，关注收入审计、重大非常规交易审计、资产减值审计、关联交易审计、资金占用和违规担保等重点领域，保持职业怀疑，有效识别、评估并应对重大错报风险。

（三）信息披露情况

2021年，辖区上市公司董监高总体上较好地履行了忠实勤勉义务，能够保证所披露信息的真实准确完整，并持续做好投资者关系管理工作。根据沪深交易所2021年度信息披露考核评价结果，辖区51家主板、6家创业板上市公司中考核为A类的公司有9家，B类公司29家，C类公司14家，D类公司5家，A类、B类公司合计占比约65%。2021年，辖区共有43家上市公司举办了年度报告业绩说明会，其中申万宏源、中油资本入选全国优秀案例，伊力特入选全国最佳实践。

（四）证券市场服务情况

2021年，新疆证监局持续做好证券市场服务工作。一是指导新疆上市公司协会举办各类业务培训9次，深入解读规范运作、公司治理、政策法规等内容，培训上市公司"关键少数"、中介机构执业人员及地方政府相关工作人员近2700人次，通报违法违规典型案例，发挥警示教育作用，倡导最佳实践，营造良好生态。二是加强与自治区政府、兵团的沟通协作，推动地方政府出台一系列政策文件，建立重点上市公司风险处置工作专班，协调解决民营上市公司及其大股东流动性困难，持续压降存量风险，推动形成提高上市公司质量长效机制。三是开展资本市场融资工具调查研究，加大政策宣传，推动地方政府和市场主体对融资重组的认知和运用能力，引导辖区上市公司审慎推进再融资、并购重组项目，督促中介机构勤勉尽责、提升执业质量，服务新疆企业利用资本市场开展直接融资。

撰稿人：谈　钊　张雅婧　熊大卫
审稿人：李　瑾

深圳地区

一、深圳经济发展概况

表1　　　　　　　　　　　　2021年深圳经济发展概况　　　　　　　　　单位：亿元

指标	1～3月		1～6月		1～9月		1～12月	
	绝对量	同比增长（%）	绝对量	同比增长（%）	绝对量	同比增长（%）	绝对量	同比增长（%）
地区生产总值（GDP）	6867.54	17.10	14324.47	9.70	21791.18	7.10	30664.85	6.70
全社会固定资产投资	—	24.80	—	-0.40	—	8.20	—	4.00
社会消费品零售总额	2140.94	39.60	4485.10	23.20	6959.02	15.10	9498.12	9.60
规模以上工业增加值	2005.11	24.00	—	8.30	—	4.80	—	4.70
规模以上工业企业实现利润	—	—	—	—	—	—	—	19.60
居民消费价格指数（CPI）	1～3月		1～6月		1～9月		1～12月	
	-0.90		0.10		0.50		0.90	

资料来源：国家统计局。

二、深圳上市公司总体情况

（一）公司数量

表2　　　　　　　　　　　　2021年深圳上市公司数量　　　　　　　　　单位：家

公司总数	2021年新增	股票类别			板块分布				
		仅A股	仅B股	(A+B)股	沪市主板	深市主板	北交所	创业板	科创板
372	39	356	0	16	23	182	3	135	29

资料来源：沪深北交易所，同花顺。

（二）行业分布

表3　　　　　　　　　　　　2021年深圳上市公司行业分布情况

所属证监会行业类别	家数	占比（%）	所属证监会行业类别	家数	占比（%）
采矿业	0	0.00	批发和零售业	16	4.30
电力、热力、燃气及水生产和供应业	6	1.61	水利、环境和公共设施管理业	6	1.61
房地产业	17	4.57	卫生和社会工作	0	0.00
建筑业	17	4.57	文化、体育和娱乐业	0	0.00
交通运输、仓储和邮政业	7	1.88	信息传输、软件和信息技术服务业	40	10.75
教育	0	0.00	制造业	230	61.83
金融业	8	2.15	住宿和餐饮业	0	0.00
居民服务、修理和其他服务业	0	0.00	租赁和商务服务业	11	2.96
科学研究和技术服务业	13	3.49	综合	1	0.27
农、林、牧、渔业	0	0.00	合计	372	100.00

资料来源：沪深北交易所，同花顺。

（三）股本结构及规模

表4　　　　　　　2021年深圳上市公司股本规模在10亿股以上公司分布情况

股本规模（亿股）	公司家数	具体公司
1000≤		
500≤ ~ <1000	1	中国广核
200≤ ~ <500	1	招商银行
100≤ ~ <200	5	工业富联，平安银行，中国平安，中信证券，万科A
50≤ ~ <100	6	国信证券，招商证券，华侨城A，招商蛇口，广深铁路，立讯精密
20≤ ~ <50	33	顺丰控股，格林美，深圳能源，中兴通讯，兆驰股份，金地集团，大悦城，第一创业，中金岭南，中集集团，香江控股，欧菲光，长城证券，南玻A，中国长城，比亚迪，深圳燃气，节能铁汉，海王生物，南山控股，飞马国际，汇川技术，怡亚通，中国宝安，深天马A，深康佳A，鹏鼎控股，盐田港，深高速，光启技术，深圳机场，世联行，中集车辆
10≤ ~ <20	50	招商港口，达实智能，健康元，兆新股份，天健集团，奋达科技，海能达，欣旺达，农产品，华测检测，深科技，ST广田，美盈森，兴森科技，东旭蓝天，华联控股，劲嘉股份，海普瑞，拓日新能，科陆电子，绿色动力，深振业A，聚飞光电，宝鹰股份，洪涛股份，长园集团，沃尔核材，拓邦股份，爱施德，深赛格，迈瑞医疗，力合科创，长盈精密，天虹股份，英飞拓，皇庭国际，深粮控股，新纶新材，深桑达A，信立泰，周大生，洲明科技，方大集团，英唐智控，大族激光，招商积余，ST星源，深圳华强，深深房A，华控赛格

资料来源：沪深北交易所，同花顺。

表5　　　　　　　　　　2021年深圳上市公司分地区股权构成情况　　　　　　　　　　单位：家

股权性质 地域分布	央企国资控股	省属国资控股	地市国资控股	民营控股	其他	合计
深圳市	26	5	44	249	48	372

资料来源：深圳证监局。

（四）市值规模

截至2021年12月31日，深圳372家上市公司境内总市值91623.20亿元，其中上交所上市公司52家，总股本1203.98亿股，境内总市值29583.54亿元，深交所上市公司317家，总股本3590.03亿股，境内总市值61300.10元。

（五）资产规模

截至2021年12月31日，深圳372家上市公司总资产合计352398.46亿元，归属于母公司股东权益合计47951.07亿元，与2020年相比，分别增长10.63%、13.07%；平均每股净资产9.99元。

三、深圳上市公司经营情况及变动分析

（一）总体经营情况

表6　　　　　　　　　　　　2021年深圳上市公司经营情况

指　标	2021年	2020年	变动率（%）
家数	372	333	11.71
亏损家数	73	48	52.08
亏损家数比例（%）	19.62	14.41	5.21
平均每股收益（元）	0.99	1.13	-12.39
平均每股净资产（元）	9.99	9.12	9.54
平均净资产收益率（%）	9.96	12.33	-2.37
总资产（亿元）	352398.46	318551.8	10.63
归属于母公司股东权益（亿元）	47951.07	42409.47	13.07
营业收入（亿元）	59350.57	51445.04	15.37
利润总额（亿元）	6789.03	7281.29	-6.76
归属于母公司所有者的净利润（亿元）	4776.68	5230.52	-8.68

资料来源：沪深北交易所，同花顺。

（二）分行业经营情况

表7　　　　　　　　　　2021年深圳上市公司分行业经营情况

所属行类	营业收入（亿元）	可比样本变动率（%）	归属于母公司所有者的净利润（亿元）	可比样本变动率（%）
采矿业	—	—	—	—
电力、热力、燃气及水生产和供应业	1386.37	24.98	116.88	-16.32
房地产业	9134.24	13.02	493.26	-39.37
建筑业	1175.82	14.53	-99.13	-818.85
交通运输、仓储和邮政业	2592.15	32.11	92.62	-19.71
教育	—	—	—	—
金融业	18218.62	2.94	3052.46	0.84
居民服务、修理和其他服务业	—	—	—	—
科学研究和技术服务业	205.97	7.74	30.03	-13.21
农、林、牧、渔业	—	—	—	—
批发和零售业	3997.77	23.37	61.62	32.29
水利、环境和公共设施管理业	95.65	1.13	-4.22	-255.15
卫生和社会工作业	—	—	—	—
文化、体育和娱乐业	—	—	—	—
信息传输、软件和信息技术服务业	627.97	11.40	18.00	-55.09
制造业	20818.84	19.92	1028.47	3.18
住宿和餐饮业	—	—	—	—
租赁和商务服务业	921.10	5.04	-23.67	-131.50
综合	176.06	65.10	10.36	56.50
合计	59350.57	13.46	4776.68	-10.07

资料来源：沪深北交易所，同花顺。

（三）业绩变动情况分析

1. 营业收入、毛利率等变动原因分析

2021年，深圳境内上市公司实现营业收入合计5.94万亿元，同比增长15.37%；实现归属于母公司股东的净利润（以下简称净利润）合计4776.68亿元，同比下降8.68%。总的来看，面对复杂多变的国内外环境，深圳上市公司表现出较强韧劲和活力，创新驱动增强，发展基础持续夯实。同时，深圳上市公司亏损面明显扩大，实体经济短期经营承压。

2. 盈利构成分析

2021年，深圳上市公司利润来源主要是营业利润，占利润总额的比重为100.71%。在营业利润中，投资净收益占利润总额的比重为33.46%，公允价值变动净收益占利润总额的比重为-1.17%。

3. 经营性现金流量分析

2021年，深圳上市公司合计实现经营活动现金流量净额3910.65亿元。其中，非金融房地产业上市公司（以下简称实体经济公司）的经营活动现金流量净额为3008.08亿元，较2020年增长2.88%。

4. 业绩特点分析

2021年，深圳上市公司业绩呈现几个特点：一是头部引领支撑作用明显，深圳市值超千亿元的13家头部上市公司总市值、总资产、净资产、营业收入、净利润、支付各项税费及员工总数，占全市上市公司总数的比重均超过五成，是深圳上市公司持续稳定发展的关键主体；二是民营企业主体地位突出，从近三年数据来看，深圳民营上市公司总资产、营业收入、净利润、研发投入、员工总数及支付给员工的现金等均占全市上市公司总数的八成左右，净资产及支付各项税费占比超过七成；三是产业链总体布局偏中下游，深圳实体经济行业上市公司大部分属于中下游的制造、服务等行业，受上游原材料价格上涨影响大；四是外向型经济特征明显，近年深圳上市公司海外业务收入规模持续攀升，由2017年的3354.54亿元增长至2021年的7003.14亿元，复合增长率达20.2%。

5. 利润分配情况

表8　2021年深圳上市公司现金分红情况

2021年分红公司家数			2021年分红金额		
家数	变动率（%）	分红公司家数占地区公司总数比重（%）	金额（亿元）	变动率（%）	分红金额占归属于母公司所有者的净利润比重（%）
255	9.44	68.55	1626.81	14.27	34.06

资料来源：深圳证监局。

四、深圳上市公司并购重组情况

（一）并购重组基本情况

2021年，深圳上市公司共完成重大资产并购重组3宗，分别是：

（1）深桑达A定增收购中国系统96.72%股权；

（2）民德电子收购泰博迅睿100%股权；

（3）维业股份收购华发景龙50%股权和建泰建设40%股权。

（二）并购重组特点

从重组目的看，横向整合2宗，战略合作1宗；从重组形式看，发行股份购买资产1宗，协议收购2宗。

五、深圳上市公司募集资金情况、使用情况

（一）募集资金总体情况

表 9　　2021年深圳上市公司募集资金情况

发行类型	代码	简称	募集资金（亿元）
首发	688328.SH	深科达	3.34
	688617.SH	惠泰医疗	12.41
	688575.SH	亚辉龙	6.07
	300962.SZ	中金辐照	2.24
	301039.SZ	中集车辆	17.58
	301091.SZ	深城交	14.60
	300989.SZ	蕾奥规划	7.74
	688793.SH	倍轻松	4.22
	300949.SZ	奥雅股份	8.13
	688323.SH	瑞华泰	2.69
	301013.SZ	利和兴	3.40
	300854.SZ	中兰环保	2.47
	301086.SZ	鸿富瀚	14.50
	301041.SZ	金百泽	1.95
	688383.SH	新益昌	5.00
	300960.SZ	通业科技	3.09
	301067.SZ	显盈科技	6.43
	688210.SH	统联精密	8.55
	301002.SZ	崧盛股份	4.42
	839680.BJ	广道数字	2.05
	301189.SZ	奥尼电子	19.85
	300951.SZ	博硕科技	15.04
	834765.BJ	美之高	1.21
	300814.SZ	中富电路	3.69
	301177.SZ	迪阿股份	46.76
	300991.SZ	创益通	2.94
	688655.SH	迅捷兴	2.53
	300939.SZ	秋田微	7.44
	605499.SH	东鹏饮料	18.51
	301038.SZ	深水规院	2.20
	688216.SH	气派科技	3.94
	300938.SZ	信测标准	6.07

续表

发行类型	代码	简称	募集资金（亿元）
首发	300961.SZ	深水海纳	3.76
	300942.SZ	易瑞生物	2.17
	301021.SZ	英诺激光	3.59
	300940.SZ	南极光	3.78
	688395.SH	正弦电气	3.43
	688112.SH	鼎阳科技	12.43
	301051.SZ	信濠光电	19.76
	301128.SZ	强瑞技术	5.51
	300977.SZ	深圳瑞捷	10.04
	小计		325.55
再融资（增发、配股）	300506.SZ	名家汇	2.55
	300676.SZ	华大基因	20.03
	300124.SZ	汇川技术	21.30
	300350.SZ	华鹏飞	4.00
	002218.SZ	拓日新能	10.00
	002789.SZ	建艺集团	1.99
	000063.SZ	中兴通讯	26.11
	000021.SZ	深科技	14.74
	000032.SZ	深桑达A	10.10
	000032.SZ	深桑达A	74.29
	300634.SZ	彩讯股份	5.04
	000099.SZ	中信海直	11.03
	002456.SZ	欧菲光	35.30
	002139.SZ	拓邦股份	10.50
	300572.SZ	安车检测	11.49
	300724.SZ	捷佳伟创	25.00
	300745.SZ	欣锐科技	2.55
	300545.SZ	联得装备	6.00
	300671.SZ	富满微	9.00
	002183.SZ	怡亚通	22.25
	600446.SH	金证股份	10.01
	002227.SZ	奥特迅	3.60
	300576.SZ	容大感光	0.21

续表

发行类型	代码	简称	募集资金（亿元）
再融资（增发、配股）	002551.SZ	尚荣医疗	1.12
	300538.SZ	同益股份	6.22
	300241.SZ	瑞丰光电	6.99
	002294.SZ	信立泰	19.52
	002197.SZ	证通电子	5.63
	300686.SZ	智动力	10.79
	002837.SZ	英维克	3.09
	300531.SZ	优博讯	1.02
	300647.SZ	超频三	5.30
	300227.SZ	光韵达	1.96
	002786.SZ	银宝山新	5.41
	603808.SH	歌力思	4.83
	002352.SZ	顺丰控股	200.00
	002587.SZ	奥拓电子	2.05
	300232.SZ	洲明科技	8.83
	002215.SZ	诺普信	3.50
	300197.SZ	节能铁汉	14.07
	300319.SZ	麦捷科技	13.40
	300207.SZ	欣旺达	39.15
	小计		689.97
其他融资（公司债券）	002594.SZ	比亚迪	20.00
	002939.SZ	长城证券	90.00
	000031.SZ	大悦城	20.00
	002797.SZ	第一创业	8.00
	002736.SZ	国信证券	225.00
	002583.SZ	海能达	1.40
	300676.SZ	华大基因	5.00
	000027.SZ	深圳能源	80.00
	002399.SZ	海普瑞	8.70
	002789.SZ	建艺集团	1.15
	002121.SZ	科陆电子	5.00
	000090.SZ	天健集团	9.00

续表

发行类型	代码	简称	募集资金（亿元）
其他融资（公司债券）	002130.SZ	沃尔核材	3.00
	002183.SZ	怡亚通	14.00
	000050.SZ	深天马A	20.00
	000002.SZ	万科A	89.81
	300207.SZ	欣旺达	10.00
	001872.SZ	招商港口	20.00
	001979.SZ	招商蛇口	10.40
	000012.SZ	南玻A	20.00
小计			658.46
总计			1673.98

资料来源：深圳证监局。

（二）募集资金使用情况及特点

2021年，41家公司通过IPO募集资金325.55亿元；62家上市公司通过增发、配股及其他融资方式等项目共筹集资金1348.43亿元。与2020年相比，2021年IPO家数增加6家，募集资金增加3.11亿元；股权再融资家数增加6家。

（三）募集资金变更情况

2021年，39家上市公司变更募集资金投向，涉及额195.16亿元。涉及变更募集资金项目81个，其中27个用于永久补充流动资金。与2020年相比，变更家数增加15家，涉及金额增加66.13亿元。

表10 　　2021年深圳上市公司募集资金使用项目变更情况

变更募集资金使用项目的公司家数	涉及金额（亿元）	募集资金总额（亿元）	占公司募集资金总额的比例（%）
39	195.16	556.16	35.09

资料来源：深圳证监局。

六、深圳上市公司规范运作情况

（一）上市公司治理专项情况

2020年12月以来，深圳证监局认真落实证监会《关于开展上市公司治理专项行动的通知》（证监办发〔2020〕69号）等有关通知要求，全力开展深圳辖区上市公司治理专项行动工作（以下简称专项行动），扎实推进公司自查、现场检查、整改提升三个阶段的工作任务。深圳证监局在 2020 年 11 月启动辖区上市公司规范运作自查自纠行动，认真查摆了近三年制约辖区上市公司整体质量提升的风险隐患和突出问题，并作为专项行动的重要参考，实现自查自纠行动与公司治理专项行动的衔接。截至 2021 年 4 月 30 日，深圳辖区 2020 年 6 月 30 日前上市的 311 家公司全部按期完成自查工作。以专项行动为抓手，深圳证监局对辖区上市公司治理情况实现了较为全面的摸底排查，推动一批长期困扰上市公司发展的治理问题得到有效解决。特别是全力攻坚"清欠解保"，推动前期已发现的资金占用和违规担保问题在 2021 年 4 月 30 日前超九成得到解决。

（二）审计情况及监管情况

深圳证监局始终将年报监管作为推动提高上市公司质量的重要基础工作，在落实风险导向，审慎确定 43 家年报重点监管上市公司的基础上，积极强化龙头上市公司和科创板上市公司年报监管，将龙头公司和近两年上市的 18 家科创板公司纳入年报审阅范围。逐家审阅重点上市公司审计计划，向重点上市公司审计机构下发《监管提示函》31 份。2021 年年度报告，深圳共有 24 家上市公司年报被出具了非标审计意见的审计报告，较上一年度增加 9 家，其中 8 家为无法表示意见，8 家为保留意见，8 家为带强调事项段的无保留意见；有 10 家上市公司内部控制被出具了非标意见的内控审计报告，其中 5 家为否定意见，1 家为无法表示意见，4 家为带强调事项段的无保留意见。

（三）信息披露情况

2021 年，深圳证监局全面贯彻落实中国证监会党委相关工作部署和上市部具体工作安排，紧紧抓住"提高上市公司质量"这条纲，强化信息披露持续监管，推动上市公司不断改善信息披露质量。全年开展上市公司现场检查 57 家次，出具行政监管措施 61 份，涉及 50 家次，进一步巩固提升上市公司规范运作意识和能力。推动近 40 家上市公司通过修订信息披露管理制度、完善重大信息报送与披露程序、加强董监高对外发布信息行为规范、补充披露重大事项等方式加强了信息披露事务管理，进一步夯实上市公司自我规范基础。分类推动召开业绩说明会，辖区上市公司 2020 年年报业绩说明会召开率近九成，其中，沪深 300 指数、"A＋H"、央企控股、创业板、科创板等 174 家上市公司召开率达 100%，进一步增强上市公司透明度。

（四）证券市场服务情况

深圳证监局主动作为，不断优化服务实体经济举措。一是凝聚合力优化机制。紧抓《国务院关于进一步提高上市公司质量的意见》出台契机，深入分析辖区实际、细致谋划落实方案，拜访深圳市政府相关部门凝聚合力，顺利推动深圳市政府在 2021 年 3 月 29 日印发《深圳市关于提高上市公司质量的实施意见》。二是深入一线走访调研。聚焦规范运作关键环节，梳理新上市公司关注重点，做好政策宣导和风险提示，扎实开展新上市公司走访，全年走访27家新上市公司；持续开展上市公司调研，听取企业心声、征集意见建议。三是聚焦重点精心培训。紧扣上市公司薄弱环节，抓住上市公司"关键少数"，分类分层开展培训，精准传达监管理念、监管政策、监管要求，提升上市公司规范运作内生动力。

（五）其他

深圳上市公司积极融入服务国家重大战略实施，履行社会责任，主动回报社会。2021年，共有255家上市公司现金分红总额1626.81亿元，较2020年分红家数增加22家、规模增加超200亿元。有84家公司披露了ESG报告或者单独的社会责任报告，涌现出一批利用自身专业优势参与社会福利、救灾助困、公益事业的案例。

撰稿人：刘宇兴　刘文力
审稿人：周　勋

大连地区

一、大连经济发展概况

表1　　　　　　　　　　　　　　2021年大连经济发展概况　　　　　　　　　　　　　单位：亿元

指标	1~3月		1~6月		1~9月		1~12月	
	绝对量	同比增长（%）	绝对量	同比增长（%）	绝对量	同比增长（%）	绝对量	同比增长（%）
地区生产总值（GDP）	1700.40	14.00	3632.40	11.50	5732.10	9.40	7825.90	8.20
全社会固定资产投资	—	18.40	—	3.50	—	4.90	—	6.00
社会消费品零售总额	470.50	25.70	946.00	14.10	1391.40	8.00	1909.70	4.50
规模以上工业增加值	—	18.40	—	17.10	—	16.10	—	15.00
规模以上工业企业实现利润	—	—	—	—	—	—	—	24.70
居民消费价格指数（CPI）	1~3月		1~6月		1~9月		1~12月	
	0.20		0.80		1.00		1.40	

资料来源：国家统计局。

二、大连上市公司总体情况

（一）公司数量

表2　　　　　　　　　　　　　　　2021年大连上市公司数量　　　　　　　　　　　　　单位：家

公司总数	2021年新增	股票类别			板块分布				
		仅A股	仅B股	(A+B)股	沪市主板	深市主板	北交所	创业板	科创板
31	4	29	1	1	13	11	2	3	2

资料来源：沪深北交易所，同花顺。

（二）行业分布

表3　　　　　　　　　　　　2021年大连上市公司行业分布情况

所属证监会行业类别	家数	占比（%）	所属证监会行业类别	家数	占比（%）
采矿业	0	0.00	批发和零售业	4	12.90
电力、热力、燃气及水生产和供应业	3	9.68	水利、环境和公共设施管理业	1	3.23
房地产业	1	3.23	卫生和社会工作	0	0.00
建筑业	0	0.00	文化、体育和娱乐业	0	0.00
交通运输、仓储和邮政业	3	9.68	信息传输、软件和信息技术服务业	2	6.45
教育	1	3.23	制造业	15	48.39
金融业	0	0.00	住宿和餐饮业	0	0.00
居民服务、修理和其他服务业	0	0.00	租赁和商务服务业	0	0.00
科学研究和技术服务业	0	0.00	综合	0	0.00
农、林、牧、渔业	1	3.23	合计	31	100.00

资料来源：沪深北交易所，同花顺。

（三）股本结构及规模

表4　　　　　　　2021年大连上市公司股本规模在10亿股以上公司分布情况

股本规模（亿股）	公司家数	具体公司
200≤ ~ <500	1	辽港股份
100≤ ~ <200	1	国电电力
50≤ ~ <100	2	恒力石化，广汇汽车
20≤ ~ <50	1	圆通速递
10≤ ~ <20	6	大连重工，天神娱乐，辽宁成大，ST海投，*ST晨鑫，铁龙物流

资料来源：沪深北交易所，同花顺。

表5　　　　　　　2021年大连上市公司分地区股权构成情况　　　　　　　单位：家

地域分布＼股权性质	央企国资控股	省属国资控股	地市国资控股	民营控股	其他	合计
大连市	3	2	6	17	3	31

资料来源：大连证监局。

（四）市值规模

截至2021年12月31日，大连辖区境内上市公司31家，其中沪深交易所主板24家，科创板2家，创业板3家；北交所2家。总股本772.22亿元，总市值4820.37亿元。

（五）资产规模

截至2021年年末，31家上市公司总资产1.00万亿元，总市值4820.37亿元，分别同比增长11.8%、25.8%。全年实现营业收入6646.81亿元，同比增长23.36%，归属母公司股东的净利润218.63亿元，同比下降9.3%。

三、大连上市公司经营情况及变动分析

（一）总体经营情况

表6　　　　　　　　　　2021年大连上市公司经营情况

指　标	2021年	2020年	变动率（%）
家数	31	27	14.81
亏损家数	11	6	83.33
亏损家数比例（%）	35.48	22.22	13.26
平均每股收益（元）	0.28	0.36	-22.22
平均每股净资产（元）	3.70	3.74	-1.07
平均净资产收益率（%）	7.65	9.61	-1.96
总资产（亿元）	10038.00	8975.39	11.84
归属于母公司股东权益（亿元）	2857.10	2509.28	13.86
营业收入（亿元）	6646.81	5388.08	23.36
利润总额（亿元）	306.77	388.43	-21.02
归属于母公司所有者的净利润（亿元）	218.63	241.05	-9.30

资料来源：沪深北交易所，同花顺。

（二）分行业经营情况

表7　　　　　　　　　　2021年大连上市公司分行业经营情况

所属行类	营业收入（亿元）	可比样本变动率（%）	归属于母公司所有者的净利润（亿元）	可比样本变动率（%）
采矿业	—	—	—	—
电力、热力、燃气及水生产和供应业	1714.53	17.35	-19.47	-144.38
房地产业	0.36	-97.13	0.45	-84.10

续表

所属行类	营业收入（亿元）	可比样本变动率（%）	归属于母公司所有者的净利润（亿元）	可比样本变动率（%）
建筑业	—	—	—	—
交通运输、仓储和邮政业	753.96	21.22	43.57	3.25
教育	3.36	-5.62	-1.98	58.58
金融业	—	—	—	—
居民服务、修理和其他服务业	—	—	—	—
科学研究和技术服务业	—	—	—	—
农、林、牧、渔业	20.83	8.10	0.07	-53.33
批发和零售业	1849.17	0.67	42.54	-11.60
水利、环境和公共设施管理业	2.05	79.82	-1.98	-182.86
卫生和社会工作业	—	—	—	—
文化、体育和娱乐业	—	—	—	—
信息传输、软件和信息技术服务业	19.17	73.96	-0.54	-153.47
制造业	2283.38	28.18	155.97	9.25
住宿和餐饮业	—	—	—	—
租赁和商务服务业	—	—	—	—
综合	—	—	—	—
合计	6646.81	15.62	218.63	-20.63

资料来源：沪深北交易所，同花顺。

（三）业绩变动情况分析

（1）经营规模稳步提升，整体业绩增速放缓。截至2021年年末，31家上市公司全年实现营业收入6646.81亿元，同比增长23.36%，归属母公司股东的净利润218.63亿元，同比下降9.3%。从扣除非经常性损益后净利润指标看，辖区上市公司实现扣非后净利润163.56亿元，同比增长8.23%，整体经营性盈利能力小幅提升。其中11家公司实现收入、净利润同比双增长，11家公司营业收入增长30%以上，10家公司净利润增长30%以上。

（2）公司数量有所增加，仍以小市值公司为主。辖区上市公司数量比2020年增加4家，总数在所有辖区中排名第32名，总体来看体量偏小，排名靠后。2021年年末总市值4820.37亿元，仅占全国的0.5%；市值超百亿元公司7家，超500亿元公司3家，较上年增加2家；辖区小市值公司比例较大，共有19家上市公司市值低于50亿元。

（四）经营现金流有所下滑，筹资活动流入多年为负

2021年辖区上市公司经营活动产生的现金流量净额合计为570.61亿元，较上年同期减少22.89%，下滑的主要原因是国电电力、恒力石化2家大型公司受大宗商品等原材料价格上涨所致，其他公司净现金流及经营活动净额变化幅度不大。

辖区公司投资活动产生的现金流量净额合计为-476.82亿元，反映出公司扩张、投资规模扩大。筹资活动产生的现金流量净额为-121.11亿元，已连续3年为负，超七成企业筹资活动净流入为负，超半数企业筹资活动净流入同比下降，企业融资难题仍旧存在。

（五）部分公司业绩下滑严重，亏损面呈扩大趋势

受国内宏观政策变化、大宗商品价格上涨、个别行业下行压力加大等多种因素叠加影响，辖区部分上市公司经营风险有所加剧，更是出现首家因主营业务收入不足1亿元而被强制退市的公司。2021年共有10家上市公司亏损，同比上年增加4家，亏损公司数量占比为31.25%，合计亏损56.09亿元，较上年亏损公司比例20.69%大幅上升，其中国电电力因煤炭价格大幅上涨导致净利润由2020年的盈利77亿元下降至亏损34亿元。

表8　　　　　　　　　　2021年大连上市公司现金分红情况

2021年分红公司家数			2021年分红金额		
家数	变动率（%）	分红公司家数占地区公司总数比重（%）	金额（亿元）	变动率（%）	分红金额占归属于母公司所有者的净利润比重（%）
16	0.09	51.61	60.20	26.72	27.70

资料来源：大连证监局。

四、大连上市公司并购重组情况

无此情况。

五、大连上市公司募集资金情况、使用情况

（一）募集资金总体情况

表9　　　　　　　　　　2021年大连上市公司募集资金情况

发行类型	代码	简称	募集资金（亿元）
首发	688305	科德数控	2.50
	301007	德迈仕	2.03
	836826	盖世食品	0.85
	小计		5.38
再融资（增发、配股）	002606	大连电瓷	1.30
	601880	辽港股份	21.00
	600233	圆通速递	37.90
	小计		60.20

续表

发行类型	代码	简称	募集资金（亿元）
其他融资（公司债券、短期融资券、中期票据、次级债、金融债、境外发行债券）	600297	广汇汽车	10
	600795	国电电力	86
	600739	辽宁成大	16
	小计		112
总计			177.58

资料来源：大连证监局。

（二）募集资金使用情况及特点

辖区上市公司股权融资 65.57 亿元，其中 3 家公司首发融资共 5.38 亿元，3 家公司增发融资共 60.2 亿元，虽然数据较往年有所上升，但在全国排名依旧靠后，并购重组和再融资活跃度不高，上市公司资本运作活跃度有待进一步提升。

（三）募集资金变更情况

无此情况。

六、大连上市公司规范运作情况

（一）上市公司治理专项情况

全面开展公司治理专项行动，不断压实上市公司主体责任，提升市场内生动力。召开上市公司监管工作会，围绕提高上市公司质量核心工作提出 2021 年监管工作要求，印发监管工作要点。全面开展公司治理专项行动，督促上市公司以"抓重点、补短板、强弱项"为目标开展全面"体检"，同步启动自查清单的审阅和分析工作。对部分国有控股公司为代表的上市公司独立性不足等突出问题，重点安排专项检查、下发《监管关注函》等，督促公司持续整改。

（二）审计情况及监管情况

本年度先后对 7 家上市公司开展了包括双随机检查、重点专项检查在内的多项现场检查工作，更好地把"双随机"检查与问题和风险导向相结合，综合检查与专项核查相结合，聚焦七类重点公司以及信息披露、占用担保等六大方面问题，不断加强对现场检查的质量控制。对 1 家公司未如实提供信息的股东采取行政监管措施，对 1 家公司未履行业绩补偿承诺的股东即将采取行政监管措施。

（三）信息披露情况

不断提升日常监管有效性，克服"重统计、轻分析"的倾向，加强对监管数据的分析研究，探索从中发现违规问题线索，提升日常监管效能。以年报为窗口，坚持信息披露和公司治理监管双向发力，高度聚焦占用担保、退市、公司治理、并购重组等方面的突出问题，督促上市公司夯实规范发展基础。

(四)证券市场服务情况

结合提高上市公司质量、防控风险等工作机制,进一步加强与地方政府部门间的沟通协作,积极协调推动解决辖区有关公司的困难和需求,不断优化地方营商环境和金融生态。及时向地方政府通报资本市场改革发展情况,推动地方出台《大连市人民政府关于提高上市公司质量的实施意见》,上报专题报告积极建言献策,由市长做专门批示后牵头召开专题会议,代拟提高5家重点公司质量的总体工作方案,持续推动落实。加强与公安、网信、新闻媒体的沟通协作,强化对上市公司的正面报道和阳光监督,共同营造支持上市公司高质量发展的良好环境。

撰稿人:潘遂邈
审稿人:潘遂邈

宁波地区

一、宁波经济发展概况

表1　　　　　　　　　　　　2021年宁波经济发展概况　　　　　　　　　　　单位：亿元

指标	1~3月		1~6月		1~9月		1~12月	
	绝对量	同比增长（%）	绝对量	同比增长（%）	绝对量	同比增长（%）	绝对量	同比增长（%）
地区生产总值（GDP）	3111.30	19.50	6640.60	13.10	10332.90	10.00	14594.90	8.20
全社会固定资产投资	—	22.80	—	16.40	—	-7.80	—	-2.90
社会消费品零售总额	1050.60	30.30	2161.30	19.50	3297.90	13.90	4649.10	9.70
规模以上工业增加值	1089.50	33.10	2281.50	20.10	3498.80	15.00	4865.00	11.90
规模以上工业企业实现利润	456.10	242.20	916.20	80.10	1275.60	17.90	1724.10	10.20
居民消费价格指数（CPI）	1~3月		1~6月		1~9月		1~12月	
	1.40		1.90		2.00		2.10	

资料来源：国家统计局。

二、宁波上市公司总体情况

（一）公司数量

表2　　　　　　　　　　　　　2021年宁波上市公司数量　　　　　　　　　　　　单位：家

公司总数	2021年新增	股票类别			板块分布				
		仅A股	仅B股	（A+B）股	沪市主板	深市主板	北交所	创业板	科创板
107	14	107	0	0	60	15	1	28	3

资料来源：沪深北交易所，同花顺。

（二）行业分布

表3　　　　　　　　　　　2021年宁波上市公司行业分布情况

所属证监会行业类别	家数	占比（%）	所属证监会行业类别	家数	占比（%）
采矿业	0	0.00	批发和零售业	3	2.80
电力、热力、燃气及水生产和供应业	2	1.87	水利、环境和公共设施管理业	0	0.00
房地产业	2	1.87	卫生和社会工作	0	0.00
建筑业	5	4.67	文化、体育和娱乐业	0	0.00
交通运输、仓储和邮政业	3	2.80	信息传输、软件和信息技术服务业	1	0.93
教育	0	0.00	制造业	87	81.31
金融业	1	0.93	住宿和餐饮业	0	0.00
居民服务、修理和其他服务业	0	0.00	租赁和商务服务业	2	1.87
科学研究和技术服务业	0	0.00	综合	0	0.00
农、林、牧、渔业	1	0.93	合计	107	100.00

资料来源：沪深北交易所，同花顺。

（三）股本结构及规模

表4　　　　　　2021年宁波上市公司股本规模在10亿股以上公司分布情况

股本规模（亿股）	公司家数	具体公司
100≤ ~ <200	1	宁波港
50≤ ~ <100	1	宁波银行
20≤ ~ <50	4	雅戈尔、荣安地产、韵达股份、杉杉股份
10≤ ~ <20	14	天邦食品、龙元建设、百隆东方、金田股份、宁波富达、三星医疗、均胜电子、宁波海运、亿晶光电、*ST围海、继峰股份、宁波能源、宏润建设、拓普集团

资料来源：沪深北交易所，同花顺。

表5　　　　　　　　2021年宁波上市公司分地区股权构成情况　　　　　　　单位：家

股权性质 地域分布	央企国资控股	省属国资控股	地市国资控股	民营控股	其他	合计
宁波市	1	4	7	88	7	107

资料来源：宁波证监局。

（四）市值规模

截至 2021 年 12 月 31 日，宁波 107 家上市公司境内总市值 14855.98 亿元，占全国上市公司境内总市值的 1.50%；其中上交所上市公司 63 家，总股本 563.75 亿股，境内总市值 8870.12 亿元，占上交所上市公司境内总市值的 1.52%；深交所上市公司 43 家，总股本 273.76 亿股，境内总市值 5971.18 亿元，占深交所上市公司境内总市值的 1.48%。此外，北交所上市公司 1 家，总股本 2.08 亿股，境内总市值 14.68 亿元，占北交所上市公司境内总市值的 0.55%。

（五）资产规模

截至 2021 年 12 月 31 日，宁波 107 家上市公司合计总资产 30165.51 亿元，归属于母公司股东权益 5546.00 亿元，与 2020 年相比，分别同比增长 21.72%、17.79%；平均每股净资产 6.61 元。

三、宁波上市公司经营情况及变动分析

（一）总体经营情况

表6　2021年宁波上市公司经营情况

指标	2021年	2020年	变动率（%）
家数	107	93	15.05
亏损家数	9	8	12.50
亏损家数比例（%）	8.41	8.60	-0.19
平均每股收益（元）	0.61	0.66	-7.58
平均每股净资产（元）	6.61	6.01	9.98
平均净资产收益率（%）	9.26	10.91	-1.65
总资产（亿元）	30165.51	24782.45	21.72
归属于母公司股东权益（亿元）	5546.00	4708.32	17.79
营业收入（亿元）	6402.67	4942.57	29.54
利润总额（亿元）	626.88	629.20	-0.37
归属于母公司所有者的净利润（亿元）	513.50	513.71	-0.04

资料来源：沪深北交易所，同花顺。

（二）分行业经营情况

表7　2021年宁波上市公司分行业经营情况

所属行类	营业收入（亿元）	可比样本变动率（%）	归属于母公司所有者的净利润（亿元）	可比样本变动率（%）
采矿业	—	—	—	—
电力、热力、燃气及水生产和供应业	73.08	27.85	6.49	70.34
房地产业	249.47	24.47	14.15	-36.80

续表

所属行类	营业收入（亿元）	可比样本变动率（%）	归属于母公司所有者的净利润（亿元）	可比样本变动率（%）
建筑业	548.70	5.22	15.30	32.24
交通运输、仓储和邮政业	672.00	17.22	61.23	20.82
教育	—	—	—	—
金融业	527.74	28.37	195.46	29.87
居民服务、修理和其他服务业	—	—	—	—
科学研究和技术服务业	—	—	—	—
农、林、牧、渔业	105.07	-2.39	-44.62	-237.50
批发和零售业	84.84	-14.73	3.74	-23.52
水利、环境和公共设施管理业	—	—	—	—
卫生和社会工作业	—	—	—	—
文化、体育和娱乐业	—	—	—	—
信息传输、软件和信息技术服务业	11.12	-2.28	0.71	-69.66
制造业	4099.59	31.37	260.69	1.64
住宿和餐饮业	—	—	—	—
租赁和商务服务业	31.04	11.78	0.35	113.51
综合	—	—	—	—
合计	6402.67	24.80	513.50	-3.58

资料来源：沪深北交易所，同花顺。

（三）业绩变动情况分析

1. 营业收入、毛利率等变动原因分析

2021年，107家上市公司营业收入总计6402.67亿元，同比增长29.54%，高于全国上市公司同比19.81%的增长比例。其中营业收入超百亿元的公司有20家，包括金田股份、宁波银行、均胜电子、韵达股份、宁波港、宁波建工等，20家公司营收贡献比为72.94%。剔除宁波银行的影响，剩余106家上市公司平均毛利率为17.36%，较上年19.53%下降2.17个百分点。主要系疫情反复及出口运输成本增长等影响。

2. 盈利构成分析

2021年，107家上市公司共实现归属于上市公司股东的净利润513.50亿元，同比减少0.04%；扣除非经常性损益后的净利润为436.30亿元，同比增长0.81%。

107家上市公司中，98家上市公司盈利，其中归属于上市公司股东的净利润在10亿元以上的有11家，分别是宁波银行（195.46亿元），雅戈尔（51.27亿元），宁波港（43.32亿元），杉杉股份（33.40亿元），公牛集团（27.80亿元），韵达股份（14.77亿元），百隆东方（13.71亿元），宁波华翔（12.65亿元），东方电缆

(11.89亿元)，荣安地产（10.86亿元），拓普集团（10.17亿元），以上11家公司的净利润总和占辖区上市公司净利润的82.82%。

3. 经营性现金流量分析

2021年，宁波辖区上市公司经营活动产生的现金流净额为-68.28亿元，同比下降106.29%，剔除宁波银行影响，剩余106家上市公司经营活动现金流净额为377.21亿元，同比下降21.09%，上市公司经营性资金状况更趋紧张。77家公司经营活动产生的现金流净额为正，占宁波上市公司总量的71.96%。

4. 业绩特点分析

（1）制造业上市公司维持较高经营韧性，营业收入及业绩仍保持增长。2021年宁波上市公司营业收入、扣除非经常性损益后的净利润均与上一年度相比有所上升。2021年度，宁波87家制造业上市公司实现营业收入4099.59亿元，同比增长31.42%，实现归属于母公司股东的净利润260.69亿元，同比增长1.63%，实现扣除非经常性损益后的净利润204.99亿元，同比增长23.52%。

（2）汽车零部件公司业绩受头部企业影响较大。按申万行业分类，宁波辖区共有18家汽车零部件企业，较上一年增长4家。辖区汽车零部件上市公司实现营业收入1125.61亿元，同比增长8.17%；实现归属于母公司股东的净利润5.79亿元，同比大幅下降，主要系均胜电子计提大额商誉减值所致，若剔除该特殊公司影响，剩余汽车零部件公司实现归属于母公司股东的净利润43.32亿元，同比增长37.02%。

5. 利润分配情况

表8　　　　　　　　　　2021年宁波上市公司现金分红情况

2021年分红公司家数			2021年分红金额		
家数	变动率（%）	分红公司家数占地区公司总数比重（%）	金额（亿元）	变动率（%）	分红金额占归属于母公司所有者的净利润比重（%）
90	3.46	84.11	199.92	2.6	33.49

资料来源：宁波证监局。

四、宁波上市公司并购重组情况

（一）并购重组基本情况

2021年，宁波共有1家上市公司完成重大资产重组，系杉杉股份收购LG旗下LCD偏光片业务70%权益，剩余30%的股权由LG化学持有，标的资产总额74.26亿元，交易价格9.25亿美元。此外，宁波有1家公司*ST圣莱于2021年度公告重大资产重组后又披露终止此事项。

宁波上市公司并购重组情况较少，涉及部分标的金额较大的如：东方日升为回笼资金较为频繁出售资产、宁波银行披露竞得中国华融旗下华融消费金融70%股权、宁波海运收购绿能基金有限合伙份额，但均未达到重大资产重组标准。

市公司对大额收购或处置资产、股权更趋审慎。

(二) 并购重组特点

受疫情及多种因素的影响，宁波上市公司并购重组情况较少，仅部分公司进行资产出售或收购上下游行业资产，但普遍未达到重大资产重组标准，反映出宁波上

五、宁波上市公司募集资金情况、使用情况

(一) 募集资金总体情况

表9　　　　　　　　　　2021年宁波上市公司募集资金情况

发行类型	代码	简称	募集资金（亿元）
首发	605228	神通科技	4.71
	300953	震裕科技	6.69
	300969	恒帅股份	4.14
	605378	野马电池	5.87
	605117	德业股份	13.97
	300998	宁波方正	1.60
	301019	宁波色母	5.79
	605028	世茂能源	5.67
	605555	德昌股份	16.18
	603213	镇洋发展	3.91
	603219	富佳股份	3.92
	301198	喜悦智行	5.44
	301193	家联科技	9.22
	小计		87.11
再融资（增发、配股）	601689	拓普集团	20.00
	603076	乐惠国际	4.18
	300439	美康生物	6.00
	600152	维科技术	7.00
	300729	乐歌股份	7.00
	603617	君禾股份	5.18
	603178	圣龙股份	4.44
	300566	激智科技	6.98
	600884	杉杉股份	30.53
	002142	宁波银行	118.94
	小计		210.25

续表

发行类型	代码	简称	募集资金（亿元）
其他融资（公司债券、短期融资券、中期票据、次级债、金融债、境外发行债券）	601018	宁波港	35.00（公司债）
	603538	美诺华	5.20（可转债）
	601609	金田股份	15.00（可转债）
	603877	太平鸟	8.00（可转债）
	300666	江丰电子	5.17（可转债）
	002896	中大力德	2.70（可转债）
	603305	旭升集团	13.50（可转债）
	300863	卡倍亿	2.79（可转债）
	002120	韵达股份	6.31（ABS）
小计			93.67
总计			391.03

资料来源：宁波证监局。

（二）募集资金使用情况及特点

2021年宁波上市公司使用募集资金占当期计划投入募集资金金额（公司债、中期票据、短期融资券、金融债等除外）的38.93%。募集资金使用特点：一是募集资金整体使用进度变缓，2021年宁波辖区上市公司使用募集资金占当期募集资金总额的38.93%，较上年下降14.42个百分点；二是再融资公司数量较上一年增加4家，但再融资金额较上一年度减少63.83亿元，主要系上一年宁波港、宁波银行再融资金额较大的原因。

（三）募集资金变更情况

表10　2021年宁波上市公司募集资金使用项目变更情况

变更募集资金使用项目的公司家数	涉及金额（亿元）	募集资金总额（亿元）	占公司募集资金总额的比例（%）
4	27.13	93.11	29.14

资料来源：宁波证监局。

六、宁波上市公司规范运作情况

（一）上市公司治理专项情况

2021年，宁波证监局按照证监会开展上市公司治理专项行动的统一部署，认真有序落实辖区公司治理专项行动。一是及时制定辖区公司治理专项行动方案，确保专项行动有序开展、取得实效。二是督促宁波上市公司顺利完成公司治理第一阶段自查工作，按时上报自查清单，并汇总分析问题类型，掌握公司自查问题情况。三是推动辖区上市公司积极召开2020年年报业绩说明会。提前对辖区上市公司开展关于业绩说明会的在线培训，共有4家公司关于业绩说明会的经验做法被中国上市公司协会评选为优秀案例。四是启动公司治理专项检查，通过信息披露和公司治理监管"双轮驱动"，不断夯实公司治理监管。

（二）审计情况及监管情况

宁波107家上市公司均按时披露了2021年年度报告和审计报告，其中1家公司（*ST圣莱）年报被出具否定意见的审计报告，其余106家均为标准无保留意见。在披露内部控制审计报告或鉴证报告的87家上市公司中，1家公司（*ST圣莱）内部控制审计报告为否定意见，其余86家均为标准无保留意见。

2021年，宁波证监局全面贯彻落实"建制度、不干预、零容忍"要求，切实发挥好一线会计监管职责，加大对会计师事务所和资产评估机构检查的精度、深度和力度。一是对部分重点审计项目，向审计机构下发监管提示函，提示年报审计机构关注高风险事项。二是2021年年报审计期间，我局先后共对56家公司开展79次审计与评估机构约谈，覆盖率约51%，其中对新上市的14家公司年报审计机构开展集体约谈，内容紧扣公司重大事项及风险点，要求审计机构关注新收入准则、新金融工具准则和新租赁准则的执行情况以及公司风险事项，加强和监管部门的沟通交流。

（三）信息披露情况

2021年，宁波证监局坚持以信息披露问题为抓手，坚持依法全面从严监管，推动提升上市公司信息披露质量。以风险和问题为导向、以重点公司的年报审核为抓手、以定期报告事后审核为契机，全面排查公司风险，梳理重点公司风险情况，紧盯临时公告事项的合规性，特别是资金占用、对外担保、股份减持等对市场影响较大的事项，通过现场检查、询问函、约谈、下发行政监管措施等方式，不断推动辖区上市公司提升信息披露的规范性。

（四）证券市场服务情况

（1）举办2021年宁波辖区上市公司投资者网上集体接待日活动。辖区103家上市公司董事长或总经理、董事会秘书和财务总监等共384位高管人员参加了活动，各上市公司共回答提问2640个，同时，相关公司也收到投资者提出的许多积极建议。

（2）支持优秀企业上市，鼓励用好资本市场工具。一是加强辅导监管与服务，支持优秀企业发行上市，2021年度新增上市公司14家，其中1家由新三板精选层平移北交所。二是通过多种渠道，及时反映企业合理诉求，不断提供政策便利。三是大力支持辖区企业利用资本市场发展壮大。多次邀请专家为公司讲解注册制改革内涵及政策、债券融资方式及市场状况、科创板交易规则等内容。

（五）其他

加强与地方政府沟通交流，助力实体经济健康发展。一是通过培训等方式促进地方政府理解证监会应退尽退的监管理念；及时向地方政府通报可能退市的风险公司情况，积极争取地方政府支持。二是加强与江北、鄞州、象山等区县市金融监管局及属地后备企业的沟通交流，宣导上市相关政策；探索与地方税务等相关政府部门建立多渠道信息资源交流共享机制。

撰稿人：郑　怡
审稿人：丁伟伟

厦门地区

一、厦门经济发展概况

表1　2021年厦门经济发展概况　　　　　　　　　　　　　　　　　　　　　　单位：亿元

指标	1~3月 绝对量	1~3月 同比增长（%）	1~6月 绝对量	1~6月 同比增长（%）	1~9月 绝对量	1~9月 同比增长（%）	1~12月 绝对量	1~12月 同比增长（%）
地区生产总值（GDP）	1592.47	21.10	3399.85	15.00	5294.27	10.00	7033.89	8.10
全社会固定资产投资	—	43.80	—	31.50	—	18.50	—	11.30
社会消费品零售总额	753.09	42.60	1415.40	28.10	1957.53	17.20	2584.07	12.70
规模以上工业增加值	—	32.60	—	21.90	—	15.70	—	11.90
规模以上工业企业实现利润	—	—	—	—	—	—	665.59	6.40
居民消费价格指数（CPI）	1~3月 0.50		1~6月 1.00		1~9月 1.00		1~12月 1.20	

资料来源：国家统计局。

二、厦门上市公司总体情况

（一）公司数量

表2　2021年厦门上市公司数量　　　　　　　　　　　　　　　　　　　　　　单位：家

公司总数	2021年新增	股票类别 仅A股	股票类别 仅B股	股票类别 (A+B)股	板块分布 沪市主板	板块分布 深市主板	板块分布 北交所	板块分布 创业板	板块分布 科创板
62	4	61	1	0	21	22	0	16	3

资料来源：沪深北交易所，同花顺。

（二）行业分布

表3　2021年厦门上市公司行业分布情况

所属证监会行业类别	家数	占比（%）	所属证监会行业类别	家数	占比（%）
采矿业	1	1.61	批发和零售业	5	8.06
电力、热力、燃气及水生产和供应业	0	0.00	水利、环境和公共设施管理业	1	1.61
房地产业	0	0.00	卫生和社会工作	0	0.00
建筑业	0	0.00	文化、体育和娱乐业	0	0.00
交通运输、仓储和邮政业	2	3.23	信息传输、软件和信息技术服务业	7	11.29
教育	1	1.61	制造业	41	66.13
金融业	2	3.23	住宿和餐饮业	0	0.00
居民服务、修理和其他服务业	0	0.00	租赁和商务服务业	1	1.61
科学研究和技术服务业	1	1.61	综合	0	0.00
农、林、牧、渔业	0	0.00	合计	62	100.00

资料来源：沪深北交易所，同花顺。

（三）股本结构及规模

表4　2021年厦门上市公司股本规模在10亿股以上公司分布情况

股本规模（亿股）	公司家数	具体公司
20≤ ~ <50	5	建发股份，盛屯矿业，厦门银行，厦门象屿，厦门国贸
10≤ ~ <20	3	厦工股份，厦门钨业，合兴包装

资料来源：沪深北交易所，同花顺。

表5　2021年厦门上市公司分地区股权构成情况　　　单位：家

股权性质 地域分布	央企国资控股	省属国资控股	地市国资控股	民营控股	其他	合计
厦门市	1	4	8	49	0	62

资料来源：厦门证监局。

（四）市值规模

截至2021年12月31日，厦门62家上市公司境内总市值7081.61亿元，占全国上市公司境内总市值的0.77%；其中上交所上市公司24家，总股本213.36亿股，境内总市值3769.5亿元，占上交所上市公司境内总市值的0.73%；深交所上市公司38家，总股本175.15亿股，境内总市值3312.11亿元，占深交所上市公司境内总市值的0.84%。

（五）资产规模

截至2021年12月31日，厦门62家上市公司合计总资产14681.04亿元，归属于母公司股东权益2676.92亿元，与2020年相比，分别增长26.89%、18.63%；平均每股净资产6.89元。

三、厦门上市公司经营情况及变动分析

（一）总体经营情况

表6　　2021年厦门上市公司经营情况

指　　标	2021年	2020年	变动率（%）
家数	62	58	6.90
亏损家数	10	3	233.33
亏损家数比例（%）	16.13	5.17	10.96
平均每股收益（元）	0.73	0.65	12.31
平均每股净资产（元）	6.89	6.23	10.59
平均净资产收益率（%）	10.66	10.37	0.29
总资产（亿元）	14681.04	11569.46	26.89
归属于母公司股东权益（亿元）	2676.92	2256.45	18.63
营业收入（亿元）	20410.40	14385.71	41.88
利润总额（亿元）	474.80	368.39	28.89
归属于母公司所有者的净利润（亿元）	285.36	233.99	21.95

资料来源：沪深北交易所，同花顺。

（二）分行业经营情况

表7　　2021年厦门上市公司分行业经营情况

所属行类	营业收入（亿元）	可比样本变动率（%）	归属于母公司所有者的净利润（亿元）	可比样本变动率（%）
采矿业	452.37	15.29	10.31	1645.62
电力、热力、燃气及水生产和供应业	—	—	—	—
房地产业				
建筑业	—	—	—	—
交通运输、仓储和邮政业	248.25	46.63	3.81	24.79
教育	25.29	4.10	-5.36	-1126.94
金融业	74.43	7.91	26.73	29.02

续表

所属行类	营业收入（亿元）	可比样本变动率（%）	归属于母公司所有者的净利润（亿元）	可比样本变动率（%）
居民服务、修理和其他服务业	—	—	—	—
科学研究和技术服务业	8.41	5.60	0.40	-14.34
农、林、牧、渔业	—	—	—	—
批发和零售业	13037.27	47.98	98.80	30.42
水利、环境和公共设施管理业	22.96	122.08	4.72	55.27
卫生和社会工作业	—	—	—	—
文化、体育和娱乐业	—	—	—	—
信息传输、软件和信息技术服务业	145.05	23.31	19.83	35.99
制造业	1771.19	33.05	104.51	-6.73
住宿和餐饮业	—	—	—	—
租赁和商务服务业	4625.16	28.40	21.60	66.22
综合	—	—	—	—
合计	20410.40	40.43	285.36	17.10

资料来源：沪深北交易所，同花顺。

（三）业绩变动情况分析

1. 营业收入、毛利率等变动原因分析

2021年，厦门上市公司实现营业收入2.04万亿元，同比增长41.88%，两年平均增速35%，超半数公司收入规模连续三年增长，远高于全国上市公司平均水平。平均毛利率5.36%，较上年减少1.02个百分点。

2. 盈利构成分析

2021年，厦门上市公司实现利润总额474.8亿元，其中归母净利润285.36亿元，同比增长21.95%，两年复合增长28%，盈利能力持续稳定恢复。

3. 经营性现金流量分析

非金融类上市公司经营性现金净额为364.4亿元，同比增长26%，超8成公司实现净流入，经营业绩"含金量"稳步提升。

4. 业绩特点分析

2021年，厦门上市公司顶住需求收缩、供给冲击、预期减弱三重压力，克服疫情带来的不利影响，经营状况总体良好。厦门上市公司2021年度经营情况还具备以下特点：

（1）龙头"压舱石"作用凸显。16家百亿元市值的头部公司贡献了8成以上的收入和净利润，显著高于上市公司平均水平。其中，建发股份、厦门国贸、厦门象屿3家供应链企业在千亿元级体量基础上仍保持快速增长，净利润同比上升39%。

（2）绿色"新引擎"赋能增长。在绿色发展理念及碳达峰、碳中和政策引领下，环保、新能源等产业在2021年进入高景气区间。软件、电子信息行业上市公司亦积极拓展绿色低碳领域，挖掘新业务增长点。

（3）海外业务保持增长。2021年，开展海外业务的47家上市公司外销收入合计2281.43亿元，在全球经济复苏放缓的情况下依然保持30%的较快增速，展现出厦门市外向型经济的充足韧性。

5. 利润分配情况

表8　2021年厦门上市公司现金分红情况

2021年分红公司家数			2021年分红金额		
家数	变动率（%）	分红公司家数占地区公司总数比重（%）	金额（亿元）	变动率（%）	分红金额占归属于母公司所有者的净利润比重（%）
50	0	80.65	113.62	25.04	39.82

资料来源：厦门证监局。

四、厦门上市公司并购重组情况

（一）并购重组基本情况

2021年，厦门上市公司发生并购重组58家次，交易金额175.46亿元，均不构成重大资产重组。其中，厦门国贸将持有的国贸地产及国贸发展股权转让给控股股东厦门国贸控股集团有限公司，涉及交易金额103.49亿元，接近厦门上市公司2021年并购重组交易总额的6成。

（二）并购重组特点

2021年，厦门上市公司完成的并购重组支付方式均为现金。19家次上市公司购买资产或对外增资，交易金额为22.02亿元；17家次上市公司股东转让上市公司股权，交易金额为30.91亿元；22家次上市公司出售资产，交易金额为122.53亿元。

五、厦门上市公司募集资金情况、使用情况

（一）募集资金总体情况

表9　2021年厦门上市公司募集资金情况

发行类型	代码	简称	募集资金（亿元）
首发	688619	罗普特	9.04
	301028	东亚机械	5.04
	605365	立达信	8.49
	688778	厦钨新能	15.41
		小计	37.98

续表

发行类型	代码	简称	募集资金（亿元）
再融资（增发、配股）	000526	学大教育	8.31
	000701	厦门信达	5.82
	603180	金牌厨柜	2.86
	002593	日上集团	3.29
	小计		20.29
其他融资（公司债券、短期融资券、中期票据、次级债、金融债、境外发行债券）	600057	厦门象屿	89.00
	600153	建发股份	237.65
	600755	厦门国贸	83.00
	600549	厦门钨业	23.00
	小计		432.65
总计			490.92

资料来源：厦门证监局。

（二）募集资金使用情况及特点

2021年，厦门共34家上市公司使用募集资金，合计金额62.77亿元，占34家上市公司募集资金总额的23.45%。厦门上市公司使用募集资金情况呈现如下特点：一是募集资金使用进度整体情况良好，但也存在部分上市公司募投项目大幅度延缓或搁置、效益低于预期等情形；二是大部分上市公司募集资金使用程序基本符合规定，少数上市公司存在募集资金管理不规范情况，如将非公开发行股票募集资金转入公司一般户，后期设立募集资金专户并将上述资金由一般户转入专户，但募集资金在一般户期间产生的利息未一并转入专户。

（三）募集资金变更情况

表10　2021年厦门上市公司募集资金使用项目变更情况

变更募集资金使用项目的公司家数	涉及金额（亿元）	募集资金总额（亿元）	占公司募集资金总额的比例（%）
4	4.71	36.05	13.10

资料来源：厦门证监局。

2021年，厦门4家上市公司将募集资金投资项目结项后的结余资金及募集资金专户后期利息收入用于永久补充流动资金，涉及金额4.71亿元，占公司募集资金总额的13.10%。

六、厦门上市公司规范运作情况

（一）上市公司治理专项情况

2021年，厦门证监局深入推进公司

治理专项行动。一是强化组织保障。成立厦门证监局上市公司治理专项行动工作专班，制定《厦门证监局上市公司治理专项行动实施方案》，从存量和增量两个维度谋划落实措施。二是抓实宣传培训。狠抓关键少数培训，要求知敬畏、守底线，2021年组织《刑法修正案（十一）》、担保司法解释等相关培训7场次，参训参会人员近2000人次。局领导逐家走访宣讲，宣讲提升上市公司质量和公司治理专项行动各项要求。推动以厦门市委、市政府的名义向辖区上市公司发出"一封信"，倡议完善治理机制。组织厦门上市公司协会召开公司治理片区交流会，围绕治理结构、决策机制、内控规范、投资者关系管理等进行深入交流，剖析公司治理痛点与难点，共商解决对策。三是抓严自查和专项检查。通过查与改齐头并进，要求年审会计师事务所和持续督导机构对上市公司治理和内部控制情况进行评价，提出改进建议192条。通过专项行动，辖区上市公司治理架构进一步规范，治理水平实现新提升。

（二）审计情况及监管情况

厦门证监局认真按照证监会部署，从严落实中央巡视整改要求，以年报审计监管为抓手，多措并用压实审计机构"看门人"责任，扎实做好上市公司2021年年报审计监管。一是全面研判部署，筑牢风险"防火墙"。结合辖区实际，优化机制，明确各阶段安排，摸排确定重点领域、重点项目；压实审计责任，督促强化风险意识，加强质量管理，同时做好监管指导。二是加强过程督导，打好监管"组合拳"。量身定制年审提示函，突出精准度和时效性，及时审阅审计计划，约谈会计师等，适时调阅审计底稿、开展现场督导，推动质控加强全程督导与复核。三是落实精准监管，及早出手"治未病"。在督导深度上下足功夫，做好"三个坚持"，坚持管少管精，对重点项目贴身督导，3个审计项目进行会计差错更正，6个项目审计调整逾千万元，退市风险、异常"换所"项目监管见成效；坚持抓早抓小，提前筛查异常事项，推动风险化解；坚持因案施策，协调解决分歧、配合等问题，保障审计工作顺利完成。

（三）信息披露情况

2021年度，厦门证监局做细信息披露监管，以年报审计为抓手，推动信息披露监管提升。向辖区上市公司、年审机构分别下发通知，一方面，压实上市公司信息披露主体责任，督促其规范会计核算、关联交易，强化公司治理、承诺履行，提高年报信息披露质量；另一方面，督促年审机构守牢执业底线，强化质量控制，加强重点领域审计，要求就重大异常情况及时报告。同时加强监管指导，转发新修订监管法规与会计问题指引，联合厦门上市公司协会、专业机构开展2021年度报告编制线上专题培训和会计监管培训，为上市公司做好年报披露打好基础关。全年共对辖区上市公司开展各类现场检查7家次，针对检查中存在的问题对3家上市公司及其相关方采取行政监管措施,下发监管关注函5份。日常信息披露监管中,对3家上市公司及其相关方采取出具警示函的监管措施,向5家上市公司及其相关方下发监管关注函6份。

(四)证券市场服务情况

投资者是资本市场持续发展的基石,投资者保护始终是监管工作的重中之重。2021年,厦门证监局根据证监会的统一部署,按照"建制度、不干预、零容忍"九字方针,抓住一条纲领,突出内外两条主线,扎实做好投资者保护工作。以上市公司高质量发展为纲,推动厦门市政府出台《关于进一步推动厦门市上市公司培育和质量提升三年行动计划》并配套印发若干细化措施,为辖区上市公司经营质量提升创造良好环境。为推动辖区上市公司强化投资者关系管理,建立良好长效的投资者沟通机制,厦门证监局举办"厦门辖区上市公司2021年年报业绩说明会暨投资者网上集体接待日"线上活动,对公司提出五点要求:远近结合,摒弃功利思想,巩固治理能力;重质轻量,聚焦主业实业,增强竞争能力;扬长避短,培育自身长板,提升创新能力;进中求稳,增强公司韧性,提高抗风险能力;兼顾各方,履行社会责任,提高回报能力。与往年相比,厦门证监局指导地方协会举办业绩说明会专题培训,超200人参训,事前准备更充分;18家公司提前发布图文视频等可视化、交互式年报,业绩解读更生动;260余名董监高出席,董事长、总经理悉数走到"台前",交流阵容更"豪华";累计收到投资者提问1489条,现场答复1401条,答复率94.09%,较上年提升近5个百分点,交流互动更深入。

(五)其他

2021年9月,厦门市出现严峻的新冠疫情形势。厦门证监局高度重视,坚持监管与服务并举,及时指导厦门上市公司认真应对,并第一时间摸底协调解决上市公司的生产经营困难。一方面,督促落实防控要求,依规做好信披和投保工作。通过监管微信群,提醒辖区各上市公司认真配合落实地方政府的各项防控要求,努力确保人员生产安全;密切关注疫情对公司生产经营的影响,重要情况及时报告,严格按照规定做好信息披露;加强投资者关系管理,及时回应投资者关切。另一方面,及时开展摸底调研,积极协调需求困难。厦门证监局第一时间通过调查问卷、电话沟通等多种形式摸底本轮疫情对辖区上市公司的影响、人员到岗率、公司的诉求等方面的情况,就辖区14家上市公司反映较多的员工核酸检测、运输通道支持、防疫物资支持等积极向有关部门反馈沟通;及时向地方党委政府专题报告辖区上市公司受疫情影响情况、面临的困难和问题,并提出进一步完善核酸检测机制、尽快畅通物流运输、提早评估做好政策储备等意见建议。厦门上市公司积极应对疫情挑战,通过直接参与抗疫、捐款捐物(捐赠防疫物资达2500余万元)等方式履行社会责任,及时披露信息回应投资者关切,彰显勇担众任本色,期间辖区公司经营秩序平稳有序,未发生一起举报投诉等恶性事件。在厦门市委市政府给厦门证监局的感谢信中,对辖区上市公司的表现予以高度评价。

撰稿人:林文杰 施杨淇
审稿人:李永春 卢 海 杜艳力

青岛地区

一、青岛经济发展概况

表1　　　　　　　　　　　　2021年青岛经济发展概况　　　　　　　　　　单位：亿元

指 标	1~3月		1~6月		1~9月		1~12月	
	绝对量	同比增长（%）	绝对量	同比增长（%）	绝对量	同比增长（%）	绝对量	同比增长（%）
地区生产总值（GDP）	3037.42	18.00	6539.21	13.80	10310.36	10.70	14136.46	8.30
全社会固定资产投资	—	12.00	—	11.70	—	12.20	—	8.70
社会消费品零售总额	1280.10	27.20	2542.06	23.50	4000.30	18.00	5975.40	14.80
规模以上工业增加值	—	25.20	—	16.40	—	11.30	—	8.10
规模以上工业企业实现利润	136.00	192.70	304.20	56.20	436.20	10.70	576.10	195.00
居民消费价格指数（CPI）	1~3月		1~6月		1~9月		1~12月	
	0.40		1.20		1.30		1.50	

资料来源：国家统计局。

二、青岛上市公司总体情况

（一）公司数量

表2　　　　　　　　　　　　2021年青岛上市公司数量　　　　　　　　　　单位：家

公司总数	2021年新增	股票类别			板块分布				
		仅A股	仅B股	(A+B)股	沪市主板	深市主板	北交所	创业板	科创板
58	14	57	1	0	21	17	5	13	2

资料来源：沪深北交易所，同花顺。

（二）行业分布

表3　　　　　　　　　　　　　2021年青岛上市公司行业分布情况

所属证监会行业类别	家数	占比（%）	所属证监会行业类别	家数	占比（%）
采矿业	0	0.00	批发和零售业	2	3.45
电力、热力、燃气及水生产和供应业	0	0.00	水利、环境和公共设施管理业	1	1.72
房地产业	1	1.72	卫生和社会工作	1	1.72
建筑业	1	1.72	文化、体育和娱乐业	1	1.72
交通运输、仓储和邮政业	2	3.45	信息传输、软件和信息技术服务业	2	3.45
教育	0	0.00	制造业	41	70.70
金融业	3	5.18	住宿和餐饮业	0	0.00
居民服务、修理和其他服务业	0	0.00	租赁和商务服务业	2	3.45
科学研究和技术服务业	0	0.00	综合	0	0.00
农、林、牧、渔业	1	1.72	合计	58	100.00

资料来源：沪深北交易所，同花顺。

（三）股本结构及规模

表4　　　　　　　　　2021年青岛上市公司股本规模在10亿股以上公司分布情况

股本规模（亿股）	公司家数	具体公司
50≤ ~ <100	3	海尔智家，青岛港，青农商行
20≤ ~ <50	3	青岛银行，汉缆股份，赛轮轮胎
10≤ ~ <20	6	青岛啤酒，海信视像，东方铁塔，华仁药业，海联金汇，特锐德

资料来源：沪深北交易所，同花顺。

表5　　　　　　　　　　　2021年青岛上市公司分地区股权构成情况　　　　　　　　　单位：家

股权性质 地域分布	央企国资控股	省属国资控股	地市国资控股	民营控股	其他	合计
青岛市	2	1	8	38	9	58

资料来源：青岛证监局。

（四）市值规模

截至2021年12月31日，青岛58家上市公司总股本556.72亿股，境内总市值7332.04亿元，占全国上市公司境内总市值的0.76%；其中上交所上市公司26家，总股本287.35亿股，境内总市值4964.85亿元，占上交所上市公司境内总市值的0.95%；深交所上市公司30家，总股本267.43亿股，境内总市值2331.13亿元，占深交所上市公司境内总市值的0.58%；北交所上市公司2家，总股本1.94亿元，境内总市值36.06亿元，占北交所上市公司境内总市值的1.59%。

（五）资产规模

截至2021年12月31日，青岛58家上市公司合计总资产15869.69亿元，归属于母公司股东权益3490.45亿元，与2020年相比，分别增长13.08%、17.19%；平均每股净资产6.27元。

三、青岛上市公司经营情况及变动分析

（一）总体经营情况

表6　　　　　　　　　　　2021年青岛上市公司经营情况

指标	2021年	2020年	变动率（%）
家数	58	44	31.82
亏损家数	5	4	25.00
亏损家数比例（%）	8.62	9.09	-5.17
平均每股收益（元）	0.66	0.55	20.00
平均每股净资产（元）	6.27	5.69	10.19
平均净资产收益率（%）	10.47	9.71	7.83
总资产（亿元）	15869.69	14035.17	13.08
归属于母公司股东权益（亿元）	3490.45	2978.35	17.19
营业收入（亿元）	5203.64	4312.20	20.67
利润总额（亿元）	457.28	383.52	19.23
归属于母公司所有者的净利润（亿元）	365.33	289.11	26.36

资料来源：沪深北交易所，同花顺。

（二）分行业经营情况

表7　　　　　　　　　　2021年青岛上市公司分行业经营情况

所属行类	营业收入（亿元）	可比样本变动率（%）	归属于母公司所有者的净利润（亿元）	可比样本变动率（%）
采矿业	—	—	—	—
电力、热力、燃气及水生产和供应业	—	—	—	—
房地产业	2.52	130.21	2.36	1116.39
建筑业	50.40	8.73	1.40	-23.78
交通运输、仓储和邮政业	285.13	55.19	41.72	3.83

续表

所属行类	营业收入（亿元）	可比样本变动率（%）	归属于母公司所有者的净利润（亿元）	可比样本变动率（%）
教育	—	—	—	—
金融业	214.89	6.44	60.02	11.38
居民服务、修理和其他服务业	—	—	—	—
科学研究和技术服务业	—	—	—	—
农、林、牧、渔业	9.34	-3.30	0.36	20.28
批发和零售业	151.35	6.07	5.03	21.04
水利、环境和公共设施管理业	4.02	37.66	0.78	23.06
卫生和社会工作业	10.90	5.93	-3.64	-384.19
文化、体育和娱乐业	24.15	12.05	2.78	13.91
信息传输、软件和信息技术服务业	37.27	25.19	2.90	-20.77
制造业	4289.73	12.56	246.41	28.40
住宿和餐饮业	—	—	—	—
租赁和商务服务业	123.94	113.62	5.21	133.63
综合	—	—	—	—
合计	5203.64	15.24	365.33	20.88

资料来源：沪深北交易所，同花顺。

（三）业绩变动情况分析

1. 营业收入、毛利率等变动原因分析

2021年，百年变局和世纪疫情交织叠加，经济发展面临需求收缩、供给冲击、预期转弱等多重压力，辖区上市公司积极拥抱变化，顶住压力逆风翻盘，在变局中开新局，实现营收5203.64亿元，同比增长20.67%，远超青岛地区当年GDP增速（8.3%），占青岛地区全年GDP总额（1.41万亿元）的36.90%，其中48家公司营收增长，占比82.76%。此外，海尔智家营收超2200亿元，8家公司营收超百亿元，引领示范作用凸显。

2. 盈利构成分析

2021年，辖区上市公司共实现利润总额457.28亿元，同比增长19.23%。从构成上来看，辖区上市公司利润主要来源于营业利润，金额为457.15亿元，同比增长19.31%，占利润总额比重为99.97%。其中投资净收益92.61亿元，占利润总额的20.25%，同比下降约5个百分点。资产处置收益10.66亿元，占利润总额的2.33%，同比下降约1个百分点。

3. 经营性现金流量分析

2021年，辖区上市公司经营活动产生的现金流量净额合计445.03亿元，其中48家公司当年度经营活动产生的现金流量净额为正，占辖区上市公司比例为83%，较上年下降约6个百分点；非金融上市公司经营活动产生的现金流量净额为407.06亿元。

4. 业绩特点分析

2021年，辖区上市公司实现净利润365.33亿元，同比增长26.36%，高于全国平均水平1.2个百分点，其中53家实现盈利，盈利面91%，高于全国平均水平7个百分点；33家净利润同比增长，25家净利润同比下降。此外，辖区支柱产业稳健发展，重点产业链相关上市公司合计贡献整体净利润的85%，吹响了振兴发展实体经济的冲锋号。

5. 利润分配情况

表8　　　　　　　　2021年青岛上市公司现金分红情况

2021年分红公司家数			2021年分红金额		
家数	变动率（%）	分红公司家数占地区公司总数比重（%）	金额（亿元）	变动率（%）	分红金额占归属于母公司所有者的净利润比重（%）
48	33.33	82.76	124.59	21.14	34.10

资料来源：青岛证监局。

四、青岛上市公司并购重组情况

（一）并购重组基本情况

2021年，辖区15家上市公司完成并购重组25起，总金额95亿元，平均每单交易金额3.8亿元，其中重大资产重组2起。

（二）并购重组特点

2021年，辖区上市公司并购重组规模较2020年增长5.56%，数量与2020年持平，主要呈现以下特点：一是并购方式以协议收购为主。辖区25起并购重组中18起为协议收购，另有发行股份购买资产、司法裁定等方式。二是支付方式主要为现金支付。25起交易中只有1起（青岛中程）的支付方式为"债权"方式。三是并购目的多样化。辖区上市公司实施并购重组的目的包括横向整合、战略合作、资产调整、多元化战略、私有化等多种类型，其中横向整合和战略合作比较多。

五、青岛上市公司募集资金情况、使用情况

（一）募集资金总体情况

表9　　2021年青岛上市公司募集资金情况

发行类型	代码	简称	募集资金（亿元）
首发	688190.SH	云路股份	13.99
	001219.SZ	青岛食品	3.82
	688501.SH	青达环保	2.50
	605287.SH	德才股份	7.89
	301022.SZ	海泰科	5.17
	301015.SZ	百洋医药	4.02
	603836.SH	海程邦达	8.64
	300950.SZ	德固特	2.10
	688677.SH	海泰新光	7.79
	300948.SZ	冠中生态	3.03
	003033.SZ	征和工业	4.76
		小计	63.71
再融资（增发、配股）	601058.SH	赛轮轮胎	12.27
	300569.SZ	天能重工	10.01
	300001.SZ	特锐德	10.00
	603739.SH	蔚蓝生物	5.00
	603577.SH	汇金通	3.76
	300786.SZ	国林科技	3.60
		小计	44.64
其他融资（公司债券、短期融资券、中期票据、次级债、金融债、境外发行债券）		惠城环保	3.20
		森麒麟	21.99
		小计	25.19
总计			133.54

资料来源：青岛证监局。

（二）募集资金使用情况及特点

2021年，辖区上市公司直接融资133.54亿元，其中11家公司首发融资63.71亿元，6家公司增发融资44.64亿元，2家公司在交易所债券市场发行可转换公司债券融资25.19亿元。根据现场检查和日常监管情况，辖区上市公司募集资金使用总体较为规范。11家上市公司首发融资用于实体项目建设及补充流动资金，6家公司增发融资用于实体项目建设、补充流动资金与偿还债务，2家公司发行可转债融资用于实体项目建设，有力支持了地方经济发展。

（三）募集资金变更情况

2021年，青岛辖区共6家上市公司变更募集资金用途，涉及金额8.70亿元，占公司募集资金总额的比重为20.37%，已履行相关程序。

表10   2021年青岛上市公司募集资金使用项目变更情况

变更募集资金使用项目的公司家数	涉及金额（亿元）	募集资金总额（亿元）	占公司募集资金总额的比例（%）
6	8.70	42.70	20.37

资料来源：青岛证监局。

六、青岛上市公司规范运作情况

（一）上市公司治理专项情况

2021年，青岛证监局深入贯彻落实党中央、国务院关于提高上市公司质量的决策部署，立足实际，迅速行动。一是现场检查与公司自查齐头并进，将公司治理检查纳入2021年度现场检查计划，对开展全面检查的上市公司全部延伸检查公司治理，推动有问题的公司实质性整改；组织辖区41家公司参与自查，针对自查发现的九大类42个问题深入分析，建立台账，分类推动，实行"销号"管理。二是发挥合力提高治理效能，局主要负责人向青岛市政府主要领导当面汇报、向市委市政府报送相关报告、与区市负责同志座谈，阐明退市政策、监管立场，研提意见建议，得到青岛市主要领导肯定；推动青岛市推动企业上市和上市公司规范工作调整充实成员单位至41个，进一步明确职责分工，健全工作机制。三是开展"定制化"培训，对辖区公司治理存在的主要问题，重点选取控股股东和实控人行为规范、"三会"运作、董监高履职等主题，对"关键少数"开展专项培训；联合青岛上市公司协会开展5次专题培训，确保辖区所有上市公司"关键少数"分层分类全覆盖，切实明规则、知敬畏。

（二）审计情况及监管情况

辖区58家上市公司2021年年报审计涉及16家审计机构，除1家公司（荣丰控股）被出具带强调事项段的无保留意见外，均被出具标准无保留意见审计报告。

2021年，青岛证监局狠抓"三位一体"，坚持多措并举，多轮驱动，聚焦重点机构、重点项目，扎实有序抓好2021年年报审计全过程监管。一是下发专项通知，传达2021年年报监管工作要求，提醒重点注意事项，全面压实会计、审计主体责任。二是紧盯重点机构，针对辖区尤尼泰振青今年首次承接3家异常"换所"风险公司年审项目情况，通过下发监管关注函、局主要负责人带队约谈、多次与项目所在地证监局沟通等方式督促事务所勤勉尽责、防范风险，事务所最终依据专业判断出具审计报告。三是聚焦重点项目，利用会计画像系统简历涵盖多维指标的风险判别机制，识别出13个重点监管项目，精准下发2份监管关注函，进行23项风险提示，约谈会计师30余次。其中13个重点项目共进行审计调整9.12亿元，推动2家公司将部分原总额法核算收入调整为净额法核算，调减营业收入，推动2家公司调整补提存货跌价准备、资产减值损失，推动2家公司调补提商誉减值。

（三）信息披露情况

2021年，青岛证监局以提高上市公司透明度为目标，加强信息披露监管，督促公司以投资者需求为导向，提升信息披露有效性。一是统筹风险导向和"双随机"原则，累计开展现场检查、专项检查、投诉核查等各类检查19家次，发现4家公司信息披露不规范，出具2份警示函，切实督促辖区公司提高信息披露质量。二是编写《青岛辖区上市公司监管情况通报》，对辖区上市公司信息披露工作评价情况和存在的信息披露问题进行集中通报，督促公司"对号"入座，切实认真问题，及时查漏补缺，抓住此次自查契机，真整改、见实效。

（四）证券市场服务情况

一是持续摸排辖区上市后备企业，对标对表板块定位，坚持主板、科创板、创业板、北交所一体推进，优先支持优势产业、优秀企业、优良资产上市。主动对接政府部门，围绕制造业单项冠军企业、专精特新"小巨人"等企业开展深度摸排，建立动态储备库，支持优质企业登陆资本市场。二是创新举办上市公司集体业绩说明会，会同中小投服组织投资者网上集体接待日活动，全年54家沪深公司召开年报业绩说明会，超过前一年度家数（38家），召开比例96%，董事长或总经理出席率100%，召开质量不断提升。

撰稿人：张　燕
审稿人：任　路

第四篇

上市公司党建篇

- 中国石化：以高质量党建引领保障高质量发展
- 五 粮 液：聚焦"12345"重点工作体系　打造"国有企业党建示范标杆"
- 人 民 网：以建党百年为契机　以党史学习教育为主线
- 爱尔眼科：党建引领光明路
- 东方财富：党建引领强信念　"守正出奇"践初心
- 圆通速递：让党建成为圆通发展的"红色动力"
- 东方环宇：让党建融入经营　以经营激活党建
- 威 派 格："心"党建"水"生活　畅想绿色未来
- 德才股份：民营企业党建工作创新实践探索
- 天合光能："党建红"引领"双碳绿"　书写智慧能源新华章

中国石化：以高质量党建引领保障高质量发展

2021年，中国石化坚持以习近平新时代中国特色社会主义思想为指导，认真落实新时代党的建设总要求和新时代党的组织路线，贯彻落实习近平总书记视察胜利油田重要指示精神，按照公司"1355"党建工作总体思路，即突出以高质量党建推动高质量发展"一个主线"，深化责任、质量、实效"三个体系"，做到首位意识、系统观念、务实方法、创新思维、融合导向"五个坚持"，推进政治铸魂、思想聚力、组织强基、作风塑形、纪律固堤"五大工程"，扎实推进党的建设，以高质量党建引领保障高质量发展。

一、牢记习近平总书记殷切嘱托，着力打造践行习近平新时代中国特色社会主义思想重要阵地

公司坚持以党的政治建设为统领，深刻理解"两个确立"的决定性意义，进一步增强践行"两个维护"的自觉性和坚定性。

（1）持续强化理论武装。制定打造践行习近平新时代中国特色社会主义思想重要阵地指导意见，落实"第一议题"制度，突出抓好党的十九届六中全会精神、习近平总书记"七一"重要讲话精神等重点内容的学习贯彻，学思想用思想成为公司上下的自觉行动，党员领导干部"政治三力"不断增强。

（2）全面落实习近平总书记视察胜利油田重要指示精神。2021年10月21日习近平总书记视察胜利油田后，公司第一时间组织传达学习，将习近平总书记重要指示细化为8个方面25项任务，定期督查，打表推进。

（3）坚决扛好三大核心职责。围绕保障国家能源安全、引领石化工业高质量发展、担当国家战略科技力量"三大核心职责"，大力实施世界领先发展方略。实施七年行动计划，油气勘探取得重大突破，储量产量箭头向上。转型升级取得重大突破，国企改革三年行动任务整体完成率达到90%，镇海一期等重点项目如期建成，加快向"油气氢电服"综合能源服务商转型，产业链带动作用不断增强。一批关键核心技术攻关取得重要进展，公司成为国资委首批原创技术策源地，专利综合优势保持央企首位。

二、庆祝党的百年华诞，引领干部员工坚决听党话跟党走

2021年，公司以开展党史学习教育为重点，组织庆祝建党100周年系列活动，大力弘扬伟大建党精神，引领干部员

工从百年党史中汲取智慧和力量，始终保持"站排头、争第一"的精气神。

（1）扎实开展党史学习教育。坚持高起点开局、高质量推进、高标准落实，精心组织"永远跟党走"主题展览系列活动，评选表彰"奋斗百年路·启航新征程"第六届感动石化人物，打造"十大红色教育基地"，公司上下受到了一次全面深刻的政治教育、思想淬炼和精神洗礼。在中央企业党史学习教育第二指导组开展的专项评估中，5个方面评价满意度均为100%。

（2）用心用情办实事惠民生。实施"我为群众办实事"重点民生项目3181项，创造条件解决一批急难愁盼问题。发布"中国石化助力乡村振兴计划"，以党建共建引领促进乡村振兴。积极服务北京冬奥会、冬残奥会筹办，完成冬奥手持火炬研发量产，做好清洁能源保供。广泛参与社会公益事业，持续建设"爱心驿站""司机之家"，进一步树立了"党和人民好企业"形象。

（3）以历史主动精神抓党建强党建。落实管党治党政治责任，定期研究党的建设、意识形态和统战群团工作，召开庆祝中国共产党成立100周年暨高质量党建推进会，持续开展全覆盖党建考核和述职评议，推进党建制度"干枝叶"体系建设。认真开展全国国企党建会精神贯彻落实情况"回头看"，策划实施"四个一"总结展示，即1份党建成果报告、1部党建专题片、1组党建宣传报道、1次成果发布暨党建创新论坛。成立中国石化党建研究所，围绕党建重点难点问题加强课题研究和实践创新。

三、落实"两个一以贯之"，切实在完善公司治理中加强党的领导

公司贯彻落实《关于中央企业在完善公司治理中加强党的领导的意见》，充分发挥党组织把方向、管大局、促落实的领导作用。公司专题研究确定落实《意见》28项任务清单，统筹协调推进落实。开展相关课题研究，坚持"研究+实践"同步推进，坚持"总部+企业"分层推动，坚持"试点+推广"探索实践，推动研究成果与工作实践相结合。目前，总部层面完善制度机制18项，指导直属企业层面完善制度机制4项，落实其他工作措施6项。公司注重党的建设与企业发展有机融合，发挥党建优势，把好政治关、政策关、风险关、廉洁关，加强监督保障，激发调动员工干事创业积极性，助力董事会各项决策部署有效落实。

四、聚焦干事创业，加快打造石油化工领域人才高地

公司贯彻落实中央人才工作会议精神，推动人才强企战略向纵深发展。

（1）持续建设高素质专业化干部队伍。突出党员干部政治能力训练和政治实践历练，实施习近平新时代中国特色社会主义思想教育培训计划，推进"一把手"政治能力提升。坚持把急难险重任务作为

中国石化：以高质量党建引领保障高质量发展

选用干部的"第一现场"，突出服务公司战略选干部配班子。公司选人用人工作评价为"好"的比例达94.3%，创历史新高。着眼企业基业长青、事业后继有人，大力培养选拔优秀年轻干部，启动梯队培养计划，选派340名中层年轻干部到"五个一线"挂职锻炼。

（2）扎实推进高层次人才队伍建设。加快领军人才培养步伐，2人当选中国工程院院士。选聘首批3名公司首席科学家、10名首席专家、71名高级专家、49名技能大师。评选表彰80名突出贡献专家、20名石化名匠、200名技术能手。实施"未来科学家"培养计划，评选闵恩泽青年科技人才100人。

五、注重创新拓展，持续提升基层党组织建设质量

公司共有各级党组织16043个，党员28.7万人。公司坚持抓基层、强基础、固基本，推动党建工作与生产经营深度融合，努力把1.6万个基层党组织建成坚强战斗堡垒，3个基层党组织和1名党员获得全国"两优一先"表彰。

（1）提高基层党建标准化规范化信息化水平。推广应用党支部标准化规范化建设工作手册，命名200个示范点，推行分类定级，组织党建专家行、优秀党支部书记示范行。提升班组党员力量覆盖质量，探索设立万吨加油站党支部，新发展党员中基层一线占比提高到86%。建设并不断完善石化党建平台，提高党建信息化水平。

（2）深化基层党建创新拓展。召开基层党建创新暨质量提升推进会，推广基层党建创新实践100例，进一步激发基层党建创新提质活力动力。紧盯生产经营重点难点，推动基层党组织充分发挥党的政治优势。开展混合所有制企业党建调研，被列为国家有关部委专项调研课题项目。在央企层面率先出台党建共建指导意见，推动做实"六种类型"党建共建。

（3）建强党建骨干队伍。开展党建专家、高级专家选聘，新设公司党建首席专家职位，党务干部成长通道进一步拓宽。分层分类举办党建专题培训班，制定基层党支部书记基本功培训管理办法，推动党务干部队伍不断提升履职能力。

六、深化标本兼治，巩固涵养风清气正的政治生态

公司坚持以巩固发展政治生态大为好转、根本好转态势，打造廉洁石化亮丽名片为目标，围绕公司高质量发展充分发挥监督保障执行、促进完善发展作用。

（1）聚焦"国之大者"强化政治监督。制定推进政治监督具体化常态化意见，及时具体、精准有效开展政治监督，9项监督成果得到党中央、国务院、中央纪委国家监委的肯定。

（2）坚持"三不"一体推进。精准运用监督执纪"四种形态"，保持惩治腐败高压态势，加大案件查处力度，强化警示教育，着力减存量遏增量。推进以案促

教、以案促改，取得更多制度性成果和更大治理成效。

（3）系统发力纠治"四风"。完善纠"四风"树新风工作举措，配套细化19项具体措施。严肃查处违反中央八项规定精神问题，点名道姓通报曝光。深化安全环保领域形式主义官僚主义问题专项整治，以优良作风促进安全生产。开展总部作风建设"回头看"，深化落实作风建设9项措施。

（4）持之以恒深化巡视巡察。巩固拓展中央巡视整改成效，用好"红黄绿灯"督办机制，解决了一批重点难点问题。打好"常规+专项+专题"巡视组合拳，开展"卡脖子"技术、生态环保专项巡视，深化巡视巡察上下联动，做实"后半篇文章"，推动举一反三查找问题、抓实整改。中国石化作为唯一一家央企代表在2021年全国巡视工作会议工作经验交流。

七、强化思想引领，凝聚打造世界领先企业强大合力

公司认真落实中央《关于新时代加强和改进思想政治工作的意见》，结合实际制定实施意见，不断提升宣传思想工作质量。

（1）强化思想引领。制定落实网络意识形态工作责任制实施细则，加强意识形态阵地管理，强化形势任务教育和政策宣传解读，完善员工思想动态导控体系。大力弘扬石油石化传统，建立招聘有测评、入厂有教育、节点有仪式、培训有内容、使用有导向、身边有榜样、年度有考核的"七有机制"，激发"为美好生活加油"正能量。

（2）坚持文化润心。将企业文化建设纳入公司章程和内控系统，不断强化基层文化建设，推动核心价值理念在基层落实落地。深度挖掘内部红色文化资源，入选国家工业遗产基地1个、中央企业爱国主义教育基地3个、中央企业红色资源网络展览6个，引导干部员工从红色文化中汲取精神力量。

（3）提升品牌形象。构建"内宣+外宣""国内+海外"各方联动的全媒体矩阵，编制品牌与国际传播能力提升战略规划，发布"能源至净·生活至美"品牌口号，全球正面新闻报道量创历史新高。

八、做好群众工作，保持企业大局和谐稳定

公司坚持加强党对统战、群团工作的领导，促进员工与企业共同发展。2021年，公司出台党员领导干部联谊交友等制度，开设"同心圆"云工作室，创新拓展党外人士建言献策载体。持续开展全系统帮扶救助工作情况调研，特别是对重点帮扶的40家单位进行摸底调查，在系统掌握困难人员情况、帮扶救助金来源、使用情况、存在困难的基础上，完成对特别困难的直属单位的帮扶救助金拨付工作。推动镇海基地项目立功竞赛列入全国能源

中国石化：以高质量党建引领保障高质量发展

化学地质系统和全国示范性劳动竞赛，高质量组织"百城万站·卓越服务"劳动竞赛，7人获全国五一劳动奖章、3家单位获全国五一劳动奖状、14个集体获全国工人先锋号。印发公司党建带团建工作实施方案，举办2期青年马克思主义者培养工程培训班。群众工作的有效开展为公司改革发展营造了和谐稳定的环境。

中国石油化工股份有限公司　供稿

五粮液：聚焦"12345"重点工作体系打造"国有企业党建示范标杆"

五粮液股份公司于1998年4月在深圳证券交易所上市，是一家以酒业为核心，涉及酒类产品及相关辅助产品的大型国有企业。公司紧紧围绕打造"国有企业党建示范标杆"目标，实施"固本、铸魂、聚智、融心、正风"党建五大工程，构建起"党建引领、风清气正、共融发展"党建特色品牌，以高质量党建引领公司高质量发展。2021年，公司营业收入662.09亿元，同比增长15.51%；归母净利润233.77亿元，同比增长17.15%，连续6年保持两位数以上增长，名列"全球品牌价值500强""中国品牌价值100强"。

在具体实践中，公司紧紧围绕中心、服务大局，突出抓好"12345"重点工作体系，着力推动党建工作与生产经营深度融合。

一、抓好"一个根本"，即加强党的建设、全面从严治党

一是实现"三个全覆盖"。始终坚持企业发展到哪里、党的建设就跟进到哪里，构建起横向到边、纵向到底的组织架构，实现党组织建设全覆盖。始终把坚持党的领导、加强党的建设作为企业的"根"和"魂"，严格落实国企党组织法定地位，实现"党建入章"全覆盖。始终坚持"两个一以贯之"，充分发挥党委"把方向、管大局、促落实"领导作用，实现党委会前置研究、研究决定事项"两张清单"全覆盖。

二是实现"两个行业首家"。创建行业内首家企业党校——五粮液党校，与中央党校、四川长征干部学院、四川省委党校联合举办专题培训班，累计培训上万人次。创建行业内首家国务院国资委党建调研基地，接待中省市各类调研上千次。

三是全面推行党组织标准化规范化建设。制定《党组织标准化、规范化建设工作指导手册》，构建起"一册三本七盒"工作体系，让各项党建工作有标杆、有参考、有成效。以"分类分级、鲜明特色、切合实际、利于工作"为原则，高标准打造"1+N"党建文化体系，建成首家白酒行业党建文化中心和"展馆式""场景式""院落式"等与各基层党组织生产经营结合紧密的主题党建阵地，荣获"四川省先进基层党组织"称号。

四是落实全面从严治党。系统开展"廉洁细胞"创建活动、"五堂六进"纪法知识宣讲、"青廉工程"建设、"六个一"家风建设等活动，覆盖16万余人次，

一体推进"不敢腐、不想腐、不能腐"体系建设。

二、抓好"两个同步",即坚持党建工作与生产经营同步安排、同步考核

一是坚持党建工作与生产经营同步安排。年初通过1号文件同步下达党建目标与生产经营目标,并第一时间召开党建工作领导小组会,出台《党建工作要点》,明确全年重点任务,压茬推进党建工作。

二是坚持党建工作与生产经营同步考核。年初同步签订《生产经营目标责任书》和《党建工作目标责任书》,年末经营业绩与党建考核同步进行,构建起常态化党建考评体系。建立健全党建目标考核办法、领导班子成员党建联系点等制度,不断提高党建考核权重占比,进一步压实党建责任,切实做到"围绕生产抓党建,抓好党建促发展"。

三、抓好"三个带动",即党建带产建、带工建、带团建

一是在带动产建方面,作为四川省首批产业工人队伍建设改革试点单位,重点围绕思想引领、建功立业、家园建设,创新打造具有五粮液特色的"工匠苗圃",形成"传承+创新"的匠心孕育机制、"大师+苗圃"的匠艺锤炼机制、"平台+晋升"的匠人成才机制,五粮液"产改模式"得到全总、四川省总充分肯定。

二是在带动工建方面,突出"为员工谋幸福"的核心价值理念,坚持职工收入和企业发展同步增长,员工人均收入翻番,构建"常态化+突发性"困难救助帮扶机制,在四川省内率先设立职工互助帮困基金,出台重病离岗休养管理办法。改善职工生产生活环境,建成"五粮液职工之家",配备有职工书屋、职工健身房、职工茶歇厅等各类设施。扎实为职工办实事,举办第二届"五一职工生活节",为职工争取到近万种优质商品和更加实惠的尊享福利。丰富职工精神文化生活,举办职工月末文艺展演,开展职工"兴趣联盟"活动330场次。

三是在带动团建方面,建立"五粮液团校",按照10%的比例选拔优秀学员,向公司党委推荐并纳入公司骨干人才培养范围,为优秀学员提供学习深造、多岗锻炼、培训交流等机会。实施"青酿工程",创建"青年文明号",开展青工技能提升季,充分激发青年活力动力。成立"五粮液青春宣讲团",打造云课堂16期;升级打造"五粮液青年"团属新媒体,发挥"公众号+视频号"双微优势,团的引导力实现新提升。

四、抓好"四个创新",即创新微党课、党员立项攻关、履责记实监督平台、五粮液家园App

一是优化党课方式,创新"微党课"。打造"线下+云端"讲习课,线下"面对面"讲,举办"百年奋斗路,启航

新征程"第四届五粮液微党课大赛,线上线下聆听党课近20万人次,覆盖面和影响力创新高。线上"一对一"学,打造示范性"微党课网络课堂",甄选百堂微党课优质课程,推送基层一线,多平台展播,实现全时段、全方位、全覆盖学习。打造"有形+有声"立体课,浸润式教学,开展"颂歌献给党"红歌大赛,千余名员工将朗诵、舞蹈、情景剧等元素融入合唱,线上线下观看人数近200万人次。环绕式教学,推出"百封红色家书诵读""百首红色歌曲传唱"主题栏目,发布红色作品200个,阅读量达35万余人次,互动点赞量超150万次。打造"互动+体验"实践课,主题展览互动学,举办五粮液庆祝中国共产党成立100周年主题展览,打造面向大众的"学党史带动知厂史"实体课堂。红色基地体验学,开展"重走革命圣地"主题活动,组织党员干部瞻仰革命遗址,到赵一曼纪念馆、历届党代会会址、鄂豫皖革命纪念馆等红色基地,开展党史党性现场教学共140余场。

二是发挥党员骨干的先锋模范作用,开展党员立项攻关。本着"什么问题紧迫就攻关什么问题,什么问题突出就攻关什么问题"的原则,重点围绕党的建设、生产技术、市场营销、财务管理、质量管理、安全管理、能源环保管理等与公司改革发展密切相关的主题进行立项,充分发挥党员同志的模范带头作用,着力解决改革发展难题,破解生产技术瓶颈。累计确立攻关项目440项,创造经济效益超4亿元。

三是创新研发党内履责监督记实平台。公司积极探索促进国有企业党内监督工作规范化、常态化、长效化、制度化的新路子,创新研发党内履责监督记实平台,建立起党委、纪委、班子成员、基层党支部可视化监督履责清单,形成"关键少数+日常监督+一线监督"的大监督格局,实现监督全链条的清单化管理,构建起责任分解、任务落实、跟踪督查、效果评估、考核问责"五位一体"的党内监督责任体系,荣获第二届"中国廉洁创新奖提名奖"。

四是创新打造"五粮液家园"数字工会平台。"五粮液家园"秉承"建设好、管理好、运营好"的理念,运用大数据、云计算、定向支付、区块链技术等,创新打造融"政治引领高地、宣传教育阵地、职工维权平台、职工沟通桥梁、职工普惠载体"于一身的网上职工之家,成为四川省率先建立无缝隙覆盖职工、零距离服务职工、精准扶贫在线帮扶工会工作模式的企业,连续三年荣获全总"企业十佳平台"。

五、抓好"五酿工作法",即增强企业基层组织战斗力

结合酿酒生产实际,公司打造了具有五粮液特色的"五酿工作法",并大力在生产车间推广运用,实现党员示范班组名酒任务完成率大幅提升。酿业绩,以业绩为导向,以数据为依据,以党员示范班组

五粮液：聚焦"12345"重点工作体系 打造"国有企业党建示范标杆"

为载体，鼓励党员自加压力、跳起摸高，提升业绩，体现产质量结果。酿成效，以管理为基础，以攻坚为抓手，以党员立项攻关为载体，鼓励党员"揭榜挂帅"，体现创新创效成果。酿风采，以党员作示范，以典型作带动，以党员示范岗为载体，鼓励党员带头示范，体现先锋模范作用。酿技艺，以技能提升为目的，以交流互鉴为促进，以技能竞赛为载体，鼓励党员"传帮带"，普遍提升职工技能水平。酿合力，弘扬团结协作，推动集成高效，以党员服务队为载体，鼓励党员深入基层，形成工作合力。通过酿业绩、酿成效、酿风采、酿技艺、酿合力五个抓手，让先进班组在业绩目标、攻坚克难、示范带动、技能提升、凝心聚力中冲锋在前，推动优质白酒产量、质量实现"双提升"，让党建成为看得见的生产力。

下一步，五粮液将紧紧围绕打造"国有企业党建示范标杆"，实心干事、科学作为，着力锻造"忠诚干净担当、感恩知足奋斗"的干部人才队伍，以高质量党建引领公司高质量发展，加快实现"2118"发展目标，全力打造"生态、品质、文化、数字、阳光"五位一体的持续稳健高质量发展的五粮液，进一步擦亮"大国浓香、和美五粮、中国酒王"金字招牌。

宜宾五粮液股份有限公司　供稿

人民网：以建党百年为契机 以党史学习教育为主线

2021年，人民网党委在人民日报社编委会和机关党委的坚强领导下，认真学习宣传贯彻习近平新时代中国特色社会主义思想，深入学习宣传贯彻习近平总书记"七一"重要讲话和党的十九届六中全会精神，增强"四个意识"、坚定"四个自信"、做到"两个维护"，以庆祝建党百年为契机，以开展党史学习教育为主线，创新开展基层党的建设各项工作。注重紧扣主责主业特性，结合党员队伍特点，激发"晨读党报""跟着总书记读好书""平凡英雄"几大党建品牌活力，进一步推动党建与业务深度融合，以高质量党建引领人民网事业高质量发展。

一年来，人民网党委以创新、扎实、有效的党建工作实践，获得了多项荣誉表彰和表扬肯定。反映人民网开展党史学习教育的主题宣传片《百年追梦 奔向未来》，获得第一届"新时代全国机关基层党建新成就"短视频作品征集展示活动"百优作品奖"。人民网作为全社唯一一家社属单位获得"人民日报社创建模范机关先进单位"称号。在报社"两优一先"评选表彰中，人民网党委被评为人民日报社"先进基层党组织"，人民网10名党员同志被评为"优秀共产党员"，2名党支部书记被评为"优秀党务工作者"。《办好开门首件事 学好每日必修课》入选报社基层党建工作创新案例，并在全社交流展示活动中获得二等奖。在人民日报社党史学习教育工作汇报会上，人民网作为唯一一家报社二级单位，向中央第十四指导组作汇报。中央和国家机关党建门户网站旗帜网以《承办官网服务全党 党建业务深度融合——以"三个契机"全面开展党史学习教育》为题，报道人民网开展党史学习教育情况。经报社办公厅编报的《人民网开展"跟着总书记读好书"活动》，在中宣部《每日要情》刊发。人民网地方部（原）荣获"2020年度中央和国家机关三八红旗集体"荣誉称号。

开展党史学习教育是2021年人民网党建工作的一条主线。公司党委不仅把开展党史学习教育作为必须完成的政治任务，更是将其作为提升人民网广大党员党性修养的契机；作为人民网业务创新和事业发展的契机；作为人民网服务全党、提升权威性影响力的契机。紧密结合主责主业和队伍特点，人民网在党史学习教育中，实现"三个结合"：即把承办党史学习教育官网官微与开展党史学习教育宣传报道相结合；把学习教育安排与"跟着总书记读好书""晨读党报"等人民网党

人民网：以建党百年为契机　以党史学习教育为主线

建品牌活动，以及推进人民网内容、数据库建设、人民网＋等平台建设等实事相结合；把党史理论学习与树立典型、表彰先进，弘扬榜样力量、凝聚发展动力相结合。

一、深耕资源优势，发挥互动价值，权威平台让服务全党工作"实起来"

根据中央统一部署，由党史学习教育领导小组办公室指导，人民网承办的党史学习教育官方网站、官方微信公众号3月24日正式上线。上线以来，党史学习教育官网官微聚焦习近平总书记重要论述，围绕党中央关于开展党史学习教育的重要精神和决策部署，展现党史学习教育进展情况和典型经验，及时反映党史学习教育的成效、反响、故事，努力在全网营造浓厚的学习教育氛围。截至目前，官网合计发布稿件16000多篇，官微发布稿件近1300条，粉丝840万。官网官微成为网上宣传党史学习教育主阵地，党员干部群众广泛参与的主平台。

"领导留言板"是人民日报社人民网专门为中央部委和地方各级党委政府主要负责同志搭建的网上群众工作平台。"我为群众办实事"实践活动开展以来，截至11月底，超过60万件群众急难愁盼问题通过这一平台获得各地区各部门回应和解决。目前，已有24家部委通过"领导留言板"与群众开展多种形式的互动。北京、天津、河北等20多个省份以各种形式明确将"领导留言板"的急难愁盼问题征集作为"我为群众办实事"实践活动重要切入点。12月4日，国务院新闻办发表《中国的民主》白皮书，写入了人民网"领导留言板"整体运行情况，以及网民通过留言板建议开展"互助性养老"被党的十九届五中全会采纳并纳入"十四五"规划正式文件的情况，成为中国式民主真实管用的生动案例。

二、突出融合机制，增添内涵活力，优质品牌打造让党员学习"活起来"

（1）突出党委理论学习中心组引领作用。人民网党委密切跟进重大事件、重要讲话、前沿知识的学习。党委理论学习中心组以党史学习教育、习近平总书记"七一"重要讲话、党的十九届六中全会精神、习近平总书记在中央党校（国家行政学院）中青年干部培训班开班式上的重要讲话、推动"十四五"时期人民网事业高质量发展、"数据流与AI时代网络平台的战略重塑"等为主题，组织集体学习和交流研讨，不断提高政治站位，拓宽业务视野。特别是在习近平总书记"七一"重要讲话和党的十九届六中全会精神等重大主题学习中，党委理论学习中心组集体学习更是突出第一时间、高频次集中开展、扩大到全体员工等特点，使党委理论学习中心组扩大会成为人民网统一思想、凝聚力量、创新工作的重要抓手。

（2）坚持"晨读党报"学习制度，

深化党建与业务融合。每个工作日上午8：30至9点，人民网党委委员轮流给全网3000多名员工讲读当天《人民日报》重要内容。将政治视角与业务视角相结合，第一时间学习习近平总书记重要讲话、重要指示批示精神，以及党中央重大方针政策、重大决策部署。党史学习教育中，人民网党委在"晨读党报"中纳入党史学习教育内容，深入研读《人民日报》中的相关报道。特别是在习近平总书记发表系列重要讲话和《中国共产党第十九届中央委员会第六次全体会议公报》等重要文件发布等重点时点，都组织全网员工第一时间以"读报+学习"的形式深入学习领会。同时，在"晨读党报"时间，人民网也直接就选题策划、标题制作、稿件采写、视频拍摄等业务工作进行布置。正像庹震社长、总编辑对人民网提出的要求，"晨读党报"学习制度长期坚持，久久为功，已经成为人民网强化理论武装，探索党建与业务深度融合的一项务实、管用的举措。

（3）挖潜党建活动品牌活力，提升效能效果。"跟着总书记读好书"主题活动，是人民网党委的另一个党建活动品牌。2021年以来，党委在党史学习教育中为这一活动注入新的内容和活力。通过专家学者辅导、领导骨干领学、支部集体学习、"云端党课"互动等方式，持续增强主题活动的吸引力。比如，2021年9月1日，一场"云端互动"的"跟着总书记读好书"活动，在人民网和柳钢集团同时举行。两地虽然相隔千里，但在"云端"实现了"同游""同享""同学"，活动内容丰富、形式创新，接地气有活力，受到了两地党员们的欢迎。此外，人民网党委创新党史学习教育学习形式，开展"命题竞赛"活动，激发党员干部学习动能。广大党员带动全网员工，在深入学习《中国共产党简史》后自己设计5000多道测试题目。这一活动不仅有效调动了党史学习教育的积极性和主动性，党员同志们自拟的部分优秀题目，也被吸纳进了人民网自主研发的"党史知识智能题库"当中。

三、深化岗位建功，发挥榜样力量，"平凡英雄"让干事创业热情"燃起来"

2021年3月，人民网党委以党史学习教育为契机，在全网启动争创"平凡英雄"活动，发挥榜样力量，凝聚起开新局、干事业的昂扬动力。活动得到广大党员和员工的积极响应和热情参与。我们已经在5月和9月开展了两季"平凡英雄"争创活动，来自人民网总网、地方分公司、控股子公司的优秀党员代表，通过层层选拔，在人民网1号演播厅精彩亮相，展示他们在平凡岗位中成就不凡的青春风采。经过现场演讲、视频展示、同事评介、评委提问等环节的比拼，最终评选出身边党员中的"平凡英雄"。人民网党委还将持续开展争创活动，保持创先争优的积极氛围。

有身边普通党员榜样的感染，更有我

们党百年奋斗辉煌成就的指引和激励。庆祝建党百年之际，人民网党委和各党支部组织引导党员和广大员工以多种形式深入学习宣传习近平总书记"七一"重要讲话。总书记重要讲话的指引和浓厚的庆祝建党百年热烈氛围，激发了人民网广大青年员工的热情，纷纷表达了加入中国共产党的热切志愿。"七一"前后，人民网各党支部先后收到了来自35名青年员工的入党申请书。可以说，人民网党委在充分发挥基层党组织战斗堡垒作用和党员先锋模范作用方面，有收获、见实效。

四、完善考核体系，强化结果运用，述职评议让党支部标准化规范化建设"强起来"

2021年年初，人民网党委召开2020年度党支部工作述职评议考核会，开展所属22个党支部的述职评议考核工作。人民网党委领导班子全体成员听取党支部书记现场述职，并对各党支部工作进行评议考核。评议考核工作既认真落实报社机关党委《关于做好2020年度基层党建述职评议考核工作的通知》要求，又突出人民网自身党建工作特色，首次结合《人民网党支部工作述职评议考核办法（试行）》，在对党支部工作进行日常考核的基础上，对全年工作作出等次评定，三个党支部被评定为"优秀"等级。人民网党委还将优秀党支部的表彰和激励统筹纳入年度绩效考核中，使考核工作真正形成了压实党建责任、激发支部活力的实际效果。

五、构建立体联动巡察机制，加大监督执纪问责力度，完善制度让党风廉政建设"硬起来"

人民网党委认真落实党风廉政建设工作责任制，把党风廉政建设工作和业务工作"同部署、同落实、同检查、同考核"。一是认真落实"一岗双责"，多措并举探索党风廉政建设新途径。充分发挥"晨读党报"学习制度作用，党委成员第一时间在全网传达学习习近平总书记重要讲话精神、重要指示批示精神，解读党风廉政建设新思想、新动态，组织内部制度宣讲，扩大党风廉政宣教受众面。组织全网员工参加制度考核，以考促学，不断增强员工纪律意识、规矩意识。推动纪律教育和警示教育下沉到基层，对分子公司负责人及班子成员、关键岗位员工和党员同志开展党风廉政警示教育。二是加大监督执纪问责力度，持续筑牢反腐倡廉防线。扎实办结多项问题线索；通过提醒谈话、诫勉谈话等形式，提升监督执纪实效；积极稳妥开展失实检举控告澄清工作，组织召开专题通报会，为被失实举报的干部群众澄清正名，帮助当事人卸下包袱、轻装上阵、投入工作。三是扎实推进中央巡视、报社巡视反馈意见整改落实。人民网党委高度重视巡视整改工作，专题研究、成立专班，按期完成中央巡视报社涉及人民网的5项整改任务及报社巡视涉及人民网10个方面整改任务，并形成长效机制。

四是构建完善立体联动的巡察机制，发挥巡察利剑作用。2021年，人民网党委组织开展对52个内设部门、8家控股子公司的常规巡察，巡察全覆盖率达65.4%。人民网领导班子成员全部参与做好巡察整改"后半篇文章"，做到巡察一家，规范一家。

经过这一年来的积极探索实践，人民网党的建设各项工作取得了新的成效，也发现了一些短板和不足。人民网党委将在报社编委会和机关党委的领导下，立足主责主业，紧紧围绕基层党组织建设的核心任务，用高质量党建推动人民网各项事业高质量发展，力争取得新进展、新突破，以优异成绩迎接党的二十大召开。

人民网股份有限公司　供稿

爱尔眼科：党建引领光明路

一、爱尔使命与党同频共振

在建党百年大会上，习近平总书记号召全体共产党员弘扬伟大建党精神，牢记初心使命，坚定宗旨信仰，始终与人民想在一起，干在一起，风雨同舟，同甘共苦，继续努力实现人民对美好生活的向往。爱尔眼科坚持"使所有人，无论贫穷富裕，都享有眼健康的权利"的初心使命，为患者提供高质量的、方便可及的诊疗服务，为"健康中国"奉献智慧，为"乡村振兴"贡献力量。

爱尔眼科发展的过程，就是党建引领的过程。爱尔眼科诞生于2003年，经过18年艰苦奋斗，已发展成全球最大的眼科连锁医疗集团，在全球开设600余家眼科医疗机构。集团党委下辖4个党支部，党员156人；全集团共有2个党总支，213个党支部，2540名党员。爱尔党建始终坚持"体现存在、创造价值、树立权威"原则，围绕"凝聚人心、增强信心、彰显活力、促进增量"目标，努力建组织、强服务、树品牌，实现了企业发展和党建工作双促双进。

集团党委书记先后6次向省、市主要领导作汇报，长沙市政府报告中也特别提到："支持爱尔眼科发展，打造'眼健康'产业之都"，确保了企业发展始终服从党的领导、满足社会需求，大量开展公益慈善白内障等手术，眼健康教育及义诊惠及全国各地群众，在医院党支部开展"党建+眼健康"活动，积极与公司董事会沟通拟定党建工作内容，明确相关制度、工作机构和人员配备等内容，并在2021年5月公司股东大会表决通过，正式纳入公司章程。

2021年"七一"期间，集团党委被湖南省委两新工委树为"全省党建引领标杆基层党组织"，被省卫健委评为"先进基层党组织"。

2021年9月5日，爱尔眼科医院集团荣膺民政部颁发的第十一届"中华慈善奖"捐赠企业。中华慈善奖是当前中国慈善领域政府最高奖，旨在表彰我国慈善活动中事迹突出、影响广泛的个人、单位、慈善项目等。爱尔眼科以党建方向为引领，积极响应国家号召、切实履行社会责任的公益慈善行动，继2018年荣获第十届"中华慈善奖"后，再次获得国家高度肯定。

二、以党建增强凝聚力，促进高质量发展

指引企业经营，党建工作助推助力医

疗工作。集团党委每月定期参加集团月度经营例会等高层会议，为集团董事会大项决策提供参考依据。2020年12月，集团党委全程监督和参与集团副高职称的考核评定，提高科学性和透明度。一系列的党建活动成效显著，有效整合了集团各部门的工作资源，以支部为单位组成新的工作单元，形成了工作合力，为集团促发展带来新动能，开辟新途径。

深化党史学习教育，将学习内容与具体实际落地见效。运用红星云、红星网、党支部微信群等平台载体强化学习，集团党委利用微信公众号刊发"时代记忆——建党100周年100大事件100红馆"系列文章。开展"脱贫攻坚感党恩，喜迎华诞向光明"主题党日活动，组织党员参观湖南省脱贫攻坚大型成就展；邀请省委党校教授在集团周末大讲堂以"信仰的力量"为主题开展党史教育课，集团旗下200余家医院党支部以视频连线的方式同步参与。

彰显情怀担当，将抗击疫情与责任担当紧密结合。2020年的大年三十，第一时间下发倡议书；主动联系武汉和湖北区党组织负责人，动态掌握抗疫一线和生活困难党员情况，一对一帮助解决；疫情期间，在党支部引领下，集团各医院成立应急支援队伍323支，递交请战书2400余封，2200余名医护人员走进基层，230余名党员骨干和医护人员驰援武汉。积极助推爱尔医院抗疫后期的复诊。2020年，公司荣获"华谱奖"，被评为"抗疫致敬品牌企业"。

三、以党建指导光明事业，投身乡村振兴

依托充分的医疗资源优势，把慈善、公益、扶贫等项目作为爱尔党建工作的切入点，将党和政府对人民群众的关怀通过党建工作得到充分体现。各地爱尔眼科医院学生提供眼健康宣教和视力筛查，为近视儿童免费进行视力矫正和眼病救治。

开展医疗普及和扶贫行动。2016年，集团党委发起"善行湖南·万人眼健康公益行"，为全省14个市州、51个扶贫县的4万名眼病贫困患者免费实施手术；2017年，集团党委发起"精准脱贫光明行"，3年为全国500个贫困县共50万名贫困眼病患者提供免费的眼科医疗服务；2018年5月，启动"你是我的眼——角膜移植西部行"公益项目，3年内救助全国800多名贫困角膜盲症患者。截至目前，爱尔眼科已帮助近70万名贫困眼病患者重见光明，眼健康义诊和科普宣教覆盖人次达1.8亿，足迹遍及全国31个省、自治区、直辖市。

全面推进乡村振兴。集团党委发动旗下医院党组织，积极投身由国家卫健委、国家乡村振兴局共同发起的"光明扶贫工程"，自项目启动至今，已有125家爱尔眼科医院成为项目定点医疗机构，占定点医院数总量的8%，多家爱尔眼科医院被评为"光明扶贫工程先进单位"。2020年，爱尔眼科宣布向"光明扶贫工程"捐款1亿元，帮助贫困地区白内障患者重

爱尔眼科：党建引领光明路

见光明。在2021年全国爱眼日"光明工程·白内障复明"项目座谈会上，爱尔眼科作为社会力量代表发言，并再追加捐赠1亿元，助力乡村振兴。2021年5月，爱尔眼科创始人荣获"优秀中国特色社会主义事业建设者"荣誉称号。

助力公益医疗外交事业。响应国家"一带一路"倡议，由党委领导带队，挑选党员骨干组成国际医疗队，连续3年出访缅甸、老挝、越南、柬埔寨等国，完成近2000例白内障复明任务，为1万名当地贫困中小学生进行眼健康检查，得到李克强总理的高度评价。2017年12月，中国公共外交协会授予爱尔眼科"公共外交支持伙伴单位"荣誉称号。2018年9月，爱尔眼科被民政部授予"中华慈善奖"。2020年荣获"中国上市公司价值评选社会责任奖"等荣誉。2021年9月，爱尔眼科再次荣膺"中华慈善奖"。

总之，爱尔眼科党建聚焦导向引领，将党建工作与企业文化融为一体，在全集团持续开展"光明爱尔·与党同行"主题纪念活动，并通过党委公众号广泛宣传等活动，有效推动了进步，凝聚了人心，激发了干劲。2021年以来，湖南省委组织部红星网先后3次专题报道集团党委开展主题党日活动的情况；展现了爱尔眼科"讲政治、守规矩、感党恩、跟党走"的良好形象，为广大企业把握方向、健康发展形成了良好示范。

近期公司公告对外捐赠1亿元，主要用于深入学校、老少边穷及农村地区开展视力筛查、眼健康知识宣教、建立眼健康档案，对患有可避免盲症和视力损害的中小学生及贫困人口实施医疗救助。

爱尔今年的捐赠，以及此前每年盈利10%左右的捐赠，都是为了健康中国，共同富裕这个"大目标"，为了持续提高更多人的眼健康水平，防止因眼病返贫，积极参与乡村振兴，为实现共同富裕作出应有的贡献。

心怀感恩之心，明了兴衰之道。正是因为坚定信奉，才有常年行动，传承发扬向上、向善、向美的爱心文化，爱尔眼科才逐步获得了患者的信赖、员工的认同、同行的尊重、政府的信任、社会的认可。因此，爱尔的成绩，既源于自身的努力，更受益于社会的支持、国家的支撑。所以，爱尔眼科坚持反哺社会、分享价值，上市十二年来每年都主动披露社会责任报告。过去、现在以至未来，爱尔都把情怀依托于实力、愿景付诸于行动，处理好短期发展和长期目标的关系，把握好社会效益和股东利益的协调。

涓涓细流汇成江河，点点繁星照亮夜空。每位国人，每家企业，力所能及地做些公益善举，国家就会在幸福中强大，人民就会在和谐中共富。相信点滴的力量，相信坚持的力量，相信行动的力量。

四、高质量发展促百年爱尔行稳致远

下一步，集团党委将围绕"党建引领眼健康 我为群众办实事"工作主题，服务"规范经营、创新服务，促进集团

高质量发展"工作大局，着力抓好党的组织和工作两个覆盖，促进党支部战斗堡垒作用和党员先锋模范作用的发挥，将政治优势和制度优势转化为爱尔集团的发展优势，确保百年爱尔健康发展。

具体来说就是做好以下四项工作：

一是针对非公企业容易出现党建业务两张皮的问题，围绕助推企业健康发展，通过深入社区、学校、政府、企业，大力开展利民、便民、爱民的眼健康服务活动，将党建工作融入公司医院经营管理，确保党建业务相互促进、相辅相成。

二是针对非公企业部分党员归属感不强的问题，严格落实三会一课制度，有针对性地开展思想政治教育和支部组织生活会，大力推行"支部亮牌匾、医院亮党旗、党员亮身份"的三亮活动，努力提升所属党员的先进性和归属感。

三是针对非公企业党建氛围不够浓厚的问题，联合企业工会、共青团等群团组织努力创新、定期开展青年联谊会、体育竞赛、歌咏比赛等文体活动，不断丰富员工的业余文化生活，增强企业员工的凝聚力和向心力。

四是针对企业高管中党员成分占比不够多的问题，从优秀的党员队伍中选拔人才进入企业管理层，大力推行把骨干培养成党员，把党员培养成骨干的"双向交叉"培养模式，不断提高经营管理层在党员中的占比。

东方财富：党建引领强信念"守正出奇"践初心

一、基本概况

（一）公司简介

东方财富信息股份有限公司（以下简称"东方财富"）成立于2005年，是中国领先的互联网财富管理综合运营商，为超过1亿用户提供基于互联网的财经资讯、数据、交易等服务。2010年3月，东方财富成功登陆深交所创业板，成为A股首家上市的互联网公司，2015年公司成为首家市值突破1000亿元的创业板上市公司，2021年1月公司市值突破3000亿元。

公司旗下拥有"东方财富网""天天基金网""股吧""东方财富证券""Choice数据""哈富证券""东方财富期货""优优私募""东财基金"等知名互联网产品及业务板块。其中公司运营的"东方财富网"于2004年上线，是我国用户访问量最大、用户黏性最高的财经门户网站之一。2007年"天天基金网"上线，2012年2月上海天天基金销售有限公司首批获得中国证监会颁发的基金销售牌照，目前累计基金销售额超5万亿元，是国内最大的互联网基金销售平台之一。自2015年至今，公司通过资本市场收购，全资控股了哈富证券、东方财富证券、东财保险经纪。2019年，公司旗下西藏东财基金管理有限公司获批公募基金牌照，公司迈向互联网财富管理领域，成为国内首家同时拥有证券、期货和公募基金牌照的互联网公司。

公司致力于构建人与财富的金融生态圈，提供集财经、证券、基金、期货、社交服务等一站式互联网财富管理服务，为用户创造更多价值。

（二）公司党组织概况

东方财富及旗下子公司共设两个党委，分别为中共东方财富信息股份有限公司委员会（以下简称"东方财富党委"）和中共东方财富证券股份有限公司委员会（以下简称"证券公司党委"）。

东方财富党委现有正式党员162人，入党申请人员13人，下辖7个党支部。公司于2011年12月12日建立党支部，挂靠于华泾镇党委，2020年9月27日改建党委并整建制转入徐家汇街道党工委。

证券公司党委现有党员183名（未含西藏分公司、成都分公司因历史原因属地挂靠党员19名），其中正式党员180名，预备党员3名，下辖12个党支部。上级党组织为上海市金融工委直属综合党委。

在上级部门的关心和指导下，东方财

富党建工作取得积极成效。东方财富党委和证券公司党委秉承统一的党建工作思路,联学共建,同享互促。基于东方财富及旗下子公司党建工作的整体性和协调性,以下将两个党委统称为"公司党委",就党建工作情况作合并汇报。

二、党建工作

一直以来,公司党委坚持以习近平新时代中国特色社会主义思想为指导,学习贯彻习近平总书记在民营企业座谈会重要讲话精神,全面贯彻落实新时代党的建设总要求,针对民营企业党建工作的特点和难点,不断探索民营企业党建工作新路径、新方法,将党建工作、思想政治工作与企业战略发展、经营管理、企业文化建设等紧密融合,秉承"守正出奇"的党建工作思路,打造企业发展的"红色引擎"。

(一)"守"字为先,强化政治引航守初心

(1)坚持对党忠诚恪守不渝。公司党委立足互联网财富管理综合运营商的自身实际,以"三个聚焦"把"红色种子"播撒到企业发展的全过程。一是聚焦关键领域,强化政治引航。东方财富一直坚持"做有价值观的企业",把对党的忠诚、对社会的责任切实融入公司的价值观与发展战略当中,不忘初心、牢记使命。即使在 2015 年 P2P 盛行之时,公司也坚决不做 P2P 广告,不给 P2P 导流。二是聚焦内容编辑、技术开发等关键业务,做到每个流程、每个环节都有党员骨干全程参与。作为互联网财富管理综合运营商,东方财富在意识形态建设方面突出抓好党的路线方针政策的宣传、教育和引导,营造健康、安全、有序的舆论环境和发展态势。三是聚焦关键岗位,强化骨干支撑。始终坚持党组织建设和企业发展同心共向,坚持让党员担任核心岗位、发挥关键作用,有意识地推动党员、骨干"双培养"。近年来,公司党委牵头开展"敢为先行者、岗位建新功"主题实践活动,党员在企业中亮明身份,做到核心岗位必有党员带头示范,艰难险重岗位必有党员带头攻坚。

(2)坚持理想信念践行不辍。公司党委借助企业互联网优势,充分运用"互联网+"带领党员同志们积极学"四史",强化党员身份、牢固党员思想、树立党员价值,也充分发挥了各支部的自主性和创造力。启动了"学习强国"平台学习竞赛,激发党员持续学习热情;举办了"改革开放史"主题线上知识竞赛,通过答题比拼的方式激发理论学习的兴趣;开展了线上读书会,利用公司自有直播平台"浪客"进行视频互动交流。

(3)坚持社会责任担当不变。公司党委一直积极探索在履行社会责任中践行初心使命。一是基于自身从事金融信息服务而具备的用户量大、信息面广的优势,打造好爱国爱党的优质互联网舆论生态。特别是 2020 年新冠疫情期间,在平台开设疫情防控专栏,宣传党中央疫情防控的决策部署,及时辟谣虚假消息,发挥网络

东方财富：党建引领强信念"守正出奇"践初心

视听企业的社会使命担当。二是基于自身广泛分布优势，做好特色公益事业。连续三年向援助西藏发展基金会"东方财富光明行"项目合计捐赠1500万元，用于西藏贫困地区白内障患者复明手术；连续十三年对四川彭州龙门山镇山九年制学校进行助学帮扶；捐赠600万元用于抗击疫情，与国家同呼吸、共命运。三是基于自身员工以青年群体为主的优势，打造党员志愿服务排头兵。包括组织党员群众参与"筑爱西藏·汇爱萨迦"公益运动赛事，通过爱心包认领活动对低收入家庭青少年进行点对点捐赠，并与云南希望小学开展帮扶结对活动。

（二）"正"字为本，强化组织引路正根基

（1）加强组织建设覆盖要全。公司党委在组织建设上以增强统筹为目的，以属地管理为手段，完成组织建设"两个覆盖"，一是党支部设置全覆盖，公司党委结合总部及分支机构跨区域、跨园区、跨楼宇分散分布的特点，根据《中国共产党巡视条例》要求，科学规划成立公司党委后的组织设置，基层党组织的组织力有效提升。二是支委班子全覆盖，针对公司党员流动性较大，各支委班子成员也更迭频繁的特点，公司党委制定了包含党支部选举工作流程和10个行文模板，切实加强了党支部在换届改选、增补支委员等工作的规范性和及时性。

（2）加强制度建设规范要明。公司党委在制度建设中充分发挥"两个作用"，扎实打牢基层党建工作基础。一是发挥制度建设的保障作用，公司党委建立党建工作例会制度，专题研究和部署党组织建设、党员教育管理、党内集中学习教育等各项工作。同时建立工作调研制度，及时了解掌握责任制运行情况，分析解决工作中的新情况、新问题，并强化工作措施。二是发挥制度建设对基层党务工作程序上的指导作用，公司党委根据公司实际情况总结出了发展党员工作流程和42个模板，对需要发展党员的党支部进行业务指导，党支部只需要对照模板逐项完成即可，大大方便了各党支部熟悉流程和满足要求，提高了工作效率。

（3）加强队伍建设标准要高。公司党委立足自身实际，以"把党员培养成骨干，把党员骨干培养成管理人员"为抓手，着力加强"两支队伍"建设，凝聚企业发展力量。一是加强党员队伍建设，公司党委始终坚持"一名党员一面旗帜"，通过开展"敢为先行者、岗位建新功"活动，强化带头示范作用，深化公司党员的大局意识、服务意识，通过发挥好党员先锋模范作用带动更多职工群众。二是加强党支部书记队伍建设，在党支部书记的选配上，公司党委对候选人的考察兼顾党性与业务能力，各支部书记均为各自岗位上的业务骨干。每年组织支部书记和其他支委委员参加上级党组织开展的支部书记培训班和党务、纪检干部培训班，着力培养一批既懂业务又懂党建的"带头人"队伍。

(三)"出"字为要,强化能力引领出实效

(1) 确保党建工作成效显著。公司党委将提升工作成效作为开展党内工作的重要目标,特别是在2019年"不忘初心、牢记使命"主题教育、2020年"四史"学习教育、2021年党史学习教育中,以组织参与学习强国知识竞赛、自编自导《重温峥嵘岁月 传承五四薪火》话剧等多样化的形式,推动学思践悟走深走实。

(2) 确保党企互促成绩显现。将党建工作有机融入企业生产经营是现阶段非公企业党建工作的重点。在金融科技企业的经营中,风险防控和廉洁从业是金融行业必须守住的底线,公司党委组织稽核审计部、法律合规部,通过党员引导全司员工通过OA"廉洁从业"板块学习相关文件,全面引领员工强化职业风险防范意识和廉洁从业意识。

(3) 确保党群联建成果显露。公司党委创新构建"1+4"的党群建设模式,同步推进党建带工建、党建带青妇、党建带企业文化、党建带社会责任。同时,以党群周例会固定化、党群工作标准化、考核评优激励化、党群活动丰富化等工作机制,夯实党群工作基础。

(四)"奇"字为上,强化创新引导齐发展

公司党委紧密结合公司作为创新型金融科技企业,研发人员、金融从业人员占比较高,党员队伍以青年为主,分布较广、思想多元、工作繁忙等特点:

(1) 探索载体创新形式多样。一是搭载平台多样。公司党委通过借助自身互联网渠道,运用学习强国平台、公司微信平台、直播平台等网络运营资源,努力将党员教育融入互联网社区生活。二是搭载元素多样。公司党委结合自身特点融入二次元、电竞、短视频、程序开发、金融科技等元素,如组织开展党建平台设计大赛、投资者教育模式创新研讨会等贴合公司中心工作的特色党建,充分发挥金融科技企业党组织在党建活动中凝聚青年群体的优势。

(2) 探索模式创新角度多维。一是探索"域内+域外"模式提升统筹执行力。公司在全国有近200家分支机构,分布比较广泛。党组织充分运用信息网络技术做好上海总部与全国各地之间的组织协同,使分散在全国各地的党员进一步强化组织归属感;同时,深度融入属地党建工作格局,积极参与徐汇区基层党建各项活动,加强与市、区两级职能部门的联动。各分支机构也积极把机构内组织活动与外部资源深度融合,如山东分公司党支部联合当地街道和农业技术服务中心建立党建支农基地,与山东交通学院国际商学院学生第二党支部开展党建共建等。二是探索"商圈联盟"模式提升资源整合力。在徐家汇街道党工委的指导下,公司积极贯彻上海"打造国际一流营商环境"的总体部署,按照"党建抓实了也是营商环境"的目标思路,坚持以"党建伙伴圈、营商朋友圈、发展生态圈"为主线,参与打造了徐家汇街道党群服务、营商服务、

东方财富：党建引领强信念"守正出奇"践初心

公益服务"三个联盟"，进一步推动商圈内党组织互联互动、共享共赢，为把党建优势转化为营商优势和发展优势添一份力。

（3）探索内容创新特色多元。公司党委以"一支部一特色"为党建品牌建设宗旨，根据各支部人员组成、地域特色，指导开展特色党日活动，以支部特色化党建品牌建设比拼激发党建活力和创造力。如证券总部一支部党员工作地点分散在八个省，重点突出线上与线下相结合的方式，开展线上党史知识竞赛，采用车轮战的形式，让每一个党员都深入参与进来。身处齐鲁文化发源地，山东分公司支部积极围绕"弘扬传统文化、坚定文化自信"为主题开展特色活动，组织开展以"共享东方日升 同创财富未来"为主题的书法与党建同频共振的文化交流活动、组织党员参观临淄齐文化博物馆。

三、几点建议

（一）完善组织体制，发挥监管机构作用

Choice数据显示，截至2021年9月18日，A股4481家上市公司中民营企业占比66.3%，其中，创业板和科创板占比分别达到87.3%和82.7%。上市民营企业是推动我国经济高质量发展的重要力量，也是强化党建引领的重要阵地。建议在属地化管理的基础上，将行业监管与党建指导有机结合，由行业监管部门增设党建联络员，以属地为单位联系所属行业的上市民营企业党建工作。在开展各项党建活动的同时也让各上市民营企业更好地理解和把握监管的要求及目标，进一步助推党建工作与企业发展同频共振。

（二）扩大有效覆盖，发挥所在地区作用

互联网企业的党组织及党员往往分布于全国各地，如东方财富党员工作地点分散，给党委集中组织活动或支部日常活动均带来较大难度。为此，公司党委一方面，积极创新活动方式及载体，不断加强组织和工作的有效覆盖；另一方面，积极协调各分支机构所在地区党组织，努力争取各分支机构党员参与到所在地区党组织的学习和活动中去，进一步扩大组织和工作的有效覆盖。

（三）加强流动管理，发挥行业协会作用

非公金融企业的党员队伍整体文化素质较高，但流动性也相对较强，这就给流动党员的管理带来了一定的难度。为此，建议探索发挥相关行业协会的作用，在协会职责中增加对从业人员党员的管理和服务。目前各金融领域都有专门的行业协会，如证券行业协会、基金行业协会等，由于金融从业人员需要通过行业协会组织的从业考试并登记上岗，因此无论党员流动到哪个单位工作，只要重新进行岗位登记，就能再次联系到这名党员，从而可以部分解决流动党员管理难的问题。

圆通速递：
让党建成为圆通发展的"红色动力"

圆通速递股份有限公司（以下简称"圆通速递"或"圆通"）主营业务始于2000年5月28日，是国内领先的综合性快递物流运营商，以快递服务为核心，围绕客户需求提供代收货款、仓配一体等物流延伸服务。

公司于2016年10月完成重大资产重组，成功登陆资本市场，成为国内首家在A股上市的快递服务企业。2017年11月，公司战略并购香港上市公司先达国际物流控股有限公司，并于2018年2月将其更名为圆通速递（国际）控股有限公司（以下简称"圆通速递国际"），完成快递行业首例大规模跨境并购。

抓好党建工作，是圆通人使命所系、责任所在、发展所需。公司自创立以来，一直坚持党建引领，不管企业走到哪里、发展到哪里，都要不忘初心、牢记使命，听党话、跟党走，让党建成为公司发展的"红色动力"。

一、公司简介及党组织建设基本情况

（一）公司简介

公司始终坚持"客户要求，圆通使命"的服务宗旨和"服务社会，强企为国"的责任理念，以人为本，以客户体验为中心，打造品质圆通、科技圆通、绿色圆通、德善圆通，构建圆通国际供应链网络生态命运共同体。

截至2021年6月底，公司加盟商数量4936家，末端网点和终端门店8.7万余个，自营枢纽转运中心75个，全网干线运输车辆超6000辆，其中自有干线运输车辆4000多辆，快递服务网络覆盖全国31个省（区、市），已基本覆盖县级以上城市，并不断向乡村延伸。

公司国际化布局随着"一带一路"走出去、随着跨境电商走出去、随着华人华企走出去。近年来，公司持续深入落实国际化发展战略，加强与圆通速递国际的融合，拓展全球网络布局，优化跨境物流产品与服务链路，持续推进口岸关务能力建设，已打造多条跨境物流链路，国际服务体系日臻完善。

公司亦为国内仅有的两家拥有自有航空公司的民营快递企业之一，截至2021年6月底，公司自有机队数量10架，航线范围已基本覆盖东南亚、东北亚等区域，为公司自有航空拓展全球化服务能力、参与国内外快递物流市场竞争、打造全球供应链奠定了坚实基础。

圆通速递：让党建成为圆通发展的"红色动力"

公司全面推进数字化战略，并牵头承建物流领域首个国家工程实验室——物流信息互通共享技术及应用国家工程实验室，推动快递物流行业向科技化、智能化快速发展。

（二）公司党组织建设基本情况

圆通速递的党建工作以全资子公司圆通速递有限公司（以下简称"圆通有限"）为主，圆通有限党支部成立于2007年，由桐庐县委组织部创新党建管理，以"红色直通车"的形式在上海建立的异地党支部。2012年公司党支部升格为党委建制，现隶属于桐庐县委组织部两新组织工委领导，目前，公司党委下辖2个党总支、37个党支部，在册党员400多名。

自成立以来，公司党委始终坚持把党建工作作为企业发展壮大的旗帜和灵魂，创新推进"四维融合"党建模式，为企业高质量发展注入强大红色源动力，将"党建引领、凝聚人心、探索创新、服务发展"作为党建工作的首要任务。公司党建工作赢得了党组织的认可，2020年，荣获杭州市先进基层党组织称号、杭州市"数字+党建"组织生活优秀创新案例奖等荣誉；被评为桐庐县首批"双强先锋"示范单位、"建设先锋（邮政快递先锋）党组织建设示范点"等。

二、公司党建工作特色做法及经验

公司党建秉持"围绕发展抓党建，抓好党建促发展"的工作思路，积极推动党建工作与企业发展同频共振、互促互进，锻造高质量发展的"红色引擎"。

（一）抓组织融合，深烙红色底蕴

初心如磐，使命如山。公司将党组织架构有效嵌入企业治理结构，实现了党建工作与企业发展的"目标同向、工作同步、同频共振"。

（1）构建交叉任职制度。公司董事局主席喻会蛟担任党委书记，各板块经营负责人担任党委副书记及党委委员，80%以上的下属支部书记由省区总经理兼任，全面加强了党组织班子与企业高管"双向进入"，保障企业党委在各个决策和执行层面的主导权、话语权，确保党的政策方针及时传达至全网员工。

（2）健全组织覆盖体系。公司坚持"业务发展到哪里，党组织就覆盖到哪里"的组织发展模式，在规范建设总部党组织基础上，大力推进加盟公司党组织建设。截至目前，公司已组建下属党总支2个、党支部37个，实现党的组织应建尽建、党的工作全面覆盖，逐步形成了覆盖全网、遍布全国的红色网络。

（3）创设党建工作标准。公司坚持以标准化推动规范化，在加强企业内部管理基础上，探索引入"基层组织建设质量管理体系"，从组织设置、换届选举、关系接转、组织生活、阵地建设、档案管理等多方面均有明确要求，并梳理形成15个程序文件、27个标准制度，有力提升公司党建工作的标准化、规范化水平。

(二) 抓管理融合，创建红色机制

公司坚持把党建工作融入生产经营、文化培育、人才培养、发展转型等各环节，推动实现"虚实结合、以虚促实、抓人促事"的效果。

(1) 实施"党员回归计划"。针对行业"隐形党员""口袋党员"较多的情况，公司把政治面貌设置为职工入职登记必填事项，推动人力资源部门与党组织实现人事信息共享。公司全面梳理员工个人信息，列出党员名单，由党务工作者逐一与流动党员交流沟通，积极做好组织关系接转工作。截至目前，公司共推动400多名党员及时接转组织关系，接受组织管理。

(2) 实施"活力提升"计划。公司党委坚持"在党建经费上不设上限、只划底线"，围绕打造"红色之家"，在总部大楼建设之初，同步规划建设700平方米的圆通企业文化展示馆和500平方米的党群服务中心，并按照"六有"标准即有场所、有设施、有标志、有党旗、有书报、有制度，结合实际情况积极推进全网标准化门店建设，延伸拓展快递党员的党建工作和活动平台。

(3) 实施"支部提档"计划。公司在努力落实"三会一课""主题党日"等基本制度基础上，专门成立党建研究中心，创新党员教育管理方式，在OA信息化平台、微信公众号、内部局域网等设置党建专栏，积极创设在线学堂、网上党课，把学习延伸到网上，做到党建、业务"两不误"，督促推动党支部有效运转。

(三) 抓生产融合，汇聚红色力量

公司在保持高速稳定发展的趋势下，秉持党企联动、同促共进理念，积极探索党的建设与公司生产经营双向融入的实践形式。

(1) 推进人才共育。公司严格树牢党管人才思想，大力推进"双培"工作，努力把党员培养成业务骨干，把业务骨干培养成党员，让更多有为青年向党组织靠拢。2021年，发展党员35名，共有86名优秀员工主动向党组织递交入党申请，公司党委为企业发展提供了强有力的人才支撑。

(2) 坚持活动共办。建立健全组织活动联动工作机制，在重大决策前期，公司党委组织管理层、加盟商等重走红色路线、接受红色教育，在党性实践锻炼中凝聚发展共识、汇聚奋进力量。

(3) 带动效益共创。公司坚持把抓重大任务落实作为检验党建工作成效的"试金石"。"618""双11""双12"等购物节是快递行业最重要的旺季，为落实旺季期间的重要任务，公司党委号召全网党组织组建"党员突击队"，引导党员协助分拣、派送，全力保障快件安全及时送达。

(四) 抓文化融合，彰显红色温度

公司聚焦"服务社会、强企为国"责任定位，用党的先进文化引领、充实企业文化建设，把党建理念融入企业文化，

圆通速递：让党建成为圆通发展的"红色动力"

使党建工作在文化认同中得到升华。

（1）构建和谐关系。公司每年向圆通专项基金注资500万元，同时公司在成立二十周年之际，设立1亿元"圆梦基金"，为快递小哥、大学生、社会残障人士等人群打造创新、创业平台；2018年6月，公司成立了行业内首个党员互助基金，做好党员之间的互帮互助工作。

2021年7月，暴雨突袭河南，在公司党委及党委书记的工作部署下，公司全网紧急响应，保安全、保畅通、助救灾，总部成立专项工作组，各部门及河南省区子公司，开通绿色通道，建立24小时工作机制，在确保人员人身安全、保证快件寄递的同时，全力参与配合当地抗洪救灾工作，并通过网络风险基金出资1000万元，多管齐下、全力以赴帮助受灾网点共渡难关。

（2）助力脱贫攻坚。扶贫办在脱贫工作中充分发挥基层党建在实施精准扶贫、精准脱贫中的灵魂和引领作用。在党组织的领导下，公司深化"快递＋电商"模式，与湖北恩施、云南德宏、陕西周至等州县开展结对帮扶，在贫困地区增设近400个加盟公司和服务网点，帮助17个省市贫困地区销售农产品，吸纳贫困人口就业超万人。2021年5月，圆通有限与中国残联就业服务指导中心签订战略合作协议，公司每年为残疾人提供不低于2000个就业安置岗位。

（3）践行社会责任。公司持续加强党建带群建理念，以党建为旗帜带动群团组织共同参与志愿服务。疫情期间，公司党委动员全网，充分发挥快递在"打通大动脉、畅通微循环"方面的先行作用，在全国范围内开通疫情救援物资寄递服务"绿色通道"，累计向全国各地疫情防控一线运送物资400余吨；公司全资子公司杭州圆通货运航空有限公司（以下简称"圆通航空"）累计执飞抗疫包机200余班，承运防疫物资1200余吨，包括国家层面通过民航局重大航空运输机制安排的武汉包机航班8班、国务院国际合作署海外包机2班、应国外大使馆请求安排海外包机4班、省市各级政府及商会海外包机70班。圆通航空在疫情防控中的积极贡献，得到国务院联防联控新闻发布会的充分肯定和高度认可；圆通速递国际完成采购与防疫物资清关335万件，从国内向海外运送近200架次、共7000余吨防疫物资；同时，公司积极履行社会责任，向各级政府部门、社会机构等捐赠防疫物资140余万件。

疫情期间公司的相关举措及事迹被编入上海市厅局级以上干部培训教育的专用教材，由圆通与上海人民出版社联合出版的《"快递小哥"的逆行》，在社会各界引起了强烈反响。

三、民营企业党建工作相关问题及建议

近年来，虽然公司党建工作在各级组织的支持、关心和指导下，有了新的发展和进步，但还存在部分党员同志对党建工作认知度较低、基层党建工作尚待持续规

范、党员工作能力素质相对薄弱等问题，针对以上问题公司提出以下建议。

（1）提高党员对党建工作的认知度。部分党员同志认为业务才是硬指标，殊不知，把党建工作做好做实，就是抓住了凝聚力、生产力、战斗力，因此，须全面提高党员同志的对党建工作的认知。首先，把思想道德素质、领导素质突出的干部放到基层党支部书记岗位，保证有扎实的基础和起点；此外，继续完善党支部书记、委员轮训机制等制度，加大干部轮岗交流力度，多岗位锻炼，提高党委领导团队的整体素质；其次，强化党员意识教育。公司党委应要求党员参加组织生活，定期开展党员活动或主题教育活动，强化党员意识教育；同时，丰富党组织生活。利用"碎片时间+互联网"模式，尝试线上线下联动，虚实相济，确保每个党员能够参与其中。此外，多采取一些生动活泼、党员易于接受的教育形式，增强党建工作的生机活力，从被动转化为主动，让党员积极参与到党建工作建设中。

（2）完善基层党建工作的规范运作。公司的党建工作处于发展期，需夯实基本组织，强化基本队伍，完善基本制度。首先，党委领导同志严格按照"一岗双责"开展工作，积极支持和配合做好党建工作；其次，提升党委标准化建设水平。公司应持续完善党建工作中的各种规章制度，做好党员的监督考核工作，使得公司党建工作的开展有章可循，逐步引导公司党建工作走向科学化和规范化；同时，创新工作管理模式。公司党组织应深入摸索创新出一套符合新时代特点的管理模式；此外，应积极探索具有本企业特色的党建工作发展方式，向党建活动与企业文化建设全面融合靠近，为企业发展注入强大的红色动力。

（3）提升党员工作能力素质。公司对党建人才的培养离上级组织的要求和企业快速发展的需求存在一定差距，因此需持续提高党员的个人能力，同步加强党员建设和人才建设。首先，着力提升基层实力。努力把党员培养成技术骨干、把技术骨干培养成党员、把党员中的技术骨干培养成企业管理人员，促进党员队伍与人才队伍素质同步提升；其次，建立完善的党建人才的薪酬考核制度。公司对于在党人员应畅通员工升职通道、制定与企业自身发展相符合的考核制度，使得优秀的党建人才不仅升"职"而且升"值"。

东方环宇：
让党建融入经营　以经营激活党建

一、公司简介及党组织建设基本情况

新疆东方环宇燃气股份有限公司（以下简称"东方环宇"）成立于2015年7月17日，由其前身——成立于2001年3月18日的新疆东方环宇投资（集团）燃气有限公司改制而成。2018年7月9日公司正式登陆上海证券交易所挂牌上市，首次公开发行人民币普通股4000万股，总股本1.6亿股。

东方环宇从事城市燃气的投资与运营20年，是昌吉市行政区域范围内的主要天然气运营商。在长期经营过程中，在昌吉市投资建设了大量天然气输配管网，形成了较高的进入壁垒，规模优势显著。如今，东方环宇在昌吉市的管网覆盖面积、用户数量、年销售量均超过90%，是集燃气供应、输储、销售及燃气工程的设计、施工、安装、维修、管理、技术咨询于一体的城市燃气供应、城市集中供热的公用事业综合服务商。

2001年2月27日，东方环宇党委的前身环宇物业发展有限公司党支部成立，同年年底又升格为党总支（机关、环域建筑、燃气、物业、供热、安装、建材）；2005年，党总支升格为中共昌吉市东方环宇（投资）集团委员会；2021年3月，因战略调整和业务发展需要，原"中共昌吉市东方环宇（投资）集团委员会"，更名为"中共新疆东方环宇燃气股份有限公司委员会"（以下简称"东方环宇党委"），东方环宇党委下设9个党支部，在册党员116人。

2021年来，东方环宇党委以习近平新时代中国特色社会主义思想为指导，认真履行公用事业企业的职责使命，强化党建融合，贯彻落实新时代党的建设总要求，推进党建工作与生产经营深度融合，不断实践将党的政治优势、组织优势转化为企业的发展优势、创新优势和竞争优势；强化党建赋能，践行习近平总书记发出的"社会主义是干出来的"伟大号召，激励广大员工担当作为、岗位建功，凝聚起建设全国一流城镇燃气服务商的强劲力量。

二、党建相关特色做法及经验基本情况

（一）立足本职岗位，开展多样化"我为群众办实事"主题实践

"我为群众办实事"实践活动工作方

案指出,开展"我为群众办实事"实践活动:要结合各行各业实际,立足本职岗位为人民服务,要从最困难的群众入手、从最突出的问题抓起、从最现实的利益出发,用心用情用力解决基层的困难事、群众的烦心事。

(1) 关注燃气安全。燃气安全是人民群众的大事,也是人民群众的实事,关注燃气安全,就是关注人民群众的实事。在实际行动中:一是开展有针对性的专项行动,针对独居老人、行动不便用户,持续上门进行安全宣讲,并对管道、设施、设备进行检查,排除隐患。二是融入街道办、社区"党旗之下,寻初心、薪火相传颂党恩,消防安全、燃气安全知识培训"活动、"燃气安全进万家,莫违规"活动、"党史读书会"活动、"学党史为群众办好事"活动、"安全生产暨燃气安全培训"联谊活动等,在活动现场开展燃气安全使用宣讲,并组织参加活动人员观看燃气安全宣传影片,现场解疑答惑,普及安全用气常识及燃气泄漏应急处理方法。三是与街道办、社区联合开展安全大排查,重点是对学校、医院、商超等人员密集场所的锅炉房、食堂等展开排查,针对性整改,消除安全隐患。

(2) 点亮"微心愿"。2021年5月,昌吉市广泛征集生活用品、学习用具、健康义诊、亲情关爱、家电维修等12类与群众生产生活息息相关的"微心愿"。"认领一个心愿,承接一份责任,点燃一个梦想,彰显的是广大党员干部的形象,传递的是党和政府的温暖。我们将积极发挥党员先锋模范作用,展现新时代共产党人的良好风貌,不断增强群众的获得感、幸福感、安全感。"

东方环宇党委响应号召,点亮了昌吉市第三中学20名学生的微心愿,为他们提供了体育比赛服、T恤、床单被套等学习生活用品。让贫困学生们真切体会到来自社会的关爱。

此外,东方环宇党委还向昌吉州城乡偏远地区中小学生,捐赠了护眼大礼包50套,引导帮助学生们合理用眼科学护眼。

(3) 夏日送清凉。"夏日送清凉"是公司面向一线、面向基层开展的高温下的慰问活动。这也是"我为群众办实事"的体现,是公司维护广大一线员工健康权益、确保平安度夏的切实举措,是公司坚持"以人为本、安全第一"理念的主要体现,也是党委、董事会对于广大员工的关怀。将防暑降温用品送到一线的同时,也送上对广大基层员工的问候与祝福。

(二) 立足技能提升,开展岗位技能大比武实践

由党委主导,公司客服部组织的"庆祝中国共产党成立100周年"业务技能比武大赛,这既是对前台操作人员日常业务知识掌握情况的一次大检阅、大练兵,也是针对员工岗位技能展开的一次大巩固、大提升。通过比武艺、比技艺、比素质,从而提升服务老百姓的水平和综合能力。

(三) 立足"不忘初心、牢记使命"主题教育,开展主题党日活动

为庆祝中国共产党成立100周年,以

东方环宇：让党建融入经营 以经营激活党建

"强组织、增活力、创一流"为主线，把建党活动与"不忘初心、牢记使命"主题教育结合起来，把主题党日活动与企业团建结合起来，激发党员干部以饱满昂扬的精神状态投入服务民生的事业中去。在"七一"建党100周年来临之际，党委开展了"走进红色基地"现场体验式主题党日活动。

（1）触摸历史，体验精神。参与体验式红色运动会：深切体会老一辈革命者走过的那一段峥嵘岁月，缅怀无数革命先烈曲折不挠、比学赶帮超的精神。走进革命历史博物馆：探访革命先烈的足迹，深深感受到中国共产党在各个历史时期坚定而崇高的追求、信仰。

（2）重温入党誓词，红歌声中汲取营养。重温入党誓词，就是重温初心与使命；唱响红色歌曲则唤起红色记忆，在红歌中汲取丰富的政治营养，从内心深处感受到社会主义好、共产党好、改革开放好和伟大祖国好。

（3）党员集体政治生日，感受组织关怀。党员们集体过"政治生日"，让同志们切实感受到组织的关怀，增强党员的荣誉感和归属感。

（四）立足校企合作，成立党工团支部

2021年，是东方环宇开展校企合作的第一年，企业引进了26名职业技术学院的实习生。实习期间，尽量保留了学校既有的管理机制，任命了班主任、选举了班委，目的是做好学生身份与员工身份的衔接和转换。其间还成立了2021届实习班临时"党工团支部"，为服务实习生党员和实施教育管理提供组织保障，为其早日成长、成才给予帮助。临时"党工团支部"，由实习生党员担任临时党工团支部书记，关注实习生思想动态，并鼓励优秀的实习生申请入党，以此探索校企合作的新路径。

在学生身份向企业员工身份转换的过程中，不唐突、不断层，融合得更快、适应得更好。

（五）立足弘扬先进，开展树典型宣传

党员队伍中，有老当益壮的"60后"、有勇挑大梁的"70后"、有中坚力量的"80后"、有后浪锐气的"90后"，他们正成为助推企业发展的重要力量。挖掘这些先进人物的典型事迹和好的经验，并总结推广，是树立典型、树立标杆、弘扬先进的好办法。其间针对党员队伍中的优秀代表、突出事迹、优良作风宣传十余次，在全公司树起了标杆，通过抓点带面，更好地把广大党员、广大员工组织起来、发动起来、凝聚起来。发出党建"好声音"、营造比学赶拼超"好氛围"、构建创业干事"大舞台"。

三、实践取得的成效及下一步工作安排

通过党建工作实践，坚持把党的建设嵌入企业改革发展全过程和生产经营全流程，深化党建与业务工作的一体融合、同频共振、同向发力，取得以下工作成效。

一是思想更有凝聚性了，人心更齐了。通过实践，全公司上下统一到了"干事、创业、为天然气用户服务"这条主线上来。人心齐、泰山移。二是组织活力更足了。大家不再认为党委就是花架子，不干实事的摆设，而是更能为企业发展注入活力和生机的组织保障。三是互融互促更顺畅了。党建活动融入到了公司安全生产、经营管理、疫情防控、降本增效、技术创新等各项工作任务中。初步形成了党建与业务工作相融共促的新局面。

下一步，公司党委将继续坚持开展党建工作：一是继续坚持党建工作与企业经营管理深度融合的理念，探索党建引领企业发展的新路径和新模式，助力燃气保障供应和服务能力的提升。二是全面提升和强化党员的先锋模范作用、引领带头作用、团结凝聚作用、冲锋陷阵的作用，将东方环宇服务品牌做大做强。三是探索实践企业文化与党建互推互促的新模式，发挥企业文化"聚力、聚心、聚势"的作用。四是探索运营管理与服务保障新机制，提升企业由城市燃气供应商向城市公共事业综合服务商战略转型的速度。

威派格："心"党建"水"生活 畅想绿色未来

一、公司简介及党组织建设基本情况

上海威派格智慧水务股份有限公司是国内供水行业集调研咨询、方案设计、智能制造、智慧水务软件开发与运维服务于一体的科技物联网公司，始终以"用心于水，绿色未来"为企业使命，以"引领中国智慧水务发展"为企业愿景，坚持阳光正派的企业文化，秉承严谨务实的工业精神。

威派格智慧水务党支部成立于2017年8月，现有中共党员19名。党支部牢牢把握主题教育和四史学习总要求，发挥"两新"组织党建特点，主动对标看齐，切实把党员组织起来、把党的工作开展起来、把职工群众凝聚起来，树立"'心'党建，'水'生活，畅想绿色未来"的核心理念，以实际行动推动党建工作落地落实，以党支部的引领推动企业更快更好地发展。

在实现威派格的经济价值、社会价值、生态价值、环保价值的过程中，充分发挥了党组织战斗堡垒作用和党员先锋模范作用。威派格党支部围绕公司发展，以"'心'党建，'水'生活，畅想绿色未来"的核心理念，将党建氛围如水般融入企业中心工作，并设立党员示范岗，在企业的各项工作中发挥党员先锋模范作用，做好引领示范，营造积极向上的工作氛围，从而更好地推进公司的可持续发展。公司党支部荣获"2018～2019年度外冈镇示范型党支部"称号，公司董事长李纪玺被评为"2018年度外冈镇优秀党建之友"。

二、主要做法

（一）建设支部阵地，润物无声

党建阵地建设是建设党组织的一个重要基础，也是完善基层党组织建设保障体系中的一个重要着力点。设立党建活动室，威派格党支部因地制宜，设立固定的活动室，全体党员共同制作初心墙，宣誓寄语表初心，立足岗位践初心；布置党建文化板，包括支部概况及架构、工作制度、任务计划、企业文化、廉洁文化、党员风采、支部动态等主题内容，加强党员廉政教育，有效增强党建工作的直观性，拓宽党建工作的宣传渠道；打造读书平台，将其作为党员学习和分享交流的重要载体，由党小组自行分享读书心得和学习心得，通过这种方式来释放工作压力，陶冶情操，提高个人修养，营造良好的阅读环境；设立荣誉陈列墙，增强党员荣誉感、责任感和使命感，更好地发挥示范引领作用。在公司主要场所布置海报、易拉宝等，大力宣传党建文化活动。设有影音室，提供大量红色爱国影片，供全体员工闲暇之余观看，学习红色文化、弘扬爱国精神。党支部不断加强支部文化建设，充实阵地内容，营造浓郁党建氛围，有力提升党建工作实效。

（二）创新组织建设，水无常形

创新活动齐参与，兵无常态，水无常形，公司利用多媒体平台，不断创新丰富各类党建活动，紧抓党企结合，实现互动双赢，围绕"不忘初心、牢记使命""四史""党史学习教育"学习固定主题，创新方式，紧抓制度落实确保工作实效，营造人人知晓、个个参与的氛围。制度上墙落实处，两年多来，威派格党支部制定了学习、会议、联系群众、民主评议党员、评比奖励等多种制度，不仅挂在墙上，更要落在实处。威派格党支部的工作全年有计划、每月有安排、年终有总结，确保每项工作贯彻落实到位。广纳计策勤沟通，公司一方面加大党建经费投入，保障活动资金，另一方面主动听取党员的意见建议，增加支部活动的教育性、引领性和趣味性，使活动更贴近党员需求，让"通知我参加"变成"我愿意参加"，针对"党员为企业献计献策的渠道还不够畅通"的问题，建立微信群，搭建了党员与企业沟通的桥梁，增强了党员的使命感。

（三）加强队伍建设，源清则流洁

加强企业员工队伍建设是企业党建工作的一个重要组成部分，通过对员工的培训、教育以及管理，源清则流洁，能让他们在工作中更好地发挥自身优势，引领桥梁和带头作用，高质量高效率地完成工作。军训——入职首场培训，入职威派格的所有员工，参加的首次培训就是新员工军训。通过军训这种方式，加强员工的凝聚力与意志力，同时也帮助其更早地融入威派格大家庭。定期交流研讨，学先进赶先进，威派格党支部勤抓学习教育，要求党员以自学为主，学深悟透习近平新时代中国特色社会主义思想，掌握其核心要义和精神实质，并不定期开展教育研讨，分享各自经验与感悟。威派格近年来不断发展公司高层人员入党，以上率下，发挥好表率作用，公司上下形成学先进赶先进、争一流创佳绩的浓厚氛围。

（四）共建共联，水柔容万物

近年来，威派格党支部与多家单位党组织共建共联，先后与望新消防中队、外冈养老院、嘉定区市场监管局、嘉定区税务局等多家单位达成共建单位，并举办了多场形式创新的共建活动。

2020年，党支部联合共建单位举办多场"四史"学习活动，旨在让党员们从历史中汲取精神力量、汲取经验智慧，守牢初心，勇于担当。同时，开展党建共建活动，探索组织互联、党员互动、资源互通、功能互补的新方法和新途径，共建

威派格："心"党建"水"生活 畅想绿色未来

党支部通过共同的学习活动可以加强沟通交流，互帮互助，互办互学，拉近各党支部之间的联系，推动形成"以共建促党建"的良好局面。

2020年9月10日下午，区局机关三支部与上海威派格智慧水务股份有限公司党支部开展主题党日暨支部共建活动。活动主要内容包括参观上海威派格智慧水务股份有限公司工厂，包括科技展厅、智慧水务管理展示中心、智能制造生产车间等，同时我们邀请嘉定区委党校梅红英副教授开展有关"四史"学习的讲座。

2021年3月12日嘉定区市场监管局、税务局与威派格党支部共建"学习党史 奋进百年新征程"暨"党建引领，植树增绿"主题党日活动。活动内容有嘉定区委党校梅红英副教授《百年党史》专题讲课，区市场局支部、区税务局支部、威派格党支部各代表发言以及在嘉北郊野公园开展植树活动。

（五）党建与公益相结合，涓涓细流永不止息

威派格党支部组织党员积极参与社会公益、志愿服务等活动，公司参与外冈镇"点亮微心愿"，也发动多次爱心捐助，号召全单位捐款助贫助困，联合腾讯公益基金，以实际行动践行党员的初心和使命。通过各类志愿及公益活动，帮助党员干部们树立正能量，各部门党员同志带头参与，充分发挥出了党员的模范、带动效应，党员的行动赢得了广大员工的支持，团队凝聚力得到加强。在党员示范表率作用下，广大员工争先加入，主动作为，营造了积极向上、弘扬正气、暖心互助的企业氛围。通过系列活动，让党员找到了自身价值感，也让一般员工感受到了党组织凝聚力，自觉向党组织靠拢，为企业发展注入了新活力，同时也让正气暖心的细流在企业中永不止息。

2020年面对全球新冠疫情，为助力一线抗疫人员，威派格向卫生系统中参与新冠疫情一线防治工作的医护人员及志愿者积极捐款。同时，在了解到部分合作高校、企事业单位面临防疫物资匮乏的困境后，威派格迅速筹集口罩等紧缺物资，并以免费捐赠的形式给予支持。

三、工作成效

（一）以水载舟，助推企业发展

通过各类培训奖评制度，激励并帮助员工自身能力得到提升，创新创业意识得到增强，在自身岗位上激发热情、互帮互助、辛勤工作、自觉奉献，在平凡的岗位上做出不平凡的事迹，增强自身解决问题的能力。员工如水般载起企业大舟，助推企业发展，为企业的远航与未来共创佳绩。

（二）以水润物，传扬企业精神

党员干部们带头参与各类志愿及公益活动，激发了员工的责任意识及荣誉感，增强了社会责任意识，营造了服务社会、互帮互助的良好意识与氛围。大爱奉献的

企业精神如水般滋润社会大地，在员工的手中不断传递，提升企业知名度及品牌地位，传扬企业优秀精神。

（三）以水为镜，增强员工党性意识、责任意识

由党员干部带头引领，在广大员工中起到表率作用的同时，也加强了党员本身的党性与责任意识，以党员的标准严格要求自己，时刻注意自己的言行表现，党员形象全面提升，员工也自觉提升思想素质，积极向党组织学习和靠拢，壮大企业党组织的规模与影响力，体现了党建引领下的发展新格局。

四、民营企业党建工作相关建议

（一）加强党性教育，创新管理方法

抓好每名党员自学和集中学习研讨，在深学细悟、细照笃行中找寻"不忘初心、牢记使命"的精神坐标，担当职责使命。把学习教育同研究解决本单位改革发展稳定的突出问题和党的建设面临的迫切问题结合起来，同个人思想实际和工作实际结合起来，创建新的管理交流平台及方法，吸收党员群众共同参与，增强员工主人翁意识，切实把教育成效转化为推动公司高质量发展的生动实践。

（二）丰富活动载体，提升党建氛围

不断加强各类党建活动的开展，创建新的活动方式，结合线上线下，使党建内容辐射公司全体党员及群众共同参与，通过党建公益活动，不断提升员工社会责任感与荣誉感，帮助树立正确的人生观和集体主义价值观，以党建引领引导员工爱岗敬业、无私奉献，在公司形成积极向上的工作氛围。

（三）长期坚持，形成党建引领的长效机制

把党的组织优势转化为发展优势，以党员引领助推企业发展。党员始终是榜样的力量、示范的效果，威派格将不断深化党建工作，做实做细，把党建工作融入企业中心工作中，让党员模范力量层层传递永不停息，员工得到激励，企业得到发展。

德才股份：
民营企业党建工作创新实践探索

一、公司简介

德才装饰股份有限公司作为山东省首家国内A股主板上市的建筑业企业，成立于1999年，自2005年始快速发展，是一家集工程建设、装饰装修、规划设计、新材料研发与生产的大型建筑企业。公司涵盖施工、设计、科技园区3大业务领域，下设青岛、北京、伦敦、华东、华南、西南6个中心，并在全国多地设有分公司，业务涵盖全国7大区域。2021年7月6日，德才股份（股票代码：605287）在上海证券交易所隆重举行首次公开发行A股上市仪式，成功登陆资本市场。

2020年，德才股份在全国建筑装饰行业位居第3名，全国建筑装饰设计行业位居第4名，全国建筑幕墙行业位居第5名，连续15年位居山东省首位。同时，公司荣获了包括鲁班奖、国优奖等国家级奖项三百余项，山东省建筑工程质量泰山杯、青岛杯及省市级工法奖项四百余项，发明及实用新型专利近五百项。公司始终坚持以专业的理念、专业的设计、高效的管理、均质的质量、优质的服务为客户提供高品质的服务，构建竞争引领新优势，努力打造成为以建筑装饰为主、具有强大品牌影响力的、国内领先的建筑业全产业链精品企业。

二、党组织建设基本情况

民营企业党建工作是党的建设工作不可缺少的一部分，是坚持和完善我国基本经济制度，引导民营企业健康发展的需要，是加强和创新社会管理，团结凝聚职工群众，维护职工合法权益的需要，是增强党的阶级基础，扩大党的群众基础，夯实党的执政基础的需要，是以改革创新精神全面推进党的建设新的伟大工程的需要。

德才股份高度重视党建工作，以党建促进管理，积极提升职工的思想觉悟和道德水平，增强职工对公司的归属感、认同感，激发公司项目经营管理全过程的创新活力，有力推进德才股份持续健康发展。2017年9月，在上级党组织的指导下，德才股份党委举行成立大会，根据章程完成选举并确定了班子成员及具体分工。公司党委成立时，下设4个党支部，各个支部按照章程，通过党员自荐、推荐、选举，完成了各党支部的组织建设，确定了各支部委员会。根据支部工作开展实际，德才股份党委积极强化组织建设，对支部数量进行扩充，截至目前，公司党委下设5个党支部。

德才股份党委结合公司发展实际，积极宣传贯彻党的路线方针政策，帮助公司经营管理人员和职工群众学习了解党和国家的路线方针政策、重大决策部署，使公司经营发展更加符合国家产业政策；同时，公司党委突出党建引领发展，积极协调各方利益关系，维护职工群众合法权益，构建和谐劳动关系，推动公司积极承担社会责任。

三、党建创新实践做法

（一）坚持政治方向引领

德才股份党委始终坚持以习近平新时代中国特色社会主义思想为指导，把牢公司发展的思想之舵，明确公司的发展方向。公司党委充分认识到，习近平新时代中国特色社会主义思想，是新时代中国共产党的思想旗帜，是国家政治生活和社会生活的根本指针，是当代中国马克思主义、二十一世纪马克思主义。要保证公司坚持正确方向、应对风险挑战、持续健康发展，就必须认真学习贯彻这一思想。另外，公司党委书记、董事长等高管团队以"企业文化大讲堂"的形式，带头宣讲习近平新时代中国特色社会主义思想，激励引导广大职工心往一处想、劲往一处使。

（二）强化党委组织建设

在党的建设中，组织建设起着结构性作用，是党的政治建设、思想建设、作风建设、纪律建设的重要支撑。德才股份党委充分认识组织建设的重要性，将组织建设作为重点任务，积极探索多种形式的组织形态，不断激发职工的积极性，增强组织认同度，更好地为组织效力。

项目施工在哪里，党的小组就建到哪里，党建工作就覆盖到哪里。德才股份根据公司发展需要，建立了职能部门及设计院党支部、工程公司党支部、中建联合党支部、北京中心党支部、德才高科党支部，并在满足党章要求的项目部成立党小组，将党组织建在一线，充分发挥党组织的战斗堡垒作用、党员的先锋模范作用，为项目经营和管理起到了良好的引导作用和保障作用。

（三）常态化组织生活会

德才股份党委将组织生活会作为党建工作开展的常态，公司党委及5个党支部均积极组织开展民主生活会，积极进行批评与自我批评。公司党委自觉对标新时代党建工作的具体要求，把准工作方向，找准突破口，通过民主生活会，征求党员、群众对公司党建、业务发展等的意见建议，尤其是针对班子成员在执行上级党组织决定、严格党的组织生活制度、加强自身建设等方面听取各支部的意见和建议。

同时，公司党委按照党章的具体要求，明确年度工作计划，制定出公司党委的年度10件大事，并按计划组织公司党委的日常工作，根据需要组织党委扩大会议对重要事项进行讨论。同时，公司党委

德才股份：民营企业党建工作创新实践探索

要求各支部按照活动计划、管理制度严格管理，明确三会一课及学习强国等日常学习等工作。

（四）严格党员培养发展

德才股份党委自成立以来，一直高度重视党员的培养发展工作，通过与上级党组织对接，明确新党员的组织培养工作，并按计划进行培养、学习、沟通，为党建工作输入新鲜血液。公司党委对发展党员工作的每个阶段、每个环节进行严格管控，全面掌握党员培养发展过程中的具体表现。

另外，公司党委高度重视对党员的教育，严格对党员进行培养。针对拟发展党员，公司党委通过专题培训会等多种形式及时进行政治理论和党的基本知识的培训教育，引导入党积极分子在思想上、行动上积极向党组织靠拢。公司党委明确入党培养人的职责，采取"一对一"的培养管理模式，定期开展谈心谈话，强化入党积极分子的基本理论和政治素养。

（五）强化专题党建学习

德才股份党委自成立以来，积极组织各支部开展主题鲜明、形式丰富多彩的专题党建学习活动，强化对党员的专题学习。2021年7月，为隆重庆祝中国共产党成立100周年，公司党委组织开展庆祝建党100周年专题活动，全体党员共聚一堂，一起回顾中国共产党带领中国人民不懈奋斗的光辉历程，展望党和人民事业发展的光明前景，表彰了公司优秀共产党员、优秀党务工作者、优秀党支部、优秀党建项目部，并向老党员致敬。2020年，公司党委组织党员参加了绿色植树活动、党的十九大专题学习会等活动。2018年7月，德才股份党委组织公司党委成员和党支部书记代表奔赴革命圣地江西井冈山开展"不忘初心，牢记使命"主题教育培训，接受党性锻炼。

根据支部年度工作计划，各支部积极组织党员开展丰富多彩的党建专题学习活动，包括参观青岛市规划展览馆、参观青岛党史馆、参观中国人民抗日战争纪念馆、参观青岛市革命烈士纪念馆、金门路国庆70周年文艺演出、歌唱祖国快闪、党员回归仪式、发现金门城市定向赛等。

（六）紧密融合业务发展

德才股份党委坚持把党建工作融入公司项目经营管理的全过程，与项目经营管理同时部署、同时落实、同时考核，真正让党建工作落到实处。当项目施工中遇到政治要求高、施工难度大、工期紧张等突击任务时，便由党员组建专业化的项目团队，带头冲锋向前。另外，公司党委的政策向项目一线倾斜，每年优秀共产党员等先进评选向项目一线倾斜，坚持在项目一线寻找最美德才职工，公司涌现出一大批优秀职工、技术能手。

（七）热心社会公益事业

德才股份党委自成立以来，一直积极组织党员开展各项社会公益活动。公司党委每年都会对胶州市困难群众进行走访慰问，送去春节的问候和祝福，并积极开展环保绿化公益活动。

疫情发生后，德才股份党委积极响应上级党组织号召，组织党员进行疫情捐款，公司为抗击疫情捐款65万元，并积极组织党员抗击疫情捐款，半天时间内4个党支部总计97人捐款近14000元。同时党员积极冲锋在抗击疫情的一线，居十八项目部、黄岛灵珠山医院项目部、中建联合崂山区域、德才高科复工复产中，都能看到党员的身影。

同时，德才股份党委在全球新冠疫情蔓延、经济发展形势日益严峻的大背景下，认真履行企业的社会责任，发挥公司自身优势，通过消费扶贫、捐款捐物等方式推进扶贫工作，向贵州安顺、甘肃陇南等扶贫捐款达245650元，为扶贫工作贡献了德才力量。同时，公司党委积极组织党员参加甘肃春蕾女童捐款等活动。

（八）党建工作卓有成效

德才股份积极开展党建工作，也取得了一定的成绩。2018年6月，德才股份党委叶得森书记荣获了青岛市市南区优秀共产党员荣誉称号。2019年6月，德才股份党委叶得森书记荣获青岛市优秀党务工作者荣誉称号，公司党委则荣获了2021年市南区先进基层党组织荣誉称号。另外，公司党委书记叶得森还荣获了2019年青岛市市南区劳动模范，工会委员王文静荣获了青岛市三八红旗手、青岛市市南区三八红旗手等荣誉称号。

四、民营企业党建工作创新建议

（1）党建工作融合公司治理：建议民营企业把党建工作要求写入公司章程，将党建工作与公司治理结构相融合，促进党组织在公司治理中发挥作用组织化、制度化、具体化，积极探索、构建中国特色民营企业公司治理模式，使党建成为公司健康发展的内在需求，使党组织和广大党员成为民营企业健康发展最可信赖的依靠力量，夯实党在民营经济领域的执政基础。

（2）积极创新组织设置：以民营企业发展战略和生产经营流程为基础，在企业资本扩张、项目拓展、产业链延伸时同步完善党组织设置，创新开放式、功能型党支部或党小组的设置，把支部建到车间班组、建到项目一线，将党组织延伸到民营企业的"神经末梢"，提高党组织参与民营企业治理的深度、效度。

（3）聚焦重点同频共振：坚持将民营企业生产经营、项目管理中的难点、职工反映的热点，作为党建工作的切入点和突破点。围绕民营企业项目攻坚、技术创新、人才培养等企业生产经营的重点环节，组织党组织和党员广泛开展专题活动，全面推行党员亮身份、亮职责、亮承诺活动，强化身份意识、责任意识，把党组织服务力转化为民营企业的竞争力。

（4）联合党建共同提升：民营企业可以与政府主管部门、行业协会、国有企业等联合开展党建工作，并向民营企业委派党建指导专员，加强共建互联，以联合党建提升民营企业的党建工作成效。

五、结语

德才股份党委将按照目标同向、工作同心、发展同步的要求，在服务决策、全国布局、设计引领、技术创新、提高效益等方面积极发挥作用，激励党员立足岗位、创先争优，支持和帮助党员在关键岗位、重大任务中展现作为。公司党委将创新党建工作模式，积极反映职工群众诉求，协调各方利益关系，及时化解矛盾纠纷，构建和谐劳动关系，凝聚起推进民营企业发展的强大正能量，努力使企业党组织成为民营企业应对挑战、共渡难关的主心骨。

奋斗百年路，启航新征程。未来，德才股份党委将继续在以习近平同志为核心的党中央带领下，鼓足干劲，奋力拼搏，在新时代展现新气象、干出新事业、夺取新胜利，奋力谱写中华民族千秋伟业新的壮美篇章，为实现中华民族伟大复兴的中国梦而不懈奋斗！

天合光能：
"党建红"引领"双碳绿" 书写智慧能源新华章

一、公司简介及党组织建设基本情况

（一）公司简介

天合光能股份有限公司（以下简称"天合光能"）创立于1997年，业务覆盖光伏组件的研发、生产和销售，电站及系统产品，光伏发电及运维服务、智能微网及多能系统的开发和销售以及能源云平台运营等，致力于成为全球光伏智慧能源解决方案的领导者，助力新型电力系统变革，创建美好零碳新世界。2020年6月10日，天合光能登陆上海证券交易所科创板，成为首家在科创板上市的涵盖光伏产品、光伏系统以及智慧能源的光伏企业。

天合光能始终把创新引领作为第一发展战略和核心驱动力量，引领中国光伏企业开启了参与制定国际标准的先河，成为全球太阳能行业的创新引领者和标准制定者，有效发明专利拥有量持续位居中国光伏行业领先地位。

天合光能先后荣获中国工业大奖、全球新能源企业500强、全球最具融资价值品牌、中国民营企业500强等重要荣誉，并连续八年被评为"全球最佳表现组件制造商"。天合光能"高效低成本晶硅太阳能电池表界面制造关键技术及应用"项目荣获国家技术发明奖二等奖，这是中国光伏技术领域首次获得国家技术发明奖。

（二）党组织建设基本情况

天合光能于2007年5月成立党支部，2012年4月获批升格为党委，被列为全省20家省市双重管理企业党组织。目前天合光能共有12个党支部，在职正式党员260名，预备党员7名。

天合光能党委先后获得"江苏省先进基层党组织""常州市党员教育实境课堂""常州市非公企业党建工作示范点""常州市品牌标杆型非公企业党组织"等荣誉称号。

天合光能党委切实发挥政治核心作用，引领党员充分发挥先锋模范作用，坚持通过党建引领，紧扣公司发展战略，探索总结"智慧五联"党建工作法，努力引领党员在公司科研创新、降本增效、绿色环保、红色凝聚、企业社会责任等方面发挥重要作用，努力做到党建发展和企业发展互促共进、融合共赢。

二、公司党建相关特色做法及经验

（一）思想联学，强化政治核心，把稳企业发展航向

（1）发挥政治核心作用，引领企业坚决跟党走。党委积极宣传党的路线方针政策和党中央重大决策部署，加强与公司决策层沟通协调，推动公司深入贯彻新发展理念，支持广大党员在企业高质量发展中发挥关键作用。奋斗二十五载，天合光能始终紧密团结在以习近平同志为核心的党中央周围，全面贯彻中央、省委及地方党委的决策部署，聚焦科技创新，坚持打好关键核心技术攻坚战，助力清洁低碳、安全高效新型能源体系的加快构建，为引领光伏行业进步作出了积极贡献。天合真正成为了"两山"理论的实践先锋，成为了生态文明建设的重要动能，成为了改变世界的绿色力量。

（2）学思践悟，强化思想政治建设。党委始终把理论武装作为思想建设的首要任务，坚持思想政治引领，抓牢学习教育。深入学习宣传贯彻习近平新时代中国特色社会主义思想和党的十九大精神，在党委和支部层面建立学习领导小组，压实责任，持续推进建党100周年"党史学习教育"常态化制度化，厚植红色底蕴，以红色赋能支持企业发展。创新打造互动式、共享式、体验式的学习模式及多媒体学习平台，将思想建设贯穿于"提升党员思想觉悟、助推企业变革求进"的全过程。

（3）丰富学习活动，传承红色基因。围绕建党百年开展系列活动，党委为全员配置"党史学习包"，定期开展各类党课学习、红色读书会、红色观影、红色基地实境学习、党史线上知识竞赛等特色活动，活动覆盖率100%，约10000人次参与，引领全体奋斗者继承光荣传统，传承红色基因，坚定理想信念。

（二）品牌联创，夯实党建基础，红色引领跑出发展加速度

（1）选优培强支部班子，抓牢组织建设和工作队伍建设。按照"企业发展到哪里，党组织就覆盖到哪里"的原则，依托产业布局延伸党建触角，目前天合光能共有12个党支部，其中总部9个、制造基地及办事处3个。同时，高度重视党组织带头人队伍培养，积极选优配强支部班子。精选"政治过硬、党性强、业务精"的30余名同志担任党委/支部委员，充分发挥"火车头"作用。

（2）以形成品牌特色为抓手，夯实党建工作基础。培育"彩虹家园"党建品牌，指导各党支部形成"一支部一特色"的品牌联创模式。按照"红色先锋、橙色活力、黄色暖心、绿色节能、青色增效、蓝色卓越、紫色创新"工作方向，在政治引领、员工凝聚、爱心公益、降本增效、科研创新、环保生态等方面持续发力，突出支部特色，让党员成为开拓创新的"主力军"，形成上下一心、共谋发展

（3）选树典型，激发创先争优活力。企业开展半年度/年度优秀党支部、优秀党员、优秀党务工作者评选活动，每年有200余位优秀员工和30多个优秀团队得到激励与表彰，优秀事迹通过不同形式和渠道宣传和推广，营造了浓厚的"比学赶超"良好氛围，传递榜样力量。

（4）强化责任担当，严明作风纪律。党委参与全员职业道德规范宣传、利益冲突自我披露管理等廉洁教育活动，明确党员责任区、设立党员示范岗，不断强化作风建设和纪律建设，打造忠诚干净担当的党员干部队伍，为推进企业高质量发展提供政治保障。

（5）加强制度建设，推进党建工作规范化。编写出台《天合光能党委关于建立党建双C管理和党委委员联系点制度》《天合光能党建工作考核办法》《党费审批、使用及管理制度》等制度，开展党内组织生活，筑牢战斗堡垒。

（三）党企联心，引领人才队伍建设，铸就企业核心生产力

（1）把优秀关键员工培养成党员和中高层管理者。在公司管理层的支持下，党委注重将关键岗位业务骨干培养成为党员，近年来累计培养20名党员，切实提升党员队伍质量和组织活力；多名党员骨干承担企业及社会重要职责，如党委换届选举出的七位党委委员，均为公司骨干成员；技术工程中心负责人陈奕峰博士被选为江苏省党代表等。党委助力以党员人才骨干筑牢企业发展的基石，为企业高质量发展提供更大动能。

（2）积极宣传奋斗者精神，鼓励党员争当模范奋斗者。紧扣企业战略和创新发展目标，企业关键岗位中50%为党员，200多位党员主要分布在科研创新、组件制造、采购销售、财务监控、赋能平台等重要岗位，他们积极践行企业奋斗者精神，争当模范奋斗者，充分体现了敢为人先的创新精神、求真务实的实践精神和攻坚克难的奋斗精神。

（3）红色引领人才队伍建设取得丰硕成效。在企业快速变革中发挥重要作用，切实把党的政治优势转化为企业竞争优势。在发明专利申请过程中，党员申请量高达570余件，国家"863计划""973计划""重点研发计划"等重点科研项目均由党员科研骨干带头冲锋、攻坚克难；经科技部批准，在企业内部设立国家首个"光伏科学与技术国家重点实验室"，实验室以党员骨干为主力军，先后23次创造和刷新世界纪录，科研成果荣获国家首项"国家技术发明二等奖"。

（四）党群联合，落实社会责任，共筑和谐互联温馨家园

（1）党建带工建，绘出高质量发展的"同心圆"。持续深化员工关爱工程建设，从文体活动、福利关爱、技能提升等多方面着手，投入专项资金开展员工健康管理及赋能服务，积极组织唱响奋斗战歌歌词创作大赛、迎新春系列活动、青年交友、趣味运动会等特色活动，努力提升员

天合光能："党建红"引领"双碳绿" 书写智慧能源新华章

工的幸福感和归属感。扎实开展劳动技能竞赛、合理化建议、"五小"等群众性技术创新活动，推动员工创新创业，释放发展潜能，每年为公司创造收益超亿元。

(2) 强化阵地建设，创建党建引领的生动载体。结合厂区面积大且分散等特点，打造"星光凝聚"党建阵地，创建"党员实境教育基地""党建活动室""党建图书馆""党建绿植角"等阵地近1500平方米，积极打造红色文化传播阵地和温馨的党员之家。创立《天合党建》季刊，创新推出党建智慧化平台，内容涵盖党史学习教育、党建服务、党委信箱等特色模块，以数字化技术助力打造智慧党建阵地，数字赋能推动党建工作高效发展。

(3) 不忘初心，积极践行社会责任。每年定期开展"党建红引领生态绿"植树节、"垃圾随手捡"毅行、光盘行动、垃圾分类及田园除草等绿色环保活动，形成以党建引领发展，以发展推动生态文明建设的良性互动。将扶贫工作与绿色能源相结合，实现精准扶贫、造血式扶贫。2015年起，天合光能捐资1000万元，在中华思源工程扶贫基金会设立阳光创业基金，积极引导和帮助西部地区贫困学子创就业，赋能贫困地区人民建设家乡。按照江苏省委"万企联万村"活动要求，天合光能先后与三个村结为定点帮扶单位，通过安装光伏组件，为村民提供可靠收益；定向为贫困学子提供助学金与爱心物资，以爱心助学圆梦等方式，开展精准扶贫。同时，天合光能成立志愿者队伍，以党员为主力军，开展自闭症儿童英语课程，多年来累计完成义务教学600余次。此外，党委引领党员战斗在疫情前线，助力疫情防控，积极参与各类防疫志愿工作，组织党员自愿捐款，彰显家国情怀，以实际行动诠释党员的责任与担当。

(五) 组织联建，以"自转"带动"公转"，打造绿色发展生态圈

坚持党建引领，开展省地共建、组织联建，打造党建新模式。天合光能党委作为"江苏省先进基层党组织"与江苏省20家省市双重管理企业党组织之一，在上级党组织领导下，积极发挥党组织战斗堡垒和党员先锋模范作用，形成党建与业务双融合双提升的新格局。为更好弘扬践行"绿色"发展理念和"双碳"要求，天合光能党委创新打造"智慧绿能"党建联盟，把单一企业党建模式转化为跨行业和跨领域协作的凝聚力和驱动力，以"自转"带动"公转"，助力绿色低碳可持续发展。第一批联盟成员单位涵盖上下游企业、金融机构、社会组织等合作伙伴15家。联盟以"红色领航共谋融合发展、党建联盟共促无碳未来"为宗旨，积极开展业务洽谈会、红色观影、重走长征路、党课学习、足球友谊赛等活动，不断增强党建枢纽的集群效应，增强业务粘性，强化了实现碳达峰碳中和的共同职责使命。

公司党委先后与战略合作伙伴签订党建共建协议，与北京、湖南等部分央企国企、政府单位开展党建工作交流，党建引领深入业务一线，协同公司相关部门共筑

业务友好关系网，助推项目落地，真正做到党建工作与企业发展的深度融合。

天合光能党委通过"智慧五联"党建工作体系的创新实践，让企业发展和管理多了平台和抓手，切实把党建独特优势转化为企业发展优势和竞争优势。天合光能全体奋斗者在红色文化的浸润下，坚定跟党走，坚持"以客户为中心、坚持开放创新、长期艰苦奋斗、全力追求卓越、共担共创共享"的企业核心价值观，践行"用太阳能造福全人类"的使命，为全球节能减排和可持续发展作出贡献。

第五篇

上市公司 ESG 篇

- 2021 年上市公司 ESG 综述
- 中集集团：发挥 ESG 价值　提供高质量可持续发展新动能
- 顺丰控股：积极践行 ESG 理念　推动公司高质量可持续发展
- 华能国际：贯彻落实新发展理念　健全完善 ESG 体系
- 中国石化：积极践行 ESG 理念　以高质量披露促进 ESG 管理提升
- 伊利股份：落实全生命周期减碳行动　引领行业"双碳"实践
- 长江电力：守护碧水长江　推动绿色发展
- 中国平安：以长跑者姿态引领金融行业绿色可持续发展
- 上海医药：践行高质量可持续发展　助力健康中国战略
- 建设银行：完整准确全面贯彻新发展理念　推动新金融行动拓维升级
- 洛阳钼业：ESG 与运营共进　促企业发展正循环

2021 年上市公司 ESG 综述

2021年，随着"双碳"战略目标的进一步落实，环境、社会和治理（ESG）相关工作越来越得到我国上市公司的重视，各行业具有代表性的上市公司 ESG 优秀实践案例也纷纷涌现，分享关于 ESG 的最新实践情况，包括公司落实 ESG 相关国家战略、ESG 管理体系、工作实践、信息披露情况，以及和投资机构、评级机构交流等方面的经验与做法等，具体情况如下。

一、积极落实绿色发展理念，推动"双碳"目标愿景实现

我国基于推动实现可持续发展的内在要求和构建人类命运共同体的责任担当，宣布碳达峰和碳中和的目标愿景。在"双碳"背景下，如何促进"双碳"目标实现，为绿色可持续发展贡献价值，成为新时期上市公司面临的重大课题。实践中广大上市公司立足绿色发展理念，积极响应"双碳"目标，设定本企业的"双碳"目标或作出减碳承诺、制定相应的战略规划、发布减碳行动计划，并扎实推动具体措施落地，促进高质量可持续发展。

响应"双碳"目标，构建管理体系。上市公司积极响应"双碳"目标愿景，采取应对气候变化、推动以二氧化碳为主的温室气体减排的具体举措。根据自身发展情况量身打造内部碳排放管理平台，对公司的碳排放情况进行管理和监测，组织开展碳足迹的量化评估、成立低碳发展研究中心或碳核算技术平台等，使企业对于全生命周期的碳排放现状有了基本把握，为下一步建立碳达峰与碳中和路线图创造条件。多家上市公司建立自上而下的气候变化应对管理体系，提升气候风险管理能力。

设定"双碳"目标，作出减碳承诺。部分上市公司制定适合自身的双碳目标或减碳承诺，将"绿色低碳"纳入公司战略之一。

制定"双碳"规划，发布行动计划。部分上市公司结合自身情况制定战略规划，并参考 TCFD 披露框架，细化气候相关财务信息披露内容，识别与气候有关的主要风险和机遇，形成应对相关风险的行动计划。多家上市公司发布《碳目标白皮书》《气候行动报告》等文件，呈现在双碳以及气候行动领域的具体目标和举措。

二、建立健全 ESG 制度体系与管理架构，提高 ESG 管理水平

实践中上市公司积极推动 ESG 管理

实践落地，逐步建立健全 ESG 制度体系与管理架构。将 ESG 理念融入组织、制度和文化，设立 ESG 相关管理架构，完善 ESG 相关政策，厚植 ESG 管理文化。

设立 ESG 相关管理架构，将 ESG 提到战略高度。为更好将 ESG 管理和信息披露工作提升至战略高度，越来越多的上市公司通过搭建自上而下的 ESG 管理架构，为 ESG 工作的全面推进提供有力的治理保障。

跟踪 ESG 相关政策，完善自身制度框架。在制度层面，上市公司适时审查和更新相关政策，不断完善自身制度框架，夯实 ESG 制度基础。部分上市公司正式发布《公司社会责任战略规划（2021－2025）》，确立"使命驱动型"的社会责任管理模型，新建、修订《生态环境保护工作责任管理规定（试行）》等一系列管理制度，配足环境管理专职、兼职人员，夯实体系保障。

厚植 ESG 管理文化，加强 ESG 培训和考核。在企业文化层面，上市公司厚植 ESG 管理文化，并引入外部机构支持，加强员工在 ESG 工作意识和能力提升方面的培训，跟进最新要求与政策，学习先进企业经验，强化业务层、管理层、决策层对于 ESG 的认知。部分公司制定量化指标对自身 ESG 实践情况进行评估和监督，促进 ESG 工作更好地进行实践和开展。

三、积极推进 ESG 相关实践，促进高质量可持续发展

上市公司积极顺应新发展格局，全面贯彻新发展理念，以促进环保事业为己任，以健康发展回馈社会为指引，多方共同发力，推动实体经济可持续高质量发展。

科技创新助力公司绿色低碳高质量发展。上市公司以科技创新助力环境保护与可持续发展，结合自身特点部署绿色发展模式，通过研发新产品、布局新能源等，推动公司绿色低碳高质量发展。

保护生物多样性，促进人与自然和谐共生。上市公司踊跃投身生物多样性保护工作，坚定促进绿色发展，探索人与自然和谐共生之道。

扛起乡村振兴政治责任，积极投身公益慈善事业，助力共同富裕。上市公司响应国家号召，通过参与定点帮扶和社会力量帮扶，积极支持脱贫攻坚成果持续巩固，为乡村振兴建设积势蓄力。

投资者回报意识不断增强，投资者关系管理工作日益深入。随着监管政策和市场导向加强，A 股上市公司现金分红的意愿、分红金额及稳定性不断提高和增强，分红水平已与国际成熟资本市场相当，上市公司成为投资者分享经济增长红利的"新渠道"。

四、不断强化 ESG 信息披露工作，提高信息披露质量

上市公司积极落实 ESG 信息披露要求，通过创新信息披露形式、完善信息披露标准、健全信息披露机制、丰富信息披露内容、聘请第三方独立鉴证等，多渠道

逐步提高ESG报告编制质量。

提升ESG信息披露透明度，创新信息披露形式。多家上市公司都连续发布了10年及以上的社会责任/可持续发展报告。随着信息技术的发展，ESG信息披露形式也逐渐多样化、国际化、电子化，有效地扩大了信息披露的传播范围和影响力。

完善ESG信息披露标准，健全信息披露机制。上市公司参照国内外权威完善ESG信息披露标准，提升信息披露的专业性和参考价值。

丰富ESG信息披露内容，优化行业关键议题披露。上市公司ESG信息披露不断强化定量披露内容，信息披露水平不断提高。对各项披露数据建立相关数据库，增加量化指标披露内容，完善绩效指标的统计，增强报告的披露质量。多家上市公司围绕行业关键议题开展描述，体现公司特色及所在领域突出成果，突出信息披露重点内容。

五、持续加强ESG对外交流学习，提升ESG实践水平

上市公司积极与国内外投资机构、评级机构开展沟通、特色交流活动，对标国内外权威标准制定ESG管理体系，广泛倾听相关市场主体建议，充分吸纳经验，加快推进ESG实践进程，增强ESG管理与实践能力，提升ESG行业地位与国际竞争力。

中集集团：发挥ESG价值　提供高质量可持续发展新动能

中国国际海运集装箱（集团）股份有限公司（以下简称"中集"）是世界领先的物流装备和能源装备供应商，2021年，中集坚持"稳健经营、有质增长"原则，锐意进取，经营业绩实现营收1637亿元人民币，营业利润达134.7亿元，大幅度刷新历史最佳业绩纪录。中集凭借2021年经营业绩和综合实力，获评2022年《财富》中国500强第84名；综合实力进一步提升，也促进经济、环境与社会共赢发展，为各利益相关方创造新价值。

一、行稳致远，有质增长

中集总部位于深圳，于1980年1月创立于深圳蛇口，目前是A+H股公众上市公司，主要股东为深圳资本集团、招商局集团。中集致力于在如下主要业务领域：集装箱、道路运输车辆、能源/化工及液态食品装备、空港/自动化物流及消防装备、海洋工程、物流服务、循环载具等提供高品质与可信赖的装备和服务。作为一家多元化跨国集团，中集全球拥有300余家成员企业及3家上市公司。

中集坚定围绕"成为所进入行业的受人尊重的全球领先企业"的战略方向，积极响应联合国可持续发展目标SDGs和国家新发展理念的要求，坚持将可持续发展的原则和理念贯彻在企业战略和经营管理中，围绕"深化责任管理、应对气候变化、助力全球物流、彰显企业关怀"的ESG工作主线推进可持续发展。2021年，集团在ESG方面的表现得到了外部机构与组织的认同，全年获得"2021金蜜蜂领袖型企业"、中国可持续发展工商理事会"中国企业可持续发展百佳企业"等外部13个社会责任方面奖项，并入选"中国上市公司协会上市公司ESG实践案例"等3个外部案例集；同时，中集ESG外部评级保持处于业内领先，连续三年入选恒生A股可持续发展指数，在Wind ESG评级获评"机械行业第一名"，在新浪财经ESG评级中心与CCTV-1大国品牌共同发布的"中国ESG优秀企业500强"获评机械行业第2名，有力提升了中集影响力和品牌美誉度。

二、中集持续做深做实ESG，引领和护航可持续发展

贯彻"ESG三步走"的推进策略，提供可持续发展的牵引力。ESG是个系统性工程，需要围绕文化价值观、战略规划、组织管理、执行与绩效管理、报告与

中集集团：发挥 ESG 价值　提供高质量可持续发展新动能

图 1　中集集团 2021 年可持续发展亮点成果

沟通等多个方面发力和逐步融合。我们采取分步式三步走策略，牵引可持续发展工作有序推进：打造高质量 ESG 报告（ESG 1.0）、ESG 从报告迈向管理（ESG 2.0）和 ESG 融入经营业务以创造新价值（ESG 3.0）。

第一步是基于满足合规、沟通利益相关方的要求，做好一份高质量的 ESG 报告，包括建立 ESG 报告共识、建立分层级的报告工作组织和建立 ESG 报告运作体系（涵盖编制工作模式、报告标准与大纲、报告审核机制、ESG 关键指标体系和培育 ESG 专业团队）。

第二步是推动 ESG 从报告迈向管理，让 ESG 融于企业经营管理并成为重点管理工作，让 ESG 在集团从上到下各级子公司的运营过程中得到体现和承接。

第三步是探索和推动 ESG 与经营业务有机结合，将社会可持续发展的要求和企业商业发展紧密结合，秉承更广阔更长远的发展视野，解决客户和社会痛点，创造可持续价值和带来新商机。

事实上，中集已建立成熟的 ESG 报告体系，中集集团及下属公司每年发布 5 份可持续发展报告，中集集团的可持续发展报告得到业界高度评价，中集从 2018 年起历经"3 年磨一剑"实现了第一步"打造高质量报告"的目标，正在往"ESG 迈向管理、ESG 融于经营业务"迈开大步。

实施"ESG 报告促管理"的工作方针，提供可持续发展的驱动力。事实上，"以报告促管理"已上升为中集的一种制度安排。

2021年，我们进一步完善ESG治理，实现分层履职尽责：优化按照香港联交所关于ESG报告披露指引要求构建的以董事会为ESG事宜最高负责及决策者的ESG管治架构；董事会与下属的战略委员会例行听取公司ESG工作报告，集团和下属上市公司都按ESG工作运行机制各司其职；有效识别并管控可持续发展中的实质性议题，通过实施集团策略主题落实ESG改善。

我们进一步提升数据完整性和质量，做好例行分析报告，以数据驱动改善：优化ESG报告分层管理的指标体系，落实数据责任；建立数据准确性、客观性的问责机制；通过信息系统完整收集A类、B类共80个二级指标，并且每个季度对指标结果进行例行分析，识别可持续发展风险和机会，提出需要关注的议题和建议，形成季度ESG管理报告和年度管理报告。

我们进一步确立"重点议题研究推动机制"，助力运营实质性改善。先后对节能、双碳、共同富裕、企业公益基金、光伏、限电等重点课题展开了政策分析与现状研究，逐步推动落地。

例如，为响应国家对于共同富裕的号召，我们邀请权威专家进行相关政策宣讲，同时积极展开企业公益基金会的研究工作，目前中集已正式在深圳民政局注册成立中集慈善公益基金会，也已通过深圳义工联合会批准正式成立中集员工志愿者队伍，推动开展公益活动。

例如，为响应国家对于"3060"碳达峰碳中和的政策要求，一方面组织多次外部调研和高层学习研讨，另一方面在执委会上进行节能、减碳专题分析汇报，基本摸清制造过程能耗与碳排放现状，并预估未来面临的挑战，同时试点开展了多个产品的碳足迹核查，使集团对于自身制造环节和试点产品全生命周期的碳排放现状有了基本把握，为下一步建立碳达峰与碳中和路线图创造条件。目前已完成了集装箱板块的干箱和冷箱、能化板块的液体罐箱和气体罐箱、空港板块的登机桥、中集载具的变速箱框架箱和IBC罐等明星产品的碳足迹核查。

例如，在国家实施能源"双控"和部分地区实施限电的背景下，2021年专门成立"集团统筹屋顶光伏发电项目小组"，研究和推动下属企业安装屋顶光伏发电项目。截至2021年年底，全集团有10家单位已应用屋顶光伏发电，年内发电量是3727万度，等于减少CO_2排放约21653吨。

践行"ESG商业向善"价值观，提供可持续发展的支撑力。ESG为企业发展提供了新的标准框架，ESG让"商业向善"这个词变得很具体。

围绕卓越营运，2021年中集正式发布了《中集ONE卓越运营评价标准》，融于和ESG要求，促进企业从科技创新、数字化、绿色发展等方面全面改善，提升集团卓越运营水平。

围绕业务发展方向，中集立足于装备制造业，积极发挥物流及能源行业优势，助力国家战略、解决行业短板，梳理打造出了"冷链物流""清洁能源""绿水青

中集集团：发挥 ESG 价值 提供高质量可持续发展新动能

山""乡村振兴"战略新兴业务组合。

围绕科技创新和数字化转型，中集持续重视研发创新，中集集团技术研发中心在国家级技术中心中排名前 5%，稳步开展产业数字化智能化转型升级，目前中集车辆在境内外已建成 22 家半挂车等生产"灯塔"工厂。

围绕乡村振兴，中集积极探索清洁能源农村微管网应用、田间地头配置移动冷库、海洋渔业装备智能化升级等业务正在乡村振兴战略中发挥更大作用。

围绕社会民生，中集在做好自身防疫抗疫工作的同时，也积极为社会和社区抗疫贡献力量，例如中集模块化建筑为粤港澳大湾区紧急建设多个医疗设施、中集冷云多次运输疫苗、中集安瑞科提供液氧罐等医用装备、中集多名志愿者参与社区防疫工作。

围绕绿色低碳发展，中集面对气候变化带来的风险与挑战，认真推进落实绿色发展规划，积极研究、引进清洁生产技术和工艺，扎实推进绿色工厂建设，目前已建成 13 家国家和省市级绿色工厂，在 2021 年实现了全集团能耗强度下降 27.31%、温室气体排放强度下降 26.2%。

围绕"3060 双碳目标"，我们为客户和社会提供更多高效、智能、安全的绿色低碳产品和服务，例如中集助力西江水泥物流、LNG 运输方式革新，带动地方产业向可持续发展方向转型；中集安瑞科持续完善天然气储运装备全产业链布局，发力氢能储运装备；中集来福士大力开拓海上风电新能源装备产业发展。

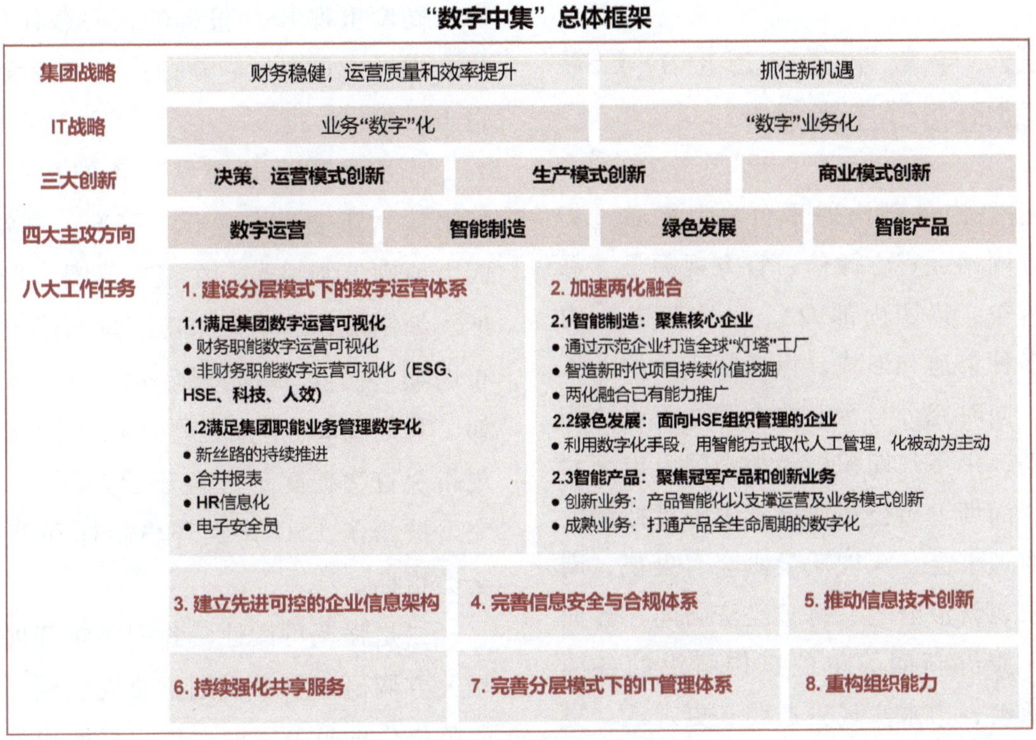

图 2 "数字中集"规划

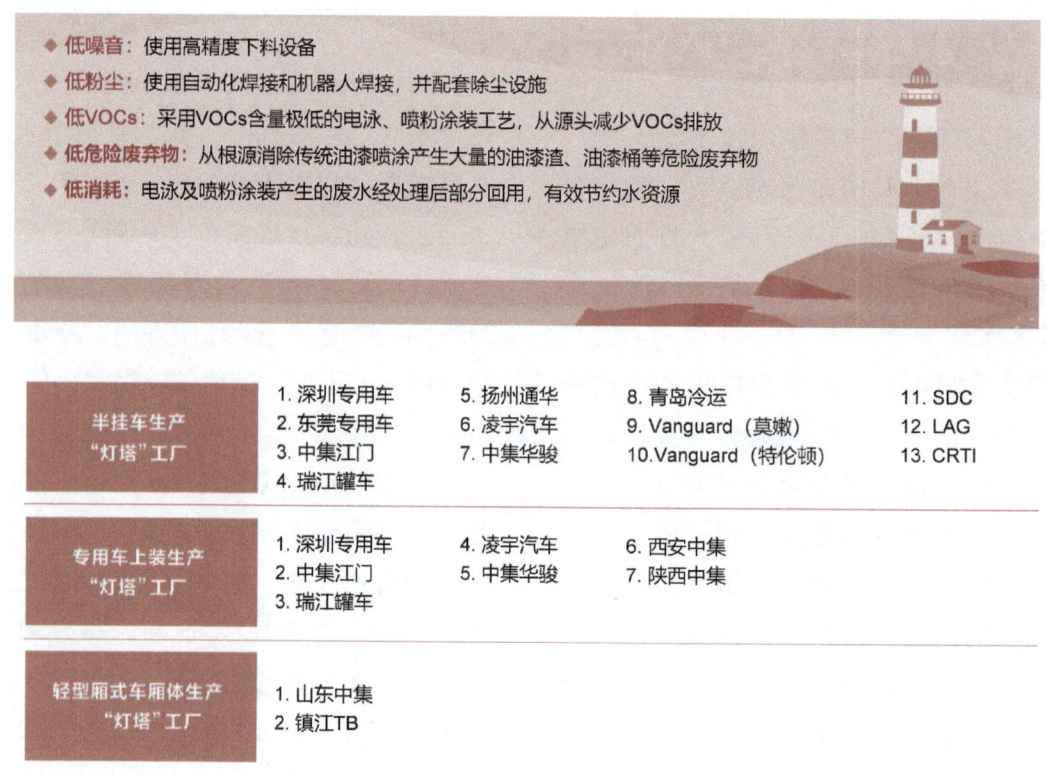

图3 中集车辆"灯塔工厂"建设，打造高端制造体系

三、中集建立全方位的ESG信息披露和责任传播

搭好内外部沟通平台。中集通过集团官方网站、官方微信、官方视频号、品牌宣传包、集团内部OA、《中集人》内刊等多种渠道和形式，保持常态化的ESG传播。同时充分与行业协会和主流媒体积极互动，中集长期积极参加中国上市公司协会、深圳上市公司协会、中国可持续发展工商理事会、深圳质量协会、央视、南方周末、新浪财经、每日经济新闻、界面新闻、澎湃新闻等单位机构组织的各项ESG活动，力求实现更透明、更亲近、更有感知的责任传播。

高度重视ESG报告的核心载体作用，从合规性、可读性、新颖性方面持续提升报告质量。

一是强调合规遵从。我们按照ESG指引的"重要性、量化、平衡、一致性"四大原则编制报告，在报告范围、报告标准、编制流程、信息来源、发布形式、发布周期等方面做出清晰界定和要求。例如，我们2021年报告严格按照港交所新规指引首次披露了《董事会声明》，首次完整披露了ESG A类环境指标和B类社会类指标。

二是强调可读性。我们每年开展利益相关方调研来科学识别重要性议题，据此调整报告的章节篇幅，以更好回应利益相关方，例如，2021年我们是连续第四年

中集集团：发挥 ESG 价值 提供高质量可持续发展新动能

开展利益相关方调研，参与问卷达到 19385 份，涵盖 10 类利益相关方；我们充分分析外部 ESG 评级机构和专业机构的评价报告，针对披露差距做出针对性强化披露；我们充分把握公司经营现状，结合当前可持续发展热点，以全景视野提出年度报告的表达逻辑，体现公司专业优势，充分展示中集全力以赴实现可持续发展、开创经营业绩新高度的精彩历程。

三是强调新颖性，精心设计。例如，我们在 2021 年报告的正文中新增"重点案例扫码观看视频"设计、大幅增加结果类数据的突出设计、优化每章节导读页内容，在封面增加"中集集团 2022 年投产 40 周年"的标识，在封底增加"中集集团官方传播矩阵"二维码等。

图 4 《中集集团 2021 年 ESG& 社会责任报告》摘录展示

2022 年迎来了中集集团投产四十周年，7 万中集人带着四十年的历史底蕴与文化基因，凝心聚力、砥砺奋进，秉承"自强不息、追求卓越"的企业精神，坚持 ESG 可持续发展理念，建设务实高效的 ESG 管理体系，持续提升 ESG 绩效和 ESG 披露水平，充分发挥 ESG 价值，为高质量可持续发展提供新动能，继续努力向"受人尊敬的、高质量的世界级企业"奋进！

顺丰控股：积极践行 ESG 理念 推动公司高质量可持续发展

一、公司简介

顺丰 1993 年诞生于广东顺德，于 2017 年以重大资产重组方式在深交所敲钟上市并正式更名为顺丰控股股份有限公司（证券代码：002352），经过二十九年发展，已成为中国第一大、全球第四大快递物流综合服务商，国内覆盖 99.4% 的城市及 2859 个县区，服务 164 万企业客户、超 4.91 亿个人用户，国际快递及供应链服务覆盖 98 个国家及地区、跨境电商包裹服务覆盖 225 个国家及地区。顺丰围绕物流生态圈，持续完善服务能力，业务拓展至时效快递、经济快递、快运、冷运及医药、同城急送、供应链及国际业务（含国际快递、国际货运及代理、供应链）等物流板块，能够为客户提供国内及国际端到端一站式供应链服务；同时，顺丰利用科技赋能产品创新，形成行业解决方案，为客户提供涵盖多行业、多场景、智能化、一体化的智慧供应链解决方案。

2021 年，顺丰控股全年实现营业收入 2072 亿元人民币，同比增长 34.5%；总业务量达到 105.5 亿票，同比增长 29.7%。顺丰一贯坚持长期主义，前瞻长远的战略部署，使公司在发展历程中，能够准确抓住机遇，不断扩大规模，持续领跑行业。

二、公司 ESG 实践情况及经验

顺丰致力于实现企业价值与社会价值的融合统一，怀揣推动行业可持续发展的美好愿景，积极探索企业的可持续发展之路。公司以"成就客户、创新包容、平等尊重、开放共赢"为企业的核心价值观，在经营业绩不断增长的同时，努力平衡好经济、环境、社会及管治之间的关系，积极承担对员工、对社会、对环境的责任。

公司坚定走高质量发展路线，建立完善的可持续发展管理体系和管理架构，从环境、社会、管治及服务四大方面入手，致力于实现稳健创新发展与绿色低碳转型，构建与各利益相关方互利互惠的商业模式。

（一）管治：共推高质量发展

顺丰不断强化合规建设，严格按照相关法律法规制定内部控制规章制度，完善内部法人治理结构，健全内部管理制度，规范公司行为。同时明确决策、执行、监

顺丰控股：积极践行 ESG 理念　推动公司高质量可持续发展

督等职责权限，形成股东大会、董事会、监事会之间有效的分工与约束机制。

顺丰制定了完善的内控与风险管理体系，针对企业运营及发展过程中存在的环境、社会及管治风险进行识别与评估，明确应对策略，始终将风险控制在完善的体系和有序的管理之下。此外，公司借助大数据持续提升风控模型的精准性与敏捷性，进一步完善风控智能化系统，同时还建立了"不敢、不能、不想"的反腐体系及业务区三道防线，实现贯穿全网络、全岗位的廉洁管理体系。

（二）环境：共赴"双碳"目标

顺丰积极响应《巴黎协定》，集团上下合力同心打造碳中和标杆企业，推动绿色变革。基于过去的减碳成果，顺丰制定了更具雄心的碳减排目标，并于2021年6月5日世界环境日发布业内首份《碳目标白皮书》，承诺将善用科技力量，推动绿色低碳变革，在2030年实现自身碳效率相较于2021年提升55%，每个快件包裹的碳足迹相较于2021年降低70%。

此外，顺丰还搭建了碳排放管理平台"丰和"，整合集团碳排放与碳减排数据，覆盖包装、运输、中转、派送等多个环节共计60余个典型场景，120余项指标，实现碳排放数据数字化管控，助力追踪碳目标完成进度。

图1　顺丰碳排放管理平台"丰和"

顺丰已建立起健全的环境管理体系与能源管理体系，获得ISO14001环境管理体系认证和ISO50001能源管理体系认证。公司通过绿色运输、绿色转运、绿色包装等途径，实现覆盖物流生命周期的温室气体减排计划，积极打造可持续物流。2021年，顺丰通过投放新能源车辆持续扩大绿色车队规模，在绿色运输方面减少碳排放约92万吨。

2021年，顺丰通过减量化包装、循环化包装等绿色包装措施减少碳排放约27.9万吨；在9个物流产业园安装了屋面光伏电站，可再生能源发电量共计305万千瓦时。

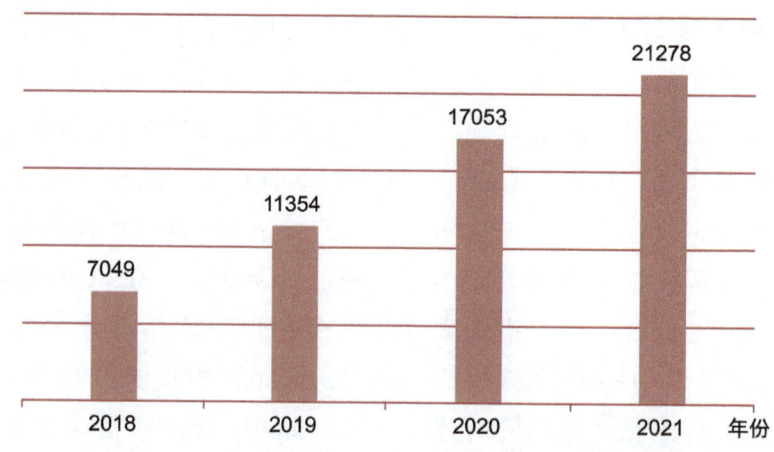

图2 顺丰2018~2021年自有及租赁新能源车辆数

此外，公司深入推进循环经济发展，积极与上下游产业链合作，同时在社会层面推行环保理念，通过顺丰森林微应用、"箱"伴计划等活动，倡导低碳生活理念、提高减碳意识，推动绿色产业发展。

（三）社会：共创美好生活

1. 心系员工，真挚关怀

顺丰致力于打造全球优秀人才追求卓越、实现理想的事业平台，秉承平等尊重、协作共赢和创新包容的"球队"文化，让员工在"比赛"中成长，实现自我价值。公司不仅建立了公正透明的评价体系，还从培训赋能、晋升发展、组织氛围建设等多维度持续提升员工满意度。通过薪酬激励和福利保障的构建激励人才、留住人才，同时施行全方位的福利关爱举措，制定多元化的收入激励政策，稳步提升员工的薪酬福利水平。2021年公司制定了"员工可持续发展保障计划""小哥低收激励"等多种激励方案，聚焦快递员职业生活质量提升。

顺丰倡导多元化和包容性的文化氛围。公司设立工会依法保障员工的合法权益，会员人数已达45万人，超过2万名工会代表活跃在各个层级的最小业务组织，积极维护员工利益，监督员工权益保障情况。2021年，顺丰工会获全国总工会授予"全国工人先锋号""全国模范职工之家"等荣誉称号。

顺丰始终秉持"以人为本，安全第一"的理念，将员工的安全放在第一位。公司设立了以总部、区部、基层组成的三层安全管理组织，并通过ISO45001职业健康安全管理体系认证，以标准化、制度化的管理严格保障员工安全，实现零重大火灾事故、零重大伤亡事故的目标。

【案例】一哥丰收计划

顺丰积极落实国家七部委发布《关于做好快递员群体合法权益保障工作意见》的号召，新增投入2亿元以上专项资金，对服务质量优秀、业务达成突出的员工，给予现金及其他形式的奖励，以提升员工的收入水平。

2. 不遗余力，热心公益

顺丰深知企业与社会一脉相系，在发

顺丰控股：积极践行 ESG 理念 推动公司高质量可持续发展

展的道路上，始终不忘初心，通过实实在在的行动推动社会点滴进步，积极践行公益，承担企业责任。

在抗击疫情方面，顺丰通过高效协同的人力运力资源、端到端全流程的综合物流能力以及科技创新的应对变通能力，充分发挥时效性、稳定性的优势，为产业物资、生活物资及防疫物资提供安全高效的运送服务，包括紧急调派运输车辆及志愿者保障生活物资供给，投入无人机、无人车抗疫，降低人员接触风险，提升防疫工作效率。

在公益慈善方面，顺丰鼓励员工积极参与志愿服务活动，为社会奉献爱心，实现个人及企业的社会责任与价值。顺丰公益基金会重点围绕推动教育发展、儿童医疗救助、扶贫济困等公益领域开展活动，主要公益项目有顺丰莲花助学、顺丰暖心、顺丰莲花小学、顺丰凉山爱心班等。2021年全年公益支出将近1亿元，设有20个志愿者协会，志愿服务时长超过2万小时。

在乡村振兴方面，顺丰利用自身的航空、冷运的网络覆盖优势、先进包装技术及快速配送能力，以产业赋能乡村振兴，帮助农户扩大销售及物流网络，把深处山区的农产品保质、保鲜地送达消费者手中。公司助力农产品上行服务网络已覆盖全国2800多个县区级城市、4000余个生鲜品种。2021年共运送农产品375万吨、7.2亿件，预计助力农户创收超过1000亿元。

【案例】齐心抗疫 共同守"沪"

自2022年3月上海疫情以来，顺丰作为抗疫先锋，将服务社会、保障民生视为己任，彰显企业担当，累计输送志愿者5700余人，服务于上海16个行政区、300余个街道/乡镇。

（1）物资保供：作为指定独家物流保供企业，为产业物资、生活物资及防疫物资提供安全高效的运输服务。疫情期间，顺丰各岗位员工响应号召，昼夜不停做好统筹及服务工作，完成社区"最后一公里"的配送任务。

（2）志愿者服务：顺丰员工就地转为志愿者，为社区提供志愿者服务，获感谢信、荣誉证书百余封；为高位截瘫/癌症重症患者紧急配送药物、协助运送癌症患者化疗放疗等，拯救了数名高危病人的生命，展现了顺丰人的大爱和担当。

（3）科技助力：顺丰紧急调配无人机50余架用于城市末端物流及送急救物品配送，降低感染风险，提高配送时效，为战胜疫情提供积极助力。

（4）物资捐赠：集顺丰全网力量，提供各类物资援助数百吨，包括医药用品、牛羊肉、蔬菜等，助力上海抗疫攻艰。

（四）服务：共缔智慧物流

顺丰以全球智慧供应链领导者为目标，坚持"深耕技术，智引未来"。公司通过自主创新和科创生态结合的方式实现科技在物流与供应链领域的落地和大规模推广，并使用科技赋能下单、中转、运输、派送等运营环节，提升准确性与效率。公司持续增加技术预研投入，布局区块链、隐私计算、无人机等新兴技术，推进公司在多元化业态发展中行稳致远。截至2021年年底，顺丰已获得及申报中的专利3864项，专利持有量在国内快递行业排名居于领先地位，获评"中国智慧物流十大创新物流引领企业"，被《麻省理工科技评论》评为全球"50家聪明公司"。

客户是顺丰重要的利益相关方，为客户提供更好的服务是我们不变的追求。顺丰持续完善客诉处理机制，拓宽客户诉求受理渠道，提升物流寄递时效保障，为客户提供差异化的优质服务。2021年，顺丰在国家邮政局开展的满意度调查中已连续13年蝉联行业榜首。

三、公司ESG信息披露经验及亮点

顺丰控股致力于持续提升ESG信息披露质量，主动对标国际、国内最新ESG信息披露标准，积极回应利益相关方期望与诉求，不断加强ESG信息披露的透明度。公司自上市以来，共发布了2016~2019年四份《社会责任报告》，并于2020年7月发布首份《顺丰控股可持续发展报告》。2021年3月，公司将《社会责任报告》和ESG报告进行了整合。2022年3月发布的《顺丰控股2021年度可持续发展报告》是公司的第三份年度可持续发展报告。

2021年顺丰控股获得境内外评级机构和投资者对公司ESG工作的高度认可。国内评级机构中，Wind ESG评级获AA，位列行业第一；华证碳中和ESG评级获AAA，社会价值投资联盟ESG评级获AA，均为行业前列；境外评级机构中，MSCI（明晟）ESG评级跨级提升至BB级，Sustainalytics（晨星）ESG评级由"中风险"调至"低风险"。

顺丰通过发布可持续发展报告，不断增强报告的实质性、完整性和可靠性，向社会全面展示了顺丰的ESG理念和实践，促进公司与利益相关方以及社会公众之间的了解、沟通与互动，实现企业的可持续发展。

（一）高度重视利益相关方诉求，实现高效沟通

顺丰高度重视与利益相关方的沟通，针对不同相关方的特点建立了多样化沟通的渠道，及时向各利益相关方披露政策更新、日常经营、发展变革与特殊变动等相关信息，更新公司可持续发展工作的进展情况，同时积极听取各相关方的建议与意见，了解各相关方对顺丰的期望与要求。

（二）严格遵守监管规定，确保报告披露依法合规

顺丰严格遵循上市公司监管要求开展信息披露，发布中英文可持续发展报告。报告编制依据深圳证券交易所《深圳证券交易所上市公司社会责任指引》的有关要求，同时参考联合国可持续发展目标、全球可持续发展标准委员会（GSSB）《可持续发展报告指南（GRI Standards)》，以及资本市场评级机构对企业环境、社会及管治表现评级的关键指标，力求对ESG信息的披露更全面、更深入。

2021年度，顺丰在专业第三方机构的协助下，依据ISO 14064标准并参考GHG Protocol和《IPCC 2006年国家温室气体清单指南》文件，进行了范围一、范围二、范围三温室气体排放量的盘查，提高了信息披露的准确性和有效性。

（三）响应国家政策趋势，回应物流行业ESG重点

顺丰将具有中国特色、时代特点、行业特性的专题融入报告当中，在章节开篇设置专题响应国家政策，同时回顾公司过去一年的可持续发展重点工作及亮点成绩，并通过叙事语言、图文并茂、于细微处着眼增强报告的可读性和感染力。例如，环境（E）章节开篇专题响应国家"双碳"目标，展现顺丰2030年减碳目标及决心，社会（S）章节开篇专题响应国家乡村振兴、同心抗疫的政策和方向，管治（G）章节以党建专题开篇响应国家高质量发展方向。

2021年公司对可持续发展管理议题进行回顾及评估，确保各项议题与所在行业的高度关联性。通过参考国内外优秀同行企业的可持续发展议题，结合资本市场对于顺丰可持续发展的关注点，在上一年度重大性议题分析的基础上，最终归纳、更新及总结了2021年度顺丰各项可持续发展议题的重要性，在报告中进行重点回应。

四、结语

过去的一年，顺丰在环境、社会、管治三方面均取得喜人成果，为未来的可持续发展工作奠定了坚实的基础。展望未来，顺丰满腔热忱，积极设定下一年度可持续发展目标，持续完善ESG管治、提高信息披露质量、提升公司透明度，促进公司高质量发展，不断朝着"构建数字生态，成就全球客户，实现共同富裕，享受美好生活"的企业愿景迈进，致力于成为物流行业在可持续发展领域的标杆，不负各利益相关方的托付和期许。

华能国际：贯彻落实新发展理念　健全完善ESG体系

华能国际电力股份有限公司（以下简称"华能国际"）以加快创建国际一流上市发电公司为引领，强化使命担当，坚持新发展理念，统筹能源安全和绿色发展，深化合规运营和转型升级，在做强主业、创造价值的同时，积极探索开展环境、社会及治理（以下简称"ESG"）相关工作，持续推动ESG体系建设。

华能国际ESG实践获得中国上市公司协会和北京上市公司协会高度评价，并且在中证指数、大公责任云以及Wind（万德）等权威评级机构发布的ESG评级结果中名列行业前茅。同时，公司应上海证券交易所邀请，为《上市公司2021年年度报告ESG专项培训》录制培训视频，向沪市主板和科创板上市公司分享经验，以实际行动助力资本市场ESG体系建设。

图1　公司连续6年高质量披露ESG报告

一、公司简介

华能国际成立于1994年6月30日，主要业务是利用现代化的技术和设备，利用国内外资金，在全国范围内开发、建设和运营大型发电厂，是中国最大的上市发电公司之一。公司致力于成为国际一流上市发电公司，始终坚持为社会提供充足、可靠、环保的电能及优质的能源服务，始终坚持技术、体制和管理创新，在电力技术进步、电厂建设和管理方式等方面创造了多项国内行业第一和里程碑工程，推动了中国电力事业的跨越式发展和电站设备制造业的技术进步，促进了中国发电企业技术水平和管理水平的提高。

截至2021年12月31日，公司可控发电装机容量118695兆瓦、权益发电装机容量103875兆瓦，公司境内电厂广泛分布在中国26个省、自治区和直辖市，同时在新加坡全资拥有一家营运电力公司，在巴基斯坦投资一家营运电力公司。

华能国际：贯彻落实新发展理念 健全完善ESG体系

二、公司 ESG 工作实践及经验

（一）建立健全 ESG 管治架构

为更好地实施战略性 ESG 管理，公司构建了董事会决策、管理层领导、本部各部门所属各单位全员参与、横向协调、纵向联动的 ESG 管治架构，保证了公司 ESG 管理的全面性、有效性和持续性。

决策层面，公司董事会对公司在 ESG 方面的管理策略及报告承担全部责任，负责评估及确定公司 ESG 方面的重大风险，并确保公司设立合适及有效的 ESG 风险管理及内部监控系统。公司董事会定期召开会议，听取管理层关于 ESG 重大事项的汇报，并进行监督和指导。董事会和各专门委员会对安全生产、员工健康、节能环保、企业文化等 ESG 方面的管理已融入日常工作中。

执行层面，公司由本部各专业部门、下属各基层单位根据职责分工和管理权限负责相应的环境、社会及管治工作。公司成立 ESG 工作领导小组，由公司分管领导担任组长，各业务部门负责人担任副组长，对重大事项进行决策，同时各部门、各单位指派相关人员作为组员，负责 ESG 管理的日常沟通并落实具体工作。公司明确法律与合规管理部为 ESG 管理部门，对 ESG 工作领导小组负责，牵头开展日常工作，并负责 ESG 报告的对外披露工作。

（二）深入推动 ESG 与企业经营融合

公司根据境内外上市地监管法律法规

图 2 公司 ESG 管治架构

的要求，结合电力行业特点和经营管理实际，按照"全面设计、动态完善"的原则，建立起完善的制度体系，覆盖环境、社会及治理等各方面，并将 ESG 报告编制和披露工作作为单独的一个业务流程纳入公司《内部控制手册》中，有力地保障和促进了包括 ESG 工作在内的各项业务流程持续健康发展，全面实现 ESG 管理的制度化和流程化。公司每年对管理制度和《内部控制手册》的有效性进行评估并定期修订，实现了制度体系的动态维护。

（三）不断加强培训和宣贯

公司扎实推进全员、全方位、全过程的 ESG 培训，宣贯 ESG 管理的理念，提高公司各部门、各单位对 ESG 工作的认识和重视，加强对 ESG 披露政策的把握，确保 ESG 工作落实落地。培训内容涉及理念宣贯、数据填报以及政策解读，培训人员包括普通员工、管理层、董事，范围涵盖公司本部、区域公司及基层单位。

（四）持续关注 ESG 政策，积极开展同业对标

公司持续关注 ESG 相关政策和发展态势，深入分析专业评级机构出具的评级结果，对标可比优秀公司的 ESG 报告，学先进，找差距，为进一步提升公司 ESG 管理水平提供有力参考。

三、公司 ESG 信息披露亮点及体会

公司全面遵循境内外上市地监管要求，截至目前，已连续 6 年高质量披露 ESG 报告，充分体现了公司作为国内一流上市发电公司在环境、社会及治理方面作出的努力和贡献，为公司在资本市场上赢得了良好的声誉。经过多年探索，公司已建立起常态化的 ESG 信息披露机制。

（一）规范统一的信息收集机制

ESG 报告是公司年度信息披露的一项重要工作。为保证信息填报的及时性和准确性，公司建立了包括一套指标体系手册、一套数据填报工具和一套填报审核流程等规范的 ESG 信息收集机制。

1. 一套指标体系手册

公司根据香港联交所 ESG 指引要求，结合全球报告倡议组织发布的《可持续发展报告标准》和利益相关方调查结果，确定报告拟披露的重要议题及数据指标。指标体系手册明确了公司需收集的文字信息及数据指标、具体定义以及归口管理部门，为 ESG 信息收集和披露工作提供了明确的框架及指引。公司各归口管理部门及下属单位根据指标手册统计并填报信息。公司每年根据报告披露标准、国家法规政策、公司规章制度等变化对指标体系手册进行更新，确保适用性。

2. 一套数据填报工具

在指标体系手册的基础上，为便于数据指标的填报，公司设计完成一套数据填报工具，明确公司本部、区域公司和基层单位分别需要填报的数据指标，并规定数据收集模式、适用范围以及指标定义等。

3. 一套填报审核流程

公司在梳理数据指标时，区分可由公司本部直接获取的指标以及需要基层单位配合上报的指标。对需上报的指标采用"逐级上报、层层审核"的收集模式，基础数据由基层单位填写，经区域公司和公司业务部门审核汇总后统一报送 ESG 管理部门。公司 ESG 管理部门收齐全部指标数据后，再次进行核查和校验。自下而上、逐级审核的填报流程保证了披露数据的真实、准确和完整。

（二）高度重视利益相关方沟通与交流

公司践行"为社会提供充足、可靠、环保的电能；为股东创造长期、稳定、增长的回报；为员工营造建功立业、全面发展的氛围"的企业责任，与投资者、客户、员工、供应商、社区、监管机构等内外部利益相关方保持积极有效沟通，充分考虑并有效回应利益相关方的关切和诉求，与利益相关方共同促进经济社会发

华能国际：贯彻落实新发展理念 健全完善ESG体系

展，共享发展成果。

在ESG报告的编制过程中，公司以利益相关方重要性评估为依据，以体现行业特点和公司特色为目标，合理确定、动态调整、不断优化披露内容。在ESG报告发布后，公司持续关注资本市场的反应，对于投资者及投资机构提出的疑问，公司积极协调相关业务部门予以解答，尊重投资者知情权。

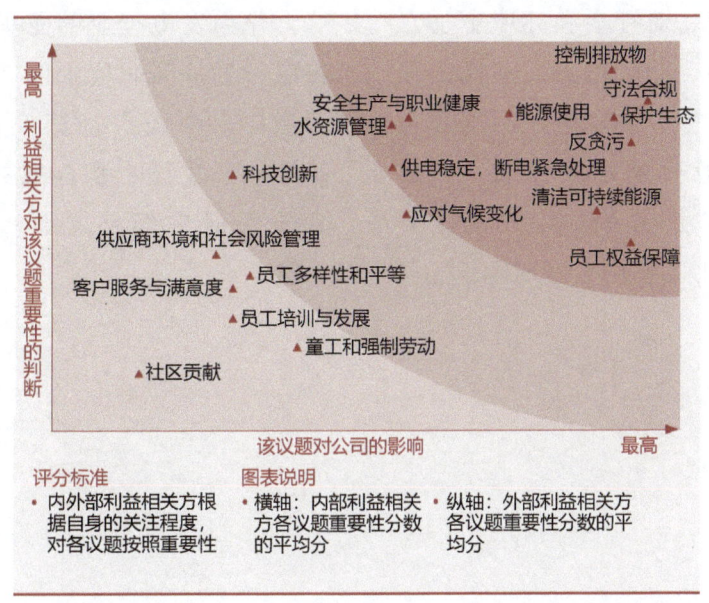

图3 利益相关方重要性议题评估结果（2021年度ESG报告）

（三）多维度展示报告成果

为提升来自不同上市地投资者的阅读体验，公司发布的ESG报告包括简体中文、繁体中文和英文三个版本，并精心制作报告设计版，通过图文并茂的形式，更加直观、立体地传达报告信息，方便投资者阅读、使用报告。

图4 2021年度ESG报告三种文字版本

（四）公司 ESG 工作体会及认识

ESG 理念所代表的可持续发展观与国家碳达峰、碳中和战略密切吻合，与公司的发展紧密联系，推进 ESG 工作有助于公司以更加可持续、对社会和环境更加友好的方式实现长期、稳健增长，从而兼顾长期目标和短期目标，实现企业的高质量发展。随着 ESG 管理的不断深入，完成信息披露已不再是公司 ESG 工作的主要目标，公司通过对照境内外 ESG 信息披露要求、分析同业对标及外部评级结果，多视角审视公司与世界一流企业在环境、社会及管治方面的差距与不足，并制定有针对性的措施，有力地推动了公司管理水平的不断提升。

作为发电行业的龙头企业，未来公司将以习近平新时代中国特色社会主义思想为指导，全面贯彻落实新发展理念，在 ESG 体系建设中积极发挥带头示范作用，为国家促进经济高质量发展贡献更大力量。

中国石化：积极践行 ESG 理念 以高质量披露促进 ESG 管理提升

一、公司简介

中国石油化工股份有限公司是中国最大的一体化能源化工公司之一。公司业务范围遍布全球，主要包括油气勘探开发、炼油、油品销售和化工等业务板块。公司于 2000 年 10 月分别在香港、纽约、伦敦三地交易所上市，于 2001 年 8 月在上海证券交易所上市。截至 2022 年 3 月底，中国石化集团公司持股占 68.85%，其他 A 股股东占比 10.62%，其他 H 股（含 ADR）股东占比为 20.53%，主要为国际机构投资者持有。上市以来，中国石化建立了规范的法人治理结构，积极主动开展信息披露和投资者关系工作，提升公司透明度。

二、中国石化 ESG 实践及主要成效

近年来，中国石化按照习近平总书记对能源行业提出的"四个革命、一个合作"要求，始终践行创新、协调、绿色、开放、共享的新发展理念。持续完善 ESG 管理，多次荣获联合国全球契约"实现可持续发展目标中国企业最佳实践""中国低碳榜样""绿色发展典型案例企业""中国企业精准扶贫案例 50 佳"等荣誉，公司可持续发展取得显著成效，市场认同度和美誉度持续提升。

（一）公司治理效能不断提升

公司积极推动 ESG 与公司治理体系的深度融合，董事会加强战略谋划，可持续发展远景目标更加清晰，公司治理水平不断提升。持续完善 ESG 治理构架，在公司 ESG 治理最高决策机构董事会下，设立可持续发展委员会，由董事长担任主任委员；可持续发展委员会负责公司 ESG 战略、目标及年度计划等的审批和执行情况评估，并向董事会汇报。公司管理层领导总部相关部门具体负责各专项 ESG 议题的管理，企业按照制度流程有效落实，形成了具有中国石化特色的可持续发展管理和实践体系。

（二）社会责任充分履行

公司坚持人民至上，积极履行企业公民责任，展示大企业担当作为。积极拓展产业链伙伴合作关系，提供优质公共产品，引领行业高质量发展。打造产业帮扶、教育帮扶、消费帮扶三大特色品牌，高水平推进助力乡村振兴建设。全力做好

防疫抗疫、抢险救援、防汛救灾，推进"光明列车""爱心驿站""司机之家"等公益项目，助力增强人民群众安全感、幸福感。作为北京 2022 冬奥会和冬残奥会官方合作伙伴，全方位提供清洁能源保障，以实际行动践行"洁净能源，为冬奥加油"。

（三）绿色发展成效显著

公司以碳的"净零"排放为目标，持续推进"化石能源洁净化，洁净能源规模化、生产过程低碳化"，力争高质量实现"双碳"目标。聚焦天然气大发展，新能源以氢能为核心，并结合下属企业自身特点加快发展风电、光电等业务；高质量推进"绿色企业行动计划"，污染防治攻坚战和臭氧污染防治行动取得积极成效；深入实施"能效提升计划"，能源利用效率持续提高；深入推进碳减排与利用，建成百万吨级 CCUS 示范工程项目；强化甲烷控排管理，联合发起中国油气企业甲烷控排联盟；持续提升碳资产管理水平，推进提升林草碳汇能力。

三、以高质量披露促进 ESG 管理持续提升

中国石化高度重视 ESG 披露和管理提升互促共进，一方面坚持高标准严要求，在满足上市地监管要求的同时，参考国际可持续发展原则、认真研究国际评级机构标准并对标境内外同行最佳实践，将 ESG 披露纳入内控流程，高效整合信息资源，确保 ESG 披露信息的真实准确完整，满足利益相关方需求。另一方面，将披露标准和利益相关方意见融入公司战略制定和生产经营，促进 ESG 管理提升，形成披露与管理的相互促进与良性循环。

（一）及时回应利益相关方诉求，采纳合理建议

公司秉承以人民为中心的理念，积极回应投资者及其他利益相关方关注，通过有效披露与收集反馈，不断深化对 ESG 议题的认识，提升公司 ESG 管理。一是公司领导高度重视 ESG 方面的工作，定期出席会议与投资者交流 ESG 管理的问题，及时回应各方关切；二是注重与监管部门沟通，紧跟政策要求并及时贯彻，披露工作得到了监管部门的认可；三是与投资者和利益相关方有效沟通，并积极参与主流评级。通过主动发布自愿披露信息、在报告中翔实展示 ESG 管理进展、认真填写评级问卷、及时回复有关问询，获得了评级机构的正向反馈，评级逐年提高。公司认真研究监管要求，结合利益相关方的合理化建议，不断完善 ESG 管理，如提升董事会成员多元化水平，增选女性董事，细化碳排放等环保管理指标。

（二）可持续发展报告内容翔实，多维度展示 ESG 管理情况

公司自 2007 年起自愿编制披露可持续发展报告，并将报告作为披露和传递 ESG 信息的最主要途径和手段。在董事会指导下，管理层组织 20 多个相关部门通

中国石化：积极践行 ESG 理念　以高质量披露促进 ESG 管理提升

力合作，全面梳理可持续发展工作进展，多维度翔实编制报告并经可持续发展委员会和董事会审议后披露。

一是综合了监管部门、评级机构促进管理的要求，从公司治理、应对气候变化、环境保护、安全管理、尊重人权和人才培养、社会责任等方面，介绍公司可持续发展战略方针、管理体系和工作绩效；二是在可持续发展报告中披露董事会 ESG 管治声明，强化董事会在公司 ESG 治理中的角色和责任，进一步提升公司治理；三是持续完善 ESG 关键指标的数据披露，如完整披露范围及分板块的碳排放数据；详细披露水资源、能源消耗、四项主要污染物等数据信息；对标国际标准，披露 20 万工时事故率、20 万工时死亡率等安全类数据信息；四是结合年内重点工作，以特色案例形式介绍公司在 ESG 管理方面取得的显著成效，例如中国石化百万吨 CCUS 项目情况以及为 2022 年北京冬奥会提供清洁能源等方面所做的贡献，突出公司特色工作；五是发布"一图看懂可持续发展报告报告"等数字化宣传推广材料，扩大可持续发展报告受众，便于社会公众对公司 ESG 工作关注和监督。

（三）对标国际标准，提升应对气候变化管理水平

应对气候变化越来越成为国际社会和资本市场广泛关注的议题，TCFD 框架也成为便于投资者理解和对标的国际通用气候信息披露标准之一。中国石化作为重要的能源企业，自 2020 年起参考国际通用的 TCFD 框架编制可持续发展报告应对气候变化的披露内容，更加关注气候变化议题，并阐述公司的管理战略和应对措施，为今后在 TCFD 框架下开展气候情景分析，充分评估气候变化给公司带来的转型风险、实体风险打下基础。同时，公司立足国有企业实际，积极参与构建具有中国特色的 ESG 信息披露规则、ESG 绩效评级和 ESG 投资指引，为中国 ESG 发展贡献力量。

（四）加强反腐监督的披露，提升 ESG 透明度

反腐监督是资本市场重点关注议题，也是国际评级中一项重要指标。我们重视反腐监督的管治和披露，既满足主流评级要求，也推动公司完善相关工作。董事会可持续发展委员会对反腐监督事项进行专题审议，并对全体董事（包括独立董事）进行反腐培训；系统披露公司反腐监督制度体系、组织体系、管理措施和相关量化绩效指标等信息，主动宣传反腐监督的特色和亮点，并在公司网站上披露反腐败政策。在符合保密等要求的前提下，进一步展示公司反腐监督工作的力度和成效，得到了资本市场的正向反馈，提高了 ESG 工作的透明度，也促进了公司反腐监督相关工作的开展。

（五）开展第三方鉴证，促进公司 ESG 管理提升

为促进公司 ESG 管理，进一步提升报告编制质量，更好地获取境内外投资者

及市场的认同，中国石化持续聘请第三方对可持续发展报告进行独立鉴证。鉴证公司到公司下属企业对相关数据进行抽样调查，为多项 ESG 绩效指标出具了独立鉴证意见，提升了报告质量。同时，公司有关部门根据鉴证公司出具的管理意见书，不断改进和优化相关工作。

目前，我国证券监管部门正在制定上市公司 ESG 披露的指引，国际可持续发展披露准则也正在征求意见和制定中，这都将给企业 ESG 披露工作带来更高的要求。公司将以此为契机，提升 ESG 管理与公司战略制定和生产经营的深度融合，进一步加强专业化人才培养和队伍建设，细化管理措施，夯实 ESG 数据管理等基础工作，助力公司 ESG 管理工作全面提升。

伊利股份：落实全生命周期减碳行动 引领行业"双碳"实践

一、公司简介

内蒙古伊利实业集团股份有限公司（以下简称"伊利股份""伊利集团""伊利"）成立于1993年，总部位于内蒙古自治区呼和浩特市。伊利股份位居全球乳业五强，连续多年蝉联亚洲乳业第一，是中国规模最大、产品品类最全的乳制品企业。优秀的产品品质、领先的综合服务能力和全面的可持续发展能力，让伊利一直深受全球顶级盛会、赛事以及各级政府和社会各界的信赖与认可。从2008年北京奥运会、2019年武汉军运会到2022年北京冬奥会，从2010年上海世博会到2016年G20杭州峰会，伊利作为唯一一家提供服务的乳制品企业频频亮相。同时伊利也是世界经济论坛、博鳌亚洲论坛、世界互联网大会等顶级峰会的合作伙伴。

2021年，伊利股份实现营业总收入1105.95亿元，成为亚洲首个跨千亿元乳企。2022年一季度，伊利实现净利润35.08亿元，同比大增24.08%。

伊利一直非常重视实现碳达峰、碳中和，用实际行动引领全产业链的减碳工作。2022年4月8日，伊利发布了中国食品行业首个"双碳"目标及路线图，即《伊利集团零碳未来计划》和《伊利集团零碳未来计划路线图》。伊利集团董事长兼总裁潘刚表示，伊利已在2012年实现碳达峰，将在2050年前实现全产业链碳中和。此外，中国食品行业首家"零碳工厂"，以及中国首款"零碳牛奶""零碳酸奶""零碳有机奶粉""零碳冰淇淋"也相继在伊利诞生。

二、推进"ESG"治理，助力国家"双碳"目标

伊利积极践行"绿色领导力"，建立"环境保护可持续发展三级目标体系"，实施全生命周期绿色行动，从源头控制能耗，降低温室气体排放量，引导全产业链各环节最大限度减少对环境的影响。伊利作为在行业内第一家承诺实现碳中和的企业，以实际行动助力国家"双碳"目标的实现。

（一）响应国家号召，推进"双碳"目标

习近平总书记在第75届联合国大会一般性辩论上指出，中国将提高国家自主贡献力度，采取更加有力的政策和措施，二氧化碳排放力争于2030年前达到峰值，

争取2060年前实现"碳中和"。实现"碳达峰、碳中和"是我国向世界作出的庄严承诺。在"碳中和"愿景的引领下，伊利持续引入循环经济新理念，探索内部碳管理。

（二）绿色发展，全链减碳

1. 发挥顶层设计优势，引领绿色发展方向

伊利推进覆盖全集团的可持续发展管理体系，将"董事会战略委员会"变更为"董事会战略与可持续发展委员会"，由董事长兼总裁潘刚担任主任委员，下设"可持续发展委员会-秘书处-可持续发展联络员"的可持续发展管理体系，在顶层设计上为可持续发展工作开展提供长远保障。

在董事会战略与可持续发展委员会的领导下，伊利积极践行"绿色领导力"，建立"环境保护可持续发展三级目标体系"，研究制定"双碳"目标、时间表和实施路径，以更高的站位将绿色发展工作做实、做深、做透，让可持续发展成为企业的"深刻自觉"。

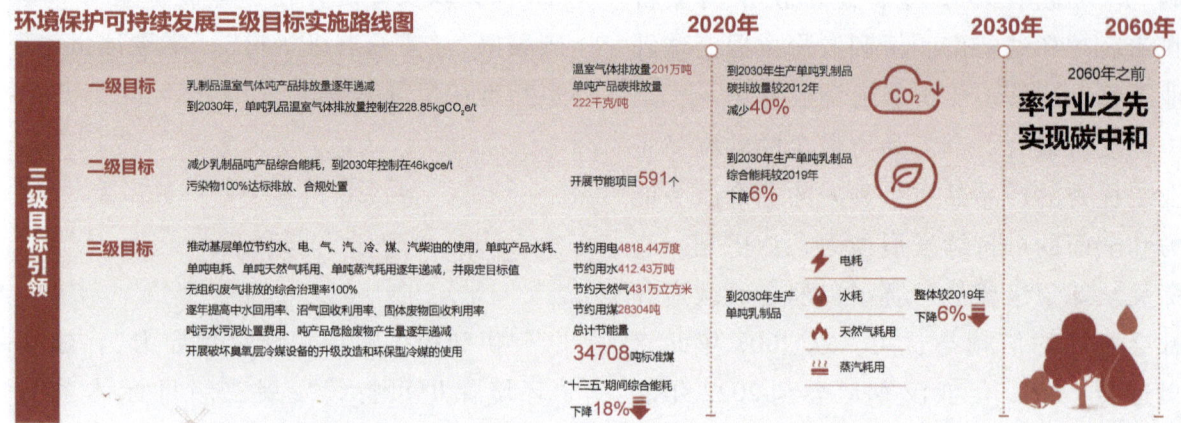

图1　环境保护可持续发展三级目标实施路线

2. 开展全生命周期减碳行动，降低生产经营对环境影响

伊利持续开展全生命周期的环保行动，实现从源头控制能耗，降低温室气体排放量，保护生态环境，引导全球产业链各个环节最大限度减少对环境影响。

（1）建设绿色牧场。

伊利推行以养带种、以种促养的"种养一体化"生态农业模式，升级打造"伊利智慧牧场大数据分析应用平台3.0"，将数字化、智能化先进科学技术与传统养殖业充分融合，有效减少碳排放量，助力打造"绿智能牧场"。截至2021年年底，"种养一体化"覆盖伊利合作牧场272座。

（2）打造绿色建筑。

伊利将绿色生态理念贯穿于建筑项目全生命周期，在设计、选址、选材等环节切实考虑环境保护问题，最大限度利用自然资源、减少污染排放。

（3）推进绿色制造。

伊利积极响应碳达峰、碳中和政策，

伊利股份：落实全生命周期减碳行动　引领行业"双碳"实践

将绿色发展理念融入生产、运营全过程，创新资源节约使用和循环利用技术，全面减少各类废弃物排放，制定绿电提额、光伏发电等计划，提升清洁能源使用率，在各个环节最大限度减少对环境的影响。截至2021年，伊利已有23家分（子）公司被工信部评为国家级"绿色工厂"。

（4）使用绿色包装。

伊利制定《包装可持续2025目标及实施路径》，遵循拒绝（REFUSE）、重复利用（REUSE）、可回收（RECYCLE）、轻量化（REDUCE）和可降解（DEGRADABLE）原则，严格要求产品包装达到可再利用、可再循环、可再回收要求，研发环保包装材料，倡导避免过度包装，为构筑多彩的地球家园作出贡献。2021年，伊利使用FSC认证的绿色包材246.62亿包，推动92.48万亩的可持续森林管理。以2019年为基础，2020~2021年，伊利产品包装累计节约用纸12950吨，累计节约塑料5780吨，累计减少超过3万吨的碳排放。

（5）采用绿色物流。

伊利持续提升国五车及铁路运输使用占比，降低车辆碳排放。截至2021年，国五车使用占比73%，提高直拨发运在产品发运中的占比，在提升服务时效的同时有效缩短产品运输里程，降低运输过程中能源耗用及碳排放，截至2021年，直拨占比提升至28%，同比上涨4%。

（6）引领绿色消费。

伊利致力于为消费者提供更环保、更低碳的绿色健康产品。截至2022年5月，伊利已经发布了5款"零碳"产品：中国首款"零碳牛奶"——伊利金典A2β-酪蛋白有机纯牛奶、首款"零碳酸奶"——畅轻蛋白时光、首款"零碳有机奶粉"——金领冠塞纳牧有机奶粉、首款"零碳冰淇淋"——须尽欢人间悦桃冰淇淋以及金典娟姗有机纯牛奶（伊利推出的第二款"零碳牛奶"）。伊利还致力于成为绿色消费的倡导者和引领者，引导消费者开展包装分类回收利用，推动发展循环经济，倡导减碳轻生活，与社会各界共享绿色生活。

（7）倡导绿色办公。

伊利引导员工将环保理念融入日常工作，倡导节约用电、节约用水、低碳出行等，截至2021年年底，已连续8年开展"伊利低碳月"活动，营造勤俭节约、绿色低碳的文化氛围，让绿色低碳成为每个人自觉的行动。

3. 带动产业链伙伴减碳，共建可持续发展生态圈

伊利致力于发挥行业引领价值，构建全生命周期环境管理模式，在牧场管理、工厂建设、制造、运输及消费过程全程考虑并融入绿色理念，不断探索全链减碳新模式，与产业链上下游伙伴一道践行全方位的减碳行动。

（1）定标准。伊利自2010年起率先按照ISO14064标准及《2006年IPCC国家温室气体清单指南》开展面向企业内的全面碳盘查。截至2021年年底，伊利已经连续12年开展碳盘查，建立了整套完善的能源环保数据核算体系。

（2）建平台。为了与上下游合作伙伴分享减碳经验，伊利推进建立了全链减碳三大平台——"国家乳制品产业计量测试中心""可持续发展供应链全球网络"和信息化展示平台"EHSQ管理信息系统"。

（3）育人才。伊利开设了面向供应商的"双碳"管理培训课。2021年11月，伊利正式成立"供应链能力发展中心"，为合作供应商提供碳达峰、碳中和方面的全方位专业培训。伊利将持续为推进实现全链减碳培养人才，为中国乳品行业迈向碳中和注入动力。

（三）实现"全面价值领先"，锚定全链碳中和

伊利紧跟国家"3060"双碳目标，通过建立组织、制定战略、创新实践，在全生命周期绿色行动、带动产业链上下游伙伴减碳等方面取得了明显成效，获得了社会各界广泛认可。2015年，董事长潘刚凭借"为可持续发展作出杰出贡献"，成为联合国开发计划署可持续发展顾问委员会创始成员。2021年，伊利的减碳实践成为全球唯一农业食品业的代表企业案例，成功入选联合国全球契约组织官方发布的首份《企业碳中和路径图》，为中国乳制品企业乃至食品行业提供了有益借鉴；同年12月，伊利还作为中国乳业唯一企业入选了联合国开发计划署发布《走向零碳——在华企业可持续发展行动》报告。

可持续发展理念已经成为全人类的共识。伊利坚信，对企业而言，可持续发展的目标就是兼顾短期利益与长期目标、统筹企业发展与环境保护、实现个体辉煌与行业繁荣、共创商业财富与社会价值，为全人类的健康福祉与美好生活作出贡献。今后，伊利将继续响应国家号召，在"全面价值领先"目标的引领下，向全产业链碳中和迈进。

三、坚持透明沟通，披露相关信息

伊利集团坚持透明沟通，积极通过CDP向全球披露企业环境信息。2022年5月22日，伊利首发"三报告"：《2021可持续发展报告》《2021生物多样保护报告》和《零碳未来报告》。这是伊利第16年发布《可持续发展报告》，第5年发布《生物多样性保护报告》，首次发布《零碳未来报告》。

2007年，伊利以"责任的力量"为主题发布行业第一份《企业公民报告》（2019年更名为《可持续发展报告》）。2016年，伊利签署《企业与生物多样性承诺书》，做出9大承诺，每年发布《生物多样保护报告》，按照9大承诺披露实质性进展。2017年，伊利对企业可持续发展管理体系进行全新升级，形成以"WISH"为主要结构框架的可持续发展信息披露体系。此外，2022年，为响应国家"3060"双碳目标，践行低碳发展，伊利还发布了中国食品行业首份"双碳"报告——《零碳未来报告》，介绍伊利的

伊利股份：落实全生命周期减碳行动　引领行业"双碳"实践

减碳进展。

伊利还通过参加"实现可持续发展目标中国企业峰会"和"联合国生物多样性大会"等论坛，向社会各界传递公司减碳理念和履责动态，塑造负责任的绿色品牌形象。

图 2　伊利连续 16 年发布《可持续发展报告》

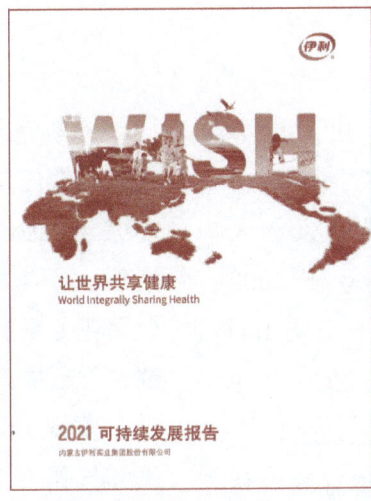

图 3　伊利连续 5 年发布《生物多样性保护报告》

图 4　伊利首次发布《零碳未来报告》

长江电力：守护碧水长江　推动绿色发展

中国长江电力股份有限公司（以下简称"长江电力"）是经国务院批准，由中国长江三峡集团有限公司作为主发起人设立的股份有限公司。公司创立于2002年9月29日，2003年11月在上交所IPO挂牌上市，股票代码600900，2020年9月30日，在伦交所成功发行全球存托凭证（GDR），股票代码CYPC，现有股份总数227.42亿股。长江电力主要从事水力发电、配售电以及海外电站运营、管理、咨询，智慧综合能源及投融资业务，在德国、葡萄牙、秘鲁、巴西、马来西亚等全球多个国家开展相关业务。长江电力现拥有长江干流三峡、葛洲坝、溪洛渡和向家坝四座电站的全部发电资产，总装机容量4559.5万千瓦，其中国内水电总装机占全国总量的11.6%，是中国最大的电力上市公司和全球最大的水电上市公司。

一、ESG管理体系完善

长江电力积极把握可持续发展趋势，立足行业特性和公司业务特点，探索符合中国企业管理实际、接轨国际前沿的ESG管理方法。公司倡导并奉行负责任的发展理念，持续建立健全ESG管理体系，以更高标准、更严要求、更大力度，系统化推进ESG管理融入企业运营和管理。

不断完善ESG管理方式，由董事会审核社会责任年度计划，在所有业务决策过程中综合考虑经济、社会及环境因素，使公司治理、环境保护、社会责任等ESG要素与公司业务发展有机统一，令管理和经营更稳健，不断提升自身盈利能力和竞争能力。

重视ESG风险与机遇管理，长江电力深知气候变化、水资源压力、能源转型等会为我们的业务带来风险，同时也带来重大机遇。公司定期开展风险识别与评估，识别气候变化、生物多样性、能源供应、创新与数字化、人力资本五大ESG风险与机遇要素，分析其对长江电力战略和业务发展的影响，通过有针对性的管理，全面优化业务营运的资源效益，以增强对经济、社会、环境不确定性的适应能力。

强化ESG实质性议题管理，通过研究国际可持续发展趋势、水电行业趋势及ESG管理最新趋势，分析同业优秀ESG管理实践等，结合中国企业自身管理实际，深化水资源压力、人力资本、公司治理等ESG实质性议题管理，提升公司ESG管理绩效表现。

二、ESG管理工作实践

（一）夯实ESG管理基础

长江电力以"枢纽运行、卓越运营、

长江电力：守护碧水长江　推动绿色发展

互利合作、清洁发展、回馈社会、乐业进取"六大主题为主线，在系统披露公司社会责任实践的基础上，为进一步提升公司国际化管理水平，吸引更多海外投资、提升公司市值，综合考虑MSCI、富时罗素、标普CSA等ESG评级体系，强化ESG研究和管理，初步建立了与公司地位相匹配的、国际化的可持续发展形象，为公司成为国际最大电力上市公司和世界水电行业引领者提供有力支撑。

（二）推进ESG管理实践

ESG涉及企业经营管理的方方面面，管理内容全面而广泛，但不同行业、不同企业应根据自身特点和属性做出管理部署和资源投入。长江电力结合六大主题，围绕碳排放、社区关系、投资回报、公司治理和行业标杆等方面，有侧重、有策略地开展ESG管理，以促进ESG管理和实践能效的进一步发挥，提升公司经济、社会和环境综合价值。

（1）碳排放是重点。"在本世纪后半叶实现净零排放"是《巴黎协定》的长期目标。对于发电企业来讲，碳排放指标始终是ESG评价的最重要因素。作为一家清洁能源公司，长江电力开展碳中和战略研究，制定实施五大重点行动，积极落实中国三峡集团"碳中和、碳达峰"工作目标，力争于2023年率先实现碳达峰，2040年实现碳中和，携手利益相关方共同迈向零碳未来。长江电力作为水电公司，所属电站全部为100%可再生能源。2021年，公司所属四座梯级电站发出绿色清洁电能2083.22亿千瓦时，与燃煤发电相比，相当于减排二氧化碳1.73亿吨，相当于种植阔叶林69万公顷。同时，公司高度重视碳排放管理，系统识别各类直接及间接二氧化碳排放的来源，分类别、分步骤地实施减碳行动，不断降低自身运营产生的碳排放，充分发挥清洁水电减碳效应。以三峡工程为代表的水力发电，在中国能源结构转型、低碳经济发展中发挥着重要作用。

（2）社区关系是要点。对于水力电力企业而言，所涉及供应链长、占地面积大、涉及方多、影响面广。长江电力长期致力建立良好社区关系，坚持实施"建好一座电站，带动一方经济，改善一片环境，造福一批移民"的水电开发理念，在每一个经营地点、在社区运营的每一件事项中都积极与当地沟通，确定社区参与的优先事项，与社区融合发展。加大对定点帮扶县和电站库区周边的支持援助力度，促进巫山、奉节两县和电站库区的乡村振兴，积极投身地方经济社会发展、民生保障等各项工作。在运行管理流域梯级枢纽、推动长江经济带发展的同时，积极为社区美好生活提供助力。2021年，公司实施社会责任项目60个，投入资金2.37亿元，其中实施库区帮扶项目22个。

（3）投资回报是亮点。长江电力作为中国A股市场价值投资理念的重要推动者，凭借优良业绩、完善治理、稳定高额分红，受到了广大投资者青睐。公司始终重视股东投资回报，在A股市场中率先做出未来10年高比例现金分红的承诺，在《公司章程》明确对 2016 年至 2020 年每年度的利润分配按每股不低于 0.65 元进行现金分红，对 2021 年至 2025 年每年度的利润分配按不低于当年实现净利润的 70%进行现金分红，在中国 A 股市场属首例。上市至今，已累计实施现金分红约 1437.8 亿元，多次被评为"最佳股东回报上市公司""最具投资价值上市公司"。公司的股息率长年超过 A 股市场年度股息率平均水平，位居国内电力行业前三、MSCI 公用事业第一。

（4）公司治理是关键。长江电力自成立以来，秉承"国家放心、股东满意、员工幸福"宗旨，着力深化企业改革，不断优化治理结构，逐步建立以股东大会、董事会、监事会和经营层"三会一层"为核心的法人治理结构，实现了规范化、科学化、高效化的治理。不断修订和完善议事规则，充分保障董监事履职服务；及时修编《公司董事会授权管理制度》等法人治理制度，促进公司规范运作；信息披露真实、准确、完整、及时、公平，获得上海证券交易所信息披露年度考核 A 类评价。2022 年 2 月，公司被国务院国资委评为"国有企业治理示范企业"。

三、ESG 信息披露

（一）优化披露内容

长江电力按照上交所 ESG 信息披露指引，规范 ESG 信息披露内容，并对标 MSCI、富时罗素、标普等 ESG 评价指标和行业优秀实践，在公司治理、生物多样性和土地使用、碳排放、人力资本开发等内容上，有针对性地加强风险识别、管理策略及 ESG 绩效的披露，挖掘 ESG 工作亮点和价值，更好地满足国内、国际投资者对公司 ESG 管理与实践信息的关注和需求。

（1）企业责任与时代同行。气候变化已成为全球瞩目的发展问题，中国"30·60"碳达峰、碳中和目标的提出，也为能源领域转型明晰了方向。作为世界最大的水电上市公司，长江电力深刻认识到发展清洁能源对于应对气候变化的重要意义，积极参与气候行动，在社会责任报告中设置"应对气候变化 向'碳中和'迈进"专题，向政府、投资者、社会公众等展现公司 2021 年在碳减排目标制定、清洁能源开发利用、碳减排行动等方面的战略思考、管理举措和进展成效，积极向利益相关方传递公司负责任的企业形象，彰显大国重器的时代价值。

（2）议题披露与管理相融。针对水资源管理、可再生能源发展、生物多样性和土地利用、人力资本发展、碳排放、社区关系等行业 ESG 议题，对标监管机构要求、国际优秀同做法、市场投资者期望等，开展重点议题的研究与管理，巩固 ESG 管理实践内核。在此基础上，结合标普、富时罗素、MSCI ESG 评级指标等要求，立足中国企业 ESG 管理实际和长江电力生产运营实际，强化长江电力 ESG 信息披露，有针对性地增加相关管理政策、管理举措、工作绩效的披露，提升信息披露的实质性，形成对 ESG 信息的有

长江电力：守护碧水长江　推动绿色发展

效回应。以管理强化和披露细化，共同促进长江电力 ESG 评级表现提升。

（3）管理实践与全球共进。连续多年在报告中以表格形式集中呈现长江电力在 SDG 可持续发展目标方面的管理、行动和进展，将公司发展置于全球可持续发展的整体进程中，凸显公司对联合国可持续发展目标的贡献。主体篇章开篇以全球可持续发展管理标准框架（GRI Standards）实质性议题管理（DMA）方法为线索，结合 ESG 标准披露项的主要指标，融入自身行业特点，通过"关键议题""主要行动策略"呈现公司 ESG 管理的优先事项和关键路径。以可持续发展的国际共通语言，与全球同业开展 ESG 管理对话。

（二）强化透明沟通

针对投资者关注，以及标普、富时罗素、MSCI 等 ESG 评级机构要求，长江电力积极做好投资者 ESG 沟通和 ESG 信息披露事宜的系统规划，统筹好不同载体及平台的功能，建立全方位、多平台的透明沟通渠道，使利益相关方通过各类平台，便捷地获取公司 ESG 信息。自 2008 年发布首份独立的企业社会责任报告以来，已连续 14 年发布中英文版企业社会责任报告，系统披露公司 ESG 管理与实践。此外，官方网站上设有"社会责任"专栏，并不断完善微信版、网页版、英文版等多媒体信息披露平台，全面提升公司 ESG 信息透明度，增强信息披露的立体性、统一性、规范性，促进与投资者、评级机构、社会公众的有效沟通。

（三）持续改进提升

长江电力在 ESG 管理和实践方面持续完善，以提升 ESG 管理和实践能力。根据全球可持续发展管理标准框架，结合标普、富时罗素、MSCI ESG 评级指标等要求，立足长江电力 ESG 管理实际，形成《长江电力 ESG 管理提升工作报告》，从 ESG 管理的顶层设计着手，系统规划长江电力 ESG 管理推进模式和路径，制定 ESG 管理重点行动事项，全面指导和推动公司各职能部门及下属企业 ESG 管理融入，以积极回应和落实国资委《提高央企控股上市公司质量工作方案》，建立健全 ESG 管理体系，提升 ESG 治理能力、风险管理能力，持续提升 ESG 评级表现和公司投资价值。

"世界水电看中国，中国水电看三峡"，长江电力深刻认识到"致力于成为世界水电行业引领者"，不仅是长江电力自身客观发展的现实需要，也是代表"中国水电"走出去，增强我国清洁能源产业国际竞争力的重大使命。公司以全球视野和战略眼光，持续打造与全球最大水电上市公司地位相匹配的 ESG 竞争力，积极践行 ESG 发展理念，承担生态文明建设责任，系统开展污染防治、环境保护和生态文明建设工作。紧密关注生物多样性保护、气候变化等可持续发展议题，将环境保护与管理、业务发展有机统一，不断提升流域水资源综合利用水平，以实际行动践行长江大保护，守护长江绿水青山。

中国平安：以长跑者姿态引领金融行业绿色可持续发展

一、公司简介

中国平安保险（集团）股份有限公司于1988年诞生于深圳蛇口，在各级政府及监管部门、广大客户和社会各界的支持下，成长为我国三大综合金融集团之一。中国平安也是国内金融牌照最齐全、业务范围最广泛的个人金融生活服务集团之一，目前集团总资产突破10万亿元，是全球资产规模最大的保险集团。

平安致力于成为国际领先的综合金融、医疗健康服务提供商。平安积极响应"十四五"发展规划，从增强金融服务实体经济水平、服务"数字中国"和"健康中国"等国家战略出发，贯彻落实"聚焦主业、优化结构、降本增效、合规经营"的十六字经营方针，深化"综合金融+医疗健康"服务体系，积极构建"金融+养老""金融+健康"等产业生态，提供专业"金融顾问、家庭医生、养老管家"服务。平安深入推进智能化、数字化转型，运用科技助力金融业务提质增效，提升风控水平，并将创新科技深度应用于"金融服务、医疗健康、汽车服务、智慧城市"生态圈，运用金融科技和医疗生态力量，打造有温度的产品与服务，实现"科技赋能金融、科技赋能生态、生态赋能金融"。平安坚守金融主业初心，强化保险保障功能，增强服务实体经济、服务社会民生能效，坚持以客户为中心，持续优化"一个客户、多种产品、一站式服务"的综合金融经营模式，依托本土化优势，践行国际化标准的公司治理与经营管理，为超2.25亿个人客户和超6.68亿互联网用户提供多样化的产品及便捷的服务。在继续专注个人业务发展的同时，平安也持续深化团体业务"1+N"服务模式，满足不同客户的综合金融需求。

二、上市公司ESG工作实践情况及经验

（一）ESG组织架构和管理

平安将ESG融入公司发展战略，构建和实践科学、专业的持续发展管理体系和清晰、透明的ESG治理结构，持续指导集团所有职能中心和成员公司更加体系化地加强企业治理和业务可持续发展。

目前组织架构分为L1层-L4层：

L1层：董事会和其下设的战略与投资决策委员会全面监督ESG事宜，承担

公司 ESG 战略规划、风险管理、政策制定等相应职责。

L2 层：集团执行委员会和其下设的投资者关系管理委员会，负责识别相关 ESG 风险和机遇、制定具体的目标、计划及绩效考核等。

L3 层：集团 ESG 办公室协同集团各职能中心作为执行小组，统筹集团 ESG 的内外部工作。

L4 层：以集团职能单元和成员公司组成的矩阵式主体为落实主力。

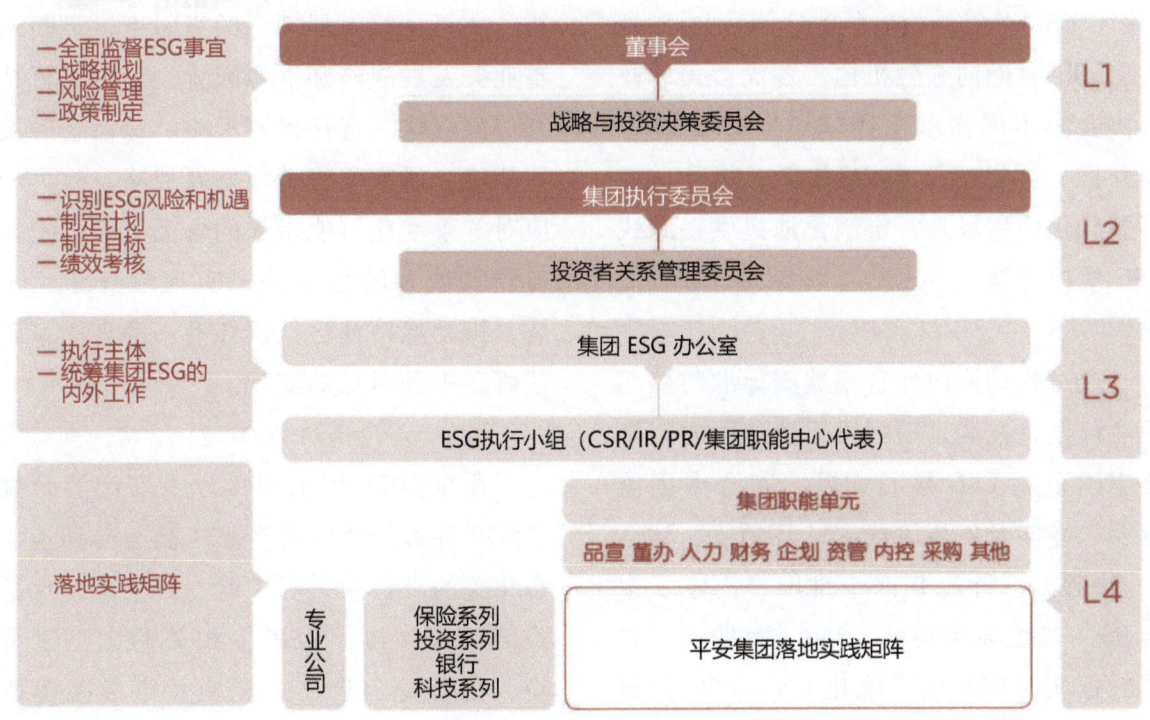

图 1　平安集团 ESG 治理架构

作为综合金融机构，平安将 ESG 的核心理论和标准与集团风险管理体系进行深度融合。2022 年，平安回顾风险管理三十多年的发展历程和经验，总结监管和行业变化趋势，迭代升级了全面风险管理体系，识别 11 类一般性风险和 4 类保险企业特有风险，包括合规风险、信用风险、流动性风险、信息科技等，并持续稳步推进，保障平安各项业务长期稳定发展。同时，平安聚焦气候变化对公司业务的影响，将气候变化相关风险等作为 ESG 风险管理的重要议题之一，按照气候变化相关财务信息披露工作组（TCFD）建议，确立了风险识别框架，将风险识别的结果作为保险及投资筛选的基准，降低平安的气候变化相关风险。

（二）AI-ESG 管理平台和投资平台

1. AI-ESG 管理平台

依托集团综合金融+科技领域深厚基

础，深度聚合国内 ESG 领域权威专家意见，在平安人工智能中心众多科学家通力合作下，平安科技打造了 AI-ESG 管理平台。该平台主要包括框架制定（用户可自主选择多套 ESG 指标评价体系进行数据填报）、数据收集（面向专业公司与集团部门的 ESG 信息收集）、绩效展示（集团 ESG 关键绩效看板）等相关功能模块。该平台面向金融机构、各大公司、政府协会等不同需求主体，根据 ESG 基本面分析、量化投资、评级提升、风险监控等差异化使用场景，定制化地提供一站式 ESG 解决方案。

2. AI-ESG 投资平台

通过梳理海内外合规披露标准与核心关注议题，在满足国际可比性的同时，聚焦中国企业 ESG 核心问题，契合中国监管要求导向及发展阶段，从环境 E、社会 S、治理 G、行业 B 四个维度，构建了包含 90+二级通用指标、250+数据点、舆情数据实时调整的系统化 CN-ESG 评级体系。该平台主要包括 ESG 产品数据（CN-ESG A 股评分、企业 ESG 底层数据等）、另类数据（产业链数据、宏观经济监控数据等）、ESG 分析工具（企业 ESG 报告动态生成与下载、投资组合 ESG 优化、ESG 舆情周报等）等相关功能模块。通过运用自然语言处理、关联关系分析、遥感数据分析等人工智能前沿科技进行数据自动收集、补充与交叉验证、AI 智能打分，以提升 ESG 数据的覆盖率、有效性和时效性。通过搭建全线上化系统，数据覆盖上，增量数据边际成本极小；更新时效上，技术可支持实时更新。目前 AI 机器模型准确度达到 92% 以上，并实现 A 股 4500+上市公司回溯 6 年的数据覆盖，提供季度发布，实时预调整的评分结果。

（三）环境与气候战略

平安通过对气候相关风险和机遇的分析，在可持续发展理念的指引下，不断调整业务发展战略和资源配置，制定了可持续保险战略、责任投资战略、绿色金融发展战略，研究完善近零发展战略，致力于应对气候变化可能带来的各类风险，把握低碳发展和转型机遇，实现自身绿色发展，推动经济社会低碳转型，助力国家碳达峰碳中和目标的实现。

1. 可持续保险战略

截至 2021 年上半年，平安产险开发了 439 种可持续保险产品，涵盖与环境生态相关的环责险、巨灾险、野生动物保护险等险种，与社会民生相关的大型工程险、食品安全险、医疗相关事故险等险种，以及面向小微企业、农业工作者和特殊人群的普惠保险。（绿色保险创新产品案例：开发野生动物公众责任险，探索完善科学的野生动物肇事补偿机制）。

2. 责任投资战略

平安在责任投资原则的指引下，充分利用 AI-ESG 工具，将 ESG 风险逐步与集团投资风险管理体系进行融合，建立了集团责任投资产品体系，投资产品涵盖股权、债券、金融产品、公募基金、租赁应收款等多个类别。截至 2021 年 12 月 31 日，平安的

中国平安：以长跑者姿态引领金融行业绿色可持续发展

责任投资规模近 1.22 万亿元。

3. 绿色金融发展战略

2021 年，平安集团发布"绿色金融+"升级行动规划，宣布计划于 2030 年实现运营"碳中和"，并依托集团综合金融优势，制定了具体的绿色金融行动方案，针对各业务板块提出了具体要求：绿色投资规模年增速不低于 20%，绿色保险保费年增速不低于 70%，绿色信贷余额年增速不低于 20%。到 2025 年，力争实现绿色投资+信贷规模余额 4000 亿元、绿色保险保费总额 2500 亿元的总体目标，并积极推动绿色投资和气候变化风险管理，对绿色项目和绿色公司提供保费优惠，对绿色项目和公司提供贷款绿色通道或利率优惠，丰富绿色金融产品形式。

4. 近零发展战略

平安高度重视气候相关风险与机遇，在董事会、委员会、集团和各职能部门以及专业公司层面分别建立了气候有关事务的治理机制，并明确目标与权责，建立了健全高效的气候相关事务工作机制。在国家提出碳达峰、碳中和目标的背景下，平安适时推出近零发展战略，通过自身运营的节能减排，并对不同碳强度资产组合的结构进行优化调整，加大零碳资产支持力度等手段，在自身运营和资产组合层面实现二氧化碳等温室气体的近零排放。碳中和实现路径采用"先内后外"和"先减后买"，采用内部减排+外部购买绿电、碳汇等方式综合实现。

（四）ESG 生态建设及发展认可

平安致力于加强行业交流，并与国内外可持续发展倡议组织一道践行落实可持续发展战略，共建可持续生态。平安遵守联合国责任投资原则（UNPRI）及国内监管机构的相关指引，成为中国首个以资产所有者身份签署 UNPRI、气候行动 100+（Climate Action 100+）、"一带一路"绿色投资原则（GIP）的企业，以及大陆首家签署 UNEPFI 可持续保险原则（PSI）的公司，并担任中国金融学会绿色金融专业委员会理事单位。2021 年，平安旗下的平安银行作为 26 家发起人单位之一，深度参与深圳绿金协的创办；平安集团加入了由上海环境能源交易所发起的碳中和行动联盟并任常务理事。此外，依托"金融+科技"两大引擎，助力 ESG 在多元金融场景的智能化应用，通过技术支持积极推动金融助力社会和环境的可持续发展，与中国经济信息社联合推出"新华 CN-ESG 评价体系"。

平安的可持续发展实践和成果已获国际广泛认可。在指数方面，截至 2021 年 12 月末，平安被富时罗素可持续发展指数（FTSE4Good）、恒生可持续发展指数企业基准指数、恒生国指 ESG 指数等纳入为成分股。在评级方面，2021 年，平安在 Sustainalytics ESG 风险评级中为低风险等级，属于国内领先水平；MSCI ESG 评级为 BBB，属于国内保险行业领先水平；在全球碳披露项目（CDP）中获评 A-级，为中国内地金融企业取得的最高评级；凭借对可持续发展的坚定承诺与优异表现，二度入选标普全球《2022 年可持续发展年鉴》。2022 年，平安上榜福布斯中国ESG50。

图2 平安ESG表现获得国际认可（2021年）

三、上市公司ESG信息披露实践情况及相关建议

平安连续十四年披露ESG及可持续发展信息，每年更新、持续完善ESG议题的识别与重大性判定流程，确保准确、全面披露重大ESG议题，并在日常运营中加强重大ESG议题的管理与履行。平安已将ESG的九大核心议题全面融入企业管理中，将可持续发展核心议题分为三大板块——内部管治、可持续业务整合、社区与环境。九大核心议题为：商业守则、责任投资、可持续保险、信息安全和AI治理、产品责任和客户保护、可持续供应链、员工及代理人发展与保障、绿色发展与运营、社区影响力。

在对内ESG信息管理层面，公司通过建立AI-ESG管理平台，纳入了目前监管、交易所、评级机构等组织的不同要求，整理了500+ESG指标。同时，基于该平台，实现了其40多家子公司的全覆盖，极大精简了定期信息披露的流程，2019年AI-ESG管理平台使公司ESG年报披露时间缩短了22天。此外，公司的AI-ESG管理平台实现了自动监控异常变化、数据可视化、同行对标等功能，使ESG管理效果清晰可见。

在对外ESG信息披露交流层面，公司积极开展对外交流与合作，促进对外ESG生态建设。2019年，平安作为试点机构加入中英金融机构气候变化披露工作试点小组，积极参与推进环境与气候信息披露的理论研究与实践探索，发布了第一份TCFD报告，并于2021年发布了集团第二份TCFD报告。2022年4月，平安作为起草参与机构之一，参与制定符合中国特色的《企业ESG披露指南》团体标准。作为业界首个企业ESG披露标准，为企业ESG信息披露提供规范化、标准化、

中国平安：以长跑者姿态引领金融行业绿色可持续发展

科学化的参照。同时，平安正与中国保险行业协会共同研究制定属于保险行业的ESG披露标准。

随着中国监管机构开始逐步强制要求上市公司披露环境相关信息，国内对ESG的认知和接受度预期将快速提升。在当前形势下，中国公司需要在更严格的监管要求、投资者ESG需求提升、自身应对危机和可持续发展的经营的多方需求中，加强ESG信息披露并实现商业价值与社会价值的双重提升。

目前国内关于ESG信息披露还面临一些问题，包括但不限于：缺乏适应中国国情、企业认可度高的中国ESG标准；各类ESG披露标准的信息侧重点不同，缺少量化指标导致披露信息可比性较低；ESG概念和方法还待进一步普及，企业信息披露成本较高，导致企业披露意愿较低等。这些问题的解决还有待于社会各界的共同努力。

上海医药：践行高质量可持续发展助力健康中国战略

一、公司简介

上海医药集团股份有限公司（以下简称"上海医药"或"公司"）是沪港两地上市的大型医药产业集团（港交所股票代码：02607；上交所股票代码：601607）。公司注册资本28.42亿元，主营业务覆盖医药工业与商业，是国内第二大全国性医药流通企业和最大的进口药品和疫苗服务平台。2021年营业收入2158亿元，位列《财富》世界500强与全球制药企业50强，居全国医药企业第二，入选上证180指数、中证500指数成分股、摩根士丹利中国指数（MSCI）。

上海医药倡导"创新、诚信、合作、包容、责任"的企业核心价值观，致力于持之以恒，提升民众的健康生活品质，努力打造成为受人尊敬、具有行业美誉度的领先品牌药制造商和健康领域服务商。

二、上海医药 ESG 实践情况及经验

上海医药积极践行创新、协调、绿色、开放、共享的新发展理念，将履行社会责任、践行可持续发展的理念融入企业经营管理过程，推动行业与社会高质量发展。上海医药已连续四年获评 MSCI ESG 评级为 A 级，位居中国医药行业领先水平。

（一）完善公司治理

上海医药严格遵守 A+H 两地法律法规及监管部门制定的相关规章，构建了较为完善的现代上市公司治理体系，股东大会、董事会及其下设专门委员会、监事会和经营管理团队权责分明，高效运行。2021年度，公司共召开2次股东大会，12次董事会，6次监事会，董事出席率100%。

公司高度重视利益相关方沟通，保护中小股东权益，每年通过发布定期报告、召开业绩发布会、组织公司调研、回复上交所 E 互动等方式提高信息披露及时性和透明度。连续五年在上交所举办的上市公司信息披露年度测评中保持 A 级的最高评价，获评 A+H 两地多个投资者关系奖项。

（二）坚持绿色发展

绿水青山就是金山银山。党的十八大以来，绿色发展成为新时代发展理念，上海医药以"成为一个资源节约型和环境

上海医药：践行高质量可持续发展　助力健康中国战略

友好型集团公司"为目标，持续推进绿色运营。截至 2021 年年底，公司共有 23 家下属企业通过 ISO14001 认证，15 家下属企业通过 ISO50001 认证，7 家下属企业完成清洁生产审核验收。

上海医药坚持走"绿色产品、绿色工厂"的道路。截至 2021 年年底，公司有 6 家下属企业获得国家绿色工厂称号，4 家企业获得地方绿色工厂称号。

上海医药积极应对气候变化，响应国家"双碳"目标。2021 年开展 70 多项节能减排项目，通过工艺改造、设备更新等方式提高能源使用效率，合计投资 2193 万元，节电 389 万度、节约蒸汽 3869 吨，节约天然气 25 万立方，节水 11.18 万吨，节约资金 601 万元。在 2021 年的上海市经信委的年度节能工作考核中点评为"超额"完成任务；积极发展清洁能源，目前已有 5 家下属企业实施光伏项目；2021 年 4 家下属企业编制了上海市碳排放交易试点企业碳排放状况正式报告和 2021 年监测计划。

秉承可持续发展的理念，本公司在采购过程中正推行用牛皮纸箱替代彩色纸箱，逐步推进使用更环保的包装材料；优化包装尺寸，将部分产品原单瓶的小包装变更为大包装的包装形式，减少包装材料消耗。2022 年上海相关部门推出《药品包装物减量指南 片剂和胶囊剂》团体标准，上药信谊药厂积极承诺贯标，成为上海市行业内第一批践行杜绝药品过度包装理念、共同为药品包装"瘦身"的企业。

（三）加速创新升级

上海医药积极响应国家生物医药发展战略，确立"以科技创新为驱动，成为具有国际竞争力的中国领先药企"的战略目标，以患者需求为核心，进一步提升研发成果质量和数量。公司推动以自主研发+对外合作的开放多元的创新模式，持续构建具有临床价值的产品链。截至 2021 年年底共 47 项新药处于研发管线阶段。公司与多家高校、医疗机构、科研院所共建"产学研"平台，已成功转化包括 CAR-T 细胞治疗等在内的多个前沿项目。上海市重点项目的上药生物医药产业基地建设顺利完成 2021 年里程碑节点，全力打造具有国际影响力的生物医药产业创新高地。

（四）提升医疗可及

上海医药作为国内最大的进口药品及疫苗服务商，以中国患者需求为己任，积极寻求与跨国药企的合作，加快全球创新药品的引进，让中国的患者在国内也能用上高质药品。上海医药努力打造医疗医药创新服务平台，不断深化的医院供应链延伸服务，成为现代医院管理的重要力量；推进重大药品基地与战略性物流基地建设，保障药品供应；依托"互联网+医药"，让患者享受到更加智能、高效、便捷的医疗服务；助力医疗保障制度改革，共同构建就医用药新模式，减轻患者用药负担，满足民众用药需求。通过成立罕见病业务平台公司进行运营管理，保障存量罕见病品种供应、加速推进在研罕见病项目落地、引进国内外罕见病创新合作项目、打造集研发、生产、销售于一体的罕见病业务平台。

（五）保障品质服务

上海医药坚守高标准的质量安全"生命线"，本着"以人为本，创造健康；以质取胜，追求卓越"的质量方针，建立了覆盖产品全生命周期的质量管理体系。公司设立专门的制造管理中心质量管理部及质量管理委员会负责质量管理工作，制定《质量手册》《质量体系管理评审标准》《质量信息直报管理制度》等系列管理制度，对产品全生命周期进行质量管控与监督。截至2021年年末，上药好护士、上药东英、胡庆余堂药业、中西三维、上药药材九旭、山东信谊6家企业通过ISO9001质量体系认证，中西制药通过ISO9000质量体系认证。

上海医药以制造管理中心为管理平台，以"上药制造2025"为总体战略，逐步实现了由点到面的全面精益管理。2021年，卓越制造评价工作以标准化和体系化作为指导原则，对主要生产基地实施评价，工厂整体水平不断提升，近三年卓越制造评分总体增长15%。上药第一生化、上药中西和上药信谊已达到上药标杆工厂标准。上药中西和上药第一生化完成上海市经信委"智能工厂"申报专项工作，持续推进"精益化、自动化、信息化、智能化、绿色化"五化建设，提升生产基地能级。截至2021年年底，精益六西格玛认证黑带42人，精益六西格玛认证绿带超过580人，开展精益项目超过1000个。

（六）关爱员工发展

上海医药视人才为战略发展的核心引擎，2021年明确集团人力资源三年规划四大整体目标，完善集团各序列职级体系搭建，为员工提供开放、包容、公平的工作环境，以及多样化的激励机制和发展通道。通过以上海医药大学为核心平台的丰富培训体系激发员工潜力，赋能员工长期发展，未来将进一步落实"十四五"上海医药大学人才培养规划。2021年，公司蝉联"中国大学生喜爱雇主"及"典范雇主"称号。

上海医药珍视员工健康与安全，建立了成熟的职业健康管理体系，为员工打造健康、安全的工作环境。截至2021年年末，公司共64家下属企业完成安全生产标准化达标工作，保持了安全生产标准化全覆盖管理；共26家下属企业通过ISO45001职业健康安全管理体系认证。职业健康体检率达100%。

（七）履行社会责任

上海医药长期以来积极投身慈善公益事业，深耕医疗健康、科普教育、文化艺术等公益领域，坚持做优秀企业公民，承担企业社会责任，回馈社会、人民和国家。多年来坚持开展形式多样的公益活动，形成"百万市民看信谊""国风健康行""让我@你"罕见病援助等一系列公

上海医药：践行高质量可持续发展　助力健康中国战略

益品牌，常年参与及赞助支持"银蛇奖"等社会公益项目。2021年，本公司慈善捐赠总额达到4496.65万元。

新冠疫情暴发以来，上海医药深入落实党中央、国务院及上海市委市政府关于疫情防控工作部署，全力以赴投入上海和全国多地抗击新冠疫情的战斗中，公司上下从研发、生产、分销、物流配送到医药零售的各级企业近五万名员工与时间赛跑，以敬业的精神、专业的知识、高效地执行落实各项抗疫保供工作。仅2020年一年，累计捐赠医疗设备、抗疫药品、防护用品等防疫物资价值就超过2600万元。2021年，上药康希诺获得上海首张新冠疫苗生产批件，创造当年成立、当年建成、当年投产的"上海速度"。

近年来，上海医药全面贯彻精准扶贫政策，支持乡村振兴战略。下属企业与云南省的大理州弥渡县弥城镇石甲村、苴力镇先锋村、牛街乡康朗村结对帮扶，深入开展上海市国资委"百企帮百村""百企结百村"行动，共同助力对口帮扶地区迈出从脱贫攻坚到乡村振兴的坚实步伐。近三年累计实施基础设施建设、教育支持、中药材种植、爱心超市、爱心早（午）餐等扶贫与振兴项目48项，投入资金1280余万元，受益群众14000余人（其中贫困人口6400余人）。

三、ESG信息披露的经验及亮点

上海医药连续12年编制及发布社会责任报告，形成了健全的ESG报告编制体系。2021年首次将第12份社会责任报告升级为可持续发展报告，更全面地呈现公司在环境、社会及管治方面的努力和表现，展现公司实现可持续发展的承诺与愿景。凭借在可持续发展方面的优异表现，上海医药荣获"2021年度上海市企业社会责任报告优秀典型"。

（一）规范编制流程　强化ESG信披能力建设

规范的组织工作是信息披露的必要保证。为确保报告编制工作得以高效有序推进，上海医药组建由职能部门及下属企业组成的报告编制团队，邀请ESG专业机构就编制框架、指标体系等内容开展专项培训，学习最新ESG监管要求、明确ESG管理提升方向、提高ESG报告编制能力。在此基础上，明确分工及工作进度，更新信息采集要求，汇总数据并编写报告。报告编写成文，经董事会审议后与年报同时发布。

经过12年持之以恒的ESG信披实践探索，上海医药形成了系统专业的ESG报告编制方法。公司于报告编制前期设立研究诊断阶段，通过政策法规跟踪、实质性议题分析、评级方法研究及同行业对标分析等研究项目，全面梳理证监会、上交所、港交所等监管机构的政策及指引，令报告编制符合A+H两地监管标准，涵盖全球报告倡议组织《可持续发展报告标准》（GRI Standards）与中国社会科学院《中国企业社会责任报告编写指南（CASS-CSR4.0)》等主流报告体系相关指标，同时积极回应 MSCI 等评级机构评级结果。基于研究诊断结果，上海医药识别出 20 多项实质性议题，形成了一套包含上百个定性指标、定量指标及各部门分工的信息采集体系，为信息披露的客观性、准确性和可比性奠定坚实基础，有效提升信息披露质量。

（二）创新方式方法 打造 ESG 立体化传播体系

ESG 已经构成企业品牌价值新内涵，上海医药综合采用定期报告、新闻稿件、H5 及短视频等手段打造立体化传播体系，全方位向社会公众传播 ESG 故事，提升品牌竞争力和美誉度。上海医药每年编写中文简体、中文繁体及英文三种语言版本的 ESG 报告，在报告中就当年亮点工作进行专题策划，并对报告进行精心设计和排版，融入大量可视化图表和模型，便于国内外利益相关方清晰直观地了解公司的 ESG 工作进展及表现。公司采用 H5 和动画技术制作 H5 版以及短视频版的 ESG 报告，令读者能够在几分钟内掌握 ESG 报告要点，增强了 ESG 信息披露的趣味性、便捷性及美观度。除了每年在上交所及香港联交所网站进行报告披露，上海医药在公司官网设立专门的社会责任栏目，展示公司历年社会责任报告及可持续发展方针。日常及时通过微信公众号更新环保活动、质量活动、抗击疫情等重要 ESG 事件。

四、公司对于 ESG 工作的建议

（一）建立统一的 ESG 信息披露标准

近年来，证监会、交易所等监管机构不断提升 ESG 相关工作要求，体现了监管部门对 ESG 理念的重视，不过目前我国的 ESG 信息披露仍处在部分强制与鼓励自愿披露并行的状态，缺乏统一的强制披露规定及详细披露标准。建议推出统一的 ESG 信息披露指引与标准，细化指标披露要求，一方面提升企业的披露意愿，另一方面能够指导企业规范、有效地进行信息披露，提供高质量的 ESG 绩效信息。

（二）提供适当培训

开展 ESG 信息披露工作需要研究国内外多套专业标准体系，企业需要投入大量时间和精力跟踪趋势，确保 ESG 工作的合规性和前沿性。建议相关主管部门就 ESG 治理与 ESG 信息披露为上市公司提供适当的培训支持，为上市公司不断完善 ESG 工作提供指导意见。

建设银行：完整准确全面贯彻新发展理念 推动新金融行动拓维升级

一、公司简介

中国建设银行股份有限公司是一家中国领先的大型商业银行，总部设在北京，其前身中国建设银行成立于1954年10月。本行2021年年末市值约为1753.02亿美元，按一级资本排序，在全球银行中位列第二。本行为客户提供个人银行业务、公司银行业务、投资理财等全面的金融服务，设有14510个分支机构，拥有351252位员工，服务亿万个人和公司客户。在基金、租赁、信托、保险、期货、养老金、投行等多个行业拥有子公司，境外机构覆盖31个国家和地区，拥有各级境外机构近200家。

本行积极践行新金融行动，全力推动实施住房租赁、普惠金融、金融科技"三大战略"，按照"建生态、搭场景、扩用户"的数字化经营策略，强化C端突围，根植普罗大众，做百姓身边有温度的银行；着力B端赋能，营造共生共荣生态，做企业全生命周期伙伴；推进G端连接，助力社会治理，成为国家信赖的金融重器。本行秉承"以市场为导向、以客户为中心"的经营理念，致力于成为最具价值创造力的国际一流银行集团，达到短期效益与长期效益的统一、经营目标与社会责任目标的统一，实现客户、股东、员工和社会等利益相关方的价值最大化。

二、建设银行ESG实践情况及经验

（一）环境（E）相关案例

1. 低碳生活样板间

为解决低碳生活场景碳减排量难以测算、消费端个人碳足迹缺乏有效数据支撑等问题，本行通过金融科技赋能打造低碳生活样板间，创新个人碳足迹产品，为客户提供银行卡消费折扣、支付优惠、积分商城权益兑换等个人金融服务，探索多元化碳普惠机制、引导绿色低碳美好生活理念。本行申报的"基于'碳账本'的个人金融服务"案例成功入选央行金融科技创新监管工具创新应用及央行数据综合应用试点。

在应用创新方面，该项目利用多方数据学习等技术，将出行、零售、政务等多种生态场景低碳数据进行融合分析，在充分保障用户隐私安全的前提下实现数据跨主体应用；构建基于人工智能、大数据等技术的碳减排计量模型，准确测算消费者低碳生活足迹，为"碳账本"提供模型支撑；采用云计算等技术搭建涵盖碳减排测算、"碳账本"运营、权益兑换等内容的SaaS（软件即服务）平台，提升低碳场景综合金融服务水平。

在风险防控方面，该项目通过"建生态、搭场景、扩用户"的数字化经营方式接入更广泛的场景热数据，丰富低碳水平测算的数据支撑维度，优化完善碳减排计量模型，确保"碳账本"真实、有效。

在实践成效方面，截至2021年年末，该项目已在北京、上海、深圳、郑州、青岛五个城市试点推广，完成地铁出行、公交出行、ETC缴费、生活缴费等8个低碳场景碳减排核算。

2. 建行－万得绿色ESG债券发行指数和收益率曲线

2021年5月20日，本行联合万得信息技术股份有限公司、中央财经大学绿色金融国际研究院，在北京和卢森堡两地同步发布了"建行－万得绿色ESG债券发行指数和收益率曲线"。

作为中国银行间市场最大的信用债主承销商之一，本行秉承新金融理念、践行高质量发展，运用自身专业优势和市场影响力研究开发"建行－万得绿色ESG债券发行指数和收益率曲线"，为市场发行人和投资者提供定价走势的重要参考，完善绿色债券价格发现机制。

建行－万得绿色ESG债券发行收益率指数，通过提取全国银行间债券市场、上海证券交易所以及深圳证券交易所每周新增发行债券的一级市场收益率数据，对新增发行债券进行碳减排效益、绿色发展和可持续发展方面的评估和筛选，将符合筛选标准的样本数据进行分类和加权平均形成指数。在样本量足够的前提下，依据相同方式计算形成碳中和债券、绿色债券以及ESG债券系列子指数，并对指数曲线进行公开展示。

"建行－万得绿色ESG债券发行指数"将本行绿色债券承销发行经验和相关绿色债券标准以及ESG评级方法有机结合，是国内统一绿色债券标准发布后的首个跨市场绿色债券指数，也是中国市场上首支融合了ESG以及碳中和概念的绿色债券一级市场发行指数，填补了当前中国债券市场中缺乏一级市场绿色ESG债券发行指数的市场空白。

2021年12月4日，本行的创新项目"建行－万得绿色ESG债券发行指数及收益率曲线"荣获IFF全球绿色金融奖，位居IFF本年度十大创新奖项目之首，该奖项旨在对全球绿色金融领域以及创新性解决方案进行表彰和奖励，极具国际影响力。

（二）社会（S）相关案例

1. 数字普惠金融模式

建设银行持续完善数字普惠金融模式，扎实推进普惠金融业务高质量发展，持续完善普惠金融智能化风控管理体系，信贷资产质量保持稳定。

深化平台经营，依托数字技术和科技

赋能,不断优化"建行惠懂你"App,提升市场响应能力。App累计访问量超过1.7亿次,下载量超过2250万次,授信客户超过165万户,授信金额超过1.3万亿元。

聚焦小微企业、个体工商户、涉农客户、供应链上下游客户等普惠金融群体差异化需求,丰富"小微快贷"等新模式产品体系,提升客户需求满足能力和服务效率。自产品上线以来累计服务客户302.19万户,提供信贷支持7.41万亿元。

聚焦科创中小微客户群体,完善"创业者港湾"服务模式,提升科技创新领域服务能力,"创业者港湾"已推广至19个省市,为1.4万余家入湾企业提供信贷支持超350亿元。发挥网点渠道优势,加强线上线下融合发展,实现线上高效化快触达和线下有温情有品质的衔接。

本行超1.4万个网点能开展普惠金融服务,拥有普惠专员近1.9万人,累计组建普惠金融(小企业)服务中心252家,已挂牌普惠金融特色网点超2400个。

2. 打造企业级移动生态运营平台——"建行生活"

"建行生活"是本行顺应数字时代用户行为线上化、场景化趋势,依托金融科技线上平台模式,打造的企业级移动生态运营平台。"建行生活"以非金融为切入点,为用户提供美食、外卖、商超、充值、影票等高频本地生活场景服务,进而与用户建立生态连接、聚集用户流量、提升用户活跃度,并场景化嵌入金融服务实现客户进阶与金融转化。"建行生活"将本行与客户的连接触角从金融服务延伸至日常生活的方方面面,与客户的关系从账户资金关系升级为生态流量关系,是本行客户经营服务方式向"第二曲线"的重要升级。

在客户端,"建行生活"通过整合全行营销活动与权益激励,为客户提供统一的权益领取与兑换渠道;在商户端,"建行生活"坚持"零抽佣"策略,依托平台流量和运营能力助力商户经营;在政府端,"建行生活"支持多地政府消费券发放,合作打造"低碳出行""美丽乡村"等平台场景,赋能实体经济,助力国家战略实施。截至2021年年末,"建行生活"App累计注册用户数突破3400万,月活跃用户数超1500万,日活跃用户数超210万,入驻商户门店数达15万,平台流量规模与市场口碑持续提升。

"建行生活"将与手机银行共同形成本行线上客户经营"双子星"平台。"建行生活"提供丰富、便捷的非金融场景服务,手机银行提供专业、安全的金融服务,联手为客户打造"生活+金融"的优质服务体验,推动客户进阶与价值提升。预期未来"双子星"之间将实现用户互通、流量互引、功能互融,共同驱动本行客户增长飞轮。

三、建设银行 ESG 信息披露亮点

近年来,本行遵循国家政策方针和监

管要求，主动宣介本行 ESG 推进成效，加强与国内同业、国际机构、评级机构及境内外重要机构投资者的沟通交流。经过全行的共同努力，2021 年度明晟（MSCI）ESG 评级继续维持 A 类，环境、社会和治理三项评分全面提升，其中环境评分较上年提升 0.7 分，总分保持国内同业最高水平。

一是持续提升 ESG 信息披露质量。统筹编制本行首份《环境信息披露报告》，全面披露环境相关治理结构、政策制度、投融资活动的环境影响、绿色运营和产品创新等方面情况。系统披露 ESG 相关政策，主动宣介本行环境、社会和治理实践，清晰呈现本行推动绿色低碳发展的工作亮点，主动回应市场关切。环境压力测试披露同业领先，根据人民银行披露模板，主动披露火电、钢铁、水泥和航空四个行业压力测试情况，展现领先的风险识别和管理水平。率先完成境内分行能源消耗历史盘查，并通过 2021 年社会责任报告，精细化披露节能、减排、减废和节水四方面共 13 个环境相关目标。

二是积极加强 ESG 宣传和交流。丰富完善信息披露体系，充分利用临时公告、集团网站、今日建行、外部媒体和其他公开渠道，及时披露宣传 ESG 工作进展情况。持续开展投资者关系维护，建立 ESG 投资机构名单，定期有针对性发送本行 ESG 工作的最新进展。加强与专业机构沟通，积极参加对外活动，就 ESG 实践进行交流。2021 年 5 月，成为气候相关财务信息披露工作组（TCFD）支持机构，参与编写《2020 年中英环境信息披露试点工作报告》。

近年来，监管机构对商业银行服务经济社会高质量发展提出更高要求，相关的信息披露要求也不断提高。建设银行将与国内企业携手，积极参与国际、国内评级和披露标准的研讨与构建，为丰富完善 ESG 评价体系做出努力。

洛阳钼业：ESG 与运营共进　促企业发展正循环

一、公司简介

洛阳栾川钼业集团股份有限公司（以下简称"洛阳钼业""公司"或"本公司"）属于有色金属矿采选业，主要从事基本金属、稀有金属的矿山采掘及加工业务和矿产贸易业务。目前公司主要业务分布于亚洲、非洲、南美洲、大洋洲和欧洲五大洲，是全球领先的钨、钴、铌、钼生产商和重要的铜生产商，亦是巴西领先的磷肥生产商，同时公司金属贸易业务遍及全球 80 多个国家，位居全球前三。公司位居 2021 年《财富中国》500 强第 92 位，2021 年《福布斯》全球上市公司 2000 强第 1046 位，2021 年全球矿业公司 40 强（市值）排行榜第 15 位。公司旗下的 IXM 获得 2021 年 Ecovodis sustainability rating 银奖认证，位列行业前 25%。

图 1　公司全球业务分布

公司愿景是成为受人尊敬的、现代化、世界级资源公司。秉承"精英管理、成本控制、持续改善、成果分享"的经营理念，公司发展战略致力于：巩固和保持现有业务极具竞争力的成本优势；持续管理和优化资产负债表；确保境内外业务平稳运营的同时，发掘并发挥业务协同效应；积极推进资源投资开发与整合收购；以价值创造为导向，以结构调整和增长方式转变为主线，不断优化企业治理，促进对环境和社会负责任的业务模式。

二、公司 ESG 工作实践情况及经验

洛阳钼业十分重视 ESG 工作，对公司来讲，ESG 工作的初心和使命是"负责任矿业让世界更美好"，也是企业抵御内外部风险的有力手段。作为一家拥有多元化业务、世界级资源的跨国矿业企业，风险是多重的。矿业的特性，决定了公司时刻与自然资源、环境直接打交道；跨国的特性，意味着公司必须处理好国别风险、跨文化公司治理，以及与当地社区的关系。这些都是公司做好 ESG 工作、促进企业高质量发展的内驱力。

（一）治理

洛阳钼业的董事会负责对风险的监督。董事会共设有四个委员会，分别是战略及可持续发展委员会、审计及风险委员会、提名及管治委员会和薪酬委员会。战略及可持续发展委员会由董事长担任主任，负责制定公司可持续发展战略。该委员会与审计及风险委员会共同对重大非财务风险进行审核并向董事会上报、与管理层商讨识别和管理可持续发展相关重大风险的措施是否充分。

可持续发展事务主要由董事会秘书来负责。2018 年公司制定了可持续发展治理体系的路线图，在董事会层面设立了战略与可持续发展委员会。2019 年公司在执行层面成立了可持续发展执行委员会，委员会的成员分别来自董事会办公室、HSE、内控、法务、全球供应链、人力资源、战略发展和商品市场部。可持续发展执行委员会对董事会战略与可持续发展委员会负责，向董事会秘书直接汇报，具体负责在执行层面推动董事会决策和公司可持续发展战略的实施，以及对各业务单位可持续发展风险管理的跟踪和评估。

洛阳钼业设立了公司的十二项合规和可持续发展政策，建立起覆盖全部运营矿区的环境管理体系（EMS）。公司的合规和可持续发展政策参考了国际最佳实践框架。公司继续不断完善政策框架，适时审查和更新相关政策。

（二）环境方面

环境在洛阳钼业的重大议题中占有突出地位，涵盖尾矿管理、闭矿计划和复垦、水管理、生物多样性、能源、温室气体排放、空气质量和气候变化。2021 年，为了更好地实现可持续发展，公司在环境领域，设立了两大愿景和四个绩效目标。

气候变化愿景，将气候变化事宜纳入 ESG 管治框架，由董事会战略及可持续发展委员会负责全面监督，建立自上而下的气候变化应对管理体系。我们将与国际和国内利益相关方共同努力，为全球的碳中和伟大事业作出应有贡献。

生物多样性愿景：我们将通过持续提升管理水平并实施缓解措施，以确保运营中无生物多样性净损失。

四个绩效目标：大气污染物：以 2020 年为基准，至 2025 年氮氧化物密度（每吨处理量）减少 5%、硫氧化物密度

洛阳钼业：ESG 与运营共进 促企业发展正循环

减少 2%；能源使用：至 2025 年清洁能源占比不低于 40%；水资源：至 2025 年循环水占比达到 83%。

2021 年，公司总耗水量为 1.33 亿立方米，其中约 77% 是循环水，总耗水密度比 2020 年下降了 4%。2021 年，总体能源消耗的可再生率达到了 36.7%，直接能源消耗中，14.0% 来自可再生能源。间接能源消耗中，58.5% 来自可再生能源，如水力发电。2021 年，中国矿区通过节能改造共计节约电力约 5447.5 兆瓦时。同时计划引入光伏发电项目，进一步提高能源可再生比率。公司刚果（金）和巴西矿区均使用酸厂的余热进行自发电，巴西矿区还通过改造油罐，利用调度系统实时优化车队行驶以节约柴油的使用。

在大气排放物领域，公司目标是在 2020 年的排放密度基准上，至 2025 年氮氧化物密度减少 5%，硫氧化物密度减少 2%。2021 年，中国矿区大力推动新能源车辆应用，新进电动车辆 31 辆，总量达到 91 辆，以减少运输车辆产生的废气和碳排放。

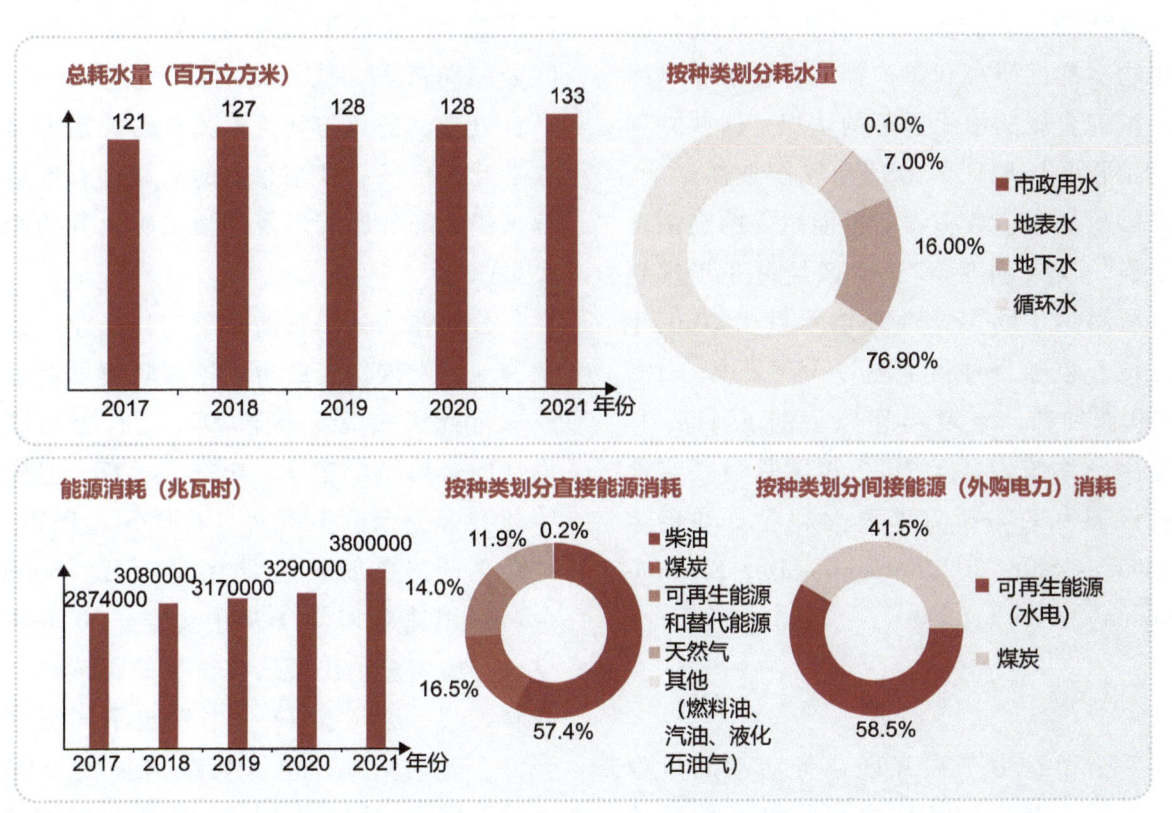

图 2 公司近 5 年耗水量及能源消耗情况

公司 2021 年以二氧化碳当量排放量计算的温室气体排放总量约为 920000 吨，比 2020 年低了约 20%。

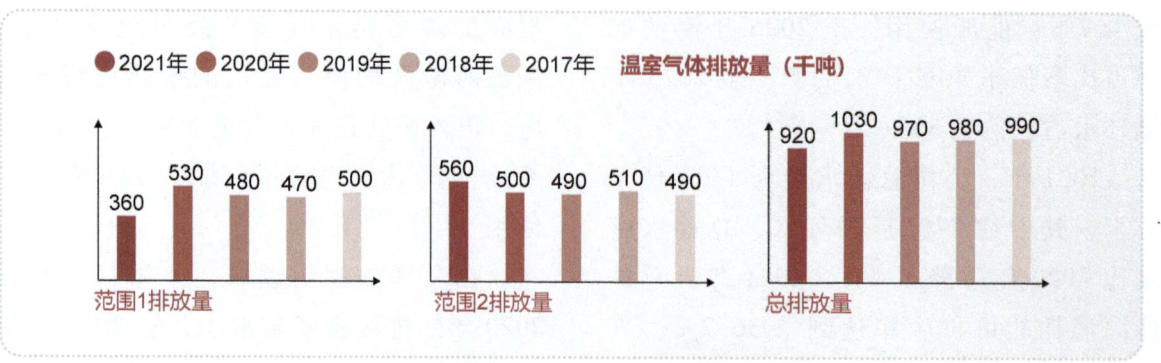

图 3　公司近 5 年温室气体排放情况

生物多样性保护：公司将通过持续提升管理水平并实施缓解措施，以确保运营中无生物多样性净损失。公司遵循一些国际公认的实践框架。公司在 TFM 进行的生物多样性研究和保护推动了科学界对耐高浓度金属的植物群落的认识，这些特别的植物受该地区的地理和气候条件影响，能够耐受大多数植物所不能耐受的高浓度金属。澳大利亚 NPM 矿区经过 8 年规划的科科达生物多样性补偿项目于 2021 年完成，该项目种植了超过 350 公顷的 18,000 株幼苗，恢复当地原生的 greybox 林地生态系统，并于 2022 年 1 月荣获当地社区颁发的帕斯克郡澳大利亚日环境奖（Parkes Shire 2022 Australia Day Environmental Award）。

（三）社区

公司致力于在开展业务活动的过程中，推进与本地社区之间积极开放的关系。公司与本地社区保持沟通，通过多渠道的投诉机制了解社区的反馈和关切，并积极进行投资，建设基础设施，为健康、安全和教育事业提供支持，创造本地就业和商业发展的机会。公司目标是通过长期积极贡献，有效降低运营的不利影响，与从地方到国家的各级社区建立起这种伙伴关系。国际业务中的利益相关方关系主要使用基于风险的工作方法，着重于评估社区期望和需求，从而制定社区发展计划。一直以来，公司与利益相关者的关系都建立于互相信任、开诚布公的沟通，有效缓解采矿业务的影响以及加强采矿业务的积极贡献。

公司作为栾川县的重要支柱企业，长期为地方发展捐资助力，根据政府发展重点进行社区投资。截至 2021 年，公司已累计向栾川城乡建设、扶贫、教育、卫生等社会事业无偿捐资超 1.6 亿元人民币。并且累计捐资助教达到 1600 万元，6000 余名栾川籍贫困学子从中受益。2021 年夏，河南省多地出现历史罕见的持续性强降雨天气，栾川县 14 个乡镇也不同程度受灾。公司向栾川县人民政府捐资 1000 万元人民币，用于栾川的防汛救灾和灾后重建。

在刚果（金），公司 TFM 矿区临近村庄、农业生产地区和两个城镇。近年来，当地持续面临大量人口涌入和城镇化的挑战。为此公司 2021 年 1 月与社区签订了

洛阳钼业：ESG 与运营共进　促企业发展正循环

《社会责任项目任务书》，承诺在未来五年为社区发展提供超过 3100 万美元的投资，覆盖了卫生、教育、经济发展、道路与桥梁、电力、体育、基础设施、通信等八个领域的社区优先需求。社区基金的大学、中学奖学金计划目前共资助了 89 名大学生，1200 多名中学生。此外，TFM 社区基金已经为社区建设了 15 所学校，捐赠了 600 张课桌。经过公司的多年努力，如今整个 TFM 矿区的农村地区已经有了 170 多口水井，包括十几个被挖掘和开发的水源。矿区持续执行玉米信贷计划，在 2020~2021 年农忙季，644 名农民得到了支持，耕种面积达到 640 公顷，并且在 TFM 农学家的帮助下，当地粮食产量大幅提高，每公顷玉米产量从 0.8 吨上升到 6.8 吨，增加了约 800%。TFM 社区基金完成了腾科镇 6 公里硬土路和 2 公里沥青路面的铺设，在丰古鲁美镇部署了 10 兆瓦变电站和超过 21 公里的中压电力线路。

公司在澳大利亚和巴西的矿区位于农村地区，周边主要是农业用地。这两个矿区持续地通过对影响的公开识别、利益相关方沟通以及社区重大关切记录系统的维护和响应，不断加强社区计划的效益。NPM 的社区项目包括支持社区沟通委员会、土著居民支持项目、教育和社区卫生等。当地各类利益相关方都会参与社区项目的实施中来。2021 年，NPM 矿进行了土壤改良试验，在当地田地上覆盖石膏、石灰、鸡粪、有机土、堆肥，并进行松土处理。这项改良主要用于调节土壤酸碱度，同时有机物质也将增加土壤中的营养成分。NPM 所在的矿区依然生活着一些 Wiradjuri 原住民。为了更好地回报社区，NPM 与致力于当地原住民可持续发展的 Wiradjuri 执行委员会（WEC）签署协议，定期为当地的 Wiradjuri 原住民提供学习资助。

2021 年，公司继续实施为期三年的农业生产者计划。该计划向农村家庭提供技术援助、培训和创业支持，以提高收入，增加经济自主性。巴西业务还继续开展"和洛钼一起下乡"，2021 年，洛钼巴西在附近的 10 个农村社区的 45 个农场中开展了 83 项活动，向农业生产者提供的主要服务包括水源治理、建造小型水坝、改造牧场、翻新围栏、捐赠树苗、为种植准备土壤肥料、捐赠食物等。

三、公司 ESG 信息披露经验

本报告除了符合上交所发布的《上市公司环境信息披露指引》和港交所颁布的《环境、社会及管治报告指引》外，还符合"全球报告倡议"（GRI）标准（核心选项）体系。经过多年探索，公司已建立起常态化的 ESG 信息披露机制。

（一）规范统一的信息收集机制

公司根据香港联交所 ESG 指引要求，结合"全球报告倡议"（GRI）标准体系以及公司自身情况，设立一套规范统一的信息收集机制，其中明确了公司需收集的文字信息及数据指标、具体定义以及归口管理部门，为 ESG 信息收集提供了规范和统一的框架及指引。公司主管部门及下属单位根据收集要求统计并填报信息。公司每年根据国际相关标准、我国法规政策、公司规章制度等变化对收集机制进行更新，确保适用性。

（二）积极主动的 ESG 信息沟通和宣传

公司通过网站、微信公众号、抖音等多样化的方式进行 ESG 信息披露和宣传。多样化信息渠道的主要目的是扩大公司 ESG 相关工作的传播程度，使尽量多的人能够了解到洛阳钼业的 ESG 报告及相关工作。此外，公司积极参加评级机构的问卷，与投资人、融资机构、下游客户、非政府组织等各利益相关方进行定期或不定期、公开透明的沟通交流。因此，各利益相关方提出的建议和意见能够及时反馈给公司，从而使公司吸取相关意见、针对存在问题进行合理化、规范化改进，从而使得 ESG 的工作能够越办越好。

（三）对 ESG 报告进行第三方鉴证

公司每年均聘请专业的国际第三方对报告进行独立鉴证，进一步提升报告编制质量。鉴证公司必须到生产企业实地开展数据核查、现场调研、现场走访、社区走访等具体工作，然后出具独立的鉴证意见。鉴证报告中提出的相关意见，能够更好地提升现场工作规范性、ESG 报告的编制质量和全公司的 ESG 管理水平。

四、公司 ESG 工作亮点

（一）上市公司 ESG 先行者

矿业行业天然地面临着较高的环境与社会风险，公司较早意识到要加强 ESG 管理及信披透明度，以控制风险、回应投资者的关注。自 2008 年起，公司已开展 ESG 相关工作，并早早接轨了国际 ESG 理念和标准。

（二）公司高层重视 ESG 工作

公司在董事会层面设立了战略及可持续发展委员会，董事长担任主任，负责制定公司可持续发展战略，可持续发展事务由董事会秘书来负责。公司在执行层面成立了可持续发展执行委员会，委员会的成员分别来自董事会办公室、HSE、内控等部门。可持续发展执行委员会向董事会秘书直接汇报，具体负责在执行层面推动董事会决策和公司可持续发展战略的实施，以及对各业务单位可持续发展风险管理的跟踪和评估。

（三）ESG 工作长期投入

公司长期投入 ESG 工作，开展环境、社区、治理方面的不断改进和提升工作，并从 2016 年起每年发布中英文双语的 ESG 独立报告。长期以来，公司持续执行积极的社区投资政策，仅 2021 年在各运营地的扶贫、医疗卫生、教育、农业、基础设施和土地安置等各个领域投资总额达到约 1.9 亿元人民币。

（四）ESG 绩效突出

得益于公司长期不懈的努力，随着社会责任管理水平和信息数据质量的不断提高，公司满足 GRI《可持续发展报告标准》的"核心方案"要求，ESG 绩效也受到了业界同行、市场、投资者的充分认可。摩根士丹利 ESG 评级（MSCI ESG RATING）于 2021 年 8 月将洛阳钼业的 ESG 绩效从 BBB 级升至 A 级，这一成绩与国际一流矿业公司齐平，领先国内同行业企业。

五、建议

（1）尽快健全完善符合中国国情的 ESG 最佳实践标准和评价体系，规范评级管理，为上市公司转型升级提供积极正面政策指引。

（2）对于 ESG 评级高的上市公司适当给予政策倾斜，增加上市公司做好 ESG 工作的动力。

第六篇

上市公司并购重组篇

- 2021 年上市公司并购市场综述
- 国电电力与控股股东国家能源集团资产置换案例
- 上海机场收购虹桥机场等资产交易案例
- 冀东水泥吸收合并金隅冀东水泥交易案例
- 云南白药收购上海医药非公开发行股权案例
- 河钢股份联合产业转型基金增资乐亭钢铁案例
- 新奥股份收购新奥舟山交易案例
- 辽宁港口收购营口散货等资产交易案例
- 爱美客收购 HuonsBio 股权交易案例
- 山西焦煤收购华晋焦煤及明珠煤业股权案例
- 柳工股份吸收合并柳工有限案例

2021年上市公司并购市场综述

一、概述

2021年，新冠疫情持续蔓延，给全球经济和地缘政治格局带来的长期影响不断深化。在党中央的正确领导下，全国人民团结一心、众志成城，中国经济复苏迹象明显，有望成为全球经济稳定的压舱石。中国资本市场的并购重组在2021年的发展同样行稳致远，全年并购重组市场交易总金额约3597.02亿美元，处于历史高位；上市公司继续扮演着并购重组市场主力军的角色，全年并购重组交易金额约占并购重组交易总金额的70.10%。

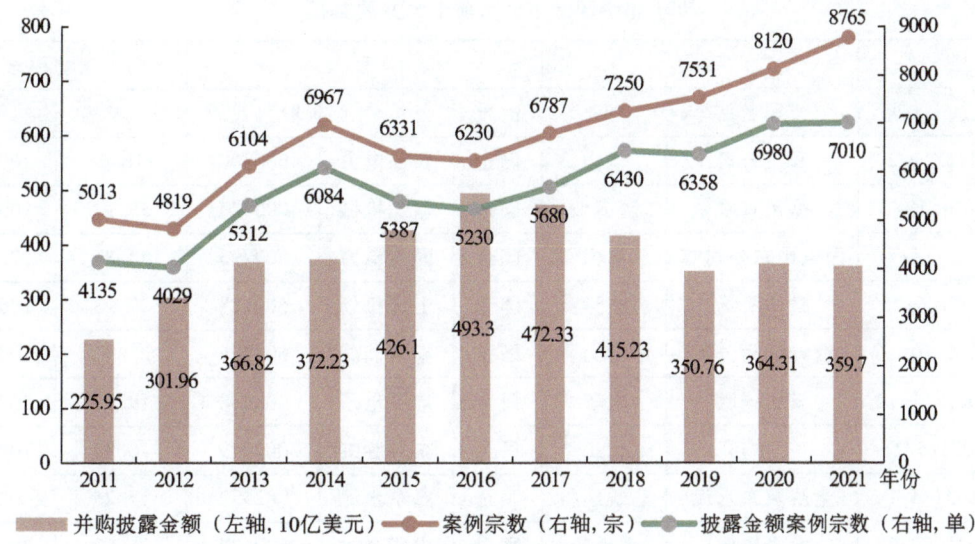

资料来源：Wind资讯。

图1 中国并购市场概况（2011~2021年）

按照交易金额统计，2021年中国上市公司前十大并购交易中，国企占8席，民企占2席，国企在数量和交易金额占比远大于民企。分行业观察，电力与电力设备占3席，制造业占2席，交运、化工、房地产、电子、建筑建材各1席。

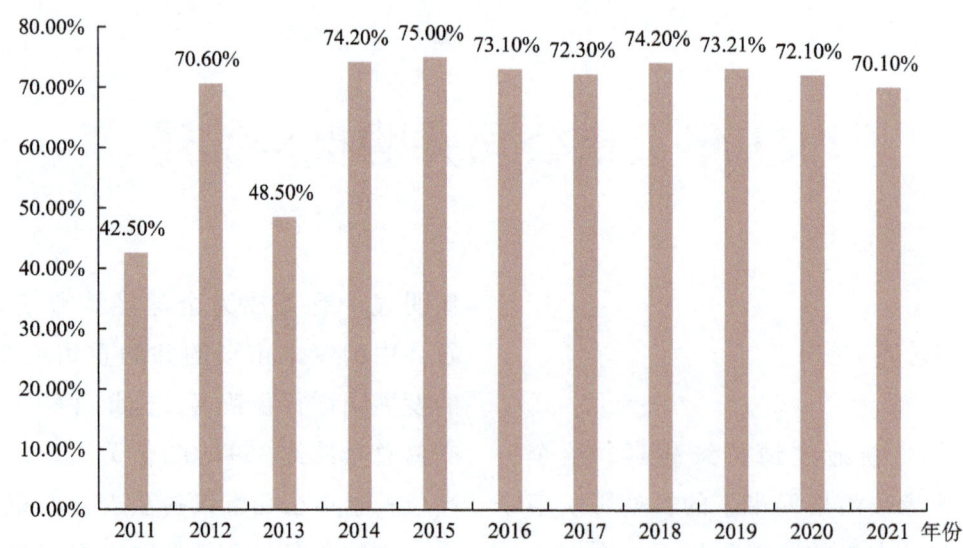

资料来源：Wind 资讯。

图 2　上市公司占中国企业并购交易总金额的比重（2011～2021 年）

表 1　2021 年中国上市公司前十大并购交易　　　　　　　　（单位：亿美元）

排名	宣布日期	目标方			收购方		交易要素	
		公司名称	行业	性质	公司名称	股票代码	交易金额	收购股比
1	2021/11/29	云川公司	电力	国企	长江电力	600900	116.64	100.00%
2	2021/12/2	徐工有限	制造业	国企	徐工机械	000425	55.94	100.00%
3	2021/8/7	国电山东公司等	电力	国企	国电电力	600795	28.89	100.00%
4	2021/6/25	虹桥机场	交运	国企	上海机场	600188	27.23	100.00%
5	2021/10/16	调峰调频公司	电力	国企	南网储能	603025	21.97	100.00%
6	2021/11/12	安徽均胜	电子	民企	均胜电子	000708	19.03	100.00%
7	2021/5/13	斯尔邦	化工	民企	东方胜虹	002049	18.99	100.00%
8	2021/4/1	金隅冀东水泥	建筑建材	国企	冀东水泥	002532	17.25	47.09%
9	2021/10/27	松泽置业	房地产	国企	中华企业	600675	16.12	95.00%
10	2021/9/6	鲁能新能源	制造业	国企	广宇发展	000537	15.27	100.00%

二、上市公司并购分析

（一）并购目标的行业分布

从 2021 年上市公司并购重组宗数的行业分布观察，制造业位居第一，占比为 14.13%；软件与信息服务、医药与医疗、电子行业紧随其后，占比分别为 11.15%、7.43% 和 6.21%。从并购重组的交易金额的行业分布看，制造业、软件和信息服务业、多元金融交易规模分别约为 310.21 亿美元、248.34 亿美元和 212.69 亿美元，位居前三。

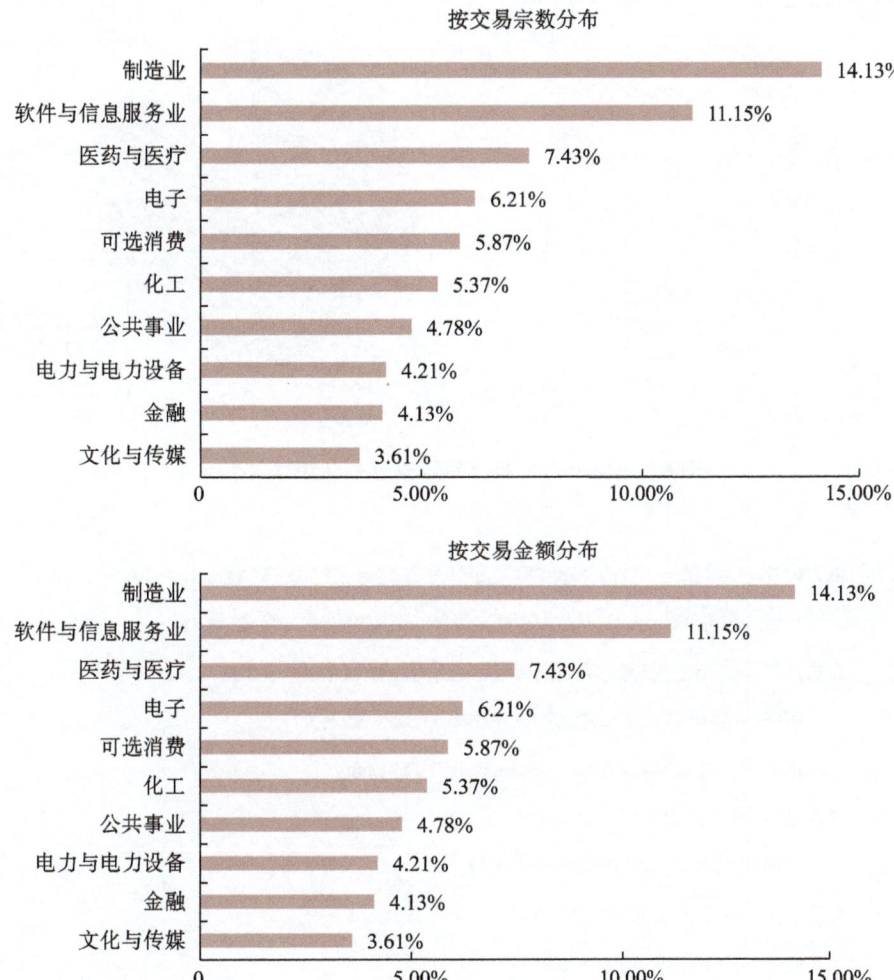

资料来源：Wind 资讯。

图 3　并购标的交易数量和交易金额的行业分布

（二）并购交易的规模分布

从并购重组的交易金额和交易宗数分布区间看，2021 年上市公司小于 1 亿美元的并购交易，占并购交易总数的 82.21% 和交易总金额的 10.86%；交易金额大于 5 亿美元、小于 10 亿美元的并购案例占交易宗数的 3.27% 和交易总金额的 13.22%；交易金额大于 10 亿美元的并购案例占交易总宗数的 2.01%，交易金额约占整个并购市场交易的 55.67%。

从上市公司并购的行业分布观察，2021 年，电力与电力设备、交运、有色金属等传统重资产行业在平均单笔并购金额上继续名列前茅。电力与电力设备行业单笔平均交易金额达 3.14 亿美元，是并购重组单笔平均交易额最大的行业，其中，长江电力兼并云川公司是电力与电力设备行业和 2021 年中国上市公司并购交易金额最大的案例，交易金额达 30.88 亿美元。

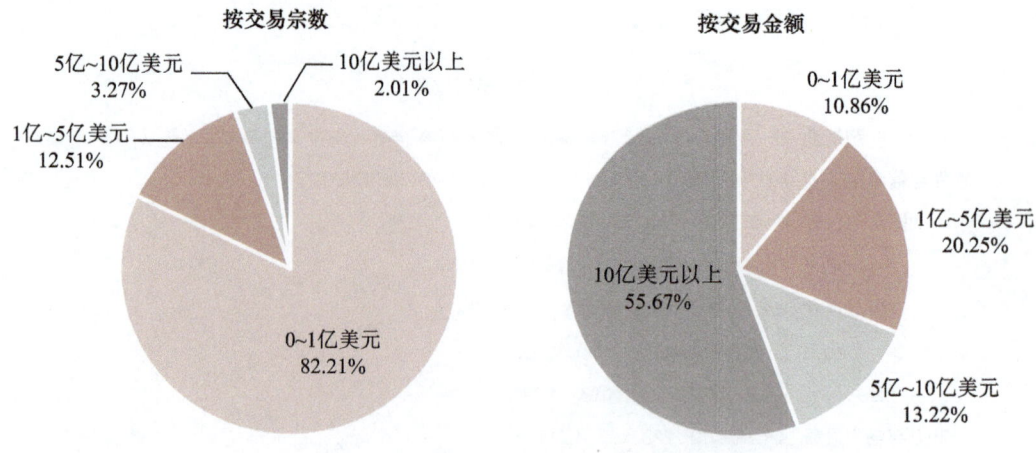

资料来源：Wind 资讯。

图 4　中国上市公司交易规模分布（2021 年）

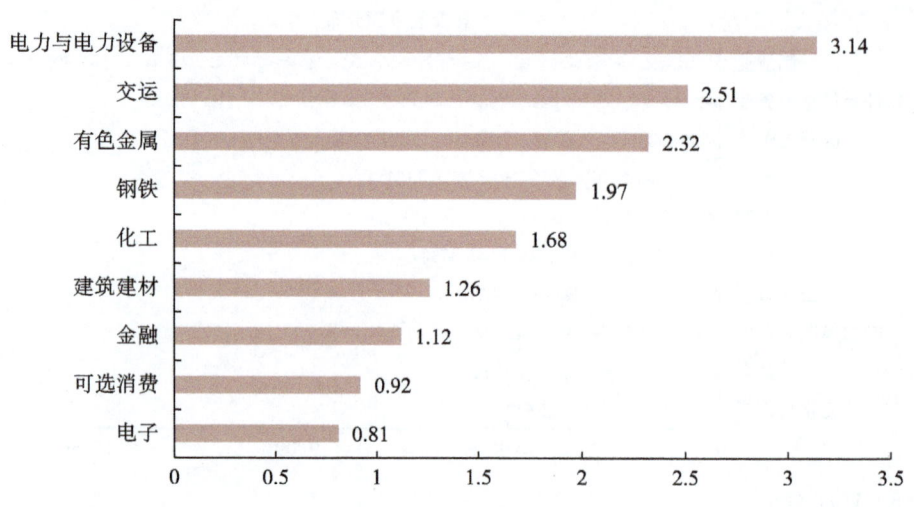

资料来源：Wind 资讯。

图 5　2021 年中国上市公司单笔交易金额行业分布（单位：亿美元）

（三）并购交易的类型分析

从并购类型来看，由于新冠疫情给世界经济带来的不利影响和地缘政治不确定因素的增多，2021年中资企业海外并购交易金额较历史高峰相比处于低分位，但外资入境并购金额创历史新高。境内并购是中资企业的主流并购方式，境内并购的交易金额占比约87.07%，交易数量占比约94.88%。

动态观察，信息技术、交运和医药是2021年中资企业海外并购的活跃板块。其中，迈瑞医疗耗资5.32亿欧元（约合40.17亿元人民币）收购芬兰Hytest是发生在医药行业中资企业并购重组的典型案例。

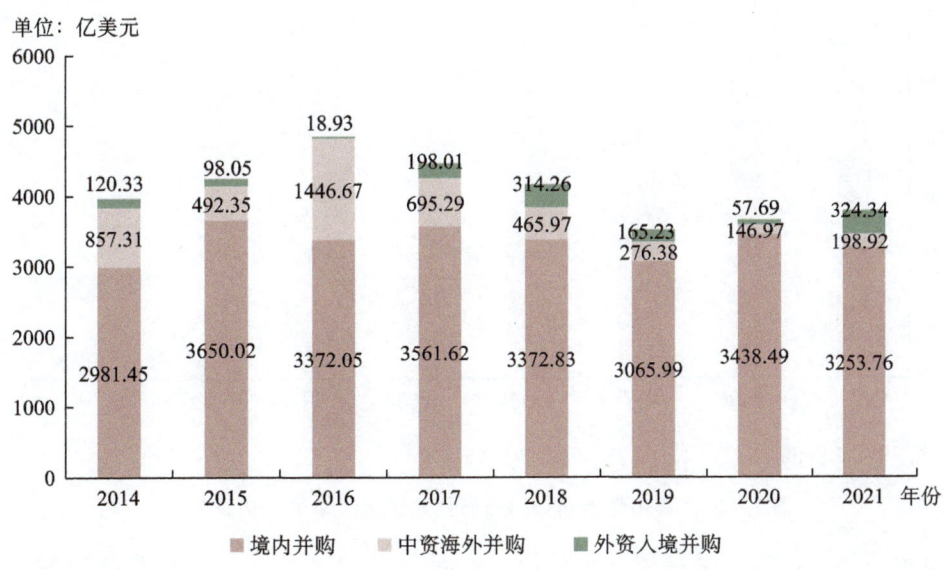

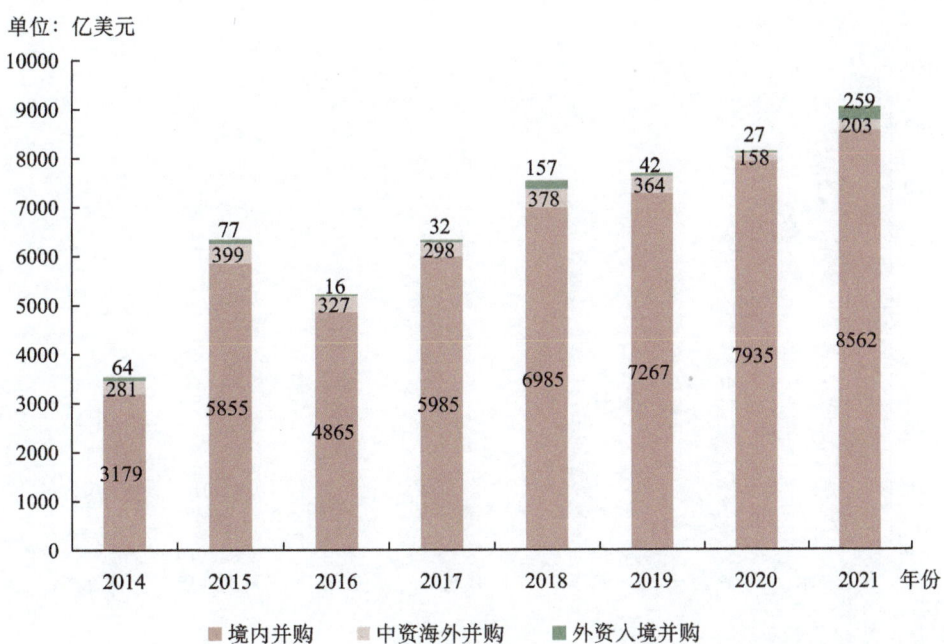

资料来源：Wind 资讯。

图 6　中国上市公司交易并购类型分布（2014~2021 年）

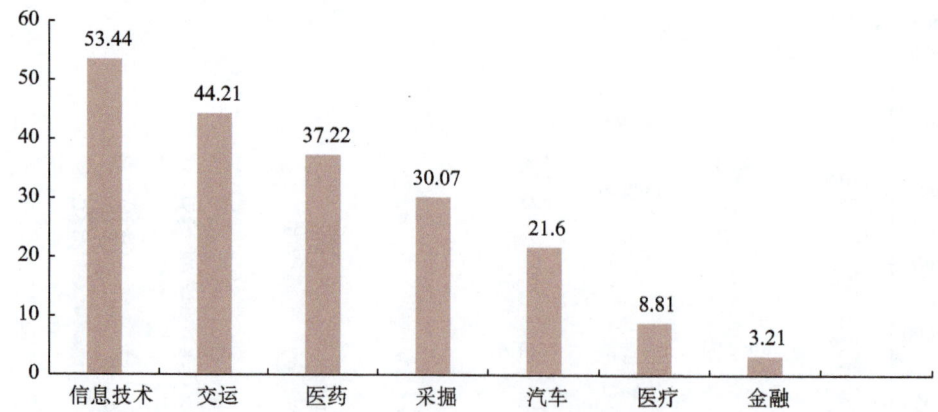

资料来源：Wind 资讯。

图 7　2021 年中国上市公司出境并购重组（单位：亿美元）

数据显示，信息技术、医药和汽车行业是 2021 年外资入境并购青睐的前三位行业。

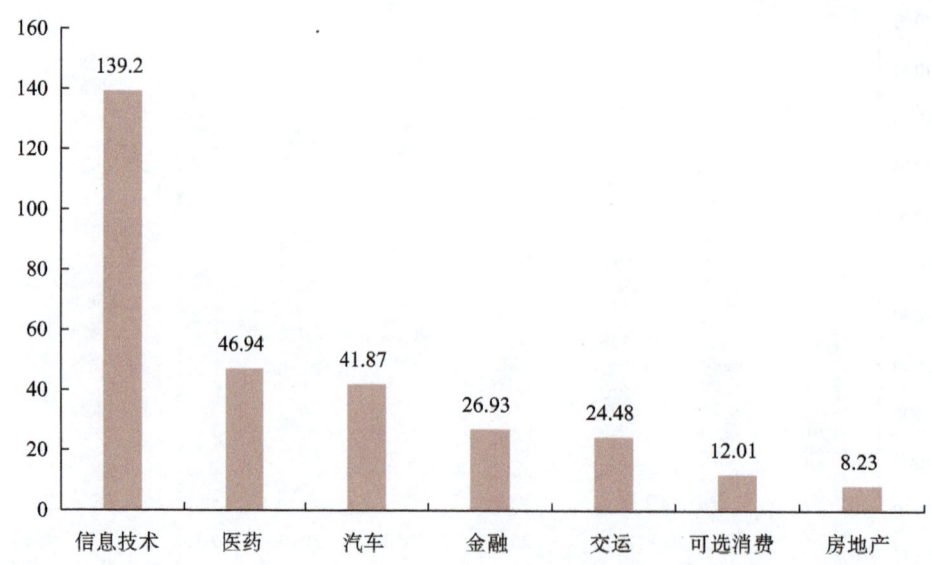

资料来源：Wind 资讯。

图 8　2021 年中国上市公司外资入境并购按行业分布（单位：亿美元）

三、并购市场发展趋势

（一）央企和国企成为 2021 年并购市场的主力军

央企和国企在 2021 年的并购重组市场上发挥着"主力军"的重要作用。在 2022 年 1 月 19 日的国新办新闻发布会上，国资委秘书长彭华岗表示，2021 年央企、国企的重组整合项目之多、力度之大、规模之新、效果之好，前所未有。在 2021 年宣布的并购金额前十大的上市公司并购重组中，央企国企占有 7 席；以"两化重组（中化集团与中国化工联合重组）"成功实施为代表的央企整合重组有力推动了国有资本布局结构优化，提高了资源配置效率，促进了行业转型升级，提升了企业核心竞争力和发展质量。

（二）市场化改革力度加大并有效遏制资本无序扩张

2021年，中国证监会积极贯彻党中央、国务院关于进一步提高上市公司质量的意见，逐步完善上市公司资产重组、收购和分拆上市监管制度，丰富支付及融资工具，激发市场活力。自2021年以来，防止相关行业资本无序扩张成为上市公司并购重组监管的关注重点，重点涉及房地产、教育和平台经济等行业，同时，加强了高能耗、高排放、高风险等行业的事前监管。上述监管措施的调整针对于上市公司并购市场需求和实践中出现的阶段性问题，以期使上市公司并购重组市场更加高效、规范和有序。

（三）上市公司分拆上市案例持续增加

对于多元化经营的高市值上市公司，不同业务板块差异较大，资本市场估值往往存在一定折扣。特别是其中一些属于高科技行业、具备高成长性的子板块市场难以给予较为准确的估值定价，分拆上市有助于上市公司聚焦主业，提升子公司融资渠道，从而提升整体估值水平。2021年，披露分拆预案的上市公司共19家，较2020年增加9家。已披露的19单分拆上市案例中，上市公司所在板块均在主板，其中17单披露了拟分拆上市板块，拟在创业板分拆上市9单，科创板分拆上市4单，主板分拆上市3单，北交所分拆上市1单。

（四）常态化退市机制开始逐步建立完善

2020年12月31日，沪深交易所《股票上市规则》中涉及退市制度的相关内容进行了系统性修订，将先前按照退市环节规定的要求，调整为按照退市情形进行分类：除主动退市情形外，强制退市被分为交易类、财务类、规范类、重大违法类四类，且主板与双创板在退市指标、退市流程等方面保持标准、步调一致。退市制度是资本市场的基础制度和A股注册制改革的重要组成部分，也是保持资本市场活力，保障资本市场长期稳健发展的基石。2021年，A股共有23家上市公司触发强制退市要求而退市，其中财务指标退市11家，是退市主因，另有交易类（股票价格不足1元）退市7家、重大违法退市1家、其他原因退市4家。A股退市机制进一步规范和完善，长期困扰A股市场"只进不出"的貔貅现象开始扭转，市场逐步进入有进有出的良性循环。

中国上市公司协会并购融资委员会
中关村国睿金融与产业发展研究会　供稿

国电电力与控股股东国家能源集团资产置换案例

一、本次交易的背景

(一) 交易双方基本情况

1. 置换双方基本情况

国电电力发展股份有限公司（股票代码600795）是国家能源集团控股的核心电力上市公司和常规能源发电业务的整合平台，主要经营业务为电力、热力生产及销售，产业涉及火电、水电、风电、光伏发电及煤炭等领域。国电电力发展股份有限公司是中国国电集团公司控股的上市公司，是集团公司的核心企业和在资本市场上的直接融资窗口，是集团公司实施整体改制战略的重要平台。

国家能源投资集团有限责任公司，简称国家能源集团，由中国国电集团公司和神华集团有限责任公司两家世界500强企业合并重组而成，于2017年11月28日正式挂牌成立，是中央直管国有重要骨干企业、国有资本投资公司改革试点企业，2022年世界500强排名第85位。

2. 置入资产基本情况

国家能源集团向公司置入国家能源集团山东电力有限公司（以下简称"山东公司"）100%股权、国家能源集团江西电力有限公司（以下简称"江西公司"）100%股权、国家能源集团福建能源有限责任公司（以下简称"福建公司"）100%股权、国家能源集团广东电力有限公司（以下简称"广东公司"）100%股权、国家能源集团海南电力有限公司（以下简称"海南公司"）100%股权、国家能源集团乐东发电有限公司（以下简称"乐东公司"）100%股权、国家能源集团海南能源销售有限公司（以下简称"海南能源销售"）100%股权、国家能源集团海控新能源有限公司（以下简称"海控新能源"）65.43%股权、国家能源集团湖南电力有限公司（以下简称"湖南公司"）100%股权、国家能源集团宝庆发电有限公司（以下简称"宝庆煤电"）90.49%股权、国家能源集团湖南巫水水电开发有限公司（以下简称"巫水水电"）85.78%股权。

3. 置出资产基本情况

国电电力发展股份有限公司（以下简称"国电电力"）拟与控股股东国家能源投资集团有限责任公司（以下简称"国家能源集团"）进行资产置换，公司向国家能源集团置出河北银行股份有限公司（以下简称"河北银行"）19.016%股权，国电英力特能源化工集团股份有限公司（以下简称"英力特集团"）51.025%股权。

国电电力与控股股东国家能源集团资产置换案例

（二）本次重组的行业和产业背景情况

本次重组的控股股东及上市公司均属能源电力类企业，其中本次资产置换主要意图为将置出金融、化工等非发电主业资产；国家能源集团将向国电电力置入所属山东、江西、福建、广东、海南、湖南等区域火电、水电等常规能源发电资产。电力行业2021年以来，风光等新能源的发展如火如荼，装机结构的调整是"双碳"对电力行业的最直接影响。新能源装机和占比不断提升，不仅是电源供给结构的调整，也同时加快了电力消纳提升、电价市场化改革的发展速度，倒逼电力体制的改革建设和技术水平的不断提升。电力脱碳的实现，需要供给端、需求端、市场机制、消纳能力等多方面共同协作提升，同时需要政策和技术水平的不断加持。在国家大力发展新能源，优化发展煤电的背景下，重组将利于上市公司在电力行业做精做强。

（三）本次重组的原因和必要性

本次重组意图为将与主业相关性不强的资产剥离，置换与主业相关性强同为电力的资产。将增强上市公司规模效应，发挥协同效应，降低上市公司管理成本，提高利润，增厚股东收益。

二、本次交易的具体方案

（一）交易方案概述

国电电力向国家能源集团置出河北银行19.016%股权和英力特集团51.025%股权。其中，河北银行为河北省最大的城商行，国电电力持股19.016%为第一大股东；英力特集团主营化工、煤炭等领域的投资，为上市公司英力特的控股股东。

国家能源集团则向国电电力置入山东公司100%股权、江西公司100%股权、福建公司100%股权、广东公司100%股权、海南公司100%股权、乐东公司100%股权、海南能源销售100%股权、海控新能源65.43%股权、湖南公司100%股权、宝庆煤电90.49%股权、巫水水电85.78%股权。

（二）交易进程和方案确定过程回顾

2021年8月7日，国电电力关于公司与国家能源集团进行资产置换暨关联交易的公告。

2021年9月2日，临时股东大会通过资产置换议案。

2021年9月29日，国电电力发展股份有限公司关于公司与国家能源集团资产置换完成交割的公告。

（三）交易具体方案详述

国电电力发展股份有限公司（以下简称"国电电力"）拟与控股股东国家能源投资集团有限责任公司（以下简称"国家能源集团"）进行资产置换，公司向国家能源集团置出河北银行股份有限公司（以下简称"河北银行"）19.016%股权，国电英力特能源化工集团股份有限公司（以下简称"英力特集团"）51.025%股权；国家能源集团向公司置入国家能源集团山东电力有限公司（以下简称"山东公司"）100%股权、国家能源集团江西电力有限公司（以下简称"江西公司"）100%股权、国家能源集团福建能源有限责任公司（以下简称"福建公司"）100%股权、国家能源集团广东电力有限公司（以下简称"广东公司"）100%股权、国家能源集团海南电力有限公司（以下简称"海南公司"）100%股权、国家能源集团乐东发电有限公司（以下简称"乐东公司"）100%股权、国家能源集团海南能源销售有限公司（以下简称"海南能源销售"）100%股权、国家能源集团海控新能源有限公司（以下简称"海控新能源"）65.43%股权、国家能源集团湖南电力有限公司（以下简称"湖南公司"）100%股权、国家能源集团宝庆发电有限公司（以下简称"宝庆煤电"）90.49%股权、国家能源集团湖南巫水水电开发有限公司（以下简称"巫水水电"）85.78%股权。

公司向国家能源集团置出资产权益净资产评估值76.78亿元，国家能源集团向公司置入资产权益净资产评估值200.41亿元，置入置出资产交易差额123.63亿元，公司将以现金方式支付给国家能源集团。本次资产置换最终交易价格将以净资产评估值为基础，按照经有权部门备案的评估结果确定。

三、交易的意义和带来的影响

（一）交易标的的主要优势

置入资产均为电力行业，有利于发挥上市公司发挥协同效应及规模效应，增厚上市公司利润。资产置换完成后国电电力的控股装机容量也将净增加1564.72万千瓦，而国电电力控股装机总量，届时也将由中报披露的8239.79万千瓦，增加到9804.51万千瓦，逼近1亿千瓦的大关。置入资产将填补公司在山东、江西、福建、广东、海南、湖南等区域常规能源发电空白，进一步提高公司在上述区域电力市场的占有率。

（二）方案对上市公司的短期收益

资产置换完成后国电电力的控股装机容量也将净增加1564.72万千瓦，而国电电力控股装机总量，届时也将由中报披露的8239.79万千瓦，增加到9804.51万千瓦。从盈利状况来看，国家能源集团的11家置入企业中，截至2020年年底，除海南公司、海控新能源和巫水水电3家企业出现亏损外，其余的8家企业均实现了盈利。其中，山东公司和福建公司的盈利额，分别高达9.97亿元和7.83亿元。这些优质置换资产将有助于公司业绩的提升。置入资产2020年对应归母净利润18亿元，置出资产为3.9亿元，本次资产置换预计将增厚公司业绩。

（三）方案对上市公司未来发展的长期影响

本次交易实际相当于利用低成本资金和国电电力较低的资产负债率，对资本结构和资产结构进行优化，提升公司资产质量，增厚公司每股收益。公司置出资产为

国电电力与控股股东国家能源集团资产置换案例

金融、化工等非发电主业资产；国家能源集团向公司置入火电、水电等常规能源发电资产，这是国家能源集团履行注资承诺的进一步体现，进一步减少与国家能源集团之间的同业竞争。置入资产将填补公司在山东、江西、福建、广东、海南、湖南等区域常规能源发电空白，提高公司在上述区域电力市场的占有率，整体市场竞争优势更加明显，助力公司可持续发展。

四、交易亮点

（一）交易方案的创新性和特点

本次交易为国有资产重组，跟随党的领导深化国企改革，优化国有资产结构，为国有上市公司注入优质资产。在优化的过程中同时避免了国有企业中同业竞争，降低管理成本，发挥协同效应及规模效应，减少资源重复利用，增加上市公司盈利能力。为上市公司注入新活力，巩固上市公司行业龙头地位，增强上市公司抗风险能力。同时将利于上市公司剥离与主业不相关资产，引入与上市公司主业相关资产，填补上市公司在山东、江西、福建、广东、海南、湖南等区域常规能源发电空白，提高公司在上述区域电力市场的占有率，使上市公司对主业持续做精做强。

（二）其他方面特殊影响

"双碳"概念正式提出后，对相关行业的影响十分重大且长远，电力行业作为受其影响最大的行业之一，正面临改革转型的关键时期，机遇和挑战并存。电力行业转型从供给端、需求端、市场环境等多方面开展，对电力企业现金流和盈利能力都产生了重大影响和挑战，装机结构和技术水平将成为电力企业的核心竞争力，通过优化装机结构、提升技术水平从而增加机组调峰能力和增效控本能力。在交易后将使上市公司专注于主业，置入优质资产后将进一步提高上市公司核心竞争力，在"双碳"政策下持续发展。

中国上市公司协会并购融资委员会
中关村国睿金融与产业发展研究会　供稿

上海机场收购虹桥机场等资产交易案例

一、本次交易的背景

(一) 交易双方基本情况

1. 收购方基本情况

上市公司控股股东为机场集团，实控人为上海国资委。上市公司主要运营管理浦东机场，目前经营业务主要分为航空性业务和非航空性业务，航空性业务指与客机、旅客及货物服务直接关联的基础性业务；其余类似延伸的商业、办公室租赁、值机柜台出租等都属于非航空性业务。航空性业务的收费标准按照民航局相关文件规定实行政府指导价，非航空性业务的收费标准实行市场调节价。

2. 出售方基本情况

本次标的资产为机场集团持有的虹桥公司100%股权、物流公司100%股权和浦东第四跑道。虹桥公司、物流公司的控股股东均为机场集团，浦东第四跑道也为机场集团持有。

3. 标的公司基本情况

虹桥公司是为本次交易而设立，为了承接虹桥机场相关业务，前身是机场集团下属虹桥分公司，主要作为虹桥机场的管理机构，从事虹桥机场的管理运营工作。2021年6月24日，机场集团与虹桥公司签署了《划转协议》，约定机场集团将虹桥分公司截至划转基准日与虹桥机场运营相关经营性资产、负债及有关业务和人员、虹桥机场区域范围内广告经营权业务、广告公司49%的股权、地服公司10%的股权无偿划转给虹桥公司。

物流公司于2021年6月成立，为本次交易而成立，其作为控股公司尚未实际开展运营。机场集团将浦东货运站51%股权无偿划转给物流公司，物流公司及控股子公司货站公司主要从事航空货运地面综合服务的相关业务。

浦东第四跑道于2015年起正式投入使用，位于浦东机场2号航站楼东侧。本次交易前，上市公司已与机场集团签订《场地租赁合同》，向机场集团租赁浦东第四跑道相关资产及相应土地使用权。本次交易完成后，上市公司将拥有浦东第四跑道相关资产，增强上市公司资产独立性，减少上市公司关联交易。

三大资产的业绩情况如下。

项目（亿元）	2021年1~9月	2020年	2019年
虹桥公司			
营业收入	20.15	21.80	31.38
净利润	0.34	-2.15	5.15
扣非净利润	0.30	-2.41	5.17

上海机场收购虹桥机场等资产交易案例

续表

项目（亿元）	2021年1~9月	2020年	2019年
物流公司			
营业收入	13.34	16.37	16.15
净利润	3.64	5.67	5.99
归母净利润	1.49	2.26	2.38

浦东第四跑道			
项目（亿元）	2021年9月31日	2020年12月31日	2019年12月31日
资产原值	16.41	17.71	17.71
累计折旧	4.96	4.55	3.98
资产净值	11.45	13.16	13.73

其中，申报时未对浦东第四跑道进行审计，监管问询后补充披露审计数据。

三个资产较为优质，其中，物流公司盈利能力最强，虹桥公司受疫情影响较为严重。浦东机场以国际航班为主，虹桥机场以国内航班为主，因此浦东机场受疫情影响更为严重。监管机构在问询中多次问询疫情对上市公司和标的公司的业绩情况的影响，尤其近期上海的疫情，并购重组委的审核意见为"补充说明标的资产生产经营受上海近期疫情的影响情况"。

（二）本次重组的行业和产业背景情况

1. 深化国资改革，优化国有资产结构，避免同业竞争

2004年，上市公司以虹桥机场部分航空业务资产与机场集团拥有的浦东机场部分航空业务等资产进行置换。资产置换完成后，形成了上海市的两座主体客运业务民用机场由上市公司和机场集团分别经营的局面。机场集团及上市公司致力于解决上述经营模式下可能存在的同业竞争问题，整合核心资产，完成历史承诺。

2. 实现两场统一规划管理有利于资源统一调配，兼顾国际与国内流量，从而进一步巩固作为国内体量最大的上市机场公司的地位

目前浦东机场、虹桥机场在航线布局、运力调配等方面各有侧重。本次重组后，将有利于公司在浦东、虹桥两个机场优化航线航班的统一资源配置。未来，上市公司将作为浦东机场、虹桥机场运营的唯一主体，提高上市公司运营效率及盈利能力，带动长三角机场群乃至城市群的建设发展，更好地辐射长三角等区域经济带，并增强上海国际航空枢纽的整体竞争力。

3. 疫情下国际航班锐减重组减缓疫情冲击

上海机场运营管理浦东机场，后者是我国最大的国际枢纽机场，以运营国际航线为主，2020年以来，全球航空业因新冠疫情暴发面临严峻挑战，各国相继颁布针对外国公民的旅行限制，导致国际旅客吞吐量断崖式下滑，上海机场面临着经济效益受挫的经营压力。

2020年7月起，随着国内疫情逐渐得到控制，国内航线业务量逐渐好转，但受限于全球疫情状况，国际航线业务量仍受较大影响，上海机场的经营压力持续加大，营业收入大幅下降。数据显示，2020年，上海机场营收同比下降60.68%至43亿元，净利亏损12.67亿元，而2019年

盈利超50亿元；2021年前三季度，上海机场营收同比下降20%至27.47亿元，净利再度亏损12.51亿元。

相较之下，以境内航班为主的虹桥机场已随着国内疫情的有效控制逐渐恢复正常运营，运营效益实现率先反弹，航空货运业务在疫情影响下仍旧保持了增长，对于上市公司业务拓展具有重要意义。

上海机场表示，本次交易拟通过注入机场集团所持虹桥机场相关机场业务核心经营性资产及配套盈利能力较好的航空延伸业务，通过上市平台整合航空主营业务及资产，实现做优做强上市公司的目的。

（三）本次重组的原因和必要性

疫情对民航业造成重创，重组可将控股股东优质资产并入上市公司，降低疫情造成巨大冲击。重组后将形成国内与国际航线同步发展格局，巩固上市公司龙头地位，增强上市公司抗风险能力。二者兼并后可发挥规模效应及协同效应，有利于两者资源统一调配进一步降低公司管理成本，在将优化国有资产结构的同时也有效避免国有企业同业竞争。

二、本次交易的具体方案

（一）交易方案概述

上海机场（集团）有限公司（以下简称"上海机场"）拟通过发行股份的方式，购买上海机场（集团）有限公司（以下简称"机场集团"）持有的上海虹桥国际机场有限责任公司（以下简称"虹桥公司"）100%股权、上海机场集团物流发展有限公司（以下简称"物流公司"）100%股权和浦东第四跑道，合计交易作价191.32亿元。同时，拟向机场集团非公开发行股票募集配套资金不超过50亿元。

（二）交易进程和方案确定过程回顾

2021年6月10日停牌筹划，本公司股票自2021年6月10日（星期四）起停牌，停牌时间不超过10个交易日。

2021年6月25日董事会预案，上海机场发行股份购买资产并募集配套资金暨关联交易预案。

2021年7月7日收到问询函，上海国际机场股份有限公司于2021年7月7日收到上海证券交易所《关于对上海国际机场股份有限公司重大资产重组预案信息披露的问询函》（上证公函〔2021〕0687号）的来函。

2021年7月15日回复问询函，根据《问询函》的相关要求，公司及中介机构对有关问题进行了积极认真的核查、分析和研究，并逐项予以落实和回复，现就《问询函》相关内容作回复说明。

2021年12月13日国资委批准，公司本次重组所涉及标的资产的资产评估结果获得上海市国有资产监督管理委员会（以下简称"上海市国资委"）备案通过，备案编号为备沪国资委202100025、备沪国资委202100026、备沪国资委202100027号，经备案的资产评估结果与

上海机场收购虹桥机场等资产交易案例

公司 2021 年 12 月 1 日公告的《上海国际机场股份有限公司发行股份购买资产并募集配套资金暨关联交易报告书（草案）》所载资产评估结果一致。本次重组所涉相关标的资产的交易价格无须进行调整。

2021 年 12 月 16 股东大会通过。

2022 年 1 月 6 日证监会受理，2022 年 1 月 6 日，公司收到了中国证券监督管理委员会（以下简称"中国证监会"）出具的《中国证监会行政许可申请受理单》（受理序号：213454）。中国证监会对公司报送的相关申请文件进行了核对，认为申请文件齐备，决定予以受理。

2022 年 1 月 28 日证监会反馈意见，上海国际机场股份有限公司于 2022 年 1 月 28 日收到中国证监会出具的《中国证监会行政许可项目审查一次反馈意见通知书》（213454 号）。

2022 年 4 月 12 日并购重组委通过，根据中国证监会上市公司并购重组审核委员会 2022 年第 5 次工作会议审核，上海国际机场股份有限公司发行股份购买资产并募集配套资金暨关联交易事项获得有条件通过。

2022 年 7 月 23 日过户，在本次交易获得中国证监会核准后，公司及时落实标的资产交割过户相关工作，截至本公告日，公司已完成了本次交易所涉及的标的资产交割过户工作。

2022 年 8 月 2 日新增股份上市，上海机场发行股份购买资产并募集配套资金暨关联交易之实施情况暨新增股份上市公告书。

2021 年 6 月 30 日，资产评估基准日。

2022 年 9 月 27 日新增股份上市，本次发行股份的新增股份已于 2022 年 9 月 23 日在中国证券登记结算有限责任公司上海分公司办理完毕股份登记手续。本次发行新增股份在其限售期满的次一交易日可在上海证券交易所上市交易（预计上市时间如遇法定节假日或休息日，则顺延至其后的第一个交易日）。限售期自股份发行结束之日起开始计算。

（三）交易具体方案详述

1. 发行股份购买资产

上市公司拟通过发行股份的方式购买机场集团持有的虹桥公司 100% 股权、物流公司 100% 股权和浦东第四跑道。本次交易完成后，虹桥公司和物流公司将成为上市公司全资子公司，浦东第四跑道将成为上市公司持有的资产。

本次发行股份购买资产的定价基准日为上海机场第八届董事会第十八次会议决议公告日，发行价格为 44.09 元/股，不低于定价基准日前 20 个交易日上市公司股票交易均价的 90%。

根据上市公司与交易双方签署的《发行股份购买资产协议》及其补充协议，标的资产虹桥公司 100% 股权最终确定交易作价为 1451589.32 万元、物流公司 100% 股权最终确定交易作价为 311900.00 万元，浦东机场第四跑道的最终确定交易作价为 149749.17 万元，上述标的资产合计交易作价为 1913238.49 万元，发行股份的数量为 433939325 股。

2. 募集配套资金

本次交易中，为提高本次交易整合绩效，上海机场拟向机场集团非公开发行股票募集配套资金。本次募集配套资金定价基准日为上海机场第八届董事会第十八次会议决议公告日，发行价格为 39.19 元/股，不低于定价基准日前 20 个交易日上市公司股票交易均价的 80%。在募集配套资金的定价基准日至发行日期间，上市公司如有实施派息、送股、资本公积转增股本或配股等除权、除息事项，本次募集配套资金发行股份价格将根据中国证监会及上交所的相关规定进行相应调整。

本次募集配套资金规模预计不超过 500000 万元，根据本次募集配套资金发行价格为 39.19 元/股测算，发行数量不超过 127583567 股。本次募集配套资金拟发行的股份数量不超过本次重组前公司总股本的 30%，募集配套资金总额不超过本次交易拟以发行股份购买资产交易价格的 100%，最终发行数量以中国证监会核准的发行数量为准。本次募集配套资金在扣除发行费用并支付相关中介机构费用后拟用于四型机场建设项目、智能货站项目、智慧物流园区综合提升项目及补充上市公司和标的公司流动资金。

3. 发行股份数量

本次发行向重组交易对方非公开发行的股票数量应按照以下公式进行计算：本次发行的股份数量 = 标的资产的交易价格/本次发行的发行价格。按照上述计算方法，本次交易的发行股份部分的交易对价为 1913238.49 万元，发行股份的数量为 433939325 股。

4. 业绩承诺及股份锁定期

机场集团在本次重组中以资产认购取得的上市公司非公开发行的股份，锁定期为自发行结束之日起 36 个月。

本次交易完成后 6 个月内如上市公司股票连续 20 个交易日的收盘价低于发行价，或者交易完成后 6 个月期末收盘价低于发行价的，机场集团持有上市公司股票的锁定期自动延长至少 6 个月。

三、交易的意义和带来的影响

（一）交易标的的主要优势

虹桥机场为国内大型机场，旅客吞吐量位列全国第五。拥有充足国内航班资源，主要服务长三角地区国内航班，疫情后首先恢复国内航线迎来盈利反弹。地理位置上虹桥机场较浦东机场距离上海市区更近，在"十四五"规划的指导意见下形成了虹桥交通枢纽，融合了高铁、地铁、公路及航空四位一体的格局。虹桥枢纽同时发展了虹桥中心商务区集成了办公、购物、生活、居住等优良配套条件。

（二）方案对上市公司的短期收益

本次交易完成后，上市公司总资产规模、净资产规模将有明显增加，综合竞争实力将显著提升。本次交易系同行业并购，通过资源整合将有利于提高上市公司资产质量、优化上市公司财务状况、增强上市公司的持续盈利能力和抗风险能力，符合公司全体股东的利益。短期来看，上述优质资产将直接增厚公司业绩，收窄亏损额度，为业绩的恢复贡献稳定收益。

综上所述，本次交易完成后，上市公司资产质量将得到提高，财务状况将得以改善，有利于增强上市公司持续经营能力。

（三）方案对上市公司未来发展的长期影响

本次交易拟通过注入机场集团所持虹桥机场相关机场业务核心经营性资产及配套盈利能力较好的航空延伸业务，通过上市平台整合航空主营业务及资产，实现做优做强上市公司的目的。

本次交易有利于根据国家、民航行业和上海市战略规划优化上海两场航线航班的统一资源配置，结合市场需求统筹调整航线结构，激发潜在国际航运量，带动长三角机场群乃至城市群的建设发展，更好地辐射长三角等区域经济带，强化上海国际航空枢纽的市场地位，从而有利于提升上市公司盈利能力和核心竞争力。本次交易完成后，依托上海两场的资源优势发展极具潜力的航空物流业务，从而实现业务的快速扩张，打造新的盈利增长点，促进上市公司可持续发展。

重组交易完成，上海机场将成为名副其实的"上海机场"，成为浦东机场、虹桥机场运营的唯一主体，兼具国际与国内流量，从而进一步巩固作为国内体量最大的上市机场公司的地位，向世界领先的航空枢纽运营公司迈进，从中国"巨无霸"向国际"王中王"发起冲击。

四、交易亮点

（一）交易方案的创新性和特点

本次交易为国有资产重组，在一定程度上跟随党的领导深化国企改革，优化国有资产结构，为国有上市公司注入优质资产。在优化的过程中同时避免了国有企业中同业竞争，降低管理成本，发挥协同效应及规模效应，减少资源重复利用，增加上市公司盈利能力。为上市公司注入新活力，同时减少了疫情对上市公司的冲击，巩固上市公司行业龙头地位，增强上市公司抗风险能力。收购方案同时解决了多个包括上市公司、控股股东、出售方等面对市场不确定性所产生的问题。本次交易仅构成重大资产重组及关联交易，未导致上市公司控制权发生变化，故不构成重组上市。

（二）其他方面特殊影响

在市场化的同时，服务城市发展。从国家战略、区域战略到城市战略均指出：依托长三角世界级城市群，强化上海国际航空枢纽引领作用，并打造具有全球竞争力、世界一流、品质领先的世界级国际航空枢纽，增强面向长三角、全国乃至全球的辐射能力。从战略意义层面讲，优化两场航空资源调配，符合上海地区国企深化改革战略，这个动作也将进一步完善上海城市核心服务功能，增强竞争力，并持续带动长三角机场群乃至城市群的建设发展，承担起参与行业国际竞争的重任。

中国上市公司协会并购融资委员会
中关村国睿金融与产业发展研究会　供稿

冀东水泥吸收合并金隅冀东水泥交易案例

一、交易背景

(一) 交易相关各方基本情况介绍

1. 收购方基本情况

(1) 基本信息。

中文名称	唐山冀东水泥股份有限公司
股票简称	冀东水泥
股票代码	000401
注册地址	河北省唐山市丰润区林荫路
主要办公地址	北京市东城区北三环东路 36 号环球贸易中心 A 座
注册资本	134752.2914 万元
公司类型	其他股份有限公司（上市）
注册号/统一社会信用代码	91130200104364503X
法定代表人	孔庆辉
上市地点	深圳证券交易所
经营范围	硅酸盐水泥、熟料及相关建材产品的制造、销售；塑料编织袋加工、销售；水泥设备制造、销售、安装及维修；煤炭批发；相关技术咨询、服务、普通货运，货物专用运输（罐式）；经营本企业自产产品及技术的出口业务；经营本企业生产、科研所需的原辅材料、仪器仪表、机械设备、零配件及技术的进口业务（国家限定公司经营和禁止进出口的商品除外）；经营进料加工和"三来一补"业务；在规定的采区内从事水泥用灰岩的开采；石灰石销售。（依法须经批准的项目，经相关部门批准后方可开展经营活动）

(2) 主营业务发展情况。

冀东水泥是国家重点支持水泥结构调整的 12 家大型水泥企业集团之一、中国北方最大的水泥生产厂商，随着公司与间接控股股东金隅集团出资组建合资公司重大资产重组和重大资产购买及共同增资合资公司的实施完毕，公司的熟料、水泥产能进一步增加，年熟料产能达到 1.17 亿吨，水泥产能达到1.7亿吨，市场覆盖区域进一步扩大，市场覆盖河北、北京、天津、陕西、山西、内蒙古、吉林、重庆、河南等13个省（自治区、直辖市），在所布局的区域形成了规模上的比较优势并拥有接续保供大工程、大客户的能力，尤其在京津冀地区，产能占比超过50%，市场占有率较高。公司在北方特别是京津冀地区的市场占有率及市场竞争优势明显，水泥产能位列国内水泥制造企业第三名。

2. 交易对方基本情况

（1）基本信息。

公司名称	北京金隅集团股份有限公司
企业类型	股份有限公司（台港澳与境内合资、上市）
注册地址	北京市东城区北三环东路36号
主要办公地点	北京市东城区北三环东路36号环球贸易中心D座
法定代表人	曾劲
注册资本	1067777.113400万元
成立日期	2005年12月22日
统一社会信用代码	91110000783952840Y
经营范围	技术开发、技术服务；组织文化艺术交流活动（不含营业性演出）；机械设备租赁；房地产开发经营；物业管理；销售自产产品；制造建筑材料、家具、建筑五金；木材加工。（市场主体依法自主选择经营项目，开展经营活动；该企业2006年4月5日前为内资企业，于2006年4月5日变更为外商投资企业；依法须经批准的项目，经相关部门批准后依批准的内容开展经营活动；不得从事国家和本市产业政策禁止和限制类项目的经营活动）

（2）主营业务发展情况。

北京金隅集团股份有限公司历经60多年沧桑巨变，从北京市建材工业局逐步演变和成长壮大，集团始终坚持和加强党的全面领导，把方向、管大局、促落实，锐意改革，开拓创新，经过企业化、集团化、股份化、证券化、整体上市等重大改革改制，从原有生产砖瓦灰砂石等基础建材的地方工业局，发展成为以"新型绿色环保建材制造、贸易及服务，房地产业"为主业的市属大型国有控股产业集团和A+H整体上市公司。集团先后荣获"中国绿色建筑装饰产业示范基地""中国绿色建筑精品生产（采购）基地""全国企业文化示范基地""国际企业文化核心竞争力十强""中华环境奖""全国五一劳动奖状""北京十大影响力企业""北京影响力京津冀协同发展大奖"等殊荣。

金隅集团有四大板块主要业务，分别为水泥及预拌混凝土、新型建材制造及商贸物流、房地产开发以及物业投资与管理。

（3）公司与控股股东及实际控制人的股权控制关系图。

冀东水泥吸收合并金隅冀东水泥交易案例

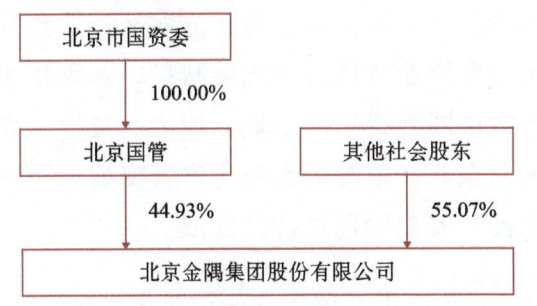

募集配套资金交易对方

本次募集配套资金的发行对象为包括北京国管在内的不超过35名特定投资者，北京国管拟认购不超过5.00亿元。

3. 标的公司基本情况

（1）基本信息。

公司名称	金隅冀东水泥（唐山）有限责任公司
公司性质	其他有限责任公司
注册地址	河北省唐山市丰润区林荫路东侧
主要办公地点	北京市东城区北三环东路36号环球贸易中心A座
法定代表人	孔庆辉
注册资本	400000万元
成立日期	2018年6月1日
统一社会信用代码	91130221MA097UW76T
经营范围	硅酸盐水泥、熟料、混凝土、砂石骨料、干粉砂浆的制造销售及相关建材的制造、销售及相关技术咨询、服务；塑料编织袋加工、销售；水泥设备制造、销售、安装、维修及相关技术咨询、服务；煤炭批发（不含民用散煤、无储存）；普通货运；货物专用运输（罐式）；货物、技术进出口；石灰石销售；固体废物（不含危险废物）治理。（依法须经批准的项目，经相关部门批准后方可开展经营活动）

（2）主营业务发展情况。

①水泥制造行业。标的公司汇集了本公司与金隅集团通过两次重大资产重组所注入的众多优质水泥企业，且以公司核心市场区域京津冀地区的水泥企业为主，是本公司重要的控股子公司。本公司的水泥、熟料产能在国内处于领先地位，尤其是京津冀地区，本公司的市场占有率达到50%以上，市场占有率较高。

②废物治理行业。除水泥及水泥熟料制造与销售外，标的公司还从事一般废弃物、危险废弃物处置等环保固废处理业务。

（3）公司与控股股东及实际控制人的股权控制关系图。

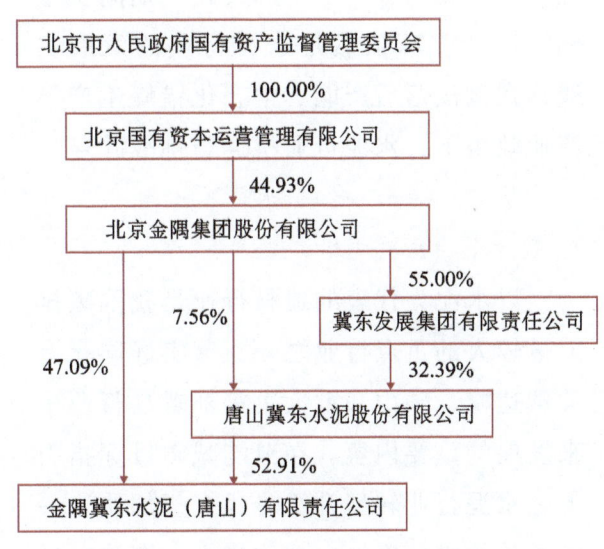

（二）本次重组的行业和产业背景情况

1. "十四五"将继续深化供给侧结构性改革，水泥行业机遇与挑战并存

2021年作为"十四五"规划的开局之年，我国将继续深化供给侧结构性改革，构建以国内大循环为主体、国内国际双循环相互促进的新发展格局，推动经济社会高质量发展。近年来，我国水泥行业供给侧改革已取得一定成效，通过严控产能总量、推动落后产能退出、错峰生产、环保限产等多种手段结合，化解行业过剩产能。但目前而言，我国水泥行业产能过剩的结构性矛盾依然存在。为进一步巩固去产能成果，促进水泥行业绿色低碳发展和质量效益提升，2020年年底工信部、生态环境部相继发布《关于进一步做好水泥常态化错峰生产的通知》（工信部联原〔2020〕201号）、2021年7月20日，工信部发布《水泥玻璃行业产能置换实施办法（修订稿）》。"十四五"期间供给侧结构性改革依然是水泥行业的发展主线，在淘汰落后产能、常态化错峰生产等产业政策下，水泥行业机遇与挑战并存。

2. 碳达峰、碳中和政策出台，促使水泥行业加快转型升级

以水泥为代表的建材行业是我国碳排放量较大的重点行业之一，落实好国家有关碳达峰、碳中和重大决策部署是行业未来发展的重要内容。在节能减碳目标指引下，水泥行业转型升级步伐有望加快，一方面从技术角度加大技改投入，淘汰落后设备和产能，增强低能耗低碳技术应用，减少石化能源消耗；另一方面从产业角度充分发挥业务优势实现碳减排，如利用水泥窑协同处置生活垃圾、固废、危废，使水泥企业从单纯的水泥生产者变成城市净化器，实现绿色可持续发展。

（三）本次重组的原因及必要性

1. 增强公司主业，提升盈利能力

标的公司及其下属企业多为公司在京津冀核心区域的优质水泥资产，目前标的公司由公司控股并负责日常经营管理，金隅集团参股。本次交易完成后，金隅集团退出对标的公司的参股，标的公司全部资产业务彻底纳入公司。根据经审阅的上市公司最近一年及一期备考合并财务报表，通过吸收合并标的公司，上市公司2020年度合并财务报表中归属于上市公司股东的所有者权益和净利润分别由交易前的1771101.46万元、285001.08万元上升为交易后的3026557.55万元、493672.87万元，上市公司的盈利能力得到较大幅度增强。

2. 精简股权层级，提高管理效率

本次交易完成后，公司吸收合并合资公司，合资公司下属企业由公司直接控股，有利于公司精简股权层级，提高管理效率，符合北京市国资委"压缩管理层级，减少法人户数"的相关要求。

3. 响应供给侧结构性改革及碳达峰、碳中和政策号召，紧跟行业转型升级步伐

为积极响应行业继续深化供给侧改革的号召，加快落实碳达峰、碳中和的重大决策部署，公司将紧跟行业产能结构优化

的步伐，拟将本次交易部分募集资金用于标的公司产能置换及迁建项目建设，从而进一步升级新建更具环保性和竞争力的优质生产线，在有效服务于行业供给侧结构性改革的同时实现企业转型升级，为尽早实现行业碳达峰、碳中和目标做好准备。

二、本次交易的具体方案

（一）交易方案概述

本次交易由发行股份吸收合并合资公司和募集配套资金两部分组成。募集配套资金以吸收合并的生效和实施为前提条件，但募集配套资金的成功与否并不影响本次吸收合并的实施。上市公司拟通过向金隅集团发行股份的方式，购买其所持合资公司47.09%股权并吸收合并合资公司。

上市公司拟向包括北京国管在内的不超过35名符合条件的特定投资者以非公开发行股票方式募集配套资金，募集配套资金总额不超过50.00亿元，且不超过发行股份吸收合并合资公司交易价格的100%，股份发行数量不超过发行前公司总股本的30%，发行价格不低于本次募集配套资金非公开发行股份的发行期首日前20个交易日上市公司股票交易均价的80%，且不低于公司最近一期经审计的每股净资产。

（二）交易进程和方案确定过程回顾

1. 本次交易决策过程

2021年3月31日，上市公司已召开第九届董事会第三次会议，审议通过本次交易预案及相关议案。

金隅集团已召开第五届董事会第三十二次会议、第六届董事会第二次会议，审议通过本次交易相关议案。

本次交易获北京市国资委批准。

2021年10月20日，中国证券监督管理委员会批准本次交易。

2. 本次吸收合并情况

2021年11月9日，冀东水泥、金隅集团、合资公司签署《资产交割协议》。

2021年11月15日，金隅集团持有的合资公司47.09%股权过户至冀东水泥名下的工商变更登记手续已办理完毕。本次工商变更登记完成后，合资公司成为冀东水泥全资子公司。

2021年12月20日，合资公司工商注销登记手续已办理完毕。同日，合资公司分公司已变更为冀东水泥分公司。

（三）交易具体方案详述

1. 发行股份吸收合并

（1）发行股票的种类和面值。

本次吸收合并中发行股份的股票种类为境内上市人民币普通股（A股），每股面值为人民币1.00元。

（2）发行对象及标的资产。

本次吸收合并中发行股份的发行对象为金隅集团。标的资产为金隅集团所持有的合资公司47.09%股权。

（3）交易对价及支付方式。

根据资产评估机构出具的并经北京市国资委核准的资产评估报告，以2021年2月28日为评估基准日，标的公司全部股东权益评估值为2893040.38万元，对应金隅集团所持标的公司47.09%股权评估值为1362332.72万元。本次吸收合并交易对价以上述经北京市国资委核准的评估结果为依据，经交易双方协商确定为1362332.72万元。

上市公司以发行股份的方式向交易对方支付标的资产交易对价。

2. 发行股份募集配套资金

（1）发行股票的种类和面值。

本次募集配套资金发行的股票种类为境内上市人民币普通股（A股），每股面值为人民币1.00元。

（2）发行方式和发行时间。

本次募集配套资金发行全部采取向特定对象非公开发行的方式，在中国证监会核准的有效期内择机发行。

（3）发行对象和认购方式。

本次募集配套资金的发行对象为包括北京国管在内的不超过35名特定投资者，北京国管拟认购不超过5.00亿元。

除北京国管之外，本次募集配套资金的具体发行对象，由公司股东大会授权董事会在公司取得本次发行核准文件后，按照相关法律法规的规定和监管部门的要求，根据申购报价情况，遵照价格优先的原则确定。所有募集配套资金发行对象均以现金方式认购本次非公开发行的股份。

所有募集配套资金发行对象均以现金方式认购本次非公开发行的股份。

3. 业绩承诺

标的公司所拥有的、采用了基于未来收益预期的方法进行评估的资产为41处矿业权（以下简称"标的矿业权"）。上市公司与交易对方根据相关法律法规要求，就标的矿业权业绩补偿事宜于2021年6月25日签订了《业绩补偿协议》，主要内容如下：

标的矿业权业绩补偿期间为本次吸收合并实施完毕后的3年（含本次吸收合并完成当年），即2021年度、2022年度和2023年度，若本次吸收合并未能在2021年12月31日前（含当日）实施完毕，则业绩补偿期间将作相应顺延。

根据资产评估情况，标的矿业权于2021年度、2022年度、2023年度和2024年度的预测净利润数分别为38170.19万元、47058.08万元、47140.84万元和46955.38万元。基于上述预测，标的矿业权于业绩补偿期间内各期承诺的净利润数为当期的预测净利润数，即标的矿业权于2021年度、2022年度和2023年度的承诺净利润数分别为38170.19万元、47058.08万元和47140.84万元，若业绩补偿期限顺延，2024年度承诺净利润数为46955.38万元。

三、交易的意义和带来的影响

（一）交易标的的主要优势

1. 产能、产品和区位优势

标的公司作为本公司重要子公司，拥有的熟料生产线全部采用新型干法技术，熟料产能约8100万吨、水泥产能约1.26亿吨，水泥生产线布局和销售网络覆盖

11 个省、自治区、直辖市。

2. 资源优势

标的公司所属水泥及砂石骨料企业均靠近公司自备的石灰石及骨料矿山，标的公司已获得的石灰石资源为 22.56 亿吨、建筑石料用灰岩和白云岩 1.63 亿吨，资源储量多、品质较好，丰富的矿山资源为标的公司的可持续发展奠定了坚实的基础。

3. 环保及环保产业优势

标的公司结合自身水泥窑优势，大力发展绿色循环经济，采用水泥窑协同处置方式，实现对市政污泥、生活垃圾、污染土、危险废弃物等的无害化处置及综合利用，在国内处于行业领先地位，且具有处置规模大、成本低的优势。

（二）方案对上市公司的短期收益

标的公司盈利能力较强，资产质量较高，通过吸收合并标的公司，上市公司合并财务报表中归属于上市公司股东的所有者权益和净利润大幅提高，上市公司盈利能力得到增强。

（三）方案对上市公司未来发展的长期影响

通过本次交易，金隅集团退出对标的公司的参股，标的公司的资产业务将整体注入上市公司，上市公司资产质量及盈利能力将得到进一步加强和提升。同时，本次交易完成后，标的公司层级消除，标的公司下属水泥企业由公司直接控股，有利于精简股权层级，提高管理效率。

四、交易亮点

（一）交易方案的创新性和特点

本次交易"发行股份吸收合并并募集配套资金"的设计，完成了战略重组的初衷，明确了金隅集团的控股地位，精简了管理层级，理顺了管理权和产权的关系，同时筹集了冀东水泥未来发展所需资金；发行股份购买资产与吸收合并"一步走"，虽然增加了工作程序，如和债权人沟通、现金选择权等吸收合，提高了资产交易的复杂程度和技术操作要求，但本次交易标的净资产规模达 136 亿元，发行股份购买资产与吸收合并"一步走"可以满足特殊性税务处理的相关要求，降低税务成本，有利于集团和冀东水泥的共同利益。

（二）其他方面特殊影响

本次交易进一步提升了冀东水泥在辖区内的市场集中度，促进水泥协同业务开展，进而增强市场话语权。同时，这次并购使冀东水泥资产更加完善、归属于上市公司股东的净利润大幅增加。

此次重组对于金隅集团、冀东水泥和金隅冀东均具有重要战略意义。一方面，金隅集团实现了水泥资产全部注入冀东水泥的初衷，并对冀东水泥的控制力明显增强；另一方面，减少了股权层级，有利于提高管理效率，形成发展合力。

中国上市公司协会并购融资委员会
中关村国睿金融与产业发展研究会　供稿

云南白药收购上海医药非公开发行股权案例

一、交易背景

(一) 交易相关各方基本情况介绍

1. 认购方基本情况

本次交易认购方为上交所主板上市公司云南白药集团股份有限公司(以下简称"云南白药")。云南白药是中国知名的中药企业,成立于1971年,总部位于云南省昆明市。公司主营业务为生产和销售中成药、口腔护理用品、保健食品等,其中以云南白药牌中成药最为著名。云南白药牌中成药以其独特的药材配方、精湛的生产工艺和卓越的疗效,在中国国内和海外市场均享有很高的声誉。云南白药也是中国境内首家进入美国市场的中药企业。公司在国内拥有多个生产基地和销售网络,还在美国和加拿大设立子公司,为海外市场提供产品和服务。2018年,云南白药在中国A股市场上市,成为中国境内首家上市的中药企业之一。

2. 发行方基本情况

本次交易的发行方为持有上海医药集团股份有限公司(以下简称"上海医药")股份的全体股东。

3. 标的资产基本情况

本次交易的标的资产为上海医药非公开发行的不超过(含)852626796股的A股股票。

上海医药是沪港两地上市的大型医药产业集团,是控股股东上实集团旗下大健康产业板块核心企业,主营业务医药工业、分销与零售均居国内领先地位,具备独特的产业链综合优势,能够最大限度地分享中国医药健康行业的持续增长机会,并能通过业务板块间的资源共享产生协同效应。

(二) 本次重组的行业和产业背景情况

1. 国有企业改革及国有资本优化重组的持续深入

根据党中央、国务院发布的《关于深化国有企业改革的指导意见》等系列文件的总体指导意见,要从战略高度认识新时代深化国有企业改革的中心地位,扎实推进国有企业改革,实现各种所有制资本取长补短、相互促进、共同发展的具体要求。结合云南省委、省政府关于云南白药的整体改革部署,要将生物医药和大健康产业作为重点发展的八大产业之首,重点支持云南白药做大做强,基于云南白药前期混合所有制改革及吸收合并在上市公司整合的资金及优质资源,明确将通过内生增长与外延扩张相结合的方式实现突破发展。云南白药以现金方式认购上海医药非公开发行的股份，是进一步放大前期改革成果，通过战略资源协同实现整合发展的重要途径，是对当前国企改革政策要求的积极践行。

2. 党中央、国务院对医药健康产业的创新发展提出了更高要求

党中央、国务院发布的《"健康中国2030"规划纲要》《"十三五"国家战略性新兴产业发展规划》以及《关于进一步改革完善药品生产流通使用政策的若干意见》等系列文件指出：要以体制机制改革创新为动力，加快关键环节改革步伐，提升药物创新能力和质量疗效，促进医药产业结构性调整，提高产业集中度，打造具备全产业链能力的跨国公司和国际知名的中国品牌，培育一批具有国际竞争力的大型企业集团。同时，云南白药作为中国民族医药创新企业的代表，通过与上海医药的战略合作及优势互补，能够有利于提升创新研发及商业物流能力，有利于引领中国医药健康企业参与国际竞争。

3. 医药产业面临转型发展的重要战略机遇

基于生物技术、人工智能与大数据等尖端技术的发展融合，医药健康产业正面临颠覆性的变革与重构。加之我国医药改革进入深水区，"两票制""零加成"在全国等级公立医院的基本实施完成，医药商业领域的整合不断加速，行业集中度进一步提升。医药商业作为云南白药主营业务的重要组成部分和关键环节，能否把握产业变革的重要机遇对于企业未来发展至关重要。

（三）本次重组的原因及必要性

1. 通过战略合作形成发展合力，促进云南白药的长远健康发展

为实现云南省委省政府对生物医药大健康产业发展要求，加快云南白药长远战略的有效落地，上市公司通过参与认购上海医药非公开发行A股股份的方式达成双方的股权合作和战略合作，能够借助上海医药优质平台和产业资源，进一步放大云南白药既有资源优势，有利于扩大主营业务规模、提升运营效率，提升企业核心竞争力和盈利水平，将云南白药打造成为具有行业领导力的一流领军企业。

2. 优化云南白药产业布局，加快外延发展步伐

在中国医药行业转型升级、资源整合不断加速、行业集中度持续提升的大背景下，立足全球视野重新审视云南产业基础，本次交易能够帮助上市公司有效把握产业整合的重要机遇，借助上海医药作为行业领军企业所拥有规模、渠道和品牌优势，进一步扩大上市公司既有产业布局，加快走出去步伐，有利于积极应对行业竞争格局分化，强化上市公司在国际和国内医药产业整合升级中的竞争力及话语权。

3. 保障上市公司股东权益

上海医药是国内领先的大型医药产业集团，具有较为完整的医药产业生态，公司经营业绩稳步增长，且保持了良好的现金分红水平。随着中国医药产业改革的持续深入，上市公司本次作为战略投资人认购上海医药增发股份，在推动自身长远战略落实的基础上，有利于进一步提升上市公司现金利用效率，力争为公司股东实现良好的投资回报。

二、本次交易的具体方案

（一）交易方案概述

根据上海医药 2021 年度非公开发行 A 股股票预案，上海医药拟向特定对象非公开发行不超过（含）852626796 股 A 股股票，募集资金总额不超过（含）1438381.40 万元。

上市公司拟作为战略投资者、以现金方式参与认购上海医药 2021 年度非公开发行的 665626796 股 A 股股票，认购金额不超过（含）人民币 11229124048.52 元。上海医药向上市公司非公开发行股票的数量以中国证监会最终核准发行的股份数量为准。根据上海医药本次非公开发行安排，预计本次交易完成后，上市公司将持有上海医药 665626796 股 A 股股票，占上海医药发行后总股本的 18.02%。

（二）交易进程和方案确定过程回顾

2021 年 5 月 12 日，云南白药集团股份有限公司公布重大资产购买暨关联交易预案。

2021 年 6 月 11 日，云南白药集团股份有限公司公布重大资产购买暨关联交易报告书（草案）。

2022 年 3 月 15 日，云南白药收到上海医药《进展告知函》（以下简称《告知函》）。《告知函》表明中国证监会发行审核委员会于 2022 年 3 月 14 日对上海医药 2021 年度非公开发行 A 股股票的申请进行了审核。根据会议审核结果，上海医药本次非公开发行 A 股股票的申请获得通过。

2022 年 3 月 23 日，云南白药收到上海医药《进展告知函》（以下简称《告知函》），《告知函》表明上海医药于同日收到中国证监会出具的《关于核准上海医药集团股份有限公司非公开发行股票的批复》（证监许可〔2022〕584 号），核准上海医药非公开发行不超过 852626796 股新股。

2022 年 4 月 13 日，根据中国证券登记结算有限责任公司上海分公司 2022 年 4 月 8 日出具的《证券变更登记证明》，上海医药已办理完毕本次发行新增股份登记。经上市公司查询确认，上市公司通过本次交易获得的上海医药 665626796 股新增 A 股股份已登记到账，并正式列入上海医药的股东名册。该批股份自本次非公开发行结束之日起 36 个月内不得转让。本次交易完成后，上市公司基于本次交易所取得的股份因上海医药送股、转增股本等原因而增持的上海医药股份，亦按照前述安排予以锁定。

（三）交易具体方案详述

1. 发行股份购买资产

本次交易为云南白药以现金方式参与认购上海医药 2021 年度非公开发行的股票，云南白药通过自有资金、自筹资金等方式筹集交易价款并按照约定进行支付。

2. 定价依据及交易价格

本次云南白药认购上海医药2021年度非公开发行A股股票的定价基准日为上海医药董事会决议公告日。定价基准日前20个交易日上海医药A股股票交易均价为人民币21.08元/股（定价基准日前20个交易日A股股票交易均价＝定价基准日前20个交易日A股股票交易总额/定价基准日前20个交易日A股股票交易总量）。

本次云南白药认购上海医药非公开发行A股股票的价格为16.87元/股，为定价基准日前20个交易日上海医药A股股票交易均价的80%。

三、交易的意义和带来的影响

（一）交易标的的主要优势

上海医药是两地上市的全国性医药产业集团，主营业务覆盖医药工业、医药商业（包括医药分销与医药零售），在国内医药产品生产和分销领域均居领先地位。上海医药工业和医药商业的主要情况如下：

1. 医药工业

上海医药的医药工业位列全国第一梯队，主要聚焦消化系统和免疫代谢、心血管、全身性抗感染、精神神经以及抗肿瘤五大治疗领域，常年生产超800个药品品种，20多种剂型，通过自营和招商代理的营销模式，通过经销商、代理商的销售渠道基本实现对全国多数医院终端和零售终端的覆盖。

2018年、2019年及2020年，医药工业板块实现收入分别为194.62亿元、234.90亿元及237.43亿元，占营业收入比重分别为12.23%、12.59%及12.37%。

2. 医药商业

医药商业板块包括医药分销业务与医药零售业务。上海医药在院内供应链延伸服务、第三方物流服务、药品直送服务、进口药品一站式服务、药库信息化管理和临床支持服务等创新业务模式方面处于全国前列。上海医药药品零售规模位居全国药品零售行业前列，旗下上海华氏大药房是华东地区拥有药房最多的医药零售公司之一，旗下上海医药云健康致力于打造以电子处方流转作为基础的创新医药电商模式。公司下属零售企业通过医药零售连锁药房、医疗机构院边药房、DTP药房三类药房服务终端消费者。

2018年、2019年及2002年，医药商业板块实现收入分别为1396.22亿元、1630.76亿元及1681.66亿元，占营业收入比重分别为87.77%、87.41%及87.63%。

（二）方案对上市公司的短期收益

上海医药作为一家总部位于上海的全国性国有控股医药产业集团，是中国为数不多的在医药工业和商业市场均居领先地位的医药上市公司，其主营业务覆盖医药工业、分销与零售。云南白药为中药及大健康领域的领军之一，在客户资源、产品创新、品牌运作、中药产业链运营等方面拥有丰富的经验，已走出一条传统中药和现代生活有机结合之路。云南白药可与上海医药在客户资源、品牌管理、市场渠道、研发创新、大健康产品、中药材种植、医药商业等方面从资本、产业、产品到管理等多个层面进行资源匹配、整合与发展协同，开展战略合作与创新模式拓展，为上海医药带来新的增长动力。

（三）方案对上市公司未来发展的长期影响

未来将在以下领域开展合作，且双方可以根据具体合作需要进一步扩大合作领域。

1. 客户资源拓展

通过战略合作，双方在市场及客户网络、服务价值提升、健康业务拓展等方面开展密切合作。云南白药经过多年的打造和积累，围绕自主品牌不断推动多元化品牌发展，广大消费者对云南白药的品牌认可度持续提高，形成了更为广泛的客户资源。上海医药是中国领先医药产业集团，持续服务民众健康，拥有一批具有优秀历史传承和健康口碑的制药企业与医药产品，并在零售服务等方面拥有广泛客户资源。基于本次战略合作，双方可以通过开发医药和个人护理方面的特色产品，协同市场及商业渠道，共享健康大数据等方式，进一步挖掘现有业务潜力。双方将共同推进现代化医药产品及技术的开发引进以及传统中医药的传承创新，通过加强重大疑难疾病、慢性病和健康管理方面的技术、产品与服务合作，进一步拓展双方客户资源，促进主业发展。

2. 产品创新互动

上海医药在加快创新转型发展，已逐渐形成创新药、化学药、中药与保健品、罕见病药及医疗器械等几大领域，通过自主研发、外部合作引入等多种方式强化新产品布局。云南白药以云南白药为核心产品，已形成辐射天然药物、中药材饮片、特色药、医疗器械、健康日化产品、个人护理产品等多个领域的产品格局，并在稳步推进自身的国际化。双方响应国家"健康中国2030"战略，依托双方优质资源，建立联合研究院或产品创新合作平台，聚焦疾病预防与治疗的创新研究，在药品、生物制品、医疗器械、健康食品、医疗及康养服务等方面进一步挖掘现有产品和资源价值，共同研发新产品、新服务，进一步推动传统医药与现代科技结合，推动中国制药企业走向世界。

3. 中药产业链合作

上海医药在全国各省市已建立多个中药材标准化种植基地。云南白药依托云南得天独厚的气候及地理条件优势，稳步推进战略药材种植繁育基地建设。通过战略合作，双方可充分调动优质资源推动战略性中药材的基地开发、种苗选育、标准种植、炮制加工、产品检测、仓储物流、流通交易方面的合作，包括建立中药有效成分的分析与控制，重点中药材源头追溯信息数据分析平台，联合打造中药资源产业生态圈等，更好地发展中药材种植及饮片业务。同时借助战略合作，双方将推动中药智能制造合作，对于智能化生产的理念、技术、设备等方面开展交流互动，共同提升中药业务在生产自动化、精益化、数字化、绿色化与智能化方面的水平。

4. 市场渠道联动

通过战略合作，双方可以依托各自产品资源、医疗资源、管理体系优势，深化在市场开发与渠道拓展方面的合作，以现有产品为基础，在现代化医药产品、健康食品、日化产品、医疗器械等领域深化合作，聚焦重点领域加强品牌、营销与渠道联动，提升双方产品价值挖掘与精细化运作能力。

5. 医药商业合作

上海医药作为中国第二大医药供应链服务商和最大的进口药品服务商，正在推进全国化的商业网络布局。云南白药立足区域市场，在云南地区的医药流通业务拥有良好的市场份额。

通过战略合作，双方将从资本与业务层面对于医药流通业务加快资源整合，更好地推动上海医药的商业网络布局。

6. 大健康领域合作

大健康领域是双方长期投资发展的方向。近年来，云南白药引入新零售理念，打造线上线下结合的消费模式，推出了线上"白药养生"及"白药Life+"微商城和线下养生馆等一系列新业态模式。双方将共同探索在康养平台、养生园区、社区等板块开展合作，推动双方丰富业务生态，拓展优质产品服务场景，加快商业模式创新升级。

7. 品牌提升

上海医药是国内综合实力强劲的综合性医药产业集团，2020年入选《财富》世界500强和全球制药企业50强第48位，上榜福布斯全球上市公司2000强名单；云南白药是中国大健康产业领军企业之一，连续多年在Interbrand、胡润、BrandZ发布的中国品牌排行榜中，2019年品牌价值超过250亿元。双方强强合作有利于品牌效应叠加，显著提升双方的市场影响力。

四、交易亮点

（一）交易方案的创新性和特点

本次交易是为了进一步满足市场需求而采取强强联合的措施，缔造协同效应，强化整体竞争优势，进而提升上市公司盈利能力和企业价值。

（二）其他方面特殊影响

本案例的运作展现了协同效应的价值，为未来中医药行业中更多的"强强联合"做出了示范性。

中国上市公司协会并购融资委员会
中关村国睿金融与产业发展研究会　供稿

河钢股份联合产业转型基金增资乐亭钢铁案例

一、交易背景

为优化河钢乐亭钢铁有限公司（以下简称"乐钢"）资产负债结构，补充资本金，降低财务费用，河钢股份与河北钢铁产业转型升级基金（以下简称"转型基金"）共同向乐钢增资，并与河钢集团有限公司、乐钢共同签署了《关于河钢乐亭钢铁有限公司之增资协议》和《关于河钢乐亭钢铁有限公司之股东协议》，完成本次收购。经协议各方协商确定，乐钢新增注册资本916342万元，其中：河钢股份以现金出资50亿元，认购乐钢新增注册资本495320万元，出资额超出计入注册资本的部分计入乐钢资本公积；转型基金以现金出资42.5亿元，认购乐钢新增注册资本421022万元，出资额超出计入注册资本的部分计入乐钢资本公积。增资完成后，乐钢注册资本增至1016342万元，其中河钢股份出资595320万元，占比58.5748%；转型基金出资421022万元，占比41.4252%。

本次共同出资方转型基金的普通合伙人、执行事务合伙人、管理人为河钢集团投资控股有限公司（以下简称"河钢投资"），河钢投资为公司间接控股股东河钢集团有限公司之间接全资子公司，根据《深圳证券交易所股票上市规则》有关规定，转型基金与本公司构成关联关系，本次交易构成关联交易。

（一）交易相关各方基本情况介绍

1. 收购方基本情况

（1）转型基金：河北钢铁产业转型升级基金（有限合伙）成立于2020年12月18日，主要从事对未上市企业的投资，对上市公司非公开发行股票的投资及相关咨询服务。其中合伙人认缴出资情况如下：河钢集团投资控股有限公司出资0.05亿元，占比0.06%；建信金投基金管理（天津）有限公司出资0.01亿元，占比0.01%；建信金融资产投资管理有限公司出资24.99亿元，占比29.40%；河北钢铁产业转型升级母基金（有限合伙）出资59.95亿元，占比70.53%；执行事务合伙人为河钢集团投资控股有限公司。

（2）河钢集团有限公司：河钢集团为河北省国资委全资子公司，坚持"高端化、绿色化、智能化"发展，纵向推进钢铁产业链条向高端制造延伸，横向推进同类业务结构性重组，加快实现"钢铁向材料、制造向服务"转型，致力于建设最具竞争力钢铁企业，成为具有世界品牌影响力、钢铁材料、新兴产业、海外

河钢股份联合产业转型基金增资乐亭钢铁案例

事业与金融服务协同发展的跨国工业集团。截至2021年年底，河钢资产总额达5086亿元，营业收入4267亿元，在2022年世界500强排名第189位。河钢集团通过其下属邯郸钢铁集团有限责任公司、唐山钢铁集团有限责任公司和承德钢铁集团有限责任公司等企业持有河钢股份62.22%的股权，为河钢股份的间接控股股东，如下表所示。

序号	合伙人名称	类型	出资方式	认缴出资（亿元）	认缴出资比例
1	河钢集团投资控股有限公司	普通合伙人暨执行事务合伙人	货币	0.05	0.06%
2	建信金投基金管理（天津）有限公司	普通合伙人	货币	0.01	0.01%
3	建信金融资产投资管理有限公司	有限合伙人	货币	24.99	29.40%
4	河北钢铁产业转型升级母基金（有限合伙）	有限合伙人	货币	59.95	70.53%
合计	—	—	—	85.00	100%

2. 出售方基本情况

河钢乐亭钢铁有限公司成立于2017年4月13日，经营范围：钢铁冶炼、钢材轧制、加工项目的筹建；冶金技术开发、咨询、服务；货运站（场）经营（仓储、配载、理货、信息服务、装卸）；国际货运代理；节能、新材料技术推广服务；信息技术管理及相关咨询；合同能源管理；劳务服务；电子产品、钢材、建材（木材、石灰除外）计算机及辅助设备、办公设备、计算耗材、工业自动化控制系统装置、通信设备批发、零售。货物进出口、技术进出口、代理进出口；餐饮服务。

主营业务方面，河钢乐亭钢铁项目一期于2018年3月开工建设，生产规模为年产生铁732万吨、钢747万吨和钢材710万吨（410万吨精品板材，300万吨优特钢长材），主要建设内容：2922立方米高炉3座、100吨转炉3座、200吨转炉2座、棒材生产线1条、精品高速线材生产线4条、棒卷复合生产线1条，2050毫米热轧带钢生产线1条、酸洗生产线1条，热基热镀锌生产线1条、2030毫米酸轧联合生产线1条、连续退火生产线1条、热镀锌生产线2条，以及配套公辅设施。乐钢1号、2号2922立方米高炉已分别于2020年9月7日、11月17日顺利投产。

3. 标的公司基本情况

标的公司为河钢乐亭钢铁有限公司股权，交易完成前，乐钢股份由河钢股份100%持有，交易完成后，乐钢股东变为两家，如下表所示，其中河钢股份占比58.5748%，转型基金占比41.4252%。

序号	股东名称	本次交易前持股比例	本次交易后持股比例
1	河钢股份	100%	58.5748%
2	转型基金	0	41.4252%
	合计	100.00%	100.00%

交易发起时，公司最近一年及一期的主要财务指标，如下表所示。

项目	2020年6月30日	2020年1月1日
资产总额	1629349.76	1120609.24
负债总额	1629349.76	1020609.24
所有者权益	100000.00	100000.00
项目	2020年1~6月	2019年度
营业收入	—	—
营业利润	—	—
净利润	—	—

（二）本次交易的行业和产业背景情况

2020年，全国生铁、粗钢和钢材产量分别为8.88亿吨、10.53亿吨和13.25亿吨，同比分别增长4.3%、5.2%和7.7%，粗钢产量再创历史新高。2020年，钢铁行业努力克服疫情影响生产经营、铁矿石价格大幅上涨、环保压力上升等困难，行业总体呈现相对良好的运行态势，但是受原料价格明显上涨的影响，行业整体盈利能力下滑。2021年，钢铁行业继续深化供给侧结构性改革，进一步巩固钢铁去产能成果，推动行业绿色低碳转型，积极应对国内外需求形势变化，行业总体运行态势良好。2021年，国内粗钢产量呈现先增后降的趋势。

（三）本次交易的原因及必要性

公司在2020年年报中阐述2021年要加强全流程运营管控，全面提升主业竞争力，深入挖掘装备效能潜力，强化全要素管理，开展全系统降本增效攻关；抢抓市场窗口期，力争生产经营效益最大化。同时，持续加大科技创新力度，提升公司高质量发展内生动力；强化资金"红线"意识，进一步加强资金刚性管控；坚持深化改革创新，全面激发企业发展新活力。对乐亭钢铁股权的调整，就是公司优化子公司资产负债结构，降低财务费用，提高主业发展活力，进一步增强公司竞争力的重要举措。

二、交易的具体方案

（一）交易方案概述

本次交易，乐钢新增注册资本916342万元，其中：河钢股份以现金出资50亿元，认购乐钢新增注册资本495320万元，出资额超出计入注册资本的部分计入乐钢资本公积；转型基金以现金出资42.5亿元，认购乐钢新增注册资本421022万元，出资额超出计入注册资本的部分计入乐钢资本公积。增资完成后，乐钢注册资本增至1016342万元，其中河钢股份出资595320万元，占比58.5748%；转型基金出资421022万元，占比41.4252%。

（二）交易进程和方案确定过程回顾

2021年1月4日，河钢股份第四届董事会十四次会议审议并通过了本次交易事

河钢股份联合产业转型基金增资乐亭钢铁案例

项,表决结果为:同意5票,反对0票,弃权0票,关联董事刘键、许斌、王兰玉、郭景瑞、耿立唐、朱华明回避了表决。公司独立董事就本次关联交易进行了事前审核并出具了同意的独立意见。本次交易不构成《上市公司重大资产重组管理办法》规定的重大资产重组,不需要经过有关部门批准。

本次关联交易金额为50亿元,占公司最近一期经审计净资产的8.83%,根据深交所《股票上市规则》的有关规定,本次关联交易事项尚须提交公司股东大会批准。公司关联股东邯郸钢铁集团有限责任公司、唐山钢铁集团有限责任公司、承德钢铁集团有限公司、河北钢铁集团矿业有限公司及承德昌达经营开发有限公司须对本次关联交易事项回避表决。

(三) 交易具体方案详述

1. 关联交易资产评估及定价情况

关于标的股权评估情况,公司聘请了具有证券、期货从业资格的中瑞世联资产评估集团有限公司(以下简称"中瑞世联")对标的资产进行了评估,并出具了《河钢乐亭钢铁有限公司拟增资扩股涉及的股东全部权益价值评估项目资产评估报告》(中瑞评报字【2020】第000959号)。本次评估基准日为2020年6月30日,评估方法采用资产基础法,乐钢净资产(股东全部权益)账面价值为100000.00万元,净资产评估价值为100944.84万元,增值额为944.84万元,增值率为0.94%。

乐钢本次增资价格以乐钢净资产评估值为基础确定,评估基准日为2020年6月30日。根据中瑞世联出具的中瑞评报字【2020】第000959号《评估报告》,乐钢净资产(股东全部权益)评估价值100944.84万元。该评估结果已经河钢集团备案。

2. 增资协议

协议签署各方分别是:河北钢铁产业转型升级基金(有限合伙)、河钢股份有限公司、河钢集团有限公司及河钢乐亭钢铁有限公司。

本次增资评估基准日为2020年6月30日,中瑞世联出具的《河钢乐亭钢铁有限公司拟增资扩股涉及的股东全部权益价值评估项目资产评估报告》(中瑞评报字【2020】第000959号),目标公司净资产(股东全部权益)评估价值100944.84万元。

经各方协商确定,根据本协议规定的条款和条件,目标公司新增注册资本916342万元,增资价格按目标公司评估价值确定,河钢股份同意以现金共计50亿元认购目标公司新增注册资本495320万元,投资款超出增资额的部分将计入目标公司的资本公积;转型基金同意以现金共计42.5亿元认购目标公司新增注册资本421022万元,投资款超出增资额的部分将计入目标公司的资本公积。本次增资完成后,目标公司的估值为1016342万元。

增资交割先决条件与交割均满足合法合规性要求。

自河钢股份、转型基金收到目标公司

发出的书面缴款通知，且河钢股份、转型基金按照本协议约定书面确认所有增资交割的先决条件已得到满足或被视为满足或被豁免之日起5个工作日内，由河钢股份、转型基金将各自全部投资款划入目标公司指定账户，投资款支付完毕日（以较晚时间为准）为本次增资的交割日。

3. 重要时间节点

2021年1月4日，河钢股份第四届董事会十四次会议审议并通过了本次交易事项。

2021年1月21日，第一次临时股东大会通过了《关于与河北钢铁产业转型升级基金共同向河钢乐亭钢铁有限公司增资的议案》。

2022年2月16日，河钢乐亭钢铁有限公司完成本次增资工商变更登记备案，并取得新的营业执照。本次增资完成后，河钢乐亭钢铁有限公司注册资本由原来的人民币100000万元增至1016342万元，其中河钢股份出资595320万元，占比58.5748%；河北钢铁产业转型升级基金出资421022万元，占比41.4252%。

三、交易的意义和带来的影响

（一）交易标的的主要优势

乐亭钢铁是上市公司控股的子公司，而河北钢铁产业转型升级基金（有限合伙）和上市公司背后实控人同为河钢集团。因此，该交易处于同一控制人下的内部关联交易，不构成《上市公司重大资产重组管理办法》规定的重大资产重组，不需要经过有关部门批准。

（二）方案对上市公司的短期收益

短期来看，该交易优化乐亭钢铁资产负债结构，补充资本金，降低财务费用，发展进入了快车道，上市公司也是直接受益于乐亭钢铁的发展，同时引入了新股东，提高了公司治理水平，降低了决策风险。

（三）方案对上市公司未来发展的长期影响

本次交易对乐亭钢铁有限公司进行大规模增资，给其发展也注入了新的资金流，同时增加了股东，改变了过去只有一个股东的格局，对于未来的发展也将产生新的驱动力。长期来看，将会带动上市公司获得更高的股东回报。

四、交易亮点

本次交易为同一控制人下的内部关联交易，聚焦标的公司的发展，引入产业转型基金，在引入资金活力和新股东的同时，也优化了标的公司的资产负债结构，补充资本金，降低财务费用，为标的公司和上市公司的高质量发展赋予了新动能，实现了标的公司、上市公司、集团公司、产业转型基金等多方共赢。

中国上市公司协会并购融资委员会
中关村国睿金融与产业发展研究会　供稿

新奥股份收购新奥舟山交易案例

一、交易背景

（一）交易相关各方基本情况介绍

1. 上市公司情况

（1）基本信息。

公司名称	新奥天然气股份有限公司
统一社会信用代码	91130100107744755W
企业类型	股份有限公司（外商投资、上市）
注册资本	284585.3619万元人民币
法定代表人	王玉锁
成立日期	1992年12月29日
住所	河北省石家庄市和平东路383号
经营范围	以天然气为主的清洁能源项目建设，清洁能源管理服务，天然气清洁能源技术研发、技术咨询、技术服务、技术转让，企业管理咨询，商务咨询服务（证券、投资、期货、教育、培训除外）。（依法须经批准的项目，经相关部门批准后方可开展经营活动）
A股上市信息	上市地：上海证券交易所 证券代码：600803 证券简称：新奥股份

（2）主营业务发展情况。

新奥股份是中国规模最大的民营能源企业之一，主要业务包含天然气直销、天然气零售、综合能源业务、延伸业务、工程施工及安装业务、煤炭及甲醇业务。其前身为河北威远实业股份有限公司，成立于1992年，主要从事农药、兽药的生产与销售；1994年，在上交所主板A股上市，证券简称为"威远生化"；2004年，新奥集团对威远生化44.09%的国有股权进行收购；2011年，收购新能（张家港）75%及新能（蚌埠）100%的股份，增加二甲醚业务，进入能源化工领域；2013年，收购新能矿业100%及其子公司新能凤凰（滕州）40%的股份，增加煤炭业务及甲醇业务；2014年，正式更名为：新奥生态控股股份有限公司，开启战略升级，布局天然气产业；同年，收购中海油新奥（北海）燃气45%股权和山西沁水新奥燃气100%股权，正式进军清洁能源业务；2015年，收购新地能源工程技术有限公司，进入天然气设备和技术工程服务领域；2016年，扩展海外天然气上游资源，收购联创信投持有的Santos10.07%的股权，成为澳大利亚第二大油气上市公司的第一大股东；2018年，新奥舟山液化天然气（LNG）接收及加注站项目一期建成，提出"定位于天然气上游资源获取，成为具有创新力和竞争力的天然气上游供应商"的战略；2019年，出售子公司威远生化动物药业及内蒙古新威远100%的股份，剥离农兽药业务；同年，新奥舟山液化天然气（LNG）接收及加注站项目外输管道建成通气；2020年，收购香港上市公司新奥能源，打造天然气上下游一体化产业链。

（3）产权及控制关系。

交易完成前，王玉锁先生直接持有上市公司0.07%股权，通过新奥国际控制上市公司48.16%股份，通过新奥控股控制上市公司15.14%股份，通过合源投资控制上市公司3.46%股份，通过威远集团控制公司3.13%股份，合计控制公司69.95%股份，为上市公司实际控制人。

2. 交易方情况

本次交易的交易对方为新奥科技、新奥集团和新奥控股，与上市公司受同一实际控制人控制，系上市公司的关联方，且三方合计持有新奥舟山90%股权，各股东持股比例情况如下。

序号	股东名称	出资额（万元）	持股比例（%）
1	新奥科技	143920	70.00
2	新奥集团	30840	15.00
3	新奥控股	10280	5.00
	合计	185040	90.00

（1）交易方——新奥科技。

①新奥科技基本信息。

企业名称	新奥科技发展有限公司
统一社会信用代码	911310017913893732
类型	有限责任公司（自然人投资或控股）
法定代表人	王玉锁
注册资金	16500万元人民币
成立日期	2006-08-02
营业期限	2006-08-02至2036-08-01
注册地	廊坊开发区广阳道北
经营范围	能源开发、能源转换、能源输配、能源利用、能源回收及节能技术和设备的研究、设计与解决方案的制定；能源装备的集成工艺及设计；信息技术、测量技术；控制技术、制造技术及装备的研发、项目的咨询、评价、论证，技术经济评价；自有知识产权的保护与交易；云计算、云数据网络技术的开发。以上项目的技术咨询、技术推广及技术服务。销售：机械设备及成套集成设备、网络设备、电子产品、微藻、禽蛋、饲料，提供相关的售后服务。（依法须经批准的项目，经相关部门批准后方可开展经营活动）

②新奥科技产权控制关系。新奥科技股权结构如下。

序号	股东名称	出资额（万元）	出资比例（%）
1	新奥集团	11500	69.6970
2	新奥控股	4500	27.2727
3	廊坊市天然气有限公司	500	3.0303
合计		16500	100.0000

③新奥科技主营业务情况。

新奥科技为持股型公司，主要业务为清洁能源及科技方面的投资控股。

（2）交易方——新奥集团。

①新奥集团基本信息。

企业名称	新奥集团股份有限公司
统一社会信用代码	911310007158480996
类型	其他股份有限公司（非上市）
法定代表人	王玉锁
注册资金	500000 万元人民币
成立日期	1997-08-05
营业期限	1997-08-05 至 2027-08-05
注册地	河北省廊坊市经济技术开发区廊坊经济技术开发区华祥路
经营范围	销售：工程设备、工程材料、化工设备、环保设备、钢材、电线电缆、电子产品、电工器材、照明电器、建筑材料、五金材料、管件管材、门窗、办公设备、电气设备、消防设备、节能设备、暖通设备、锅炉设备、太阳能设备、冷却塔设备、压力容器设备、压力管道设备、数据采集设备与监控设备、光伏设备及元器件；能源站系统、楼宇弱电系统、智能控制系统、能源管理系统、监控系统、仪器仪表的研发、销售及售后服务；对城市基础设施建设、能源开发、文化、旅游业、电子机械、化工、建材制造、贸易的投资；企业管理咨询；销售天然气（无储存、无运输）（许可证有效期至2021年9月3日）、煤油、柴油、燃料油（不含成品油）、润滑油；销售苗木；园林绿化服务。（依法须经批准的项目，经相关部门批准后方可开展经营活动）

②新奥集团产权控制关系。新奥集团股权结构如下。

序号	股东名称	所持股数（万股）	出资比例（%）
1	廊坊市天然气有限公司	447403.24	89.4806
2	新奥控股	50000.00	10.0000
3	赵宝菊等22名自然人股东	2596.76	0.5194
合计		500000	100.0000

③新奥集团主营业务情况。新奥集团为持股型公司,主要业务为投资控股。

(3) 交易方——新奥控股。
①新奥控股基本信息。

企业名称	新奥控股投资股份有限公司
统一社会信用代码	91131001721660105E
类型	其他股份有限公司(非上市)
法定代表人	王玉锁
注册资金	800000万元人民币
成立日期	2000-01-13
营业期限	2000-01-13 至 2030-01-12
注册地	廊坊开发区华祥路
经营范围	对城市基础设施建设、能源开发、市政工程建设、旅游、饮食、电子机械制造、化工、建材制造等行业的投资、信息技术咨询服务;销售工程设备、工程材料、化工设备、环保设备、钢材、电线电缆、仪器仪表、电子产品、电工器材、照明电器、建筑材料、五金材料、装修材料、管件管材、门窗、办公设备、燃料油、润滑油、柴油、化工原料及产品(化学危险品及易燃易爆化学品除外)。(依法须经批准的项目,经相关部门批准后方可开展经营活动)

②新奥控股产权控制关系。新奥控股股权结构如下。

序号	股东名称	所持股数(万股)	出资比例(%)
普通股股东			
1	廊坊市天然气有限公司	794000	99.2500
2	王玉锁	5400	0.6750
3	赵宝菊	600	0.0750
普通股合计		800000	100.0000
优先股股东			
1	工银金融资产投资有限公司	1000	100.0000
优先股合计		1000	100.0000

③新奥控股主营业务情况。新奥控股为持股型公司,主要业务为投资控股。

3. 标的公司情况

(1) 基本信息。

新奥股份收购新奥舟山交易案例

企业名称	新奥（舟山）液化天然气有限公司
统一社会信用代码	91330900069208651O
住所	浙江省舟山经济开发区新港工业园区 4 号楼 409-2 室（自贸试验区内）
主要办公地点	浙江省舟山经济开发区新港工业园区 4 号楼 409-2 室（自贸试验区内）
法定代表人	于建潮
注册资金	205600 万元人民币
公司类型	有限责任公司（外商投资、非独资）
经营范围	许可项目：港口经营；危险化学品仓储；危险化学品经营；出口监管仓库经营；保税仓库经营；国内船舶管理业务；水路危险货物运输；各类工程建设活动；发电、输电、供电业务；石油、天然气管道储运；货物进出口（依法须经批准的项目，经相关部门批准后方可开展经营活动，具体经营项目以审批结果为准）。一般项目：国际船舶管理业务；技术服务、技术开发、技术咨询、技术交流、技术转让、技术推广；机械设备租赁；非居住房地产租赁；工程管理服务；机械设备销售。（除依法须经批准的项目外，凭营业执照依法自主开展经营活动）
成立日期	2013 年 5 月 15 日

（2）产权控制关系。

交易完成前，新奥科技持有新奥舟山 70.00% 股权，为新奥舟山的控股股东。王玉锁先生通过新奥科技、新奥集团和新奥控股分别控制标的公司 70.00%、15.00%、5.00% 股权，合计控制标的公司 90.00% 的股权，为标的公司实际控制人。

（3）主营业务情况。

新奥舟山主营业务为液化天然气接卸、仓储、液态外输、气化加工及气化外输、管输服务等，属于天然气产业链的重要环节之一。

（二）本次重组的行业背景情况及必要性

1. 响应国家绿色低碳发展战略，助力清洁能源供应安全

2017 年，习近平总书记在党的十九大报告中指出，必须树立和践行"绿水青山就是金山银山"的理念。通过本次交易，新奥股份与新奥舟山可更好地加强协同配合，进一步落实绿色发展战略，发挥一体化优势，优化能源供应结构，全力提升迎峰度夏和冬季保供能力，助力清洁能源供应安全和"双碳"目标实现。

2. 优化公司产业链一体化布局，构建清洁能源新生态

上市公司通过重组新奥能源确立了"天然气产业智能生态运营商"的战略定位，天然气全产业链布局逐步形成。交易完成后，新奥舟山将成为上市公司间接子公司，将增加上中下游的协同合作，在商业模式拓展、业务信息共享、运营成本降低等方面进行整合，进一步夯实和提升在天然气行业领域的领先地位。

3. 提升盈利能力，降低关联交易

通过本次交易，上市公司将置入具有高度协同效应的 LNG 接收站资产，有利

于提升上市公司的经营能力和盈利水平；有利于降低彼此间关联交易，有助于规范上市公司运营，保护上市公司及其中小股东权益。

二、交易的具体方案

（一）交易方案概述

本次交易中，新奥股份拟向新奥科技、新奥集团和新奥控股共3名投资者发行股份及支付现金购买其持有的新奥舟山90%股权。其中，以发行股份的方式购买新奥科技持有的新奥舟山45%股权，以支付现金方式购买新奥科技、新奥集团、新奥控股分别持有的新奥舟山25%、15%和5%的股权。交易完成后，新奥股份通过全资子公司新奥天津间接持有新奥舟山上述90%股权。

（二）交易进程回顾

2021年10月20日，交易双方达成转让意向签署《关于购买资产的意向性协议》。

2021年10月27日，董事会预案披露交易预案。

2022年5月5日，股东大会通过交易预案。

2022年7月29日，收到证监会核发的《关于核准新奥天然气股份有限公司向新奥科技发展有限公司发行股份购买资产的批复》（证监许可〔2022〕1660号）。

2022年8月2日，标的资产在舟山市市场监督管理局办理完成过户变更登记。

（三）交易具体方案详述

1. 发行股份购买资产

上市公司以发行股份方式购买新奥科技持有的新奥舟山45%股权。以2021年12月31日作为基准日，该45%股权的交易对价为427500.00万元。

公司于2022年8月2日实施完成2021年年度权益分派，以总股本2845853619股扣减不参与利润分配的回购股份5808614股及拟回购注销限制性股票150000股，向全体股东每10股派发现金红利3.075元（含税）。因已实施完成2021年年度权益分派，公司对本次重大资产重组事项发行股份购买资产的股份发行价格进行除权除息，发行价格由17.22元/股调整为16.91元/股，发行股份购买资产的股份发行数量相应由248257839股调整为252808988股。具体的支付情况如下。

序号	交易对方	交易价格（万元）	股份支付金额（万元）	股份支付股数（股）调整前	股份支付股数（股）调整后	股份支付比例	现金支付金额（万元）	现金支付比例
1	新奥科技	665000.00	427500.00	248257839	252808988	64.29%	237500.00	35.71%
2	新奥集团	142500.00	—	—	—	—	142500.00	100.00%
3	新奥控股	47500.00	—	—	—	—	47500.00	100.00%
	合计	855000.00	427500.00	248257839	252808988	50.00%	427500.00	50.00%

2. 支付现金购买资产

上市公司拟以支付现金的方式分别购买新奥科技、新奥集团、新奥控股持有的新奥舟山25%、15%和5%的股权。以

2021年12月31日作为基准日，上述45%股权的交易对价为427500.00万元，具体情况如下。

单位：万元

序号	交易对方	以现金对价支付的金额
1	新奥科技	237500.00
2	新奥集团	142500.00
3	新奥控股	47500.00
	合计	427500.00

三、交易的意义和带来的影响

（一）交易标的主要优势

新奥舟山主要负责建设和运营舟山接收站，并与新奥股份高度协同、拥有专业化管理团队，具备显著竞争优势，具体如下：

1. *先发与规模优势*

新奥舟山是较早进入LNG接收站领域的民营企业，具备先发优势；较高的运营效率进一步提升了该先发优势。

2. *地理位置优越*

新奥舟山建设和运营的舟山接收站项目港区前沿水域开阔，地理优势明显。可便捷地服务华东地区并辐射长江沿岸市场；同时靠近日本和韩国，未来可进一步打造东北亚交易中心。

3. *与新奥股份的高度协同*

（1）助力新奥股份天然气全场景数智化建设。交易完成后，新奥舟山将从传统接收站运营模式转型，升级为新奥股份天然气全场景数智化建设的重要应用场景，涵盖智慧交易、多用户智慧调度、智慧安全、智慧外运等多领域，加速公司数智化转型。

（2）协助新奥股份业务创新。交易完成，新奥舟山将协助新奥股份实现包括寻源创新、销售创新、上下游直供模式及接收站罐容交易模式等在内的业务创新，引领行业发展。一方面降低资源成本、提升公司运营效率；另一方面通过持续推进直供、设施能力互换等业务，形成上下游直供模式。此外，将充分利用罐容稀缺资源属性，积极开展罐容交易等创新业务。

（3）经验丰富且专业化的管理团队。标的公司管理层经验丰富，能够敏锐把握行业发展趋势，落实发展战略和经营目标；技术团队运营经验、技能以及行业知识丰富，能确保公司持续顺利运营。

（二）方案对上市公司的影响

本次交易完成后，新奥舟山将成为上市公司的控股子公司，上市公司与标的公司之间的关联交易将得以消除，有助于上市公司规范运营，保护上市公司及其中小股东权益。

本次交易完成后，新奥舟山将纳入上市公司的合并范围，依托其强大的LNG处理能力和储运相关业务，以及较好的盈利能力和发展潜力，进一步开拓市场范围，成为上市公司新的盈利增长点，进一步巩固行业地位和提升核心竞争力。

中国上市公司协会并购融资委员会
中关村国睿金融与产业发展研究会　供稿

辽宁港口收购营口散货等资产交易案例

一、交易背景

(一) 交易双方基本情况

1. 收购方基本情况

辽宁港口股份有限公司（以下简称"辽港股份"）是一间于香港交易所主板上市的中国内地公司，前身为大连港股份有限公司。实控人为招商局集团有限公司。辽港股份是大连港港口物流业务的统一运作平台，并且是东北地区的综合性码头营运商，主要提供：油品/液体化工品码头及相关物流服务；集装箱码头及相关物流服务；汽车码头及相关物流服务；矿石码头及相关物流服务；杂货码头及相关物流服务；散粮码头及相关物流服务；客运滚装码头及相关物流服务；港口增值与支持服务。

2. 出售方基本情况

营口散货由营口港集团持股100%。营口港集团直接、间接持有上市公司69.83亿股，占上市公司总股本的30.87%，为上市公司控股股东。招商局集团为营口港务集团之实际控制人。招商局集团有限公司，为中国中央企业、国有重要骨干企业，前身为成立于1872年的轮船招商局，业务主要集中于交通、金融、城市开发运营三大核心产业。

3. 标的公司基本情况

营口散货为营口港集团在本次交易前新设的全资子公司，截至本公告之日，营口散货未开展实际业务经营。根据营口港集团与营口散货于2021年10月签署的《关于营口港散货码头有限公司之增资协议》，营口港集团将以所持有的鲅鱼圈港区主业资产向营口散货增资，增资资产范围主要包括一港池18#矿石泊位、A港池3#通用泊位及后方堆场和土地、A港池1#－2#成品油和液体化工品泊位及罐区资产和土地、五港池61#－71#通用泊位及配套堆场、四期钢杂7#、4#土地、煤炭业务资产、港口机械设备及不动产、港区生产用土地。增资完成后，营口散货将持有并运营上述鲅鱼圈港区资产。

(二) 本次重组的行业和产业背景情况

1. 深化国资改革，优化国有资产结构，避免同业竞争

本次交易前，上市公司与控股股东由于历史原因，均在营口市鲅鱼圈港区从事港口装卸、仓储及相关服务，存在同业竞争的情况。控股股东营口港集团将本着有利于上市公司发展和维护上市公司全体股东利益尤其是中小股东利益的原则解决同业竞争问题。本次交易完成后，上市公司

与控股股东在营口市鲅鱼圈港区的同业竞争将基本得到消除，将有利于增强上市公司独立性，促进上市公司规范运作，并兑现营口港集团做出的上述承诺。

2. **响应国家号召顺应，行业发展趋势：港口资源一体化、功能多元化、发展低碳化**

目前我国港口行业正处于快速发展阶段，港口资源一体化、功能多元化以及发展低碳化成为当前发展趋势。我国沿海大型港口的建设布局已基本完成，各大港口均在寻找新的发展路径，与相近港口实现一体化运营就是出路之一。近年来，《关于协同推进长三角港航一体化发展六大行动方案》《加快推进津冀港口协同发展工作方案》等多项政策出台，均明确提出要积极推进区域港口一体化发展。本次交易为港口业务资源整合，顺应国家对于推动港口一体化发展的号召，利于统一资源调配，减少资源重复利用，也有利于港口的业务扩张，进一步增强港口竞争力，提高港口企业的经营效益。

（三）本次重组的原因和必要性

本次重组为深入推进辽宁省港口整合，并进一步规范和解决辽宁港口股份有限公司（以下简称"辽港股份"或"上市公司"）与控股股东营口港务集团有限公司（以下简称"营口港集团"或"控股股东"）在本次交易前存在的关联交易、同业竞争问题。同时将优化国有企业资产结构，进一步减少资源重复利用，提高效率及合规性并维护中小股东权益。本次交易亦响应国家对于推进区域港口一体化发展的号召，将有利于港口的业务扩张，进一步增强港口竞争力，提高港口企业的经营效益。

二、交易的具体方案

（一）交易方案概述

辽港股份拟以现金收购营口港集团相关鲅鱼圈港区同业竞争资产，交易对价暂定为852410.80万元，最终交易价格以经招商局集团备案确认的资产评估价格为准。

（二）交易进程和方案确定过程回顾

2021月10月28日，辽宁港口股份有限公司发布关于公司资产收购暨关联交易公告。

2021年10月28日，营口港务集团有限公司拟将所持营口港散货码头有限公司股权转让给辽港控股（营口）有限公司项目资产评估报告。

2021年11月24日，辽宁港口股份有限公司公布2021年第四次临时股东大会会议资料。

2021年12月21日，辽宁港口股份有限公司发布关于公司资产收购暨关联交易之标的股权完成工商变更的公告。

（三）交易具体方案详述

1. **发行股份购买资产**

现金收购营口港集团持有的营口散货100%股权，交易对价暂定为729944.37

万元，最终交易价格以经招商局集团备案确认的资产评估价格为准。

2. 定价依据及交易价格

现金收购营口港集团持有的用于港口生产及辅助业务经营性资产，交易对价暂定为 122466.43 万元，最终交易价格以经招商局集团备案确认的资产评估价格为准。本次交易完成后，上市公司将持有上述鲅鱼圈港区业务资产，与控股股东在鲅鱼圈港区的同业竞争问题将得到基本解决。营口散货持有的鲅鱼圈港区一港池 18#矿石泊位、A 港池 3#通用泊位、A 港池 1#－2#成品油和液体化工品泊位、五港池 61#－71#通用泊位以及部分土地使用权资产已由上市公司下属子公司租赁使用，交易完成后，上市公司与控股股东的关联租赁金额将得到减少。

三、交易的意义和带来的影响

（一）交易标的的主要优势

营口港散货拥有泊位及土地等优质资产，交易后将深化推进辽宁省港口整合，打造辽宁港口集团有限公司旗下港口主业统一运营平台的重要举措，通过收购资产，上市公司可进一步整合鲅鱼圈码头资源，并加强对已运营各码头泊位的统筹控制，优化港口资源调配能力，提升上市公司经营管理效率。同时，依托于上市公司的良好资信情况，辽港股份可通过本次交易以较低融资成本收购收益水平较好的标的资产，并节约租赁码头泊位及土地的租金支出，有利于增厚上市公司股东收益。

（二）方案对上市公司的短期收益

本次交易完成后，上市公司将拥有营口港散货泊位及土地等稀缺优质资产，可节约租赁码头泊位及土地的租金支出，并减少资源浪费。上市公司合并报表资产规模将得到扩大，根据公司以 2021 年 6 月 30 日为基准日，未经审计的模拟合并标的资产后备考财务报表，公司总资产规模将由 536.04 亿元增加至 586.32 亿元，增长 9.38%。营口散货持有的鲅鱼圈港区一港池 18#矿石泊位、A 港池 3#通用泊位、A 港池 1#－2#成品油和液体化工品泊位、五港池 61#－71#通用泊位以及部分土地原为上市公司控股子公司向营口港集团租赁并实际使用，本次交易完成后，相关资产将由上市公司控股子公司持有，上市公司与控股股东之间将不再产生上述资产租赁，有利于减少和规范关联交易。

（三）方案对上市公司未来发展的长期影响

本次交易完成后，上市公司与控股股东在营口市鲅鱼圈港区的同业竞争将基本得到消除，将有利于增强上市公司独立性，促进上市公司规范运作，并兑现营口港集团做出的上述承诺。上市公司深化推进辽宁省港口整合，打造辽宁港口集团有限公司旗下港口主业统一运营平台的重要举措，通过收购资产，上市公司可进一步整合鲅鱼圈码头资源，并加强对已运营各码头泊位的统筹控制，优化港口资源调配能力，提升上市公司经营管理效率。同时，依托于上市公司的良好资信情况，辽港股份可通过本次交易以较低融资成本收购收益水平较好的标的资产，有利于增厚上市公司股东收益。通过本次交易收购优质资产，公司货物吞吐量将得到提升，有利于公司释放规模效应，提升市场地位。

四、交易亮点

（一）交易方案的创新性和特点

本次交易顺应深化国企改革方案，提高国有资产管理效率，减少国有资源重复利用。同时积极响应了国家对于区域港口一体化发展的号召，将港口资源进行有效整合。避免了国有企业中同业竞争，降低管理成本，发挥协同效应及规模效应，减少资源重复利用，增加上市公司盈利能力。

（二）其他方面特殊影响

港口建设与发展在我国政策中一直处于较为重要的战略地位。《中华人民共和国国民经济和社会发展第十四个五年规划和2035年远景目标纲要》中提及要加快建设交通强国，加快建设世界级港口群和机场群，推进基础设施互联互通，以铁路、港口、管网等为依托的互联互通网络，打造国际陆海贸易新通道。本次交易后将壮大原有上市公司资产，增强上市公司在港口建设运营方面的竞争力。

中国上市公司协会并购融资委员会
中关村国睿金融与产业发展研究会　供稿

爱美客收购 HuonsBio 股权交易案例

一、交易背景

(一) 交易双方基本情况

1. 收购方基本情况

爱美客技术发展股份有限公司（以下简称"爱美客"）成立于2004年，公司立足于生物医用软组织修复材料的研发和转化，是国内生物医用软组织材料创新型的领先企业，已成功实现透明质酸钠填充剂系列产品及面部埋植线的产业化。公司在2009年成为国内首个获得国家食品药品监督管理总局（CFDA）批准的注射用透明质酸钠Ⅲ类医疗器械证书的企业，填补了医美领域的空白；在2019年，再次成为国内首个获得NMPA（原CFDA）批准的面部埋植线Ⅲ类医疗器械证书的企业；爱美客坚持自主研发和创新，多次填补了国内市场的空白，带动国内行业技术的升级。2020年9月，爱美客成功登陆A股市场，开启了新征程。未来，爱美客将继续秉承"创造感动"的理念，服务于国家大健康发展战略，满足人民群众日益增长的美好生活需求，把公司打造成为技术领先、产品具有国际竞争力的知名企业。

2. 出售方基本情况

HuonsGlobal是韩国知名制药及医疗器械企业，2006年在韩国上市。其主营业务覆盖大健康多个领域，包括药物、医疗器械、美容产品、特种医药，知名产品包括德玛莎水光注射仪、艾莉薇玻尿酸、Hutox肉毒毒素。

3. 标的公司基本情况

HuonsBio分拆前是HuonsGlobal的肉毒毒素业务部门，其肉毒毒素产品Hutox于2019年4月在韩国取得产品注册证。2021年4月，HuonsBio从HuonsGlobal分拆设立，目前是HuonsGlobal全资子公司。

(二) 本次重组的行业和产业背景情况

中国医疗美容肉毒毒素市场规模较大，且增速较快。受益于注射类医疗美容服务的不断发展，以及最近肉毒毒素类产品的审批种类不断增多，预计中国医疗美容肉毒毒素产品整体市场规模将进一步扩大。艾媒咨询近期发布的《2021年中国轻医美行业研究及产业链分析报告》指出，2019年中国正规渠道肉毒素市场规模为48.6亿元，同比增长24%，中国肉毒素占非手术类医美项目比例为32.7%，与世界各国相比占比较低，远低于美国的76.1%。但随着人们消费水平和对轻医美接受程度的提高，肉毒素项目的不断普及，肉毒素的市场规模有望持续扩张。

目前，全球生物医药产业呈现高速发

展的态势，医疗美容作为新兴医药产业细分领域发展尤为迅猛。在医美领域中，韩国医药产业已在全球范围内形成了一定的领先优势，研发实力和产业发展领先全球，尤其以透明质酸钠和肉毒毒素等高端生物制品的研发和生产而闻名全球。此类生物医用材料行业本身具备技术、资质与资金的三重壁垒。HuonsBio的主营业务为以A型肉毒毒素产品为代表的医美相关生物制品的研发、生产和销售，其产品已经在韩国和欧美地区获批上市。

随着老龄人口的增多，肉毒毒素治疗的临床应用不断发掘，新的肉毒毒素制剂将不断被开发出来，新适应症审批的增多，预计肉毒毒素产品还将保持长期快速发展。

医美行业去皱三个发展方向分别为玻尿酸、肉毒素、埋线。爱美客目前主要收入来源为玻尿酸，其次也涵盖了埋线业务。此次交易后爱美客医美去皱地闭环，涵盖了目前市场上主流的去皱的三个发展方向。

（三）本次重组的原因和必要性

爱美客将与HuonsBio形成积极的信息共享机制和良好的协同效应，带动双方在医美市场领域产品的研发和销售。本次交易符合公司战略定位及战略选择需求，增强上市公司与标的公司的资源整合，实现了双方的协同效应，有助于公司核心竞争优势的稳固。

爱美客借助自身优势与HuonsBio强强联合、优势互补，提升彼此国际化战略布局。纵观进入国内医美市场的国际制药公司及品牌，大多数公司只有旗下某单一品类成功进入国内市场。爱美客与HuonsBio的深度合作，以中国国内市场为着力点，放眼全球市场形成强有力的战略布局。

随着老龄人口的增多，肉毒毒素治疗的临床应用不断发掘，新的肉毒毒素制剂将不断被开发出来，新适应症审批的增多，预计肉毒毒素产品还将保持长期快速发展。本次交易可实施性强、风险可控，能够有效提高公司的投资回报率和股东价值，进一步加强公司品牌影响力和创新的核心竞争力。

爱美客聚焦于医疗美容行业，通过自主研发先后推出了多款医疗美容注射类透明质酸钠系列产品。爱美客和HuonsGlobal合作的A型肉毒毒素产品在国内已经进入临床试验阶段。在此基础上，公司投资HuonsBio有利于双方进一步深度合作，使肉毒毒素产品作为公司新的增长点，丰富了公司的产品品类，拓展公司国内市场，提升公司产品未来市场空间。

二、交易的具体方案

（一）交易方案概述

爱美客（300896.SZ）于2020年成功IPO并募资34亿元，其中超募15亿元。该公司公告拟使用超募资金8.85亿元人民币对境外公司HuonsBioPharmaCo., Ltd.（以下简称"HuonsBio"）进行增资、收购合计25.4%的股份。

（二）交易进程和方案确定过程回顾

2021年6月24日，爱美客发布关于使用部分超募资金增资暨收购韩国HuonsBioPharmaCo., Ltd.部分股权的公告。

2021年6月24日，收到深圳证券交易所关注函。

2021年7月2日，于对深圳证券交易所关注函回复，北京中企华关注函资产评估关于爱美客增资暨收购项目相关问题的答复及核查意见。

2021年7月20日，海润天睿关于爱美客使用部分超募资金增资暨收购股权相关审议、审批程序之法律意见。

2021年10月22日，使用部分超募资金增资暨收购韩国HuonsBioPharmaCo., Ltd.部分股权完成交割。

（三）交易具体方案详述

本次交易爱美客技术发展股份有限公司（以下简称"爱美客"或"公司"）拟使用1018.9840亿韩元（折合约5.81亿元人民币的超募资金），对HuonsBioPharmaCo., Ltd.（以下简称"HuonsBio"或"标的公司"）增资认购标的公司800000股股份；公司拟使用534.9666亿韩元（折合约3.05亿元人民币的超募资金），收购HuonsGlobalCo., Ltd.（以下简称"HuonsGlobal"或"交易对手方"）持有的标的公司8.8%的股权计420000股股份。本次增资和收购完成后，爱美客合计持有HuonsBio1220000股股份，持股比例25.4%。

三、交易的意义和带来的影响

（一）交易标的的主要优势

HuonsBio的最主要价值为其持有的肉毒毒素生产专利技术。由于肉毒毒素为高科技生物制品的研发难度大，市场进入门槛高，目前全球市场上肉毒毒素生产企业仅少数几家。因此，HuonsBio具有较高的核心资产价值。

（二）方案对上市公司的短期收益

形成积极的信息共享机制和良好的协同效应，带动双方在医美市场领域产品的研发和销售。一方面，巩固与HuonsGlobal之间的友好合作关系，以熟悉、引进海外前沿技术，对原有技术进行更新，弥补在肉毒素相关产品研发上的薄弱之处；另一方面，Hutox已经在韩国和欧美地区获批上市，有利于公司对全球不同地区生物制品的研发、注册申报、市场竞争等方面增进了解，为下一步将公司产品在全球进行专利注册申请、开拓海外市场做准备。提高募集资金使用效率，本次项目的对价拟使用超募资金支付，可以有效提高公司的资金使用效率。

（三）方案对上市公司未来发展的长期影响

将拓展海外市场，提升公司国际化战略布局能力。爱美客与HuonsBio的深度合作，以中国国内市场为着力点，放眼全球市场形成强有力的战略布局。

拓展公司国内市场，提升公司产品未来市场空间。爱美客聚焦于医疗美容行业，通过自主研发先后推出了多款医疗美容注射类透明质酸钠系列产品。爱美客和HuonsGlobal合作的A型肉毒毒素产品在国内已经进入临床试验阶段。在此基础上，公司投资HuonsBio有利于双方进一步深度合作，使肉毒毒素产品作为公司新的增长点，丰富了公司的产品品类，拓展公司国内市场，提升公司产品未来市场空间。

本次交易符合公司长期战略发展方向，有助于公司核心业务的长足发展，进一步提升在国内外市场的影响力，能够有效提高公司的投资回报率和股东价值，进一步加强公司品牌影响力和创新的核心竞争力。

四、交易亮点

（一）交易方案的创新性和特点

本次交易为同行业投资，在符合上市公司长期战略发展下，在医美抗皱全产业链上的布局。在丰富了公司产品品类的前提下，巩固了双方的合作的同时为未来深度合作奠定基础。为上市公司带来新的业绩增长点，增加上市公司的盈利能力，巩固公司行业地位，增强上市公司的抗风险能力。本次交易的对价拟使用超募资金支付，可以有效提高公司的资金使用效率。

（二）其他方面特殊影响

肉毒素市场是一个竞争极为困难的市场，多年以来，国内市场由美国保妥适、国产衡力两款产品占据，虽然2020年韩国乐提葆和英国吉适突破重围上市，但截至目前，其分割的市场份额依然屈指可数，线上交易平台数据显示，2021年1~4月乐提葆和吉适订单量仅占据肉毒素市场5%的份额。HuonsBio肉毒毒素产品已于2020年获得临床许可，预计最快2024年有望国内获批。获批后将成为国内第五家获批的肉毒毒素企业。

中国上市公司协会并购融资委员会
中关村国睿金融与产业发展研究会　　供稿

山西焦煤收购华晋焦煤及明珠煤业股权案例

一、交易背景

(一) 交易相关各方基本情况介绍

1. 收购方基本情况

本次交易收购方为是深交所主板上市公司山西焦煤集团能源股份有限公司（以下简称"山西焦煤"）。山西焦煤主营业务是煤炭的生产、洗选加工、销售及发供电，矿山开发设计施工、矿用及电力器材生产经营等；公司所属矿区资源储量丰富，煤层赋存稳定，特别是在冶炼煤中；公司的冶炼精煤具有低灰分、低硫分、结焦性好等优点，是稀缺、保护性开采煤种。公司的冶炼精煤在市场上有较强的竞争力，在国内冶炼精煤供给方面具有重要地位。

2. 出售方基本情况

本次交易的出售方是持有华晋焦煤有限责任公司（以下简称"华晋焦煤"）51.00%股份的山西焦煤集团有限责任公司（以下简称"焦煤集团"）以及持有山西华晋明珠煤业有限责任公司（以下简称"明珠煤业"）49.00%股权的李金玉及高建平。

3. 标的公司基本情况

本次交易的标的资产为焦煤集团持有的分立后存续的华晋焦煤51%股权，以及李金玉、高建平合计持有的明珠煤业49%股权。

华晋焦煤及明珠煤业主要经营煤炭开采、加工（原煤、精煤、焦炭及副产品）及销售，主要产品为主焦煤，按品类主要分为洗精煤、中煤、泥煤及矸石。华晋焦煤拥有丰富的优质煤炭资源，井田面积159.60平方公里，地质储量23.19亿吨，设计产能1190万吨/年；华晋焦煤现有煤矿四座，沙曲一矿、沙曲二矿、吉宁煤业吉宁矿、明珠煤业明珠矿，设计生产能力分别为500万吨/年、300万吨/年、300万吨/年及90万吨/年，合计为1190万吨/年。

(二) 本次重组的行业和产业背景情况

1. 深化供给侧改革，顺应煤炭产业政策

煤炭是我国的主要能源和重要工业原料，其可持续发展关系国民经济健康发展和国家能源安全。近年来，国家出台了一系列政策，深入推进煤炭供给侧改革。

在深化供给侧改革、提高能源发展质量的背景下，焦煤集团通过资产证券化方式推动旗下优质煤炭资产整合，依托资本市场部署大型煤矿的智能化升级和精益化管理，符合当前煤炭产业政策的政策导向。

山西焦煤收购华晋焦煤及明珠煤业股权案例

2. 煤炭仍是我国最安全可靠的一次能源

最近 20 年，全球变暖、冰川融化、海平面上升、雾霾天气等一系列现象表明温室效应带来的气候变化正严重影响着人类未来生存。随着世界各国对全球气候变化的逐渐重视，碳达峰、碳中和等一系列碳排放规划逐步落地，我国能耗双控和煤炭减量步伐加快。但 2021 年以来，极端天气不断，海外疫情反复，我国国内能源供给面临新的挑战，煤炭作为我国最重要的一次能源，其保供稳价关乎国计民生。

未来随着国内经济稳定恢复，煤炭需求将随着能源需求的增加保持增长态势。此次能源紧缺表明，我国煤炭市场仍存在较大结构性、时段性、区域性供需偏紧的情况，本次交易有利于进一步释放优质煤炭产能，响应党和国家安全稳定供应能源的重大战略部署。

（三）本次重组的原因及必要性

随着煤炭行业近年来的快速发展，新矿井及所属配套选煤厂的投产建成，煤炭资源整合的推进，焦煤集团和山西焦煤部分产品有了同质性，产生了一定程度的同业竞争。由于山西焦煤在材料采购、固定资产租赁、部分产品销售和保证公司必需的经营辅助服务等方面需要获得控股股东支持和充分利用大集团的优势，关联交易在一定程度上不可避免。

通过本次重组，将标的公司注入上市公司，纳入上市公司合并范围，推动煤炭资源整合，打造焦煤板块龙头上市公司，减少上市公司与控股股东之间同业竞争，降低彼此间关联交易，有助于上市公司规范运营，保护上市公司及其中小股东权益，有助于释放先进产能，提升上市公司在焦煤板块的产业集中度、市场话语权、行业影响力和核心竞争力。

二、交易的具体方案

（一）交易方案概述

山西焦煤拟通过发行股份及支付现金方式购买焦煤集团持有的分立后存续的华晋焦煤 51% 股权、购买李金玉及高建平合计持有的明珠煤业 49% 股权。根据评估结果并经交易各方友好协商，标的资产总对价为 704193.05 万元，其中 598564.09 万元对价由上市公司以发行股份形式支付，105628.96 万元对价以现金形式支付。

（二）交易进程和方案确定过程回顾

2021 年 8 月 9 日，山西焦煤能源集团股份有限公司发布关于筹划重大资产重组事项的停牌公告；

2021 年 8 月 19 日，山西焦煤第八届董事会第六次会议决议通过了《关于公司发行股份及支付现金购买资产并募集配套资金暨关联交易符合相关法律法规的议案》；

2021 年 8 月 20 日，山西焦煤披露本次交易的正式方案；

2022 年 3 月 10 日收到山西省国有资本运营有限公司《关于焦煤集团旗下山西焦煤发行股份及支付现金购买资产并募

集配套资金事项的批复》（晋国资运营函[2022]66号）；

2022年12月29日，山西焦煤能源集团股份有限公司收到中国证券监督管理委员会（以下简称"中国证监会"）《关于核准山西焦煤能源集团股份有限公司向山西焦煤集团有限责任公司等发行股份购买资产并募集配套资金的批复》（证监许可[2022]3240号）；

2023年1月12日，公司本次发行股份购买资产的新增股份登记已办理完毕。公司本次发行股份数量为1106403128股（有限售条件的流通股），已登记至交易对方名下。

（三）交易具体方案详述

1. 发行股份购买资产

（1）发行股份的种类、面值及上市地点。

本次发行股份及支付现金购买资产所发行股份为境内上市的人民币A股普通股，每股面值1.00元，上市地点为深交所。

（2）发行方式及发行对象。

本次发行股份及支付现金购买资产中，发行股份的发行方式为非公开发行，发行对象为焦煤集团、李金玉、高建平。

（3）发行价格。

经交易各方协商，确定本次发行股份及支付现金购买资产项下的股份发行价格为6.21元/股，不低于定价基准日前120个交易日上市公司股票交易均价的90%。

山西焦煤2021年年度股东大会审议通过了2021年权益分派方案，向全体股东每10股派8.00元人民币现金，考虑上述权益分派的影响，本次发行股份及支付现金购买资产的发行价格调整为5.41元/股。

2. 发行股份募集配套资金

上市公司拟向不超过35名特定投资者非公开发行股份募集配套资金，募集配套资金总额不超过44亿元，且不超过本次交易中上市公司以发行股份方式购买资产的交易价格的100%，发行股份数量不超过上市公司本次交易前总股本的30%，即1228968000股。发行股份数量最终以上市公司股东大会审议通过且经中国证监会核准的数量为准。本次募集配套资金的发行价格不低于募集配套资金之非公开发行股票发行期首日前20个交易日上市公司股票交易均价的80%。

本次募集配套资金扣除中介机构费用及其他相关费用后，将用于投入沙曲一二号煤矿智能化项目、沙曲一二号煤矿瓦斯综合开发利用项目、支付本次交易的现金对价及偿还银行贷款。

3. 发行股份数量

上市公司本次交易向交易对方发行股票数量合计为1106403128股，具体情况如下。

标的资产	交易对方	交易价格（万元）	现金对价（万元）	股份对价（万元）	股份数量（股）
华晋焦煤51%股权	焦煤集团	659929.80	98989.47	560940.33	1036858280
明珠煤业49%股权	李金玉	22583.29	3387.49	19195.80	35482065
	高建平	21679.96	3251.99	18427.97	34062783

山西焦煤收购华晋焦煤及明珠煤业股权案例

4. 业绩承诺及股份锁定期

（1）业绩承诺。

本次交易的业绩承诺期为本次交易实施完毕的当年及此后连续两个会计年度，即：2022年、2023年、2024年。如果本次交易在2022年12月31日前未能实施完毕，即实际于2023年实施完毕，则业绩承诺期间将相应顺延，即业绩承诺期为2023年、2024年、2025年。

①华晋焦煤业绩承诺。若本次交易于2022年度实施，焦煤集团承诺，华晋焦煤在业绩承诺期内各年度的扣除非经常性损益后归属于母公司的净利润（以下简称"年度承诺净利润"）及各年度承诺净利润之和（以下简称"累计承诺净利润"）不低于如下。

各年度承诺净利润（万元）			累计承诺净利润（万元）
2022年	2023年	2024年	
209862.52	136574.56	145745.94	492183.02

若本次交易于2023年度实施，焦煤集团承诺，华晋焦煤在业绩承诺期内各年度的扣除非经常性损益后归属于母公司的净利润及各年度承诺净利润之和不低于如下。

各年度承诺净利润（万元）			累计承诺净利润（万元）
2023年	2024年	2025年	
136574.56	145745.94	160204.99	442525.49

②采矿权资产组业绩承诺。参与业绩承诺的采矿权资产组如下。

序号	采矿权名称	华晋焦煤对其持有比例
1	华晋焦煤有限责任公司沙曲一号煤矿	100%
2	华晋焦煤有限责任公司沙曲二号煤矿	100%
3	山西华晋吉宁煤业有限责任公司吉宁煤矿	51%
4	山西华晋明珠煤业有限责任公司明珠煤矿	51%

若本次交易于2022年度实施，焦煤集团承诺，采矿权资产组在业绩承诺期内各年度实现的净利润数（扣除非经常性损益后，且按持有比例计算后的合计数）及累计数不低于如下。

各年度承诺净利润（万元）			累计承诺净利润（万元）
2023年	2024年	2025年	
101227.35	115471.07	190030.09	406728.52

若本次交易于2023年度实施,焦煤集团承诺,采矿权资产组在业绩承诺期内各年度实现的净利润数(扣除非经常性损益后,且按持有比例计算后的合计数)及累计数不低于如下。

各年度承诺净利润(万元)			累计承诺净利润(万元)
2023年	2024年	2025年	
115471.07	190030.09	205328.74	510829.90

(2)股份锁定期。

交易对方焦煤集团承诺在本次交易中以资产认购取得的上市公司非公开发行的股份,自股份发行结束之日起36个月内将不以任何方式转让,包括但不限于通过证券市场公开转让或通过协议方式转让,但是,在适用法律许可的前提下的转让不受此限(包括但不限于因业绩补偿而发生的股份回购行为)。本次重组完成后6个月内,如上市公司股票连续20个交易日的收盘价低于发行价,或者本次重组完成后6个月期末收盘价低于发行价的,焦煤集团持有前述股票的锁定期自动延长6个月。

交易对方李金玉、高建平承诺在本次重组中以资产认购取得的上市公司非公开发行的股份,自发行结束之日起12个月内将不以任何方式转让,包括但不限于通过证券市场公开转让或通过协议方式转让,但是,在适用法律许可的前提下的转让不受此限。

三、交易的意义和带来的影响

(一)交易标的的主要优势

华晋焦煤主要开发建设河东煤田的离柳矿区和乡宁矿区,离柳矿区煤种具有低灰、低硫、特低磷、高发热量、强粘结性的特点,是国内稀缺的优质主焦煤,大型钢铁企业冶炼高炉的骨架原料;乡宁矿区煤种主要为中灰、低硫、特低磷的瘦煤,是优质的配焦煤。根据《全国矿产资源规划(2016-2020年)》,标的公司下属矿井所在矿区属于国家规划矿区,根据《特殊和稀缺煤类开发利用管理暂行规定》,离柳矿区和乡宁矿区产出的焦煤、肥煤、瘦煤属于被列入保护性开采范围的特殊及稀缺煤类。

(二)方案对上市公司的短期收益

通过本次交易,上市公司能够实现对优质煤炭资源的整合,增强上市公司实力。通过发行股份及支付现金购买资产并配套募集资金,能够大幅提升公司的资本实力和净资产规模,大幅提升公司抵御风险的能力。同时,通过配套募集资金偿还银行贷款,能够有效改善公司的财务结构,减轻公司的财务压力,降低公司的财务费用,实现盈利能力的提升。

(三)方案对上市公司未来发展的长期影响

通过本次重组将华晋焦煤注入上市公

司，纳入上市公司合并范围，推动煤炭资源整合，打造焦煤板块龙头上市公司，减少上市公司与焦煤集团之间同业竞争，降低彼此间关联交易。有助于上市公司规范运营，保护上市公司及其中小股东权益，有助于释放先进产能，提升上市公司在焦煤板块的产业集中度、市场话语权、行业影响力和核心竞争力。

四、交易亮点

（一）交易方案的创新性和特点

将标的公司注入上市公司，响应国家、山西省委和省政府关于深化国企改革战略部署，有利于提升国有资产证券化率；还将推动煤炭资源整合，打造焦煤板块龙头上市公司。

（二）其他方面特殊影响

近年来，伴随着绿色发展理念及煤炭行业积极化解过剩产能等政策的推行，小、弱、危型煤企的生存空间被进一步挤压，大型综合性优质煤炭企业优势将更加凸显。

大型煤炭企业在企业转型、低碳投入、煤炭清洁化等方面处于相对优势的地位。随着煤炭企业的不断整合，企业实力进一步提升，将推动全国煤炭行业实现良性发展。

中国上市公司协会并购融资委员会
中关村国睿金融与产业发展研究会　供稿

柳工股份吸收合并柳工有限案例

一、交易背景

（一）交易相关各方基本情况介绍

1. 收购方基本情况

本次交易收购方为是深交所主板上市公司广西柳工机械股份有限公司（以下简称"柳工股份"）。柳工股份是中国工程机械第一家上市公司，主营业务为工程机械及关键零部件的研发、生产、销售和服务的行业大型骨干企业。

2. 出售方基本情况

本次交易的出售方是持有广西柳工集团机械有限公司（以下简称"柳工有限"）股份的所有股东。

3. 标的公司基本情况

柳工有限于2019年11月成立，目前主要通过下属子公司开展工程机械制造及配件、预应力产品和农业机械等板块业务，主要产品包括柳工品牌装载机、挖掘机、矿山机械等工程机械产品及配件；欧维姆品牌的斜拉索系统等预应力产品；甘蔗收获机及全程配套机具等农业机械产品；此外还包括混凝土泵车等建筑机械、工业机器人、气体压缩机等其他产品。

（二）本次重组的行业和产业背景情况

1. 继续深化混合所有制改革，实现国有资产的保值增值

2015年党中央、国务院颁布了《关于深化国有企业改革的指导意见》，并前后出台近30个配套文件，形成了"1+N"系列指导文件，标志着国企改革顶层设计基本完成，至此分类、分层推进国有企业混合所有制改革成为重中之重。《关于国有企业发展混合所有制经济的意见》《关于鼓励和规范国有企业投资项目引入非国有资本的指导意见》《关于国有控股混合所有制企业开展员工持股试点的意见》等文件，为混改明确了原则、方式以及关键点。党的十九大进一步提出"深化国有企业改革，发展混合所有制经济，培育具有全球竞争力的世界一流企业"。对国有企业深化改革，实现高质量发展，提出了更高的要求。

2019年，广西国资委印发《自治区国资委监管企业高质量发展三年行动方案（2019~2021年）》，明确提出了鼓励发展混合所有制经济，积极推进主业处于充分竞争行业和领域的国有企业混合所有制改革，引导子公司层面有序推进混合所有制改革；同时加快推进条件成熟企业上市步

伐，已有上市公司的企业要充分利用上市公司平台，通过注入优质企业和资产的方式，待时机成熟时实现整体上市。

2. 立足自主创新，努力建设区域性先进制造业中心

习近平总书记在近期广西考察调研时指出，高质量发展是"十四五"时期我国经济发展的必由之路，装备制造业高质量发展更是重中之重。柳工作为中西部的重要制造业企业，拥有国家唯一的土方机械工程研究中心，汇聚1000余名研1-2-52发技术工程师，探索智能化、电动化、大数据等前沿科技，实现核心零部件技术自主可控，有效解决卡脖子问题。

3. 改革体制机制，更好地适应工程机械行业的竞争格局

工程机械行业是一个高度市场化竞争的行业，柳工虽在区位方面不占优势，但经过长期发展积累，在技术、产品上厚积薄发，在全球产业整合上步步为营，在营销模式创新上推陈出新，逐步在业绩、经营质量等各个指标上确立了行业竞争优势。未来十年是充满挑战的时代，面对管理体制、组织架构和决策效率占优的大型国际竞争对手，以及运营效率和市场反应速度占优的民企竞争对手，国内外市场的竞争将更为激烈。柳工必须主动改革，才能立于不败之地。

（三）本次重组的原因及必要性

1. 壮大主体企业，实现跨越式发展

本次交易完成后，柳工有限旗下工程机械主业优质资产将整体注入柳工股份，柳工股份的主营业务得到进一步拓展与延伸。届时柳工股份除了拥有挖掘机、装载机等传统核心业务外，还将获得农机、高技术缆索配套等具备高成长性的新产品、新业务。此外，柳工股份也将通过管理和平台赋能，进一步提升标的资产的营收水平，为柳工股份的壮大和跨越式发展提供了坚实保障。

2. 完善体制机制，打造具有市场竞争力的新型国企

本次交易完成后，柳工股份股权结构将进一步优化，在激烈的工程机械行业竞争中，形成不输同行的市场化体制机制，从而打造具有市场竞争力的新型国企。一是可以发挥国有控股股东资源优势和多元股东的市场化决策优势，国有民营融合发展；二是通过吸收合并的方式，压缩企业内部管理层级，实现更为扁平化的管理架构，提高决策效率；三是通过核心骨干持股，公司业绩与员工利益的关联度将进一步增加，有利于员工队伍的长期稳定，并充分调动和发挥了公司骨干员工的积极性。

3. 有效减少同业竞争和关联交易，增强上市公司独立性

本次交易前，柳工股份与柳工有限下属部分公司和业务存在同业竞争，另外与柳工有限及其子公司存在日常关联交易，本次交易后，柳工有限注销，柳工股份作为存续公司承继及承接柳工有限的全部资产，有利于减少同业竞争和关联交易，增强柳工股份的独立性，进一步促进柳工股份规范化运作，切实保护柳工股份及中小股东的合法权益。

二、本次交易的具体方案

（一）交易方案概述

上市公司拟向柳工有限的全体股东柳工集团、招工服贸、双百基金、国家制造业基金、诚通工银、建信投资、广西国企改革基金、常州嘉佑及中证投资发行股份，吸收合并柳工有限。上市公司为吸收合并方，柳工有限为被吸收合并方。本次吸收合并完成后，上市公司作为存续公司承继及承接柳工有限的全部资产、负债、业务、人员及其他一切权利与义务，柳工有限的法人资格将被注销，柳工有限持有的上市公司股份将被注销，柳工集团、招工服贸、双百基金、国家制造业基金、诚通工银、建信投资、广西国企改革基金、常州嘉佑、中证投资将成为吸收合并后上市公司的股东。

（二）交易进程和方案确定过程回顾

2021年1月15日，柳工股份发布广西柳工机械股份有限公司关于筹划重大资产重组事项的停牌公告；

2021年1月28日，柳工股份召开第八届董事会第三十次会议审议通过吸收合并广西柳工集团机械有限公司的预案及相关议案；

2021年1月29日，柳工股份披露本次交易的正式方案；

2021年5月25日，广西国资委作出《自治区国资委关于广西柳工机械股份有限公司与广西柳工集团机械有限公司资产重组有关问题的批复》（桂国资复〔2021〕74号）；

2021年12月20日，柳工股份收到中国证券监督管理委员会（以下简称"中国证监会"）《关于核准广西柳工机械股份有限公司向广西柳工集团有限公司等发行股份吸收合并广西柳工集团机械有限公司的批复》（证监许可［2021］4021号）；

2022年3月4日，公司本次发行股份购买资产的新增股份登记已办理完毕。公司本次发行股份数量为991782278股（有限售条件的流通股），已登记至交易对方名下。

（三）交易具体方案详述

1. 发行股份购买资产

（1）发行股份的种类、面值及上市地点。

本次发行股份种类为人民币普通股（A股），每股面值为人民币1.00元。

（2）发行方式及发行对象。

本次吸收合并的发行方式为非公开发行，发行对象为柳工有限的全体股东柳工集团、招工服贸、双百基金、国家制造业基金、诚通工银、建信投资、广西国企改革基金、常州嘉佑及中证投资。

（3）发行价格。

交易各方确定本次吸收合并的新增股份发行价格按照定价基准日前20个交易日柳工股份股票交易均价的90%（计算结果向上取整至小数点后两位，即7.07

元/股）与柳工股份2020年12月31日经审计的归属于母公司普通股股东的每股净资产值（计算结果向上取整至小数点后两位，即7.77元/股）的孰高值确定，最终发行价格确定为7.77元/股。

2021年3月25～26日，柳工股份第八届董事会第三十一次会议审议通过了2020年度利润分配预案，以预案公布前的最新股本总额1475240876股为基数，向全体股东每10股派现金红利2.80元（含税）。本次利润分配预案已经2021年5月31日柳工股份2020年度股东大会审议通过。本次吸收合并的新增股份发行价格相应调整为7.49元/股。

2. 发行股份数量

本次交易中标的资产作价742844.93万元，按照发行价格7.49元/股计算，发行股份数量为991782278股。本次交易后，柳工有限持有的柳工股份511631463股股票将被注销，因此本次交易后实际新增股份数量为480150815股。交易对方就本次交易并获取的柳工股份数量情况如下。

序号	交易对方	交易对价（万元）	发行股份数量（股）
1	柳工集团	378850.97	505809038
2	招工服贸	112999.70	150867425
3	双百基金	74784.58	99845895
4	国家制造业基金	40509.33	54084549
5	诚通工银	38910.27	51949632
6	建信投资	37311.22	49814716
7	广西国企改革基金	32514.06	43409966
8	常州嘉佑	23766.69	31731224
9	中证投资	3198.10	4269833
	合计	742844.93	991782278

3. 业绩承诺及股份锁定期

（1）业绩承诺。

柳工集团确认并承诺，业绩承诺资产于2021年度、2022年度、2023年度经审计的收入分成额（以下简称"承诺收入分成数"）不低于1699.76万元、1404.85万元、999.48万元；如本次交易未能于2021年12月31日前实施完毕，则柳工集团承诺业绩承诺资产于2022年度、2023年度、2024年度经审计的收入分成额不低于1404.85万元、999.48万元、466.29万元。其中，收入分成额＝业绩承诺资产相关的营业收入×收入分成率。

（2）股份锁定期。

①柳工集团。柳工集团在本次交易中以资产认购取得的上市公司股份，自本次发行结束之日起36个月内不得转让；本次发行完成后6个月内如上市公司股票连续20个交易日的收盘价低于本次交易所发行股份的发行价格（在此期间，上市公司如有派息、送股、资本公积转增股本等除权、除息事项，须按照中国证监会、深交所的有关规定作相应调整，下同），或者本次发行完成后6个月期末收盘价低

于本次交易所发行股份的发行价格，则柳工集团以资产认购取得的股份将在上述锁定期基础上自动延长6个月。

②常州嘉佑。常州嘉佑在本次交易中以资产认购取得的上市公司股份，自本次发行结束之日起36个月内不得转让。

③其他公司。招工服贸、双百基金、国家制造业基金、诚通工银、建信投资、广西国企改革基金、中证投资因本次交易而取得上市公司的股份时，如前述公司/企业持有柳工有限股权的时间已满12个月，则前述公司/企业在本次交易中以柳工有限股权认购取得的上市公司股份，自股份发行结束之日起12个月内将不以任何方式转让；如前述公司/企业持有柳工有限股权的时间不足12个月，则前述公司/企业在本次交易中以柳工有限股权认购取得的上市公司股份，自股份发行结束之日起36个月内将不以任何方式转让。

三、交易的意义和带来的影响

（一）交易标的的主要优势

柳工有限主要通过工程机械及配件、预应力产品和农业机械等产品的销售业务取得收入和利润。目前柳工有限的工程机械产品主要由国内营销中心和国际业务中心向国内外客户销售；预应力产品主要面向国内各类基建设施业主单位或承建单位以及部分海外客户；农业机械及智能设备产品主要面向各类国内客户。柳工有限通过设立重点区域直营公司、海外营销公司等方式，为客户提供产品销售和服务的全方位支持。

（二）方案对上市公司的短期收益

本次交易是柳工股份完善上下游产业链，横向拓展业务范围，提升核心竞争力的重要举措，因此本次交易将有效提升公司的资产、收入和利润水平。静态而言，净资产收益率和每股收益在短期内会有一定的下降，但交易完成后，未来相关指标将逐步改善。一是随着收入资产规模的增加，工程机械产品的规模效应将逐步体现，有助于产品毛利率的提升；二是借助柳工股份的平台，欧维姆、柳工1-2-28农机、柳工建机等标的公司的融资渠道将大大拓展，融资成本将有所下降；三是柳工股份的管理模式和激励机制将会有效赋能于标的公司，管理效率提升也将达到降本增效的效果。

（三）方案对上市公司未来发展的长期影响

本次交易完成后，柳工有限旗下建筑机械、农业机械、混凝土机械及工程机械生产配套资产将整体注入柳工股份，柳工股份的主营业务将进一步向上下游延伸及横向拓展，有利于优化产业结构、完善产业布局，在重点拓展和强化柳工股份原有挖掘机、装载机两大核心业务的基础上，全面推进建筑机械、农业机械、混凝土机械等业务的快速发展。

柳工股份将借助资本市场，立足自主创新，聚焦工程机械主业，持之以恒推动传统产业转型升级，培育以先进装备制造业为主的战略性新兴产业，推动生产性服务业与先进制造业在更高水平上融合发展，努力建设区域性先进制造业中心。

通过本次交易，公司治理结构将更为优化，有利于提高公司的管理和运营效率，集团优质资产注入也有助于壮大上市主体，打造更具国际竞争力的机械装备产业集群，进一步降低经营风险、提高公司的竞争优势，有效推动公司实现"二次创业"高质量发展目标，更好地参与全球化竞争，加速成为国际顶尖装备制造企业。

四、交易亮点

（一）交易方案的创新性和特点

本次交易是顺应深化国企改革的政策方向，暨2020年完成柳工有限混合所有制改革之后，通过整体上市，进一步整合旗下优势资源，提高资产证券化率，提升上市公司盈利能力和企业价值。

（二）其他方面特殊影响

本次方案是先在柳工有限层面推动混改实现引资，再通过柳工股份发行股份购买资产反向吸收合并柳工有限实施本次重组，是柳工集团作为"双百企业"践行国企改革领导小组改革精神、围绕"深化混合所有制改革、完善法人治理结构"的主动探索和创新，有助于发挥"双百企业"的引领示范作用。

中国上市公司协会并购融资委员会
中关村国睿金融与产业发展研究会　供稿

第七篇

上市公司数字化转型篇

- 2021 年上市公司数字化转型综述
- 中联重科：创新工程机械智能化产品与服务模式助力高端制造服务业转型升级
- 长安汽车：对标世界一流企业推动全价值链数字化转型
- 司 尔 特："一体两翼"推动"工农云网"平台建设
- 南方航空：构建"三网"发展"四化" 全面推进数字化转型
- 浙江东方：深化国企数字化改革创新 打造金控全面风险管理平台
- 雅 戈 尔：数字中台推动供应链变革
- 伊利股份：数据技术赋能业务发展 引领乳业全产业链数字化转型
- 中国银河：依托数智生态平台打造证券公司企业服务数字化品牌
- 生益电子：数字赋能制造业转型 推动安全生产和管控
- 龙佰集团：氯化法钛白粉智能工厂

2021年上市公司数字化转型综述

近年来，随着互联网、大数据、云计算、人工智能、区块链等技术的快速发展，数字化日益融入经济社会的各领域和全过程，正在成为重组全球要素资源、重塑全球经济结构、改变全球竞争格局的关键力量。党中央、国务院高度重视数字经济的发展，并将其上升为国家战略。

数字经济是创新驱动型经济，其价值创造体现在多方面：一是数字经济核心产业上市公司以使用数字化的知识和信息作为关键生产要素、以现代信息网络作为重要载体、以信息通信技术的有效使用来创造新经济模式，二是以数字技术作为效率提升和经济结构优化的重要推动力，赋能传统产业，实现经济的转型升级。数字化转型是数字经济的重要组成部分，根据最新上市公司年报披露，上市公司营业总收入占全国经济总量的比例达到56.81%，上市公司是数字经济中最重要的主力军，其转型也关系到中国数字经济的成败。

2021年8月，在共有726家上市公司参与的数字化转型现状调研，从企业数字化转型的现状、投入情况、实现路径、转型效果、转型难点五个维度，对上市公司数字化转型进行了较为全面的刻画。

一、数字化转型现状

样本公司中约76%的公司已经开始推进数字化转型，其中，制造业企业最多，为358家，信息传输、软件和信息技术服务业45家，金融业25家。从制造业细分行业看，排名前五的为基础化工、医药、机械、电力设备及新能源、计算机，分别有53家、51家、45家、38家、30家公司已经开始推进数字化转型。从控股类型看，民营控股、地方国有控股、央企控股、其他分别占比54%、23%、13%、10%。从企业规模看（依据国家统计局《统计上大中小微型企业划分办法（2017）》划分），74%为大型企业，23%为中型企业，3%为小型企业。从已推进企业数字化转型所处的阶段看，相对成熟及已经完成的公司占比较小，数量占比分别为8.7%、0.2%，大多数还处于探索阶段。调查显示，业务是上市公司开展数字化转型的主要推动力，转型的重点突破口聚焦在数据资产的深度价值挖掘和跨产业链协同上面，智能制造、智慧能源和智慧交通是重要的转型场景，涉及的重要技术领域为大数据、云计算和工业互联网。

用已经开始推进数字化转型的公司数量与参与调研的该行业公司数量的比值作为该行业数字化转型的渗透率指标，数字化转型渗透率排名前五的行业分别为银行、计算机、纺织服装、交通运输、家电。

分行业看，数字化转型相对成熟企业较多的行业分别为机械、传媒、基础化工、计算机、纺织服装。从占比看，数字化转型相对成熟公司占比较高的行业分别为传媒、纺织服装、消费者服务、计算机、机械。

从样本公司中开展数字化转型的公司所处地区来看，在已经推进数字化转型的550家上市公司中，在绝对数量上，浙江、北京、山东、河北、广东五地的公司数量最多；在占当地上市公司总数的比例上，河北、甘肃、新疆、云南、贵州五地占比最高。

二、数字化转型投入

根据最近3年数字技术支出占营收比例，有50.55%的公司比例上升，47.64%的公司基本持平，只有1.82%明显下降，但多数公司数字技术支出占营收比例小于5%。

对已经开始数字化转型的样本公司最近3年数字技术支出占营收比例变化趋势情况进行统计，最近3年数字技术支出占营收比例明显上升的企业超过半数，总体看，近年来数字技术支出力度基本保持稳定，已经推进数字化转型的企业中超过半数的企业技术支出投入力度有所加大。

在计划未来3年数字化转型投入方面，有594家上市公司考虑推进数字化转型，有1.52%的公司计划投入20%以上营收，大部分公司计划投入营收仍在5%以下。

三、数字化转型的实现路径

现有已经推进数字化转型的公司中，绝大部分采取的方式为自主探索与第三方厂商定制开发结合的方式。从数字化转型的切入点及步骤看，过半数公司选择先进行顶层设计，再分步建设，另有43.82%的企业选择先在某个业务环节进行小范围试点，再逐步扩大试点范围。在已经开始推进数字化转型的550家公司中，从具体的业务环节看，在财务/办公环节方面进行数字化转型的最多，其次为营销/销售、生产制造、供应链采购类；从涉及的数字技术与产业方向看，大数据、云计算、工业互联网、物联网、人工智能为涉及较多的方面；从涉及的应用场景看，智能制造是其中涉及最多的应用场景。

四、数字化转型效果

从数字化转型带来的收益情况看，近乎一半的公司认为数字化转型最大的收益在于促进现有业务的发展、建立新的发展模式、创造更大效益。数字化转型也为部分公司带来了满足国家政策要求、加强差异化竞争力等益处，大部分公司认为数字化转型对利润有提升作用。在数据资源利用情况方面，有近70%的上市公司数据资源仅用于对内开展数据服务，对外开展数据服务的仅有14.14%。总体来看，在推进数字化转型的企业中，多数企业认为数字化转型对公司的收入与利润有切实的提升作用。

五、数字化转型的困难及相关建议

尚未推进数字化转型的公司中,部分认为数字化转型对公司业务的作用不大,或不知道如何进行数字化转型,也有公司认为数字化转型投入产出比太低。

从风险角度看,部分公司认为数字化转型最大的风险在于投入成本太大,另外也有公司认为战略方向不明确是最大的风险。

从在推进数字化转型过程中遇到的困难和挑战来看,人才问题是各上市公司在推进过程中遇到的最大的困难和挑战,其次是资金方面的问题,同时,公司内部对数字化转型的思想与认知也是制约数字化转型比较重要的一个挑战,而数字化转型周期较长也是一些公司不愿转型的重要原因,另外,业务和技术方面的短板也制约着上市公司转型发展。上市公司希望参与线下数字化转型经验交流分享活动,通过借鉴行业龙头和转型成功的企业案例,推动自身的数字化转型。

对此可提出三方面建议:(1)开展数字化转型方面的培训和交流活动,收集数字化转型的成功案例并加强宣传;(2)积极对接上市公司与高校、研究机构、社会智库等服务机构,培养符合上市公司需要的数字化转型人才;(3)加强数字赋能机制的研究,从数字化技术基础设施、法律环境及跨行业应用等多领域推动数据价值的转化。在确保数据安全、健康规范发展的前提下,最大限度地开发数据资产,促进数据关联应用,激发数据生产要素对经济社会的放大、叠加、倍增作用,推动上市公司质量提升,为社会赋能。

中联重科：创新工程机械智能化产品与服务模式助力高端制造服务业转型升级

一、案例简述

中联重科股份有限公司创立于1992年，是一家集工程机械、农业机械和金融服务多位一体的全球化高端装备制造企业，也是全球工程机械前五强。

为完成高端制造服务业转型升级，中联重科以客户为中心推动企业数字化转型，打造了面向工程机械的智能化产品创新模式、端到端的客户营销服务模式和数字化决策模式。通过数字化转型引领下的新型模式打造，推动公司从"被动响应"到"主动服务""预测性服务"的服务能力升级，扩展服务对象、延伸服务价值、变革服务模式，将对下游的设备管理服务延伸至经营管理、设备施工服务，助力行业整体的绿色环保、高效管控以及盈利增值。在新型能力的作用下，2021年上半年中联重科主导智能化产品销售占比达到90%，综合服务效率提升20%，营收424.49亿元、归属于上市公司股东净利润48.50亿，创造历史最佳纪录。

二、转型工作情况

（一）战略规划

作为全球工程机械龙头企业，中联重科制定了"2+2+2"公司总体转型战略，即立足"产品和资本"2个市场，推进"制造业与互联网、产业和金融"2个融合，做强"工程机械、农业机械"2个板块，打造全球化高端装备制造服务企业。

在数字化转型战略上，中联重科以中联智慧产业城建设为依托，以"产品在网上、数据在云上、市场在掌上"的高端装备智能制造服务新商业模式转型思路为引领，构建"智慧产业城实体建设+服务新商业模式创新"的数字经济新业态。以中联重科为圆心，实现中联重科研发、制造、供应链、营销、服务的端对端业务集成、连接、协同、赋能工程机械行业供应商、设备客户、设备租户、工程建筑企业、金融机构和农业机械行业农户、种植机构等价值链生态圈各环节，推动公司沿高端制造价值链实现价值跃升，将中联重科建设为先进制造和现代服务相融合的高端制造业龙头企业，并进一步推动产业链数字化转型。

（二）业务模式

在"2+2+2"公司战略和"智慧产业城实体建设+服务新商业模式创新"的数字经济新业态指引下，中联重科围绕产品和客户服务，重点完成了3大模式的打造，助力企业战略有效落地，推动集团数字化转型进程：

1. 智能化产品创新模式

技术创新推动产品升级是基础。中联重科立足产品4.0战略和柔性制造将工程机械"哑"设备的创新迭代，聚焦动态数据采集、实时上云等能力创新，显著提升产品工作效能。以科技赋予产品"自诊断、自调整、自适应"的能力，使其能感知、有大脑、会思考，形成智慧赋能新范式，2021年上半年中联重科主导智能化产品销售占比达到85%。

2. 端到端的客户营销服务模式

数字应用实现服务延伸是核心。中联重科打造出一批基于ZValleyOS平台的工程机械垂直领域客户化智能服务应用，将对设备的传统管理服务升级为基于设备实时数据的经营管理服务，形成端对端营销服务新模式，构建起龙头制造企业带动行业产业链共赢的新业态。

3. 数字化决策模式

数据云化驱动经营决策是外延。中联重科通过工业物联网平台及大数据共享服务，实现数据上云，覆盖产品、客户、营销、服务、企业运营、风险管控等多场景、多层次、多维度分析，提供实时经营决策支持。

（三）技术架构

1. 智能化产品创新模式的技术实现

中联重科推动产品4.0工程，以"模块化平台+智能化产品"为核心，在深度融合、传感、互联、智能化领域开展技术攻关，孵化出一批工程机械产品智能化整体解决方案，研发出多款性能卓越、安全可靠、绿色高效的智能化产品。

智能化产品创新依靠聚力打造"产品、互联、应用"三大技术开发能力，分别围绕"智能故障诊断系统、工况自适应控制、智能安全控制""数据终端开发、数据动态传输机制设计、数据传输规范"和"控制软件远程升级、物联网工业云平台开发、移动端App应用开发"三线九点持续发力，通过实现设备智能安全保障、实时数据"采、传、析、享"和智能管理服务增值，以达到对产品创新赋能的效果。

2. 端到端客户营销服务模式的技术实现

中联重科基于CRM营销管理平台和一批搭载ZValleyOS平台自主研发的移动工业互联网App，在全流程设备营销和设备经营运维两大领域沿服务链实现主动式智能化管理，将原本的"等、靠、要"式被动服务升级为基于数据的实时、在线、主动服务，将服务延伸至设备安全、使用效能、资产盘活、客户经营、二手交易等设备全生命周期，为客户提供增值服务。

一方面依托 CRM 系统，结合云帮销、产品云等新应用，通过营销管理业务端对端运营来拉通客户对接服务渠道；另一方面基于自主研发的 ZValley OS 平台，围绕设备性能监控跟踪管理、设备融资租赁管理、混凝土设备运营管理等实际需求打造出"中联 e 管家""智租""智砼"等一批工业互联网 App，构建起包含终端智能化设备改造、边缘计算、物联设备接入、大数据工业机理模型分析、工业 App 应用在内的企业级工业互联网系统解决方案，提供端对端技术保障。

3. 数字化决策模式的技术实现

中联重科在 ZValleyOS 平台上运用 Hadoop 分布式集群计算，构建机器学习模型，利用机器学习算法进行数据处理与模型拟合，全面提升数字驱动效能，助力经营决策，目前已为产品、客户、营销服务、企业运营、风险管控、财务管理等业务提供数据服务共 500 多项。

在营销服务方面，通过服务人员的定位、设备的定位以及派工等信息对服务人员的位置和工作状态进行实时监控，合理安排服务人员进行工作调配及最佳派工路径规划。在服务现场，通过集成摄像头的头盔，应用深度学习视觉理解引擎，对服务工程师的维修过程进行分析，自动生成巡检分析与记录，提升服务标准化水平。

在设备预测性维护方面，针对泵车超温的难题，通过物联网工况数据关联分析，构建出超温原因识别模型，准确率达 85%，泵车超温率整体降低 3%；通过应用机理模型和机器学习算法，实现了对智能化泵车砼活塞故障预测，未来 1000 方砼活塞故障预测精度超过 75%。

四、转型成效

通过实施数字化转型，中联重科持续打造制造业+互联网的智能化、信息化管理体系，在创造企业价值和社会价值方面不断取得新成效。

（一）企业价值

（1）公司经营业绩屡攀高峰：公司 2021 年上半年营收 424.49 亿元，同比增长 47.25%；归属于上市公司股东净利润 48.50 亿元，同比增长 20.70%；

（2）产品市场份额持续领先：建筑起重机械销售规模保持全球第一，履带起重机等主导设备国内市场份额位居行业第一，高空作业机械销售额同比增长超过 100%；

（3）市场推广创新成果突出：借助端到端的客户营销服务能力实现产品销量和口碑双提升，"928 嗨购节"线上直播活动斩获订单突破 32.45 亿元，吸引了逾 450 万全球观众在线观摩，突破工程机械行业直播销量、流量双纪录；

（4）研发创新成果提升显著：率先将"5G+工业互联网"应用于塔机研发，5G 塔机远程智控系统成功应用，实现从"塔机高空操作变地面操作"到"远程智能控制"的跨越；全球最大 12000 吨米的上回转塔机及全球首款 60 米纯电动泵车等 30 款新能源智能设备相继下线，充分彰显公司强大的研发创新能力。

(二) 社会价值

中联重科企业数字化转型的落地应用,为行业积累了"传统制造"转型升级的宝贵经验,并起到"以点带面"的示范带头作用,激发全行业智能化转型积极性,提升行业整体智能化水平。近3年,中联重科多次接待各级主管部门、机械行业企业、研究机构的参观、考察、学习,对行业起到示范应用效果,成为行业信息化应用的实例标杆。

同时,基于自主研发的 ZValleyOS 工业互联网产品智能化、服务智能化、决策智能化的应用,中联重科打造了以制造龙头企业为平台核心的行业生态圈和社会化智能服务集群,促进行业内、区域间大中小型企业融通发展,优化服务资源的高效利用和综合配置,实现行业的长期、健康、稳定、良性、可循环发展。

五、面临的痛点难点及建议

数字化转型是一场业务、IT 高度融合的持续性投入的工作,人员和资金的充分持续性保证是转型成功的前提,在数字经济背景下未来可能涉及的思维方式、协作方式和组织方式的生产能力重构,必须树立人才至上的发展理念,同时,数字化转型成本投入和企业利润之间的关系也需要进行平衡。

对此我们的建议一方面完善知识产权保护机制,政企校联合,加强工业业务与数字化技术相结合的复合型人才梯队建设,加大相关领域领军人才的引进、培育和支持力度;另一方面,设立更多、覆盖面更广的产业基金、政府专项资金等,进而扶持工业行业企业进行数字化转型建设,构筑深度数字化的产业集群生态,以数字化推动实体经济高质量发展。

长安汽车：对标世界一流企业推动全价值链数字化转型

近年来，数字化转型已成为引领新一轮科技产业变革的战略性举措，给我国经济社会发展、传统产业变革带来重大而深远的影响。习近平总书记强调，"要发展数字经济，推动产业数字化，对传统产业进行全方位、全链条的改造，释放数字对经济发展的放大作用。"长安汽车深入贯彻习近平总书记关于推动数字经济和实体经济融合发展的重要指示精神，对标世界一流企业，深度应用移动互联、大数据、云计算、人工智能等信息技术，推动全价值链数字化转型。

一、全价值链数字化转型做法

（一）长安汽车数字化转型规划

"数字化"是长安汽车"第三次创业——创新创业计划"的关键底座能力之一。

长安汽车数字化建设顶层框架是围绕"天上一朵云、空中一张网、中间一平台、地上全场景"，重构以长安为主导的新商业模式。坚持"客户引领、价值导向、创新驱动、平台支撑"总原则，构建数字化服务的平台能力，实现业务敏捷响应和转型创新。

（二）全价值链数字化转型策略

以"REAL 体验"为总体目标，即：Reliable 安全的、Easy 简单的、All in one 全覆盖、Lean 敏捷的，按照"一体两翼双引擎、上云用数赋智能"的转型策略，打造软件和效率核心竞争力。坚持"数字化投入等同于研发投入"，持续强化数字化能力建设。

（三）全价值链数字化转型实践

长安汽车在智能产品、智能制造、智能管理以及数字化生态圈构建等方面，展开了一系列实践。

1. 打造智能化、网联化新产品

整合内部 140 余个系统，融合外部 3800 余万客户数据，生成 800 余种客户标签，用以指导设计开发，为产品的精准定义、精准营销提供坚强保障。

产品打造方面，推进国家智能汽车创新发展战略，以智能化"北斗天枢"计划为引领，分阶段打造智能汽车平台，目前已掌握三大领域 200 余项智能化技术，实现 APA6.0（智能泊车）、车载微信、智能语音等 80 余项智能化功能在量产车型上的搭载，其中 25 项为国内首发。

智能辅助驾驶方面，获得美国加州和

长安汽车：对标世界一流企业 推动全价值链数字化转型

中国重庆的道路测试牌照，累计测试里程超过1200万公里。2016年，完成中国首次2000公里无人驾驶测试；2018年，实现中国品牌首发L2级组合驾驶辅助量产技术发布；2020年，国内首发达到量产状态的L3级有条件智能驾驶辅助技术，预计2022年，实现L4级高度智能驾驶辅助量产功能开发。

智能网联方面，构建起开放的车联网云平台，率先实现智能"人－车－生活"功能量产。与腾讯合资成立"梧桐车联"，共建开放的新一代车联生态，并先后与华为、腾讯、博世等成立15个联合创新中心，投放智能网联汽车超190万辆，排名中国自主品牌第一。

智能交互方面，2019年，CS75PLUS首发微信车载版，为用户提供全语音交互的信息收发体验；2020年，UNI－T运用机器视觉、定向语音识别技术，实现车内场景化感知、情绪识别等智能化功能；2021年，基于UNI－K落地安全、便捷、个性的一体化智能座舱；行业首发全场景数字座舱开发平台，为用户提供个性多元的智能化体验。

2. 推动数字化、智能化新制造

将数字化变革贯穿研、产、供、销全价值链，为传统的业务模式带来革命性变化，使汽车全价值链成本大幅降低，效率和质量显著提升。

研发设计方面，建立全球协同研发平台，支撑"六国九地"1万余名技术人员，实现24小时不间断协同设计；在NVH、碰撞安全等领域大量运用数字化仿真工具，实现产品开发周期由36个月缩短至24个月，近五年创造效益16.5亿元。

生产制造方面，引入工业互联网平台技术，在产品开发、生产建设、工厂运营等领域全面导入数字化工具，设备联网率达95%，数字化覆盖率达95%，生产线建设周期缩短30%，生产效率提升20%，制造成本降低20%，未来5年预计创效36亿元。

订单交付方面，建设客户关系管理云平台，提供全天候24小时服务。通过用户订单透明等大数据场景建设，为客户带来创新性的交互体验。以APS（高级排程系统）为核心，拉通从客户到供应商的数据链，打造供应链云平台，乘用车平均交付时间24天，达到国际先进水平。

数字营销方面，构建"买卖用修服"全场景一体化智慧营销系统，贯通客户全生命周期39个业务触点，实现与客户的直通直连；构建客户数据平台（CDP），整合客户全旅程数据，实现"千人千面"个性化精准营销，助力长安汽车从"十万级"销量向"百万级"销量突破。

3. 开展智能化、创新化新管理

2020年7月，开展"数字经营工程"，推动公司"以客户为中心、以产品为主线"的数字化运营。

流程体系再造方面，构建运营流程架构，上线2800余个运营指标，打通各部门业务连接，推动业务由"职能驱动"向"流程驱动"转型。

大数据运营方面，整合内部140余个

系统，融合外部2万余家网站、70余个品牌、900余个车型、3万余家经销数据，建立起长安大数据运营平台CA-DDM，进一步提升公司运营决策效率。

数字文化方面，培养1931名数据分析师，143名算法工程师，营造全员数字化转型氛围，提升全员数字化转型能力，为公司数字化转型奠定人才基础。

数字化能力方面，构建自主可控的长安智慧云，融合数字化的场景库、算法库、标签库，实现业务敏捷响应；通过Ichangan办公平台，打造员工数字化办公空间，实现全领域、全场景、全天候无缝联接。

4. 构建共享化、体验化生态圈

积极探索新兴业务、跨界业务。2015年，自建"长安商城"，探索"线上平台+线下门店"的新模式，累计访问量已达6180万人次，累计订单突破180万份。2017年，"长安商城"入选工信部制造业与互联网融合发展试点示范项目。

共享出行方面，联合一汽、东风成立T3出行公司，布局出行业务；行业首次实现仙桃数据谷公开道路示范运行。

生态圈方面，与BAT、华为等开展深度合作，与腾讯、宁德时代等成立合资公司，打造"新能源+智能网联"的全新产品，构建汽车商业生态圈。预计到2025年，覆盖供应商、经销商、用户、合作伙伴的联盟生态规模将超1.5万家，逐步形成数百PB级数据规模，推动全产业链数字化转型。

二、全价值链数字化转型成效

近年来，通过数字化赋能主营业务，长安汽车产销量屡创新高：2014年，实现中国品牌汽车累计销量1000万辆；2020年5月，实现中国品牌汽车累计销量突破2000万辆；2021年1~11月，长安汽车保持高速增长，销售212.3万辆，同比增长17.6%，预计好于行业13.8个百分点，长安品牌乘用车预计好于行业20.4个百分点。

在发改委公布的国家认定企业技术中心评价结果中，长安汽车连续5届10年位居中国汽车行业第一。在工信部两化融合评估报告中，长安汽车以83.63分的成绩，领先全国近98%的企业。截至目前，长安汽车已先后入选国家智能制造试点示范企业（2015年）、全国首批服务型制造示范企业（2017年）、工信部"大数据产业发展试点示范项目奖"（2018年）、军工行业"数据治理优秀实践单位"（2019年）、国资委数字化转型的优秀案例（2020年）、国资委"国有重点企业管理标杆创建行动标杆企业"（2021年）。

三、难点及改进建议

基于长安汽车战略的关键能力，结合用户调研及现状分析，目前数字化转型升级中存在三个方面的难点。

（1）体验方面。面向客户、经销商、供应商、员工等内外部用户的数字化触点

以功能和作业为主,用户体验考量不足。

(2)效率方面。长安汽车和产业伙伴间的协同(客户需求–供应商,客户需求–长安汽车之间)缺乏一致性的业务数据基础和作业平台。

(3)平台支撑创新方面。面向产品数字化和智能化创新所需要的算力、模型等数字化能力不足;面向客户营销和服务的快速变化需求的响应能力不足。面向生态的产业创新所需要的数字化资产缺乏统一的平台沉淀和支撑。

下一步,长安汽车对准业务价值和业务痛点,构建数字化转型能力,实现公司体验创新、效率提升、模式创新。以用户、运营、产品为根本,围绕"体验创新、效率提升、模式创新",按"7+1"模式,聚焦研发、制造、供应、营销、人财、运营、智能网联7大领域,构建1个数字化服务平台,通过"大基建",实现"大平台",构建全连接全在线全触点一致的体验。

司尔特："一体两翼"推动"工农云网"平台建设

一、案例简述

作为专业从事各类磷复肥、缓控释肥料、专用测土配方肥、生态肥料、有无机肥料及新型肥料研发、生产与销售为一体的现代化高科技上市公司。一直以来，司尔特秉承"创新兴企、循环发展、服务三农"的经营理念，走出了一条独具特色的生态循环发展产业之路。公司充分依托自有的宣州马尾山硫铁矿山、贵州开阳磷矿山储量丰富的优质原料资源优势，建立起一整套完善的磷复肥生产服务体系和循环经济产业布局。

公司紧跟互联网时代发展需求，"立足工业、服务农业"，通过建设"跨行业、跨领域"的"工农云网"工业互联网平台全面推动肥料制造业企业数字化转型，提升肥料行业的整体竞争能力。我们以建设"工农云网"平台为核心抓手，打造"一体两翼"数字化转型新模式，全面构建基于面向产品的工业制造智能服务体系的工业互联网平台和面向用户的农业生产智能服务体系的农业互联网平台，围绕司尔特产业上下游资源持续建设以"工农云网"为数据中心和应用中心的平台生态体系，充分发挥线下线上平台经济优势，推动跨越工业、农业和服务业等产业领域的融合创新发展。

二、转型工作情况

（一）战略规划

我们"立足工业、服务农业"，围绕司尔特产业上下游资源持续建设以"工农云网"为数据中心和应用中心的平台生态体系，促进产业上下游供应链、产业链、价值链、创新链四链协同发展，充分发挥司尔特线下线上平台经济优势，积极响应国家号召，推动跨越工业、农业和服务业等产业领域的融合创新发展，为经济社会的高质量发展贡献司尔特力量。

1. 立足工业，引领工业智造

通过充分利用云计算、大数据、物联网和人工智能等新一代信息技术，结合个性化需求，融合自主研发的各类信息化平台，将产品研发、设计、生产、销售和服务数据进行全面集成，实现企业资源要素高效运营的一体化解决方案。通过实施"5G+智能工厂"等项目，实现工业生产现场采集、控制设备与"工农云网"平台的互联互通。依托安徽省科技重大专项立项项目建设全产业链智能服务系统，科学指导产品需求获取、个性化配方、智能匹配生产、精准营销和服务咨询环节，项

司尔特："一体两翼"推动"工农云网"平台建设

目创新模型和算法等研究成果是"工农云网"平台的核心技术能力。

2. 面向农业，服务农业生产

平台以农资信息云为架构，以测土配方施肥研究基地的大数据为支撑自主研发"季前早知道"大数据分析预测系统、"二维码上学种田"农业生产智慧服务系统和甜农网电商平台，面向全国农户免费提供测土施肥决策支持、收成预测等个性化、主动式服务。围绕精准服务农业需求，在向全国农户提供大规模个性化产品定制服务的同时，实现个性化农业知识推送系统和线上线下营销服务系统的流程优化与再造。截至目前，已累计提供免费收成预测服务十万余次，累计发布农业技术知识资讯1400余篇，总阅读量达三千万余人次，帮助我们服务的种植农户平均增产可达10%。

3. 面向产业链，重构产业生态

通过充分融合IT/CT/OT技术，形成原材料供应、产品研发、协同智造等涵盖全产业链的融合创新应用体系，并围绕产业链上下游建立知识、金融等智能服务系统，打通供给侧和需求侧的双向信息交互通道，实现各业务环节的信息流闭环。平台将产业链所涵盖的生产、销售、服务等各业务环节要素高效链接，并对其进行科学的数据分析，促进产业链和价值链上各类系统的互联互通、资源共享、数据分析与整体优化，推动产业链生态平台建设，共享平台建设成果，提升产业链上下游协同与资源整合能力。

平台目标规划：

（1）建设数字化转型解决方案公共服务平台，注册企业500家，注册用户数达1000。

（2）资源池的构建方面，利用数字化转型诊断技术与联合体合作研发工业模型和微服务组件30个。

（3）汇聚咨询服务商、解决方案提供商、系统集成商数量10家。

（4）研发整合产业链上下游资源的软件5个。

（5）提供包括研发设计、生产制造、产业链协同、服务型制造等通用的企业数字化解决方案10个，实现应用模式创新。

（6）提供10个的应用案例，验证提供的解决方案在企业的产品质量提升、设备节能降耗、生产成本管控、安全运营保障、服务提升等方面的成效显著。

（7）应用推广方面，通过平台打通数字化转型解决方案上下游产业链，开展宣传培训活动不少于10场，数字化管理、个性化定制、网络化协同、服务型制造等领域累计服务企业数量500家。

项目整体建设周期：2020~2024年。

本项目建设内容包括软件系统的需求分析、软件开发、测试集成，数据的采集和初始化，云平台相关设备的选型、安装和调试等，以及整个项目系统的试运行和验收。

根据项目组织形式以及工程建设复杂程度、工程量和施工条件，参考类似项目的建设周期情况，本项目所含内容于2020年开始建设，计划2024年竣工。

(二) 业务模式

1. 推广路径

本项目由安徽省司尔特肥业股份有限公司主导，联合中国科学技术大学、中国农业大学、合肥工业大学等985/211高校，联合金蝶软件、联智软件等软件研发公司和中国电信、浙江中控等基础服务/系统提供商共同完成建设，由司尔特公司负责项目成果转化和市场化推广。具体推广路线包括依托样本客户树立行业标杆、多种线上线下平台拓展用户体验方式、基于司尔特核心合作伙伴的产业化推广、基于行业协会及高端论坛提升平台知名度等多种推广措施。

此外，司尔特利用新媒体媒介（微信公众号），可以实现点对点的传播，将最新的行业讯息、产品资讯、客户应用等内容，传达到客户端。

2. 运营模式

平台将以专业企业服务、功能订阅为主要模式，同时探索金融服务、开发者服务、解决方案WEB超市等新型服务模式。提供企业数字化转型咨询诊断、转型解决方案的测试、验证优化、解决方案制定、运维、培训等各类专业服务。

(三) 技术架构

通过打造"工农云网"工业互联网平台，助力化工行业数字化转型。依托系统的建设与推广，整合地方制造资源，实现跨企业、跨行业、跨区域的产业链协同共享、优化资源配置能力及生产制造优化方式，通过建设一个通用型的数字化公共服务平台，汇聚5G+MEC、数字化工厂、供需对接、协同制造、设备联网、生产管理、大数据分析、人工智能、成果推广、企业培训、售后服务等一系列解决方案，形成联动辐射效应，促进工业互联网面向更多垂直行业领域及农业领域的应用推广，形成工业数字化转型新业态、新生态。

工农云网工业互联网平台遵循边缘层、IaaS层、PaaS层、SaaS层的四层架构标准，研制数字化转型方法和工具集，突破数字化管理、个性化定制、网络化协同、智慧化服务等方面的数字化转型新模式。通过构建基于面向产品的工业制造智能服务体系的工业互联网平台和面向用户的农业生产智能服务体系的农业互联网平台，打造"一体两翼"数字化转型新模式，主要建设内容包括1个工农云网工业互联网基础平台+1个工农云网工业互联网平台（行业）+1个工农云网工业互联网平台（农业）+多个SaaS应用服务，整体提升行业两化融合能力；支持行业生态伙伴、龙头企业开发团队通过平台的低代码开发平台为自身企业提供定制化的产品和服务。为企业数字化转型提供诊断咨询、解决方案、服务检索、服务推荐等精准的决策支撑服务。针对企业数字化转型路径，发布的方案形成解决方案WEB超市，为中小微企业做数字化升级赋能。

三、转型成效

（一）企业价值

通过"工农云网"平台项目的实施与深度应用，推动企业生产制造+工业互联网融合发展进程，形成数字赋能的网络化协同、规模化定制、服务型制造的新模式新业态。通过建设司尔特"工农云网"工业互联网平台，为企业提供针对制造运营的从生产计划、生产订单、投料与领料、生产汇报、产品入库、订单结案全过程的监督与控制；实现产品数据共享与分配、协同计划、跨组织领料、跨组织入库等，协助企业有效进行多工厂协同生产。

平台涉及产线22条，下游全国29个省市2000余县市6000余经销商和15万余用户，产品迭代优化升级周期由原来的4个月缩短为1.5个月；产品及时交付率提升至97%；管理精度提高到93.5%；客户平均满意度提升至95%；综合能源消费值降低20.03%；每年为产业链下游提供工业原料二百余万吨。

（二）社会价值

一是促进工业互联网+农户生产服务的融合，推动传统农业向知识型智慧农业发展。基于海量数据的深度分析和学习挖掘，平台提供测土配方施肥、种肥同播、施肥指导、作物管理、农技知识咨询培训、网络操作咨询等专业化服务，形成个性化生产服务新模式，并从环境保护的角度给予施肥建议，让种田大户、专业合作社等群体在传统肥和司尔特配方肥之间进行科学的生产抉择。二是推动产业链生态建设，共筑生态发展堡垒，促进产业生态重构，提升供应链横向连接效率。通过建设司尔特"工农云网"工业互联网平台，打通了产业链、价值链、供应链上各环节、各要素，将其高效链接并叠加科学的数据分析，有效地促进了产业链和价值链上各类系统的互联互通、资源共享、数据分析与整体优化，进一步提升上下游协同与资源整合能力，实现不同主体间的高效协作、供需精准对接及资源的灵活调配，解决了制造业服务化跨领域价值共创的瓶颈问题。三是多维度聚集行业数据要素，以数字赋能研发、采购、生产、销售、服务各环节，进一步推进企业数字化转型进程，达到节能、降耗、减排的目标，助力"碳中和""碳达峰"。

四、面临的痛点难点及建议

1. 面临的痛点难点

一是部分产业链企业对工业互联网平台发展观念相对滞后，经营发展理念固化，对平台理解和认识不够，缺乏开放共享、包容互惠、勇于变革的精神。同时，部分企业对于深化工业互联网平台应用在行业的实践路径和落地场景尚不清楚，对于实践应用的具体做法存在疑虑。二是核心技术积累不足。尤其是行业机理模型和核心算法匮乏，工业互联网平台应用落地水平不高。三是发展生态有待完善。相应的标准体系目前在行业上下游间暂未统一，接口困难，各方自行推动的标准建设带来较高的重复建设成本。四是工业互联网相关政策法律有所缺失、复合型人才匮乏、安全保障水平较低、体制机制不完善等问题仍待解决。

2. 意见建议

一是注重项目本身的高质量发展。"工农云网"项目依托安徽省科技重大专项立项项目建设全产业链智能服务系统，系统通过建立农业气候、土壤和肥料演变、农作物生长、生产计划建议和预测收成等算法和模型，全面辅助肥料产品市场需求获取、个性化配方、智能匹配制造和精准服务农业生产，促进产业上下游供应链、产业链、价值链、创新链四链协同发展，进而推动肥料行业和农业生产领域的高质量发展。

二是注重数据的持续采集和开发利用。数据是关键，是提升制造业生产力、竞争力、创新力的关键要素，是驱动工业互联网创新发展的重要引擎。以平台数据采集传输、集成管理、价值挖掘和智能应用能力为导向，促进需求获取、产品研发设计、生产制造、经营管理、市场服务等全流程的智能化转型，持续建设、优化和完善数据资源管理体系，充分发挥数据资源的赋能作用。

三是树立工业互联网平台建设的长期主义思维导向。平台的建设是一个分步实施不断迭代升级完善的过程，不是一蹴而就的，更不是一劳永逸的。当前，全国工业互联网的顶层设计取得了显著进展，形成了工业互联网发展的参考架构，明确了标准化、技术化方向，但结合工业互联网具体建设和实际落地情况来看，工业互联网平台的建设和应用要从行业、区域和企业的实际紧迫需求和效益出发，分步推进实施工业互联网平台的建设过程，一定要本着实事求是的原则建平台用平台，切不可蛮干速成。

南方航空：构建"三网"发展"四化"全面推进数字化转型

一、案例简述

南航立足长远，统筹规划，全方位加快推进数字化转型：明确着力"三网""四化"建设，助力南航高质量发展，坚持战略引领；完善组织架构及机制建设，提升数字化意识和能力，实现组织保障；加快产业数字化，打造南航生态圈，探索商业模式变革，推动业务创新；构建IT新架构，推行企业架构（EA）方法论，促进技术与业务的深度融合，夯实技术支撑。

南航在以数字化发展保障航空安全、提高运行效率、提升服务质量、推动绿色发展、支持抗击疫情等方面成效显著，以数字化转型开启高质量发展新征程，不断向世界一流航空运输企业目标迈进。

二、转型工作情况

（一）战略规划

党的十八大以来，党中央高度重视发展数字经济，将其上升为国家战略。习近平总书记强调，推动数字技术与实体经济深度融合，不断做强做优做大我国数字经济。

南航深刻认识到数字化对航空运输业的重大价值，将数字化转型上升到企业战略层面，集团高质量发展总体思路明确要坚持创新发展，加快数字化和智能化转型，通过构建"三网"实现"四化"：围绕触点构建与客户持续互动的社交互联网，围绕产品和服务构建为客户创造价值的消费互联网，围绕内部运营单位与外部生态伙伴构建共创共赢的产业互联网；强化云计算、大数据、人工智能、5G、物联网等新一代信息技术与业务的深度融合，实现数字化客户、数字化员工、数字化流程、数字化公司。

数字化转型不是简单的信息技术应用，而是体制机制和业务流程的深刻变革，在战略规划引领下，南航采取一把手负责制，集团领导亲自挂帅，推动数字化转型有关工作；特别是在总部成立了企业架构与流程管理委员会，持续推动企业架构和业务流程的优化重构，组建科技信息与流程管理部，加强数字化建设顶层设计和统筹管理；以运行指挥、营销、机务等领域业务运营单位为试点单位，建立数字化转型适配组织，明确变革与创新、流程再造、业务共享、数据治理等数字化转型相关职能，为推进关键业务领域数字化转型提供组织保障；成立明珠创新工作室、人工智能重点实验室、民航维修工程技术研究中心，自主研发多项先进技术，协同流程、IT与数据，促进业务转型升级；连续两年将数字化转型相关项目纳入公司级硬仗，从根本上保障了数字化转型战略的有效推进。

（二）业务模式

南航在航空安全、营销、服务、运行、管理、绿色发展等多领域，强化新技术应用与业务应用的融合，加快产业数字化。借助新一代信息技术，实现区块链里程积分、场内车辆实时跟踪、增强现实智能辅助机务维修等应用，运用传感器技术、物联网技术、5G网络技术、云计算、大数据分析、AI和边缘计算等新技术，打造智慧运行、智能工场、智慧货站等综合解决方案，为一线生产赋能，极大提升劳动生产率。

借助信息技术应用赋能业务模式变革，南航建立了全流程一站式服务平台，推动客运向现代服务集成商转型，货运向现代物流集成商转型，全南航向生态圈转型。打通上下游产业生态，构建南航生态圈平台，围绕旅客出行全流程建立供应链体系，连接超过5500家合作伙伴，为旅客提供一站式综合解决方案，推动商业模式变革。

（三）技术架构

南航制定了"一朵云（南航云）+一个数据中心（南航数据中心）+两个中台（数据中台、业务中台）+N个基于IT新架构的前端应用"的新一代IT架构规划，形成IT演进策略。引进企业架构（EA）方法论，强化从智慧愿景规划、业务架构设计、技术架构规范到项目实施落地的融合，促进技术与业务的深度融合。

借助数据采集和应用，进一步提升生产智能化水平，进而反哺业务，提升业务应对不确定变化的能力，形成良性循环。筑牢IT基础设施、网络安全以及算力的支撑，资源云化率达到66%，数据中台已覆盖16个数据域超过130个系统的数据，业务中台已围绕航空安全、客户服务、市场营销、生产运行、综合管理等关键领域搭建12个能力中心，并基于业务发展持续扩充，以能力建设不断丰富和完善数字化场景解决方案，夯实了数据互通、系统互联的基础，确保快速响应业务创新的需求。

在资源保障方面，借助"云T"数字化人才培养项目，培育既懂业务又懂技术的复合型人才；完善激励机制，出台科技型企业股权激励、科技创新成果转化中长期激励等制度，充分激发员工推动数字化转型的积极性、主动性、创造性；搭建数字化转型交流平台，通过南航创新挑战赛、数智之光创新沙龙、明珠创翼创新论坛等，营造数字化转型的文化氛围。

三、转型成效

（一）企业价值

以数字化保障航空安全。加强数字化

南方航空：构建"三网"发展"四化" 全面推进数字化转型

技术在安全生产关键系统、关键环节的开发应用，做到精准培训、精细管理、精益飞行，做到发现问题，快速改进。连续保证了264个月的飞行安全和329个月的空防安全，安全水平继续在中国民航保持领先地位。

以数字化提高运行效率。打造统一运行指挥信息平台，为航路优化、航班编排、机型调配等业务提供数据支撑，南航航班正常率连续五年在国内主要航空公司中名列前茅，2021年达到88.55%，比行业平均水平高1.91个百分点。

以数字化提升服务质量。打造"南航e行"全流程一站式服务平台，覆盖旅客六大阶段300多项服务点，实现"一机在手、全程无忧"。截至2021年10月，"南航e行"App累计下载激活超7400万次、月活跃用户320万，位居中国航空公司之首。2020年，南航再次获评全国"用户满意标杆企业"，"南航e行"获评2021年世界互联网大会"携手构建网络空间命运共同体精品案例"。

（二）社会价值

以数字化推动绿色发展。南航在旅客出行各环节推行无纸化绿色服务，首创"绿色飞行"机上按需用餐服务。国内首家航企自主开发航油大数据管理系统，被民航局评为"打赢蓝天保卫战"三年行动先进单位。截至2021年10月，累计参与旅客超过400万人次，节约餐食2000多吨，获评首届"金钥匙——面向SDG（可持续发展目标）的中国行动"冠军奖。多措并举，助力"碳中和""碳达峰"。

以数字化支持抗击疫情。南航发挥"实时位置追踪、多温度控制"等全方位数字化管控能力，组织50班新冠疫苗包机，将8000万剂中国制造的新冠疫苗送达13个国家，助力全球抗疫。推出海外站点购票一站式服务和全渠道客票秒速退改功能，极大地缓解了旅客因疫情不确定性带来的出行困扰。

四、面临的痛点难点及建议

建设新型数字技术基础设施，攻关数字关键核心技术。空地互联是实现空地协同，推进新一代航空运行、服务非常重要的基础，涉及5G ATG 云网建设、飞机机载设备、飞机改装成本、取证、卫星通信服务、地面互联网等多个环节，希望有关科技企业，尽快实现产业核心技术攻关和自主可控，从而实现技术实施及推广，进一步丰富空地服务互联解决方案，释放产业链价值。

推动数字产业发展。为了促进国有企业科技创新工作，国家制定发布了一系列政策指引，对于有效支持国有企业推进科技创新工作起到了积极作用，建议有关部门在政策文件中能够更加明确现代服务业在科技创新中发挥的作用。比如鼓励服务类的公司以需求为牵引，突破企业边界，组建科技创新联合体，打造一批技术应用的示范工程，促进技术的不断优化升级，鼓励基于自主可控的硬件和基础软件（如操作系统、数据库），实现应用软件产品研发等。

促进数字经济交流合作。不同类型的企业、高校、科研院所的定位和专长不同，建议构建科技创新定期交流机制，搭建信息共享平台，让企业、高校、科研院所有更多沟通交流的机会，一方面更有助于碰撞出更多科技创新的课题方向，另一方面也有助于在机制体制建设方面互相借鉴学习。

浙江东方：深化国企数字化改革创新 打造金控全面风险管理平台

一、案例简述

浙江东方金融控股集团股份有限公司（以下简称"浙江东方"或"公司"）成立于1988年，公司的控股股东为浙江省国际贸易集团有限公司，实际控制人为浙江省国资委，1997年在上交所上市（股票代码：600120.SH），是浙江省唯一国有上市金控平台。2017年完成资产重组，成为一家拥有信托、期货、保险、融资租赁、基金投资与管理、财富管理等多项金融业务的控股集团，实现了从传统外贸企业到省属国有上市金控平台的跨越式发展。"十三五"期间，公司围绕《金融控股公司监督管理试行办法》和金控转型的要求，以"内涵提升、外延扩张"思路定战略，在人力、制度、业务协同、风控和数字化等方面修炼内功，夯实发展"硬支撑"，提升综合实力，营业收入、利润、资产管理规模等多项指标均创历史新高。

在"十四五"数字化改革浪潮中，公司积极研判市场发展趋势，深谙数字化即生产力，又是有效管控抓手，提出了"1+3+3+7"的数字化改革规划，以大数据管理平台为基础，完成公司数据治理，为上层业务应用提供支撑；以全面风险管理系统提升风险管控效能，为企业经营保驾护航；以顶层业务应用系统为抓手，实现业务精细化管理，全面为公司数字化改革赋能。

其中，全面风险管理系统是公司提升风险管控能力的数字化改革重点项目，公司通过全面风险管理数字化建设，构建了声誉风险、信用风险、流动性风险、统一授信、关联交易、统一客户管理等10多个专项风险管理应用场景；实现对公司及子公司160多个风险指标量化、监控和预警；同时搭建风险数据集市和公司级风险管理驾驶舱，全面提升风险管控水平，为公司数字化改革赋能，为公司经营管理保驾护航。

二、转型工作情况

近年来，公司致力于通过数字赋能，实现资源整合，提升协同能力，全力打造金融控股集团"共建、共享、共赢"的数字化生态共同体。公司先后成立数字化改革工作领导小组、数据治理工作小组、风险管理委员会和全面风险管理系统建设专班等组织，相继启动数字化改革战略咨询和风险管理咨询项目，并结合风险管理咨询成果发布了《全面风险管理办法》《声誉风险管理办法》《信用风险管理办法》等9项风险管理制度，全面完善公司风险管理和治理体系。同时，公司与浙江省长三角资本研究院、恒生电子联合发起成立长三角金控研究专委会，并成功举办"长三角金控研讨会"，专注以"防范金融风险、服务实体经济"为宗旨，为长三角乃至全国金控行业发展贡献新思想、新方案、新实践。

在风险管理数字化改革进程中，公司提出了"三阶段"的建设规划：第一阶段：夯实风险管理基础，实现金控层面对风险的统一识别计量与管理。通过完善风险管理组织架构，明确对子公司管控模式，建设风险偏好管理体系，完善风险管理制度体系，加强风险数据治理，构建专项风险管理场景；第二阶段：持续优化风险管理体系，深化金控层面对风险的穿透管理。通过持续优化、调整全面风险管理体系，优化风险管理应用方案，完善全面风险管理系统，开展风险管理内部审计，细化专项风险管理措施，深化管控要求，做到对风险的穿透管理；第三阶段：打造高质量风险管理体系，实现金控层面对子公司风险的嵌入式管理。结合金控层面发展战略与长期规划，执行业务开展与风险管理并重的指导思路，实现对子公司风险的嵌入式管理，打造高质量的与发展战略相适应的全面风险管理体系。

根据风险管理数字化改革的规划，公司启动了风险管理数字化改革的脚步，于2019年启动风险管理数字化项目建设工作，并完成系统整体规划。在2020年围绕投资、财务、人力、外部资讯数据等完成公司风险数据治理。在2021年全面展开风险管理应用建设，构建声誉风险管理、信用风险管理、集中度管理、关联交易分析、统一授信、法律合规管理等10多个专项风险管理场景；实现公司及子公司160多个风险指标的计量、监控和预警，以管理驾驶舱构建企业风险画像。围绕《金融控股公司监督管理办法》的要求，经过与恒生电子的精诚合作，建设了金控行业第一个全面风险管理系统，实现公司风险管理数字化改革第一阶段目标。

围绕公司风险管理业务场景和旗下不同金融业态面临的风险类型，公司全面风险管理系统构建了10多个专项风险管理场景，如通过大数据、人工智能、云计算等技术对市场新闻舆情数据进行自动标签、数据去重处理，提高数据收集效率和精准性，提升声誉风险管理的全面性、完整性、及时性；同一客户管理通过AI算法模型，知识图谱技术，构建实控人链路图谱，识别集团客户关联关系，从同一客户角度分析单一（集团）客户的业务开展情况、风险敞口、集中度等，助力风险管理的精细化和实质性；关联交易管理通过构建关联方识别规则，自动识别出集团关联交易开展及明细情况，保证了关联交易信息获取的高效和准确，辅助关联交易的合规管理；统一授信管理利用同一客户识别的集团户数据，实现从单一和集团客户层面的授信额度管控，预防集团客户层面的风险交叉蔓延，控制风险敞口，有效地进行整体风险的控制；风险监控平台将各专项风险管理的重点指标和公司风险偏好指标进行统一监控、预警，实现对风险预警的统一平台化管控。全面风险系统通过对各专项业务风险管理场景的建设，充分利用大数据、人工智能、区块链、云计算金融科技的前沿技术，利用金融科技力量，在实现风险管理信息化基础上，实现风险管理的数字化转型，积累风险管理数据资产，丰富风险管理抓手，为下一步数据资产赋能业务经营奠定了坚实基础。

全面风险管理系统底层采用IaaS基础设施框架，通过用户对资源的实际使用量或占用量来集中管理存储与算力；中间层采用大数据处理、分布式计算、集中鉴权、分布式文件存储、NLP自然语言处理、AI引擎等当前技术领域内成熟的技术框架，从容应对复杂的金融业务需求；上层采用可视化工作流、VUE等专业的渐进式业务框架，支持高效快捷地与第三方库或既有平台整合。通过上中下三层的架构，助力金融机构，全面升级技术架构，开启智慧金融的新时代。

三、转型成效

全面风险管理系统作为公司数字化改革重点项目，于2021年完成系统建设并成功上线运行，丰富了风险管理手段，提高了管理效率，其主要价值包括：

（1）优化风险管控流程，提升协同效率，降低运营成本。根据公司对各子公司的管理要求，通过流程引擎和报表平台，实现30多个数据报送和业务审批流程的信息化、数字化，完全替代线下或手工纸质报送内容，提升了协同效率，降低了公司运营成本。

（2）搭建风险数据集市，丰富数据资产，提高信披质量。围绕金融、类金融、财务、人力、资讯等6个数据主题域，构建了项目、客户、交易、持仓、资产分类、抵质押、担保、维度属性等多个数据模型，从整体风险评估、专项风险分析等维度构建160多个风险指标，并实现风险指标计量、监控、预警的自动化，对集团关联客户和项目及其周边数据进行统一管理，为公司作为上市公司进行信息披露等提供了重要的数据支持。

（3）实现全面风险管理，提升治理水平，增强核心竞争力。通过系统建设构建了声誉风险管理、法律合规管理、信用风险管理、统一授信管理、集中度管理、关联交易分析等10多个专项风险管理应用场景，实现企业风险信息化、自动化和数字化管理，为上市公司治理水平提升助力。

（4）建设平台工具，丰富管理抓手，助力"碳中和"。系统搭建了风险监控预警平台、资讯平台、法律合规库、案例库与内规库、指标库、数据报送平台6个工具平台，实现风险指标三级预警监控、预警，为风险管理业务开展提供支持，提升风险管控效率，节约运营成本。

（5）紧扣金控监管思路，贡献新思想，引领金控实践。从公司与浙江省长三角资本研究院、恒生电子联合发起成立长三角金控研究专委会,到成功举办"长三角金控研讨会",公司在为金控转型努力修炼内功的同时,也为金控行业的发展贡献了新思想、新方案、新实践。全面风险管理系统的落地正是公司金控数字化改革新实践的成果之一。

四、面临的痛点难点及建议

作为转型的上市金融控股公司,公司面临多重风险管控要求,外部要求包括交易所对上市公司和潜在的人行对金融控股公司的监管要求,内部包括国资体系和内控管理提升的要求。多重要求下风险管理数字化改革存在诸多难点,主要包括:

(1) 数字化风控探索,资源储备有待加强。在《金融控股公司监督管理试行办法》发布后,公司紧扣监管思路,积极探索金控风险管理数字化方案,但面对全新监管思路,公司在研判监管要求、梳理内部风控管控措施和数字化建设三方面同时着力,使得金控风险管理数字化建设资源储备有待加强。

(2) 多业态混业经营,风险管理内容复杂。公司旗下包括信托、期货、保险、租赁、私募基金等多个金融板块,业务类型多、业态复杂,对资源配置、资源整合和管控方式都有较高要求,风险管控难度也随之增大。

(3) 差异化监管要求,风险管理模式受限。信托、期货、保险受到不同监管要求,风险管控嵌入式管理难度较大,因此管控时效上相对滞后,需持续完善和深化风险管理的管控精细化程度。

对此,公司提出阶段性数字化改革建设规划,以丰富管理抓手为主,逐步深化管理要求,最终实现精细化管理。通过数字化改革,聚焦风控体系护航,筑牢高质量发展安全屏障;聚焦科技创新赋能,增强高质量发展内生动力;聚焦业务转型创新,汇聚高质量发展磅礴能量,将公司打造为防范化解区域风险、服务实体经济的主力军,为金控行业发展贡献新思想、新方案、新实践。

雅戈尔：数字中台推动供应链变革

一、案例简述

（一）案例背景

雅戈尔集团股份有限公司（以下简称"雅戈尔"或"公司"）经过多年的发展，已经具备了相当的行业地位和产业规模。在当前国内外形势和疫情等多重影响之下，雅戈尔品牌面临着商业形态变化、线上冲击加剧、消费结构变化等诸多挑战，数字化转型作为驱动业绩增长，提升运营效率，激活业务创新的重要手段，是雅戈尔发展的重点战略。雅戈尔围绕"建设世界级时尚集团"的战略目标，以中台战略、未来工厂、智慧营销为三大支柱，以数字化转型为契机，探索复杂市场环境下新的商业模式，为企业持续健康发展提供强大的动力。

（二）案例简述

数字中台作为支撑实现公司时尚集团的重要战略，主要分为三大主要支柱：

（1）中台战略：主要为财务共享中心、业务中台、数据中台三大中台的建设。

（2）未来工厂：主要为面料研发、产品设计和智能工厂的建设。

（3）智慧营销：主要分为新商业探索、超级体验店、线上线下融合。

二、转型工作情况

（一）中台战略

（1）财务共享中心持续分阶段建设：雅戈尔从2017年开始到2021年持续建设财务共享中心，通过财务共享中心实现全国财务共享、集中财务管理、实时财务分析等功能，实现全国财务工作的共享和标准化，在原有管理的基础上进一步提升了财务管理水平。

（2）业务中台的建设：公司于2018年至2021年构建了业务中台系统，在构建统一、标准的业务服务的基础上，实现了全国库存共享、订单智能派送、统一价格管控、集中收支结算等功能，利用业务中台，构建了订单中心、库存中心、会员中心、政策中心等多中心的建设，很好地实现了业务数字化的建设工作。

（3）数据中台的建设：数据中台作为推动公司数字化转型的重要平台，公司从2020年至2021年完成数据中台的一期建设，经过前期数据治理、经营指标梳理、数据平台建设、数据可视化、数据智能应用等数据工作的开展，利用大数据、算法、AI等技术，初步实现了公司海量数据存储、大数据实时监控、智能决策等业务的开展，下一步将从人货场、产业链等角度进一步推动公司的数字化转型。

（二）未来工厂

智能制造作为雅戈尔的重点建设战略，以标准化、自动化、信息化、数字化、智能化为建设目标，构建雅戈尔未来工厂。主要建设内容如下：

（1）面料研发：雅戈尔通过40多年发展已成为我国纺织服装龙头企业，拥有独特的从棉花、汉麻种植、纤维处理、纺纱、面料织造、染整、成衣加工到品牌运营、终端销售的垂直一体化完整的纺织服装全产业链。雅戈尔特别重视科技创新能力的持续建设，2018年整合研发测试中心和面料开发中心，升级部门为雅戈尔纺织材料研究院。

（2）产品设计：产品设计作为服装制造的重要环节，也是与消费者沟通的最重要的媒介，雅戈尔一直非常重视产品设计与研发，在数字化建设方面，建设基于3D技术的产品设计，并利用3D量体数字化技术实现智能量体并实现与后端自动化裁床的无缝对接，实现C2M的制造新模式。

（3）智能工厂建设：智能工厂作为雅戈尔智能制造建设的重要环节，是实现制造智能化重要的数字化手段，雅戈尔从2017~2019打造雅戈尔智能工厂，从2020~2021打造"5G+工业互联网"，主要建设内容如下：

①多生产基地的协同：以宁波总部为中心，实现与全国异地工厂的协同作业。

②云计算智慧调度：利用5G技术实现全国联网，构建"5G+MEC"的网络架构，并利用物联网技术实现公司设备的互联互通，利用云计算实现了全国多工厂基地的数据和设备的互联互通。

③生产全过程的透明可控：利用吊挂系统和MES系统实现生产全过程的数据采集与监控，实现生产制造全过程的节点数字化和进度监控与预警。并利用数字孪生的技术实现现实世界虚拟化，实现数字化世界与现实世界的有机结合。

④AI智能的创新应用：利用AI人工智能新技术实现生产效率的提升和作业的标准化，主要应用有机器人智能巡检、面料外观智能检测、工序合规智能检测等。

（三）智慧营销

智慧营销作为雅戈尔产业的重要环节，利用数字化转型实现对新商业的实践与探索，寻找雅戈尔未来商业发展的新的思路和方向，是雅戈尔数字化转型战略的核心组成部分。

（1）雅戈尔对新商业的六个定义：强有力的品牌，有竞争力的品类，快速反应的体系，良好的体验平台，高科技手段的应用，线上线下深度融合。

（2）线上线下深度融合的新商业模式的探索：线上线下融合的新的商业模式是雅戈尔未来发展的战略方向，利用雅戈尔遍及全国省会城市的时尚体验馆、自购超千平大型旗舰店的线下体验平台和微

雅戈尔：数字中台推动供应链变革

信、抖音、淘宝、京东等线上营销平台实现线上线下的深度融合，构建雅戈尔新的商业模式。

（3）智慧物流的建设：雅戈尔宁波智能仓项目总投资11亿元，规划土地面积100亩，一期、二期总建筑面积约13万平方米。雅戈尔通过智能仓储的建设，辐射全国所有的门店，实现了全自动货到人的拣选以及线上线下货品共享，雅戈尔智能物流的建设为下一步雅戈尔新商品的探索和实践奠定了建设的基础。

（4）夸父科技公司的设立：公司为了进一步加强新商业模式的探索，设立了夸父科技公司，通过一键式电商管理、全平台代运营服务、直播带货服务、电商品牌孵化、线上线下融合探索、体验店打造等多方面数字化手段进行新商业模式的探索。

（5）培养新商业人才：雅戈尔与宁波大学合作，捐助1亿元基金设立"宁波大学雅戈尔新商业学堂"，为数字化建设培养新的商业人才。

三、转型成效

（一）企业价值

（1）品牌升级：根据公司建设世界级时尚集团的目标，构建围绕时尚行业的多品牌矩阵，并同时完成雅戈尔现有品牌的模式优化与升级，建设雅戈尔的世界级时尚集团品牌矩阵。

（2）科技赋能：进一步加强科技的建设，利用新科技、新材料实现产品的升级，同时利用新科技实现从市场到制造的智能制造建设。

（3）大数据驱动：利用大数据和智能化技术驱动业务模式的创新与优化，从业务数字化到数字业务化，构建基于大数据的智能商品研发、产业链互联与协同，实现基于数据的智能策略与应用，实现基于数据的数字化转型建设。

（4）新商业实践：在雅戈尔未来发展中，新商业的探索与实践依旧是一个非常重要的战略，不断探索在新的市场环境下新商业模式的变化，深入研究线上线下融合的新模式，走出一条适合雅戈尔的新商业之路。

（二）社会价值

雅戈尔的数字化转型之路，实现了从生产到消费的全产业链、全生活场景的节能减排，是企业良性循环、社会经济可持续发展的关键。

在雅戈尔探索新商业之路的同时，也在顶层设计、路径规划等战略部署层面，为同行业提供了数字化转型的案例参考，有利于实现产业升级，助力"碳中和"目标实现。

四、面临的困难和挑战

（1）政府政策的支持。数字化转型对传统行业来说是一个不断探索和挑战的过程，过程中需要有大量的人力、物力和财力的投入，希望政府能够给予企业一些政策上的支持，帮助企业更好地做好数字化转型的工作。

（2）数字化人才的引进。数字化人才是企业数字化转型不可或缺的重要因素，有了好的数字化转型的人才，企业才能很好地做好数字化转型的工作，宁波在数字化人才的引入上面还是存在一定的缺陷，一定程度存在人才很难引进的情况，希望政府能够和企业一起更好地解决数字化人才引进的问题，为数字化人才的引进创造更加良好的条件。

伊利股份：数据技术赋能业务发展 引领乳业全产业链数字化转型

一、案例简述

从2019年开始，内蒙古伊利实业集团股份有限公司（以下简称"伊利股份"或"公司"）加速推动数字化转型工作，旨在建设"数据驱动、横向融合、纵向贯通、持续成长"的智能化乳制品企业，以创造消费者价值为目标的营销数字化转型和以降低运营成本提升运营效率为目标的供应链数字化转型，形成公司数字化转型双引擎战略。公司通过充分应用创新驱动、精益运营、业务转型和敏捷迭代的转型原则，助力公司实现业务战略目标，打造后千亿时代驱动业务增长的第二曲线，最终将实现主营业务运营高度智能化、新业务创新迅猛化、盈利能力提升幅度扩大化的美好愿景。

数字化转型工作核心包括产品创新孵化平台、消费者数字化运营平台、全渠道履约平台、供应链数字化运营平台、前沿技术服务平台和数据中台在内的几大平台建设，以及适配的云计算、物联网等前沿基础技术的开发与应用。在持续巩固优化既有应用系统的基础上，为满足快速多变的市场变化和消费者需求，持续建立起一套高效敏捷的数字化技术研发体系，加速推动敏态的数字化平台建设，覆盖消费者洞察与全场景运营、产品敏捷研发与协同共创、供应链端到端数字化运营和渠道终端数字化运营等诸多方面。

二、转型工作情况

（一）战略规划

公司数字化转型工作整体以消费者为中心，以创造可衡量的业务增量价值为导向，聚焦核心业务领域，沉淀核心技术，持续致力于业务赋能和人才赋能，不断提升业务运营能力和组织数字化能力。

目前，公司已建成拥有自主知识产权的消费者数字化运营平台，高效连接内部系统，无缝连接公域及私域消费者运营阵地，赋能电商店铺数据业务；产品创新平台已完成雏形搭建，陆续开展仿真测试、全员创新试点，为产品创新全链路平台能力升级提供产品实践储备；在数据服务领域，公司自建主数据、数据湖、商情通等数据服务工具，全面支持业务快速决策，同时已开展数据资产盘点及数据治理工作，并以供应链数字化运营场景为切入点，从业务和数据视角进行业务痛点挖掘及场景验证。

作为公司数字化战略中重要基础保障，生态建设是其中重要一环，当前聚焦数字化业务需要，已入库上百家优质数字化供应商，赋能建立生态合作网络，探索关键数字化生态合作伙伴的利益结合点，创新新型合作关系，创造数字化转型的行业与生态价值。

（二）业务模式转型

公司以消费者为中心，从传统的2B业务转向2B与2C业务并重，构建了以新兴电商、私域阵地和新零售为主要赛道的2C业务运营阵地。围绕消费者需求，通过不同场景下的业务模式创新，让消费者能够快速、方便地在喜欢的地方买到想要的商品，数字化转型主要通过以下三种模式实现：

1. 从不同渠道独立运营到全渠道融合运营

通过社群营销并联合零售商在门店、新零售等全渠道运营，为消费者提供全渠道服务；试点电商一盘货，拉通后端仓储、物流，实现电商多渠道对消费者的一体化服务，缩短到货时间，提升消费者体验的同时降低企业运营成本、提升效率。

2. 从提供产品到提供产品+服务，构建大健康产业平台

公司围绕消费者礼赠和家庭消费场景，推出数字奶卡，既为消费者提供全品类乳制品，更提供不同场景下的服务和权益，如公司联合中国联通推出"孝心卡"数字奶卡产品，为远离子女的老年人提供周期订奶+电话卡套餐服务，定期为老年人送上子女的关怀。

3. 从企业自身创造价值转向产业链、全生态合作

公司与经销商的关系从早期的交易契约关系，转变为共同服务消费者的生意共创关系。新零售奶站项目就是通过数字化赋能，和经销商联合开店，利用数字化手段为社区消费者带来便捷消费体验；公司与零售商深度共创导购社群营销模式，提升门店动销，实现消费者精准营销；公司与重点零售商开展业务数据共享项目，拉通订单与数据，实现产销协同；公司与跨行业生态伙伴合作，探索新兴零售模式，如与京东集团和阿里巴巴集团等领先互联网企业已达成战略合作，引领行业数字化转型。

（三）升级重构技术体系，沉淀数据资产

公司数字化技术团队在项目实践中逐步开展并持续推进技术升级工作，同时也在持续沉淀，探索如何在传统行业的数字化转型工作中最大化利用技术创造价值。主要总结为以下四个方面：

（1）最大化利用现有信息化系统并升级，同步统一技术体系，建设新的数字化系统产品；轻量级引入成熟外部产品体系，结合团队自研能力，保证技术资产可控可沉淀。

（2）数据是生产要素，利用现有大数据技术体系，在持续积累数据资产的过程中加速数据服务能力输出，设计云原生大数据平台存算分离架构，集成分布式计

算服务，提供 PB 级分布式计算存储服务，全面覆盖业务需求；升级多源异构数据敏捷接入能力，持续汇聚数据资产，面向业务提供多维数据服务能力；初步建设云上云下数据协同流程，打通数据协同链路，可根据业务需求，完成数据快速上云。

（3）完成微服务中心基础建设，让研发专注业务实践，以业务为导向，提升研发效率，同步实现微服务基础版监控建设，实时监控系统健康状态，快速定位并解决系统问题。

（4）完成云端敏捷开发（DevOps）管理工具建设，实现需求、设计、测试、发布、运营线上一体化敏捷管理，全面纳管研发代码，沉淀自主产权，已经获取 7 篇软件著作权。

三、转型成效

（一）企业价值

数字化转型是对公司及行业在数字化理念、技术、模式、落地的全方位影响，立足于数字化前沿技术能力，更在意识上引领公司培养开放、创新、包容、以消费者为中心的数字化思维，进一步驱动业务模式与技术应用的创新。在技术创新过程中驱动业务模式变革，提升企业服务属性，构建产业生态圈，并在落地实施层面保障科学决策、流程验证、敏捷运作。

（二）社会价值

目前，公司数字化转型成果正在被逐步应用到全产业链过程中。在产业链上游，公司升级智慧牧场管理平台，通过合作牧场引入人工智能（AI）识别系统，将智能化设备与系统有效链接，实时分析奶牛饲养生产流程，提升奶源质量管理精细度，通过打通牧场端到业务端数据，提升奶源服务与管理水平，全面实现奶源数字化转型，支持合作牧场共同成长；在产业链中游，公司智能工厂自动化产线与智能装箱机器人、码垛机器人、缠绕机器人无缝配合，极大提高了生产效率；在产业链下游，公司自主开发了地理大数据系统，精准预测市场发展态势，规划终端门店布局，赋能经销商提升运营能力，进一步提升门店营销效率。

四、面临的痛点难点及建议

（一）痛点难点

传统实体企业数字化转型通常会面临数字化认知和数字化思维不足、数据治理水平低、技术体系不前沿和生态合作意识不强等典型痛点难点。

传统实体企业把更多的资源和人力投入到产品的生产、制造和销售等核心业务场景，但对消费者数字化生活方式和数字化决策习惯的认知不够充分，业务运营重点难以真正实现以消费者为中心。对前沿数字化技术认知不足，强调以流程管控和系统自动化为特征开发相互独立的烟囱式信息化系统，同样也是企业数字化转型需要解决投入资源去着力解决的工作难点。

此外，实体企业内部不同部门、跨企业的生态合作数据孤岛现象严重，无法提供给消费者一致、流畅的体验和服务。

（二）实体企业数字化转型的建议

（1）实体企业大多面临数字化专业人才不足的情况，可以招聘行业前沿数字化人才、成立专职数字化团队，从而快速补充能力短板，统筹推进企业数字化转型；也可以增强对标学习和建立和领先互联网企业的战略合作关系来快速提升对数字化业务的认知和理解。

（2）随着消费者个性化、定制化需求持续增加，企业也需加强消费者全域全生命周期洞察，匹配更精细化的产品、服务及内容推送，在特定场景触达用户，促进购买转化。在品牌营销方式从公域向私域运营转变的过程中，也需探索消费者沉浸式运营模式深化消费者品牌体验，可以从业务场景侧切入，构建品牌公域＋私域联动双轮驱动闭环，采集消费者数据资产提供端到端的消费者运营解决方案，打造"数据—算法—洞察—创新"的体系化模式的核心能力。

（3）持续增加数字化技术投资，升级最小化技术自研团队，沉淀技术资产，减少重复技术投入，升级企业内部技术研发交付方式和效率，从而助力企业数字化转型。

中国银河：依托数智生态平台 打造证券公司企业服务数字化品牌

一、案例简述

股权激励是上市公司实现企业创新高质量发展的重要且有效手段，截至2021年12月31日，有2258家A股上市公司实施过股权激励，占统计日A股上市公司总数48.20%。其中有889家上市公司实施过多次股权激励计划，占统计日A股上市公司总数的18.98%，有1369家上市公司仅实施过一次股权激励计划，占统计日A股上市公司总数的29.22%。上市公司在实施股权激励业务过程中，由于业务涉及考核数据、计划实施数据、批次管理、流程管理、进程跟进等多职能部门协同与管理，导致管理成本高及推进效率低。另外，由于业务数据复杂且多样，上市公司难以及时、完整获取过程数据统计分析，无法对激励效果全面评估及科学精准决策，在执行过程中，会伴随人员变动、股份行权、股份变动等情况发生需要全程监控及合规管控。同时股权激励业务可能关联上市公司回购股份、董监高到期减持股票等交易行为，而监管机构为规范上市公司、董监高、股东增减持行为，陆续出台了一系列专业且繁杂的监管法文与实施细则，由于法规专业复杂，上市公司难以不通过数字化系统手段而实现合规交易管控，2021年全年沪深两市上市公司违规增减持家数多达160家，触发案例293件。

中国银河证券深刻理解上市公司股权激励、合规交易等证券事务现状及面临的痛点问题，依托自身强大的系统技术实力并充分发挥综合性大型券商的业务服务能力，结合自身投行、财富管理及结算税收业务优势为上市公司提供一体化股权综合服务，帮助上市公司把证券业务和金融科技相结合，加快上市公司证券综合事务数字化转型。为此，中国银河证券倾力为上市公司量身打造了一站式股权综合服务平台。平台涵盖三大主要业务模块，分别为股权激励管理业务模块、专业交易服务业务模块、特定股份管理业务模块。

股权激励业务模块提供全流程的股权激励业务管理，从股权激励业务规划到股份授予及到期跟踪，满足股权管理业务闭环。同时支持全场景业务实时跟进服务，从上市公司内部股权业务通知到外部公告发布服务；从股东账号的统计到计划的整体进程概览分析等，最大限度降低沟通成本，同时为上市公司提供数据决策依据。

特定股份管理业务模块提供全面合规交易风险管控服务。通过交易的事前、事中及事后的风险管理，进行全面的异常交易及风险管控。依托于完整全面法规解析的合规大数据智能引擎，把股份管理及交易委托无缝一体化衔接，使得股份管控与交易管控相辅相成，提供一体化全方位合规交易服务。

专业交易服务业务模块充分发挥券商专业优势，提供综合专业交易服务，涵盖多样化的交易工具、多应用场景的智能算法、异常交易监控、全面交易风控等。

中国银河证券股权综合服务平台用科技赋能业务，构建行业领先的"一个平台、多种业务"数字化模式，不仅为上市公司提供股份管理、股权激励、增减持交易、合规交易、市值管理等全链条一站式服务，实现一个平台支持多业务、多角色、多流程、多场景于一体的线上化、自动化、智能化服务，更有效解决上市公司在证券业务开展过程中的数字化程度低、数据化能力弱、成本高效率低、流程管理不完善、智能操作割裂、合规管控薄弱等众多行业共性问题，是推进上市公司在证券综合事务服务方面进行数字化转型的最佳实践方案。

二、数字化转型情况

（一）战略规划

中国银河证券股权综合服务平台是中国银河证券在机构业务服务方面的重要展业平台，为支持系统长远规划建设及业务可持续发展，公司采用自上而下的组织架构推进模式，由公司管理层牵头，协同财富管理总部、信息技术部、证券金融总部、销售交易总部、投资银行等多个部门，搭建机构业务整体服务框架体系及组织保障机制，针对上市公司企业服务，组建了以业务推广为导向的专业策略交易部和以系统建设为导向的机构服务产品研发团队。

中国银河证券股权综合服务平台基于业务与技术融合互促产品敏捷迭代原则构建开发。在业务层面梳理上市公司需求并整合公司自身机构服务产品，推动业务服务体系化、线上化，为上市公司提供统一的业务入口；在技术层面采用多种金融科技，实现了系统服务的自动化、智能化，并以全流程的服务模式为上市公司数字化转型赋能。

中国银河证券股权综合服务平台按照"技术先行、业务驱动、持续迭代"的建设规划原则分三阶段循序渐进建设完成。

第一阶段：搭建上市公司股权综合服务平台基础技术框架，完成股份管理业务模块、股权激励管理业务模块、专业交易服务业务模块的系统建设。

第二阶段：增强平台技术驱动力，融合线上线下业务渠道，对业务进行多维度探索，搭建企业财富管理平台、协议交易平台、投融资中介平台等多个扩展业务系统，提升综合服务能力。

第三阶段：搭建金融生态服务平台，为上市公司、金融机构、监管机构、信息系统供应商、投资者等多个金融系统参与者提供智能化生态业务服务。

中国银河：依托数智生态平台　打造证券公司企业服务数字化品牌

（二）业务模式

中国银河证券股权综合服务平台为上市公司提供股份管理、股权激励、增减持交易、合规交易、数据跟踪分析、实时消息等立体化全链条一站式服务。构建行业领先的"一个平台、多种业务"的数字化服务模式。与此同时，平台提供全方位交易数智化服务，个性化定制交易方案、多样化的算法工具、流程管理等一站式无忧工具，为董监高增减持、上市公司回购添瓦助力、保驾护航。同时，平台以客户为中心，实现同一平台支持多业务、多角色、多流程、多场景于一体的线上化、自动化、智能化综合全方位业务服务。助力上市公司快速实现在股权综合业务管理方面的数字化转型。

股份管理业务模块能够将法律法规化繁为简，面向企业用户、创投基金、个人股东提供系统化、智能化、清晰化的股份管理及合规交易服务、实现股份权益的严格管控。

专业交易服务业务模块能够提供多应用场景的智能算法、合规风控、低延时极速交易工具、为用户提供多层次多元化的交易服务。

股权激励管理业务模块提供全周期、全流程、全链条、高效的一体化激励计划管理服务，为科学决策提供依据。覆盖限制性股票一类、限制性股票二类、股票期权、员工持股等业务类型。

中国银河证券股权综合服务平台上线以来，已服务15家分支机构，40余家上市公司及企业客户，落地服务股权激励业务15单以上，服务回购、减持及合规交易业务30余单，新增客户托管资产100多亿元，带动业务协同预期收入2000多万元，一体化全周期全链条业务服务及一站式用户体验模式深受客户高度认可，通过平台服务增强及延展与上市公司在投融资、企业财富管理、资产配置、大宗交易、信用业务等方面的深度合作与业务关联。

（三）技术架构

中国银河证券股权综合服务平台采用高性能分布式弹性架构，应用低延时内存技术、大数据、人工智能、自然语言理解、智能分析、"爬虫"技术等多种技术集成，以客户为中心搭建一体化的用户体验佳的终端系统，通过大中台+小前台的业务赋能模式支持业务可复用模式下快速敏捷响应业务需求，打造基础设施、数智中台、应用平台三层技术架构体系，通过技术应用创新实现敏捷迭代、用户体验、投入产出三者的平衡。

中国银河证券股权综合服务平台具备如下技术特色及架构优势：

基于高性能低延时微服务架构为核心构建技术平台框架底座，自主研发分布式缓存、跨平台跨语言高性能易扩展二进制通信协议、全异步流式事件、分布式时序数据库等多个创新技术，集成应用云计算、SaaS服务、企业级应用、大数据、人工智能、边缘计算等多个先进技术，协同保障技术业务高度融合、技术引领业务创新发展。

创新技术集成应用实现高性能交易+核心闭环+业务敏态的多服务中台，在基础的核心框架平台之上，实现服务注册、发布、配置、上报、监控、预警、查询、日志及节点管理等服务治理与运维管理，充分发挥微服务技术架构优势，基于功能进行原子化抽象，基于业务进行分层，基于应用进行组装，最大程度实现可复用，构建多层次服务体系与业务中台，包括交易服务中台、策略工程中台、数据因子平台、企业服务数据中台等。

组件化易扩展的客户端开发框架支持业务快速迭代，客户端框架基于DUILIB轻量级开源框架、X3PY插件框架，集成TAF通信协议，结合异步任务线程技术、IPC进程通信技术、CHROMBASE浏览器基础库等多种技术，能够针对机构业务应用场景及服务模式实现前后端一体化开发的框架。

三、转型成效

（一）企业价值

中国银河证券股权综合服务平台是公司重要的机构业务生态服务数智化平台，平台借助技术创新应用及技术业务高度融合，助力公司在上市公司企业服务细分领域挖掘增量业务机会，以点带面实现公司机构业务数字化转型，通过一个平台、多种业务、一致体验串联上市公司投融资、财富管理、合规交易、股权激励、市值管理等全周期产业链业务，打造一个流量入口给上市公司提供高附加值、开箱即用、因需定制的一体化服务，实现证券公司与上市公司的业务合作双赢，同时平台也助力上市公司快速实现在证券综合事务管理的全面数字化转型，推动上市公司高质量发展，提升上市公司经营效率，促进员工最大化发挥激励价值，增强业务精细管理与科学决策。

中国银河证券股权综合服务平台便利促进了证券公司与上市公司业务合作的广度与深度，以股权激励业务为合作起点，延展带动回购减持、机构理财、资产配置、现金管理、流动性管理、市值管理、资本中介等相关业务深度合作，同时盘活证券公司投资银行、财富管理、证券金融、产品中心等多条业务线，全面协同并创造可持续的业务附加收入。

（二）社会价值

中国银河证券股权综合服务平台是站在机构业务发展大局角度，完全遵循"以客户为中心"的服务理念，结合金融科技创新赋能自上而下规划、设计、建设及应用，符合证券行业倡导的机构业务数字化转型的发展方向与指导原则，是证券经营机构服务实体经济、服务上市公司数字化转型实践案例，可给证券行业、上市公司数字化转型提供行之有效的借鉴、参考及经验，同时平台也加速上市公司在证券综合事务方面的数字化实践应用及扩展推广，直接促进上市公司业务平台数字化转型。

中国银河证券股权综合服务平台通过科技创新手段很好地解决了上市公司开展证券业务合规管控一类痛点问题，是监管科技在行业的创新应用，符合行业监管发展趋势，是行业监管鼓励的方向，助力上市公司合规、稳健、高质量发展。

四、面临的难点及建议

平台规划、建设、推广过程遇到的难点问题及应对举措：

业务与技术如何有效融合。在金融科技赋能的基础上构建多层次业务服务体系，利用技术手段打通各个业务系统，实现技术增效、数据共享、业务共联。

证券公司机构业务服务价值链重塑。高效的机构业务服务需要证券公司各部门之间协调配合，打破内部隔阂和信息隔离，统筹规划、整合业务资源，提高服务的流畅度和效率。

如何创造服务新生态。只有充分调动金融市场参与者的积极性，互促互利、合作共赢，才能发挥系统的综合服务优势，实现可持续发展。

如何更高效地赋能上市公司，把券商自身的业务价值及经验快速和上市公司相融合，从而提升上市公司的股权综合管理专业能力。

主要建议如下：

（1）充分发挥中国上市公司协会行业规划、引领、资源整合的平台作用，助力上市公司行业数智化转型。

（2）增强上市公司的业务投教，针对上市公司的各种资金资产诉求能够提供数字化的解决方案。

（3）打造上市公司与券商互促互利的双向沟通展业平台。

生益电子：数字赋能制造业转型推动安全生产和管控

一、案例简述

在制造强国战略指引下，借助从中央到地方各级推动智能制造、工业互联网等各项数字化转型利好政策的东风，有着30多年历史的PCB制造企业生益电子通过数字化转型焕发新颜。

2017年起，生益电子持续不断投入数字化转型资金超过2亿元，从管理数字化、智能制造、工业互联、大数据探索四个方向、战略与决策支持、经营管理、工艺设计，制造执行四个层次，矩阵式初步构建公司信息化、数字化的智慧型工厂，打造持续提升公司的管理和制造能力的良性循环。助力企业3年内实现营业额与利润的翻倍，为同类企业提供了可持续发展的数字化转型典型示范。

一、转型工作情况

（一）战略规划

生益电子通过推行国家两化融合体系，建立起企业数字化转型的组织机制和管理制度，保障数字化转型顺利实施。以国家《中国制造2025》行动纲领为指导，对标国家智能制造标准，结合企业战略部署，制定企业智能制造五年工作规划、信息化/数字化战略及4×4的数字化转型顶层设计。

生益电子数字化转型

4大能力培养目标	印制线路板精细化生产管控能力
	工业大数据及综合运营数据分析决策管控能力
	供应链协同管控能力
	产供销财一体化管控能力
4个层次的蓝图架构	战略与决策支持、经营管理、工艺设计、制造执行
4项主攻方向	管理信息化数字化、智能制造、工业互联、大数据
4步实施策略	战略引领、整体规划、分步实施、持续改进

生益电子：数字赋能制造业转型 推动安全生产和管控

（二）业务模式

生益电子股份有限公司成立于1985年，主要生产与经营高精度、高密度、高品质印制电路板（以下简称PCB）的设计、研发、生产、销售与售后服务。一直以来面临着行业共性问题：

外部环境：人工成本增加而且缺乏产业工人；国家对环保、能源、碳排放等要求越来越高。

上下游环境：PCB企业位于产业链中游，上下都是大型供应商和客户。

PCB行业特征：PCB是离散型、完全按客户设计定制的柔性制造行业，涉及工业制程异常复杂、工序繁多、技术要求严格，新技术工艺不断涌现。

客户需求：大型客户严格的产品制作过程控制和追溯性管理，要求记录每片PCB在每台设备的实际生产过程数据。

利润影响因素：企业利润受自身定位、客户结构、产品结构及管理能力等方面影响较大。提升利润水平需靠质量技术综合能力和自身降本增效。

生益电子的数字赋能制造业转型方案，目标是达成如下业务模式提升：

精细化生产：提高对生产制造资源的规范化管理与合理调配，打造对生产全过程的精细化管控体系。

研发创新：以技术进步为驱动力，让公司一直保持国内业界的领先地位，包括PCB成本和交付领先的优势，以及PCB技术和质量领先的优势。

运营管控：融合大数据提升企业经营水平，建立高效综合运营管控优势。

（三）技术架构

1. 管理数字化

生益电子遵循顶层蓝图设计实施如下业财融合数字化项目：2017年上线全面预算与绩效管理系统并打造精细化的成本分析与报价系统；2018年开发实施移动办公系统；2019年实施财务共享系统和资金管理系统；2020年实施ERP集团化项目、合并（财务）报表系统及人才管理系统；2021年实施SRM系统和CRM系统。打造以ERP系统为中心平台，高效承接企业战略从规划到落地，全面覆盖经营管理各个方面，具备产供销财一体化、高效综合运营管控的信息化管理体系，实现经营管理和决策的智能优化。

2. 智能制造

为提升智能制造水平，在制造过程自动化、引进AGV自动物流运输系统、仓储管理系统以及国内外先进技术设备的同时，企业开始引入SCADA系统、能源系统，逐步实现车间仿真、设备实时实际生产状况等工厂数字化功能；自主开发包括智能作业一体机管理系统、钻孔钻机排计划系统、钻孔钻刀智能选择系统等，提升现场生产过程的智能化水平。通过自主开发的工艺管理系统、与多种PCB专业设计软件及ERP系统深度集成构建适用于PCB行业的特色产品生命周期管理系统体系PLM，实现自动化作业流程的数字化三维设计、工艺仿真和产品仿真，推进产品设计数字化进程。

3. 互联互通

经过设备人员自主研究、供应商协助等方式，对于主要设备进行改造连网，在网络物理层面实现互联互通。通过SCADA数据采集系统，构建历史实时工业数据库平台并与自动化设备的PLC直接通信。通过自主高度定制智能作业一体机管理系统，实现PCB行业中的高级排程功能，并利用此系统实现MES和PLM系统的互联，形成产品从设计到工艺到生产的制造过程自动化信息化闭环。通过不断迭代开发实现ERP系统与MES等各信息系统间的大量数据交换。与主要客户及供应商合作开发系统层级的信息对接，实现供应链上下游的数据互联互通和联动。

4. 大数据探索

2019年启动人工智能、大数据等方面的探索试点，建立制造大数据整合展示平台及引入大数据机器学习预测平台。2020年引入质检AI、数据仓库、BI等平台。通过随机森林、卷积神经网络等AI人工智能的多种算法和现代科技手段，逐步打造制造大数据从设计、执行（参数下发到设备及质量检测）、采集、分析、优化的持续改善、不断提升的闭环，让大数据的良性循环驱动公司设计、技术、质量及管理水平上升、促进核心业务及全要素生产率提高。

三、转型成效

（一）企业价值

通过实施以上数字化项目，在5G时代产品设计日益复杂、技术难度不断提升、产品种类大幅增加的情况下，关键指标仍取得明显提升：从项目实施前后的2017年年初到2019年年底，营业额从14.4亿元增长到30.4亿元，增加112%；产能提升28%，产量提升35%，劳动生产率提升23%，企业运营成本降低17%，研制周期缩短33%。

受益于数字化转型帮助企业规模和效益实现全面提升，2019年提前2年完成倍增，成为市荣誉倍增企业。2021年2月25日，生益电子从IPO启动用不到1年时间即成功在上海证券交易所科创板挂牌上市，成为国内首家"A拆A"（即A股分拆上市）的上市公司（股票代码：688183）。

（二）社会价值

生益电子数字赋能制造业转型实施，为PCB行业的数字化转型提供了实践可行的方案与实施方法。无论是管理模式的转型、还是生产制造自动化智能化提升，都开辟了行业的先行案例，为行业提供了可复制的有代表性的数字化转型样本，成为PCB行业可持续智能制造标杆示范企业。

2020年，被广东省工信厅认定为广东省智能制造试点示范项目。2021年被工信部评为工业互联网企业网络安全分类分级管理优秀实践案例（全国25家，广东省2家、其中工业企业只有1家）。

四、面临的痛点、难点和建议

（一）高位推动，规划先行

开始时企业内部对数字化认识程度各有不同，对其实施意义、范围、途径、方法等各方面曾存在过讨论、争议。企业高层的高度重视和高位推动。企业由董事长倡导、总经理挂帅，以IT、持续改善、设备、工厂、质量和工艺等各部门组成了智能制造领导小组，制定企业数字化战略规划和数字化转型方针。

（二）专业团队，精心打造

生益电子在实施数字化转型之初，就高度重视数字化人才队伍建设培养。以IT团队及信息化核心人员为骨干，采取内部挖潜的方式，从各业务部门寻找有信息化思维潜质的人才，并由工序生产主管担任每个智能制造子项目的项目经理，通过实战最终搭建起一支专业高效的数字化实施团队，扎实保障企业数字化发展战略顺利执行。

（三）保证投入，讲求实效

生益电子通过年度全面预算、年度业务计划、重点项目计划等制度流程有效保障项目的人、财、物投入。同时并没盲目片面追求技术先进新颖，而是从实际需求出发选择更适合自己的方案。在整体蓝图规划框架之下，每个具体子项目的立项都具体评价分析其可行性和长期、短期效益，优先实施见效快、效益大的项目。

（四）试点攻关，逐个突破

企业设备种类和数量繁多、型号不同、新旧不一、生产厂商遍布国内国外，导致了设备联网和数据接口情况异常复杂。生益电子采用"以国产成熟平台 + 自主深入开发"的策略，从重要关键设备入手，先选择简单且典型的工序进行试点，集中公司力量进行攻关。在试点成功并总结经验教训的基础上，逐个工序推广实施。最终建立超过1000台关键设备联网，每天采集数据7万多类/5000万行、自动下发到设备超1200类/3万个工艺配方的数字化工业平台。

龙佰集团：氯化法钛白粉智能工厂

氯化法钛白粉智能工厂项目总投资11亿元，采用企业自主研发大型沸腾氯化法四氯化钛生产装置和全自控生产工艺。工厂建有智能化生产调度中心，生产线广泛采用智能仪表，建有数据采集系统。采用DCS系统管控，生产集中控制，所有生产线设备部署联网化及与EAS系统业务进行集成，实现全过程实时监测和数据的收集分析。建设私有云平台和企业信息门户，应用帆软公司的FineReport数据决策系统，打造公司经营管理数据平台，打通ERP、MES、OA、仓库管理、客户关系管理、电子采购云平台、人力资源管理、无人值守、能源管理等信息系统之间数据壁垒，实现了经营管理过程物流、资金流、信息流的全面一体化管理，通过从生产到检验到销售再到产品交付全流程数据记录、汇总和分析。实现数据纵向集成、横向集成和价值链集成，形成数据驱动的智能化决策，提高公司技术水平、生产效率和管理能力，达到提质增效降本的智能化改造目的。通过信息化和智能化的先进应用显著提升了公司在国内外钛白粉行业的综合竞争力。

一、转型工作情况

公司根据钛白粉行业特点，公司成立研发团队，从智能设计、智能生产和智能运营三个方面开展技术研究，有效利用人工智能技术，大幅度改善现有企业的运行现状，为企业增加切实可行的智能化决策方案，实现技术快速转型。

（一）氯化工序人工智能应用

氯化工序是氯化法钛白粉生产过程核心工序，由于其主体设备沸腾氯化炉是非线性、多变量、强耦合、大滞后的复杂控制对象，国内对该炉的控制尚处于仪表监控、人工手动操作阶段。特别是大型沸腾氯化炉智能化控制技术严重制约我国钛白粉行业发展。

由于被控对象沸腾氯化炉的复杂性而无法建立精确的数学模型，基于数学模型的传统控制方法无法适用，公司通过技术攻关，决定采用模糊控制。在分析沸腾氯化工艺流程和控制要求的基础上确定了控制策略，设计出基于专家经验模糊控制系统，采用分布式控制方式，由下位机控制站和上位机工程师站、操作员站组成。随后确定控制系统的具体检测量和控制量，并结合实际生产环境进行系统硬件选型。控制系统下位机采用结构化编程方式，对各程序模块进行功能分析、方法选取、算法实现的研究。控制系统上位机由工控机构成，设计了上位机的实时监控画面。模

龙佰集团：氯化法钛白粉智能工厂

糊控制器作为模糊控制系统的核心，是模糊控制算法的载体，采用离线计算、在线查询的方式实现。

模糊控制系统投入运行后，炉内温度波动范围小、炉气中氯气浓度低、炉渣中二氧化钛含量少。与过去的人工操作方式相比，提高了产量和成品率、节约了原料、降低了成本和工人劳动强度、增加了经济效益和生产安全保障，提升了我国大型沸腾炉连续运行时间，减少故障率，达到国际领先水平。

（二）氧化工序人工智能应用

氯化法是目前生产高档钛白粉的先进技术，其中氧化过程是氯化法制取钛白工艺最关键的阶段，氧化反应器是工艺的核心设备，氧化反应器中气体的混合情况与反应器壁面结疤情况，产品的质量紧密关联。公司通过多年研究，对反应器内气体混合情况进行数值模拟计算，研究氧化反应器流场分布随各因素的变化趋势，开发出氧化反应器反应控制系统专家模型，DCS操作员只需设定好目标值，整个系统可以自动调整压缩空气、天然气、进料量、风机速度等设备工艺参数，实现最优化生产。这一技术开发成功，打破国外杜邦等公司技术封锁，提高了氧化系统连续、稳定运行能力，同时钛白粉的粒度和晶型控制达到行业先进水平，使产品的白度、消色力、遮盖力、耐候性等指标满足国内外高端客户需求。

（三）工厂模拟仿真人工智能应用

公司采用霍尼韦尔的UniSim软件，对工厂生产过程工艺进行模拟仿真，工程师能够为工厂设计、性能监控、故障排除、操作改进等创建静态和动态模型。

UniSim软件具有强大的动态模拟功能。动态模拟的方法及过程：流程稳态模拟收敛后，首先定义单元操作的动态数据，安装控制仪表，然后就可以进入动态，开始动态模拟。动态模拟过程中，可以随时调整温度、压力等各种工艺变量，观察它们对产品的影响以及变化规律。还可以随时停下来，转回静态。UniSim软件还提供了PID控制器、传递函数发生器、数控开关、变量计算表等进行动态模拟的控制单元。PID控制器可完成对任何变量的控制。传递函数发生器可产生任何形式的过程传递函数，如一阶环节、二阶环节、微分和积分环节。用它们可以模拟任何被控制对象及干扰源。控开关在动态过程中，可通过检查某操作条件而控制另一变量的开或关，进而达到对整体装置的控制。动态模拟可以自动记录相关参数，分析出最优解决方案，供工程师分析和决策使用。

（四）实验室热态流化床气固相反应装置人工智能应用

实验室热态流化床气固相反应装置可实现钛原料氯化及冷凝制备粗制四氯化钛，可进行钛原料优化利用、氯化工艺模拟等小试试验，包含进料部分、预热/反应部分、冷凝/洗碱部分、取样分析部分，采用智能PID测控，智能DCS操作系统，能够每隔1S读取1次工艺参数，连锁反馈控制，并自动生产试验数据。实验室过程采用机器深度学习算法，能够记录试验过程温度、压力、流量、气体浓度等参数，把大量矩阵试验数据作为输入，通过非线性激活方法取权重，再产生另一个数据集合作为输出，利用历史和实时数据建模来，对反应结果进行预测，从而实现对反应过程的精确把握，实时干预，降低因为干预不及时造成的原料浪费。

（五）经营管理人工智能应用

公司通过私有云平台的搭建，将所有系统进行云端部署，打造企业大数据资源池，通过 FineReport 报表系统，构建统一的商业智能数据运营平台，平台通过工业机理模型、工业微服务等技术，对生产经营数据进行分析、提取，实现多源数据实时采集汇总，打通各系统壁垒，做到了跨系统调用数据，并将数据指标及达成情况通过手机推送至责任主管，为各层级管理层决策提供数据分析与支持。本项目按照三期打造，目前已经全部完成。

第一期：收集生产单位各个部门上报日报表，解决目前各基地运管部手工上报 EXCEL 报表的现状实现报表电子化，在相应基础报表定制完成后，再进行从各个基础报表取数汇总生成各基地生产日报、周报并自动生成相应的图表。

第二期：生产物流运营报表，在第一期完成的基础上，总结归纳，通过公司现有的成品盘点表的流程进行相应的优化并做到系统中，实现从生产到检验到销售出库的整体化规范化。并能显示各型号和各批次的实时库存。实现各业务部门报表数据的分析，通过对库存数据、出入库数据等进行分析，生成经营数据报表，推送给各部门管理人员，供部门会议分析、提出预警、展现业务增长点等使用。

第三期：管理驾驶舱的制作，让管理层通过大屏界面能够直观地掌握业务运营状态，及时决策指挥；大屏展示报表，将业务运营、系统运维、流程执行的数据内部公开透明化，让人人以数据为量化考核标准，提高内部运作效率；领导决策模块，减少各分公司各基地的填报、合并报表工作量，实现电子化数据管理统一数据来源，以此提高报表收集、合并的效率，为管理者、决策者提供方便快捷的数据统计和分析系统支持。

二、转型成效

（一）企业价值

（1）通过智能制造的实施，降低物流运输和仓储成本 1000 万元，每年节约人力成本 2000 万元，采用国产部件减少投资近 1 亿元。

（2）通过对氧化炉、氯化炉、闪蒸器等核心生产装备增加智能传感器，对设备运行状态进行监测分析与预警，有效避免机组故障引起的装置非计划停工，直接减少装置停工损失共计约 1500 万元。

（3）通过信息系统横向集成，实现产业链价值链一体化协同，把握市场需求，缩短产品交货周期，实现精益生产，为公司节约库存成本1000万元。

（4）在产品质量提高方面，由于自动化、智能化设备的广泛应用，大大减少人为因素对产品生产过程的影响，大幅提高产品合格率，智能工厂建成后产品合格率提升至95%，位居同行业企业前列，不仅满足国内高端钛白粉客户需求，同时畅销全球，可持续稳定向下游客户供货，在 PPG、阿克苏（AkzoNobel）、宣伟（Sherwin-Williams）、立邦（Nippon Paint）等行业标杆性客户中均取得良好口碑，为公司实现应收增加25亿元。

（二）社会价值

公司采用"发展循环经济，实现高效清洁生产"管理模式，制定"双碳"减排路线，着力从源头上治污，在过程管控中优化，从技术革新上升级，在产品结构上转型，坚持绿色体系管理、绿色生产运营和绿色生态保护。公司投资7500万元对主要废气排放源进行深度治理，并累计投资超5亿元，建成了完善的污水处理系统，实现外排水稳定达标排放。公司坚持可持续发展战略，降低原料、能源消耗，应用国际先进生产技术，形成以还原钛-高钛渣-钛白粉为主线，气-液-固综合循环利用为辅的绿色生产模式，减少废气、废水污染因子排放，实现钛白粉各项消耗的成本控制水平行业领先，打造国内钛白行业环保标杆企业。通过智能工厂建设，实现：吨产品能耗由行业2.19吨标准煤降至799千克，耗水量下降约45%；年减排二氧化硫510吨、氮氧化物160吨、烟尘120吨。尤其是对我市严控的一氧化碳排放进行专项治理，排放浓度由2019年的11000毫克/立方米左右下降至当前的3000毫克/立方米，排放量较同期下降60%。

三、面临的痛点难点及建议

（1）生产制造方面，目前公司氯化法钛白粉生产装备技术攻关小组尚不成熟，关键工序智能化改造稍显弱势，使用的国产设备运行时间偏短。生产装备未实现100%国产化，DCS控制系统技术主要依靠外购。下一步公司将与国内工控企业合作，实现国产控制系统完全替代合资品牌；开展关键工序智能化研究，持续提升国产设备运行时间。

（2）钛白粉行业智能制造基础薄弱：与欧美发达国家相比，钛白粉行业智能制造基础薄弱，对数字化转型的内涵及其必要性、重要性理解不够，从业务部门需求出发，缺少整体规划。随着ERP系统、OA系统、仓库管理系统等管理信息系统大量应用，各种生产经营数据的采集、汇总、分析还无法进行统一的管理、整合。下一步公司将开展设备健康管理与故障诊断系统建设，解决从测量数据、运维数据到设备健康评价指标及故障模式识别的问题，实现从故障诊断结论到设备状态异常消除的设备闭环管理，提升OEE水平。持续完善数据决策管理平台，提升数据采集深度和数据采集广度，提升有效数据利用率，开发更多数据决策模型，辅助日常的生产经营管理，进一步提升精益管理水平。

（3）绿色环保问题：我国钛白粉企业多以硫酸法工艺为主，生产过程产生大量的废酸和废渣，因此钛白粉行业在我国属于高能耗、高污染行业。近年来，许多产业政策中明确鼓励新建氯化法钛白粉线，限制硫酸法钛白粉产能。下一步公司积极响应"双碳"经济，走绿色高质量发展之路。公司将加强政策、方法和技术学习，结合公司现有生产工艺及生产线能源消耗情况，制定符合公司发展战略的"双碳"减排路线和减排目标，可量化、可操作的行动方案，工作管理制度及绩效考核办法；加大科技创新，加快引进或自主研发节能减排生产技术、工艺或设备以及智能化控制系统等，加快推广减污降碳新技术、新产品的应用。

第八篇

上市公司共建"一带一路"篇

- 2021年上市公司共建"一带一路"综述
- 新 希 望：为"一带一路"的耕者谋利、食者造福
- 招商蛇口：推动共建"一带一路"高质量发展
- 青岛银行：金融助力"一带一路"推进沿路经济一体化
- 蕾奥规划：中国城市化模式输出实践
- 龙建股份：一条纽带路，多国结友谊
- 中国神华："中国标准"走出国门
- 中南传媒：讲好湖湘故事 传播中国声音
- 中国核建：匠心铸国之重器 精心树大国名片
- 中国电建：高质量共建"一带一路"合作共赢可持续发展
- 德才股份：共建"一带一路"，打造五维德才

2021 年上市公司"一带一路"综述

当今世界经济格局正在发生深刻变革，新冠疫情和俄乌冲突给全球经济带来需求和供给两方面的冲击，贸易保护主义抬头，绿色转型成为各国迫切要求。面对百年未有之变局，全球主要国家需要共寻应对之策。在此历史性时期，"一带一路"倡议体现了中国的大国担当，对于持续推动国际合作与发展、重塑互利共赢的全球治理体系具有重要意义。

中国提出共建"一带一路"倡议，打造务实合作的跨区域经济发展平台。2013 年 9 月和 10 月，中国国家主席习近平在出访哈萨克斯坦和印度尼西亚时先后提出共建"丝绸之路经济带"和"21 世纪海上丝绸之路"（简称"一带一路"倡议）。"一带一路"朋友圈不断扩容，据统计，"一带一路"共建经济体 GDP 总量占全球 GDP 比重超 20%，人口总数占全球比重达 46%，出口、进口分别占全球比重 26.6%、26.0%[①]。

中国与共建"一带一路"国家的"五通发展"，即政策沟通、设施联通、贸易畅通、资金融通、民心相通，都取得了积极进展。政策沟通，是推进区域合作制度和机制建设的"软联通"；设施联通，是完善跨境基础设施网络的"硬联通"；贸易畅通，则提高双循环增长效率；资金融通，致力于建设国际化金融服务平台；民心相通，立足于打造"健康丝绸之路"的"心联通"。

2021 年颁布的"十四五"规划和 2035 年远景目标纲要将"推进'一带一路'建设"变为"推动共建'一带一路'高质量发展"，这与"十四五"时期经济社会发展主题相契合。近年来，政府工作报告多次提出高质量共建"一带一路"，成为开放型经济发展的实践行动指南，指出"坚持共商共建共享，坚持以企业为主体、遵循市场化原则，健全多元化投融资体系，有序推动重大项目合作，推进基础设施互联互通，提升对外投资合作质量效益"等重要工作方向。调查结果看，我国上市公司在"一带一路"沿线的各项业务合作，正体现出了这一愿景的切实落地。上市公司通过市场化的项目选择、专业化的风险管控和复合型的队伍建设，遵循国际惯例，使市场主导的价值取向与国家倡议形成真正合力，带动"一带一路"的共荣发展。

上市公司作为中国经济转型升级的重要动力源，在践行国家重大倡议、推进"一带一路"建设中积极履行社会责任，

---

① 基于 2021 年相关数据统计，此处各项指标的全球占比核算不包括中国，个别国家待更新。

成为提升"一带一路"共建经济体贸易投资、基础设施与生活水平的重要力量。近年来，上市公司以贸易、基建、金融等方式引领共建"一带一路"，业务规模逐年扩大、区域布局不断拓展、行业结构持续优化、参与主体多元发展，为推进中国高质量建设"一带一路"作出重要贡献。

调查结果显示，上市公司已成为中国企业"一带一路"业务拓展的中坚力量，推动基础设施互联互通，推进"一带一路"国家贸易投资合作优化升级。上市公司参与"一带一路"建设，主要通过开展商品采购、产品销售、承揽工程、金融服务、投资和融资六项业务实现，其中，商品采购和销售业务企业参与度均较高、承揽工程业务企业集中度相对较高；金融类上市公司提供的金融类服务贡献较大，资本市场相关的债券发行和股权融资等服务初见成效；非金融类上市公司在"一带一路"沿线开展投资与融资等活动也已开始崭露头角，为共建经济体发展注入了新动力。

上市公司"一带一路"业务开展具有比较明显的区域结构特点，不断深化公共卫生、数字经济与绿色发展，架设文明互学互鉴桥梁。东南亚因其独特的地理位置、良好的数字基础设施以及稳定的经济增长前景，成为上市公司"一带一路"业务拓展的首选区域；非洲地区则在采购和承揽工程业务中占比明显提升，拉丁美洲、大洋洲的业务渐次展开，南亚与中亚地区的基础设施承揽业务也是一大亮点。

上市公司"一带一路"业务高质量发展不断推进，优势制造业上市公司成为与"一带一路"经济体之间经贸往来的重要力量。与此同时，上市公司秉持可持续发展理念，不断调整传统能源产业的比例，积极尝试推动"一带一路"绿色转型，传统能源类上市公司的"一带一路"业务占比有所下降。

民营上市公司在促进"一带一路"经济体经济发展和民生改善中发挥了积极作用，成长为高质量共建"一带一路"的生力军。近年来，民营企业在"一带一路"业务中的贡献呈现逐年提升的趋势。

在总结成果和经验的同时，我们注意到，上市公司在"一带一路"开展业务的过程中也面临一些较为突出的困难和挑战。例如，疫情与边境管控措施不确定性较高，汇率波动较大，外汇限制较多，运输费用较高，当地政策、法律法规、商业环境、文化氛围与国内差异较大等；"一带一路"经济体地缘政治格局的变化可能给上市公司的业务开展带来挑战；碳中和目标增加企业绿色转型压力；一些"一带一路"经济体营商环境有待提升；人民币国际化尚处初期阶段、汇率波动增加企业经营风险和财务成本等问题，也都给上市公司在"一带一路"的持续稳健经营带来一定的风险和挑战。

展望上市公司参与"一带一路"建设的未来发展，多数公司对相关业务发展持乐观态度，百余家虽目前未参与"一带一路"相关业务的上市公司也反馈未来有规划及意向，这展现了"一带一路"经济体的吸引力和强劲韧性。对于支持上

2021年上市公司"一带一路"综述

市公司未来更好地参与共建"一带一路",也提出思考与建议。一是加强区域协作,助力"一带一路"国家更好融入全球供应链、产业链及价值链体系,实现产业链集聚效应;二是着力数字经济等创新领域,建设数字丝绸之路,在支持全球可持续发展事业,特别是推动落实联合国2030年可持续发展议程的基础上,提升产业链现代化水平;三是公共部门与私营部门通力合作,应对气候变化,支持绿色产业发展和能源产业转型等上市公司重点关注的领域;四是关注国际货币体系从美元主导向多极化方向演变,在"一带一路"沿线跨境结算需求不断扩大的背景下积极探索创新跨境投融资模式,促进人民币国际化,为设施联通、贸易畅通提供资金保障,推动共建"一带一路"高质量发展。

新希望：为"一带一路"的耕者谋利、食者造福

一、公司简介

新希望六和股份有限公司（以下简称"新希望"）创立于1998年，并于1998年3月在深交所上市。公司立足农牧产业、注重稳健发展，公司业务涉及饲料、白羽肉禽、养猪与食品等，遍布全国及海外近20个国家。2021年，公司实现销售收入1262亿元人民币，控股的分、子公司800余家，员工8万余人。在2021年《财富》杂志评选的中国企业500强中位列第95位，是全球食品安全倡议（GFSI）中国理事会联席副主席单位。

公司于1999年首次走出国门，在越南胡志明市设立了海外第一家饲料厂。20多年来，公司主要沿"海上丝绸之路"经济带做了农牧业务布局：在亚洲自东向西覆盖了菲律宾、印度尼西亚、新加坡、越南、老挝、柬埔寨、缅甸、孟加拉国、尼泊尔、斯里兰卡、印度和土耳其；在非洲覆盖了尼日利亚、埃及和南非。公司主要以饲料业务为主，并在其上下游配套有种禽、种猪、育肥猪和肉鸡养殖、虾养殖等业务。

二、在"一带一路"参与国的既有项目及投资情况

2021年年末，公司在"一带一路"沿线国家注册饲料、养殖等业务公司超50家，总投资超50亿元人民币，年度饲料销售及养殖业务营收规模超130亿元人民币，解决当地就业人口近8000人，年均提供税收约合1.1亿元人民币。展望未来，公司将聚焦海外核心区域做深做透，逐步延伸产业链，强化竞争力，做好中国农牧食品企业国际化的排头兵。公司目前在海外核心区域的投资项目及未来发展方向如下：

（1）越南区域（含老挝及柬埔寨）：已投资13个项目，包括9家畜禽饲料厂、2家水产饲料厂和3个生猪养殖基地，总投资逾17亿元人民币，未来将进一步规划猪屠宰、食品加工（含水产）等产业链下游业务。

（2）印度尼西亚：已投资14个项目，包括9家饲料厂、2个烘干厂和1个种禽项目，总投资超过11亿元人民币。现计划进一步扩大种禽养殖规模，拟投资1.5亿元，项目在筹办阶段，预计在2024年时部分种鸡场可投入使用。同时公司也积极响应政府号召，拟开拓产业链下游的屠宰、食品深加工等业务，打造全产业链。

（3）菲律宾片区：共投资5个饲料厂项目，4个项目已投产运营多年，1个项目处于建设当中，受疫情影响预计

2023年5月可投入运营。累计投资达4亿元人民币。未来还将适时规划生猪、肉鸡养殖、屠宰和食品端的投资。

（4）孟加拉国区域（含尼泊尔及斯里兰卡）：共投资6个项目，包括5家饲料厂和1个种禽项目，总投资近7亿元人民币，1家在建饲料项目受疫情影响预计2023年8月投产，未来将规划禽养殖及食品等项目。

（5）缅甸区域（含印度）：共投资4个项目，包括2个畜禽饲料厂、1个水产饲料厂和1个种禽项目，总投资近4亿元人民币，所有项目都已投产，未来视其国内政局稳定及投资环境变化拟定投资计划。

（6）埃及区域（含土耳其及尼日利亚）：共投资7个项目，包括畜4家禽饲料厂、1家水产饲料厂和1家反刍饲料厂以及1个种禽项目，总投资近8亿元人民币，所有项目都已投产。未来规划禽养殖、屠宰等产业链项目。

三、"一带一路"建设上践行社会责任

公司高度重视社会责任工作，并将这一原则同样贯彻于国际化投资与经营活动中，结合农牧食品行业实际，在各东道国积极履行社会责任。

（1）节能减排：针对生态环保和饲料无抗的发展趋势，公司研发推出了生物环保饲料。生物环保饲料通过微生物发酵等技术手段，大大提高动物对营养物质的利用率，特别是对氮、磷、重金属的吸收利用，降低了动物排泄量，氮、磷和重金属减排量达15%以上。目前，在海外建有10条发酵原料生产线，生物环保饲料年产量超过50万吨。

（2）扶危救困：公司海外各区域每年都会以公司名义发动广大员工和社会爱心人士对公司附近贫困村民、敬老院等地进行社区帮扶。在东南亚地区越南、菲律宾、印尼等国家时常遭遇地震、洪水、海啸等自然灾害，公司积极捐款捐物，协同当地政府参与灾后重建，帮助当地居民度过危机，近五年总投入达50余万元人民币。在印度尼西亚、埃及、孟加拉等穆斯林占比较高的国家，每逢开斋节，公司也会为附近民众送上礼品与祝福，近五年总投入达100余万元人民币。

（3）捐资助学：每年海外各区域公司会牵头组织员工捐款捐物，为学校、孤儿院等送去温暖和关怀，帮助他们援建学校、改善教学设施。近五年共计投入130余万元人民币。公司积极与当地近30个高校开展奖学金、助学金、实习基地等校企合作项目，2016年越南北江公司与清化公司先后以每年12万元人民币的投入与北江农林大学和清化宏德大学共建"新希望动保实验室"，在动保方向开展深度合作。2021年缅甸公司与当地知名农牧院校耶增畜牧兽医大学开展合作，提供奖学金，合作开展线上禽病及治疗培训课程，并与东吁科技大学和莫比科技大学达成技术岗学生实习项目合作。

（4）抗疫保供：针对全球突发的新

冠疫情，公司在行业内率先快速做出防控应对措施，稳定生产，保障供应。同时稳定员工就业，减少人员流失，帮助客户成长，积极慰问当地政府和民众，积极参与当地社区新冠防疫中，自疫情暴发至今为当地社区、检查站、市政府、相关卫生与检疫部门等捐款和捐赠防疫和生活物资金额约合120余万元人民币，帮助当地共渡难关。

（5）人才培养：公司始终坚持人才第一战略，公司在海外事业发展过程中为当地带去了中国优秀的传统文化、涉足产业的专业知识和优秀的管理经验，为当地社会培养数以万计的专业人才。2014年公司与国内的新华都商学院合作，创造性地举办了适合本土人才培养的国际工商管理硕士计划，帮助印尼、菲律宾、孟加拉国等国家的24名优秀大学毕业生赴华学习，在公司中国国内的工厂实习后回到所在国工作。2021年公司又与成都农业科技职业学院合作"畜牧兽医海外人才本土化联合培养项目（新希望六和畜牧兽医国际定制班）"，输送当地优秀学生到国内留学，学习专业知识，学成后回到所在国公司工作，目前已招收来自越南、缅甸、老挝、印度尼西亚共计10名学生。

（6）员工关怀：公司自2014年建立"美好互助金"，员工每年缴纳会费即视为入会，可在会员和会员父母、配偶、子女遇到重大疾病、意外伤害、自然灾害等情况下予以帮扶，近三年已累计帮扶菲律宾、孟加拉国、柬埔寨等国的10个员工家庭，救助支出近20万元人民币。

（7）技术发展：公司在越南、菲律宾、埃及等地相继建立水产服务站、动保检测中心等机构，服务当地养殖户，带动当地水产、养禽技术服务升级，也为当地非洲猪瘟和禽流感防控发挥了不可替代的检测和防控引导作用。

四、海外投资遇到的风险挑战及对现有政策的建议

（一）主要风险及挑战

（1）受汇率大幅波动致外汇损失风险加大：公司以美元货币投入，但在当地全以本位币销售，受美元加息、地缘政治及所在国经济结构等因素影响，本位币对美元汇率贬值趋势十分明显，如印度尼西亚盾对美元从2011年至2020年累计贬值幅度近80%；2016年埃及实施新汇改政策使埃镑兑美元汇率一次性贬值50%，2022年3月兑美元汇率一次性贬值18%；斯里兰卡2022年3月起陷入经济危机，政府破产且政局动荡，本国货币卢比对美元贬值幅度超80%；缅甸币对美元仅从2021年2月发生政局动荡以来本年累计贬值幅度近50%等，公司产生较大汇率损失。同时，部分国家外汇储备严重不足，购买美元难度加大，对公司原料进口等正常业务构成严重威胁。

（2）法规、宗教文化的潜在冲突：目前"一带一路"国家经济发展水平相对较落后，宗教信仰、法律法规、语言和文化习俗等各不相同，为避免因此产生的

新希望：为"一带一路"的耕者谋利、食者造福

相关冲突和风险，外派中方管理团队必须入乡随俗，坚守"合法、合规"经营底线，学习当地语言并尊重、提拔任用部分本地员工进入中层管理者。

（3）政治风险的挑战：如2014年中越因南海石油钻井平台导致的"513打砸抢烧事件"，近年来发生的中印军队边境对峙，2021年2月发生且持续至今的缅甸政局动荡，2022年上半年的兰卡国内政局不稳，以及乌克兰事件等事件对公司正常经营、投资计划及人员安全造成重大影响，须适时评估事件进展并积极采取措施予以应对。

（4）新冠疫情全球肆虐的持续影响：从2020年3月份起，公司投资主要国家全面暴发疫情，因政府管控效率较低、医疗资源有限及疫苗短缺等因素，疫情防控面临极大压力，也给公司海外员工的身心健康与工作生活带来严重威胁。此外，疫情对全球经济造成重大影响，如政府财政收入大幅下降，致外资企业面临当地政府多征税、乱收费等风险。同时，外派中方员工受疫情管控、航班减少和机票费用倍数级增长影响，回国探亲十分不便。

（二）对现有政策的建议

（1）农牧行业政策专项支持。由于农牧企业产品本身附加值较低，盈利能力不强，受动物疫情或自然灾害对企业影响较大，特别是"走出去"的民营农牧企业与国企相比其抗风险能力较弱，建议能给予一定的专项政策优惠或制定专项补贴政策等。

（2）本地购汇及融资支持。一是协调当地中资银行能给予参与"一带一路"建设的民营企业更多的资讯信息，更低的本币贷款利率，减少对外美元负债的依赖并简化贷款手续；二是中资银行在如缅甸、兰卡、尼日利亚和老挝等购汇极为困难国家优先提供购汇支持，帮助企业渡过难关；三是政府推动并加速人民币国际化，便于公司在进口原料或利润分配时能以"人民币"形式直接交易或汇回国内，减少使用美元中间交易造成的汇差损失，以及解决当地央行美元外汇储备不足的困难。

（3）国际贸易政策支持。如我国对"一带一路"沿线国家的主要优势农产品（比如东南亚的大米、玉米等）能放松进口限制或降低关税，有助于缓解这些相对落后国家在投资上的宏观经济风险。

（4）疫情影响下对重点企业中方员工进出提供便利支持。疫情影响下，公司外派中方员工出国及回国极其困难，影响员工队伍稳定及海外发展，建议在公司员工做好防护且不违反相关防疫规定前提下能给予重点企业中方员工进出提供绿色通道。

招商蛇口：推动共建"一带一路"高质量发展

一、公司简介

招商局蛇口工业区控股股份有限公司（以下简称"招商蛇口"）是招商局集团旗下城市综合开发运营板块的旗舰企业，中国领先的城市和园区综合开发运营服务商。招商蛇口致力于成为"美好生活承载者"，目前总资产规模超8200亿元，业务覆盖全球111个城市和地区，开发精品项目超620个，服务千万客户，同时承载着集团境外业务发展的重要使命，多年来跟随集团推动海外重点项目，积极践行国家"一带一路"倡议。

招商蛇口创立于1979年，40余年的历程中，孕育形成了招商特有的片区开发模式，即"蛇口模式"，亦是"前港（Port）—中区（Park）—后城（City）"PPC综合发展模式，以港口等交通枢纽/人流聚集枢纽为切入口，以临港的产业园区为核心和主要载体，配套城市的新区开发，通过港—区—城的有机融合与协同发展，形成产城融合生态圈。

招商蛇口秉持综合发展观，以"前港—中区—后城"独特的综合模式，参与中国以及"一带一路"重要节点的城市化建设，特别注重在"一带一路"沿线重要节点城市推进PPC模式的海外复制，目前在白俄罗斯、吉布提、斯里兰卡、新西兰等东道国实现落地。

二、在"一带一路"参与国的既有项目及投资情况

（一）吉布提

吉布提位于几大洲交汇的十字路口，战略地理位置突出。招商蛇口在吉布提实践"前港—中区—后城"PPC模式，通过充分发挥吉布提的地缘优势，招商局正在推动将吉布提逐步打造为区域航运中心、物流中心、贸易中心，建设多元化发展的新吉布提。

"前港"即成立多哈雷多功能码头有限公司，共同投资、建设、营运多哈雷多功能码头（DMP）。"中区"是指在DMP码头后方与吉布提港口和自贸区管理局（DPFZA）合作建设吉布提国际自由贸易园区（DIFTZ），实现港口和产业区的二级联动。"后城"的建设是将吉布提老港业务搬迁至DMP，对老港区实行城市化改造，实现港口、产业和城市的三级联动。吉布提老港地块位于吉布提市中心核心区域，整体占地约84万平方千米，总建筑面积约100万平方千米，整个园区项目计划分六期建设，整体建设周期约30

年，2050年完成建设。

首开区特别展示综合体（SPC）项目在5月19日完成主体结构封顶，包括吉布提国际展示中心、优才配套公寓和非洲青年创新中心。该项目是两国民心相通的体现，也是招商局帮扶非洲青年创新创业的前沿阵地。项目开业后，将会成为吉布提的新地标，为创造就业并培养吉布提青年创业人才起到积极的作用。

（二）白俄罗斯

中白工业园是由中国大型企业主导开发运营的海外最大经贸产业园区。在海外开发建设经贸产业合作园区，对我国创新对外合作方式、扩大对外合作规模、建立"一带一路"重要支点，及推动和参与经济全球化具有重要意义。园区总面积122平方千米，可规划面积91.5平方千米，定位是以机械制造、电子信息、精细化工、生物医药、新材料，仓储物流为主的高新技术产业园区。近年来，中白工业园全面展开了8.5平方公里起步区的基础设施配套、园区办公楼、标准化通用厂房等建设工程，其中经营性用地515公顷，经营性用地中可供招商引资对外租售土地4437423公顷。目前，园区起步区基础设施全部完工，正在全面开展招商引资工作。截至2021年9月底，园区居民企业现存达到80家，协议总投资12.19亿美元，招商引资势头良好，受到白俄政府高度肯定。

明斯克国际展会中心项目地块位于白俄罗斯明斯克市中白工业园的核心区域，毗邻明斯克国际机场，是园区的重要配套项目。项目在功能上满足了大型会议、产品发布、餐饮接待、休闲娱乐及酒店住宿等实际需要，设计上更充分体现了便捷性、舒适性，建成后将成为园区重要配套，承接园区各类重要活动。

三、在"一带一路"建设上践行社会责任

（一）中白工业园热心公益，践行"国之交在于民相亲"

中白工业园关注当地民生、文化、经济等发展，履行央企社会责任，积极践行"国之交在于民相亲"理念。2017年5月，在招商局慈善基金会的捐助下，为周边的当地"小牛村"提供11.7万美元修缮了村里唯一出行道路，受到当地居民热烈欢迎，见证了中白两国真诚的情谊。在招商局集团和招商局慈善基金会的支持下，每年坚持对白俄罗斯孔子学院进行捐助，仅2018年就捐献10万美元，帮助白俄罗斯推广汉语普及事业，让更多的白俄罗斯青少年了解中国，实践习近平总书记提出的"民心相通"。

自白俄罗斯暴发疫情以来，中白工业园区开发公司的两大中方股东单位国机集团和招商局集团积极参与到支持白俄罗斯防疫工作中，国机集团向白俄罗斯卫生部捐赠了价值约30万美元的2.1万件医用灭菌防护服等物资，招商局集团向白俄罗斯卫生部捐赠了价值30万美元的1万台

血氧仪和3万个N95医用口罩等物资。园区与当地政府和居民勠力同心，共同抗击疫情。

（二）吉布提项目促进中非合作，推动社会和经济进步

吉布提国际自贸区总规划面积约50平方千米，自贸区一期于2018年开园，目前已有超过150家企业入驻自贸区，涉及商贸、物流、加工业，未来还将吸引汽车、机械、建材、海产加工、食品加工等企业入园设厂。据统计，吉布提国际自贸区目前已经带动了吉布提11%的GDP增长，并将在未来几年，为当地创造超过350000个就业机会，有望成为非洲最大的自贸区。

非洲青年创新中心基地坐落于吉布提特别展示中心内，2000平米千米的物理空间。非洲青年人才计划暨非洲青年创新中心项目是在"一带一路"教育计划、中非合作论坛"八大行动"的背景下，为践行"引进来、走出去"、提高对外开放水平、帮扶非洲青年、促进创业就业、引导产业发展、助力非洲地区经济多元化、促进可持续发展、更好地服务"中非合作"，由招商蛇口负责实施落地，获得商务部、外交部、中联部等多个部委认可和支持的重要项目。项目通过与蛇口创业项目和国内资源互动对接，为吉布提和非洲青年提供"一站式"领导力和创业就业发展的综合服务，为非洲培养未来领导者以及创新创业精英提供有力支持，并提高适龄青年的就业创业能力，解决脱贫就业问题，助力当地经济可持续发展。

四、海外投资遇到的风险挑战及企业对现有政策的建议

当今世界正处于百年未有之大变局，中国正以昂扬之势持续推动全球化，坚定不移地推动"一带一路"高质量发展，共建人类命运共同体意义非凡。同时，随着RECP和中欧协定的签署及实施，国家及时提出国内国际双循环的策略积极应各方挑战，中国企业的海外投资发展充满风险和挑战。

（一）全球疫情和金融动荡对海外业务影响

新冠疫情对全球经济在金融、贸易、产业和对外投资等方面产生持续影响，总体上对世界各国经济都带来明显的消极影响。首先，特别是全球金融市场持续出现大幅波动，全球金融风险变得敏感异常。其次，近年来由于主要经济体之间发生诸多经贸摩擦，国际贸易壁垒增多，全球贸易增长出现停滞。再次，随着疫情在全球范围的蔓延和反复，各国相继采取交通运输管制、限制人口流动等措施，将使全球经贸环境更加严峻，为世界贸易带来一定的冲击。最后，因疫情全球化，企业营收受到冲击，资金链面临挑战加大，使得投资者信心容易受到影响，对跨国投资发展产生一定影响。

面对复杂多变、错综复杂的国际形势，以及东道国各异的政治制度、经济发

招商蛇口：推动共建"一带一路"高质量发展

展程度及宗教文化习俗，招商蛇口海外业务在拓展、工期、营销和运营等方面均持续遭遇阻碍和困难，如海外项目调研和谈判受阻，开发建设难以提速，招商和销售遇冷等等。招商蛇口坚持"因势而变"，坚持"一手抓防疫、一手抓经营"，确保了海外业务在稳定前行，主要采取如下举措：一、完善海外战略。结合疫情和市场变化，针对性完善公司海外战略，制订长期发展战略，迈入精细化运营，纵向深化内部调整，强化内生力增长，实施长效战略引领经营和发展。二、推进数字化变革。加强应用线上线下联动经营、办公等创新方式，通过线上使用新工具、新系统实现质效提升，加速数字化营销和办公的海外业务覆盖。三、建设突发事件应急机制。为应对疫情、安保等潜在风险，坚持"生命至上、安全第一"为原则，建立、健全海外突发事件应急工作机制及相关预案，以全面系统落实海外疫情防控，杜绝各类突发事件带来的风险和隐患，为海外业务开展保驾护航。

（二）建议"多端齐发"助力央企海外发展

中国企业从"走出去"到"引进来"，有赖于国家在政策端、产业端和金融端持续完善引导鼓励机制及加大培育支持力度，助力中国企业在海外发展征程中不断披荆斩棘，再创辉煌，具体建议如下：

在政策端，希望国家牵头形成"一带一路"智库，充分分析我国企业出海案例及其他国家对企业出海的支持政策，在更高层面制定出具体政策，为中资企业出海提供更加具体的指导。

在产业端，建议国家层面统筹相关行业组织建立行业联络机制、作业服务国际化标准体系、信息交流共享机制、交流培训机制等方面加强合作交流。

在金融端，放宽及建立业务多元化的"一带一路"发展基金，增加对"一带一路"项目的金融支持，为"一带一路"项目投资建设提供源源动力。

青岛银行：金融助力"一带一路"推进沿路经济一体化

一、公司简介

青岛银行股份有限公司（以下简称"青岛银行"）成立于1996年11月，2015年12月3日在香港联交所上市，2019年1月16日在深圳证交所上市，为山东省首家上市银行、全国第二家A+H上市城商行。

近年来，青岛银行资产规模稳健扩张，目前总存款突破3000亿元，总资产5223亿元，管理总资产超7000亿元，为山东资产规模最大的区域性法人银行；盈利能力不断增强，2021年全年营业收入111.36亿元，实现净利润29亿元，同比增长22.08%；资产质量稳步提升，不良贷款率1.34%，同比下降0.17个百分点，拨备覆盖率197.42%，同比提高27.8个百分点。

2017年1月，青岛银行发起设立青银金融租赁公司，开启集团化、多元化发展之路。2020年9月，成立青银理财有限责任公司。在山东省内设有16家分行、167家网点。与并先后成立了山东首家科技支行、文创支行、港口支行等特色支行，在全国城商行中率先（2011年3月）成立私人银行暨财富中心，为高净值客户提供公私一体、投融资一体、境内外一体的专属金融服务。

自2007年起连续14年监管评级为2级（最高评级）；在中国银行业协会"陀螺"评价中，居城商行前列（最高第5名）；连续多年跻身世界银行500强，目前排名308位；唯一国内连续五年（2017～2021年）入选"亚洲品牌500强"城商行；2021年五度入选"中国500最具价值品牌"榜，是连续三年山东省唯一入选的金融企业；2016～2021年六度荣膺服务业最高荣誉"五星钻石奖"，是全国唯一连续六年蝉联该奖项的城商行；获得《亚洲银行家》"年度商业银行理财产品"奖（2019年）、"中国最佳联名信用卡"奖（2020年）；2020年作为唯一金融企业入选新一代"青岛金花"培育企业。

2021年，青岛银行在中国银行业协会年度商业银行稳健发展能力"陀螺"（GYROSCOPE）评价结果中，公司治理能力位列城商行序列第一；荣获"优秀董事会奖"（《董事会》杂志第十六届金圆桌企业奖）、"青岛市2018～2020年度全国文明城市创建工作先进单位""2021年中国品牌日青岛最具价值品牌""2021年度亚洲卓越风险管理银行""2021全球绿色金融创新奖"（国际金融论坛第十八

青岛银行：金融助力"一带一路"推进沿路经济一体化

届全球主题年会）、"2020 山东社会责任企业""2021 年度公司治理典范"（和讯网）等多项奖项及称号。

青岛银行以"创·新金融，美·好银行"为愿景，以打造"科技引领、管理精细、特色鲜明的新金融精品银行"为战略目标，通过零售银行、公司银行、金融市场三大业务板块驱动发展，积极探索特色鲜明、高质量发展的发展之路，公司治理、风险管控、IT 建设等经营管理能力持续提升，基本形成"治理完善、服务温馨、风管坚实、科技卓越"的发展特色。

二、在"一带一路"参与国的投资与经验

自提出"一带一路"倡议以来，青岛银行一直将服务"一带一路"沿线经济作为行内的战略重点来抓，积极利用青岛本地的优势资源和青岛银行的优势产品为"一带一路"实体企业提供更为全面、更具创新的金融服务。

（一）发起成立"一带一路"金融联盟

2015 年 3 月 28 日，国家发改委、外交部、商务部联合发布了《推动共建丝绸之路经济带和 21 世纪海上丝绸之路的愿景与行动》，围绕这一战略布局，2015 年 9 月 17 日，青岛银行倡导发起丝绸之路经济带所辖省份的 23 家金融机构共同组成"一带一路"金融联盟，致力于为"一带一路"积极发展提供创新性的综合金融服务。

鉴于青岛作为"一带一路"海上合作战略支点城市，青岛银行在贸易融资领域开展了丰富实践，具备了较强的服务能力。2015 年青岛银行成为海关总署指定的"关税总保函"业务全国五家试点银行之一，也是丝绸之路通关一体化区域中唯一具有海关税费电子支付业务资格的城商行。联盟的建立以海关合作为契机，帮助更多"一带一路"优质企业享受便捷的通关服务，并在此基础上，倡导各家成员单位广泛地在公司银行、贸易金融、零售银行、金融市场及普惠金融等领域开展通力合作，为成员所在省份的对公及零售客群提供更全面、更多样的服务，实现产品互通、收益共享。

（二）推出了"一带一路"欧亚班列供应链融资业务

中欧班列是来往于中国与欧洲及"一带一路"国家之间的集装箱国际铁路联运班列，从多个国内开行城市发出的中欧班列列车，将从阿拉山口站驶出国内通往亚欧各国。自 2011 年 3 月开行以来，中欧班列打通了"丝绸之路经济带"的贸易通道，不仅成为沿线国家陆上贸易通道和经贸交流纽带，而且成为推进"一带一路"建设的重要抓手，更成为促进"一带一路"贸易畅通的重要载体和共建"一带一路"的标志性成果。青岛银行积极对接企业，推出了"一带一路"欧亚班列供应链融资业务，有效解决货源组织单位融资问题。

1. 方案介绍

青岛银行推出的"一带一路"欧亚班列供应链融资业务以省级欧亚班列运营平台——山东高速物流集团有限公司为核心企业，以平台内货源组织单位为借款主体，以省财政运费补贴为主要还款来源的线上供应链融资模式。本业务主要借助省级运营平台，由平台提供参与"齐鲁号"欧亚班列发运的货源组织单位的发行数据，我行对货源组织单位的合作年限、发送车数、运费总额、发车运单等数据进行分析，对平台内货源组织单位提供融资。

2. 业务创新性

（1）该业务方案依托高速运营平台提供的物流、运单要素确认、补贴额度确认等关键节点数据作为我行贷款出账依据；该方案实际还款来源为财政补贴款，由核心企业高速物流核定后进行间接发放；同时结合对货源组织单位的经营情况以及还款能力的分析，以确保第一、第二还款来源真实、可靠。

（2）项目的灵活性高，根据政策要求，补贴款每年度的比例不同，青岛银行紧跟政策要求及补贴政策变动情况，在充分考虑风险以及有效支持实体企业依托国家政策谋求发展的前提下，根据补贴情况适时调整信贷比例，以确保业务存续期间的任何时点，财政补贴款可覆盖我行贷款余额。

（3）增加核心企业线上确认环节，创新贸易背景核实方式，货源组织单位的每笔融资，均须在系统上传发运凭证并经核心企业线上确认后，方可进行放款。且该方案贷款支付为受托支付，要求贷款资金与货源组织单位自有资金合并支付给高速物流运费账户，既从源头把控资金挪用风险，又为核心企业核实运费提供了便利。

（4）青岛银行"一带一路"欧亚班列供应链金融业务借助全流程的线上操作以及高效明晰的账户体系，可为多地的货源组织单位提供在线融资服务，打破了地域限制，最大限度地发挥了核心企业在整条产业链上的信用，有效地将核心企业信用延展到资金需求迫切的货源组织单位身上，拓宽了货源组织单位的融资渠道，切实支持了实体经济的发展。

3. 业务成果及反响

2019年8月30日，济南分行成功落地山东省首笔"一带一路"欧亚班列供应链金融业务，这是山东省首个针对"一带一路"欧亚班列定制化设计研发的线上供应链产品，业务稳定性好、操作便捷度高，获得各方的高度评价。青岛银行持续发挥"一带一路"欧亚班列供应链金融方案的有效性，紧跟山东省全省对发运欧亚班列的整体支持政策及地区性统筹安排，为全面统筹、负责省内各地区欧亚班列发运的多家公司提供高效、便捷的融资服务。截至2022年6月22日，青岛银行通过"一带一路"欧亚班列供应链金融项目定向累计放款146笔，累计金额24664万元，有效支持了"一带一路"经济一体化建设。

三、在"一带一路"建设上的社会责任

2021年，面对国际国内复杂多变的

青岛银行：金融助力"一带一路"推进沿路经济一体化

新冠疫情、自然灾害等不利影响，青岛银行坚决贯彻党中央、国务院、山东省、青岛市以及监管部门的决策部署，深化金融供给侧改革，服务实体经济，勇担社会责任，为"一带一路"建设、可持续发展提供金融支撑。

（1）经济责任方面，立足新发展阶段，创新金融产品体系，不断优化服务实体经济能力，支持普惠金融发展。青岛银行落地山东省首笔供应链票据业务，破解中小企业融资难；创新"科信贷"、小微企业创业担保贷等业务，不断完善小微企业融资手段和模式；组织胶东经济圈股债双融路演大赛，拓宽中小科创型企业融资渠道。

（2）环境责任方面，持续深化绿色金融理念，加大对节能减排、污染治理和生态保护修复等绿色产业的支持力度，支持绿色产业发展。青岛银行先后推出山东省首笔"碳中和"贷款投放，发行"碳中和"主题理财、承销青岛地铁"碳中和"债券、创新绿色供应链金融"碳E贷"、推出"绿票通"业务等，不断丰富绿色金融谱系，打造绿色金融综合服务商。青岛银行与世界银行集团成员国际金融公司（IFC）合作的蓝色金融项目取得阶段性成果，搭建蓝色金融环境社会管理体系，探索可持续投资，举行蓝色金融发布会，传递发展蓝色金融的价值主张，支持海洋可持续发展。

（3）社会责任方面，青岛银行推出全国理财公司首款"慈善理财"产品，将理财与公益有效融合；分别向青岛莱西市日庄镇、西藏日喀则市、甘肃陇南市等进行慈善捐赠，支持公益事业发展，巩固扶贫成果。2021年，青岛银行慈善捐赠达480万元；探索"助农点＋医保"服务新模式，帮助群众办实事、医保提效能；扩容厅堂敬老服务绿色通道，增设96588电话银行敬老服务人工坐席专线，打造有温度的"青馨"服务。

四、风险挑战及建议

在服务"一带一路"建设的过程中，我国银行业受制于沿线金融基础设施落后、经济水平有限、风险较为复杂等因素。地缘政治、汇率波动、异地监管等问题也给银行服务"一带一路"带来挑战，如"一带一路"沿线许多发展中国家在征信、支付结算等方面的金融基础设施较为落后，为我国银行开展在该地区开展金融服务带来较大制约。双方国家的差异也存在征信认可度低的问题，导致我国银行难以在贸易融资中充分发挥力量。

面临风险的同时，也可以看到"一带一路"建设中业务机会颇多，基础设施建设、国际贸易、科技企业成长等都存在较大的融资需求。青岛银行推出的"一带一路"欧亚班列供应链融资业务就是针对贸易环节的金融特色服务。建议以政府、大型国有银行为引领，牵头中小银行共同对"一带一路"沿线国家的重点项目进行重点支持，投放银团贷款、成立产业基金等，提高参与银行的整体抗风险能力，支持"一带一路"的可持续发展。

蕾奥规划：中国城市化模式输出实践

一、公司简介

深圳市蕾奥规划设计咨询股份有限公司（以下简称"蕾奥规划"）成立于2008年，是一家以规划设计和工程设计为主营业务，基于"行动规划+运营咨询"的技术理念，以打造"智慧城市规划运营专家"为目标，致力于提供精准有效并具操作性的建设规划方案的全国性规划设计上市企业，多次参与广东乃至全国相关区域政策和技术指引的制定，多次承担行业主管部门或其下属机构委托的课题，是中国城市规划协会常务理事单位、广东省国土空间规划协会理事单位、深圳市城市规划协会副会长单位、国际风景园林师联合会亚太区会员单位、深圳风景园林协会理事单位和国家高新技术企业。

蕾奥规划秉承"根植深圳、服务全国、延伸海外"的经营理念，除在全国的30个省（自治区、直辖市）的100多个城市和地区提供规划设计服务外，在国家"一带一路"倡议指引下，蕾奥积极与中国交建、中国铁建等国有大型建设类企业和国内资本合作一起进军海外市场，在尼日利亚、巴基斯坦、马来西亚等地输出中国的规划设计经验，完成了众多具有技术代表性和行业影响力的项目，项目足迹遍及亚非拉欧10国。

二、在"一带一路"既有项目情况及未来展望

蕾奥规划在"一带一路"上的众多足迹中，尼日利亚拉各斯莱基自由贸易区是中国城市化模式输出的成功体现，它为提高尼日利亚国家工业化水平，扩大出口，增加就业，加速城市化进程作出了巨大的贡献。

拉各斯是尼日利亚和西非地区的经济、金融中心，国民生产总值占全国的近三分之一，总面积30平方千米的莱基自贸区就建在拉各斯东南部的莱基半岛上。自贸区以生产制造业与仓储物流业为主导，以城市服务业与房地产业为支撑，功能定位为拉各斯都市卫星城、充满活力的商贸城、现代化的工业新城和环境优美的宜居城。蕾奥规划深度参与了莱基自贸区的系列规划和咨询服务，为自贸区提供从项目策划－规划设计－建设咨询－运营管理的全链条综合解决方案，其中包括自贸区30平方千米城市总体规划、启动区控制性详细规划、重点地区城市设计、自贸区规划与开发建设管理制度体系以及数字莱基平台等项目，为自贸区的开发建设提供了强有力的技术支撑。

蕾奥规划：中国城市化模式输出实践

其中借鉴中国新城新区建设经验，通过城市总体规划调整，结合尼日利亚当地发展情况，融合两国发展长处强化组团发展概念，创新发展模式，为自贸区理顺发展思路，并确定自贸区空间重点；启动区控制性详细规划的编制，则进一步明确用地和设施配置要求，指引各项开发建设行为；重点地区城市设计的编制，旨在提炼尼日利亚当地特色，控制城市景观风貌，树立自贸区城市形象。同时，参考国内城市成熟的规划管理与开发管理经验，编制制定了适合当地实际情况的规划管理制度文件，并为自贸区构建"数字莱基"规划信息管理平台，直接推进当地规划管理数字化进程。

近年来，随着自贸区基础设施和配套的逐渐完善，吸引了众多生产制造、商贸物流企业入园投资。资料显示，截至2020年12月，莱基自贸区内注册企业数量已达147家，涉及石油天然气仓储、家具制造、服装生产、贸易物流、工程建设服务、工业房地产、汽车装配、钢结构加工制造、钢管生产、日用品等多个行业，协议投资总额近15亿美元。其中，86家企业（中资56家，外资30家）正式签署投资协议并已陆续建成和投产。运营方面，截至2020年3月底，园企业累计完成投资3.3亿多美元，实现总产值3亿多美元，园区进出口总额6.19亿美元，实现就业2000人，上缴尼日利亚政府税费150亿奈拉。根据莱基自贸区总体规划，建成后将创造10万个直接就业岗位，园区居住人口将达到12万，园区的GDP将达到200亿美元。

蕾奥规划始终贯彻"行动规划+运营咨询"的技术理念，为尼日利亚和"一带一路"其他国家提供强有力的技术服务。展望未来，蕾奥规划将借资本市场之强大助力，大力投入智慧城市开发，做未来城市创新发展的积极实践者；大力发展智慧规划，做城市规划设计智能化创新与应用平台；大力开拓智慧运营，做城市运营一体化领先服务商，将以"智慧城市规划运营专家"身份，持续提高规划设计和工程设计两大核心业务能力，并在拥有更大市场潜力的海外业务上开拓创新，率先突破，为国家"一带一路"建设作出更大贡献，并成为极具投资价值的优质上市公司。

三、在"一带一路"建设上践行的社会责任

在为莱基自贸区提供技术服务过程中，曾遇到各种困难和挑战，蕾奥规划都能迎难而上，充分体现了上市企业应有的担当，为当地迈向高质量和可持续发展尽一份力量。

（一）协助自贸区完善制度体系建设

针对自贸区建设初期处于一个试验、磨合的阶段，规划与开发建设管理制度不成体系，蕾奥规划结合国内先进经验，创新性提出"政府指导，依法管理、市场运作，企业经营"的运营管理模式。政府指导，即中尼两国政府宏观指导和协调

合作区战略；依法管理，即依照尼日利亚法律实施合作区管理和服务；市场运作，即合作区的投资、建设和服务行为按市场经济规律运作；企业经营，开发公司具体实施合作区的开发、建设、招商等各项工作。

同时，提出从"编制理念－目标管理－机构设置－运行机制（流程管理）－保障体系"五个方面建立起莱基自贸区规划与开发建设管理制度体系，并对每个关键环节进行具体设计，以满足自贸区日常管理活动的需求。从而建立起一套适合于"莱基自由贸易区"实际发展需求的制度框架与流程管理体系，为引导园区有序发展奠定科学合理的管理基础。

（二）推动自贸区规划管理的数字化进程

数字化管理应用水平低下是当地较为突出的问题，为此蕾奥规划为莱基自由贸易区量身定制开发了一套适合于当地实际情况的规划信息管理系统——"数字莱基"规划信息管理平台，使莱基自由贸易区的规划管理初步实现信息化。建设内容包括建立覆盖莱基自由贸易区范围的规划系统专业应用网络的"一张网"、覆盖莱基自由贸易区集成基础地理信息、规划审批信息、规划编制信息等信息"一张图"和集成规划审批、GIS图形管理、批后跟踪管理、行政文件管理、会议管理等多项信息化规划业务办理及资源综合利用的"统一平台"。"数字莱基"平台的应用大大提升了自贸区职能部门各项办事效率，有效助力园区快速发展。

（三）广泛合作，提供驻地技术支援

在以蕾奥规划为中坚技术力量的为自贸区提供技术服务的同时，亦广泛与当地咨询机构深度合作，共同创造机会，相互促进。"授人以鱼，不如授人以渔"，蕾奥规划也定期开展针对自贸区相关机构组成人员的培训工作，并派出技术人员驻场办公，以快速提高管理人员技术水平。

四、海外业务遇到的风险及对现有政策的建议

结合蕾奥规划开展海外业务的经验，主要存在以下风险：

（1）选举、政局更迭造成的政治风险。由于技术服务类企业的产品大部分是公共产品，政府是需求端，政府人员和政策的变动，就会带来一定的经营风险和损失，跟踪已久的项目面临暂停或已经授标的项目中止等情况。

（2）外汇波动和外汇管制造成的汇率风险。亚非拉一些国家整体经济较差，基础设施滞后，当地货币呈贬值趋势，外汇管制严，在很大程度上制约了中资企业的投标竞争力，给中资企业的资金回国造成较大困扰。

为降低国内企业参与"一带一路"合作可能存在的风险，建议国家或企业从以下方面作出相关应对措施：

（1）坚持防范风险。坚持依法合规，合理把握境外业务重点和节奏，积极做好

境外业务事前、事中、事后监管，切实防范各类风险。

（2）提高服务水平。制定境外投资经营行为规范，引导企业建立健全境外合规经营风险审查、管控和决策体系，深入了解境外投资合作政策法规和国际惯例，遵守当地法律法规，合法经营。

（3）支持中介机构。支持境内资产评估、法律服务、会计服务、税务服务、投资顾问、设计咨询、风险评估、认证、仲裁等相关中介机构发展，为企业境外投资提供市场化、社会化、国际化的商业资讯服务，降低企业境外投资经营风险。

龙建股份：一条纽带路，多国结友谊

一、公司简介

龙建路桥股份有限公司（以下简称"龙建股份"）是隶属于黑龙江省建设投资集团有限公司的国有控股上市公司，主要从事国内外公路、桥梁、隧道、市政工程的建设。公司注册资金10.15亿元，现有员工6500余人，年生产能力在300亿元人民币以上。近五年累计合同订单近千亿元人民币，营业收入近600亿元人民币。公司发展足迹遍布国内29个省（自治区）和国外22个国家。

二、在"一带一路"参与国的既有项目及投资情况

（一）总体情况

自"一带一路"倡议提出以来，龙建股份积极响应号召，紧抓国家政策，"十三五"期间，在18个国家中标40余个"一带一路"项目，中标合同总额127亿元人民币，其中共参与商务部援外项目7个，合同总额8.5亿元人民币。

（二）成绩与亮点

（1）1985年，龙建股份承建了企业历史上首个海外公路项目——肯尼亚卡坦公路。

（2）1987年，龙建股份承建了海外第一座桥梁项目——孟加拉国中孟友谊公路大桥。

（3）2004年，龙建股份第一次独立中标亚发行公路项目——印度东西走廊项目。

（4）2007年，龙建股份第一次独立中标世行公路项目——印度乌纳项目。

（5）2015年，龙建股份第一次独立中标海外投资项目（BT模式）——蒙古国阿尔泰至达尔维道路项目。

（6）2016年，龙建股份第一次中标商务部公路管理项目——援老挝湄公河沿岸公路项目。

（7）2017年，龙建股份第一次联合体中标海外公路项目——印度拉贾斯坦邦公路项目。

（8）2018年，龙建股份第一次中标商务部援外市政项目——援赞比亚市政道路项目。

（9）2018年，龙建股份第一次中标商务部援外公路项目——援冈比亚公路桥梁项目。

（10）2019年，龙建股份第一次中标海外地铁项目——德里地铁第四阶段项目，开创了国际项目专业领域突破。

龙建股份：一条纽带路，多国结友谊

（11）龙建股份海外项目第一次获得国家优质工程奖（2018-2019）——非洲加纳凯蓬供水扩建工程。

（12）2019年，龙建股份第一次获得商务部对外承包商会企业AAA信用等级评价。

（13）2020年全球最大250家国际承包商榜单（ENR）龙建股份位列第150位，为历史最好成绩。

（14）龙建股份同时拥有商务部对外援助成套项目总承包企业资格、对外援助公路成套项目管理资格、对外援助物资项目总承包企业资格三项对外援助"准入证"。

三、"一带一路"建设上践行社会责任

龙建股份在参与"一带一路"建设以来，积极践行国有企业的海外社会责任。以国企的责任和担当高质量完成项目施工任务，在各国民众心中修建了连心桥、友谊路。同时，龙建股份义务投身当地基层设施建设，积极参与当地各项公益活动，用一件件饱含真心真情的举动，诠释了"国相交、民相亲"的价值内涵。

（一）孟加拉国派拉桥项目——一桥飞架南北，天堑变通途

派拉桥项目是龙建股份在孟加拉国实施的第二个项目，合同金额9.36亿元人民币。

项目开建至今，累计雇用孟籍员工8000人次，为当地创造了大量就业机会，提升了当地民众的职业技能与收入，促进了当地经济发展。工作之余项目部主动帮扶周边地区困难民众，分发生活和学习用品。孟加拉国基础设施相对落后，龙建股份多次帮助当地政府维修码头及周边道路，并为附近哈希那军营多次提供基础设施建设和饮用水帮助。

目前，新冠疫情仍在孟加拉国不断传播，项目部向该国公路局、监理团队、警察局、当地村民捐赠口罩及防疫用品。并对孟籍工人宣传防疫科普知识，保障派拉桥项目可持续生产。充分体现在疫情肆虐的特殊时期龙建股份作为国有企业的责任与担当。

2021年10月24日，孟加拉国派拉桥竣工通车，极大改善了孟加拉国西南部地区交通状况，缩短了首都至南部旅游城市Kuataka的直线距离。对加强南北经济联系，提高Payra港口的海运贸易运输效率，促进孟加拉国西南部区域经济建设和孟加拉国向国际化发展有着重要的促进作用。

（二）中国援冈比亚上河区公路桥梁项目——"河之国"的友谊大桥，让民相亲、心相通

项目合同金额5.13亿元人民币，是两国元首见签项目，也是冈比亚总统巴罗执政以来，与中方达成的第一个路桥合作项目，具有里程碑意义。项目将极大促进冈全国乃至周边国家人员、货物和服务自由流动，推动改善冈民众生活水平。

项目部在工期紧张、建设任务繁重的条件下，多次主动调集人员和设备，义务为当地修筑平整道路、帮助建设巴塞大学、助力当地医院的道路建设、为巴塞镇清运垃圾。2019年、2020年两次参与巴塞镇的火灾救援，项目部均紧急出动，第一个抵达现场积极救援。

项目建设期间，项目部以就业扶助促进减贫脱困，为当地民众提供了465个就业岗位，同时贯彻落实《中国与非洲联盟加强减贫合作纲要》，在项目建设的同时，对当地百姓开展技术培训，让大家搭上了技术致富的顺风车。

2021年10月9日，援冈比亚项目完工通车。在通车仪式上，巴罗总统表示，援冈比亚项目是冈比亚国内实施最快速的项目，面对疫情的不利影响，龙建股份仅用了30个月提前完工。项目建成通车，历史性地实现了冈比亚人民的梦想，是冈比亚实施国家发展计划的重要里程碑。

（三）中国援赞比亚姆皮卡市政道路项目——坚定不移，践行"龙建人"使命担当

项目合同金额1.33亿元人民币，是姆皮卡主干道T2公路的一部分，T2公路是赞比亚贯穿南北的国际干线。

项目部在施工期间，多次参与交通事故救援。2019年4月，一辆长途客车途经姆皮卡市区路段时发生侧翻事故，情况紧急，项目部得知消息后，第一时间组织人力和机械赶赴现场参与救援，成功救出受困人员。

在海外严峻的疫情形势下，项目部克服众多不利因素影响，于2020年8月30日完成全部施工任务，比合同工期提前1.5个月完工。被商务部合作局评定为优良工程。项目在当地树立了"友好、无私、奉献"的中国援助形象，也进一步提升公司的国际品牌知名度和影响力。

（四）蒙古国达尔罕-色楞格道路至沙马尔-宗布仁-擦干诺尔-图希格-责利特口岸方向120.85千米沥青混凝土公路项目——实现人类与自然共生共赢，讲好可持续发展的"中国故事"

项目合同额5.96亿元人民币，是蒙古国公路网的重要组成部分，是色楞格省迄今为止投资最大的交通项目，对促进蒙俄贸易、改善蒙古国北部农业经济起到重大作用。

2019年，项目部赞助200万蒙图，用于蒙古国扎布汗省召开全省运动会的后勤保障工作。为帮助蒙古国抗击新冠疫情，项目部积极响应蒙古中华总商会的号召，分三次捐款7000元人民币和200万蒙图；并于2020年3月26日向蒙古国捐赠了价值3000万蒙图的口罩。

目前，项目正克服疫情与低温等多重不利影响，顺利进行，同时项目为当地民众提供了大量就业机会，带动了当地经济发展。漂洋过海，情真意切。像这样的故事在龙建股份"一带一路"沿线建设上不断在发生，龙建路桥人始终不忘初心、牢记使命，与各国共同打造责任共担、合作共赢、幸福共享、文化共兴、安全共筑、和谐共生的优质项目，为推动构建人

类命运共同体树立时代榜样。

四、海外投资遇到的风险挑战及企业对现有政策的建议

（一）遇到的风险挑战及应对

1. 受疫情影响，市场开发困难加大、施工进度受到影响

各国因疫情原因取消或延期了大量基建项目招标，市场开发人员出、入境困难，无法参与项目投标与商务谈判活动。项目所在国调整海关政策，致使项目参建人员不能及时进退场，施工材料采购运输变得较为困难。

2. 项目所在国政治与经济危机，影响施工生产

如苏丹发生政变，成立临时政府，政府部门公务人员大量更换，项目的业主相关人员被调离。如中印边境摩擦，印度出台了一系列不利于中资企业的政策。

3. 采取应对措施

（1）面对后疫情时代，世界百年未有之大变局，龙建股份将抓住机遇应对挑战，调整市场开发方式，在点状经营模式的基础上，向全球区域化经营模式转变。

（2）针对全球疫情，龙建股份与属地人民一起守望相助、民心相通，疫情防控与施工生产相结合，实施网格化管理模式，用实际行动展现中国国企担当。

（二）对现有政策建议

黑龙江省作为"共和国长子"，从新中国成立以来，特别是改革开放至今，披荆斩棘、迎难而上，为全国的经济建设作出了历史贡献和巨大奉献。希望能对黑龙江"走出去"企业在补贴政策、贴息政策等方面加大扶植力度，助力东北老工业基地重新振兴；扩大贴息目录和补贴的范围与额度。同时对省重点企业、重点项目出台一些扶持政策，使省重点企业当好省属国企领头羊、实体经济发展排头兵，更好助力龙江振兴。

时间砥砺信仰，岁月见证初心。"龙建人"勇敢直面多重困难，面对复杂严重的国际疫情，坚守着工作岗位，在战"疫"中不断扎实推进海外市场开发和项目建设，谱写着对事业的忠诚，和一腔无悔的热血。

一条希望路，多国共结缘。未来龙建股份愿继续做好中华文化坚实的传播者和弘扬者，凝聚国际共识，营造和平合作、开放包容、互学互鉴、互利共赢的国际舆论氛围，向各国朋友讲好中国企业故事，传递龙建声音，不断将龙建精品工程献给"一带一路"沿线国家，彰显中国企业风采。

中国神华："中国标准"走出国门

国家能源投资集团有限责任公司（以下简称"国家能源集团"）所属的中国神华能源股份有限公司（以下简称"中国神华"）积极响应国家"一带一路"倡议，在与印度尼西亚（以下简称"印尼"）"全球海洋支点"战略构想对接中，走基于"共生价值"理念的国际化发展之路，深耕印尼电力市场16年，得到了当地政府、电力行业及民众的高度认可和广泛好评。

一、公司简介

中国神华成立于2004年11月8日，是国家能源集团旗下A+H股上市公司，也是全球领先的以煤炭为基础的综合能源上市公司。截至2021年年底，公司资产规模6071亿元，总市值662亿美元，职工总数7.8万人。主要经营煤炭、电力、铁路、港口、航运、煤化工六大板块业务，实行跨行业、跨产业纵向一体化发展和运营模式。

中国神华国华电力分公司积极共建"一带一路"，深耕印尼电力市场16年，在印尼的电力项目总装机容量310万千瓦，其中运营项目240万千瓦、在建项目70万千瓦，总投资额约30.25亿美元，目前是印尼电力领域投资规模最大的外资企业。

二、在"一带一路"参与国的既有项目情况及经验

（一）公司在印尼发展概览

公司目前在印尼拥有三家发电公司、一家运维公司，并在雅加达设有代表处。

（1）神华国华（印尼）南苏发电有限公司（南苏2×150MW煤电项目）由中国神华和PT. Energi Musi Makmur（EMM）合资成立，总投资额3.8亿美元。南苏电厂位于印尼南苏省穆印县，配套露天煤矿产能210万吨每年。双机于2013年正式投入商业运行。截至2021年年底，南苏电厂全年累计发电17.57亿千瓦时，机组等效可用系数96.05%，实现营收7.21亿元，利润总额0.81亿元。

（2）神华国华（印尼）爪哇发电有限公司（爪哇7号2×1050MW煤电项目）由中国神华和PT. PEMBANKITAN JAWA BALI INVESTASI（PJBI）合资成立，总投资额18.39亿美元。爪哇7号项目位于印尼万丹省摄政区，配套建设2个14000载重吨（DWT）泊位专用煤码头。双机于2021年7月8日正式投入商业运行。截至2021年年底，爪哇7号项目全年累计发电120.34亿千瓦时，机组等效

中国神华："中国标准"走出国门

可用系数100%，实现营收38.83亿元，利润总额10.65亿元。

（3）神华国华（印尼）天健美朗发电有限公司（南苏1号2×350MW煤电项目）由中国神华与印尼PT. Lion Power Energy（LPE）以合资成立，总投资额8.06亿美元。南苏1号项目位于印尼南苏省穆印县，于2019年12月26日开工建设，计划于2024年投产运行。

（4）爪哇运维公司于2016年9月23日在印尼雅加达注册成立，主要负责印尼爪哇7号项目基建期生产准备和机组投产后生产运营维护。

（二）亮点与成效

1. "中国标准"走出国门

爪哇7号项目是中国制造成体系、高水平、大协作"走出去"的大型火力发电项目，是中国出口海外的首台全国产化百万机组，是汇聚中国电力工程设计、装备制造、施工建设、管理运营的优秀范例。该项目集成先进的环保和数字化火力发电技术，机组投产后主要经济技术指标均优于设计值，主要环保指标大幅优于印尼排放标准，为印尼社会供应稳定的高品质能源。项目配套建设的海水淡化系统对"千岛之国"印尼的水资源利用具有积极的现实意义。

爪哇7号项目目前是印尼电力建设史上装机容量最大、参数最高、技术最先进、指标最优的高效环保型电站，在世界面前展示了"中国标准"。

2. 保障稳定电力供应

依托公司先进的电厂建设管理模式，南苏电厂两台机组建设工期较PPA合同要求分别提前12个月和11个月完工，创造了印尼电力工程史上的建设奇迹，展现了公司专业化水平。南苏电厂先后圆满完成第26届东南亚运动会和第18届亚运会期间的电力保障任务。

3. 屡次斩获行业殊荣

（1）在2021年亚洲电力大奖赛中，爪哇7号项目分别摘下最高等级的"2021年度亚洲电力煤电项目金奖"和"2021年度亚洲电力快发能源项目金奖"两项桂冠，该奖项在印尼乃至整个亚洲电力行业都具有非常大的影响力。该项目已成为"海上丝绸之路"首倡之地的能源新地标。

（2）南苏电厂自2013年商业运营以来实现连续8年无非停，等效可用系数94%以上，凭借高质量运营管理连续多年荣获印尼"最佳发电企业"，并荣获"技术创新企业""环保提升改造优秀企业"、印尼劳工部SMK3金色证书等一系列奖项。印尼能源委员会将南苏电厂列为示范工程，并向中国大使馆提出以南苏项目为标准推荐进入印尼电力队伍的建议。

（3）南苏电厂实现了世界首个褐煤全水分超过60%的干燥发电一体化系统长周期安全稳定运行，开创劣质褐煤干燥发电的国际先河，成为南苏门答腊岛最稳定的电源点，曾获得印尼国家能源效益奖提名。

4. 创造就业改善民生

国华印尼清洁火电项目积极推行"本地化"管理，开展国际化队伍建设，大量雇用本地工人，培养锻炼了一批技术型本地人才。其中，南苏电厂全口径聘用印尼员工819人，占比81.5%，爪哇7号项目全口径人员本地化比率达到54%。公司先后为印尼当地提供了7000多个就业岗位，实施"本地化"有效缓解了电厂周边村镇、社区的就业压力，提高了周边居民生活水平。

三、"一带一路"建设上践行社会责任

国华印尼清洁火电项目秉承"尽责、包容、共赢"的理念，重视文化融合，增强社区认同，推进公共关系建设，大力促进地企双赢，成为中国企业积极履行海外社会责任的典范。

（一）融入印尼文化，增进双方交流互信

通过多种方式促进中方员工融入印尼：中方员工出国前进行印尼文化教育；定期开展印尼语及印尼文化学习；组织两国员工文化交流活动；组织印尼员工到中国参加培训及活动；向项目所在地周边社区开放体育设施、宗教场所，增进民众友好交流。

（二）开展社区帮扶，助力当地稳定发展

积极开展印尼当地社区帮扶，主动加强与当地政府和村落的联系，累计投入3600多万元助力地方发展。

南苏电厂积极开展公益事业，帮助当地村民修复附近700米道路，硬化周边河流摆渡船码头、硬化9公里周边道路，协助修缮5座清真寺，开挖23口水井，修缮学校、乡政府办公室、周边基础设施等，提高周边民众生活水平。附近社区的年轻一代将进入电厂工作作为目标，并为此感到骄傲。

爪哇发电公司在印尼传统节日对周边村、镇困难居民和弱势群体开展慰问活动；参与印尼贫困家庭电力服务援助计划；协助开展附近河流清淤工作；为印尼地震灾区捐款；旱季为项目周边村镇提供清洁水援助；设立爱心基金等，在当地民众中赢得了较好口碑。

（三）捐赠防疫物资，共同推进印尼抗疫

新冠疫情期间，公司在保障海外项目能源供应的同时，还大力支援驻在国疫情防控，为项目所在地捐赠价值26.7万美元的呼吸机、防护服等紧缺的防疫医疗设备及物资，提供抗击疫情的经验做法，主动帮扶周边社区困难人群等。天健美朗公司围绕"农业、经济、教育、生态、宗教"等方面系统策划了社会责任工程，在疫情期间立即与周边社会责任村建立了联防联控机制，捐赠防疫和生活物资，为村民发放宣传品和口罩，取得了良好的社会效果。

（四）促进校企合作，培养本地电力人才

公司与印尼大学合作，出资145万元人民币建设印尼第一家高校仿真机实验室

中国神华："中国标准"走出国门

—印尼大学"电力仿真和科研教育合作中心"，包括10万千瓦、30万千瓦及100万千瓦等级燃煤电厂生产运营模拟，可实时连接公司在印尼三个电力项目的数据。该中心对培养印尼电力系统人才队伍建设将发挥较大作用。

（五）促进共生共赢，实施生态保护计划

在国际化发展过程中，公司坚持"生态环保、绿色发展"的生态共生理念，致力于保护生物多样性。爪哇7号项目周边海域有两块红树林（Mangrove），为保护这种物种最多样化的特殊生态系，公司专门制定了《爪哇项目红树林保护方案》；成立保护小组；定期监测周围水质和红树林的生长变化；修筑土坝为红树林的生长创造更好的条件等。目前海滨红树林面积较基建期增长100%，林间白鹭等鸟类较基建期增加200%，建立了完好的鸟类等野生动物栖息地，获得了印尼政府及社会的普遍认可。

四、海外投资遇到的风险挑战及企业对现有政策的建议

（一）寻求当地可靠合作伙伴，奠定稳固发展基础

投资者如对驻在国法律法规、制度标准、技术规程、社会文化、宗教习俗等情况掌握不够全面，将影响投资决策的科学性、准确性、时效性，这是境外投资面临的最大问题之一。因此，我们努力打造和维护一个可靠的海外合作伙伴网络，形成利益共同体，充分发挥各自优势，协调当地关系、扫除发展障碍，从而大大降低海外投资风险，为项目顺利实施奠定稳固的基础。

（二）统筹国际国内优质资源，确保实现发展目标

企业在"走出去"过程中，要统筹利用国际和国内两个市场、两种资源。选择国内资质过硬、业绩优良、实力雄厚的企业来实现"抱团出海"，并积极推行"本地化"管理，是推进国际化的一条重要经验。我们通过整合吸纳国内电力设计、设备制造、工程建设、技术咨询等领域的优质资源，建立强强联合的工作团队，才创造出一个又一个"印尼第一、印尼最优"；在当地吸纳培养优秀人才，助力保障电厂的有序管理与稳定运营。

（三）加强公共关系管理维护，营造良好社会环境

中国与印尼在国情文化、宗教信仰、风俗习惯等各方面存在较大的差异，为此，我们采取了多种措施促进文化融合，以规避这些潜在风险。妥善处理与东道国政府部门、社区周边居民、股东方、当地员工等利益相关方的关系，对海外投资项目的顺利实施至关重要。要重视和加强公共关系处理，通过建立顺畅的沟通协调机制，有助于尽快融入当地，赢得所在地民众的理解和支持，民心相通才能实现美美与共、世界大同。

中南传媒：讲好湖湘故事　传播中国声音

中南出版传媒集团股份有限公司（以下简称"中南传媒"）以打造"有带动力的中国文化产业旗舰企业、有传播力的全球出版领先基地、有影响力的文化走出去强势平台"为公司战略发展目标，充分发挥内容、渠道、资本、人才优势，着力构建发声矩阵、大力实施对外交流、全力传播中国声音，在图书版权"走出去"教育援外"走出去"、印刷服务"走出去"、文化展会"走出去"方面取得新突破。连续13年被中宣部、商务部、文化和旅游部等五部委联合评为"国家文化出口重点企业"，连续13年蝉联"中国文化企业三十强"，被国家版权局评为"2021年度全国版权示范单位"，被中宣部、国新办、中国版协等单位授予"中国图书对外推广计划"特别贡献奖、"中国版权最具影响力企业""中国版权特别贡献奖"等殊荣，多次获得中宣部（国家新闻出版署）颁发的"版权输出优秀奖"等荣誉。

一、公司简介

中南传媒成立于2008年12月，2010年在上海证券交易所上市。产业格局涵盖出版、印刷、发行、报刊、新媒体、金融六大板块，是典型的多介质、全流程的大型综合性出版传媒集团。

中南传媒下辖30家子（分）公司，其中出版社及内容策划机构11家，有5家出版社荣获"全国百佳出版社"称号；年出版品种近万种，一般图书全国市场占有率位居前列。拥有自主知识产权的中小学新课标教材在全国30个省（市、区）发行，市场占有率、销售收入、利润在全国地方出版集团中位列前茅；数字教育产品进入国内25个省份11200多所学校，服务2000万师生，面向保加利亚、北马其顿等国的数字教育业务稳步推进；旗下湖南省新华书店有限责任公司、湖南天闻新华印务有限公司、红网、《快乐老人报》等综合实力位居全国同行前列。2021年，中南传媒实现营业收入113.31亿元，实现归属于上市公司股东的净利润15.15亿元，位居全国出版上市公司前列。

二、在"一带一路"参与国的既有项目及投资情况

中南传媒在向周边和"一带一路"沿线国家推动文化"走出去"和"走进去"的实践探索中，形成了以下四个业务亮点：

（一）以文化援外为新模式，推动教育"走出去"取得新突破

中南传媒是中国第一个探索教育援外

中南传媒：讲好湖湘故事　传播中国声音

路径、成功为他国提供教育体系解决方案的出版企业。由中南传媒执行的援南苏丹教育技术援助项目，是我国第一个综合性文化援外项目，通过为受援国搭建教学体系、编写印制教材、培训授课教师和建设ICT中心等措施，成功将我国对外援助的领域从基建、物资、医疗等拓宽到代表国家重要软实力的教育和文化，2018年交付后获得海内外一致高度评价。2020年，继援南苏丹项目后，中南传媒又成功中标"援柬埔寨教育技术援助项目"并已启动执行。未来，中南传媒将凭借深耕教育出版多年的资源积累和丰富的援外经验，把教育援外这条既能"走出去"、又能"走进去"的文化教育国际交流新方法、新模式带到更多"一带一路"沿线国家，在当地搭建中华文化发挥影响的长效平台。

除教育援外项目外，近年来，中南传媒积极发挥自身在产品、技术、渠道等方面的优势，为我国的教育产品与服务走出国门找到突破口，让中国的领先教育理念随着国家"一带一路"倡议的东风惠及更多海外师生，提高各国人民尤其是年轻一代了解和认同中华文化：

一是湘版教育图书陆续走出国门，数学、历史、书法、汉语、艺术等教材的版权和实体图书分别销往到美国、西班牙、新加坡、马来西亚、哈萨克斯坦、印度、中国台湾等国家和地区；二是拥抱数字教育新浪潮，自有版权线上教育工具AIclass云课堂绽放"一带一路"沿线国家保加利亚和马其顿，惠及海外百余所学校师生；三是积极举办"智慧教育"主题高级研修班，向柬埔寨、老挝、塞尔维亚等"一带一路"国家宣介中国教育数字化领先成果，促进国际教育文化交流。

（二）以双效并举为目标，推动图书版权"走出去"做出新成绩

促进优秀中华原创图书版权的海外传播，实现中华文化的跨时代、跨地域交流和融合，是对外讲好中国故事、传播中国声音、提高海外认同、促进民心相通的重要手段，也是彰显企业出版实力与国际影响力重要途径。中南传媒作为大型文化出版企业，以推动文化交流、促进文明互鉴为企业社会责任，历来高度重视优质原创版权图书的海外传播，取得了不俗成绩。

"十三五"时期，中南传媒共向全球93个国家和地区译介一千四百余种优质湘版图书版权，覆盖40种语言，版权输出数量在全国出版集团中位列前茅。其中，有997种图书进入37个周边及"一带一路"沿线国家市场，以纸质书、电子书、动画、动漫等多种形式为当地读者带来精彩的阅读体验和潜移默化、深远持久的文化影响。尤其在2020年新冠疫情背景下，推动了《读童谣，防病毒：新型冠状病毒防疫绘本》《新型冠状病毒感染的肺炎校园防控手册》等一批讲述我国抗疫故事、抗疫中国方案的图书译介到阿联酋、马来西亚、印度、斯里兰卡、土耳其等国，宣介加强公共卫生合作、加快共建"健康丝绸之路"的理念，为世界的抗击疫情工作贡献了湖南出版的力量。

还注重结合中国时政热点和外宣方向，对外译介相关主题图书版权，如《精准扶贫精准脱贫方略》《乡村国是》《人类命运共同体：全球治理的中国方案》《中国追梦者》《中国民营经济四十年》《从饥寒交迫走向美好生活——中国民生70年（1949-2019）》等一大批反映当代中国发展道路、中国价值观念、中国精神风貌的出版物相继发行海外，全方位、多角度回应国际关切、提高海外认同。此外，推动紫金陈、大冰、马伯庸、张嘉佳、桐华、唐七公子等一大批流行文学领军人物作品畅销海外，配合影视的出海，在当地创造阅读热潮的同时，海外版税收入也节节攀升，实现了社会效益和经济效益的双效统一。

根据最新"中国图书海外馆藏影响力研究报告"显示，中南传媒旗下6家出版单位再次入选"中国图书海外馆藏影响力出版社百强"，近四百种图书进入世界图书馆系统，《云边有个小卖部》《大长地久：给美君的信》等一批畅销书成为"海外馆藏最广的中文图书"，中南传媒图书版权在全球的传播效力得到充分体现。

（三）以湖湘文化为切口，推动文化展会"走出去"形成新特色

为拓展文化"走出去"渠道，提高国际影响力和传播力，中南传媒积极参与各大国际书展和大型国际文化交流，举办各类文化交流活动、寻找对外文化交流和贸易机遇，多次获得领导部门的肯定与好评。

在国新办、湖南省委宣传部等上级部门的领导下，近年来，中南传媒连续参与承办"湖南文化走出去"系列活动，至今已成功举办了"湖南文化走进泰国""湖南文化走进联合国""湖南文化走进法国""感知中国——湖南文化走进芬兰""文化中国·湖南文化走进德国"等多场活动。通过湘书、湘绣、湘茶、湘菜、湘艺的展示，每场活动均在当地掀起"湖南文化热"，多次创造当地参展人数新纪录，获得各级领导的高度好评，吸引大量中外媒体争相报道，形成了积极、广泛的海外影响，在丝路沿线留下了湖南故事与当地文化碰撞的绚丽火花，成为湖南文化走向海外的一张闪亮名片。

（四）以优质技术为拳头，推动印刷服务"走出去"开创新局面

中南传媒凭借屡获大奖的领先印刷技术，积极对外输出印刷产能，助力国家文化服务出口，为海外尤其是"一带一路"沿线国家提供优质印刷服务。"十三五"时期，通过大宗印刷国际招标、海外市场业务代理、国际书展、线上电子平台等多种方式与渠道，克服人民币美元汇率升值、原辅材料涨价、疫情负面影响等现实困难，中南传媒实现海外印刷销售逆市上扬，产品出口至美国、印度、英国、尼日利亚、孟加拉国、南非、墨西哥、喀麦隆、加拿大等六个大洲的近二十个国家和地区，为国家文化出口作出了贡献。值得一提的是，中南传媒承担的"一带一路"

沿线国家阿富汗教育部教材印刷项目，先后受疫情、阿富汗内乱等不利因素影响，历时三年终于2022年6月开启交付，560万册教材即将抵达内乱中的阿富汗师生手中。我方得到实控方联合国儿童基金会（UNICEF）的高度评价，并凭借该项目入选联合国供应商名录，为中国印刷企业在国际市场上赢得了声誉。

三、"一带一路"建设上践行社会责任

中南传媒响应习近平总书记关于"加强国际传播能力建设，为推动构建人类命运共同体作出积极贡献"的号召，贯彻落实中央关于加强周边国家外交和推进"一带一路"倡议的重大战略部署，在实施向"一带一路"国家文化"走出去"的过程中，坚定践行"展示中华文化、讲好中国故事、传播湖湘文化"的国有文化企业社会责任：一是以优质内容的对外译介为渠道，对外讲好中国故事、传播中国声音、聚拢丝路人心；二是以优质教育产品与先进教育理念的对外传播和援助为契机，助力"一带一路"沿线国家人才培养，提高海外年轻一代对中国的文化认同；三是以绿色精品印刷服务的海外出口为抓手，为"一带一路"沿线国家读者提供优质健康出版物，推动当地出版印刷业可持续发展；四是以湖湘主题文化展会的海外展演为载体，传播丰富多彩湖湘文化，展示真实、立体、全面的中国形象。

四、海外投资遇到的风险挑战及企业对现有政策的建议

一是坚定文化自信，增强大局意识。"不谋全局者，不足谋一域"。中南传媒在实施文化"走出去"工作中，始终紧跟"一带一路"倡议等国家重大战略部署和外交外宣方向，坚定文化自信，坚守正确的政治导向，在围绕中心、服务大局中找到坐标、找准定位：注重对重点国家、周边国家、"一带一路"沿线国家的市场的拓展和布局；加强对重大时政热点等主题的把握与研究，把国家的立场主张转化为国际化的出版选题和合作项目，使文化"走出去"工作真正做到引领思潮、服务大局、顺应民心。

二是注重修炼内功，做好产品建设。优质的文化产品和服务是中南传媒实施文化"走出去"的立身之本。集团全年出版图书品种近万种，拥有完整、领先的产业链和技术产品集群，为各形态文化"走出去"业务提供了有效供给，同时注重发挥国际版权的合作与运营、"一带一路"项目推广、国家资金注入的叠加效应，实现社会效益与经济效益相统一，确保产品"走出去"的同时也能"走进去"和"走下去"。

三是实施人才驱动，强化政策引领。中南传媒把"走出去"作为集团重点战略之一，确保集团机构设置、政策配套、人员配备等各方面积极为"走出去"工作顺利开展提供条件：积极开展一系列的

培训，逐渐形成了一支"走出去"人才队伍；同时在集团和子分公司多个层面制定以激励为主、奖惩结合的社会效益考核体系及国际出版扶持措施，确保走出去工作高质量开展。

四是加强交流合作，拓展渠道平台。在实施"走出去"过程中，中南传媒通过参加国际书展、举办海外活动、实施版权贸易等形式，不断扩大国际出版"朋友圈"，积累了如法兰克福书展、麦克劳·希尔、企鹅兰登等一批有实力的合作伙伴；同时注重探索海外营销推广新渠道、新模式，广泛参与政府援助、海外招标、线上展会、企业合作，拓宽文化出海航道，推动湖湘文化走向海外，传播世界。

中国核建：匠心铸国之重器　精心树大国名片

一、公司简介

中国核工业建设股份有限公司（以下简称"中国核建"）是一家以核电工程、工业和民用工程建设等为主营业务的大型国有控股上市企业，拥有国际原子能机构授权设立的全球唯一一家核电建设国际培训中心，是我国核电工程建设的主力军。

在核电工程领域，中国核建已发展成为我国核电工程建设领域历史最久、规模最大、专业一体化程度最高的企业，是全球唯一一家连续30余年不间断从事核电建造的领先企业。当前，随着我国核电装机容量、在建规模跃居世界前列，中国核建已成长为国内外享有盛誉的核电工程建设企业。

中国核建坚持走创新发展之路，致力于延伸在核电工程建设中形成的强大能力和建设经验，积极承揽大型复杂工业和民用工程建设业务，先后承建了一大批石油化工、能源、冶金、建材、房屋建筑、市政和基础设施等多个行业领域的国家重点工程项目，在超高层、大体量、高精度工程方面积累了丰富业绩。中国核建是国内较早"走出去"承担国际工程和投资业务的中央企业，海外业务涉及30多个国家，赢得了国内外客户广泛赞誉。

二、在"一带一路"参与国的既有项目及投资情况

中国核建积极响应国家"一带一路"倡议，坚定落实中核集团"走出去"国际化经营战略部署，密切跟踪"一带一路"沿线国家核电发展规划。成功实施的海外首个核电站建设项目投产运营至今，安全指标和运行业绩良好，得到国际原子能机构（IAEA）好评。随着电站的依次顺利投产，极大地改善了当地电力不足的现象，为当地经济发展贡献"核"力量。同时，也为公司树立了良好的国际形象，为中国核电"走出去"迈出了坚实的一步。

目前，卡拉奇核电站是巴基斯坦国内最大的核电项目，是中巴两国合作的第二个大型核电项目，也是我国研发的先进百万千瓦级压水堆核电技术，具有完全自主知识产权的三代压水堆核电华龙一号走出国门的第一站，建成以后，可以满足巴基斯坦三分之一的用电需求，可以大大缩短巴基斯坦当地的日平均停电时间。2015年8月20日卡拉奇核电2号机组开工建设，2021年5月，在中巴建交70周年之际，华龙一号海外首堆巴基斯坦卡拉奇2

号机组实现商运。这是中国自主三代核电华龙一号海外建设取得的重大里程碑，也是双方巩固深化中巴全天候战略合作伙伴关系、推进中巴核能合作的重要成果。

位于"一带一路"沿线国家莫桑比克的索法拉职业技术学校项目，是中国核建承接的中国政府对外援建项目。中国核建海外业务在稳中求进主基调指引下，积极拓展"一带一路"沿线国家非核建筑工程市场，先后在东南亚、中亚、中东、非洲等区域承建众多工程建设项目。目前，海外非核业务已涉足房屋建筑、石油化工、基础设施、新能源等行业。"十三五"期间海外年度平均营收约25亿元人民币。中国核建2020年海外营收在总营收中占比3.4%。

三、"一带一路"建设上践行社会责任

（一）和谐发展，走绿色之路

核电是清洁、高效、经济、安全的能源，核能发电不像化石燃料发电那样排放巨量的污染物质到大气中，因此核能发电不会造成空气污染，不会产生加重地球温室效应的二氧化碳。

从恰希玛1号到4号机组，再到现在的卡拉奇2号、3号机组，中巴合作建设核电站的历史已持续了20多年，中国核建在巴基斯坦承担了全部六台核电机组的建设，目前运行机组发电量占巴基斯坦发电总量7.5%左右。

核电项目建设为当地巴基斯坦人的生活带去了改变，也带去了希望。2021年5月投入商运的巴基斯坦卡拉奇2号机组预计每年发电近100亿度，能够满足当地100万人口的年度生产和生活用电需求，相当于每年减少标准煤312万吨，减少二氧化碳排放816万吨，相当于植树造林7000多万棵。

（二）民心相融，筑友谊之路

2021年11月2日，中央电视台播出的《又见丝路》纪录片，讲述了一段发生在中国核建巴基斯坦核电建设现场的感人故事，也是中巴友谊的缩影。故事的两名主人公同岁，同生于1969年，一名是公司K2/K3核电项目部巴籍员工拉蒂夫，另一名是K2/K3核电项目部的中国电工班长季明力。1995年，拉蒂夫从学校毕业来到恰希玛C1核电项目电气安装班工作，与同在电气安装班担任班长的季明力相识。刚开始拉蒂夫只能做普工，什么都不会，在季明力和中方员工的细心帮助下，经过三年多的教育和培训，拉蒂夫顺利成长为一名合格的安装电工。

2013年C3/C4项目开始投入建设，当季明力再次回到巴基斯坦恰希玛核电工地时，第一位迎接他的正是拉蒂夫。此时的拉蒂夫已经成长为一名非常优秀的巴籍电工负责人。如今拉蒂夫把他的技艺传授给他的侄子，他的侄子将继续带着他对中国核建的热爱在"华龙一号"现场奋斗。

（三）责任担当，建大爱之路

中国核建海外业务每到一处，秉持

中国核建：匠心铸国之重器　精心树大国名片

"共商共建共享"理念。尊重所在国人文习俗、宗教信仰，雇用当地员工，提供就业岗位，增加当地人民的收入。

在巴基斯坦仅仅卡拉奇项目，从开建至今项目部为当地提供就业 11966 余人次，培养了各类技能人才 10410 余人次，为当地社会造就了一批批专项技能人才。

在莫桑比克援索法拉职业技术学校项目建设期间，为保证现场施工和周边居民饮水，我司主动承担钻井费用，为当地接通 6 口水井，缓解了一直困扰当地村民的用水问题。当通水的那一刻，居民黝黑的脸上漾出灿烂的笑容，嘴里不停地喊着"China，China!"。一口水井给当地居民带来的是希望！为方便周边村民出行，我方项目部修建了一条连接学校和高速公路的道路，被当地人称为"爱心公路"。项目部还策划组织了对当地蚌圭小学的跨国爱心捐赠活动，为"一带一路"建设添砖加瓦。

中国核建在东帝汶先后承建了电网建设工程、道路升级、供水运维等基础设施项目，为东帝汶人民带去了光明，对改善当地的供水现状和当地居民生活具有重要意义。

在格鲁吉亚，中国核建承建了当地第一座也是迄今为止唯一一座风电项目。建设期间我司大力推行属地化，聘用当地工人，中格员工比例达到 1:10，极大地促进了当地的就业。该风电项目受到了业主的高度认可，荣获优秀承包商奖。通过该项目的成功实施极大地促进了当地风电的发展。

在"一带一路"倡议下，中国核建依托项目建设，为世代生活在这里的人们创造了许多就业机会，提升了工作技能，支持并帮助当地减少贫困、改善民生，与当地居民一道共谋发展。

同时，中国核建在开展国际工程承包过程中，推动国内其他专业承包企业、设计院等配套单位走向海外，面向国际，获得业主对中国制造及管理水平的认可，带动中国制造设备的出口，扩大中国产品影响力。

四、海外遇到的风险挑战及企业对现有政策的建议

（一）风险挑战

中国核建海外项目主要分布在印度尼西亚、马来西亚、泰国、越南、巴基斯坦、东帝汶、阿联酋、伊拉克、格鲁吉亚、乌兹别克斯坦以及非洲莫桑比克等国家，大多数经济不发达，社会基础设施较落后。

针对地区安全形势动荡国家，制定安全生产相关应急预案、做好对项目员工风险、安保宣讲。加强现场中方人员对当地宗教与风俗习惯的了解，尊重属地人员的宗教信仰与风俗习惯，建立良好的社会关系，确保不与属地人员发生矛盾与冲突。必要时聘请了专业的安保公司，采取外出"点对点"全程武装护送等措施，尽全力保证境外项目员工的人身安全。

面对新冠疫情，中国核建坚持疫情防

控常态化管理，进一步做好工程现场网格化管理，加强防疫检查，对易感人群定期进行抗体检测；加大公共场所消杀频次；实行线上交流方式减少接触。在做好疫情防控的情况下，推进现场施工进度，始终将疫情防控放在第一位，切实保障员工身体健康和生命安全。

经济全球化趋势不可逆转，国际工程建筑市场的竞争日趋惨烈。项目所在国对于承包商提出了更高的合作要求。有的国家对于企业履行社会责任、与当地社会共同发展、收益再投资、技术转让、环保、社会和环境可持续发展等方面提出了更多的要求。目前，相较于国内外著名工程承包商，中国核建在国际范围内配置资源的能力仍有待建立完善，特别是国际资本运作国际大型商业综合类项目、中高端市场的开发运作和管理运营能力有待进一步加强。

（二）现有政策建议

当前，境外公开性竞标类业务竞争激烈，通过投融资来推动项目已成为一大趋势。

在亚洲市场，日本企业通过规划引领等形成了竞争优势，提供的融资在利率和期限上有较大优势；在非洲市场，西方国家纷纷通过加大援助、减免债务、扩大投资，支持本国企业利用技术、资金、价格等方面优势加大市场开拓力度。

中国核建的企业属性决定了其在对外经营、对外投资方面，必须接受更严格、更多流程的监管。这些监管措施在面对瞬息万变的国际市场方面，反应速度和效率方面还有待进一步优化。

中国电建：高质量共建"一带一路"合作共赢可持续发展

一、公司简介

中国电力建设股份有限公司（以下简称"中国电建"）以"建设清洁能源，营造绿色环境，服务智慧城市"为企业使命，具有"懂水熟电，擅规划设计，长施工建造，能投资运营"的核心能力和"水、能、城"产业链一体化全方位优势。主营业务横向涵盖工程承包与勘察设计、电力投资与运营、房地产开发、设备制造与租赁及其他业务，纵向覆盖规划、勘察、设计、施工、运营、装备制造和投融资等工程建设及运营全过程。

中国电建位居 2021 年《财富》世界 500 强企业第 107 位、2021 年中国企业 500 强第 33 位、2021 年 ENR 全球工程设计公司 150 强第 1 位、2021 年 ENR 全球工程承包商 250 强第 5 位；荣获第二十三届上市公司金牛奖"百强奖"、第十一届金紫荆奖"最佳上市公司"、北上协"北京上市公司 ESG 优秀实践案例"、中国证券报金牛奖"最具投资价值上市公司"。

二、在"一带一路"参与国的既有项目情况及经验

中国电建始终贯彻落实新发展理念，将共建"一带一路"作为集团的重要使命，在推动"一带一路"倡议、深化国际产能合作、带动中国装备制造和相关产业"走出去"方面发挥了积极作用，成为践行和参与"一带一路"建设的重要力量。

（一）总体情况

近年来，中国电建在"一带一路"沿线 65 个重点国家的新签合同和营业收入在中国电建国际业务整体中的贡献超过 60%；中国电建在中国对外承包工程行业"一带一路"总体中的占比也不断攀升，新签合同占比超过 15%，营业收入占比接近 10%。

截至 2021 年年底，中国电建在"一带一路"沿线 65 个重点国家中的 41 个国家执行项目合同 1168 份，在建合同额 3436.51 亿元；在"一带一路"沿线 8 个国家实施投资项目共计 18 个，项目总投资 546.88 亿元，总投资累计完成 505.98 亿元。

（二）"一带一路"重点项目进展

1. 中国电建承建的"一带一路"重大项目取得积极进展

中老铁路承建标段提前高质量顺利收

官，雅万高铁最长特大桥连续梁全部合拢，香港国际机场第三跑道铺设工程竣工，塞尔维亚贝尔格莱德绕城公路通车，中亚最大风电场——札纳塔斯风电项目提前实现全容量并网发电，赞比亚下凯富峡水电站首台机组并网发电，公司首个实现商业运行海上风电项目——越南茶荣Ⅱ号并网发电，南美最大的光伏电站——墨西哥帕查玛玛光伏电站正式投入商业运行。

2. 中国电建投资建设项目取得好成绩

老挝南欧江梯级电站是中国电建在老挝唯一获得全流域整体规划和BOT投资开发的全产业链一体化项目。项目总装机容量127.2万千瓦占老挝电力总装机的39%，2021年9月全部投产运营，为老挝的经济转型提供大量清洁能源，助推老挝经济社会发展。

中国电建投资建设的巴基斯坦卡西姆港燃煤电站是"中巴经济走廊"优先实施项目之一，也是第一个中外合作投资的大型能源类项目。2021年度发电量达到90.07亿千瓦时，占全国上网电量约7%，是巴基斯坦装机容量最大、负荷率最高、电价最低的绿色环保电站，为深受疫情冲击的巴基斯坦经济复苏和稳定发展作出了重要贡献，也为"中巴经济走廊"建设持续注入了"新能量"。电站先后荣获"巴基斯坦环保卓越奖""突出贡献奖""公共外交奖"等20余项荣誉称号，在国企改革发展情况新闻发布会上获得公开表扬。

三、"一带一路"建设上践行社会责任

中国电建积极响应"一带一路"倡议与联合国可持续发展目标，扎实履行全球优秀企业公民责任，先后获得了"人民企业社会责任年度海外贡献奖""海外履责典范企业""最佳海外形象企业"等多项荣誉。在自身获得发展的同时为当地社会和经济发展贡献力量，树立良好中国企业形象。

（一）支持所在国可持续发展

中国电建主动营建利益相关方、生态系统相关方、社会综合效益相关方的生命共同体，构建共赢的价值成长体系，在确保工程质量和安全的同时，注重资源节约利用和生态环境保护。帮助项目所在国实现长远、可持续、健康、绿色、低碳发展。

中国电建在开发建设老挝南欧江梯级电站时，优先考虑项目对当地全流域环境影响，秉承"尽量减少淹没土地、尽量减少原居民的搬迁和尽量减少对生态环境的影响"的理念科学开发，主动更改设计方案，为当地村民保留了100亩的优质稻田，被当地村民亲切称为"电建稻田"。最终以最优的水能资源利用、最小的社会环境影响，以及最大的综合效益赢得了当地政府和社会各界的一致认可，成为"一带一路"倡议的全流域投资开发新典范。

中国电建在承建波兰弗罗茨瓦夫防洪工程项目时，极大提升了当地洪水防御能力，美化了河道景观，被当地政府称为"在波兰非常值得信赖的国际承包商"。《人民日报》在专题报道中称赞：在当地

中国电建：高质量共建"一带一路"合作共赢可持续发展

筑起新"防洪墙",更筑起了欧洲人民对中企的"信任墙"。

(二) 带动当地经济和就业发展

中国电建承建的一系列高质量、惠民生工程,创造了大量的就业岗位,带动了经济发展,受到所在国政府和人民的高度评价和认可。

2020年9月底,中国电建承建的阿根廷高查瑞光伏电站正式投入商业运营,胡胡伊省从此结束购电历史,用电实现自给自足。这是国家提出"一带一路"倡议后首个在阿根廷落地的项目,也是两国产能合作的重点工程之一。电站装机300兆瓦,占地面积700公顷,共安装光伏板120万块,2021年全年发电量达71.33万兆瓦时,建设期间为当地提供近1500个工作岗位,解决了周围村庄的就业问题。投入商业运营后,每年能为胡胡伊省带来5000万美元的收入,为进一步改善民众生活,促进当地经济可持续发展作出重要贡献。

(三) 培育东道国技能型、专业型人才

中国电建以"以和平合作、开放包容、互学互鉴、互利共赢"的丝绸之路精神为指引,立足于当前,放眼于长远,凝聚力量,共求发展。坚持"授人以鱼"和"授人以渔"相结合,助力东道国工业化、现代化进程和逐步实现自主发展。

一是依托在建项目培养东道国技能型人员,促进当地就业推动当地经济发展。中国电建依托下凯富峡水电站项目,开办中国水电赞比亚技能培训学校,并获得赞比亚教育部颁发的办学资质证书。自学校2017年开办以来,已完成六期培训,学员共计332名。通过培训与交流,不仅培养了当地稀缺的技能型人才,促进当地就业,推动经济发展,还促进了当地学员深入了解中国文化和电建的企业文化,提高了中企的社会声誉和影响力。

二是发挥行业技术领先优势,承担援外行业培训。中国电建是商务部指定的水利、电力行业唯一的援外培训实施单位。自2009年起已成功举办127期援外培训班,培训了来自105个国家多个政府部门的官员和企业代表共计3529人。其中,针对"一带一路"沿线的重点国家,中国电建紧密围绕"电力能源""防洪减灾""水务环保"和"互联互通"等主题,举办了70期援外培训班,培训了45个国家政府官员和企业代表1588名。

(四) 参与人道主义援助

中国电建始终坚持"以人为本",注重自身业务与当地社会经济同步发展,特别是在东道国发生重大突发事件或自然灾害时,始终在第一时间以多种形式开展救援或救灾工作,既赢得了东道国政府高层和普通民众的广泛赞誉,也充分展示了中国企业的责任担当。

新冠疫情暴发后,中国电建率先走上街头、走进学校和社区,通过捐助抗疫物资、宣扬科学抗疫知识,用"中国方案"硬核支援属地疫情防控行动,携手助力当地抗疫,赢得了广大外籍员工、所在地民

众和政府的高度认可。在赤道几内亚，中国电建承担了中国向该国提供的首个医疗援助项目——新涅方医院的援建工作，有效改善当地民众的就医条件，推动当地医疗卫生体系发展。在此特殊时期承接这一援建任务，彰显了中国电建勇于承担国际抗疫重任的担当和品牌实力。

四、海外投资遇到的风险挑战及企业对现有政策的建议

（一）风险挑战

1. 新冠疫情肆虐

新冠病毒不断变异持续影响对外承包工程行业，物流和原材料价格暴涨，人员出入境轮换困难，市场开发受阻，项目履约成本增加，部分项目开始出现亏损或潜在亏损风险加大，企业经营性风险大幅上升。

2. 全球债务危机

全球经济复苏乏力，许多发展中国家和新兴经济体财政收入减少，债务规模扩大，陷入债务困境，债务风险突出。传统业务模式难以为继，迫切需要我们创新商业模式和合作方式，向"投建营一体化"转型。

（二）建议

1. 针对外经企业设立疫情影响专项扶持资金

建议针对企业受疫情影响的实际情况设立专项扶持资金，统计上报因海外疫情防控导致各项额外费用开支和因疫情影响产生的经济损失，给予一定的专项资金补助。

2. 推动金融机构给予更多更好的支持

"一带一路"建设离不开金融机构的积极参与和大力支持。一是希望政策性保险机构强化政策性保险机构属性，充分发挥"开路先锋、保驾护航"的作用，切实做到应保尽保快保、应赔尽赔快赔，同时根据市场需求变化创新保险品种，发挥外经外贸推动促进作用。二是希望政策性金融机构进一步加大对境外投融资项目的资金支持，加大融资成本优惠力度，切实解决外经外贸企业阶段性现金流缺口问题。

德才股份：共建"一带一路"，打造五维德才

一、公司简介

德才装饰股份有限公司（以下简称"德才股份"）成立于1999年，自2005年开始快速发展，是一家集工程建设、装饰装修、规划设计、新材料研发与生产的大型建筑企业，公司涵盖设计、施工、科技产业园三大业务领域。

2021年7月6日，德才股份（股票代码：605287）在上海证券交易所隆重举行首次公开发行A股上市仪式，成功登陆资本市场，成为山东省首家国内A股上市的建筑业企业。

截至2021年年末，公司在国内已经形成了以青岛、北京、上海、深圳、重庆为主要营销中心，覆盖京津冀、长三角、珠三角和成渝全国四大经济圈，并以上述营销中心为区域中心，辐射周边地区。公司作为中国驰名商标，凭借雄厚实力和专业技能成功承接了北京奥运会、上合组织青岛峰会等大型会议，参与北京机场、青岛机场、青岛地铁、小青岛服务中心、山东大厦仁和厅、青岛市民中心、海天中心、长沙铜官古镇、芜湖鸠兹古镇、扬州市科技馆、厦门威斯汀酒店等诸多地标性建筑的打造。

2021年，德才股份在全国建筑装饰行业位居第2名，全国建筑装饰设计行业位居第4名，全国建筑幕墙行业位居第5名，连续16年位居山东省首位，同时公司以突出的业绩、雄厚的实力荣获了中国建筑工程鲁班奖、国家优质工程奖、中国建筑工程装饰奖、建筑装饰行业科学技术奖、中国装饰设计奖、全国科技示范工程奖、全国科技创新成果奖、中国驰名商标、国家级高新技术企业、国家级守合同重信用企业、国家级知识产权优势企业、中国民族建筑百强企业、中国民族建筑优秀企业、中国建筑装饰协会AAA级信用企业、抗击疫情突出贡献单位、青岛市市长质量奖等诸多荣誉。

二、响应"一带一路"

德才股份积极响应"一带一路"倡议，实施"走出去、引进来"，走出了一条具有德才特色的国际化道路。与大部分民营企业走出去道路不同，德才股份在国外成立了设计院，以设计驱动公司"走出去、引进来"。

2013年，德才股份在英国伦敦成立了DC-HD设计院，整合了百余位国际一流的设计师资源，并拥有多位英国皇家设计师，在世界领域享有较高的知名度。目前，英国DC-HD设计院有多位国际

设计师常驻青岛，现场办公，为国内客户提供国际一流的设计服务，承接了青岛市地铁 13 号线、8 号线、6 号线、4 号线、1 号线的建筑设计、青岛市桥头堡国际商务区、青岛新八大关以及国内最大的湿地公园——贵州黄果树湿地公园等地标性项目。由其设计的青岛地铁 13 号线被评为"中国最美地铁站"，并被中央电视台、山东省新闻联播等主流媒体纷纷报道。

2016 年，青岛市委相关领导为德才股份叶德才董事长授予表彰牌，对德才股份多年来为青岛市与英国经贸合作做出的突出贡献表示肯定和认可。2017 年，青岛市政府相关领导访问英国期间对德才英国 DC-HD 设计院进行了走访调研，对德才股份在伦敦设立海外设计院的发展模式表示肯定和推广，期待能有更多的青岛企业借鉴德才股份的发展模式走出去，并希望德才股份再接再厉，放眼世界，取得更好的成绩。

三、助力城市建设

英国 DC-HD 设计院长期致力于城市规划设计和建筑设计，积极发挥设计优势，广泛参与青岛市的规划设计、建筑设计，积极用设计展示青岛的历史文化、自然环境、人文风貌等城市特色，并荣获了中国胶州上合国际交流中心方案设计国际竞赛第一名、中国青岛桥头堡国际商务区设计国际竞赛第一名，积极参加中国海洋大学古镇口校区规划国际竞赛，参与设计了西海岸市民中心、西海岸上海戏剧学院、西海岸中英产业园、莱西市博物馆、青岛啤酒蓝谷研发中心、贵安新区村镇发展银行总部等的设计，并积极参与崂山风貌保护景区俄罗斯饭店历史保护建筑的修复设计。

英国 DC-HD 设计院被中国建筑装饰协会授予 2016 年度最佳设计团队荣誉称号，设计总监罗伊·史蒂文斯则荣获了 2019 年山东省级高端外国专家、青岛老旧小区评审专家，并被青岛市聘任为青岛市经济顾问，以此感谢英国 DC-HD 设计院对青岛市城市建设、城市规划设计做出的突出贡献，并鼓励其发挥在青岛市与英国设计行业有关方面合作中的影响力，提升青岛市与英国等国际设计领域的合作水平。

四、打造五维德才

通过响应"一带一路"倡议，德才股份实施走出去战略，尤其是由关注市场到关注要素的走出去，使公司可以在国际范围内整合一流的设计师，充分利用国际范围内的设计创意资源，通过国内外资源的优势互补、强强联合，着力打造绿色德才、智慧德才、精益德才、民生德才、人文德才五维德才。

走出去战略改变了建筑装饰行业传统的竞争模式，提升了德才股份的竞争实力。公司借鉴国际行业发展的特点，改变了行业传统的业务体系、竞争模式，通过成立英国设计院、整合国际设计名师，树立了以设计为龙头、设计驱动订单的模

德才股份：共建"一带一路"，打造五维德才

式。另外，德才股份积极通过英国DC-HD设计院学习、引进英国先进的BIM、VR技术，不断探索新技术在设计领域的应用，目前已经形成了"BIM＋VR＋AR"的全数字化设计模式。同时，德才股份借助英国DC-HD设计院，充分发挥设计一体化全产业链优势，加强在新城建、新基建等领域的创新和研发，在古建设计、古建改造、老旧小区改造、数字乡村等领域均实现了较大的突破。

在绿色德才方面，德才股份以设计为龙头，从技术研发、资源整合、加工制造、现场管理、客户服务等多个维度发力，推动生产、施工、运维等多个阶段的绿色转型，打造绿色建筑全产业链体系。

在智慧德才方面，德才股份借鉴英国智能化、智慧化的发展经验，努力推动新技术向建筑业不断渗透，逐步建立和完善智能建造的技术和产业体系。从智慧城市建设到CIM模型构建"数字孪生城市"基础，公司将致力为城市规划、建设、运行管理提供有力支撑。

在精益德才方面，公司通过精益建造，逐步实现"零浪费、零库存、零缺陷、零事故、零返工、零窝工、零投诉、零追责、零延迟、零债权"的目标。公司将以英国DC-HD设计院为平台，深入整合BIM、VR、AR、AI等先进技术，结合信息化、数字化运维管理智能化体系，整合建筑智能化传感器采集端，并结合建筑运维大数据决策，实现数字化的精细管理。

在人文德才方面，公司将发扬匠人精神，深入研究历史价值要素保护及传统施工工艺，做好价值要素保护实现原址风貌复原的同时，运用国外一流设计元素去重新阐述传统文化的神韵，塑造了一批历史文化保护传承精品工程。

在民生德才方面，公司将因改惠民，扎实做好老旧小区改造惠民工程，打造智慧社区，加快城市更新；筑路富民，积极发展市政道路工程，赋能城市建设，以交通配套撬动区域环境提升，助力城市全面发展。

五、践行社会责任

作为"一带一路"倡议的参与者，德才股份积极秉承绿色、低碳、可持续发展的理念，坚持"诚信依德，质量藉才"的核心价值观，在经营企业的同时践行社会责任。公司在国际范围内整合了百余位国际设计师，给当地创造了就业的同时实现国内外资源的优势互补，为城市建设提供规划、建筑设计等服务。公司可以在全球范围内优化资源配置，广泛参与国内外的分工合作，带动企业资本、产品、技术的输出和引进，增强了国内外要素市场的互联互通，实现合作创新、互利共赢。

在国际交流方面，英国DC-HD设计院发挥自身设计优势，积极参加行业交流活动，并通过培训讲座提升国内设计师团队的设计水平。2021年9月，设计总监罗伊·史蒂文斯在青岛城市学院为1000余名师生进行了"建筑从设计开始"的主题讲座，讲解在不同环境、不同地域、不同文化因素影响下，建筑在设计、

体量、风格、造型、质感、材料等方面所体现的艺术。

六、积极应对挑战

"一带一路"倡议给德才股份等民营上市企业实施"走出去"带来了重大机遇，但是在参与"一带一路"的过程中也存在一定的困难和挑战，具体包括：

（1）民营企业实施"走出去"战略的扶持政策支持不足

民营企业走出去遇到的障碍主要是资金问题，比如民营企业实施走出去、在国外成立研发中心、创意中心等，往往由企业自身筹措资金，面对资金成本高等风险，民营企业需要承担很大的压力。建议政府可以增加对走出去民营企业的资金支持，包括针对走出去民营企业成立的走出去基金，减轻民营企业走出去的资金负担。同时，政府可以对走出去成绩突出的民营企业提供相应的补贴、奖励。

（2）民营企业实施"走出去"战略的人力资源缺乏

民营企业实施走出去，尤其是在国外成立研发中心、控股公司并真正进行管理，需要克服并跨越文化间乃至文明间的差异，这既要求企业家了解语言、文化、法律等差异因素，又需要高水平的翻译来保障，但这种复合型人才较为匮乏。所以，一方面需要通过培训、考察等提升民营企业家的综合素质，充分了解要进入国家的语言、文化、法律等，避免由文化差异造成的误解和冲突。另一方面，需要建立跨国人才信息库，整合高水平的翻译人才、复合型人才，使企业健康、顺利地落地国内外。

（3）实施"走出去"战略缺乏协同优势

民营企业实施走出去，往往是企业自行进行探索，缺乏与政府、协会及区域内、行业内、上下游企业的协同配合，导致协同的效率较低，无法发挥"整体作战"的优势，比如政府组织民营企业走出去的考察，因为时间短、考察项目多，很难对具体项目进行深入沟通。

对此，一方面民营企业需要加强与政府、协会的针对性协同，在政府主要领导走出去时需要组织民营企业家的针对性考察，帮助企业深入了解具体项目信息，充分沟通、论证。另一方面，民营企业需要加强企业之间的协同，充分利用行业协会等平台，整合省市的企业资源，实现民营企业之间的资源共享，发挥"集团作战"的优势。

七、结语

近十年来，德才股份从走出去到引进来，积极响应"一带一路"倡议，设计出一个又一个地标性建筑。未来，德才股份将继续共建"一带一路"，践行"创造绿色、智慧、美好的人居环境"的企业使命，依托全产业链体系的优势和特点，深耕新城建和新基建领域，积极响应国家绿色发展理念，围绕"五维德才"，加速打造具有国际影响力的全建筑产业链精品企业。

第九篇

上市公司助力乡村振兴篇

- 华电国际：践行红色初心　共谱乡村新篇
- 金　徽　酒：高质量脱贫攻坚　新气象乡村振兴
- 伊利集团：以奶业振兴全面推动乡村振兴
- 国机重装：有的放矢直击靶心　精准帮扶振兴乡村
- 中金公司：打造全链条教育帮扶体系　为乡村振兴贡献中金力量
- 方大特钢：从赣鄱红土地到甘陇黄土地　倾情倾力乡村振兴
- 湘投集团：紧扣乡村振兴工作要求　实干彰显国有上市公司担当
- 龙建股份：勇当时代先锋　助力乡村振兴
- 长安汽车：织梦酉阳　定点帮扶酉阳茶油案例
- 纵横股份：纵横大鹏无人机在乡村振兴中的应用

华电国际：践行红色初心　共谱乡村新篇

作为长期服务国家能源发展战略、扎根公用事业的中央企业和上市公司，华电国际电力股份有限公司（以下简称"华电国际"或"公司"）以习近平新时代中国特色社会主义思想为统领，一贯坚持履行社会责任。在国家新发展阶段全面推进乡村振兴的战略引领下，华电国际深入贯彻习近平总书记关于乡村振兴的重要论述，坚决落实党中央、国务院以及国资委决策部署，持续落实帮扶举措，精准发力，注重扶贫与发展的联动，有力推动实现乡村全面振兴，生动诠释了脱贫攻坚精神。

一、强化党建引领，彰显央企担当

华电国际成立于1994年，总股本98.69亿股，其中A股79.46亿股，H股17.17亿股，是中国大型上市发电公司。公司始终秉持科学发展和价值思维理念，注重相对竞争力提升，围绕"能源巨子、行业先锋、国际一流"愿景目标，以战略为统领，加快结构调整，持之以恒地抓发展、提效益、强管理、带队伍，综合实力不断增强。目前，华电国际发展区域涵盖了山东、四川、宁夏、安徽、河南、河北、浙江、天津、湖北、内蒙古、山西、广东、重庆、湖南共十四个省区（市），是一家以高效火电、清洁水电为核心资产的全国性、综合性常规能源公司。截至2021年三季度末，公司资产总规模达到2182亿元，装机总规模达到5359万千瓦。

脱贫攻坚战打响以来，作为负责任中央企业和上市公司，华电国际以习近平新时代中国特色社会主义思想为指导，充分发挥自身优势，以高度的政治担当、责任担当和行动自觉，切实承担助力乡村振兴的主体责任。公司党委始终把扶贫工作作为一项重大政治任务扛在肩上、落到实处。在乡村帮扶的实践中，突出发挥党的建设在脱贫攻坚中的核心作用，着力把党建优势转化为扶贫优势、党建活力转化为攻坚动力；公司党委充分发挥组织优势，做到扶贫工作推进到哪里，基层党建就延伸到哪里；精准扶贫瞄准哪里，基层党建就跟进到哪里。党的十九大以来，华电国际着力做好项目发展扶贫、民生设施扶贫、特色产业扶贫、就业扶贫、教育扶贫、人才扶贫、"救急难"七个方面的工作，重点投入了产业扶贫和民生扶贫，2020年直接投入帮扶资金851.8万元用于民生扶贫，帮助建档立卡贫困人口脱贫1245人，圆满完成深度贫困地区脱贫攻坚任务、地方党委政府安排的扶贫任务，为助力打赢防范化解重大风险、精准脱贫、污染防治"三大攻坚战"作出了积极贡献。

2021年以来，华电国际接续助力乡村振兴，通过扎实开展党史学习，深化"不忘初心、牢记使命"主题教育，深化和巩固了脱贫攻坚宝贵成果。公司本部持续探索"线上+线下"宣传模式，进一步弘扬企业的责任品牌，激发职工责任动力，通过组织党员群众开展"爱心捐赠"活动，向定点扶贫的新疆克州地区阿图什市的部分贫困群众捐赠物品731件，助力贫困群众脱贫致富。

二、注重授人以渔，助力产业脱贫

持续做好项目发展扶贫，充分发挥拉动地方经济的重要作用，是华电国际践行企业社会责任、与各地经济社会协同发展的重要使命。持续开展产业扶贫的过程中，华电国际抓好地方特色，发挥专业优势，重点推动建设可持续发展的惠民举措，着力巩固脱贫攻坚成果，有效防止乡村返贫，让资本在助力乡村振兴上大有作为。

龙口市七甲镇敖子埠村是华电龙口发电股份有限公司对口帮扶的贫困村。多年来，龙口公司助力村容村貌整治、陆续修建了环库路、水库周边新建五个阶梯形钓鱼台、一处农家乐饭店、一个观赏鱼塘，安装了三十个路灯，并实施了自来水及配套设施建设、进山生产路硬化、村内公园建设、村内道路（约5000平方米）的硬化、两委办公场所危房改造与山地核桃园经济作物日常维护等工作。2019年，龙口公司根据地方政府安排，结合村自然条件和生产特点，为敖子埠村引入建设了60千瓦光伏发电项目，项目投资30万元。该项目利用该村现经营的农家乐饭店、婚宴大厅房顶空闲空间，所发电量全部上网，发电回收的电费等投资收益和政府补贴全部回馈村民，为敖子埠村全面脱贫夯实基础，突出体现了华电特色产业扶贫的优势。

在接续帮助敖子埠村的过程中，龙口公司又利用现有村委办公场所、水厂房顶约300平方米空闲空间，引入40千瓦光伏发电项目，项目投运后年收益达三万元。目前，敖子埠村27户贫困户、48人，已全部稳定脱贫。敖子埠村在2016至2019年连续四年获得龙口市"幸福村居进步奖"，扶贫开发工作取得阶段性成果。龙口公司的帮扶工作也得到了政府、群众的广泛认可，2018年荣获烟台市2015~2018年度部门包村工作先进单位称号。

三、承建基础设施，打造宜居"硬件"

乡村公共基础设施的建设和升级是乡村振兴战略的关键。华电国际在打通所属各地乡村电力"血脉"的基础上，持续注重民生设施扶贫，积极投入到地方乡村基础设施投资、建设与强化中。在项目开

华电国际：践行红色初心　共谱乡村新篇

发过程中，公司通过优化工程建设所需的道路、供水等设计，努力改善当地基础设施条件，提供村民急需的公共物品，切实做到惠政惠民，不断增强贫困群众获得感、幸福感和安全感。

2019年以来，华电国际宁夏新能源发电有限公司（以下简称"宁夏公司"）与西吉县深度贫困村张岔村结对进行帮扶脱贫，以"地方所需、企业所能"的原则制定了扶贫方案，投入帮扶资金一百余万元，从生产工具到环境卫生，激发内生动力，带动帮扶村农业发展。为了改善乡村卫生环境，宁夏公司将之前村里的砖砌式垃圾集中点改为各村组分散放置"240L挂车式垃圾桶"，并配备3辆自装卸垃圾清运车。为方便村民夜间出行，宁夏公司在张岔村村部到大垴组之间的乡村道路旁安装45座太阳能路灯，每年为村民节省照明电费四万余元。在助力生产方面，宁夏公司投入改良1000亩闲置土地，进一步提升农作物产量，并购置了农机油卡，改善当地农作物生产条件，每年节约农耕机器租赁费约二十万元，全面提升张岔村集体生产机械化水平。在宁夏公司的帮助下，当地45户191人走上脱贫致富之路。

四、投身智志帮扶，共建乡风文明

基层组织建设是乡村治理的关键环节。一直以来，落实驻村帮扶、"摘帽不摘帮扶"不仅是华电国际落实人才扶贫的重要举措，更是公司共建乡村文明、扎实做好基层组织建设的根本。对于已经脱贫退出的乡村，华电国际各地企业驻村队伍不撤、队员不减，全力投入乡村精神文明建设的伟大事业。

扎根在之江大地，华电国际浙江公司（以下简称"浙江公司"）立足行业特长，紧扣"自治、法治、德治"的基层治理创新要求，积极投身浙江"双万结对、共建文明"行动，将"三治融合"建设持续深化。"给钱给物，不如建个好支部"，通过实施"党建牵手"，浙江公司持续强化扶贫干部教育培训和作风建设，充分调动党员干部积极性，在乡村治理中展现出强大的组织支持力量。在实施过程中，各地企业派出了经验丰富的农村工作指导员，访民情、察民意、排民忧。面对台风、洪水肆虐的自然灾害天气，所属杭州华电江东热电有限公司派出"党员突击队"，在灾后清理河道杂草、垃圾，帮助拆除被冲毁的铁索桥护网，给村里的敬老中心送上米面油，开展爱心捐款，为山村带来希望。

浙江公司以"乡风文明"为重点，通过送文化、送科技下乡，做到牵手山乡村镇，"智志相扶""美美与共"。浙江公司不仅多次购买捐赠图书、电脑、体育用品等设施，更在文化活动的组织方面，帮助天坪村、高畈村、湖南村等开展"村民之家"活动室、文化礼堂共建，与结对村开展鱼类增殖放养、垃圾分类倡导、旧物改造、书画作品展、"心灵驿站"等活动，推动乡村打造"精品民宿"，从而达到丰富村民文化生活、拓宽眼界的目标，让群众心中"向往的生活"人人可及，为乡村振兴锦上添花。

五、开展志愿服务，仗义扶危济困

在助力乡村脱贫和全面振兴的过程中，华电国际广大干部职工大力弘扬"奉献、友爱、互助、进步"的志愿精神，在开展了大量的爱心援助工作的基础上，急群众之所急、解群众之所困，采取各种助力消费扶贫措施，及时为广大乡村送去光明和温暖，在"救急难"方面取得了乡村振兴的工作实效。

在疫情严重时期，为保证村民日常生活物资需求，天津华电福源热电有限公司（以下简称"天津公司"）联系了多个蔬菜供应商购买蔬菜，为困难村送去两百余斤蔬菜，急村民所急，将物资及时送到困难村。在夏季来临之际，天津公司为帮扶村困难户送去电风扇、凉席、夏凉被等生活用品，在炎热夏季送去了一份清凉。得知村年内老党员突患疾病导致家庭困难，天津公司立即组织党员领导干部捐款，派人前去慰问帮扶患病老党员。在水果丰收季节，因受疫情影响，各村道路封闭交通不便，大唐庄镇本地果农种植的甜瓜滞销，天津公司组织二十多人团队，分赴果农田间地头，通过网络直播带货形式，帮助困难村销售滞销水果，为瓜农解了燃眉之急。

2020年，该项活动在天津市委组织部召开的全市结对帮扶村工作组组长培训班上大会上，得到市委组织部领导的赞扬，充分展现华电"度度关爱"的品牌形象，让困难群众感受到来自华电国际的亲切关怀。

六、着力教育扶贫，点亮华电心灯

教育扶贫是让贫困地区儿童接受良好教育，拔掉穷根、阻断贫困代际传递的重要途径，也是实现乡村长期脱贫的治本之计。华电国际广大干部员工在帮扶乡村教育方面与地方百姓积极互动，已经形成了良好的社会效应。不仅积极履行了社会责任，还为企业与地方、经济与社会的协调发展贡献一己之力。

在组织志愿者先后对21名贫困生家中进行走访调研后，华电国际奉节发电厂团委认真贯彻落实党中央决策部署，积极在扶贫济困、支教帮扶等方面引领企业职工奉献爱心、主动作为，展现企业良好形象。针对前期帮扶与近期摸底调研情况，奉节发电厂团委商讨支援对策，制定帮扶方案，发动广大团员青年积极开展募捐支教、送温暖、扮靓"七彩小屋"等活动，并从2020届新入职大学生中精挑细选出十名志愿者老师加入支教队伍，与品学兼优的学生进行"1+X"结对精准帮扶，为孩子们健康成长提供更多的帮助与关爱。在"度度关爱、情暖青橙"结对帮扶活动中，奉节发电厂结对帮扶一个贫困村、三所小学、十四名贫困学生，为当地

华电国际：践行红色初心　共谱乡村新篇

学校和贫困村组织开展大型募捐活动两次，累计募捐2.95万元，成立"华电支教团"，累计到学校授课240余节，受益学生420人。奉节发电厂还依托地方平台，组织开展"冬日阳光 温暖你我"爱心圆梦活动，帮助220名留守儿童实现新年愿望。围绕学生亲情陪伴，组织开展感受央企风采志愿服务活动，邀请学生参与青春道德讲堂、公众开放日等活动，激发学生对美好生活的向往，并把这种向往之情转化为他们学习的内生动力和对人生的价值追求，在他们的心中埋下梦想的种子，点亮了一盏盏"心灯"。

责任是一种担当，更是一种力量。经历了近三十年的发展历程，华电国际积极承担起国家能源发展战略的重大使命的同时，深入学习贯彻落实习近平总书记关于乡村振兴的重要论述，在乡村振兴工作中，深化党建引领，践行红色初心，将履行社会责任融入了企业生命。华电国际通过有效引导社会资本力量，在助力上市公司高质量发展的同时，稳稳地扎根于乡村建设、提振产业经济活力的伟大事业中，凝聚"度度关爱"，有效促进了所处区位的乡村经济社会持续协同发展，为山乡富美贡献出华电力量。

金徽酒：高质量脱贫攻坚　新气象乡村振兴

金徽酒股份有限公司（以下简称"金徽酒"）地处秦岭腹地，长江上游，毗邻世界自然遗产九寨沟的陇南市徽县。据地方志记载和出土文物考证，徽县酿酒源于西汉，盛于唐宋，明清时期成为闻名遐迩的"西部酒乡"。2016年3月，公司成功在上海证券交易所A股上市，成为全国第19家白酒上市公司之一。2007年至2020年，公司累计实现销售额超过160亿元，上缴税费超过38亿元，提供直接就业岗位2600多人，年销售额占甘肃省白酒市场总量30%左右，成为全省规模最大、品牌知名度最高、纳税最多的白酒企业。2020年8月，复星国际旗下豫园股份控股金徽酒，金徽酒成为复星快乐板块的重要成员。

目前，金徽酒正在实施"建成中国大型白酒酿造基地，打造中国知名品牌，跻身中国白酒十强"的第三大战略目标。2021年，金徽酒将发展战略调整为"布局全国、深耕西北、重点突破"，在不断巩固、夯实西北市场的同时，积极开拓江浙沪等华东市场，开启全国化发展步伐。按照公司五年战略规划，到2023年预计公司营业收入30亿元，净利润6亿元。

金徽酒在自身发展的同时，积极承担社会责任，发起成立金徽正能量公益基金会，以"实业报国，扶危济困，回报社会"为宗旨，主要从事扶困、灾害救助、扶贫助学、社会公益和慈善事业等活动，为地方经济社会发展作出重要贡献。近年来，公司先后获得"对社会公益事业作出突出贡献先进单位""中国公益春晚榜样十大爱心企业""甘肃希望工程'优秀公益企业'""甘肃辖区上市公司2018年度'脱贫攻坚杰出贡献奖'""年度扶贫典范"等荣誉。2021年，中国红十字会授予金徽正能量基金会"中国红十字会奉献奖章"。

2021年是"十四五"开局之年，也是巩固拓展脱贫攻坚成果和全面推进乡村振兴的起步之年。金徽酒在实施乡村振兴战略中积极践行社会主义核心价值观，履行社会责任，致富思源，扶危济困，扶弱济贫，积极发扬光彩精神，投身徽县社会事业建设，将全力做好巩固、拓展脱贫攻坚成果与乡村振兴有效衔接，主要表现在以下几个方面。

一、打造党建红色引擎，保障组织振兴

乡村振兴，组织是保障。金徽酒是全省最早批准成立党委的民营企业之一，是全省非公经济组织党建示范点。金徽酒党委下设6个党支部，有党员160名，其中

金徽酒：高质量脱贫攻坚　新气象乡村振兴

大专及以上学历党员占72%，35岁以下党员占68%。多年来，金徽酒在党的建设工作上积极探索，不断进取。金徽酒党委围绕生产、经营积极开展党的各项工作，充分发挥在企业发展中的政治引领作用和在员工群众中的政治核心作用，用社会主义核心价值体系引领企业文化建设，发挥党员先锋模范作用，培养党员和员工的团队意识、责任意识和进取意识，起到了助推公司经济发展的积极作用，实现了企业发展和党建工作双促进，提高员工的政治素养和政治觉悟，在美丽乡村、城乡环卫一体化、脱贫攻坚等工作中突出党组织模范带头作用。

二、搭建多元共创平台，推动人才振兴

乡村振兴，人才是基石。习近平总书记指出："乡村振兴，人才是关键。要积极培养本土人才，鼓励外出能人返乡创业，鼓励大学生村官扎根基层，为乡村振兴提供人才保障。"2010年以来，金徽酒连续11年资助兰州5所高校家庭贫困学生顺利完成学业，已有700多名大学生进入公司就业，成长为公司的骨干力量。2013年以来，金徽酒捐资2000万元，支持陇南和定西教育事业，在徽县一中和通渭县一中设立金徽班（每个县每年捐资100万元），连续九年资助家庭贫困学生数千人，有力地推动了当地教育事业的蓬勃发展。从2018年开始，金徽酒在甘肃、陕西、宁夏、新疆4省区160多个县市联合发起"金徽酒正能量精准扶贫公益助学"大型公益助学活动，四年已累计出资2800多万元，每年有1万多名家庭贫困学生受到资助，顺利完成学业。

金徽酒在员工招聘工作中，增设就业岗位，重点吸纳贫困劳动力和本地农村居民，解决了2000多人的就业问题。坚持实行全员免费就餐、免费住宿、免费体检、全额购买"五险一金"，为员工发放生日礼金、结婚礼金和节假日福利等一系列关爱员工举措，金徽酒以实际行动践行了企业的社会责任和担当，向社会传递了正能量。

三、紧抓龙头发展机遇，带动产业振兴

乡村振兴，产业是重点。"产业兴旺、生态宜居、乡风文明、治理有效、生活富裕"是实施乡村振兴战略的总要求，乡村振兴最重要、最根本、最关键的是产业振兴。金徽酒作为当地龙头企业不断夯实自身产业基础，通过建立完整的白酒行业上下游产业链，在原粮收购、原材料供应、企业合作等工作中主要向贫困地区、贫困家庭、贫困人口侧重，积极带动产业扶贫，提升贫困群体收入。一是在徽县水阳乡、永宁镇、银杏镇、伏家镇等乡镇以"基地＋农户＋企业"的方式，与当地农业专业合作组织协议定点保价种植、回收酿酒用粮，带动扶持当地农户发展农业生产，增加了群众收入；二是利用自身产业优势，将酿酒酒糟回收整合出售给当地养

殖户，充分发挥酒糟利用价值，建立起绿色健康的酿酒生态圈，大大促进了当地畜牧养殖产业高效发展；三是积极响应政府号召，参与徽州夜市建设工作，资助50余万元用于夜市摊点建设、施工、装修和临街门店门头更换、改造等工作，新建的徽州夜市可提供50余个摊位，解决上百人的就业和创业，带动数万人游览消费。金徽酒从产业扶贫到产业振兴，全力推进脱贫攻坚与乡村振兴有效衔接。

四、发展特色生态旅游，助力文化振兴

乡村振兴，文化是灵魂。实施乡村振兴战略，要物质文明和精神文明一起抓，既要发展产业、壮大经济，更要激活文化、提振精神，繁荣兴盛乡村文化。金徽正能量公益基金会先后捐资1200万元，在旅游文化胜地柳林镇青阳山重新修建唐宋风格仿古建筑数十座，绿化美化周围环境，建成了以青阳山为主的旅游文化场所，成为闻名遐迩的旅游景点，进一步带动了徽县旅游事业。

公司投入巨资将金徽酒生态酿酒园打造成4A级旅游景区，并在伏镇村和峡门村接合处投入资金建设占地200亩的文化广场，修建了浮雕和音乐喷泉、栽种了数万棵名贵树种，使当地群众喜闻乐见的文化产品和文化服务更加丰富繁荣，焕发乡村文明气象，免费接待百万游客前来旅游观光，不仅为当地老百姓提供了休闲娱乐场所，满足乡村开展群众性文化生活需求，带动当地贫困户发展农家乐，增加经济收入，还有助于打开乡村与外部世界交流沟通的大门，开阔视野、更新观念，改善农民精神风貌，提高乡村社会文明程度。

五、整治乡村人居环境，引领生态振兴

乡村振兴，生态宜居是关键。在实施乡村振兴战略的过程中，人居环境整治是生态宜居的必然要求，建设美丽乡村，严守生态保护红线，以绿色发展引领乡村振兴。长期以来，金徽酒秉承建设"生态金徽"的理念，注重人与自然的和谐相处，将金徽生态酿酒园打造成以白酒生产、绿色生态和历史人文为一体的花园式厂区。金徽酒曾先后荣获"全国绿化模范单位""国家AAAA旅游景区""全国绿色工厂"等荣誉，金徽酒的生态建设工作一直走在全国前列，取得显著成效。

金徽酒不仅注重自身的发展，而且在周边地区开展乡村人居环境整治行动，将村容村貌提升作为主攻方向，着力补齐农村人居环境短板，加快建设美丽乡村。针对帮扶点徽县嘉陵镇周咀村突出的环境问题，金徽正能量公益基金会先后投资兴建学校及教育设施、人畜饮水工程、村社道路硬化、文化活动广场、太阳能路灯，进行危旧房改造、维修和重建等工作，极大地改善了村民的生活环境，提升农民精神风貌，推动当地新农村建设。此外，为减少交通安全事故隐患，金徽酒在徽县城区

金徽酒：高质量脱贫攻坚 新气象乡村振兴

建新路捐建一座人行天桥，并且投资建立天河疏浚工程，对天河河道进行治理，修建河堤5道，有效保护了当地生态环境和水源地，实现生态与经济互促共进、协同发展。

未来，在乡村振兴战略指引下，金徽酒将根据自身特点和优势，加快探索步伐，积极履行社会责任，切实做好巩固拓展脱贫攻坚成果同乡村振兴有效衔接，让脱贫基础更加稳固、成效更加可持续，发扬"上下同心、尽锐出战、精准务实、开拓创新、攻坚克难、不负人民"的脱贫攻坚精神，以更有力的举措开展乡村振兴战略，助力实现农业高质高效、乡村宜居宜业、农民富裕富足。

伊利集团：以奶业振兴全面推动乡村振兴

党的十九大报告指出，农业农村农民问题是关系国计民生的根本性问题，必须始终把解决好"三农"问题作为全党工作的重中之重，实施乡村振兴战略。内蒙古伊利实业集团股份有限公司（以下简称"伊利集团"或"伊利"）深入贯彻落实党和国家关于乡村振兴的相关工作部署要求，秉承"平衡为主、责任为先"的伊利法则和"厚度优于速度，行业繁荣胜于个体辉煌，社会价值大于商业财富"的理念，发挥龙头企业的引领作用，在实现自身发展的同时，积极回报社会、反哺社会，从产业带动、营养支持、灾害应急等方面助力乡村振兴，注重以产业兴旺巩固脱贫成果，让更多的人从乳业及相关产业活动中获得稳定收入，以奶业振兴全面推动乡村振兴。

一、完善与农牧民利益联结机制，以奶业振兴带动乡村振兴

（一）产业基地带动乡村产业兴旺

多年来，伊利先后在黑龙江林甸、河北张北、甘肃凉州、宁夏吴忠等经济欠发达地区投资数百亿元构建起多个现代化奶产业集群，将奶业振兴与乡村振兴有机融合，拉动当地一、二、三产协调发展，着力解决20多个贫困地区劳动力流失、就业率低等问题，经济贡献值将达到数千亿元，带动直接和间接就业过百万元。通过推动种植业、养殖业的发展，有效将农村地区与农牧民纳入产业链发展体系中，实现农村经济发展与农牧民增收。在甘肃省贫困县武威市凉州区，伊利投资约21亿元建设项目，辐射带动相关产业6000人就业；在宁夏脱贫主战场之一的吴忠，伊利投入超过30亿元建厂，精准帮扶当地6000家养殖户；在国家级贫困县黑龙江林甸，伊利投资约23亿元建设我国东北和华北地区最大的高端液态奶生产基地，年均纳税额近1.8亿元，新增就业约3000人。

在内蒙古，伊利还积极探索党建引领机制下的乡村振兴党建联合体，即"龙头企业"+"党政机关"+"产业链合作伙伴"+"乡村"的"1+1+1+N产业链党建兴农"实践。在呼和浩特市土默特左旗，伊利集团党委与10个村党支部结成共建帮扶关系，在集团党委的协调下，联动内蒙古自治区党委统战部、土默特左旗旗委组织部，以及产业链上下游合作伙伴，共同致力于促进乡村可持续发展。通过青贮种植收购的订单农业模式，2019年以来，伊利为土默特左旗10个参与青贮种植的共建村累计创造收益超过6000余万元；在巴彦淖尔市，伊利以众

伊利集团：以奶业振兴全面推动乡村振兴

筹牧场的形式带动乡村奶牛养殖业发展。众筹牧场在伊利集团扶持下，以合作社为基础、由村党支部协调村民众筹入股，保本分红，探索出一条"以奶业振兴助力乡村振兴"的新路子。参与众筹牧场的农牧民在正常经营情况下，平均每股每年可领取 1000~3000 元。

（二）"七个联结"带领农牧民共同富裕

为切实解决奶业上游产业存在的技术弱、融资难、转型慢、风险大等困难，伊利集团与广大农牧民在技术、金融、产业、风险等方面进行"四个联结"，带动全产业链高效协同发展，为奶业振兴打下坚实基础。2021 年，为有效巩固脱贫成果，帮助更多农牧民走上致富之路，伊利在"四个联结"机制上，增加了"三个联结"：优质高产饲草料联结、奶牛品质升级联结、全面贴身服务联结。"七个联结"形成了伊利"利益联结 2.0"概念，进一步完善与农牧民的利益联结机制，助力农牧民早日过上更加美好的生活，以奶业振兴带动乡村振兴。

在河北省邯郸市肥乡区，有一座淼潽牧场。牧场主谢利波 2014 年转业回乡后把乡亲们散养的奶牛集中起来建牧场，希望通过规模化养殖带动乡亲们脱贫致富，但受制于资金、技术与管理等因素，牧场单产水平迟迟无法突破。与伊利的合作开启了淼潽牧场的腾飞之路。伊利从技术、管理与资金方面给予牧场全方位支持，推动淼潽牧场导入 SOP 管理这一先进的标准化、规模化牧场管理模式，指导牧场专业养殖和日常管理。在牧场发展壮大的同时，谢利波不忘带动乡亲们脱贫致富。在牧场招工时，谢利波积极聘请周边村庄的乡亲，解决当地就业问题。他还在牧场周边流转青贮地，收购村民种植的青贮玉米，为村民带来了直接收入。田租出去了，村民就可以放心外出务工，再增加一笔收入。谢利波本人也成了助力乡村振兴的典型代表。

淼潽牧场是伊利发挥产业龙头作用，助推乡村振兴的一个生动实践。截至目前，伊利带动 500 万养殖从业者走上了脱贫致富的道路。2014 年至今，伊利已累计为牧场提供融资扶持达 250.45 亿元，其中 2020 年全年提供融资扶持 69.58 亿元，2021 年 1~9 月提供融资扶持 65 亿元。通过技术联结机制的实施，依托"嵌入式"服务模式，伊利帮助合作牧场的奶牛平均日单产从 2016 年的 25.89 公斤提升到 2020 年的 29.96 公斤，每公斤牛奶养殖成本从 3.58 元降到 3.09 元，"一升一降"帮助合作养殖户增收 50 多亿元。未来 5 年，伊利在资金支持、技术服务、良种奶牛、饲草种植等方面进行重点扶持，以此推动全产业链发展形成合力，强化与上游农牧业的利益联结，为中国奶业赋能，让奶业振兴成为乡村振兴的有力抓手。

二、"伊利营养 2030"坚守十年承诺，以关爱孩子助力乡村振兴

2021 年，伊利集团联合中国红十字

基金会，积极响应农业农村部和中国奶业协会"中国小康牛奶行动"的号召，将已实施4年的"伊利营养2020"精准扶贫项目升级为"伊利营养2030"平台型公益项目，致力于用营养物资呵护孩子们的健康，用知识科普拓宽孩子们的眼界，用关爱陪伴守护孩子们的梦想。升级后，"伊利营养2030"关爱对象更聚焦，项目内容更精准，参与主体更多元，用可持续的模式全心全意守护孩子们成长，让公益更有益。

早在2017年，伊利联合中国红十字基金会推出了"伊利营养2020"项目，旨在聚焦贫困地区儿童营养改善需求，通过营养调研、健康教育与公益捐赠等多种形式，持续开展"D20中国小康牛奶行动""国民营养行动计划""金领冠母爱计划""伊心为你——贫困先心病患儿救助行动"等系列活动，提高贫困地区儿童营养健康水平，助力贫困地区全面发展。截至2020年年底，"伊利营养2020"项目已覆盖全国25个省（自治区、直辖市），累计投入8400余万元，60余万儿童从中受益。

为了让孩子持续得到关怀，伊利秉持着责任初心，持续深入落实"乡村振兴"和"健康中国"两大战略，2021年，伊利在云南、河北、内蒙古等15个省开展40多场捐赠活动，以营养关怀助力乡村振兴。

三、及时响应重大灾害性事件，以责任担当守护乡村振兴

伊利集团积极主动承担社会责任，在重大灾害性事件出现时及时响应，以责任担当守护乡村振兴，让世界共享健康。2021年，面对河北石家庄、安徽合肥、宁夏回族自治区等地突发疫情，伊利第一时间将营养物资捐赠给一线交警、医护人员；面对河南等地遭遇特大暴雨侵袭，伊利紧急调拨营养物资，驰援抗洪救灾一线；面对青海、云南地震，伊利迅速启动《伊利自然灾害应急预案》，成立专项救援小组，将营养物资送达漾濞县安置点、玛多县黄河乡藏文寄宿制小学等地，用实际行动守护受灾群众、一线坚守人员的营养健康。

2021年5月21日，云南大理州漾濞县发生6.4级地震；22日，青海果洛州玛多县发生7.4级地震。在地震发生后，伊利迅速启动《伊利自然灾害应急预案》，成立专项救援小组，同时开展自救与互救，22日一早将物资送达漾濞县安置点受灾群众手中，当天向玛多县起运的第一批物资也于23日一早抵达震中，让受灾群众第一时间喝到牛奶。

2021年7月，河南等地遭遇特大暴雨侵袭，伊利紧急行动起来，陆续调拨10万箱产品，驰援河南抗洪救灾一线，将物资及时送到受灾严重的郑州、新乡、济源等地区，为救援官兵、医生、交警、受灾群众提供营养守护，给受灾严重的农村地区送去最需要的营养支持。

一直以来，伊利始终坚守责任初心，在重大灾害性事件出现时及时响应。2003年抗击SARS时，伊利第一时间捐款700万元支援。2008年汶川地震时，伊利率

伊利集团：以奶业振兴全面推动乡村振兴

先向四川灾区伸出援助之手，及时把牛奶送到灾区老百姓手中。2019年四川长宁地震后的两个小时，伊利就成立了专项救援小组，设立流动母婴服务站，为灾区人民送去关爱。2020年新冠疫情发生后，伊利持续投入2.8亿元驰援全球抗疫。伊利将持续关注重大灾害性事件，用实际行动让世界共享健康，守护乡村振兴"健康线"。

实施乡村振兴战略，是党的十九大作出的重大决策部署，是新时代做好"三农"工作的总抓手。在"十四五"高质量发展新时代，伊利将继续发挥龙头引领作用，大力推进脱贫攻坚与乡村振兴有效衔接，积极构建"全球健康生态圈"，以奶业振兴为抓手全面推动乡村振兴。

国机重装：有的放矢直击靶心　精准帮扶振兴乡村

2021年以来，国机重型装备集团股份有限公司（以下简称"国机重装"）始终坚持以习近平新时代中国特色社会主义思想为指导，深入学习贯彻习近平总书记在全国脱贫攻坚总结表彰大会上的重要讲话精神，切实履行定点帮扶朝天区的职责和使命，通过走村入户、深入田间地头听民声，制定了具有"国机特色""朝天特色"的帮扶项目方案，共落实农业机械、特色产业、基础设施、教育培训、公共服务5个方面、19个帮扶项目，资金986万元，为朝天区乡村振兴贡献"国机力量"。

一、公司简介

国机重装是世界500强企业——中国机械工业集团有限公司的控股子公司，是以中国第二重型机械集团有限公司核心制造主业为平台，整合中国重型机械有限公司、中国重型机械研究院股份公司等国机集团重型装备板块优质资源，组建的集科工贸于一体的国家高端重型装备旗舰。

国机重装拥有21个国家、行业、省级研发创新与产业化平台，汇聚了以中国工程院院士、行业领军人物为代表的一大批顶尖人才，获得了国家科技进步奖一等奖在内的400余项科研成果，创造了300余项"中国第一"，授权专利2000余件。

国机重装是国家重大技术装备制造基地，是世界重大技术装备领域少数具备极限制造能力的企业，覆盖全产业链，柔性制造优势突出，可为航空航天、能源、冶金、矿山、交通、汽车、石油化工等重要行业和国防军工提供系统的制造与服务，在国民经济和国防建设中发挥着战略性、基础性的重要作用。国机重装先后承担了以上海宝钢工程为代表的数百项国家重大工程，累计提供了近300万吨的重大技术装备，研制的2300多台（套）重型成套装备应用于国内外各行各业。

二、定点帮扶工作与成效

国机重装党委紧密围绕朝天区乡村产业、人才、文化、生态、组织等全面振兴，钉准着力点，落实过硬举措开展定点帮扶工作，助力朝天区巩固拓展脱贫攻坚成果、实现乡村全面振兴。

（一）着力党建帮扶，强化党建引领

国机重装党委高度重视定点帮扶工作，坚持党委抓总、分工协作、部门负责的工作机制，促使党建与定点帮扶工作深度融合，以党建工作引领定点帮扶工作落地见效。坚持把助力朝天区乡村振兴工作

国机重装：有的放矢直击靶心　精准帮扶振兴乡村

与其他重点工作同安排、同部署、同落实，召开专题会议研究相关工作，及时组织开展专题调研，全面督促检查定点帮扶朝天区工作。

（二）着力配强选优，凝聚帮扶力量

牵头制定2021～2025年定点帮扶五年规划方案、2021年定点帮扶工作要点。修订完善了定点帮扶工作管理办法，进一步明确定点帮扶职责任务。在选派朝天区驻村第一书记1名、驻村工作队队员1名的基础上，新选派1名干部挂职朝天区委常委、副区长，进一步选优配强帮扶干部队伍。

（三）着力扶志扶智，提升造血能力

定点帮扶工作始终坚持开展全方位、多层次的帮扶工作，一是协调集团投入资金50万元支持扩大朝天区国机"关心下一代"基金规模，用于朝天区青少年儿童的助学、助困、助孤、助残、助业，构建长效帮扶机制。二是对300名基层教师进行了集中培训，显著提高了朝天区义务教育质量。三是对69名乡村振兴干部进行集中培训，切实提升了朝天区乡村振兴干部素质能力。四是累计培训乡镇卫生院及乡村医生等205人，努力为基层群众提供"安全、有效、方便、价廉"的基本公共卫生和基本医疗服务。五是对301名群众进行稳岗就业和免费创业、技能培训，促进提高群众就业机会和创业质量。

（四）着力产业帮扶，巩固振兴根本

定点帮扶工作始终坚持因地制宜，谋划具有"国机特色""朝天特色"的产业帮扶项目，助推朝天区实现绿水青山底色上的乡村振兴。朝天区农业产业机械化建设项目稳步推进，其中山地单轨运输车项目的建成，有效化解朝天区山林人力运输劳动强度高、效率低下、成本高这一历史难题，填补了朝天区乃至广元市在山地机械化运输领域的空白，惠及项目区2000余名群众，CCTV1、CCTV13等多家主流媒体多次予以报道。朝天区核桃产业提质增效、朝天区蚕桑和中药材产业基地提升建设等项目扎实推进，为朝天核桃、蚕桑和中药材、食用菌等特色产业提质增效注入了"强心剂"。

（五）着力爱心帮扶，用心纾难解困

定点帮扶工作始终围绕着鱼鳞村群众最关心、最直接、最现实的问题，从群众的"急难愁盼"出发，切实把好事办实，把实事办好，办到群众心坎上。在新建制调整后，在新并入朝天区鱼鳞村的原东风村、袁家村的主要路段增设夜间照明设施57处，极大方便了2000名群众夜间出行。积极开展新春"走基层、送温暖"慰问活动，在国机重装党委主要负责人的带领下，为鱼鳞村群众送去2万余元的慰问品。组织驻村工作队走访鱼鳞村农户300余户次，为老百姓产业发展出谋划策。

（六）着力消费帮扶，凝聚帮扶合力

积极创新帮扶方式，以消费帮扶行动为抓手，以促进帮扶产品稳定销售为重点，充分利用集团电商平台，广泛动员所属企业和干部职工开展"以购代捐"活动，全力帮助朝天区销售滞销农产品，积极协调朝天片区帮扶成员单位快速开启产销对接采购，购买和帮助销售朝天区核桃、花生、野菌、月饼等农特产品350余万元。

（七）着力文化帮扶，倾注人文关怀

在第八个国家扶贫日之际，国机重装在朝天区鱼鳞村开展"架起爱心桥梁，共建美好美丽乡村"和"乡村振兴、青春助力"主题活动，开展党的乡村振兴政策宣讲、文艺演出下乡、志愿服务活动等项目，丰富村民文化生活，帮助村民解决实际困难，切实加强了已脱贫群众的精神文明建设。组织开展"手挽手——圆梦'微心愿'"活动，集团内各单位为朝天区认领482本书籍，共计13141.5元。

三、主要经验和创新

在巩固拓展朝天区脱贫攻坚成果、助力乡村全面振兴的生动实践上，以"钉钉子"精神，严格落实"四个不摘"要求，有的放矢地实施各项帮扶举措，鼓劲推动朝天区做好巩固拓展脱贫攻坚成果同乡村振兴有效衔接。

（一）以集团优势为箭头，创新振兴发展措施

一是加大民生投入，夯实振兴保障。紧密结合朝天区经济总量小、发展不充分、不平衡、山高坡陡、土地贫瘠、基础设施滞后的基本区情，在改善农村地区群众居住分散，入户路、生产便道覆盖率偏低和基础设施落后等问题上下狠功夫，着力打通与群众生产生活密切相关的"最后一公里"。二是突出产业发展，筑牢发展根基。重点围绕朝天区核桃、蔬菜、畜牧、食用菌、蚕桑五大特色农业产业，藤椒、中药材、笋用竹、小水果等其他特色产业体系，加强新型农业经营主体培育，健全完善利益联结机制，因地制宜开展产业帮扶，实现"输血"与"造血"有机结合。三是挥动机械力量，构筑发展"高速公路"。发挥独特的机械设备优势，统筹协调推进产业机械化、旅游帮扶、电商帮扶、消费帮扶等工作，延伸特色产业链条，以"钢铁力量"强化产业发展骨架，提升朝天区优势特色产业带动能力、发展可持续性，不断增强群众稳定增收、持续发展的能力。

（二）以帮扶体系为箭杆，凝聚乡村振兴合力

一是坚持一个目标贯到底。围绕巩固脱贫攻坚成果、推动乡村全面振兴目标，建立完善定点帮扶领导体制和工作机制，持续保持领导有力、上下联动、高效运转、强力推进的乡村振兴新格局，确保贯彻落实党中央、国务院各项部署要求不折不扣落地落实。二是紧盯关键环节抓落实。国机集团构建"集团+片区牵头单位+片区成员单位"一体化帮扶体系，部署7家二级企业为帮扶朝天片区成员单

国机重装：有的放矢直击靶心 精准帮扶振兴乡村

位，层层签订帮扶责任书，保障帮扶措施落实。国机重装切实履行国机集团定点帮扶朝天片区牵头单位负总责的职责，发挥在川地缘优势，形成帮扶合力，狠抓落实。三是坚持五大机制保运行。建立定期督导、专项检查、专项审计、成效考核、绩效挂钩的考核评价机制，切实保障乡村振兴工作有序推进。

（三）以要素保障为箭羽，铆准帮扶工作基础

一是强化资金投入保障。加强帮扶资金预算管理，加大帮扶资金专项投入力度，统筹整合直接投入帮扶资金、引进帮扶资金，聚焦特色优势，实现乡村全面振兴。2021年以来，国机集团在朝天区直接投入和支持引进资金986万元，实施扶贫项目19个，直接惠及6000多名群众，为朝天区实现乡村全面振兴注入了强劲动力。二是强化党建帮扶。以片区帮扶牵头单位和成员单位为重点，统筹整合各方力量，开展各类党建帮扶和结对共建活动，充分利用主题党日、群团共建、送文化下乡等形式，强化感恩奋进教育，激发群众内生动力，同心协力做好定点帮扶工作。三是强化帮扶长效机制。认真落实"四个不摘"要求，坚持做好返贫动态监测工作，完善返贫监测户和边缘易致贫户日常监测和帮扶机制，切实巩固"两不愁三保障"成果。统筹协调推进定点帮扶工作，持续巩固提升脱贫攻坚成效。出资80万元支持支持朝天区脱贫人口稳定就业，开展农村劳动力免费创业、技能培训，培训已脱贫群众921名，对已建成的幸福国机小学进行配套完善，切实消除安全隐患，惠及全校师生90人。

中金公司：打造全链条教育帮扶体系为乡村振兴贡献中金力量

扶贫先扶智，振兴靠人才。让乡村贫困地区的孩子接受良好教育，是阻断乡村贫困代际传递的重要途径，是实施乡村振兴战略的题中之义，也是实现共同富裕的重要抓手。多年来，中国国际金融股份有限公司（以下简称"中金公司"）秉承"以国为怀"的使命，深入学习贯彻习近平总书记关于扶贫工作的重要论述，认真贯彻落实党中央重大决策部署及中投公司党委相关要求，把脱贫攻坚作为重要政治责任，积极服务国家乡村振兴战略，聚焦教育扶贫，着眼人才培养，打造了包括"孕育、保育、养育、教育"四个方面，覆盖出生至成年各阶段的全链条教育帮扶体系，累计受益人群超25000人次。

一、出生前：聚焦妇幼，呵护孕育新生命

针对西藏农牧区卫生条件差和母婴死亡率高的现实问题，自2013年始，中金公司持续资助西藏母子保健协会开展"乡村医生培训及孕产妇/新生儿保健"项目，推动西藏乡村妇幼保健工作发展。通过提高乡村医务人员医疗技能和偏远地区农、牧民母婴保健意识，改善产妇生产条件，不断降低藏区母婴死亡率，预防和减少出生缺陷，切实提高出生人口素质。

2013~2021年，项目共举办78期乡村医生培训，约4190名乡村级医务人员参加了培训学习，其中来自偏远农牧区村医占50%以上。这些医务人员分布在全区74个县、683个乡镇、2000多个村庄。经过培训，已成功接生5000多名婴儿。同时，项目每年还通过基层健康教育宣传及义诊方式，深入偏远地区村庄推进妇幼保健工作。2021年，下乡宣传和义诊2次，受益群众近370名，为降低偏远地区孕产妇和婴儿死亡率、保护和增进新生儿童健康作出积极贡献。

二、0~3岁：助力早教，走好保育"最初一公里"

针对我国乡村贫困地区幼儿早期启蒙教育落后的问题，中金公司自2018年年底开始，陆续为湖南省古丈县、西藏自治区尼木县、甘肃省会宁县、西藏自治区山南市森布日易地搬迁点引入拥有世界先进理念、在国内实践多年、取得明显社会成效且得到习近平总书记和中央多位领导高度肯定的"慧育中国·山村入户早教计划"项目，为当地贫困家庭6~36个月的婴幼儿提供科学的早期启蒙教育。

中金公司：打造全链条教育帮扶体系　为乡村振兴贡献中金力量

三年来，"慧育中国"项目对 21 个乡镇的 4400 名儿童进行了"一对一"入户家访课程，从养育、营养、教育三个方面对当地幼儿的早期发展进行科学干预，改变了落后的养育观念和家庭教育环境，丰富了贫困地区家庭养育方式，促进了当地幼儿认知、语言、社会性等方面的全面发展。同时，"慧育中国"项目累计招聘辅导员、督导员 240 人，为当地农村妇女提供了就业机会。通过专业技能培训，帮助家庭妇女掌握早教技能、实现自我价值，成为具有一定教育知识和能力的幼儿教养员，提升了当地教育水平。

三、3～6 岁：幼有所育，补齐养育短板

为使乡村贫困地区儿童获得学前教育机会，2012 年起，中金公司与中国发展研究基金会、湖南古丈县人民政府合作推行"山村幼儿园计划"项目，致力于为公办园覆盖不到、民办园不去办的村寨建设幼儿园，努力推动中西部农村地区学前教育政策落实。

2012～2017 年，该项目在湖南古丈县设立了 76 所山村幼儿园，惠及近 6000 名当地 3～6 岁幼儿，当地幼儿园入园率由项目实施前的 50% 上升到 90%，有效化解了当地留守儿童、贫困家庭子女入园不易的难题，缩小了与县城、乡镇儿童在早期发展方面的差距，减少了困难家庭在学前教育方面的支出。同时，该项目每年为当地提供近 100 个就业岗位，促进外出青年返乡就业。该项目实现了政府投入少、办学效果好、群众受益多的积极效果，为乡村贫困地区发展学前教育开辟了新的路径，为国家教育体系发展和政策制定提供了新思路，得到了中央有关领导的高度重视和肯定，并于 2018 年 7 月荣膺"教育界诺奖"——WISE 世界教育创新项目奖。

2017 年，"山村幼儿园计划"成功由当地政府接管。为了项目的持续发展，中金公司统筹各方资源，设立了"山村幼儿园走教志愿者发展基金"，用于支持山村幼儿园走教志愿者培训和学习。截至目前，已为走教志愿者开展各类师资培训 15 次，累计培训 1000 多人次，12 名志愿者学历获得提升，10 名志愿者获得了幼教专业资质，提高了当地师资队伍质量，为当地学前教育工作注入了新活力。

四、6～18 岁：改善办学条件，为教育保驾护航

针对乡村贫困地区学校基本办学条件较差的问题，中金公司积极援助贫困地区学校基础建设，优化教学资源，改善办学条件，为贫困学生义务教育保驾护航。

2016 年以来，中金公司捐款捐物帮助山西省天镇县安家皂学校改造危房，为孩子们提供了现代化的教学楼、餐厅、科技文体楼、师生宿舍楼、风雨操场等设施，并两次派员工赴该学校担任校长助理，协助学校建立校务管理的长效机制。2018 年，中金公司陆续向新疆买谢提小学捐赠了近 400 套校服、300 套课桌椅、2 个食堂炉灶，帮助学校修建了足球场、

铺整了塑胶场地。2020年年初，公司党员员工自愿捐款20.8万元，为谢提村208名困难学生每人提供1000元助学金，提升困难学生的生活、学习条件。2019年以来，中金公司向云南文山市新发寨小学捐赠音箱、灭火器、课桌椅、床垫、被子、校服等物资，支持校园环境的美化绿化，不断改善学校办学条件。2021年，中金公司出资援建甘肃省会宁县科创中学，为当地提供了1620个入学名额，有效解决了"就近入学难"问题，改善了会宁县教育结构体系和教育资源分布，助力会宁县教育事业更好更快发展。

此外，中金公司联合上海真爱梦想基金会，在乡村贫困地区先后设立20个"梦想中心"，以"硬件+软件"双提升为目标，建设包含理财创业、绘本表演、情绪智能、国际理解等30多门"梦想课程"的多媒体教室，对乡村教师进行多层次素质培训，将大城市的优质教学资源注入乡村贫困地区，提高教学质量，提升儿童素养，帮助孩子从容、自信、有尊严地成长。

中金公司还将消费扶贫与教育帮扶相结合，采购定点帮扶贫困县农产品赠与乡村学校食堂，改善学生伙食条件和生活水平。开展"2021年植树季"树苗捐赠和植树活动，帮助乡村学校美化校园环境。为迎接建党100周年，特别发起了"书送爱心，点亮梦想"活动，为8所乡村学校的孩子们送去近5000套优质课外读物。组织中金公司志愿者在开学季前往帮扶学校讲授"开学第一课"，为孩子们带去生动的素质启蒙课程，以实际行动进行感恩教育，播下公益爱心的种子，帮助孩子们树立积极向上的人生观和价值观。

五、18岁以上：设立助学基金，助力寒门学子圆梦想

为使乡村贫困家庭子女不因经济困难而失去求学机会，中金公司在安徽省岳西县设立教育扶贫基金，在湖南省古丈县设立建档立卡户学生生活补助资金，专项资助当地贫困户在校就读子女，鼓励和帮助贫困学生顺利完成学业。

助学基金扶助对象覆盖小学、中学和大学各学习阶段，采取发放奖学金的形式，为建档立卡户贫困学生提供生活补助。自专项基金设立以来，中金公司累计资助贫困学生6074人，包括小学生约3900人、中学生约1950人、大学生约224人，帮助受助学生解决学习、生活困难问题，激励他们勤奋学习、自强不息，努力成为国家的栋梁之才。

十年树木、百年树人。中金公司紧紧抓住教育这个脱贫致富的根本之策，举系统之力，扬金融所长，多措并举打造环环相扣、紧密相连的教育帮扶体系，在缔造未来人才的事业上取得了较为显著的成绩。今后，中金公司将目标不变、靶心不散、力度不减，坚持"输血"与"造血"双管齐下，"硬件"与"软件"齐头并进，坚定不移服务国家乡村振兴战略，矢志不渝开展教育帮扶工作，让乡村贫困家庭儿童都能接受公平的、有质量的教育，从根源上阻断贫困代际传递，推动振兴乡村教育和教育振兴乡村的良性循环。

方大特钢：从赣鄱红土地到甘陇黄土地 倾情倾力乡村振兴

中华民族要复兴，乡村必振兴，上市公司助力乡村振兴，是义不容辞的责任，也是无上光荣的使命。方大特钢科技股份有限公司（以下简称"方大特钢"）作为辽宁方大集团①旗下钢铁板块上市公司，坚持以"党建为魂"企业文化为引领，怀着"牢记党恩，回报社会"的初心，不以山海为远，从赣鄱红土地到甘陇黄土地，结合当地资源、环境、农民自身条件等，充分利用上市公司资源优势、业务优势、技术优势、管理优势、人才优势和组织优势，为振兴乡村产业提供有力服务与支撑，从而推进乡村产业实现高效发展，与当地群众一起努力绘就乡村振兴的壮美画卷。

一、基本情况

江西赣南苏区，是红色摇篮、革命圣地，作为乡村振兴的"中部战场"，关系全局、影响深远。2012年以来，方大特钢积极响应江西省委省政府号召，从主动承担国家"十二五"贫困村瑞金市武阳镇石阔村定点帮扶任务开始，一系列"组合拳"先后定点帮扶瑞金市武阳镇石阔村、于都县新陂乡庙背村、余干县枫港乡白家圩村，3个村庄、9年时间，使得定点帮扶的贫困村全面脱贫摘帽，让村庄焕发蓬勃生机。

甘肃临夏州东乡族自治县是党的十八大召开后，习近平总书记考察慰问的第一个民族自治县，曾是甘肃省58个集中连片特困片区县和23个深度贫困县之一，属于"三区三州"深度贫困地区，是脱贫攻坚主战场。2019年5月以来，方大特钢积极响应党中央号召，与辽宁方大集团旗下的另外6支工作队积极投身于东乡乡村振兴工作，为东乡县成功退出贫困县序列贡献了智慧和力量，用艰辛付出的"辛苦指数"换来当地群众摆脱贫困的"幸福指数"。

二、帮扶主要做法

（一）"输血"到"造血"，以产业带活当地经济

乡村振兴，产业为要，没有产业，就没有乡村振兴，只有把产业做大做强，乡村振兴才能全面发展。方大特钢帮扶做法

---

① 辽宁方大集团全称为辽宁方大集团实业有限公司。

是既授人以鱼又授人以渔，从"输血式"向"造血式"转变，把产业作为拓宽群众增收渠道、提升群众自我发展能力的关键举措，并将产业与当地资源特色结合起来、与"三农"结合起来，推动经济较为落后地区逐步建立起优势产业。

瑞金市武阳镇石阔村盛产脐橙，但受制于道路不畅与仓储难题，脐橙产业化遇到瓶颈，方大特钢出资新建村里的安垄桥，对村里道路进行硬化，建立脐橙仓储基地，打通脐橙产业化的"最后一公里"，如今石阔村已成为武阳镇脐橙种植的大村。赣州市于都县新陂乡庙背村发展"一村一品"产业，土地流转500亩后种植蔬菜，创建赣南七星中药材产业基地，采取"公司+基地+农户"的模式发展中药材种植产业，带动周边贫困户年均增收约5000元。上饶市余干县枫港乡白家圩村成立"华惠特种养殖专业合作社"，搭建4000余平方米厂棚养殖野鸡。一个个具有当地特色的生态农业产业基地建立，不仅鼓了村民的"钱袋子"，更为村域经济的振兴探索出了一条条因地制宜的"好路子"。

在推进甘肃东乡产业帮扶中，辽宁方大集团董事局主席方威深入东乡县24个乡镇调查研究、现场论证、座谈交流，把"贫"脉、找"穷"根，有针对性地制定精准脱贫措施。方大特钢既立足当下，又着眼长远，本着"微利持久、让利东乡、让利合作方"的原则，以市场为导向，以产业发展为杠杆，积极开展产业协助帮扶，拓展帮扶合作力量，配合东乡有效破解传统产业发展链条短、抗风险能力弱、附加值不高等难题，填补当地产业发展空白。在短短一年多时间内，方大特钢在东乡县投入资金5975万元，落地实施服装加工、涤纶加工、腐竹生产、吨袋制造、养羊5个产业帮扶项目，充分显示了方大速度、方大效率和方大情怀，截至目前解决就业1558人。其中，由方大特钢与合作方合资兴建的大型纺织企业方大丽明①，产品销往孟加拉国、菲律宾、土耳其、乌兹别克斯坦、阿曼等国家和地区，是东乡县第一家出口创汇企业。企业步入正轨后，全年可实现产值1.1亿元、利税1100万元，出口创汇1500万美金。

（二）"扶志"加"扶智"，"志""智"齐扶促发展

一是下好转变观念的先手棋。受历史、文化、地理、自然条件等因素的影响，落后地区的贫困户普遍受教育程度不高，市场意识、竞争意识、勤劳致富的意识薄弱，向政府、向社会"等靠要"的思想严重，帮扶工作最难的、最迫切的是要改变贫困群众固有的思想观念和思维方式，拔掉思想上的"穷根子"。方大特钢把转变就业群众观念、扶志扶智作为扶贫工作重要内容，引导贫困群众摒弃"穷自在""等靠要"思想，激励他们用勤劳的双手改变贫困现状，摘掉贫困帽子。

二是实施技能帮扶。在帮扶瑞金市武

---

① 方大丽明全称为东乡族自治县方大丽明纺织有限公司。

方大特钢：从赣鄱红土地到甘陇黄土地 倾情倾力乡村振兴

阳镇石阔村、于都县新陂乡庙背村、余干县枫港乡白家圩时，方大特钢立足村域实际，通过建立村级综合文化活动室，与技术学院建立结对帮扶联系点等方式，帮助当地群众提升技能水平，为那些想改变贫困现状但又投师无门、缺乏知识能力和方法的贫困户搭台通渠。在甘肃东乡开展帮扶时，通过发展产业，带去现代工业文明，带去现代化的产能技能，使得当地群众足不出户就能学到技能，成为产业工人。

通过宣传引导、技能帮扶、薪酬激励，推动了观念快速转变，越来越多的人放下思想包袱，走出家门，走上靠勤劳双手脱贫致富路。特别是甘肃东乡，经过2年多的不懈帮扶，当地就业观念、就业生态发生了很大改变，过去"老婆务工、丈夫接送"的现象现在没有了，一批相对稳定、长期务工的熟练工队伍已经形成。当地群众也尝到了劳动增收致富的甜头，月收入从项目刚投产时的2000多元，逐月增加到3000元、4000元、5000元，最高的已突破6000元。

（三）"精细"又"温情"，推进工作和生活质量双提升

一是植入精细化管理，助力产业发展更具后劲。

近年来，方大特钢保持良好发展势头，盈利能力强劲，其精细化管理模式在其中发挥举足轻重的作用。该公司在参与乡村振兴工作中，将精细化管理模式应用于产业项目。层层选拔出骨干人员，深入东乡乡村产业工厂一线，与合作方共同围绕稳定生产、拓展就业、提高员工技术水平、规范企业运营管理、实现员工增收而努力；每周召开乡村振兴工作例会，协调、监督相关工作落到实处；成立东乡降本创效帮扶工作组，分解下达东乡产业帮扶指标，出台帮扶工作激励办法、奖励分配实施办法等，激励乡村振兴人员和企业各职能部门更好地管理好、经营好东乡乡村振兴企业，实现东乡乡村振兴企业长久持续有效运行。如针对方大丽明将前纺工序产生的断棉、尾棉，以及细纱工序产生的废棉头当作废棉处理的现象，协调落实废旧物资再利用计划，采购开松机对断棉、尾棉、废棉头进行加工再利用，相比此前的作为废棉处理，每日可多创效1000元。

二是坚持温情待人，让村民享受更高质量服务。

白家圩村脱贫摘帽以后，方大特钢持续派出工作人员驻村，让村民们享受更高质量的教育、医疗、住房和社会保障等社会公共服务。

为让孩子们养成读书习惯，每周二和周五下午，方大特钢驻村工作人员在村民活动中心等着村里的孩子们，一起开展读书活动；为了帮助失能人员家庭"减负"，驻村工作人员主动联系余干县福利院、县行政服务中心、大地保险余干分理处等单位，为白家圩村6位中度及以上失能人员办理长期护理保险，根据医保政策每人每月将享受300~450元补贴。

三、取得的成效

"脚下沾有多少泥土，心中就沉淀多

少真情"。方大特钢倾情倾力乡村振兴，肩负起乡村振兴的责任与担当，不仅源于对乡村振兴最深沉的热爱和执着，更源于辽宁方大集团董事局主席方威的"牢记党恩，回报社会"的初心和使命："方大是在国家改革开放政策的阳光雨露沐浴下诞生成长的，企业取得今天的发展成就离不开党的好政策、离不开国家提供的好平台。只要党和政府需要，方大企业都会不遗余力地响应。"

方大特钢通过创新帮扶机制，推动"输血式"帮扶向"造血式"帮扶转化，实施"志""智"齐扶、"精细"又"温情"的帮扶方式，这种真帮扶的实践探索，有效破解了群众持续稳定增收难题，大大激活了当地的致富发展动力，阻断了贫困发生动因，使得帮扶成果更可持续、更有保障，不仅为当地乡村振兴、产业振兴贡献了智慧，也让当地群众在致富奔小康的路上越走越宽阔。

2021年2月25日，全国脱贫攻坚总结表彰大会在北京隆重举行，辽宁方大集团荣获全国脱贫攻坚先进集体称号。方大特钢连续三年被江西省扶贫开发领导小组评为"帮扶贫困村工作先进单位"。这些荣誉的取得，是对方大助力乡村振兴工作的褒奖，也是对方大人"众志成城勇担当、乡村振兴不放松"的肯定。

湘投集团：紧扣乡村振兴工作要求 实干彰显国有上市公司担当

2020年年底的中央农村工作会议上，习近平总书记作出"民族要复兴，乡村必振兴"的重大论断，要求举全党之力推动乡村振兴。2021年8月，习近平总书记在中央财经委员会第十次会议上强调："促进共同富裕，最艰巨最繁重的任务仍然在农村。"这些重要论述，充分体现了以习近平同志为核心的党中央对"三农"工作一以贯之的高度重视。

为贯彻落实《中共中央、国务院关于全面推进乡村振兴加快农业农村现代化的意见》（中发〔2021〕1号）要求，根据全市统一安排部署，湖南投资集团乡村振兴示范创建联点乡镇为长沙浏阳市镇头镇，对口联系的村为镇头镇金牌村。镇头镇总面积158平方公里，常住人口6.7万，下辖11个村，是全国重点镇、长沙市扩权强镇试点镇和特色小城镇。金牌村总面积19.5平方公里，人口4270人，主要产业有工程苗木和油茶种植、交通运输业等，是全市乡村振兴示范创建村。

2021年11月，省委实施乡村振兴战略领导小组办公室公布了湖南省省级乡村振兴示范创建村名单，长沙市浏阳市镇头镇金牌村上榜。

一、强化机制，在精准组织上用力，让工作"实"起来

乡村振兴，提高站位要先行。湖南投资集团党委高度重视，加强组织领导，建立乡村振兴工作长效机制，确保乡村振兴工作干在实处、落在实处，积极回应广大农民对获得公平发展机会、共享发展成果、提升生活品质的更高期待，确保全面小康路上一个都没有掉队，共同富裕路上不落下农民农村。

4月30日，集团公司党委书记、董事长刘林平召开党委会，学习乡村振兴相关文件精神，认真落实长沙市委、市政府《长沙市乡村振兴示范创建乡镇联点工作方案》要求，研究选派驻村联镇人选。会议明确，为强化工作协调力度、着力推进乡村振兴工作，在农村、基层培养锻炼人才，未来五年，集团公司将明确一名领导班子成员具体分管，同时指派一名总部部室负责人全程驻村联镇。2021年分管此项工作的为集团公司纪委书记、监察专员、监事会主席张彬，指派人力资源部部长伍素荣具体开展工作。

5月7日，驻村联镇同志伍素荣正式到岗，任镇头镇乡村振兴工作领导小组成

员、金牌村第一书记，根据集团公司党委工作要求，积极支持配合镇党委、政府，团结带领村支"两委"班子全面开展乡村振兴工作。

6月17日，集团公司党委书记、董事长刘林平，党委副书记、董事、总经理陈小松，纪委书记、监察专员、监事会主席张彬，董事会秘书郭颂华一行到镇头镇实地调研，与镇党委、政府主要负责同志及金牌村村支"两委"共同商议乡村振兴事宜。调研强调，作为国有企业，要把全面推进乡村振兴作为全面建设社会主义现代化国家、促进全体人民共同富裕的一项重大历史任务，稳扎稳打、久久为功，为乡村振兴贡献力量，为人民群众办实事、办好事，积极支持镇头镇产业发展。

二、注重特色，在精准施策上着力，让品牌"显"出来

乡村振兴，产业发展是关键。乡村要振兴，农民要富裕，归根到底靠发展。集团公司党委依托镇头镇、金牌村特色优势资源，深入分析古渡、古樟、古井等独有特色，驻村同志通过全面摸排村级情况，与村支"两委"结合本村实际，因地制宜制定产业发展规划，充分挖掘和拓展农业多功能性，延伸产业链、衍生新业态、增加附加值，让农民更多参与产业发展、分享增值收益。

抓住粮食生产"命根子"，稳住农业基本盘。大力发动双季稻种植，未来2年预计达1500亩，有力保障了当地粮食供给和粮食安全。推动农业供给侧结构性改革，提高供给体系适配性。落实联点市领导，市委常委、纪委书记胡卫兵对镇头镇乡村振兴示范创建工作调研指导，落实"以镇为主、以镇带村"要求，抓住镇头镇以"工业园区"和"油茶特色小镇"为抓手打造油茶小镇契机，大力推动油茶丰产林种植，未来2年改造和新开发种植计划达6000亩；集约2000亩土地搞农村合作社，加大家禽和蛙类养殖体量，种植食用菌、水果等经济作物；同时，进一步拓宽花卉苗木的营销思路，努力打破当前销售困局。

2021年，镇头镇全镇预计实现财税入库1.3亿元，同比增加2300万元、增幅达21%。预计完成规模工业产值37亿元，增幅达20%；固定资产投资51亿元，增幅达9%；规模商贸销售额1.2亿元，增幅达25%。完成油茶丰产林基地建设1万亩、林下经济示范区4000亩，完成标准油坊升级改造12家。投资1400余万元完成油茶小镇起步区和游客服务中心建设、镇柏路提质改造。筹备了第三届油茶文化节，通过中央、省市媒体大力推介镇头茶油，同时高标准接待湖南省委常委、长沙市委书记吴桂英，湖南省副省长陈文浩，长沙市委副书记、市长、湖南湘江新区党工委书记郑建新调研，提升了镇头茶油品牌美誉度。

三、筑牢基层，在精准服务上出力，让治理"强"起来

乡村振兴，基层治理要加强。"火车

湘投集团：紧扣乡村振兴工作要求 实干彰显国有上市公司担当

跑得快，全靠车头带。"推进乡村振兴，党的领导就是"火车头"。在全面推进乡村振兴的过程中，金牌村以"党建聚合力"工程为统揽，着力加强基层党组织建设，真正打造一支政治过硬、本领过硬、作风过硬的乡村振兴干部队伍，扎实推进抓党建促乡村振兴、促基层治理，通过"党支部+""合作社+"等形式，让农村家家联系紧起来、守望相助兴起来、干群关系亲起来，真正做到把党的政治优势、组织优势转化为乡村治理效能。

摸清情况才有底。驻村同志到岗后，通过走访谈心，了解到金牌村村支"两委"班子虽在去年年底换届、新班子却是老班底，除了一位新进35岁以下大学生、其他都是上届老人，总支书记与村主任一肩挑，原村主任改为村委委员、心理有落差的人员现状。同时，金牌村由原来的三个小村合并为一个大村，从村干部、党小组长、组长，到普通党员、群众，内心的"小村"概念还没有完全消除，班子在团结协作方面还不是尽善尽美。打开天窗说亮话。驻村同志首先与村干部、党小组长以及部分组长逐一多次谈心谈话，真心相谈稳定失落情绪，诚心相待加强思想工作，引导大家打破"小村"概念、树牢全局观念，统一思想、达成共识。又找以往退下来的老村干部和部分村民亮明身份、了解情况，争取更多力量的理解支持。

组织学习强力量。切实履行驻村第一书记职责，到位不越位、指导不取代，着重加强组织建设，聚拢班子精气神。积极组织村干部、党员、小组长和村民代表深入学习和践行上级党委、政府关于乡村振兴的各项方针政策，请专家为党员讲党课，提高思想认识，聚集支持力量。

通过几个月的努力，金牌村基层组织建设取得明显成效。村总支书记威信提高了，布置的工作都能保质保量按时完成；班子里老同志配合度提高了，都能积极谋划自己分管的工作；年轻村干部牢骚少了，埋头忙于琐碎繁杂的日常事务也不再吐槽。驻村同志伍素荣撰写了一篇描写金牌村工作状态转变的文章《乡村振兴开新局·我在乡村"驻"｜把这里当成家》发表在7月22日的《长沙党建》，后被"学习强国"转载。

四、打造文化，在精准扶持上聚力，让群众"富"起来

乡村振兴，文化建设是灵魂。农民不仅要富口袋，更要富脑袋。采取农民喜闻乐见的方式，加强社会主义核心价值观宣传教育，加强农村精神文明建设，建设文明乡风、良好家风、淳朴民风，实现物质富裕、精神富足。

助力基层党建，丰富精神生活。集团公司驻村联镇分管领导、纪委书记、监察专员、监事会主席张彬带领青年员工走进金牌村，精心编排文化节目选送镇头镇七一晚会金牌村分会场，为村民送上情景朗诵节目《湘江！湘江！》和双人舞节目《渴望》，丰富村民文化生活，助力乡村振兴。

唤醒沉睡资源，激活沉寂风景。依托绿水青山、乡土文化资源，借助美丽乡村建设开发乡村旅游和民宿，实施休闲农业和乡村旅游精品工程，致力打造高品质、个性化、定制化、多元化旅游产品，提升乡村旅游的核心竞争力。目前"三古"（古井、古樟、古渡口）一线经过精心打造，已经具有一定基础。

落实帮扶举措，巩固脱贫成果。驻村同志深入群众，通过天天与村民聊天、走访，掌握民生第一手资料。哪些组级道路还没硬化、哪些区域还没亮化、哪些水浚需要疏通护坡、哪些山塘需要加固修缮、哪些服务场所应该进一步完善、"七张网"建设中哪些地方还需进一步提质……面对问题，一方面及时组织村支"两委"探讨解决方案，同时积极联系省农业农村厅农村社会发展促进处、省交通厅规划处、市财政局、市林业局到镇头镇及金牌村实地考察，争取项目和资金。

集团公司党委先后累计安排慰问经费约5万元，组织对全村51户脱贫户、3户因病致贫户、30位在党50年老党员分别开展慰问活动。为进一步巩固脱贫攻坚成果，对51户脱贫户逐户上门走访慰问，了解实际情况，重点对其中1户防返贫监测对象进行一对一帮扶，制定具体帮扶措施，巩固成果防止返贫。目前所有脱贫户家庭收入稳定，无明显返贫迹象。

五、依托自然，在精准推进上发力，让乡村"靓"起来

乡村振兴，生态宜居是优势。科学规划、加强管理和有效治理，在保护乡村自然资源和生态环境的前提下，通过微改造、精提升，逐步改善人居环境，强化内在功能，提高生活品质，让广大农民群众在乡村建设中有实实在在的获得感。

道路通，百业兴。农村公路不仅是关乎经济发展的"大交通"，更是关乎农民幸福生活的"大民生"，是推进农业农村现代化的重要支撑。集团公司加大农村公路建设力度，前期支持金牌村基础设施建设资金50万元已经到位，2021年全村新铺组级水泥路3公里、村级柏油马路4公里，打造山塘2个，翻修水浚2000多米，完成了3个美丽宜居屋场建设，并经省市县各级验收合格，农村生态环境得到了明显改善，农民生活环境更加美丽宜居，有力助推了农村产业结构调整和乡村振兴。

湖南投资集团党委将紧密团结在以习近平同志为核心的党中央周围，认真贯彻落实党中央和省、市工作部署，牢记国企使命，勇担社会责任，开拓进取，真抓实干，紧扣"争当乡村振兴样板"目标，为实现"产业兴旺、生态宜居、乡风文明、治理有效、生活富裕"的乡村振兴目标，努力开创"三农"工作新局面，全面建设社会主义现代化国家、实现第二个百年奋斗目标贡献国有上市公司力量！

龙建股份：勇当时代先锋　助力乡村振兴

实施乡村振兴战略，是党的十九大作出的重大决策部署，是决胜全面建成小康社会、全面建成社会主义现代化强国的重大历史任务，2021年是中国"十四五"开局之年，也是加快建设交通强国的开局之年。近年来，随着新型城镇化和新农村建设的深入推进，城乡之间的相互联系、作用、影响显著增强，在此背景下，促进城乡统筹、城乡一体化融合发展，公路交通的建设对乡村振兴的意义十分重要。

龙建路桥股份有限公司（以下简称"龙建股份"）是东北地区最具实力、最具规模的大型综合建设集团之一，主要从事国内外公路、桥梁、隧道、市政工程的建设，兼具PPP项目投资、新型城镇化建设、农业电商、文化旅游等业务。作为黑龙江省国有控股上市公司，龙建股份科学理解实施乡村振兴战略的丰富内涵，准确把握实施乡村振兴战略的时代要求，站在历史发展的高度，担负起国企为巩固拓展脱贫攻坚成果，全面推进乡村振兴工作的崇高历史责任，有力地用行动和显著的成效，诠释"精准务实、开拓创新、攻坚克难、不负人民"的脱贫攻坚精神。

多年来，黑龙江省公路普通国省干线公路技术标准整体相对较低、路面超期服役现象比较严重，重载交通量增长较快，致使公路破损日益严重，社会反响较大，为了重新提升省内纵横交错的路网品质，加快提升国省干线公路质量，2020年年底，省委省政府果断决策，由龙建股份作为社会资本方，出资组建黑龙江省国道西部工程项目管理有限公司，采用PPP模式开展普通国省干线公路质量提升三年专项行动工作。

龙建股份党委上下同心、统一认识，加强顶层设计、科学总体规划，整合各方力量，统筹协调推进，紧紧围绕"乡村要振兴，道路要先行"的原则，以排山倒海的气势，跌宕起伏的魄力，全力推进国省干线公路质量提升工程的建设任务，2021年累计完成质量提升公路里程1245公里，惠及沿线6个地市（哈尔滨、齐齐哈尔、大庆、伊春、绥化、黑河）29个县域，有力提升了公路交通基础设施条件，带动了沿线特色旅游产业经济，拓宽了地方企业发展渠道，增加了劳动力就业和创业机会，促进了地方产业振兴、人才振兴、文化振兴、生态振兴，让沿线地区一千多万的百姓，生活面貌整体上发生历史性变化，龙建股份聚焦打造人民满意交通，补齐乡村交通短板，精准发力提升普通国省干线公路管养质量，建立建养并举的长效机制，为全面深入推进乡村振兴工作奠定了坚实基础。

一、以公路为基础，带动地方旅游文化振兴

亚雪公路是质量提升工程项目之一，这条路连接着著名的国家 AAAA 级亚布力滑雪旅游度假区，亚布力滑雪场是亚洲最大的滑雪场，是滑雪旅游的首选之地，景区吸引了多家知名酒店前来投资运营，诸如国际著名的度假品牌地中海俱乐部、国际广电中心酒店，雅旺斯国际会展中心酒店等。如今，亚雪公路经过质量提升后，亚布力镇国光村陈书记非常有感触，指着质量提升后的亚雪公路说道："现在路修好了，游客多了，我们村民的收入也多了"。正如习近平总书记说的一样，绿水青山就是金山银山，现在的亚布力滑雪场，依托着质量提升后的秀美风景之路，夏季漫山翠绿、冬季银装素裹，美丽乡村正在为亚布力输出"美丽经济"，"美丽经济"在越来越多的乡村开花结果，地方旅游文化产业的振兴，推进带动着亚布力镇乡村全面振兴。

S214 省道前胡公路段，途经杜尔伯特蒙古族自治县境内的国家 AAAA 级连环湖景区，位于杜蒙县泰康镇西南 18 公里处，修路前由于雨水侵蚀等原因造成道路损坏，景区客流量少，经济发展停滞不前。今年通过龙建股份对 S214 公路进行质量提升修复并顺利通车后，景区重新吸引了大量的游客，前来旅游的车辆畅通无阻，行驶在整洁平坦的路面上，游客心里很是惬意，质量提升后的条条惠民之路，不仅很好地展示了杜尔伯特县县域乡村的风光，同时带动了景区生态化旅游行业的发展，增加了村民就业岗位和收入，吃穿住行各方面也得到了改善，地区乡村经济得到了全面发展。

二、以公路为依托，促进地方企业发展振兴

宾县宾西经济技术开发区建于 2002 年，位于哈尔滨市东 29 公里，是哈东地区区域性交通枢纽，是哈尔滨市半小时经济圈的重要部分，更是哈尔滨与松花江中下游地区经济社会发展要素相互流动的关键"门户"，宾西开发区汇集了宾西牛业、今麦郎面品（饮品）、宾州水泥、奥瑞德光电等知名企业，汇聚专业化、特色化、分散化物流配套企业 316 家，集装箱、冷链、发散式物流行业发展迅速，设计年吞吐量达 1200 万吨。可见，龙建股份对公路质量提升工程的开展，对大力发展宾西经济开发区的意义重大，龙建股份助力全面推进宾西镇的乡村振兴就显得尤为重要。

正如，今麦郎公司行政主任感慨道：这条路是 2002 年修建好的，已经近 20 年了，承载力远远不能满足现有的车流量，现在好了，道路宽敞平坦，公路质量更高了，加快了物流链出入货速度，同时，节省了附近村民到厂里上班的路上时间，鼓舞了村民工作的热情，更多的村民愿意来工厂上班了，也增加了村民的收入。

龙建股份党委"不忘初心、牢记使

龙建股份：勇当时代先锋　助力乡村振兴

命"，在对宾西经济开发区道路进行质量提升过程中，持续开展落实"我为群众办实事"活动，积极发挥自身优势，创新帮扶举措，帮助沿途居仁镇、蜚克图镇地方维修破损路面十余条，同时千方百计为当地贫困村民提供就业岗位，建立帮扶长效机制，与地方政府形成共建帮扶对子，龙建股份公司得到了当地百姓的高度认可，同时收到了来自宾县人民政府、宾县交通运输局、宾西经济开发区管理委员会的锦旗和感谢信，感谢为当地交通运输和经济发展作出的贡献。

三、以公路为驱动，促进县域交通网络振兴

黑龙江省大庆市肇源县新站镇在肇源县西北部，地处松辽平原腹地，面积三百四十平方公里，新站镇历史悠久，资源丰富，"水、草、田、油"四分天下，多年前，这里就是远近闻名的鱼米之乡，新站镇铁路、公路、水路交通便利快捷，又处于黄金玉米带主产区，经多年努力，已成为黑龙江西部重要的粮食集散地。2017年，新站镇入选为中国特色小镇。物流业是新站镇的王牌，自从把公路修好后，粮食的公路运输更加便利了，镇上物流业的发展壮大，往来的运输车辆在各方面的消费，为百姓创造了更多的收入，百姓对于美好生活更加富有激情和动力。"现在粮食运输车可以直接开进村里，从村道上国道再上高速，大大加快了粮食的运输速度"当地村民说。农村公路的巨变给老百姓带来实实在在的收获，大大提升了老百姓的幸福感和获得感。

同样，尚志市亚布力镇下辖10个行政村，大部分村民主要经济作物以食用菌种植为主，然而好的木耳要有好的销路，村民打心里说道，"栽下梧桐树，引得凤凰来"，"以前路难走，雨雪天更是几乎不能出货，现在路修好了，路宽了，大货车进得来出得去，好货不愁卖了，这都是托了道路的福"。完善的道路交通网络也吸引了更多企业落户乡村，带动了木耳产业的发展，开拓了各村村民木耳的销路，助力了整个村镇的乡村产业发展，乡村公路作为乡村产业发展的基础"骨架"，以"农村公路+"不断疏通乡村振兴的"经脉"。

四、以公路为支撑，打造乡村振兴示范点

龙建股份参建质量提升工程的所有项目，与地方政府共建立精准扶贫示范点5处，流动扶贫示范点16处，这些"精准务实、开拓创新"的做法，对乡村振兴发展具有极大的促进作用。

龙建股份在肇源县施工的项目，主动与地方政府建立了帮扶体系，积极与相关部门协作配合，踊跃加入当地脱贫攻坚工作之中，充分分析当地村民不稳定、人员流动性大的游牧特性特点，为让村民过上更稳定幸福的生活，积极出资为村里修整300平方米沥青混凝土道路，解决了村里道路通行不畅的大问题，把扶贫工作真正

落到实处。为帮助贫困户脱贫，劳务队在用工上还主动聘用当地贫困人员50余名，伸出援助之手进行帮扶，平时生活物资用品，也优先从当地村民那里采购。解决了当地贫困户生活困难的实际问题。

龙建股份在杜蒙县进行公路质量提升过程中，为支持杜尔伯特蒙古族自治县经济建设，办好黑龙江省农民丰收节活动，施工过程中暂停主线施工，集中组织人员进行农民秋收的平交道口施工，保证了农民出行和秋收，确保秋粮、秋菜上市，切实为老百姓办实事，让全省农民朋友都能共享"三农"发展成果，共叙丰收节日欢乐。

五、以公路为保障，促进地方教育振兴

百年大计，教育为本。乡村教育的振兴也是实施全面乡村振兴战略的关键，龙建股份在质量提升工程的施工过程中，时刻不忘为地方的学校伸出援助之手，积极通过为民修路来助力乡村振兴。

在杜蒙县的红旗小学校，昔日里送孩子们上学的车辆，走的是泥泞沙石路，赶上刮风下雨，经常有送子车辆在路上受阻，孩子们只得在泥泞的路上深一脚浅一脚地继续向学校行走，龙建股份的项目建设者看到后，主动承担起服务社会的国企责任，成立支援帮扶小组，制定支援方案，注重实效，为学校修建活动场地，提升校园的硬件水平，进一步改善办学条件，优化校园环境；把上学的砂石路进行质量提升，重新维修铺设沥青路面，师生可以走在平坦幸福路去上学，温暖了每天接送学生上下学的家长心，给全体师生和附近的民众带来了满满的幸福感！

同样情况的还有尚志市亚布力镇小学，亚布力镇外环路是亚布力镇小学的师生们上班上学的重要通行道路，也是必经之路。由于多年重车碾压、年久失修，路面出现坑洼积水，已经无法正常通车。龙建股份质量提升工程建设项目在知道情况后，主动联系亚布力镇党委、镇政府，建立帮扶共建小组，迅速调配施工材料、机械设备，组织人员进行道路路面质量提升的铺筑。亚布力镇政府为感谢龙建股份对亚布力镇乡村教育的帮助，送来感谢信和锦旗"筑镇外环小学门前路，展龙建与政府合作情"。

"筑路无止境，有路方能振兴"，龙建股份从国省干线公路建设到乡村地区产业振兴，再到特色旅游的生态振兴，以及乡村人才文化振兴，时刻发扬着国企担当精神，勇当时代先锋，攻坚克难、尽锐出战，全面落实乡村振兴战略，积极发挥自身优势，奋力打通乡村振兴快车道，精准务实做好巩固脱贫攻坚成果和推进乡村振兴的有效衔接，为实现"十四五"时期发展目标与2035年社会主义现代化远景目标而不懈努力！

长安汽车：织梦酉阳　定点帮扶酉阳茶油案例

2021年，高端食用油行业迎来了一个崭新的品牌——酉阳茶油，它一面市就犹如一匹脱缰的黑马，一再刷新年度销售目标。年初酉州生态公司确定了2500万元销售目标，5月这个目标尚未过半，但因长安汽车介入帮扶而调整为3500万元，这一目标仅仅2个月后就被轻松突破，然后酉州生态公司再次调整目标到5000万元，而这次只一个月就被完美突破，为此酉州生态公司又一次将冲刺目标上调为8000万元。而今，得到长安汽车全力帮扶的酉阳茶油正一路高歌猛进，成为茶油行业一颗耀眼的明星，立志打造中国茶油行业顶尖品牌。

一、帮扶酉阳茶油项目的由来

重庆有句古训"养儿不用教，酉秀黔彭走一遭"。不熟悉重庆的朋友或许并不懂得其中的含义，简单地说：以前酉阳、秀山、黔江、彭水这几个地方很贫穷，如果你想教育你的后代，根本不用说教，直接带他们去酉秀黔彭走走看看，就能体会到生活的艰辛，从而奋发有为。虽然今天这句话已经过时，酉阳也于2020年摘去国家级贫困县帽子，但经济排名仍然滞后于重庆各个区县。

酉阳经济落后是有原因的，单说地理，2017年重庆首次地理国情普查公报显示，重庆山地面积占比75%，而地处重庆东南、土地面积最大的酉阳县几乎全部覆盖丘陵地形，而且土质多为沙石，一般农作物很难栽种。

2018年10月，酉阳县政府因地制宜，科学地确立了把酉阳打造成为全国油茶大县的方针，决定以酉州生态农业公司为龙头，把酉阳茶油打造成为中国茶油知名品牌，并带领全县几十万茶农脱贫致富，实现乡村振兴的重任。

2021年两会期间，酉阳县两位人大代表找到同为重庆代表团成员的长安汽车董事长朱华荣，希望长安汽车能帮扶酉阳茶油产业发展。会后朱华荣即安排公司相关部门进行可行性调研，经公司办公会集体讨论决策同意后，长安汽车即刻成立乡村振兴项目组，积极开展定点帮扶酉阳茶油项目。

二、为什么帮扶酉阳茶油

第一，响应党的号召是长安汽车的责任和义务。身为国企自应担当，党的号召就是命令，国家有需要就应该冲锋在前。中央开启乡村振兴战略意义十分重大，因为没有乡村振兴的中国发展是不平衡不充分的，没有乡村振兴的中国城市化是难以推进的，没有乡村振兴的中国工业也是不可持续的。实施乡村振兴战略，不仅是开启全面建设社会主义现代化国家新征程的必然选择，同时也是实现全体人民共同富裕的必然选择。作为国民经济发展的中坚力量、中国特色社会主义的支柱，国有企业必须从思想和行动上体现党和政府的意志和利益，这是国企的责任和义务。

第二，长安汽车品牌提升需要一个响亮的公益品牌。今天长安汽车的市场瓶颈不在技术而在品牌，多次市场调研的结果显示长安汽车品牌力落后于产品力。如何快速提升品牌力呢？此前我们重点主打自主研发和产品品质两张牌，它助推长安汽车在第一次创业中走到了微型车第一，第二次创业中又走到了自主品牌汽车第一的位置。但光环下冷静思考，我们的品牌建设工作做得还远远不够，怎么办呢？我们还有公益王牌，如果我们能够在短期内帮助酉阳茶油成就中国明星甚至世界明星，那长安汽车可就是金牌教练，是跨行业帮扶的标杆，也是明星！这张牌打好了可以快速形成品牌三足支撑之势，三力合一可以赢得更好的市场青睐。

第三，酉阳茶油是个很好的助农致富项目。酉阳县39个乡镇、278个村、85万人，其中农村人口60万。这次政府搭台、企业牵头、农民响应的茶油致富项目，由企业出资、农民出地入股种植油茶树。根据合同，酉州生态公司占股60%，村集体经济组织占8%，农户占32%。令我们敬佩的是，酉州生态公司承诺在股权不变的情况下，从第十六年起每年出让1%红利给农户，最终只保留20%红利，并对农户实行保底收益＋分红政策，农民还可以在种植地帮工赚取工资收入。油茶树栽种6年后开始产出效益，丰产期120年内可惠及农民三代。2021年年底全县几乎村村栽种油茶树，可惠及10万户30多万茶农。可以说今天的酉州生态公司承载着带领全县茶农脱贫致富、实现乡村振兴的重任。长安汽车帮扶酉州生态公司绝不是简单的帮扶一个企业，而是通过帮扶这个龙头企业，帮到它身后一个产业链以及链上从事油茶种植的几十万甚至周边几百万茶农。

三、帮扶酉阳茶油的价值点

第一，食用油安全战略呼唤发展茶油产业。据行业协会统计，我国每年至少消耗3600万吨食用油，国内油料作物榨油不足1100万吨，其中2500万吨食用油用到的原料依靠进口。中国油脂行业的自给率只有32%，三分之二以上需要进口，仅次于铁矿石和石油的对外依存度。比如70%的大豆需要从美国进口，年进口量1亿吨以上。食用油安全事关国计民生，已经上升为国家战略引起管理部门高度重视。而在众多食用油中，大豆油、菜籽油以及花生油占据着全国前三地位，占比达85%，而茶油产销80万吨，仅占总量的2%左右。因此，在花生、油菜、大豆这些需要占用大量耕地的作物不能快速增长的情况下，喜好荒山野岭的油茶树却可以广泛推广，为中国食用油产业作出积极

长安汽车：织梦酉阳　定点帮扶酉阳茶油案例

贡献。

第二，消费升级需要发展茶油产业。人们始终会保持美好生活的向往，食用油领域的消费升级是不以我们意志为转移的。目前世界上最著名的两大木本油料植物分别是油茶树与油橄榄树，其中的橄榄油已经得到中国消费者的认可，市场份额已经占到5%。而茶油作为中国特有的一种优质食用油，多数消费者甚至还不知道它的存在，其市场份额更是不到橄榄油的一半。相对于市场上传统植物油，茶油的优势太多，长期食用茶油可以防止动脉硬化、抑制和预防冠心病、高血压等心脑血管疾病，此外，还有润泽皮肤、乌黑头发、保健身体、防癌长寿的功效，素有"东方橄榄油"称号。因此，伴随人们对茶油认识的提升以及消费升级的持续，茶油一定会成为中国乃至全球用户的首选。

第三，碳平衡战略呼唤发展茶油产业。2020年，中国政府在第七十五届联合国大会上提出：中国的二氧化碳排放力争于2030年前达到峰值，努力争取2060年前实现碳中和。虽然此前我国制定的减排规划并没有把油茶树列入减排清单之列，但事实上油茶林的碳吸收作用是不容忽视的，据专业部门发布的数据显示，每年每亩油茶林吸收二氧化碳能力在1～4吨。因此我们仍然可以通过帮扶茶油项目展示长安汽车的社会责任，同时积极建议国家相关部门重视，应优先发展这种既有经济价值又有社会价值的树种为碳平衡首选项目，以促进社会可持续发展。

第四，城乡协调发展呼唤发展茶油产业。酉阳地处山区，由于地理位置、区域经济发展不平衡，导致该地劳动力资源大量外流，尤其是青壮年外流是当前"三农"问题的突出现象。农村人口外流给城市经济增长与发展带来收益的同时，也给农业农村的发展带来了劳力的缺乏。此前，当地政府为发展经济、稳住劳力开展过多个脱贫项目，但还不足以助农致富。这次，酉阳县倡导的茶油产业，其经济效益非常可观，据酉州生态公司董事长张新文介绍，茶油产业的经济效益是相同土地面积其他农作物产出的三倍。也正是这个原因，近两年外出打工的青壮年开始回流，如果这个产业能科学高效发展，则可以较好地解决农民事业和家庭不能兼顾、影响城乡协调发展的关键问题。

四、新颖策略输出高效成果

一是塑品牌，快速扩大知名度、美誉度。

长安汽车介入帮扶后，项目组对酉州生态公司进行过实地调研，发现这个企业虽然是2018年成立的新公司，但在资金、技术、产能、原料、品质等方面都具有行业优势，他们的酉阳茶油产品2020年年底新上市，欠缺的是品牌、渠道和管理的提升。长安汽车结合多年扶贫工作经验进行讨论，1.0版扶贫是捐钱捐物，2.0版是买货促销，这次根据酉阳生态的实际情况，决定直接采用3.0模式介入对酉阳茶油的帮扶，即从品牌传播切入，直接高调开头，形成强势品牌入市效应。在这个思想指导下，长安汽车与酉州生态公司确立了3～5年内打造行业顶尖品牌的目标，首先策划了7月9日，长安汽车与酉阳县政府、酉州生态公司共同签署《乡村振兴定点帮扶合作协议》活动。受到来自中央电视台、人民日报客户端等众多主流媒体的重点关注，活动后酉阳茶油品牌在全网声量及关注度呈量级增长，日均关注度上涨超过144倍，而且全网点赞无一负面。酉阳茶油一夜走红！

此外，长安汽车还利用自身专有的国内大型车展活动平台，以及遍布全国各地的营销市场，隆重推出长安汽车公益品牌活动，帮扶酉阳茶油在汽车消费人群中拓展品牌知名度和美誉度，因为这个群体最有希望成为中国食用油升级的先行者。

二是建渠道，快速提升销量、抢占市场。

乡村振兴项目组对目前中国茶油市场的基本判断是：这个市场并不是一个饱和、充分的竞争市场，也没有形成真正的茶油头部企业，因此，快速上量抢占有利市场，尽快形成强者地位非常重要。因此，长安汽车一是直接利用自身的营销渠道大量采购酉阳茶油，作为汽车销售的促销品，2021年5～10月实现促销2000万元；二是企业内部采购，在集团所属企业大工会系统的劳动竞赛、员工关爱活动中使用部分酉阳茶油产品，2021年已经促销320万元；三是动员长安汽车的5000家经销商、4700家供应商等合作伙伴介入乡村振兴活动，目前所有经销服务商，包括部分长安车用户已经行动起来，自发宣传和使用酉阳茶油。预计当年长安汽车对酉阳茶油的促销贡献将达到2700万元以上，占总销量的35%左右。

三是重培训，快速开阔视野、提升能力。

企业的发展首先是员工能力的成长。2021年9月开始，酉州生态公司与长安汽车达成协议，选派了20余人进入长安汽车大客户、4S店、新营销、品牌等部门现场实习，全面深入学习长安汽车的营销渠道经营模式、品牌传播运作模式；此外，还选派12名骨干员工参加长安学习中心举办的通用和营销两个方向的经理级继任者培训班学习。

四是授人以渔，快速建立长效机制。

业界有个传说：一流企业做标准，二流企业做品牌，三流企业做产品。我们认为酉阳茶油的目标是国内顶尖品牌，是世界冠军，那么肩负这个使命的企业必须掌握世界一流的管理技能。因此，长安汽车项目组正按照朱华荣董事长"帮忙不添乱、助力不越位"的要求制定明年帮扶方案，在仔细分析茶油行业、酉州生态的实际情况基础上，精心匹配长安管理体系，力求帮助建立一个具有一定领先水平和简单实用的数字化管理体系1.0版，让其与酉州生态公司生产经营相结合，让优质管理释放出高效的生产力。

虽然汽车和茶油行业不同，但管理的原理和经营的逻辑是相通的，拥有159年工业成长历史、64年造车经验的长安，已经沉淀了一整套先进的现代企业管理体系，特别在经营管理、机制创新、精益制造、质量提升、渠道拓展、品牌传播、数字管理等多个方面颇有建树。我们完全有能力帮扶酉州生态公司成就一个行业顶尖品牌，打造一个企业帮扶企业的标杆。

五、好山好水好茶油

酉阳地处武陵山区腹地，这里山清水秀，有晋代陶渊明笔下的桃花源，有百里乌江画廊，有"江南鄂尔多斯"的菖蒲大草原，有世界最大的千年金丝楠木王，这里更有3000多棵历经数百年风霜雪雨存活下来的古油茶树群——世外茶园。

这里顺天时地利，北纬28°~29°之间，典型的亚热带湿润季风气候，全年雨量充沛、日照充足、冬暖夏凉，为油茶树量身打造的天然福地；这里，是最不适合粮食作物生长的油砂石山坡地质，却恰恰成就了油茶树生长最爱的生态环境。上天对勤劳的人总是公平的，它关了一扇门，而又开了一扇窗。因此，2021年酉阳油茶种植区被国家知识产权局评定为"国家地理标志产品保护示范区"，同时在第24届中国国际高端健康食用油产业展览会上被授予"中国木本油料影响力地理标志产品"荣誉称号。

"种油茶绿色环保，这是促进经济发展、农民增收、生态良好的一条好路子。"长安人将谨遵习近平总书记的教导，真诚帮扶酉阳茶油成就行业顶尖品牌，实现乡村振兴的美好愿景。

纵横股份：纵横大鹏无人机在乡村振兴中的应用

一、乡村振兴的背景和难点

乡村如何振兴，是几千年来中国人一直探讨的话题，也是乡土中国的千年难题，全面深入地推进特色乡村建设和振兴，是我们党实现中华民族伟大复兴的一项重大的历史性使命和任务。改革开放以来，中国一直不遗余力地推进我国的扶贫工作，2018年中央一号文件聚焦实施乡村振兴战略，9月，党中央、国务院印发《乡村振兴战略规划（2018－2022年）》。2021年1月25日，习近平主席在召开的全国脱贫攻坚表彰大会上庄严宣布，中国脱贫攻坚战取得了全面胜利，但是我们还需要在继续巩固这次脱贫攻坚的成果的基础上，大力推进乡村振兴。党的十九大报告也首次明确提出实施乡村振兴战略，报告指出，农业农村农民问题是关系国计民生的一个根本性重大问题，必须始终将其作为我们共产党全部经济工作的重中之重，实施乡村振兴战略。党中央深刻阐述了乡村振兴战略的重大现实意义和长远历史意义，视野宏阔、思虑深远，具有十分鲜明的历史眼光、现实眼光和未来眼光。

当前，随着我国全面推进"四化"同步发展，着力推进城乡一体化发展，乡村城镇化水平逐年提高，农业农村发展环境不断改善。但是，乡村发展依然存在着明显瓶颈，比如农村现代化水平较低、城乡基础设施建设不平衡，农村基础设施建设力度仍不及城市、城乡公共服务不平衡等困难和问题。在乡村治理方面，乡村地区普遍面临地广人稀、环境较差甚至恶劣、自然灾害频发等诸多问题，导致乡村治理水平落后甚至治理缺位，传统的人工巡查、统计分析手段已不能满足当前乡村振兴的要求，研究如何充分利用科技手段促进乡村治理水平的提升，是能够有效促进乡村振兴目标的实现的重要手段。

二、无人机在乡村振兴中的作用

无人机作为一种新型基础工具，在各行业各领域已经逐渐开展应用，已经从高端的军事用途逐渐平民化，在工业应用、城市治理、公安、执法、应急等各领域均有应用。在乡村治理中，无人机可以作为重要的数据采集传感器，通过搭载航测相机、光电吊舱、大气传感器、激光雷达、miniSAR等智能化传感器，利用三维建模、计算机视觉、图像处理、人工智能等技术，实现无人机的高频、自动空中巡检，回传影像数据的智能化处理及可视化展示，可显著提高农房建设、乡村环境、

纵横股份：纵横大鹏无人机在乡村振兴中的应用

农田利用、地灾普查、应急救援、环保治理等方面的监管效率。如针对违规农房建设、耕地占用、污水垃圾违规排放等突出问题，普遍采用人工巡检的方法，存在效率低、频率低、成本高、风险高等特点，且受巡检人员主观能动性影响大，一些不易涉足区域往往被遗漏，而以无人机为基础的无人化智慧巡检系统，克服了这些不足，实现远程操控，24 小时不间断，智能分析数据精准推送，大幅提高巡检的效率，真正赋能乡村的数字化治理。

三、纵横大鹏系列无人机的乡村振兴应用实践

（一）纵横大鹏无人机乡村治理解决方案

成都纵横自动化技术股份有限公司（股票简称"纵横股份"、股票代码"688070"）是国内规模领先、最具市场竞争力的工业无人机企业，公司于 2015 年在国内率先发布并量产垂直起降固定翼工业无人机，将"垂直起降固定翼无人机"这一新类别纳入工业无人机的范畴，与多旋翼无人机一起成为当今工业无人机的主要布局形式，细分市场占有率超过 50%。

目前公司拥有多个系列谱系齐全的垂直起降固定翼无人机系统，其中重点产品包括纵横大鹏 CW-15、CW-25、CW-30H 等，产品最大起飞重量涵盖 6.8~105 千克，航时 1~12 小时，最高起飞海拔 4500 米，产品稳定性和可靠性强，通过集成自主开发的任务设备，可广泛应用于测绘与地理信息、能源巡检、应急、安防监控等领域。公司具备单兵、车载、舰载各型号的无人机系列，可实现侦察、测绘、校准、评估、打击、靶机等各类军用作业能力。同时公司具备根据军用或民用需求的快速定制开发产品并实现工程化、产业化的能力。

公司积极开展无人机在乡村治理的各项应用解决方案，不断探索提升工业无人机的智能化应用水平，促进城市、乡村等不断提升综合治理水平，目前已形成多个成熟的应用解决方案，包括如无人机大致正射及倾斜摄影系统获取影像信息用于乡村规划、违建治理、实景三维；搭载光电吊舱用于日常巡查、环保巡查、森林防火、应急等场景；搭载激光雷达系统获取高精度地理信息，进行地质灾害监测；搭载多光谱相机获取光谱数据用于作物长势监测、病虫害信息分析等精准农业以及林业资源保护等。

（二）纵横大鹏无人机乡村治理应用案例

2020 年起，纵横股份联合中移动在绵阳市北川县小坝镇开展"5G + 无人机"的乡村治理综合应用，实现通过科技手段助力基层治理的新模式。小坝镇地处川西北向藏东高原过渡的龙门山地震带，地势险峻，河流密布，森林覆盖率达 79.6%，35% 以上区域人员无法直接到达，是地质灾害、森林火灾频发的高风险地区，地理

环境的劣势造成小坝镇当地发展受限。小坝镇常年地广人稀，基层组织建设和基础配套设施建设薄弱，治理体系不够完善。如何应对小镇地区劣势，保护村民人身财产安全和当地的生态环境，对小坝镇当地的基础设施建设和政府人员的基层治理能力提出了较高的挑战。应对突发险情保护村民安全是实现小坝镇振兴的第一步，只有在安全保障的情况下，才能安心发展经济和吸引人才，实现产业振兴、人才振兴。

为了深入贯彻落实习近平总书记关于乡村振兴的重要讲话精神，服务国家重大战略需求。纵横股份在实地考察小坝镇当地情况后，和小坝镇开始着手摸索并建立"5G+无人机"的基层治理新模式，实现了智慧无人机在巡检、安防、执法、搜索、救援、农业等多个场景中应用，大大提高基层治理效率，有效遏制和应对重大突发险情。通过和小坝镇共同探索政府基层治理新模式探索，解决人工巡检存在搜索地域广、时间长、成本高、难度大等实际问题，并带动当地基层村民参与积极性，实现政府治理与社会调节和居民自治的协同发展。

首先，公司建立"5G+无人机"所需的基础设施配套，纵横股份与小坝镇合作，投入数十万元打造基层应急指挥中心，建设无人机防灾系统（包括无人机CW-15D平台、通信中继方案、便携式地面控制站）、信息系统和指挥与调度平台，实现应急信息的可视化展示、精准化分析、有效化处理。

为有效动员村民参与积极性，小坝镇将全镇17个村划分4个片区，建立镇、片区、村、组、户五级联动联防网格化管控机制，制定"五张清单"，实施"村负责、组协调、户参与"的农户轮流值守制度，构建起"统一指挥、专常兼备、反应灵敏、上下联动、平战结合"的应急作战机制，并组建由县级部门、乡镇、村社、应急队伍等共同参与的应急指挥作战小组。

为有效发挥无人机在基层治理的载体作用，小坝镇大力推行地质灾害监测员、生态护林员、网格员、巡河员、治保员等"多员合一、一员多用"，小坝镇将无人机操作纳入机关、站所和村两委干部培训计划，纵横股份则负责建设无人机理论实操培训基地，培训合格人员分成4个班组，与全镇3000余名志愿者、专业人才、民兵等组成的18支应急队伍联动，常态化开展灾害排查、应急处突等工作。目前已组织完成多批次飞手培训并取得无人机操作资格证书。

北川小坝镇目前已先后完成了无人机灾害预警、防火防汛应急演练、地质灾害等应急演练，并对境内地质灾害、森林防火、生态保护、矿藏开采、农业监测、社会治安等场景开展日常巡查，通过无人机巡视，每架每天可完成40多平方千米的巡视面积，一周以内可以完成全域无死角巡视，且一个架次飞行可实现森林防火、人工护林、河道巡视、矿山监测、应急处置等多种功能，是传统人工巡视效率的40倍。从空中视角进行巡护更全面、更高效、更安全，获得的巡视资料也可实现可追溯、可分析、可留存。在发现疑似灾情时，空中传回的画面将直通镇指挥大厅，镇应急管理小组可以在第一时间获取到疑似灾害点的位置信息、地形信息、灾情信息等，并根据应急处置方案，通知村里责任人，进行快速处置，为基层治理现代化提供决策依据和科学保障。

通过"5G+无人机"创新治理模式建设，小坝镇一是有效实现当地组织振兴，无人机的应用带动了动员当地村民参与治理的积极性，创新乡村社会治理，加快推动社会治理重心向基层下移，充分发挥社会组织作用，显著提高村民民主自治能力、激发村民内生动力、提高乡村治理能力，形成了高效的乡村治理结构。二是构建了多方参与的社会动员响应体系，健全小坝镇的基层应急管理组织体系，加强了应急管理队伍建设，强化了应急状态下的基层资源保障。此外，无人机的引入，促进了无人机在地质灾害检测、河道巡检、生态护林等行业的应用，催生一批新就业需求，纵横股份通过对当地村民进行无人机相关理论实操培训，提高专业素质，有效减少当地人口资源外流。

无人机的应用也极大推进了小坝镇的治理现代化进程，通过5G网联无人机结合中继组网实现对小坝镇常态监测、监控能力，依靠科技提高应急管理的科学化、专业化、智能化、精细化水平。提高了小坝镇对突发事件响应和处置的能力，适应科技信息化发展大势，提高了监测预警能力、监管执法能力、辅助指挥决策的能力。

四、坚持科技创新、积极服务社会

纵横股份始终坚持创新驱动，秉持"技术创新、航空品质、服务至上"的经营理念，以身践行"中国之翼，改变世界"的社会责任理念，通过技术和产品创新，致力于推动工业无人机系统赋能传统行业，致力于为客户提供智能化、平台化、工具化的工业无人机系统。同时公司也踊跃参与应急、重大事件保障、公益等社会活动，为世界创造价值、注入和谐力量。

除小坝镇的"5G+无人机"乡村综合治理应用外，近年来公司产品在国内多个地区乡村综合治理的各个领域得到应用，先后参与郑州"7·20"特大暴雨救援、四川省森林防火重点区域常态化巡查、宁夏固原市原州区张易镇马场村二林沟荒山火情救援、淮河防汛实时巡检、绵阳市平武县响岩镇森林火灾应急救援行动、西昌森林火灾应急救援行动、湖北省长江入河排污口排查整治专项行动、北京市房山区山体滑坡应急测绘、广西北海金海湾保护区红树林生态资源保护巡查、石家庄市岗黄水库饮用水源地保护区空中巡查、四川卧龙国家级自然保护区熊猫保护与巡山工作等多个重点任务项目，积极履行社会责任。

面向未来，纵横股份将继续拿出砥砺"咬定青山不放松"的韧劲，激扬"中流击水、奋楫前行"的干劲，脚踏实地做好产品，不断完善无人机在乡村治理的应用解决方案，将无人机在基层治理应用方面的创新与成功经验在全国进行推广，推动无人机在全国乡村治理中建立常态化应用模式，充分利用科技手段真正服务国家乡村振兴战略，为全面实现乡村五个振兴奠定基础和做好重要保障。

第十篇

大事记

大事记

1月8日，证监会发布《关于加强私募投资基金监管的若干规定》。形成私募基金管理人及从业人员等主体的"十不得"禁止性要求，是贯彻落实有关防范化解私募基金行业风险要求的重要举措之一，将进一步引导私募基金行业树立底线意识、合规意识，优化私募基金行业生态。

1月11日，上交所发布《上海证券交易所上市公司自律监管规则适用指引第5号——行业信息披露》，对酒制造、汽车制造、化工等16项行业信息披露指引进行修订，并删除医疗器械、集成电路、广播电视传输服务等11项行业信息披露指引。

1月11日，人民银行草拟了《征信业务管理办法（征求意见稿）》，向社会公开征求意见，为坚持征信为民，规范征信业务及其相关活动，加强征信监督管理，促进征信业健康发展。

1月15日，证监会批准开展花生期货交易，花生期货合约正式挂牌交易时间为2021年2月1日。

1月15日，国家发改委办公厅发布《关于建立全国基础设施领域不动产投资信托基金（REITS）试点项目库的通知》，决定建立全国基础设施REITS试点项目库。《通知》提出，发改委将按照统一标准和规则，设立覆盖试点各区域、各行业的全国基础设施REITS试点项目库，并作为全国盘活存量项目库的一个重要组成部分。

1月15日，中国银行间市场交易商协会修订并发布《银行间债券市场现券做市业务自律指引》及《银行间债券市场现券做市业务评价指标》，加强做市业务事中事后管理。

1月16日，银保监会会同国家发展改革委、人民银行、证监会制定了金融机构债权人委员会工作规程，明确了债委会职责定位、扩大了债委会成员的覆盖范围等。

1月22日，证监会批准设立广州期货交易所。

1月22日，证监会发布《公开募集证券投资基金运作指引第3号——指数基金指引》。

1月22日，沪深证券交易所发布2021年修订《上海证券交易所沪港通业务实施办法》及《深圳证券交易所深港通业务实施办法》。本次修订目的在于进一步优化互联互通机制，明确沪股通投资者参与科创板股票交易、深交所上市A+H股公司H股纳入沪港通下港股通股票以及落实深沪港三所关于扩大深沪港通股票范围的共识。

1月22日，人民银行与财政部联合发布《储蓄国债（凭证式）管理办法》，并于3月1日起施行。

1月25日，人民银行举行"金融支持保市场主体"系列新闻发布会。个人征信业务需要持牌经营，并纳入征信监管。打着大数据公司、金融科技公司等旗号，未经人民银行批准擅自从事个人征信业务的行为，均属于违法行为。

1月25日，第二届中日资本市场论坛以线上方式成功举办，上交所与日交所更新签署中日ETF互通合作协议，为中日ETF互通进一步扩大产品规模、增加产品类型和拓展互通范围奠定了基础。

1月29日，证监会对外公布《首发企业现场检查规定》，自公布之日起施行。在试点注册制的背景下，开展首发企业现场检查仍然有必要性。

1月29日，证监会起草了《关于完善全国中小企业股份转让系统终止挂牌制度的指导意见》，并向社会公开征求意见，建立常态化、市场化的退出机制，形成"有进有出"的良性市场生态，提升新三板市场活力和挂牌公司质量。

1月29日，上交所制定发布《公开募集基础设施证券投资基金（REITS）业务办法（试行）》《公开募集基础设施证券投资基金（REITS）规则适用指引第1号——审核关注事项（试行）》《公开募集基础设施证券投资基金（REITS）规则适用指引第2号——发售业务（试行）》，主要明确基础设施公募REITS的业务流程、审查标准和发售流程，标志着上交所推进基础设施公募REITS试点工作取得阶段性进展。

1月29日，中国银行间市场交易商协会发布关于进一步规范债务融资工具发行企业无偿划转事项的通知。

2月1日，上交所发布实施《上海证券交易所科创板发行上市审核业务指南第2号——常见问题的信息披露和核查要求自查表》。

2月3日，上交所发布《上海证券交易所科创板发行上市审核规则适用指引第1号——保荐业务现场督导》，规范科创板发行上市保荐业务现场督导行为，督促保荐机构、证券服务机构勤勉尽责，切实发挥资本市场的"看门人"职责。

2月5日，中国人民银行与中国银行保险监督管理委员会、中国证券监督管理委员会、国家外汇管理局、香港金融管理局、香港证券及期货事务监察委员会、澳门金融管理局签署《关于在粤港澳大湾区开展"跨境理财通"业务试点的谅解备忘录》，内容涉及监管信息交流、执法合作、投资者保护、联络协商机制等方面。

2月5日，证监会发布申请首发上市企业股东信息披露指引。

2月5日，证监会批准深交所主板与中小板合并，有利于优化深交所板块结构，形成主板与创业板各有侧重、相互补充的发展格局，更好满足不同发展阶段企业的融资需求，增强深交所的服务功能。

2月5日，证监会发布《关于上市公司内幕信息知情人登记管理制度的规定》。

2月5日，沪深交易所发布《关于可

转换公司债券程序化交易报告工作有关事项的通知》，就可转债程序化交易建立报告制度。《通知》自2021年3月29日起施行。

2月8日，中国证券投资基金业协会发布《公开募集基础设施证券投资基金尽职调查工作指引（试行）》和《公开募集基础设施证券投资基金运营操作指引（试行）》等两项公开募集基础设施证券投资基金相关配套自律规则。

2月9日，国新办就绿色金融有关情况举行吹风会。央行将研究出台金融支持绿色低碳发展的一揽子政策措施，在"十四五"金融规划中就金融支持绿色低碳发展和应对气候变化作出系统性安排。

2月9日，中国结算发布了新修订的《证券账户非现场开户实施细则》，进一步加强和完善证券账户非现场开户管理工作。

2月10日，国务院总理李克强签署国务院令，公布《防范和处置非法集资条例》，自2021年5月1日起施行。

2月10日，上交所发布《上海证券交易所证券发行与承销业务指南第1号——科创板上市公司证券发行与承销备案》，并自发布之日起施行。上交所表示，该业务指南的制定发布是为规范科创板再融资发行方案和承销总结等文件备案要求，以及向特定对象发行证券业务办理流程和信息披露要求。

2月24日，为平稳推进基础设施公募REITS试点工作，保障审核、网下发售等业务有序运行，深交所基础设施公募REITS技术系统正式上线，审核业务系统、信息公开网站和网下发售系统将自3月1日起启用。这标志着深交所基础设施公募REITS试点在技术层面准备工作已顺利完成，将为国内首批基础设施公募REITS产品平稳发行上市提供有力技术保障。

2月25日，习近平在全国脱贫攻坚总结表彰大会上发表重要讲话，庄严宣告，经过全党全国各族人民共同努力，在迎来中国共产党成立一百周年的重要时刻，我国脱贫攻坚战取得了全面胜利。

2月26日，证监会发布《公司债券发行与交易管理办法》，进一步夯实公司债券注册制的制度基础，加强事中事后监管。

2月26日，证监会发布《证券市场资信评级业务管理办法》，进一步规范证券市场资信评级业务。

2月26日，上交所、深交所分别发布全国中小企业股份转让系统挂牌公司向科创板、创业板转板上市办法。畅通转板机制，形成错位发展、功能互补、有机联系的多层次市场体系。

3月1日，商务部印发的《关于围绕构建新发展格局做好稳外资工作的通知》提出放宽外国投资者战略投资上市公司资质条件等要求，积极吸引战略投资。

3月3日，中国证券投资基金业协会发布《关于公募基金行业投教宣传工作倡议》。倡议中提到，公募基金管理人应发挥专业价值，审慎合规开展投教宣传活动，并特别强调"严禁娱乐化""各机构

2022 大事记

不得开展、参与娱乐性质的相关活动"。

3月5日，证监会牵头的《中小投资者投诉处理与权益救济》项目文件获国际证监会组织通过，这是我国首次在投保领域牵头国际文件制定工作，体现了IOSCO对中国资本市场投资者保护工作，特别是中小投资者权益救济做法的肯定。

3月5日，政府工作报告中提出稳步推进注册制改革，完善常态化退市机制。

3月8日，第十三届全国人民代表大会第四次会议举行全体会议，最高人民法院工作报告指出：严惩操纵内幕交易等犯罪，对资本市场违法犯罪零容忍。

3月12日，证监会发布《行政处罚委员会组织规则》，进一步规范行政处罚委运作。

3月13日，中注协审计准则委员会召开会议，专题研讨"打击资本市场财务造假提升审计质量"，打击资本市场财务造假，注册会计师行业需刀刃向内。

3月16日，最高法发文明确即将揭牌的北京金融法院的管辖范围，除对"一行两会一局"的行政诉讼和非诉行政执行案件由北京金融法院管辖，境外公司损害境内投资者合法权益的相关案件、"新三板"挂牌企业相关证券纠纷，也均由北京金融法院实行跨区域集中管辖。

3月18日，上交所修订发布《上海证券交易所主板股票上市和终止上市审核实施细则》，主要规范主板股票首次上市、终止上市和重新上市等审核事项、审核程序及有关上市委员会的设立遴选安排等。

3月19日，银保监会发布《关于修改〈中华人民共和国外资保险公司管理条例实施细则〉的决定》，删除外国保险公司在中国境内设立合资寿险公司中有关外资股比的限制性规定，进一步明确外国保险集团公司和境外金融机构投资外资保险公司的准入标准，外国保险公司或者外国保险集团公司作为外资保险公司股东，其持股比例可达100%。

3月19日，证监会发布修订后的《上市公司信息披露管理办法》自2021年5月1日起施行。

3月28日，人民银行会同国家发改委、财政部、银保监会和证监会起草了《关于促进债券市场信用评级行业高质量健康发展的通知（征求意见稿）》，加强债券市场评级方法体系建设，构建以违约率为核心的评级质量验证机制。

3月30日，上海证券交易所、中证指数有限公司主办的"上交所2021年指数化投资国际推介活动（线上）"成功举办，面向国际机构投资者，就中国指数化投资趋势、科创50ETF、ESG投资机遇及境内指数国际化发展等主题展开深入研讨。

3月31日，中证商品指数有限责任公司在河北雄安新区市民服务中心举行开业仪式，是证监会贯彻落实《中共中央国务院关于支持河北雄安新区全面深化改革和扩大开放的指导意见》，推动金融支持雄安建设发展的重要举措。

4月2日，中国证券业协会发布公告称，已于近日启动了证券公司账户管理功能优化试点评估工作。账户管理功能优化试点将进一步优化证券公司账户管理体系，切实提高现有账户模式的便利性，更好满足客户财富管理需求，推动证券行业形成以客户为中心的业务体系，提升客户服务能力和质量，落实全面深化资本市场改革的有关要求。

4月6日，深交所主板与中小板合并正式实施，真爱美家、中农联合、华亚智能3家企业首次公开发行股份并在深市主板上市，是继创业板改革并试点注册制顺利实施后，资本市场又一项重大改革成功落地，是资本市场支持粤港澳大湾区和先行示范区建设的又一项重要成果。

4月7日，中国证券业协会形成《公司债券承销报价内部约束指引》，作为引导行业合理报价的专门性规定。维护公司债券市场良好生态，促进公司债券市场健康发展。

4月9日，中国人民银行、银保监会、证监会、外汇局发布《关于金融支持海南全面深化改革开放的意见》，从提升人民币可兑换水平支持跨境贸易投资自由化便利化、完善海南金融市场体系、扩大海南金融业对外开放、加强金融产品和服务创新、提升金融服务水平、加强金融监管防范化解金融风险六个方面提出33条具体措施。

4月13日，证监会对乐视网信息披露违法、欺诈发行行为进行了立案调查、审理，涉及乐视网、贾跃亭等15名责任主体。证监会决定对贾跃亭、时任乐视网财务总监杨丽杰采取终身证券市场禁入措施。

4月16日，证监会修订《科创属性评价指引（试行）》，形成"4+5"科创属性评价指标。

4月16日，上交所修订发布《科创板企业发行上市申报及推荐暂行规定》，进一步明确科创板定位把握标准，支持和鼓励硬科技企业在科创板发行上市，引导和规范发行人申报和保荐机构推荐工作，促进科创板市场持续健康发展。

4月16日，证监会宣布中证中小投资者服务中心接受50名以上投资者委托，对康美药业启动证券纠纷特别代表人诉讼。最高人民法院指定广州市中级人民法院对案件进行管辖。此次康美药业普通代表人诉讼转换为特别代表人诉讼，是我国首单证券纠纷特别代表人诉讼。

4月19日，广州期货交易所揭牌仪式举行。设立广州期货交易所是落实党中央国务院决策部署，健全多层次资本市场体系、服务粤港澳大湾区和国家"一带一路"建设的重要举措。

4月21日，上交所公开募集基础设施证券投资基金（REITS）电子申报系统正式开始接收项目申报材料，正式接收首批2单基础设施公募REITS项目申报，标志着上交所基础设施公募REITS试点进程又向前迈进了关键一步。

4月21日，两个基础设施领域不动产投资信托基金（以下简称基础设施公募REITS）项目申请材料已通过深交所基础设施公募REITS审核业务系统正式申报，标志着基础设施公募REITS试点工作将正式进入项目审核阶段。

4月21日，人民银行、发展改革委、证监会联合发布的《绿色债券支持项目目录（2021年版）》，在绿色项目界定、部际标准统一、国际标准趋同等方面实现重点突破。

4月23日，人民银行召开打击治理跨境赌博"资金链"工作会议，对"跑分平台"、电商平台涉赌等重点问题以及利用虚拟货币、区块链技术逃避溯源等新手法、新问题，加强风险防范处置。

4月28日，银保监会深入贯彻落实党中央、国务院关于打好防范化解重大金融风险攻坚战的决策部署，持续开展银行保险机构股权和关联交易专项整治，通过采取监管措施，有效遏制乱象发展势头，整治工作取得积极成效。

4月29日，人民银行、银保监会、证监会、外汇局等金融管理部门对部分从事金融业务的网络平台企业进行监管约谈，此次联合监管约谈的从事金融业务的网络平台企业，具有综合经营特征且业务规模较大、在行业内有重要影响力、暴露的问题也较为典型，必须率先严肃纠正。

4月30日，深交所发布《创业板发行上市审核业务指引第1号——保荐业务现场督导》，是深交所认真贯彻新证券法要求，完善发行上市审核全链条监管，健全完善市场基础制度，保障创业板注册制高质量运行的有力举措。

4月30日，深交所对《创业板上市公司重大资产重组审核规则》《创业板上市委员会管理办法》进行修订并公开征求意见，完善创业板试点注册制下并购重组审核机制。

4月30日，国资委印发《关于进一步加强金融衍生业务管理有关事项的通知》，指出资产负债率高于国资委管控线、连续3年经营亏损且资金紧张的子企业，不得开展金融衍生业务。操作主体开展投机业务或产生重大损失风险、重大法律纠纷、造成严重影响的，业务资质应当暂停，风险处置及整改完成后，需恢复开展业务的，报集团董事会重新核准。

5月7日，证监会形成了《公开发行证券的公司信息披露内容与格式准则第2号——年度报告的内容与格式（征求意见稿）》《公开发行证券的公司信息披露内容与格式准则第3号——半年度报告的内容与格式（征求意见稿）》，就上市公司年度报告和半年度报告内容与格式准则向社会公开征求意见。

5月8日，反洗钱工作部际联席会议联络员会议召开，要加快完成《反洗钱法》修订工作，出台特定非金融行业反洗钱制度，建立定向金融制裁工作机制，制定受益所有人制度实施细则，切实落实国际评估整改要求。

5月11日，中国人民银行发布《2021年第一季度中国货币政策执行报告》指出，珍惜正常的货币政策空间，处理好恢复经济和防范风险的关系。进一步发挥好再贷款、再贴现和直达实体经济货币政策工具的牵引带动作用，构建金融有效支持实体经济的体制机制，引导金融机构加大对科技创新、小微企业、绿色发展等领域的支持，研究推出央行碳减排支持工具。

5月11日，首起证券纠纷普通代表人诉讼案宣判，上海金融法院公开宣判原告魏某等315名投资者与被告上海飞乐音响股份有限公司证券虚假陈述责任纠纷一案。根据一审判决，被告应向原告支付投资损失赔偿款共计1.23亿余元人民币，人均获赔39万余元。

5月13日，国务院国资委举行的"法治央企建设媒体通气会"，针对金融衍生业务、信托、基金等及时提出风险管控要求，国资委指导中央企业依法开展了降杠杆减负债防风险工作，中央企业法治建设取得明显成效。

5月14日，首批5单基础设施公募REITS项目获上交所审核通过，标志着上交所基础设施公募REITS试点又向前迈进了重要一步。

5月15日，证监会在北京举办2021年"5·15全国投资者保护宣传日"活动，主题为"心系投资者携手共行动——守初心担使命，为投资者办实事"，现场全面开通了证券期货纠纷在线诉调对接系统，现场和线上同步展播了证券监管系统和市场机构近年来开发的投资者喜闻乐见的原创投教产品，发布了《中国资本市场投资者保护状况蓝皮书（2021）》系列子报告。

5月16日，证监会宣布已依法对相关账户涉嫌操纵中源家居等股票行为立案调查，坚决贯彻落实"零容忍"工作方针，依法从严从快从重打击包括恶性操纵市场、内幕交易等在内的各类重大违法行为，持续净化市场生态。

5月18日，针对近期虚拟货币交易炒作活动抬头的情况，中国互联网金融协会、中国银行业协会、中国支付清算协会联合发布公告，要求会员机构不得开展虚拟货币交易兑换以及其他相关金融业务。

5月19日，沪深证券交易所分别起草了《公司债券发行上市审核规则（征求意见稿）》，修订了《公司债券上市规则》《非公开发行公司债券挂牌转让规则》《债券市场投资者适当性管理办法》，并就以上4项业务规则，公司债发行上市审核等规则向社会公开征求意见，深入推进公司债券注册制改革。

5月19日，大商所正式发布了修改铁矿石期货合约及相关规则、调整铁矿石期货可交割品牌升贴水的公告。

5月21日，国务院金融稳定发展委员会召开第五十一次会议，研究部署下一阶段金融领域重点工作。加大对实体经济的支持力度，稳健的货币政策灵活适度，信贷政策精准适应市场主体需要，流动性保持合理充裕，金融服务水平提高，金融支持疫情防控和经济社会发展取得明显实效。

5月21日，中安消虚假陈述案二审结果公布，两家中介机构被判承担连带责任，这是全国首例未获行政处罚的中介机构被追责并生效的案例。

5月22日，中国证券业协会第七次会员大会在北京召开，相关部门将严厉打击伪市值管理利益链条上的相关方。

2022 大事记

5月25日，人民银行、中央农办、农业农村部、财政部、银保监会和证监会发布《关于金融支持新型农业经营主体发展的意见》，不断提升新型农业经营主体金融服务的可得性、覆盖面、便利度，推动农村一、二、三产业融合发展，提高农业质量效益和竞争力。

5月26日，在"第十八届上海衍生品市场论坛"上，上期所表示，原油期权将要作为我国国际化期权品种挂牌上市。此外，上期所还将加快氧化铝、铬铁、合成橡胶、成品油、天然气、石脑油、瓦楞纸、双胶纸、电力等品种上市。

5月28日，证监会近日批准上海国际能源交易中心、大连商品交易所分别开展原油、棕榈油期权交易并引入境外交易者参与交易。棕榈油期权合约正式挂牌交易时间为2021年6月18日，原油期权合约正式挂牌交易时间为2021年6月21日。

5月28日，证监会公布首批证券公司"白名单"，压实证券公司内控合规主体责任，集中使用有限的监管资源，提高机构监管有效性，推动行业高质量发展。

6月1日，上交所首批沪港ETF互通产品于上交所与港交所同步上市，这是深化两地资本市场交流合作，丰富两地投资者投资选择的重要成果。

6月2日，李克强在全国深化"放管服"改革着力培育和激发市场主体活力电视电话会议上强调培育壮大市场主体，激发市场活力和社会创造力，持续推动我国经济稳中加固稳中向好。

6月4日，国际清算银行（BIS）组织的2021年GREENSWAN会议，中国人民银行将支持制定标准化国际气候报告框架，同时进一步与欧盟、美国等一道完善绿色债券分类。

6月4日，人民银行、银保监会联合发布《金融机构服务乡村振兴考核评估办法》，为全面贯彻落实党中央、国务院关于实施乡村振兴战略的决策部署，引导更多金融资源配置到农村经济社会发展的重点领域和薄弱环节，进一步加强和改进农村金融服务。

6月4日，证监会印发《中国证监会关于推行证明事项告知承诺制的实施方案》，按照最大限度利民便民原则，对相关行政事项涉及的共十四件证明事项实行告知承诺制。

6月4日，证监会公布《资产管理产品介绍要素第二部分：证券期货资产管理计划及相关产品》金融行业推荐性标准，自公布之日起施行。标准从投资者的角度出发，对证券期货资产管理计划及相关产品的定义、分类、运作方式、风险等基本要素进行了统一介绍。

6月9日，人民银行发布关于印发《银行业金融机构绿色金融评价方案》的通知。绿色金融评价结果纳入央行金融机构评级等中国人民银行政策和审慎管理工具。绿色金融评价工作自2021年7月起实施，评价工作每季度开展一次。

6月10日，国务院国资委召开全国国有产权管理工作会议，总结"十三五"时期产权管理工作成绩，研究提出"十四五"工作思路和要求，对近期重点工作作出部署，推动混改企业转机制、上市公司治理、防范重大风险、加强基础管理。

6月11日，上交所制定发布了《上海证券交易所科创板上市公司自律监管规则适用指引第3号——科创属性持续披露及相关事项》，旨在明确科创板公司上市后科创属性信息披露事项和要求，督促公司坚守科创定位，推动公司高质量发展。

6月11日，证监会发布《关于修改部分证券期货规章的决定》《关于修改、废止部分证券期货制度文件的决定》，对3件规章、5件规范性文件、1件其他制度文件进行集中"打包"修改、废止。

6月15日，上交所科创板审核中心与深交所上市审核中心相继通过股票发行上市审核系统发布《关于进一步规范股东穿透核查的通知》称，对于持股较少、不涉及违法违规"造富"等情形的，保荐机构会同发行人律师实事求是发表意见后，可不穿透核查，投行保代繁重工作将迎来减负。

6月16日，外汇市场自律机制发布消息称，外汇市场自律机制将推动市场主体树立并坚持"风险中性"理念作为工作重点，帮助企业加强汇率风险管理，聚焦主业发展业务，提升财务稳健性。

6月17日，上交所发布实施《上海证券交易所公开募集基础设施证券投资基金（REITS）业务指南第2号——存续业务》。据悉，该指南适用于在上交所上市交易的公开募集基础设施证券投资基金的存续期交易、分红、停复牌、摘牌、暂停转托管、更名、信息披露公告等业务办理。

6月18日，证监会发布《证券市场禁入规定》，自2021年7月19日起施行。

6月21日，首批5只公开募集基础设施证券投资基金（REITS）在上交所平稳上市，开展基础设施REITS试点，是贯彻落实党中央、国务院关于防风险、去杠杆、稳投资、补短板决策部署，深化金融供给侧结构性改革，强化资本市场服务实体经济能力，进一步创新投融资机制，有效盘活存量资产的一项重要举措。

6月22日，上交所发布新修订的《科创板上市公司重大资产重组审核规则》及《科创板上市委员会管理办法》。同时，制定发布《科创板发行上市审核规则适用指引第2号——上市公司重大资产重组审核标准及相关事项》，以进一步明确科创板上市公司并购重组审核标准和程序，提高重组审核工作透明度。

6月22日，《深圳证券交易所创业板上市公司重大资产重组审核规则（2021年修订版）》正式出炉，深交所还同步发布了《深圳证券交易所创业板发行上市审核业务指引第2号——上市公司重大资产重组审核标准》，创业板重大资产重组审核标准出炉。

6月25日，银保监会公告，同意进出口银行发行不超过600亿元人民币的无固定期限资本债券（简称"永续债"），并按照有关规定计入该行其他一级资本。这是政策性银行首次获准发行永续债。

2022 大事记

6月25日，北京市金融监管局组织召开份额转让试点政策发布会，会同北京证监局、市国资委、市财政局、市经济和信息化局、市科委、中关村管委会六部门联合发布了国内首个基金份额转让交易指导意见——《关于推进股权投资和创业投资份额转让试点工作的指导意见》并作政策解读。

6月28日，证监会发布修订后的上市公司年度报告和半年度报告格式准则。

6月30日，沪深交易所分别发布《关于下调基金交易经手费和交易单元使用费收费标准的通知》和《关于下调基金交易经手费收费标准的通知》，下调基金交易经手费支持基金市场发展。

7月1日，中国共产党成立100周年。

7月1日，财政部发布《地方政府专项债券项目资金绩效管理办法》，自印发之日起施行。该《办法》提出，对专项债券资金预算执行进度和绩效目标实现情况进行"双监控"。财政部在分配新增地方政府专项债务限额时，将财政部绩效评价结果及各地监管局抽查结果等作为分配调整因素。

7月5日，证监会党委举行理论中心组（扩大）学习会，深入学习研讨习近平总书记在庆祝中国共产党成立100周年大会上的重要讲话精神。会议表示，要扎实做好稳步推进全市场注册制改革各项准备工作，扎实解决一批投资者急难愁盼的问题，严把资本市场入口关，防范少数人利用资本市场违法违规"造富"。

7月6日，中共中央办公厅、国务院办公厅印发《关于依法从严打击证券违法活动的意见》，我国资本市场历史上第一次两办联合发布的专门性文件，专项针对打击证券违法活动，是当前和今后一个时期全方位加强和改进证券监管执法工作的行动纲领，意义重大、影响深远。

7月9日，证监会制定并发布了《关于注册制下督促证券公司从事投行业务归位尽责的指导意见》，进一步强化对注册制下保荐承销、财务顾问等投资银行业务的监管，督促证券公司认真履职尽责，更好发挥中介机构"看门人"作用，为稳步推进全市场注册制改革积极创造条件。

7月13日，财政部发布《会计师事务所监督检查办法（征求意见稿）》，旨在进一步规范注册会计师行业管理，加强会计师事务所监督检查，持续提升审计质量，有效发挥注册会计师审计鉴证作用。

7月13日，上交所修订《上海证券交易所公司债券发行上市审核规则适用指引第2号——特定品种公司债券》，新增"碳中和绿色公司债券""蓝色债券"和"乡村振兴公司债券"等内容，并完善部分监管要求。进一步服务国家低碳发展、乡村振兴及海洋资源可持续利用等目标，加强引导资金投向国家支持领域。

7月13日，深交所修订并发布《公司债券创新品种业务指引第1号——绿色公司债券（2021年修订）》《公司债券创新品种业务指引第3号——乡村振兴专项公司债券（2021年修订）》，将碳中和专项债、乡村振兴专项债等纳入现有公司债券创新品种，进一步明确发行条件、募集资金用途及申报材料等要求，健全完善固定收益产品规则体系。

7月15日，证监会发布《证券期货违法行为行政处罚办法》，共41条主要内容包括五方面。

7月16日，精选层运行即将满一年，按照《中国证监会关于全国中小企业股份转让系统挂牌公司转板上市的指导意见》，转板上市制度即将进入落地实施阶段。

7月16日，人民银行发布《中国数字人民币的研发进展白皮书》，阐明人民银行在数字人民币研发上的基本立场，阐释数字人民币体系的研发背景、目标愿景、设计框架及相关政策。

7月19日，国家发展改革委召开新闻发布会指出将继续完善基础设施REITS体系，引导外债资金绿色发展。

7月21日，国务院常务会议指出，近年来我国金融业对外开放有序推进，取得积极进展，共批准设立100多家外资银行、保险、证券、支付清算等机构。会议确定，要围绕增强金融服务实体经济能力，深化金融改革开放，用好两个市场、两种资源，使中国始终是吸引外资的热土。

7月22日，在科创板开市两周年之际，上交所组织召开科创板上市公司座谈会，从四方面推动科创板高质量发展。

7月23日，人民银行印发《非银行支付机构重大事项报告管理办法》，自2021年9月1日起施行。

7月23日，上交所制定并发布了《上海证券交易所科创板发行上市审核规则适用指引第3号——转板上市申请文件》《上海证券交易所科创板发行上市审核规则适用指引第4号——转板上市报告书内容与格式》《上海证券交易所科创板发行上市审核规则适用指引第5号——转板上市保荐书》等配套转板上市指引，保障转板上市制度平稳落地实施，支持符合条件的新三板精选层挂牌公司向科创板转板上市。

7月27日，银保监会召开全系统2021年年中工作座谈会暨纪检监察工作（电视电话）座谈会，会议指出，要坚定不移推动金融供给侧结构性改革。不断提升金融服务实体经济能力，切实解决金融领域违法违规成本过低问题。

7月28日，沪深交易所按照中国证监会党委的统一部署，从减免市场主体收费、优化市场服务等多方面、多举措全力支持河南地区应对特大暴雨灾害及灾后重建工作。

7月30日，全国股转系统发文，为落实《中华人民共和国证券法》和《优化营商环境条例》的相关精神，完善董事会秘书、独立董事管理要求，全国股转公司对《全国中小企业股份转让系统挂牌公司治理规则》《全国中小企业股份转让系统分层管理办法》《全国中小企业股份转让系统挂牌公司治理指引第1号——董事会秘书》和《全国中小企业股份转让系统挂牌公司治理指引第2号——独立董事》进行了修改，于 2021 年 7 月 30 日发布实施。

7 月 30 日，银保监会发文要求清理规范信托公司非金融子公司业务，信托公司严禁新增境内一级非金融子公司。此举旨在治理信托公司非金融子公司市场乱象，防范化解金融风险，促进信托公司回归本源、转型发展。

8 月 1 日，针对美国证券交易委员会（SEC）近日发布声明增加对中国企业赴美上市的信息披露要求，证监会表示两国监管部门应当继续秉持相互尊重、合作共赢的精神，就中概股监管问题加强沟通，找到妥善解决办法，为市场营造良好的政策预期和制度环境。

8 月 4 日，中国保险行业协会发布关于征求《中国保险行业协会新能源汽车商业保险专属条款（2021 版征求意见稿）》意见的通知，向社会公开征求意见。

8 月 6 日，人民银行会同国家发展改革委、财政部、银保监会、证监会联合发布《关于促进债券市场信用评级行业健康发展的通知》，从加强评级方法体系建设、完善公司治理和内部控制机制、强化信息披露等方面对信用评级机构提出了明确要求，同时强调优化评级生态，严格对信用评级机构监督管理。

8 月 6 日，证监会与匈牙利中央银行签署了《证券期货监管合作谅解备忘录》，对于进一步加强双方在证券期货领域的监管交流和合作、促进两国资本市场的健康发展均具有重要的意义，标志着两国证券监管机构的合作进入了一个新的阶段。

8 月 10 日，北京金融法院发布该院出台的《关于为北京"两区"建设中金融领域改革创新提供司法服务和保障的若干举措》。该《若干举措》分为 5 个部分，共 20 个条文，聚焦北京"两区"建设中金融领域的改革创新，明确了北京金融法院服务"两区"建设的总体要求和具体措施。

8 月 11 日，人民银行公告，为进一步提升市场主体使用外部评级的自主性，推动信用评级行业市场化改革，决定试点取消非金融企业债务融资工具发行环节信用评级的要求。

8 月 17 日，人民银行、国家发展改革委、财政部、银保监会、证监会和外汇局联合发布《关于推动公司信用类债券市场改革开放高质量发展的指导意见》，完善债券市场法制，建立完善制度健全、竞争有序、透明开放的多层次债券市场体系。

8 月 17 日，中国证券投资基金业协会发布实施《公开募集证券投资基金管理人及从业人员职业操守和道德规范指南》提出，基金管理人不得向第三方输送利益，不得在不同资产组合之间输送利益，基金从业人员不得利用职务之便为自己或他人获取不当利益。

8 月 18 日，中国证券业协会近日就《证券行业诚信准则（征求意见稿）》向会员单位征求意见。

8 月 20 日，最高人民法院与中国证监会建立"总对总"在线诉调对接机制，对实现"人民法院调解平台"与"中国投资者网在线调解平台"系统对接，为证券期货纠纷当事人提供多元调解、司法确认、登记立案等一站式、全流程在线解纷服务提出明确要求。

8月20日，中国证券业协会近日就《证券公司投行业务执业质量评价办法（试行）（征求意见稿）》向券商征求意见。

8月20日，为打击"抱团报价"，监管机构继续优化IPO新股报价制度，上交所、深交所同步修订科创板/创业板股票发行与承销相关业务规则，并向社会公开征求意见。本次修订的最大亮点是完善了IPO询价的高价剔除机制，将高价剔除比例从不低于10%调整为不超过3%。

8月27日，财政部公布的《2021年上半年中国财政政策执行情况报告》明确，坚持积极的财政政策提质增效、更可持续，保持财政政策连续性、稳定性、可持续性，统筹做好今明两年财政政策衔接，切实提升政策效能和资金效益，保持经济运行在合理区间，努力完成全年经济社会发展主要目标任务。

8月28日，证监会发布《公开募集证券投资基金销售机构监督管理办法》及配套规则，自2020年10月1日起施行。

9月3日，证监会发布《证券期货业网络安全等级保护基本要求》《证券期货业网络安全等级保护测评要求》2项金融行业标准对于证券期货业进一步落实好网络安全等级保护工作相关要求，具有重要意义。

9月5日，中共中央、国务院近日印发《横琴粤澳深度合作区建设总体方案》。支持澳门在合作区创新发展财富管理、债券市场、融资租赁等现代金融业。支持合作区对澳门扩大服务领域开放，降低澳资金融机构设立银行、保险机构准入门槛。

9月6日，上交所发布《上海证券交易所债券自律监管规则适用指引第2号——公司债券和资产支持证券信息披露直通车业务》和《上海证券交易所债券存续期业务指南第2号——公司债券和资产支持证券信息披露直通车业务》，标志着上交所正式推出债券市场信息披露直通车制度。

9月8日，中国证券投资基金业协会在AMBERS系统中发布了《关于优化私募基金备案相关事项的通知》。内容显示，涉及三类业务可实现自动办理：一是投顾类产品备案、重大变更和终止，二是自主发行类产品的部分重大变更，三是产品的清算开始申请。

9月10日，北交所三件审核规则公开征求意见。这距离首批三件业务规则公开征求意见仅过去5天，"北交所速度"再现。

9月12日，中办、国办印发《关于深化生态保护补偿制度改革的意见》，进一步健全绿色股票指数体系，支持指数机构与市场机构合作开发相关金融产品，更好服务绿色产业高质量发展。

9月14日，上交所拟在近期允许信用证券账户开展相关交易业务申报，包括在综合业务平台进行大宗交易、盘后固定价格交易、可转债转股和可交换债换股业务申报、在固定收益平台卖出等五项内容。

9月17日，证监会表示，经国务院批准，公布《关于扩大红筹企业在境内上市试点范围的公告》。进一步增强资本市场包容性，支持优质红筹企业在境内资本市场发行证券上市，助力我国高新技术产业和战略性新兴产业发展壮大，推动经济高质量发展。

9月18日，上交所发布新修订的《上海证券交易所科创板股票发行与承销实施办法》《上海证券交易所科创板发行与承销规则适用指引第1号——首次公开发行股票》，进一步优化科创板新股发行承销制度，促进买卖双方博弈更加均衡。

9月18日，中国最高人民检察院驻中国证券监督管理委员会检察室揭牌成立。该驻会检察室将主要履行四个职责。分别是：加强执法司法的协作与制约；强化检察机关证券期货犯罪案件办理工作；指导地方检察机关证券期货检察专业化建设；开展证券期货违法犯罪问题研究、预防和治理工作。

9月24日，人民银行发布了《关于开展内地与香港债券市场互联互通南向合作的通知》开始实施，规范开展内地与香港债券市场互联互通南向合作，便利境内债券市场机构投资者有序配置全球债券，推动我国债券市场稳步实现高水平双向开放。

9月24日，中国上市公司协会网站发布了中国证券业协会、中国期货业协会、中国上市公司协会、中国证券投资基金业协会联合印发的《远离伪市值管理倡议书》，其中提到，尊重资本市场运行内在规律和市场经济发展规律，不谋求通过"伪市值管理"提升公司市值。

9月27日，财政部公布《财政部关于政协第十三届全国委员会第四次会议第2563号（财税金融300号）提案答复的函》，提出将进一步加强地方政府专项债券资金投向领域管理，细化禁止投向领域范围。

9月28日，银保监会制定《关于资产支持计划和保险私募基金登记有关事项的通知》，将保险资产管理机构的资产支持计划和保险私募基金由注册制改为登记制。

9月28日，沪深交易所修订并发布季度报告格式，进一步做好与《证券法》《上市公司信息披露管理办法》有效衔接，保障投资者知情权。

9月29日，上交所与中国境内其他6家世界交易所联合会（WFE）会员单位，联合中证中小投资者服务中心有限责任公司、中国证券投资者保护基金有限责任公司，共同举办鸣锣仪式响应全球"提升投资者财经素养"倡议，首次以集体鸣锣形式响应全球证券监管机构和资本市场基础设施，对于推动投教投保国际合作、汇聚合力讲好中国资本市场故事、提升中国资本市场国际影响力具有重要意义。

9月30日，证监会发布《首次公开

发行股票并上市辅导监管规定》，通过辅导监管系统等科技手段提升监管效能，压实中介机构责任，切实从源头提升上市公司质量。

10月15日，证监会公布合格境外投资者可参与金融衍生品交易品种，新增开放商品期货、商品期权、股指期权三类品种，参与股指期权的交易目的限于套期保值交易，自2021年11月1日施行。

10月15日，证监会和司法部发布《关于依法开展证券期货行业仲裁试点的意见》，依法开展证券期货行业仲裁试点对于完善投资者保护机制、防范化解金融风险、提升仲裁的公信力具有重要意义。

10月18日，财政部发布《中华人民共和国注册会计师法修订草案（征求意见稿）》。本次《草案》拟与证券法罚则相衔接，加大对执业质量问题的处罚力度。针对合伙组织形式特点，对出具不实审计报告的会计师事务所和责任人员处以巨额罚款，通过严惩重罚实现有效震慑。

10月20日，人民银行办公厅、中央网信办秘书局、工业和信息化部办公厅、银保监会办公厅、证监会办公厅联合发布《关于规范金融业开源技术应用与发展的意见》，鼓励金融机构将开源技术应用纳入自身信息化发展规划。

10月21日，中国人民银行与香港金融管理局签署《关于在粤港澳大湾区开展金融科技创新监管合作的谅解备忘录》，将人民银行金融科技创新监管工具与香港金融管理局金融科技监管沙盒进行联网对接，在依法依规前提下稳妥有序推进金融科技创新合作，提升粤港澳大湾区金融服务质效，加大金融支持粤港澳大湾区建设力度。

10月28日，银联商务数字人民币受理系统对接数字人民币互联互通平台，并在试点地区完成商户的首单交易。

10月29日，证监会研究起草了《关于注册制下提高招股说明书信息披露质量的指导意见（征求意见稿）》，并向社会公开征求意见。落实以信息披露为核心的注册制改革要求，进一步提高招股说明书信息披露质量，推动资本市场高质量发展。

10月30日，证监会发布修订后的《证券交易所管理办法》。

10月30日，深化新三板改革设立北京证券交易所主要制度规则正式发布，共同构建起一套能够与创新型中小企业特点和成长阶段相符合的北京证券交易所制度规则体系，充分体现错位、包容、灵活、普惠的市场特点。

11月2日，北交所发布《北京证券交易所交易规则（试行）》《北京证券交易所会员管理规则（试行）》2件基本业务规则及31件细则指引指南。上述业务规则自11月15日起施行。至此，北交所7件基本业务规则已全部发布。

11月4日，中国证券业协会向券商下发《关于开展证券公司量化交易数据信息报送工作的通知》，券商自营、资管两大主营业务要开展量化交易数据信息报送工作。

11月4日，由中欧等经济体共同发

起的可持续金融国际平台（IPSF）在联合国气候变化大会（COP26）期间召开IPSF年会，发布了《可持续金融共同分类目录报告——减缓气候变化》。工作组通过对中国《绿色债券支持项目目录》和欧盟《可持续金融分类方案——气候授权法案》开展全面和细致的比较，在此基础上编制了《共同分类目录》。

11月5日，工业和信息化部、人民银行、银保监会、证监会联合发布《关于加强产融合作推动工业绿色发展的指导意见》，加强产融合作推动工业绿色发展，明确了工业绿色发展重点方向。

11月8日，人民银行宣布推出碳减排支持工具，通过碳减排支持工具向金融机构提供低成本资金，引导金融机构在自主决策、自担风险的前提下，向碳减排重点领域内的各类企业一视同仁提供碳减排贷款，贷款利率应与同期限档次贷款市场报价利率（LPR）大致持平。

11月11日，财政部近期印发《地方政府专项债券用途调整操作指引》。该《指引》明确专项债券资金已安排的可以申请调整项目。

11月11日，中国银行间市场交易商协会发布公告称，推出社会责任债券和可持续发展债券，针对境外发行人开展业务试点，秉持市场化、国际化理念服务经济社会高质量发展。

11月12日，广州市中级人民法院当日对全国首例证券集体诉讼案作出一审判决，责令康美药业股份有限公司因年报等虚假陈述侵权赔偿证券投资者损失24.59亿元，康美药业原董事长、总经理马兴田及5名直接责任人员、正中珠江会计师事务所及直接责任人员承担全部连带赔偿责任，13名相关责任人员按过错程度承担部分连带赔偿责任。

11月14日，财政部、税务总局发布关于北京证券交易所税收政策适用问题的公告，明确北京证券交易所税收政策适用有关问题。

11月15日，北京证券交易所揭牌暨开市仪式在京举行。对促进多层次资本市场高质量发展、探索具有中国特色资本市场普惠金融之路和落实创新驱动发展国家战略等都具有重要意义，是我国资本市场改革发展的又一标志性事件。

11月17日，银保监会近日向各保险集团（控股）公司、保险公司、保险资产管理公司等下发《关于保险资金投资公开募集基础设施证券投资基金有关事项的通知》，旨在进一步丰富保险资产配置结构，助力盘活基础设施存量资产，提高直接融资比重。经银保监会同意，保险资金可投资公开募集基础设施证券投资基金（公募REITS）。

11月19日，证监会披露，为证监会拟对《证券发行上市保荐业务工作底稿指引》进行修订，适应注册制改革发展需要，进一步规范证券发行保荐业务，指导保荐机构建立健全工作底稿制度，提高保荐机构尽职调查工作质量。

11月23日，北京证监局网站发布关于北京辖区北交所拟上市公司辅导监管的有关通知，该通知对北交所拟上市公司辅导期作出明确规定，要求原则上不少于3个月。

11月26日，证监会发布《关于就上市公司监管法规体系整合涉及相关规则公开征求意见的通知》，就整合涉及证监会的27件规范性文件（合并后制定规则6件、修改17件、废止4件）向社会公开征求意见，进一步整合上市公司监管法规体系，新框架下保留182件。

11月29日，财政部近日发布关于征求《会计师事务所自查自纠报告规定（征求意见稿）》意见的函，明确建立会计师事务所自查自纠报告机制，强化会计师事务所责任。

11月29日，司法部会同证监会在总结行政和解试点经验的基础上，起草了《证券期货行政执法当事人承诺制度实施办法（草案）》，经国务院第148次常务会议审议通过，并已公布。

11月29日，中国证监会批复同意在上海区域性股权市场开展私募股权和创业投资份额转让试点。该项试点落地是贯彻落实《中共中央国务院关于支持浦东新区高水平改革开放打造社会主义现代化建设引领区意见》的重要举措。

12月1日，银保监会指导银行业和保险业协会切实发挥自律组织功能，加快推动中国金融人才库建设工作。金融人才库包括高级管理人才库、独立董事人才库、外部监事人才库等子库。

12月3日，中国人民银行会同银保监会、证监会、外汇局共同起草了《关于促进衍生品业务规范发展的指导意见（征求意见稿）》，拟禁止银行保险机构通过柜台与个人客户直接开展衍生品交易，规范衍生品业务，促进境内衍生品市场健康发展，保障各方合法权益，防范系统性风险。

12月3日，中国证券业协会发布《证券公司收益互换业务管理办法》。自发布之日起，未取得交易商资质的证券公司不得新增收益互换业务；已实际开展业务的，应自行制定整改计划，在一年内有序了结存量业务。

12月6日，第二十四届北京香港经济合作研讨洽谈会京港金融合作专题活动，人民银行正会同有关部门研究制定关于金融支持绿色低碳发展的指导意见。

12月7日，人民银行发布再贷款、再贴现利率表，显示人民银行下调支农、支小再贷款利率0.25个百分点。下调后，3个月、6个月、1年期再贷款利率分别为1.7%、1.9%、2%。此外，金融稳定再贷款利率为1.75%，再贴现利率为2%。

12月9日，中国人民银行和香港金融管理局联合召开"香港国际金融中心定位与展望"线上研讨会。人民银行一直坚定支持香港国际金融中心建设，近年来内地与香港在金融市场互联互通、离岸人民币业务等方面的合作取得重要进展。

12月15日，人民银行下调金融机构存款准备金率0.5个百分点（不含已执行5%存款准备金率的金融机构）。本次下调后，金融机构加权平均存款准备金率为8.4%，支持实体经济发展，促进综合融资成本稳中有降。

12月9日，证监会证券基金机构监管部发送最新一期《机构监管情况通报》，进一步精简证券基金经营机构备案报告事项，其中包括取消资产管理计划终止备案、合并资产管理计划重大事项报告等重要调整。

12月10日，沪深交易所分别就修订股票上市规则和上市公司自律监管指引公开征求意见。同时，沪深交易所还将对上市公司自律监管规则体系进行整合。

12月10日，深交所发布《深圳证券交易所证券交易业务指引第1号——股票质押式回购交易风险管理》，提出证券公司应当审慎开展股票质押回购增量业务。深交所将按相关公式计算结果对证券公司每年新增股票质押回购初始交易规模进行监测。

12月14日，中国保险资产管理业协会制定并发布了《保险资产管理公司投资管理能力建设及自评估信息披露自律规则（试行）》，对保险资产管理公司投资管理能力信息披露的主体责任、披露规范及内容要求、工作机制、自律管理与自律服务等进行了规范。

12月16日，中国证券业协会发布实施《北京证券交易所股票向不特定合格投资者公开发行与承销特别条款》以及《北京证券交易所股票向不特定合格投资者公开发行并上市网下投资者管理特别条款》两项自律规则，规范证券公司开展北交所公开发行股票承销业务，加强北交所网下投资者管理。

12月17日，证监会拟对《关于上海证券交易所与伦敦证券交易所互联互通存托凭证业务的监管规定》进行修订，新纳入瑞士、德国。进一步便利跨境投融资、促进要素资源的全球化配置，推进资本市场制度型开放修订后名称暂定为《境内外证券交易所互联互通存托凭证业务监管规定》。

12月20日，上交所新债券集中竞价交易平台正式上线，债券现券竞价交易和质押式回购交易顺利由原竞价撮合平台迁移至新平台。上交所股票和债券交易系统实现了相互独立，沪市债券集中竞价交易、协议类交易、质押式回购交易等业务均在新债券交易系统独立运行，顺利完成交易系统"股债分离"。

12月23日，中国证券业协会研究制定了《证券公司履行社会责任专项评价办法》，并对《证券公司脱贫攻坚等社会责任履行情况专项评价指标》予以修订，调整为《证券公司履行社会责任专项评价指标》。进一步督促证券公司履行社会责任，完善社会责任激励约束机制，规范社会责任专项评价工作。

12月24日，证监会会同国务院有关部门对《国务院关于股份有限公司境外募集股份及上市的特别规定》（国务院令第160号）提出了修订建议，研究起草《国务院关于境内企业境外发行证券和上市的管理规定（草案征求意见稿）》，并同步起草《境内企业境外发行证券和上市备案管理办法（征求意见稿）》，促进企业利用境外资本市场规范健康发展，支持企业依法合规赴境外上市。

12月24日，上海证券交易所、深圳证券交易所、香港交易及结算所有限公司、中国证券登记结算有限责任公司就ETF纳入互联互通标的的整体方案达成共识，持续优化内地与香港市场互联互通机制，丰富互联互通现有标的。

12月24日，中国期货业协会在中国证监会的指导下，制定并发布实施《期货风险管理公司风险控制指标管理办法》及配套文件，标志着以净资本和流动性为核心的风险管理公司风控指标体系正式建立。

12月28日，人民银行决定废止《境内金融机构赴香港特别行政区发行人民币债券管理暂行办法》（中国人民银行国家发展和改革委员会公告〔2007〕第12号公布），境内金融机构赴境外发行人民币债券统一由中国人民银行、国家发展改革委等相关部门在现行管理框架及各自职责范围内分工负责。

12月29日，财政部、国务院国资委、银保监会、证监会近日发布《关于严格执行企业会计准则切实做好企业2021年年报工作的通知》，企业应当严格执行会计准则，加强内部控制，全面提升企业2021年年报质量。

2021年12月30日，中国证券期货业区块链联盟成立大会成功举办，旨在进一步整合行业资源，加强行业信息基础设施建设，探索基于区块链技术的科技监管和科技赋能。

12月31日，中国人民银行、工业和信息化部、银保监会、证监会、国家网信办、外汇局、知识产权局就《金融产品网络营销管理办法（征求意见稿）》公开征求意见，拟禁止通过互联网面向不特定对象营销私募类金融产品。